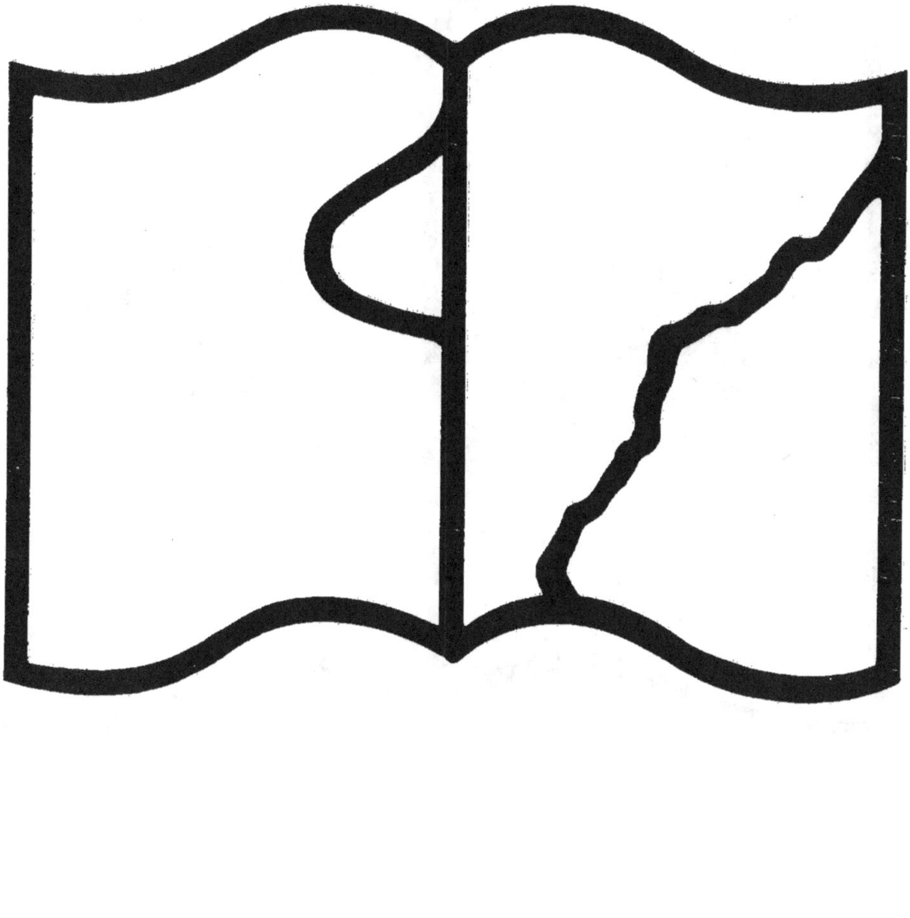

Texte détérioré — reliure défectueuse

NF Z 43-120-11

Contraste insuffisant

NF Z 43-120-14

ŒUVRE
DE
PAUL DE KOCK

PARIS
JULES ROUFF ET Cie, ÉDITEURS
14, CLOITRE SAINT-HONORÉ, 14

ŒUVRE

DE

PAUL DE KOCK

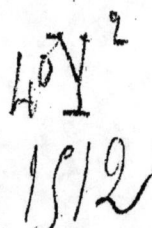

PARIS. — IMP. DE LA SOC ANON. DE PUBLIC. PÉRIOD. — P. MOUILLOT. — (I) 79190

ŒUVRE DE PAUL DE KOCK

LA
PUCELLE DE BELLEVILLE

GUSTAVE LE MAUVAIS SUJET

MONSIEUR DUPONT

PARIS
JULES ROUFF ET Cⁱᵉ, ÉDITEURS
14, CLOITRE SAINT-HONORÉ, 14

OEUVRE DE PAUL DE KOCK

Jules ROUFF et Cie, éditeurs, 14, Cloître Saint-Honoré, PARIS.

LA PUCELLE DE BELLEVILLE

I

LE PASSAGE DES PANORAMAS

C'est le passage le mieux situé, le plus fréquenté de Paris, et il est probable que la nouvelle rue que l'on a percée à côté ne lui fera pas perdre de sa vogue.

Et pourquoi ne donnerait-on pas toujours la préférence au passage, quand ce ne serait que pour admirer, en le traversant, les charmantes caricatures de *Dantan*, ces petits bustes si vrais, si piquants, si comiques, si spirituels, où l'on aime à voir la charge de chaque célébrité du jour; où tant de gens voudraient voir la leur, pour se croire une célébrité?

Et puis, il est gai, et il n'est point canaille, ce passage. Vous y rencontrerez rarement des gens en veste, des ivrognes, des femmes en fichu sur la tête. Ce n'est pas que j'estime davantage la moralité des gens en habits élégants, mais enfin c'est quelque chose que de conserver de la tenue, surtout maintenant où l'on affecte de s'en passer, où l'on fume dans les promenades, où l'on va au bal en bottes, et souvent avec des mains sales. Vous me direz que c'est bien agréable d'être libre ; je vous répondrai que c'est bien joli d'être propre.

Le passage des Panoramas est un peu étroit, vu le grand nombre de personnes qui s'y promène ou y passe chaque jour; mais il faut bien le prendre tel qu'il est; son exiguité n'empêchera pas qu'on ne le choisisse de préférence à un autre chemin. Quand un endroit est en vogue, quand il plaît, on ne remarque pas ses inconvénients; on suit la foule, et on se laisse marcher sur les talons ; cela fait quelquefois murmurer, surtout lorsqu'on est pressé et que les flâneurs vous barrent le chemin et vous empêchent d'avancer; on se dit : — Je ne reprendrai pas par ici! Mais soyez certain qu'on y retourne, et que l'on cesserait d'y passer, au contraire, si l'on y marchait à son aise et sans y rencontrer personne. Le passage Ver dôme est là pour prouver la vérité de ce que j'avance : il est large, et, dans cette enceinte, on ne se marche jamais sur les talons, à moins qu'on ne le fasse exprès; voyez s'il y va plus de monde!

Outre la boutique de *Susse*, qui est de bon goût et renferme toujours des nouveautés charmantes, le passage des Panoramas vous offre tout ce qui peut flatter vos désirs, votre coquetterie et même votre gourmandise. Désirez-vous être habillé à neuf des pieds à la tête, vous trouverez là bottiers, chapeliers, tailleurs, habits, pantalons, gilets tout fait, à la dernière mode; vous pouvez entrer râpé, usé, fripé, dans la boutique d'un tailleur : en passant dans une petite salle au fond, vous changerez de tout... Ce sera presque à vue, comme à l'Opéra.

Voulez-vous dîner? il y a un restaurateur; ne voulez-vous que vous rafraîchir? des cafés étincelants de dorures, de moulures, de ciselures s'offrent à vos regards. Cela vous semble si beau, si élégant, si majestueux pour un café que vous n'osez pas y entrer pour n'y prendre qu'un petit verre.

Voulez-vous lire? Voilà des cabinets de lecture. Après dîner, vous sentez-vous indisposé et voulez-vous... Enfin je vous répète qu'on trouve toutes les commodités possibles dans ce passage. Aussi, qu'il fasse beau ou qu'il pleuve, il y a toujours du monde. Le matin... pas trop matin cependant, car le quartier n'est point matinal, mais sur les dix heures, des employés retardataires, des jeunes gens qui font des affaires commencent à passer; puis vient le courtier marron qui se dépêche d'aller chez des négociants pour montrer ses échantillons avant le courtier patenté; puis des demoiselles de magasin qui sont en commission, peu de grisettes, ce n'est pas leur quartier. Point encore de chalands, d'acheteurs dans les boutiques; le beau monde ne se met pas en course de si bonne heure. Mais, quand midi a sonné, les dames commencent à se montrer en petit négligé du matin, négligé coquet, galant, plus gracieux souvent que la grande toilette. On est sorti sans but déterminé, pour se promener, prendre l'air, voir les modes, les nouveautés; aussi l'on s'arrête avec délices devant les boutiques; on contemple un chapeau, une étoffe pour robe... Et qui pourrait dire combien de pensées la vue de cette étoffe fait naître? Tout en disant : — C'est joli, cela m'irait bien ; on pense encore. — Je la mettrai pour aller à la soirée de mon docteur... Ce jeune avocat, qui parle si bien toilette, m'admirera, j'en suis sûre. Et ma grande cousine, qui a tant de prétentions, en mourra de dépit! Oh! il faut absolument que je l'achète et que ma couturière me la donne cette semaine.

Et voilà une robe que l'on achète pour faire mourir une grande cousine de dépit. *Vanitas vanitatum omnia vanitas!*

Quand arrivent deux heures, les dames sont en plus grand nombre ; il y a des toilettes ; il y a quelquefois des rendez-vous ; mais pour des entretiens amoureux, je trouve que l'endroit n'est point convenable, l'amour et même la galanterie veulent toujours un peu de mystère. Au passage des Panoramas, vous risquez trop d'être vus, rencontrés ; croyez-moi, pour jaser à votre aise, et sans redouter des témoins indiscrets, allez au passage Vendôme, vous serez beaucoup plus commodément.

Savez-vous où la bonne compagnie se donne rendez-vous quand elle va dans le passage des Panoramas? C'est chez un pâtissier, chez le successeur du fameux Félix. De deux à trois heures, il est difficile de trouver place dans cette boutique. On s'y presse, on est presque à la queue ; c'est à qui approchera du buffet de cuivre contenant les petits pâtés et autres gâteaux tout chauds. On regarde avec envie celui ou celle qui est placée de manière à pouvoir mettre sa main sur l'autel. Quelquefois on murmure contre des gens qui ne finissent pas de manger. Et cependant ce ne sont point ici des chalands en tablier, en bonnet de loutre, comme chez M. *Coupe-toujours*, marchand de galette, boulevard Saint-Denis ; le pâtissier du passage des Panoramas ne voit que la bonne compagnie, des femmes élégantes, des douairières coquettes, des officiers décorés, de jeunes fashionables à petite ou à grande barbe, et tout cela se bourre de gâteaux, en y joignant quelquefois le petit verre de bordeaux ou de madère. Ce qui prouve que la bonne compagnie est tout aussi friande que la classe ouvrière ; elle l'est plus même, car ces belles dames, ces jeunes élégants, qui mangent si bien des petits pâtés chauds, ont un excellent dîner qui les attend, tandis que l'ouvrier et le petit commissionnaire dînent quelquefois avec leur morceau de galette.

L'heure avance et la foule augmente. Mais c'est surtout le soir qu'on a peine à traverser le passage : le soir, c'est le moment où l'on flâne avec délices, en faisant sa digestion, en causant avec un ami. L'un s'arrête pour voir *Frédéric* et *Serres* en plâtre ; un bibliomane admire des reliures ; une musicienne regarde à travers les carreaux du marchand de musique et cherche une romance qu'elle ne connaisse pas ; un vieil antiquaire examine les porcelaines, les laques de Chine, tandis qu'un enfant dévore des yeux les bonbons en chocolat et qu'un gourmand flaire les homards et les pâtés de foie gras.

Les jeunes gens s'arrêtent et lorgnent les demoiselles de comptoir dans les boutiques de modes et de nouveautés. Celles-ci regardent de côté en chuchotant entre elles, mais conservent toujours une tenue décente, parce qu'on ne voudrait pas se faire gronder et renvoyer ; car on est fière de pouvoir dire : — Je suis au passage des Panoramas !

Il était huit heures du soir : après une belle journée d'été, il venait de tomber une pluie d'orage, chacun avait cherché un abri, et le passage des Panoramas pouvait à peine contenir la foule qui se pressait sous les vitraux ; pour augmenter l'affluence, une pièce du théâtre des Variétés venait de finir, et les marchands de contremarques poursuivaient les spectateurs jusque sous le passage.

Ce n'est pas sans peine que deux messieurs, qui se tenaient sous le bras, parviennent à se faufiler dans le passage. Tous deux étaient d'une forte corpulence, et il leur fallait un grand espace. L'un surtout, beaucoup plus petit que son compagnon, regagnait en circonférence ce qu'il perdait en hauteur. C'étaient deux hommes approchant de la cinquantaine, et dont la mise annonçait l'aisance. La figure du plus petit était gaie, ouverte et ronde ; celle de son ami laissait voir plus de prétentions à la gravité, et quelquefois une morgue qui était comique, parce qu'il n'y avait rien de noble et d'imposant dans le reste de la personne ; mais, au moment où ces deux messieurs parvinrent à entrer dans le passage, leurs physionomies semblaient également animées ; elles respiraient le plaisir, l'intention de s'amuser, et leurs joues fortement colorées, leur respiration bruyante, l'éclat de leur voix laissaient deviner que leur dîner n'avait pas peu contribué à les mettre dans ces bonnes dispositions.

— Nous y voici enfin, dit le plus petit de ces messieurs en déboutonnant entièrement son habit. Que de monde ici !... on y étouffe...

— C'est l'orage qui a fait affluer tout ce monde-là...

— C'est vrai... il a plu pendant que nous dînions... On dîne bien, chez Pétron... Ah! ma foi, j'ai joliment dîné moi, et toi, Troupeau, comment te sens-tu ?

— Je me sens fort bien !...

— Par exemple, c'est un peu cher, chez Pétron.

— Ah bah ! quand on veut être bien il faut payer, et ne pas regarder à quelque chose de plus... il ne faut pas liarder...

— Ce petit vin de la côte Saint-Jacques m'a mis tout en train... J'ai envie de faire des folies !... Diable m'emporte si je ne fais pas des folies ce soir !...

— Allons, Vauxdoré, de la sagesse, mon ami, tu sais bien que nos femmes nous l'ont recommandée !... La mienne avait quelque peine à me laisser descendre à Paris avec toi, car elle est cruellement jalouse de ses droits, Mme Troupeau, et tu as la réputation d'un homme... à femmes...

— Vraiment!... Est-ce qu'on dit ça dans Belleville?... Oh! oh! sont-ils mauvaises langues dans ce pays!...

— Ah! mon ami, ne dis pas de mal de Belleville?... je t'en prie... C'est la patrie de mon épouse et celle de ma fille... Tu ferais de la peine à Mme Troupeau si tu te permettais la moindre plaisanterie sur son endroit.

— Ne t'échauffe pas, on respectera l'endroit de Mme Troupeau; d'ailleurs ne suis-je pas moi-même habitant de Belleville depuis que j'ai quitté le commerce des toiles cirées; mais au moins j'ai gardé un pied-à-terre à Paris... C'est commode!... Quand j'ai affaire, je viens coucher... Comme aujourd'hui, par exemple.

— Je voulais aussi avoir un petit logement à Paris... Je dis petit, j'aurais pu le prendre grand, je suis assez riche pour cela... Dieu merci; mais Mme Troupeau ne l'a pas voulu... Sais-tu pourquoi?

— Encore par jalousie, mon ami, pas autre chose; c'est qu'elle est d'une si grande sévérité sur les mœurs!... Elle a prétendu que deux logements cela pouvait faire jaser, donner lieu à des propos...

— Comment jaser!... Quel mal d'avoir un logement à la ville et un autre à la campagne? Sans doute, moi je n'y vois aucun mal, d'autant plus que mes moyens me permettent cette double dépense. Mais ma femme a craint que cela ne nous fît trop souvent mener notre fille à Paris, et tu sais avec quelle rigidité elle élève sa fille Virginie!

— Oui... elle ne la laisse même pas sortir assez, à mon avis.

— Ah! mon cher Vauxdoré, ma femme prétend qu'il faut cela. Une jeune fille!... c'est une fleur qu'on doit cultiver dans une serre, vois-tu, afin qu'elle se développe en toute sécurité : c'est ma femme qui m'a dit cela...

— Et moi je trouve que les fleurs exposées aux vents poussent tout aussi bien que dans une serre. Au reste, chacun fait comme il l'entend!

— Nous n'avons pas à nous repentir de la manière serrée dont nous avons élevé Virginie. Dieu merci! elle a eu dix-sept ans le mois dernier, et je puis dire avec orgueil qu'elle ne sait rien!... C'est l'innocence dans la pureté... C'est au point... L'autre jour, dans le jardin du voisin Bernard, elle a vu une statue de Mars, elle nous a demandé pourquoi il n'avait pas de gorge...

— Ah! ah! ah! et elle n'a pas fait d'autres réflexions?...

— Oh! non... Mars était en tunique, sans cela ma femme et ma tante n'auraient pas laissé aller Virginie chez le voisin... Oh! ma tante, c'est celle-là qui est terrible.

— Parbleu! une vieille dévote, une vieille fille, cela aime tant à diriger les autres !... Oh ! viens donc voir les caricatures moulées... J'ai promis à ma femme de lui rapporter *Paganini;* elle brûlait d'envie de le voir à l'Opéra ; je lui ai dit : ma bonne, tu serais foulée... mais je te le donnerai en plâtre, tu le mettras sur la cheminée, et tu pourras le voir tous les jours ; c'est bien plus commode.

Les deux amis s'approchèrent de la boutique devant laquelle il y a toujours un grand nombre de curieux. Vauxdoré, qui vient souvent à Paris, où il suit les spectacles, reconnaît les acteurs dont il voit le portrait et dit en s'adressant à son compagnon :

— Hein !... comme c'est cela !... J'espère qu'il est frappant, n'est-ce pas?

M. Troupeau ne reconnaît pas la plupart des personnages dont il voit la caricature ; mais il ne veut pas avoir l'air moins au courant que son ami, et il crie plus fort que Vauxdoré en s'écriant :

— Oui, pardieu !... Oh ! c'est bien cela... Il est étonnant !...

— Quel est donc celui-là qui est étonnant? demande un individu qui est à côté de M. Troupeau.

— Et parbleu !... c'est... c'est chose... n'est-ce pas, Vauxdoré?

— Chose, chose ! Je ne connais pas chose ! dit l'individu en haussant les épaules, et M. Troupeau entraîne son ami loin de la boutique de *Susse* en disant :

— Il y a trop de monde là... on se marche sur les pieds.

— Veux-tu entrer dans ce beau café.... Je te joue des glaces aux dames.

— Non... Je ne suis pas de force aux dames.

— Eh bien ! aux dominos...

— Oh ! tu veux toujours jouer, toi ; j'aime mieux prendre l'air.

— On n'en prend guère ici... Oh ! les chocolats... les boîtes de pistaches... Je suis fou des pistaches ! Troupeau, je te joue une boîte à la vanille au billard, je te rends six points.

— Non... je ne veux pas jouer.

— Eh bien ! moi, j'avoue que j'aime à faire ma partie ; depuis que je suis retiré des toiles cirées, mon bonheur c'est de jouer. D'abord, il faut toujours que je sois occupé ; je m'ennuierais sans cela. Le matin, avec ma femme, nous faisons un petit écarté en déjeunant ; dans la journée, j'ai vu faire jusqu'à mes quinze cents de piquet ; en dînant, nous parions toujours quelque chose pour le dessert ; et le soir, le boston, le délicieux boston !... Je me ferais couper en quatre pour un boston, et certainement ce n'est pas le désir du gain qui me domine... Tu sais que nous jouons petit jeu !

LA PUCELLE DE BELLEVILLE

Nous faisons de l'effet, dit Vauxdoré, mais je voudrais bien me promener un peu sur le théâtre. (P. 13.)

— Et moi, ce n'est pas la peur de perdre qui me retient... Dieu merci! je suis assez riche, je pourrais jouer et fort gros jeu, si j'en avais l'envie...
— On sait que tu es riche, on n'en doute pas.
— Vauxdoré, ce n'est pas pour faire de l'embarras que je dis cela!... Tu me connais, j'espère, tu sais quels sont mes principes? Tous les hommes sont égaux... et tous les honnêtes gens se valent... Je ne sors pas de là... Prenez donc garde, monsieur, vous me poussez...

Ces mots étaient adressés à un particulier en redingote verte tachée d'huile, en chapeau cassé et crasseux, et qui venait de pousser M. Troupeau assez brusquement.

— Si ça vous amuse de flâner, moi je veux avancer, dit l'individu en regardant insolemment son interlocuteur.

— Hum!... manant!... murmure M. Troupeau quand cet homme est bien loin devant lui. Tu conviendras, Vauxdoré, qu'il est désagréable de se trouver avec toute sorte d'individus, aussi je déteste les foules... les cohues... Je suis très connu, moi, et je ne voudrais pas que l'on pût dire : M. Troupeau a été vu en mauvaise compagnie...

— Oh! oh! parce que tu as vendu de la plume et du crin, tu crois que tout le monde se souvient de toi!...

— Je te dis que je dois me respecter, ma femme me l'a recommandé.

— Eh bien! viens jouer quelque chose au café.

— Allons plutôt au spectacle pour finir notre soirée, car je pense qu'il est inutile que je me présente ce soir chez M. le comte de Senneville, je ne le trouverais pas... J'irai demain matin.

— Qu'est-ce que c'est que ce comte de Senneville? que vas-tu faire chez lui?

— Je vais tout bonnement pour le voir... C'est un de mes amis...

— Ah! tu es ami avec des comtes, toi?

— Pourquoi pas? Il me semble que mes moyens me permettent de voir la belle compagnie.

— Mon Dieu! Troupeau, que tu es terrible avec tes moyens!... Tu as des écus, tant mieux pour toi!... Tiens, je te joue dix sous à pair ou non.

— Allons au spectacle.

— Il est bien tard pour prendre des billets... Ah! une idée délicieuse... J'ai un de mes amis qui est musicien, il est dans l'orchestre du théâtre qui est place de la Bourse; il m'a dit : « Demandez-moi, je vous ferai monter sur le théâtre... » Allons le demander, nous irons sur le théâtre, dans les coulisses, nous verrons les actrices de près... hein?... C'est séduisant, ça...

— Mais oui, ça me tente assez... Cependant, si Mme Troupeau venait à savoir que je suis allé dans les coulisses d'un théâtre... Dieu! quelles scènes elle me ferait!...

— Elle n'en saura rien. Viens... Dis donc, Troupeau, si nous allions faire chacun une conquête... je suis fou des actrices!

— Moi, ce sont surtout les danseuses qui me tentent!

— Ah! polisson! tu es plus scélérat que moi!.. Entrons prendre un petit verre de rhum pour nous donner plus de mordant et ne pas nous conduire comme des écoliers.

Troupeau se laisse entraîner par son ami Vauxdoré; ces messieurs quittent le passage des Panoramas et entrent dans un café où ils prennent du rhum, ce qui achève de les étourdir.

— As-tu déjà été sur un théâtre, toi? dit Vauxdoré à son ami.

— Non, jamais... Ah! si, attends donc... il y a environ treize ans, ma fille avait alors quatre ans, je l'ai menée chez Séraphin, et j'ai été un moment parler à M. Séraphin, qui était sur son théâtre, pour le prier de faire donner par Polichinelle un cornet de dragées à ma fille.

— Tu me parles d'un théâtre de marionnettes!... ce n'est plus ça. Moi, je te parle d'un grand spectacle... où jouent des personnes naturelles... Oh! c'est cela qui est curieux... j'y suis allé trois fois... quatre fois même... On voit les acteurs avec leur costume...

— Parbleu! je crois qu'ils ne se promènent pas en chemise avant de jouer.

— Mais je veux dire leur costume de la pièce qu'ils jouent... Moi, tel que tu me vois, j'ai causé avec *Manlius*... j'ai donné du tabac à *Turcaret*.

— Qu'est-ce que c'est que ces gens-là... je ne les ai jamais vus chez toi?

— Mon ami, ce sont les héros de différentes pièces... *Manlius*, *OEdipe*, *Hamlet*... ce sont des tragédies.

— Ah! oui... c'est juste!... je connais ça... mais je suis un peu rouillé avec le spectacle; tu sais que ma tante l'a en horreur. Dans ce moment-ci elle habite avec nous à Belleville, ce qui fait que ma femme ne va plus au spectacle, et moi fort rarement, par considération pour ma tante...

— Tu es bien bon de te gêner!

— Écoute donc, Vauxdoré, quoique je sois déjà fort à mon aise, je ne serais pas fâché d'augmenter ma fortune.... Mlle Bellavoine, ma tante, jouit de vingt-cinq mille livres de rente que lui a laissées son père, qui était brasseur.

— Dieu! comme il a dû faire de la mousse pour gagner ça!

— C'est Virginie qui aura toute cette fortune; mais aussi ma tante tient à surveiller son éducation, à lui donner de bons principes; c'est pour cela qu'elle a quitté sa maison de Senlis pour venir passer quelque temps chez nous, où elle se fixera peut-être. Mlle Bellavoine est à cheval sur les mœurs... si on conduisait sa petite-nièce au spectacle, elle jetterait les hauts cris!... Au reste, Virginie elle-même ne voudrait pas pour tout au monde y aller... elle en a une frayeur extrême... elle croit qu'elle serait fouettée par les démons en sortant du théâtre !...

— Pauvre petite ! Ma nièce Adrienne ne lui ressemble pas.. elle est folle du spectacle ; si on l'écoutait, on irait tous les soirs !...

M. Troupeau laisse errer sur ses lèvres un sourire presque moqueur en répondant :

— Oh! non... à coup sûr ma fille Virginie ne ressemble en rien à ta nièce... je crois même que c'est tout l'opposé... Mlle Adrienne est d'une gaieté... d'une folie... elle rit sans cesse... elle cause facilement avec tout le monde.... c'est une luronne. Elle n'est pas timide, ta nièce !...

— Non, elle n'a peur de rien, mais c'est une bonne enfant, bon cœur... très aimante !...

MM. Vauxdoré et Troupeau ne font que sauter d'une planche sur une autre.

— Oh ! je la crois extrêmement sensible! répond Troupeau en laissant encore échapper un sourire.

— Mon ami, il se fait tard, il est temps de nous rendre au théâtre, si nous voulons encore y voir quelque chose.

— Oui, c'est juste, allons sur le théâtre.

M. Troupeau appuie sur ces derniers mots ; et il espère qu'on les a entendus dans le café. Aussi, en sortant, comme il veut encore se donner les airs d'un artiste ou d'un auteur, il marche le nez au vent, les yeux au plafond, se cogne dans les tables, renverse les tabourets, et se jette dans le plateau que portait un garçon ; heureusement il est près de la porte, son ami Vauxdoré lui saisit le bras et parvient à le faire sortir.

Ces messieurs arrivent chez le concierge du théâtre ; puis, par l'entremise de l'ami qui est attaché à l'orchestre, la porte du temple leur est ouverte. Les voilà qui montent l'escalier qui conduit au théâtre ; tous deux ne se sentent pas de joie ; leurs yeux brillent comme des vers luisants. Ils remontent leur col, rajustent leur cravate, et, ne rêvant que conquêtes, jettent déjà des regards langoureux sur les pompiers, que, dans leur trouble, ils prennent d'abord pour des figurantes.

— Prenez garde, dit le musicien qui marche en avant. Suivez-moi. Je vais vous placer dans une coulisse; mais n'en bougez pas, car on donne ce soir une féerie; le théâtre est machiné, et lorsqu'on n'a pas l'habitude on peut se blesser.

— Oh! je sais ce que c'est que l'intérieur d'un théâtre, dit Vauxdoré. Ça me connaît... j'y suis allé... plusieurs fois... j'ai même eu l'envie d'y jouer...

— Vous y voici... restez là... vous verrez bien... On va commencer. Je retourne à l'orchestre... je vous reprendrai à la fin.

Vauxdoré et Troupeau sont dans une coulisse; il n'ont pas assez d'yeux pour regarder; près d'eux passent des femmes avec des turbans, du rouge, des robes légères, des cottes de mailles; l'une rit, l'autre fredonne; celle-ci fait des ronds-de-jambe, celle-là se fait mettre son épingle, mais toutes sourient de l'air à la fois étonné et comique des deux habitants de Belleville.

M. DE SENNEVILLE.

— Nous faisons de l'effet, dit Vauxdoré, mais je voudrais bien me promener un peu sur le théâtre.

— Moi aussi... Voilà une Turque... une Turquoise... enfin cette belle brune là-bas, que je voudrais admirer de plus près.

— Avançons... nous n'avons pas besoin de rester dans la même coulisse... nous aurions l'air de ne pas oser bouger... Viens, Troupeau... Allons faire les aimables.

M. Vauxdoré s'avance sur le théâtre, son ami Troupeau le suit. En ce moment on changeait la décoration.

— Gare là-dessous! crie une grosse voix qui sort des frises.

C'était un palais qui descendait sur la tête des deux amis; ils se reculent vivement contre une forêt; des garçons de théâtre les bousculent avec un devant de pavillon; étourdis par le mouvement qui se fait autour d'eux, suivant toujours des yeux les dames habillées à la Turque, MM. Vauxdoré et Troupeau ne font que sauter d'une planche sur une autre; poursuivis par les garçons machinistes, ils vont se réfugier contre un arbre, mais tout à coup l'arbre contre lequel ils se sont arrêtés s'agite, s'ébranle, et, avant qu'ils n'aient eu le temps de quitter la place, il s'enfonce avec rapidité; les deux amis voient disparaître les jolies femmes, les quinquets, les coulisses, ils sont engloutis avec le gros arbre; ils poussent des cris terribles, car ils se croient perdus; enfin la trappe est arrivée dans le troisième dessous; en touchant terre la commotion à été un peu forte : Vauxdoré est allé rouler à dix pas plus loin et Troupeau s'est jeté contre un pilier. On accourt aux cris de ces messieurs qui se croient morts; le régisseur du théâtre, témoin de leur accident, s'est empressé de descendre avec un médecin, afin de leur donner tous les secours nécessaires; mais les deux amis avaient eu plus de peur que de mal : ils en étaient quittes pour quelques contusions et de légères bosses à la tête. Cela avait suffi cependant pour dissiper toutes leurs idées de conquêtes et leurs projets séducteurs; en vain le régisseur leur propose de remonter sur le théâtre et de les placer commodément, ils refusent; ils ne demandent qu'à sortir du gouffre dans lequel ils sont tombés, et ne se croient en sûreté que lorsque leurs pieds touchent le pavé de la rue.

— Jamais on ne me reprendra à monter sur un théâtre, dit M. Troupeau en se tâtant les côtes; quel infernal terrain!... J'ai cru que c'était mon dernier jour. Disparaître sous terre avec un arbre... c'est à ne pas être cru si je le racontais.

— Il est vrai que nous avons fait une descente un peu rapide... nous pouvions être moulus...

— Je le crois bien.... Tu vois, Vauxdoré, que ma tante Bellavoine a raison quand elle dit : Les théâtres sont des lieux de perdition!... nous pouvions y perdre la vie...

— Oui... c'est dangereux, — ma foi, je n'ai plus envie de voir les actrices de près... Aïe.... j'ai une bosse au nez... je dirai à ma femme que c'est un cocher de cabriolet qui m'a donné de son fouet dans le visage.

— Moi, j'ai le front endommagé, je dirai à Mme Troupeau que c'est un homme ivre qui s'est jeté contre moi...

— Rentrons-nous, Troupeau?.

— Oui, allons nous coucher ; nous nous sommes assez amusés comme cela ce soir.

II

UN JEUNE SEIGNEUR

Il était près de midi, et dans un bel hôtel de la Chaussée-d'Antin un jeune homme était encore au lit, ne dormant pas, mais étendant avec délices ses membres fatigués par plusieurs nuits passées au jeu et au bal. C'était un fort joli garçon de vingt-cinq à trente ans, portant de petites moustaches noires bien cirées, bien relevées, mais ayant les yeux et tous les traits du visage aussi fatigués que le corps.

Une sonnette se fait entendre ; puis un valet pénètre dans la chambre à coucher où le jeune homme cherchait le sommeil.

— Qu'est-ce encore?... On ne me laissera donc pas reposer ce matin? dit le comte de Senneville en se retournant avec humeur dans son lit, c'est épouvantable, cela... Leblond, je te chasserai, mon garçon, car tu n'entends rien au service !

— Pardon, monsieur le comte, répond le valet en s'approchant avec respect des rideaux de soie qui entourent le lit de son maître, c'est que... il me semble que ces gens-là se soient donné le mot ce matin... Ils crient là-dedans... ils disent que monsieur leur a promis de l'argent...

— Eh bien ! après?... Je leur en ai promis, je leur en promets encore, et je leur en promettrai toujours, qu'à cela ne tienne; mais qu'on me laisse dormir... J'ai veillé jusqu'à cinq heures, j'ai besoin de repos. Ces êtres-là croient peut-être que je suis comme eux, que je me couche à dix heures !... Ah! Leblond, tu ne te formes pas, mon garçon... tu ne sais pas recevoir des créanciers. Comme La Brie t'aurait donné des leçons ! C'était là un valet précieux ! Je ne sais pas comment il faisait, mais je n'entendais jamais crier tous ces industriels-là... Ah! quel dommage qu'il se soit laissé embaucher pour l'Angleterre !... il va se rouiller par là !

— Ma foi, monsieur le comte, je devrais cependant m'habituer à éconduire vos créanciers ; car, depuis six mois que j'ai l'honneur d'être à votre service, je ne fais que cela toute la journée.

— Finissons, Leblond. Voyons, qui est-ce qui est là maintenant?

— Monsieur, c'est votre tailleur, un Allemand, qui est si entêté qu'il ne veut pas comprendre que vous dormez; il crie, il jure même, enfin il dit qu'il ne s'en ira pas sans parler à monsieur.

— L'impertinent!... Ah! il dit cela... Eh bien, je vais le recevoir; ah! le drôle! il y met de l'entêtement! Leblond, passe-moi ma robe de chambre, et apporte-moi mes fleurets, mon épée, mon petit sabre turc... c'est cela... à présent laisse entrer M. Kirchmann.

Le jeune homme s'est levé; il prend un fleuret et s'exerce à tirer au mur; pendant ce temps son valet de chambre s'est éloigné, et bientôt un petit homme sec, dont la figure longue et jaune accuse la mauvaise humeur, se glisse dans la chambre en murmurant : — Ah! c'est pien heureux qu'on buisse barler à monsir, enfin!

Le comte ne se dérange pas, il continue de s'escrimer tout en s'écriant :

— Comment, c'est vous, monsieur Kirchmann! par quel hasard?

— Monsir, c'est boint bar hasard, mais la domestique il voulait chamais que j'entre... monsir a bromis te l'archent...

— Une... deux..., oui, monsieur Kirchmann, c'est juste, je vous en ai promis... mais aujourd'hui j'ai bien d'autres affaires à terminer... deux duels pour ce matin... deux hommes à tuer... pardieu, vous allez me servir de mannequin...

— Comment, monsir?

— Vous devez savoir tirer, prenez ce fleuret et défendez-vous!

— Moi, che tire bas du tout, monsir.

— Allons, prenez donc ce fleuret... je le veux... c'est bien le moins que vous me serviez à quelque chose... nous parlerons d'argent ensuite... ne craignez rien, ils sont boutonnés.

Le tailleur n'ose point refuser de crainte de mécontenter le jeune homme qui paraît bien disposé; il se laisse mettre un fleuret dans la main. M. de Senneville lui porte force bottes; M. Kirchmann a reculé tant qu'il a pu, mais il reçoit des coups dans le ventre, dans la poitrine et jusque dans le visage.

— Assez, assez, monsir... che suis vainquis!... crie le tailleur en se mettant presque à genoux.

— Soutenez donc, monsieur Kirchmann... Soutenez donc... parez celle-là!

Au lieu de parer, le tailleur jette le fleuret loin de lui.

— Ah! vous avez assez du fleuret, dit le comte, en ce cas nous allons prendre le sabre; par exemple ça demande un peu plus de prudence, car il n'y a pas ici de boutons; mais n'ayez aucune crainte; je modérerai mes coups... je tâcherai de m'arrêter à temps... ensuite nous parlerons de votre

Le tailleur n'en écoute pas davantage, il a salué, pris la porte... (P. 18.)

— Merci, monsir, che suis pien fâché, mais che beux bas rester plis longtemps, che reviendrai un chour où monsir il aura pas du monde à tuer.
— Restez donc, monsieur Kirchmann, je veux régler votre mémoire aujourd'hui... quelques coups de sabre, puis nous prendrons l'épée et le pistolet..., c'est l'affaire d'un moment. Voyez-vous comme ce petit sabre a le fil !..
— Oui, monsir... che vois...

— Qu'est-ce que vous cherchez donc, monsieur Kirchmann?
— Monsir, che cherche mon chapeau.
— Pas du tout! je suis disposé à régler votre compte aujourd'hui... vous ne vous en irez pas ainsi... d'ailleurs une petite leçon de sabre vous fera du bien!..

Le tailleur n'en écoute pas davantage, il a salué, pris la porte, et il se sauve en criant :

— Che reviendrai, monsir, che reviendrai une autre fois.

M. de Senneville se jette en riant dans un fauteuil; son domestique revient en disant :

— M. Kirchmann se sauve comme si la maison allait s'écrouler.

— Tu vois bien, Leblond, qu'il y a toujours moyen de se débarrasser d'un créancier!...

— C'est affaire à monsieur.

— Et l'autre fois... te rappelles-tu ce vieux juif qui ne voulait pas non plus me quitter!... ah! ah... j'ai bien su le faire déguerpir... Trois bottes de paille dans la cour, auxquelles on a mis le feu... puis des cris : au secours!... vite les pompiers!... le pauvre israélite se croyait déjà rôti, si bien qu'il a sauté par la fenêtre pour être plus tôt dehors... ah! j'en rirai longtemps!...

— Oui, monsieur trouve mille ruses pour ne point donner d'argent... je m'en aperçois bien!...

— Qu'est-ce que tu veux dire, Leblond?

— Je veux dire, monsieur, qu'il serait peut-être plus agréable d'être en fonds...

— Oh! cela viendra... je ne suis pas en veine à la bouillotte... j'emprunterai encore sur ma terre... ma belle terre de Touraine... elle es déjà terriblement hypothéquée... mes parents auraient bien dû me laisse plus de fortune! Trente mille livres de rente! que diable voulez-vous qu'un jeune homme fasse avec cela!... des dettes; et c'est ce que j'a fait... encore si j'apercevais dans l'avenir quelque bon héritage... mai rien!... pas un oncle... une tante!... c'est très ridicule...

— Monsieur va-t-il se recoucher? dit le valet en se disposant à dé barrasser son maître de sa robe de chambre.

— Ma foi non, Leblond; puisque je suis levé... je resterai, d'ailleurs j'ai pour ce matin un rendez-vous... Ah! quelle corvée! avec cette marquise... dont j'ai par-dessus la tête... Depuis que je n'aime plus cette femme, je la trouve horrible!...

— Est-ce que monsieur l'a jamais aimée?

— Ma foi non, tu as raison, je n'ai jamais pu l'aimer... c'était un caprice... une idée biscornue!... Aujourd'hui je frémis quand je pense qu'il me faut lui sacrifier une heure... Hier elle était au bal où je me suis trouvé... furieuse de ne pas m'avoir vu depuis quinze jours, elle m'a dit dans un coin du salon : « Vous viendrez demain vous excuser de tous vos torts, ou je ne vous reverrai jamais. » M'excuser de tous mes torts... je sais bien comment elle l'entend!... Ah! Célénie!... vous êtes une femme terrible... Il lui faudra des réparations.... des protestations!... que sais-je!... Diable m'emporte si je sais comment je m'y prendrai!.. Je suis sur les dents!... j'ai eu une veine de bonnes fortunes la semaine dernière... il a fallu faire honneur à ses engagements et à sa réputation!...

Ah! mon Dieu! le plaisir est quelquefois bien ennuyeux!

— Et pourquoi monsieur le comte va-t-il au rendez-vous de madame la marquise, puisqu'il ne l'aime plus?

— Pourquoi?... j'ai mes raisons apparemment!... Leblond, dis qu'on me prépare du chocolat!... tu sais, de celui que je prends dans les grandes occasions... qui me fait oublier mes fatigues et me rendrait capable d'entreprendre les travaux d'Hercule... tu m'entends?

— Oh! oui, monsieur, je sais de quel chocolat vous voulez... monsieur le comte en prend souvent depuis quelque temps.

— C'est bon, maraud, ce ne sont pas tes affaires... va, et reviens sur-le-champ m'habiller.

Le valet de chambre sort ; le jeune homme fait quelques tours dans la chambre, se regarde dans une glace, étend les bras, se bâille au nez, puis se jette sur une causeuse en se disant :

— Oh! certainement, si je pouvais me dispenser d'aller chez la marquise, cela m'arrangerait beaucoup!... mais je suis sans le sou... j'ai perdu hier au jeu tout ce que je possédais, et je ne puis rester sans argent... ce n'est pas vivre que d'être dans cet état... j'emprunterai encore sur ma terre... si on veut me prêter... mais il me faut de l'argent ce soir... aujourd'hui même... Célénie m'a déjà obligé plusieurs fois, elle m'obligera encore... je lui rendrai tout cela... quand je pourrai ; d'ailleurs n'est-elle pas trop heureuse que je veuille bien quelquefois avoir l'air de l'aimer? Oh! les femmes!... avec de l'amour on en fait tout ce qu'on veut! mais il leur faut absolument de l'amour.

Leblond revient faire la toilette de son maître; Senneville abandonne sa tête à son valet, qui le frise et le coiffe dans le dernier goût. Tout en procédant à cette importante opération, Leblond s'écrie :

— Ah! je n'ai pas dit à monsieur que, pendant son sommeil, il était venu un homme de Belleville... Comme je sais que c'est aussi un créancier, je l'ai renvoyé mais, pour celui-là, j'avoue qu'il est très facile de s'en débarrasser, il fait tout ce qu'on veut!... et est d'une politesse!...

— Je gage que c'est M. Troupeau dont tu veux parler?

— Précisément, monsieur, c'est cet honnête Troupeau qui est venu d'abord sur les neuf heures. Je lui ai dit : Monsieur le comte dort.

— C'est juste! s'est-il écrié, je me présente beaucoup trop tôt! je reviendrai... Sur les dix heures et demie il est revenu. Mon maître dort toujours, lui ai-je dit.

— Oh! de grâce! ne l'éveillez pas! je reviendrai plus tard!... Et là-dessus le voilà parti.

— Ce pauvre Troupeau! parlez-moi d'un créancier comme cela! Il est vrai qu'il n'y a que cinq ou six ans que je lui dois un millier d'écus pour des matelas, des lits de plumes des duvets qu'il m'a fournis alors!... et depuis ce temps, quoiqu'il se soit présenté plusieurs fois chez moi, il ne m'a jamais parlé, il se contente d'inscrire son nom chez mon concierge.

Comment, c'est ce cher monsieur Troupeau !

En ce moment on sonne doucement à la porte d'une pièce voisine.

— Je gage que c'est M. Troupeau qui se présente pour la troisième fois, dit Leblond, je reconnais sa manière délicate de s'annoncer à la porte.

— Va voir, Leblond, et si c'est le respectable marchand, laisse-le entrer, que je lui procure au moins une fois le plaisir de me voir.

Le valet de chambre sort et revient bientôt avec M. Troupeau, qui tient son chapeau à la main, glisse ses pieds au lieu de marcher, et s'incline jusqu'à terre en apercevant le comte de Senneville.

— Comment, c'est ce cher monsieur Troupeau! dit le jeune homme en souriant d'un air aimable au nouveau venu. Ah! que je suis donc content de le voir... et que vous avez bien fait de revenir!...

M. Troupeau, tout étourdi d'un accueil si flatteur, ne sait plus où il en est, il se prosterne devant le comte, il salue Leblond, il salue tous les meubles de l'appartement, il emmêle ses jambes et ne peut plus parvenir à les détortiller, tout en balbutiant :

— Ah! monsieur le comte! combien je suis sensible!... et... certainement de mon côté...

— Asseyez-vous, mon cher Troupeau. Leblond, donne un fauteuil à monsieur... et achève ma toilette; vous permettez que devant vous je continue de m'habiller, n'est-ce pas, monsieur Troupeau?

— Ah! monsieur le comte, vous plaisantez... faites devant moi tout ce qui vous fera plaisir, je vous en prie... je m'assieds... pour vous obéir.

— Savez-vous bien, monsieur Troupeau, qu'à l'instant même je parlais de vous?

— Quoi! monsieur le comte me ferait cet honneur... à mon insu!

— Oui, ayant appris que vous étiez venu ce matin, je faisais à Leblond les plus vifs reproches de ne pas vous avoir laissé entrer... il devait me réveiller.

— Vous réveiller!... ah! monsieur le comte, je ne me le serais jamais pardonné! M. Leblond m'aurait vivement affligé!... j'étais venu beaucoup trop tôt... mais, que voulez-vous! quand on habite la campagne on perd un peu les habitudes de la ville.

— Est-ce que vous habitez la campagne maintenant, monsieur Troupeau?

— Oui, monsieur le comte, c'est-à-dire j'habite Belleville...

— Belleville... je ne connais pas... où diable est-ce cela?

— A la Courtille, dit Leblond en souriant, au-dessus du faubourg du Temple.

— Permettez, monsieur Leblond, permettez, reprend Troupeau, je vous assure que vous êtes dans l'erreur!... On passe en effet par la Courtille pour aller à Belleville; mais ce n'est point le même endroit, il y a une ligne de démarcation très positive : la Courtille cesse au théâtre, et Belleville s'étend fort loin... jusqu'aux limites du terrain de Romainville.

— Peste, monsieur Troupeau, comme vous connaissez votre topographie!... mais après tout, quel mal quand vous habiteriez la Courtille, illustrée jadis par Ramponeau!... Nos pères allaient s'y divertir et je suis persuadé qu'ils s'amusaient mieux que nous.

— Monsieur le comte, c'est que je tiens à ce qu'on ne confonde pas les deux endroits; d'ailleurs, on peut très bien aller à Belleville sans passer par la Courtille : il y a le chemin de Pantin, des Prés-Saint-Gervais, de Ménilmontant... de...

— Très bien, mon cher Troupeau, me voilà convaincu que vous n'habitez pas la Courtille. Ah çà, vous avez donc quitté le commerce, puisque vous n'êtes plus à Paris?

— Oui, monsieur le comte. Depuis quatre ans je suis entièrement retiré des affaires ; j'étais assez riche, je n'avais pas besoin de continuer à travailler.

— Vous avez parbleu raison, et voilà qui est raisonné comme Épicure... Connaissez-vous Épicure, monsieur Troupeau?

— Je n'ai pas cet honneur, monsieur le comte... Est-ce qu'il vendait aussi des lits de plume?

— Non, mais il aimait à se mettre dessus. Enfin, vous êtes à votre aise, mon brave Troupeau?

— Oui, monsieur le comte, très à mon aise... sans compter qu'à la mort de ma tante je verrai ma fortune considérablement augmentée.

— A la bonne heure, vous avez des tantes, vous !... je n'ai pas cet esprit-là ! et vous vivez en Sybarite à Belleville ; vous avez, je gage, un petit château?

— Oh! pas absolument... d'abord je ne connais pas de château à Belleville ; mais nous avons une fort jolie maison dans la rue de Calais... une des plus belles rues du village... je dis village, quoique Belleville puisse bien passer pour une petite ville.

— Vous avez des enfants, monsieur Troupeau?

— Une fille, monsieur le comte, une fille unique, je puis bien le dire : ma femme, ma tante et moi-même, nous avons donné tous nos soins pour confectionner son éducation et surtout ses mœurs... J'ose croire que nous y sommes parvenus avec usure !

— Vous êtes content de sa conduite ?

— Oh! monsieur le comte, sa conduite !... figurez-vous une feuille de papier blanc sur laquelle il n'y a pas un seul pâté. Voilà ma fille ! c'est pur ! c'est intact ! c'est l'innocence avec une chemise et un jupon.

— Est-ce qu'elle ne porte que cela?

— Pardonnez-moi, monsieur le comte, diable ! elle est élevée sur le pied de la plus scrupuleuse décence ! elle porte des caleçons.

— Des caleçons !... et dans quel but, s'il vous plaît?

— Mais, monsieur le comte, afin que si par hasard... Vous comprenez, dans la rue le pied peut glisser, ou bien un coup de vent perfide... cela s'est vu ! et ma tante prévoit tout ! d'ailleurs, dans la famille de ma femme on a toujours porté des caleçons. Sa tante ne les a jamais quittés, à ce qu'elle nous disait encore l'autre soir ; moi, j'en porte depuis mon mariage ; notre femme de chambre et notre cuisinière en ont ; c'est-à-dire mon épouse vient de renvoyer sa femme de chambre parce qu'elle s'est aperçue qu'elle se permettait parfois de n'en pas mettre pour sortir le dimanche... Une fille qui ôte son caleçon pour aller se promener dans la campagne, ne peut avoir que de mauvaises pensées, nous ne pouvions pas la garder. Quand j'avais mon magasin, ma femme n'aurait point conservé un commis qui n'aurait pas eu cela sous sa culotte.

— Voilà qui est pousser la sévérité des mœurs à l'extrême; il paraît que Mme Troupeau ne plaisante pas.

— Elle n'endurerait pas qu'on lui chatouillât le petit doigt!... et pourtant c'est une femme brûlante! c'est une femme qui m'adore, j'ose le dire, et qui me tuerait si elle pensait que j'ai failli avec d'autres.

— Diable! monsieur Troupeau, quel trésor vous possédez! Et votre fille est jolie?

— Extrêmement jolie; et cependant c'est singulier, elle ne ressemble ni à moi ni à ma femme.

— Ce ne serait pas une raison. Quel âge a-t-elle?

— Dix-sept ans, monsieur le comte.

— C'est déjà l'âge de la marier!

— Oh! rien ne presse! ma fille sera très riche, nous avons le temps de lui choisir un époux digne d'elle... et puis, il ne faudrait pas lui parler mariage maintenant, elle est si enfant! elle aime mieux faire la dînette, jouer à la dame, à la poupée... elle ne connaît rien de rien!

— Vous ne l'amenez donc pas quelquefois à Paris, au spectacle, au bal?

— Ah! bien oui!... le spectacle! elle l'a en horreur. Et la danse!... elle la déteste; c'est tout au plus si on a pu parvenir à lui faire faire la révérence, encore la fait-elle sans aucun écart.

— Je vois qu'en effet votre fille ne ressemble pas aux demoiselles de son âge. Mais, à propos, mon cher Troupeau, je crois que j'ai un compte à régler avec vous... vous êtes sans doute venu pour cela?

— Non, monsieur le comte; oh! je vous assure que je n'ai voulu qu'avoir l'honneur de vous offrir mes respects...

— C'est fort aimable de votre part, et j'y suis très sensible, mais je veux pourtant régler ce compte...

— Monsieur de Senneville, vous me désobligeriez en pensant que je suis venu pour ce motif... Je n'ai aucunement besoin de fonds... je viens encore ce matin de toucher quatre mille francs, dont je ne sais que faire; vous voyez que je suis loin d'avoir besoin de rentrées.

— Oh! n'importe, mon cher Troupeau; moi j'aime à payer mes dettes... Vous pourriez passer sans me trouver, et je dois...

— Monsieur le comte, nous causerons de cela plus tard, vous me feriez de la peine en insistant davantage.

— Allons... je cède... pour ne point vous faire de peine... mais à une condition... c'est que vous allez accepter à déjeuner avec moi

— Ah ! monsieur le comte... c'est vraiment trop d'honneur... et je suis tellement touché...

— Vous acceptez : à la bonne heure ! Leblond, fais mettre deux couverts... qu'on nous serve vite... ce sera sans façon, mon cher Troupeau, un déjeuner de garçons...

L'habitant de Belleville ne se sent pas de joie.

— Monsieur le comte... du moment que ce sera avec vous... un morceau de fromage suffirait !

— J'espère que vous aurez mieux que cela... Voici ma toilette terminée... passons dans ma salle à manger; et, s'il venait du monde, je n'y suis pour personne, entends-tu, Leblond, je ne veux pas que des importuns me dérangent quand je déjeune avec mon ami Troupeau.

En disant ces mots, le jeune comte de Senneville passe familièrement son bras autour de la taille de Troupeau, qu'il entraîne dans la salle à manger; l'habitant de Belleville ne se sent pas de joie d'être traité en ami par un seigneur; en ce moment il se croit tellement enflé et grandi qu'il se baisserait pour passer sous la porte Saint-Denis.

Le comte et son convive se placent à une table sur laquelle on a servi un joli déjeuner à la fourchette.

— Quand monsieur voudra son chocolat, il est prêt, dit Leblond en s'inclinant.

— C'est bien... qu'on le tienne chaud... je sonnerai.

LA PUCELLE DE BELLEVILLE

Ah! Troupeau, vous êtes un séducteur! (P. 26.)

Le jeune homme avait déjà son projet, il s'était aperçu du faible de M. Troupeau, qui, tout en faisant le libéral avec Vauxdoré, était bouffi d'orgueil et enchanté de ce qu'un comte l'appelait son ami. Senneville veut achever de tourner la tête au ci-devant marchand de crin. Il le comble de politesse et affecte plusieurs fois de l'appeler son ami.

— Mangez donc, mon cher Troupeau... si j'avais su vous avoir, je vous aurais mieux traité, mais une autre fois j'espère...

— Ah! monsieur le comte, tout ceci est délicieux!...

— Etes-vous à Paris pour longtemps?

— Non, je vais repartir en vous quittant ; je suis venu hier avec un ami qui garde un pied-à-terre à Paris, j'ai couché chez lui et nous repartirons ensemble... je lui ai donné rendez-vous sur le boulevard...

— Il fallait donc l'amener avec vous... est-ce que vos amis ne sont pas les miens?...

— Monsieur le comte, je ne sais comment j'ai mérité... croyez que de mon côté... s'il fallait me jeter dans le feu pour vous... j'en serais d'une joie!...

— Je ne doute pas de votre attachement, mon ami; des hommes de notre trempe s'entendent tout de suite... Buvez donc... si ce vin ne vous plaît pas, je vais en faire venir d'autre ; grâce au ciel, j'ai une cave assez bien garnie.

— Je le crois, monsieur le comte, mais ce vin est délicieux...

— Vous avez comme une blessure au front, mon cher, est-ce qu'il vous serait arrivé quelque accident à Paris?

— Ah! monsieur le comte!... en effet... c'est... cela vient... si j'osais vous conter... ma foi... je ne vois pas pourquoi je ne vous dirais pas la vérité... vous êtes un jeune homme... vous serez moins sévère que ma femme.

— Soyez tranquille, je ne suis nullement sévère, je ne porte pas de caleçon, moi; mais qu'est-ce donc? vous piquez ma curiosité... quelque aventure galante, je gage... Ah! Troupeau!... vous êtes un séducteur...

— Monsieur le comte, l'aventure serait peut-être devenue galante, mais nous avons été interrompus si brusquement dans nos projets... Voici le fait : Hier au soir, mon ami et moi nous sommes allés au spectacle...

— Je ne vois aucun mal à cela.

— Mais nous n'étions pas où va le public, un ami de mon ami nous a fait monter sur le théâtre.

— Sur le théâtre!... Ah! fripon! je vous vois venir... pour faire votre cour aux actrices.

— Eh! eh! eh!... j'avoue, monsieur le comte, que j'étais disposé à être très entreprenant; mais au moment où nous allions nous lancer, mon ami et moi... patatras!... un palais descend sur notre tête... nous fuyons, un pavillon nous poursuit, nous nous croyons à l'abri contre un arbre... il s'enfonce et nous disparaissons avec lui!...

— Ah! ah! ah!... ce pauvre Troupeau!... il me semble que je vous vois d'ici... Ah! ah! quel coup de théâtre cela a dû faire!

— Ma foi, monsieur le comte, nous nous sommes crus morts!... enterrés tout vivants! aussi, quoiqu'il n'en soit rien résulté de grave, j'ai bien juré que de ma vie on ne me reprendrait sur des planches.

— Ah! ah! mon cher, je rirai longtemps de votre manière d'aller vous amuser sur un théâtre...

— Oui, monsieur le comte... c'était fort drôle, en effet!...

— Je ris, parce que vous n'êtes pas blessé; je serais inconsolable si je vous savais souffrant... Buvez donc... prenez quelque chose.

— Je ne fais que cela, monsieur le comte.

— Oh! diable, déjà une heure!... comme le temps passe dans votre société, mon cher Troupeau!

— Si vous avez affaire, monsieur de Senneville, ne vous gênez en rien, je vous prie... je m'en vais...

Déjà Troupeau se levait à demi de dessus sa chaise, le comte le retient et le fait se rasseoir.

— Eh bien! eh bien!... que faites-vous donc?... me quitter si vite!... Oh! que non pas!... je vous tiens, et je n'ai pas si souvent le plaisir de vous voir; les autres m'attendront!... d'ailleurs, je réfléchis que je n'irai pas au rendez-vous que l'on m'avait donné... c'est un jeune homme de mes amis... qui sera fort riche un jour, mais qui fait des folies en attendant; je l'ai déjà obligé plusieurs fois... et il m'avait prié de lui prêter trois ou quatre mille francs... c'est ce que je comptais faire parce que j'attendais des rentrées de fonds ce matin, car on me doit un argent fou... mais, ma foi, mes débiteurs ne sont pas venus, et, malgré tout le plaisir que j'aurais eu à obliger mon ami sur-le-champ, il attendra!...

Troupeau, qui avait écouté attentivement le comte, s'écrie aussitôt d'un air radieux:

— Monsieur de Senneville, voulez-vous me rendre très heureux, voulez-vous me faire un très grand plaisir?

— Moi, mon cher Troupeau, je ne demande pas mieux... mais comment cela?

— En daignant accepter ces quatre mille francs que j'ai sur moi, et dont je n'ai aucun besoin... car je suis fort à mon aise; vous pourrez obliger votre ami aujourd'hui même, et nous serons tous satisfaits.

— Ah! Troupeau... voilà une offre à laquelle je ne m'attendais pas!... Comment! vous voulez que je prenne vos quatre mille francs... je vous dois déjà... je ne sais combien!...

— Une bagatelle!... pour laquelle je n'étais nullement venu!.. j'espère que vous le croyez...

— Oui, sans doute, mais...

— Mais, monsieur le comte, si vous me refusez, je penserai que vous ne me jugez pas digne de votre estime. Je serai affecté, mortifié...

— Tout est dit, mon ami : moi, vouloir vous mortifier!... j'accepte!... donnez-moi vos quatre mille francs... il y en aurait vingt mille que je les prendrais de même plutôt que de vous faire de la peine...

— Ah! monsieur le comte, vous me comblez!

Et le confiant Troupeau tire de son portefeuille quatre billets de mille francs qu'il présente d'un air humble au jeune homme. Celui-ci les met dans sa poche avec un gracieux sourire, puis s'écrie :

— Il faut que je vous fasse un petit écrit... n'est-ce pas ?

— Entre nous, monsieur le comte!... vous plaisantez, est-ce donc nécessaire?

Mlle BELLAVOINE.

— Ma foi, je crois en effet que cela ne servirait pas à grand'chose... entre amis la parole suffit... donnez-moi votre main, Troupeau...

— Ah! monsieur le comte!... avec grand plaisir!

Pendant que le comte serre et secoue la main du roturier, qui reçoit cette faveur comme un amant en reçoit une de sa maîtresse, Leblond paraît à la porte de la salle à manger.

— Est-ce que monsieur le comte ne prendra pas son chocolat? dit le valet en souriant de la figure comique de Troupeau qui avait les yeux baissés sur son assiette, n'osant pas retirer sa main que le comte secouait depuis assez longtemps, et qu'il finissait par tapoter machinalement comme quelqu'un qui ne pense plus à ce qu'il fait.

— Non, Leblond, il est inutile que je prenne ce chocolat, s'écrie gaiement le jeune comte en lâchant enfin la main de M. Troupeau, je n'irai pas ce matin voir la marquise, ainsi... Eh! mais... quelle idée... oui, pardieu! cela ne pourra que bien faire... Leblond, apporte le chocolat, c'est mon ami Troupeau qui le prendra... et qui m'en dira des nouvelles.

Le valet sort en riant, tandis que le bon bourgeois dit au comte :

— En vérité, monsieur de Senneville, je ne pourrai pas prendre de chocolat, j'ai déjà pris tant de choses... du café, je ne dis pas, mais du chocolat...

— Oh! mon cher, vous prendrez celui-là! d'abord c'est une toute petite tasse ; ensuite il remplace le café, il est délicieux, exquis, et excellent pour la digestion... vous en apprécierez bientôt la vertu : c'est un chocolat dont il ne faudrait pas faire un usage journalier; mais qui, pris de loin en loin, produit un effet prodigieux.

— Ah! je comprends! il engraisse comme le racahout des Arabes?

— Non... ce n'est pas précisément cela...

— Il fait bien dormir?

— Ce n'est pas cela non plus, mais vous en serez satisfait : il est extrêmement cher, ce qui fait que les personnes fort riches peuvent seules se permettre ce petit régal ; je sais qu'on en envoie fort souvent à Constantinople; le sultan en fait un fréquent usage, ainsi que tous les pachas à trois queues.

— Je le prendrai, monsieur le comte, tout ce que vous m'en dites pique ma curiosité.

Leblond est revenu avec une petite tasse pleine de chocolat; il la place devant Troupeau qui la regarde avec respect, enchanté de prendre d'une chose dont se régalent les pachas. Senneville sourit avec malice en voyant son

Mlle Virginie relève lestement sa robe.

convive porter la tasse à ses lèvres et se délecter en avalant le chocolat.

— Eh bien, mon ami, qu'en dites-vous ?

— Parfait, monsieur le comte, délicieux!..., un parfum!... un goût!... on croirait boire des pastilles du sérail.

— Vous voyez que je ne vous avais pas trompé... Maintenant, mon cher, je ne veux pas vous retenir davantage; votre ami vous attend sur les boulevards; Mme Troupeau désire sans doute votre retour; allez, mon brave... allez faire votre paix avec elle... il est essentiel qu'elle ne devine pas d'où vous vient cette bosse au front.

— C'est vrai... diable! si elle s'en doutait... Ah! comme ce chocolat est chaud... c'est un tison sur l'estomac!...

— De mon côté je vais au rendez-vous de mon ami, lui porter cette somme dont il a besoin.

— Oui, monsieur le comte; puisque vous le permettez, je vais vous présenter mes respects.

— Dites vos amitiés, Troupeau. Ah çà, il faudra que j'aille vous voir, je veux faire connaissance avec votre famille; je veux saluer votre femme et baiser la main de votre jolie Virginie.

— Monsieur le comte, ce serait nous combler de joie!... et si vous aviez jamais cette bonté...

— C'est un plaisir que je me procurerai... vous m'avez dit à Belleville... rue de Calais?

— Précisément... d'ailleurs je me flatte d'être connu...

— Ah!... dites-moi, mon cher, serai-je reçu chez vous sans caleçon?... c'est que, d'après les principes de votre femme...

— Vous serez toujours bien reçu, monsieur le comte, et vous pensez bien que mon épouse ne se permettra pas de s'assurer du fait.

— Je le crois! je ne vous disais cela que pour plaisanter. Adieu donc, mon cher monsieur Troupeau; quand vous viendrez à Paris, n'oubliez pas que j'y suis toujours pour vous.

— J'aurai l'honneur de m'en souvenir, monsieur le comte.

Le jeune homme serre encore la main de son convive; celui-ci se confond en saluts et s'éloigne enfin enchanté de sa matinée, et fier de pouvoir dire à ses connaissances qu'il a déjeuné chez son ami le comte de Senneville.

III

UNE LECTURE

Dans une chambre à coucher d'une jolie maison de Belleville, deux personnes étaient assises près d'une petite table à ouvrage. L'une, vieille femme sèche, jaune, cassée, ridée, annonçait au moins soixante-dix ans, quoiqu'elle n'en eût que soixante-cinq ; sa figure, que les années n'avaient point embellie, n'avait jamais été ni jolie ni agréable ; ses petits yeux fauves et renfoncés avaient quelque chose de ceux d'une chouette ; sa bouche ne laissait plus apercevoir que trois dents qui étaient, à la vérité, d'une prodigieuse longueur ; son nez fort grand était recourbé comme celui d'une pie-grièche, et son menton pointu semblait défendre d'approcher d'un aussi laid visage. Telle était Mlle Bellavoine ; en la voyant on comprenait qu'elle avait pu, en effet, passer sa vie sans quitter ses caleçons.

L'autre personne était une jeune fille paraissant à peine dix-sept ans d'une taille svelte, élancée et qui accusait des formes naissantes déjà fort agréables ; ses cheveux châtain clair étaient relevés simplement, et retombaient en boucles sur un front blanc et spirituel ; ses yeux, sans être grands, plaisaient par leur expression à la fois naïve et maligne ; sa bouche, souvent serrée et sérieuse, devenait riante et moqueuse quand un léger sourire s'y montrait ; enfin il y avait dans l'ensemble de ses traits de la finesse et de la malice que l'on semblait vouloir cacher sous une expression de candeur et de bonhomie : telle était Mlle Virginie Troupeau, que son père se plaisait à surnommer la Pucelle de Belleville ; ce qui sans doute ne voulait pas dire qu'il n'y eût que celle-là dans le pays.

La grand'tante de Virginie avait une paire de lunettes sur le nez et s'occupait à tricoter des bas ; la jeune fille tenait un gros livre dans lequel elle lisait ; mais de temps à autre elle tournait la tête, allongeait le cou pour regarder par la fenêtre, laissait échapper des signes d'impatience, se permettait même de faire une légère grimace derrière le dos de Mlle Bellavoine, lorsque celle-ci lui disait avec sa voix aigre et nasillarde :

— Eh bien ! ma nièce... pourquoi vous arrêtez-vous...?

— Je ne sais pas ce que j'ai aujourd'hui, dit Virginie en posant le livre sur la table, ça me picote dans les jambes... j'ai des cousins, bien sûr !

— Où donc les auriez-vous attrapés, ma nièce ? vous n'avez pas été vous promener dans les champs depuis plusieurs jours...

— Mais, ma tante, est-ce qu'on ne trouve des cousins que dans les champs ?... il y en a aussi dans notre jardin peut-être...

— Allons, Virginie, continuez donc la sainte lecture commencée.

— Oui, ma tante... je ne sais plus où j'en étais, à présent...

— Il faudrait faire attention, mademoiselle...

— Ah ! m'y voici : « C'est ce que vous ferez à Aaron et à ses enfants... vous leur mettrez la mitre sur la tête et ils seront... et... ils... » Mon Dieu, comme ça me démange... Ah !... c'est bien ennuyeux d'avoir des démangeaisons comme ça... c'est à la cuisse, tout en haut...

— Ma nièce, une demoiselle bien élevée ne doit jamais dire la cuisse... il y a comme ça des mots qui choquent dans la bouche d'une femme et qui provoquent des pensées inconvenantes!

— Ma tante, comment donc faut-il que je dise pour que vous sachiez où cela me démange?

— Dites le fémur, ce sera plus décent.

— Cela suffit, ma tante... Voulez-vous me permettre de me gratter un peu mon fémur?

— Plus vous gratterez et plus cela vous démangera.

— Oh! cela fait tant de bien de se gratter!

Et Mlle Virginie, enchantée de suspendre sa lecture, relève lestement sa robe, mettant au jour une petite culotte de finette qui enveloppait ses formes arrondies et sous laquelle elle passe sa main blanchette afin de mieux se gratter.

— Voyez, ma nièce, s'écrie la vieille tante, à quel point est précieuse la coutume de porter des caleçons; si vous n'en aviez pas eu en ce moment où vous avez été obligée de relever votre robe, combien vous auriez à rougir!

— Dame, ma tante... je ne sais pas si j'aurais rougi, mais je sais que j'aurais pu me gratter plus facilement.

— La décence avant tout, mon enfant.

— Mais, ma tante, pourquoi donc toutes les femmes ne portent-elles pas des caleçons?

— Parce que dans ce monde les bonnes coutumes ont toujours de la peine à s'établir : les hommes sont si pervers et les femmes si faibles!... Mais, patience, il faudra bien que le vice soit terrassé à la fin.

— C'est donc le vice qui va sans caleçons, ma tante?

— C'est lui qui s'est introduit sous mille formes dans le monde!... Certainement les habitants de Ninive, de Babylone, de Sodome et de Gomorrhe n'avaient point de mœurs, point de tenue... je suis sûre que leur costume était fort inconvenant.

— Mais Adrienne ne porte pas de caleçons; elle dit qu'elle ne pourrait pas marcher avec cela, et qu'une femme ne doit point être mise comme un homme.

— Mlle Adrienne est une effrontée; qu'elle s'habille comme elle le voudra, cela nous est bien égal; ce que je désire, c'est que vous ne la voyiez pas souvent; jamais seule surtout... entendez-vous, Virginie? ne causez jamais avec elle quand vos parents ne sont pas là... c'est une société qui ne vous convient pas.

LA PUCELLE DE BELLEVILLE

Virginie reprend le gros livre et débite toujours sur le même ton. (P. 34.)

— Pourquoi donc cela? Adrienne m'amuse, elle est bien gaie, elle rit toujours.
— Elle rit beaucoup trop même; est-ce qu'une jeune fille bien élevée doit rire à tout propos, et quand des hommes lui parlent? Fi donc!... Voyez-moi, ma nièce, est-ce que je sourcille quand un monsieur me demande quel est l'état de ma santé?... aussi aucun homme ne peut se flatter d'avoir ri ou plaisanté avec moi; mais Adrienne a été fort mal élevée, son oncle

et sa tante sont de si drôles de gens!... pourvu que madame mange, boive, que monsieur joue et dise de grosses bêtises, ils sont contents et ils ne s'occupent point de leur nièce ; aussi je fais fort peu de cas de ces Vauxdoré!... Allons, Virginie, reprenez votre lecture ; je pense que vous vous êtes suffisamment grattée.

Virginie tourne la tête avec dépit, tire la langue à Mlle Bellavoine, puis reprend le gros livre et débite toujours sur le même ton :

— « Vous prendrez du sang de veau, que vous mettrez avec le doigt sur les cornes de l'autel... »

— Pas si vite, ma nièce, je vous en prie.

— « Vous prendrez aussi toute la graisse qui couvre les entrailles et la membrane qui enveloppe le foie... « Qu'est-ce que c'est qu'une membrane, ma tante ?

— Allez toujours, ma nièce, vous vous interrompez trop souvent... je perds le fil.

— Quel fil avez-vous perdu, ma tante ?

— C'est votre lecture qui n'est point assez suivie... Allez donc, Virginie.

— « Le foie... avec les deux reins et la graisse qui les couvre, et vous les offrirez en les brûlant... » Oh! ma tante, brûler de la graisse, cela doit sentir bien mauvais ?

— Non, mademoiselle, cela ne pouvait pas sentir mauvais, puisque c'était une offrande au Seigneur.

— Mais, ma tante, quand on fait seulement griller des côtelettes de mouton, vous savez bien que papa dit que cela sent la mouchure de chandelle... Ah! mon Dieu, ma tante, voilà que cela me démange à la fesse maintenant...

— Ah! fi, ma nièce, fi!... quel mot vous venez encore de dire!

— Pourquoi donc fi, ma tante ? est-ce que je ne dois pas avoir de...

— Chut!... taisez-vous, c'est assez! ne révoltez pas de nouveau mes oreilles!... Mon Dieu! votre éducation est bien imparfaite... au lieu du mot ignoble que vous venez de prononcer, dites mon os coxal.

— Mais je vous assure, ma tante, que ce n'est pas un os, c'est bien gras...

— Je vous répète qu'il faut dire ainsi quand vous parlerez de cet endroit-là ; mais c'est ce qu'il faut éviter.... il y a des sujets qu'on ne doit pas aborder. Ah! mon enfant, quand vous aurez passé cinq ou six mois avec moi à Senlis, j'espère que vous ne retomberez pas dans ces fautes-là.

— Comment, ma tante, est-ce que vous voulez retourner à Senlis ?

— Oui, ma nièce, je ne puis pas toujours rester ici, j'ai affaire chez moi ; mais vous viendrez pendant quelque temps m'y tenir compagnie.

— Moi, ma tante !

— Oui, mon enfant. Vos parents vous ont assez convenablement élevée ; ils ont veillé sur votre innocence, c'est bien, mais cela ne suffit pas ; il faut que vous ayez cette tenue, cet air qui commande le respect, qui impose aux hommes... qui les foudroie quand ils ont de méchants desseins.

— Est-ce que vous avez quelquefois foudroyé des hommes, vous, ma tante ?

— Oui, ma nièce, oui, je peux m'en flatter...

— Qu'est-ce qu'ils avaient donc fait pour cela ?

— Ils n'avaient rien fait, grâce au ciel ; mais ils auraient peut-être voulu faire.

— Quoi donc, ma tante ?

— Quoi donc !... C'est assez babiller... reprenez votre pieuse lecture.

— Ah ! ma tante, vous me faites toujours lire dans le gros livre... j'aimerais bien varier ma lecture.

— Prenez le *Magasin des Enfants*, je vous permets de lire *la Belle et la Bête*.

— Je sais par cœur tous les contes qui sont dans le *Magasin des Enfants*.

— Ah ! mon Dieu !... avec ces petites filles il faudrait tous les jours en faire de nouveaux. Moi, ma nièce, à votre âge, je relisais tous les jours le *Petit Poucet* !

— Ah ! j'aime mieux ce que je ne connais pas.

— Allons, enfant gâtée, il faut toujours vous céder... Tenez, apportez ce volume qui est là-bas sur la commode.. Oui, c'est cela ; je vous permets de me lire ce qu'il contient.

— Qu'est-ce que c'est que ce livre-là, ma tante ? Est-il amusant ?

— Extrêmement amusant, ma nièce ; je l'ai trouvé parmi quelques ouvrages érudits que nous laissa mon pauvre père ; je ne vois aucun danger à vous en permettre la lecture.

— Voyons le titre : *Relations des guerres entreprises par divers peuples de l'Europe*. Ah ! c'est amusant, des guerres !...

— Commencez à l'endroit où j'ai fait une corne.

« Le général hollandais voulut poursuivre ses succès dans les Indes orientales. »

— Est-ce là, ma tante ?

— Oui, ma nièce ; allez.

« Il se porta en avant, voulant soumettre les naturels des îles Moluques... »

— Qu'est-ce que c'est que cela, des naturels, ma tante ?
— Ce sont des sauvages.

« Des îles Moluques il se dirigea sur Banda et Manille, dont les habitants voulaient faire une vigoureuse résistance ; enfin, après avoir rassemblé toutes ses forces, le général hollandais prit Manille et Banda dans l'espace de trois jours. »

— C'était un grand général, à ce qu'il paraît...
— Eh bien ! ma nièce, vous ne lisez plus ?
— Ma tante, ça m'est bien égal, à moi, que ces gens-là se soient battus !... J'aimerais mieux lire autre chose... Ah ! par exemple, un roman... Adrienne m'a dit qu'il y avait des romans bien intéressants, qu'elle en avait lu qui étaient charmants.

Mme TROUPEAU.

— Ah ! Jésus, Marie ! Quelle peste que cette petite Adrienne !... Un roman !... vous osez me demander à lire un roman... Mais, Virginie, vous ne savez donc pas que ce sont des livres damnés, défendus, impies pour la plupart... qu'une jeune fille est perdue dès qu'elle a eu le malheur de mettre le nez dans un de ces pernicieux ouvrages ?

— Mais puisque je vous dis qu'Adrienne en a lu... vous voyez bien qu'elle n'est pas perdue cependant.

— Pardonnez-moi, ma nièce ; Adrienne est à mes yeux aux trois quarts dans l'abîme... Ah ! elle lit des romans, et sa tante souffre cela... C'est bien ; j'en dirai deux mots à Mme Vauxdoré.

— Je ne veux pas que l'on gronde Adrienne... elle est si bonne fille... c'est elle qui m'a arrangé les cheveux ce matin pendant que maman déjeunait ; voyez-vous, ma tante, comme je suis bien coiffée ?

Mlle Bellavoine lève la tête et examine la coiffure de Virginie, tandis que celle-ci, qui ne veut plus lire, se lève et sautille dans la chambre.

— Eh! mon Dieu! ma nièce, je n'avais pas encore remarqué votre toilette... Qu'est-ce que c'est que ces tortillons qui vous pendent sur les côtés ?

— Ce sont des boucles à l'anglaise, ma tante.

— Vos boucles à l'anglaise vous donnent l'air d'une effrontée; retournez-moi cela bien vite derrière vos oreilles...

— Ah! ma tante... cela va si bien!...

— Et pourquoi votre fichu n'est-il pas croisé sur votre poitrine ?

— Il fait si chaud, cela m'étouffe!

— Ma nièce, la décence d'abord.. vous respirerez ensuite...

— Mais, ma tante.

— Mais, mademoiselle, je prétends qu'on m'obéisse... Allons, venez ici... là... ce fichu plus montant... à la bonne heure... vous êtes gentille à présent; vous avez l'air d'une petite sainte.

Virginie se laisse faire, mais elle se dit : — Arrangez-moi comme vous voudrez... je saurai bien me donner de l'air quand vous ne serez pas là.

L'arrivée de Mme Troupeau interrompit la conversation de la vieille fille et de sa petite-nièce.

Ah! mon ami, quelle jolie femme!

L'épouse du ci-devant marchand de crin est une grande femme de quarante ans, qui ressemble un peu à une girafe; elle porte toujours d'immenses bonnets surchargés de fleurs et de rubans, car sous son air sévère elle cache beaucoup de prétentions; elle a deux bouquets de poils sur la joue gauche, mais on lui a dit que c'étaient des grains de beauté, et c'est pour qu'on puisse mieux les voir qu'elle ne porte jamais de chapeau.

— Concevez-vous, ma tante, que mon mari ne soit pas encore revenu de Paris? dit Mme Troupeau en entrant d'un air alarmé dans la chambre de Mlle Bellavoine

— Votre mari avait sans doute plusieurs affaires à régler à Paris?
— Oh! plusieurs... je ne sais pas trop!... Quelques débiteurs à voir, entre autres, M. le comte de Senneville; mais c'est bientôt fait cela, et il est parti d'hier à trois heures!... et voilà vingt-quatre heures qu'il est absent... je suis sur des charbons ardents!

— Allons, ma nièce, calmez-vous; une femme doit toujours conserver son quant à soi.

— Justement, ma tante, je veux mon quant à moi... et, ce qui m'alarme, c'est que Troupeau est allé à Paris avec ce M. Vauxdoré... un homme libre.... en qui je n'ai nulle confiance à l'égard des mœurs! Dieu sait tout ce que ces messieurs ont fait à Paris!

— Pourquoi souffrez-vous que votre époux fréquente ces gens-là?... Pourquoi les recevez-vous vous-même?...

— Mon Dieu, ma tante, il ne faudrait voir personne, alors!

— Eh bien, ma nièce, on ne voit personne plutôt que de se perdre en mauvaise société... Leur nièce Adrienne lit des romans; elle l'a dit à Virginie...

— Ah! ma tante, je sais ce que c'est : *Gil Blas et Amadis*; elle en parlait l'autre jour devant moi...

— Je gage qu'il est question d'amour dans votre *Gil Blas;* donc c'est un mauvais ouvrage!...

— Ah! ce Troupeau!... me laisser ainsi dans l'inquiétude!... Comprenez-vous, ma tante, que Mme Vauxdoré n'est nullement tourmentée de ce que son mari ne revient pas? Je viens d'aller chez elle, croyant qu'elle partageait mes émotions; je l'ai trouvée tout occupée de faire un canard aux navets! Ah! il y a des gens heureux! des gens qui ne sentent rien.

— Vous vous livrez trop à vos sensations, ma nièce; on croirait que vous ne pouvez pas vous passer deux jours de votre mari; cela n'est pas décent. La preuve que l'on peut fort bien se passer de ces choses-là, c'est que je n'en ai jamais pris, moi, et il me semble que je n'en ai pas moins l'air respectable. Ah! si toutes les femmes me ressemblaient, les hommes seraient bien attrapés.

— Ah! le voilà, ma tante... c'est lui, j'en suis sûre... je reconnais sa manière de se moucher.

IV

EFFETS DU CHOCOLAT

En sortant de chez le comte de Senneville, M. Troupeau était allé retrouver Vauxdoré, qui l'attendait sur le boulevard des Italiens.

— Tu as été bien longtemps! dit Vauxdoré en voyant arriver son ami.

— Que veux-tu, mon cher, le comte m'a si bien reçu! il m'a fait déjeuner avec lui... il m'a forcé d'accepter...

— Et je vois qu'il t'a bien traité, car tu as l'air tout guilleret. Moi, je suis allé aussi chez un ami qui m'a fait boire d'un certain *vespétro*!... Oh! mon cher!... je veux en faire provision!... cela guérit et même prévient toutes les maladies!... et, comme j'aime mieux la liqueur que la tisane, j'ai pris l'adresse du *vespétro* sans pareil... Tiens, voilà l'adresse: Mme *Pemoulié*, liquoriste, rue Duphot, n° 14... Un magasin magnifique.

— Oh! j'ai bu bien autre chose que ton vespétro!... Le comte m'a supérieurement traité.

— Je devine; des vins rares...

— Ce n'est pas tant le vin qu'un certain chocolat... Figure-toi, Vauxdoré, que j'ai pris d'un chocolat qu'on ne sert qu'aux têtes couronnées ou aux sultans à trois queues.

— Ah! mon Dieu! et quel goût a-t-il donc?

— Oh! un goût!... une chaleur... mais il faut être riche pour qu'il ne fasse pas mal à l'estomac.

— Que diable me contes-tu là?

— Je te dis ce que je tiens du jeune comte de Senneville, qui est maintenant mon ami intime... Dieu! quel aimable jeune homme! il m'a serré la main pendant près de dix minutes.

— Pourquoi faire?

— Par affection... et il viendra nous voir à Belleville. Dis donc, Vauxdoré, comprends-tu quel bonheur!... il viendra... le comte de Senneville, nous voir à Belleville... avec son cabriolet et son domestique.

— Oui, oui, je comprends; mais il me semble qu'il serait temps d'y retourner, à Belleville nos femmes doivent s'impatienter.

— Ah! c'est juste... allons... Nous prendrons la citadine en bas du faubourg du Temple.

Ces messieurs allongent le pas et suivent les boulevards. Le temps était beau, et il y avait beaucoup de monde à la promenade. A chaque instant M. Troupeau s'arrête et se retourne en s'écriant:

— Ah! mon ami, quelle jolie femme! L'as-tu vue?

— Non, je ne l'ai pas remarquée.

— Et celle-ci... les belles formes!...

— Elle est laide, celle-ci.

— Mais ses formes... moulées, mon cher! Et cette petite bonne... hum... friponne de bonne, si je te tenais!...

— Ah çà, Troupeau, si tu t'arrêtes à chaque femme qui passe, nous n'arriverons jamais... Que diable as-tu donc? je ne t'ai jamais vu si amateur du beau sexe.

— C'est que je le trouve aujourd'hui plus beau qu'à l'ordinaire... Ah! voilà une charmante tournure... doublons le pas... je veux voir sa figure...

Et M. Troupeau tire son ami Vauxdoré; il bouscule les passants pour arriver plus vite devant une dame qui a un grand chapeau de paille. Vauxdoré regarde son ami et lui croit quelques verres de champagne dans la tête. La dame au chapeau de paille se trouve avoir cinquante ans et une loupe sur un œil.

— Ce n'était pas la peine de pousser tout le monde pour cela! murmure Vauxdoré.

— Ma foi, c'est égal! je lui dirais bien encore deux mots.

— Alors tu as le diable au corps, c'est sûr! Eh bien!... tu l'arrêtes à présent?

— Je veux acheter des oranges.

— Pourquoi faire?

— Parce que la marchande est gentille... Tiens... viens la voir... c'est la jolie marchande du boulevard Saint-Martin... a-t-elle l'air polisson!... Combien vos oranges?

— Trois sous, monsieur... flairez-moi ça...

— Hum!... séductrice!... je flairerais bien autre chose!...

Vauxdoré tire son ami par le pan de l'habit en lui disant à l'oreille :

— Troupeau, tu te compromets... Si c'était la nuit, je ne dis pas... mais le jour...

— Mais vois donc ces yeux-là!

— Voyons, monsieur, avez-vous fini de me toucher les mains?... vous êtes bien long à choisir...

— Je sais bien ce que je choisirais si tu voulais...

— Troupeau, si tu restes là, je m'en vais sans toi.

Ce n'est pas sans peine que Vauxdoré arrache son ami d'auprès de la marchande d'oranges. Enfin ces messieurs arrivent au faubourg du Temple; la citadine de Belleville passait; ils montent dedans. M. Troupeau va se coller contre une énorme femme qui a l'air fort commun, tandis que Vauxdoré s'assied près de la portière.

LA PUCELLE DE BELLEVILLE

M. Troupeau se penche vers sa femme et lui dit à l'oreille... (P. 44.)

LIV. 6. — PAUL DE KOCK. — LA PUCELLE DE BELLEVILE. — ÉD. J. ROUFF ET Cie. LIV. 6

— Je ne lui ai jamais vu le vin si gai ! se dit Vauxdoré ; est-ce que par hasard il trouve aussi ce colosse à son goût ?

M. Troupeau cherchait en effet à lier conversation avec sa voisine ; la chose était facile ; la dame ne demandait qu'à parler.

— Appuyez de mon côté, madame ; ne vous gênez pas... les dames ne me gênent jamais, moi.

— Vous êtes ben honnête, monsieur ; c'est que je suis un peu large...

— Raison de plus... en voiture il faut se prêter... Vous n'êtes pas de Belleville ?

— Non, monsieur ; je suis des Prés... Je viens de Paris, de consulter un fameux médecin pour mon homme qui est malade... Depuis six mois, il s'en va en crachats, le pauvre cher ami.

— Diable ! c'est fort désagréable d'avoir un mari qui s'en va... Appuyez-vous donc.

— Le médecin m'a dit comme ça, de lui faire appliquer des *moque-toi de ça* sur la poitrine.

— Des moque-toi... Ah ! des *moquepesa*, vous voulez dire !

— Oui, moque-toi... enfin c'est une petite chose qui vous brûle la peau... et il prétend que ça lui fera du bien.

— Appuyez-vous... Approchez-vous... ne vous gênez pas.

— Ce pauvre cher homme ! c'est pourtant une *courante d'air* qui lui a valu cette maladie-là ! Il était frais comme vous et moi avant ce chien de rhume !

— Appuyez-vous... laissez-vous aller.

— Vous êtes ben honnête. Et dame, c'est qu'il n'y a pas moyen qu'il travaille ; depuis six mois il n'a presque pas touché à l'ouvrage.

— Votre mari est dans le commerce ?

— Non, il est dans la vidange.

Cette confidence amortit un peu la galanterie de M. Troupeau. C'est lui qui s'éloigne de la grosse femme, tandis que Vauxdoré sourit et prend une prise de tabac.

On est enfin arrivé à Belleville, les deux amis se séparent, Vauxdoré trouve sa femme tranquillement occupée à savourer un canard aux navets ; Mme Troupeau n'était pas en aussi bonnes dispositions.

— Me voici, ma chère amie, dit l'habitant de Belleville en s'approchant pour embrasser sa moitié.

— Bonjour, ma tante... bonjour, Virginette... Eh bien ! madame Troupeau, embrassez-moi donc...

— C'est bien, monsieur, je veux auparavant savoir ce que vous avez fait depuis hier... une si longue absence!...

— Moi, je veux d'abord t'embrasser, nous causerons après...

Et M. Troupeau embrasse sa femme en la serrant dans ses bras avec plus d'ardeur que de coutume, ce qui fait murmurer Mlle Bellavoine, qui trouve inconvenant que l'on s'embrasse devant elle.

— Maintenant, monsieur, vous allez, j'espère, nous apprendre ce qui vous a retenu?

— Oui, tendre amie... Tu sauras tout. Tiens, Virginette, voilà des oranges que je t'ai achetées...

— Merci, papa...

— Comment, monsieur, vous avez acheté des oranges?... A quel propos?... Quelle idée de rapporter des oranges!...

— Idée de faire plaisir à ma fille...

— Cela n'est pas clair... il y a quelque chose de caché sous ces oranges-là... Et le comte de Senneville, l'avez-vous vu?... Et hier au soir, qu'avez-vous fait... et pourquoi revenez-vous si tard aujourd'hui?

— Tu sauras tout cela, chère amie.

M. Troupeau se penche vers sa femme et lui dit à l'oreille, en faisant des yeux en coulisses :

— Je monte dans notre chambre à coucher... suis-moi, j'ai à te parler en tête-à-tête...

— Suis-moi, te dis-je, tu n'en seras pas fâchée.

M. Troupeau ajoute tout haut :

— Je vais monter à notre chambre... j'ai besoin de changer de bottes. Bobonne, tu viendras me donner des chaussettes... je ne sais jamais où elles sont.

En achevant ces mots, le ci-devant marchand de crin sort de la chambre en sautillant, puis il monte dans le sanctuaire conjugal, où il ôte ses bottes et tout ce qui peut le gêner.

Cependant Mme Troupeau a regardé partir son mari, elle ne devine pas ce qu'il veut lui dire; mais elle s'écrie en s'adressant à sa tante :

— Mon époux a quelque chose... certainement il a quelque chose; je ne le laisserai plus aller à Paris sans moi.

— Je crois que vous aurez raison! répond Mlle Bellavoine en secouant la tête, tandis que Virginie mord dans les oranges en murmurant :

— Moi, je trouve que papa est bien gentil!

Mme Troupeau n'a pas tardé à suivre son mari, parce qu'une femme est toujours curieuse de savoir ce qu'on veut lui dire en tête-à-tête. En entrant dans sa chambre à coucher, elle aperçoit son époux qui a ôté bien autre chose que ses bottes. Elle reste saisie et s'écrie :

— Qu'est-ce que cela veut dire?

M. Troupeau se hâte d'aller mettre le verrou, puis il donne à sa femme une explication qui probablement la satisfait complètement; car en sortant de la chambre à coucher pour retourner près de sa tante, un air aimable et gracieux a remplacé l'expression sévère qui depuis le matin rembrunissait le front de Mme Troupeau.

— Eh! dit la vieille tante en ôtant ses lunettes, votre mari vous a-t-il communiqué le résultat de son voyage?

— Oui, ma tante, il vient de me le communiquer. Il paraît que ce jeune comte de Senneville est un homme charmant... il a fait déjeuner Troupeau avec lui... lui a fait prendre du chocolat... il l'a reçu d'une façon tout à fait intime.

— En vérité?

— Oui, ma tante; Troupeau a ses entrées dans l'hôtel du comte, il peut s'y présenter quand il le voudra... jour et nuit.

— Jour et nuit!... c'est fort honorable cela... Mais, ma nièce, est-ce que vous ne pensez pas à nous faire dîner... il me semble que voici l'heure; à Senlis je serais à table depuis longtemps... nous n'avons pas déjeuné chez un comte, nous autres.

— C'est juste, ma tante, je vais voir si Babelle est prête à nous servir!

Mme Troupeau donne un coup d'œil à la glace, redresse son bonnet et descend à sa cuisine en fredonnant : « *Toujours! toujours! je te serai fidèle!* » et Virginie s'écrie :

— Ah! c'est drôle comme maman est de bonne humeur depuis que papa a ôté ses bottes!

— Les femmes sont trop bonnes! dit Mlle Bellavoine, un rien les calme, les apaise!... Ah! si j'étais mariée, on ne m'aurait pas vue girouette comme cela! lorsqu'une fois j'aurais été de mauvaise humeur contre mon mari, cela aurait duré toute l'année... il faut du caractère.

M. Troupeau revient, il est en pantoufles, il a passé sa robe de chambre, il cherche encore sa femme.

— Où donc est Bellotte... je ne la vois pas?...

— Elle est à la cuisine...

— Comment! est-ce qu'on pense déjà à dîner?

— Déjà!... quand vous allez à Paris, mon neveu, vous y perdez donc l'appétit?... il est trois heures et demie...

— Ah! pardon, ma tante, c'est que j'ai si bien déjeuné... ma femme est longtemps à la cuisine.

Mme Troupeau reparaît en disant :

— Dans quelques instants le dîner sera prêt... Babelle nous avertira.

M. Troupeau se penche encore vers sa femme et lui dit tout bas :

— Viens donc là-haut... monte avec moi...

— Comment, monsieur... vous voulez derechef... mais il me semble..

— Ma chère amie, tu m'as donné des chaussettes qui me gênent, reprend M. Troupeau en élevant la voix ; je ne peux pas les garder, vu que j'ai un cor qui me fait mal... fais-moi le plaisir de venir m'en donner d'autres...

Après avoir dit cela, d'une enjambée il est hors de la chambre, et Mme Troupeau, qui est restée un moment indécise, ne tarde pas à suivre son mari en balbutiant :

— Au fait... si ses chaussettes le gênent je ne veux pas qu'il ait des durillons!

Mlle Bellavoine a remarqué avec humeur cette nouvelle disparition de son neveu et de sa nièce ; elle murmure entre ses dents :

— Je n'ai jamais vu M. Troupeau si délicat pour ses chaussettes... parce qu'il est l'ami d'un comte, ce n'est pas une raison pour changer de bas tous les quarts d'heure! cela deviendrait ruineux...

Babelle vient annoncer que le dîner est prêt et les deux époux ne sont pas encore descendus.

— Mais que peuvent-ils faire si longtemps là-haut! s'écrie la vieille fille, cela devient ridicule... c'est me manquer de respect... Venez, Virginie, nous allons dîner sans eux, puisqu'ils s'embarrassent si peu de nous faire attendre. Chez moi, à Senlis, j'ai mes heures réglées, je n'attends jamais.

Au moment où la vieille tante va se rendre avec sa petite-nièce dans la salle à manger, M. et Mme Troupeau reviennent ; le premier, l'air conquérant ; la seconde, les yeux baissés et quelque chose de langoureux dans la physionomie.

— Nous allions dîner sans vous, dit sèchement Mlle Bellavoine, car je ne comprends pas que l'on soit si longtemps pour mettre des chaussettes.

— Pardon... excusez-nous, ma tante, Troupeau me faisait voir son cor...

— Eh bien! il fallait faire ce que je vous ai dit cent fois : appliquer dessus une feuille de bardane trempée dans le vinaigre, cela les fait mourir en très peu de temps.

— Ah !... oui... de la bardane... nous n'y avons pas pensé... mais il faut pardonner à mon mari d'oublier le dîner, il paraît qu'il a pris de si bon chocolat !... As-tu faim, mon ami?

— Mais oui, bobonne, je suis capable de très bien dîner.

— Ah! méchant !... tu es capable de tout aujourd'hui, murmure Mme Troupeau en se penchant vers son mari.

Heureusement ces mots ne parvinrent pas aux oreilles de la vieille tante, qui en eût été scandalisée. Mlle Bellavoine est déjà dans la salle à manger.

On sert le dîner ; M. Troupeau y fait honneur, sa femme mange peu ; elle se contente de sourire tendrement en regardant son mari. Mlle Bellavoine a de l'humeur, elle ne dit rien. Pendant que son père découpe un poulet, Virginie s'écrie :

— Papa, vous me donnerez un petit fémur à ronger, n'est-ce pas? c'est ce que j'aime le mieux.

M. Troupeau regarde sa fille et ne comprend pas. L'ex-négociant n'était pas fort sur l'anatomie.

— Qu'est-ce que tu m'as demandé, Virginette? reprend-t-il enfin.

— Le fémur du poulet, papa, puisque ma tante m'a dit qu'il ne fallait pas dire la cuisse.

— Oui, mon neveu, dit Mlle Bellavoine, et j'espère que vous m'approuvez ; ne trouvez-vous pas que ce mot est plus décent que l'autre?...

— Ma tante, certainement... Je suis de votre avis... mais je vous avoue que je ne connaissais pas ce terme-là...

— Il faut les apprendre, mon neveu, je vous prêterai les livres savants que me laissa feu mon père !... on s'instruit à tout âge.

— C'est juste, ma tante ; mais lorsque j'étais dans la plume et le crin, vous conviendrez que j'avais peu de temps à donner aux beaux-arts... à présent que je suis fort à mon aise, et l'ami intime du comte de Senneville, je ne serai pas fâché de pouvoir m'étendre sur tous les sujets... d'autant plus que le comte viendra nous voir... il me l'a promis...

— Il viendra chez vous, mon neveu? dit la vieille fille en regardant Troupeau avec plus de considération.

— Oui, ma tante, j'ai sa parole ; et un homme noble ne peut pas y manquer.

— Ah! quel bonheur de recevoir un comte! s'écrie Mme Troupeau. Je pleurerai de joie ce jour-là !... Mon ami, c'est le cas de faire repeindre notre escalier et nos corridors.

— J'y songeais, ma chère.

— Mon papa, un comte, est-ce plus joli garçon qu'un autre homme?

Mlle Bellavoine regarde sa petite-nièce d'un air sévère en disant:

— Virginie, à quoi pensez-vous là?... que signifie une telle question?

— Dame, ma tante, c'est pour savoir.

— Et cela prouve son innocence, dit Mme Troupeau en passant sa main sur la joue de sa fille. Elle demande cela comme elle s'informerait de la beauté d'un éventail.

— Ma fille, reprend M. Troupeau, tous les hommes sont égaux devant la loi! Certainement mes principes sont connus... Je hais le despotisme.

— Ce n'est pas cela que je vous demande, papa.

— Mais un comte a toujours des manières distinguées... élégantes... qui plaisent tout de suite... et M. de Senneville est très bien... C'est un joli garçon... pétillant d'esprit.

— Est-ce chez lui que vous vous êtes cogné au front, papa?

— Eh mais! en effet... dit Mme Troupeau en regardant son mari. Tu as quelque chose au front... Comment n'avais-je pas vu cela?... J'ai été si... occupée depuis ton retour!

— Moi, je l'avais bien vu, dit Mlle Bellavoine, c'est un furieux coup que vous avez reçu là!

— Oui, ma tante, et pourtant c'est peu de chose... C'est un commissionnaire qui portait... une fontaine... et à Paris il y a tant de monde dans les rues... Je ne l'ai pas vu venir... le robinet m'a un peu attrapé... et... Ah! voici Rouget, viens donc, Rouget, que je te donne quelque chose!...

Rouget est un petit chat tout jeune, dont l'arrivée vient d'être fort agréable à M. Troupeau, qui s'embarrassait dans son histoire; il s'empresse de le prendre, de le caresser; il lui présente sa joue; mais le chat grogne et veut griffer.

— Qu'a-t-il donc aujourd'hui, Rouget? il ne veut pas jouer... Il est méchant, dit M. Troupeau en déposant le petit chat à terre.

— Ah! je sais bien pourquoi il est sauvage, dit Virginie, c'est que ce matin notre bonne lui a coupé la queue avec une pelle rouge, cela lui aura fait mal, à ce pauvre chat.

— Ma petite-nièce, il ne faut pas dire la queue, c'est malpropre, s'écrie la vieille fille avec humeur; on dit: notre servante lui a coupé le superflu.

— Ça suffit, ma tante, je dirai superflu une autre fois.

La famille est encore au dessert lorsqu'arrive un petit monsieur d'une cinquantaine d'années, figure bouffie, bouche toujours ouverte, œil

Monsieur, Madame, toute la société, j'ai bien l'honneur de vous saluer,
dit M. Tir en entrant (P. 50.)

étonné, petite perruque lisse, un peu trop courte au-dessus des oreilles :
tel est M. Tir, que sa taille a exempté de la conscription.

M. Tir est un ancien employé ; depuis qu'il est à la retraite il
s'est retiré à Belleville avec sa femme et ses enfants ; là il jouit d'une
honnête aisance et peut s'adonner entièrement à la passion qui l'a toujours
dominé, c'est de faire des feux d'artifice. Étant encore enfant, le petit Tir ne
rêvait que fusées, bombes et serpentaux ; il jouait sans cesse avec de la

poudre, qu'il pétrissait et mêlait avec de l'eau et du soufre ; il en bourrait de petits canons et faisait partir cela aux yeux de ses camarades : en prenant de l'âge, son goût pour l'artifice n'a fait que s'accroître ; c'est son seul bonheur, c'est son idée fixe. Pendant vingt ans de sa vie il ne s'est délassé des travaux bureaucratiques qu'en composant des soleils et des étoiles ; il a toujours sur sa table de nuit des mèches et des étoupilles ; il s'est marié pour avoir l'occasion de tirer des chandelles romaines ; enfin il a nommé son fils Pétard et sa fille Poudrette. Du reste, M. Tir est un excellent homme, point bavard, point cancanier, et ne mettant de l'artifice que dans ses cartouches.

— Monsieur, Madame, toute la société, j'ai bien l'honneur de vous saluer, dit M. Tir en entrant. Ah ! vous êtes encore à table... Ah ! si j'avais su que vous fussiez à table...

— Qu'est-ce que cela fait ? entrez donc, monsieur Tir. Est-ce que nous sommes à cérémonies entre nous ?... Asseyez-vous donc...

— Vous avez dîné plus tard qu'à votre ordinaire, aujourd'hui... car il me semble qu'à cinq heures vous avez toujours fini ?...

— Oui, dit Mlle Bellavoine, c'est mon neveu qui est revenu tard de Paris... on n'en a pas fini pour se mettre à dîner.

— Monsieur Tir... une prune... un abricot... cela ne se refuse pas...

— Infiniment obligé... je sors d'en prendre... Je me suis hâté de dîner. Je n'ai même presque pas mangé aujourd'hui, parce que j'étais tourmenté... depuis trois jours ça me trottait dans la tête.

— Est-ce qu'il va encore y avoir des émeutes ? dit Mlle Bellavoine en fixant sur M. Tir ses petits yeux fauves.

— Des émeutes... Ah ! je ne vous dirai pas... Ce qui me tourmentait, c'était de trouver la manière de faire tourner trois soleils en sens inverses. Eh bien ! je l'ai trouvée !... Oh ! je la tiens !...

— Vraiment ?

— Je fais tourner un soleil à droite, un autre à gauche, et le troisième reste immobile. Hein ?... qu'en dites-vous ?...

— C'est très ingénieux.

— Vous vous occupez donc toujours de feu d'artifice, monsieur Tir ?

— Oui, madame, c'est mon seul plaisir... Et puis, c'est bien amusant... pétrir de la poudre avec du charbon pilé, de la limaille de feu, du soufre... mesurer tout cela, ce n'est pas une petite besogne !

— Mais vous devez toujours avoir les mains noires ?

— Ma femme y est habituée. Voilà mon petit garçon qui commence à aller bien... il fait sa petite bombe très joliment... Ma fille travaille aux étoupilles... moi j'ai passé tout mon hiver à faire des fusées. J'amasse des matériaux, et quand vous donnerez une fête... Il faut marier cette jolie demoiselle : nous lui tirerons ce jour-là un feu d'artifice qui se verra de loin, je l'espère.

— Chut ! de grâce, monsieur Tir... Est-ce qu'on parle de ces choses-là devant les jeunes filles ? dit la vieille tante en se pinçant les lèvres.

— Et d'ailleurs nous avons le temps, dit M. Troupeau. Virginette est encore bien enfant... Je prétends aussi qu'elle n'épouse qu'un homme... digne d'elle. Je suis à mon aise, et je veux choisir mon gendre... avec l'assentiment de ma tante...

— Assez, mon neveu, assez !... je vous en supplie !... s'écrie Mlle Bellavoine. Vous allez faire naître des idées à cette enfant !... c'est inconvenant !

— Je me tais, ma tante ; mais alors, monsieur Tir, vous allez accepter un petit verre de cognac... Cela ne se refuse pas.

— Allons, va pour le cognac... nous le boirons à la découverte de mes trois soleils... si vous le permettez.

— Volontiers... Nous boirons au soleil, à la lune, à tout ce que vous voudrez.

— Mon Dieu ! comme votre mari a le verbe haut ce soir ! dit Mlle Bellavoine à Mme Troupeau. Ce voyage à Paris lui a fait du tort.

— Mais je ne trouve pas, ma tante, répond Mme Troupeau en versant du cognac à son époux.

Vauxdoré entre au moment où ces messieurs vont trinquer. La vieille tante fait la grimace à la vue du voisin ; celui-ci tient un jeu de dames sous son bras, et s'écrie en arrivant :

— Je viens de gagner une partie superbe à mon voisin le capitaine et vous savez qu'il est fort... Mesdames, je vous présente mes hommages... J'apporte le jeu... je veux vous montrer le coup qui est compliqué... Bonsoir monsieur Tir, je suis allé à dame comme ça ne m'était jamais arrivé... faites-moi un peu de place.

— Vauxdoré, tu vas prendre un petit verre ? dit M. Troupeau pendant que son ami place son damier sur un coin de la table et arrange ses dames.

— Non, non, laisse que je me rappelle bien comment le jeu était disposé.

— A la réussite de mes soleils !... dit M. Tir en se levant.

Troupeau a déjà avalé son cognac ; depuis qu'on est au dessert, il semble éprouver des inquiétudes dans les jambes, il regarde sa femme, lui fait des mines, lève les yeux au plafond et ne fait que peu d'attention au damier.

— Voilà positivement comment nos dames étaient placées, dit Vauxdoré, j'avais celle-ci et je donne à prendre... Examine le coup, Troupeau.

— Oui, oui... j'examine aussi... c'est que...

— Mon Dieu! mon neveu, qu'avez-vous donc à vous tortiller ainsi sur votre chaise?... Voilà un quart d'heure que vous êtes en mouvement?

— Ma tante, je vous demande pardon... je vous avoue que mon cor me gêne toujours... Bobonne ne me l'a pas bien arrangé apparemment... ou ce sont mes chaussettes qui...

— Comment, mon neveu, voici encore l'histoire de votre cor qui va recommencer... mais cela devient une infirmité!... c'est fort ennuyeux. Allons, ma nièce, montez vite avec votre mari et coupez-lui ce cor de manière que nous ne l'entendions plus parler.

Mme Troupeau ne se fait pas répéter cet ordre : elle suit son mari, qui est déjà sur l'escalier, tandis que Vauxdoré lui crie :

— Attends donc... que je te montre comment on va à dame!

Et la vieille fille appliqua son œil de chouette sur le trou de la serrure.

Réduit à expliquer son coup à M. Tir, qui ne voit partout que du feu, Vauxdoré remet avec humeur les dames de côté; mais il tire un jeu de cartes de sa poche et force l'artificier à faire avec lui une partie de mariage, c'est le seul jeu que possède M. Tir?

— Je ne propose pas une partie à Mlle Bellavoine, dit Vauxdoré, je sais qu'elle n'aime pas les cartes.

— Je les ai en horreur; je n'en ai jamais touché de ma vie, répond sèchement la vieille tante. C'est un péché que le jeu.

— Elle aime mieux médire de son prochain, dit tout bas Vauxdoré. Je me défie de ces gens qui n'aiment rien, c'est qu'ordinairement on ne les a jamais aimés. Qu'en pensez-vous, monsieur Tir!

— Je pense... qu'il tournera pendant près de trois minutes.

— Quoi donc?

— Mon triple soleil.

Il y a près d'une demi-heure que les époux ont disparu ; Virginie regarde à travers les carreaux de la fenêtre ; Vauxdoré a gagné six parties à M. Tir ; mais M¹¹ᵉ Bellavoine s'impatiente et se tourne à chaque instant vers la porte de l'escalier, en murmurant :

— Il se passe aujourd'hui quelque chose d'extraordinaire entre mon neveu et ma nièce !... Que peuvent-ils faire là-haut?... on se conduit d'une façon inconvenante dans cette maison! C'est me manquer de respect que d'être si longtemps dans leur chambre... Ah!... je vois bien que j'ennuie ici... c'est bon... je retournerai chez moi... là, du moins, je commande, et tout obéit à mes volontés... Bientôt trois quarts d'heure pour s'extirper un durillon !... M. Troupeau a donc des exostoses au pied !

— Il est certain, dit Vauxdoré, que je ne suis pas aussi long pour couper un cor... Zig, zag !... en deux coups c'est fait.

— Ils font peut-être une fusée, dit M. Tir.

— Je ne sais pas ce qu'ils font, mais cela devient ridicule. Est-ce que par hasard ma nièce aurait blessé son mari en voulant lui extirper son cor?... je veux m'assurer de cela.

M¹¹ᵉ Bellavoine se lève, prend la grande canne sur laquelle elle s'appuie en marchant, et laissant sa petite-nièce regarder à la fenêtre, elle sort de la salle et monte l'escalier qui mène chez Mᵐᵉ Troupeau.

La vieille fille continua de descendre l'escalier.

La vieille tante marchait doucement, traînant ses jambes frêles, et reprenant haleine à chaque instant. Elle arrive cependant devant la porte de la chambre des époux, elle s'arrête, elle a entendu du bruit. Elle écoute, parce qu'on peut avoir horreur des cartes et écouter aux portes ; le son d'un gros baiser parvient à ses oreilles ; mais comme il y a un pinson dans la chambre de sa nièce, elle se figure que c'est l'oiseau qui vient de chanter. Elle cherche la clef, elle n'est pas sur la porte.

— Comment, ils se sont enfermés!... dit Mlle Bellavoine, cela me semble bien extraordinaire... s'enfermer pour couper un cor... Allons, voilà encore le pinson qui chante... Que font-ils donc à cet oiseau?... si je pouvais voir!...

Et la vieille fille applique son petit œil de chouette sur le trou de la serrure, et au bout d'un moment elle pousse un cri perçant et s'éloigne de la porte en disant :

— Quelle horreur!... quelle indignité!... il ne l'a plus... au milieu de la journée!... Je ne resterai pas davantage dans cette maison!...

Aux cris de la vieille tante, M. et Mme Troupeau sont sortis de leur chambre. Ils s'informent de la cause de ce bruit qui les a étrangement troublés. La vieille fille continue de descendre l'escalier, en frappant à terre avec sa canne et criant :

— Dès demain je pars... je retourne chez moi, à Senlis. Je ne veux pas habiter plus longtemps une maison où je suis exposée à voir de ces choses-là!...

— Mon Dieu! ma tante, qu'avez-vous donc vu? dit Mme Troupeau en rougissant jusqu'aux oreilles.

— Ce que j'ai vu, ma nièce? que votre mari l'avait ôté!...

— Mais, ma tante...

— La nuit, pour dormir, je ne dis pas, et encore un homme décent devrait coucher avec. Mais au milieu de la journée, devant sa femme! ôter son caleçon!... C'est ignoble, ma nièce!

— Ma tante, c'est que...

— Mon neveu, je ne sais pas ce que vous avez fait à Paris, mais vous en avez rapporté des façons beaucoup trop lestes... tout cela me déplaît! Ce soir, je fais mes paquets et demain je retourne à Senlis.

— Ah! ma chère tante, calmez-vous!

— Non, ma nièce, je veux retourner chez moi, j'y suis décidée... Quant à votre fille Virginie, gardez-la!... Oh! gardez-la près de vous. Je ne veux plus me mêler en rien de son éducation.

C'est en vain que M. Troupeau et sa femme essayent de calmer la colère de leur tante. La vieille fille n'écoute rien ; elle va s'enfermer dans sa chambre, où elle prépare ses paquets. Le lendemain, elle fait mettre le cheval à sa carriole de voyage, qu'elle nomme son cabriolet, et qui ressemble à une voiture de boulanger ; puis un vieux paysan, que Mlle Bellavoine appelle fastueusement son laquais, monte sur la banquette d'avant, et fouet te le cheval qui emmène la vieille fille.

V

DEUX JEUNES FILLES

M. et Mme Troupeau ont été mortifiés du départ précipité de leur tante ; cependant ils ne conçoivent pas de sérieuses inquiétudes de ce moment d'humeur, Mlle Bellavoine les ayant habitués à supporter les boutades de son caractère ; ils comptent d'ailleurs faire entièrement la paix avec leur tante, en lui envoyant Virginie dès qu'elle la fera demander.

Bien loin d'être contrariée du départ de Mlle Bellavoine, Virginie en est enchantée : elle ne s'entendra plus dire toute la journée : « Tenez-vous droite, baissez les yeux... ne vous servez pas de ce mot-là ». Elle ne sera plus obligée de faire tous les jours des lectures qui l'ennuient ; elle pourra voir son amie Adrienne ; enfin elle sera plus libre, car ses parents, qui l'adorent, ayant la plus entière confiance dans son innocence, ne l'empêchent pas de faire sa volonté ; et cela est si joli à dix-sept ans de pouvoir faire sa volonté ! Plus tard nous trouvons doux aussi de faire toutes les volontés d'une autre... puis, en avançant dans la vie, nous redevenons égoïstes et volontaires comme étant enfants.

Cette Adrienne, que Mlle Bellavoine ne pouvait pas souffrir, était cependant une jolie personne. Elle avait deux ans de plus que Virginie, elle était plus grasse, plus formée ; c'était une brune aux yeux vifs et noirs : son petit nez, légèrement redressé, donnait à sa physionomie quelque chose de badin ; ajoutez à cela une bouche bien garnie, qui riait presque toujours, de jolies couleurs, de la gaieté dans l'esprit, de la vivacité dans les mouvements, de l'étourderie dans le caractère, et l'on concevra que les jeunes gens dussent aimer à faire rire Mlle Adrienne ; s'ensuit-il de là que c'était une connaissance dangereuse pour Virginie, et doit-on suspecter la vertu d'une femme parce qu'elle rit facilement ? C'est ce que probablement la suite nous apprendra.

M. et Mme Vauxdoré allaient assez souvent le soir faire une partie de *Nain jaune* chez M. Troupeau, où se réunissaient quelques autres personnes du voisinage. Adrienne accompagnait ses parents, mais elle ne jouait pas, elle apportait son ouvrage et allait travailler, ou plutôt causer à côté de Virginie, qui préférait babiller avec son amie, à tenir des cartes dans sa main, et répéter pendant deux ou trois heures de suite : six sans sept, ou dame sans roi. Quand le jeu était bien en train, Virginie faisait un signe à Adrienne qui la suivait dans sa chambre, où l'on était plus libres pour jaser et se faire des confidences. Entre jeunes filles, c'est si gentil, les confidences ! et la plus sage en a toujours à faire.

Le lendemain du départ de Mlle Bellavoine, la famille Vauxdoré arrive pour faire la partie ; M. Troupeau est étendu depuis la veille dans un grand fauteuil à la Voltaire, il a l'air de ne pas pouvoir se bouger, on voit que ses cors le laissent fort tranquille, et que c'est tout au plus s'il sera en état de jouer au *Nain jaune*.

M. Tir est venu avec son fils Pétard et sa fille Poudrette, auxquels il veut bien permettre la récréation du *Nain jaune,* parce qu'il a été content des mèches que ses enfants lui ont fabriquées toute la semaine : quant à lui, qui n'aime pas le jeu, il a dans sa poche des cartouches, du papier et une boîte à colle ; il va s'asseoir dans un coin du salon et demande à la société la permission de terminer un petit soleil à bombe, pièce compliquée et de sa composition ; ce qui lui est accordé par Mme Troupeau, à condition qu'il ne s'approchera pas de la chandelle.

Virginie et Adrienne ont fait semblant d'aller travailler contre une croisée ; mais dès que le jeu est animé, elles s'éclipsent et montent à la petite chambrette de Mlle Troupeau, qui touche à celle de ses parents.

— Nous voici seules, enfin, dit Virginie en s'asseyant près de son amie. Nous pouvons causer.

— Tu n'aimes donc pas mieux rester avec la famille Tir? dit Adrienne souriant ; elle est cependant bien aimable, la petite Poudrette qui a toujours la figure barbouillée de limaille, de charbon !... et ce grand niais de Pétard, qui saute sans cesse comme un cabri et qui empoisonne le soufre !...

— Oh! j'aime mieux parler avec toi... Il y a plusieurs jours que nous ne nous sommes vues !...

— Ta vieille tante était si aimable ! elle ne te quittait pas plus que son ombre.

— Et il fallait lui faire des lectures toute la journée, et puis elle me reprend sans cesse : par exemple... tu sais bien... notre chose... sur quoi nous sommes assises...

— Notre chaise?

— Non... ce qui nous suit toujours.

— Ah... ça?

— Oui, et bien, ma chère, au lieu du nom que nous lui donnions, cela doit s'appeler un os coxal.

— Ah! cette bêtise !... c'est ta tante qui dit cela?

— Eh bien autre chose, encore! C'est qu'elle est méchante !... jusqu'à vouloir m'empêcher de me gratter quand ça me démange!

— Ah! c'est trop fort.

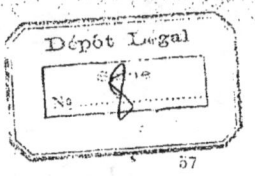

Lorsque Virginie et Adrienne arrivent au salon, elles le trouvent éclairé par un soleil d'artifice. (P. 61.)

— Heureusement que tout cela ne me gênait guère.

— Mais par quel hasard est-elle partie si vite?... Vous comptiez qu'elle resterait encore quinze jours?

— Je ne sais ce qui lui a pris... C'est après le dîner... Elle était fort mécontente parce que papa et maman étaient montés plusieurs fois à leur chambre.

— Comme s'ils n'étaient pas les maîtres.

— Papa avait des cors qu'il voulait faire tailler... M¹¹ᵉ Bellavoine a trouvé cela ridicule... elle les a suivis, elle est revenue en fureur... je ne sais de quoi!... Enfin, elle est partie. Mais on prétend qu'il faudra que j'aille passer quelque temps chez elle à Senlis...

— Ah! ma pauvre Virginie, c'est là qu'il faudra de la raison pour ne pas mourir d'ennui!... Moi, je ne pourrais pas y tenir; mais toi, tu es si sage!...

— Oh! oui, certainement... je suis bien sage... mais ça n'empêche pas de penser...

— Tu n'aimes ni le spectacle, ni les bals, ni la danse... tandis que je suis folle de tout cela!

— J'ai l'air de ne pas aimer cela devant ma tante, parce que ça lui fait plaisir... et, comme je veux être son héritière, je suis bien aise de lui faire plaisir : mais au fond du cœur je grille de connaître le spectacle, et je voudrais bien aller au bal si je savais danser; on ne m'a pas fait apprendre parce que ma tante a prétendu qu'il suffirait que je susse faire la révérence... Ah! je la fais bien la révérence... Veux-tu que je t'en fasse une?

— Non, merci; garde-la pour danser un menuet. Moi, j'aime le monde... la société... C'est si amusant quand des messieurs aimables viennent faire les galants... nous adresser des compliments... nous faire la cour enfin! je les laisse dire... je ris de leurs belles paroles ; de leurs soupirs... Tiens! il faut bien rire! Est-ce qu'il y a du mal à cela?... D'ailleurs, je voudrais trouver un mari, et, comme je ne suis pas riche, moi, il me semble que ce n'est pas en faisant une mine sévère, ou en ne répondant que par monosyllabes, que j'inspirerai une passion profonde à un beau jeune homme.

— Ah! tu veux inspirer une passion à un beau jeune homme?

— Certainement que s'il était laid ça me serait fort égal qu'il m'aimât, je n'en voudrais pas. D'abord, moi, je veux aimer mon mari! je veux l'adorer, l'idolâtrer!... Oh! que ce doit être gentil un mari... quand il est gentil!

— Tu crois que c'est gentil?

— Apparemment, puisque toutes les demoiselles en prennent.

— Ma tante n'en a pas pris, elle.

— Parce qu'on n'aura pas voulu d'elle malgré ses écus. Elle était trop laide et trop méchante!

— Mais, dis donc, quand on a un mari, est-ce que les autres hommes ne nous adressent plus de compliments... ne nous font plus la cour?

— Oh! si; mais on ne doit plus les écouter. On a son mari, ça suffit.

— Ah!... ça suffit... C'est dommage!... on ne peut donc plus rire avec les jeunes gens?

— On rit innocemment...

— Qu'est-ce que ça veut dire, innocemment?

— Oh! mon Dieu, que tu es niaise, tu ne comprends rien, toi; cela veut dire qu'on ne leur accorde aucune faveur!

— Ah!... et qu'est-ce que c'est que des faveurs?

— C'est.... comme par exemple de se laisser prendre la main... puis quand on nous la serre, de la serrer aussi... mais un tout petit peu... ensuite de sourire quand on nous regarde... mais de sourire tendrement. Ah! si tu savais comme tout cela rend les hommes heureux!

— Comment fait-on pour sourire tendrement?

— Ah! quand on est près de quelqu'un qu'on aime déjà... un petit brin, je t'assure que c'est bien facile!...

— Bah!... est-ce que tu as déjà quelqu'un que tu aimes un petit brin, toi?

— Ah! mademoiselle!... voyez-vous avec son air simple comme elle fait attention à tout!... Si tu me promettais de n'en pas parler, je te dirais quelque chose.

— Oh! dis-moi quelque chose, je t'en prie... A qui veux-tu que j'en parle, je ne cause qu'avec toi.

— Eh bien, écoute : je crois que j'ai fait une conquête, un joli garçon, un brun, aux yeux bleus... M. Doudoux... connais-tu M. Doudoux?

— Non.

C'est un jeune homme qui habite Belleville depuis peu; il y est venu avec sa mère, qui était malade et veut y rétablir sa santé. Ce sont des gens à leur aise... ils s'appellent Ledoux, mais comme la maman appelle toujours son fils Doudoux on le nomme aussi comme ça, d'autant plus qu'il a l'air d'une demoiselle! Oh! il est très timide!...Il est encore bien jeune... il n'a que dix-neuf ans, c'est ce qui me chagrine.. le même âge que moi... il me trouvera trop vieille pour lui!...

— Et enfin, ce monsieur?...

— Il reste toute la journée à étudier chez sa mère : il ne sort que le soir avec elle... Oh! il est rangé comme une fille. Cependant mon oncle ayant eu occasion de les rencontrer chez des personnes de Ménilmontant, ils sont revenus ensemble à Belleville, de là on a fait connaissance, on s'est engagé réciproquement à aller faire la partie l'un chez l'autre; enfin, nous sommes allés chez eux. Après nous avoir salués, M. Doudoux, qui avait ce jour-là un de ses camarades de collège chez lui, est allé causer avec son ami dans une pièce voisine. Moi, pendant qu'on jouait, je n'ai eu l'air de rien, je me suis approchée de la porte de la chambre où étaient ces messieurs ; comme ils causaient avec feu et que la porte n'était que poussée à demi, j'ai pu entendre une partie de leur conversation... Oh ! c'était bien intéressant !...

— De quoi parlaient-ils donc?

— Des femmes... des demoiselles... enfin, du beau sexe en général.

— Est-ce que nous sommes le beau sexe, nous?

— Assurément.

— Alors les hommes, c'est le vilain sexe?

— Ce n'est pas cela, c'est-à-dire que c'est aux femmes que l'on doit aide et protection. Écoute-moi donc : M. Doudoux disait à son ami : Ah, mon cher ! que la femme est un être ineffable... Quand j'en vois, cela me fait faire des rêves terribles... J'en deviens tout de suite amoureux, mais je n'ose pas le leur dire... Auprès d'elles je tremble, je rougis, je perds toutes mes facultés !...

— Ah! ce pauvre jeune homme!

— L'autre répondait : Ah ! que tu es bête !... Moi, j'ai déjà eu six maîtresses... et je leur ai fait des traits pendables ; aussi on m'adore, on ne me résiste pas !

— Voyez-vous, ce monsieur! Était-il gentil, celui-là?

— Non, un vrai carlin. Enfin, ce pauvre M. Doudoux répondait en soupirant: Tu es bien heureux, toi, de savoir tout de suite te faire aimer !... Mais aussi quelle ivresse j'éprouverai quand je rencontrerai une âme qui se confondra avec la mienne, un cœur qui comprendra les pulsations du mien !...

— Qu'est-ce que cela veut dire, tout ça!

— Ah! cela veut dire probablement qu'il voudrait être aimé de quelqu'un.

Comme la conversation finissait, je m'éloignai de la porte. Quand M. Doudoux revint au salon, je ne pus m'empêcher de le regarder avec... intérêt; d'abord, il est fort bien, ce jeune homme... Je ne sais pas s'il s'aperçut que j'avais les yeux sur lui, mais il devint très rouge. Ce soir-là, il ne me dit rien du tout ; mais lorsqu'il vint à la maison avec sa mère, il m'adressa pourtant la parole. Je lui répondis, et, quoiqu'il soit très sérieux, je trouvai moyen de le faire rire. Alors, il devint moins timide... et, enfin, l'autre soir il me dit à demi-voix que les jours où il me voyait étaient marqués sur de la pierre blanche.

— Je ne comprends pas cela.

— Moi j'ai deviné que cela voulait dire qu'il aimait beaucoup à me voir.

— Ah! de la pierre blanche ça veut dire cela?

— Oui, c'est une figure... M. Doudoux aime beaucoup à faire de grandes phrases. Je lui ai répondu que j'avais aussi du plaisir à le voir et qu'il n'avait qu'à venir plus souvent avec sa mère... Oh! alors, si tu savais comme il paraissait enchanté! Il s'est écrié : *O bone Deus. Jehova!*

— Ah! mon Dieu! est-ce qu'il récitait ses prières?

— Non, c'était des exclamations de joie, de plaisir. Comme il est très savant, il parle souvent latin.

— Et tu comprends le latin, toi?

— Je ne comprends pas, mais je devine ce que cela veut dire à la pantomime de M. Doudoux. Au reste, je pense que tu le verras bientôt chez nous... Ils viennent très souvent. Et à présent que ta vieille tante est partie, j'espère que tes parents et toi reviendrez nous voir comme autrefois.

— Je suis bien curieuse de le voir, ton M. Doudoux...

— Ah! Virginie si tu savais comme c'est amusant d'avoir un sentiment... d'avoir quelqu'un qui nous occupe... alors on n'a plus un moment d'ennui... on pense à ce qu'il nous a dit... à ce qu'il nous dira...

Ce jeune homme ne m'a pas encore positivement déclaré qu'il m'aimait, mais je vois bien qu'il brûle de me le dire.

— Puisque c'est si gentil, moi aussi je veux avoir un sentiment; je veux connaître un jeune

Mon beau fauteuil à la Voltaire est perdu...

homme qui brûle du désir de me dire quelque chose.

— Mais il est bien entendu que cela doit être pour le bon motif!

— Qu'est-ce que tu veux dire avec ton bon motif?...

La conversation des jeunes filles est interrompue par une forte explosion qui part du salon ; ce bruit soudain est suivi de cris, d'exclamations ; il semble que la maison soit bouleversée. Les deux amies en ont tressailli de frayeur ; elles descendent précipitamment l'escalier en se disant :

— Mon Dieu ! qu'est-il donc arrivé en bas ?

Lorsque Virginie et Adrienne arrivent à la porte du salon, elles le trouvent rempli de fumée, mais éclairé par un soleil d'artifice qui brûle sur le beau fauteuil à la Voltaire ; Mme Troupeau et Mme Vauxdoré se sont cachées sous la table de jeu pour ne pas recevoir d'étincelles, les deux maris sont blottis derrière des rideaux ; Mlle Poudrette tient une chaise sur sa tête, et regarde le feu comme si elle était à Tivoli ; Pétard est au milieu du salon, où il fait des bonds et des éclats de rire, tandis que M. Tir est dans un coin de la chambre, l'air tout stupéfait et la moitié de la figure et de la perruque brûlées.

Pendant que la société jouait au nain-jaune, M. Tir, brûlant du désir de terminer son soleil à bombe dans la soirée, avait oublié la recommandation de Mme Troupeau ; mais il attachait des conducteurs, il voulait que ce fût solidement fait. Il s'était beaucoup trop rapproché de la chandelle, et voilà qu'au moment où Vauxdoré s'écriait d'un air triomphant :

— Je place mon nain !... Pan !... un conducteur prend feu, puis le soleil, puis la perruque de M. Tir, qui, en recevant les rayons du soleil dans le visage, repousse loin de lui la pièce d'artifice, et la société est aux champs ; les dames jettent de grands cris, parce que le soleil rejeté par M. Tir, est allé pétiller sous leurs jupons. On quitte la table, on bouleverse tout, le soleil est pris et rejeté au hasard, et il est allé achever sa carrière sur le fauteuil à la Voltaire au moment où les deux jeunes filles arrivent à la porte du salon.

Le soleil s'éteint enfin ; alors la frayeur se calme, les dames sortent de dessous la table, les hommes leur donnent la main pour se relever, et Mme Troupeau s'écrie :

— Voilà un événement bien désagréable !... Je vous avais prévenu, monsieur Tir, je vous avais dit : — N'approchez pas de la lumière... mais quand vous êtes dans votre artifice vous n'écoutez rien.

— J'ai eu terriblement peur, dit Mme Vauxdoré, j'ai reçu des étincelles dans les mollets... Tenez... voici les preuves... des trous à mes bas.

— Mon beau fauteuil à la Voltaire est perdu !... totalement perdu ! dit Troupeau avec humeur ; je sais bien que mes moyens me permettent d'en acheter un autre... mais ce n'en est pas moins désagréable...

— Je suis confus... je suis désespéré, répond M. Tir qui n'ose pas se plaindre de sa figure et de ses cils brûlés. Je ne comprends pas comment cela s'est fait... J'avais cependant l'œil sur les mèches !...

— C'était tout de même bien gentil ! dit Mlle Poudrette.

— Oui, s'écrie Pétard, c'est seulement dommage que ça ne tournait pas... une autre fois, papa, quand tu en feras partir dans un salon, attache-les à quelque chose.

— J'espère que ce ne sera pas chez moi, dit Mme Troupeau ; et toi, ma chère Virginie, où étais-tu dans ce terrible instant?

— Maman, je venais de monter à ma chambre avec Adrienne... Je lui montrais la dernière robe que tu m'as donnée.

— Comme c'est heureux !... Si ces jeunes filles eussent été là, cet artifice pouvait les dévisager !... Ah ! monsieur Tir, désormais je vous craindrai comme le feu !

— Madame, je suis désolé... c'est que les conducteurs étaient trop bons !

— C'est d'autant plus contrariant, dit Vauxdoré, que je venais de placer mon nain jaune, je faisais un coup superbe... je gagnais beaucoup... mais on a poussé la table... mêlé tous les jeux !...

— Bienheureux encore d'en être quitte pour la peur. Allons, Vauxdoré, Adrienne, disons bonsoir à nos voisins, et allons nous coucher. Je gage que je rêverai d'incendie !

La compagnie se retire. M. Tir, toujours confus, en renouvelant ses excuses et ramenant sur son front ce qui lui reste de sa perruque ; Adrienne en souriant à Virginie et lui disant à l'oreille :

— Tâche de venir demain, tu verras Doudoux.

— Mon pauvre fauteuil à ressort ! dit M. Troupeau en allant se coucher.

— Certainement, j'ai eu aussi quelque chose de brûlé, dit Mme Troupeau ; mais je verrai cela tout à l'heure... je ne suis pas comme Mme Vauxdoré, qui montre ses mollets à toute la société.

Virginie ne dit rien, mais... elle pense... elle pense beaucoup, et ce n'est pas au soleil d'artifice.

VI

PREMIÈRE ESPIÈGLERIE DE VIRGINIE

Il est rare que nous ne rêvions pas à ce qui nous a fortement ému la veille, soit peines, soit plaisirs ; s'ils ont produit sur notre âme une vive impression, dans nos songes cette impression se reproduit encore. On dit que le sommeil est le repos. Oui, pour ceux qui ont été calmes et exempts de soucis dans le courant de la journée; mais regardez dormir le joueur, l'ambitieux, le jaloux, le malheureux qui n'a pas de pain à donner à ses enfants, et dites-moi si ces gens-là goûtent un doux repos!... pour eux le sommeil est encore une fatigue : c'est eux cependant qui auraient besoin de connaître ses douceurs; mais le repos sera pour celui que la fortune comble de ses dons, que rien n'inquiète, ne tourmente, par la raison que l'eau va toujours à la rivière, ce qui ne prouve pas, quoi qu'en dise le docteur Pangloss, que tout soit bien ici-bas.

S'il est des songes agréables, quoiqu'ils nous agitent encore, il me semble que ce doit être ceux d'une jeune fille ne connaissant l'amour que par les petites confidences de ses amies, ou ce qu'elle a pu saisir en écoutant innocemment quelques conversations. Que de plaisirs, de jouissances nouvelles elle entrevoit lorsqu'on lui fera la cour, lorsqu'un jeune homme qu'elle crée, qu'elle façonne, qu'elle habille même à sa fantaisie, lui dira :

— Je vous aime, je ne veux aimer que vous! Quand elle dort, elle voit le beau jeune homme auquel elle a pensé la veille; il est à ses genoux, puis il est dans ses bras, enfin, sans qu'elle sache comment, il se trouve à ses côtés sur sa couche solitaire : on sait que dans un rêve

Le rêve d'une jeune fille.

les choses les plus extraordinaires paraissent toutes naturelles!... et quelquefois on est bien fâché de s'éveiller, car même en songe le bonheur est toujours imparfait.

Virginie a rêvé à M. Doudoux, que pourtant elle ne connaît pas encore; mais la conversation de la veille lui avait monté l'imagination;

Le chat sauta en miaulant sur les épaules de... (P. 67)

dans son rêve, M. Doudoux lui faisait la cour, c'était d'elle qu'il était amoureux, et non pas d'Adrienne. Lorsque Virginie s'éveille, elle se frotte les yeux avec humeur en disant :

— Ah! c'est dommage... voilà qu'à présent ce sera d'Adrienne qu'il sera amoureux... c'était plus amusant dans mon rêve...

Pendant le déjeuner Virginie demande à sa mère d'un air indifférent si on ira le soir chez Mme Vauxdoré.

— Mais... pourquoi cela, ma fille?

— Maman, c'est que... Adrienne m'a dit qu'elle me montrerait de jolies images qui viennent du journal des modes et dont on lui a fait cadeau... Comme il y a longtemps que nous n'avons été chez elle, je n'ai pas encore vu cela, et moi j'aime beaucoup les images.

Mme Troupeau sourit de l'innocence de sa fille qui place son bonheur dans de si simples récréations; elle répond :

— Oui, je pense que nous irons ce soir chez les Vauxdoré... puisque ma tante n'a plus besoin que nous lui tenions compagnie... n'est-ce pas, Troupeau?

Troupeau étend ses bras et ses jambes en disant :

— Je suis encore bien fatigué!... mais n'importe, comme c'est à deux pas... nous irons...

— Je crois qu'il faudra faire de la toilette ; ils ont beaucoup de monde maintenant, dit-on... Vendredi dernier on assure qu'ils avaient onze personnes, sans se compter! Virginie, je t'arrangerai les cheveux, mon enfant ! tu n'es pas coquette, c'est fort bien ; mais j'entends, malgré cela, que ma fille soit bien coiffée.

— C'est juste, dit Troupeau, quand on appartient à des parents riches... on peut se permettre les petits peignes.

Virginie fait la révérence en répondant modestement :

— Comme il vous fera plaisir, maman.

Puis elle remonte à sa chambre, où elle va se placer devant son miroir, tandis que Mme Troupeau dit à son mari :

— Quelle perle de fille que la nôtre!...

— C'est vrai, ma femme.

— Elle a de la candeur depuis les pieds jusqu'à la tête!... et ma tante prétend qu'elle a besoin de passer quelque temps auprès d'elle!... c'est être trop sévère !

— Ma chère amie, un gros héritage mérite quelques complaisances, et d'ailleurs Virginie, qui s'amuse partout où il y a des poissons rouges et des papillons, ne s'ennuiera pas chez sa tante. Je ne voudrais pas que Mme Bellavoine restât fâchée; et cependant pourquoi s'est-elle fâchée... n'étais-je pas dans mes droits?

— Ah! monsieur Troupeau, ne me rappelez pas cela... vous allez me rendre pourpre!...

Le soir, on va chez la famille Vauxdoré. Virginie a été coiffée par sa mère, et, sans avoir l'air de s'en occuper, elle a en secret donné beaucoup de soins à sa parure. Virginie n'était pas une beauté; ce n'était ni un de ces profils grecs qui vous frappent par leur régularité, ni une de ces vierges de Raphaël devant lesquelles on se mettrait volontiers en prières! mais Mᵁᵉ Troupeau avait dans son ensemble quelque chose qui séduisait, qui éveillait les désirs; un homme ne pouvait passer près d'elle sans la remarquer; elle avait dans la physionomie ce je ne sais quoi qu'on ne peut décrire et qui nous charme sur-le-champ, du moins un homme est-il presque toujours séduit par cela; et c'est le meilleur juge de la beauté d'une femme. Ces dames entre elles ne se rendent jamais justice. « *Les femmes,* dit la Bruyère, *ne se plaisent point les unes aux autres par les mêmes agréments qu'elles plaisent aux hommes : mille manières qui allument dans ceux-ci les grandes passions forment entre elles l'aversion et l'antipathie.* » Je suis entièrement de l'avis de la Bruyère; sans doute les femmes ne nieront point une beauté évidente, car il y aurait de la maladresse de leur part, ce serait laisser croire qu'elles en sont envieuses; bien au contraire, elles renchériront alors sur les louanges des hommes tout en mêlant à leurs éloges la remarque de quelque imperfection. Mais quant aux femmes qui, sans être ni belles ni même jolies, plaisent partout et sans cesse, elle ne voudront rien accorder, elles les trouveront affreuses, se plairont à vous détailler tous leurs traits en s'écriant : « Que lui trouvez-vous donc de joli? » Eh! mesdames, croyez-moi, cessez de vous donner une peine inutile pour enlaidir vos rivales, vous aurez beau faire, vous n'êtes point juges compétents dans cette matière; les hommes voient avec leurs sentiments, leurs passions, leurs penchants, tandis que vous ne voyez qu'avec vos yeux. Et lors même que vous me diriez que madame une telle est un monstre, si je vois tous les hommes la trouver à leur gré, je serai persuadé qu'il y a quelque chose de fort agréable dans la physionomie de ce monstre-là.

Il y avait déjà du monde chez le voisin Vauxdoré; outre quelques anciennes connaissances, la réunion était augmentée de Mᵐᵉ Doudoux et son fils. A peine Virginie est-elle entrée dans le salon qu'Adrienne lui dit tout bas en l'embrassant :

— Il est là... c'est lui qui est assis à côté du chat.

Cette indication était assez inutile, M. Doudoux étant alors le seul jeune homme qu'il y eût dans le salon. Néanmoins Virginie en profite, tout en sautillant et faisant l'enfant, elle s'approche du chat, et, pendant qu'elle le caresse, ses yeux à demi baissés examinent le jeune homme qui est à côté d'elle, et qui a les regards attachés sur Adrienne. Virginie trouve que ce monsieur pourrait bien lui faire l'honnêteté de la regarder aussi un peu; impatientée de ce qu'il ne tourne pas la tête elle se met à serrer la queue du chat si fort que l'animal saute en miaulant sur les épaules de M. Doudoux, que cela tire de sa préoccupation.

— Qu'est-ce que tu fais donc à mon chat? dit Adrienne en s'approchant.

— Moi... j'ai pincé un peu son superflu qu'il avait en trompette, et voilà tout.

— Que me contes-tu là .. un superflu en trompette?

— Oui, ma tante prétend qu'on ne dit plus la queue.

M. Doudoux, qui, pendant ce temps, s'est débarrassé du chat et a regardé Virginie, s'approche d'elle en disant :

— Est-ce qu'il a provoqué en vous une douleur quelconque, mademoiselle?..,

— Mais je crois que oui... tenez, voulez-vous regarder, s'il vous plaît?

Virginie montrait son cou et son dos. M. Doudoux avance timidement la tête, osant à peine regarder, tandis que la jeune fille se penchait

Mlle Virginie et M. Ledoux.

vers lui et entr'ouvrait le haut de sa robe en répétant :

— Voyez-vous quelque chose?

Le jeune homme commençait effectivement à apercevoir quelque chose, mais ce n'étaient point des marques de griffes. Adrienne, que cet examen semble ennuyer, s'écrie :

— Mon Dieu! ma petite, que tu es folle! est-ce que le chat a pu mettre ses pattes là!... tu as bien de la complaisance de tendre ainsi le cou!

Virginie relève la tête, remercie M. Doudoux en lui faisant une grande révérence et lui lançant un petit regard fort gracieux; si bien que le jeune homme en reste tout en émoi, parce qu'il n'avait pas l'habitude de ces regards-là, n'ayant encore que fort peu vu le monde, et surtout la bonne compagnie, où il se fait une si grande dépense de ces douces manières.

— Au jeu... jouons, ne perdons pas de temps! dit Vauxdoré en comptant des fiches sur une grande table couverte d'un vieux morceau de serge.

Les amateurs se mettent au jeu. Virginie, Adrienne et deux petites filles de huit à dix ans restent avec M. Doudoux, qui est chargé de récréer ces demoiselles, et n'a pas l'air de vouloir se mettre en train. Virginie a eu le temps d'examiner le jeune homme; elle trouve que son amie ne l'a pas flatté, qu'il est en effet très bien. Lorsque le jeune cercle s'assied pour causer, elle a soin de se placer à côté de M. Doudoux.

— Voyons, dit Adrienne, en riant comme à son ordinaire qu'allons-nous faire pour nous amuser?... Ah! monsieur Doudoux, vous devriez nous conter quelque chose.

— Mesdemoiselles, répond le jeune homme en se rengorgeant, que désirez-vous que je vous conte?... l'Iliade, l'Odyssée, ou la Jérusalem *liberata?*

— Oh! non, c'est trop sérieux, tout cela... Quelque chose de gai...

— Mais il me semble que l'Iliade...

— Moi, j'aime bien les histoires de revenants, dit une des petites filles.

— Ah! oui, dit Adrienne, une histoire bien effrayante, ça nous fera rire...

— Oh! cherchez bien... Vous ne voudriez pas me refuser, je pense...

Ces derniers mots sont dits tendrement et avec un doux sourire :

M. Hévrard est dans son histoire.

M. Doudoux va retomber en extase... Virginie fait un grand bond sur sa chaise, cela fait retourner le jeune homme.

— Mon Dieu! qu'as-tu donc, Virginie? dit Adrienne.

— Ah! c'est que ton oncle a fait remuer le quinquet, et il m'a semblé que c'était encore le soleil de M. Tir que je voyais éclater!... A propos, tu

ne sais pas, maman a eu quelque chose de brûlé aussi hier au soir...
— Vraiment?
— Oui elle a une grande marque rouge... ici... le long... du fémur...

M. Doudoux, qui a écouté Virginie, paraît être en admiration de ce qu'une jeune personne se serve de termes scientifiques; il s'écrie :

— Je vois que mademoiselle a fait de fortes études... qu'elle connaît l'anatomie et probablement l'ostéologie... peut-être même un peu de chimie...

— Monsieur, vous êtes bien honnête, répond Virginie en baissant les yeux, c'est ma tante qui m'a appris cela.

— Mademoiselle, cela vous fait honneur. Il serait à désirer que les femmes sortissent enfin de l'ornière, qu'elles prissent un vol auquel leurs facultés intellectuelles leur donnent droit d'atteindre... quelles sussent les mathématiques, qu'elles sussent la géométrie... quelles sussent les langues mortes... quelles sussent...

— Moi j'ai sucé ce matin un beau bâton de sucre d'orge, dit une des petites filles en regardant fièrement M. Doudoux.

Cette naïveté fait partir Adrienne d'un éclat de rire, ce qui arrête le jeune savant au milieu de sa période; il paraît même éprouver un certain dépit de ce qu'Adrienne aime mieux rire que de l'écouter, et il se tourne vers Virginie en reprenant :

— Mademoiselle a-t-elle lu la description du corps humain par Platon?
— Non, monsieur, je ne suis pas encore savante sur le corps humain.
— Ah! mademoiselle, c'est un ouvrage bien précieux, bien admirable : selon le disciple de Socrate, vous y verriez que notre tête est une citadelle, notre cou un isthme, notre cœur une source, autrement dit la fontaine du sang; nos pores sont des rues, et notre rate est une cuisine...

Virginie ouvre de grands yeux, mais Adrienne rit comme une folle en s'écriant :

— Ah! par exemple, monsieur Doudoux, vous vous moquez de nous... Notre rate est une cuisine !...
— Mademoiselle, puisque Platon le dit...
— Ah! finissez, je vous en prie... vous me faites tant rire !... j'en ai mal à ma cuisine!...

Le jeune homme se pince les lèvres et se tait, Adrienne, qui craint de l'avoir fâché, reprend :

— Et notre histoire de revenants?
— Je n'en sais pas, mademoiselle.
— Eh bien! moi j'en sais, dit un monsieur qui vient d'arriver, et qui s'est approché du rond formé par la jeunesse. Faites-moi un peu de

place... je vais vous raconter de l'effrayant... du terrible... tout ce que vous voudrez enfin.

On fait une place au nouveau venu, qui se nomme M. Renard ; c'est un homme d'une cinquantaine d'années, dont le bonheur est de parler, de pérorer. A l'en croire, il sait tout, il fait tout ce qu'il veut, il est plus adroit que tout le monde. Il n'y a que pour faire fortune qu'il n'a pas réussi, mais il vous dira encore : — Ah ! si j'avais voulu ! Dans le monde on rencontre beaucoup de ces gens-là ; si vous n'aimez pas à parler, ils vous conviendront en ce qu'ils vous en éviteront la peine ; mais ne les voyez pas trop souvent, car alors ils vous fatigueraient.

M. Renard est dans son histoire ; les petites filles l'écoutent avec attention, les deux grandes avec distraction. Adrienne est surprise que M. Doudoux ne la regarde pas aussi souvent que de coutume, elle interrompt même le narrateur pour dire à Virginie :

— Prends donc garde, ma petite, tu te mets dans la poche de M. Doudoux.

— Mon Dieu !... si je gêne monsieur, il n'a qu'à me le dire ! répond Virginie en faisant semblant de reculer ; et le jeune homme s'écrie :

— Vous, me gêner, mademoiselle !... Oh ! *Jehova!*... Vous ne le croyez pas, j'espère !...

— Tiens ! est-ce qu'il croit que je m'appelle Jéhova ? se dit Virginie en regardant Doudoux à la dérobée. C'est égal... il me regarde au moins autant qu'elle à présent.

— Renard, pourquoi ne veux-tu pas jouer ? crie M. Vauxdoré ; est-ce que tu ne sais pas le nain jaune ?

— Ah ! par exemple !... moi qui connais tous les jeux !... Mon pauvre Vauxdoré, tu te crois fort, mais je t'en apprendrai encore quand tu voudras !... Pardon, mesdemoiselles, je poursuis.

Et M. Renard continue de narrer, et Adrienne ne rit plus, parce qu'elle ne comprend pas pourquoi M. Doudoux ne la regarde pas aussi, et celui-ci ne sait plus où il en est d'être lorgné par une jeune fille qui dit mon fémur au lieu de ma cuisse.

M. Renard conte longtemps, avec lui les histoires ne finissent pas, un fait en amène un autre, c'est comme les *Mille et une Nuits*. Le jeu est fini qu'il conte encore. Mais c'est l'heure de rentrer ; à Belleville on ne vit pas comme à la Chaussée-d'Antin. La société se sépare ; avant de quitter Virginie, Adrienne lui dit à l'oreille :

— M. Doudoux n'a pas été aussi aimable qu'à l'ordinaire ce soir, probablement il avait quelque chose.

— Mais si fait, je l'ai trouvé bien gentil.

— Oh! tu verras! il y a des soirs où il est tout autrement avec moi... C'est que... comme il y avait beaucoup de monde et qu'il ne te connaissait pas encore, ça l'aura intimidé.

Virginie ne dit pas à son amie ce qu'elle pense et ce qu'elle espère, mais elle est toute joyeuse, et en se mettant au lit elle s'endort en disant :

— Après tout!... pourquoi m'a-t-elle dit que c'était si amusant d'avoir un sentiment? Je n'y pensais pas, moi! il ne fallait pas m'en parler!

Quelques jours après, les jeunes gens se retrouvent ensemble. Doudoux rougit en voyant Virginie, qui lui fait encore de petites mines agaçantes derrière le dos d'Adrienne. Dans la soirée, en causant et gesticulant, mademoiselle Troupeau fait en sorte que sa main se trouve plusieurs fois près de celle du jeune homme, qui d'abord recule la sienne comme s'il avait rencontré un charbon ardent; mais, sans le faire exprès sans doute, Virginie pose un moment son bras sur celui de M. Doudoux, qui ne peut pas se reculer, parce qu'il risquerait de laisser tomber la jeune fille, mais soupire comme un asthmatique.

Ce soir-là Virginie se dit :

— Je crois qu'il me regarde plus qu'elle à présent! La première fois je lui accorderai une petite faveur pour voir si cela le rendra très heureux.

A la réunion suivante, Virginie commence par faire de petits soupirs lorsqu'elle est à côté de M. Doudoux. Le jeune homme ne regarde plus du tout la folâtre Adrienne, il est bouleversé par les soupirs qu'il entend et qui sont accompagnés de regards furtifs; il se sent transporté, hors de lui; il s'approche de Virginie et lui dit à l'oreille :

— Ah! mademoiselle!...

— Oh! monsieur! répond la jeune espiègle sans lever les yeux.

— Mon cœur est plein, mademoiselle.

— Et de quoi, monsieur?

— Je n'ose pas vous le dire.

— Comment voulez-vous que je le sache alors?

— Si je ne suis pas pour vous un objet de toute nullité, une fraction neutre, un zéro enfin!... daignez me permettre de vous prendre le bout du doigt.

Non seulement Virginie le permet, mais elle donne sa main et répond à la pression de celle qui la tient; alors Doudoux ne se connaît plus, il saute en arrière, et manque d'écraser le chat de Mme Vauxdoré.

— Est-ce que mon fils a des crispations? dit Mme Ledoux.

LA PUCELLE DE BELLEVILLE

Venez ce soir à la brune près de cette petite porte. (P. 79.)

— Non, madame, répond tranquillement la maman Troupeau, ne voyez-vous pas que cette jeunesse s'amuse innocemment?... qu'elle saute et gambade?... Ah! je suis tranquille! Je connais ma fille!... celle-là n'entend malice à rien!

Voyez ce que c'est que la confiance! Voilà une jeune fille qui noue presque une intrigue sous les yeux de sa mère, et celle-ci n'en a pas le moindre soupçon. Vous me direz à cela que quelquefois une femme en fait autant sous les yeux de son mari qui ne s'en doute pas davantage surtout si sa femme a su éviter de le rendre jaloux. Oh! la réputation!... c'est une belle chose que la réputation!... et ceux qui en ont une de sagesse font très bien de tâcher de la conserver! Sous son manteau on peut faire tant de choses! Contentez vos désirs, vos penchants, vos passions, qui s'avisera de vous soupçonner si vous jouissez d'une bonne réputation? Vous n'en vaudrez pas mieux au fond, vous vaudrez moins même, car vous aurez joint l'hypocrisie à vos autres défauts; mais le monde sera satisfait parce que vous aurez respecté les convenances. Que veut-il que l'on ait, le monde? Un bel habit : peu lui importe ce qu'il y a dessous. Il y a bien encore quelques esprits moroses qui voudraient que l'on eût de la probité, de la franchise, des vertus!... Mais ils sont en petit nombre. On les traite de radoteurs et on ne les écoute pas.

Doudoux ne pense plus à Adrienne, qui ne l'avait séduit que parce qu'elle était femme, et qu'à dix neuf ans presque tous les jeunes gens sont comme le petit page de Beaumarchais; pourvu que l'on soit femme, on fait tressaillir leur cœur. Mais ce ne sont que les désirs qui causent cette émotion; il y a loin de là à l'amour, et c'était de l'amour que le jeune savant éprouvait pour Virginie, parce que Virginie ne causait pas comme toutes les demoiselles de son âge, qu'elle se servait dans la conversation de termes rarement employés par les femmes; Doudoux trouvait enchanteur de pouvoir parler anatomie ou physiologie avec l'objet de sa tendresse; ainsi ce que Mlle Bellavoine avait appris à sa nièce dans l'intérêt de la décence était justement ce qui faisait tourner la tête à un jeune homme.

Adrienne cherchait ce qui pouvait avoir refroidi M. Doudoux à son égard; pauvre fille!... comme s'il fallait des raisons aux hommes pour être inconstants, Elle voyait bien que le jeune savant aimait à se rapprocher de Virginie. mais elle ne pouvait croire qu'il en fût amoureux; elle regardait Virginie, comme une enfant, une petite niaise en amour, et elle prenait pour un défaut ce que les hommes trouvent une qualité.

— M. Doudoux agit peut-être ainsi pour me rendre jalouse, se disait Adrienne. Mais qu'il y prenne garde!... s'il continue, je cesserai bien vite de penser à lui... Quoique ça, c'est bien singulier qu'il soit plus difficile de conserver une conquête que de la faire.

Tandis qu'Adrienne soupirait et se dépitait en ayant toujours l'air de rire, Mlle Troupeau conservait son air ingénu; mais de retour dans sa chambre, elle riait devant son miroir et se disait en se déshabillant :

— Mon Dieu! que c'est facile de rendre les hommes amoureux: qu'il faut peu de chose pour leur tourner la tête!... Ce M. Doudoux... il était comme un fou parce que je lui ai serré le doigt!... Ah! Adrienne avait raison, c'est bien amusant d'avoir un sentiment, et je veux en avoir beaucoup, parce que ce doit être encore plus drôle.

Voilà de belles dispositions, et qui promettent bien des choses! mais qui peut répondre de l'avenir? sait-on jamais ce qu'on sera et ce qu'on fera? Combien de jeunes filles élevées dans l'horreur du vice, détournant la tête à l'aspect d'une femme entretenue, montrant au doigt celle de leurs compagnes qui a commis une faute, se laissent à leur tour séduire, puis, de faiblesses en faiblesses, tombent enfin si bas qu'elles font rougir celles qu'elles ont méprisées! Virginie ne pense encore qu'à s'amuser; car elle n'éprouve pas de l'amour pour le fils de Mme Ledoux. Vous trouverez peut-être que ce n'est pas d'un bon cœur de s'amuser de ce qui fait de la peine à son amie; je vous répondrai que ce sont de ces petites espiègleries que les femmes aiment beaucoup à se faire; que leur amitié est rarement assez forte pour résister à la vanité d'augmenter le nombre de leurs conquêtes, et que souvent ce qu'elles n'ont commencé que pour rire devient sérieux avant qu'elles puissent s'arrêter.

Et pourquoi la nature, si parcimonieuse pour les uns, est-elle si prodigue pour les autres? pourquoi des êtres déjà laids, difformes, repoussants, sont-ils de plus, sots, imbéciles et ennuyeux, tandis que d'autres, doués d'un physique séduisant, d'une taille élégante, d'une tournure gracieuse, ont avec cela un esprit qui subjugue, des grâces qui charment, une voix qui pénètre jusqu'au cœur? Comment voulez-vous que l'on ne cherche pas à profiter de ses avantages? ne serait-ce point une duperie? Quand nous arrivons dans la vie si bien dotés, c'est que le destin nous a fait beau jeu; ce serait dommage de ne pas risquer sa partie. Une jolie femme est faite pour aimer; un homme aimable pour faire sa cour aux dames : c'est leur mission à chacun, ils seraient coupables de ne pas la remplir; mais les femmes, qui devinent fort bien quelle est leur mission ici-bas, la remplissent toujours avec zèle, et Mlle Virginie Troupeau, qui sentait sans doute au fond de son âme qu'elle était née pour plaire, pour tourner les têtes, pour faire endiabler les garçons, commençait à ne plus s'amuser à voir des poissons rouges et se trouvait mal à son aise dans son caleçon. En revanche, son imagination lui fournissait mille moyens pour se rapprocher du jeune Doudoux, et comme on n'allait pas tous les soirs chez les voisins Vauxdoré, elle lui avait fait entendre qu'il pourrait se promener en face de sa fenêtre, qu'elle pourrait s'y placer pour prendre l'air, qu'elle pourrait tousser si elle n'était pas seule ou chanter si on pouvait lui parler. Le jeune savant, qui ne l'était nullement en intrigues, était demeuré émerveillé de l'esprit de Mlle Virginie, qui avait trouvé ces choses sans les avoir apprises et qui paraissait susceptible d'en trouver bien d'autres. Il lui avait dit tendrement :

— O mademoiselle !... vous m'apprendrez des petites malices pour nous rapprocher, et moi, je vous apprendrai le latin !

Virginie avait répondu à M. Doudoux :

— Vous tâcherez de m'apprendre autre chose que le latin, parce que je crois que cela ne m'amuserait pas beaucoup.

— Cependant, mademoiselle, les poésies de Catulle, les vers de Properce sont écrits pour des amants.

— J'aime mieux vous écouter que de lire ces poètes qui sont morts.

— Ils vivent dans la postérité, mademoiselle.

— Est-ce qu'on fait l'amour pour ça, monsieur?

Doudoux était resté tout sot, et n'avait su que répondre; un autre eût agi, cela eût mieux valu. Les femmes ont raison de ne pas aimer les novices, il y a trop de temps à perdre avec ces gens-là.

Il y avait trois semaines que M. Troupeau avait été à Paris, d'où il était revenu en si joyeuse humeur, lorsqu'un matin Mme Troupeau, qui depuis quelques jours tournait autour de son mari comme pour lui faire une proposition, l'aborde enfin d'un petit air indifférent et lui dit à demi-voix.

— Mon bon ami... il me semble que tu nous avais fait espérer que le jeune comte de Senneville nous ferait l'honneur de venir nous voir.

— Ma chère amie, il me l'a dit en effet en me serrant la main pendant fort longtemps... mais, que veux-tu, ces jeunes seigneurs ont tant de connaissances... tant de choses en tête !... il aura oublié sa promesse.

— Oh ! ce serait dommage... mais... Troupeau... il me semble... je pense que si tu allais à Paris revoir M. de Senneville... cela te rappellerait à son souvenir.

— Ma chère... il n'y a que trois semaines que j'y suis allé... Je craindrais d'être indiscret... Vois-tu, dans le grand monde, il y a une certaine étiquette... un savoir-vivre... et après tout, je ne puis pas forcer le comte à venir nous voir; il sera bien plus flatteur pour nous que cela lui vienne... de lui-même.

Mme Troupeau ne répond rien; mais elle tourne encore dans la chambre ; au bout de quelques instants elle se rapproche du fauteuil de son mari en s'écriant :

— Mais, mon ami, le comte ne nous doit-il pas de l'argent?

— Oui... quelque chose...

— Vous n'avez pas réglé cela à la dernière visite ?

— Non, tu sais bien que nous n'attendons pas après cette rentrée; Dieu merci, je suis à mon aise !...

— N'importe, mon ami, avec les jeunes gens il faut penser pour eux... Si tu ne demandes pas ton argent au comte, il ne songera jamais à te le rendre... Crois-moi, va le voir... Tu amèneras la conversation là-dessus... sans avoir l'air de rien... vas-y... à l'heure... de son déjeuner...

— Mais, ma chère, je suis persuadé que M. de Senneville ne nous donnera pas d'argent.

— Vas-y toujours, mon petit... il te donnera peut-être du chocolat.

VII

Sic vos non vobis.

Pour contenter sa tendre moitié, M. Troupeau est parti de bonne heure pour Paris, il a fait une toilette soignée et acheté des gants neufs pour aller chez son ami le comte de Senneville; il prépare la phrase qu'il dira en l'abordant et la manière dont il tiendra son chapeau sous son bras. M. Troupeau a entendu dire qu'on reconnaissait un homme de génie jusque dans les plus petites choses; depuis ce temps il met beaucoup de prétentions à tout ce qu'il fait, espérant que cela lui donnera du génie.

La nuit est venue, le bain aussi.

Mme Troupeau a vu partir son époux avec un doux battement de cœur; les pensées les plus voluptueuses la bercent en son absence; elle rêve amour, cors aux pieds, chocolat, et mille autres choses encore. Heureux les gens qui rêvent tout éveillés! ceux-là peuvent façonner leur rêve à leur fantaisie, et le prolonger tant que cela leur plaît.

Pendant que ses parents font travailler leur imagination, Virginie cherche à employer utilement son temps; quelque chose lui dit qu'il est pour les femmes un autre bonheur que celui que l'on rêve ; elle a trouvé fort amusant de faire la conquête de M. Doudoux ; mais il lui semble que le sentiment dont ce jeune homme prétend brûler devrait avoir d'autres résultats que des soupirs, des œillades et des mots latins. Virginie ne sait pas bien encore ce qu'elle désire, mais il est certain qu'elle désire quelque chose. La Fontaine nous a dit comment l'esprit vient aux filles ; il en est dont l'esprit précoce devance toutes les leçons, et qui ont deviné ce qu'on leur apprendra. *Beati pauperes spiritus !*

Si vous ne connaissez pas Belleville, je vous apprendrai que la rue de Calais est grande, large et passablement déserte, surtout le côté qui ne donne pas dans la rue de Paris. Le jeune Doudoux pouvait s'y promener souvent sans crainte d'être remarqué par les voisins, qui sont aussi mauvaises langues à Belleville qu'ailleurs. Mais Virginie, qui n'est pas romantique, trouve que c'est peu de chose de regarder son amoureux par la fenêtre, quoique le jeune homme se donne un torticolis afin de l'apercevoir plus longtemps. Si elle se trouve en société avec le jeune savant, Adrienne est sans cesse sur leur dos ; ils ne peuvent pas se dire un mot qu'elle ne cherche à l'entendre ; cela semble d'autant plus contrariant à Virginie, que Doudoux lui répète sans cesse :

— Ah ! mademoiselle, si vous saviez !...

Et la phrase du jeune homme n'a jamais été plus loin.

— Je veux absolument savoir ! se dit Virginie. Si je pouvais causer seule avec M. Doudoux, il achèverait sans doute sa phrase... Il n'invente rien pour me parler... pour se rapprocher de moi... Il est bien drôle ce jeune homme-là ! il faut que ce soit moi qui fasse tout. Si j'étais aussi gauche que lui, nous ne risquerions rien que de passer notre vie à soupirer... Oh ! mais ça ne m'amuse pas, les soupirs !... Je veux bien rire de ceux des hommes, mais je ne veux pas en faire pour eux !

Vous voyez que Mlle Virginie a presque la science infuse ; une grande coquette ne penserait pas autrement ; comme je vous disais tout à l'heure, elle était de ces êtres que la nature a richement dotés.

Il y a des personnes qui disent qu'on peut tout ce qu'on veut, cela n'est vrai que jusqu'à un certain point ; mais il est bien certain que les gens intelligents et laborieux peuvent plus que les sots et les fainéants. L'imagination de Virginie n'était pas paresseuse, elle a bientôt trouvé un expédient pour avoir un tête-à-tête avec M. Doudoux

La maison de M. Troupeau a des fenêtres au rez-de-chaussée, mais ces fenêtres éclairent l'antichambre, la salle à manger, pièce où la servante va et vient sans cesse ; ce n'est donc pas là qu'on pourrait causer. A la grille d'entrée on peut encore être surpris; mais, en suivant le mur du jardin, on trouve bientôt une petite porte de bois. Cette porte est toujours fermée à double tour, et la clef n'est pas dans la serrure, parce qu'on ne sort jamais par là; Virginie sait que cette clef est pendue dans la cuisine. En allant et venant dans la journée, elle a saisi le moment où leur servante Babelle n'est pas à la cuisine; elle prend la clef, court au jardin, tourne les deux tours de la petite porte, s'assure qu'elle n'est plus fermée qu'au pêne, va remettre la clef à sa place, puis se poste à sa fenêtre, attend que Doudoux passe, ce qui ne tarde pas; lui fait signe d'approcher, lui dit à demi-voix :

— Venez ce soir à la brune, près de cette petite porte; et, sans attendre la réponse du joli garçon, parce qu'une femme sait bien qu'un homme ne refuse jamais un doux tête-à-tête, Virginie referme la fenêtre, va rejoindre sa mère et reste à côté d'elle toute la journée sans ôter les yeux de dessus son ouvrage, ce qui fait que Mme Troupeau se dit encore en regardant sa fille :

— Quelle perle d'enfant mon mari a eu l'esprit de me faire!

C'était justement le jour où M. Troupeau s'était rendu de nouveau à Paris. Son père est absent, et sa mère a fait commander un bain à domicile pour huit heures du soir (on a des bains à domicile à Belleville); Virginie voit avec joie que rien ne la troublera dans l'entretien qu'elle veut avoir avec Doudoux.

La nuit est venue, le bain aussi; Mme Troupeau, qui espère que son mari reviendra coucher, plonge dans l'eau ses chastes appas avec accompagnement d'eau de miel et de pâte d'amandes, attendant le retour de son époux dans la situation de Suzanne, mais avec de tout autres intentions.

Babelle est à la cuisine, et Virginie, qui a dit qu'elle allait dans sa chambre regarder des images, se rend furtivement dans le jardin et gagne la petite porte.

Il était presque nuit, Virginie éprouvait une vive émotion dans laquelle entrait le plaisir, de la curiosité, de l'espoir et de la peur; on ne va pas sans crainte à un premier tête-à-tête, et à dix-sept ans on n'est pas bien aguerrie, mais la plus grande crainte de la jeune fille était que M. Doudoux ne l'eût pas bien entendue et ne fût pas au rendez-vous.

Avant d'ouvrir la porte qui donne sur la rue, Virginie dit à demi-voix :

— Êtes-vous là, monsieur Doudoux?

— Oui, mademoiselle, répond le jeune homme, depuis longtemps je contemple Phébé en vous attendant.

— Alors je vais ouvrir... Eh bien!... mon Dieu, que cette porte est ure!... Elle est rouillée..., elle ne veut plus tourner... Aidez-moi donc, monsieur Doudoux!...

— Que faut-il donc faire, mademoiselle?
— Poussez!... poussez bien fort!...
— Je vais y employer l'union de mes moyens.

Et, en effet, M. Doudoux se jette sur la porte avec tant d'impétuosité qu'elle s'ouvre brusquement et renverse Virginie, qui était derrière.

Le jeune homme pousse un cri en voyant la jeune fille faire la culbute; mais Virginie se relève lestement en lui disant :

—Taisez-vous donc! Si vous criez on va venir, et nous ne pourrons pas causer.

—Ah! mademoiselle, je suis si désolé!... C'est que vous m'aviez dit de pousser...

— C'est vrai; mais je ne croyais pas que vous iriez si vite...

Êtes-vous là, Monsieur Doudoux?

— Mon Dieu!... vous êtes-vous blessée?...
— Non, ce n'est rien.
— Sur quoi êtes-vous tombée?
— Tiens... vous l'avez bien vu!
— Je vous assure que je n'ai rien vu, mademoiselle...
— Je me suis seulement un peu écorchée... à l'os coxal.
— A l'os cox... O fille éminemment scientifique! vous fûtes faite pour moi, je suis fait pour vous, nous sommes faits l'un pour l'autre.
— Ça me fait un peu de mal, quoique ça... Tenez, asseyons-nous là, monsieur Doudoux.

Il y avait un vieux banc de bois dans le jardin près de la petite porte; Virginie va s'asseoir dessus, Doudoux se place près d'elle, et il

LA PUCELLE DE BELLEVILLE

Je vous y prends, Monsieur Doudoux! (P. 84.)

LIV. 11. — PAUL DE KOCK. — LA PUCELLE DE BELLEVILLE, ÉD. J. ROUFF ET Cⁱᵉ.   LIV. 11.

reste en admiration devant le joli visage de la jeune fille, que la lune éclaire parfaitement.

Se lassant d'être admirée en silence, Virginie dit à Doudoux :

— Eh bien, monsieur?...

— Eh bien, mademoiselle... *Quid novi?*

— Comment avez-vous dit, monsieur?

— *Quid novi?* mademoiselle.

— Ah! monsieur Doudoux, ça m'ennuie quand vous parlez latin... Qu'est-ce que vous voulez dire avec *novi?*

— Je vous demande ce qu'il y a de nouveau, mademoiselle.

— Est-ce que c'est à moi à vous apprendre du nouveau?...
Quand vous me rencontrez dans le monde, vous me dites toujours : Ah! mademoiselle, si vous saviez!... Dites-moi donc à présent ce que je ne sais pas.

— C'est juste, mademoiselle; vous parlez comme Cicéron, c'est à moi de vous dire ce qu'il y a dans mon âme.... C'est que.... j'ai tant de choses à vous expliquer ; je ne sais par où commencer.

— Commencez par la fin, je serai plus vite au fait... Mais ne remuez pas tant sur le banc... Entendez-vous comme il craque?

Après s'être un moment recueilli, Doudoux s'écrie en faisant un bond sur le banc :

— Savez-vous ce que c'est que l'amour, mademoiselle?

— Non, monsieur.

— Eh bien!... ni moi non plus ; du moins je ne l'avais pas su jusqu'à ce que je vous eusse rencontrée. Je croyais aimer... je ne m'en doutais pas... Je n'étais qu'un polisson près des femmes ; mais vous m'avez fait connaître cette divine flamme.. Ah! mademoiselle!...

— Prenez garde... vous casserez le banc...

— Mademoiselle, si je vous demande en mariage à vos parents, pensez-vous qu'ils me donneront votre main?

— Je ne sais pas... D'abord, cela regarde aussi ma tante... et puis on ne veut pas me marier si jeune.

— C'est comme moi, ma mère a décidé que je ne pouvais me marier avant vingt-cinq ans...

— Vous avez le temps d'attendre !

— Mais que faire d'ici là?... Quand on brûle... qu'on se consume...

— Moi, je ne brûle pas!... Tenez, tâtez mes mains, comme je suis fraîche.

Le jeune homme prend les mains de Virginie dans les siennes ; il était en effet brûlant et la pression des petites mains qu'on lui abandonnait ne rafraîchissait pas son sang. Il se rapproche de la jeune fille, qui commence à s'échauffer aussi ; car il y a entre deux personnes de cet âge un fluide électrique qui se communique très rapidement. On ne se disait plus rien, mais on éprouvait un bien-aise qui valait les plus belles phrases. La lune se cachait. Doudoux se rapprochait toujours de Virginie, qui se reculait un peu, mais se laissait prendre la taille et serrer fort tendrement par le jeune homme, qui devenait plus audacieux à mesure que l'astre des cieux se dérobait derrière un nuage... Enfin, il va se hasarder à prendre un baiser... lorsque le banc fait la bascule... Les jeunes gens étaient parvenus au bout sans s'en apercevoir. Ils tombent tous deux... Doudoux roule sur Virginie... D'abord il se désole ; mais la jeune fille rit, il se calme ; il se permet même de fureter avec sa main et il rencontre... le petit caleçon de finette ; il pousse un cri, et se relève comme s'il venait de marcher sur un serpent, en disant :

— Ah ! mon Dieu, est-ce que c'est un garçon ?...

Avant que Virginie ne réponde, quelqu'un paraît à l'entrée du jardin, et une voix s'écrie :

— Je vous y prends, monsieur Doudoux !... et avec Mlle Virginie ! j'en étais sûre !

C'est Adrienne qui vient de parler, Virginie a reconnu sa voix, en une seconde elle s'est relevée, a poussé Doudoux dehors, elle lui ferme la porte sur le nez, puis court dans sa chambre regarder ses images en se disant : Je ne sais ce qu'Adrienne dira, mais je soutiendrai toujours que je ne suis pas sortie de ma chambre.

Doudoux s'est trouvé dans la rue sans trop savoir comment. Il n'est pas bien revenu de la surprise que lui a causée le caleçon, et il est resté immobile contre la porte qui vient de se fermer derrière lui. Adrienne est à quelques pas, fort émue aussi, mais cherchant à dissimuler son dépit. Elle attend que le jeune homme lui dise quelque chose ; comme il n'en fait rien, elle se décide à parler.

— Monsieur... je suis bien aise d'avoir une explication avec vous... car vous pourriez croire que je suis venue interrompre votre tête-à-tête parce que je vous avais suivi... et certainement c'est bien loin de ma pensée !... je ne suis personne... et quoique votre conduite avec moi ait été bien singulière... Mais au reste je suis charmée de vous dire que cela m'est bien égal !... vous me parliez sans cesse... vous étiez toujours sur mes pas, à présent vous êtes tout occupé d'une autre !... Mon Dieu !... vous avez raison !... il ne faut jamais se gêner !... les femmes n'en valent pas la peine !...

Ici Adrienne est obligée de s'arrêter pour reprendre sa respiration.

elle a débité son discours si vite qu'elle étouffe. Doudoux profite de ce moment de répit pour murmurer :

— Mademoiselle... je ne sais pas pourquoi...

— C'est bien, monsieur. Oh! je n'ai pas besoin de vos excuses... je vous répète que cela m'est fort indifférent que vous soyez amoureux de Mlle Troupeau... qui sera une franche coquette avec son petit air niais !...

— Une coquette... Ah ! par exemple, mademoiselle...

— Oui, monsieur, et qui se moquera de vous... et ce sera bien fait. Mais tout ce que je veux vous dire c'est que j'ai passé ici par hasard ; ma tante m'avait priée de lui acheter une petite flûte pour son souper, chez le boulanger du coin, puis de monter jusque chez notre laitière, qui demeure dans cette rue, lui dire de nous apporter demain le double de lait... parce qu'elle veut faire de la bouillie à mon oncle...

— Mademoiselle, je n'ai pas besoin de savoir...

— Si, monsieur, je veux vous prouver que je suis venue par hasard ; en passant devant cette porte je l'ai vue ouverte, cela m'a paru singulier, car elle est ordinairement fermée ; je me suis approchée... j'ai entendu rire... et je vous ai vus tous les deux... vous étiez drôlement assis à ce qu'il m'a paru !...

— Mademoiselle, nous venions de tomber...

— Oh! c'est possible, monsieur; d'ailleurs ça ne me regarde pas... et à présent je me repens de vous avoir dérangés...

— Mademoiselle, je vous prie de ne pas croire...

— Comment donc, je me garderai bien de rien croire !... Une petite niaise, si innocente... et un jeune homme qui a l'air si doux, si timide !... Ah! ah! ah!... vous jouiez à pigeon vole, probablement?... Au reste, soyez tranquille, monsieur, je ne dirai rien... je ne parlerai à personne de ce que j'ai vu, car je ne suis pas méchante, et je serais très fâchée de causer de la peine à quelqu'un... quoiqu'on n'ait pas craint de m'en faire à moi.

Adrienne a fini, elle se tait ; Doudoux ne répond rien, au fond du cœur il se sent un peu coupable ; tous deux restent en face l'un de l'autre. Doudoux voudrait voir Adrienne s'en aller, celle-ci voudrait entendre Doudoux s'excuser, car les femmes, lors même qu'elles semblent le plus en colère ne sont pas bien loin de pardonner, il ne s'agit que de savoir s'y prendre ; mais aussi elles ont quelquefois des accès de colère très violents, lorsqu'au lieu d'implorer leur pardon on est insensible à leurs reproches. En voyant M. Doudoux prendre sans mot dire, le chemin de chez lui, Adrienne, qui le croyait touché de ce qu'elle venait de lui dire, éprouve un tel mouvement de dépit qu'elle court sur les pas du jeune homme, en lui criant :

— C'est égal, monsieur, vous êtes un malhonnête, un impertinent, et vous vous êtes conduit avec moi comme un homme sans éducation!...

— Ah! mademoiselle!... calmez-vous, je vous en supplie!...

— Qu'est-ce que cela vous fait que je me calme!... cela vous est bien égal... après m'avoir fait des yeux si tendres... car vous aviez l'air d'une perdrix à côté de moi... Ah! c'est affreux!... c'est indigne!...

— Oui, mademoiselle, c'est indigne!... dit d'une voix forte un homme qui se trouve alors entre les deux jeunes gens sans qu'ils l'aient aperçu venir. Mais c'est votre conduite qui est épouvantable, mademoiselle !... Donner des rendez-vous le soir... à un jeune homme... et dans ma rue... devant ma maison... que vous devriez respecter, car elle est l'asile de l'innocence!...

Les jeunes gens ont reconnu M. Troupeau, ils se sauvent chacun de son côté. Le ci-devant marchand de crin revenait seulement de Paris, et au moment d'entrer chez lui, il avait entendu Adrienne parlant avec feu à Doudoux. La fuite des jeunes gens ne le calme pas ; il continue de s'écrier :

— C'est épouvantable!... c'est une horreur!... devant chez moi... à ma porte!... dans ma rue!... il n'y a plus de mœurs!... je voudrais que tous les voisins pussent m'entendre!... c'est par trop de liberté!

Et, tout en criant, M. Troupeau avait saisi le cordon de sa sonnette il le tirait avec violence, par suite de son agitation ; et Mme Troupeau, qu de son bain avait entendu crier dans la rue, sonnait aussi sa bonne pour savoir ce qui se passait, et Babelle au lieu d'aller ouvrir courait à sa maîtresse, et Virginie restait sans bouger dans sa chambre en se disant :

— Criez! sonnez! ça m'est bien égal! je n'entends rien, moi.

— Babelle, qu'est-ce donc?... qu'est-il donc arrivé? demande Mme Troupeau en sortant de sa baignoire, de manière à laisser voir un sein qui ne bougeait pas de place et qui n'en tenait même pas du tout.

— Ah! madame, je suis tout effrayée! dit la cuisinière en s'appuyant contre un meuble.

— J'ai entendu crier dans la rue...

— Oui, madame, et maintenant entendez-vous comme on sonne à la grille?... ils veulent entrer de force peut-être...

— Ah? mon Dieu! mais d'où vient tout ce bruit?

— C'est encore une émeute, madame, c'est une nouvelle révolution... La fruitière m'avait bien dit que la semaine ne se passerait pas sans quelque chose, parce qu'on devait mettre un impôt sur les haricots flageolets! Je suis sûre que tout est à feu et à sang dans Paris...

— Ah! grand Dieu!... et Troupeau qui n'est pas revenu...

— Tenez, madame, entendez-vous comme ils carillonnent? drelin! drelin!... le plus souvent que j'ouvrirai...

— Mais que veulent-ils enfin?...

— Je crois qu'ils veulent qu'on crie avec eux : Vive la liberté!

— Eh bien! il faut les satisfaire... Ah! mon Dieu!... et je suis nue... Babelle, vite un peignoir... un châle, un caleçon... ce que vous me trouverez... Et ma fille, pourvu qu'elle ne sorte pas!

Mme Troupeau saute hors de sa baignoire, laissant voir à sa cuisinière des objets que M. Troupeau devait seul admirer quand même, mais Babelle ne s'occupe point de toutes ces bagatelles ; tandis que sa maîtresse s'essuie à la hâte, elle court dans la chambre, cherchant les vêtements de madame qui, de son côté, court en sauvage et ne trouve rien, comme c'est assez l'ordinaire quand on est pressé.

Enfin Babelle s'écrie :

— Ah! voici un caleçon, madame.

— Bien, donnez... donnez donc vite.

— C'est ce maudit peignoir que je ne trouve pas... voilà un châle.

— Allons, je vais m'en contenter, avec le caleçon... Ils vont casser la sonnette... ouvrons la croisée à côté ; certes, je ne veux pas descendre au rez-de-chaussée... venez, suivez-moi, Babelle.

Figurez-vous une grande femme maigre, n'ayant pour tous vêtements qu'un caleçon et un châle ployé en long, telle est Mme Troupeau, qui court ouvrir une fenêtre de son salon, et s'y met en criant :

— Oui, mes amis, vive la liberté!

— Et point d'impôt sur les haricots! ajoute Babelle en se démenant à la croisée et agitant un vieux mouchoir à tabac.

— Qu'est-ce que cela veut dire, ma femme?... que signifie cette plaisanterie-là, et pourquoi ne vient-on pas m'ouvrir, depuis une heure que je sonne? crie M. Troupeau en regardant à la fenêtre.

— Mais, mon Dieu! c'est mon mari!...

— Comment! c'est monsieur qui sonne, madame?

— Et qu'êtes-vous venue me chanter, Babelle, avec votre émeute et vos flageolets?

— Dame, ces cris... ce bruit...

— Allons, vous êtes une sotte! descendez vite ouvrir à mon époux.

Babelle va ouvrir. M. Troupeau a de l'humeur d'avoir attendu si longtemps à la porte : en entrant dans son salon, il trouve sa femme qui s'est jetée dans un fauteuil et n'est pas encore remise de son émotion. Le costume de madame semble fort singulier à monsieur ; madame se hâte de donner des explications à son mari, et de lui demander à son tour la cause des cris qu'elle a entendus. M. Troupeau apprend à sa femme ce qui a causé sa colère.

— Cette petite Adrienne !... cela ne m'étonne nullement de sa part, dit Mme Troupeau en déroulant son châle pour tâcher de couvrir ses épaules. C'est une éveillée, une évaporée !...

— Vous voyez que notre tante avait raison en nous engageant à ne pas laisser Virginie la fréquenter.

— Oh ! Virginie n'écouterait point de mauvais conseils. Chère enfant ! elle a passé la journée à travailler à côté de moi ! et ce soir elle n'a pas quitté sa chambre, où elle regarde les images du *Juif-Errant* ; il paraît même que tout ce bruit que tu faisais dans la rue ne l'a pas effrayée...

— Tant mieux ; quant à moi, je dirai à mon ami Vauxdoré de veiller sur sa nièce, et je n'engagerai pas Mme Ledoux et son fils à venir chez nous, ainsi que j'en avais l'intention, puisque ce jeune homme est un petit séducteur.

— Je suis de ton avis, mon ami.. Mais parle-moi donc de ton voyage... tu ne me dis rien... Viens donc te mettre dans cette bergère... près de moi... tu seras mieux.

Mme Troupeau minaudait en prononçant ces mots, et elle arrangeait si maladroitement son châle qu'elle laissait voir qu'elle n'avait pas de chemise. Sans être ému par toutes ces agaceries, M. Troupeau se lève ; prend une chandelle et dit à sa femme :

— Bonsoir, ma chère amie, je suis très fatigué et je vais me coucher... demain je te raconterai ce que j'ai fait à Paris. Tout ce que je puis te dire, c'est que je n'ai pu parvenir à rencontrer le comte de Senneville.

— Et vous n'avez pas pris de son chocolat ? ajoute Mme Troupeau d'un air ironique. Puis, voyant que son mari s'est retiré, elle se lève ; se drape à l'antique et se décide aussi à aller se coucher en murmurant : C'était bien la peine !... Les hommes ne sont jamais aimables quand cela nous ferait plaisir.

VIII

UN CUIRASSIER

— Mon cher Vauxdoré, tu ne veilles pas assez sur ta nièce, dit M. Troupeau en rencontrant son ami le lendemain de son retour de Paris.

— Je ne puis pas avoir toujours ma nièce dans ma poche, répond

LA PUCELLE DE BELLEVILLE

Eh! oui, c'est moi. (P. 94.)

Vauxdoré en feuilletant dans un gros livre qui explique la règle de tous les jeux.

— Il me semble cependant, mon ami, que lorsqu'il s'agit des mœurs... de l'avenir de ta nièce... Je doute fort qu'elle trouve un mari en se conduisant ainsi!...

— On peut jouer l'impériale de rencontre... C'est ce que je soutenais encore hier au café de M. Bart... J'y faisais ma partie avec M. l'ingénieur-géomètre de Belleville...

— Vauxdoré, le jeu te maîtrise trop, tu deviendras un Beverley. Il ne s'agit pas de l'impériale ; mais de ta nièce, que j'ai prise hier sur le fait, dans la rue, à près de neuf heures du soir, avec le fils de Mᵐᵉ Ledoux !

— Comment, sur le fait !... Qu'est-ce que cela veut dire, qu'est-ce que tu as pris hier au soir ?

— Comme j'allais rentrer chez moi, j'aperçois un jeune homme et une demoiselle causant avec beaucoup de feu.... la demoiselle surtout semblait exaltée ; j'avance... c'était ta nièce et M. Douloux.

— Eh bien, après !... Ils causaient, voilà tout.

— Voilà tout !.... Peste ! La nuit, une demoiselle avec un jeune homme dans la rue.... Tu trouves cela convenable ?

— Ils pouvaient s'être rencontrés....

— Vauxdoré, tu me fais de la peine !..... Ce n'est pas ma fille que l'on rencontrera jamais causant en tête-à-tête avec un jeune homme Au reste, je t'ai averti, c'était mon devoir. Tu feras à présent ce que tu voudras.

— Oui, oui... Je parlerai à ma femme.... Le point ne se compte qu'après l'impériale.

En rentrant chez lui, Vauxdoré fait part à sa femme des propos qui courent sur Adrienne. Mᵐᵉ Vauxdoré est une bonne femme toute ronde et très gourmande, qui ne soupçonne jamais le mal ; pourvu que ses ragoûts ne sentent pas le brûlé, elle est satisfaite. Elle se hâte de prendre la défense de sa nièce :

— Votre M. Troupeau est un cancanier !... Il ferait un potiron avec un gland ! Adrienne est sortie hier au soir parce que je l'ai envoyée me chercher une petite flûte chez M. Patte, boulanger, et du lait chez notre laitière, qui demeure rue de Calais... Il fallait bien qu'elle passât devant la maison de Troupeau ; mais vous voyez qu'elle n'avait pas prémédité un rendez-vous...

— Je ne te dis pas le contraire... C'est Troupeau, qui...

— Adrienne... viens nous parler, mon enfant.

Adrienne accourt à la voix de sa tante, devinant déjà ce qu'on va lui demander.

— Ma chère amie, est-ce que tu as rencontré quelqu'un hier soir en allant chez la laitière ?

— Oui, ma tante ; en revenant j'ai rencontré le fils de Mᵐᵉ Ledoux... Ce jeune homme m'a souhaité le bonsoir, je lui ai répondu... Est-ce qu'il y a du mal à cela ?

— Aucun, ma chère, c'est M. Troupeau qui a dit à ton oncle qu'il t'avait surprise à un rendez-vous.

— M. Troupeau est arrivé si brusquement sur nous en criant que cela nous a fait peur... Je me suis sauvée, et M. Doudoux s'en est allé d'un autre côté... voilà tout.

— Je te crois, mon enfant, mais il y a des gens qui voient du mal dans tout !...

— Il faut les laisser dire, ma tante ; il me semble qu'il doit nous suffire de ne rien avoir à nous reprocher.

— C'est égal, dit Vauxdoré, j'expliquerai tout cela à Troupeau, afin qu'il n'ait plus de mauvaises pensées sur ta vertu... Ma femme, je te propose un écarté...

Adrienne n'aurait eu qu'un mot à dire pour se justifier et se venger de celui qui l'accusait ; mais Adrienne est bonne, elle serait désolée de causer du chagrin à Virginie, et il ne lui vient pas un moment à la pensée de se disculper en faisant connaître la conduite de celle qu'elle appelait son amie.

Par suite de cet événement, Doudoux n'ose plus passer dans la rue de Calais, car M. Troupeau lui fait une paire d'yeux très sévères toutes les fois qu'il le rencontre, et le jeune homme craint que le papa n'ait deviné l'amour qu'il éprouve pour sa fille. Cet amour a triomphé de la sensation désagréable causée par l'attouchement du petit caleçon. Doudoux, qui a pris des informations, sait maintenant qu'il n'y a rien d'extraordinaire à ce qu'une femme porte des culottes. Il donnerait tout au monde pour obtenir un nouveau rendez-vous ; mais il se creuse en vain la tête pour en faire naître l'occasion ; il n'a pas l'imagination de Virginie, et celle-ci ne le seconde plus, car elle n'a pas été satisfaite de son tête-à-tête avec lui, et elle se dit :

— Pour être jetée deux fois par terre, ce n'est pas la peine de se donner tant de mal.

Vauxdoré a conté partout comment sa nièce avait eu occasion de se trouver le soir dans la rue de Calais avec le fils de Mme Ledoux ; mais Troupeau et sa femme conservent la même opinion d'Adrienne. Le monde est méchant, il est toujours porté à croire le mal, et revient difficilement sur ses jugements : c'est un auteur qui, lors même qu'on le siffle, ne veut pas s'être trompé. Cependant les voisins continuent à se voir, parce que dans un petit endroit on ne fait pas aisément de nouvelles connaissances, et qu'il est souvent difficile d'éviter les anciennes ; mais Mme Troupeau ne laisse plus sa fille causer seule avec Adrienne, et celle-ci a encore la bonté d'en être fâchée, car elle avait réellement de l'amitié pour Virginie. Quant à Mᵐᵉ Troupeau, depuis la soirée du jardin, elle baisse les yeux devant Adrienne en faisant une petite mine si drôle, qu'il serait difficile de lui garder rancune; aussi Adrienne a saisi un moment où leurs parents ne les regardaient pas, pour prendre la main de son ancienne amie; elle l'a serrée dans la sienne en lui soufflant dans l'oreille :

— Je ne dirai rien! je ne t'en veux pas et je t'aime toujours.

Sur quoi Virginie a souri en faisant un petit mouvement de tête pour remerciement.

La providence devait un dédommagement à cette bonne fille qui se faisait soupçonner d'une faute... qu'à la vérité elle eût peut-être été fort aise de commettre, mais qu'enfin elle n'avait pas commise. Adrienne souriait encore un peu en pensant à M. Doudoux, lorsqu'un matin elle entend dire à son oncle :

— Nous allons avoir des cuirassiers à loger dans Belleville... C'est M. Renard qui vient de me le dire... il sait les nouvelles même avant les autorités... Je dois m'attendre à loger au moins un homme... comme propriétaire de la maison que j'habite... Adrienne, tu prépareras la petite pièce d'en haut... Si ce cuirassier est aimable, je ferai la partie avec lui.

Vauxdoré s'en va en se frottant les mains.

— Et peut-être pourrons-nous apprendre des nouvelles de notre neveu, dit madame Vauxdoré, cet espiègle de Godibert, qui s'est engagé quoiqu'il ait eu un bon numéro... C'était une mauvaise tête... mais je l'aimais, moi, ce garçon!

— Ah! mon cousin Godibert, dit Adrienne; je me le rappelle encore puoique il y ait sept ans qu'il soit parti!... Il m'appelait sa petite femme, et je l'appelais mon petit mari!... Je serais bien contente de le revoir.

— Parbleu! il s'était mis justement dans les cuirassiers!... dit Vauxdoré; si c'était son régiment qui vînt loger à Belleville... Je vais tâcher de m'en informer au café de M. Bart... en jouant une poule.

Pendant que la nouvelle de l'arrivée des cuirassiers fait battre de plaisir le cœur d'Adrienne, on est aux abois chez M. Troupeau, qui craint qu'on ne lui donne des militaires à loger.

— Je ne doute pas de l'honneur de ces militaires, dit Mme Troupeau; mais enfin notre Virginette est si jolie!... un cuirassier ne se gêne pas pour dire une galanterie... quelquefois un peu trop cavalière... Mon ami, il ne faut pas que l'innocence de notre fille coure le moindre péril... Va à la mairie, informe-toi... qu'on nous donne deux chevaux, trois chevaux s'il le faut... mais point de militaires à loger... ce sera plus convenable.

— C'est juste... quoique j'aie bien le moyen de recevoir aussi des hommes... mais tu as raison, les chevaux sont moins dangereux près du beau sexe.

— Pourquoi donc ne veulent-ils pas loger de militaires? se dit Virginie, cela m'aurait amusée de voir chez nous un cuirassier... Nous ne recevons pas si souvent de nouvelles figures!... On a peur de tout ici. Je suis bien sûre qu'Adrienne sera plus heureuse, et que son oncle aimera mieux des hommes que des chevaux.

On a satisfait aux désirs de M. Troupeau, au lieu d'un soldat, il a quatre chevaux à loger. Quant aux Vauxdoré, ils voient arriver un jeune cuirassier de cinq pieds huit pouces, beau blond, au teint coloré, moustache bien peignée, tournure dégagée et martiale à la fois. En entrant dans la maison, le cuirassier saute au cou de Vauxdoré, puis à celui de sa femme en s'écriant :

— Comment, mon oncle!... ma tante!... vous ne me reconnaissez pas!... C'est votre neveu Godibert, surnommé Ventre-à-Terre!... Mais embrassez-moi donc!...

— Quoi! ce serait lui!... ce pauvre Godibert! dont nous parlions encore il y a deux jours... Ce cher neveu!... mais regarde donc, Vauxdoré, comme il est bel homme maintenant!... comme cet uniforme lui va bien!...

Et tandis que l'oncle et la tante embrassent et contemplent leur neveu, Adrienne, qui est restée au milieu de la chambre et à laquelle on n'a pas sauté au cou, dit à son tour :

— Eh bien! monsieur Godibert, est-ce que vous ne me reconnaissez pas, moi?

Le cuirassier examine la jeune fille en répondant :

— Ma foi, mademoiselle, je vous demande pardon... mais je ne me rappelle pas...

— Vous avez oublié Adrienne... celle que vous appeliez votre petite femme!...

— Adrienne! il se pourrait!... Cette petite fille, quand je suis parti serait aujourd'hui cette belle demoiselle.

— Eh oui! c'est moi...

— Ah! ma petite femme, permettez-moi de renouveler connaissance!

Ventre-à-Terre embrasse la jeune fille, qui se laisse faire, sans avoir peur de la grande moustache que porte maintenant son *petit mari*, et Mme Vauxdoré ne cesse de s'écrier :

— Il est superbe en uniforme!... c'est un cuirassier fini!... Il faudra le régaler, ce cher enfant! Aimes-tu la matelote, mon ami?

— Oh! j'aime tout, ma tante, un soldat n'est pas difficile!...

— C'est égal, je te ferai une matelote, j'excelle là-dedans... Nous resteras-tu longtemps?

— Mon régiment ne restera que huit jours, à ce que je crois; mais j'espère obtenir une permission du capitaine, et vous consacrer quelque temps...

— Ah! tant mieux!... Mon Dieu, comme il est devenu grand, mon petit mari!...

— Moi, je vais dire à tout le monde que c'est mon neveu que j'ai le plaisir de loger.

Vauxdoré court dans Belleville apprendre à ses connaissances l'arrivée de son neveu qui a cinq pieds huit pouces et de fort belles moustaches.

— On ne t'a pas donné un neveu à loger, à toi? dit-il en entrant chez son ami Troupeau.

— Je ne peux pas avoir un neveu parmi des chevaux...

— Tu verras le mien, mon ami, je te le présenterai... c'est un homme achevé!... un cavalier admirable... son nom de guerre est Ventre-à-Terre... il ne faut pas croire pour cela que ce soit un de ces militaires au ton rude et brusque... pas du tout!... c'est un air moelleux... c'est de la grâce... une galanterie permanente... rien qui sente la caserne!... Oh! j'en suis émerveillé! Madame Troupeau, je vous présenterai mon neveu.

Vauxdoré s'en va en se frottant les mains, et Mme Troupeau dit :

— Je me passerais bien de voir son Ventre-à-Terre!... Quel joli nom de guerre!... Je suis sûre qu'il sent la pipe d'une lieue...

— Ah! ma chère amie... on ne peut pas refuser... c'est son neveu... Mais je pense... ce jeune cuirassier qui va loger dans la maison... avec Mlle Adrienne... qui a l'humeur si gaie... Heim... prévois-tu les conséquences?

— Oui, certes, je les devine... ces gens-là sont si bornés! ils ne verront rien... ce sera comme avec le petit Ledoux... Ah! c'est une fine matoise que cette Adrienne!

— Quelle différence d'avec notre fille!

— C'est qu'aussi Virginette a été autrement élevée et surveillée... et quand elle sortira de mes mains pour passer dans celles d'un mari, je pourrai dire avec orgueil à son époux : « Mon gendre! vous trouverez tout à sa place !...

— Oui, ma femme, je m'en flatte, et il y a tant de maris qui trouvent des places... où il n'y a rien!...

— Taisez-vous, Troupeau, votre fille n'est pas loin.

— A propos, ma femme, c'est bientôt la fête de notre fille, ne ferons-nous pas comme à l'ordinaire une petite réjouissance?...

— Pourquoi pas?

— A coup sûr mes moyens me le permettent... mais que ferons-nous cette année?... Si nous donnions un bal?....

— Fi donc, monsieur! notre fille ne danse pas, vous le savez bien... sa tante ne veut pas qu'elle danse.

— C'est juste... nous donnerons un grand déjeuner.

— Un déjeuner... c'est toujours très fatigant pour moi!... il faut tout surveiller... aller... venir... c'est un casse-tête que de recevoir... de traiter...

— Eh bien! nous le donnerons dehors... Tiens, dans le bois de Romainville... il y a longtemps que Virginie nous demande d'y aller, et nous n'avons pas pu nous y promener une seule fois tant que ma tante a été ici. Mlle Bellavoine a le bois de Romainville en horreur à cause de la chanson : *Ce bois charmant pour les amants...*

— Oui, oui, je sais... mais où déjeunerons-nous ?

— Chez Robert, au *Tourne-Bride*, c'est le plus ancien traiteur du bois, et moi je considère l'ancienneté d'un établissement. D'ailleurs, il y a une superbe pelouse en face de Robert, nous y ferons porter le déjeuner, et ce sera plus champêtre.

— Nous verrons cela... Virginette, approche, ma fille. Seras-tu contente, pour ta fête, si nous donnons un déjeuner soupatoire au bois de Romainville?

— Oui, maman... et j'irai sur un âne, n'est-ce pas?

— Tu iras même sur les chevaux de bois, si tu le désires.

— Oh! j'aime mieux un âne qui court. Et avec qui irons-nous?

— Nous verrons... il y a encore du temps... je réfléchirai pour nos invitations...

— Ah? vous prierez Adrienne, n'est-ce pas?

— Adrienne, peut-être, ma fille... La société de Mlle Adrienne ne te convient guère !...

— Ah, maman ! elle est si gaie, Adrienne?... je m'ennuierai si elle n'est pas de la fête.

— C'est bon, petite, nous verrons cela !

Mme Troupeau donne un petit coup sur la joue de sa fille, qui s'éloigne en sautillant et en se disant :

— On invitera Adrienne ; on invitera les Vauxdoré, et par conséquent on invitera le cuirassier.

Ventre-à-Terre est établi chez son oncle ; ses manières aimables lui ont gagné le cœur de toute sa famille. Ce n'est pas par l'esprit qu'il brille, mais il est beau garçon et galant près des dames ; n'est-ce pas assez pour plaire dans ce monde, où l'on réussit plus par les dehors que par le fond ? Mme Vauxdoré lui fait de petits mets, M. Vauxdoré joue avec lui aux dominos, enfin Adrienne rit toute la journée avec son cousin.

C'est bon, petite. Nous verrons cela.

Les souvenirs d'enfance sont bien doux, ils nous reportent à ce temps où l'on est exempt de soins et d'inquiétudes, où les passions ne se sont point encore emparées de notre cœur ; les désirs d'un enfant ne vont pas loin ; il est rare qu'ils passent le lendemain ou le dimanche de la semaine. C'est avec joie qu'on revoit ceux qui nous rappellent nos premiers plaisirs.

Adrienne n'ose plus appeler le cuirassier son petit mari, mais elle lui parle souvent de l'époque où ils jouaient ensemble ; elle n'a oublié ni les noms qu'ils se donnaient, ni les niches qu'ils se faisaient. Ventre-à-Terre écoute Adrienne en caressant sa moustaches et s'écrie :

— Vous avez une mémoire étonnante, ma petite cousine !

— Oh ! oui, mon cousin !.. d'ailleurs je n'avais pas oublié mon...

LA PUCELLE DE BELLEVILLE

Adrienne donne le bras à son cousin. (P. 98.)

— Votre petit mari... Est-ce que vous n'osez plus m'appeler ainsi?
— Mais non... vous êtes si grand à présent... si changé... cet uniforme, ces moustaches... vous êtes bien différent!
— Et vous m'aimiez mieux autrefois?
— Je ne dis pas cela!... Seulement, à présent, je ne me sens pas libre près de vous...
— Pourquoi donc?

— Parce que... ce n'est pas la même chose!...

— Je suis toujours votre cousin... Toujours Godibert! Je vous appellerais encore volontiers ma petite femme...

— Vraiment! oh! par habitude...

— Parce que vous êtes devenue bien gentille, ma cousine...

Le cuirassier souriait et caressait encore ses moustaches; Adrienne riait et faisait de petites grimaces fort agréables. Le cousin parlait ensuite de ses campagnes : il avait été à Alger, il avait combattu les Bédouins, il en avait tué six pour sa part; et il racontait tout cela non pas en jurant et en s'échauffant comme beaucoup de militaires, mais avec une voix flûtée et un ton doucereux qui semblaient encore plus surprenants dans un homme de cinq pieds huit pouces. En écoutant son cousin, Adrienne faisait souvent des bonds sur sa chaise; elle s'écriait :

— Comment! mon cousin, vous avez tué six Bédouins!

— Pourquoi pas, ma petite cousine?

— C'est que vous avez l'air si doux... il faut être bien en colère pour tuer quelqu'un!

— A la guerre, pas du tout, ma cousine, on va se battre en chantant, en folâtrant; on aborde l'ennemi poliment... il tire sur nous, et nous manque... on lui dit: C'est pas ça, cher ami, faut mieux ajuster... on tire et on le tue. » Merci, j'ai mon compte, qu'il dit en tombant. « Eh bien! alors, adieu, et sans rancune. » Voilà la chose, ma cousine, la guerre n'est pas plus terrible que ça.

Ces entretiens se renouvelaient fréquemment depuis que le jeune militaire était arrivé. On n'avait pas encore eu le temps de le mener chez M. Troupeau, mais Ventre-à-Terre ne s'ennuyait pas chez son oncle; car Adrienne le laissait rarement seul; elle semblait redoubler d'amabilité pour rendre agréable à son cousin la maison de son oncle.

Depuis qu'on logeait le cuirassier, il restait peu de temps à Adrienne pour penser à M. Doudoux, aussi avait-elle cessé de soupirer en songeant à lui. Le cœur d'une femme a besoin d'occupation, il conserve un souvenir pour avoir quelque chose à penser; mais cela ne prouve pas toujours de la constance.

IX

LES CHEVAUX ET LES ANES

Un soir la famille Vauxdoré se rend chez les habitants de la rue de Calais. Adrienne donne le bras à son cousin, elle se pavane en tenant le beau cuirassier; elle a un air triomphant, c'est que l'on va présenter son cousin chez M. Troupeau, que Virginie le verra, qu'elle remarquera la tendre amitié qui unit le jeune militaire à sa cousine, et qu'elle sentira qu'Adrienne est amplement dédommagée de l'abandon de M. Doudoux. Voilà ce qui donne un air radieux à l'amie de Virginie, car la femme la moins méchante éprouve toujours un grand plaisir dans ces petits triomphes de l'amour-propre ; si elle ne ressentait pas tout cela elle serait trop bonne... mais une femme n'est jamais trop bonne, probablement parce qu'elle sait que le mieux est l'ennemi du bien.

Il y avait la famille Tir, M. Renard et quelques autres voisins réunis chez M. Troupeau, lorsque Vauxdoré entre dans le salon en tenant son neveu par la main ; il le présente à la société en disant :

— Permettez-moi de vous faire voir mon neveu qui a cinq pieds huit pouces et a tué six Bédouins.

La société se lève ; on considère le jeune cuirassier, qui est obligé de se baisser pour ne point emporter avec sa tête une hollandaise en verres dépolis dont le salon est décoré.

C'est un bel homme... un fort beau garçon ! dirent les dames.

— Il est plus grand que ma plus haute baguette de fusée, dit M. Tir à son fils Pétard.

— Oui, papa, il a le double de vous.

— Ah ! monsieur a vu des Bédouins ? dit M. Renard en s'approchant du jeune militaire.

— Oui, monsieur.

— Oh ! je sais... les Bédouins !... diable ! ce sont de vilaines gens !...

Vilaine race ! J'ai vu beaucoup de Bédouins.

— Est-ce que tu as été à Alger, toi, Renard ? dit M. Vauxdoré.

— Moi... oh ! j'ai été à peu près partout... Et à quoi passiez-vous votre temps dans ce pays-là ?

Ventre-à-Terre commence à être fort ennuyé des questions de ce monsieur, qu'il voit pour la première fois ; il ne sait pas encore qu'il y a dans le monde des gens qui s'arrogent le privilège de disposer du temps des personnes avec lesquelles ils se trouvent ; celles-ci vont dans une réunion espérant s'y amuser, y causer avec d'intimes conaissance ; mais pas du tout, un pédant, un bavard, un indiscret en ordonne autrement : il vous saisit à votre entrée dans un salon, il s'accroche à vous et ne vous lâche plus ; il ne voit pas que vous mourez d'impatience en l'écoutant, que vos yeux se portent incessamment à droite ou à gauche, il va toujours, quelquefois même il vous tient par un bouton ou le devant de votre habit. La bienséance ne vous permet pas de lui rompre en visière et de lui dire :

— Voilà deux heures que vous m'ennuyez! mais aussi à l'avenir vous fuyez ces gens-là comme la peste.

Le cuirassier ne savait comment se tirer d'auprès de M. Renard, lorsque l'on entend madame Troupeau s'écrier :

— Où est donc ma fille?... qu'est devenue Virginette?

— En effet, dit Adrienne, je ne l'ai pas aperçue depuis que nous sommes arrivés... j'allais vous demander de ses nouvelles.

— Mais elle était là... dans le salon, lorsque vous êtes tous entrés... par où est-elle passée?... Virginette!

— Je suis là, maman, répond une petite voix qui part de derrière les rideaux d'une croisée.

— Mamzelle Virginie est cachée là-bas, derrière le rideau! dit mademoiselle Poudrette en montrant du doigt la fenêtre. Madame Troupeau va trouver sa fille et lui dit :

— Que fais-tu donc là, ma chère enfant?

— Ah! maman, laissez-moi ici, je vous prie...

— Que signifie cet enfantillage, Virginie?

— Maman... je n'ose pas être dans le salon...

— Et de quoi donc as-tu peur, ma petite?

— Maman... j'ai peur de ce grand... grand monsieur qui a tué six Bédouins! je n'ose pas le regarder!...

— Ah! ah! enfant...

Et madame Troupeau sort de dessous le rideau et dit en riant à la société :

— Vous ne devinez pas pourquoi ma fille s'est cachée... elle a peur du neveu de M. Vauxdoré... parce qu'on a dit qu'il avait tué des Bédouins!

Toute la compagnie rit et se récrie sur l'extrême timidité de mademoiselle Troupeau. Il n'y a qu'Adrienne qui trouve un peu singulier que sa petite amie soit craintive.

— Mon neveu, dit Vauxdoré, c'est à toi d'aller rassurer cette aimable enfant, et de lui faire comprendre qu'on peut tuer des Bédouins et être fort galant près des dames.

— Oui, certainement, dit M. Renard, d'ailleurs nous savons la chanson : *Les Tartares ne sont barbares qu'avec leurs ennemis!*...

Le jeune cuirassier, ayant demandé la permission à madame Troupeau, se dirige vers le rideau, suivi de M. Troupeau, qui crie à sa fille :

— N'aie donc pas peur, Virginie: monsieur est un jeune homme... absolument comme les autres... il a des moustaches, c'est vrai... mais cela ne prouve rien... tous les hommes sont susceptibles d'avoir des moustaches... moi-même, je pourrais en porter... si telle était mon opinion.

— J'ai eu longtemps une petite royale au menton, dit M. Tir en se caressant la figure ; mais je me la suis brûlée en tirant un artichaut... elle n'a pas repoussé depuis... cela a beaucoup contrarié mon épouse, qui me dit toujours :

— Ah ! je t'aimais bien mieux quand tu n'avais pas brûlé minet !

Pendant que l'on cause dans le salon, le cuirassier, qui s'est introduit sous le rideau, est parvenu à vaincre la frayeur que la jeune fille prétendait éprouver à son aspect. A la voix mielleuse du militaire, Virginie, qui cachait sa figure dans ses doigts, a ouvert sa main petit à petit ; puis enfin elle a entièrement laissé voir son visage, et en regardant Ventre-à-Terre elle a souri très gracieusement.

N'aie donc pas peur Virginie.

— Soyez certaine, mademoiselle, que je ne suis nullement méchant ! fit le cuirassier presque intimidé par les yeux malins de Virginie.

— Oh ! monsieur... à présent que je vous entends parler je n'ai plus peur... votre voix est si douce !...

— Ah ! mademoiselle !... c'est un effet de votre part...

— Vos moustaches mêmes ne me semblent plus effrayantes... au contraire...

— Ah ! mademoiselle... c'est la chose de l'habitude...

— Votre uniforme me paraît fort joli maintenant...

— Mademoiselle... oui, il est vrai que l'uniforme est agréable.

— Eh bien ? mon cousin ?... est-ce que vous restez aussi sous le rideau ? dit Adrienne que toute cette histoire n'amuse pas.

En ce moment le cuirassier reparaît tenant Mlle Troupeau par la main; il l'amène au milieu du salon. La jeune fille marche les yeux baissés comme une rosière; le militaire a encore plus de couleurs et se dandine avec une certaine grâce. On s'empresse autour de Virginie, que l'on plaisante sur sa frayeur. Godibert lui dit de temps à autre en faisant l'aimable :

— Est-ce que je vous fais toujours peur? Et les yeux de Mlle Troupeau répondent d'une façon qui affirme le contraire.

La soirée se passe, et Adrienne s'est beaucoup moins amusée qu'elle ne l'espérait; son cousin lui a paru mettre trop de soins à dissiper la crainte de Virginie. En revenant, Godibert ne parle à sa cousine que de Mlle Troupeau :

— Elle est gentille, cette demoiselle, dit le cuirassier, pendant qu'Adrienne essaie de changer de conversation.

— Oui... figure de fantaisie... vous ne nous quittez pas de sitôt, n'est-ce pas, mon cousin?...

— Non, ma cousine... j'ai une permission... et, entre nous, je vous dirai que je travaille à obtenir mon congé.

— Quoi! vous quitteriez l'état militaire?

— Je l'ai pris de bonne heure, ma cousine, et je vous avoue que j'en ai assez... il me faudrait attendre trop longtemps pour être colonel... Pour en revenir à cette jeune personne... elle paraît bien candide!...

— Qui ça, mon cousin?

— Mademoiselle... du Troupeau.

— Ah! vous la trouvez candide?...

— Oui... elle me fait l'effet d'une Agnès.

— Elle vous fait cet effet-là!...

Adrienne réprime un rire moqueur, et dit au bout d'un moment :

— Mais, mon cousin, si vous quittez le militaire, que ferez-vous donc?

— Je verrai, ma cousine; j'ai hérité depuis un an de quinze cents francs de rente, avec ça on peut attendre les événements... C'est votre amie, cette jeune personne?...

— Qui? Virginie!

— Oui, ma cousine.

— Nous étions fort amies il y a quelque temps, nous nous voyons beaucoup moins à présent.

— Pourquoi donc cela?...

— Ah! les demoiselles ont quelquefois des motifs pour se brouiller...

— C'est juste, c'est comme les cuirassiers ; mais celle-ci paraît si bonne personne !

— Du reste, comme elle sera fort riche, son père ne la donnera qu'à quelqu'un de très riche aussi ; je vous dis cela, mon cousin, dans le cas où vous auriez des pensées sur elle !...

— Ah? ma cousine!... par exemple... je dis tout ceci pour causer!...

— Mon cousin... ça me fera de la peine si vous quittez votre uniforme... il vous va si bien !

— Vous trouvez?... c'est ce que me disait aussi la petite... qui a eu peur...

Heureusement pour le cuirassier que l'on était arrivé devant la maison de Vauxdoré ; car Adrienne, dans son humeur, allait pincer le bras à son cousin, mais elle se contente de le quitter et va se coucher sans lui dire un mot de plus.

Chez le ci-devant marchand de crin, le jeune militaire a été trouvé fort aimable ; le ton doucereux et galant du cuirassier a charmé Mme Troupeau ; en songeant que ce jeune homme a tué six Bédouins, M. Troupeau se sent pour lui une certaine considération ; quant à Virginie, elle ne dit rien, mais elle pense qu'il y a une grande différence entre le beau cuirassier et M. Doudoux.

— Par exemple, dit Mme Troupeau, j'ai trouvé que Mlle Adrienne regardait son cousin d'une façon beaucoup trop familière.

— Cela m'a frappé aussi, dit M. Troupeau ; ses yeux étaient presque constamment attachés sur le jeune militaire... Si l'on n'y prend garde, il arrivera malheur à cette jeune fille...

— Ce ne sera pas faute qu'on n'ait averti les parents !... mais votre ami Vauxdoré se dessèche sur ses cartes, et sa femme sur ses casseroles !...

— Les inviterons-nous pour la fête de ma fille?

— Il le faut bien !... leur neveu est fort honnête, j'en conviens... c'est bien dommage qu'on l'appelle Ventre-à-Terre?... je ne peux pas me faire à ce nom-là. Enfin, ils passeront dans la foule... car nous aurons beaucoup de monde.

— Et Tir m'a promis un très joli feu d'artifice pour ce jour-là.

— Il nous fera encore quelque malheur, comme l'autre soir avec son soleil.

— Ma chère amie, il tirera son feu dans les champs... en plein air nos meubles ne courront aucun danger.

— C'est bien heureux.

Les parents de Virginie ont fait leur invitation pour la fête champêtre qu'ils veulent donner à leur fille. Le cuirassier est ivre de joie en apprenant qu'il est invité. Adrienne, dont l'humeur n'est point dissipée, parce que son cousin parle toujours de la demoiselle qui a peur, raille Godibert sur le désir qu'il a de se retrouver avec Mlle Troupeau; le cousin prend très bien les plaisanteries et les petits mots piquants que lui lance sa cousine, on a toujours l'esprit bien fait quand on espère être heureux.

Mais elle se contente de le quitter.

Cependant Godibert n'a revu Virginie qu'une seule fois, un matin, en allant faire une visite à Mme Troupeau, et il n'a pu regarder la jeune fille qu'en présence de sa mère, mais les militaires, qui ont l'habitude d'aller promptement en amour, avancent leurs affaires aussi vite par la pantomime que par la conversation, et la petite Agnès avait montré de fort belles dispositions pour la pantomime.

Le jour de la fête est arrivé. Dès le matin, le cuirassier s'occupe de nettoyer son casque, son uniforme; Adrienne lui dit d'un air ironique :

— Mon Dieu! mon cousin, comme vous vous faites beau!...

— Ma cousine, un militaire doit toujours être d'une sévère propreté!

— Oh! c'est juste!... et puis, quelquefois, on a des intentions!...

Adrienne se regarde dans une glace, et se dit :

— Il me semble pourtant que je ne suis pas mal non plus!... est-ce parce que je ne baisse pas les yeux... parce que je n'ai pas l'air de trembler toujours que mon cousin trouve Virginie plus à son goût?... Mon Dieu! que les hommes sont drôles!... Ils aiment dans l'une le contraire de ce qu'ils aiment dans l'autre!

Le rendez-vous était pour midi, chez M. Troupeau; la famille

M. Renard qui a un énorme riffard. (P. 109.)

Vauxdoré s'y rend; M. Renard est déjà au milieu du salon, où il pérore sur ce que l'on doit faire pour s'amuser à la campagne. Plusieurs habitants de Belleville sont conviés à la fête, entre autres la famille Tir, qui arrive bientôt chargée d'artifice; M. Tir tient une étoile qui doit effacer toutes celles du firmament, son fils porte des fusées et des serpenteaux, enfin Mlle Poudrette tient un soleil sous chaque bras.

A l'aspect de cet attirail d'artifice, Mme Troupeau pousse un cri d'effroi.

— Que voulez-vous faire de tout cela dans mon salon?.... dit-elle à M. Tir, qui, au milieu de toutes ces pièces, ne sait comment se retourner.

— Madame Troupeau, je suis bien le vôtre... c'est le feu que nous apportons...

— Je ne le vois que trop, que c'est le feu!... je ne veux pas de tout cela dans mes appartements... Vous ne comptez pas tirer votre feu dans une chambre, j'espère?

— Oh!... nous n'aurions pas assez de place... mais j'emporterai cela avec nous... je le tirerai au bois de Romainville.

— Très bien... mais en attendant que nous partions, veuillez le porter dehors... en bas... dans la cour... cela me fait trop peur chez moi.

M. Tir descend, avec ses enfants, déposer son artifice en plein air, pendant que M. Renard dit à la société:

— J'en ai fait aussi, moi, de l'artifice!... oh! je connais cela!... si je voulais, j'en ferais encore... c'est la moindre des choses!... et je ne ferais pas tout l'embarras de ce pauvre Tir... Ah! voici Mlle Virginie Troupeau que j'ai l'honneur de vous annoncer... charmante fille.. parfaitement élevée, remplie de vertus, de qualités.... tout le portrait de sa mère.

Virginie arrivait seulement dans le salon; elle était tout en blanc. Sa robe, faite en pèlerine, cachait scrupuleusement ses jeunes appas, et il était impossible que la pudeur la plus sévère trouvât rien à redire dans sa parure; mais il y a une manière de porter les choses qui leur donne plus ou moins de grâce. Sous cette robe qui lui montait jusqu'au cou, il semblait que les charmes de la jeune fille cherchassent à se faire jour, et quoique sa démarche fût posée et modeste, ses deux hanches se dessinaient très voluptueusement à chaque pas que faisait la gentille pucelle.

Tous les hommes, en saluant Virginie, semblent sous le charme de ce je ne sais quoi qui séduit en elle; le grand cuirassier ne sait plus sur quelle jambe se tenir, et faute de mieux se mange les moustaches; M. Tir lui même, qui revient de déposer son artifice, s'écrie:

— Mademoiselle Troupeau serait charmante dans un transparent.

— Vous êtes donc toujours pour l'artifice, monsieur Tir? dit M. Troupeau en admirant la tournure de sa fille.

— Que voulez-vous monsieur Troupeau?... l'artifice me procure des passe-temps si agréables!... Quand j'ai fait des étoupilles depuis le matin jusqu'au soir, je me dis: je n'ai pas perdu ma journée... — Par exemple, je l'avoue... je ne suis pas ambitieux, mais j'ai un regret!

— Qu'est ce donc, monsieur Tir?

— C'est de n'avoir pas inventé la poudre ; j'aurais été le plus heureux des hommes si j'eusse inventé cela... d'autant plus que je l'aurais faite imperméable.

— Voilà midi passé, dit Mme, Troupeau, pourquoi ne partons-nous pas?

— Ma femme, tu sais que j'attends encore deux amis de Paris... des négociants très riches qui m'ont assuré qu'ils viendraient peut-être.

Mme Troupeau ne répond rien ; son mari a parlé de gens riches, on doit attendre ; s'il s'agissait d'un modeste rentier, on se dirait : Partons sans lui, il nous rejoindra !... Le monde s'incline toujours devant les écus, et, quoique nous soyons dans le siècle des lumières, je ne vois pas qu'il y ait rien de changé à cet égard.

Cependant l'heure s'écoule et les riches amis de Paris ne viennent pas ; mais, en revanche, il vient dans l'horizon un gros nuage noir qui s'avance et s'étend rapidement sur Belleville et ses environs.

— Le temps se gâte, dit Vauxdoré.

— Ce ne sera rien, dit Renard ; c'est un nuage qui passe... Je connais ça.

— J'ai peur qu'il ne tombe de l'eau sur mon étoile, dit Tir.

— Ce serait bien désagréable si le temps était vilain, dit Mme Troupeau, car nous ne pourrions plus aller déjeuner au bois de Romainville.

— Mais j'espère qu'on déjeunerait toujours? dit Mme Vauxdoré à sa nièce. Et celle-ci ne répond rien. Peu lui importe le déjeuner : elle observe Virginie qui est en admiration devant le casque que Godibert a posé sur une chaise.

Malgré les prévisions de M. Renard, la nuée crève, et des torrents d'eau tombent du ciel. La société se désole.

— C'est extrêmement contrariant, dit M. Troupeau, voilà mes projets renversés.

— Ce ne sera rien, répond M. Renard, qui ne veut pas en démordre. C'est une pluie d'orage... cela va se passer.

— Ah ! mon Dieu ! et mes artifices qui ne sont pas à l'abri, s'écria M. Tir en sortant précipitamment du salon. Viens, Pétard, suis-moi sauvons au moins mon étoile !

— Voilà un temps bien vexant, dit Ventre-à-Terre en s'approchant de Virginie. Je me promettais tant de plaisir, mademoiselle, à me promener avec vous dans le bois.

Virginie sourit, et après avoir regardé autour d'elle si personne ne l'écoute, répond à demi-voix :

— Alors... si l'on sort... il faudra me donner votre bras... et pas à Adrienne.

— Oh! mademoiselle, avec le plus vif...

Le cuirassier ne peut achever, Adrienne s'est approchée

— Es-tu fâchée qu'il pleuve? dit-elle à Virginie.

— Ah! oui...Nous devions tant jouer, courir, aller à âne...

— Est-ce que tu oserais aller sur un âne?...

— Mais oui... j'irais même sur un cheval... J'aime beaucoup les chevaux, moi.

Vauxdoré est monté sur son âne.

— Vous iriez à cheval, mademoiselle! s'écria Ventre-à-Terre en regardant Virginie d'un air d'admiration. Ah! Dieu! une femme à cheval!... Je ne connais rien de plus séduisant dans l'univers.

— En ce cas, mon cousin, dit Adrienne, vous n'avez qu'à aller au bois de Romainville, vous verrez des femmes à cheval... mais je ne vous garantis pas que ce soit toujours séduisant!...

— Ma cousine, il y a amazone et cavalière, ça fait deux!

La pluie ne cesse pas et les estomacs deviennent pressants. Mme Troupeau dit à son mari :

— Qu'allons-nous faire de tout ce monde? D'abord, monsieur, je vous préviens que je ne vais pas m'occuper à présent de leur faire à déjeuner... Je n'ai pas envie de passer ma journée à la cuisine avec Babelle. Comme ce serait divertissant pour moi!

— Ma chère amie, je ne te dis pas... Il faut pourtant que l'on déjeune... Je vais faire apporter à déjeuner de l'Ile-d'Amour...

— Non, monsieur, je vous répète que je ne veux pas que vos Tir et vos Vauxdoré déjeunent ici... Ce serait toujours de l'embarras pour moi. Menez la société à l'Ile-d'Amour, à la bonne heure.

— C'est juste... Cela me coûtera plus cher, mais mes moyens me permettent cet *extra*.

Et M. Troupeau s'adressant à la compagnie, qui était moins aimable parce qu'elle avait faim, s'écrie :

— Messieurs et dames, puisque le temps nous interdit Romainville, descendons déjeuner à l'Ile-d'Amour... avec des parapluies, nous pourrons arriver sans eau.

La proposition est acceptée. Les hommes s'occupent sur-le-champ de se procurer des parapluies pour les dames. En quelques minutes on en a réuni plusieurs, et la société se met en marche. M. Renard, qui a un énorme rifflard, s'empare du bras de Virginie. La jeune fille n'a pu refuser l'ennuyeux bavard ; mais tout le long du chemin elle lui envoie de l'eau dans les jambes pour lui ôter l'envie d'être son cavalier une autre fois.

La réunion est bientôt entassée dans un salon de l'Ile-d'Amour. Les jeunes filles ne sont plus aussi gaies. Quand on espérait une partie de campagne, on ne se trouve pas bien dans une chambre, le dîner y fût-il meilleur ; c'est que la campagne promet et permet mille petites libertés interdites à la ville, et que les demoiselles les plus sages aiment beaucoup les petites libertés. Mme Troupeau avait placé son monde. Adrienne était entre le jeune Pétard et M. Renard ; Virginie entre M. Tir et le voisin Vauxdoré. Aussi l'on ne disait rien, on avait les yeux fixés sur son assiette, mais on s'ennuyait considérablement, tout en mangeant le veau rôti et la gibelotte, plats obligés chez les traiteurs *extra muros*.

Pour augmenter les regrets de ces demoiselles, il n'y a pas un quart d'heure que l'on est à table et déjà la pluie cesse, le soleil renaît, le temps redevient beau et les pavés secs.

— Je l'avais dit! ce n'était qu'un nuage! s'écria M. Renard en versant à boire à ses voisins afin d'avoir occasion de se verser à lui-même.

— Un nuage qui a duré longtemps! dit Vauxdoré. Qu'importe!... il n'y paraît plus maintenant... je connais ça!

— C'est dommage, dit M. Troupeau, si nous avions attendu, nous serions montés jusqu'à Romainville, comme c'était mon idée.

— Mais, papa, si le temps est remis... est-ce que nous n'irons pas après le déjeuner? dit Virginie.

— Au fait, s'il fait beau, je ne vois pas pourquoi nous n'irions pas nous y promener... Qu'en pense la société?

La société est d'accord pour aller se promener quand on aura bien déjeuné ; cette promesse fait de nouveau briller la joie sur les jeunes visages qui voudraient déjà quitter la table ; mais il y a des gens cruels qui ne consentiraient pas à donner un coup de dent de moins.

Enfin les grands appétits sont satisfaits ; depuis longtemps les jeunes filles ne mangent plus ; le temps est redevenu superbe, et M. Troupeau s'écrie :

— Partons pour le bois de Romainville !

— Oui, partons, dit Tir. en route je prendrai mon artifice, car nous pourrons le tirer tantôt.

On se remet en marche! Cette fois Virginie court prendre le bras de la petite Poudrette afin d'esquiver celui de M. Renard; Adrienne a saisi son cousin en descendant l'escalier du traiteur, et lui dit, moitié en riant, moitié au sérieux :

— Mon cousin, j'en suis bien fâchée pour vous, mais vous serez mon cavalier!

— Ma cousine... c'est une faveur de votre part! répond le cuirassier, qui a bu comme quatre, mais qui n'est pas gris, parce qu'il a déjà pris de bonnes habitudes.

Mme Troupeau dit à son mari en regardant de loin sa fille et Adrienne :

— Voyez donc, mon ami, comme l'innocence se manifeste en tout... Notre Virginette est contente de donner le bras à la petite Poudrette, tandis que cette Adrienne s'est emparée de son cousin le militaire d'une façon même indécente... il semblait qu'on allait le lui voler...

— Ces deux jeunes filles ne se ressemblent en rien, Dieu merci!... aussi je payerai un âne à Virginette pour l'amuser, je le lui ai promis.

— Payez-lui même un petit cheval si elle le désire; grâce au ciel, ma fille est vêtue de manière à pouvoir monter à cheval sans offenser les mœurs.

On a monté Belleville et traversé le parc Saint-Fargeau au milieu des coups de pistolet qui partent à chaque instant aux oreilles des promeneurs depuis que la manie d'établir des tirs a gagné les campagnes, ce qui n'amuse pas les personnes qui sortent de la ville dans l'espérance de jouir d'un peu de calme, et qui, tout le long de leur route, assistent à l'exercice à feu; mais en France, où tout est mode, celle-ci passera comme les autres.

On est arrivé aux loueurs d'ânes et de chevaux. De tous côtés on vient offrir aux piétons de dociles quadrupèdes. Romainville est devenu dans cette partie rival de Montmorency, et je serais bien embarrassé pour dire où sont les plus mauvais chevaux.

Virginie a quitté Poudrette et s'est arrêtée, elle regarde son père, qui lui dit : Nous te permettons une petite bête... choisis un âne ou un cheval.

Virginie est indécise entre les chevaux et les ânes; Vauxdoré s'écrie : Allons, une partie d'ânes!... j'en suis! Adrienne, je te paye un âne; à toi aussi, ma femme; montons tous... nous ferons des manœuvres superbes.

— Je ne monte sur rien, dit Mme Troupeau, cela donne trop de mouvement!

— Moi et mes enfants, il faut que nous restions avec nos artifices, dit M. Tir en passant son étoile de son bras gauche dans le droit.

— Ah! papa! laissez-moi prendre un petit âne, dit Poudrette.

— Oui, un âne pour nous deux ma sœur, dit Pétard, je me mettrai sur la queue.

— Non, mes enfants... vous n'irez point à âne... et vos fusées, qui donc les porterait?... mon étoile me fait déjà suer...

— Nous les mettrons sur l'âne avec nous.

— Pour que le trot dérange les mèches!... je vous dis que vous irez à pied.

Poudrette pleure; Pétard déchire avec colère deux cartouches de fusées. M. Renard déclare qu'il a tant monté à cheval dans sa vie, que cela l'ennuie de voir même des chevaux de bois. Enfin une partie de la compagnie reste à pied, l'autre prend des ânes ou des chevaux : Virginie s'est décidée pour cette dernière monture parce que Ventre-à-Terre lui a dit qu'un cheval se roulait bien moins qu'un âne.

Un petit cheval gris est amené à la jeune fille, que le grand militaire enlève lestement dans ses bras et place sur une selle à l'anglaise; M. Troupeau dit à sa femme : Je vais prendre aussi un cheval afin d'être toujours près de ma fille et de veiller sur elle.

— Je vous approuve, mon ami; mais n'allez pas trop fort, car on prétend que c'est perfide.

— N'ayez aucune crainte... je ne suis point imprudent... d'ailleurs je ne me flatte pas d'être un Franconi; ma fille ira doucement et je resterai près d'elle.

M. Troupeau se fait seller le plus petit locatif de l'endroit, et ne monte dessus qu'après qu'on lui a certifié qu'il est doux comme un agneau.

Godibert a pris le cheval qui lui a semblé le meilleur, il va se placer près de Virginie et lui dit : Je vais vous escorter, si vous le permettez...

— Ah! oui, monsieur... et vous ne me ferez point tomber, n'est-ce pas?

— Au contraire, je vous en empêcherai.

— Ma fille! la plus grande prudence... et toujours doucement, crie Mme Troupeau à Virginie, tandis qu'Adrienne monte avec humeur sur son âne en murmurant : J'aurais mieux aimé un cheval aussi, moi... c'est égal... il faudra que mon âne les suive... ou je fais une pelote de son derrière.

Et pour commencer, elle pique sa monture dans les environs de la queue avec une forte épingle noire, tout en criant : Attendez-moi donc, mon cousin... je vais avec vous... Virginie, tu me prêteras un peu ton cheval, n'est-ce pas?

— Oui... oui.

Mais il y a peu d'apparence que la cavalerie se forme : Vauxdoré est monté sur un âne qui ne fait pas dix pas sans se retourner, comme pour valser, ce qui fait beaucoup rire son cavalier M. Troupeau, qui, en effet, n'est point un Franconi, menace de tomber à droite ou à gauche, dès que son cheval prend le trot. Mais alors le cavalier s'arrête brusquement en disant à la société : Je vais m'y remettre... c'est un aplomb à prendre... je vais le retrouver.

Deux personnes de la compagnie, qui sont aussi à cheval, ont déjà pris le grand galop pour montrer leur talent en équitation ; elles disparaissent bientôt sur la route. Godibert voudrait en faire autant avec Virginie, mais il n'ose encore se lancer ; il faut d'ailleurs que la jeune cavalière s'accoutume à sa monture, et que l'on ait un peu perdu de vue les parents.

A force d'épingler son âne, Adrienne est parvenue à se tenir presque derrière le cuirassier. Celui-ci ne peut plus dire un mot à Virginie sans que sa cousine ne l'entende ; mais Mlle Troupeau, qui n'est peut-être pas fâchée de s'éloigner d'Adrienne, dit au jeune militaire : Si vous me répondiez que je ne tomberai pas, j'aimerais bien à aller un peu plus vite.

Elle piqua sa monture.

— Afin que vous soyez sans aucune crainte, je vais tenir votre cheval par la bride, et je le ferai aller au même pas que le mien ; comme cela je réponds de vous.

Le cuirassier prend la bride du cheval de Virginie ; puis, avec cette facilité que donne l'habitude de l'équitation, il presse sa monture et emmène la jeune fille au trot.

Virginie pousse d'abord quelques exclamations causées par la frayeur ; mais, rassurée par Ventre-à-Terre, qui est tout près d'elle, sa crainte fait

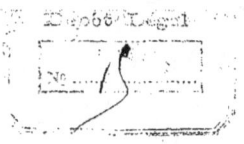

Comme vous êtes fort! (P. 116.)

bientôt place au plaisir, et elle trotte fort gentiment en disant : C'est drôle!... je n'ai plus peur... On s'y fait tout de suite.

— N'allez donc pas si vite! crie Adrienne en piquant son âne; Virginie, ta maman t'a défendu d'aller au trot... Ton père ne peut te suivre!... Vous allez tomber!..

Vaines remontrances, et que déjà l'on n'entend plus; car malgré les épingles noires dont Adrienne se sert pour émoustiller sa monture, son cousin et Virginie sont bientôt loin d'elle, et, pour augmenter son désespoir, elle les voit tourner à gauche et entrer dans le bois.

— Vous allez comme un chef d'escadron, dit Ventre-à-Terre en regardant amoureusement la jeune cavalière.

— Vous trouvez que je me tiens bien?...

— Oh! parfaitement... vous étiez née pour le cheval!...

— Je trouve que c'est bien amusant de sauter comme cela!

— Si vous vouliez aller un peu au galop, cela vous plairait encore davantage!

— Vraiment?... Mais répondrez-vous toujours de moi?...

— Oh? sur ma vie!... Une si jolie personne..... est-ce que je voudrais vous endommager!

— Eh bien! voyons le galop..... J'aime beaucoup à m'instruire, moi.

— Délicieuse jeune fille! Laissez-vous aller.... Eh hop!

— Ah! Dieu! comme ça m'enlève....

— Ne résistez pas..... cédez au mouvement... Très bien..... Près de vous mon cœur galope encore plus vite... Eh hop!....

— Ah! je m'y fais!... Que c'est gentil!... A chaque élan du cheval il semble qu'on monte au ciel!...

— Avec vous, je me trouve dans le paradis!...

— Mais comme cela fait voltiger ma robe...

— Qu'importe, puisque vous avez une petite culotte en dessous! Je conviens que si vous n'en aviez pas... Ah! Dieu!... si vous n'en aviez pas... Eh hop!...

— On veut que j'en porte toujours......

— Quoi! même sans aller à cheval?...

— Oui, monsieur...

— Drôle d'uniforme pour une femme!... Soutenez!... soutenez légèrement la bride à chaque temps... C'est cela... Ah! les beaux yeux!... Eh hop!

— Oh! maintenant j'aime mieux le galop que toute autre manière... cela ne secoue pas et on va plus vite...

— J'étais certain que cela vous plairait... le corps en arrière... droite.. C'est cela... pas de raideur... Quelle taille divine!... Eh hop!...

— Êtes-vous content de moi?...

— J'en suis si content... Ah! mademoiselle... Je ne sais plus où j'en suis... Eh hop!

Ventre-à-Terre et Virginie sont entrés dans le bois de Romainville, ils ont déjà parcouru plusieurs fois les petites allées qui se croisent pour revenir presque toutes au carrefour où est située la maison du garde.

Quoique le bois soit petit, en tournant souvent autour on peut encore faire du chemin. Les chevaux commençaient à se lasser de galoper dans le sable : Virginie ne se lassait point, mais elle était en nage ; le cuirassier semblait aussi très enflammé ; un bois, une jolie femme et le galop, voilà trois choses qui doivent nécessairement en faire désirer une quatrième. Depuis quelques instants les chevaux vont moins vite, et le jeune militaire ne les stimule plus. On est arrivé au bout d'une allée, on côtoie l'enceinte qui enferme le parc du château situé dans le bois ; château qui a beaucoup de rapport avec celui où reposait *la Belle au Bois dormant*, puisque de même que le castel du conte, on ne l'aperçoit point des environs. Le jeune couple est alors devant un chemin de sable jaune, qui descend assez rapidement jusqu'à ce que l'on soit arrivé au point de vue, d'où l'œil découvre une partie de Paris : les Invalides, la Colonne, l'Arc de l'Etoile, le canal qui coupe la route, les prés Saint-Gervais, Pantin, le clocher de Saint-Denis, Montmartre, le Calvaire, les bois de Bondy et de Montmorency, c'est un fort beau tableau, et lorsque, le soir, il est éclairé par la lune, et que sur les premiers plans s'élèvent les tourbillons de flamme et de fumée sortant des fours à plâtre établis dans le bas des buttes, cela mériterait peut-être que l'on fît plusieurs lieues pour l'aller voir ; mais on n'y va pas parce que c'est à la porte de Paris, et qu'on est convenu de n'admirer que ce qui est loin.

Virginie et le jeune militaire sont arrivés au point de vue, là ils se sont arrêtés ; ce n'est pourtant pas pour admirer le coup d'œil, Ventre-à-Terre préfère les yeux de Virginie et les jolies petites buttes qui sont plus bas à toutes celles que lui offre l'horizon. Virginie se laisse regarder, elle y met beaucoup de complaisance, c'est assez l'habitude d'une femme quand elle s'aperçoit qu'on la trouve bien. Le jeune couple soupire et les chevaux soufflent depuis quelques minutes, lorsqu'un vieux couple sale et aviné les tire de leur extase en leur criant :

— Pardon, excuse, monsieur et madame, mais le chemin des *fornications*, s'il vous plaît ?... on nous a dit que nous en verrions au bout du bois.

— Vous voulez aller aux fortifications ? répond Ventre-à-Terre.

— Oui, mon militaire, dit la femme, qui a la langue un peu moins épaisse que son mari ; il y a-z-un siècle que mon mari, qui est sans ouvrage depuis l'année dernière, me promet des fornications aux environs de Paris... il faut bien se distraire un peu... Nous avons t'eu des malheurs, éprouvé des injustices... nous n'avons pas pris une bouchée de pain depuis la dernière fois !... Si c'était une providence que votre rencontre... obligez-nous de queuques petites choses... mon militaire.

Le vieux couple, qui prétendait manquer de pain, sentait le vin et l'eau-de-vie à faire reculer; mais Ventre-à-Terre, qui ne désire que s'en débarrasser, leur donne une pièce de vingt sous et leur montre le bout du chemin en disant :
— Suivez par là... c'est devant vous...
— Merci, mon officier... c'est un véritable service que vous nous rendez là... et qui vous portera bonheur... Viens, mon rat!... Au revoir mes enfants...

Les deux ivrognes se sont éloignés. Le cuirassier est descendu de cheval, il dit à Virginie :
— Ces pauvres bêtes ont bien chaud...
— C'est vrai... Faut-il que je descende aussi?
— Ça ne ferait pas mal...
— Descendez-moi, alors.

Ventre-à-Terre prend la jeune fille dans ses bras et ne se presse pas de la poser à terre; Virginie se laisse tenir et se contente de dire :
— Comme vous êtes fort!...
— Ah! je voudrais vous porter à cent lieues comme ça!
— Oh! vous ne pourriez pas... je vous fatiguerais!
— Jamais, fille adorable!... car vous êtes adorable.
— Mais qu'est-ce que vous faites donc? vous m'emportez?..
— C'est pour vous prouver que vous ne me fatiguez pas.
— Et nos chevaux que nous laissons là?
— N'ayez pas peur, nous les retrouverons! Ces chevaux-là ne se perdent jamais, ils n'ont plus envie de courir..
— Mais où donc m'emportez-vous?
— Qu'importe!... pourvu que je ne vous lâche pas.

Et le jeune homme prend, avec son joli fardeau, une des allées qui entrent dans le bois, non pas de celles qui conduisent au carrefour du garde, mais une autre, plus sombre, plus solitaire, qui côtoie le bas du bois, où l'on rencontre rarement du monde, et qui semble faite pour de tendres déclarations. Virginie rit de se sentir emportée; Ventre-à-Terre serre très fort son fardeau, puis, au lieu de suivre l'allée, il prend à droite, descend, s'enfonce dans le fourré et ne s'arrête que dans un endroit touffu. Là, il pose Virginie sur le gazon et se jette brusquement à ses genoux en s'écriant :
— Mademoiselle, je n'y tiens plus, il faut que vous sachiez que je vous aime éperdument!
— Mon Dieu! monsieur, est-ce pour me dire cela que vous m'avez portée ici?

— Oui, mademoiselle, ça m'a semblé plus convenable ; me permettez-vous de vous aimer ?

— Mais... monsieur...

— Je vous préviens que si vous ne me le permettez pas, je vous aimerai de même.

— Alors, j'aime autant vous le permettre.

— Depuis ce certain soir où je vous avais fait peur, je me suis senti subjugué par vos charmes.

— Je croyais que vous étiez amoureux d'Adrienne ?...

— Amoureux de ma cousine !... je ris, je badine avec elle ; voilà tout !

— Et ce n'est pas pour rire que vous m'aimez, moi, monsieur ?

— Pour rire !... Ah, mademoiselle !... pour rire... Tenez, j'en jure par votre main... par votre bras que je serre... par ce baiser, par cet autre...

Virginie commence à voir que cela n'est pas pour rire ; le beau cuirassier y va sérieusement ; il lui a déjà pris plusieurs baisers, il est sur le point de prendre autre chose, lorsqu'il entend beaucoup de bruit dans le feuillage ; le militaire fait trêve à ses entreprises pour savoir quel est l'importun qui se permet de le déranger : il reste confus en apercevant Adrienne et son âne.

La nièce de Vauxdoré, tout en picotant sa monture, était arrivée dans le bois ; elle venait de ren-

Celui de son cousin se régalait de feuilles de chêne.

contrer le cheval de Virginie, qui retournait à son écurie, un peu plus loin elle avait aperçu celui que montait son cousin se régalant de feuilles de chêne. Adrienne, présumant que le cavalier ne devait pas être loin, avait cherché aux environs, et, comme les ânes aiment beaucoup les petits chemins, celui que montait la jeune fille s'était de lui-même engagé dans le taillis.

— Ah! c'est comme cela que vous galopez, mon cousin? dit Adrienne en sautant à bas de son âne. C'est joli de conduire les demoiselles dans les broussailles... Et toi, Virginie... Oh! je me doutais bien que tu causais quelque part avec mon cousin... et que ce n'était pas sans motif qu'on me laissait en arrière avec mon âne!... Ah! Virginie!... c'est bien mal, cela... moi... qui déjà!... Et voilà comme tu me récompenses!... et ton père qui te cherche... et quand on va voir les chevaux revenir sans vous, on vous croira morts!...

— C'est la faute de monsieur, dit Virginie, c'est lui qui m'a fait descendre de cheval... Est-ce que je savais que c'était pour m'embrasser qu'il m'emportait ici... Prête-moi ton âne, Adrienne, je t'en prie; tu prendras mon cheval, si tu le rattrapes.

Sans attendre la réponse d'Adrienne, Virginie est montée sur l'âne, elle le pousse hors du taillis, et, une fois dans une allée du bois, la pauvre bête prend d'elle-même le bon chemin.

Pendant que Mlle Troupeau prenait dans le bois de Romainville une leçon d'équitation, son père qui n'était pas parvenu à attraper l'équilibre, n'avançait que fort doucement devant la société. Son ami Vauxdoré, tout en valsant sur son âne, était parfois plus loin que lui, et Mme Troupeau criait à son mari :

— Tu ne suis pas notre fille et je ne la vois plus...

— Sois sans inquiétude! je vais la rattraper... M. Godibert et Adrienne sont avec elle... il n'y a pas de danger, ils vont doucement.

Puis M. Troupeau faisait deux ou trois petits bonds sur son cheval et ne rattrapait personne, tandis que Vauxdoré lui criait :

— Avec mon *asinus*, je gage que je te laisserais derrière moi.

On est ainsi arrivé au bois, devant la maison de l'ancien garde. Les piétons sont fatigués et désirent le repos; Troupeau est plus fatigué que les autres, quoiqu'il n'ait pas été à pied; il va descendre de cheval; lorsqu'on aperçoit le coursier de Virginie qui sort du bois et trotte vers son écurie.

— Ah, mon Dieu! c'est le cheval que montait ma fille! dit Mme Troupeau. Il est arrivé un malheur à Virginette!...

Toute la compagnie est aux abois. Mme Troupeau pleure; M. Renard pérore; M. Troupeau se démène comme un damné pour avancer avec son cheval, et Vauxdoré roule en bas de son âne en voulant l'empêcher de valser.

— Il faut battre le bois... Il faut la retrouver, dit-on de toutes parts.

— Oui, battez le bois, dit Tir. Je vais vous attendre ici avec mon étoile... Je garderai l'âne et le cheval, qui vous gênent plus qu'il ne vous servent pour avancer.

— C'est cela .. attendez-nous ici avec ces maudites bêtes.

Et la société entre dans le bois en regardant de droite à gauche, et appelant Virginie, qui ne répond pas, en la cherchant sous chaque taillis et n'y trouvant que des champignons, dont quelques-uns ont une forme très-singulière, mais que je ne vous décrirai pas.

On est au carrefour du bois; on s'informe chez le garde; on se consulte sur la route que l'on doit suivre, lorsqu'on aperçoit une jeune personne qui arrive au petit trot sur un âne.

— C'est elle ! cria-t-on ; et en effet c'était Virginie qui venait d'un air fort tranquille rejoindre la compagnie.

On court au-devant de la jeune fille, on l'entoure, on la presse de questions :

— Comment se fait-il ?... Tu étais à cheval...

— Et il revient seul...

— Serais-tu tombée ?

— N'es-tu pas blessée ?

Virginie descend de son âne en disant :

— Mais non, maman, il ne m'est rien arrivé; seulement, comme Adrienne désirait aller à cheval, je lui ai prêté le mien et je suis montée sur son âne, voilà tout.

— Mais ce cheval qui revient tout seul ?

— Ah ! dame... je ne sais pas...

— Mais Adrienne et son cousin, où sont-ils ?

— Ah ! dame... je n'en sais rien.

— Il faut maintenant que nous cherchions ma nièce, dit Vauxdoré, car le cheval m'inquiète.

Mᵐᵉ Troupeau, qui est satisfaite d'avoir retrouvé sa fille, ne se soucie pas de battre le bois pour chercher Adrienne.

— Nous allons retourner vous attendre près de M. Tir, dit-elle, je ne puis pas marcher continuellement dans le sable... C'est trop fatigant.

— Allez, dit M. Troupeau, moi je vais aider Vauxdoré, dans ses recherches.

— Et moi je vous guiderai dans le bois, dit M. Renard. Je le connais comme ma poche ce bois-ci... Oh ! scélérat de bois !... Si je vous contais tout ce que j'y ai fait !...

— Allons donc chercher ma nièce.

— C'est juste.

Les dames retournent à l'Ancien Garde, suivies de Poudrette et de Pétard, qui se disputent à qui montera sur l'âne ; et Vauxdoré, accompagné de Troupeau et de M. Renard, s'enfonce dans le bois en appelant sa nièce.

M. Renard, qui prétend tout savoir, dit à ses deux compagnons :

— Laissez-moi vous conduire; je connais tous les détours de ce bois, nous ne pouvons manquer de trouver les jeunes gens... j'ai habité par ici jadis, et je m'y promenais souvent... pas toujours seul, comme vous pensez bien... Hum!... polisson de bois!... Messieurs, vous voyez bien cet arbre-là?...

— Oui.

— Eh bien! là je fus vainqueur d'une femme charmante!

— Sur l'arbre?

— Non, dessous... venez par ici... Ah! comme j'ai fait la châtaigne par ici!... car vous saurez que les châtaignes de ce bois sont fort bonnes, et que les Parisiens ne se font pas faute d'en venir chercher...

— Ohé!... Adrienne! Godibert!...

— Ne t'inquiète pas, mon cher Vauxdoré, nous allons les trouver... prenons cette allée... Ah! cette allée, je la reconnais aussi. Tenez, messieurs...

Vaudoré roula en bas de son âne.

avancez un peu... nous devons trouver par ici... certain bouleau... Oui... le voilà... Ah! messieurs, sur ce bouleau, il y a dix ans, je gravai la première lettre de mon nom et celle du nom d'une jolie petite blonde... terriblement voluptueuse... elle se nommait Quercille... Je fis sur cet arbre un R et un Q. Eh pardieu!... le voilà... tenez : l'R y est encore... le Q n'y est plus... c'est dommage!... j'aurais été content de le revoir aussi...

— Adrienne!... Godibert!...

— Je te dis que nous allons les trouver!... Il doit encore y avoir par ici un gros chêne... Voyez-vous un gros chêne, messieurs?

— Eh! c'est ma nièce que je veux voir... Avec tes souvenirs tu nous fais tourner sans cesse dans le même cercle, et nous n'avançons pas.

— Messieurs! messieurs! voici un cheval! crie M. Troupeau à ses amis.

LA PUCELLE DE BELLEVILLE

Elle court sur lui en criant. (P. 126.)

LIV. 16. — PAUL DE KOCK. — LA PUCELLE DE BELLEVILLE. — ÉD. J. ROUFF ET Cie   LIV. 16.

— Encore un cheval sans maître!... c'est bien singulier... il me semble que c'est celui que montait mon neveu?...

— Je le crois aussi.

— Qu'est-ce que cela veut dire?

— Que probablement ton neveu et ta nièce auront préféré se promener à pied.

M. Troupeau accompagne cette remarque d'un sourire malin, auquel M. Renard répond par un clignement d'yeux.

— Voyons, messieurs, dit Vauxdoré, il faut toujours garder ce cheval... il s'est arrêté, celui-là, il n'a pas l'air méchant... monte-le, toi, Renard, qui es un bon écuyer.

— Bien obligé. je n'ai jamais monté que des chevaux de prix. Je ne veux pas me compromettre sur un marchand de cerises... c'est ainsi qu'on nomme ceux-ci... Montez-le, monsieur Troupeau.

— Ma foi, l'autre m'a trop fatigué... je crois même que je suis écorché.

— Allons, messieurs, je crois qu'il faut que ce soit moi qui monte le cheval de mon neveu.

Vauxdoré s'approche du cheval en lui adressant de douces paroles; mais l'animal s'éloigne en secouant la bride; MM. Renard et Troupeau se mettent de la partie; c'est à qui le saisira. Bref, ces messieurs font si bien que le cheval disparaît bientôt à travers le bois.

— Qu'il aille au diable! dit Vauxdoré, mon neveu s'arrangera! c'était à lui à ne pas le quitter.

— Pourvu qu'il ne fasse pas de malheurs.

— Mon neveu les payera... En avant, messieurs.

On s'enfonce dans une partie du bois où de jeunes taillis commencent à cacher les promeneurs.

— Ils ne peuvent pas être par ici, dit Vauxdoré.

— Il faut pourtant qu'ils soient quelque part.

M. Troupeau, qui était en avant, s'arrête bientôt en faisant un signe à son compagnon.

— J'ai entendu quelque chose, dit-il.

— Quelle espèce de chose? demande Renard d'un air goguenard.

— Ma foi... je ne sais trop...

Vauxdoré s'empresse d'avancer, et, derrière un épais buisson, il aperçoit Adrienne assise sur l'herbe, ayant les yeux rouges et pleurant encore, tandis que le grand cuirassier cherche à l'embrasser. Tout cela était fort innocent, car, depuis le départ de Virginie, Adrienne s'était contentée de pleurer, et son cousin était resté à côté d'elle sans rien dire, mais, comme le jeune militaire s'ennuyait de voir pleurer sa cousine, il s'était dit enfin : Il faut pourtant bien la consoler ! Et comme il avait consolé bien des femmes en les embrassant, il allait employer ce moyen au moment où son oncle s'offre à ses yeux avec ses deux amis.

— Qu'est-ce que cela signifie?... dit Vauxdoré en fronçant le sourcil.

— Il est bon là ! Vauxdoré, qui demande ce que cela signifie ! dit Troupeau en se penchant à l'oreille de M. Renard, cela se devine de reste !

— Oui, vraiment; la jeune personne pleure, donc elle est coupable.

— Il n'y a pas de doute. Quand une femme pleure... règle générale, c'est qu'elle a des raisons pour ça.

— Mon oncle, dit le jeune militaire en se levant, nous nous étions assis là... pour nous reposer... Et ma cousine pleure... parce que nous n'avons pas pu retrouver nos chevaux.

— Et pourquoi les avez-vous quittés, vos chevaux?... hum! mon neveu... je ne suis pas très satisfait de votre manière d'aller à cheval... Et vous, Adrienne...... suffit... Nous causerons ce soir; suivez-nous. Il est bien temps de rejoindre la société.

Vauxdoré se remet en marche avec ses deux amis, dont l'un lui dit :

— Je t'avais prévenu de veiller sur ta nièce.

— Et l'autre :

— Ah ! ce bois de Romainville est terrible pour les faux pas ! Je connais ça...

Pendant que ces messieurs marchent en avant, le beau militaire dit à sa cousine :

— Adrienne... je vous en prie... vous êtes si bonne... ne compromettez pas Mlle Virginie !...

— Non, mon cousin, dit Adrienne en s'essuyant les yeux, je ne dirai rien... on croira ce qu'on voudra?... Je ne veux pas lui causer du chagrin à elle... car cela ne m'ôterait pas celui que j'ai !

On rejoint la société. L'air mécontent de Vauxdoré et les yeux rouges de sa nièce donnent beaucoup à penser. Quelques mots lâchés par Troupeau et Renard alimentent les cancans. Mme Troupeau se lève en disant :

— Voilà la nuit, il est temps de partir. Puis, elle ajoute d'un air solennel : Virginie, reste à côté de ta mère... je ne veux pas que tu ailles avec... d'autres personnes.

Ces mots sont accompagnés d'un coup d'œil de dédain lancé sur Adrienne; et Virginie va, les yeux baissés, se placer à côté de sa maman.

— Comment! on part?... dit M. Tir en se levant avec son étoile, mais un instant, puisque voilà la nuit, je vais vous tirer mon feu là-bas... sur la pelouse... Vous voyez bien que j'ai disposé mes pièces... Pétard les garde...

— Cela nous mènera bien tard, monsieur Tir.

— Mais, madame, je ne veux pas avoir promené mon étoile pour rien... Venez... Oh! cela va aller tout seul... J'ai mon briquet phosphorique sur moi.

On ne peut pas refuser de voir le feu d'artifice que la famille Tir promène depuis le matin. On se rend sur la pelouse, mais Mme Troupeau a soin de se mettre avec sa fille à une grande distance du feu. Cette précaution était inutile. Vainement M. Tir, après avoir allumé sa mèche, l'approche de ces serpenteaux et de ses fusées, rien ne prend feu, et l'étoile, ainsi que les autres pièces, reste insensible aux atteintes de la flamme.

M. Tir se désole ; suivi de son fils, il court d'une pièce à l'autre ; ils mettent leurs mèches sur tout, ils dépensent leur papier, toutes les allumettes dont ils sont pourvus. Rien ne part. M. Tir se frappe le front en disant :

— C'est ce maudit nuage de ce matin qui aura gâté tout cela.

Et la société, ennuyée de ne voir que M. Tir et son fils courir avec leur mèche allumée, se lève et se met en route en disant :

— En voilà assez pour ce soir... Cela prendra peut-être une autre fois. Le malheureux artificier abandonne sur la pelouse les fusées et les serpenteaux, mais il replace son étoile sur son bras en murmurant :

— Il faudra bien que tu finisses par briller !

La compagnie reprend la route de Belleville beaucoup moins gaiement qu'elle n'était montée au bois. Le grand cuirassier regarde de loin Virginie, mais il n'ose l'approcher ; et la jeune fille ne lève pas les yeux et ne regarde pas une seule fois le militaire pendant le chemin.

Tout n'est pas terminé, il faut rendre les ânes et savoir si les chevaux que l'on a perdus sont revenus à leur écurie. On arrive aux limites de Romainville, là où commence Belleville, du moins s'il faut en croire un poteau qui l'indique aux passants. C'est là que sont établis les loueurs de chevaux, et du plus loin qu'on aperçoit Ventre-à-Terre, il entend crier :

— Le voilà.. c'est son cheval qui a fait le malheur... c'est lui qui doit payer.

Le cuirassier, que le bruit n'effraie pas, perce la foule et demande la cause de ces cris. On lui apprend que les deux chevaux sont en effet revenus à l'écurie, mais que le coursier qu'il avait pris a renversé un homme et une femme qui buvaient devant un cabaret à quelques pas de là.

— Ce sont des ivrognes, dit un palefrenier, ils ne pouvaient plus se tenir; c'est l'homme qui a été se jeter sous le cheval... je crois même que sa femme l'y a poussé en lui disant: Va donc, ça nous rapportera quelque chose...

— Et sont-ils blessés?...

— La femme n'a rien; mais pour une légère contusion que son mari a reçue à la jambe, elle fait plus de bruit que s'il était mort. Tenez... la voilà!... l'entendez-vous?

Une vieille femme s'avançait en criant, en gesticulant. Ventre-à-Terre reconnaît la femme à qui il a fait l'aumône dans le bois de Romainville, mais la vieille n'est pas en état de le reconnaître; elle court sur lui en criant:

— Ah! c'est vous qui avez lâché le cheval sur mon homme!... mon pauvre homme!... il a une infraction à la jambe!... Nous étions là tranquillement à boire le *riquiqui*... il faut bien se donner un brin de bon temps après une journée d'ouvrage!... Mon mari est très habile, il gagne quatre francs par jour... Il va être plus de trois semaines sans pouvoir travailler; il faut donc lui payer tout ce temps-là à raison de quatre francs par jour... Ah dame! vous prenez des chevaux, vous autres, et vous écrasez le pauvre monde!... Mais ça ne peut pas se passer comme ça, mes enfants?

Sans rien répondre à la mégère, Godibert la prend par le bras et la conduit jusque devant une maison dont l'entrée est éclairée; là, il lui dit en se plaçant devant elle:

— Me connaissez-vous, vieille mendiante?

— Comment?... quoi que ça veut dire? répond la vieille un peu troublée.

— Cela veut dire que c'est moi qui dans le bois de Romainville vous ai fait l'aumône de vingt sous, parce que vous m'avez dit que votre mari n'avait point d'ouvrage et que vous manquiez de pain. Tenez voici maintenant cent sous pour panser la jambe de votre mari; mais en vérité, c'est plus que vous ne valez, vous et lui! Des gens comme vous dégoûteraient de faire la charité.

La vieille est restée confondue, elle prend cependant les cent sous et s'en va accompagnée des huées de tous les gens de l'endroit, tandis que Godibert rejoint la compagnie dans le parc Saint-Fargeau.

Arrivée au coin de la rue de Calais, la société se dispose à se séparer, lorsque M. Tir s'avance en disant:

— Si vous vouliez venir jusque chez moi... ce n'est pas loin : je suis certain que je parviendrais à enflammer mon étoile.

— Non, monsieur Tir, pas ce soir, répond Mme Troupeau, il est tard et nous sommes fatigués ; gardez votre étoile pour une autre occasion. Messieurs et dames, nous avons l'honneur de vous souhaiter le bonsoir.

La famille Troupeau salue et rentre chez elle : les autres en font autant. M. Tir, resté entre Pétard et Poudrette, se décide enfin à rentrer aussi en murmurant :

— Tous ces accidents ne seraient pas arrivés si j'avais inventé la poudre.

X

UNE LETTRE A LA TANTE

— Comment, mon cher ami, cette effrontée d'Adrienne était cachée dans les taillis avec son cousin? dit Mme Troupeau à son mari lorsqu'ils se retrouvèrent chez eux.

— Oui, ma femme, elle avait les yeux rouges et gros comme des oignons !... Le jeune homme l'embrassait...

— Assez mon ami, je devine le reste.

— Ah! je dois avouer que nous n'en n'avons pas vu davantage.

— Je ne veux plus que notre fille se trouve avec Adrienne... Vos Vauxdoré se fâcheront s'ils le veulent, c'est un parti pris, il ne faut pas que le contact de la perversité vienne flétrir l'innocence.

— C'est juste, ma bonne amie. Ce M. Godibert !... mener sa cousine dans les broussailles !... Fi... cela lui fait perdre beaucoup de mon estime. Avec tout cela, je suis inquiet, moi ; nous ne recevons pas de nouvelles de notre tante... Mademoiselle Bellavoine nous tient rigueur.

— C'est vrai, cela me tourmente beaucoup aussi... Elle devait mander Virginette près d'elle... elle ne la demande pas... il paraît qu'elle est encore fâchée.

— Diable !... vingt-cinq mille livres de rente, cela mérite considération !

— Mon ami, il faudrait lui écrire demain une lettre qui la persuadât du regret où nous sommes de lui avoir déplu.

— Sans doute... mais vous savez que je n'aime pas beaucoup à écrire, et puis c'est fort difficile à tourner ; mais n'importe, je vais y rêver cette nuit.

Pendant que M. Troupeau rêve à la lettre qu'il doit écrire pour rentrer dans les bonnes grâces de Mlle Bellavoine, Virginie pense à sa course à cheval avec Ventre-à-Terre, à l'entretien qui a suivi, et à tout ce qui allait suivre peut-être, si Adrienne n'était arrivée avec son âne. Le beau militaire avait des manières d'agir toutes différentes du fils de Mme Ledoux, il brusquait les événements, mais son impétuosité n'avait pas allumé un grand courroux dans l'âme de la jeune fille ; elle se tourne, elle se retourne sur son lit solitaire où elle ne peut trouver le sommeil, parce que son imagination travaille beaucoup ; elle se dit : Il paraît que tous les hommes ne font pas une déclaration d'amour de la même manière. M. Doudoux me regardait, soupirait et ne bougeait pas ; mais M. Ventre-à-Terre!... comme il est vif, comme il m'embrassait!... Je n'avais pas le temps de l'en empêcher... Adrienne avait l'air en colère de me trouver là, causant avec son cousin... J'en suis fâchée! mais est-ce ma faute si on la quitte pour venir près de moi... si je tourne la tête à ces pauvres jeunes gens!...

De son côté, le jeune cuirassier se disait : Cette petite Virginie est adorable..., j'en suis fou, voilà la chose..., auprès d'elle il n'y a pas moyen de répondre qu'on sera sage... Elle est riche et je ne le suis pas... Mais si elle m'aime, si elle me donne son cœur, il faudra bien que ses parents nous unissent! Je ferai toujours mon possible pour être son vainqueur, car elle m'a l'air de ne pas me détester.

Quant à la pauvre Adrienne, autrefois si gaie, si rieuse, elle avait pleuré presque toute la nuit ; non qu'elle eût un amour bien profond pour son cousin : mais les jeunes filles qui ne demandent qu'à aimer prennent souvent pour de l'amour ce qui n'est que de l'amitié, et l'habitude d'être avec un jeune homme leur fait croire qu'elles l'adorent, lorsqu'elles ne l'aiment que faute de mieux. Enfin Adrienne pleurait surtout de dépit de voir pour la seconde fois les espérances qu'elle formait renversées par un seul regard de Virginie.

— Si cela continue, disait-elle, je ne pourrai jamais avoir un pauvre petit amoureux... par conséquent aucun mari! Mlle Virginie m'enlèvera toutes mes conquêtes!... c'est bien cruel!... Mon Dieu! comment donc faire pour empêcher un homme de changer?

Le lendemain matin, Vauxdoré fait venir son neveu devant lui, et lui dit :

— Mon cher ami, je t'ai trouvé hier consolant ta cousine, que probablement tu avais fait pleurer...

— Mon oncle...

— Tais-toi et laisse-moi finir. Si tu es amoureux d'Adrienne, il faut l'épouser ; si tu ne l'es pas, il ne faut pas la conduire dans les petits fourrés

Vous partez, monsieur... (P. 130.)

du bois, ce qui nuit essentiellement à sa réputation... Veux-tu épouser ta cousine?

— Non, mon oncle, car je ne suis pas amoureux d'elle, je n'ai pour Adrienne qu'une sincère amitié.

— Fort bien, mais comme la sincère amitié te fait jouer à cache-cache avec elle, et que cela pourrait donner lieu à la procréation d'un petit innocent qui se trouverait être l'enfant de l'amitié, tu vas me faire un plaisir :

c'est de choisir ton domicile ailleurs ; je ne veux pas te garder, toi et ma nièce ; ça me donnerait trop d'occupation, et on fait déjà assez de propos?

— Comme vous voudrez, mon oncle. Je serais moi-même désolé de faire du tort à ma cousine.

— Je te conseille de dire cela! il est temps.

— Vous verrez plus tard que vous étiez dans l'erreur. Je vais aller à Paris, tâcher d'obtenir mon congé. Je reviendrai dans quelque temps vous voir en bourgeois.

— Comme tu voudras.

Le jeune militaire a bientôt fait ses apprêts ; il va embrasser sa tante, il serre la main de son oncle, et quand il est près de sa cousine, il lui dit à l'oreille :

— Si vous voyez Mlle Troupeau, assurez-lui que je reviendrai bientôt... et que pour la vie... mon cœur... enfin...

— Je ne lui dirai rien du tout, répond Adrienne, car j'espère bien ne plus la voir. Tâchez de faire vos commissions vous-même.

Alors Ventre-à-Terre prend son sabre et se décide à quitter Belleville pour se rendre à Paris ; mais auparavant il veut revoir Virginie, et pour cela il ne voit pas d'autre moyen que d'aller faire ses adieux à sa famille.

M. Troupeau n'avait pas encore trouvé ce qu'il voulait écrire à sa tante, sa femme était près de lui et tâchait de l'inspirer, Virginie se tenait un peu plus loin, près de la fenêtre, lorsque le grand cuirassier se présente devant eux.

M. Troupeau lui fait un salut cérémonieux, madame le reçoit d'un air sévère, et Virginie lui adresse un petit sourire imperceptible, tout en restant contre la fenêtre, au travers de laquelle elle regarde fréquemment.

Le cuirassier est un peu décontenancé de la réception froide des parents ; il balbutie :

— J'ai cru pouvoir me permettre de venir faire mes adieux aux personnes qui ont eu la bonté de me recevoir.

— Vous partez, monsieur... Ventre-à... monsieur Godibert? dit Mme Troupeau.

— Oui, madame, je quitte Belleville... momentanément...

Et le cuirassier tâche, en regardant obliquement, de voir quel effet l'annonce de son départ a produit sur Virginie ; mais celle-ci a l'air de faire en ce moment de petits signes à travers les carreaux de la fenêtre, cependant elle se retourne bientôt vers la société.

— J'ai l'intention de quitter le service, reprend Godibert : je compte avoir bientôt mon congé.

— Comment? vous voulez quitter le service, après avoir tué six Bédouins! dit Troupeau.
— Monsieur, ces occasions-là ne se retrouvent pas assez souvent... J'ai hérité... je possède quinze cents francs de rente...

Troupeau sourit dédaigneusement, en disant :
— Quinze cents francs!... et vous croyez, jeune homme, que c'est quelque chose?...
— Certainement, monsieur, c'est toujours des pommes de terre et des haricots d'assurés pour ses invalides!
— Oh! sans doute... je sais que tout le monde n'a pas le moyen.., tout le monde n'est pas à son aise... comme je le suis.
— Virginie! que regardes-tu donc par la fenêtre? dit Mme Troupeau à sa fille.
— Rien, maman... c'est le chat de nos voisins qui court dans la rue...
— Voilà un chat qui l'occupe bien! se dit le cuirassier.
— Et vous quittez Belleville sur-le-champ, monsieur?
— Oui, madame; mais j'espère y revenir bientôt... J'ai des espérances... des désirs.. qui me ramèneront à Belleville.
— Oui.., oui... nous comprenons, dit Troupeau en souriant.
— Nous vous souhaitons un bon voyage, monsieur... Allons, Virginie, viens, ma fille, tu as assez regardé ce chat.

Mme Troupeau accompagne ces mots d'une froide salutation, son époux l'imite. Le jeune homme voit qu'il n'y a pas moyen de rester davantage. Il s'incline profondément devant les parents de Virginie; celle-ci lui fait une belle révérence, mais sans lever les yeux; car sa mère est là, et le cuirassier sort assez mécontent de ses adieux, en se disant : A peine si elle m'a regardé... Maudit chat qui l'occupait... si je le rencontre, je lui casse les pattes.

Et Ventre-à-Terre, en ouvrant la porte de la rue, va se donner le nez sur celui d'un jeune homme qui regardait en l'air précisément vers la fenêtre où se tenait Virginie.

Ce jeune homme était Doudoux, qui adorait toujours Mlle Troupeau; quoiqu'il n'osât plus se promener dans la rue, il ne s'était occupé que des moyens de la revoir; mais son esprit peu inventif ne lui avait fourni aucun expédient. Mme Ledoux voyait sans cesse son fils soupirer et rêver sur ses livres, et, craignant que son amour pour la science n'altérât sa santé, elle avait songé à le faire voyager, et commençait par l'envoyer en Angleterre. Doudoux, n'osant désobéir à sa mère, quittait tristement Belleville, se promettant de ne pas être longtemps absent; mais, avant de partir, il n'avait pu résister au désir de revoir Virginie; il était venu se placer devant ses fenêtres, l'avait aperçue, et il tâchait par signes de lui faire comprendre qu'il s'éloignait, mais l'adorait toujours; c'est là le chat que la jeune fille regardait à travers les carreaux.

— Pardon, monsieur!... dit Doudoux en se frottant le front, que le militaire vient de lui heurter. Et le jeune homme s'éloigne en soupirant, après avoir jeté un regard vers la fenêtre.

Pardon dit M. Doudoux.

— Il y a quelque chose! se dit Godibert en regardant Doudoux s'en aller. Ce petit blanc-bec qui avait le nez en l'air... Hum! ce chat dans la rue... Est-ce que mamzelle du Troupeau serait une coquette? Eh ben! ça, m'est égal raison de plus pour que je m'y entête..., je lui ai pris un baiser, et il ne sera pas dit que Ventre-à-Terre en restera là avec une aussi jolie fille.

— Je n'ai vu que son caleçon, se disait Doudoux en s'éloignant de la rue de Calais; mais ce caleçon est toujours devant mes yeux... il ne me sort pas de la tête; il n'y a pas de sacrifices, pas d'efforts dont je ne sois capable pour le revoir encore... Et alors... Oh! alors! *Labor improbus omnia vincit!*

— Ils partent tous deux! se disait Virginie en retournant dans sa chambre. Tous deux... c'est dommage! Ce pauvre Doudoux, comme il paraissait désolé! et le cousin d'Adrienne, comme il me regardait en relevant ses moustaches!... Si du moins il nous venait du monde de Paris pour me distraire. C'est bien ridicule à ces messieurs de s'en aller tous les deux en même temps!..

— Mon épouse, de l'encre, du papier, dit M. Troupeau à sa femme lorsque leur fille est retournée dans sa chambre.

— Est-ce que cela vous est venu, mon ami?

— Oui, ma chère... je me sens en verve... je vais laisser couler mes idées sur le papier... je suis persuadé que ma lettre sera persuasive, et que notre tante ne nous tiendra plus rigueur.

M™⁰ Troupeau a donné à son mari ce qu'il demandait; celui-ci prend la plume, la trempe dans l'encre, et appuie sa tête dans sa main en regardant au plafond. Après plus d'une heure employée à cet exercice, M. Troupeau s'écrie :

— C'est fini !... écoutez, madame Troupeau, voici ce que j'écris à notre tante.

— Je vous écoute, mon ami.

— *Bonjour, notre tante ; comment va l'état de votre santé ?* ... Vois-tu, j'ai pensé que cela lui ferait plaisir de voir d'abord que nous nous occupons de sa santé...

— C'est bien vu, mon ami.

— N'est-ce pas? je crois que c'est débuter assez gracieusement... Je poursuis... *l'état de votre santé... je vous écris ces quelques lignes sans autre but...* vois-tu la finesse? pour qu'elle ne pense pas que ma lettre est préméditée.

— Je conçois

— *Autre but. Cependant, ma chère tante, j'ai à cœur de me laver vis-à-vis de vous relativement à ce qui fut cause de votre colère et de votre départ...* Ceci était le point chatouilleux, tu vas voir comme j'en suis sorti... *Il est bien vrai que j'avais ôté mon caleçon et que vous avez pu voir des choses désagréables ; mais cela ne se renouvellera plus ; ma femme est là pour vous affirmer que depuis votre départ j'ai toujours été dedans ; et si cela vous semble convenable je m'en ferai faire un en taffetas gommé avec lequel je coucherai ; car il n'est rien que je ne fasse pour mériter vos bonnes grâces. Nous en avons fait faire une*

Je me sens en verve.

douzaine de neufs pour notre fille; ma femme s'en est également fait cadeau de plusieurs en molleton, et moi j'ai augmenté les gages de Babelle de six caleçons qu'il lui est enjoint de toujours porter, je me suis assuré qu'elle n'y manque pas. Vous voyez, ma tante, que ma famille peut défier les coups de vent. Ma fille vous fait la révérence, nous la tenons toujours à votre disposition lorsqu'il vous plaira de la faire venir près de vous. Adieu, notre respectable tante.

Votre neveu et nièce Troupeau.

— C'est très bien, mon ami; c'est écrit comme si vous aviez passé toute votre vie dans les papiers et les plumes.

— N'est-ce pas que c'est passablement tourné... Ma foi, si après cela Mlle Bellavoine nous garde rancune, nous aurons bien du malheur.

La lettre est cachetée, M. Troupeau y met l'adresse et va lui-même la porter au bureau de poste pour être bien certain qu'elle parviendra à sa tante.

XI

ENCORE UN

Trois semaines se sont écoulées depuis que le cuirassier et Doudoux ont quitté Belleville. Adrienne a essuyé ses larmes en se disant : Mon cousin ne mérite pas que je le pleure. — Quand une femme se dit cela, c'est qu'elle n'aimait pas beaucoup. Virginie n'a pas eu besoin d'essuyer ses yeux, parce qu'elle n'a point pleuré; mais elle regarde à sa croisée si l'un de ses deux amoureux est revenu; et elle dit : C'est fort ennuyeux de n'avoir plus quelqu'un à qui l'on puisse faire des signes!

Un soir M. Renard, après avoir péroré chez M. Troupeau pendant près d'une heure, s'écrie :

— Savez-vous la nouvelle?...

— La nouvelle! répond M. Troupeau, qui n'est pas fâché de pouvoir enfin placer un mot. Mais d'abord de quelle nouvelle voulez-vous parler?... Il se peut que je...

— Je veux vous demander si vous savez que, depuis trois ou quatre jours... je crois même qu'il y a six jours déjà... mais je ne l'assurerais pas, notre ami Vauxdoré a un locataire?

— Un locataire?...

— Oui, sa maison étant plus grande qu'il ne faut pour sa famille, vous savez qu'il reloue un petit appartement de garçon au second?...

— Ah! oui... il y avait même une vieille femme dans ce logement de garçon.

— Mais ils lui ont donné congé parce qu'elle faisait sa cuisine sur l'escalier et jetait ses épluchures de salade dans les plombs... Je sais tout cela : bref, ce petit local était vacant depuis assez longtemps, ils viennent de le louer à un jeune homme.

— A un jeune homme! dit Mme Troupeau en haussant les épaules ; ces gens-là sont étonnants!... l'expérience ne les corrige pas!... Encore un loup dans la bergerie.

— Et probablement dit Troupeau, ils le reçoivent... ils en font leur société.

— Oui, le jeune homme va chez eux... je l'y ai vu ; il fait la partie d'écarté avec Vauxdoré.

— Et quelle espèce de jeune homme est-ce? dit Mme Troupeau.

— Ma foi... c'est un grand... un homme de ma taille... bien fait, joli garçon! oh, il est très bien... il a des manières distinguées, et vous savez que je m'y connais.

— Comment se nomme-t-il? que fait-il? pourquoi vient-il loger à Belleville?

— Oh! je sais tout cela... il se nomme... attendez donc... son nom m'échappe... je l'ai entendu nommer cependant ; ce qu'il fait... je croirais assez que c'est un jeune homme qui... ayant des moyens... je lui crois beaucoup de moyens. Alors vous savez... les jeunes gens... quelquefois ils ne savent pas eux-mêmes ce qu'ils veulent faire; quand au motif de son séjour à Belleville, c'est par goût... pour être à la campagne... ou pour sa santé... j'ai deviné cela sur-le-champ.

— Mlle Adrienne va encore faire parler d'elle, dit à demi voix Mme Troupeau, afin de ne pas être entendue de sa fille, qui est en train d'enfiler des petites perles pour faire des bagues.

— Eh dame! il est certain que... si elle allait avec lui au bois de Romainville... c'est un bois si perfide!... j'y ai fait tant de...

— Chut!... M. Renard!... je vous en prie... dit Mme Troupeau en lançant un coup d'œil au voisin.

— C'est juste, l'innocence nous écoute. Ah çà, est-ce que vous ête brouillés avec les Vauxdoré?

— Je n'y mettrai plus les pieds, avec ma fille du moins. Mon mari peut y aller... M. Vauxdoré vient quelquefois ; mais je ne veux plus que ma Virginette fasse société avec Mlle Adrienne.

— Pourquoi donc cela, maman? demande Virginie sans lever les yeux de dessus les perles.

— Ma fille, parce que... Mlle Adrienne... est beaucoup trop rieuse, trop évaporée... trop... Cela ne nous convient plus enfin. A tout âge, ma fille, il faut être difficile dans le choix d'une amie!... Tu es encore trop enfant pour comprendre cela, et c'est à ta mère à te guider dans tes affections.

— Parfaitement raisonné! dit Renard. Je vais aller chez Vauxdoré, tâcher d'avoir des renseignements plus positifs sur leur locataire; et je viendrai demain vous en faire part.

— Volontiers... Cela nous amusera.

Tout en enfilant ses perles, Virginie n'a pas perdu un mot de ce qu'a dit M. Renard; elle trouve qu'Adrienne est bien heureuse d'avoir déjà une société qui remplace son cousin. Ce qu'on a dit du jeune locataire a piqué sa curiosité, aussi le lendemain est-elle toute oreille, lorsque M. Renard revient d'un air radieux et en se frottant les mains, comme quelqu'un qui a beaucoup de choses à dire.

— Je suis très instruit aujourd'hui, dit le voisin en se jetant dans un fauteuil. Oh! j'ai eu des renseignements sur le locataire de Vauxdoré. D'abord je sais son nom, il s'appelle Auguste.

— Auguste... quoi?

— Ma foi, Auguste... tout simplement! à ce qu'il paraît; on ne m'a dit que cela.

— Ce n'est là qu'un nom de baptême.

— On est libre de n'avoir que celui-là.

— C'est-à-dire que quelquefois on y est obligé; mais ensuite?

— Ensuite, M. Auguste est riche, ou du moins très à son aise, à ce qu'on présume, car il va à cheval souvent, et vous savez que cela revient cher de louer des chevaux.

— Et son état, sa profession, à ce monsieur?

— Pour cela, on n'en sait encore rien; le jeune homme a déclaré à Vauxdoré qu'il vivait de ses rentes, mais on soupçonne que c'était pour cacher sa profession.

— Du mystère! je n'aimerais pas cela chez moi.

— M. Auguste s'enferme quelquefois dans sa chambre des journées entières, puis on l'entend parler tout haut, quoiqu'il soit seul.

— C'est peut-être un acteur?

— Oh! non... il faudrait qu'il allât tous les soirs jouer... Celui-ci passe presque toutes ses soirées chez Vauxdoré, mais quand il lui vient du monde de Paris, il défend qu'on vienne l'interrompre, et ne répond plus si on l'appelle.

— C'est peut-être un mouchard!

— Ah! Mme Troupeau! quelle idée!

— C'est que tout cela me paraît fort louche!...

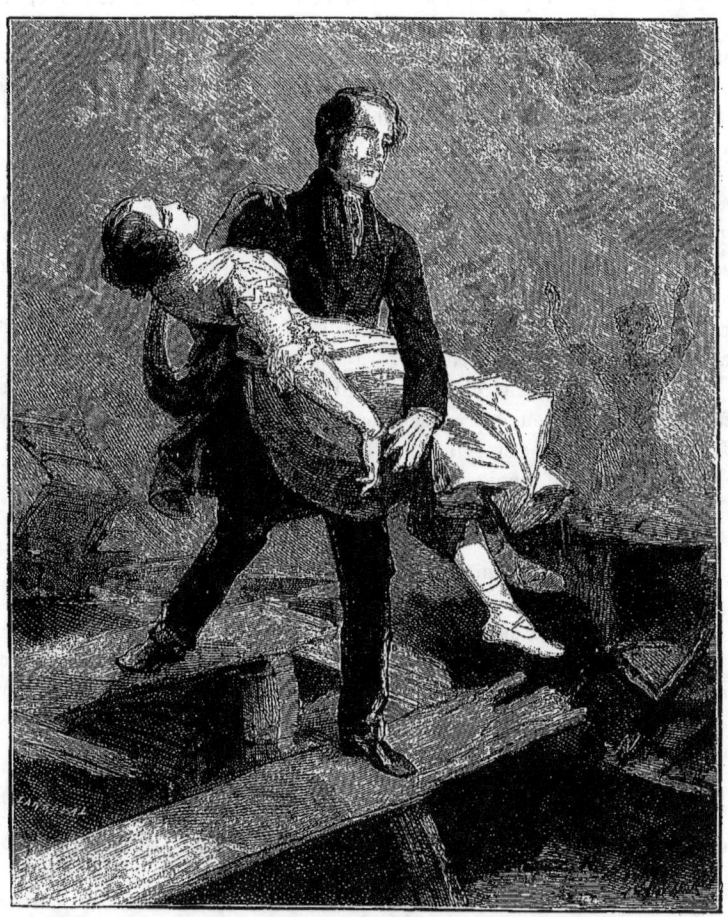

Il la rapporte à ses parents. (P. 142.)

— Je vous assure que le jeune homme ne l'est pas, il a de fort beaux yeux, de belles manières... il est musicien... il a fait venir un superbe piano de Paris... un piano droit, en bois de citron ; Mme Vauxdoré assure en avoir vu de semblables à l'exposition.

— S'il a un piano droit, ce doit être un jeune homme comme il faut, dit M. Troupeau.

— Si cela est, je m'étonne qu'il se plaise à passer ses soirées chez les

Vauxdoré, dit Mme Troupeau, puis elle ajoute en baissant la voix : A moins que déjà les œillades de Mlle Adrienne n'aient subjugué ce monsieur !...

— C'est ce que je crois, dit Renard.

— Si du moins celui-là l'épousait !

— Hum !... ce n'est guère présumable.

Virginie soupire, et ne dit rien ; mais elle voudrait qu'Adrienne vînt encore dans sa chambre lui faire des confidences.

La famille Troupeau était fort curieuse de voir le monsieur qui logeait chez Vauxdoré, surtout depuis que M. Renard était accouru un matin dire qu'il y avait une voiture bourgeoise arrêtée devant la maison Vauxdoré, et qu'il en était descendu un monsieur décoré que venait voir le jeune locataire.

— Il connaît des voitures bourgeoises ! s'était écrié M. Troupeau.

— Et décoré, mon ami !... avait ajouté madame.

— Diable !... ce serait une connaissance qui nous conviendrait... Moi, qui ai les moyens de bien les recevoir... j'aurais été flatté... mais certainement je n'irai pas chez les Vauxdoré chercher ce monsieur.

Les choses en étaient là lorsque M. Tir, que nous avons laissé avec son étoile, trouva, sans s'en douter, moyen de contenter tout le monde.

L'amateur d'artifice ne s'était pas tenu pour battu après l'échec qu'il avait essuyé le jour de la fête de Mlle Troupeau. Il s'était promis au contraire de prendre une éclatante revanche, et de faire briller son étoile de telle manière qu'elle effaçât toutes celles du firmament ; pour cela, il s'était remis à la besogne, il avait revu son travail, refait des cartouches, des conducteurs ; Pétard et Poudrette n'avaient été occupés qu'à ficeler et couper des mèches. Tout cela avait pris du temps ; mais aussi M. Tir se flattait d'avoir fait un feu d'artifice digne de Ruggieri, et devait se voir de fort loin.

Lorsque son travail est achevé, M. Tir s'occupe de ses invitations ; car cette fois c'est lui qui donne la fête dans laquelle on ne doit voir que du feu. Il n'a pas de jardin, mais dans la maison où il demeure il y a une cour assez vaste, c'est là que M. Tir tirera son artifice et qu'il placera son monde ; là du moins il sera maître, et personne ne contrecarrera ses dispositions.

M. Tir invite non seulement toutes ses connaissances, mais encore il leur dit :

— Amenez vos amis... amenez toutes les personnes que vous voudrez. Plus il y aura de monde, et plus je serai content... Ça fait qu'on parlera de mon feu.

— Il aurait dû faire afficher qu'il invitait Belleville et ses environs, dit M. Renard. Où diable mettra-t-il tant de monde !... On ne tiendra jamais dans sa cour! Ce sera un fouillis! une cohue... C'est égal, j'irai par curiosité.

Comme tout fait événement dans un petit endroit, et que les occasions de se divertir sont rares, chacun se dispose à se rendre à l'invitation de M. Tir.

La famille Troupeau a nécessairement été engagée. Virginie en est enchantée, quoiqu'elle ne le fasse pas paraître, et M. Troupeau dit à sa femme :

— Il est probable que les Vauxdoré y seront avec leur locataire... Nous verrons ce jeune homme qui a un piano droit.

Le jour ou plutôt le soir qui doit voir briller l'étoile de M. Tir est enfin arrivé. Vous ne connaissez pas encore Mme Tir, par la raison que cette dame, ne sortant plus de chez elle depuis plusieurs années, n'était point au déjeuner donné par M. Troupeau. Mme Tir est une énorme boule, plus large que haute, espèce de cul-de-jatte, qui ne veut plus mettre que des bonnets ronds et ne va guère que de son lit à sa cuisine et à son fauteuil. Des personnes, peu charitables sans doute, assurent qu'autrefois elle était leste et ingambe, mais que son mari l'a rendue presque imbécile à force de lui faire coller des bandes de papier brouillard; le fait est que la pauvre femme, qui du reste n'a jamais été un génie, ne sait plus que dire à tout le monde : Et cette santé?... Tout doucement, n'est-ce pas?... c'est comme moi.

Le logement de M. Tir se compose de cinq petites pièces qui pourraient passer pour des cabinets, et dans lesquelles trois personnes ne savent jamais où se mettre, par la raison que les chaises et les meubles sont garnis de baguettes à fusée. Le maître du logis, quoique n'ayant pas inventé la poudre, a compris que toutes les personnes qu'il a invitées ne tiendraient pas dans son appartement; mais comme il présume et avec raison qu'on ne vient chez lui que pour voir son feu, il se propose de recevoir sa société dans sa cour. A cet effet, il a disposé des bancs, des gradins, des estrades, le tout à l'instar de ce que l'on voit sur les boulevards à Paris, lorsqu'un cortège doit y passer : il y a même jusqu'à des futailles avec des planches dessus, afin que la ressemblance soit plus frappante! Tout cela n'est pas élégant, tant s'en faut; la cour de M. Tir ressemble à l'atelier d'un menuisier, mais il en revient toujours à son but — Le principal est qu'on soit bien placé pour voir mon feu!... et sa femme lui répond : — Tout doucement, n'est-ce pas? c'est comme moi.

Le soleil s'est couché, et les invités, qui n'attendait que ce moment, se rendent en foule chez M. Tir. Celui-ci reçoit sa société dans sa cour, tandis que sa femme, qui n'a pas voulu descendre, salue de sa fenêtre, disant à chacun, même aux personnes qu'elle n'a jamais vues :

— Et cette santé? Tout doucement, n'est-ce pas.

Quelques personnes, qui ne supposent pas que l'on doive rester constamment dans la cour, sont montées près de Mme Tir; mais elles ne tardent pas à redescendre, n'ayant pas trouvé en haut une place pour s'asseoir.

Au milieu de ce monde qui entre et tâche de se caser dans la cour, la famille Troupeau se fait remarquer par sa grande tenue, qui jure un peu avec le décor de l'endroit où se tient la réunion. Mme Troupeau a un chapeau tellement surchargé de plumes, qu'une mauvaise langue a déjà prétendu qu'elle ressemblait à un cheval de Franconi; M. Troupeau est tout en noir avec pantalon collant; il a l'air de ne pouvoir se baisser; enfin, Virginie est en blanc, avec une fleur pareille dans ses cheveux. Mais, pour elle, on ne la trouve pas ridicule, au contraire. Toutes les femmes sont forcées de convenir, ou au moins de penser, qu'elle est gentille. Quant aux hommes, c'est à qui s'approchera d'elle pour tâcher d'en obtenir un regard: mais, dans les grandes réunions, Virginie en est très avare. Elle tient presque toujours ses yeux baissés; et l'on murmure autour d'elle :

— Quelle charmante petite vierge!

La famille Troupeau cherche les Vauxdoré. Ceux-ci ne sont pas encore arrivés. Mme Troupeau monte avec sa fille sur des gradins très élevés, d'où l'on voit parfaitement le feu. Il faut que la société elle-même s'occupe de se placer; car M. Tir se contente de saluer, en disant : Tâchez de vous asseoir; puis il retourne à ses fusées.

A chaque instant la foule augmente. Les gradins, les estrades, les futailles sont envahis; bientôt il ne restera plus un petit coin de libre.

— Tout cela est-il bien solide?... demande M. Renard en grimpant sur une vieille futaille.

— Oh! ça tiendra toujours le temps du feu, répond Pétard.

— Diable! alors tâche qu'on commence bientôt.

Un mouvement qui se fait du côté de la porte annonce qu'il arrive encore du monde. C'est la famille Vauxdoré avec son jeune locataire.

Tous les yeux se portent sur ce dernier personnage, qui fait sensation dans Belleville depuis que des gens à voiture viennent le voir. Cette fois Virginie lève les yeux pour regarder aussi. M. Auguste lui paraît fort bien, infiniment supérieur aux Doudoux et aux cuirassiers; non qu'il ait la belle taille de l'un et les jolies couleurs de l'autre; mais sa figure est expressive, distinguée; ses grands yeux sont à la fois fiers et doux; il a une tournure élégante, sans affectation, et enfin quelque chose qui plaît et entraîne vers lui ; les hommes ont aussi cela quelquefois.

Si bien que Virginie le regarde toujours... le suit des yeux et le voit avec regret sur un banc fort loin d'elle, encore est-ce avec beaucoup de peine que le jeune homme a trouvé cette place; il n'a pu rester avec

Mme Vauxdoré et Adrienne, que l'on a fait grimper sur des planches plus loin.

M. Auguste, en arrivant, donnait le bras à Adrienne, et il souriait parfois en lui parlant. Depuis qu'il est placé loin d'elle, Adrienne se donne presque un torticolis afin de le voir encore; et lorsqu'elle rencontre ses regards, ce sont de nouveaux sourires que l'on échange. Virginie voit tout et cela lui fait éprouver une sensation pénible. Cependant elle ne cesse pas de les regarder.

Mme Troupeau se penche vers M. Renard. qui est au-dessous d'elle, et lui dit :

— Est-ce là le locataire?

— C'est lui-même. N'est-ce pas qu'il est bien?

— C'est vrai.... aussi les Vauxdoré ont l'air de ses domestiques.

Adrienne a aperçu Virginie. Mais celle-ci baisse les yeux dès qu'elle voit son ancienne amie la regarder. Les parents se sont salués; Vauxdoré crie à M. Troupeau :

— As-tu une place près de toi?... j'étouffe déjà, ici... Je veux être assis, ou je m'en vais jouer aux dominos.

Vauxdoré pousse tout le monde pour parvenir jusqu'à M. Troupeau; il enjambe les bancs, escalade les tables, saute par-dessus les planches, et parvient à s'asseoir. La foule augmente toujours; on a envahi les appartements, on est monté près

M. Auguste donnait le bras à Adrienne

de Mme Tir, qui s'est enrouée à force de dire : « Tout doucement, n'est-ce pas? c'est comme moi. » M. Tir étant convaincu qu'il ne peut tenir une personne de plus dans la cour, se dit : « Je puis tirer mon feu. »

Une fusée donne le signal. On se tourne vers l'artifice. Les uns se lèvent, les autres s'exhaussent en s'appuyant sur leurs voisins, les planches tremblent et craquent; les dames ont peur et crient; les hommes font les braves et rient; M. Tir fait partir des soleils et se mire dans son ouvrage. On l'applaudit après chaque pièce, et il dit :

— Vous en verrez bien d'autres!

— C'est très joli pour Belleville, dit M. Renard, mais je connais tout ça.

C'est pour son étoile que M. Tir a réservé ses grands effets : il a aussi un grand bouquet qui doit terminer le feu, et que Pétard est chargé d'allumer. Depuis longtemps le jeune Tir est à son poste, impatient de mettre le feu au bouquet, qu'à l'insu de son père il a augmenté d'un grand nombre de fusées. On ne lui a pas encore donné le signal, lorsqu'un monsieur de la société, qui est caché derrière deux énormes dames, et qui s'ennuie de ne voir que leurs jupons, se met à crier :

— A vous Pétard, en avant le bouquet!

Le jeune Tir croit que l'ordre vient de son père ; il met le feu à ses pièces, au moment où M. Tir fait partir son étoile. Tout cela fait un tapage effroyable. On est d'abord dans l'admiration; mais bientôt un autre sentiment s'empare de la société : les fusées et les gerbes prennent une mauvaise direction, et retombent dans la cour. Les dames s'effraient, et veulent se sauver ; dans ce mouvement subit, trop de personnes pèsent sur les échafaudages, les planches craquent, cassent, et plusieurs personnes roulent les unes sur les autres ; pour achever d'augmenter le désordre, des baguettes enflammées tombent sur la société ; des dames sont atteintes, l'une a son châle, l'autre son bonnet brûlés, enfin une lueur brille sur la tête de Mme Troupeau : ce sont ses plumes qui sont en feu.

— Ma femme est allumée! crie M. Troupeau en essayant de parvenir jusqu'à son épouse. Celle-ci a eu l'esprit de jeter son chapeau en l'air, et elle tombe échevelée dans les bras de son mari. Mais le tumulte augmente : le chapeau de Mme Troupeau a mis le feu à une futaille qui soutenait des planches ; en voyant le tonneau fumer, quelqu'un s'écrie : — La maison est incendiée ! et on se bouscule pour sortir. Dans ce désordre, Mme Troupeau s'est trouvée séparée de sa fille, qui est sur les gradins. La maman veut retourner chercher son enfant, la foule l'en empêche ; M. Troupeau n'est pas plus heureux : les deux époux se désolent, en appelant Virginie. Un jeune homme a vu leur anxiété. Il a percé la foule, enjambé les planches, il est arrivé près de Virginie, qui ne courait aucun danger: il lui a offert la main, celle-ci a trouvé plus agréable de s'évanouir dans ses bras ; et il la rapporte à ses parents, qui reconnaissent dans le libérateur de leur fille le jeune locataire des Vauxdoré.

— Ah! monsieur, quelle reconnaissance! s'écrie Mme Troupeau, vous avez sauvé notre enfant!... Mais elle est évanouie!...

— Je pense que ce n'est que la frayeur, dit Auguste, et que ce n'est pas dangereux.

En effet, dans son évanouissement, Virginie avait conservé de fort jolies couleurs, ce qui n'empêche pas sa mère de l'inonder d'eau de Cologne, et son père de courir chercher du vinaigre.

On entoure la jeune fille qu'on a déposée sur un banc de pierre.

— Qu'est-il donc arrivé? demande Vauxdoré.

— C'est ma fille qui était incendiée sans le courage de monsieur.

Le jeune homme explique qu'il n'a fait qu'une chose bien simple ; mais Mme Troupeau veut que cela soit une action héroïque. Adrienne ne dit rien : elle écoute et regarde Virginie, à qui elle vient de prendre la main, et qui s'obstine à tenir ses yeux fermés. M. Troupeau revient avec un litre de vinaigre : au moment où il veut asperger le visage de sa fille, celle-ci reprend ses sens.

— Elle est sauvée ! s'écrie Mme Troupeau.

— Et ce grand incendie est éteint, dit en riant le jeune homme. Voyez, il n'y a plus personne dans cette cour, et tous les feux ont cessé !

— Alors, allons nous coucher dit Vauxdoré.

— Ma fille, es-tu en état de revenir jusque chez nous ? dit Mme Troupeau.

— Oh ! oui, maman, je me sens bien mieux...

— C'est monsieur qui t'a sauvée, ma fille.

— Ah ! monsieur...

— Mon Dieu ! mademoiselle, je n'ai fait qu'une chose fort simple et qui ne méritait pas tant de remerciements.

— Vous êtes trop modeste, dit M. Troupeau ; mais je vous prie de croire, monsieur, que nous savons apprécier... et que... d'ailleurs... voici ma carte, mon adresse... nous espérons avoir le plaisir de revoir le libérateur de notre enfant.

— C'est beaucoup d'honneur pour moi, monsieur.

Ces mots sont accompagnés de saluts réciproques ; puis on se sépare. M. Auguste offre son bras à Adrienne, qui le prend en étouffant un soupir. Mais tout le long du chemin elle ne dit rien ; cet événement vient de lui ôter toute sa gaieté, que la connaissance de M. Auguste lui avait rendue. La sensible Adrienne ne demandait qu'à s'attacher ; elle était gentille, aimable, rieuse. Le jeune locataire de son oncle avait paru prendre beaucoup de plaisir dans sa société ; il était devenu galant, assidu près d'elle, et plus d'une fois en causant sa main s'était emparée de celle de sa jeune hôtesse, qu'il avait serrée fort tendrement. Tout cela avait tourné la tête d'Adrienne ; elle cédait au penchant qui l'entraînait vers Auguste, en se disant: Oh! celui-là m'aime véritablement, j'en suis sûre, et j'espère bien qu'il ne fera pas comme les autres... Si cela arrivait, je n'aurais plus qu'à mourir car je sens que je l'aime bien plus et bien autrement que les autres.

Chaque jour augmentait les espérances d'Adrienne ; car chaque jour M. Auguste restait plus longtemps près d'elle ; il ne s'était pas contenté de lui serrer la main ; il avait porté à ses lèvres cette main qu'elle lui abandonnait si volontiers, et le baiser qu'il avait imprimé dessus avait, en quelques secondes, été au cœur de la jeune fille, qui se flattait d'être enfin sincèrement aimée, lorsque M. Tirdonna la soirée qui devait amener tant d'événements.

M. Troupeau revient avec un litre de vinaigre.

— Est-ce que le feu vous a aussi beaucoup effrayée, dit M. Auguste en s'en revenant avec Adrienne, vous ne dites rien, mademoiselle, êtes-vous, indisposée ?

— Oh! non, monsieur, je ne m'évanouis pas, moi comme... Virginie.

— Vous connaissez cette jeune personne ?

— Oui, depuis longtemps...

— Vous ne vous êtes pas parlé, cependant.

— Nous ne nous parlons plus, nous sommes brouillées... Je l'aimais beaucoup... mais elle ne m'aimait pas, elle !

— C'est surprenant ! cette jeune fille a un air de candeur... d'ingénuité !...

— Ah ! vous trouvez ?... et comptez-vous vous rendre à l'invitation de ses parents ?... irez-vous chez eux ?

— Pourquoi pas ? ils m'ont fait tant d'honnêtetés... Je croirais être impoli en n'allant pas les voir.

— Il ira !... se dit Adrienne en rentrant dans sa chambre, il ira... il verra Virginie... elle lui plaira !... Mon Dieu ! mais c'est donc mon mau-

Pardon, mille pardons. (P. 147.)

vais génie que cette fille-là... elle m'enlèverait encore mon amoureux !... les autres je lui pardonne... mais M. Auguste, que j'aime tant !... Oh! non, non, je ne veux pas qu'il m'oublie, qu'il me délaisse. Mademoiselle Virginie aura beau faire... Je saurai bien le forcer à m'aimer toujours !

Et Adrienne se couche en cherchant comment on peut forcer un homme à être constant. Pauvre fille ! autant vaudrait chercher la pierre philosophale.

XII

DES CAQUETS ET DE L'AMOUR

— Il viendra nous voir !... se dit Virginie lorsqu'elle est seule dans sa chambre. Ah ! que je suis contente !... Comme c'est heureux que les fusées soient retombées sur la société !... Que j'ai bien fait de rester sur les gradins, au lieu de suivre maman ; puis de faire semblant de m'évanouir !... Il viendra... je le reverrai... il ne m'a pas beaucoup regardée... Peut-être qu'une autre fois... Mais Adrienne, il la regardait bien souvent !

Et Virginie pousse un gros soupir ; ce qui ne lui était pas encore arrivé, car jusque-là l'amour l'avait seulement fait rire ; mais ce qu'elle ressent pour le jeune étranger est tout différent de ce qu'elle avait éprouvé ; pour la première fois elle devient rêveuse, pensive, et son esprit est agité par un autre sentiment que la malice et le plaisir.

— Ma chère amie, dit M. Troupeau à sa femme, c'est bien heureux que notre fille ait été sauvée par ce monsieur de chez Vauxdoré... C'est un jeune homme qui a l'air distingué... opulent... qui a de fort belles connaissances, d'après ce qu'on dit, et il est bien plus agréable de devoir un service à un homme comme il faut qu'à un malotru.

— Oui, sans doute, mon ami, d'autant plus que cela nous fera faire la connaissance de ce monsieur, car je ne doute pas qu'il se rende à ton invitation. Je pense qu'ensuite notre maison, notre société lui plairont bien plus que celle des Vauxdoré... Cela fera enrager ceux-ci et je n'en serai pas fâchée.

Cependant deux jours s'écoulent après la soirée de M. Tir, et le locataire de Vauxdoré ne s'est pas présenté chez M. Troupeau. Le ci-devant marchand de crin et sa femme en sont très mortifiés.

— C'est fort singulier que ce monsieur ne vienne pas, dit madame Troupeau. Lui as-tu bien donné ta carte avec ton adresse ?

— Oui, certainement, ma carte rose à filets d'or... D'ailleurs je suis assez connu dans cet endroit !

— Ces Vauxdoré se sont peut-être permis quelques propos sur nous.

— Oh ! quelle idée !... que pourrait-on dire ? J'ai gagné ma fortune loyalement... je n'ai pas fait banqueroute... personne ne peut me demander un sou ! Quant aux mœurs, j'espère que notre maison est connue, et du côté de l'innocence, notre fille est une Jeanne d'Arc dans toute la force du terme ! ce n'est pas comme Melle Adrienne !

— Alors pourquoi ce monsieur ne vient-il pas ?

Virginie ne souffle pas mot, mais elle se dit : Parce qu'il aime mieux rester auprès d'Adrienne.

Dans la journée du troisième jour, la famille Troupeau était réunie dans son salon. Monsieur, en robe de chambre, lisait le journal et s'interrompait pour parler politique, parce que c'est la ressource des gens qui n'ont rien à dire. Madame, en négligé du matin, et n'ayant pas encore ôté ses papillotes, se regardait dans la glace; elle avait l'air de comprendre ce que disait son mari ; mais dans le fait elle n'était occupée que d'une ride qui se prolongeait depuis le dessous de son œil, jusqu'à son oreille ; cette ride la contrariait infiniment, car elle ne voyait pas moyen de mettre un ruban ou des cheveux tout le long de sa joue.

Virginie était assise près de son père, elle faisait du filet ; c'est un travail qui n'empêche pas de penser, les femmes aiment beaucoup ces ouvrages-là.

Tout-à-coup Babelle ouvre la porte en disant :

— M. Montreville demande s'il peut voir monsieur et madame.

— M. Montreville ! dit Troupeau en se penchant dans son fauteuil, qu'est-ce que ce monsieur-là ?... Le connaissez-vous, Babelle ?...

— Non, c'est la première fois que je le vois.

— Est-ce un homme ou un monsieur ? dit Mme Troupeau.

— Oh ! c'est un monsieur... et fort élégant.

— C'est peut-être ce monsieur qui m'a sauvée ? s'écrie Virginie.

— Ah ! mon Dieu !... tu as raison, ma fille !... c'est probablement lui... Faites entrer, Babelle...

— Mais je suis en robe de chambre, moi.

— N'importe, mon ami, nous ne pouvons faire attendre ce monsieur.

Babelle fait entrer M. Montreville, qui est en effet le locataire des Vauxdoré. Le jeune homme se présente avec aisance et politesse, M. et Mme Troupeau lui font beaucoup d'accueil, Virginie a fait à l'étranger une modeste révérence, et elle a repris son ouvrage : cela lui sert de maintien.

— Pardon, mille pardons de vous recevoir en robe de chambre, dit M. Troupeau, mais ne sachant pas...

— Chez soi, monsieur, on est toujours bien...

— Moi, monsieur, je vous demanderai la permission d'aller ôter mes papillotes.

— Non, madame, restez, de grâce, vous êtes trop bien ainsi.
— Ma fille, avez-vous salué monsieur... votre libérateur ?...
— Oui, maman...
— Quittez donc votre ouvrage, ma fille...
— Non, mademoiselle, continuez, je vous prie... Je vais me retirer si ma présence trouble vos occupations...

Il s'écria, je le savais

— Alors, monsieur, c'est pour vous obéir.

Madame Troupeau veut encore parler de sa reconnaissance pour le service que le jeune homme leur a rendu ; celui-ci la supplie de ne plus revenir sur ce sujet, et il change de conversation.

— Nous ne savions d'abord qui nous arrivait, dit Troupeau ; car votre nom... de famille ne nous était pas connu.

— Oui, dit Mme Troupeau, on nous avait assuré que vous ne vous appeliez que Auguste.

Le jeune homme sourit en disant : C'est aussi comme cela que mes amis me nomment habituellement ; mais, pour me présenter chez vous, madame, j'ai cru plus convenable de prendre mon nom de famille...

— Monsieur... assurément... Montreville !... mais il me semble que ce nom ne m'est pas inconnu...

— Vous avez pu le voir quelquefois dans les journaux...

— Dans les journaux ! répète Mme Troupeau en ouvrant de grands yeux ; puis elle se retourne et arrache trois de ses papillotes.

— En effet, reprend Troupeau, j'ai lu dernièrement qu'un colonel... Oui, c'est bien un colonel Montreville qui vient d'être nommé général de division...

— C'est mon frère, répond le jeune homme en s'inclinant.

— Il a un frère général ! murmure Troupeau en regardant sa femme Je cours ôter ma robe de chambre !

Et Troupeau s'éclipse en disant: Je suis à vous.

— Je dérange peut-être monsieur votre mari, dit Auguste ; je crains d'être venu dans un mauvais moment.

— Ah ! monsieur... il ne peut jamais y avoir de mauvais moment pour vous. Nous espérons que vous voudrez bien nous honorer quelquefois de vos visites.

— Ce sera un plaisir pour moi, madame.

Troupeau revient avec un habit noir. — Quoi ! monsieur, vous avez été changer... faire de la cérémonie ! dit le jeune homme.

— Non... pas du tout, quoique mes moyens me permettent de faire tout ce que je veux... mais c'est que je suis bien plus à mon aise en habit qu'en robe de chambre.

Est-ce qu'il me trouve laide?

— Si vous me connaissiez davantage, vous sauriez que je suis ennemi de toute cérémonie

— Nous serons charmés, monsieur, de vous connaître davantage... Etes-vous fixé à Belleville?

— Oh ! non...

— C'est ce que nous pensions... car alors vous ne resteriez pas chez Vauxdoré : ce logement serait trop petit pour vous qui avez un piano droit et qui recevez du monde... Car vous recevez je crois souvent des visites de Paris?

— Mais... quelquefois, répond le jeune homme en souriant

— Cependant, monsieur, Belleville est un bien joli endroit

— Je m'y plais beaucoup aussi ; mais mon frère désirerait que j'allasse à sa terre en Bourgogne...

— Son frère a une terre ! murmure Troupeau tandis que sa femme se retourne et, dans sa précipitation à ôter le reste de ses papillotes, arrache deux de ses boucles de cheveux.

— Cependant j'aime mieux être à Belleville, reprend le jeune homme. Le voisinage de Paris m'est commode.

— Pour vos occupations peut-être, dit Troupeau.

A cette indiscrète question, le jeune homme ne répond rien et se tourne vers Virginie en disant : Mlle est votre unique enfant ?

— Unique de fille... mais nous n'avons pas de garçon.

— Elle ne s'est pas ressentie de sa frayeur ?

— Aucunement. Vous l'avez si bien portée !...

— Mais je gage que mademoiselle n'aimera plus les feux d'artifice.

— Oh ! pardonnez-moi, monsieur, je voudrais en voir un autre ce soir, dit Virginie, quand je devrais m'évanouir encore !

Ces mots sont accompagnés d'une vive rougeur qui vient colorer les joues de la jeune fille, car alors M. Auguste la regarde plus attentivement.

— Ma fille est l'innocence même... cela lui est égal de s'évanouir... Ma chère enfant, je suis assez riche pour te donner souvent des feux d'artifice ; mais je crains les accidents. On ne trouve pas toujours des gens qui se dévouent pour...

— Je fus témoin d'accidents plus graves... à une fête qu'on donnait chez mon oncle le préfet...

— Il a un oncle préfet ! répète tout bas Mme Troupeau, et son mari lui dit à l'oreille : Va mettre tes girandoles de diamant.

Mme Troupeau s'éclipse à son tour en disant : Je suis à vous, monsieur. Le jeune homme, qui ne comprend rien à cette manière de recevoir son monde en disparaissant chacun son tour, craint d'être indiscret en prolongeant sa visite. Après avoir causé encore quelques minutes avec M. Troupeau, il se lève et prend congé au moment où madame revient avec ses girandoles.

— Vous nous quittez déjà, monsieur Montreville, dit M. Troupeau.

— Oui... j'attends aujourd'hui du monde de Paris...

— Ah ! fort bien... Et pour affaires peut-être ?...

Le jeune homme sourit et salue. La famille Troupeau le reconduit jusqu'à la porte en lui faisant promettre de revenir bientôt.

— Certainement, c'est un homme... du grand monde ! dit Mme Troupeau quand M. Auguste est parti.

— Oui, pardieu ! il a un frère général et un oncle préfet...

— Il y a cependant un peu de mystère dans sa conduite... il n'a pas répondu quand nous lui parlions de ses occupations.

— Ma chère amie, c'est peut-être et même probablement un mystère qui tient à l'Etat... et qu'on ne doit pas percer... Je soupçonne ce monsieur d'être dans la diplomatie... dans le gouvernement.

— Tu crois ?

— Écoute donc, puisqu'il a un frère général et un oncle préfet, il n'y aurait rien d'étonnant à ce que lui-même fût grand dignitaire... incognito.

— C'est vrai !...

— Nous l'inviterons à dîner.

— Et j'aurai quatre entrées.

— Sans compter les cornichons et les anchois ; car on ne sait pas... la connaissance de ce jeune homme pourrait devenir... fort intéressante...

En disant ces mots, M. Troupeau regarde sa fille et pousse le genou de sa femme.

— J'ai déjà eu de ces pressentiments-là... dit tout bas la maman de Virginie. Mais, chut ! monsieur Troupeau, de grâce ! rien qui donne l'éveil à l'innocence.

— Sois tranquille, nous la laisserons dormir !... Ce sont de ces pensées qui ne doivent pas sortir de notre tête. Ce qui me tourmente, c'est que notre tante ne nous répond pas.

— C'est vrai... et cependant notre lettre était si bien tournée !... Espérons encore.

— Espérons toujours.

Virginie est moins satisfaite de cette visite qu'elle avait si ardemment désirée, elle trouve que M. Montreville l'a peu regardée, et qu'il n'y avait que la froideur de l'indifférence dans ses yeux, — M. Doudoux et le cuirassier me regardaient autrement ! se dit la jeune fille en froissant avec dépit son ouvrage. Pourquoi M. Auguste ne faisait-il pas comme les autres ?... Est-ce qu'il me trouve laide ?... est-ce qu'il me croit sotte et bête ?... Au fait je me sentais tout embarrassée devant lui... mais il reviendra, et je ne serai pas si gauche en sa présence... J'ai bien fait la conquête des autres, pourquoi ne ferais-je pas la sienne ?... Les autres... c'était pour rire, mais celle-ci ! ah ! il me semble que ce serait différent.

Dans un petit endroit tout se sait bien vite ; d'ailleurs M. Troupeau tenait à ce que l'on sût que le locataire des Vauxdoré était venu lui faire visite. Il s'empresse d'aller conter cela à son ami Renard, qui est la plus grande commère du pays, et il ajoute :

— J'en sais déjà bien plus que vous sur ce jeune homme, qui s'appelle Auguste Montreville, et non pas Auguste tout court ; il m'a témoigné la plus grande confiance. Il a un frère général avec une terre en Bourgogne, et un oncle préfet, et j'ai presque la certitude que M. Montreville est dans la diplomatie.

M. Renard est vexé qu'un autre en sache plus que lui, il s'écrie :

Je savais tout cela ! je n'en disais rien, parce qu'on m'avait recommandé le secret ; mais certainement j'étais instruit.

De peur que Troupeau n'aille encore apprendre ces nouvelles avant lui, M. Renard se met à courir dans tout Belleville ; et suivant l'usage des bavards qui amplifient sur toutes les histoires, il affirme que le locataire de Vauxdoré est secrétaire intime d'un ministre, et qu'il n'est venu loger à Belleville que pour y lever *incognito* un nouveau plan de fortifications qui doit commencer à la Courtille.

En allant de bouche en bouche, ces nouvelles arrivent chez Vauxdoré, auquel on dit :

— Il paraît que vous logez un grand personnage.

— Bah ! et qui donc cela ? répond Vauxdoré.

— Parbleu ! votre élégant locataire !...

— C'est un grand personnage ?

— On assure qu'il tient au gouvernement.

— Mais il ne s'occupe que de musique.

— Il paraît que c'est pour cacher son jeu.

— Il ne le cache pas, car on l'entend du jardin.

— Enfin, ne reçoit-il pas des gens à voiture ?

— Quelquefois.

— Quand il y a du monde de Paris chez lui, ne défend-il pas qu'on vienne le déranger ?

— C'est possible.

— Vous voyez bien, il y a des secrets d'État là-dedans. Tâchez toujours de savoir de lui si ma maison se trouve comprise dans le nouveau plan de fortifications, vous me rendrez bien service.

— Informez-vous pour la mienne aussi, vous m'obligerez...

— Mais de qui tenez-vous tout cela ?

— De Renard et de Troupeau. Votre locataire a été faire visite à ce dernier, et il paraît que c'est là qu'il s'est déboutonné.

— Je ne sais pas si nous logeons un grand personnage, dit la tante d'Adrienne, en tout cas, il ne fait pas d'embarras, il est fort poli et trouve toujours ma cuisine bonne.

— Qu'il soit ce qu'il voudra, dit Vauxdoré, ce sont ses affaires ; du moment qu'il se conduit bien dans ma maison, je n'ai rien à lui dire ?... D'ailleurs, je ne crois pas à tous ces propos... C'est Renard qui les aura inventés.

— Ce qu'il y a de certain, se dit Adrienne, c'est qu'il a été chez M. Troupeau. Que m'importe à moi qu'il soit dans les grandeurs... Ce n'est pas pour cela que je l'aimais ! mais il va chez le père de Virginie...

LA PUCELLE DE BELLEVILLE

Ah!... c'est vous, mademoiselle... (P. 155.)

il la verra... et elle va peut-être encore être la cause qu'on oubliera la pauvre Adrienne!... Mon Dieu! comment empêcher cela?

La jeune fille pleurait en secret, car elle eût été bien fâchée qu'on la vît répandre des larmes; mais le chagrin ne se cache pas aussi facilement que le bonheur; il est rare qu'il ne laisse pas quelques traces. Celui d'Adrienne augmente chaque jour; elle apprend que M. Auguste est retourné chez les parents de Virginie, puis enfin qu'il doit y dîner. M. Montreville ayant accepté l'invitation de M. Troupeau, celui-ci s'est empressé de le dire partout.

— Il y va dîner! dit Adrienne. Ah! mon Dieu!... c'est peut-être le repas des fiançailles... il va sans doute épouser Virginie... et c'est pour cela que depuis quelques jours il me parle moins... il est moins aimable, et ne cherche pas à me rencontrer seule dans les chambres ou sur l'escalier pour me prendre la main, la taille, et me dérober un baiser.

Depuis quelques jours en effet le locataire de Vauxdoré semblait être très occupé, il restait enfermé dans sa chambre, ou il se rendait à Paris et en revenait en tenant toujours des rouleaux de papier à la main. M. Renard, qui passe son temps à épier ce que fait Auguste, l'a rencontré plusieurs fois allant à Paris; il court dire à Troupeau:

— Notre jeune diplomate est bien occupé dans ce moment-ci!... Il porte à Paris des rouleaux très volumineux.

— Des rouleaux d'argent?

— Non, des plans, des papiers... et il revient presque toujours en cabriolet avec d'autres rouleaux.

— Diable! cela fait présumer de bien hautes affaires.... Il vient dîner chez nous jeudi prochain.

— Vraiment?

— Comme je vous le dis... voulez-vous en être?

— C'est-à-dire que vous me faites le plus grand plaisir en m'invitant.

Et Renard serre la main de Troupeau avec un mouvement convulsif tant il est enchanté de dîner avec M. Montreville.

Le matin du jour où M. Auguste doit dîner chez M. Troupeau, il a de bonne heure envoyé chercher les journaux, et le domestique de Vauxdoré rapporte à son maître que le jeune homme a presque sauté de joie en les parcourant.

— Je commence à croire que Renard ne s'est pas trompé, dit Vauxdoré. Si ce jeune homme a sauté en lisant le journal, c'est qu'il est quelque chose dans l'État!

— Il est peut-être nommé ministre? dit Mᵐᵉ Vauxdoré, et alors il n'est pas probable qu'il reste à Belleville.

— J'en serais fâché... mais je lui demanderais sa protection; car on ne sait ce qui peut arriver.

Adrienne écoute tout cela sans dire un mot, elle descend dans le petit jardin de leur maison, parce qu'elle a encore envie de pleurer, et que cela lui fait mal de ne pouvoir se désoler tout à son aise.

En arrivant dans le jardin, Adrienne y rencontre M. Auguste qui tenait les journaux, les regardait les uns après les autres, et paraissait fort joyeux. Le jeune homme court à Adrienne.

— Ah!... c'est vous, mademoiselle...
— Oui, monsieur... c'est moi.
— Il y a bien longtemps que je n'ai pu causer avec vous!
— C'est que cela ne vous a pas plu apparemment, car j'étais toujours ici.
— C'est que depuis quelques jours j'ai eu beaucoup à faire à Paris.
— Oh! oui... vous ne pouviez pas penser à moi.

Auguste regarde Adrienne plus attentivement et lui dit d'un ton affectueux :
— Qu'avez-vous donc?... vous me semblez moins gaie qu'à votre ordinaire?
— Pardonnez-moi, monsieur, je suis très gaie.

Et la jeune fille s'efforce de sourire ; mais un gros soupir trahit l'état de son cœur.

— Vous me parlez aussi avec un air cérémonieux... Après m'avoir habitué à un si aimable abandon, d'où vient donc que vous me traitez ainsi ?
— Monsieur... c'est que... je ne savais pas.. avant de connaître le rang... la position des personnes, on peut se croire le droit de... causer familièrement avec elles,... mais quand on ne l'ose plus...
— Mon Dieu! mademoiselle, que signifie tout cela? que me parlez-vous de rang, de position?... De grâce, expliquez-vous!
— Eh bien! monsieur, on a dit à mon oncle, et l'on assure dans Belleville, que vous êtes un grand personnage attaché à l'État, et que vous ne voulez pas le dire pour raison politique.
— Je suis un grand personnage... moi? et qui diable a deviné cela?
— M. Renard et M. Troupeau.

Le jeune homme rit aux éclats, puis il reprend:
— Je ne m'étonne plus des politesses, de l'air respectueux qu'on me témoigne depuis quelques jours, et votre oncle lui-même...
— Mon oncle... a fini par croire comme les autres, et la joie que vous avez témoignée ce matin en lisant les journaux a semblé une preuve de plus.
— En effet, les journaux de ce jour m'ont apporté une heureuse nouvelle... et je suis bien content aujourd'hui.
— Ah! je le crois... avec cela que vous dînez chez M. Troupeau!...
— C'est vrai, et d'après ce que vous venez de me dire, je me propose de bien m'y amuser.

— Il paraît que vous vous y amusez toujours, car vous y allez souvent!...

— On m'a fait tant d'accueil... d'instances...

— Et M{^lle} Virginie... la trouvez-vous... bien aimable?...

— Mais elle est fort gentille... Les premières fois que je la vis, elle ne soufflait pas mot et se tenait bien raide!... Depuis, je me suis aperçu qu'elle ne manque pas d'esprit... et...

— Adieu, monsieur...

— Eh quoi! vous me quittez si vite?...

— Je ne puis rester... D'ailleurs, je crains de vous retenir! vous avez tant d'affaires maintenant...

— Ne savez-vous pas, charmante Adrienne, que mon plus grand bonheur est d'être près de vous?

— Oh! non! je ne le sais plus, je ne le crois plus!... Ce mystère qui vous environne,... ces conjectures que l'on fait sur vous..., tout cela fait que je n'ose plus causer avec vous comme autrefois.

— Eh bien! je vous dirai tout... je vous dévoilerai ce mystère, qui est bien peu de chose! je ne veux avoir aucun secret pour vous.

Les yeux d'Adrienne deviennent brillants de plaisir, et elle s'écrie :

— Quand me direz-vous tout cela?

Auguste se rapproche d'Adrienne et, passant son bras autour d'elle, lui dit à demi-voix :

— Ici... ou là-haut; chez votre tante, nous ne pouvons pas causer librement... Plusieurs fois je vous ai suppliée de ne point fermer tout de suite votre porte quand vous rentrez vous coucher et de me permettre d'aller un instant jaser avec vous...

— Oh! non, monsieur... vous recevoir dans ma chambre... cela ne se peut pas... cela ne se doit pas...

— Et qui le saura?...

— Mais je le saurai, moi...

— Si vous aviez pour moi un peu... d'amitié, me refuseriez-vous?... Ce soir... en revenant de chez M. Troupeau, je passerai devant votre porte pour rentrer chez moi... ne la fermez pas, et j'irai vous conter tout ce que vous désirez savoir.

— Non... je ne le veux pas...

— Adrienne!.. je vous en supplie...

— C'est très mal, ce que vous me demandez-là...

— Est-ce aussi très mal de vous aimer... de...

La voix de Vauxdoré interrompt le jeune homme ; on appelait Adrienne, elle est obligée de remonter près de son oncle.

— A ce soir, lui dit Auguste. Adrienne s'éloigne et ne répond pas.

Chez M. Troupeau on a pour habitude de dîner à quatre heures précises ; mais, pour recevoir M. Montreville, on a pensé qu'il serait plus convenable de dîner tard, et on a fait les invitations pour cinq heures et demie. Ne voulant point avoir beaucoup de monde afin que le jeune diplomate pût parler avec plus de confiance, et n'osant cependant pas le recevoir qu'en famille, Troupeau n'a invité que Renard, qui est adroit et a promis de faire jaser le jeune homme, plus un ancien épicier fort riche, qui mange et boit bien, mais ne sait pas dire quatre paroles : celui-là ne sera là que pour représenter un convive, et on est sûr qu'il ne se mêlera jamais à la conversation.

Depuis que Virginie a revu Auguste, elle a été moins embarrassée devant lui, et plus d'une fois ses regards ont cherché les siens. Pourtant elle éprouve encore une émotion dont elle n'est pas maîtresse : pour attirer l'attention de M. Montreville, elle ne trouve pas les petits expédients qui lui venaient si facilement à l'esprit près de Doudoux et du cuirassier. Un mot d'Auguste lui fait oublier ce qu'elle voulait dire, un de ses regards la trouble ; elle se dépite contre elle-même et se dit :

— Que je suis sotte !... Et d'où vient que je ne puis surmonter cela ?

Il est cinq heures sonnées. M. Renard et l'ex-épicier, que l'on nomme M. Praline, sont à leur poste ; tous deux en noir

M. Renard se promène dans le salon.

et cirés dans la perfection. M. Renard se promène dans le salon en jouant avec les breloques de sa montre. M. Praline est allé s'asseoir dans un coin où il n'ouvrira pas la bouche jusqu'au dîner ; mais il ne la fermera qu'après le dessert.

Auguste ne se fait pas attendre ; les propos qu'on lui a rapportés lui ont semblé si plaisants qu'il compte s'amuser chez M. Troupeau. Sa physionomie, ordinairement assez sévère, a quelque chose de moqueur, qui semble à la société d'un augure très favorable.

— M. Montreville semble fort en train de rire aujourd'hui, dit Troupeau à sa femme, cela prouve qu'il est bien aise de venir chez nous... Je n'ai pas besoin de te recommander à table de le servir toujours le premier et souvent.

— Sois tranquille, je ne le perdrai pas de vue.

On a placé le jeune convive entre la mère et la fille. L'une est pour lui pleine de prévenances, elle veut sans cesse couvrir son assiette et remplir son verre ; l'autre baisse les yeux et ne le regarde qu'à la dérobée, mais elle ne laisse pas deux minutes ses jambes en repos sous la table : dans ce mouvement perpétuel, son genou et son pied heurtent assez souvent le genou et le pied de son voisin. Alors celui-ci se recule, et Virginie murmure un : « Pardon, monsieur... je ne l'ai pas fait exprès ! » Mais elle recommence deux minutes après. Si bien que le jeune homme se dit : « Voilà une singulière famille : le père me traite en seigneur, la mère me bourre à m'étouffer, et la fille me donne des coups de pied. »

On n'avait rien épargné pour bien recevoir M. Montreville, aussi M. Praline, qui voulait manger de tout, n'avait-il encore dit que : « *Volontiers, j'en accepterai, j'en veux bien.* » M. Renard lui-même bavardait moins, pour faire honneur au repas ; mais Auguste, qui était en train de rire, soutenait la conversation sur le ton de la gaieté : on accueillait avec transport ses moindres plaisanteries, et Mme Troupeau disait à demi-voix :

— Il est extrêmement aimable, ce monsieur.

— Il est pétri d'esprit ! répondait Troupeau.

— Il conte parfaitement ! répliquait Renard.

— Il est bien accommodé !... murmurait M. Praline, qui pensait qu'on parlait d'un plat.

Virginie parlait très peu, mais elle continuait d'avoir des inquiétudes dans les jambes.

Cependant on est arrivé au dessert, et Troupeau dit tout bas à Renard :

— Abordons la politique...

— Je vais le mettre au pied du mur, dit Renard, et l'amener à nous découvrir tous ses secrets.

Alors, après avoir avalé un verre de bordeaux, M. Renard s'adresse à Auguste :

— Ne pensez-vous pas comme moi, monsieur Montreville, que l'année ayant été bonne en blé, il serait dans la politique du gouvernement que nous eussions le pain bon marché ?

Le jeune homme réprime avec peine l'envie de rire que lui cause la naïveté de cette question : il répond en prenant un air important et secouant la tête :

— Monsieur... le pain bon marché... hum!... c'est fort bien! mais... hum!...

— Oui! je vous comprends! s'écrie Renard, cela tient encore à des circonstances... plus ou moins... suivant que... on ne peut pas répondre!...

— Messieurs, reprend Auguste en jouant avec son couteau, tandis que les convives semblent craindre de perdre une seule de ses paroles, messieurs!... dans ce moment-ci... nous ne pouvons nous dissimuler que... hum!... il y a bien des choses à dire...

— Il y en a immensément! s'écrie Renard.

— Oh! il y en a que cela fait peur, dit Troupeau. Puis il se penche vers Renard en disant :

— Ça va bien, nous sommes sur la voie!...

— Chut! il va se lâcher.

Après avoir plusieurs fois fait résonner son verre avec son couteau, Auguste reprend :

— Vous me direz : les opinions sont libres, chacun peut penser comme il entend! oui! je respecte aussi une opinion!... telle quelle...

— C'est ce qu'il y a de plus respectable au monde, dit Renard.

— Je respecte même ceux qui n'en ont pas! dit Troupeau en se permettant de badiner aussi avec son couteau, pour ressembler à son jeune convive.

— Mais, messieurs! qu'arrivera-t-il de cette fluctuation... de cette divergence... de ces oppositions, qui, bien que prises dans le sens convenable... ne laissent pas de... par la suite... ou plus tard, devoir amener une péripétie?...

— Comme il devient profond! dit Troupeau en regardant sa femme, et celle-ci s'écrie :

— Ah! Dieu! que j'aime à entendre parler politique!

— Messieurs! reprend Auguste, je ne suis pas de ces gens qui affirment... qui sont certains... et qui, en retombant dans des systèmes, reviennent sur des principes exceptionnels, telle ne fut jamais ma façon de penser!...

— Ni la mienne, dit Renard.

— Ni la nôtre, ajoute Troupeau en faisant tomber son couteau par terre.

— Ah! messieurs! reprend Auguste, si nous voulons ensuite envisager les divers cabinets de l'Europe, le cas peut devenir différent!

— Je le crois parbleu bien ! s'écrie Renard ; puis il ajouta tout bas à Troupeau : — Nous y voici... nous entrons dans le secret des cabinets.

— Et il a dit que les cas seraient différents... je ne suis plus qu'oreilles.

Virginie jette un petit coup d'œil à la dérobée sur Auguste, parce qu'elle croit deviner que le jeune homme se moque de ses auditeurs ; mais Auguste, conservant toujours son flegme, reprend en pesant sur toutes ses paroles :

— On parle de l'Espagne.... c'est très bien ; mais il y a aussi la Russie et la Turquie...qu'on doit envisager avec attention... L'Angleterre est là qui nous guette... La Suède compte pour quelque chose... Ensuite l'Italie... Ah ! diantre, messieurs, l'Italie !... hum ! cela mérite considération, et peut-être... hum !

MM., reprend Auguste.

M. Praline, qui jusque-là n'avait fait que manger et boire et, pendant cette conversation, se bornait à rouler des yeux sur chaque personne, comme un enfant qui écoute une histoire qu'il ne comprend pas, ennuyé pourtant de ce que l'on ne prenait plus rien, se permet de dire, pendant qu'Auguste s'arrêtait sur ses *hum :*

— Votre café sera-t-il bien chaud ?

Il faut voir alors l'indignation qui se peint sur le visage de Troupeau et de sa femme, et l'air de mépris avec lequel Renard le regarde.

— Ah ! monsieur Praline ! dit Mme Troupeau, pouvez-vous bien interrompre M. Montreville dans une conversation si intéressante. Nous parler de café ! lorsqu'il est question des secrets de l'Europe !...

— Cet homme est une vraie brute ! dit tout bas Renard.

— Je me couperais en quatre de regret de l'avoir invité ! dit Troupeau.

LA PUCELLE DE BELLEVILLE

De grâce, laissez-moi, monsieur. (P. 158.)

Et le pauvre Praline, tout honteux de l'accueil fait à sa demande, se rentre dans sa chaise et a l'air d'avoir envie de pleurer ; mais Auguste a pitié de l'ancien épicier, il s'écrie :

— Ma foi, je suis fort de l'avis de M. Praline, j'aime le café bien chaud.

— En ce cas, allons le prendre! dit Mme Troupeau en se levant et présentant sa main à Auguste, et la société passe dans le salon.

On prend le café. Auguste s'occupe de Virginie et ne semble plus vouloir parler politique.

— C'est désolant ! dit Troupeau à Renard. Nous allions tout savoir, et il se tait maintenant !

— Attendez, dit Renard, j'ai un moyen ingénieux pour le faire parler.

Ce moyen, c'est le journal que M. Renard tire de sa poche et qu'il développe en disant :

— Il y a aujourd'hui des articles bien intéressants ! des nominations, des mutations... l'avez-vous lu, monsieur Montreville ?

— Oui, monsieur, répond Auguste ; et je ne vous cacherai même pas qu'aujourd'hui j'avais des raisons personnelles pour l'attendre avec impatience...

— Des raisons... personnelles? dit Renard en souriant. Eh bien franchement, je m'en étais douté !

— Des raisons personnelles ! reprend Troupeau. Et serait-il indiscret de vous demander... si c'est dans les nominations ?

— Monsieur Troupeau, l'accueil obligeant que je reçois chez vous ne me permet plus de me taire,.. Je ne veux point avoir de secret pour une famille et des personnes aussi respectables... Vous allez tout savoir

Toutes les figures deviennent rayonnantes, excepté celle de M. Praline, qui a le nez enfoncé dans un petit verre d'anisette, et qui ne remarque pas que Mme Troupeau se tourne vers lui et le regarde d'une façon qui signifie : — N'ayez plus le malheur d'interrompre monsieur.

On s'est rapproché d'Auguste, et on attend avec impatience qu'il parle. Virginie partage cette impatience, il lui tarde de savoir ce que c'est que M. Montreville. Celui-ci commence enfin.

— Je suis venu me loger à Belleville... et on a peut-être remarqué un peu de mystère dans ma conduite... On ignorait quelle était ma profession, mon état dans le monde... Je ne me faisais d'abord appeler que Auguste ; enfin on pouvait me prendre pour un intrigant...

— Ah ! fi donc !... je ne m'y suis pas trompé, moi ! s'écrie Renard.

— De grâce, Renard, n'interrompez pas Monsieur, dit Troupeau.

— Je dois donc vous avouer qu'en effet je suis venu me loger ici pour me soustraire aux regards de ma famille et me livrer librement à ma vocation. Cette vocation, mes parents ont voulu la combattre ; mais elle a triomphé de leurs efforts. Je me sens né pour composer, pour faire de la musique ; enfin j'ai fait celle d'un petit opéra-comique ; hier il a été représenté à Paris... Je n'ai pas eu le courage d'assister à la représentation ; mais il a réussi complètement... Voyez plutôt, messieurs... ici... à l'article théâtres... Voilà le motif de ma joie et de l'impatience avec laquelle j'attendais le journal.

Auguste a fini de parler. Beaucoup de figures se sont allongées, mais celle de Virginie est au contraire plus riante ; elle se dit :

— Il a du talent... c'est bien plus joli que de la politique !

— Comment, monsieur ! vous travaillez pour le théâtre ? dit enfin Troupeau d'un air désappointé.

— Oui, monsieur, et je viens de faire la musique d'un opéra-comique qui a réussi... On n'a nommé qu'Auguste : j'espère cependant que ma famille me pardonnera, grâce à mon succès.

— Et vous n'êtes point... attaché au gouvernement ? dit Renard.

— Non, grâce au ciel !... car je ne connais d'autre bonheur que les arts et la liberté !

— Les arts... la liberté... tout cela ne vaut pas la fortune, monsieur.

— D'abord, monsieur, cela dépend du goût ; ensuite on peut s'en faire une par son talent...

— C'est juste... Et vous avez toujours un frère général et un oncle préfet ?

— J'espère qu'ils ne sont pas morts, répond Auguste en souriant.

— Enfin il a des parents en place, dit Troupeau à sa femme.

— Oui, mon ami ; mais il travaille pour le théâtre ! et si mademoiselle Bellavoine savait seulement qu'il a dîné ici !

— Ah ! Dieu !... c'est vrai... tu me fais frémir !

Les deux époux semblent consternés. Auguste ne prolonge pas leur embarras. Il était tard : depuis quelques instants ses regards s'étaient souvent dirigés vers la pendule ; il prend congé de la famille Troupeau. Virginie répond à son salut par un doux regard ; mais les parents remplacent par un froid cérémonial les transports de joie qu'ils avaient fait éclater à l'arrivée du jeune homme.

— Les sots ! se dit Auguste en retournant à sa demeure ; ils me font froide mine maintenant, parce que je n'ai que du talent au lieu d'emploi !... il n'y a que la jeune fille qui m'ait dit adieu fort gracieusement.

Mais ne songeons plus à M. Troupeau... Voici l'heure... Adrienne aura-t-elle cédé à mes prières? Adrienne !... aimable fille. Je la crois franche, bonne, sensible. Oui, j'aurais confiance dans son amour... Oh! les femmes ! elles sont bien trompeuses !... j'en sais quelque chose... et je m'étais promis en venant à Belleville de ne m'y occuper que de musique !... Mais ayez donc des inspirations, du génie et un cœur froid !.. Non, ce n'est pas possible...

Tout en faisant ces réflexions, le jeune homme est arrivé devant la maison de Vauxdoré. Il a une clef qui lui ouvre la porte d'en bas, et il peut rentrer sans réveiller personne. Il monte l'escalier sans faire de bruit; cependant il monte vite, car il a hâte de savoir si la jeune fille a cédé à ses désirs. Enfin il est au second, il entre dans le couloir : des rayons de lumière partent d'une chambre dont la porte n'est qu'à demi poussée... et cette chambre est celle d'Adrienne.

XIII

CELLE-CI NE L'EST PLUS

Convenez, chère lectrice, ou cher lecteur... (mais, par goût, je m'adresse plutôt à mes lectrices), convenez, dis-je, que ce doit être une chose bien difficile de résister au penchant de son cœur; moi qui n'ai jamais su, ni même cherché à résister aux miens, je crois qu'il doit être cruel de se dire : — J'aime telle personne, mais je ne lui accorderai pas un rendez-vous. Résister à ses sens est chose ordinaire : il ne faut pour cela que de la raison et de la prudence ; mais ne pas céder à un sentiment bien doux, bien tendre, qui nous pousse sans cesse vers l'objet que nous voulons fuir... c'est de la vertu, de l'héroïsme, ou plutôt c'est de l'indifférence.

Adrienne était loin de posséder cette vertu qui se rit des séducteurs et des séductions. Ce n'était point une femme forte; et je lui en fais encore compliment : Dieu nous garde des *Judith*, des *Dalila*, des *Cléopâtre* et de toutes ces héroïnes de l'antiquité !... Adrienne avait le cœur et la faiblesse de son sexe ; elle aimait comme on aime... je ne dirai pas la première fois, car on peut aimer beaucoup mieux la dixième fois que la première (ceci ne s'applique qu'aux hommes ; il est convenu que les dames n'aiment jamais qu'une fois). Enfin Adrienne aimait Auguste, cet amour s'augmentait encore de la crainte qu'elle éprouvait d'être délaissée pour Virginie ; et, en vérité, elle avait bien quelques raisons pour redouter les petites espiègleries de M{}^{lle} Troupeau.

Toute la journée Adrienne avait pensé à ce que M. Auguste lui avait demandé, et elle s'était dit :

— Oh non, certainement je ne laisserai pas ma porte ouverte !... je ne le recevrai pas la nuit dans ma chambre.

Et au bout d'un moment elle se disait :

— Mais il va voir Virginie aujourd'hui... elle fera la coquette avec son petit air innocent... Mon Dieu ! s'il allait m'oublier alors... Au moins... en lui parlant ce soir, je détruirai peut-être l'impression produite par Virginie. Alors... je ne ferai pas mal de laisser ma porte ouverte.

Le résultat de ces réflexions, vous le savez déjà, c'est que, sur les dix heures du soir, Auguste entrait tout doucement dans la chambre d'Adrienne.

— Ah ! mon Dieu !... c'est vous, monsieur !... mais j'allais me coucher... j'allais fermer ma porte...

— Adrienne ! ne vous repentez pas de ce que vous avez fait !... Je suis si heureux !... si content d'être près de vous...

— Mais vous ne resterez pas longtemps, au moins.

— Ce que vous voudrez...

Et le jeune homme entrait, refermait la porte, puis s'asseyait tout près de la jeune fille.

— Pourquoi avez-vous refermé ma porte ?...

— Parce que nous pourrons parler plus tranquillement sans être entendus... Que vous êtes gentille, ce soir !... que ce petit bonnet vous va bien !...

— Vous venez de chez M. Troupeau ?

— Oui.

— Vous y êtes resté bien tard.

— C'est le dîner, qui n'en finissait plus !... Ah ! si vous saviez combien je me suis amusé !

— Je le vois, vous avez l'air si gai !... Ne me prenez pas la main, monsieur, je ne le veux plus...

— Et moi, Adrienne, je le veux... Qu'avez-vous encore contre moi ?

— Rien ; mais... qu'avez-vous donc fait chez M. Troupeau qui vous ait tant amusé ?

Auguste raconte à la jeune fille ce qui s'est passé au dîner, et ce récit amène naturellement la confidence de ce qu'il est, et de ce qui causait sa joie, le matin, en lisant le journal.

— Ainsi vous n'êtes pas un grand personnage? dit Adrienne ; ah! que je suis contente !

— Ma famille est riche ; mais moi je ne veux être qu'un artiste, et c'est ce qui m'a brouillé avec elle ; je suis venu à Belleville pour être plus libre de mes actions, moins importuné par des ennuyeux... pour m'y livrer plus commodément au travail, et puis... je vais vous l'avouer encore, Adrienne, pour fuir, pendant quelque temps, les salons, les bals, les réunions de Paris ; car, dans ces bals, dans ces soirées, il y a des femmes charmantes, ravissantes !... il est bien difficile à un jeune homme de ne pas se laisser séduire ; mais ensuite ces femmes si aimables, si séduisantes, nous trompent, nous oublient, pour en charmer d'autres ; et moi, j'ai un grand défaut !... un défaut impardonnable ! Je n'aime pas à être trompé.

— Est-ce que vous l'auriez été, monsieur Auguste ?

— Oh ! oui, je l'ai été plus d'une fois !... il y a des gens qui trouvent cela tout naturel... sans doute il faut bien que ce soit naturel, puisque c'est si commun. Malgré cela, j'ai eu la faiblesse de m'en affliger... car, si j'ai l'air parfois étourdi, léger, cela ne m'empêche pas d'avoir un cœur aimant ; je ne puis éprouver à demi aucun sentiment ; je lui dois ou beaucoup de bonheur, ou beaucoup de peine. J'étais donc venu me réfugier à Belleville, pour fuir l'amour... En vérité, j'étais bien fou de penser que j'y serais à l'abri de ses atteintes ! Est-ce qu'il n'y a pas de l'amour partout où il y a des femmes !... Mais si, du moins, je trouve en ces lieux quelqu'un qui m'aime sincèrement, qui me laisse lire au fond de son âme, qui n'ait aucun secret pour moi, aucune intrigue à me cacher... comme le faisaient ces dames de Paris, alors je ne regretterai pas d'être venu ici pour y engager mon cœur, au lieu d'y retrouver ma liberté.

Adrienne écoute Auguste avec un vif plaisir ; mais comme le jeune homme la regarde alors bien tendrement, et de fort près, elle se sent toute troublée, tout émue, et elle balbutie de nouveau pour dire quelque chose :

— Comment ! on vous a trompé... mais c'est bien vilain, cela !...

— N'est-ce pas, Adrienne, que c'est mal... Vous ne me tromperiez pas, vous ; j'en suis bien sûr... vous ne diriez pas que votre cœur est libre, si vous en aimiez un autre ?

— Fi donc !... est-ce qu'on peut dire cela ? est-ce qu'il est possible d'aimer plusieurs personnes à la fois ?...

— Votre âme franche ne comprend pas cela !... Adrienne... que ce bonnet vous sied bien !... vous êtes toujours charmante ; mais ce soir...

sans doute le bonheur que j'éprouve à être seul avec vous fait que vous me semblez encore plus jolie.

Et le jeune homme entourait de son bras la taille d'Adrienne, et il cherchait à l'attirer si près de lui qu'elle eût été sur ses genoux, Adrienne le repousse doucement en murmurant :

— Finissez, monsieur Auguste; si vous n'êtes pas sage, je vais vous renvoyer tout de suite.

— C'est que je suis si bien tout contre vous!...

— On peut être près des gens... sans les tenir ainsi. Vous ne m'avez pas dit ce que l'on a paru penser de vous chez M. Troupeau... lorsqu'ils ont su que vous n'étiez pas un homme en place.

— Oh! ma confidence a fait un fort mauvais effet, surtout quand j'ai dit que je travaillais pour le théâtre.

— Oh! je le crois...

— Cependant je dois rendre justice à Mlle Virginie; en apprenant que je n'étais pas un grand personnage, loin de me témoigner moins de bienveillance, elle a semblé, au contraire, chercher par ses manières aimables à me faire oublier le changement de ses parents.

— Ah! vous avez remarqué cela... De grâce, laissez-moi, monsieur, je ne veux pas qu'on me tienne ainsi!

Adrienne s'est dégagée des bras d'Auguste, et elle va s'asseoir à l'autre extrémité de la chambre. Le jeune homme la regarde avec étonnement pendant quelques minutes; mais bientôt il se rapproche d'elle.

— Qu'ai-je donc fait pour que vous me montriez tant d'aversion?..

— Vous n'avez rien fait... Je n'ai point d'aversion pour vous... et, d'ailleurs, qu'est-ce que cela peut vous faire?... vous êtes déjà tout occupé de Mlle Virginie et enchanté qu'elle ne partage pas le ridicule de ses parents.

— Tout occupé de Mlle Troupeau... moi!... je vous assure qu'il n'en est rien.

— Ah! je sais que l'on ne peut résister à ses charmes... à son petit air doucereux... à ses coquetteries enfin.

— Quoi!... vraiment... elle est coquette?...

— Vous ne vous en étiez pas aperçu?

— Eh! me suis-je occupé d'elle... puisque je ne pense qu'à vous!...

— Vous le dites... mais...

— Adrienne... c'est vous que j'aime...

— Ah! les hommes disent cela si vite et si souvent!...

— Moi, je ne le dis que quand je l'éprouve, et si vous m'aimiez, je serais si heureux!

Eh ! mon Dieu, quel feu chez vous. (P. 174.)

Auguste s'était si bien rapproché que sa tête était presque contre la joue brûlante de la jeune fille, qui sentait que le feu de son visage se communiquait à toutes les parties de son corps.

— Mon Dieu!... si je pouvais vous croire! dit enfin Adrienne en détournant ses yeux, que ceux d'Auguste cherchaient toujours.

— Que faut-il faire pour dissiper vos doutes.

— Mais il faudrait... ne plus aller chez M. Troupeau... ne plus revoir Virginie... jamais... jamais!... car je la crains... ah! je la crains beaucoup.

— Vous avez tort de la craindre, et pour être aimé de vous je voudrais vous offrir de plus grands sacrifices... Eh bien! je ne retournerai plus chez M. Troupeau... ce ne sera peut-être pas fort honnête... mais vous le désirez, ils penseront de moi ce qu'ils voudront, je n'irai plus!

— Bien vrai?

— Bien vrai!

La joie, le bonheur brillent dans les yeux d'Adrienne; elle est si contente qu'elle ne sait plus que répondre à Auguste quand il lui dit en l'étreignant dans ses bras :

— Et moi, qu'obtiendrai-je pour récompense? m'aimerez-vous alors?

Or quand une femme ne sait plus que répondre à un homme qui lui demande de l'amour, celui-ci se rappelle le vieux proverbe : *Qui ne dit mot consent.*

N'est-il pas vrai, mesdames, qu'il est peu de dictons qui aient reçu aussi souvent leur application?

XIV

COMMENT ON PEUT METTRE LE FEU EN ÉTERNUANT

Il est doux de tenir les serments que l'on a faits à une maîtresse adorée, car il est doux de lui être agréable, de lui plaire, et de voir que l'on possède tout son amour. Oui, vraiment, c'est un grand bonheur de s'aimer tendrement, et de s'être fidèle. Que de gens n'en chercheraient pas d'autre, s'ils avaient goûté ce bonheur-là!... Vous me direz :

— C'est aussi celui-là qu'ils cherchent, mais ils ne le trouvent pas.

Auguste, heureux de posséder l'amour d'Adrienne, de posséder son cœur, de posséder... tout ce qu'un amant désire, a tenu la promesse qu'il lui a faite ; il n'est pas retourné chez M. Troupeau ; il s'est contenté de lui envoyer sa carte. Le jeune homme aurait bien eu quelque envie de revoir Mlle Virginie ; il n'a pas oublié la manière singulière dont elle faisait aller ses pieds sous la table ; mais il résiste à son désir, afin de ne pas tourmenter Adrienne ; celle-ci se trouve si heureuse d'être aimée, qu'elle ne se reproche pas sa faute, car elle pense que cette faute même lui attache son amant, et elle se livre au bonheur d'aimer, sans penser à l'avenir, ni aux suites que sa faiblesse peut amener ; cependant mille circonstances devraient déjà lui ouvrir les yeux ; mais, au milieu d'un beau jour, on n'est pas pressé d'apercevoir un orage.

Chez M. Troupeau, on se félicite de ne plus revoir M. Montreville.

— Il n'a remis que sa carte, et il a bien fait, dit Mme Troupeau ; je ne me serais pas souciée de recevoir chez moi un jeune homme qui travaille dans les théâtres.

— Et il est probable que cela le brouillera entièrement avec sa famille, dit Troupeau ; alors, quels titres aurait-il pour venir chez nous !...

Virginie, qui ne partage pas les sentiments de ses parents, et qui est très fâchée que le jeune artiste ne vienne plus, se permet un jour de dire :

— Cependant, maman, ce monsieur est mon libérateur... Je lui dois la vie, moi.

— Vous ne lui devez rien du tout, ma fille ; nous lui avons donné un dîner superbe..., quatre entrées, onze plats de dessert, cela doit payer amplement le service qu'il nous a rendu. N'est-il pas vrai, Troupeau ?

— Oui, chère amie, c'est un mémoire entièrement acquitté.

— Eh bien ! moi, je trouve que je lui dois quelque chose, dit en elle-même Virginie, et certainement je m'acquitterai dès que je le pourrai.

Pour en guetter l'occasion, ou chercher quelque distraction, c'est presque toujours contre sa fenêtre que Virginie se tient, en ayant l'air de travailler. Et voilà qu'un jour elle accourt dans le salon où sont ses parents, en s'écriant :

— Il y a un beau cabriolet arrêté devant notre porte, un monsieur très élégant est dedans, et je crois bien qu'il va venir ici, car son domestique vient d'entrer dans la maison.

— Un monsieur élégant... en cabriolet !...

— Vois donc par la fenêtre, Troupeau.

M. Troupeau ne s'est pas plutôt mis à la fenêtre qu'il pousse un cri et manque de tomber dans la rue. Enfin il revient vers sa femme ; sa joie est telle qu'il peut à peine parler.

— Qu'est-ce donc, Troupeau ?... tu es tout bouleversé...

— C'est le plaisir, la surprise... c'est lui, ma femme !... c'est lui !.

— Lui, qui ?

— Lui ! le comte ! mon ami... de Senneville !..

— M. de Senneville qui vient chez nous ?...

— Chez nous... avec son domestique... Ah, mon Dieu ! je crois que je me trouve mal !...

Et M. Troupeau se laisse aller sur une chaise, tandis que madame court dans le salon comme une folle, en appelant Babelle, et que Virginie jette encore un coup d'œil par la croisée. Enfin M. Troupeau se donne lui-même une bonne claque sur le front en s'écriant :

Et le comte est obligé de se retourner encore.

— Je suis trop poule ! il ne s'agit pas de se laisser aller à ses impressions... Allons, ma femme... vite... descendons tous au devant du comte... nous ne saurions montrer trop d'empressement ! Celui-là nous sommes sûr que c'est un comte !...

Mais Mme Troupeau s'est déjà sauvée pour aller mettre une guirlande de roses dans ses cheveux, et Virginie a suivi sa mère, pour donner aussi un coup d'œil à sa toilette. Troupau, désolé de ne plus trouver personne pour l'aider à recevoir le comte, descend quatre à quatre son escalier, et se jette sur Babelle qui montait :

— Ah, mon Dieu ! monsieur, dit la domestique, vous m'avez écrasé le nez...

— C'est bien... c'est très bien, Babelle... Quelqu'un est en bas, n'est-ce pas ?

— Oui, monsieur... c'est le comte de Senneville, qui...

— Je sais... je sais, Babelle... Ah, mon Dieu ! et ma femme qui n'a pas encore repris une femme de chambre... n'avoir qu'une personne à son service pour recevoir un comte !... Babelle, montez vite au salon... mettez quatre bûches au feu... il fait froid... allez...

Troupeau pousse sa bonne, et arrive à sa porte, où il se trouve avec M. de Senneville, qui vient de sauter à bas de son cabriolet.

— Eh ! bonjour, mon cher Troupeau, dit le petit maître en tendent la main à l'habitant de Belleville. Celui-ci, au lieu de serrer la main du comte, s'incline comme s'il voulait la baiser, en murmurant :

— Ah, monsieur le comte !... Dieu ! que je suis content, et pourtant que je suis désolé !... ne pas être prévenu de votre visite, ne pas avoir su d'avance... J'aurais fait sabler ce devant de porte... j'aurais fait repeindre... j'aurais...

— Et moi, je n'entends pas qu'on fasse pour moi aucune cérémonie. Je me suis dit ce matin : Parbleu ! il fait une superbe journée d'hiver... Allons à Belleville voir notre ami Troupeau... et me voici.

— Ah ! que vous avez bien fait de vous dire cela !...

— Dites-moi, peut-on faire entrer le cabriolet... ou doit-on l'attacher là ?

Elle parut timidement à la porte.

— Il peut entrer, monsieur le comte... Oh ! tout entre chez moi... on va ouvrir les deux battants de la grille... Eh ! Babelle !... c'est que dans ce moment je n'ai qu'une domestique. quoique mes moyens me permettent d'en avoir plusieurs... mais ma femme ne les garde jamais longtemps... à cause des mœurs... Il n'y a que Babelle, qui... Ah ! mon Dieu ! elle fait du feu dans ce moment...

— Calmez-vous, mon cher Troupeau ; Leblond saura fort bien ouvrir la grille et faire entrer le cabriolet dans la cour... ne vous occupez plus de cela... entrons ; il me tarde de faire connaissance avec votre famille.

— Monsieur le comte, vous lui faites un honneur qui n'a pas de nom !

Le comte se dirige vers l'escalier ; Troupeau s'obstine à vouloir marcher derrière ; mais le jeune homme s'arrête en disant :

— C'est à vous, mon cher, à me montrer le chemin.

— Monsieur le comte ! je vous jure que je n'en ferai rien ! répond Troupeau en s'inclinant.

— Alors, mon ami, vous serez cause que j'irai peut-être à la cuisine au lieu d'aller au salon.

— Vous à la cuisine... monsieur le comte, vous avez raison... Je suis une buse... je vais avoir l'honneur de vous précéder.

Et Troupeau se précipite sur l'escalier. Il monte en criant de toute sa force :

— Ma femme ! voici M. le comte de Senneville, qui veut faire ta connaissance... Viens donc à sa rencontre !

Mais personne ne paraît et on entre dans le salon, où il n'y a que Babelle, qui, pour satisfaire aux ordres de son maître, a mis quatre bûches de plus dans la cheminée et souffle avec une telle ardeur que tout est prêt à s'enflammer.

— Eh, mon Dieu ! quel feu chez vous ! dit le comte ; mais, mon cher ami, il ne fait pas très froid.

— Oh !... pardonnez-moi !... d'ailleurs, je fais toujours un grand feu... mes moyens me le permettent...

— Je n'en doute pas, mon cher ; mais vous avez là de quoi rôtir un bœuf.

— Babelle, allez donc chercher ma femme... ma fille... qu'on descende... qu'est-ce que ces dames font donc ?...

— Ah, Troupeau ! ne dérangez personne... ou je me fâche !... Mademoiselle Babelle, ne montez pas chez ces dames ; elles viendront plus tard. . ne les pressez pas.

— Puisque vous l'ordonnez, monsieur le comte... Babelle obéissez à M. le comte et allez me chercher du bois... que j'entretienne ce feu... Asseyez-vous donc, monsieur de Senneville, mettez-vous à votre aise... vous allez déjeuner... dîner avec nous...

— Non, mon cher Troupeau ; c'est impossible pour aujourd'hui. répond le comte en se jetant dans un fauteuil, je suis attendu chez un prince russe... mais une autre fois j'aurai ce plaisir.

— Du moins vous prendrez quelque chose ?...

— Je sors de déjeuner.

— Vous me désespérez !... Babelle, du bois donc.. et ces dames qui ne viennent pas... Ah ! je les entends enfin...

Mme Troupeau entrait dans le salon, et le comte qui s'est levé pour la saluer, est obligé de se retourner pour cacher l'envie de rire qui vient de s'emparer de lui, envie bien excusable lorsqu'on avait regardé Mme Troupeau, qui, pour se faire plus belle, s'était mis sur la tête deux guirlandes un paquet de follettes et de gros nœuds de ruban ; mais elle avait commis une bévue : une petite éponge était restée sur sa toilette ; dans sa précipitation à se coiffer, en cherchant ses fleurs, ses rubans, Mme Troupeau a mis tout en désordre chez elle, l'éponge se trouve bientôt mêlée avec les parures ! Mme Troupeau se donne à peine le temps de se regarder à sa glace, car elle entend son mari qui l'appelle ; elle a mis ses couronnes, ses plumes en se mirant ; mais au moment de descendre elle se dit :

—Mettons-encore cela dans nos cheveux, cela ne pourra que bien faire

Puis elle empoigne un nœud de ruban et l'éponge, qui est dessous, et tout en courant recevoir le comte, elle s'attache cela à grand renfort d'épingles : vous concevez qu'on pouvait avoir envie de rire à l'aspect de cet objet, qui ne se place pas ordinairement sur la tête.

Le comte, après avoir feint d'éternuer trois fois, se retourne et salue Mme Troupeau en lui disant :

— Enchanté, madame, d'avoir le plaisir de faire connaissance avec l'épouse d'un homme que...

Et le comte est obligé de se retourner encore, car il n'y tenait pas cette malheureuse éponge faisait un effet si plaisant, que Senneville est de nouveau forcé de faire semblant d'éternuer, et pendant que Mme Troupeau répond au comte par toutes les phrases que son esprit peut lui suggérer, Troupeau s'écrie :

— Vous êtes bien enrhumé, monsieur de Senneville... venez donc vous chauffer... Des bûches, Babelle !

— Oui c'est un rhume de cerveau qui m'aura pris en route ; mais ce ne sera rien... daignez m'excuser, madame.

— Ah, monsieur ! mon époux a dû vous dire que notre maison est la vôtre... et... si vous voulez une tasse de tisane, monsieur le comte ?

— Mille remerciements... cela va se passer

— Couvrez vous au moins...

— Devant une dame ! Jamais... j'aimerais mieux éternuer toute ma vie ?

— On n'est pas plus galant !

M. Troupeau, qui n'est occupé que du comte et de son feu, ne regarde pas la coiffure de sa femme ; par conséquent, il ne peut apercevoir l'objet qu'elle a attaché sur ses cheveux. A chaque éternuement du comte, il met une bûche de plus à sa cheminée ; et, comme le jeune homme ne peut conserver son sérieux toutes les fois qu'il aperçoit la tête de Mme Troupeau, il éternue si souvent, que bientôt la cheminée devient un bûcher enflammé.

L'arrivée de Virginie a cependant distrait le comte et mis fin aux éternuements. Elle paraît timidement à la porte et s'arrête comme ne sachant pas si elle doit entrer. Elle n'a mis ni guirlande, ni rubans dans ses cheveux ; elle a simplement retouché, replacé quelques boucles ; mais elle a su se coiffer à l'air de sa figure, et c'est là le grand secret de la coquetterie.

— Viens... viens, ma fille, tu peux entrer, dit Mme Troupeau en apercevant Virginie ; monsieur le comte nous permettra de te présenter à lui.

Senneville s'attendait à trouver en Mlle Troupeau une jeune fille ayant l'air commun et ridicule de ses parents, ou tout au moins de ces figures nulles dont on ne peut rien dire. Il reste tout surpris en apercevant Virginie, qui s'avançait modestement, mais avec grâce, vers sa mère, et qui lui fait une révérence où il n'y a rien de gauche.

— C'est là mademoiselle votre fille ? dit le comte d'un air étonné.

— Oui, monsieur le comte, notre fille propre.

— Mais, en vérité !... je n'en reviens pas... c'est qu'elle est fort bien !

— Monsieur le comte la gâte !...

— Non... Je vous jure que je n'aurais jamais cru ! De grâce, mademoiselle, approchez donc : on ne saurait vous voir de trop près.

En disant ces mots, le comte s'est levé, et il va au-devant de Virginie ; mais la jeune fille, tout en tenant les yeux baissés, a déjà vu que sa mère a sur sa tête quelque chose qui ne fait pas bien ; et, avant de donner sa main au comte, elle a enlevé lestement l'objet qui faisait éternuer le jeune seigneur et l'a jeté au feu. Tout cela s'est fait si promptement, que Mme Troupeau a cru que sa fille lui avait simplement arrangé une boucle, et elle paye cette attention d'un sourire.

— Comment ! vous possédez une aussi jolie demoiselle !... dit le comte en s'asseyant près de Virginie. Mon cher Troupeau, vous êtes un trop heureux mortel !...

— Il est vrai, monsieur le comte, que je suis assez bien partagé de tous les côtés, reprend Troupeau en se caressant le menton. Mais approchez-vous donc du feu... vous êtes enrhumé du cerveau.

— Oh ! merci votre feu me grille ; en voici un plus doux qui brûle sans faire de mal...

En disant cela, Senneville regarde Virginie et lui prend la main. Mme Troupeau est dans le ravissement ; elle jette un coup d'œil à son mari ; celui-ci en voyant le comte prendre la main de sa fille a sur-le-champ remis deux bûches dans le feu.

— Par exemple, madame Troupeau, je vous blâmerai presque de tenir un si aimable objet loin de la capitale... Mademoiselle est faite pour briller dans les salons de Paris.

— Monsieur le comte est bien bon ! mais Paris est un séjour si dangereux pour une jeune demoiselle ! Ici, nous sommes plus à même de

Puis le comte se pencha vers Virginie. (P. 179.)

perfectionner ses principes, d'écarter d'elle toutes ces jeunes personnes légères qui perdent quelquefois leurs amies.

— Oui, je conçois... Vous avez peut-être raison. D'ailleurs mademoiselle embellit tous les lieux qu'elle habite...

— Ma fille, réponds donc quelque chose à M. le comte.

— Monsieur parle trop bien... j'aime mieux l'écouter, répond Virginie en laissant paraître un sourire moitié modeste, moitié railleur.

— Peste! de l'esprit par-dessus le marché, s'écrie Senneville en considérant toujours la petite ; mais alors cela devient une Circé !

— Une Circé, murmure Mme Troupeau en se penchant vers son mari. Entends-tu?... M. le comte appelle notre fille une Circé !... Sais-tu ce que cela veut dire ?...

— Non, mais c'est égal, je suis ravi, enchanté! et...

— Au feu !... au feu !... s'écrie Babelle en entrant tout effrayée dans le salon.

— Ah, mon Dieu ! Babelle, que signifient ces cris ?

— C'est le feu, madame! il est dans la maison !... dans cette cheminée !... la flamme sort sur le toit!... Pardi ! monsieur a tant mis de bûches !... C'est déjà effrayant !

— Le feu chez nous ! Eh vite, Babelle, les pompiers !... Du secours !... Ah, mon Dieu !... quel malheur !...

— Calmez-vous, madame, dit le comte : un feu de cheminée, ce ne sera rien.

— Les pompiers ! vite ! s'écrie Troupeau, et sauvons M. le comte !...

— Mon cher ami, je vous remercie, je me sauverai bien tout seul... mais je n'en vois nullement la nécessité. Mon domestique qui est fort adroit et très brave, saura, j'en suis certain éteindre le feu... Faites-le monter sur le toit... Moi, je vais avoir soin de ces dames... Cette jolie enfant est près de s'évanouir !...

En effet, Virginie qui aime beaucoup à se trouver mal, a déjà laissé aller sa tête sur le dos de sa chaise, tandis que sa mère s'est laissée tomber dans une bergère. Troupeau et Babelle ont quitté le salon pour s'occuper du feu. Le comte, qui a promis de prendre soin des dames, laisse la maman s'évanouir tout à son aise ; c'est à Virginie seule qu'il donne ses soins : il soutient sa tête, passe son bras autour d'elle, lui fait respirer d'un flacon qu'il porte toujours sur lui ; tout en agissant ainsi il dit à demi-voix :

— Elle est fort bien, vraiment !... une taille fine... des formes charmantes, tout est séduisant dans cette jeune fille !

Le comte disait cela entre ses dents mais comme il était penché sur Virginie, et que son visage touchait presque le sien, la petite, tout en fermant les yeux, ne perdait pas une parole du comte, et elle n'avait garde de revenir à elle, parce que cela lui était trop agréable d'entendre penser le jeune seigneur.

Des mares d'eau qui tombent de la cheminée et s'étendent dans le salon, annoncent que l'on s'occupe d'éteindre le feu.

— L'incendie se passe-t-il ? dit Mme Troupeau en entr'ouvrant un œil.

— Oui, madame, oui... et tout à l'heure je crois que nous serons noyés au lieu d'être brûlés.

Puis le comte se penche vers Virginie en murmurant :

— Adorable... jolie à ravir... faite comme un ange !... Et une de ses mains se promène sur les genoux de la jeune fille, sans doute pour chercher à rétablir partout la circulation, et Virginie continue à fermer les yeux.

— Ah, monsieur le comte ! que vous êtes bon de veiller ainsi sur nous ! reprend Mme Troupeau.

— Pardieu, madame, je ne fais que mon devoir... cela durerait toute la journée que je ne bougerais pas.

— Et ma fille ! monsieur le comte, quel est l'état de ma fille ?...

— Mieux, madame, beaucoup mieux... Je m'occupe d'elle ; ne vous en inquiétez pas... trouvez-vous mal à votre aise... restez tranquille.

Mais Troupeau vient déranger le comte dans ses occupations ; il rentre dans le salon en criant :

— C'est fini !... c'est éteint, grâce au valet de M. de Senneville, qui marche sur les toits comme un chat ! Il n'y a plus de danger.

Alors Virginie ouvre les yeux et se lève en remerciant le comte d'un air bien innocent et Mme Troupeau se décide à quitter la bergère.

— Mon ami, dit-elle à son mari, si le domestique de monsieur le comte a éteint l'incendie, de son côté M. de Senneville n'a pas été moins courageux... il ne nous a pas quittées une minute...

— Ah ! madame, n'était-ce pas tout naturel ?... Mais il me semble que nous marchons dans l'eau en ce moment...

— Ah, mon Dieu ! c'est vrai... il y a de l'eau plein le salon... Et M. le comte qui est enrhumé ! je suis bien malheureux dans ce que je fais... Voulez-vous une chaufferette, monsieur le comte ?

— Je vous remercie ; je crois qu'il serait plus simple d'abandonner ce salon et de passer dans une autre pièce.

— C'est parfaitement pensé... Voulez-vous bien venir dans ma chambre, monsieur le comte ?

— Partout où vous voudrez ; si ces dames nous accompagnent, je m'y trouverai toujours bien.

Mme Troupeau répond à ce compliment par une superbe révérence ; et Virginie en levant les yeux rencontre ceux du comte, qui sont attachés sur elle. On conduit M. de Senneville dans la chambre de M. Troupeau ; et on ordonne à Babelle de venir y faire du feu, dont cette fois son maître promet de ne pas se mêler.

— Ma chère amie, dit Troupeau, ce qui me désespère, c'est que M. de Senneville ne veuille rien accepter chez moi... Il ne peut dîner ici...

— Ah! monsieur le comte, nous aurions été si flattés...

— Une autre fois, madame, j'aurai ce plaisir, car je reviendrai... oh! certainement, je reviendrai vous voir!...

Et les yeux du jeune homme se sont encore tournés sur Virginie. Troupeau pousse le pied de sa femme, celle-ci met un doigt sur sa bouche, le comte reprend au bout d'un moment :

— Je suis venu aujourd'hui chez vous dans une autre intention ; d'abord je voulais avoir le plaisir de connaître la famille de mon ami Troupeau ; ensuite, mon cher, je vous dois de l'argent; et je veux vous payer.

— Oh! monsieur le comte, de quoi me parlez-vous là? est-ce que cela presse?... Mes moyens me permettent d'obliger mes amis, et...

— Mon Dieu! je sais tout cela, mon cher, mais il faut de temps à autre mettre de l'ordre dans ses affaires.. et un garçon est si distrait!... Ah! je sens qu'il faudra bientôt me ranger... prendre une femme... car il n'y a que le mariage qui nous corrige, nous autres nobles... Une femme jolie... bien élevée... quelques écus de dot... parce que c'est l'usage... et qu'on doit respecter les anciens usages... et alors... oui, je me fixerai...

Le comte a dit tout cela en considérant Virginie. Mme Troupeau en est si émue que deux larmes coulent de ses yeux sur le bout de son nez, et M. Troupeau en se dandinant sur sa chaise pour cacher son émotion, se jette trop en arrière et tombe sur le dos.

— Ah, mon Dieu! mon cher ami, vous vous êtes blessé? dit Senneville en allant ramasser M. Troupeau.

— Non... jamais... rien du tout.

— Comment donc as-tu fait pour tomber, mon ami?

— Je ne sais pas, ma bonne... c'est que je regardais le plafond probablement... Ah! voilà qu'il fume ici à présent! Babelle, soufflez donc votre feu!...

— Enfin, reprend Senneville, je me suis dit: Emportons de l'argent et allons solder quelques comptes! J'avais justement un millier d'écus à payer près d'ici... A Ménilmontant... c'est dans le voisinage je crois?

— Oui, monsieur le comte, c'est tout près.

— J'ai pensé a terminer tout cela en même temps, et j'ai fait mettre à cet effet dans mon cabriolet un sac rempli d'or et d'argent.

— Ce sera donc pour vous obéir, monsieur le comte; mais je suis mortifié que vous ayez pensé à...

— Mademoiselle Babelle, voulez-vous dire à mon valet de me monter le sac que j'ai moi-même placé dans mon cabriolet?

La servante quitte le soufflet pour aller exécuter l'ordre du comte;

le feu était allumé; mais une épaisse fumée sortait de la cheminée; la chambre en était remplie, le comte tousse, et Troupeau se frappe le front avec désespoir en s'écriant:

— Il y a aujourd'hui un sort sur mes cheminées... voilà que celle-ci fume à présent, et lorsque je reçois monsieur le comte !

— Mon cher Troupeau, je vous demanderai à passer encore dans une autre pièce, dit le comte, car ici nous finirions par étrangler...

— C'est juste, monsieur le comte; nous allons passer dans la chambre de ma femme, si vous le permettez... mais, en vérité, je suis désolé de vous recevoir ainsi...

— Il n'y a aucun mal à cela, mon cher; c'est même une manière nouvelle de me faire connaître votre maison.

Leblond s'est jeté à genoux.

Le comte prend la main de Virginie, et la société passe dans la chambre à coucher de Mme Troupeau, où il n'y a pas de feu et où l'on gèle, parce qu'elle est au nord.

— Je vais faire apporter du bois, dit Troupeau.

— Non... ne faites pas de feu pour moi, qui vais vous quitter, dit le comte, cela pourrait nous mener trop loin... Que fait donc ce coquin de Leblond?...

Le domestique du comte arrive cependant, mais il ne porte point de sac

— Eh bien, Leblond, dit Senneville en regardant son domestique, est ce qu'on ne vous a pas dit que je voulais le sac que je vous ai fait placer dans mon cabriolet?

Leblond regarde son maître d'un air surpris, puis se tape sur les deux cuisses, puis sur le ventre, puis sur le front, et s'écrie enfin:

— Ah, mon Dieu !... le sac !... Ah, monsieur !... vous m'y faites penser... C'est vrai! nous avions un sac dans notre cabriolet... Ah! misérisorde... pourvu que mes craintes ne soient pas réalisées!... Ah! notre pauvre sac!...

Leblond sort du salon en courant, et descend l'escalier quatre à quatre laissant la société fort en peine.

— Que diable a-t-il donc? dit Senneville,

— Je ne sais, monsieur le comte, mais je crains quelque malheur arrivé à votre sac!

— Oh! ce n'est pas possible!... ce serait très contrariant! Du reste, je suis sûr de sa fidélité! c'est un garçon qui mourrait sur un sou!

Leblond ne tarde pas à reparaître: il a composé sa figure de manière à faire pitié; il tient son mouchoir à la main.

— Eh bien, Leblond, qu'est-il arrivé?.... parlez donc!...

Leblond pousse un gémissement semblable au braiement d'un âne, il répond enfin:

— Monsieur, nous n'avons plus le sac... on nous l'a volé!... il n'est plus dans le cabriolet!

— Volé!... qu'osez-vous dire, Leblond? savez-vous bien que nous sommes chez mon respectable ami!

— Oh, monsieur! je sais très bien que ce n'est pas ici que l'on nous a volé notre sac... nous ne l'avions plus en montant à Belleville... je me le rappelle à présent... Tenez, monsieur... je devine maintenant vous allez bien m'en vouloir... hi hi hi?...

— Allons, explique-toi vite.

— Vous vous rappelez, monsieur, qu'en passant sur le boulevard du Temple vous êtes descendu pour lire un journal...

— C'est vrai... je suis descendu.

— Vous m'aviez dit : Reste là... et j'aurais dû rester dans le cabriolet... mais le malheur voulut qu'il y eût en face un cabinet de figures de cire; j'ai toujours beaucoup aimé les figures de cire, moi, monsieur; et l'homme de la porte criait qu'on voyait Ali-Pacha et une femme qui a trois ventres; j'avoue que j'étais bien curieux de voir tout cela!

— Mais achève donc, coquin!

— Eh bien, monsieur, oubliant que nous avions dans le cabriolet un sac d'une grande valeur, je descendis en priant un petit garçon de tenir le cheval. Alors j'allai voir les figures de cire, et c'est pendant ce temps qu'on nous aura pris ce sac!... hi hi hi!... et quand je suis remonté dans le cabriolet, je n'y ai pas pensé! parce que j'avais toujours devant les yeux les trois ventres de cette femme!...

— Ah; drôle... misérable!... voilà comme tu fais ton devoir!... tu mériterais!...

Leblond s'est jeté à genoux ; Senneville a l'air de chercher un meuble pour le lui briser sur le corps ; mais les dames l'arrêtent, et Troupeau se place devant le domestique en disant :

— Monsieur le comte !... il est très coupable sans doute ; mais permettez-moi de vous demander sa grâce... il s'est conduit ici comme un véritable pompier... il a éteint le feu qui devenait très conséquent. Je lui dois beaucoup.

— A cause de cela je lui pardonne ! Après tout ! pour quelques milliers d'écus de plus ou de moins j'étais bien fou de me mettre en colère !.. mais dans le premier moment on n'est pas maître de soi... cela contrarie toujours un peu. Allez, Leblond, descendez... auparavant remerciez monsieur qui a intercédé pour vous.

Leblond s'incline respectueusement devant la famille Troupeau, et s'éloigne en portant encore son mouchoir sur ses yeux.

— Je vous assure, dit Senneville, que le pauvre garçon est plus affecté que moi de cette perte...

— Monsieur le comte, il faudra faire votre déposition et .

— Oh! oui, j'y songerai... Avec tout cela me voilà encore obligé de rester votre débiteur, mon cher Troupeau.

— Ah! monsieur de Senneville, toute ma maison est à votre service

— Toute... diable ! mon ami, savez-vous que vous vous avancez beaucoup... vous avez ici un trésor inestimable... et...

Senneville regarde Virginie, qui ne fait pas semblant de s'apercevoir qu'on s'occupe d'elle ; quant à Mme Troupeau, comme elle sent que l'on gèle dans sa chambre, depuis quelques minutes elle a allumé des allumettes, et elle les fourre successivement sous des bûches placées dans sa cheminée. Le comte profite de cet instant pour tirer Troupeau à l'écart.

— Mon cher.., votre fille est vraiment bien...

— Vous me comblez, monsieur le comte !

— De la grâce, de la modestie...

— Oh! pour de la modestie ! je vous ai dit, monsieur le comte, qu'elle portait des caleçons, et le reste est à l'avenant !

— Quel âge a-t-elle?

— Dix-sept ans et demi.

— Songez-vous à la marier ?...

— Nous y songeons... sans y songer... Je voudrais un gendre... qui me fît quelque honneur... Quand on a de la fortune... on peut regarder en l'air...

— C'est très bien pensé. Votre fille aura une riche dot?

— Notre tante, qui est très vieille, doit lui laisser tout son bien... vingt-cinq mille livres de rente, dont elle aura la moitié en se mariant ;

moi, je lui donne tout de suite cent mille francs comptant, enfin elle est notre unique héritière, et...

Senneville prend le bras de Troupeau et le lui serre en disant d'un air expressif :

— C'est assez, mon ami, c'est assez ! vous ne marierez pas votre fille avant de m'avoir revu... ne prenez aucun engagement... vous m'entendez ?...

— Comment ! monsieur le comte, il se pourrait.. je puis espérer... vous daigneriez...

— Chut, silence !... ceci doit rester entre nous !

— Ah! monsieur le comte, je suis tellement saisi, tellement flatté... je ne trouve plus de mots pour...

— Chut ! il ne faut pas ébruiter cela!...

— C'est juste... un si grand projet ! il faut du mystère.

— Gardez-moi votre fille, Troupeau... mais gardez-la bien... un pareil trésor doit faire envie à beaucoup de monde... et je vous avoue que je tiens à le posséder tout entier.

Chut ! Silence !

— Oh ! monsieur le comte ! quant à ma fille, je vous en réponds corps pour corps ; d'ailleurs elle ne sait pas ce que c'est que de regarder un homme en face. Mais, pour que vous n'ayez pas un seul motif de crainte, il n'entrera aucun homme chez moi jusqu'à votre retour.

— Mon ami, je n'exige pas cela : je me fie à vous.

— Sans doute, monsieur le comte ; mais c'est égal, du moment que vous me faites l'honneur d'avoir des vues sur ma fille, je ne veux plus qu'un jeune homme l'approche. Êtes-vous tranquille?

— Oui, mon ami, je suis tranquille... J'ai un petit voyage à faire... il faut que j'aille voir ma terre en Touraine ; à mon retour, vous me reverrez.

Le comte serre la main de Troupeau, et va saluer madame, qui bourrait le feu d'allumettes.

LA PUCELLE DE BELLEVILLE 185

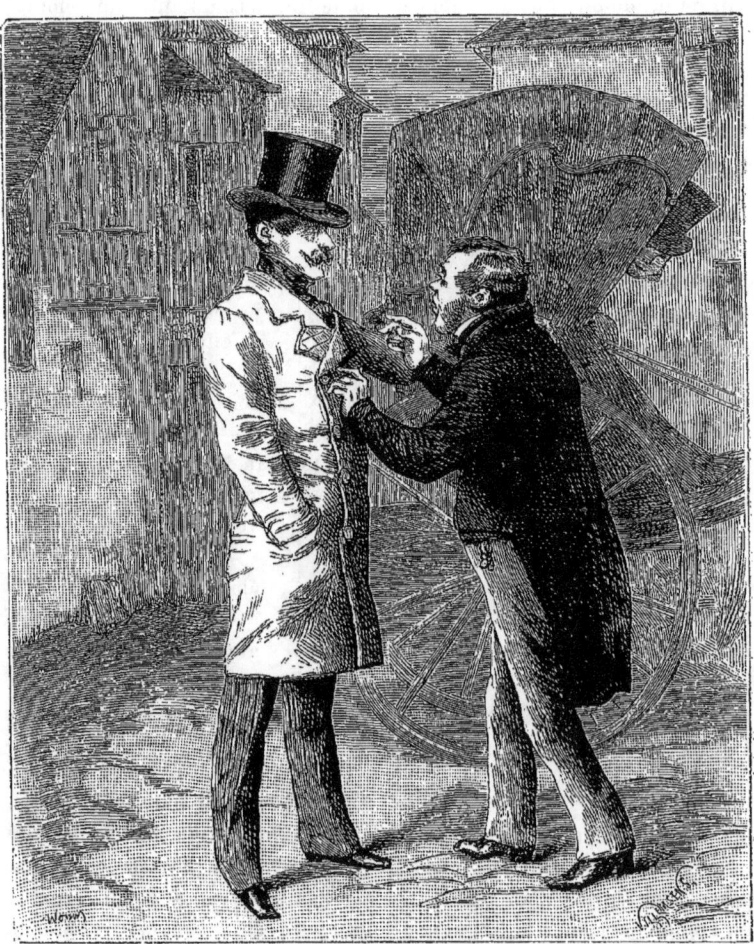

Quoi! vous voulez... (P. 186.)

— Ma chère amie, M. de Senneville te salue, dit Troupeau.
— Est-ce que monsieur le comte s'en va déjà? dit Mme Troupeau en se hâtant de quitter la cheminée. — Mais ce feu allait s'allumer... vous vous seriez réchauffé, car il fait très froid ici...
— J'avoue qu'il n'y fait pas chaud, mais je suis obligé de vous quitter sur-le-champ... Vous permettez, madame...
Senneville baise la main de Mme Troupeau, qui est sur le point

de s'évanouir de plaisir; ensuite le comte s'approche de Virginie à laquelle il prend aussi la main, en disant à ses parents : — Vous permettez encore...

— Oui, monsieur le comte!... Tout ce qui vous sera agréable:...

— Ma fille, je vous autorise à vous laisser baiser la main.

Et pendant que le jeune seigneur presse et baise la main de Virginie, M. Troupeau regarde sa femme en roulant des yeux et faisant des signes comme un télégraphe.

Senneville a enfin quitté la main de Virginie, il salue de nouveau en suppliant les dames de ne point le reconduire.

— Mais moi, monsieur le comte, j'aurai l'honneur de vous mettre dans votre cabriolet, dit Troupeau.

— Volontiers, mon cher, à condition que ces dames ne bougeront pas.

Les dames saluent de nouveau, et Senneville descend suivi de Troupeau. Au moment de monter dans le cabriolet, Leblond dit à son maître :

— Où allons-nous à présent, monsieur?

— Eh parbleu ! à Ménilmontant... mon ami Troupeau va nous indiquer le chemin. Ah, mon Dieu! qu'est-ce que je dis donc?... J'oubliais que je ne puis plus aller à Ménilmontant, puisque tu as perdu ce sac, et que j'allais y porter de l'argent!...

Et le comte semble se disposer à monter en cabriolet; Troupeau l'arrête par le pan de son habit, en lui disant :

— Comment, monsieur de Senneville, vous n'allez pas à Ménilmontant parce qu'il vous manque de l'argent, et vous ne me disiez pas cela!...

— Mais, mon cher, c'est que je ne veux pas toujours vous emprunter; cela deviendrait ridicule!

— Ah! monsieur le comte, vous me faites de la peine!... ne suis-je plus votre ami, et... permettez que je vous parle dans l'oreille... d'après ce que vous m'avez laissé entrevoir tout à l'heure de vos intentions, n'êtes-vous pas ici... chez vous?

— C'est mon plus cher désir... je l'avoue...

— Combien vous faut-il ?... je grimpe à ma cabine, et je redescends en deux sauts.

— Quoi! vous voulez...

— Pas un mot de plus... Combien vous faut-il?...

— Mais avec trois ou quatre mille francs...

— Je vais vous en apporter cinq... dans l'instant je suis à vous.

Troupeau disparaît comme un éclair. Senneville est monté dans son cabriolet, où il s'assied près de Leblond. Le maître et le valet ne se disent rien ; mais ils ont tous les deux une envie de rire qu'ils peuvent à peine comprimer. Troupeau reparaît bientôt ; il tient à la main un petit portefeuille, qu'il donne au comte en lui disant : — Votre affaire est là dedans.. Maintenant, suivez la rue... par là... et vous arriverez droit à Ménilmontant.

— Mon ami, je ne vous dis pas ce que je vous suis, répond Senneville en prenant le portefeuille et serrant la main de Troupeau.

— Je ne veux pas que vous me le disiez non plus... Adieu, mon cher ami... mon gen... mon...

Troupeau s'arrête en se mordant la langue, et le cabriolet sort de la maison.

XV

UN MESSAGER

Quand le cabriolet du comte est éloigné, Troupeau remonte trouver sa femme et sa fille ; il chante, il rit, il danse dans la chambre.

— Comme tu es gai ! mon ami, dit Mme Troupeau ; tu es resté longtemps en bas avec le comte... et puis ici... vous avez parlé à part... Que te disait-il donc ?

— Ce qu'il me disait ! ah, Dieu !...

M. Troupeau emmène sa femme dans un coin de la chambre, et lui dit d'une voix tremblotante d'émotion :

— Ma chère... il s'est déclaré...

— Il s'est déclaré ?..,

— A peu près ; comme le fait un homme de son rang ! il m'a dit : « Ne prenez aucun engagement sans m'avoir revu... »

— Aucun engagement ! Ah ! c'est assez clair.

— Seulement il exige du mystère, beaucoup de mystère sur ce projet.

— Quel dommage !.., c'est égal, il faut lui obéir... Notre fille sera comtesse !

— Oui, ma femme, comtesse ! comprends-tu la portée de ce titre ?... Je serais père d'une comtesse !... et d'un comte ; car le comte deviendrait notre fils !...

— Il me semble, mon ami, que cela nous anoblirait aussi !

— Il n'y a pas le moindre doute: Je serais gentilhomme... peut-être chevalier! certainement, je serais quelque chose!... Et notre gendre qui est lancé dans la haute société, nous y lancerait avec lui... Nous ne verrions plus alors que des titres!... des de... des décorations... En vérité, ça me fait tant d'effet.. Je ne sais plus où j'en suis. Donne-moi de l'eau de Cologne, ma femme.. frotte-moi les tempes.

Il danse dans la chambre.

Mme Troupeau apporte le flacon à son mari; elle en respire elle-même; tous deux ont peine à supporter l'excès de leur joie. Virginie, qui a remarqué le trouble de ses parents, s'approche de son père:

— Qu'avez-vous donc, papa? est-ce que vous êtes malade?

— Non, ma fille, je ne suis pas malade... au contraire, je n'ai jamais été si bien... si hors de moi... c'est le bonheur qui me porte un peu à la tête... Virginie, comment trouves-tu M. le comte de Senneville?

Virginie secoue la tête en disant: — Je ne l'ai pas beaucoup regardé.

— Mais assez sans doute pour voir qu'il a la figure... le ton... les manières délicieuses d'un seigneur?

— Je ne lui ai rien vu d'extraordinaire... il n'est pas si bien que M. Montreville...

— Ah, Virginette! que dis-tu là?... comparer M. de Senneville à... cet artiste... il n'y a pas le moindre rapport entre eux...

—Mais maman, je ne les compare pas, puisque je dis, au contraire que...

— Chut! écoute bien ceci, ma fille, reprend M. Troupeau en se donnant un air grave et prophétique, dès aujourd'hui tu peux concevoir les espérances les plus vastes... tu peux regarder extrêmement haut!... tu peux porter tes vues sur ce qu'il y a de mieux.

— Je ne vous comprends pas, papa...

— C'est bien... il ne faut pas que tu comprennes... j'ai promis à M. le comte que tu ne comprendrais rien jusqu'à son retour.

— A M. le comte?...

Mme Troupeau prend le bras de son mari en disant:

— Mon ami, tu t'oublies...

— C'est juste; je parle trop; le sentiment m'emporte; enfin il faut bien que notre fille commence à prendre des manières... un ton... je ne veux pas qu'elle sente la bourgeoisie. Ce n'est pas tout, ma femme; comme je tiens à ce que rien désormais ne porte ombrage à M. de Senneville, comme je ne veux pas que le plus léger soupçon... qu'un prétexte puisse faire manquer... hum!... ce que tu sais bien, à dater de ce jour aucun homme n'entrera dans ma maison, excepté moi...

Ma femme frotte moi les tempes

— Ce sera bien amusant! se dit Virginie; ce monsieur le comte aurait bien dû se dispenser de venir mettre sens dessus dessous la tête de papa.

— Mon ami, dit Mme Troupeau, je conçois la prudence de cette mesure, cependant il me semble que tu peux y apporter quelques modifications; je crois, par exemple, que des hommes comme M. Renard, M. Tir, et autres de cet âge, peuvent continuer de venir nous voir, sans que cela ait de danger, même pour les conjectures.

— A la bonne heure, passe pour ceux-là; mais je ne veux plus qu'on laisse entrer aucun homme au-dessous de cinquante ans... cela évitera tout commentaire. Je vais prévenir Babelle de cette mesure... Il ne s'agit plus de plaisanter ici! il y va du bonheur, de la gloire de ma famille!

M. Troupeau descend donner des ordres à sa domestique, et Virginie va demander à sa mère d'où vient que son père ne veut plus recevoir chez lui que des hommes au-dessus de cinquante ans.

M™ª Troupeau prend la main de sa fille ; elle attire Virginie contre elle, l'embrasse sur le front, la considère quelques instants avec fierté, en murmurant : — Voilà ce que c'est que de bien élever sa fille !...

— Mais, maman, vous ne me dites pas...

— Ma chère enfant, il ne nous est pas encore permis de rien te dire... mais tu verras !... tu seras heureuse... tu seras... ah ! si tu savais ce que tu seras !... c'est magnifique, ma fille !...

M™ª Troupeau embrasse encore Virginie, et s'éloigne de crainte de se trahir.

— Ah ! ce sera magnifique, se dit Virginie ; et ils croient que je ne devine pas... Mais ce comte, avec son air goguenard, n'a peut-être voulu que se moquer d'eux... pourtant il me faisait des yeux bien aimables... C'est égal, j'aime mieux M. Auguste, il est plus gentil... Et puis, si l'on va à cause de M. de Senneville me priver de toute société, me tenir seule ici, cela me le fera détester davantage !... Comment ! il ne viendra plus de jeunes gens... je m'ennuyais déjà de ne plus apercevoir M. Auguste ; Doudoux... et le grand cuirassier m'abandonnent aussi !... et papa qui ne veut plus recevoir que des vieux !... mais on a donc résolu de me faire mourir d'ennui !...

Et Virginie tape des pieds avec colère ; elle jette à terre sa broderie, sa tapisserie ; elle trépigne dessus, et va se cogner la tête contre la croisée ; mais comme elle s'est fait un peu mal, elle se calme, va se regarder dans une glace, se sourit et reprend :

— Que je suis bête de me cogner la tête... certainement ils auront beau dire et beau faire... je ne serai toujours que ce qui me conviendra.. on ne me fera pas comtesse de force... Comtesse ! c'est cependant joli ce nom-là !... mais M. Auguste.. ah ! je l'aime bien mieux que le comte ! et dire que je n'ai pas eu le talent de faire sa conquête... je suis bien malheureuse !...

Virginie va encore taper du pied... mais elle s'arrête de peur de se faire mal au talon.

La joie de M. et M™ª Troupeau a été très vive ; la réflexion ne tarde pas à la troubler : on n'a pas reçu de réponse de Mlle Bellavoine ; le courroux de la tante n'est donc point apaisé ; alors qui sait ce qu'elle fera de sa belle fortune, et si Virginie n'a pas en se mariant ce que l'on a dit au comte, celui-ci voudra-t-il toujours l'épouser ?... Cela devient douteux. Malgré cela, les mesures sévères prises par M. Troupeau ont été exactement suivies, à tel point qu'un matin Babelle a refusé de laisser entrer le porteur d'eau, parce qu'elle a pensé qu'il n'avait pas cinquante ans ; et ce n'est qu'après y avoir été autorisée par son maître qu'elle l'a laissé emplir sa fontaine.

Virginie donnerait son petit doigt pour savoir ce que fait Auguste, et s'il est l'amoureux d'Adrienne ; depuis quelque temps Vauxdoré ne vient plus chez son ami Troupeau, qui ne lui proposait jamais une partie, et dont la femme lui faisait froide mine. Les hommes mûrs qui sont encore reçus chez les parents de Virginie ont été priés de ne plus parler des petites aventures de Belleville. Mme Troupeau pense que sa fille ne doit pas entendre de tels discours, et M. Troupeau a arrêté que jusqu'au retour du comte on ne parlerait chez lui que politique ; aussi Virginie se meurt d'ennui, et donne au diable M. de Senneville.

Un soir pourtant, M. Renard, qui ne retient pas facilement sa langue, dit en se chauffant au foyer de M. Troupeau :

— Nous avons du nouveau dans Belleville !... les deux jeunes gens sont revenus.

— Quels jeunes gens ? demanda Mme Troupeau.

— Vous savez bien... le fils de Mme Ledoux, qui était allé faire un voyage en Angleterre...

— Ah ! oui... dit Troupeau, ce jeune homme que j'ai rencontré dans ma rue avec...

— Chut !... mon ami !... notre fille est là !

— C'est juste, et quel est l'autre jeune homme ?

— Le neveu de Vauxdoré, le grand cuirassier, qui n'est plus cuirassier ; il a quitté le service, il a son congé.

— Peu nous importe ! Ce dont je me flatte, c'est que ni l'un ni l'autre de ces messieurs ne se présentera chez moi !... on doit savoir que je n'y reçois plus que des hommes tout à fait... des hommes qui n'ont rien de séduisant... je veux dire qui ne songent plus à séduire.

— En effet, dit Renard en se caressant le menton d'un air malin, on a remarqué que vous receviez beaucoup moins de société... cela a donné lieu à bien des conjectures !...

— Nous sommes au-dessus de tout cela, dit Mme Troupeau.

— Oui... comme dit ma femme, nous nous moquons de ce que peuvent dire les petites gens... il viendra un temps où nous ne les regarderons plus, et...

Un coup de pied de sa femme arrête Troupeau. Renard prêtait l'oreille ; voyant que l'on se tait, il reprend au bout d'un moment.

— C'est la nièce de Vauxdoré qui doit être bien contente du retour de ces messieurs ?... Quand je dis contente... elle est peut-être embarrassée... maintenant que M. Montreville est là...

— Est-ce que ce jeune homme en conte aussi à Adrienne ? dit Troupeau à demi-voix.

— Pardieu !... ce n'est plus un mystère... c'est son amant. Oh ! tout le monde a vu cela... et l'on dit même que la jeune personne...

Renard finit sa phrase tout bas ; mais ce qu'il vient de dire fait faire un bond à Mme Troupeau, qui s'écrie :

— Quelle horreur !... quel scandale !... Au reste, on devait s'y attendre... Monsieur Renard, je vous en prie, ne nous reparlez jamais de cette fille-là !

De tout ce qu'a dit Renard, Virginie a seulement entendu que le jeune musicien fait la cour à son ancienne amie, et que Doudoux et Godibert sont de retour à Belleville ; elle ne comprend pas que ces deux derniers n'aient point passé devant sa fenêtre. Elle rentre dans sa chambre le cœur gros ; elle trépigne encore des pieds ; elle s'écrie : — C'est donc fini ! tout le monde m'oublie... m'abandonne !... Je ne verrai plus que des vieux... je n'entendrai plus parler que politique... mais on veut donc que je meurs à petit feu !... Ah ! si je voyais ce comte de Senneville, qui s'avise de penser à m'épouser !... je lui ferais tant de grimaces, que certainement il ne voudrait plus de moi !...

Le lendemain, sur les deux heures de l'après-midi, une voiture s'arrête devant la maison de M. Troupeau. Virginie, qui était contre la fenêtre, croit que c'est encore le comte, et va le dire avec humeur à ses parents.

— Le comte !... déjà le comte ! s'écrie Troupeau. Il n'a donc fait que voler en Touraine !... Ah ! mon Dieu !... et nous n'avons encore qu'une domestique !

Le mari et la femme ont couru aux fenêtres pour s'assurer de la vérité. L'un et l'autre poussent un cri de joie.

— Ce n'est pas le comte !...

— Non, vraiment !... mais cela vaut encore mieux !... c'est la voiture de ma tante !

— C'est elle-même peut-être... Dieu soit loué ! sa colère est apaisée... Descendons au-devant d'elle... Mesdames, vous avez vos caleçons ?...

— Eh ! mon ami, est-ce que cela nous quitte jamais !...

Mme Troupeau prend sa fille par la main, et l'emmène vers l'escalier. M. Troupeau suit les dames après avoir jeté un coup d'œil sur lui-même, pour s'assurer s'il n'y a rien dans sa tenue qui puisse choquer la sévère décence de la vieille tante. La famille arrive sous le vestibule de la maison ; mais, au lieu de Mlle Bellavoine, elle voit sortir de la carriole un

Il présente une chaise à l'étranger. (P. 194.)

homme court et replet, qui paraît fort peu habile à descendre de cabriolet : car, après s'être retourné pour rencontrer le marchepied, en ayant soin de relever les pans de sa redingote, de crainte de les salir, ce monsieur allonge en vain sa petite jambe pour trouver la terre, si bien qu'il reste sur le marchepied, exposant toujours à la famille Troupeau autre chose que son visage, et Virginie s'écrie : — Ce n'était pas la peine de tant nous presser pour voir cela !

LIV. 25. — PAUL DE KOCK. — LA PUCELLE DE BELLEVILLE. — ED. J. ROUFF ET Cie   LIV. 25.

— Attendez !... attendez !... je vais vous apporter un petit banc ! dit Troupeau en s'apercevant que la jambe du voyageur reste dans l'espace.

— Ça me fera bien plaisir ! répond une voix mielleuse, sans que la personne se retourne. M. Troupeau revient avec un banc ; il guide lui-même la jambe du voyageur, et celui-ci parvient à mettre pied à terre : alors il se retourne et l'on peut voir sa figure.

C'était un homme de cinquante ans au plus ; petit, mais d'un embonpoint malheureux ; sa tête, placée immédiatement après ses épaules, ne laissait pas deviner de cou ; cette tête était surmontée d'une énorme chevelure qui frisait naturellement, et cachait entièrement un petit front que masquaient encore deux énormes sourcils ; puis venait un grand nez, des yeux vert-pâle, une énorme bouche ; joignez à cela un teint brun, sale, et sous lequel on aperçoit des couleurs : absolument une pomme de fenouillet : tel est le visage qui se présente humblement devant la famille Troupeau, si bien que Virginie murmure : — Il était encore mieux de l'autre côté.

Ce monsieur a fait trois saluts, c'est-à-dire un à chaque personne qui est devant lui ; puis, d'une voix insinuante, et avec un air bénin qui paraît lui être habituel, il dit :

— C'est la respectable famille de M. Troupeau que j'ai l'avantage de saluer ?

— Oui monsieur ; et, sans doute, vous...

— Je suis envoyé par Mlle Bellavoine, votre estimable tante...

— Ah ! monsieur... veuillez donc prendre la peine d'entrer... C'est toujours Grilloie qui est avec vous... le domestique de ma tante ?...

— Oui, c'est l'honnête Grilloie qui m'a conduit ici... Mon bon Grilloie, vous allez dételer le cheval et lui donner vos soins, n'est-ce pas ?... car Melle Bellavoine nous a bien recommandé ce pauvre animal.

— Et il m'semble que j'avons pas été trop vite, répond le vieux paysan qui sert de cocher, tandis que la famille Troupeau fait monter dans la maison le gros envoyé de la tante.

Arrivé dans le salon, le petit monsieur, qui souffle comme un asthmatique, sort de sa poche une lettre qu'il présente à Troupeau, en lui disant :

— Voici ce que je suis chargé de vous remettre.

— C'est de notre tante ?

— C'est de votre bien-aimée tante.

Troupeau prend la lettre avec respect ; il présente une chaise à l'étranger, qui après beaucoup de cérémonies consent à s'asseoir.

Chacun en fait autant, et le chef de famille procède à la lecture de la lettre :

« *Mon neveu et ma nièce, j'ai reçu la lettre que vous m'avez adressée il y a quelque temps, j'en ai été assez satisfaite...* »

— Ah! je suis bien charmée qu'elle en ait été satisfaite! s'écrie Mme Troupeau.

— Ma bonne, je t'en prie, ne m'interromps point dans cette intéressante lecture...

— Poursuis, mon ami.

« *J'en ai été assez satisfaite... Je veux bien oublier ce qui s'est passé Qu'il n'en soit plus question désormais.* »

— Ah! cette bonne tante!... elle n'est plus fâchée... Virginette entends-tu? ta tante n'est plus fâchée!

Virginie ne répond à sa mère que par un petit mouvement de tête, tandis que M. Troupeau prend son mouchoir, et fait semblant de s'essuyer les yeux, en disant :

— Excusez-nous, monsieur... mais nous sommes si contents que notre tante nous ait rendu son amitié... que l'attendrissement... Je continue : « *L'hiver est long, j'ai besoin de distractions; je désire que ma petite-nièce Virginie vienne passer quelques mois près de moi.* »

— Quelques mois! s'écrie Virginie avec effroi.

— Chut! ma fille, n'interromps point ton père... Pauvre petite! elle ne peut contenir sa joie.

Il n'y avait eu rien de joyeux dans l'exclamation de la jeune fille; mais Mme Troupeau a jugé plus convenable de dire cela; et le messager de la tante semble disposé à croire tout ce qu'on voudra. M. Troupeau reprend sa lecture.

« *Je ne doute pas que vous ne soyez prêts à satisfaire mon désir; mais je ne veux vous déranger ni l'un ni l'autre de chez vous : d'ailleurs, c'est ma petite-nièce seule que je demande...* »

— Cette bonne tante! que d'attentions!

— Chut donc! ma femme... « *Que je demande; je vous envoie à cet effet M. Baisemon, c'est lui qui vous remettra cette lettre...* »

Ici le monsieur se lève et salue; M. et Mme Troupeau lui rendent cette politesse, et on reprend la lecture.

« *M. Baisemon est mon régisseur, mon homme d'affaires; je ne le connais que depuis peu de temps, mais je lui ai déjà donné ma confiance toute entière, car il la mérite.* »

M. Baisemon se lève et salue de nouveau. Troupeau incline la tête.

« *Il la mérite... C'est un homme rare, un homme dans les bons principes, un homme sage comme Joseph, vertueux comme Ruth, et continent comme Job, un homme selon Dieu enfin...* »

Pendant cette longue énumération, M. Baisemon n'a pas cessé d'aller et de venir sur sa chaise; mais à la fin il prend le parti de rester debout, le corps incliné vers le parquet comme s'il allait se mettre à genoux.

« Confiez donc en toute assurance votre fille Virginie au respectable M. Baisemon; c'est lui que je charge de l'amener près de moi, je vous l'envoie à cet effet avec ma voiture et Grilloie. Vous laisserez reposer mon cheval un jour, et m'enverrez ma petite-nièce le lendemain du reçu de ma lettre. Je n'ai pas besoin de vous dire que je ne perdrai pas ma nièce de vue pendant tout le temps qu'elle passera chez moi. Vous me connaissez, et devez être en repos. Adieu, ayez de l'ordre, et portez-vous bien.

« Votre tante,

BELLAVOINE. »

M. Troupeau fait semblant de s'essuyer les yeux.

— Cette chère tante !... elle désire voir notre fille... Certainement nous nous empresserons de la satisfaire... Et ma fille elle-même sera enchantée d'aller passer quelque temps près de sa tante... N'est-ce pas, Virginette ?

— Mais non, maman, ça ne m'amuse pas du tout, et je ne sais pas pourquoi vous voulez...

Mme Troupeau emmène sa fille dans un coin de la chambre en lui disant tout bas : — Ma fille, il faut que vous ayez l'air enchanté d'aller chez votre tante.

— Puisque ça me déplaît...

— C'est égal ; il faudra surtout vous montrer empressée, complaisante près d'elle... Il s'agit d'un superbe héritage... et d'un mariage plus superbe encore...

— Mais, maman...

— Sois contente, ma fille. Je t'assure que tu t'en trouveras bien.

— Après tout ! se dit Virginie, il ne vient plus ici de jeunes gens, on ne me laisse plus sortir, je n'ai plus aucun amusement... Que sait-on ? ce sera peut-être plus drôle chez ma tante !... Et quand il n'y aurait que ce vilain petit gros dont je me moquerai, ce serait déjà quelque chose !...

Et Virginie, qui a repris son air riant, dit à sa mère :

— Je vais dans ma chambre commencer à faire mes apprêts pour aller chez ma bonne tante... N'est-ce pas, maman ?

— Oui, ma fille, va... je te rejoindrai.

Virginie fait une révérence gracieuse à M. Baisemon, et sort vivement, pendant que le gros homme tâche de se baisser pour saluer.

— Monsieur Baisemon, dit Troupeau, vous venez de voir notre fille... Qu'en pensez-vous ?

— Je lui trouve l'air aussi respectable que ses dignes parents ! répond Baisemon en s'inclinant.

— Vous êtes bien honnête, monsieur Baisemon, mais nous pouvons à juste titre nous glorifier de notre fille !... Cela ne pense à rien !... cela est doux et docile comme un agneau !... Voyez, elle court en riant se préparer à ce départ... Elle nous quittera sans verser une larme ! Aimable enfant ! c'est le résultat des bons principes. Quoique nous ne l'ayons jamais perdue de vue une minute, nous vous la confierons, monsieur, car un homme en qui notre tante met toute sa confiance doit être un homme fait autrement les autres.

— Monsieur, vous êtes trop honnête !... J'ose vous assurer que mademoiselle votre fille arrivera chez sa tante en bon état... et telle que vous me l'aurez remise... Mais je vous avouerai que je n'ai point encore déjeuné... et...

— Vous n'avez pas déjeuné, monsieur Baisemon ? et nous qui ne pensions pas à vous rien offrir !... C'est l'effet de la joie !... vous allez déjeuner... nous sommes si ravis d'avoir recouvré l'amitié de notre tante... cette estimable tante !.., Comment se porte-t-elle ?

Là il se met à table.

— Bien... très bien... elle est un peu maigre, mais le médecin assure que c'est ce qui la soutient.

— Tant mieux! A propos, ma femme... pendant que Virginie sera chez sa tante, si M. le comte allait revenir... Car, tenez, monsieur Baisemon, puisque vous avez la confiance de notre tante, nous vous devons aussi la nôtre... n'est-ce pas ma femme?

— Oui, mon ami, je pense que nous devons nous ouvrir à monsieur

— Eh bien! monsieur Baisemon, vous saurez qu'un homme du plus haut rang, un jeune et noble comte, aspire à la main de notre fille...

— Diable! dit Baisemon en tournant ses regards vers la porte

— C'est comme nous avons l'honneur de vous le dire...,.. le comte de Senneville désire être notre gendre, et faire notre fille comtesse!... par conséquent, je serai grand-père d'un petit noble!... Je suis certain que notre tante sera enchantée de cette alliance.., Notre tante a comme nous des sentiments élevés, n'est-il pas vrai, monsieur Baisemon?

— Oh! oui... je ne doute pas qu'elle n'approuve ceci... mais je...

— Mais il faut du mystère... le comte veut que ce soit un secret jusqu'au moment où il conduira ma fille à l'autel... vous comprenez?...

— Je pense que ce pauvre Grilloie doit avoir faim aussi...

— Ah! c'est juste... on va vous servir... Ma femme, va dire à Babelle de mettre le couvert de M. Baisemon, et d'avoir soin de Grilloie.

— Oui, mon ami, j'y vais.

Mme Troupeau sort; M. Baisemon voudrait bien descendre avec elle dans la salle à manger, mais Troupeau le retient encore.

— Maintenant, monsieur Baisemon, vous sentez que depuis que j'ai en perspective un comte pour gendre, j'ai dû prendre des mesures pour que rien ne pût faire manquer ce mariage. Ma fille est l'innocence même, malgré cela je me suis dit: S'il vient encore des jeunes gens chez nous, on pourra supposer que c'est dans l'espoir de faire la cour à Mlle Troupeau et de l'épouser; alors j'ai tranché dans le vif: point de jeunes gens chez moi, et ma fille ne va plus en société où elle pourrait en rencontrer!... Je crois que c'est agir en père prudent?

— Je vous approuve... mais je désirerais...

— A présent, monsieur Baisemon, je vais perdre ma fille de vue; mais je connais ma tante et la sévérité de ses principes... Elle ne reçoit pas de jeunes gens, n'est-ce pas?...

— Aucun... Allons-nous...

— Malgré cela, monsieur Baisemon, je vous recommande particulièrement ma fille; non que cette chère enfant ait la moindre idée de mal faire! Quelquefois le hasard... vous savez... Quelle vie mène-t-on chez ma tante?

— On déjeune habituellement à neuf heures; mais aujourd'hui j'ai déjeuné plus tôt afin de partir de bonne heure, ce qui fait que je me sens besoin...

— Ah! mille pardons, monsieur Baisemon, j'oubliais... Venez; je causerai avec vous pendant que vous déjeunerez.

— Alors je serai tout oreilles.

Baisemon pousse un soupir de satisfaction, car on descend enfin à la salle à manger. Là, il se met à table, place qu'il affectionne, et où il agit comme quatre. Laissant Troupeau lui parler du superbe mariage qu'il espère pour sa fille, Baisemon ne répond que par de petits mouvements de tête ou des monosyllabes, le temps de reprendre sa respiration et de se verser à boire.

Lorsque enfin le gros envoyé a satisfait son appétit et qu'il lui est impossible de rien contenir de plus, il essuie en souriant son énorme bouche, et, se tournant vers Troupeau, semble disposé à mettre quelque chose de plus dans la conversation.

— Monsieur Baisemon, dit Mme Troupeau, notre tante nous écrit qu'elle n'a le plaisir de vous connaître que depuis peu... serait-ce indiscret à nous de vous demander comment vous avez fait sa connaissance, et ce qui vous a sur-le-champ gagné son estime! il faut pour cela qu'elle ait été à même de vous apprécier; notre tante ne place pas légèrement ses affections.

— Madame, je vais avoir l'honneur de vous narrer la chose... et la pure vérité sortira de ma bouche, car je ne suis pas à deux faces. Je suis fils d'honnêtes bourgeois, qui avaient peu de fortune; mes parents m'aimaient beaucoup; mais ils trouvaient que je mangeais trop. J'avais à peine dix ans que mon père me mit à la porte, en me donnant quinze sous et sa bénédiction: les quinze sous ne durèrent pas longtemps; mais il est écrit là-haut: Aide-toi et le ciel t'aidera. Comme j'avais les plus belles dispositions, et que je possédais une figure assez heureuse, un digne homme qui dirigeait une école gratuite voulut bien me prendre avec lui, et me pousser dans l'enseignement. Je fis dans cette partie des progrès rapides: à douze ans, je traduisais proprement l'*Epitome*, et je donnais le fouet aux élèves sans les faire crier. La réputation que j'avais acquise me valut de belles propositions; un seigneur m'offrit d'être le professeur de son fils: j'acceptai. Je mettais tous mes soins à inculquer à ce jeune homme des principes de sagesse et les règles des participes!... Ce n'est pas ma faute si, un beau soir, il s'enfuit avec une femme de chambre après avoir volé son père! mais, comme les hommes sont souvent injustes, le père me renvoya brutalement sans me donner de gratification!... La volonté du ciel soit faite en toutes choses! Je me dis: Job en a vu bien d'autres... car lorsqu'il m'arrive un malheur, j'ai toujours Job devant les yeux!... Je végétai longtemps, montrant l'écriture, le latin, les belles lettres... Je montrais enfin tout ce que je possédais!... mais mes ressources s'épuisaient, et mes vêtements s'usaient !... si bien que je ne sais pas ce que j'aurais fini par montrer... Je me disais pour me consoler : Le prophète Isaïe a marché tout nu, mais cependant comme je n'étais pas prophète, je soupirais après une culotte. J'étais dans cette situation lorsque je vins à Senlis. Je me promenais assez tristement dans une rue où il y a une boutique de friperie ; je lorgnais en soupirant une belle et large culotte noire, et je m'assis sur un banc de bois, en face de la boutique, pour la regarder plus à mon aise ; nulle pensée illicite ne m'était venue à l'esprit : je me contentais de me rappeler cette maxime : « Aide-toi, le ciel t'aidera : » mais le ciel ne m'aidait pas du tout. Tout à coup voilà qu'en voulant me lever, un clou, que je n'avais pas vu, me retient par derrière ; hélas ! mon vêtement était trop mûr pour résister ! le meilleur morceau de ma culotte reste après le clou, et je ne pouvais plus marcher sans exposer aux regards des passants les indignités de mon individu ! Je me dis : Ce clou est un avis de la Providence ; elle m'ordonne de prendre une culotte chez ce fripier, afin de ne point commettre d'attentat aux mœurs. Je m'avançai donc pendant qu'il ne passait personne ; je décrochai le vêtement nécessaire, et je courus dans une allée où je m'en revêtis.

En sortant de l'allée, j'étais bien résolu à me rendre chez le fripier pour lui dire : J'ai été obligé de vous prendre une culotte ; je vous la payerai quand le ciel m'aidera ; mais je ne sais comment il se fit que je me trompai de chemin, et, au lieu de retrouver la boutique du fripier, j'étais à l'autre bout de la ville, et j'allais en sortir, lorsqu'un homme me sauta brutalement au collet, et m'arrêta en me disant : « Voilà mon voleur ! » C'était le fripier. J'eus beau lui dire : J'allais chez vous ; cet imbécile ne voulut pas me croire : il m'emmena ; on me mit en prison. Mais ma défense était bien simple ; je dis aux juges :

« Oui, messieurs, j'ai préféré me faire arrêter à montrer mon derrière.. qui de vous n'en eût fait autant ? Je m'attendais à être acquitté. Hélas ! dans quel siècle vivons-nous !... La justice me punit de n'avoir pas laissé voir ma turpitude ! on me condamna à un mois de prison. Je supportai patiemment cette nouvelle épreuve, en me disant : On a bien mis Daniel dans la fosse aux lions !.., et il n'y a que des araignées dans ma cellule. Cependant mon aventure avait fait du bruit ; les âmes charitables me plaignaient ; les femmes surtout, qui aiment tant à exercer la charité !... Enfin, lorsque je fus libre, on me remit une collecte qu'on avait faite en ma faveur, ainsi que le produit d'une poule jouée à mon bénéfice. J'étais dans un cabaret où je mangeais tranquillement la collecte et la poule, lorsqu'un vieux paysan vint me trouver en me disant que sa maîtresse

LA PUCELLE DE BELLEVILLE

Virginie embrasse son père et sa mère. (P. 206.)

désirait me parler. Ce paysan était Grilloie ; sa maîtresse, Mlle Bellavoine. Je me rendis sur-le-champ près d'elle. « C'est donc vous, me dit-elle, qui vous êtes fait mettre en prison plutôt que de laisser voir aux passants ce qui ne doit jamais être mis au jour ? » Je m'inclinai. Elle me tendit la main, et serra fortement la mienne, en disant : « Vous êtes un digne homme... Voilà un trait qui vous élève à mes yeux... Tenez, monsieur, prenez cette douzaine de caleçons... ces dix écus, et venez dîner avec moi. » Le lendemain, je me rendis à cette flatteuse invitation ; j'avais mis quatre caleçons les uns sur les autres, pour prouver à ma bienfaitrice le cas que je faisais de ses dons ; elle parut touchée de cette délicate attention. Bref, ma conversation, mes principes eurent le bonheur de plaire à Mlle Bellavoine ; elle me proposa de rester près d'elle, d'être son régisseur, d'administrer ses affaires. J'acceptai avec reconnaissance : voilà deux mois que j'occupe ce poste... dans lequel j'ai repris un peu d'embonpoint, et s'ose croire que votre tante ne se repent pas de ce qu'elle a fait pour moi.

M. et Mme Troupeau ont écouté ce récit avec une profonde attention, ils paraissent plutôt surpris qu'enchantés. Cependant Troupeau, qui a mûrement réfléchi, finit par tendre la main à M. Baisemon en lui disant :

— Monsieur, un homme qui préfère se faire emprisonner à montrer son derrière, et cela dans un temps où la liberté est poussée si loin, est en effet un homme rare. Vous avez mon estime, monsieur Baisemon, et je vous confie sans crainte notre fille, bien certain qu'avec vous elle ne verra rien d'incivil. Ma femme, monte près de notre fille, surveille ses préparatifs, vois surtout si elle a une provision suffisante de caleçons, de fichus, de guimpes, de pèlerines, afin que, chez notre tante, sa tenue soit toujours aussi sévère que décente.

Mme Troupeau laisse son mari avec le gros Baisemon et se rend à la chambre de sa fille. Elle trouve la porte fermée, elle frappe en appelant Virginie, et celle-ci répond à sa mère :

— Excusez-moi... dans une minute je suis à vous... je suis en train de changer de caleçon... le mien était déchiré...

Or, vous vous doutez bien que ce n'est pas pour cela que la jeune fille s'était enfermée ; voyons ce qu'elle faisait dans sa chambre.

En remontant chez elle, Virginie a commencé par se mettre à sa croisée, et cette fois ce n'est pas en vain que ses regards plongent dans la rue de Calais ; un grand jeune homme est comme en faction devant la maison de M. Troupeau. Il n'a plus ni uniforme, ni moustaches, ce n'est plus le cuirassier Ventre-à-terre, c'est le beau Godibert, redevenu simple bourgeois, mais toujours épris des charmes de Virginie ; son absence de Belleville avait été beaucoup plus longue qu'il n'aurait voulu. Le jeune militaire, forcé de faire tous les jours des démarches dans les bureaux de la guerre, n'avait pu retourner à Belleville, où d'ailleurs il ne voulait revenir qu'entièrement libre de ses actions. Enfin, ayant son congé bien et dûment légalisé, il s'était hâté de retourner dans le pays qui renfermait l'objet de ses pensées.

Il avait été voir son oncle, embrasser sa tante et sa cousine, il avait salué Auguste qu'il avait trouvé là ; puis les avait quittés pour ne s'occuper que de ses amours, et c'est pourquoi Virginie venait de l'apercevoir planté comme un piquet devant la maison de son père.

Après s'être assurée qu'il n'y a personne dans la rue, Virginie se penche en dehors de la fenêtre et crie à Godibert :

— Qu'est-ce que vous faites là, monsieur ?

— Ah, mademoiselle ! c'est vous !... je vous aperçois enfin ! il y a si longtemps que je guette pour...

— Chut !... taisez-vous ! Si vous aimez à m'apercevoir, ce n'est plus ici qu'il faudra venir ; demain matin je pars, je vais passer plusieurs mois chez ma tante, Mlle Bellavoine, qui demeure à Senlis...

— A Senlis !... ça m'est égal !... je vous adorerai partout... Mais chez cette tante, est-ce qu'on ne pourra pas...

— Je ne sais pas ce qu'on pourra, mais je sais que j'y mourrai d'ennui si personne ne vient m'y distraire un peu... Voilà du monde dans la rue... adieu, sauvez-vous !...

Virginie s'est retirée de la croisée, et Godibert s'éloigne en disant :

— C'était pas la peine que je louasse hier une chambre à Belleville, car certainement je vais suivre la petite !... Elle irait en Chine que je ne la perdrais pas de vue.

Au bout d'un moment Virginie va de nouveau à la fenêtre s'assurer si Godibert est parti et savoir quelle est la personne qui passait ; elle aperçoit un jeune homme arrêté à plus de cinquante pas de la maison de son père, et qui de là semble lui faire des signes.

C'était Doudoux, revenu de la veille, toujours amoureux mais toujours timide ; les voyages ne l'avaient point enhardi ; il n'avait pas cessé de penser à Virginie, et il s'était dit :

— Maintenant que je suis majeur, je vais me déclarer sans crainte.

Malgré cela, arrivé près de la maison de M. Troupeau, il s'était arrêté, il avait toujours peur du père de Virginie. Il se tenait à une distance respectueuse, se contentant d'allonger le cou et de poser la main sur son cœur en regardant Virginie. Celle-ci reconnaît bientôt Doudoux, elle lui fait signe d'approcher ; mais Doudoux ne bouge pas.

— Est-ce qu'il est devenu imbécile ? se dit Virginie ; il me fait des bras comme un télégraphe... Ah! je comprends... il n'ose pas approcher... il a peur de papa... mais moi, je veux qu'il sache que je pars demain et où je vais.

Virginie entend sa mère frapper à sa porte ; au lieu de lui ouvrir, elle écrit avec un crayon ce qu'elle avait déjà dit à Godibert. Il s'agit de renvoyer ce billet à Doudoux, qui s'obstine à rester loin. Virginie n'a pas de pierres dans sa chambre, mais elle a une carafe avec un bouchon de cristal elle prend le bouchon, l'enveloppe de son papier, et lance cela si adroitement à son timide amoureux, que le bouchon de cristal casse presque le nez de Doudoux ; mais le jeune homme lit le billet et saute de joie, en disant :

— Elle m'aime !... puisqu'elle me fait savoir où elle va... je la suivrai car je suis majeur !

M. Doudoux baise le billet et s'éloigne en faisant mille folies et en saignant du nez.

Virginie a bien vite ôté son caleçon, elle lui fait une grande déchirure, en met un autre, et va ouvrir à sa mère en lui disant:

— Je vous demande bien pardon, maman, vous arriviez comme mon caleçon était déchiré... je ne pouvais pas le garder... ça me faisait froid et puis ça me semblait inconvenant.

Mme Troupeau baise sa fille sur le front:

— Tu es digne de moi, digne de ton père, digne de la haute destinée qui t'attend... car tu dois arriver au plus haut échelon de l'échelle sociale... Conserve bien ta candeur, ton innocence ; n'oublie jamais les principes sévères dont une femme ne doit point s'écarter, sous peine de faire des sottises comme cette Adrienne, que, grâce au ciel ! tu ne vois et ne verras plus, j'espère...

— Qu'a-t-elle donc fait, Adrienne, maman?...

— De grâce, Virginie, ne parlons jamais de cette fille... je ne veux plus même que tu prononces son nom. Sois soumise et respectueuse avec ta tante, ne la contrarie en rien, porte deux caleçons si elle te le conseille ; M. Baisemon a gagné son affection en en mettant quatre; enfin, ma fille, n'oublie pas que tu dois être son héritière, et qu'un grand personnage a jeté les yeux sur toi, pendant que le feu était dans notre cheminée ; je ne t'en dis pas plus ; mais cela doit suffire pour te faire regarder avec mépris tout autre homme qui serait assez impertinent pour te faire la cour, ce qui d'ailleurs n'arrivera pas chez ta tante, où tu ne verras que M. Baisemon et Grilloie.

Après ce court sermon, Mme Troupeau aide sa fille à faire les apprêts de son voyage. Toute la journée n'est employée qu'à cela et à donner à Virginie des conseils sur la manière dont elle doit se conduire chez sa tante, et Virginie écoute les yeux baissés, ne répondant que : — Oui, maman.

Le lendemain, de bonne heure, le cheval est mis à la carriole de Mlle Bellavoine. On a porté dans la voiture les paquets de Virginie, plus un pâté, un saucisson, du pain et plusieurs bouteilles de vin, dont M. Baisemon a dit qu'il était prudent de se charger ; de cette manière, Mlle Troupeau n'aura pas besoin de descendre de voiture et d'entrer dans une auberge, ce qui a été expressément défendu par ses parents.

Virginie embrasse son père et sa mère, et monte lestement dans la voiture. M. et Mme Troupeau ont l'œil humide en se séparant de leur fille, mais ils se disent :

— Il s'agit de sa fortune et de son avenir.

Baisemon a demandé un tabouret afin de pouvoir se hisser dans la carriole ; mais auparavant il a humblement salué M. et Mme Troupeau.

— Nous vous confions notre trésor, dit Troupeau en serrant la main du gros régisseur.

— Vous le retrouverez entier !

— Surtout, M. Baisemon, ne la quittez pas une minute pendant ce voyage.

— Je serai constamment sur son dos.

— Nos respectueuses amitiés à notre tante ; nous attendrons ses ordres pour aller rechercher notre fille.

Baisemon est parvenu à grimper dans la voiture, Grilloie est sur sa banquette.

— Adieu, papa, adieu, maman! dit Virginie ; et la jeune fille perd de vue la maison paternelle.

XVI

VOYAGE DE VIRGINIE

Pour une jeune fille qui n'a encore été que de Belleville au bois de Romainville, c'est un voyage que de faire onze lieues, et il y a à peu près cela de Belleville à Senlis. Virginie s'attend à voir des choses bien curieuses, des sites pittoresques, jusqu'à des costumes nouveaux, et elle tient presque sans cesse sa tête à la portière ; car le cabriolet de la tante a deux petits carreaux pour voir de côté ; je crois vous avoir déjà dit qu'il ressemblait parfaitement à ce qu'on nommait jadis un coucou.

M. Baisemon est assis près de la jeune fille; le cabriolet n'a que deux banquettes, et celle du devant est occupée par Grilloie. Quoique la voiture soit large, l'énorme corpulence du compagnon de Virginie remplit les deux tiers de la place. La jeune fille, en s'avançant, en regardant au carreau ou en se penchant à l'entrée du cabriolet, rencontre souvent le ventre, les bras ou les jambes de son voisin, auquel elle donne incessamment des coups de coude, en s'écriant:

— Mon Dieu, monsieur, que vous êtes gros!...

Baisemon répond d'un air d'humilité, et en souriant à chaque coup de coude qu'il reçoit:

— Il est vrai, mademoiselle, que la Providence me traite grassement, et me comble de ses faveurs?

— Est-ce que vous ne pourriez pas vous reculer un peu, monsieur?

— Mademoiselle, mes superficies sont accolées contre les parois de la voiture, je ne puis les acculer davantage.

— C'est que j'aime à pouvoir remuer, moi.

— Remuez tant que cela vous sera agréable, mademoiselle, ne craignez point de me frôler avec vos hanches et votre coude. je recevrai tout cela comme pain bénit!

Virginie ne dit plus rien, mais elle continue de se pencher, de s'avancer et d'envoyer son bras dans le nez de son voisin. Cependant la campagne ne change pas comme le supposait la jeune voyageuse ; les champs, les arbres sont presque partout de même, les paysans aussi hâlés, les rouliers aussi insolents, les villages aussi malpropres, et Virginie, ennuyée de se pencher pour ne voir que cela, se tourne vers son compagnon en disant :

— Ça n'est pas aussi amusant que je croyais de voyager ; est-ce que d'ici chez ma tante nous ne verrons pas autre chose que cela, monsieur?

— Nous verrons le village de Vauderland, qui est très laid ; celui de Louvres, où l'on fait de fort bon ratafia.

— Mais des torrents, des précipices, des rochers, des cascades... j'aimerais mieux voir cela que du ratafia.

— Nous n'en trouverons pas d'ici à Senlis : la campagne est plate et il n'y a point d'accident de terrain, ce qui est beaucoup plus commode, pour aller en voiture, que les pays pittoresques et montagneux.

— Où donc faut-il aller pour voir toutes ces choses curieuses que je brûle de connaître?

— Ah ! mademoiselle, il y a bien des pays où tout vous surprendrait!... En Russie, vous verriez de la glace, des traîneaux, des paysans qui sont serfs, et qui font de très bons maris; des Cosaques qui ne portent pas de chemises et encore moins de caleçons, et des domestiques femelles qui se couchent où elles se trouvent, au milieu d'une chambre, sur un escalier, pour ne point avoir la peine d'aller chercher leur lit. Si vous pouviez pousser jusqu'en Chine, et si vous parveniez à escalader la muraille de plus de quatre cents lieues qui sépare ce pays de la Tartarie, vous verriez les habitants de Pékin, de Nankin, de Fokien, de Canton et tant d'autres provinces, très sévères sur le chapitre des saluts et des révérences, et tenant leur index en l'air pour danser. Si vous tourniez vos pas vers la Guyanne, pour visiter le pays des Omaguas, vous verriez le naturel du pays faire usage de seringues qui ont la forme d'une figue, qui sont sans piston, mais faites avec une résine élastique. Pour en faire usage, il suffit de les presser, ce qui me ferait croire que ce sont les Omaguas qui nous ont donné l'idée. Si vous aviez envie d'aller en Boême, vous y trouveriez des gens qui vendent du baume, guérissent la gale dont ils sont couverts. disent la bonne aventure et volent des poules.

— Oh! je ne veux voir ni des seringues en résine, ni des voleurs de poules!... Est-ce que vous avez été dans tous ces pays-là, vous, monsieur Baisemon?

— Non, mademoiselle, ce que je vous dis, je l'ai lu, et ce serait une raison pour ne pas me croire, car les livres mentent souvent. Moi, je n'ai pas le goût des voyages, je préfère le coin du feu et une bonne table, chose que l'on trouve difficilement en courant le monde. Mademoiselle vous serait-il agréable que nous dissions un mot au pâté et au saucisson?

— Mangez si vous voulez, je n'ai pas faim; d'ailleurs, est-ce que l'on peut manger dans une voiture?

— Cela n'est pas aussi commode que devant une table, malgré cela on le peut, et on y trouve même du plaisir...

— Pourquoi, en traversant un village, ne descendrions-nous pas dans une auberge? nous y ferions notre repas plus à notre aise.

— Mademoiselle, je suis désolé de ne point obtempérer à vos désirs; mais j'ai des ordres, et je dois me renfermer dans mes instructions.

— Qu'est-ce que cela veut dire?

— Que nous ne nous arrêterons pas, si ce n'est par moments, pour laisser souffler le cheval, mais que vous ne descendrez pas de voiture avant d'arriver chez votre tante.

— Comment! je ne descendrai pas de voiture?.. mais si j'ai besoin d'en descendre, moi?

— Vous n'aurez pas besoin, puisque nous avons de quoi boire et manger

Il s'est arrêté contre un arbre. (P. 212.)

— Mais, monsieur, on peut avoir besoin d'autre chose..
— Quand vous serez chez votre respectable tante...
— Ah! par exemple! c'est trop fort s'il faut que j'attende jusque-là!

Et Virginie se rejette avec colère dans le fond de la voiture au risque d'étouffer son voisin, mais celui-ci supporte avec une extrême patience les petites vivacités de la jeune fille. Il se contente de se dire : Elle n'est pas aussi douce qu'on me l'avait annoncé!

M. Baisemon a tiré les provisions d'un panier, il se coupe une large tranche de pâté qu'il savoure avec délices, l'humectant de temps à autre avec un verre de vin. Virginie recommence à regarder aux carreaux et à se pencher pour apercevoir sur la route s'il ne lui vient pas des compagnons de voyage; mais elle ne voit pas venir ceux qu'elle désirerait, et cela lui donne de l'humeur; elle se rejette à sa place au moment où Baisemon porte son verre à ses lèvres, ce qui lui fait renverser le vin sur son gilet; mais le gros homme se contente de s'incliner et de sourire en murmurant : C'est un léger malheur; nous avons plusieurs bouteilles.

Tout à coup Virginie s'écrie : Monsieur Baisemon, il me paraît que pourvu que vous ayez ce qu'il vous faut le reste vous est égal?

— Comment ! mademoiselle, n'ai-je pas eu l'honneur de vous offrir...

— Oui, à moi, mais ce pauvre Grilloie qui n'ose rien demander et se contente de tourner la tête d'un air piteux, est-ce qu'il ne faut pas qu'il mange, lui?

— Mademoiselle, c'est que Grilloie tient les guides ; il conduit, et je ne vois pas comment il ferait pour manger en même temps.

— Et à cause de cela, il faudrait qu'il jeûnât tout le long de la route? Grilloie, avez-vous faim ?

— Oh ! oui, mamzelle, répond le vieux paysan en se tournant d'un air malheureux vers Virginie.

— Eh bien, arrêtez un moment, et mangez.

Grilloie ne se fait pas répéter cet ordre. Il arrête... On est alors sur la grande route, entre le Bourget et Vauderland. Baisemon murmure: On nous avait défendu d'arrêter... Mais, enfin, comme mademoiselle ne descend pas... *Il est avec le ciel des accommodements !...* Et puis le cheval mangera aussi pendant ce temps-là, et je ne crois pas qu'il fasse ses repas en trottant.

Grilloie descend donner de l'avoine à son cheval, ensuite il se met à dévorer du pâté et du saucisson. Baisemon ne semble pas prêt à cesser de jouer de la mâchoire. Virginie se décide à faire comme eux en se disant: Après tout, si ces messieurs ne me suivent pas, ce n'est point une raison pour en perdre l'appétit.

— Mademoiselle, vous serez contente de ce pâté, dit Baisemon en servant la jeune fille.

— Il me paraît au moins que vous le trouvez bon.

— Oh ! moi, ce ne serait pas une raison... je ne suis pas difficile... j'aime les bonnes choses. Mais, lorsque je ne pouvais manger que du pain sec, je me disais pour me consoler : Le prophète Ézéchiel a fait de plus mauvais repas... Vous savez, mademoiselle, ce que le Seigneur lui ordonna de manger sur son pain en guise de raisiné?

— Mon Dieu, cela m'est bien égal !... Qu'est-ce qui vient donc là-bas ?... n'est-ce pas un homme à cheval?

— Non, mademoiselle, dit Grilloie, c'est une vache conduite par une paysanne.

— Allons, Grilloie, dépêchez-vous de manger, mon brave garçon ; car il ne faut pas nous arrêter longtemps... Votre cheval n'a plus faim.

— Mais, monsieur Baisemon, pourquoi donc pressez-vous ainsi ce pauvre Grilloie? il me semble que vous ne vous hâtez guère de finir, vous.

— Mademoiselle, c'est bien différent! Moi, je n'ai pas autre chose à faire ; mais il faut que Grilloie conduise. Il est déjà près de midi : les jours sont courts ; nous avons encore beaucoup de chemin à faire, et il ne serait pas agréable d'être surpris par la nuit.

Grilloie repasse le mors à son cheval, remonte sur sa banquette, se fourre dans la bouche un énorme morceau de croûte de pâté, puis fouette l'animal, et la voiture part. M. Baisemon a enfin terminé son repas ; il semble très-disposé à s'endormir. Virginie ne cherche pas à l'en empêcher. Elle remet sa tête à la portière et regarde si Doudoux ou Godibert e dessinent à l'orizon.

Il y a une demi-heure qu'on roule de nouveau. Baisemon s'est endormi, et lorsque par hasard Virginie le pousse, il se contente de balbutier : Ne vous gênez pas, mademoiselle, faites comme chez vous

Virginie croit enfin apercevoir dans l'éloignement un piéton qui fait tous ses efforts pour rattraper leur voiture. Aussitôt elle frappe sur l'épaule de Grilloie en lui disant: Arrêtez, Grilloie, je veux descendre.

— Mais, mademoiselle, c'est que...

— Je vous dis d'arrêter ; j'ai besoin de descendre.

Grilloie arrête ; ce mouvement réveille Baisemon, qui s'écrie: Qu'est-ce donc? qu'y a-t-il? pourquoi ne roulons-nous plus?

— Parce que je veux descendre pour quelques minutes, monsieur Baisemon.

— Mademoiselle, c'est impossible... cela m'est expressément défendu !

— Monsieur, je vous répète qu'il faut que je descende : vous devez bien deviner pourquoi, et il est ridicule de me retenir plus longtemps.

Sans en écouter davantage, Virginie ouvre le devant du cabriolet et saute en bas. Alors Baisemon enjambe avec effort par-dessus les banquettes, et se laisse glisser à terre en disant: Ce n'est pas un voyage d'agrément dont on m'a chargé là !...

Virginie s'est dirigée vers un petit bois qui est près de la route. Au moment de se baisser contre un buisson, elle aperçoit Baisemon qui est derrière elle.

— Comment! monsieur, vous êtes là;... vous m'avez donc suivie?
— Certainement, mademoiselle.
— Mais vous voyez bien que cela me gêne...
— Mademoiselle, il m'est ordonné de ne pas vous perdre de vue jusqu'à ce que je vous aie remise aux mains de votre tante.
— Monsieur, ce n'est pas une raison pour être sans cesse sur mon dos... et m'épier dans toutes mes actions.
— Mademoiselle, faites comme si je n'étais pas là.... *Oculos habent, et non videbunt*. Je vous regarderai et je ne verrai rien.
— Mais c'est une tyrannie que cela!

Ils peuvent se regarder

Virginie retourne vers la voiture en se disant: Ah! monsieur le comte! c'est vous qui êtes cause que l'on m'espionne ainsi!... vous me payerez tout cela!

Pendant ce temps, le piéton a rejoint la voiture; il s'est arrêté contre un arbre. C'est Godibert en costume de voyage, une canne sur l'épaule et un petit paquet au bout. Virginie le voit, le reconnaît, lui adresse un léger sourire, et remonte vivement dans la voiture. Baisemon en fait autant avec l'aide de Grilloie qui lui sert de marchepied. On se remet en route.

Virginie a repris sa gaieté depuis qu'elle a vu Godibert. Elle désire savoir s'il suit la voiture, mais, au moment de mettre la tête en dehors du carreau, elle aperçoit une main qui vient s'y présenter. Godibert était monté derrière le cabriolet, et il voulait faire connaître à Virginie qu'il était près d'elle Celle-ci se penche, le grand jeune homme en fait autant ; ils peuvent se regarder, se parler même. Prenez bien garde de tomber, dit Virginie à demi-voix.

— N'ayez pas peur !...

— Vous êtes bien mal, là !

— Un ancien soldat n'est pas difficile : ça secoue un peu, mais on suit le mouvement.

Et Godibert se penche encore plus pour mieux voir Virginie, au risque de tomber sous la roue sur laquelle il balance son corps ; mais dites donc à un amant d'être prudent !... quand il le sera c'est qu'il aura cessé d'être amoureux.

Baisemon entr'ouvre un œil en disant : Il me semblait que mademoiselle me faisait l'honneur de me parler ?

— Il vous a mal semblé, monsieur...

— J'ai entendu pourtant...

— Si je veux parler toute seule, est-ce que cela m'est défendu aussi ?

— Non, sans doute, mademoiselle ; mais quand vous désirerez me causer je me ferai un devoir de vous répondre.

— J'aime mieux parler toute seule et vous voir dormir.

— Alors c'est donc pour vous obéir.

Baisemon referme les yeux ; Virginie remet sa tête à la portière Godibert s'avance de nouveau de son côté :

— On vous emmène chez votre tante, mademoiselle ?

— Oui.

— Est-ce une bonne femme ?

— C'est une vieille fille, méchante comme la gale.

— Diable !... vous laissera-t-elle un peu de liberté ?

— Pas du tout.

— Croyez-vous qu'elle voudra bien me recevoir ?

— Non, certainement, ni vous, ni aucun homme au-dessous de cinquante ans.

— Jolie consigne ! Je veux vous voir cependant ; je ne vous ai pas suivie seulement pour regarder la maison de votre tante.

— On cherche, on invente, on imagine...

— Mais hue donc ! Cocotte, hue donc !... quoi qu'elle a donc à c't'heure cette bête... elle n'avance qu'au petit pas... comme si j'étions pus lourds que tout à l'heure !...

Et Grilloie allonge des coups de fouet au cheval qui n'en va pas plus vite. Baisemon ouvre les yeux en s'écriant :

— Qu'est-ce que c'est ?... Comment, Grilloie, vous arrêtez encore !...

— Non, monsieur, c'est Cocotte qui rechigne... à peine si elle trotte... je la fouette, ça n'y fait rien...

— Vous lui aurez trop donné à manger !...
— Oh ! que nenni !... Hue donc, paresseuse !

Grilloie ne se doute pas que quelqu'un est monté derrière la voiture ; de sa banquette il ne voit pas au-dessus du cabriolet, et comme il n'y a pas de carreau dans le fond, le nouveau voyageur peut impunément se faire rouler ; malheureusement, en passant à côté de la carriole, un roulier dit à Grilloie :

— Tapez derrière, tapez, mon vieux !
— Ah ! oui-dà !... il paraît que quelqu'un est monté sur not' derrière, dit Grilloie ; je ne m'étonne pas si Cocotte trotte sous elle et sue tant..

Il faut inviter l'individu à descendre, dit Baisemon.
— J' vas l'y inviter à coups de fouet !...
— Mauvais moyen ! mieux vaut douceur que violence.

Grilloie tâche d'attraper avec son fouet le derrière de la voiture, mais il n'y peut parvenir.

— Voulez-vous finir, Grilloie ! dit Virginie : c'est un pauvre enfant, un petit Savoyard qui est monté là pour se reposer un peu ; je vous défends de le battre, ce pauvre petit.

— Mais, mamzelle... Cocotte...
— Votre Cocotte n'en mourra pas, elle est bien de force à nous conduire tous... fouettez-là ferme... mais si vous refouettez derrière vous n'aurez plus de pâté !

Cette menace ferme la bouche à Grilloie et c'est Cocotte qui est fouettée parce qu'elle a quelqu'un de plus à traîner.

La voiture avance, mais lentement ; Baisemon murmura de temps à autre :
— Il paraît que le petit Savoyard s'obstine à faire route avec nous...

Grilloie hausse les épaules, mais n'ose plus rien dire.

Au bout d'un certain temps, M. Baisemon, qui en voiture ne sait que manger ou dormir, ouvre les yeux en disant :

— Il me semble que nous ne ferions pas mal de dire un second mot au pâté... Est-ce votre avis, mademoiselle ?

Virginie se mord les lèvres en riant, puis répond :
— Je ne vous ai jamais empêché de manger, monsieur ; je ne suis pas comme vous, qui me défendez tout.

— Mademoiselle, je ne suis ici que l'instrument de la volonté des autres, je n'agis plus de mon chef depuis bien longtemps !... Fustigez-moi si je vous mécontente ; mais permettez que j'obéisse à vos parents.

— Oh ! je n'ai pas envie de vous fustiger !
— Alors voyons le pâté.

Et M. Baisemon prend le panier qui est sous leur banquette : il en tire les provisions; mais il reste tout ébahi, en développant la serviette qui cache le pâté, de ne plus trouver que des morceaux de croûte ; un perdreau et trois mauviettes, qu'il avait laissés dans l'intérieur, ont disparu avec tout ce qui les entourait.

M. Baisemon devient presque pâle ; il balbutie d'un air consterné :

— Qu'est-ce que cela signifie? mademoiselle a donc fait un autre repas pendant mon sommeil?

— Moi, monsieur Baisemon, je n'y ai pas songé!

— Certainement, mademoiselle en était bien la maîtresse, mais elle n'aurait pas mangé tout l'intérieur qui restait... C'est donc vous, Grilloie, qui vous êtes permis de manger sans moi?...

Grilloie tourne la tête d'un air hébété en disant :

— Moi! j'ai mangé?... moi! j'ai touché à vot' panier?... Pardi mamzelle sait bien que non!..

— Je ne sais rien, dit Virginie, car j'ai dormi un petit peu aussi.

— Ah! mamzelle, par exemple... vous savez bien que...

— Chut!... c'est assez, Grilloie, reprend Baisemon ; prenez donc garde à votre cheval... Vous nous menez sur un tas de pierres... C'est singulier, le saucisson a aussi diminué... et je ne trouve plus qu'une bouteille pleine ; j'en avais laissé deux...

— Vous vous serez trompé, monsieur Baisemon.

— Oh! non, mademoiselle... Si je pouvais regarder à mes pieds sous la banquette, mais cela m'est impossible.

— Ce serait inutile, je vous assure qu'il n'y a rien.

— Je vois ce que c'est!... mademoiselle est si bonne! elle aura voulu réconforter le petit Savoyard qui est derrière nous!...

— Je n'y ai pas seulement pensé!...

— Enfin, mademoiselle!... *Deus de derat, Deus abstulit*... Nous allons manger les restes, et nous ne laisserons plus rien, de crainte que cela ne disparaisse encore.

Baisemon pousse un gros soupir, mais il avale la croûte de pâté, et Virginie jette un petit coup d'œil du côté du carreau en se disant :

— Vous verrez que j'aurais laissé jeûner ce pauvre innocent pour ce gros butor-là... S'il avait pu manger toute la croûte aussi, je la lui aurais donnée.

Grilloie entend que l'on mange et que l'on ne pense pas à lui. Il tourne la tête à chaque minute; il tousse, mais on ne lui dit rien ; alors, au lieu de stimuler Cocotte, il la laisse n'avancer qu'à sa volonté, et bientôt la volonté de la jument est de s'arrêter.

— Eh bien! Grilloie, pourquoi donc ce cheval ne va-t-il plus? demande M. Baisemon en se versant le reste du vin.

— Pardi! i' n' va plus parce qu'il a faim... et quand les animaux ont le ventre vide, c'est ni plus ni moins aussi mou que les hommes... Faut que je lui donne du foin à c'te bête... Et puis je vois là bas un petit cabaret!... J' vas tâcher d'y trouver queuque chose pour moi... puisque vous ne me laissez rien!

— Toujours des retards? mon brave Grilloie, je suis fâché de voir que vous ne songez qu'à satisfaire votre intempérance... Mlle Bellavoine vous reproche d'aimer un peu la bouteille; je crains qu'elle n'ait pas tort! Enfin, puisqu'il le faut, arrêtons un moment, mais le moins possible, je vous en prie, car il se fait tard, et je ne voudrais pas, à cause de Mlle Troupeau, que nous fussions encore en route la nuit.

Et M. Baisemon prend le panier.

— Oh! cela m'est égal, monsieur Baisemon, je n'ai pas peur, moi.

— Alors, mademoiselle, je serais obligé d'avoir peur pour vous, et cela reviendrait au même.

La voiture s'arrête au milieu d'un petit village. Grilloie descend, son premier soin est de passer derrière la carriole. Godibert est déjà descendu, et assis contre un arbre, la tête sur son paquet, il feint de dormir.

— C'est bien singulier! dit Grilloie en faisant plusieurs fois le tour de la voiture, je ne vois pas le petit Savoyard!...

— C'est qu'il nous a quittés, dit Virginie en s'efforçant de ne pas rire.

— Comme dit mademoiselle, reprend Baisemon, c'est qu'il nous aura quittés... Je ne vois rien d'étonnant à cela.

— Oui!... mais v'là là bas, contre un arbre... un grand gaillard qui dort... et il n'était pas là quand j'avons passé dans l'instant.

Un cavalier s'avance. (P. 218.)

— C'est que vous ne l'aurez pas remarqué, dit Virginie; il fallait, qu'il y fût, puisqu'il est endormi.
— Mademoiselle raisonne comme Minerve, puisque cet homme dort, c'est qu'il est là depuis longtemps... Allons, Grilloie, donnez l'avoine au cheval et dépêchez-vous.

Grilloie ne dit plus rien; il se contente de bougonner entre ses dents, et, après avoir donné ce qu'il faut à Cocotte, il se dirige vers une petite maison de village, d'où il revient bientôt avec une bouteille, une énorme miche de pain et un morceau de fromage, il mange cela sur le bord de la route, ayant toujours les yeux attachés sur Godibert, qui ne bouge pas.

— Allons, Grilloie, *macte puer*, *macte*, *animo*, dit M. Baisemon qui a terminé tout ce que contenait le panier, j'espère que cette halte est la dernière... combien avons-nous encore de lieues à faire?

— Quatre bonnes, au moins...

— Et l'on dirait que le jour baisse déjà... il fait nuit à cinq heures à présent!... mais votre cheval a bien mangé ; je me flatte que nous irons bien plus vite.

— Oh! oui, si nous n'avons pas de petit Savoyard derrière nous.

En ce moment on entend le galop d'un cheval. Virginie met sa tête en dehors ; un cavalier s'avance : c'est un jeune homme, il approche, elle le reconnaît : c'est Doudoux qui arrive à franc étrier sur un joli cheval anglais.

— Bon! voilà l'autre! se dit la jeune fille ; oh! cela va être encore plus amusant!

En approchant de la carriole, Doudoux a ralenti l'allure de son coursier, il ne va plus qu'au pas lorsqu'il est contre les voyageurs ; mais il dépasse la voiture, afin de s'assurer si elle renferme celle qu'il cherche, ses yeux n'ont pas besoin de plonger sous le cabriolet, Virginie était penchée vers l'entrée, et tandis que M. Baisemon retourne et replace un grand rond de cuir sur lequel il assied son énorme rotondité, et que Grilloie remet le mors à Cocotte, Virginie fait un gracieux salut à Doudoux, qui manque de tomber en voulant par sa pantomime exprimer tout ce qu'il ressent.

— Voilà qui est fait, dit Grilloie en remontant sur la banquette ; Cocotte trottera ferme où nous aurons du malheur!

On se remet en route. Cocotte va bien quelques portées de fusil ; mais elle ralentit bientôt son pas. Doudoux trottait en se tenant presque toujours près de la voiture, et de temps à autre il regardait dans le cabriolet.

— Voilà un voyageur qui ne va pas mieux que nous, dit Grilloie, et cependant il a un joli cheval!... C'est étonnant, il galopait si bien pour nous rattraper!...

— Allons, Grilloie, au lieu de vous occuper de tout ce qui se passe sur la route, tâchez de nous mener mieux que cela!...

Après avoir dit ces mots, M. Baisemon laisse aller sa tête en arrière et ferme les yeux ; alors Virginie regarde par son carreau, Godibert a repris sa place derrière, il se penche vers elle et lui dit :

— Qu'est-ce que c'est donc que ce petit monsieur qui trotte constamment à côté de nous ? il ne fait que regarder dans le cabriolet... Est-ce qu'il vous connaît, mademoiselle ?

— Oui, c'est un jeune homme de Belleville...

— Ah ! ah ! est-ce pour vous suivre qu'il trotte là ?...

— Je n'en sais rien ; est-ce que la route n'est pas libre ?...

— Oui, mais je ne veux pas qu'il vous regarde si souvent. Si le cavalier ne finit pas, j'irai tirer la queue à son cheval...

— Est-ce que vous êtes méchant, monsieur Godibert ?

— Non, mademoiselle, je suis doux comme miel. Mais ce jeune homme se tient très mal à cheval, et j'ai envie de lui donner une leçon d'équitation.

Pendant que les jeunes gens se parlent, ils ne se sont pas aperçus que la voiture s'arrêtait ; le vieux Grilloie, qui a toujours des soupçons, vient de faire faire halte à Cocotte, ensuite il est monté sur sa banquette, il a aperçu Godibert, et il se met à crier de toutes ses forces :

— J'en étais sûr !... C'est ce grand dormeur qui est derrière notre cabriolet !... C'est pas du tout un petit Savoyard ! Je ne m'étonne plus que Cocotte tire si mal !...

— Baisemon, réveillé en sursaut par les cris de Grilloie, se frotte les yeux en balbutiant :

— Est-ce que nous versons, Grilloie ?

— Non, monsieur ; mais c'est un grand gaillard qui est monté derrière... Dites-donc, là-bas !... voulez-vous bien descendre ?... Est-ce que vous avez payé pour être là ?...

Ces mots s'adressaient à Godibert : il se contente de rire au nez de Grilloie.

— Voyez-vous cet insolent ! il me rit au nez, et il ne bouge pas !... Dites-lui donc de descendre, monsieur !

Baisemon essaye de passer sa tête à travers un carreau, mais il n'en peut venir à bout. Virginie dit à Grilloie :

— Voilà bien du bruit pour peu de chose !... que nous importe qu'il y ait quelqu'un derrière nous ? ça ne nous gêne pas...

— Et Cocotte, mademoiselle ?

— Eh ! mon Dieu ! fouettez-la...

— Mlle Troupeau a raison, Grilloie ; vous nous arrêtez sans cesse... et le jour baisse... Priez encore ce voyageur de descendre, et s'il n'en fait rien... ma foi, allez toujours.

— Monsieur, voulez-vous descendre, s'il vous plaît ? dit Grilloie en remontant debout sur sa banquette.

— Non, mon petit vieux, je ne descendrai pas... Allez votre train, et ne vous arrêtez plus pour moi.

Grilloie se rassied de fort mauvaise humeur, et il fouette Cocotte à tour de bras en disant :

— C'est commode de voyager comme ça !

Doudoux s'est aperçu que Virginie parlait à la personne qui est derrière la voiture ; mais il croit que Godibert est un domestique, et il continue de se tenir près du cabriolet : si Cocotte, stimulée par le fouet, prend un trot plus précipité, il pousse son cheval ; si la jument se ralentit, il retient sa monture : enfin il est toujours là regardant fréquemment dans le cabriolet.

Le jour baisse, on est alors sur la grande route, où l'on ne rencontre aucune habitation. Grilloie tourne la tête du côté de Baisemon en disant à voix basse : — Monsieur, savez-vous bien que tout ceci n'est pas clair ?

— Quoi ! Grilloie, qu'est-ce qui n'est pas clair ? répond Baisemon en se frottant les yeux.

Et Godibert donne un croc en jambes

— Comment ! monsieur, vous ne remarquez pas que v'là un homme à cheval qui s'obstine à rester à côté de nous... ni pus ni moins que si nous étions des prisonniers qu'il escorte ?...

— Vraiment... C'est donc toujours le même homme à cheval qui trotte près de nous ?

— Oui, monsieur ; si Cocotte prend un élan... crac ! il se lance aussi ; si c'te bête s'endort, le v'là qui retient son cheval... et puis, à tout instant, il tourne la tête ; on dirait qu'il veut plonger dans le fond de not' voiture.

— En effet... c'est assez singulier...

— Et puis c't'autre qui est derrière, pensez-vous que ce ne soit pas aussi pour queuque chose qu'il se soit campé là ?... Et tenez, je gagerais qu'il s'entend avec celui qui est à cheval... ils se regardent tous deux, ils se font des signes... Ces deux hommes-là ont de mauvaises intentions, monsieur !...

— Ah ! mon Dieu ! Grilloie, vous me donnez des inquiétudes... Mademoiselle, connaîtriez-vous par hasard ces messieurs qui veulent nous escorter malgré nous ?

— Moi !...monsieur Baisemon, je ne les ai jamais vus.

— Diable !... tant pis... et voilà qu'il fait presque nuit. Sommes-nous encore loin de Senlis, mon bon Grilloie ?

— A peu près de deux lieues...

— Fouettez votre cheval, mon ami, fouettez ferme !... et cette route est fort déserte... Ah ! mon Dieu !... je n'ai plus envie de dormir... Fouettez donc, Grilloie !

— Eh ! morgué ! pus je la bats, moins elle avance... et tenez, voyez-vous, v'là l'autre qui ralentit son cheval, parce que nous allons doucement !

— C'est vrai... il revient près de nous...

— J'vous dis que ces deux hommes-là sont des voleurs : ils attendent qu'il fasse plus nuit, et alors... dame ! gare à nous !...

— Vous me faites frémir, Grilloie ; mademoiselle, que pensez-vous que nous devions faire ?

— Il me semble qu'il faut toujours avancer.

— Et si ces deux hommes nous attaquent tout à l'heure ?

— Vous me défendrez, j'espère... vous êtes deux aussi !...

— Mais nous n'avons pas d'armes... et ces gens-là en ont sans doute plein leur poche...

— Oh ! oui, le cavalier a de gros pistolets aux arçons de sa selle...

— De gros pistolets !... Grilloie, avez-vous une arme, mon ami ?

— Je n'ai que mon couteau.

— N'avoir pas une paire de pistolets !... C'est impardonnable de voyager sans arme ! nous n'avons presque point d'argent sur nous ; nous le leur abandonnerons.

— Et mes effets, monsieur, est-ce que vous croyez que je veux qu'on me les vole, moi !... Non certainement ; on m'a confiée à vous, et vous devez me défendre, moi et tout ce qui m'appartient.

— Ah ! quel voyage !... Je doute que Job se soit jamais trouvé dans une situation plus cruelle... et voilà qu'il est tout à fait nuit !... Fouettez donc, Grilloie !

— Et s'il y a des ornières ?...

— C'est égal, il faut éviter le danger le plus grand.

Il n'y avait pas de lune ce jour-là, et pas une seule lanterne au cabriolet de Mlle Bellavoine, parce qu'elle n'avait jamais voyagé la nuit. Cependant Grilloie pousse tant qu'il peut la jument ; car l'obscurité augmente sa terreur et celle de Baisemon : le trot mesuré du cheval de Doudoux retentit continuellement à leurs oreilles, et pour achever de leur tourner les sens, Godibert se met à siffler un pas redoublé.

— Monsieur, entendez-vous le sifflet? dit Grilloie d'une voix tremblotante.

— Oui... oui... j'entends... Fouettez donc, Grilloie... Tâchez que Cocotte prenne le mors aux dents... c'est notre seule ressource...

— Je n'ai plus de force, monsieur, je n'sais pus ou j'en suis.

Et le vieux bonhomme laisse échapper les guides de sa main, et il fouette toujours Cocotte, et la jument s'abat, et le cabriolet tombe en avant, Grilloie le nez sous la queue de Cocotte, et M. Baisemon sur le dos de Grilloie. Virginie seule ne sort pas du cabriolet.

Baisemon et Grilloie crient comme s'ils étaient broyés ; Godibert et Doudoux ont déjà mis pied à terre ; ils s'informent d'abord si Virginie est blessée ; rassurés par elle-même, ils vont relever ses deux compagnons, les mettent sur leurs pieds, puis tâchent d'en faire autant du cheval. Après quelques efforts, ils y parviennent, et, l'accident étant réparé, les deux jeunes gens commencent alors à se questionner l'un et l'autre.

— Pourquoi restez-vous près de cette voiture et regardez-vous sans cesse la demoiselle qui est dedans? demande Godibert d'un ton impératif.

— Je fais ce qui me plaît, je n'ai pas de comptes à vous rendre ; je suis majeur !...

— Je ne veux pas que vous suiviez ce cabriolet.

— Et de quel droit voudriez-vous m'en empêcher ?...

— De quel droit ?... de celui-ci d'abord.

Et Godibert donne un croc en jambes à Doudoux ; celui-ci se relève furieux et saute sur Godibert. Pendant que les deux jeunes gens s'escriment au pugilat, Baisemon et Grilloie sont enfin revenus de l'étourdissement que leur a causé leur chute, et ils aperçoivent à quelques pas d'eux le combat acharné que livrent les deux voyageurs.

— Monsieur, v'là nos voleurs qui se battent entre eux, dit Grilloie ; c'est sans doute à qui aura tous nos effets.

— Grilloie, profitons de ce moment... le cheval est sur pied, vite, mon ami, vite en route !...

Baisemon fait un tour de force, il remonte dans le cabriolet sans le secours de personne, tant la peur le rend agile ; il se jette dans le fond au risque d'écraser Virginie. Grilloie est bientôt sur son siège, il tient les guides, fouette le cheval et l'on part, laissant les deux jeunes gens se battre sur la route.

CHAPITRE XVII

ON EST CHEZ LA TANTE

Soit que l'accident arrivé à Cocotte lui eût donné du cœur au ventre, soit qu'elle fût satisfaite de ne plus tirer la charge de Godibert, elle semble avoir pris le mors aux dents et répond par une noble ardeur aux stimulants que lui administre Grilloie ; elle avance au grand trot et sans reprendre haleine vers Senlis, et bientôt la voiture s'arrête devant la demeure de Mlle Bellavoine.

— Nous sommes sauvés ! s'écrie M. Baisemon, qui pendant tout ce trajet n'avait pas dit autre chose que : *Hue !... hue donc, Cocotte !* Ah ! mademoiselle nous pouvons nous vanter d'avoir échappé à un grand péril !...

— C'est ben vrai, dit Grilloie, et Cocotte est tout de même une bonne bête qui va bien quand on ne la charge pas plus qu'elle ne veut.

La maison de Mlle Bellavoine n'était pas située au centre de la petite ville, elle se trouvait au contraire à l'extrémité, formant l'angle au bout d'un mur très long qui servait de clôture à des jardins ; elle était sur une espèce de petite place où aboutissaient quelques ruelles désertes. Point d'habitation à côté ni en face, c'était une maison de ville qui pouvait passer pour une maison de campagne. La vieille tante l'avait achetée à cause de sa position isolée. Les fenêtres du rez-de-chaussée étaient garnies de forts barreaux de fer ; à celles du premier il y avait doubles volets ; les murs du jardin avaient onze pieds de haut et étaient encore surmontés de tessons de bouteille. Quant à l'intérieur de la maison, il répondait à l'extérieur. C'étaient de grandes pièces avec d'antiques tapisseries, de longs corridors comme ceux d'un couvent, une cour où l'on ne voyait que du linge étendu et la niche d'un chien, enfin un jardin très grand, mais où il n'y avait ni petits sentiers, ni bois, ni bosquets.

Grilloie a sonné à une porte cochère énorme dans laquelle on a pratiqué une espèce de petit guichet grillé. Une voix aigre y vient crier :

— Qui est-ce qui est là ?

— C'est nous, mademoiselle Perpétue, c'est nous qui arrivons avec la nièce de mamzelle.

— Oui, c'est nous, bonne et honnête Perpétue, dit Baisemon en se laissant couler en bas du cabriolet, nous qui bénissons le ciel de toucher enfin le seuil de cette porte ! comme Jacob bénit le Seigneur en revoyant le pays de Chanaan.

— Attendez, je vais ouvrir les deux battants.

Jusqu'à ce que le cabriolet soit dans la cour et la porte refermée sur eux, Baisemon et Grilloie ne sont pas tranquilles ; ils croyaient toujours avoir des voleurs sur les talons. Enfin la voiture est entrée, la porte est refermée, et Virginie saute en bas du cabriolet en disant :

— La maison de ma tante me fait l'effet d'une prison !...

Un énorme chien vient se jeter sur la robe de Virginie au moment où elle met pied à terre.

— A bas ! à bas donc, Gueulard ! dit Grilloie en repoussant le chien, tandis que Virginie se cache derrière Baisemon.

— N'ayez pas peur, mademoiselle, dit Perpétue, c'est que Gueulard ne vous connaît pas encore...

Grilloie a sonné à une porte cochère

— Que je n'aie pas peur ?... Mais il a manqué de m'emporter une jambe et il m'a déchiré toute ma robe...

— Oh ! c'est un animal qui vaut deux hommes. Allez donc coucher, Gueulard...mademoiselle est la nièce de votre maîtresse, vous ferez connaissance.

Gueulard ne s'éloigne qu'en grognant, et Perpétue reprend :

— Mais pourquoi donc arrivez-vous si tard ? savez-vous qu'il est nuit depuis longtemps ; sept heures ont sonné !

— Ah ! ma bonne Perpétue, ce n'est pas notre faute !... il nous est arrivé en route tant d'événements !... nous avons bien cru ne jamais vous revoir !

— En vérité ?... Ah ! mon Dieu ! ce pauvre M. Baisemon il aurait couru des dangers !...

— Est-ce que Mlle Bellavoine est couchée ?...

LA PUCELLE DE BELLEVILLE

Ah! vous voilà, ma nièce... (P. 226.)

— Non, pas encore... Elle vous attend dans la grande salle... Je vais vous éclairer.

Mlle Perpétue est une petite femme de cinquante-cinq ans, mais encore verte et active, c'est la seule domestique femelle que Mlle Bellavoine ait conservée près d'elle; les autres n'ont pu supporter le despotisme, la sévérité et les manies de la vieille fille, mais comme Perpétue est elle-même acariâtre, revêche et méchante, elle est restée chez Mlle Bellavoine : les loups s'arrangent entre eux.

La domestique tient une lampe et marche devant. On pénètre sous un large vestibule, on monte un escalier à rampe de pierre ; on traverse, au premier, une vaste antichambre, et l'on rentre dans un immense salon que deux bougies éclairent fort mal. Là, Mlle Bellavoine est assise dans une bergère devant une de ces antiques cheminées où un homme pouvait entrer sans se baisser. La vieille fille tient un livre qu'elle dépose, ainsi que ses lunettes, à l'arrivée de sa nièce.

En se présentant devant sa tante, Virginie a repris cet air innocent et modeste qu'elle avait chez ses parents, mais dont elle s'était défaite pendant la route. Elle donne sa main à M. Baisemon et se laisse conduire auprès de sa tante, à laquelle elle fait une profonde révérence sans lever les yeux.

— Ah ! vous voilà, ma nièce, je vous attendais... approchez, approchez encore... Avez-vous toujours été bien sage, bien douce, bien modeste depuis que je ne vous ai vue ?

— Oui, ma tante.

— Êtes-vous contente de venir passer quelque temps près de moi ?

— Oui, ma tante.

— C'est bien ; venez m'embrasser... Maintenant asseyez-vous là... près du feu... Et vous, monsieur Baisemon, dites-moi ce qui est cause que vous arrivez si tard...

Baisemon, qui jusque-là s'est tenu incliné, comme s'il voulait faire la roue, se permet de relever la tête et s'avance en disant :

— Mademoiselle, notre voyage ne s'est pas effectué sans obstacles !... et sans la protection du ciel, qui veille sur ses élus, je pense qu'en ce moment nous serions encore étendus sur la route, mademoiselle votre nièce, Grilloie et moi.

— Ah ! mon Dieu ! vous me faites frémir... Vous auriez versé ?

— Je vais, mademoiselle, vous relater tout cela par ordre. *Incipio*. Nous partîmes ce matin vers huit heures et demie, chargés des compliments des respectables parents de mademoiselle, ainsi que d'un pâté et d'un saucisson ; car il ne faut pas oublier la maxime : Aide-toi, le ciel t'aidera ! C'est pourquoi en voyage on doit toujours emporter des provisions. D'ailleurs il n'eût pas été décent de faire entrer mademoiselle votre nièce dans une auberge, ni même de la laisser quitter la voiture... C'était votre désir et celui de l'honorable M. Troupeau.

— Très bien ; poursuivez.

— Or donc, mademoiselle, le voyage commençait assez bien, si ce n'est qu'un petit Savoyard était monté derrière notre voiture ; cela donnait de l'humeur à Cocotte, qui trottait mal. Mais bientôt à la place de cet enfant vint se mettre un grand homme de fort mauvaise mine que nous priâmes enfin de déguerpir.

— Un grand homme?

— Oui, mademoiselle, un grand brigand, comme nous l'avons vu après. J'aurais bien été me battre avec lui; mais je me dis : Si je suis vaincu, que deviendra Mlle Troupeau, que j'ai ordre de ne pas quitter!... Le vieux Grilloie tremblait de tous ses membres! Je pensais qu'il valait mieux laisser cet homme derrière et continuer notre chemin.

— C'était sagement raisonné, monsieur Baisemon.

— Mais malheureusement Cocotte trottait encore plus mal. Ce n'est pas tout : voilà qu'un autre brigand arrive à cheval et se met à nos côtés qu'il ne quitte plus. Celui-là était armé jusqu'aux dents! N'est-ce pas, mademoiselle?

— Je n'ai pas osé le regarder, monsieur.

Enfin ces deux hommes se faisaient des signes et la nuit venait ; et, à une lieue d'ici vous savez comme la route est déserte?...

— Ah! que cela est effrayant!

— Je dis à Grilloie : il faut se montrer, mon ami, fouettez Cocotte et galopons!... Mais au lieu de galoper, Cocotte manque des jambes, et nous tombons tous hors de la voiture.

— Tous!... ah!... mon Dieu! ma nièce, vous aviez votre caleçon, j'espère?

— Oui, ma tante!

— Oh! soyez persuadée, mademoiselle, que nous en avons tous plutôt deux qu'un. Les mœurs n'ont point souffert ; mais en revanche mon menton et mon front ont souffert beaucoup. Vous dire comment je parvins à me remettre sur mes pieds, c'est ce que je ne sais pas, ni Grilloie non plus, tant nous étions étourdis de notre chute. Quand je repris mes sens, le cheval s'était relevé et Mlle était à sa place dans le cabriolet.

— Mais, monsieur Baisemon, je ne l'avais pas quitté, moi ; car je ne suis pas tombée.

— Vous n'êtes pas tombée, mademoiselle? j'en rends grâce au ciel. J'avais cru vous avoir lancée à dix pas de là. Quand je revins à moi, savez-vous, mademoiselle, ce que faisaient nos deux brigands? ils se battaient sur la route comme des forcenés ; un combat à outrance ; ils se roulaient dans la poussière : cette circonstance nous sauva! Je dis à Grilloie : La discorde est dans le camp des Grecs, profitons-en. Nous remontâmes, nous pressâmes Cocotte, et nous arrivâmes enfin ici, où j'ai l'honneur de remettre entre vos mains votre candide nièce, aussi pure que ses parents me l'ont confiée.

— Monsieur Baisemon, votre récit m'a vivement inquiétée!... J'ai craint un moment que les voleurs ne vinssent jusqu'ici... Ma nièce, vous avez dû avoir bien peur?

— Oh! oui, ma tante! j'ai frissonné tout le long de la route!...

— Chauffez-vous, mon enfant. Prendriez-vous bien quelques aliments?

Elle court au cordon de la sonnette.

— Volontiers, ma tante.

— Moi aussi, mademoiselle, je collationnerais avec plaisir ; car j'ai oublié de vous dire qu'en route on nous a aussi volé la moitié de notre pâté...

— Ce pauvre M. Baisemon! Perpétue, servez une collation. Montez du vin vieux... de celui qu'affectionne M. Baisemon.

— Ah! mademoiselle... que votre volonté soit faite en toutes choses!

Pendant que Perpétue se hâte de disposer la collation, Mlle Bellavoine adresse différentes questions à sa nièce; celle-ci y répond avec une niaiserie qui satisfait complètement la vieille fille. Elle donne un petit coup sur la joue de Virginie, en disant :

— Allons... cette petite a été mieux tenue que je ne l'espérais,... quelques mois ici avec moi et je me flatte qu'elle sera accomplie.

— Virginie se met à table à côté de Baisemon, qui mange comme s'il n'avait rien pris de la journée ; Perpétue semble être en admiration en voyant la manière dont le gros régisseur fait jouer sa mâchoire.

Le repas terminé, Mlle Bellavoine se lève en disant :

— Vous devez avoir besoin de repos, ma nièce? venez, votre chambre est prête... Bonsoir, monsieur Baisemon, demain vous me donnerez d'autres détails sur votre voyage.

— Oui, mademoiselle, et j'aurai l'honneur de vous toucher deux mots sur certaine affaire que M. Troupeau m'a narrée en me priant de la renarrer devant vous.

— C'est bien ; à demain ! Vous veillerez, s'il vous plaît, à ce que Grilloie lâche Gueulard dans la cour.

— Il est déjà lâché, mademoiselle ; nous avons eu le plaisir de voir Gueulard en arrivant ; et ce fidèle animal a donné une nouvelle preuve de son dévouement en voulant se jeter sur mademoiselle votre nièce qu'il ne connaissait pas. Mademoiselle, je prie la Providence de vous parfumer de ses pavots.

— Mlle Bellavoine s'appuie sur sa grande canne, Perpétue prend des bougies, on sort du salon, et l'on entre dans un grand corridor qui est de l'autre côté de l'escalier. Plusieurs portes donnent dedans, la domestique en ouvre une, et Mlle Bellavoine fait entrer Virginie dans une grande chambre où est un lit à baldaquin avec des rideaux de damas jonquille, et une grande croisée qui donne sur la cour.

Comment vous avez de la lumière.

— Voici votre chambre, ma nièce, dit la vieille fille; vous avez de quoi vous retourner, rien ne vous y manquera : voici une commode, un miroir. Comme je sais que vous aimez la lecture, j'ai fait mettre quelques livres sur ce rayon ; le *Parfait jardinier*, la *Cuisinière bourgeoise*, les *Contes de Perrault* et un *Traité sur les champignons*, qui apprend à distinguer parfaitement les bons des mauvais. Bonsoir, ma nièce ; ici vous pourrez dormir tranquille, vous êtes entre moi et Perpétue : ma chambre est à votre droite, la sienne à gauche. M. Baisemon couche au dessus de nous, et Grilloie couche au-dessous. Ajoutez à cela Gueulard qui passe la nuit à veiller dans la cour, et vous n'aurez pas peur ici, j'espère. De plus voici une sonnette qui répond dans la chambre de Perpétue, afin que l'on vienne, si, la nuit, vous êtes indisposée. Vous voyez, mon enfant, que j'ai pensé à tout. Couchez-vous maintenant, et dormez ; demain je vous mettrai au fait de la règle de conduite que j'ai établie dans ma maison.

M@@lle@@ Bellavoine embrasse sa nièce, et on laisse Virginie seule dans sa nouvelle demeure, dans laquelle on l'enferme à double tour.

— Ah! mon Dieu, que c'est triste ici!... dit Virginie en examinant sa chambre. J'ai presque peur!... Dieu! comme je vais m'ennuyer chez ma tante. S'il me faut y rester plusieurs mois... j'y mourrai!... Et ces deux imbéciles qui, au lieu de me suivre, se sont mis à se battre sur la route! Mais que vais-je faire ici?... et encore c'est que je suis renfermée.

Virginie s'assied sur le pied de son lit, elle pousse un gros soupir, elle est prête à pleurer, mais elle ne cède pas à ce mouvement de faiblesse, et renfonçant ses larmes, elle se remet à parcourir sa chambre en disant :

— C'est des bêtises de pleurer... ça n'avance à rien du tout qu'à rendre les yeux rouges... on veut me garder ici... eh bien! je tâcherai de leur donner de l'occupation ; ça me distraira. Si mes deux amoureux ne se sont pas tués, ils chercheront à s'introduire ici, et certainement je les y aiderai.

Après avoir pris son parti, Virginie procède à sa toilette de nuit, elle se débarrasse de tous les vêtements incommodes qu'on la force de porter, elle se mire, se coiffe, se regarde avec complaisance en se disant :

— Mais il me semble que je suis gentille... Et dire que M. Auguste ne s'en est pas aperçu!... C'est qu'il ne m'aura pas bien regardée... Et puis il était tout occupé de son Adrienne... Ah! elle est bien heureuse, Adrienne !

La toilette ou plutôt le deshabillé a été long, une jeune fille s'arrête souvent dans ces sortes d'occupations, il lui semble toujours qu'elle se voit quelque chose de nouveau. Elle est dans l'âge heureux où la curiosité n'est jamais punie, plus tard on se repent quelquefois d'y avoir cédé.

Virginie a terminé ses apprêts de nuit, elle se met au lit, mais elle n'a pas envie de dormir. Elle se relève et va regarder les livres ; elle les rejette bientôt en disant :

— Je me moque pas mal de me connaître aux champignons! Je ne les aime pas... Ah! quelle idée... ils sont tous couchés maintenant, il faut que je commence à les amuser.

— Elle court au cordon de la sonnette, le tire plusieurs fois avec force, puis souffle sa chandelle et va se coucher. Bientôt elle entend Perpétue qui se lève et accourt, tandis que de sa chambre la vieille tante crie :

— Ma nièce sonne... Perpétue... ma nièce sonne ; allez voir ce qu'elle veut, vous avez la clef.

— Oui, oui, mademoiselle, j'y vais.

— Perpétue entre, en camisole, en jupon court et une lumière à la main.

— Qu'y a-t-il, mademoiselle, vous avez sonné?
— Oui, mademoiselle Perpétue... j'ai sonné...
— Seriez-vous indisposée?
— Non, ce n'est pas cela... Mais j'ai sonné parce que j'ai eu peur, et j'ai eu peur parce que j'ai entendu comme un bruit sourd qui partait de dessous mon lit...
— Du bruit sous votre lit!... Ah!... mon Dieu!...
— Et Perpétue, au lieu d'avancer, fait quelques pas en arrière.
— Je n'ai pas pu y regarder parce que j'avais éteint ma chandelle, mais si vous vouliez avec la vôtre voir s'il y a quelqu'un sous mon lit... cela me rassurerait.
— Moi! que je regarde là!... oh! je n'oserais jamais, mademoiselle. j'ai déjà le frisson... attendez, je vais appeler...
— Perpétue retourne dans le corridor, où elle se met à crier :
— Monsieur Baisemon!... descendez vite, s'il vous plaît... on a besoin de vous.
— Qu'est-ce qu'il y a donc, Perpétue? crie la vieille tante du fond de son alcôve ; mais Perpétue ne répond pas, et continue d'appeler à tue-tête M. Baisemon.
Le gros bonhomme arrive, le chef recouvert d'un ample bonnet de coton, et le corps enveloppé dans une vieille blouse qui lui sert de robe de chambre ; mais qui n'est pas assez longue pour cacher le caleçon de rigueur. A l'aspect de M. Baisemon en costume de nuit, Virginie fourre sa tête sous sa couverture pour satisfaire son envie de rire.
— Me voici, bonne Perpétue, dit Baisemon en se présentant avec son binet à la main, quel événement est donc survenu, qui trouble le repos de notre nuit?... Je faisais déjà un petit somme, précurseur d'un plus intense.
— Il y a quelqu'un de caché sous le lit de mademoiselle.
— Quelqu'un de caché!...
— C'est-à-dire nous ne l'avons pas vu ; mais mademoiselle a entendu remuer...
— Je vais appeler Grilloie...
— Si vous regardiez d'abord un brin vous-même.
— Vous savez bien que je ne peux pas me baisser.
Baisemon est déjà dans le corridor ; où il appelle Grilloie, tandis que la vieille tante se démène dans son lit, et demande si le feu est à sa maison.
— Non, mademoiselle, dit Perpétue, ce n'est pas le feu, mais c'est peut-être un voleur...
— Un voleur!...
— Ah! voici Grilloie!

Le vieux paysan a passé son pantalon; il arrive, à moitié endormi, coiffé d'un bonnet grec qui laisse à peine voir son nez.

— Grilloie, allez donc regarder sous le lit de mademoiselle... Tenez, prenez mon binet... regardez avec soin, mon garçon... nous serons derrière vous.

Et Baisemon pousse Grilloie devant lui; le vieux paysan se frotte les yeux en disant :

— Comment que vous dites?... mamzelle est tombée sous son lit?

— Non, mon bon ami, mais on craint qu'il n'y ait là quelque malfaiteur!... quelque larron !

— Ah! oui-da, et vous croyez que je vais aller me fourrer là-dessous... j'vas chercher Gueulard, ça vaudra bien mieux, s'il y a queuqu'un, il l'étranglera tout d'suite.

— Non, non! je ne veux pas que vous alliez chercher votre chien! crie Virginie, il sauterait encore sur moi... Comment vous avez de la lumière, et, à vous trois, vous n'osez pas regarder sous mon lit!...

Ces mots piquent Grilloie, il prend le binet, et se jette à genoux devant le lit, tandis que Baisemon et Perpétue ont gagné la porte.

— Il n'y a rien du tout! dit Grilloie en se relevant.

— Mademoiselle, rassurez-vous, crie Perpétue à sa maîtresse, il n'y a pas de voleur; mademoiselle votre nièce s'était trompée.

— Ah! c'est bien singulier! dit Virginie.

— Cela ce conçoit, dit Baisemon, nos aventures en route ont dû laisser dans votre esprit une vive impression; moi-même, tout à l'heure, dans ma chambre, je pensais voir encore ces deux hommes de tantôt. Bonsoir, mademoiselle! calmez vos sens... vous êtes au port.

— Faut espérer que je dormirons enfin, dit Grilloie.

— Oui, mon garçon, nous allons reposer nos membres endoloris par notre chute de tantôt; et demain je prévois que nous aurons un grand appétit. Bonne nuit, vertueuse Perpétue.

— A vous de même, monsieur Baisemon.

On sort de la chambre de Virginie, et celle-ci, après avoir ri de la frayeur qu'elle a causée à toute la maison, s'endort en cherchant une autre espièglerie pour le lendemain.

La nuit avait été laborieuse; la petite scène jouée par Virginie avait causé un cauchemar à Mlle Bellavoine; Perpétue avait rêvé qu'elle couchait avec un voleur, et Baisemon qu'on l'assassinait; aussi le lendemain tout le monde est pâle et fatigué, excepté Virginie qui a dormi très paisiblement

Après le déjeuner, M. Baisemon prend Mlle Bellavoine en particulier pour lui faire part de la brillante alliance que l'on espère pour sa nièce. La vieille fille avait autant de vanité que les Troupeau, elle se redresse,

LA PUCELLE DE BELLEVILLE   233

Mais Virginie semble faire la statue... (P. 236.)

regarde Baisemon, et sa bouche a presque une expression agréable en répondant :

— Ce que vous m'annoncez là me fait grand plaisir !... ma petite nièce comtesse de Senneville !... à la bonne heure !... pour être comtesse on peut avoir envie de se marier ; nous ferons en sorte que M. de Senneville retrouve Virginie digne de lui. Ma nièce ignore tout ceci, j'espère ?

— Oui, mademoiselle. M. Troupeau m'a dit que c'était un mystère, excepté pour vous!

— Très bien; vous vous tairez M. Baisemon?

— Comme si on m'avait coupé la langue, mademoiselle.

— C'est qu'il ne faut pas qu'une jeune fille sache que l'on s'occupe de la marier... cela lui fait faire des rêves... et une jeune fille ne doit pas rêver!

— J'aurais bien voulu être jeune fille cette nuit, mademoiselle, car dans mon sommeil je me suis vu entre deux brigands qui me lardaient de leurs poignards!

— Et moi, monsieur Baisemon, j'ai eu continuellement un singe vert sur l'estomac...

— Et il paraît que cette pauvre Perpétue a été aussi fort tourmentée!... C'est cette alerte de cette nuit qui nous a bouleversé les sens.

— Pour nous refaire, monsieur Baisemon, nous nous coucherons tous ce soir à sept heures.

Virginie a passé la journée à parcourir la maison, et le jardin dans lequel on lui permet de se promener seule, grâce à la hauteur excessive des murs. Elle cherche par où il y aurait moyen de sortir ou de se glisser dans la maison; elle voit avec peine que la propriété de sa tante est bien close; toutes les portes donnant au dehors sont verrouillées, cadenassées, et, à moins d'intelligence dans la place, il semble fort difficile d'y pénétrer.

Virginie est revenue assez tristement près de sa tante qui, pour l'amuser, lui fait faire jusqu'au dîner une lecture dans l'*Art de bien faire les confitures*. Le repas n'est pas plus gai que les autres moments de la journée. Mlle Bellavoine y est presque constamment de mauvaise humeur, parce qu'elle n'a plus d'appétit, et que tout ce qu'elle aime lui fait mal; elle se répand en plaintes contre son médecin qui ne sait pas lui donner un bon estomac.

Baisemon laisse parler la vieille fille; il se contente d'approuver de la tête tout ce qu'elle dit, mangeant d'une façon effrayante, et murmurant parfois:

— C'est bien triste de n'avoir pas faim!

Après le dîner, Mlle Bellavoine apprend à sa nièce qu'on aura l'avantage de se coucher à sept heures pour réparer les fatigues de la nuit précédente. Virginie semble fort touchée de cette petite partie de plaisir, et la vieille tante, satisfaite de la docilité, de la soumission que lui montre sa nièce, lui offre d'emporter dans sa chambre le traité sur les confitures; mais Virginie remercie en disant qu'elle préfère dormir.

Chacun est rentré chez soi: Virginie est seule, assise sur son lit (c'est son siège favori), elle médite ce qu'elle fera pour empêcher tout le monde de dormir. Elle repose son menton dans une de ses mains tandis que son coude est appuyé sur sa cuisse, et ses deux jambes croisées comme celles d'un tailleur. Un sourire vient effleurer ses lèvres, ses yeux s'animent et brillent quand une malice nouvelle se présente à sa pensée, et quiconque eût alors vu la jeune fille aurait subi le pouvoir de ses charmes singulièrement rehaussés par sa position bizarre et l'expression de sa physionomie. Cette méditation dure longtemps, mais Virginie ne veut agir que lorsque tous les habitants de la maison seront plongés dans le sommeil.

Ayant enfin arrêté ce qu'elle veut faire, Virginie se déshabille, se couche, et souffle sa lumière, elle attend que neuf heures aient sonné à la vieille horloge qui est dans la chambre de sa tante. Ce moment arrivé, Virginie commence par pousser de grands cris, et jeter sa table de nuit par terre, ensuite elle se lève et fait danser les chaises au milieu de la chambre, sautant elle-même sur ses talons, et donnant de grands coups de pied dans la muraille de droite et de gauche.

Ce manège ne tarde pas à faire son effet : Mlle Bellavoine est éveillée la première ; elle s'écrie :

— Qu'avez-vous donc, ma nièce ? que se passe-t-il encore dans votre chambre ?

Virginie ne souffle pas mot, mais au bout de deux minutes elle lance sa carafe au milieu de sa chambre, et le bruit que cela produit fait de nouveau jeter les hauts cris à la vieille tante ; elle éveille en sursaut Perpétue, qui demande à son tour ce qu'il y a.

Virginie se tait encore quelques instants, puis elle fait tomber quatre chaises à la fois. Alors la vieille tante carillonne, Perpétue se lève et vient avec sa lumière ouvrir doucement la porte de chez Virginie, elle aperçoit celle-ci se promenant en chemise entre les meubles renversés, et l'œil fixe, le cou tendu, parlant toute seule, mais ne lui répondant pas.

— Ah ! mon Dieu ! cette jeune fille a quelque chose de dérangé !.... s'écrie Perpétue en courant chez Mlle Bellavoine qu'elle trouve assise sur son séant.

— Eh bien ! Perpétue, que se passe-t-il chez ma nièce ? c'est un bruit affreux dans sa chambre.

— Ce qui se passe ?... ah ! mademoiselle... votre pauvre nièce... je ne sais pas ce qu'il lui a pris, elle marche toute seule sans chandelle... en chemise... elle me regarde et ne me répond pas... c'est tout à fait effrayant.

— Jésus, Maria !... elle marche en chemise !... et a-t-elle un caleçon au moins ?

— J'avais trop peur pour y regarder, mademoiselle.

— Appelez M. Baisemon, Grilloie, tout le monde ; que l'on vienne que l'on sache ce qu'il faut faire à cette petite...

Perpétue recommence son appel de la veille, mais cette fois il faut qu'elle s'égosille avant de parvenir à réveiller Baisemon, qui savourait le repos comme la bonne chère. Les deux hommes arrivent enfin dans leur costume nocturne et de fort mauvaise humeur. Perpétue leur fait signe de la suivre; elle les conduit dans la chambre de Virginie, qui est alors montée sur sa commode, où elle a l'air de déclamer.

— La voyez-vous? dit Perpétue en montrant du doigt la jeune fille.

Grilloie reste tout ébahi, tandis que Baisemon se frotte le ventre et les yeux.

— Que pensez-vous donc qui la rende comme cela? reprend la domestique impatientée de la tranquillité du régisseur.

— Ce que je pense, douce Perpétue, vraiment c'est la moindre des choses. Quand j'étais sous-maître d'école j'avais plusieurs élèves qui, toutes les nuits en faisaient autant que Mlle Virginie..... ils étaient somnambules comme elle.

— Somnambules:... Vous croyez que cette jeune fille est somnambule?

— Certainement! dans ce moment elle a les yeux ouverts, mais elle dort pourtant.

— Elle dort... là, en l'air sur cette commode?

— Justement! si elle ne dormait pas, elle ne serait pas montée là.

— Éveillez-la donc, en ce cas!

— Que je l'éveille!... c'est qu'il faut prendre garde! il est dangereux d'éveiller les somnambules quand ils sont dans une position périlleuse... Attendons qu'elle descende de sa commode.

Mais Virginie semble faire la statue, elle ne descend ni ne bouge.

— Est-ce que nous allons passer la nuit à la regarder? dit Perpétue, tandis que Grilloie ronfle contre la porte sur laquelle il s'est adossé; de grâce, mon cher monsieur Baisemon, réveillez mademoiselle, puisque vous vous connaissez en somnambules.

Baisemon s'approcha doucement de la commode; au moment où il va toucher la jambe de Virginie, celle-ci fait un jeté battu, et du bout de son pied envoie en l'air le bonnet de coton du gros régisseur; ensuite elle saute à terre et va se refourrer dans son lit.

— C'est absolument comme un chat! dit Perpétue en ramassant le bonnet de coton de M. Baisemon, la voilà recouchée à présent!...

— Alors je puis l'éveiller.

Baisemon va contre le lit et appelle Virginie en la poussant un peu. La jeune fille se frotte les yeux, bâille et regarde autour d'elle d'un air étonné en murmurant?

— Pourquoi donc m'éveille-t-on?... est-ce que ma tante est malade?...

— Voyez-vous qu'elle dormait? s'écrie Baisemon en regardant Perpétue.

— C'est vrai, je n'en reviens pas!... Comment, mademoiselle, est-ce que vous ne vous souvenez pas que vous venez de renverser les chaises, de casser votre carafe, votre vase de nuit, de danser sur votre commode?...

— Moi, Perpétue?... Oh! c'est pour rire que vous dites cela!

— En voilà les preuves autour de vous; demain il y aura de quoi ranger ici.

— Comment! j'ai fait tout cela en dormant?... est-ce bien possible?

— Oui, mam'selle, vous êtes somnambule, et d'une fameuse force... n'est-ce pas, monsieur Baisemon?

— Mademoiselle l'est, mais l'accès est passé, nous pouvons nous recoucher...

— Ah! mon Dieu! que je suis donc fâchée d'être somnambule!

— Consolez-vous, mademoiselle, cela se passe avec l'âge; la vivacité du sang s'amortit, et dans une dizaine d'années, il est probable que vous ne vous lèverez plus la nuit.

— Si ça dure encore ça, nous allons avoir de l'agrément ici! murmure Perpétue en suivant Baisemon.

On laisse Virginie se rendormir, on va apprendre à Mlle Bellavoine que sa nièce est somnambule, ce qui afflige beaucoup la vieille tante, qui s'étonne

Elle le laisse se consumer

que son neveu ne l'ait pas prévenue de cette infirmité de sa fille. Enfin chacun retourne à son lit en maudissant le somnambulisme, et la fatalité qui s'attache à chasser le repos de la maison.

Le lendemain, Virginie passe la journée aussi tristement que la veille; elle s'en venge la nuit en mettant le feu au *Traité sur les champignons*, elle le laisse se consumer entièrement au milieu de sa chambre afin de l'emplir de fumée ; alors seulement elle pousse de grands cris : on arrive : la fumée suffoque et aveugle chacun : on croit la maison en flammes, on court, on crie et on appelle ; Baisemon emporte Mlle Bellavoine dans ses bras et va la déposer dans le jardin pour la soustraire au péril ; enfin, après avoir jeté des seaux d'eau de manière à ce qu'on puisse aller en bateau chez Virginie, on ne trouve rien de brûlé, on ne comprend pas par où est venue la fumée ; on reporte la vieille tante dans son lit, et on retourne se coucher en se creusant la tête pour deviner comment il y a eu de la fumée sans feu.

La nuit suivante Virginie est somnambule ; le lendemain elle crie au voleur ; pendant huit jours elle trouve moyen de répandre chaque nuit l'alarme dans la maison. Cependant elle ne voudrait pas éveiller les soupçons de sa tante : il devient difficile de trouver encore des prétextes plausibles pour faire du bruit ; le somnambulisme ne peut plus être employé sans danger, car la vieille tante a parlé de faire venir un docteur, et Virginie ne se soucie pas d'être traitée pour un mal qu'elle n'a point. D'un autre côté, elle serait désolée de laisser dormir en paix des gens dont elle voudrait lasser la patience. Mais que faire ? quelle nouvelle espièglerie imaginer ?... Voilà ce que se dit Virginie pendant la neuvième nuit qu'elle passe sous le toit de Mlle Bellavoine ; toutes les autres ont été troublées par elle. Il est dix heures, il y en a deux que chacun est retiré, la jeune fille se dépite et se retourne dans son lit en disant :

— Est-ce que je vais les laisser dormir comme cela ? mon Dieu !... que faire ?... qu'imaginer ?... Je ne veux pas qu'ils dorment, pourtant ?

En ce moment un grognement sourd se fait entendre : Virginie prête l'oreille ; son cœur bondit de joie, c'est un auxiliaire qui vient à son secours. Les grognements deviennent plus forts, de violents aboiements leur succèdent ; c'est Gueulard qui fait du vacarme dans la cour, c'est lui qui s'est chargé de réveiller les habitants de la maison.

Mlle Bellavoine sonne, Perpétue se lève :

— Entendez-vous Gueulard dit la vieille fille.

— Oui, vraiment, il fait assez de train...

— J'en ai peur !

— Il ne se tait pas !... il faut que nous soyons menacés de quelques dangers... des malfaiteurs se sont peut-être introduits chez moi... Réveillez M. Baisemon, réveillez Grilloie... qu'ils aillent faire une ronde, qu'ils sachent ce qui fait aboyer Gueulard ! Ah ! mon Dieu ! je crois qu'il y a un sort de jeté sur ma maison.

— Je le crois aussi, mademoiselle !

— Perpétue, vous irez acheter demain des cierges, et nous les brûlerons dans la cour en l'honneur de saint Michel qui terrassa le démon.

— Oui, mademoiselle...

— Mais Gueulard ne cesse pas! Courez donc, Perpétue!

La domestique va faire ses cris de tous les soirs dans les corridors. Baisemon avait le sommeil dur; cependant, habitué à être appelé toutes les nuits, il avait pris le parti de se coucher avec sa blouse et son caleçon, et Grilloie ne se déshabillait plus du tout. Les deux hommes entendent le vacarme que fait Gueulard, ils ne se soucient pas de faire une ronde; il faut que Perpétue leur répète que c'est l'ordre de sa maîtresse; mais ils ne veulent descendre qu'avec des armes; Perpétue les conduit dans une pièce des mansardes où l'on a relégué deux vieilles canardières, parce que Mlle Bellavoine a peur des armes à feu, celles-ci ne sont pas chargées, mais Baisemon espère que leur vue seule mettra en fuite les voleurs. La ronde se met en marche, elle trouve Gueulard qui parcourait la cour en sautant de temps à autre contre les murs, comme s'il voulait les escalader. Baisemon pousse Grilloie devant lui, le paysan a attaché une lanterne au bout du vieux canon de fusil, et il le tient toujours comme s'il couchait quelqu'un en joue. Cependant Gueulard se calme et rentre dans sa niche, la ronde ne trouve personne, et il en est de cette alerte comme des autres; on retourne se coucher en se disant :

— Cette maison a quelque chose d'extraordinaire.

La nuit d'après et les suivantes, malgré les cierges que l'on a brûlés dans la cour et dans les appartements, Gueulard fait le même vacarme. Virginie rit dans son lit, tandis que les habitants de la maison se donnent au diable sans pouvoir deviner ce qui fait aboyer Gueulard; car il n'était pas présumable que des voleurs se bornassent à venir toutes les nuits camper autour de la maison, Virginie seule se doutait de la vérité; pour la connaître, retournons près de Doudoux et de Godibert, que nous avons laissés en train de se battre sur la route.

Après s'être distribué bon nombre de coups de poing, dont Doudoux avait eu la meilleure part, les deux jeunes gens s'arrêtent pour reprendre haleine; ils s'aperçoivent seulement alors que la voiture qui renferme Virginie n'est plus là; dans le feu du combat, ils ne l'avaient pas entendue s'éloigner.

— Tiens!... la voiture est partie! s'écrie Godibert.

— Ah! mon Dieu!... et Mlle Virginie avec!... et nous n'avons pas vu cela pendant que nous nous battions!...

— Ah! ça, au fait nous ferions peut-être mieux de nous entendre... Vous suivez Mlle Troupeau à cheval, n'est-ce pas, monsieur?

— Oui, monsieur.

— Moi, je la suis à pied; mais enfin je la suis aussi parce que j'en suis amoureux.

— J'en suis également amoureux!... O amour, tu perdis Troie!... Mais je veux retrouver l'adorable Virginie.

— Je veux aussi la retrouver, ce qui me sera facile, car elle m'a dit où elle allait.

— Elle me l'a dit de même.

— A vous?

— Oui, à moi!

— C'est singulier! Est-ce qu'elle nous aime tous deux?

Les jeunes gens restent quelques moments à réfléchir; Godibert reprend:

— Tenez, monsieur, tâchons d'abord d'être d'accord et de nous aider mutuellement pour parvenir près de la jolie petite fille; quand nous saurons si c'est vous ou moi qu'elle préfère, celui qu'elle n'aimera pas cédera la place à l'autre; ça vous va-t-il?

— Ça me va beaucoup.

— Touchez là. Avez-vous de l'argent?

— Je n'en manque pas depuis que je suis majeur.

— Tant mieux, car moi j'en ai fort peu; mais, en revanche, j'ai beaucoup d'imagination!

— Et moi beaucoup d'érudition.

— Avec tout cela, ce sera bien le diable si nous ne réussissons pas dans notre entreprise. Vous avez un cheval qui est bon?

Le paysan a attaché une lanterne

— Excellent.

— Mais vous vous tenez mal. Je vais monter devant; je suis solide, moi! je vous prendrai en croupe et nous arriverons plus vite: ça vous va-t-il encore?

LA PUCELLE DE BELLEVILLE

Songez qu'il faudra me prouver ce que vous venez d'avancer! (P. 246.)

LIV. 31. — PAUL DE KOCK. — LA PUCELLE DE BELLEVILLE. — ÉD. J. ROUFF ET Cⁱᵉ. LIV. 31

— Ça me va toujours.

Les deux jeunes gens montent sur le cheval; Godibert le mène au grand galop; Doudoux se serre contre celui qui lui a donné de si bons coups de poing, et ils arrivent bientôt à Senlis.

Il était alors trop tard pour songer à chercher la demeure de Mlle Bellavoine; ils ne s'occupent que de trouver une auberge et de bien souper. Le lendemain on leur indique la maison de la vieille fille; les deux rivaux vont l'examiner, rôder autour et regarder aux fenêtres où ils ne voient personne; la journée se passe ainsi et les suivantes de même, l'imagination de Godibert et l'argent de Doudoux n'ayant rien pu enfanter pour parvenir jusqu'à Virginie.

Au bout de huit jours, Godibert se frappe le front comme s'il lui venait une idée lumineuse, il s'écrie :

— C'est la nuit qu'il faut tâcher de nous introduire dans la maison, parce que la nuit on risque moins d'être vu...

— C'est une idée très-rationnelle!... Nous irons cette nuit.

Et, la nuit venue, les deux jeunes gens vont se promener autour des murs de la cour et du jardin; mais tout cela se bornait à se faire la courte échelle sans arriver assez haut, et à faire aboyer Gueulard, après quoi ces messieurs retournaient se coucher en se disant : Nous trouverons peut-être un expédient demain.

XVIII

UN RÉSULTAT

Vous souvenez-vous encore d'Adrienne et de M. Auguste Montreville? de ces deux amants qui s'aimaient si tendrement et se le prouvaient si bien un certain soir qu'après avoir dîné chez M. Troupeau, Auguste était allé finir sa soirée dans la chambre de sa douce amie? Nous avons oublié longtemps ces deux jeunes gens. Il est vrai que nous les avions laissés dans une coupable occupation; mais depuis que nous les avons perdus de vue, ils ont dû faire autre chose que l'amour, car nous ne sommes pas ici-bas que pour être heureux! et je serais embarrassé de vous dire pourquoi nous y sommes.

Adrienne était bien heureuse car Auguste l'aimait toujours autant; il le lui disait tous les jours, peut-être aussi toutes les nuits (quand le premier pas est fait, les autres vont si vite!). Auguste avait tenu sa promesse; il n'était pas retourné chez M. Troupeau et n'avait pas cherché à revoir Virginie. Rien ne manquait donc au bonheur d'Adrienne qui s'abandonnait entièrement au plaisir d'aimer et d'être aimée, et pour une femme c'est toute l'existence : ce qui précède n'est qu'en espérances, ce qui suit, en souvenirs !

Tant d'amour eut une suite toute naturelle et que pourtant on n'attendait pas ; Adrienne s'aperçut qu'elle devenait mère. Elle en éprouva en même temps de la peine et du plaisir ; mais ce dernier sentiment l'emporte toujours dans un cœur bien épris, et d'ailleurs Auguste lui avait juré qu'il ne la quitterait jamais. Ce qui arrivait pouvait-il l'éloigner de son amie ? elle ne le supposait même pas, elle avait raison, pourquoi prévoir le mal ? il est assez temps d'y croire quand il arrive.

— Et un certain soir qu'Auguste était près d'Adrienne, celle-ci, tout en rougissant, en balbutiant et en se faisant embrasser pour se donner du courage, apprit à son amant qu'elle portait dans son sein un gage de leurs amours. Le front du jeune homme se rembrunit : cependant il ne s'éloigna pas de sa maîtresse, il la regarda quelque temps d'un air attendri, il la prit et la serra tendrement contre son cœur. C'était bon signe, et, en effet, Auguste avait déjà pris son parti et senti ce qu'il devait faire, il s'était dit : Cette jeune fille m'aime sincèrement, j'ai eu son premier amour, elle n'est ni coquette ni trompeuse ; je l'aime, elle me rend heureux ; pourquoi irais-je chercher ailleurs le bonheur qu'elle me fait goûter ? Je l'ai rendue mère ; je l'épouserai.

Et pourtant jusqu'à ce moment Auguste n'avait pas songé à se marier, ce lien sérieux l'effrayait ; près d'Adrienne il jouissait du présent sans penser à l'avenir, comme la plupart des jeunes gens auprès de leurs maîtresses, et il fallait un pareil événement pour lui faire prendre cette détermination.

Mais Auguste avait quelque fortune, des parents riches, des espérances, il était d'une famille distinguée, il avait des talents, un physique agréable, il pouvait donc prétendre à un parti avantageux tandis qu'Adrienne n'avait rien ; elle devait tout à son oncle Vauxdoré, mais celui-ci n'ayant pas de quoi vivre à son aise, ne voulait point donner de dot à Adrienne. Auguste savait tout cela, et néanmoins il s'était dit : Je l'épouserai. C'était fort beau de sa part ; vous trouverez peut-être qu'il ne faisait que son devoir, mais il y a tant de gens qui ne le font pas, qu'il faut maintenant placer au rang des vertus ce qui jadis n'était que de la bonne conduite.

Comme il en coûte toujours un peu à un jeune homme pour prendre un tel parti, Auguste s'était d'abord contenté de répondre à Adrienne.

— Ne te tourmente pas... Tu sais bien que je ne t'abandonnerai jamais... Ne t'inquiète pas de l'avenir.

Adrienne voulait bien ne pas s'inquiéter ; mais quelque chose augmentait qui pouvait mettre tout le monde dans la confidence de sa situation. Alors Auguste dit à sa maîtresse :

— Je t'épouserai dès que j'aurai pris divers arrangements de famille ; je tâcherai d'obtenir le consentement d'un oncle qui me veut beaucoup de bien ; mais alors même que tous mes parents blâmeraient mon amour pour toi, je suis d'âge à faire mes volontés, et, je te le répète, tu seras ma femme.

Adrienne est si heureuse, si fière de penser qu'elle épousera Auguste, qu'elle ne cherche plus à cacher son état ; et lorsqu'on la regarde en souriant, lorsque l'on chuchote près d'elle, la jeune fille est tentée de s'écrier :

— Oui, je suis enceinte, mais aussi Auguste m'épousera, je serai sa femme ; ainsi j'ai donc bien fait de croire à son amour et de lui donner le mien.

Tout en faisant de petites gourmandises pour se régaler, la maman Vauxdoré s'était aperçue de l'état de sa nièce ; elle n'avait pas eu le courage de la gronder, et d'ailleurs Adrienne avait fermé la bouche de sa tante en lui disant :

— Il m'épousera, il me l'a promis ! Et comme un matin l'oncle Vauxdoré, qui n'était pas aussi indulgent, voulut se fâcher en découvrant la vérité, sa femme lui ferma également la bouche par ces mots :

— « M. Auguste Montreville a promis d'épouser Adrienne ; puisque le mal sera réparé, ce n'est plus la peine de gronder. »

— A la bonne heure, dit Vauxdoré ; mais qu'il l'épouse donc bien vite, sans quoi tout Belleville va faire des propos sur notre nièce, et j'en ai déjà trop entendu.

Auguste s'occupait des arrangements nécessaires à son mariage, lorsqu'un matin la bonne tante Vauxdoré tomba malade. Son mari prétendit qu'elle avait trop fêté la veille une oie farcie de marrons ; le médecin assura que c'était le sang qui l'incommodait, et la malade jurait que c'était la bile. On la soigna donc pour le sang, la bile et une indigestion ; au bout de six jours la pauvre femme mourut. On n'avait peut-être pas deviné la véritable cause de son mal.

Cet événement devait nécessairement reculer de quelque temps le mariage d'Adrienne, mais comme il y avait quelque chose dans sa personne qui, loin de reculer, avançait toujours, Vauxdoré avait soin de dire partout que son locataire allait épouser sa nièce, afin que l'on connût la réparation en même temps que la faute.

Un soir Auguste était entré au café de M. Bart, il y lisait les journaux, lorsque M. Renard vint tourner autour de lui et finit par lui demander des nouvelles de sa santé. Auguste regarde ce monsieur qu'il ne remet pas, mais Renard lui rappelle qu'ils ont dîné ensemble chez M. Troupeau et, comme il se met vite à son aise, il s'assied près d'Auguste, entame la conversation et commence à bavarder comme s'il était avec une ancienne connaissance.

Auguste écoutait Renard dont le bavardage le faisait sourire quelquefois. Tout à coup le vieux garçon s'arrête, fixe le jeune homme, puis s'écrie d'un air goguenard :

— A propos, monsieur Montreville, j'ai un compliment à vous faire, car j'ai appris que vous alliez vous marier.

— Me marier!... Qui vous a dit cela?

— Parbleu! c'est Vauxdoré qui dit à qui veut l'entendre que vous allez épouser sa nièce... Oh! il ne fait pas mystère de cela... il l'a dit dans tout Belleville... Il est si content de marier sa nièce!...

— Eh bien! monsieur, il n'a dit que la vérité : je dois épouser Mlle Adrienne; ce mariage serait même déjà fait sans la mort de sa tante.

— C'est très bien, monsieur Montreville, c'est fort bien de votre part de venir vous marier dans notre endroit! Moi, cela me fait grand plaisir pour cette pauvre Adrienne... qui a déjà manqué plusieurs fois de se marier... et qui aurait bien pu... sans vous, rester pour coiffer sainte Catherine. Mais après tout c'est une bonne fille!... Excellent caractère! je suis sûr qu'elle fera une ménagère accomplie, et s'il fallait toujours s'inquiéter du passé!... Ah! mon Dieu! on ne se marierait jamais.

Auguste est devenu très attentif aux dernières paroles de Renard; il se rapproche de lui, le regarde avec surprise et lui dit :

— Je ne comprends pas, monsieur, veuillez vous expliquer plus clairement : de quoi voulez-vous parler dont je ne doive pas m'inquiéter?..

Eh! mon Dieu, vous savez bien!... c'est au sujet de ses petites aventures avec le cuirassier, avec le fils de madame Ledoux... mais vous vous moquez de tout cela, et vous avez bien raison!... cela n'empêchera pas Adrienne de faire une bonne femme de ménage.

— Des aventures avec un cuirassier! avec un autre jeune homme! monsieur, est-ce bien d'Adrienne que vous voulez parler?... songez qu'il faudra me prouver ce que vous venez d'avancer!

— Auguste avait pris le bras de Renard, il le serrait avec un mouvement convulsif; il y mettait tant de force que Renard en devient tout pâle et cherche à dégager son bras en s'écriant :

— Monsieur Montreville, je vous serais obligé si vous me lâchiez... vous me faites mal...

— Mais répondez, monsieur, quels bruits circulent sur le compte d'Adrienne? sa réputation n'est-elle pas intacte, sa vertu à l'abri de la médisance.

— Monsieur Montreville, je suis vraiment désolé!... Je ne pensais pas que vous ignoriez... mais comment diable deviner que vous ne savez pas des choses que tout Belleville sait?

— Mais quelles choses, monsieur, de grâce, expliquez-vous?

— Eh bien! les amours de la nièce de Vauxdoré avec le fils de Mme Ledoux... On appelait le jeune homme Doudoux... Il est fort gentil, ce jeune homme. C'était l'été dernier qu'il donnait des rendez-vous à la jeune personne... Ces rendez-vous étaient peut-être en tout bien tout honneur! c'est possible! il ne faut jamais croire le mal légèrement! Cependant un soir Troupeau surprit les jeunes gens dans la rue, devant sa maison, il cria, il avertit l'oncle... Oh! cela fit alors beaucoup de bruit!... mais ensuite le jeune homme quitta Belleville pour voyager, et on ne s'en occupa plus!

— Et c'est avec Adrienne que M. Troupeau le surprit un soir.

— Oui, dans la rue... rue de Calais... elle est fort déserte, la rue de Calais, surtout le soir; c'est commode pour causer. Quant à l'autre aventure avec le grand cuirassier, neveu de Vauxdoré je puis vous en parler savamment; j'y étais, je fus un des témoins du fait. Troupeau avait donné une fête, un grand déjeuner; pour terminer, nous allâmes nous promener dans le bois de Romainville; les uns à pied, les autres à âne. Adrienne était sur un âne, son grand cousin galopait à cheval. Mais bientôt on se perdit : on se perd toujours quand on va se promener dans les bois. Nous cherchions la fille de mon ami Troupeau, la candide Virginie, bref, nous battions le bois, Troupeau, Vauxdoré et moi. Je guidais ces messieurs, parce que je connais le bois de Romainville comme ma poche... J'y ai fait des miennes jadis!... Enfin que découvrons-nous sous un épais buisson, dans un endroit très écarté?... Adrienne et le cuirassier!

— Quelle horreur!...

— Ah! nous ne vîmes rien de positif... Adrienne avait les yeux très rouges, voilà tout; ce qu'elle avait fait avant... je n'en sais rien!... mais je n'aime pas à croire le mal... Malgré cela, vous jugez si Vauxdoré fut vexé... et c'est depuis ce jour que Mme Troupeau ne voulut pas que sa fille revît jamais Mlle Adrienne.

— Et... sur l'honneur, monsieur, vous êtes certain de ce que vous dites?

— Je l'ai vu de mes propres yeux... j'y étais; mais je n'en veux tirer aucune supposition contre votre prétendue!... je m'en garderais bien. Je vous ai dit cela... parce que je croyais d'abord que vous le saviez... et comme M. Doudoux et le grand neveu sont revenus à Belleville, il y a quelques jours, j'avais cru qu'on vous avait dit quelques mots à leur sujet.

— Oui... je me rappelle... un grand jeune homme se disant neveu de Vauxdoré, est venu le voir peu de jours avant la mort de la tante d'Adrienne... mais il n'est venu qu'une fois.

— Il a quitté Belleville le lendemain ainsi que M. Doudoux... cela a même encore fait jaser. On a dit : Ces messieurs repartent bien vite parce que M. Auguste Montreville est maintenant près de Mlle Adrienne, et qu'ils sont en colère de trouver la place prise... Oh! si vous saviez comme on est mauvaise langue dans le pays! Je n'aime pas cela, moi, j'exècre la médisance. J'aperçois un ami qui m'appelle pour faire un quatrième au domino... pardon, si je vous quitte, monsieur Montreville; et bien charmé d'avoir passé quelques moments agréables auprès de vous.

M. Renard s'est éloigné; Auguste est atterré par tout ce qu'il vient d'entendre; il sort du café et marche au hasard dans Belleville; il ne veut qu'être seul pour se livrer à sa douleur; cela fait tant de mal d'apprendre que l'on est trompé par celle que l'on aime, de ne plus trouver que fausseté et perfidie dans des yeux où l'on cherchait, où l'on croyait voir de l'amour. Ce qui faisait notre bonheur, notre avenir, s'évanouit à cette seule pensée : Elle me trompait.

— Cette Adrienne que je croyais la franchise même!... se dit Auguste, avoir eu des amants, des intrigues!... encore si elle me l'avait avoué. Mais non, jamais les femmes n'avouent ces choses-là!... il faut toujours qu'elles trompent! Ah! si elles savaient le mal que cela nous fait quand nous apprenons par d'autres ce qu'elles auraient dû nous confier!... Perfide Adrienne!... me laisser croire que j'ai son premier amour; alors même qu'elle m'aimerait maintenant, puis-je compter sur un cœur qui s'est déjà donné si souvent!... Ce neveu de Vauxdoré... je me rappelle à présent qu'elle s'est troublée lorsqu'il vint voir son oncle pendant que j'étais là... L'autre, je ne le connais pas. Et cette crainte qu'elle manifestait de me voir aller chez M. Troupeau... cette promesse qu'elle m'avait demandée de ne plus y mettre les pieds... Ah! je comprends son motif maintenant... ce n'était pas par jalousie... non... mais elle redoutait que chez son ancienne amie je n'entendisse parler d'elle... que l'on ne m'apprît pourquoi on avait cessé de la voir... Mme Troupeau m'aurait dit plutôt ce que je sais aujourd'hui... Oh! oui, c'est pour cela qu'elle m'avait supplié de n'y pas retourner... hélas!... je vois que M. Renard ne l'a point calomniée... Il dit que tout Belleville sait cela... Eh bien! je veux interroger d'autres personnes... je veux être certain qu'il m'a dit vrai... et alors je la fuirai pour jamais! je ne serai pas assez sot pour devenir le mari d'une demoiselle qui a eu des amants.

Faites votre paquet, partez! (P. 252.)

Auguste connaît quelques personnes dans Belleville, il va les voir, il s'informe, il interroge, amène la conversation sur Godibert et le fils de Mme Ledoux. Il est toujours facile de faire répéter les méchancetés, parce que généralement les méchancetés font rire et que nous aimons à nous moquer de nos semblables: chacun lui en dit autant que Renard, les uns en ayant l'air de douter du fait, les autres en lui jurant qu'ils avaient l'intention de l'avertir.

Auguste ne peut plus conserver le moindre doute ; il a bientôt pris son parti : en amour on n'hésite pas lorsqu'on est profondément blessé. Il est rentré chez lui sans aller dire bonsoir à Adrienne ; il s'enferme dans sa chambre, fait ses apprêts de départ, laisse sur une table l'argent qu'il croit devoir à Vauxdoré ; ensuite il écrit deux lettres : une bien courte, bien brève à l'oncle d'Adrienne ; une autre à celle qu'il allait épouser.

Tout cela terminé, Auguste n'essaie pas de se livrer au sommeil, il sait bien qu'il n'en goûtera pas ; il attend le jour en pensant à Adrienne, en maudissant les femmes, et en se promettant de nouveau qu'il n'en aimera plus aucune.

Dès que le jour paraît, il sort de sa chambre ; il marche bien doucement ; son cœur est serré en passant devant la porte de chez Adrienne ; il s'arrête un moment... il est sur le point d'entrer pour l'accabler de reproches... et lui pardonner peut-être ; mais il pense qu'il est plus sage de ne point la voir. Il descend, ouvre la porte de la rue sans éveiller personne, et sort de chez Vauxdoré en jurant de n'y revenir jamais.

Au bout de quelque temps, les habitants de Belleville sont levés. Vauxdoré attend son déjeuner Adrienne est descendue au jardin ; surprise de n'avoir pas vu M. Auguste la veille, elle le cherche pour savoir ce qui l'a empêché d'aller lui dire bonsoir. Mais le jardin est désert et Adrienne monte près de son oncle en disant :

— C'est singulier... serait-il déjà sorti ?... mais sortir sans me voir, et hier au soir non plus... oh! ce n'est pas possible ! il dort encore sans doute.

Le déjeuner est servi, Auguste ne paraît pas.

— Il est peut-être indisposé, dit Vauxdoré.

L'oncle n'a point achevé sa pensée, que déjà Adrienne a quitté la salle, elle gravit lestement l'escalier, elle est devant la chambre d'Auguste qu'elle appelle en frappant à sa porte. Ne recevant point de réponse, elle entre... Le lit n'a point été défait... il n'est donc pas rentré de la nuit... une pâleur mortelle couvre le visage d'Adrienne ; mille pensées funestes s'offrent à son esprit... Tout à coup les deux lettres frappent sa vue... elle les prend, en voit une pour elle. La pauvre fille devine déjà son malheur, car avant de la lire, elle tremble, elle est obligée de s'asseoir, elle ne respire plus ; enfin ses yeux dévorent les caractères tracés par son amant.

« Vous m'avez trompé, Adrienne, d'autres que moi ont été aimés de vous. Je connais maintenant vos intrigues avec M. Ledoux et votre cousin Godibert. Si vous m'aviez dit avec franchise qu'avant de me connaître d'autres avaient eu votre amour, j'aurais pu peut-être vous pardonner et vous aimer encore ; mais me jurer que seul j'ai possédé votre cœur, se donner pour ce que l'on n'est plus, c'est de la perfidie, et je ne puis prendre pour épouse celle qui m'a joué à ce point. Adieu : il vous sera facile de m'oublier, je tâcherai d'en faire autant; mais, que j'y parvienne ou non, vous ne me reverrez jamais.

« Auguste Montreville. »

Adrienne est quelques instants sans trouver même des larmes pour soulager sa douleur. Elle regarde toujours cette lettre, elle ne peut que murmurer :

— Parti... pour jamais... et il croit que j'en ai aimé d'autres que lui... que je l'ai trompé... ô mon Dieu! vous savez qu'il n'en est rien!... que je suis innocente! et il me croit coupable... et je ne le verrai plus!

La pauvre fille laisse tomber sa tête sur sa poitrine, deux ruisseaux de larmes se font un passage et couvrent son visage, sur lequel on lit un morne désespoir. En ce moment, Vauxdoré, impatient de ne revoir ni Auguste ni sa nièce, monte aussi chez son jeune locataire; il trouve sa nièce tout en larmes.

— Eh bien! qu'est-il donc arrivé?... Tu pleures, Adrienne? Qu'est-ce encore!... où est M. Montreville?

— Parti... parti pour toujours! murmura la jeune fille en sanglotant.

— Parti!... quand il devait t'épouser... Ah, morbleu! ce n'est pas possible... Qu'est-ce que cela?... une lettre pour moi... Voyons.

L'oncle ouvre précipitamment le billet à son adresse et lit :

« Monsieur, je ne puis plus épouser mademoiselle votre nièce, vous en devinerez facilement le motif. Je vous laisse l'argent que je vous dois pour mon loyer; quant au piano qui est dans ma chambre, vous en disposerez à votre gré. Recevez mes regrets et mes adieux. »

— Voilà ce qui est par trop impertinent! s'écrie Vauxdoré en froissant avec colère le billet dans ses mains; que veut-il dire avec ces motifs que je devinerai!... Eh bien Adrienne, vous devez le comprendre, vous... Quelle est cette lettre que vous tenez? C'est de lui sans doute? Voyons ce qu'il vous écrit.

Vauxdoré s'empare de la lettre que sa nièce tient encore, et qu'elle ne cherche même pas à retenir; car, dans son accablement, elle ne semble ne plus voir ni entendre ce qui se passe autour d'elle. Vauxdoré lit ce qu'Auguste lui a écrit, la colère se peint dans ses yeux; il revient vers Adrienne en s'écriant :

— Ainsi, mademoiselle, ce sont encore vos intrigues, c'est votre mauvaise conduite qui est cause que vous manquez ce mariage... On aura parlé à M. Montreville de ce que vous avez fait avec votre cousin, avec le jeune Ledoux... Vous voyez ce qui en arrive!... On est toujours puni de ses sottises!

— Mais, mon oncle, je vous jure que j'étais innocente ; je n'ai jamais eu les intrigues qu'on me suppose !...

— Grands mots que tout cela !... ce n'est pas à moi qu'il faut faire de tels contes !... Si je vous écoutais, vous me diriez peut-être aussi que vous n'avez eu aucune liaison avec M. Auguste, tandis qu'il suffit de vous regarder pour se convaincre de votre honte !

— Ah ! mon oncle, cette faute est bien grande sans doute, mais elle est la seule que j'ai à me reprocher !...

— Et moi, qui avais annoncé dans tout Belleville que ce jeune homme allait vous épouser !... Comme ils vont rire ! comme ils vont encore se moquer de moi !... Mais non, je ne veux plus sous mes yeux souffrir un tel scandale !... c'est ma femme qui par sa faiblesse autorisait vos sottises. Je ne veux plus de tout cela chez moi... Je vivrai seul, en garçon, au moins on ne me montrera plus au doigt, et je n'aurai pas une fille mère chez moi. Vous m'avez entendu, mademoiselle ; faites votre paquet, partez ! débarrassez-moi de votre présence et du spectacle de votre honte !

Il appelle Adrienne

Après avoir dit ces mots, Vauxdoré quitte brusquement la chambre ; il court prendre sa canne, son chapeau, et se hâte de sortir de sa demeure.

Adrienne n'a point essayé de calmer la colère de son oncle ; tout occupée de la pensée qu'Auguste l'abandonne, il lui semble qu'elle ne saurait être plus malheureuse, et elle supporte presque avec indifférence toutes les autres peines qui viennent l'accabler. Cependant de l'excès de la souffrance naît souvent un courage qui rend de l'énergie à notre âme. Adrienne l'éprouve en ce moment ; elle essuie ses yeux, retient ses pleurs, se hâte de faire un paquet de ses effets, et tout en se disposant à quitter la maison de son oncle, se dit :

— Il a voulu que je sois malheureuse... qu'importe où je serai maintenant, pourvu que je puisse pleurer en liberté !... Je sais travailler... eh bien ! je gagnerai pour moi, pour mon enfant ! Oh ! oui, je passerai, s'il le faut, toutes les nuits, afin qu'il ne manque de rien... Mon pauvre enfant ! ah ! je ne l'abandonnerai jamais, moi ! et quand je l'embrasserai, je croirai encore embrasser son père.

Vauxdoré était sorti fort en colère, il était allé promener son humeur dans les prés Saint-Gervais ; mais l'oncle d'Adrienne n'était pas méchant et s'il se laissait emporter par un mouvement de vivacité, bientôt son bon naturel reprenait le dessus. Après deux heures de promenade, son sang est rafraîchi, sa tête est calmée, et il se dit :

— Cette pauvre fille, je lui ai parlé bien durement !... elle était déjà désolée de l'abandon de son amant... et, au lieu de tâcher de calmer son chagrin, je lui ai ordonné de sortir de chez moi... Où irait-elle, sans argent et dans la position où elle est ?... Elle a fait une faute... est-ce une raison pour la réduire au désespoir, pour lui retirer mon amitié, la seule qui lui reste ?... Est-ce que je n'ai jamais fait de sottises, moi ?... Et qui diable ! n'en fait pas dans ce monde ? et pour ne pas entendre quelques bavards, quelques faiseurs de propos, je chasserais ma nièce !... je l'exposerais au besoin, à la misère !... Oh ! c'est alors que je serais bien plus coupable qu'elle... Je

Puis elle le frottait avec zèle

n'avais pas le sens commun quand j'ai dit cela... Pauvre Adrienne !... retournons chez moi, allons l'embrasser... et qu'il ne soit plus question de départ !... c'est bien assez qu'elle pleure celui de son amant !

Vauxdoré se hâte de retourner vers sa demeure. Il arrive : Il cherche, il appelle Adrienne ; mais il était trop tard, la pauvre fille venait de quitter la maison de son oncle, sans qu'aucun indice pût faire connaître de quel côté elle avait porté ses pas.

XIX

AMOUR ET FOLIES.

— Mais enfin, monsieur Baisemon, concevez-vous pourquoi Gueulard ne me laisse plus dormir en paix une seule nuit?... Vous avez fait des rondes avec Grilloie?

— Oui, mademoiselle, j'en ai fait encore une la nuit dernière, ainsi que j'ai eu l'honneur de vous le dire tout à l'heure.

— Et vous n'avez rien aperçu, rien découvert?

— Pas l'ombre d'un individu, mademoiselle.

— Pourquoi donc Gueulard s'acharne-t-il à crier toutes les nuits?

— Mademoiselle, qui vous dit que ce chien n'est point atteint d'un catarrhe, dont les crises se renouvellent toujours, vers la même période de temps?

— Bah!... vraiment... vous penseriez... Au fait, j'ai eu longtemps une chatte qui toussait comme une poitrinaire! ce chien peut bien être enrhumé, alors il faudrait lui faire prendre quelque chose d'adoucissant.

— Oui, mademoiselle, par exemple, au lieu d'os à ronger, si on lui donnait des boulettes de gomme?

— C'est parfaitement trouvé! vous direz à Grilloie d'en acheter pour Gueulard.

Le moyen proposé par M. Baisemon ne produit pas l'effet qu'on espérait: Gueulard refuse d'avaler de la gomme, et il fait encore plus de train parce qu'on lui supprime ses os. Les habitants de la maison sont sur les dents; toutes les nuits ils sont réveillés, et quand par hasard le chien se tait, Virginie ne manque pas d'avoir un accès de somnambulisme. Il n'y a plus moyen de reposer sous le toit de Mlle Bellavoine: Perpétue maigrit et jaunit, Grilloie se casse chaque jour davantage, M. Baisemon lui-même a perdu de sa rotondité. Quant à Virginie, elle-même s'impatiente de ce que ses amoureux se bornent à faire aboyer le chien, et se dit:

— Si c'est pour cela qu'ils m'ont suivie jusqu'à Senlis, ce n'était pas la peine de se battre sur la route.

M. Baisemon, fatigué de faire des rondes de nuit et voulant peut-être essayer de dormir le jour, venait de se dire atteint de maux de reins qui l'empêchaient de bouger. Depuis trois jours il gardait le lit, où Perpétue lui portait régulièrement le matin et le soir une rôtie au sucre; puis elle le frottait avec zèle, afin de redonner de la souplesse à ses reins, et sans exiger qu'il gardât son caleçon. Perpétue était une fille sage ; mais les plus sages sont souvent les plus dévouées et savent immoler leurs scrupules pour secourir ceux qui souffrent. Pour les bonnes sœurs attachées au service des hospices, il n'y a plus de sexe et Perpétue en disait autant en frottant le gros Baisemon.

Mais voilà que Grilloie s'avise aussi d'être malade, d'avoir des douleurs, de ne plus pouvoir faire son service. Pour celui-là, on se contentera de le laisser couché ; on ne lui portera pas de rôtie et on n'ira pas le frotter; pourtant le vieux jardinier avait vingt ans de plus que Baisemon, et il travaillait à la terre, ce qui est plus fatigant que de se chauffer devant une cheminée; mais c'est ainsi que beaucoup de gens pratiquent l'humanité. Ils sont serviables, complaisants pour ceux qu'ils aiment, durs et insensibles pour les autres, et ils croient avoir de grandes qualités!

Lorsque Grilloie a déclaré d'un ton lamentable qu'il est hors d'état de se lever, Perpétue va trouver sa maîtresse. Mlle Bellavoine était alors dans son salon avec sa nièce, à laquelle elle faisait confectionner un sirop qu'elle voulait faire prendre à M. Baisemon, sirop composé d'absinthe, d'anis, de canelle et de sucre, et qui est souverain pour les maux de reins; mais dans lequel Virginie glissait de temps à autre quelques pincées de sel et de poivre pour la plus grande jouissance de Baisemon.

— Ah, mademoiselle! voilà bien une autre affaire; s'écrie Perpétue en entrant dans le salon.

— Qu'est-ce donc, Perpétue? est-ce que ce pauvre Baisemon se sent plus mal?

— Non, mademoiselle ; grâce au ciel cet excellent homme ne souffre pas plus... il a pris sa rôtie ce matin, et il m'a dit même qu'il commençait à se tourner un peu... ça revient tout doucement. Mais ne voilà-t-il pas que ce vieux Grilloie s'avise d'être malade aussi ?

— Comment! Grilloie, mon jardinier?

— Oui, mademoiselle; quand je suis allée m'informer ce matin pourquoi il ne venait pas, ce vieux pleurard m'a dit: Je ne peux pas me lever, j'ai mal partout!... et puis c'est qu'il tousse, il crache ! que c'en est dégoûtant!... il aura trop bu, l'ivrogne !

— Ah ! mon Dieu! Grilloie au lit... mais c'est fort désagréable.

— C'est ce que je lui ai dit : Notre maîtresse ne vous paye pas pour que vous restiez dans votre lit, vieille brute ! Mais, bah! ça n'est plus bon à rien.

— Et ce pauvre Gueulard, comment va-t-il?

— Oh! Gueulard se porte bien le jour; vous savez, mademoiselle, qu'il ne crie que la nuit. Avec tout ça me voilà seule pour trotter dans la maison et au dehors... je suis sur les dents aussi moi!... je maigris que c'est effrayant! je danse dans mon caleçon!... on n'a plus de repos ici!... et s'il arrivait quelque chose la nuit, qu'est-ce qui nous défendrait à présent que nos deux hommes sont sur le dos?

— C'est vrai, Perpétue, nous serions exposées à tout.

— Ma tante, dit Virginie, si vous le voulez, j'irai faire les courses, acheter les provisions...

— Non, ma nièce, non, cela ne serait pas convenable ni décent; vous ne devez point aller au marché ni sortir seule... vous êtes appelée à un rang trop élevé pour vous occuper de ces menus détails...

— Mais vous me faites bien faire du sirop, ma tante.

— C'est différent, ma nièce, ce sirop est pour administrer à un malade. On a vu des chanoinesses, des abbesses, des princesses, panser elles-mêmes des blessés! c'est le but qui sanctifie tout. Mais voyons, Perpétue, comment allons-nous faire? c'est très embarrassant.

— Mon Dieu! il n'y a qu'à prendre du monde de plus: aussi bien, c'était déjà indispensable, ce vieux Grilloie n'est plus propre à rien !

— Connaissez-vous quelque servante honnête, de mœurs irréprochables?

— Oh! il ne faut pas prendre de femmes!... je n'en veux pas d'autres pour servir ici que moi!... Ah ben oui!... une servante!... qu'il faudrait former, ou qui me laisserait tout à faire!... D'ailleurs je n'en veux pas ici avec moi! si vous en prenez une, donnez-moi mon compte, je m'en vais !...

— Allons, allons! Perpétue, calmez-vous... c'est pour vous aider que je vous offre cela.

— M'aider!... je n'ai pas besoin qu'on m'aide dans ce qui me regarde! je crois que je fais assez bien mon service, mais nous avons besoin d'hommes pour nous défendre et veiller sur nous; car le tintamarre des nuits me rend toute peureuse!... Ce n'est pas une femme qui nous protégera, elle crierait aussi, voilà tout; et puis, est-ce que je m'accorderais avec une autre servante?

— Mais enfin, où trouver un serviteur fidèle, honnête, probe?

— J'vais vous dire ce que m'a proposé la fruitière, Mme Beuré; c'est deux frères, deux jeunes gens bien honnêtes, qui arrivent de leur pays... de la Lorraine, je crois, et qui cherchent à se placer et se contenteront des gages qu'on leur donnera. Mme Beuré en répond, et il paraît qu'elle connaît leur famille.

LA PUCELLE DE BELLEVILLE

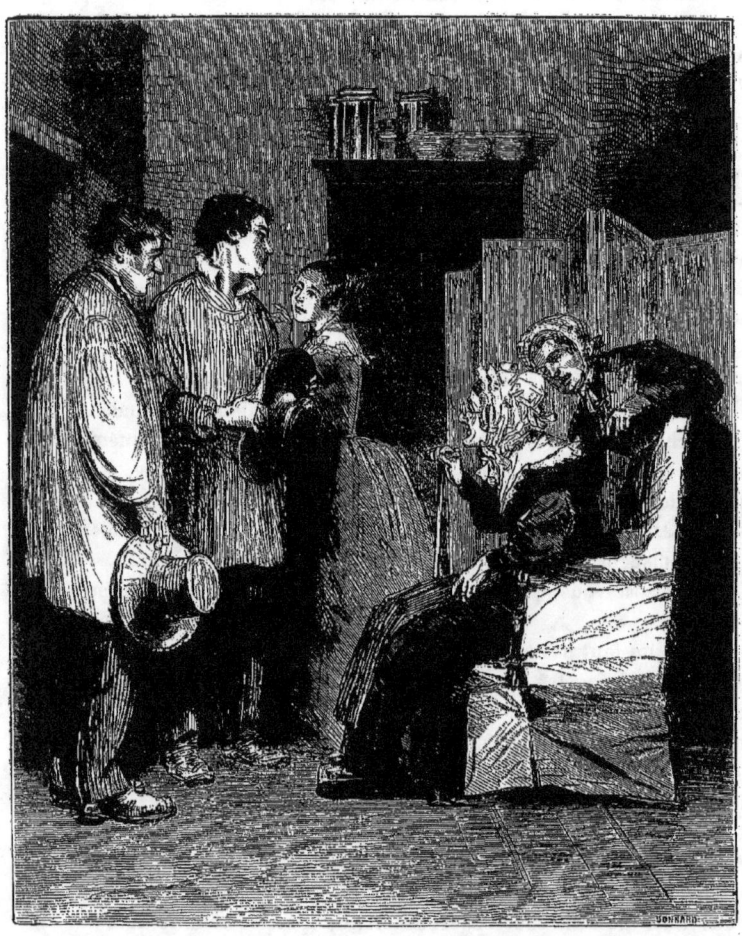

Approchez dit Mlle Bellavoine. (P. 258.)

— Mais, Perpétue, deux serviteurs de plus, c'est beaucoup.

— Ah! nous trouverons bien à les occuper: l'un sera pour le jardin, l'autre pour l'écurie, la basse-cour, la maison!... et par la suite, s'ils ne vous conviennent pas, vous les renverrez.

— Eh bien! dites à cette fruitière de m'envoyer ces deux garçons... Si je leur trouve de la décence, de la tenue... s'ils me plaisent enfin, nous verrons.

— J'vais tout de suite aller chez Mme Beuré.

Perpétue, qui tient beaucoup à avoir des hommes pour veiller sur elle, parce qu'elle se flatte d'avoir encore quelque chose à conserver, va sur-le-champ chez la fruitière, et celle-ci lui dit : « Avant une heure les deux Lorrains seront chez vous. » Et dès que la servante a tourné les talons, Mme Beuré fait avertir Godibert et Doudoux. Ces messieurs moyennant quelques écus avaient mis la fruitière dans leurs intérêts ; et la bonne femme, qui n'avait pas toujours vendu que des pommes, leur avait dit : « Je vous introduirai dans la maison. » En effet, une heure ne s'était pas écoulée que les deux amoureux, revêtus de longues blouses bleues, la tête couverte d'une perruque rousse et d'un chapeau à grands bords, frappent chez Mlle Bellavoine.

Perpétue sourit en les voyant entrer, Godibert et Doudoux, qui savent comment il faut se conduire pour être admis chez la vieille tante, commencent par saluer avec respect la servante.

— Vous êtes les deux Lorrains, les deux frères qui voulez entrer en service, n'est-ce pas?

— Oui, mademoiselle, si vous voulez bien le permettre.

— Oh! Mme Beuré vous a bien recommandés! venez, je vais vous présenter à ma maîtresse.

Les deux jeunes gens sont introduits devant Mlle Bellavoine ; ils restent à la porte, debout, les yeux baissés, ayant l'air de ne point oser faire un pas. Virginie, qui les a reconnus du premier coup d'œil, est obligée de porter un mouchoir à sa bouche pour ne pas rire de leur tournure. Mlle Bellavoine se tourne vers sa nièce et lui dit :

— Allez à votre chambre, mon enfant, il n'est pas nécessaire que vous soyez présente à l'interrogatoire que je vais faire subir à ces deux hommes.

Virginie s'incline et se lève ; mais en passant près des jeunes gens elle trouve moyen de leur dire :

— Ah! que vous êtes laids comme ça!

— Approchez... approchez, dit Mlle Bellavoine en faisant signe aux soi-disant Lorrains d'avancer, tandis que Perpétue se penche vers l'oreille de sa maîtresse pour lui dire.

— Ils ont l'air timides comme des nonnes!... c'est une trouvaille, mademoiselle.

— Taisez-vous, Perpétue... Eh bien! avancez donc... jeunes gens je vous le permets.

— Ah, madame!...

— Je ne suis point madame, je suis demoiselle.

— Faites excuse, mamzelle, je sommes si peu avancés pour notre âge !...
— Il n'y a point de mal. Vous désirez vous placer?
— Oui, mamzelle.
— Que savez-vous faire?
— Nous ferons tout ce que vous voudrez, mamzelle.
— Ils ont du zèle dit tout bas Perpétue moi je les dresserai au service.
— Silence donc, Perpétue ! Vous êtes Lorrains?
— Oui, mamzelle, de Nancy.
— Vous êtes frères?
— Oui, mamzelle, de père et de mère.
— Que font vos parents?
— Rien, mamzelle,
— Comment, rien?
— Ils sont morts.
— C'est différent. Et comment vous nommez-vous?

Les deux jeunes gens se regardent, ils n'avaient pas pensé à se pourvoir d'un nom; c'est à qui ne répondra pas, et Perpétue marmotte encore :

— Ils n'osent pas parler !... voilà des jeunes gens bien élevés au moins.
Enfin Godibert s'écrie:
— Notre père s'appelait Thomas, je me nomme Jean, et mon frère Pierre.
— C'est bien; dites-moi, vous n'avez pas la prétention de gagner beaucoup?
— Ce qui vous fera plaisir, mamzelle, et quant à ce qui est de la probité, oh ! vous pouvez être en repos !
— Oui, Mme Beuré a répondu de la vôtre; mais cela ne suffit pas. Je dois vous prévenir d'une chose ; Jean et Pierre, pour rester à mon service il faut mener une vie exemplaire, ne jamais jurer, ne jamais prononcer de ces vilains mots... qu'une femme ne doit pas entendre ; et surtout n'avoir aucune connaissance, aucune amourette !
— Ah ! mamzelle ! est-ce que j'avons jamais pensé à ça !
— A la bonne heure ! si vous ne pensez jamais à ça vous resterez chez moi ; mais du moment que vous penserez à ça, je vous mettrai à la porte.
— Ça suffit, mamzelle.
— Vous, Jean, vous travaillerez au jardin, et Pierre sera employé dans la maison et à la cuisine. Avez-vous vos effets?

— Oui, mamzelle, j'avons chacun not' petit paquet.

— En ce cas, vous pouvez rester chez moi ; Perpétue va vous installer et vous montrer où vous coucherez.

Godibert et Doudoux saluent de nouveau jusqu'à terre et suivent Perpétue qui va trottillant devant eux en disant : — Venez avec moi, Jean et Pierre... je vais vous mettre sur-le-champ à la besogne... Oh ! c'est que nous en avons par-dessus la tête ici... Mais j'aurai soin que vous soyez bien nourris... c'est moi que cela regarde ; si vous êtes dociles, exacts à vos devoirs, vous ne vous repentirez pas d'être entrés chez nous. Tenez, Jean, vous coucherez là... dans cette petite chambre au rez-de-chaussée ; elle donne sur le jardin, cela vous sera commode pour votre besogne... Pierre aura sa chambre en haut, dans les mansardes, au-dessus de notre régisseur M. Baisemon, digne homme, qui est indisposé pour le moment ainsi que notre vieux concierge. Jean, voici le jardin, il y a beaucoup à faire là ! Vous connaissez-vous à tailler les arbres, à planter, à soigner les légumes ?

— Oh ! oui, mamzelle.

— C'est bien, vous me cueillerez du persil et de la ciboule, j'en ai besoin pour le dîner. Pierre, voici deux pigeons que vous allez plumer, car j'ai beaucoup à faire ; ensuite vous balayerez et frotterez avec soin le grand escalier. Moi, je vais aller frotter ce pauvre M. Baisemon, notre régisseur, et savoir s'il se remue un peu plus qu'hier.

Perpétue est éloignée ; les deux jeunes gens se regardent en riant.

— Nous voici dans la place, dit Godibert.

— Oui, et nous avons eu déjà l'ineffable bonheur de voir Virginie !... O fille incomparable ! ô Armide ! ô Circé !...

— Elle nous a dit que nous étions vilains comme ça. Le principal, c'est que le gros régisseur et le vieux Grilloie ne nous reconnaissent pas pour ceux qu'ils ont vus sur la route.

— Ces gens-là n'ont pas des yeux de lynx !

— Ils sont tous les deux malades en ce moment, cela nous donnera le temps de nous reconnaître... Ça ne m'amuse pas beaucoup d'aller cueillir du persil et de la ciboule pour cette vieille bavarde !

— Ni moi de plumer les pigeons et frotter l'escalier.

— Mais nous sommes près de la petite, c'est l'essentiel.

— O Virginie !... ô quatrième Grâce ! ô dixième Muse ! ô...

— Monsieur Doudoux, il n'est pas question de tout cela. Rappelez-vous nos conventions, Mlle Troupeau nous dira quel est celui qu'elle préfère de nous deux... alors l'autre s'en ira ; mais jusqu'à ce que nous trouvions l'occasion de forcer la petite à se déclarer, point de tentatives pour la voir seule et lui dire des douceurs au détriment de son rival.

— C'est convenu... C'est entendu.

Les deux jeunes gens renouvellent une promesse que chacun d'eux a l'intention de ne pas tenir ; car ils pensent déjà à se procurer en secret une entrevue avec Virginie ; mais c'est presque toujours ainsi que cela se pratique. On promet, on jure même : cela n'engage à rien.

— Quoique habitant sous le même toit que Virginie, il n'était pas facile de se trouver seul avec elle; sa tante la gardait presque constamment à ses côtés, et le temps était trop froid pour aller se promener au jardin. Il faut pendant plusieurs jours se contenter de se lancer de tendres regards lorsqu'on n'est pas observé ; mais Perpétue ne laisse pas un moment de repos aux nouveaux serviteurs, elle est sans cesse sur leurs pas : il faut que l'un lui épluche des

Il se précipite à ses genoux.

légumes, que l'autre lui fende du bois ou lui allume son feu ; et cela commence à ennuyer beaucoup les jeunes gens qui sont obligés d'obéir.

— Le sirop que Mlle Bellavoine a fait prendre à Baisemon cause à celui-ci des coliques qui le forcent à garder le lit huit jours de plus ; mais Gueulard avait cessé d'aboyer depuis que Jean et Pierre étaient à la maison, et Perpétue ne cessait de dire à sa maîtresse :

— Voyez-vous, mademoiselle, c'est parce nous avons à présent deux défenseurs vigoureux que les tapages nocturnes ont cessé. Ah! j'ai eu là une heureuse idée de vous faire prendre pour domestiques ces deux Lorrains, ils ne sont pas très habiles pour plumer les volailles et éplucher les légumes ; mais ils sont doux et respectueux que c'en est édifiant.

— Oui, j'en suis assez satisfaite, répond la vieille fille. Je ne les entends ni jurer, ni dire de vilains mots, et ils sont remplis de zèle ; car je ne puis pas me retourner que je n'aperçoive l'un des deux frères derrière moi ; mais je ne sais pas s'ils portent des caleçons : le leur avez-vous demandé, Perpétue ?

— Pas encore, mademoiselle.

— Vous aurez soin d'en placer un sur chacune de leurs couchettes, en leur disant que cela entre dans ma livrée.

— Oui, mademoiselle.

— J'espère que ces Lorrains plairont aussi à l'estimable Baisemon.

— Cela vaut mieux que ce vieux Grilloie qui gémit toujours dans son lit, l'ivrogne ! Mademoiselle, quand il sera guéri, il faudra le mettre à la porte ; il y a même bien des maîtres qui ne l'auraient pas gardé malade ; mais vous êtes si bienfaisante, mademoiselle, vous poussez quelquefois cela trop loin !

— C'est vrai, Perpétue, je consulterai Baisemon à cet égard.

— Un matin, Virginie trouve l'occasion de s'échapper et de courir au jardin ; elle y est à peine que Godibert est près d'elle, et prend sa petite main qu'il baise avec ardeur en s'écriant :

— Ah ! mademoiselle, il faut bien vous aimer pour se décider à rester ici à racler un jardin et à éplucher des oignons pour une maudite servante qui est sans cesse sur mon dos !

— Comment, monsieur Godibert, vous pensez encore à moi ?

— Vous êtes mon chef de file, mademoiselle, je ne veux obéir qu'à votre commandement ; il y a aussi un autre jeune homme qui prétend que vous l'aimez aussi ?

— Il ment.

— Que vous lui avez donné des espérances ?

— Ça n'est pas vrai.

— Que vous lui avez permis de vous suivre ?

— Qu'est-ce que cela prouve ?

— Alors, puisque vous ne l'aimez pas, je vais le mettre à la porte.

— Non, je ne veux pas que vous mettiez M. Doudoux à la porte ; je veux que vous restiez ici tous les deux, parce que cela m'amuse.

— Cependant, mademoiselle...

— Voilà Perpétue... sauvez-vous !

Godibert s'éloigne ; Virginie rentre à la maison, laissant Perpétue au jardin. Dans l'escalier, la jeune fille trouve Doudoux qui était obligé de frotter ; il se précipite à ses genoux en s'écriant :

— Ah, mademoiselle ! je puis donc enfin vous parler : et je brûle, je meurs, je me dessèche !

— Ah ! mon Dieu ! monsieur Doudoux, pourquoi vous desséchez-vous ?

— Parce que j'aurais besoin d'appuyer mon cœur contre le vôtre, de mêler mes battements à vos pulsations... de trouver la vie dans vos regards...

— Vous parlez toujours de manière à ce que je ne vous comprenne pas; est-ce exprès?

— Ah! mademoiselle, depuis que je vous ai vue à Belleville je n'ai pas eu un iota de plaisir! pas un bêta de bonheur! et ce grand M. Godibert prétend être aimé de vous?

— C'est faux!

— Il dit que vous le préférez à moi?

— Il n'en sait rien.

— Que c'est par vos ordres qu'il est ici?

— Ça ne fait rien du tout.

— Alors je vais lui dire qu'il peut s'en aller.

— Non, je vous défends de rien lui dire...

— Mais, mademoiselle...

— Ma tante m'appelle. Adieu.

La jeune fille s'éloigne : les jeunes gens ne sont pas plus avancés, mais ils se promettent, à la première occasion, de forcer Virginie à se déclarer positivement. Cette occasion se présente le lendemain : Virginie saisit un instant où sa tante tourne le dos, elle s'échappe et court au jardin; elle est bientôt abordée par Godibert. Malheureusement le joli mois de mai n'était pas encore revenu, il n'y avait ni feuillage, ni ombrage, mais les amoureux s'accommodent de tout : lorsqu'on est sans témoin, tous les endroits sont propices pour donner ou recevoir des baisers; et je ne sais pas où l'on ne ferait point l'amour lorsqu'on est vivement possédé de le faire!

Au lieu de perdre son temps à parler de son rival et à chercher à savoir quel est celui que Virginie préfère, Godibert entourait de ses bras la taille mignonne de la petite, il embrassait tout ce qui était à sa portée; et, comme on se défendait mal, il trouvait toujours quelques larcins à faire. Il se disait : — A quoi bon la questionner? si je triomphe, c'est moi qu'elle aime! Mais tout à coup un cri de fureur se fait entendre. C'est Doudoux qui, voyant son rival étreindre Virginie dans ses bras, se jette sur lui, le tire par sa blouse et lui glisse entre les jambes le manche de son balai.

Virginie s'est dégagée et sauvée. Les deux amoureux se livrent un nouveau combat, se servant l'un du balai, l'autre du râteau. Perpétue arrive dans le jardin, elle se précipite entre les combattants en s'écriant :

— Miséricorde!... est-ce bien possible!... deux frères se battre!... O mes enfants! à quoi pensez-vous!... qui a pu allumer votre colère!...

se battre ici!... c'est fort mal!... je veux qu'on se raccommode... mais d'abord, apprenez-moi pourquoi vous vous battiez.

On ne pouvait pas avouer à Perpétue le motif de la querelle. Godibert et Doudoux baissent les yeux et restent muets.

— Eh bien, Jean... eh bien, Pierre, vous vous taisez... vous êtes tout honteux sans doute de vous être livrés à de tels excès.

— C'est vrai, mamzelle.

— A la bonne heure ; mais enfin, pourquoi vous battiez-vous ?

— Mamzelle... c'est que... ce matin, je n'avais que du fromage pour déjeuner... et il prétend, lui, que vous lui avez donné du raisiné.

— Comment! c'est pour une telle bagatelle que vous vous abandonnez à la colère ! Bonne sainte Vierge !... se battre pour du raisiné !... Allons, calmez-vous, demain vous en aurez tous les deux ; mais que l'on ne se querelle plus, sinon je le dis à mademoiselle. qui vous renverrait bien vite.

Les deux amoureux se livrent un nouveau combat.

Les jeunes gens promettent d'être désormais d'accord, et Perpétue reprend :

— Maintenant, mes enfants, il faut que vous sachiez pourquoi je venais vous chercher. Notre digne régisseur, M. Baisemon, a toujours des douleurs intestinales, le pharmacien m'a donné pour lui un lavement composé ; ce pauvre M. Baisemon ne peut pas le prendre lui-même : je me serais bien sacrifiée, s'il n'y avait eu personne pour le lui donner... parce qu'il y a des cas où il faut fermer les yeux ; mais, comme vous êtes ici, c'est vous qui administrerez le purgatif en question... Allons, qui est-ce qui monte là-haut ?. . le remède est prêt, M. Baisemon l'attend.

Godibert et Doudoux font chacun une grimace épouvantable, et l'ex-cuirassier s'écrie :

Baisemon entr'ouvre son rideau. (P. 266.)

— Ah! sacré mille bombes, ce ne sera pas moi qui donnerai le lavement, toujours!...

— Ah! mon Dieu! qu'ai-je entendu là! s'écrie Perpétue. Quel jurement! quels mots!... ah! Jean, où avez-vous appris à dire de ces vilaines choses?

— Pardon, mademoiselle, mais c'est que je ne veux pas... je ne puis pas faire ce que vous désirez!... D'abord, je n'ai jamais su tenir une seringue.

— Vous ne voulez pas ! rappelez-vous, mon garçon, que vous êtes ici pour tout faire.

— Tout faire... c'est une façon de parler ; je ne pensais pas que cela irait jusque-là.

— Et vous, Pierre, êtes-vous aussi peu complaisant que votre frère ?

— Mamzelle, je ne me soucie pas d'étudier la nature de M. Baisemon, je suis, comme mon frère, peu familier avec l'instrument que vous m'offrez...

— Ah ! j'en suis bien fâchée, mais il faut obéir ou partir d'ici !... je suis bonne avec vous ; mais je veux qu'on exécute mes ordres... Allons, messieurs, montez tous les deux chez ce digne Baisemon, qui s'impatiente sans doute de ne pas vous voir venir... vous vous aiderez mutuellement : venez, je vais vous conduire.

Les jeunes gens suivent Perpétue tout en se promettant de ne pas faire ce qu'elle exige. La servante va s'armer de l'instrument ordonné et marche, en le tenant, devant Godibert et Doudoux, qu'elle conduit jusqu'à la chambre de Baisemon. Le gros bonhomme était dans son lit. Perpétue entre et pose ce qu'elle tenait sur un siège, en disant :

— Monsieur Baisemon, je vous amène nos deux Lorrains, qui vont vous donner ce que vous savez bien.

Baisemon entr'ouvre son rideau et regarde dans la chambre ; les deux jeunes gens venaient d'entrer, ils se tenaient debout en faisant une moue horrible. Perpétue s'approche de Baisemon et lui dit à l'oreille :

— Comment trouvez-vous nos Lorrains ?

— Hum !... mais... je leur trouve l'air bien sérieux.

— C'est le respect qui les rend ainsi.

— C'est dommage qu'ils aient tous les deux les cheveux rouges.

— Est-ce que vous croyez que cela empêche de donner un lavement ?

— Non, mais... je n'aime pas les hommes rouges... ça me rappelle les Cosaques.

— Ce sont de bons garçons qui seront trop heureux de vous être agréable ; au revoir, monsieur Baisemon... tout est prêt, je vous laisse... Allons, mes enfants, tâchez d'être bien adroits et de satisfaire notre excellent régisseur.

Perpétue sort et pousse la porte ; M. Baisemon referme son rideau en disant :

— Mes amis, je vais me disposer.

Godibert et Doudoux sont au milieu de la chambre, se regardant, regardant la seringue et ne bougeant pas. Le rideau s'ouvre de nouveau, et quelque chose d'énorme se présente à nu sur le bord du lit ; les deux jeunes gens reculent au fond de la chambre, tandis que Baisemon, dont on ne voit pas la tête, crie :

— J'attends la lotion qui doit dulcifier mes lombes et purifier mes voies ; allons, mes bons Lorrains... *admovete et promovete*.

Mais Godibert croise ses bras, en disant : — Le plus souvent ! Et Doudoux, en regardant vers le lit, murmure : — Cela a la figure d'un oméga.

— Allons donc, mes bons amis, je vais m'enrhumer ! reprend Baisemon en s'agitant sur le bord du lit. Finissons-en, *ad rem*.

— Il a raison, il faut en finir, dit Godibert en allant prendre la seringue ; puis se plaçant à l'autre bout de la chambre et visant Baisemon comme s'il tenait un fusil, il lui crie : — Y êtes-vous ?

— Vous le voyez bien, mon fils !

— Alors, attention : je fais feu.

Et, poussant de toute sa force, il asperge la nudité de Baisemon, qui crie à tue-tête :

— Mais ce n'est pas cela... vous vous trompez, mes amis, vous n'y êtes pas du tout.

Malgré ses cris, le gros malade reçoit tout le contenu de l'instrument, après quoi les deux jeunes gens sortent en riant de la chambre, et, pour bien achever leur journée, ils vont dans la cour détacher Gueulard, qu'ils chassent à grands coups de fouet hors de la maison.

CHAPITRE XX

LA NUIT, TOUS LES CHATS SONT GRIS.

Après l'exploit des jeunes gens, Perpétue est montée chez M. Baisemon pour savoir s'il est satisfait du service des deux Lorrains ; la servante avait entr'ouvert doucement la porte ; mais entendant comme des mugissements sourds, elle se décide à entrer dans l'appartement, et elle voit Baisemon nageant sur son lit et se perdant sous sa couverture, parce que sa chemise mouillée s'est collée sur sa tête.

Perpétue s'arme de résolution, et elle va bravement dépêtrer Baisemon de ses draps et de ses couvertures ; frappée de la désolation peinte sur ses traits, elle lui dit :

— Qu'est-il arrivé ? mon Dieu !... que signifie ce désordre ?...

— Ah ! ma chère Perpétue, j'avais bien raison de me défier de ces deux garçons qui ont les cheveux rouges !...

— Qu'ont-ils donc fait?... est-ce qu'ils n'ont pas su vous administrer le purgatif?

— Oui, ils me l'ont donné, mais *extra* et non pas *intra*. Ils m'ont aspergé... noyé,.. ils ont fait un bassin de mon lit ; j'avais beau leur crier : ça ne se donne pas comme ça ! ils allaient toujours.

— Ah! les imbéciles!... les butors!... arroser ce digne M. Baisemon!...

— J'ai pris un bain complet!

— Voilà ce que c'est que d'écouter de sots scrupules!... si je vous l'avais donné moi-même, cela aurait été si bien.

— Ah! vous m'auriez fait tant de plaisir, bonne Perpétue!... vous avez la main si légère!...

— Mais je gronderai nos Lorrains!... je suis très mécontente... Je vais vous faire chauffer une chemise... Vous allez tâcher d'avoir chaud et puis ensuite je parlerai à Jean et à Pierre... Le vez-vous un instant, que je refasse votre lit, que je change vos draps.

Allons! attention je fais feu.

— Mais, digne Perpétue, c'est que je n'ai pas de caleçon pour l'instant.

— Eh! mon Dieu, je l'ai bien vu!... mais que me font ces bagatelles quand il y va de votre santé?...

— Ah! fille céleste... comme vos soins me redonnent de la chaleur!...

— Ah! Baisemon!... Baisemon!...

— Tout ce que vous voudrez, divine Perpétue!

Lorsque la servante a fini de réchauffer le régisseur, elle descend pour donner une semonce aux jeunes gens; ceux-ci reçoivent avec assez d'indifférence les réprimandes de la domestique, ils commençaient à s'ennuyer du rôle qu'il leur fallait jouer ; chacun d'eux voulait forcer Virginie à s'expliquer et était décidé à tout tenter pour obtenir d'elle un entretien secret.

Comme si le bain eût été salutaire à Baisemon, le lendemain de cet événement, il se sent assez bien pour descendre près de Mlle Bellavoine. Il la trouve de fort mauvaise humeur ; on venait de lui servir une petite volaille que Pierre n'avait pas vidée, malgré les ordres de Perpétue, et un potage aux herbes dans lequel Jean avait mis de la bourrache et du pourpier au lieu de cerfeuil et d'oseille.

— Ah! respectable Baisemon, il est temps que vous repreniez la direction de cette maison! dit la vieille fille en voyant entrer son régisseur. J'ai deux valets qui ne font plus que des sottises!... Dans le commencement de leur séjour ici cela s'annonçait bien!... Mais je ne sais ce qui leur passe par la tête... ils font tout à rebours à présent!

— Je m'en suis aperçu, mademoiselle!...

— N'ont-ils pas laissé échapper Gueulard, mon fidèle gardien!

— Quoi! Gueulard n'est plus ici?

— Depuis hier on ne sait ce qu'il est devenu! Jean et Pierre affirment que le chien a sauté par-dessus le mur!...

— Il faudrait admonester un peu ces deux valets...

— Voilà un dîner détestable... je ne puis manger de cela... Ma nièce, appelez donc Perpétue, que je sache ce qu'il y a dans ce potage.

Virginie se pince les lèvres pour dissimuler un sourire, et va sonner la servante, qui accourt et baisse modestement les yeux en apercevant le gros Baisemon.

— Perpétue, est-ce vous qui avez confectionné mon dîner? demande Mlle Bellavoine.

— Mademoiselle, je me suis fait assister un peu par Jean et Pierre.

— Tout cela est détestable... Ces garçons n'entendent rien à la cuisine. Ils m'empoisonneront quelque jour... jugez-en, honnête Baisemon.

Baisemon approche de ses lèvres une cuillerée de potage et la repousse, en s'écriant :

— Cela est horriblement sauvage! et cette volaille est d'une amertume extrême!

— C'est singulier, mademoiselle, ces deux frères ne sont plus reconnaissables... ils m'écoutent à peine... ils sifflent ou ils chantent quand je leur parle.

— Ils sifflent!... fi donc!... je ne veux ni qu'on siffle ni qu'on chante chez moi... Allez leur intimer d'avoir d'autres manières, sinon je les renvoie.

— J'y vais, mademoiselle. Ah! à propos... Grilloie va mieux... il est levé aujourd'hui... Ah! il faut lui rendre justice, il n'a jamais chanté ici, Grilloie!... je vais tancer les deux Lorrains.

Perpétue n'avait pas pardonné aux jeunes gens la manière dont ils avaient arrosé Baisemon; elle ne les voyait plus d'un bon œil, et c'est presque avec joie qu'elle va leur transmettre les ordres de sa maîtresse. Cependant Mlle Bellavoine a fait placer Baisemon près du feu; elle s'informait avec sollicitude de l'état de sa santé; elle voulait encore lui faire prendre du sirop, ce dont le gros régisseur se défendait, lorsque Perpétue revient pâle, effarée, les yeux presque hagards, en s'écriant :

— Ah, mon Dieu ! sainte Vierge !... Je ne sais plus où j'en suis... Qui s'y serait attendu !...

Chacun regarde Perpétue, Virginie riant d'avance, parce qu'elle présume qu'il s'agit d'un nouveau tour d'un de ses amoureux; Baisemon déjà inquiet, et Mlle Bellavoine toute prête à se mettre en colère.

— Qu'avez-vous encore, Perpétue ? s'écrie la vieille fille.

— Ah ! mademoiselle, je vais vous le dire... Mais cela est si affreux... Je ne puis parler devant mademoiselle votre nièce !...

— Virginie, allez à votre chambre.

— Pourquoi donc, ma tante ?

— Allez toujours, petite; une fille bien élevée obéit et ne réplique pas.

Virginie s'éloigne, mais en se promettant bien d'apprendre par Godibert ou Doudoux ce qui a bouleversé Perpétue.

La nièce éloignée, Mlle Bellavoine fait approcher sa servante et lui dit :

— Parlez maintenant.

— M'y voici, mademoiselle. J'étais allée trouver ces deux garçons, Jean et Pierre, pour leur laver un peu la tête, comme vous me l'aviez recommandé; je rencontre d'abord le plus petit dans la cour; je lui annonce que votre intention est de le renvoyer s'il ne se conduit pas mieux. Et en effet les escaliers ne sont ni frottés ni balayés, cela devient un véritable désordre... Eh bien ! mademoiselle, croiriez-vous qu'au lieu de s'excuser, M. Pierre me répond fort malhonnêtement : « Laissez-moi tranquille, vous m'ennuyez. »

— Cela est impertinent, dit Mlle Bellavoine.

— Cela est même inconvenant, ajouta Baisemon ; car en ce moment l'honnête Perpétue vous représentait... Poursuivez, fidèle servante.

— Hélas ! je ne sais si j'oserai vous dire le reste... c'est bien pis, ma foi !... Ce Pierre m'avait quittée ; je vais chercher Jean, que je trouve dans le jardin ; je le menace également d'être renvoyé, s'il ne fait pas mieux son service... ce grand vaurien me répond aussitôt... ah ! je n'oserai jamais dire cela !...

— Osez, Perpétue, je vous y autorise... osez, bonne fille... songez que vous n'êtes ici qu'un écho.

— Eh bien !... ce Jean m'a répondu : On me renverra si on veut... je m'en f...

— Ah ! quelle horreur !... quelle abomination !... dans ma demeure... dire : je m'en... Prononcer de ces mots-là !... Ah ! le misérable garçon !... cela est révoltant, n'est-ce pas, monsieur Baisemon?

— Cela est hideux, mademoiselle !

— Et qu'avez-vous répondu à cela, Perpétue ?

— Eh, mon Dieu ! je suis restée suffoquée, saisie, je n'ai rien trouvé à répondre !

— Pauvre fille ! c'est bien fait pour cela !... Il faut que ces deux grossiers personnages sortent de chez moi... à l'instant même... qu'ils fassent leur paquet, qu'ils ne souillent plus ma demeure... Allez les chasser, Perpétue.

— Ah ! mademoiselle, je n'oserai jamais... après ce qu'ils m'ont dit déjà, je crains d'en entendre bien d'autres !

— C'est juste, ce ne serait pas prudent. Eh bien ! monsieur Baisemon, chargez-vous de ce soin, allez trouver ces deux garnements, réglez leurs comptes, et qu'ils s'en aillent.

Baisemon n'est pas trop satisfait d'être chargé de cette commission ; mais accoutumé à obéir aux moindres désirs de Mlle Bellavoine, il s'incline respectueusement et s'en va trouver les Lorrains. La vieille fille et la servante attendent avec inquiétude le résultat de la démarche de Baisemon, elles redoutent une scène, du bruit ; mais le gros régisseur reparaît bientôt l'air calme et le front serein :

— Tout est arrangé, dit-il, j'ai trouvé ces deux valets beaucoup plus doux que je ne l'espérais ; ils partiront : seulement, comme il se fait déjà tard, ils m'ont demandé la permission de passer encore la nuit ici ; demain de grand matin ils s'éloigneront. Je n'ai pas cru devoir leur refuser cette demande, cependant j'en réfère à vos ordres, mademoiselle.

— A la bonne heure, qu'ils couchent encore cette nuit ; mais qu'ils partent demain... car je ne puis pardonner à des domestiques qui disent... Ah !... fi... fi... oublions ces vilaines paroles et qu'il ne soit plus question de tout ceci...

On fait revenir Virginie, qui, au lieu de rentrer dans sa chambre, avait trouvé l'instant de rencontrer Godibert et Doudoux et donné pour la nuit un rendez-vous à chacun de ses amoureux.

La petite nièce est revenue, les yeux baissés, prendre sa place habituelle près de sa tante ; celle-ci lui donne une légère tape sur la joue et regarde Baisemon en disant :

— Quand on a chez soi la fleur de l'innocence, on ne doit pas l'exposer à entendre de grossiers valets... n'est-il pas vrai, respectable Baisemon?

— Je suis de votre avis, mademoiselle, je me fais un devoir de l'être toujours.

Grilloie, qui est rétabli, vient présenter ses respects à sa maîtresse. La conduite incivile des protégés de madame Beuré venait de rendre au vieux paysan les bonnes grâces de sa maîtresse et de Perpétue. On lui pardonne d'avoir été malade, et on lui enjoint de reprendre ses occupations.

Grilloie qui est rétabli...

— Mais je croyais que mademoiselle avait pris deux nouveaux serviteurs, dit Grilloie.

— Ce n'était qu'en attendant votre guérison, mon vieux Grilloie; vous voilà sur pied, les deux Lorrains partiront demain.

— Ah! c'est deux Lorrains qu'étions entrés ici... ma fine, je ne les avions pas encore aperçus !...

— Allez vieux Grilloie, continuez à me bien servir, j'aurai toujours pour vous les mêmes bontés.

Le vieux paysan aurait pu demander quelles étaient ces bontés, puisqu'on l'avait laissé au pain et à l'eau tout le temps qu'il avait été malade ; il aime mieux croire que c'est par ordonnance du médecin qu'on l'a traité ainsi. Il faut toujours voir les choses du bon côté.

Il était huit heures et demie du soir; Mlle Bellavoine, qui avait fort mal dîné, soupait, ainsi que sa nièce et Baisemon. Perpétue servait avec son zèle ordinaire, attentive à passer la bouteille au convalescent régisseur, qui en usait comme s'il n'avait pas été malade. Grilloie était aussi là, il venait prendre les ordres de sa maîtresse relativement à des changements qu'elle voulait faire exécuter dans son potager, et la vieille fille avait poussé la bonté jusqu'à dire à Perpétue de verser à Grilloie un demi-verre de vin, pour activer son zèle à son service.

Godibert et Doudoux étaient allés se chauffer contre le poêle. (P. 273.)

Des pas qui se font entendre dans le corridor attirent l'attention de Mlle Bellavoine.

— Qui vient ici? dit-elle : ces deux Lorrains se permettraient-ils de se présenter devant moi?... Renvoyez-les, Perpétue, je ne veux plus les voir... Ils viennent sans doute me demander excuse pour que je les garde, mais c'est inutile !... je ne pardonnerai pas.

Mlle Bellavoine n'avait pas achevé ces mots, que Godibert et

Doudoux ouvraient la porte et entraient dans la salle à manger ; mais leur tête haute, leur physionomie assurée et presque moqueuse n'annonçaient pas des gens qui viennent solliciter un pardon.

— Que voulez-vous?... que venez-vous faire ici ? s'écrie la vieille fille d'un ton aigre et impérieux.

— Mademoiselle, dit Godibert, comme nous devons vous quitter demain, nous venons vous rendre votre livrée, que nous ne jugeons pas devoir emporter avec nous.

En disant cela, il tire un caleçon qu'il tenait roulé sous son bras et le met sur la table, Doudoux en fait autant.

— Ils sont plus honnêtes que je n'aurais cru, dit Mᵐᵉ Bellavoine à Baisemon, j'ai presque envie de leur faire cadeau de ces caleçons.

— Nous sentons que nous n'étions pas en état de bien servir, mademoiselle, aussi sommes-nous décidés à nous faire soldats, mon frère et moi !

— Oui... c'est, je crois, ce que vous pouvez faire de mieux... Allons, voilà Grilloie qui casse son verre à présent!... On ne fait donc que des sottises à mon service !... Est-ce que vous retombez malade, Grilloie?

— Non, mamzelle, non, c'est pas ça !

Le vieux paysan était devenu tout tremblant depuis quelques minutes, et son verre s'était échappé de ses mains ; il se glisse derrière Baisemon et lui dit à l'oreille :

— Est-ce que vous n'avez pas reconnu ces deux hommes?...

— Non, Grilloie, que voulez-vous dire?...

— Que je les reconnais, moi !... malgré leurs perruques rouges ! Ce sont nos brigands de dessus la route, vl'à le grand et le petit.

— Ah ! mon Dieu !...

Mᵐᵉ Bellavoine hésitait pour faire présent des deux caleçons, lorsqu'elle voit Baisemon changer de couleur et laisser tomber la salière qu'il venait de prendre.

— Eh bien !... qu'y a-t-il donc?... voilà M. Baisemon qui fait aussi des malheurs... la salière renversée... c'est de bien mauvais présage... Vous avez quelque chose, monsieur Baisemon?

— Moi... non... rien, mademoiselle... un mal de gorge qui m'a pris !...

Le régisseur se penche vers la vieille fille et lui dit tout bas :

— Grilloie a reconnu ces deux hommes... je les reconnais aussi maintenant... ce sont les deux voleurs qui nous ont poursuivis sur la route !...

— Juste ciel ! se pourrait-il !...

— C'est un complot formé de longue main !...
— Ah, mon Dieu !... et hier ils ont fait disparaître Gueulard...
— Il est probable qu'ils veulent nous assassiner cette nuit...
— Je me sens défaillir, mon pauvre Baisemon...
— Mon Dieu, v'là mademoiselle qui se pâme aussi ! s'écrie Perpétue en courant à sa maîtresse. Celle-ci dit à l'oreille de sa servante ce qu'elle vient d'apprendre, et Perpétue balbutie :
— J'aurais dû le deviner ce matin à leurs propos...
— Prenez garde, dit Baisemon, n'ayons pas l'air de les avoir reconnus... ils tomberaient sur nous tout de suite... Je vais aller chercher main-forte...
— Non, je ne veux pas que vous nous quittiez... votre présence leur impose... si vous n'étiez plus là, qui sait à quels excès ces brigands se porteraient envers trois pauvres femmes !...
— Envoyez Grilloie, alors.
— Je ne veux pas qu'il nous quitte non plus.
— En ce cas, moi, je ne quitte pas la table, et je mangerai toute la nuit. J'aime mieux mourir d'une indigestion que par le poignard.

Pendant que l'on parlait bas, Godibert et Doudoux étaient allés se chauffer contre le poêle, d'où ils lorgnaient Virginie, et celle-ci riait sous cape, parce qu'elle devinait le motif de la terreur qui se peignait sur tous les visages.

Mlle Bellavoine pense aussi que le parti le plus sage est de dissimuler jusqu'au lendemain matin ; elle s'efforce de cacher sa terreur, et adresse la parole aux deux jeunes gens, mais d'un ton aussi mielleux cette fois qu'il était aigre auparavant.

— Vous êtes donc bien décidés à vous faire soldats, messieurs ?
— Oui, mademoiselle.
— Voulez-vous vous rafraîchir... prendre quelque chose avec nous ?...
— Nous boirons avec plaisir à la santé de mademoiselle.
— Perpétue, donnez des verres, du vin à ces braves garçons... et moi, demain matin, je leur compterai une gratification... une bonne somme d'argent et tout ce qu'ils voudront... Je veux qu'ils aient longtemps de quoi boire à ma santé...
— Mademoiselle est trop bonne, mais nous n'accepterons rien.
— Oh ! que si ! il le faudra bien... Je suis bien maîtresse de vous donner de l'argent, moi !
— Ce que vous faites là est prodigieusement adroit ! dit tout bas Baisemon à la vieille fille, en leur offrant tout ce qu'ils désirent, cela leur

ôtera peut-être l'envie de vous voler. Dites-leur aussi que vous les garderez autant de jours qu'ils voudront.

Mlle Bellavoine se hâte d'engager les jeunes gens à ne point partir le lendemain ; mais ceux-ci persistent, et, après avoir bu et salué la société ils prennent congé, en annonçant qu'ils vont se coucher et partiront de bon matin.

Mlle Bellavoine prend le bras de sa nièce.

Les jeunes gens partis, on tient conciliabule devant Virginie, à qui l'on apprend que les prétendus valets sont deux brigands.

— Est-ce que mamzelle ne les a pas reconnus pour nos deux voleurs de la route ? dit Grilloie.

— Eux... les voleurs de la route !... Mais vous êtes fou, Grilloie ; ils ne leur ressemblent pas.

— Oh ! parce qu'ils ont des perruques ; mais...

— Mais je vous dis que les autres étaient bien plus âgés... N'est-ce pas, monsieur Baisemon ?

Baisemon ne sait plus auquel croire. L'air persuadé de Virginie ébranle sa conviction ; il doute de ce qu'il affirmait un instant auparavant, et Mlle Bellavoine s'écrie :

— Grilloie, si ces deux hommes ne sont pas des voleurs, je vous retiens six mois de vos gages pour vous apprendre à me faire donner de mon vin à deux manants qui ont fait les insolents chez moi.

Grilloie reste tout saisi de cette menace et commence à craindre de s'être trompé. Cependant Perpétue dit à son tour :

— Mademoiselle, il est très possible que Grilloie ne soit qu'un imbécile : ce ne serait pas la première fois qu'il verrait de travers, d'autant plus que Mme Beuré, la fruitière, m'avait répondu de ces deux hommes; mais enfin, dans le doute, il me semble qu'il faut toujours prendre ses précautions.

— C'est juste, Perpétue, c'est raisonnablement pensé.

— C'est parler comme Pallas elle-même, dit Baisemon ; prenons toutes nos précautions pour n'être pas tués cette nuit.

— Si nous couchions tous ensemble !... s'écrie Perpétue avec inspiration.

Mais Mlle Bellavoine regarde sa servante et fronce le sourcil.

— Y pensez-vous, Perpétue ? Quelle idée vous vient là ! La décence avant tout.

— Mademoiselle, quand je disais coucher ensemble, je voulais dire coucher dans la même pièce... A Dieu ne plaise que j'aie d'autres pensées !...

— Non, non, Perpétue, cela serait intolérable. Mais ce qu'il est, je crois, prudent de faire, c'est de ne point coucher dans nos appartements accoutumés... Cela dépistera les voleurs : M. Baisemon et Grilloie coucheront cette nuit dans une des pièces près de nous. Allons, Grilloie, et vous, Perpétue, vous coucherez dans la même chambre que moi... Je prendrai le grand salon jaune, et nous mettrons ma nièce dans le petit cabinet qui donne dedans.

— Comment, ma tante, vous voulez que je change de chambre ?

— Oui, mon enfant.

— Mais puisque je n'ai pas peur, ma tante...

— C'est égal, ma nièce : je réponds de votre personne, et je dois veiller

Grilloie avance sa lumière.

sur vous, même pendant que vous dormez. Quant à M. Baisemon et à Grilloie, ils coucheront dans la bibliothèque, à côté de nous.

Cet arrangement ne plaît nullement à la jeune fille, qui avait d'autres projets pour la nuit ; mais la vieille tante a décidé que cela serait ainsi. Cependant, malgré son humeur, Virginie ne peut s'empêcher de sourire ; car, dans les dispositions que sa tante vient de prendre, il y a quelque chose qui doit, dans sa pensée, amener de singuliers événements. Perpétue et Grilloie vont opérer la translation des lits ; et pendant ce temps Baisemon continue de boire, afin de maintenir son courage ou de noyer sa frayeur.

Les deux valets viennent annoncer que tout est prêt. On s'arme de flambeaux. Mlle Bellavoine prend le bras de sa nièce ; Perpétue se tient tout contre Baisemon, et Grilloie ferme la marche. Au moindre bruit causé par le vent, qui souffle ce soir-là avec force dans les longs corridors de la vieille maison, chacun s'arrête en tremblant et croit voir les Lorrains armés de poignards ou tout au moins de couteaux. Cependant le chemin se fait sans que l'on rencontre personne. On arrive devant la porte du salon jaune ; c'est une immense pièce, dont on pourrait facilement faire une infirmerie : aussi aperçoit-on à peine les deux lits qu'on y a dressés pour Mlle Bellavoine et sa suivante. Au fond est la porte d'un vaste cabinet, qui n'a qu'une petite fenêtre grillée. C'est là qu'on a fait un lit pour Virginie. Les dames entrent dans le salon jaune ; les deux hommes doivent coucher dans la bibliothèque qui est à côté.

— Nous allons nous enfermer, dit Mlle Bellavoine ; mais au premier bruit, venez vite à notre aide... Nous frapperons au mur pour que vous entendiez mieux.

— Il suffit, mademoiselle ; reposez sans terreur ; nous sommes prêts à voler vers vous.

— Nous y comptons, monsieur Baisemon ; demain il fera jour, et si ces deux hommes sont encore ici, nous aviserons alors au moyen de prévenir l'autorité.

— *Fiat voluntas tua*. Bonsoir derechef.

Perpétue ferme la porte, Mlle Bellavoine envoie sa nièce se coucher dans le cabinet et pousse la précaution jusqu'à fermer à double tour la porte de son réduit. Puis la vieille tante se met au lit, en invoquant tous les saints du paradis pour que les voleurs ne découvrent pas son asile, et Perpétue va en faire autant sur un lit de sangle qu'elle a dressé à l'autre bout du salon, afin de ne pas entendre de trop près Mlle Bellavoine, qui, en dormant, ronfle comme un portefaix.

Virginie s'est couchée avec humeur, en envoyant au diable sa tante et Perpétue ; elle est indignée d'être enfermée dans le cabinet, elle est furieuse de n'avoir pas couché comme à l'ordinaire dans sa chambre ; car il faut que vous sachiez qu'à force de regarder sa serrure, elle était parvenue à ôter les vis et à les replacer sans qu'on s'aperçût de rien, elle pouvait donc, la nuit, jouir de sa liberté malgré le double tour donné à sa porte. Elle n'attendait que l'occasion d'en profiter, et ce jour-là même cette occasion s'était présentée. Virginie avait rencontré séparément Godibert et Doudoux ; chacun de ces messieurs l'avait suppliée de lui accorder un moment de tête-à-tête, et à chacun Virginie avait répondu :

— Je vous attendrai cette nuit, et pour que vous ne vous trompiez pas, je mettrai un bouchon de paille à la porte de ma chambre.

L'intention de Virginie n'était pas de rester dans sa chambre, qui se trouvait entre sa tante et Perpétue ; afin de jaser sans crainte d'être entendue, elle avait songé à se rendre dans la bibliothèque qui était située à l'autre bout du corridor ; c'est là qu'elle avait été attacher un bouchon de paille pour servir d'indication aux deux jeunes gens auxquels elle comptait avouer que ce n'était ni l'un ni l'autre qui avait touché son cœur. Mais les nouvelles dispositions prises par la vieille tante ont rendu inutiles toutes les combinaisons de la jeune fille ; il n'y a pas moyen de sortir du cabinet dans lequel on l'a enfermée ; il faut donc y rester en enrageant, Virginie prend le parti d'y dormir, c'est ce que l'on peut faire de mieux pour oublier ses ennuis.

Baisemon et Grilloie sont entrés dans la bibliothèque où leur lit est dressé. Le régisseur, qui a beaucoup bu pour se donner du courage, n'a gagné à cela qu'une grande envie de dormir ; il se dépêche de se fourrer entre ses draps en murmurant : Grilloie, vous ferez en sorte de ne pas me réveiller,... la petite nièce nous a juré que ces deux garçons n'étaient pas des voleurs... Par conséquent vous êtes une bête, mon brave Grilloie, dormons tranquillement.

— Et moi, je vous dis que ce sont les deux hommes de la route... Oh ! je les ai reconnus !... on a beau dire,.. vous êtes bien heureux d'avoir tant de courage... Allons, le v'la qui dort déjà comme un sabot !

Baisemon était endormi ; Grilloie, qui est loin d'être rassuré, promène des regards craintifs autour de lui et envie la tranquillité du régisseur. Il cherche comment il pourrait se donner du courage, ou tout au moins un sommeil aussi prompt, et il se rappelle que dans la précipitation que l'on a mise à faire transporter les lits, on n'a pas songé à ôter le couvert du souper. — Il doit y avoir encore du vin, se dit Grilloie, il n'y a rien de tel que le vin pour chasser la peur ; allons chercher la bouteille, je la finirai ici.

Grilloie sort, tenant sa lumière en avant, tremblant toujours, mais capable de s'exposer à tout pour avoir une bouteille de vin. Il arrive à la salle où l'on a soupé ; il trouve ce qu'il voulait, il met la bouteille sous son bras et se hâte de regagner la bibliothèque. Au moment d'entrer, le vieux jardinier aperçoit un gros bouchon de paille attaché au bouton de la porte, et que Baisemon n'avait pas remarqué en entrant dans cette pièce, parce qu'il était déjà à moitié endormi.

Grilloie avance sa lumière, examine ce bouchon de paille, et se dit :
— C'est drôle ça,.. est-ce que c'te chambre est à vendre ?... ou ben est-ce qu'on a mis ça là... comme un signal... pour se reconnaître ?

Le vieux paysan commence par ôter le bouchon de paille, parce qu'il ne se soucie pas qu'on vienne les trouver, puis il va l'attacher à la porte du salon jaune, en se disant : Si on va gratter là, mamzelle Perpétue entendra, elle appellera, et nous aurons le temps de nous reconnaître.

Enchanté de son idée, Grilloie rentre dans la bibliothèque, il s'y enferme, il avale d'un trait le contenu de la bouteille et se jette sur le lit, où il ne tarde pas à s'endormir aussi profondément que Baisemon.

Les jeunes gens étaient rentrés chacun dans leur chambre, n'ayant garde de se rien dire l'un à l'autre du bonheur qu'ils espéraient pour la nuit. Ils attendaient que tout fût calme dans la maison. Godibert quitte le premier la chambre ; il ne prend pas de lumière, cela pourrait le trahir ; d'ailleurs les amoureux aiment assez l'obscurité. Le ci-devant cuirassier traverse la cour n'ayant plus à redouter les aboiements de Gueulard, il monte l'escalier, entre dans le corridor où il sait qu'est le logement de Virginie, il tâtonne à chaque porte, jusqu'à ce que sa main rencontre le bouchon de paille.

— C'est là, se dit Godibert, et il veut entrer ; mais la porte est fermée en dedans.

— Qu'est-ce que cela signifie ? la petite aurait-elle changé d'idée, et ne voudrait-elle plus me recevoir ?... oh ! je ne serai pas si près d'elle pour rien ! j'entrerai, dussé-je briser la porte... Cependant tâchons de trouver un moyen qui fasse moins de bruit.

Godibert tâtonne de nouveau, il s'aperçoit que cette porte est à deux battants, et comme on a oublié de mettre ce qui assujettit l'un des côtés au plancher, en poussant avec un peu de persévérance, les tours s'échappent du pêne, et les deux battants s'ouvrent.

Godibert est entré, son cœur bondit de joie, il se donne à peine le temps de repousser la porte, il ne pense qu'au bonheur qu'il va goûter près de Virginie. Il marche, les mains en avant, il ne va pas loin sans rencontrer un lit, et ce lit est occupé, une respiration assez forte l'atteste.

— Elle dort! se dit Godibert ; parbleu, je serais bien sot si je ne profitais pas de l'occasion ! ce n'est pas sans peine d'ailleurs !... et je l'ai bien gagné !

En un instant le jeune homme s'est débarrassé de ce qui le gêne, il se fourre dans le lit près de Perpétue, qui rêvait à Baisemon, et se

LA PUCELLE DE BELLEVILLE

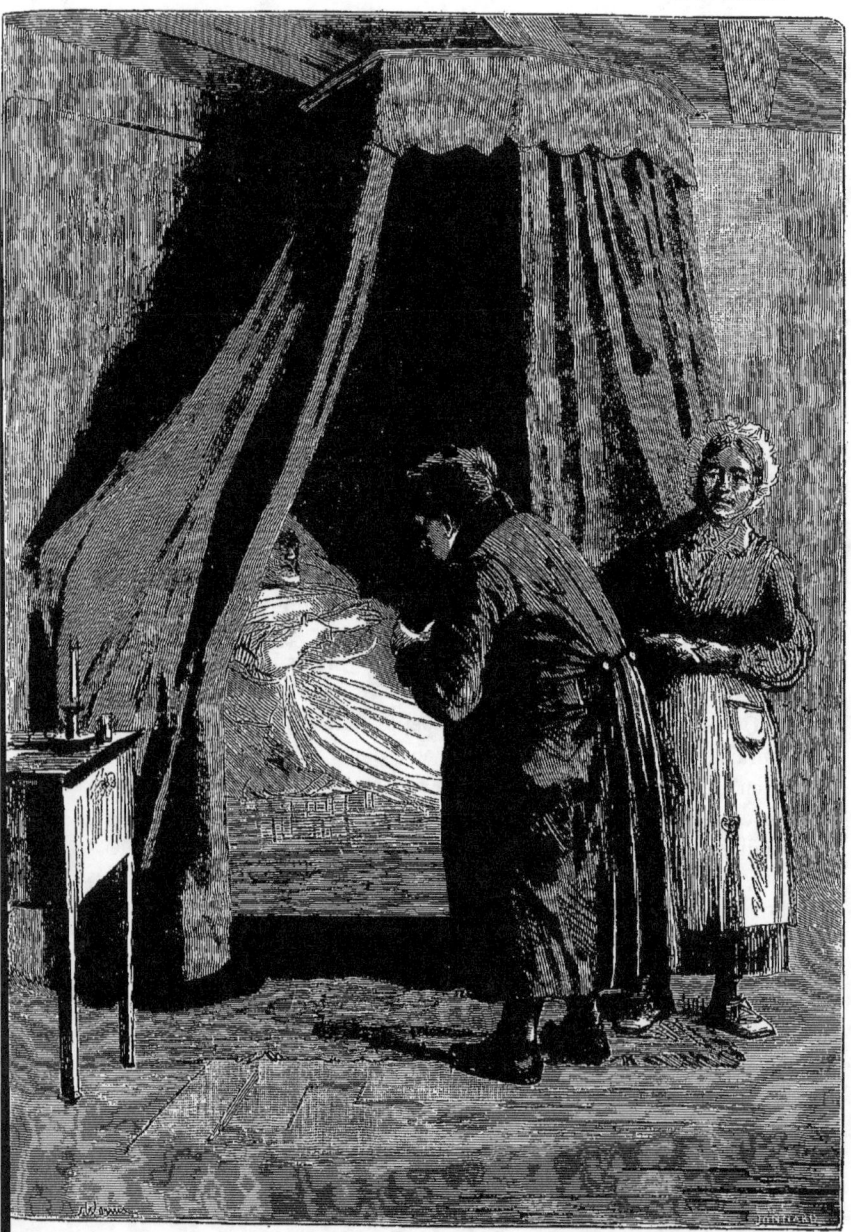

Mlle Bellavoine était encore au lit. (P. 286.)

LIV. 36. — PAUL DE KOCK. — LA PUCELLE DE BELLEVILLE. — J. ROUFF éD. LIV. 36

sent réveillée par de tendres baisers. Elle crie d'abord : mais bientôt elle s'apaise en balbutiant d'une voix étouffée :

— Vous n'êtes donc pas un voleur ?

— Un voleur ! dit Godibert ; mais je suis ton amant !... je suis celui qui t'adore !... qui ne s'est introduit ici que pour te voir !...

Perpétue ne trouve plus rien à répondre ; elle se soumet de fort bonne grâce en regrettant que le jeune homme ne se soit pas déclaré plus tôt, et Godibert se dit: ce n'est pas tout à fait ce que j'espérais !... c'est singulier pour une jeunesse ; mais il faut prendre les choses comme elles sont.

Doudoux, toujours timide et prudent, n'est sorti de sa chambre qu'une heure après Godibert, tant il craint de compromettre celle qui veut bien le recevoir la nuit. Enfin, il se met en route à tâtons, comme Godibert, et comme celui-ci, s'arrête au bouchon de paille ; il n'a pas la peine d'enfoncer la porte qui n'était que poussée. Il entre dans le salon jaune. Après une heure donnée à l'amour, Godibert s'était endormi : c'était peu pour un cuirassier, c'était beaucoup pour le compagnon de Perpétue. Le hasard veut que Doudoux porte ses pas d'un autre côté, il arrive au lit de la tante qui ronflait, suivant sa vieille habitude.

— Elle jouit d'un heureux sommeil ! se dit Doudoux. O fille de Paphos, je vais donc connaître près de toi les joies réservées aux bienheureux ! je vais atteindre au troisième ciel... Dieu de Gnide et de Cythère je te remercie !

En disant cela, le jeune homme ôtait tout ce qui aurait pu l'embarrasser pour arriver au troisième ciel. Bientôt il est près de la dormeuse ; elle se réveille et veut crier ; comme Godibert, il étouffe ses cris par des baisers ; on le bat, on le pince, on le repousse, mais en vain. — C'est un Cosaque, murmure la vieille tante ; que les décrets de la Providence s'accomplissent !...

Vous pensez sans doute qu'il fallait que Doudoux fût bien novice pour s'abuser ainsi, il l'était beaucoup en effet ; il est un âge où l'on a tant d'illusions ! un autre où l'on a tant d'imagination !... et un autre où l'on n'a plus rien du tout !

Le jour succéda à la nuit ; c'est dans l'ordre. Il faut qu'il y ait éclipse de soleil pour que cela n'arrive pas ainsi ; mais comme il n'y avait pas d'éclipse le lendemain de cette nuit mémorable, nos deux amoureux en s'éveillant se virent couchés, l'un près d'une vieille douairière, l'autre contre une vilaine cuisinière. Tous deux se frottent les yeux, doutant encore de ce qu'ils voient ; ils sautent en bas du lit, en jurant comme des damnés. Pour augmenter leur colère, les deux femmes s'éveillent et se permettent de les regarder tendrement.

— Il y a de quoi se pendre, dit Godibert !

— Je n'en relèverai pas, dit Doudoux. Cependant la colère des jeunes gens ne peut pas tenir contre la surprise qu'ils éprouvent en regardant dans le lit l'un de l'autre ; un rire fou s'empare d'eux ; mais s'apercevant que leurs dames font un mouvement pour se lever, et ne voulant pas s'exposer à voir au grand jour ce qu'ils ont adoré toute la nuit, ils s'emparent à la hâte de leurs vêtements et se sauvent comme si des furies les poursuivaient.

Alors Mlle Bellavoine et Perpétue s'aperçoivent, chacune assise sur son séant : elles poussent de profonds soupirs : la vieille tante s'écrie :

— Ah ! Perpétue !... quelle nuit !...

— Ah ! quelle nuit ! mademoiselle !

— Ces deux scélérats sont entrés ici pendant notre sommeil !...

— Oui, mademoiselle... Oh ! ils avaient des rossignols ! et de fameux !

— Le respectable Baisemon avait raison... ce sont des Cosaques déguisés !...

— Oui, mademoiselle... Oh ! ils se sont conduits en vrais pandours... Le ciel m'est témoin que je me suis défendue tant que j'ai pu !... mais contre la force, que voulez-vous faire, mademoiselle ?...

— Moi, j'ai combattu le démon des ongles et des pieds... mais il m'a vaincue... Ah ! Perpétue... c'était bien la peine de porter des caleçons jusqu'à soixante-cinq ans pour finir...

— Par être cosaquée, n'est-ce pas, mademoiselle ?...

— Mais du moins, Perpétue, que jamais votre bouche ne divulgue les événements de cette nuit !

— Oh !... je n'ai garde ; il y va de notre honneur !... personne que nous ne saura ce secret !

— Excepté moi ! se dit Virginie, qui, l'oreille collée contre la porte du cabinet, écoutait la conversation de sa tante et de Perpétue.

CHAPITRE XXI

LES HANNETONS

Les jeunes gens étaient sortis de la maison sans regarder derrière eux, ils couraient de toutes leurs forces, tenant une partie de leurs vêtements sous leurs bras et oubliant qu'ils n'étaient qu'à demi habillés ; mais l'un avait entrevu le genou de Perpétue, l'autre le sein de Mlle Bellavoine, il y avait bien de quoi faire sauver les plus intrépides.

Ils s'arrêtent pourtant, parce qu'ils sont obligés de reprendre haleine.

Ils sont dans la campagne; heureusement il est de grand matin et personne ne les a rencontrés dans leur toilette de nuit. Ils s'habillent vivement tout en se disant: C'est une infamie!... c'est une horreur!...

— Cette hargneuse Perpétue... n'a eu garde de me détromper... Oh!... l'infâme cuisinière. Je me disais aussi... il y a un goût d'ognons dans ces baisers-là!...

— Moi, j'avoue que je n'ai pas eu le moindre soupçon... d'autant plus qu'on avait la petite culotte de finette... et je sais, à n'en pas douter, que Mlle Virginie en porte... Il paraît que la tante en met aussi!... Qui diable aurait deviné cela?... Qui aurait cru cette petite Virginie capable de nous jouer un tour pareil?... car c'est elle qui m'avait donné rendez-vous dans cette chambre... il y avait un bouchon de paille à la porte, c'était convenu.

— C'est absolument comme pour moi... un bouchon de paille... et il y était bien, ce maudit bouchon!

— Vous voyez qu'elle se moquait de nous deux!...

— C'était bien la peine de nous battre pour elle...

— Je la déteste autant que je l'aimais!

— Je ne puis plus la souffrir:

— Je retourne à Belleville.

— Et moi à Paris.

— Adieu, monsieur Godibert... sans rancune.

— Oh! nullement, monsieur Doudoux!... nous n'avons pas été plus heureux l'un que l'autre...

— Vous ne lui reparlerez plus, n'est-ce pas?

— Jamais!

— Et vous ne chercherez plus à la revoir?

— Je m'en garderai bien.

— Adieu donc!

— Bon voyage!

Les deux rivaux se donnent la main et se séparent. Ils étaient sincères alors et avaient bien l'intention de tenir la promesse qu'ils venaient de se faire mutuellement; mais les serments d'amour ne valent pas mieux que les autres! Trouvez-m'en donc que l'on ait respectés.

Baisemon et Grilloie ne s'éveillent que fort tard; ils se regardaient avec une satisfaction que l'on éprouve assez ordinairement après avoir bien reposé: Ma foi, Grilloie, la nuit a été fort bonne!... dit Baisemon en se levant. J'ai dormi tout d'un somme!

— Moi de même... je n'ai pas entendu le moindre bruit!

— Ni moi.

— Vous vous étiez trompé, Grilloie, ces hommes n'étaient pas des voleurs !...

— Dame ! faudra voir s'ils n'ont rien emporté.

— Allons nous informer si ces dames ont bien reposé.

Baisemon va heurter à la porte du salon jaune, que Perpétue avait refermée après la fuite des deux jeunes gens.

— C'est nous, mademoiselle, dit Baisemon; peut-on vous présenter ses devoirs?

Perpétue était levée, elle vient ouvrir, sans lever les yeux sur Baisemon. M¹¹ᵉ Bellavoine était encore au lit, elle toussait beaucoup plus que d'ordinaire.

— Votre nuit a-t-elle été paisible, mademoiselle? dit Baisemon en s'inclinant devant le lit.

— Ah !... comme cela, mon cher Baisemon, comme cela !... Est-ce que vous n'avez entendu aucun bruit?

— Aucun, mademoiselle...

— Allons, tant mieux !... Moi... j'ai eu un terrible cauchemar !... je m'en ressens encore !...

— C'est cela que mademoiselle tousse beaucoup ce matin; et vous, bonne Perpétue?

— Moi, j'ai fait des rêves qui m'ont bien agitée !

— Vous voyez cependant que nous nous inquiétions à tort !... Ces deux Lorrains sont probablement partis...

— Allez vous en assurer, mon cher Baisemon; s'ils ne l'étaient pas, dites-leur que décidément je leur pardonne et les garde à mon service...

— Quoi ! mademoiselle.

— Oui, j'ai réfléchi... ces jeunes gens peuvent s'amender... se corriger... Il ne faut pas fermer aux pécheurs les voies du salut... dites-leur qu'ils auront tous les jours du vin à discrétion...

— Du vin? mademoiselle.

— Oui, monsieur Baisemon.

— Je vais vous obéir, mademoiselle. Baisemon salue et sort du salon jaune en se disant : le roi François Iᵉʳ avait raison : *Souvent femme varie !* Mais voilà une vieille fille qui s'y prend bien tard pour varier !

Baisemon revient bientôt annoncer que les deux domestiques sont partis, mais qu'ils n'ont rien volé.

— Ah! ils ont fait bien pis! murmure M¹¹ᵉ Bellavoine en levant les yeux au ciel.

Virginie était sortie de son cabinet, elle avait l'air plus moqueur que d'ordinaire, et il lui échappait des éclats de rire toutes les fois qu'elle regardait sa tante et Perpétue; mais ces deux dames étaient trop préoccupées des souvenirs de la nuit pour remarquer la gaieté de la jeune fille.

— Coucherez-vous encore cette nuit dans le salon jaune, ma tante? demande Virginie d'un air malin.

— Non, ma nièce, je pense que c'est inutile; nous reprendrons tous nos locaux respectifs.

On reprend la vie uniforme et monotone que l'on menait chez Mlle Bellavoine avant que les deux jeunes gens n'y entrassent! mais leur absence est vivement sentie. La vieille tante se permet de pousser de temps à autre de longs soupirs; Perpétue se plaint de n'avoir plus personne pour l'aider; Virginie se dépite de ne plus trouver l'occasion de s'amuser; Grilloie dit qu'il a trop d'ouvrage, et Baisemon a remarqué que Perpétue n'est plus en extase devant lui. La maison semble triste, on recommence à trembler la nuit, on frémit en songeant que l'on n'a plus Gueulard pour faire le guet.

Cependant le printemps ramenait les feuilles et les doux ombrages, la campagne redevenait riante, mais le soleil semblait craindre de pénétrer dans la vieille maison où l'on gardait Virginie.

M. Troupeau avait écrit plusieurs fois à sa tante, et dans chacune de ses lettres il lui mettait: Monsieur le comte n'est pas encore revenu de son voyage; mais il m'a écrit qu'il était toujours dans les mêmes intentions: veillez donc sur Virginie comme sur la lampe merveilleuse des *Mille et une Nuits*, j'irai la rechercher dès que vous me l'ordonnerez, et je me flatte que vous reviendrez avec elle près de nous.

— Nous avons le temps, disait la tante; puisque ce seigneur est toujours en voyage, je puis bien encore garder ma nièce près de moi. Tu ne t'ennuies pas chez ta tante, n'est-ce pas, Virginie?

— Oh! non, ma tante! répondait la jeune fille en bâillant de manière à se déchirer les oreilles.

Un matin, le vent, la pluie ou le temps font tomber tout un pan de mur de la maison de Mlle Bellavoine et fléchir le plancher de la salle à manger.

Aussitôt la terreur s'empare de Baisemon; il prétend que le plafond de sa chambre menace ruine, qu'il est imprudent de rester dans une maison qui peut s'écrouler sur ses habitants. Pour preuve, il fait remarquer qu'il ne peut y faire un pas, sans que le plancher crie sous ses pieds, ce qui n'avait rien de surprenant, vu la grosseur du personnage; mais Virginie se joint à Baisemon, Perpétue déclare qu'elle ne descendra plus à la cave, dont les voûtes sont criblées de lézardes; on persuade la vieille tante, qui consent à quitter sa demeure jusqu'à ce qu'on y ait fait les réparations nécessaires.

Mlle Bellavoine possédait une autre maison dans le centre de la ville ; elle ne l'habitait pas, parce qu'on y entendait le bruit de la rue; c'est pourtant là qu'elle se résout à se loger, jusqu'au moment où elle ramènera sa nièce à Belleville.

Cette nouvelle demeure n'a point de jardin, mais elle est située dans la rue la plus fréquentée de la ville. Virginie saute de joie en se trouvant dans une maison d'où l'on aperçoit les passants, et quoiqu'on lui donne une chambre sur le derrière, elle se promet de s'en dédommager toutes les fois que sa tante aura le dos tourné.

Les beaux jours sont revenus. Un matin, étant allée se placer à une fenêtre pendant que Mlle Bellavoine faisait les cartes avec Perpétue, pour savoir s'il reviendrait des Cosaques dans le pays, Virginie aperçoit un jeune homme qui s'avance d'un air pensif. Son cœur a battu avec violence ses joues se colorent d'un vif incarnat.

— C'est lui ! se dit-elle, oh ! c'est bien lui... M. Auguste Montreville... Mais il ne me voit pas... il ne lève pas la tête... Que je suis malheureuse ! Mon Dieu ! est-ce qu'il va passer comme ça ?

Virginie regarde autour d'elle, elle n'aperçoit que ses ciseaux ; elle les jette bien vite par la fenêtre : c'était un vieux moyen de comédie ; les vieux moyens réussissent toujours. Dans sa précipitation, Virginie avait lancé ses ciseaux sur la tête d'Auguste ; elle pouvait le blesser, ce qui eût été une manière peu agréable de se faire remarquer : heureusement les ciseaux glissent sur le chapeau et tombent aux pieds du jeune homme.

Auguste s'arrête, ramasse les ciseaux et regarde en l'air ; la jeune fille crie qu'elle va descendre les chercher. Elle descend en effet ; mais la porte de la rue est toujours fermée, et c'est Grilloie qui en garde la clef sur lui.

Virginie ne se rebute pas, elle va trouver le vieux domestique et lui dit : Grilloie, j'ai laissé tomber quelque chose par la fenêtre, ouvrez-moi vite la porte.

— Mademoiselle, je vais aller chercher ce que vous avez laissé tomber, il m'est défendu de vous ouvrir sans l'ordre de votre tante.

— Mais je veux aller moi-même chercher mes ciseaux... on va les ramasser... les prendre... Dépêchez-vous donc de m'ouvrir.

— Je vais demander à votre tante si...

— Grilloie... mon bon Grilloie... comment, vous me refusez?... la tante n'en saura rien... elle fait les cartes avec Perpétue...

La jeune fille a passé sa main sous le menton du vieillard ; elle le cajole, lui fait de petites mines ; il y avait dans les yeux, dans les ma-

LA PUCELLE DE BELLEVILLE 289

Baisemon a commencé un discours. (P. 293.)

nières de Virginie, quelque chose à quoi l'on ne pouvait résister, alors même qu'on n'était plus en âge d'en profiter. Le vieux Grilloie se laisse aller au charme, et il va ouvrir la porte de la rue en disant :

— Eh bien !... allez chercher vos ciseaux, puisque vous en avez si envie !...

Virginie est déjà dans la rue. Auguste attendait avec les ciseaux à la main ; il n'avait pas eu le temps de reconnaître la personne qui lui parlait de la fenêtre, il est bien surpris en voyant devant lui la fille de M. Troupeau. Virginie feint aussi l'étonnement.

— Quoi!... c'est vous, mademoiselle!...

— C'est vous, monsieur!... Ah! que c'est singulier de nous retrouver ici!...

— Vous n'habitez donc plus Belleville, mademoiselle?

— Monsieur, je suis chez ma tante. Il y a déjà plusieurs mois que mes parents m'ont envoyée ici pour faire plaisir à ma tante; mais moi ça m'ennuie beaucoup de lui faire plaisir... et je voudrais bien retourner à Belleville... Encore n'avons-nous pas toujours demeuré dans une maison aussi agréable!... Nous avons passé l'hiver dans une espèce de prison située au bout du pays... on ne voyait, on n'entendait personne... Ah! je suis sûre que j'y ai maigri... Vous devez me trouver changée, n'est-ce pas, monsieur?

Virginie a débité tout cela avec la précipitation de quelqu'un qui se dédommage d'une longue privation. Auguste sourit; et comme il ne répond pas assez vite au gré de la jeune fille, elle reprend en baissant les yeux:

— Pardon, monsieur; tout ce que je vous dis là vous intéresse peu et cela doit vous être bien égal que je me sois amusée ou non!...

— Mademoiselle, excusez-moi si je ne vous ai pas répondu sur-le-champ; c'est que votre présence inattendue m'a rappelé... tant de choses... que je voulais oublier!...

— Cela vous contrarie de me voir!...

— Non, mademoiselle, non... ce n'est pas cela... mais je me reporte à Belleville, au temps que j'y ai passé... et mille circonstances... dont je voudrais perdre le souvenir!...

— Vous n'habitez donc plus chez M. Vauxdoré?...

— Non, mademoiselle... j'ai quitté Belleville... il y a déjà longtemps... je suis retourné à Paris... mais j'ai un parent qui possède ici une assez jolie maison... Ayant été un peu malade cet hiver, on m'a conseillé de venir passer le printemps à la campagne... c'est pour cela que je suis ici.

— En effet... vous êtes pâli... changé même... Ah? vous avez quitté Belleville... et... et Adrienne, y a-t-il longtemps que vous ne l'avez vue?...

La figure d'Auguste se rembrunit, cependant il affecte un air d'indifférence en répondant:

— Je n'ai pas rencontré Mlle Adrienne depuis que j'ai quitté la maison de son oncle, et je ne pense pas avoir désormais aucune occasion pour la revoir.

Virginie a peine à cacher le plaisir que lui cause ce qu'elle vient d'entendre. Elle lève les yeux sur Auguste en murmurant:

— Quoi!... vous ne désirez plus la voir?...

— Mam'zelle!... mam'zelle!... vot' tante vous appelle, dit Grilloie en paraissant sur le seuil de la porte.

— Ah! mon Dieu!... ma tante me demande... déjà rentrer!... que je suis malheureuse!... Oh! si vous saviez combien je m'ennuie... et personne n'a la complaisance de venir me distraire... j'aurais eu encore tant de choses à vous demander...

— Mademoiselle, je serais charmé de vous rencontrer, et si...

— V'là vot' tante qui vient! en disant ces mots Grilloie tire Virginie par sa robe et la force à rentrer avant d'avoir pu répondre à Auguste.

La tante ne venait pas, Grilloie avait eu une fausse peur; mais il a fermé la porte, et Virginie est obligée de remonter au salon.

Dès ce moment la jeune fille ne peut plus rester en place; elle n'a qu'une pensée; qu'un désir: c'est de revoir Auguste, c'est à lui qu'elle songe continuellement. Ce n'est plus un sentiment de coquetterie qui fait travailler cette jeune tête si vive et si folle, Virginie ne se reconnaît plus, elle se surprend à rêver, à soupirer, et elle s'écrie avec effroi:

— Mon Dieu! qu'ai-je donc?... est-ce que je vais devenir triste... ou bête comme M. Doudoux?... Pourquoi penser toujours à M. Auguste... qui sans doute ne pense pas à moi?... Mais s'il y pensait cependant... Comment le savoir?... il faudrait le revoir... le rencontrer... je ne sors jamais... je suis comme dans une prison... Je veux sortir, moi... ou je tomberai malade! c'est indigne de garder une pauvre fille comme une serine!

Virginie s'est remise bien souvent contre la fenêtre, mais elle n'a pas revu passer le jeune musicien. Elle emploie une nouvelle tactique pour en venir à ses fins: elle se rapproche de Baisemon, tourne et passe à chaque instant près de lui, le regarde, lui sourit, lui fait de ces petites mines enjôleuses dont la rusée sait déjà que les hommes ne savent point se garder.

Et en effet le gros Baisemon, qui n'avait jamais vu la jolie petite nièce le regarder d'un air si aimable et montrer tant de déférence pour ce qu'il dit, devient tout gauche, tout embarrassé, tout hébété chaque fois que Virginie est près de lui! mais Baisemon ayant fort peu de chose à faire pour prendre un air stupide, on ne remarque point le changement qui s'opère en sa lourde personne, excepté celle qui le fait naître et qui avait intérêt à le remarquer.

Un jour que le doux soleil du printemps invitait à la promenade, Virginie dit à sa tante:

— Je voudrais bien aller un peu dans la campagne... il n'y a pas de bois pour se promener ici... et je suis sûre de ne plus avoir d'appétit, si je ne sors pas. Vous savez, ma tante, que depuis quelques jours je ne mange presque pas !... c'est parce que je ne prends plus d'exercice ; et si ça continue, je ne mangerai plus du tout.

— C'est vrai, mon enfant, répond Mlle Bellavoine, tu manges moins qu'autrefois... tu es moins gaie... tu as moins de couleurs. C'est comme moi... depuis !... depuis mon cauchemar...

— Moi, c'est parce que je ne me promène pas, ma tante.

— C'est bien embarrassant... je ne puis pas te promener !... la marche me fatigue... j'ai envie de te renvoyer à Belleville...

— Oh ! non, ma tante, je ne veux pas y retourner sans vous... et rien ne nous presse... D'ailleurs papa doit venir nous chercher.

— Mais si tu tombais malade ?...

— Laissez-moi me promener un peu, ça me rendra mes couleurs et mon appétit.

— Tu ne peux pas sortir seule, mon enfant ; avec Perpétue même cela ne serait pas décent. Deux femmes sont souvent insultées !... lorsqu'elles se croient à l'abri de toute attaque !

Et la vieille tante accompagne ces mots d'un long soupir.

— Mais, ma tante, est-ce que M. Baisemon ne pourrait pas me donner le bras ? Certainement il ne me laissera pas insulter, lui.

Baisemon, qui est présent à cette conversation, s'empresse de s'écrier en frappant sur son gros ventre :

— Je répondrais de vous sur moi-même, mademoiselle, dans le cas où votre respectable tante me jugerait digne de vous servir de mentor.

— Alors, honnête Baisemon, allez promener cette petite ; je la laisse sans crainte sortir avec vous, bien persuadée que vous veillerez sur son innocence !...

— Comme si c'était la mienne, mademoiselle.

Virginie est allée mettre un petit chapeau de paille qui lui sert trop rarement, et elle revient prendre Baisemon, qui se sent tout ému en sortant avec la jeune fille.

— Allons par là ! dit Virginie en indiquant une rue qui donne sur la campagne, parce qu'elle a vu Auguste se diriger de ce côté.

— Nous irons où vous voudrez, mademoiselle, répond Baisemon en souriant et en passant le bout de sa langue sur ses lèvres afin de leur donner plus de vermillon. Virginie a mis son bras sous celui de son gros cavalier, et elle le force à marcher vite ; Baisemon souffle et balbutie de temps à autre :

— Est-ce que mademoiselle ne serait pas d'avis de se reposer un moment?

— Mais non, je ne suis pas lasse !

Virginie fait promener Baisemon pendant deux heures ; elle ne rencontre pas Auguste, il faut rentrer sans l'avoir vu. Baisemon est sur les dents, la sueur lui coule du front sur le nez et du nez sur le menton ; il se retourne pour s'essuyer le visage, et Virginie lui dit avec malice :

— Qu'avez-vous donc, monsieur Baisemon? votre figure est toute luisante.

— Ce n'est rien, mademoiselle !

— Est-ce que vous pleurez ?

— Bien au contraire, mademoiselle.

— Est-ce que vous mettez de la pommade sur vos joues ?

— Jamais je n'ai falsifié ma peau, mademoiselle.

— C'est singulier, vous avez l'air d'un homme de cire !

Baisemon ferme les yeux aussi.

— Vous êtes trop bonne, mademoiselle.

On rentre ; Virginie mange avec appétit, Baisemon boit comme quatre, et Mlle Bellavoine pense qu'en effet la promenade est une chose salutaire.

Le lendemain Virginie emmène Baisemon et le fait promener encore plus longtemps ; elle ne rencontre pas Auguste, et le gros régisseur est obligé de changer de chemise en rentrant ; mais la jeune fille lui a dit qu'elle aimait beaucoup se promener avec lui, qu'elle lui trouvait l'air d'un grotesque, et Baisemon pense qu'on peut bien suer un peu pour s'entendre dire de ces choses-là.

Pour la troisième promenade, Virginie a dirigé ses pas vers un petit bois qui domine une riante prairie ; Baisemon a commencé un discours sur les beautés de la nature et les plaisirs de la campagne, lorsque sa jeune compagne lui dit vivement :

— Chut !... Taisez-vous !... et asseyons-nous là...

— Comment, mademoiselle ?...

— Je vous dis que je veux m'asseoir là.

Cette proposition est loin de déplaire à Baisemon, il est seulement surpris que Virginie désire se reposer ; il n'a pas aperçu un jeune homme qui est assis au pied d'un arbre à trente pas plus loin ; Virginie a vu et reconnu Auguste, qui est plongé dans ses réflexions et ne semble pas remarquer qu'il y a du monde près de lui ; Virginie se laisse aller au pied d'un bouquet de chêne ; Baisemon en fait autant, il s'adosse à un arbre, et se trouve placé de manière à ne point voir Auguste, tandis que Virginie ne le perd pas de vue.

— Qu'on est bien ici ! dit la jeune fille en se couchant à demi sur l'herbe.

— Mais, oui, mademoiselle, on n'est pas trop mal... Cependant je me suis un peu luxé le genou en m'asseyant...

— Que c'est gentil de s'étendre sur le gazon !...

— Non seulement c'est gentil, mais encore... C'est... ça... est-ce que cela ne vous donne pas... mille jolies idées, mademoiselle ?

— Ça me donne envie de dormir !...

— Si cela vous est agréable, je ne vois pas pourquoi vous vous refuseriez ce plaisir.

— Mais vous me tiendrez compagnie, monsieur Baisemon?

— Je m'en ferai un devoir, mademoiselle.

Aussitôt Virginie ferme les yeux et feint de se laisser aller au sommeil ; Baisemon ferme les yeux aussi, mais il n'a pas besoin de feindre, ses lourds esprits sont bientôt engourdis. Lorsque Virginie est certaine que son compagnon est endormi, elle se lève et va s'asseoir un peu plus loin : Auguste est toujours livré à ses pensées, il n'a pas tourné la tête du côté de la jeune fille, qui s'impatiente et n'ose faire du bruit de crainte d'éveiller Baisemon.

— Ce n'est pourtant pas à moi à l'aller trouver, se dit Virginie. Mais s'il ne me voit pas... Nous resterons donc ainsi sans nous parler !... Ah ! tant pis !... M. Baisemon a le sommeil dur... il ne s'éveillera pas.

Et Virginie pousse un petit cri comme si elle venait d'apercevoir une bête venimeuse.

Ce cri est entendu d'Auguste ; il se lève, s'approche et sourit en reconnaissant Mlle Troupeau, qui rougit de plaisir d'avoir réussi à faire venir le jeune homme près d'elle.

— Que vous est-il arrivé, mademoiselle?... J'ai entendu comme un cri de frayeur... et je ne savais pas être si près de vous...

— Ah, monsieur! j'ai eu bien peur!... je suis encore toute tremblante...

— Qu'avez-vous donc vu?... est-ce une couleuvre?...

— Oh! non, grâce au ciel... mais c'est une chenille... une énorme chenille qui était sur moi!... et j'ai une peur terrible des chenilles!

— Ah! ah!... ce n'est que cela!... me voilà plus tranquille!...

— Cela vous fait rire, parce que j'ai de l'aversion pour les chenilles!... mais au moins ne riez pas si haut... vous pourriez réveiller mon gardien...

— Comment! vous avez un gardien?...

— Sans doute... ma tante ne m'aurait pas laissée sortir seule... c'est son régisseur qui m'accompagne partout... et tenez, le voyez-vous au pied de cet arbre?

— Ce gros homme qui ronfle là-bas?...

— C'est M. Baisemon, l'homme en qui ma tante a le plus de confiance.

— Je vois, mademoiselle, que votre gardien en a aussi beaucoup en vous, car il dort bien paisiblement. Me permettez-vous de vous tenir un moment compagnie?...

Virginie ne répond pas; elle se contente de sourire et de faire signe à Auguste de s'asseoir près d'elle sur le gazon.

On est très bien sur l'herbe pour causer; d'ailleurs on est bien partout avec une jolie femme; mais l'ombrage, la verdure et la solitude ajoutent au charme que l'on goûte près d'elle. Le petit bois était déjà couvert, l'herbe était épaisse, et comme Baisemon n'était là que pour ronfler, on pouvait se croire sans témoins.

Cependant la conversation est languissante entre Virginie et Auguste; celui-ci est rêveur et distrait, la jeune fille est toute surprise du trouble de son âme et presque attristée de ses nouvelles sensations. Elle lève parfois les yeux sur son voisin, mais rarement ses regards rencontrent ceux du jeune homme, qui contemple des fleurs qu'il éparpille dans ses doigts.

Ils échangent seulement quelques mots de loin en loin.

— Vous pouvez donc sortir à présent, mademoiselle?

— Oui, monsieur; on me permet d'aller me promener avec M. Baisemon; j'en profite... je sors tous les matins. Et vous aussi, monsieur?

— Moi?... oui, je me promène souvent... C'est ce qu'on a de mieux à faire à la campagne... Et jusqu'à ce que je retourne à Paris...

— Est-ce que vous pensez déjà à retourner à Paris?
— Mais... peut-être... je ne sais... Rien ne me presse, au fait.

Un long silence succède. Les traits de Virginie ont pris une expression de tristesse qui ne leur est pas habituelle. Auguste est retombé dans sa rêverie; il semble avoir oublié que quelqu'un est près de lui. C'est Virginie qui rompt la première le silence :

Et Virginie pousse un petit cri...

— Vous étiez bien pensif tout à l'heure, monsieur, car vous n'aviez pas remarqué qu'il venait du monde près de vous.

— En effet, mademoiselle; quelquefois nos souvenirs nous reportent si bien au passé que le présent a cessé d'être pour nous!

— Il faut que ces souvenirs là soient bien agréables pour qu'on s'y abandonne si entièrement!

— Agréables !... pas toujours... Mais les plus tristes sont ordinairement ceux que nous conservons le plus longtemps.

— Ah!... et... vous ne voulez pas me dire à quoi vous pensiez?...
— Je ne le puis pas, mademoiselle...
— Pourquoi cela?... Est-ce que vous seriez fâché si je... Mon Dieu! je ne sais pas comment dire... Mais enfin... si votre tristesse diminuait en me contant vos chagrins... Est-ce que cela ne s'est pas vu quelquefois?...

Auguste sourit et regarde Virginie :
— Vous êtes bien faite pour consoler... et faire oublier!... Mais peut-être n'y gagnerais-je qu'un chagrin de plus!...
— Que voulez-vous dire?...

Le jeune homme soupire et se tait. Le temps s'écoule, et Virginie dit en soupirant aussi :

— Je crois qu'il faut que nous rentrions... sans quoi ma tante ne nous laisserait plus sortir.

LA PUCELLE DE BELLEVILLE

O Jéhovah! s'écrie Baisemon. (P. 302.)

— En ce cas, je vous laisse, mademoiselle, car je pense que l'on doit m'attendre aussi.

Auguste se lève, salue Virginie et s'éloigne.

— Il ne m'a pas seulement demandé si je viendrais ici demain! se dit la jeune fille en suivant Auguste des yeux. Quel singulier jeune homme!... Il ne parle pas... ne regarde pas... n'est pas enfin comme tous les autres!... C'est peut-être pour cela qu'il me plaît davantage.

Virginie va pousser Baisemon, qui ouvre les yeux en balbutiant :

— Mon Dieu! où sommes-nous donc, mademoiselle?

— Mais tout simplement dans le petit bois où nous nous sommes assis après notre promenade.

— Ah! c'est vrai... Est-ce que vous avez dormi aussi, mademoiselle?

— Certainement... Je m'éveille à l'instant... Ah! c'est bien amusant de dormir ainsi sur l'herbe...

— Mais oui... ça fait du bien.

— Vous avez des couleurs superbes, monsieur Baisemon... vous ressemblez à une pivoine!

— Ah! mademoiselle... j'aurai beau dormir, je ne serai jamais aussi joli que vous!...

— Nous reviendrons encore demain nous reposer ici, n'est-ce pas?

— Je n'y vois aucun inconvénient...

— Mais nous ne dirons pas à ma tante que nous dormons; elle aurait peur que je ne fusse piquée par quelque bête!...

— Il me semble qu'avec votre caleçon vous pouvez braver les insectes décrits par M. de Buffon, et tout le règne animal.

— C'est ce que je fais aussi, monsieur Baisemon, je brave tout absolument! Mais levez-vous, donnez-moi le bras et retournons chez ma tante.

Les promeneurs sont retournés chez Mlle Bellavoine, l'un enchanté d'arriver frais et dispos, au lieu d'être en nage comme aux précédentes promenades; l'autre désirant déjà être au lendemain pour retourner dans le petit bois.

Ce lendemain est venu, et Virginie presse Baisemon de sortir, et elle le conduit à l'endroit où ils se sont reposés la veille; ses yeux regardent au loin, mais ils n'aperçoivent pas Auguste.

— Asseyons-nous et dormons, dit Virginie du ton d'une personne qui veut être obéie.

Baisemon s'incline et s'assied en se disant :

— Il me paraît que la petite nièce devient comme les marmottes; mais dormir est un plaisir bien innocent, et j'aime beaucoup mieux cela que d'aller courir *per montes et vitulos!*

Baisemon a fermé les yeux, Virginie a rouvert les siens; elle les porte à chaque instant vers la campagne en se disant:

— Viendra-t-il?... Mon Dieu!... s'il allait ne pas venir! il m'a quittée si froidement hier!... Il ne pense pas à moi... il ne m'aime pas!... et moi!... J'étouffe... j'ai envie de pleurer... Il me semble que je suis trop serrée dans mon corset... Ah!...

Mais celui qu'elle désire paraît enfin : la jeune fille respire plus librement; l'expression du plaisir ranime sa piquante physionomie. Auguste vient s'asseoir près de Virginie, qui est à dix pas de Baisemon.

— Votre compagnon dort donc toujours? dit Auguste en souriant.

— Mais oui... c'est ce qui fait le charme de sa société. Cependant, si vous avez envie de causer avec lui, je vais l'éveiller...

— Oh! n'en faites rien, de grâce! je suis trop heureux que cela me procure le plaisir de vous tenir compagnie...

— Vraiment! Est-ce que cela vous fait plaisir de me retrouver ici?

— C'est cet espoir qui m'y a ramené.

Virginie n'a jamais éprouvé autant de plaisir qu'en cet instant. Quelques mots d'Auguste viennent de faire plus que tous les compliments et les déclarations qu'elle a reçus jusqu'alors. Elle n'ose cependant se livrer à sa joie, car Auguste est presque aussi réservé que la veille : mais Virginie le trouve un peu moins rêveur; leur conversation est plus animée, plus suivie ; et cette fois, en se quittant, ils se disent : — à demain.

Le lendemain, Virginie ne manque pas de conduire Baisemon au petit bois et de lui dire :

— Asseyons-nous et dormons.

Le gros régisseur veut essayer de faire un peu de conversation ; mais la jeune fille lui ferme la bouche sur-le-champ en s'écriant :

— Nous avons le temps de causer chez ma tante ; je viens ici pour dormir. Aimez-vous mieux que je vous fasse courir deux heures au soleil dans la campagne?

— Oh! non, mademoiselle!

— En ce cas, monsieur Baisemon, faites comme moi, fermez les yeux.

Auguste ne manque pas de venir s'asseoir près de Virginie. Ce qui n'était d'abord qu'une distraction agréable acquiert bientôt un charme puissant.

Qui pourrait n'en pas trouver dans la compagnie d'une jeune et jolie fille qui ne cherche pas à cacher la joie que lui cause notre présence?

Quoique Auguste veuille se tenir sur ses gardes, quoiqu'il se soit promis de ne plus aimer, parce qu'il a toujours été malheureux en amour, il ne peut s'empêcher de trouver Virginie séduisante, aimable, et surtout d'une originalité piquante, dont il fait honneur à la candeur de son âme.

A chaque entretien, Auguste perd de sa froideur, Virginie de son embarras.

Soit calcul, soit hasard, la jeune fille a soin, lorsque Baisemon est endormi, de quitter sa place, et chaque jour elle en choisit une plus éloignée du dormeur.

D'abord Auguste se tenait assis à quelques pas de Virginie; petit à petit il s'est rapproché; il a pris et caressé un moment la main de la jeune fille; puis cette main est restée dans la sienne pendant tout le temps que dure leur entretien.

Pourtant Auguste n'a pas encore fait cet aveu qu'une femme brûle d'entendre lorsqu'elle brûle d'y répondre. Auguste regarde Virginie tendrement, parfois il serre avec passion la main qui est dans la sienne; mais d'autres fois ses yeux distraits se reportent ailleurs. Il soupire et semble éprouver quelque chagrin.

— Je veux qu'il se déclare; je veux qu'il me dise qu'il m'aime, car je veux qu'il m'épouse!

Voilà ce que se dit Virginie en se rendant un matin dans le bois avec Baisemon, qui devient encore plus gros depuis qu'on le fait dormir dans la journée.

Lorsque Auguste est venu s'asseoir près d'elle, Virginie amène la conversation sur les projets de ses parents, enfin elle lui fait part des intentions du comte de Senneville et du désir qu'on a de la voir devenir comtesse.

Auguste a écouté tout cela beaucoup trop tranquillement au gré de la jeune fille, qui aurait voulu le voir entrer en fureur aux premiers mots de ce mariage. Il s'est contenté de retirer sa main, qui tenait celle de Virginie, et de porter ses regards vers la terre. Pas un mot, pas une exclamation ne lui échappe; Virginie a cessé de parler depuis longtemps, et rien n'interrompt le silence qu'ils gardent tous deux.

Trompée dans son espérance, Virginie laisse retomber sa tête sur sa poitrine; deux grosses larmes brillent dans les yeux de cette jeune fille, qui jusqu'alors avait ri de celles que l'amour fait répandre. Auguste en se retournant aperçoit ces pleurs qu'elle ne cherche pas à retenir. Vivement ému à ce spectacle, il entoure Virginie de son bras et la presse doucement contre lui en s'écriant :

— Pourquoi pleurez-vous?

— Parce que cela vous est égal qu'on veuille me marier au comte de Senneville.

— Vous voudriez donc que cela ne me fût pas égal?...

— Oui... je croyais que cela vous aurait fait du chagrin...

— Vous désirez donc que je vous aime?...

— Sans doute... je vous aime bien, moi!

— Vous m'aimez!... chère petite!... ah! vous le croyez!... mais ce n'est qu'un sentiment passager... Une illusion de votre cœur... A votre âge on croit si vite que l'on aime!... mais ce n'est pas encore une passion profonde, et l'on en guérit facilement!

— Et moi, monsieur, je sais bien que je vous aime... que cela ne se passera pas... Ne me croyez point si cela vous déplaît; cela n'empêchera pas que ce ne soit.

— Il se pourrait!... être aimé par un cœur si naïf, si neuf, je serais trop heureux... Mais quand même je vous aimerais, à quoi cela me servirait-il, puisque vous épouserez le comte de Senneville?

— Ah! si vous m'aimiez, ce n'est pas lui que j'épouserais!

— Mais vos parents ont résolu ce mariage

— Et si je ne veux pas, moi... il me semble que cela me regarde d'abord.

— Mais ils ne voudraient pas de moi, simple artiste, pour leur gendre... Oubliez-vous la mine qu'ils ont faite en apprenant ce que j'étais?

— Je vous dis que l'on me donnera celui que je voudrai; que mes parents ne feront que ma volonté... oh! ce n'est pas cela qui m'inquiète; mais puisque vous ne m'aimez pas.

— Eh! qui pourrait ne pas vous aimer?

— Mais vous, apparemment!

— Ah! Virginie! vous ne le croyez pas!...

— Si, je le crois... Vous êtes encore distrait... rêveur!... vous pensez à d'autres!...

— Non! désormais je ne penserai plus qu'à vous...

Baisemon s'éveille en se frottant le nez.

Auguste serrait Virginie contre son cœur; la jeune fille semblait toujours douter de son amour, et, pour le lui prouver, qui sait jusqu'où l serait allé!...

Mais on était dans la saison des hannetons; il y en avait en quantité sur l'arbre au pied duquel dormait Baisemon. Je ne sais si les hannetons faisaient aussi l'amour ; ce qu'il y a de certain, c'est que deux des plus gros, qui s'étaient attachés ensemble d'une façon singulière, culbutèrent de l'arbre et tombèrent positivement sur le nez du dormeur.

Baisemon s'éveille en se frottant le nez, il se frotte ensuite les yeux puis il cherche la jeune fille dont on lui a confié la garde et qu'il croit endormie près de lui ; il ne la trouve pas à la place où elle s'était d'abord assise.

Il s'inquiète... se lève, fait quelques pas, et pousse un cri en apercevant Virginie dans les bras d'un jeune homme qui paraît très entreprenant!... Il était temps que les hannetons tombassent sur le nez de Baisemon!...

— O Jéhovah! s'écrie Baisemon en considérant le groupe qui est devant lui, suis-je éveillé! ou tout ceci n'est-il que chimère et déception?...

Auguste s'est bien vite reculé de quelques pas ; Virginie, sans paraître troublée, regarde Baisemon et lui rit au nez en disant :

— Ah! monsieur Baisemon, que vous avez l'air drôle! vous me faites des yeux qui n'ont pas le sens commun!

— Mademoiselle... c'est que je suis si surpris... si suffoqué...

— Remettez-vous et approchez... Cela vous suffoque de me voir causer avec monsieur?...

— Si votre tante savait!... je serais perdu, mademoiselle.

— Non, monsieur Baisemon, vous ne seriez pas perdu ; car savez-vous qui est monsieur?

— Je n'ai pas cet honneur.

— C'est M. le comte de Senneville.

— Le comte de Senneville!

La figure de Baisemon s'épanouit tandis qu'il murmure :

— Oh! alors c'est bien différent!

Auguste regarde Virginie avec étonnement ; elle lui dit à l'oreille :

— Laissez-moi faire, ne me démentez pas...

— Mais pourquoi me faire passer pour le comte? on finira tôt ou tard par savoir que je ne le suis pas...

— En attendant nous pourrons nous voir tant que nous voudrons...

— Mais après?...

— Après nous verrons... Taisez-vous.

Auguste se dit :

— L'amour donne de la ruse aux femmes les plus simples ; une coquette n'aurait rien imaginé de mieux que cela.

Baisemon s'avance vers Auguste, le dos courbé, la tête basse, et avec l'air de la plus profonde humilité.

— Monsieur le comte veut-il me permettre de déposer mes respects à ses pieds ?...

— C'est M. Baisemon, dit Virginie, le régisseur de ma tante. Il est rempli de complaisance pour moi; aussi, monsieur le comte, je vous le recommande.

Auguste salue Baisemon, qui a l'air d'avoir envie de lui baiser la main. Le gros régisseur reprend :

— Nous allons nous rendre chez Mlle Bellavoine qui sera enchantée de voir M. de Senneville.

— Non, dit Virginie, M. le comte ne veut pas encore aller chez ma tante : il est ici... *incognito*, il désirait me voir, causer avec moi; mais il a des raisons pour ne point se rendre maintenant chez mes parents... il leur ménage une surprise. Ainsi, monsieur Baisemon, nous espérons que vous serez discret, nous y comptons même ; vous ne direz pas un mot de monsieur.

— Ah! c'est différent, mademoiselle, du moment que cela oblige M. le comte...

— Oui, monsieur Baisemon, dit Auguste, vous me ferez beaucoup de plaisir en ne parlant pas de moi.

— Cependant vous ne devez pas douter du bonheur que fera naître votre arrivée.

— Cela se peut, mais je ne suis pas pressé d'en être témoin.

— Nous ne sommes pas pressés, reprend Virginie ; ainsi, monsieur Baisemon, vous vous tairez, c'est chose convenue ; nous continuerons nos promenades comme à l'ordinaire, et M. le comte viendra nous rejoindre ici pour causer avec moi; car nous avons beaucoup de choses à nous dire quand on doit se marier ensemble, il est bien naturel de désirer d'abord de faire connaissance. Adieu, monsieur le comte, adieu... à demain n'est-ce pas ?...

— Ah! vous devez être certaine de mon exactitude !...

— Monsieur le comte, je vous prie d'agréer derechef, l'expression de mes très humbles respects.

Baisemon salue de nouveau Auguste, qui s'éloigne en regardant tendrement Virginie ; celle-ci passant son bras sous celui de son cavalier l'entraîne chez sa tante en lui disant :

— Quand je serai mariée, je vous bourrerai de confitures et de bonbons.

XXII

LA VOLONTÉ D'UNE JEUNE FILLE

Les promenades au bois continuaient; on y rencontrait toujours Auguste, qui venait s'asseoir et causer avec Virginie; mais Baisemon ne dormait plus ; il aurait cru manquer de respect au comte en s'endormant près de lui. D'ailleurs il se rappelait avec quelle chaleur les jeunes gens causaient lorsque les hannetons l'avaient éveillé ; et, quoique les deux amants fussent à ses yeux comme fiancés, il jugeait prudent de leur faire société.

Un cavalier frappe fortement à la porte.

La compagnie de Baisemon gênait les jeunes gens; on ne pouvait plus lui dire : Retournez-vous et dormez. On trouvait bien le moyen de s'adresser mille choses qu'il n'entendait pas, mais on ne décidait rien, et il aurait fallu prendre un parti pour parvenir à se marier.

— Pourquoi donc M. le comte ne se présente-t-il pas chez Mlle votre tante? disait Baisemon toutes les fois qu'il rentrait avec Virginie. — Il a ses raisons apparemment...il attend... des papiers... des titres... Que sais-je, moi?

— Est-ce qu'il voudrait faire avoir une décoration à M. Troupeau.

— Je crois que oui!
— Ah! quelle joie cela lui ferait! c'est là sans doute la surprise qu'il lui ménage?

Comment! Virginie, vous auriez dit ces choses-là? (P. 312.)

— Je puis vous assurer que mon père sera très surpris
Il y avait déjà quelque temps que les promenades avaient lieu et que les amants se voyaient tous les jours, lorsqu'une après-midi, un cheval s'arrête devant la demeure de Mlle Bellavoine; un cavalier, en descend attache sa monture, prend son portemanteau et frappe fortement à la porte. Grilloie ouvre, et M. Troupeau entre tout à coup dans le salon où la société est réunie.

— Papa ! s'écrie Virginie en restant toute saisie.
— Mon neveu ! dit Mlle Bellavoine.
— Bon ! se dit Baisemon, voici le papa ; le gendre l'attendait sans doute ; nous aurons bientôt la surprise.
— Oui, ma chère tante ; oui, ma fille, c'est moi-même ! vous ne m'attendiez pas;... hein?... Permettez d'abord ma tante...

M. Troupeau va embrasser Mlle Bellavoine ; il en fait autant, mais avec beaucoup plus de plaisir, à sa fille ; ensuite il tend la main à Baisemon et la lui serre longtemps ; il n'est pas jusqu'à Perpétue à laquelle il ne fasse un sourire gracieux.

— Je vous dirai donc, ma tante, que voyant le temps s'écouler je me suis décidé à venir vous chercher. Ma femme s'ennuie horriblement depuis que nous ne sommes plus que nous deux. C'est assez naturel, elle n'a jamais été si longtemps séparée de sa fille. Vous nous avez promis de revenir à Belleville avec Virginette ; je viens réclamer l'exécution de cette promesse : si M. Baisemon peut nous accompagner, cela doublera notre satisfaction ; et vous serez toute portée à Belleville pour assister à certaine cérémonie qui, je l'espère, ne tardera pas indéfiniment.

M. Troupeau se frotte les mains en finissant de parler. Virginie change de couleur et Baisemon sourit.

— Vous avez fort bien fait de venir nous chercher, mon neveu, répond Mlle Bellavoine. Il y a déjà longtemps que je voulais vous ramener votre fille ; mais elle se plaît beaucoup dans ce pays... elle me priait chaque jour d'attendre encore...

— Ma tante, c'est que je me trouve très heureuse d'être chez vous.

— Bien, ma fille, très bien, dit Troupeau en prenant la main de sa fille ; je suis flatté de vos sentiments pour notre respectable tante, et j'ose croire que, pendant votre séjour chez elle vous ne lui avez donné aucun sujet de mécontentement.

— Non, mon neveu, je suis satisfaite de la docilité de cette petite ; de votre côté, vous verrez tout ce qu'elle a gagné dans ma société.

— J'en suis plus que persuadé, ma tante, et maintenant je vous demanderai la permission d'aller ôter mes bottes, vu que le cheval m'a un peu froissé les mollets.

Perpétue s'empresse de conduire M. Troupeau à la chambre que lui indique sa maîtresse. Le père de Virginie ôte ses bottes, son habit de voyage, se met à son aise enfin ; mais toujours avec la plus grande décence, pour paraître devant sa tante, qui fait hâter le repas du soir, afin que son neveu soit plus tôt libre d'aller se reposer. Pendant ce temps Virginie est bien préoccupée ; l'arrivée de son père la contrarie, et cependant elle sent qu'il faut que ses amours aient un dénoûment; mais elle craint de ne plus pouvoir aller promener avec Baisemon; alors où verra-t-elle Auguste, et comment pourra-t-elle s'entendre avec lui?

M. Troupeau fait honneur au souper de sa tante; on y décide que l'on partira pour Belleville le surlendemain, et que Baisemon sera du voyage.

Ce prompt départ n'arrange pas la jeune fille; mais ne pouvant s'y opposer, elle feint d'en être enchantée. Vers la fin du repas, M. Troupeau engage sa fille à rentrer, ayant, dit-il, à parler d'affaires de famille avec Mlle Bellavoine. Virginie se doute bien qu'il va être question de son mariage avec le comte; mais elle obéit, elle prend sa chandelle, souhaite le bonsoir, et va se coucher en disant :

— Arrangez mon mariage avec le comte si cela vous amuse; moi, j'en ai arrangé un autre qui m'amusera beaucoup plus.

Lorsque Virginie n'est plus là, M. Troupeau se rapproche de sa tante et de Baisemon en disant :

— Nous pouvons maintenant causer de la grande affaire... du futur mariage de ma fille. J'ai pensé, ma chère tante, qu'il était plus convenable d'éloigner Virginie.

— Oui, mon neveu, cela est plus décent. Eh bien! le comte de Senneville est-il revenu, le verrons-nous bientôt?

— Ma tante, M. de Senneville n'est point encore de retour; mais j'ai reçu il y a peu de jours une lettre de lui. Il est plus que jamais dans les mêmes sentiments. J'ai sa lettre sur moi, me permettez-vous de vous en faire la lecture?

— Je vous y autorise, mon neveu.

M. Troupeau tire son portefeuille, il en sort une lettre qui est enveloppée avec soin dans du papier joseph; il la passe sous le nez de sa tante et de Baisemon en leur disant :

— Comme on sent que cela vient d'un grand seigneur!

— Elle embaume!...

— Elle est aux quatre fruits! dit Baisemon.

— Je lis :

« *Mon digne ami...* » C'est moi que le comte appelle son digne ami... « *mon digne ami! je voudrais déjà être aux pieds de votre charmante fille dont je raffole plus que jamais...* » Il en raffole... vous le voyez... « *plus que jamais; mais un diable d'homme à qui j'ai gagné quelque cent napoléons est parti pour Londres sans s'acquitter; je cours après lui, et je reviens ensuite former la douce chaîne de l'hymen avec cette jolie Virginie, qui fera la plus charmante petite comtesse que l'on ait encore vue...* » Ma fille fera une charmante petite comtesse... Quel joli style !.. « *Adieu, cher beau-père, permettez-moi ce nom !...* » Si je lui permets !... Dites donc, ma tante, il m'a demandé la permission !... ces gens de cour sont d'un poli outré ! « *permettez-moi ce nom ! Tout à vous, DE* SENNEVILLE. »

Et puis, par post-scriptum :

« *Je tâcherai de vous rapporter quelque chose d'Angleterre.* »

Voilà la lettre, ma chère tante, vous voyez que ce mariage peut être regardé comme fait.

— Dieu merci, mon neveu.

— Mais que peut-il vouloir me rapporter d'Angleterre ?

— Peut-être des poires ! dit Baisemon d'un air malin.

— Oh ! mieux que cela... c'est quelque surprise qu'il me ménage !... Ah !... je voudrais qu'il fût déjà de

Mais avec beaucoup plus de plaisir à sa fille.

retour !... il me tarde tant de le voir conduire ma fille à l'autel !...

— Il va peut-être rester encore longtemps en Angleterre, dit Mlle Bellavoine en secouant la tête ; s'il poursuit un débiteur cela peut le mener loin... ce serait contrariant !

— Oui, car je ne vous cache pas, ma tante, que mon épouse et moi nous ne vivrons que du jour où le comte sera notre gendre.

Baisemon ne disait rien ; mais il souriait, se retournait sur sa chaise, pinçait sa bouche et semblait brûler d'envie de parler ; n'y tenant plus enfin, il laissa échapper ces mots :

— Vous n'attendrez peut-être pas si longtemps que vous le croyez.

— Comment ? que voulez-vous dire, monsieur Baisemon ?

— Moi... mais, hum !... rien.

— Pardonnez-moi, mon cher Baisemon, vous avez un air qui dénote quelque chose....

— Mon neveu a raison, honnête Baisemon, je crois que vous avez quelque chose à nous apprendre.

— Mais, mademoiselle, en vérité... Après tout... pourquoi ne parlerais-je point, puisque je vais faire des heureux!... Eh bien! mademoiselle et monsieur, je vais tout vous dire... Je m'expose à vos reproches peut-être; mais, comme le dit fort bien un sage... je ne sais plus lequel, en toute chose il faut considérer la fin!... C'est ce que j'ai pensé et cela m'absoudra, je l'espère, à vos yeux.

— Ah! mon Dieu! est-ce qu'il a encore volé une culotte! se dit Troupeau effrayé du long préambule de Baisemon.

— Nous vous écoutons, monsieur Baisemon, dit mademoiselle Bellavoine en se redressant sur sa chaise, et le gros régisseur reprend son récit:

— Depuis quelque temps je donnais le bras à Mlle Virginie qui avait des inquiétudes dans les jambes et éprouvait le besoin de la promenade. D'abord nous marchâmes au hasard; puis nous dirigeâmes notre course vagabonde vers un joli petit bois qui est à peu de distance de la ville. Nous nous y reposâmes; ensuite, inspirés par l'ombrage, la verdure et le silence, nous y fîmes plus encore.

— Qu'y fîtes-vous donc? s'écrie M. Troupeau avec impatience.

— Nous y dormîmes. Mademoiselle votre fille semblait enchantée de dormir sur l'herbe, je ne crus pas devoir m'opposer à cet innocent désir. Mais un jour en m'éveillant... qu'aperçus-je auprès de la jeune vierge... un homme, un fort joli homme qui causait avec elle...

Elle embaume!

— Un homme avec ma nièce!... Ah! monsieur Baisemon...
— Un joli homme près de ma fille!..

— Calmez-vous, de grâce!... Stupéfait d'abord, j'allais faire une scène... je ne sais pas ce que j'aurais fait... mais cet homme se nomma... et je n'eus pas la force de gronder... Vous ne devinez pas qui c'était...

— Eh bien! achevez donc...

— Le comte de Senneville!

— Le comte de Senneville!... il se pourrait? En effet, c'est un joli homme! Et il était ici?...

— Et il y est toujours, depuis un mois nous le rencontrons tous les matins. Je voulais le présenter sur-le-champ à Mlle Bellavoine; il a désiré différer... il veut vous faire une surprise et m'a supplié de garder le silence, c'est pourquoi je n'avais rien dit.

— Mais j'espère, monsieur Baisemon, que vous n'avez pas redormi depuis?

— Oh! je n'ai eu garde, mademoiselle! du reste le comte se conduit avec une grande décence près de sa future. Il voulait seulement causer avec elle avant l'hymen pour connaître la portée de son esprit, et je crois qu'il est satisfait.

— Quoi! ma petite-nièce voyait M. de Senneville, et ne m'en a rien dit! Qui eût cru cela de cette enfant?

— Il faut lui pardonner, ma tante! le plaisir de causer avec un comte!... Quant à moi, je suis enchanté que M. de Senneville soit ici... depuis un mois, dites-vous?... mais ne voilà que quatre jours qu'il m'écrit qu'il part pour l'Angleterre.

— Il n'y aura pas été!... c'était une ruse!...

— N'importe, dès demain je le surprendrai. Vous irez comme à l'ordinaire promener avec ma fille, je vous suivrai de loin et je rirai bien en me montrant au comte.

— C'est ce que je pensais.

— Oui, mon neveu, il faut forcer M. de Senneville à cesser ce mystère qui pourrait compromettre la réputation de ma nièce.

— Calmez-vous, ma tante, c'était une fantaisie!... une bizarrerie de grand seigneur; mais demain nous le prenons au gîte! Jusque-là, silence! monsieur Baisemon, pas un mot à ma fille.

— Comptez sur ma discrétion, monsieur Troupeau. Ainsi vous ne m'en voulez pas d'avoir servi les désirs du comte?

— Nullement! vous avez très bien fait, mais demain!... Oh! demain nous allons rire!...

— C'est mon opinion.

On va se coucher, impatient d'être au lendemain, Mlle Bellavoine n'est pas fort contente de la dissimulation de sa petite-nièce; mais comme Baisemon ne cesse de répéter :

— En toute chose il faut considérer la fin, la tante se calme en songeant que la fin sera le mariage.

— Me laissera-t-on aller promener ce matin? Telle est la première question que Virginie s'adresse en s'éveillant le lendemain de l'arrivée de son père. Si on me le défend, où reverrai-je Auguste?... nous devons retourner demain à Belleville... J'espère bien qu'il m'y suivra... mais pourtant je voudrais le voir, lui parler auparavant.

— La jeune fille est agréablement surprise lorsqu'à l'heure habituelle de ses promenades elle voit Baisemon prendre son chapeau en lui disant:

— Je suis à vos ordres, mademoiselle.

— Est-ce que nous pouvons aller promener, monsieur Baisemon?

— Certainement, mademoiselle.

— Mais mon père?

— Il ne le trouve pas mauvais; je lui ai demandé pour vous la permission ce matin.

— Ah! monsieur Baisemon, vous êtes un gros amour!...

— Toujours prêt à vous servir, mademoiselle.

Virginie a passé son bras sous celui du régisseur. On se rend au petit bois. Chemin faisant, Baisemon dit à la jeune fille :

— Puisque voilà M. votre père ici, il me semble que M. le comte devrait renoncer à son incognito.

— Oui, il faudra bien qu'il y renonce... Nous allons parler de cela ce matin.

Auguste n'était pas encore au bois ; mais il ne tarde pas à arriver.

Il est frappé du trouble de Virginie, qui lui dit :

— J'ai bien des choses à vous apprendre... Monsieur Baisemon, pendant que je vais causer avec M. le comte, ayez donc la bonté de veiller à ce qu'on ne vienne pas nous interrompre.

— Avec infiniment de plaisir, Mademoiselle.

Les jeunes gens s'asseyent sur un tertre de gazon ; et Baisemon, les laissant causer, s'éloigne en se frottant les mains avec satisfaction, puis va guetter l'arrivée de M. Troupeau, auquel il a indiqué le petit bois.

Le père de Virginie ne tarde pas à se montrer, Baisemon va au-devant de lui.

— Est-il arrivé? dit Troupeau.

— Oui, il vient de venir... il cause avec Mlle votre fille... avançons, nous allons les surprendre...

— Oh! oh! ce pauvre comte!... je ris d'avance de ce qu'il va dire!...

mais puisqu'il sera mon gendre cela ne peut pas le fâcher!... il est fort aimable, il va rire avec nous.

— C'est mon opinion.

Baisemon conduit tout doucement Troupeau près des jeunes gens, Auguste pour consoler Virginie l'embrassait tendrement, au moment où le gros régisseur dit :

— Les voilà!...

M. Troupeau a regardé et il pousse un cri de fureur, et il jette des regards enflammés de colère sur les deux amants et sur Baisemon en s'écriant:

— Quelle horreur!... quelle indignité!... Ah! monsieur Baisemon! il faut que vous soyez bien bête!

Baisemon ouvre ses yeux tant qu'il peut et ne comprend rien à la colère de Troupeau. Son étonnement cesse lorsque celui-ci lui serre fortement le bras en disant :

— Où avez-vous pris que c'était là le comte de Senneville?... c'est un artiste!... un musicien!... qui se permet d'embrasser ma fille!...

— Ah! mon Dieu!... je tombe en ruines!...

— Et vous, Monsieur!... comment pouvez-vous avoir l'audace.... oser aimer ma fille... la fiancée... la future... la promise du comte de Senneville!... Et quand même elle ne serait pas tout cela, vous ai-je permis, autorisé à faire la cour à ma fille?... Et vous, Virginie!... vous ne pouviez pas croire que monsieur était le comte, puisque vous connaissiez M. de Senneville... Ah! Virginie!..., vous me navrez le cœur... Mais j'aime à croire que c'est par excès d'innocence que vous avez été fautive... Je puis encore vous pardonner ; quant à vous, qui n'êtes qu'un séducteur... qu'un audacieux!... je vous trouve bien hardi, bien impertinent... bien...

— Monsieur, dit Auguste avec calme en interrompant Troupeau, mettez fin, je vous prie, à ces injurieuses épithètes ; je puis avoir eu quelque tort en voyant à votre insu mademoiselle votre fille ; mais elle-même vous dira que je voulais la fuir, si elle ne m'avait fait espérer que vous approuveriez nos sentiments et que vous consentiriez à m'accorder sa main.

— Comment! Virginie, vous auriez dit de ces choses-là?

La jeune fille, qui jusqu'alors n'avait pas soufflé mot, se lève et répond à son père d'un air fort résolu :

— Oui, mon cher papa; tenez, il est temps que vous sachiez ce que je pense ; et je vais vous le dire en peu de mots. Je n'aime pas votre comte de Senneville, je n'en veux pas pour mari. Mais j'aime M. Auguste Montreville, je veux être sa femme, et vous y consentirez ; car vous n'avez qu'une fille et vous ne voudriez pas qu'elle fût malheureuse.

Insolente!... je vous ferai bien baisser le ton. (P 315.)

M. Troupeau laisse tomber ses bras, il est prêt à se laisser tomber lui-même; il regarde Baisemon, qui a presque caché sa figure dans sa cravate; il regarde sa fille et murmure:

— Ai-je bien entendu?... c'est ma fille unique qui parle ainsi!

— Oui, mon cher papa, et je vous préviens que ma résolution est bien prise et qu'on aura beau faire, je n'en changerai pas.

— Alors c'est épouvantable! s'écrie Troupeau en beuglant comme un taureau. Ma fille me dire cela!... Marchez devant moi, mademoiselle... marchez... nous verrons qui obéira... Et vous, suborneur... si je ne me retenais...

Troupeau se baisse, et ne trouvant pas autre chose sous sa main qu'une tige de genêt, il veut l'arracher pour la jeter à la tête d'Auguste; mais sous les feuilles sa main rencontre des orties, et il fait une grimace horrible, ne sachant ce qu'il venait d'empoigner. Auguste ne peut s'empêcher de sourire de la figure que M. Troupeau a fait en se piquant, cela redouble la colère de celui-ci. Il pousse sa fille devant lui, il pousse Baisemon, il pousserait les arbres s'il le pouvait. Avant de s'éloigner, Virginie se tourne vers Auguste et lui crie :

— Aimez-moi toujours... je n'en veux pas d'autre que vous. La colère de mon père passera, et il consentira à nous unir...

— Jamais! jamais! s'écrie Troupeau, marchez, mademoiselle; marchez, monsieur Baisemon, ou je vous écrase les talons.

Virginie reprend le bras de Baisemon, qui se laisse conduire comme une machine et ne regarde qu'à ses pieds. M. Troupeau marche derrière, toujours fulminant, toujours exaspéré, et se retournant de temps à autre pour menacer Auguste, qui est resté dans le bois et ne peut plus les voir.

On arrive chez la tante, qui termine les apprêts pour son départ.

— Eh bien, où est M. le comte? dit Mlle Bellavoine en voyant revenir tout le monde.

M. Troupeau, au lieu de répondre, fait signe à sa fille de monter dans sa chambre; celle-ci obéit et s'éloigne en saluant la compagnie aussi tranquillement que s'il ne fût rien arrivé.

Lorsque sa fille est partie, M. Troupeau se jette dans un fauteuil, et Baisemon se met sur une chaise. M. Troupeau fait le récit de ce qui s'est passé, et Baisemon pleure comme un veau tant que dure cette narration. Mlle Bellavoine lève les yeux au ciel, et ne peut que s'écrier de temps à autre :

— Ah, mon Dieu!... il y a donc un mauvais génie qui en veut à l'innocence de notre famille!

— Oui, ma tante; voilà ce qui s'est passé!... voilà ce que j'ai vu!... Mais M. Baisemon, qui diable a pu vous dire que ce jeune homme était le comte de Senneville?

— C'est Mlle votre fille! répond Baisemon en sanglotant, je ne pouvais pas me permettre de suspecter sa bonne foi!

— Non, vous ne pouviez pas, dit Mlle Bellavoine, calmez-vous, mon pauvre Baisemon, essuyez vos larmes. Dans tout ceci, c'est ma petite-nièce qui a les plus grands torts!...

— Je ne reconnais vraiment plus ma fille, dit Troupeau, elle m'a parlé avec un petit air décidé... Où peut-elle avoir pris cet air-là?...

— N'importe, mon neveu, nous ne ferons pas moins une comtesse de Virginie ; il ferait beau voir qu'une morveuse tînt tête à ses parents! Demain matin nous partirons pour Belleville, et une fois le comte arrivé...

— Oh! alors nous sommes sauvés!... Mais si le comte apprenait... s'il venait à savoir... Ah! mon Dieu! il ne voudrait peut-être plus de ma fille.

— Qui voulez-vous qui lui dise que cette petite folle a causé avec cet Auguste? A coup sûr ce ne sera pas M. Baisemon!

— Moi!... j'aimerais mieux être mis en hachis que de parler.

— Mais en attendant je veux tancer ma petite-nièce! je veux qu'elle demande pardon pour ce qu'elle a dit et fait. Perpétue! Perpétue!

La servante arrive, et Mme Bellavoine lui intime l'ordre de faire descendre sa nièce. Virginie ne tarde pas à se présenter d'un air gai et dégagé, tandis que son père se tient gravement près de sa tante et que Baisemon reste dans un coin faisant des pigeons avec ses doigts.

— Vous m'avez demandée, ma tante? dit Virginie en souriant.

— Oui, ma nièce, répond la vieille fille en mettant ses lunettes sur son nez, et, levant d'un air sévère les yeux sur Virginie, oui, j'ai voulu vous voir... vous parler! Je viens d'en apprendre de belles sur votre compte!... Et ce que je ne conçois pas, c'est que vous osiez encore vous présenter devant moi avec cet air lesto,... me répondre sans trembler!... Courbez-vous, mademoiselle, courbez-vous vite! demandez pardon pour vos impertinences... promettez, jurez d'obéir désormais à vos parents...

— Non, ma tante, non je ne me courberai pas, et je ne demanderai pas pardon!

— Qu'est-ce à dire? sainte Vierge! est-ce bien ma petite-nièce qui me répond ainsi!

— Oui, ma tante ; car je me suis promis d'être désormais très franche et de ne plus dissimuler.

— Insolente!... je vous ferai bien baisser le ton...

— Non, ma tante.

— Et quant à vos amours, perdez tout espoir, mademoiselle : un comte a demandé votre main, on la lui a promise, et vous devez vous estimer trop heureuse d'être comtesse!...

— Non, ma tante, je n'y tiens pas du tout, je préfère épouser M. Montreville.

— Petite sotte! vous avez donc le cœur bien bas! Préférer un artiste, un musicien à un comte!...

— Après tout, ma tante, un artiste, un musicien vaut mieux qu'un Cosaque!...

Mademoiselle Bellavoine pâlit, la parole expire sur ses lèvres, ses lunettes tombent de son nez, elle se laisse aller sur le dos de son fauteuil.

— Ah! mon Dieu! voilà ma tante qui se pâme! s'écrie Troupeau; du secours, monsieur Baisemon, du vinaigre... des sels... Ah! Virginie, c'est pourtant vous qui causez tout cela!

— N'ayez pas peur, papa, ce n'est pas dangereux!... Je remonte à ma chambre, car je crois que ma tante n'aura plus rien à me dire.

Voilà ma tante qui se pâme!

En effet, Mlle Bellavoine, en revenant à elle, semble fort contente de ne plus apercevoir sa petite nièce; et elle dit à M. Troupeau:

— Je ne veux pas me mêler de tout cela!... Vous êtes le père de Virginie, c'est à vous de savoir vous faire obéir; moi, cela m'irrite, et me fait mal.. je ne veux plus me rendre malade pour les beaux yeux de ma nièce... En voilà bien assez! qu'on ne me parle plus de ces choses, ça me casse la tête...

— Cependant, ma chère tante, votre autorité...

— Taisez-vous, mon neveu, si vous dites un mot de plus, je ne vous accompagne pas à Belleville, et vous ne me reverrez jamais.

Troupeau se tait, mais il ne comprend rien à sa tante. On se hâte de faire les apprêts du départ; la carriole de Mlle Bellavoine est de nouveau tirée de la remise, et le lendemain matin on y attelle Cocotte en lui donnant pour auxiliaire le cheval de M. Troupeau.

Mlle Bellavoine recommande sa maison à Perpétue à laquelle elle serre la main d'un air qui signifie bien des choses. On monte dans la voiture; les deux dames et M. Troupeau occupent la banquette du fond;

Baisemon est sur le devant avec Grilloie, qui a repris de nouveau l'emploi de cocher.

Le voyage se fait assez tristement. Mlle Bellavoine n'ouvre pas la bouche, M. Troupeau imite sa tante; Baisemon craindrait de rompre le silence, et Grilloie se contente de jurer après les chevaux.

De temps à autre Virginie fredonne un petit air; mais elle cesse bientôt et s'amuse à regarder au carreau. Chacun trouve la route longue; cependant, grâce au cheval attelé avec Cocotte, on arrive à Belleville avant la nuit.

Babelle ouvre la porte et se met à crier :

— Madame, c'est monsieur avec mademoiselle! c'est tout le monde!

Mme Troupeau accourt, suivie d'une grande fille qui ressemble à un manche à balai, et que Troupeau montre à sa tante en lui disant :

— Mon épouse a pris une femme de chambre... Mes moyens me permettent de lui en donner une.

On descend de voiture : Virginie court embrasser sa mère, Mme Troupeau est enchantée de voir sa fille; elle la presse tendrement dans ses bras, quoique M. Troupeau la tire par le bas de sa robe, en lui disant à l'oreille :

— Assez... pas tant... je te dirai pourquoi. Mais la maman embrasse toujours sa fille sans écouter son mari.

Tout le monde est monté au salon, et Mme Troupeau remarque alors l'embarras, l'air contraint de la compagnie.

— Qu'avez-vous donc tous? s'écrie-t-elle. Vous ne dites rien, ma chère tante?... Toi, Troupeau, tu as l'air bouleversé... M. Baisemon se tait aussi... Il n'y a que ma fille qui ait au moins l'air content de me revoir... Qu'est-il donc arrivé?

— Vous le saurez assez tôt, ma femme, répond M. Troupeau d'un air morne. Virginie, qui devine ce que son père veut dire, se hâte de se rendre à sa chambre, afin de le laisser parler en toute liberté.

A peine sa fille est-elle sortie du salon que M. Troupeau va en fermer la porte avec force. Il revient d'un air mystérieux près de sa femme qui ne sait que penser de tout ce qu'elle voit.

— Ma chère amie, dit M. Troupeau en montrant un siège à sa femme, assieds-toi et arme-toi de courage!... Je vais t'apprendre des choses bien terribles!

— Des choses terribles!... Cela m'effraye déjà... Voyons, parlez, monsieur Troupeau,... je vous écoute.

Le ci-devant marchand de crin fait à sa femme le même récit qu'il a fait à sa tante; mais cette fois Baisemon s'abstient de pleurer en l'écoutant, et Mlle Bellavoine ne sourcille pas.

Mme Troupeau a peine à croire ce qu'on lui raconte de sa fille :

— J'ose me flatter, dit-elle, que le mal est moins grand que vous ne le pensez. Ma fille était un ange de douceur, d'innocence et de timidité ; vous l'aurez irritée, mon ami, et cela lui aura tourné le caractère. Mais je la prendrai par les sentiments ; Virginie a le cœur sensible, elle écoutera sa mère, et elle redeviendra disposée à faire tout ce que nous voudrons.

— C'est mon opinion, dit Baisemon.

— Ainsi soit-il ! dit Troupeau.

— Moi, je me méfie d'elle, dit mademoiselle Bellavoine ; cependant, ma nièce, tâchez de réussir.

— Je ne veux point entamer ce grave sujet aujourd'hui ; je lui parlerai demain et je l'aurai bientôt fait rougir de sa préférence pour ce jeune homme, que je ne veux pas nommer.

La tante va s'installer dans sa chambre, Baisemon va renouveler connaissance avec la salle à manger, et Virginie se remet à sa fenêtre, qui devrait lui rappeler Godibert et Doudoux : mais Auguste l'occupe seul, elle le désire, le cherche, l'appelle, et se dit :

— M'a-t-il suivie à Belleville ? Songe-t-il à moi comme je songe à lui !

Le lendemain matin, Mme Troupeau entre dans la chambre de sa fille : celle-ci devine à la physionomie de sa mère de quoi il va être question.

Madame Troupeau s'était préparée : pendant une partie de la nuit, elle avait mûri le sermon qu'elle voulait faire à sa fille, et avec lequel elle espérait la ramener à la soumission et au respect. Mais l'orateur le plus éloquent perd de sa verve lorsqu'il s'aperçoit qu'on ne l'écoute pas.

Au beau milieu du discours de sa mère, Virginie l'interrompt en s'écriant :

— Ma chère maman, tout ce que vous me direz est inutile ; je ne veux pas de votre comte, parce que j'aime M. Auguste Montreville ; je vous aime beaucoup certainement, mais je veux me marier à ma fantaisie ! Je suis assez riche pour prendre la personne qui me convient. Ne m'amenez pas le comte, car je lui ferais la grimace et lui tournerais le dos !

— Ma fille ! dit madame Troupeau, en devenant rouge de colère, je me flattais que votre père m'avait trompée ; je vois qu'il a raison... Vous êtes une impertinente !... mais on domptera votre petit caractère. Pour commencer, je vous ordonne de garder la chambre, de ne point vous présenter au salon sans notre permission.

— Comme il vous plaira, maman.

— Si vous ne changez pas, je vous mettrai au pain et à l'eau.

— Comme il vous fera plaisir...

— Et peut-être encore autre chose... avec une poignée de verges !...

— Tout cela ne m'empêchera pas d'aimer Auguste et de refuser le comte.

Mme Troupeau descend au salon, où son mari, sa tante et Baisemon attendaient avec impatience le résultat de son entrevue avec sa fille.

Mme Troupeau poussait tout à l'extrême, ce qui est assez l'usage des femmes, qui ne savent pas faire les choses à demi et qui ont sur nous l'avantage de ne pas y être souvent obligées.

En écoutant sa fille, la mère de Virginie n'avait retenu qu'avec peine l'éclat de son courroux ; mais au moment d'entrer dans le salon, où elle est pressée de se retrouver sans témoin au milieu de ceux qui l'y attendaient, elle aperçoit sa nouvelle femme de chambre qui frottait un petit meuble.

— Sortez, Lisette ! s'écrie Mme Troupeau d'une voix altérée par la colère ; et comme Lisette ne répond pas et reste à la même place, Mme Troupeau lui donne un soufflet en s'écriant : Ah ! vous ne voulez pas m'obéir non plus !... Ça devient trop fort aussi !

Tout le monde reste saisi de l'action de Mme Troupeau. Baisemon, qui craint que cela n'ait des suites, met ses mains sur ses deux joues. La grande Lisette se met à pleurer en disant : Mon Dieu ! madame, qu'avais-je donc fait pour être traitée ainsi ?...

— Il est certain, dit M. Troupeau, que je ne comprends pas trop pourquoi ma femme...

— C'est possible, monsieur... J'ai peut-être eu tort ; mais je suis si en colère... Allez-vous-en, Lisette, je vous donnerai un beau foulard ; sortez, laissez-nous.

Lisette s'en va moitié contente, moitié fâchée. Mme Troupeau raconte sa conversation avec sa fille et termine en s'écriant : Il me semble que j'avais bien sujet d'être hors de moi !...

— Je m'attendais à ce résultat, dit Mlle Bellavoine.

— Cela devient désespérant, s'écrie Troupeau, car, enfin, si le comte revenait... que lui dire ? que faire ?... Ah ! c'est bien heureux qu'il soit allé faire un voyage en Angleterre... Monsieur Baisemon, quel est votre avis sur tout ceci ?... Que pensez-vous que nous devions faire ?

Baisemon se pince le nez à plusieurs reprises, comme pour en tirer des idées : cela n'aboutit qu'à le faire se moucher, et il répond : Je pense... je crois qu'il faudrait chercher un calmant pour tout cela... Mlle Virginie a la tête montée !...

— Oh ! c'en est surnaturel ! Une jeune fille jusqu'alors douce comme un agneau, réservée, timide, craintive!... Il faut que cet Auguste lui ait donné quelque drogue pour lui tourner la tête!...

— Si vous faisiez demander à l'apothicaire une potion amortissante?

— Eh! monsieur Baisemon, croyez-vous donc que les apothicaires aient des remèdes contre l'amour?

— Dame... ils en ont bien pour le mal de dents, et on dit que c'est la même chose.

— Ma nièce, je crois qu'il faut tout espérer du temps : laissez votre fille garder sa chambre, ne lui procurez aucun agrément, empêchez qu'elle ne se mette à la fenêtre, ou plutôt donnez-lui une chambre qui n'ait point vue sur la rue. Elle s'ennuiera bientôt de ce régime, et elle vous demandera elle-même pardon.

— Je crois que vous avez raison, ma tante.

La grande Lisette se met à pleurer.

— C'est-à-dire, reprend Troupeau, que notre tante vient de parler comme un oracle. Notre fille a une crise, ça se passera... Grâce au ciel, le comte est absent. Attendons tout du temps... Mais de la fermeté dans nos résolutions.

— Faut-il la mettre au pain et à l'eau?

— Pas encore : il faut espérer même que nous ne serons pas obligés d'en venir là. Quant à cet Auguste, à ce séducteur! s'il a le malheur de venir rôder dans notre rue, je vous autorise tous à lui jeter sur la tête ce qui vous fera plaisir.

Après avoir arrêté ce plan de conduite, on commence à loger Virginie dans une petite pièce sur la cour, d'où il est impossible qu'elle voie autre chose que Babelle ou Lisette se rendant à la cuisine. Virginie est vivement contrariée de quitter sa chambre, mais elle ne veut pas le laisser paraître et se contente de dire en prenant possession de son

LA PUCELLE DE BELLEVILLE

Auguste va respectueusement embrasser Mlle Bellavoine. (P. 327.)

nouveau logement : on me fera tout ce qu'on voudra, cela ne changera rien à mes sentiments.

Quinze jours s'écoulent sans ramener la paix dans la famille Troupeau. Virginie s'ennuie beaucoup dans sa chambre, mais elle ne se plaint pas ; elle ne dit rien à Babelle qui lui apporte sa nourriture, quoique la servante, touchée de la réclusion de la jeune fille, ait quelquefois essayé de lui donner des consolations.

Au bout de ces quinze jours, Mᵐᵉ Troupeau se présente chez sa fille et lui dit : Etes-vous devenue plus raisonnable? ferez-vous notre volonté maintenant?

— Maman, je suis toujours la même ; je ne crois pas avoir tort en ayant envie d'être heureuse ; et c'est pour l'être que je veux épouser Auguste.

— Vous êtes une petite entêtée : c'est avec un comte qu'on est heureuse... Nous ne consentirons jamais à vous marier avec ce... musicien.

— Ce musicien est de très bonne famille, il m'a sauvé la vie, et il vaut bien votre comte !

— Non, mademoiselle ; car vous ne serez pas appelée comtesse avec lui.

— Ça m'est égal.

— Taisez-vous !... vous me faites honte !...

Mᵐᵉ Troupeau quitte sa fille et va, d'un air désespéré, rendre compte de son entrevue avec elle. M. Troupeau se frappe le front en disant :

— Et si le comte arrivait !

Baisemon fait une mine piteuse et ne dit rien ; Mˡˡᵉ Bellavoine branle la tête en répétant :

— Il faut attendre !

On attend huit jours, encore quinze ; mais la jeune fille fait toujours la même réponse aux sollicitations de ses parents. Baisemon propose alors de la mettre au pain et à l'eau ; mais Mᵐᵉ Troupeau, dont la colère a fait place au chagrin, dit qu'elle ne veut pas rendre sa fille malade, et M. Troupeau est de l'avis de sa femme ; il craint que Virginie ne maigrisse et ne plaise plus au comte.

On est fort triste dans la maison. M. et Mᵐᵉ Troupeau commencent à craindre que leur fille ne s'obstine à refuser le comte, et qu'une trop longue réclusion n'altère sa santé. Virginie est leur unique enfant, et déjà leur fermeté faiblit, quoiqu'ils affectent toujours la même sévérité.

Ils ne reçoivent plus personne, parce qu'ils craignent qu'on ne vienne à savoir dans Belleville le fâcheux amour de leur fille ; M. Renard est éconduit sous divers prétextes, lorsqu'il se présente chez eux ; mais leurs précautions mêmes font jaser : on se dit qu'il se passe dans leur maison quelque chose d'extraordinaire et qu'il n'est pas naturel que leur fille n'ait pas mis le pied dehors depuis son retour à Belleville ; enfin les propos, les cancans vont leur train; Babelle les entend et ne manque pas de les rapporter à sa maîtresse qui les redit à son mari, et cela ajoute aux tourments de la famille Troupeau, dont la plus grande crainte est que le comte ne vienne à savoir toute cette histoire.

Six semaines se sont écoulées depuis que Virginie est revenue à Belleville ; on lui a permis d'aller se promener dans le jardin; elle n'a pas voulu profiter de cette permission. M. et Mme Troupeau ne savent plus que résoudre ; la tendresse qu'ils ressentent pour leur enfant combat leur ambition et leur colère. Babelle ne cesse de dire : mademoiselle change, mademoiselle maigrit !...

— Ah ! mon Dieu ! que faire ? Mais que c'est heureux que le comte soit toujours en Angleterre ! dit M. Troupeau.

— Enfin, c'est notre fille ! et nous n'avons qu'elle ! dit la maman en portant son mouchoir à ses yeux ; je ne veux pas la laisser mourir pour la faire comtesse.

— Il est certain, dit Baisemon, que cela ne serait pas judicieux.

— Ma tante, conseillez-nous, ou plutôt allez parler à cette petite, elle vous écoutera plus que nous.

— Non, vraiment, je n'irai pas lui parler... je ne veux plus me mêler de cela.

— Eh bien ! je vais aller lui dire que, si elle n'épouse pas le comte, vous la déshériterez.

— Ma foi !... c'est bien aussi ce que je ferai.

Mme Troupeau va trouver Virginie. Ce n'est plus d'un air menaçant qu'elle lui parle, c'est presque du ton de la prière :

— Ma fille, lui dit-elle, votre tante vient de nous déclarer qu'elle vous déshériterait si vous n'épousiez pas le comte de Senneville; songez-y bien, c'est vingt-cinq mille livres de rente que vous perdriez... et nous ne pouvons vous donner que le tiers de cette somme.

— Ma chère maman, je me passerai bien de l'héritage de ma tante ; mais dites-lui pourtant que, si elle me déshérite, je sais une petite histoire des Cosaques que je conterai partout.

— Que voulez-vous dire avec vos Cosaques, ma fille ?

— Répétez simplement cela à ma tante, et je vous assure qu'elle me comprendra et ne me déshéritera pas.

Mme Troupeau retourne au salon ; et, quoiqu'elle ne comprenne rien de ce que lui a dit sa fille, elle le répète mot pour mot à sa tante; alors Mlle Bellavoine se laisse encore aller sur le dos de son fauteuil ; elle semble près de s'évanouir ; puis tout à coup elle se redresse et s'écrie :

— Mariez-la ; qu'elle épouse son Auguste... j'y consens... je ne la déshériterai pas!... mais qu'on me laisse en repos, qu'on ne me parle plus de Cosaques, au nom du ciel!.... que ce soit fini!...

Troupeau et sa femme se regardent d'un air surpris. Le mari s'écrie :

— Il paraît que ma tante a eu à se plaindre de ces hommes du Nord, car leur nom seul produit sur elle une bien triste impression.

— C'est probablement, dit Baisemon, parce qu'elle sait que ces gens-là ne portent ni chemise ni caleçon.

Le consentement de la vieille tante a presque déterminé les Troupeau à céder aux désirs de leur fille ; cependant le souvenir du comte les fait hésiter encore, lorsque Babelle accourt d'un air tout effaré leur dire :

— Mademoiselle votre fille a prié en secret Lisette de lui procurer de la mort aux rats!...

— Ah! mon Dieu! la malheureuse! elle veut se détruire, s'empoisonner, il n'y a pas de doute ; car nous n'avons jamais eu de rats dans la maison... Allons, monsieur Troupeau, plus d'ambition, plus de grandeur, notre enfant avant tout !

— C'est juste, ma femme, c'est un sacrifice à faire... Mais je le fais... Allons embrasser Virginie.

Aussitôt M. et Mme Troupeau montent à la chambre de leur fille ; ils courent à Virginie, la pressent dans leurs bras, la couvrent de caresses, et lui disent :

— C'est fini, mon enfant, tu l'emportes, épouse celui que tu aimes... nous y donnons notre consentement.

Alors Virginie embrasse et remercie mille fois ses parents ; et la petite rusée, qui n'avait fait demander de la mort aux rats que pour les effrayer, se dit en elle-même :

— Je savais bien qu'on ferait ma volonté.

XXIII

UNE COUTURIÈRE

Lorsque les premiers transports de joie sont calmés, et que l'on recommence à s'entendre, M. Troupeau dit à sa fille :

— Mais, à propos, où est-il ce M. Montreville pour que tu l'épouses? car je dois lui rendre la justice de dire que, depuis ton retour à Belleville, on ne l'a pas aperçu dans le pays.

— Oh ! c'est qu'Auguste n'est pas de ces gens qui veulent forcer des parents à les recevoir ! il est trop fier pour cela ! Mais je sais son adresse à Paris ; je la lui avais demandée : il faut lui écrire, mon père, lui dire que vous n'êtes plus fâché et l'attendez pour le nommer votre gendre... Alors il viendra tout de suite.

— Soit,... écrivons-lui.

M. Troupeau se met à son bureau ; il prend tout ce qu'il lui faut pour écrire ; il reste un gros quart d'heure sans pouvoir commencer sa lettre ; enfin il se lève en disant :

— C'est extrêmement embarrassant d'écrire de ces choses-là... Je ne sais comment tourner cela...

— Mon Dieu ! mon cher papa, c'est bien facile, et si vous permettez, je vais vous dicter.

— Ma foi, je le veux bien.

Troupeau se remet à son bureau, et Virginie lui dicte : « *Mon cher monsieur Montreville, notre colère est passée ; le bonheur de notre fille est maintenant notre seul désir, et nous sommes prêts à vous accorder sa main si vous l'aimez toujours et jurez de n'aimer jamais qu'elle. Venez vous-même apporter votre réponse.*

Troupeau écrit et signe ; puis il regarde sa femme en murmurant :

— Comme notre fille a de l'esprit !

— Tout lui est venu à la fois, répond la maman.

La lettre est mise à la poste, et déjà Virginie compte les heures, les minutes. Maintenant que ses parents consentent à l'unir à celui qu'elle préfère, si Auguste avait cessé de l'aimer, s'il allait refuser sa main !... Cette idée ne lui laisse pas un instant de repos ; elle est pâle, souffrante, et Baisemon dit :

— Elle a l'air plus malade depuis qu'on a consenti à faire son bonheur.

Virginie a calculé le temps ; elle a dit :

— Auguste recevra la lettre cette après-midi... il pourrait venir ce soir, ou au plus tard demain matin. S'il n'est pas venu demain matin, c'est fini !... c'est qu'il ne m'aime plus... Oh ! alors, je ne sais pas ce que je ferai !

Le soir se passe, Auguste ne vient pas.

— Il n'y a point encore de temps de perdu, dit Mme Troupeau ; ce jeune homme pouvait être absent de chez lui quand la lettre lui est arrivée.

Virginie ne dit rien, mais elle est toute la nuit sans dormir : elle repasse dans sa mémoire ses entretiens avec Auguste ; elle se rappelle que, même en lui faisant la cour, il était souvent rêveur, distrait ; que des soupirs lui échappaient sans qu'il en eût avoué la cause ; et elle se dit :

— Il ne m'aime pas, il ne m'a jamais aimée. J'étais une folle de le croire... Il me l'a dit, parce qu'il a vu que cela me faisait plaisir... mais il n'en pensait pas un mot!... Je suis sûre qu'il ne viendra pas.

Le lendemain, midi a sonné, et l'on n'a reçu aucune visite, aucune nouvelle de Paris. Virginie est triste, abattue, mais elle garde un morne silence. M. Troupeau va de sa femme à Baisemon, en murmurant :

— Je ne puis cependant pas aller prendre ce jeune homme au collet pour lui faire épouser ma fille.

Quant à Mlle Bellavoine, elle ne dit rien, et pourvu qu'on ne prononce plus devant elle le mot Cosaque, tout le reste semble lui être indifférent.

Sur les deux heures on sonne à la grille de la rue ; un mouvement général s'opère dans le salon ; tous les regards se tournent vers la porte : elle s'ouvre, et Auguste Montreville paraît.

Virginie pousse un cri de joie, tous les fronts s'éclaircissent, le jeune homme salue avec modestie la famille et s'avance vers M. Troupeau, qui lui tend la main en balbutiant une phrase que lui-même ne comprend pas. C'est encore Virginie qui met fin à l'embarras réciproque en s'écriant :

— Vous voyez qu'il m'aime toujours,... ne parlez plus du passé... Auguste, embrassez ma tante, vous êtes maintenant de la famille.

Auguste va respectueusement embrasser Mlle Bellavoine, qui se laisse faire sans rien perdre de sa gravité ; Mme Troupeau montre plus d'effusion en recevant le baiser de son futur gendre. Baisemon s'avance, croyant qu'on va aussi l'embrasser, mais c'est par sa jolie future que le jeune homme finit, et c'est bien ce que celle-ci espérait.

On parle de la grande affaire.

Auguste n'a plus ni son père ni sa mère ; il est libre de lui-même ; il a mille écus de rente, ses talents, qui doivent lui rapporter davantage, et en perspective de belles espérances : il expose franchement sa position, car il ne veut en imposer à personne ; mais lorsque M. Troupeau va pour lui détailler tout ce que sa fille aura, ce qu'il compte lui donner en dot, Auguste l'interrompt en lui disant :

— Je vous jure, monsieur, que ce n'est point pour sa fortune que j'épouserai votre fille, mais parce que je crois en être sincèrement aimé : ne lui donnez point de dot, et je m'estimerai encore trop heureux d'être son mari.

Troupeau frappe dans la main d'Auguste en s'écriant :

— C'est très bien, mon ami, je suis content de vous... mais ma fille n'en sera pas moins très riche, et cela ne gâtera rien.

— Et moi qui croyais qu'il ne m'aimait pas! dit Virginie, ah! que j'étais injuste, que je l'avais mal jugé!

Tout est arrangé, décidé, et il est convenu que l'on va s'occuper sur-le-champ de se procurer les papiers indispensables pour le mariage, afin que le bonheur des jeunes gens ne soit pas éloigné.

Auguste est retenu pour dîner. On le prévient que jusqu'au jour de son hymen il doit regarder la maison de son beau-père comme la sienne, et que son couvert y sera toujours mis. Virginie aurait même désiré qu'on lui offrit une chambre pour coucher; mais on pense que cela ne serait pas décent : d'ailleurs, pour hâter son mariage, Auguste va avoir affaire à Paris, et il vaut mieux qu'il y retourne tous les jours.

Cette journée se passe vite : la joie, le plaisir sont revenus dans la maison de M. Troupeau. Virginie a retrouvé toute sa gaieté ; elle rit, chante, danse, fait mille folies et parvient même à faire sourire sa tante. Les journées suivantes s'écoulent de même : l'approche du mariage de Virginie nécessite mille emplettes, préparatifs.

Tout le monde est occupé dans la maison. On n'y a pas un moment à soi. Baisemon est en course du matin au soir pour des achats d'étoffes ou de rubans ; mais il ne se plaint pas, parce qu'il a en perspective un superbe repas de noces.

Auguste vient tous les jours à Belleville ; il est tendre, empressé près de Virginie. Cependant son front est quelquefois soucieux, et lorsque sa future ne le regarde pas, il lui arrive de lever vers le ciel des regards où brillent plutôt de tristes souvenirs que de riantes espérances. Un jour il dit à Virginie :

— Tenez-vous beaucoup à ce pays?... voulez-vous rester à Belleville?

— Moi, mon ami? mon Dieu, non ; j'irai où vous voudrez... Vous n'aimez pas Belleville?

— Je vous avoue... que je n'aime plus ce pays.

— Eh bien! nous demeurerons à Paris, cela m'amusera bien plus d'être à Paris, et comme c'est tout près, nous viendrons souvent ici voir mes parents.

— Mais voudront-ils?

— Ne vous inquiétez pas de cela!...

Quinze jours ont suffi pour qu'Auguste ait les papiers qui lui sont nécessaires pour se marier. On a fixé à dix jours plus tard la grande cérémonie, lorsqu'un matin, avant que son futur gendre soit venu, M. Troupeau reçoit une lettre timbrée de Londres. Il pâlit en reconnaissant l'écriture et balbutie :

— C'est du comte de Senneville!

Que c'est joli un enfant. (P. 333.)

— Eh bien, mon père, qu'est-ce que cela vous fait maintenant, et pourquoi vous en affecter? dit Virginie en riant, vous n'avez plus rien à démêler avec le comte...

— Sans doute, ma fille... mais, malgré cela... je crains...

— Ne craignez donc rien, et voyez d'abord ce qu'il vous écrit.

Troupeau ouvre la lettre et lit :

« Après-demain je quitte Londres. Je m'arrêterai trois jours à Calais pour vous y choisir des coquillages. Ainsi, d'aujourd'hui en huit attendez-moi à Belleville, et tenez-moi toute prête la main de ma petite comtesse. »

— Ah, mon Dieu!... il arrive dans huit jours! dit Troupeau en laissant tomber sa tête sur sa poitrine.

— Et il nous apporte des coquillages! murmure M·ᵐᵉ Troupeau en poussant un gros soupir.

— J'aurais préféré des huîtres, dit Baisemon.

— Mon cher papa, on dira à M. de Senneville qu'il aille chercher ailleurs une petite comtesse, et qu'il remporte ses coquillages, voilà tout.

— Voilà tout!... certainement, ma fille, je sais bien qu'il faudra lui dire cela... mais j'aurais mieux aimé, j'aurais beaucoup mieux aimé qu'il te trouvât mariée, parce qu'alors on lui aurait dit : C'est fini!... elle est mariée!... Et tant que tu ne le seras pas, il peut réclamer l'exécution de ma promesse. Si nous pouvions avancer ton mariage de quelques jours...

— Oh! je le veux bien, moi, et Auguste ne demandera pas mieux... donnez vos ordres, faites tout hâter... Avec de l'argent on fait ce qu'on veut... Mariez-nous donc dans six jours au lieu de dix.

— C'est dit... dans six jours... je vais courir pour cela...

— Mais ma robe... mes robes de noces, qui ne sont pas faites!... Ah! il faudra bien qu'elles le soient... J'irai moi-même à Paris chez la couturière... Vous, papa, courez et disposez tout pour dans six jours.

— C'est convenu. Alors, quand le comte arrivera, tu seras mariée!... et ma foi, il ne pourra plus t'épouser.

M. Troupeau se met en course pour avancer le mariage de sa fille.

M·ᵐᵉ Troupeau refait ses invitations; lorsque Auguste arrive, on lui apprend que son bonheur est avancé de quatre jours; en recevant cette nouvelle, le jeune homme laisse échapper un soupir; car plus le moment de son hymen approche, plus ses accès de mélancolie redoublent; mais, tout à son prochain mariage, Virginie ne s'aperçoit pas du trouble de son amant, qui lui répond en lui baisant la main :

— Dans six jours... soit... Quand vous voudrez.

— Est-ce que vous n'êtes pas content que ce soit plus tôt?...

— Oh! pardonnez-moi...

— A la bonne heure... Mais pourvu que mes robes soient faites!

— Vous serez toujours bien, Virginie...

— C'est fort aimable de dire cela, mais je veux que votre femme vous fasse honneur, et qu'il ne manque rien à ma toilette.

Encore trois jours et Virginie sera Mme Montreville. Mais la couturière n'a pas apporté les robes pour la cérémonie et le bal. Ce n'est pas à Belleville que l'on fait faire la toilette de la mariée, c'est à une des meilleures couturières de Paris que l'on s'est adressé; car on veut que Virginie soit mise avec le dernier goût, la dernière élégance; mais l'habile couturière est surchargée d'ouvrage, on craint qu'elle ne manque de parole, et chaque matin on lui dépêche Baisemon.

— Si j'allais moi-même chez cette couturière, dit Virginie à sa mère, je pourrais y essayer mes robes... Je serais bien plus certaine si elles vont bien... Oh! oui; c'est une excellente idée, et je vais aller à Paris.

— Mais, ma fille, tu ne peux aller seule à Paris... Je suis un peu incommodée, et j'ai tant à faire ici!... Ton père est en course; il ne rentrera que pour dîner... Ton futur va venir, c'est vrai, mais il ne serait pas décent de courir ainsi avec lui avant votre hymen.

— Eh, mon Dieu! maman, vous voilà bien embarrassée; M. Baisemon viendra avec moi, nous prendrons à la barrière un fiacre à l'heure et il nous ramènera ici.

Le projet de Virginie est approuvé; depuis que la jeune fille avait montré de la tête et du caractère, on ne savait plus résister à ses moindres volontés.

M. Baisemon est appelé; on le prie de servir de cavalier à la jeune fiancée.

Baisemon, toujours aux ordres de la famille Troupeau, a pris son chapeau et présente humblement son bras à Virginie, qui le fait aller grand train jusqu'à la barrière, où il ne reprend sa respiration que dans un fiacre.

La couturière demeure rue Montmartre. On se fait conduire chez elle. Lorsqu'on est arrivé, Baisemon va pour descendre; mais Virginie lui dit :

— Il est inutile que vous montiez; je n'ai pas besoin que vous soyez là pour me voir essayer mes robes. Restez dans la voiture.

Le gros Baisemon ne demande pas mieux; il se jette sur les coussins et laisse descendre Virginie en se disant :

— Elle ne va pas courir après son amant, puisqu'elle l'épouse après-demain.

La couturière occupe au second un fort bel appartement, où de nombreuses ouvrières sont employées. On s'empresse de montrer à Virginie sa robe de bal, qui est achevée; elle l'essaie, elle en est enchantée.

— Mais ce n'est pas tout, dit-elle. Et la robe pour la cérémonie?

— Oh! mademoiselle, il n'y a que fort peu de chose à y faire, elle sera terminée ce soir.

— Montrez-la moi, au moins.

— Mademoiselle, c'est que l'ouvrière qui est après, travaille chez elle... c'est une jeune femme, une jeune mère qui ne peut quitter son enfant pour venir ici; mais elle travaille comme une fée et vous serez satisfaite de votre robe.

— C'est possible, mais je voudrais la voir...

— On peut vous l'aller chercher, cette ouvrière demeure dans la maison...

— Dans la maison?... Alors, j'aime mieux monter chez elle; elle n'aura pas besoin de quitter ma robe, ce qui la dérangerait et la retarderait encore.

— Quoi! mademoiselle, vous vous donneriez la peine?...

— Pourquoi pas, puisque c'est dans la maison.

— C'est que cette jeune femme... n'est pas heureuse... elle loge dans une mansarde.

— Eh, mon Dieu! qu'importe? ce n'est pas son logement, c'est ma robe que je vais voir.

— En ce cas, Alphonsine, conduisez mademoiselle.

Une petite apprentie se lève, Virginie la suit. Elles montent tout au haut de l'escalier; arrivées là, l'apprentie tourne une clef qui est sur la porte et fait entrer Virginie dans une petite pièce mansardée, où un berceau d'osier est placé sur deux chaises et recouvert de rideaux de calicot.

Il n'y avait personne dans cette pièce, mais elle communiquait à une autre, et la petite apprentie se met à crier:

— C'est la demoiselle qui se marie qui vient essayer sa robe.

— Je viens, répond une voix qui part de la chambre voisine.

Alors l'apprentie présente une chaise à Virginie en lui disant:

— Elle va venir, mademoiselle... Puis la jeune fille salue et retourne à son ouvrage.

Virginie s'est assise, et ses yeux se promènent avec curiosité dans la pièce où elle se trouve; l'ordre et la propreté qui y règnent ne peuvent cependant en cacher la pauvreté. Point de rideaux à la fenêtre, quelques vieilles chaises, une table vermoulue, un petit morceau de glace pour servir de miroir, voilà tout l'ameublement. Habituée aux douceurs de l'aisance, Virginie n'avait encore aucune idée de la misère; son cœur est touché de ce spectacle, elle se dit:

— Mon Dieu! comme il y a des gens malheureux!... je suis sûre qu'on manque de tout ici... et cette pauvre femme est mère... Voyons donc cet enfant...

Virginie se lève et va entr'ouvrir doucement les rideaux du berceau.

Un enfant, qui paraît avoir deux mois au plus, y dort paisiblement. Sa petite figure blanche et rose a l'air de sourire, sa bouche même en dormant semble chercher le sein de sa mère ; Virginie ne peut résister au désir de l'embrasser en s'écriant :

— Que c'est joli un enfant !...

Dans ce moment, une jeune femme sort de la pièce voisine et dit:

— Ah ! ne réveillez pas mon fils.

Virginie se retourne... elle reste immobile, elle n'a plus de voix.. plus de force pour marcher... Elle vient de reconnaître Adrienne, celle-ci a poussé un cri en murmurant :

— Virginie !

Adrienne veux-tu encore m'embrasser ?

— Adrienne ! Adrienne ici... dans cette mansarde... est-ce bien possible ? dit enfin Virginie en revenant de son émotion.

— Oui, mademoiselle, c'est bien moi... D'où vient cet étonnement ?... Ignorez-vous que j'avais quitté Belleville ? que mon oncle m'avait chassée de chez lui ?...

— Chassée... pauvre Adrienne !... Oui, sans doute, j'ignorais cela ; car mon père ne voit plus votre oncle... et... on ne me parlait jamais de vous... Mon Dieu !... et pourquoi donc votre oncle vous a-t-il renvoyée ?...

Adrienne montre le berceau en murmurant :

— Ne le devinez-vous pas ?...

— Quoi... cet enfant... c'est à vous, cet enfant ?...

— C'est mon seul bien, ma seule consolation !...

— Et... et son père ?...

Adrienne essuie quelques larmes qui s'échappent de ses yeux. Puis, en regardant fixement Virginie, elle répond :

— Ah! j'ai bien souffert... j'ai eu bien des chagrins, et si je vous en disais la cause...

— Dites-la moi, Adriennne; dis-la moi, je t'en prie; ne me cache rien... j'étais ton amie autrefois...

— Oui! mais depuis ce temps!...

— Adrienne, conte-moi tout ce qui t'est arrivé... viens, viens t'asseoir près de moi...

Et Virginie, prenant la main d'Adrienne, la fait asseoir à côté d'elle, alors, les yeux fixés sur son ancienne amie, elle attend avec anxiété ce qu'elle va lui dire.

— Virginie, vous n'ignorez pas que M. Auguste Montreville demeurait chez mon oncle, à Belleville!

— Oui... je le sais.

— Je pensais aussi que vous saviez qu'il me faisait la cour. Alors ce n'était pas un mystère... il avait l'air de m'aimer... et je crois bien qu'il m'aimait réellement... Moi... je l'aimais aussi... oh! je l'aimais de toute mon âme!... mais il allait chez votre père... j'étais jalouse de vous... je craignais... qu'en vous voyant... et n'avais-je pas bien des raisons pour vous craindre?... Enfin, Auguste avait cessé d'aller chez vous, et j'étais si heureuse... si confiante en son amour, que je n'eus pas la force de lui rien refuser...

— Il est le père de votre enfant! s'écrie Virginie en se levant avec un mouvement convulsif.

— Oui... et tenez... regardez mon fils... Ne trouvez-vous pas qu'il lui ressemble déjà?

Virginie s'approche du berceau, considère l'enfant pendant quelques minutes, puis retourne s'asseoir en balbutiant d'un air abattu :

— Achevez-donc votre récit.

— En apprenant que j'étais enceinte, Auguste, qui m'avait déjà promis de m'épouser, ne cacha plus ses intentions à mon oncle et à ma tante; notre mariage allait se conclure lorsque ma tante mourut, et nous dûmes le reculer pour quelque temps; mais Auguste était toujours aussi aimant, aussi tendre près de moi, et j'attendais sans impatience le jour où il me nommerait sa femme, lorsqu'un matin... ô mon Dieu! ce souvenir me glace encore le cœur, je n'avais pas vu Auguste la veille au soir, et il ne paraissait pas; je monte à sa chambre, elle était déserte; mais j'y trouve deux lettres, une pour mon oncle, l'autre pour moi... Tenez... la voici, cette lettre fatale... Oh! elle ne m'a jamais quittée depuis, quoique je ne puisse pas la lire sans pleurer.

Adrienne sort de son sein la lettre d'Auguste ; elle la présente à Virginie, qui la lit précipitamment et sent un poids terrible se placer sur son cœur en arrivant à ces mots : « *Je connais maintenant vos intrigues avec M. Ledoux et votre cousin Godibert...*

— Ah! Virginie, vous savez combien cela est faux! dit Adrienne en levant les yeux au ciel. Vous savez si je fus coupable... mais dans le monde on l'a cru... on l'a dit à Auguste, qui m'a abandonnée, quittée pour jamais!... Alors, mon oncle m'a chassée... et je serais morte de douleur peut-être, si je ne m'étais pas souvenue que j'étais mère et que je me devais à mon enfant.

Deux ruisseaux de larmes coulent des yeux de Virginie, qui cache sa tête dans ses mains en murmurant :

— Pauvre Adrienne ! c'est moi qui ai causé tous ces événements ; c'est moi qui suis l'auteur de tous tes chagrins... Ah! tu dois bien me haïr, n'est-ce pas ?...

— Vous haïr!... oh!... non... vous pleurez, vous êtes fâchée de me voir malheureuse, je vous pardonne... et pourtant j'ai bien souffert!... Mais vous, Virginie, vous êtes heureuse, vous allez vous marier ?... vous aimez votre prétendu, sans doute ?... Qui donc épousez-vous?...

— Je te le dirai plus tard, répond Virginie en se levant brusquement pour aller embrasser l'enfant dans son berceau.

— Votre robe sera faite ce soir... j'ai passé deux nuits après... voulez-vous l'essayer?...

— Non, non... c'est inutile...

— Pourquoi donc?

— Je l'essayerai plus tard... je reviendrai... Adrienne, veux-tu encore m'embrasser?

Pour toute réponse, Adrienne se jette dans les bras de son ancienne amie, et pendant quelques instants elles se tiennent étroitement embrassées; enfin, Virginie se dégage la première ; elle essuie ses yeux gros de larmes, et, serrant la main d'Adrienne, sort de la mansarde en répétant :

— Tu me reverras.

Virginie a descendu l'escalier précipitamment ; elle monte dans le fiacre, donne une adresse au cocher, et s'assied près de Baisemon, qui dormait et qui ne s'éveille qu'en se sentant rouler.

— Eh bien! mademoiselle, avez-vous essayé vos robes? dit le régisseur en sécarquillant les yeux.

— Oui, monsieur Baisemon.

— Êtes-vous satisfaite?

— Très satisfaite.

— Ah! j'en suis bien aise... c'est que, pour une mariée, des robes...

diable! c'est comme une barbe bien faite pour un homme. Mais il me semble que le cocher ne reprend pas le chemin de Belleville.

— Nous n'y allons pas non plus à présent.

— Et où donc allons-nous?

— Chez un monsieur auquel je veux parler.

— Chez un monsieur... comment, mademoiselle... mais c'est que...

— Mais, mais, calmez-vous c'est chez M. Auguste Montreville que je vais, et j'espère qu'il m'est bien permis d'aller lui parler.

— Ah! c'est chez monsieur votre futur... oh! alors... pourvu que j'accompagne mademoiselle.

— C'est-à-dire que je vous le défends : vous resterez dans le fiacre.

— Mais, mademoiselle, les convenances!

— Nous voici arrivés. Taisez-vous et restez-là.

Virginie!... c'est vous!

Baisemon se tait et reste dans la voiture en murmurant :

— Quelle singulière petite fille!... Est-ce qu'avant le mariage elle voudrait essayer si... Ma foi! c'est mon opinion!...

Virginie demande au portier si Auguste est chez lui, et laisse échapper un cri de joie en apprenant qu'il n'est pas encore sorti. Elle s'élance vers l'escalier, monte rapidement, sonne avec violence, répond à peine au domestique qui lui ouvre, entre dans le salon où est Auguste et en referme la porte sur elle, tout cela dans l'espace de quelques secondes.

— Virginie!... c'est vous!... vous chez moi! dit Auguste en conduisant la jeune fille vers un fauteuil. Par quel hasard!... comme vous semblez agitée!... Serait-il arrivé quelque événement?

— Non... je vais me calmer... mais je craignais tant de ne pas vous trouver... ce que j'ai à vous dire est si pressant... cela me pèse... cela

Oh, mon Dieu! n'est-ce point un rêve? (P. 339.)

m'étouffe... Mon Dieu!... est-ce que je n'ai plus le courage, à présent?...

— O ciel!...vous pleurez, Virginie!... Mais qu'avez-vous donc, de grâce?

— Laissez-moi pleurer un peu... cela me fera du bien... cela me calmera... Écoutez-moi, maintenant... Je viens d'aller pour essayer ma robe de noce... je suis montée chez l'ouvrière qui la terminait... Pauvre femme!... elle habite dans une mansarde, où elle manque de tout, et cependant il faut qu'elle travaille jour et nuit et qu'elle allaite on enfant, qui n'a que quelques mois. Eh bien!... cette pauvre mère... c'est Adrienne!... cet enfant... c'est votre fils!...

— Adrienne!... mon fils!...

— Écoutez-moi, Auguste, écoutez-moi bien. Vous aimiez Adrienne ; vous alliez l'épouser, lorsque des bruits affreux ont terni sa réputation vous l'avez crue coupable, vous l'avez abandonnée... et c'est moi que vous alliez épouser!... Eh bien! apprenez que c'est moi qui fus coupable réellement, tandis qu'Adrienne était innocente. Ce Godibert, ce Doudoux, c'est à moi qu'ils donnaient des rendez-vous ; c'est avec moi qu'ils étaient... mais je me sauvais toujours à temps : Adrienne nous surprenait, et on la trouvait à ma place...

— Virginie!... que me dites-vous?

— La vérité!... oh! vous pouvez me croire... il m'en coûte assez de vous la dire!... mais je ne veux plus qu'Adrienne supporte la peine de mes folies... Je veux que vous sachiez qu'elle fut toujours digne de votre amour ; enfin je veux que vous rendiez un père à votre enfant... Auguste, vous aimiez encore Adrienne... oui, vous l'aimiez... vous y pensiez toujours.... Ces soupirs qui vous échappaient, même auprès de moi, c'est à elle qu'ils s'adressaient. Auguste, je ne puis plus être votre femme... non, je ne le puis plus ; car le malheur d'Adrienne ne me laisserait pas un moment de repos... Venez avec moi, que je répare tous mes torts en lui rendant son époux... Auguste, vous le voulez bien... Dites donc que vous le voulez bien?

Auguste est si ému qu'il peut à peine répondre. Il regarde Virginie en balbutiant :

— Adrienne innocente!... pauvre fille!... il serait vrai!... Et mon fils!... Ah! Virginie, conduisez-moi près d'eux!

— Vous épouserez Adrienne?

— Mais notre mariage...

— Il est rompu... Je vous rends votre liberté. Ah!... cela me coûte beaucoup ; car je vous aimais autant qu'elle vous aime ; mais elle vous rendra plus heureux... Auguste, embrassez-moi pour la dernière fois...

Auguste presse Virginie dans ses bras. Elle se hâte de s'en dégager, en disant :

— C'est assez ; ne me rendez pas le sacrifice impossible... Venez, venez, Adrienne vous attend.

Elle sort de l'appartement; Auguste la suit : ils montent dans la voiture. Baisemon, qui se rendormait, sourit à Auguste, en disant :

— Ah! vous revenez avec nous à Belleville? Je m'en doutais en vous attendant.

On ne répond pas à Baisemon, on est trop préoccupé pour faire attention à ce qu'il dit. Virginie et Auguste se regardent et s'entendent sans parler... La voiture s'arrête de nouveau devant la maison de la couturière et les jeunes gens descendent, tandis que Baisemon s'écrie :

— Eh bien! qu'est-ce que M. Auguste va donc essayer chez la couturière?

Les jeunes gens montent sans s'arrêter jusqu'à la mansarde : c'est Virginie qui en ouvre la porte, et entre la première. Adrienne était assise près du berceau de son enfant.

— Voilà le père de ton fils... ton mari que je te ramène! dit Virginie en allant embrasser Adrienne ; et presque au même instant celle-ci voit Auguste à ses genoux.

— O mon Dieu! n'est-ce point un rêve? dit la jeune mère; Auguste ici!... Auguste à mes pieds!...

— Oui, chère Adrienne, c'est Auguste... c'est votre époux qui vient réclamer son pardon! car je sais à présent combien j'eus tort de vous accuser...

— Oh! mon ami! que je suis heureuse!... Mais comment se fait-il?...

— J'avais causé tout le mal, dit Virginie, c'était à moi à le réparer. A présent que vous êtes réunis, je puis vous quitter.

— Nous quitter... déjà! dit Adrienne.

— Il le faut... ne vais-je pas me marier aussi?

— Et qui donc épouses-tu?

Virginie, après avoir jeté un coup d'œil sur Auguste et hésité quelques instants, répond enfin :

— J'épouse le comte de Senneville..... Adieu, Adrienne.... adieu, monsieur Auguste... faites-lui bien vite quitter sa mansarde, épousez-la, rendez-la bien heureuse... aimez votre fils, et pensez quelquefois à celle qui sera toujours votre amie.

En disant ces mots, Virginie se hâte de s'éloigner pour dérober à Auguste et à Adrienne les larmes qui coulent de ses yeux.

XXIV

CONCLUSION

— A Belleville! crie Virginie au cocher en se jetant dans la voiture.

— Ah! nous retournons enfin à Belleville? dit M Baisemon. Mais où est donc M. Auguste?... pourquoi ne revient-il pas avec nous?

— M. Baisemon, ayez la complaisance de ne plus me dire un mot jusqu'à ce que nous soyons arrivés, vous me ferez grand plaisir.

Baisemon se tourne d'un autre côté en murmurant :

— Elle a des jours où elle n'est pas aimable du tout!

On arrive à Belleville, on se fait descendre rue de Calais. M. et Mme Troupeau commençaient à être inquiets de la longue absence de leur fille, et surpris qu'Auguste ne vînt pas ; mais Virginie entre dans le salon, suivie de Baisemon ; et quoiqu'elle sourie, sa figure pâle semble dénoter quelque chose de nouveau.

Notre fille sera comtesse

— Je gage que tes robes ne sont pas faites! s'écrie Mme Troupeau.

— Pardonnez-moi, maman, elles seront prêtes pour le jour de ma noce.

— Mais as-tu bien dit que c'était pour après-demain?

— Non maman car je ne pense plus que ce soit pour après-demain.

— Comment! que veux-tu dire?... Auguste est-il malade?...

— Non, ce n'est pas cela... Mais je vais vous apprendre une nouvelle qui vous fera grand plaisir, j'en suis certaine.

— Quoi donc, ma fille?

— Eh bien! mes chers parents, je vous avouerai que j'ai réfléchi... et décidément je n'épouse plus M. Auguste Montreville.

— Ah! mon Dieu! voilà bien une autre histoire!... Mais ce jeune homme qui compte sur ta main...

— Ce jeune homme m'a rendu ma parole, je lui ai rendu la sienne; nous sommes libres tous deux...

— Et qui donc épouses-tu maintenant?

— Le comte de Senneville.

— Le comte de Senneville! s'écrie M. Troupeau en sautant presque jusqu'au plafond.

— Le comte de Senneville! répète Mme Troupeau en ouvrant ses bras à sa fille.

Et Mlle Bellavoine elle-même pousse un cri de satisfaction, tandis que Baisemon murmure :

— Elle en voudra peut-être un autre demain.

— Quoi! ma fille, c'est bien vrai?... tu consens maintenant à épouser le comte?

— Oui, mon papa, c'est fini, j'ai pris mon parti; je ne pense plus à Auguste, et votre fille sera comtesse.

— Ah! quel plaisir! quelle joie!... quelle ivresse!... notre fille sera comtesse!... Babelle, Lisette... Grilloie... accourez.

— Eh bien, mon ami, qu'est-ce que tu veux donc?

— Je veux dire cela à tout le monde... partout!... je veux que tout Belleville le sache dans cinq minutes!

Et M. Troupeau ouvre les deux fenêtres du salon et il se met à crier de nouveau :

— Notre fille sera comtesse!

Et il regarde s'il passe du monde dans la rue, et comme il n'y voit personne, il prend son chapeau et sort pour répandre partout cette grande nouvelle. Il va la dire à M. Renard, il va la

Il le présente à sa future

dire à toutes ses connaissances, il n'oublie pas M. Tir, auquel il dit :

— Je veux donner des fêtes magnifiques pour célébrer ce mariage; je compte sur vous pour les feux d'artifice.

— Je vous ferai un soleil qui durera trois quarts d'heure!...

— Oh! mon ami je veux mieux que cela!... On a tant vu de soleils en artifice!...

— Eh bien, je vous ferai une lune.

— A la bonne heure! une lune avec le nom des époux et leurs titres dans le milieu.

Dans sa joie, M. Troupeau, oubliant que ses relations ont cessé avec Vauxdoré se rend chez son ancien ami et lui apprend que sa fille va épouser le comte de Senneville. Vauxdoré fait compliment à M. Troupeau de ce mariage, mais il refuse l'invitation qui lui est faite d'y assister.

Depuis que sa nièce a quitté sa maison, il n'a pas eu de ses nouvelles, et, se reprochant toujours d'avoir été trop dur à son égard, Vauxdoré conserve au fond de son cœur des regrets qu'il ne peut surmonter.

Les parents de Virginie n'ont qu'une crainte, c'est que leur fille ne change de résolution avant l'arrivée de son futur époux; mais Virginie a pris son parti, et quoique au fond du cœur elle souffre encore, elle s'efforce de montrer sa gaieté d'autrefois.

La famille Troupeau voudrait bien savoir ce qui a pu brouiller Virginie et Auguste Montreville; on fait mille questions à Baisemon au sujet du voyage de Virginie à Paris. Mais Baisemon ne peut que répondre:

— Je suis resté dans la voiture, et nous avons été deux fois chez la couturière.

Alors M. Troupeau s'écrie:

— Qu'importe comment cela s'est fait!... Le principal c'est que notre fille ne varie plus.

Le comte de Senneville est exact pour la première fois de sa vie; il arrive à Belleville le jour qu'il a indiqué; mais il ne possédait plus un sou; il avait achevé de manger sa terre de Touraine, et il était temps qu'un bon mariage vînt lui donner une nouvelle fortune.

M. de Senneville est reçu avec enthousiasme par la famille Troupeau, Virginie seule n'en montre pas, et, loin d'être glorieuse d'épouser le comte, elle prend d'abord avec lui un petit air de fierté qui semble dire que c'est lui qui doit s'estimer heureux d'obtenir sa main. Le comte avait trop de finesse pour ne point comprendre la jeune fille; mais, loin de paraître fâché du changement qui s'est opéré en elle, il en témoigne le plus vif plaisir:

— Je croyais épouser un ange, dit-il à Troupeau, je vois que vous me donnez un démon de malice et d'esprit, j'en suis enchanté; en fait de femmes, j'aime mieux les démons que les anges.

Virginie présente en souriant sa main au comte, qui la porte à ses lèvres, tandis que Troupeau dit à sa femme:

— Notre fille est un être extraordinaire !... Elle nous enfonce tous.
— Et ces coquillages que vous deviez nous apporter? dit Virginie au comte.
— Perdus ! brisés, cassés en route !... Je n'ai sauvé que celui-ci, et je vous l'offre, mademoiselle, à condition que vous me le rendrez le soir de nos noces.

Le comte avait sorti de sa poche un de ces beaux coquillages que l'on a baptisés d'un très joli nom. Il le présente à sa future, qui le reçoit en baissant les yeux.

— C'est une métaphore, dit Baisemon à Troupeau.
— C'est extrêmement délicat !...

Le mariage est fixé à quinze jours plus tard. Mais il est décidé que le festin se donnera à Paris, chez Grignon, car M. le comte ne veut pas se marier à l'Ile-d'Amour, et la famille Troupeau sent que ce n'est pas trop de Paris pour une si belle fête. Malheureusement à Paris on ne pourra pas tirer le feu d'artifice préparé par M. Tir; mais, pour consoler l'artificier amateur, Troupeau lui promet de donner, à Belleville, une fête où le feu d'artifice commencera à midi.

On a fait de nouvelles invitations ; Troupeau dit à sa femme :

— Si quelques-unes de nos connaissances allaient se tromper et appeler notre fille Mme Montreville... comme il y avait sur les précédentes invitations !

— Ne craignez rien, mon père, dit Virginie, cela n'arrivera pas, et d'ailleurs je vous réponds que M. le comte ne fera pas attention à cela... A propos, il y a deux personnes que vous voudrez bien ne pas oublier d'inviter.

— Qui donc, ma fille?
— M. Ledoux et M. Godibert, le neveu de M. Vauxdoré.
— Comment! ma fille, tu veux...
— Qu'ils viennent à ma noce, oui, mon père; ce sont deux jeunes gens fort aimables... Je les présenterai à mon mari; il m'a déjà dit que tous mes amis seraient les siens.

Troupeau ne résiste plus aux volontés de sa fille; les deux lettres d'invitation sont envoyées aux jeunes gens, dont il parvient à se procurer l'adresse.

Virginie ne s'occupe pas que des lettres d'invitation; sa petite tête, quelquefois si folle, si légère, enfante aussi des idées fort raisonnables. Elle devine que le comte de Senneville ne l'épouse que pour sa fortune. Mais elle ne veut pas que son mari puisse un jour la ruiner et ne lui laisser que le titre de comtesse. Pour prévenir cela, elle se fait conduire par Baisemon chez le notaire qui doit rédiger son contrat. Elle lui explique ses intentions, qui sont d'abandonner sa dot au comte pour qu'il dégage sa terre, mais de l'empêcher de toucher à la fortune que lui donne sa tante. Le notaire est tout surpris de voir qu'une jeune fille a plus d'esprit et de prévoyance que ses parents; il lui promet de rédiger l'acte de manière qu'elle soit toujours maîtresse de son bien.

Pendant l'intervalle qui s'écoule entre le retour du comte et son mariage, Auguste Montreville a épousé Adrienne. Les jeunes époux se sont installés à Paris dans un joli petit appartement. Tout au bonheur d'être père et de posséder une femme qui l'adore, Auguste ne regrette pas le riche mariage qu'il a été sur le point de faire ; il se trouve plus heureux depuis que sa conscience ne lui reproche rien, et il passe gaiement sa vie entre les arts, l'amour et l'amitié; car l'oncle Vauxdoré a été instruit du mariage de sa nièce, et il vient souvent prendre part à son bonheur.

La veille du jour qui doit l'unir à Mlle Troupeau, le comte se rend à Belleville pour signer le contrat, dont auparavant on lui a fait la lecture. M. de Senneville fait une légère grimace lorsqu'il entend les clauses du contrat qui l'empêcheront de disposer du bien de sa femme.

— Comment, mon cher Troupeau, s'écrie-t-il, se défierait-on de moi?... J'apporte à votre fille ma noblesse, elle m'apporte ses écus, tout ne doit-il pas être commun entre nous?

— C'est juste, dit Troupeau, et je n'avais pas dit à M. le notaire de rédiger le contrat de cette façon.

— Mon père, dit Virginie en interrompant Troupeau, c'est moi qui suis allée chez M. le notaire le prier de rédiger l'acte de cette manière. Si cela déplaît à M. de Senneville, il est libre encore de ne pas me faire comtesse ; mais s'il m'aime un peu pour moi, il approuvera une précaution qui n'a pour but que d'assurer notre avenir.

Troupeau sent un frisson parcourir tout son corps, car il voit encore le moment où sa fille ne sera pas comtesse; mais M. de Senneville a déjà repris son air aimable, il va baiser la main de Virginie en lui disant:

— Il faut faire tout ce que vous voulez. Je me mets à votre discrétion.

— Monsieur le comte, répond Virginie, c'est le meilleur moyen pour que je vous rende heureux.

Enfin le soleil éclaire ce grand jour qui doit voir Virginie décorée du titre de comtesse de Senneville.

Troupeau et sa femme sont levés avant l'aurore. Ils n'ont pas fermé l'œil de la nuit, et, contre l'ordinaire, c'est la future mariée qui a bien reposé ; on est obligé d'aller la réveiller pour qu'elle descende déjeuner. Troupeau dit à Baisemon :

— Elle dormait paisiblement! un jour de noce!... c'est une bien forte tête que notre fille !...

LA PUCELLE DE BELLEVILLE

Elle est comtesse. (P. 347.)

Les équipages, les remises, les modestes citadines affluent bientôt dans la rue de Calais. M. Troupeau a fait les choses superbement ; il a invité beaucoup de monde et loué un grand nombre de voitures. Tout Belleville est en émoi : la noce de Mlle Troupeau forme un long cortège que chacun veut voir passer. Renard et Tir en font partie ; le premier n'a pas assez de langue pour pérorer sur tout ce qu'on fait ; le second ne sait comment s'asseoir, parce qu'il a déjà des chandelles romaines dans ses poches pour éclairer le coucher de la mariée.

Virginie est éclatante de parure, sa figure piquante et spirituelle semble encore plus séduisante ; le comte est enchanté de son élégance et de sa grâce. Virginie marche à l'autel non pas en fille tremblante et timide, mais en reine qui va se faire couronner. Les bonnes gens, les curieux, les flâneurs font là-dessus leurs commentaires :

— Ce sera une maîtresse femme, dit l'un.

— Elle en fera voir de cruelles à son mari, dit un autre.

— Eh ! mon Dieu ! reprend un troisième, cela ne prouve rien. J'ai assisté à bien des mariages, et les jeunes épousées que j'ai vues pleurer et n'oser lever les yeux pendant la cérémonie, ne sont pas toujours celles qui ont gardé le plus religieusement leur serment.

Baisemon auquel Mlle Bellavoine a fait présent d'un costume tout neuf, juge convenable de pleurer pour les mariés : pour édifier les fidèles, il s'est mis à genoux devant le chœur : mais son nouveau pantalon collant lui est un peu étroit ; en se relevant, il le déchire entre les jambes ; un cri lui échappe, tout les regards se portent sur lui... Baisemon se hâte de dire :

— Qu'on ne craigne rien, j'ai deux caleçons.

Ce petit accident est le seul qui trouble un moment la cérémonie. En sortant de l'église, M. Troupeau a l'air d'un conquérant.

— Elle est comtesse !... répète-t-il en regardant tout le monde ; et lorsqu'il dit cela à Baisemon, le gros bonhomme répond d'un air piteux :

— Oui, mais elle a craqué entre les jambes !...

— Qu'entendez-vous par là, monsieur Baisemon? s'écrie Troupeau en faisant des yeux fulminants. Pour toute réponse, le régisseur montre sa déchirure ; alors Troupeau s'éloigne en haussant les épaules, et Baisemon va se faire faire une reprise en murmurant :

— Ah ! si j'avais ici la divine Perpétue, comme elle me reprendrait bien cela !

Mlle Bellavoine assiste à la cérémonie de l'église, elle assiste même au dîner ; mais, ne voulant pas rester au bal, elle se fait ensuite reconduire à Belleville, d'où elle ne tarde pas à retourner à Senlis pour habiter sa vieille maison, qu'elle ne veut plus quitter, parce qu'elle lui rappelle de mémorables événements.

Le bal des noces est magnifique; plus de cent personnes, qui n'avaient point été conviées pour le dîner, viennent le soir augmenter le nombre des danseurs.

Parmi ceux qui n'arrivent que pour le bal, on distingue deux jeunes gens dont les yeux sont incessamment fixés sur la mariée; ils semblent ne pouvoir se lasser de l'admirer, et cependant ils n'osent l'aborder. Mais en les apercevant, Virginie va d'un air gracieux au devant d'eux et leur dit :

— Ah! monsieur Godibert... monsieur Ledoux! C'est bien aimable à vous d'être venus au bal de mes noces... je suis la comtesse de Senneville, vous le savez... permettez-moi de vous présenter à mon mari.

Le comte n'était qu'à quelque pas; sur un signe de Virginie, il est bientôt à ses côtés.

— Monsieur le comte, lui dit-elle, voici deux de mes bons amis que j'ai l'honneur de vous présenter; j'espère que vous les engagerez à venir nous voir à votre terre en Touraine.

— Comment donc, madame la comtesse! mais ne vous ai-je pas dit que tous vos amis seraient les miens? Soit à Paris, soit à la campagne, ces messieurs seront toujours bienvenus.

— Vous l'entendez, messieurs, reprend Virginie, et vous viendrez, j'espère?

— Avec grand plaisir, madame la comtesse.

— Pauvre jeunes gens! reprend Virginie en détournant la tête, je leur dois bien ce dédommagement!

Que vous dirai-je ensuite? Vous savez bien ce que c'est qu'un bal de noces... M. Tir ne put y tirer ses chandelles romaines, parce que le comte emmena sa femme sans rien dire à personne. Quant à Baisemon, il se disait en allant se coucher :

— Je voudrais bien savoir si M. le comte a pris à sa femme le coquillage qu'il lui avait donné.

FIN

Œuvre de **PAUL DE KOCK**

GUSTAVE LE MAUVAIS SUJET

J'ai pris ma course. (P. 350.)

I

FRAYEUR, TERREUR, MALHEUR

— Hue!... hue donc! Zéphire... du courage, mon gros, trotte encore une petite lieue, et nous serons cheux nous... Ah! v'là que tu te mets en train... c'est ben heureux!... Tu commences à sentir l'écurie, j' vois ça.

Le père Lucas s'entretenait ainsi avec son bidet, et tout en cheminant sur la route de Louvres à Ermenonville, s'efforçait, par ses discours accompagnés souvent de gestes expressifs, de donner du cœur à Zéphire qui n'en trottait par plus vite pour cela.

Tout à coup, un poids nouveau tombe sur la croupe du pauvre animal, il fait un saut et prend un temps de galop, ce qui ne lui arrivait pas deux fois l'an ; mais la violence de la secousse semble lui avoir donné des ailes. Lucas veut crier... deux bras vigoureux l'entourent et le serrent fortement ; le pauvre villageois, frappé de terreur, croit avoir le diable en croupe ; il n'a plus la force de parler ; il s'abandonne à son destin, lâche la bride du bidet, et ferme les yeux pour ne pas voir son compagnon de voyage. Cependant Zéphire n'était ni de force ni d'humeur à galoper longtemps ; d'ailleurs le terrain devenait sablonneux, et cela amortit sa vigueur ; il reprit donc son pas ordinaire. Les bras qui entouraient Lucas se détachèrent et lui laissèrent la respiration plus libre. Un éclat de rire partit derrière le dos du pauvre paysan. Il commença à reprendre ses sens, il rappela son courage, et réfléchissant que sans être un esprit malfaisant on pouvait très bien avoir sauté sur la croupe de Zéphire, il tourna un peu la tête... risqua un œil... et vit, au lieu de Bélzébuth ou d'Asmodée, un jeune homme d'une figure agréable, dont la mise était un peu en désordre, mais qui, malgré cela, n'avait rien d'effrayant.

— Morgué, monsieur, il faut avouer que vous m'avez fait une fière peur !...

— N'est-ce pas, mon gros père ?... Aussi vous avez fait presque un quart de lieue sans bouger, et je crois même sans respirer !...

— Ça vous fait rire, ça, monsieur ; m'est avis qu'i gnia pas de quoi !... Qu'aurait dit not' femme si ell' m'avait vu revenir mort à la maison ?...

— Parbleu ! elle se serait consolée.

— Oh ! ça, c'est possible... mais moi, je ne serais pas consolé... et ma fille, et ma petite Suzon, qui aime tant son papa Lucas !...

— Allons, papa Lucas, vous n'êtes pas mort, et j'espère que votre frayeur est calmée ; ainsi ne parlons plus de cela. Vous voyez que je ne suis ni un diable ni un voleur...

— Je n'en sommes pas encore ben sûr... Un homme qui tombe derrière moi comme un accident !...

— Depuis quelques moments je vous appelais, mais vous ne m'entendiez pas... J'ai pris ma course... et, comme j'ai eu des leçons de Franconi, je suis monté à cheval sans vous arrêter.

— Oh ! ça, vous êtes leste !... c'est vrai. Mais est-ce que vous croyez que je vais vous mener comme ça longtemps ?...

— Parbleu! jusque chez vous, je pense.
— Cheux moi? et pourquoi faire?
— Pour me loger cette nuit.
— Vous loger... un homme tombé des nues?...
— Qu'importe d'où je tombe, si je vous paye bien? Père Lucas, aimez-vous l'argent?
— Oui-da... quand il est gagné honnêtement, s'entend.
— Eh bien! comme il n'y a aucun mal à donner à souper et à coucher à un voyageur, vous me recevrez ce soir chez vous. Tenez, voilà vingt francs d'avance pour ma dépense. Maintenant serrons les genoux, piquez Zéphire, et hâtons-nous d'aller rassurer Mme Lucas.

Le jeune homme avait un ton si persuasif, si décidé, des manières si rondes et si gaies, que le paysan ne vit rien à répliquer à sa proposition. De plus, Lucas aimait l'argent, et vingt francs! c'est une somme, au village! On presse donc le bidet, et l'on continue à trotter.

Chemin faisant, Lucas adresse de nouvelles questions à son compagnon :

— Ah çà! vous venez donc des environs, car vous vous promeniez, sans chapeau?
— Parbleu! je n'ai pas eu le temps de le prendre; c'est bien heureux que j'aie pu passer un pantalon et un habit!...
— Diable!... est-ce que vous étiez à vous baigner dans un endroit où's que c'est défendu?
— Je ne me baignais pas précisément, mais j'étais en effet dans un endroit où il est défendu d'aller.
— J'vois c'que c'est... vous étiez à chasser sans permission!
— Comme vous dites, père Lucas; je chassais sur un terrain qui ne m'appartient pas.
— V'là c'que c'est... ces jeunes gens... ça ne doute de rien. Ah çà! vous chassiez donc sans habit et sans culotte?
— Ah! c'est que c'est beaucoup plus commode pour attraper l'oiseau que je chassais.
— Ah! c'est un oiseau!... Hue donc, Zéphire! Morgué, v'là une drôle de chasse! il faudra que vous me l'appreniez, car je n'en avons jamais entendu parler.
— Mais, père Lucas, il me semble que Zéphire ne va plus!
— Ah! dam! il n'est pas habitué à porter deux charges.
— J'ai une faim dévorante : où demeurez-vous?
— A Ermenonville.
— Est-ce ce village que j'aperçois?

— Non, ce n'est que Morfontaine; nous avons encore une lieue et demie à faire. C'qui me chiffonne, c'est que v'là la nuit... et j'ons peur des voleurs et des loups.

— Ne craignez rien, je vous défendrai.

Comme nos voyageurs achevaient cette conversation, ils entendirent le galop de chevaux qui venaient derrière eux. Il faisait déjà très sombre; on ne pouvait se reconnaître de loin. Le bruit approchait; les personnes qui galopaient n'étaient plus éloignées de nos voyageurs.

On traverse ainsi Morfontaine.

Tout à coup le jeune compagnon de Lucas semble saisi d'une crainte subite.

— Morbleu! s'écriat-il, c'est moi que l'on poursuit!... et vite, mon brave homme, il faut leur échapper!...

— Vous que l'on poursuit!... comment! pour c't'oiseau que vous chassiez en chemise?...

— N'importe pourquoi; je vous conterai cela... Allons, il faut absolument gagner du terrain; ensuite la nuit nous protégera.

Sans attendre l'avis du paysan, le jeune homme pousse, presse, bourre de coups le pauvre cheval, et le force à prendre le galop. En vain Lucas se lamente, jure, crie qu'on va crever sa monture, son compagnon n'écoute rien que le bruit des chevaux qui le poursuivent et qui sont sur le point de l'atteindre. On traverse ainsi Morfontaine. Zéphire ne se possède plus : n'étant pas habitué à un pareil traitement, il se livre à une noble fureur; il regimbe, gambade, rue, brise son mors et emporte ses cavaliers vers une mare où barbotaient tranquillement une douzaine de canards. Lucas crie :

— Arrête, arrête!

On crie derrière nos voyageurs :

Le nouveau jockey de Gustave était un garçon de dix-huit ans... (P. 358)

— Arrêtez! arrêtez!

Notre jeune homme rit et jure en même temps. Enfin Zéphire entre dans la mare; il s'embourbe, tombe de côté; les cavaliers en font autant, on roule sur les canards, on en écrase quatre; on se mouille, on se crotte, on crie, on ne s'entend plus.

II

L'ONCLE

— Mille escadrons! toujours de nouvelles fredaines! encore un billet de six cents francs qu'il faut que je paye pour monsieur!...

— C'est une dette d'honneur, mon oncle.

— Morbleu! monsieur, toutes les dettes sont des engagements sacrés; mais ce n'est point une raison pour en faire, lorsque je sais prévenir tous vos besoins. Savez-vous, mon neveu, que vous êtes un bien mauvais sujet?

— Moi, mon cher oncle; mais je ne vois pas en quoi j'ai mérité...

— Ah! vous ne voyez pas... eh bien! je vais vous le faire voir, moi, monsieur! Asseyez-vous là, Gustave, devant moi! restez tranquille, si vous pouvez; mais, morbleu! ne m'interrompez pas!...

— Mon cher oncle, je sais trop ce que je vous dois...

— Silence! Hortense Moranval, votre mère et ma sœur, était une bonne femme, aimable, rangée, économe...

— Elle avait toutes les qualités...

— Taisez-vous, monsieur; je sais ce qu'était ma sœur; je sais aussi, qu'aveuglée par son amour pour son cher fils, elle ne voyait pas qu'il était emporté, impatient, menteur, joueur...

— Ah! mon oncle!

— Morbleu! vous tairez-vous! Votre père était homme d'esprit; ses talents, son mérite, son caractère agréable, le faisaient rechercher dans toutes les sociétés. Il se serait fait un nom dans la profession d'avocat qu'il exerçait avec honneur... mais la mort l'enleva brusquement à son épouse, à ses amis!... Vous étiez trop jeune encore pour apprécier cette perte, vous ne pouvez vous souvenir de ce cher Saint-Réal!...

— Du moins, mon oncle, je saurai toujours chérir et révérer sa mémoire!

— Si vous la révériez, monsieur, vous ne feriez pas tant de sottises!... Mais revenons: j'ai passé une partie de ma vie à l'armée; lorsque dans les rares voyages que je faisais à Paris j'allais voir ma sœur, vous preniez mon épée et la mettiez à la place de la broche; mon plumet devenait la proie du chat, mon chapeau changeait de forme, mes épaulettes n'avaient plus de grains, et je trouvais à mes pistolets du fromage de gruyère pour pierre et de la cendre dans le bassinet: tout cela n'était que bagatelles; mais je m'apercevais que vous n'écoutiez rien. Votre mère vous avait donné des maîtres que vous n'écoutiez point; vous dansiez avec votre maître de latin et d'histoire; vous tiriez des pétards au nez de votre maître de violon; vous mettiez des bouts de chandelle dans les poches de votre maître de dessin; vous faisiez le diable enfin!... Je disais à ma sœur de vous corriger, mais elle croyait que l'âge suffirait pour mûrir votre raison. Pauvre Hortense!... elle vous trouvait charmant!...

— Ah! mon oncle, toutes les dames étaient de l'avis de ma mère!...
— Oui!... c'est donc cela que vous les aimez toutes généralement!...
— C'est par reconnaissance, mon oncle...
— Est-ce aussi par reconnaissance que vous les trompez? que vous séduisez les petites filles, débauchez les femmes honnêtes et faites les maris cocus?... Mais poursuivons : votre mère... ma pauvre sœur est morte... cette perte vous a vivement affligé!... j'en conviens, vous aimiez votre mère; c'est tout naturel : en la pleurant, vous n'avez fait que votre devoir. Hortense, en mourant, me recommanda son fils : j'ai juré de veiller sur vous, et Dieu sait aussi le mal que vous m'avez donné depuis ce moment! Je vous ai mis en pension : vous aviez alors douze ans. Pendant quelques années, vous avez été assez raisonnable. On m'écrivait que vous faisiez de rapides progrès; j'étais enchanté! Enfin, je me rends à Paris... vous veniez d'avoir seize ans. Je vais à votre collège; je me fais une fête de voir mon cher neveu!... je demande Gustave Saint-Réal... les visages s'allongent, les physionomies se rembrunissent... on hésite... on balbutie, je m'impatiente, je crie, je me fâche... on m'apprend enfin que mon drôle a disparu depuis huit jours, ainsi qu'une petite demoiselle de quinze ans, blanchisseuse de fin de messieurs les élèves, et qui demeurait en face de votre pension.

— Ah! mon oncle, est-ce ma faute si l'amour...
— Mille cartouches! monsieur, un enlèvement à seize ans!...
— Lise était si jolie... si espiègle...
— Et vous si libertin... Enfin, j'ai déniché M. Gustave et sa dulcinée au fond d'une petite chambre, au quatrième, rue du Fauconnier. J'ai ramené la jeune personne chez sa mère... je ne sais trop dans quel état... mais cela regarde les parents, qui n'ont pas su garder leur fille. Pour vous, depuis ce temps, vous ne m'avez pas laissé respirer un moment...
— Ah! mon oncle... pour quelques folies...
— Si je vous laisse à la ville, vous courez les bals, vous vous liez avec des mauvais sujets, vous les amenez chez moi, vous buvez mon meilleur vin, vous crevez mes chevaux!... vous cassez mon cabriolet, et, qui pis est, vous faites des dettes... Si je vous fais rester à ma maison de campagne, vous dévastez mon jardin, vous tuez mes lapins, **vous**

blessez mes chiens de chasse, vous vous battez avec les paysans et faites des enfants à leurs femmes. Que diable! monsieur, il faut que cela finisse. Vous ne voulez pas être militaire, je le conçois, vous ne savez pas obéir, et je n'insiste pas là-dessus, car je craindrais de vous voir, au bout de quelque temps, condamné à être fusillé pour avoir manqué à vos supérieurs. D'ailleurs, nous somme en paix et il n'est pas nécessaire que vous passiez votre jeunesse en garnison. Mais enfin vous avez vingt ans; moi je commence à devenir vieux, l'occupation que vous me donnez est trop fatigante, je suis bien aise de me reposer, mais je veux vous forcer à devenir sage, et pour cela, monsieur, je vais vous marier.

Mille escadrons! toujours de nouvelles fredaines!

— Me marier, mononcle..
— Oui, Gustave, oui, vous marier.
— Et c'est pour me rendre sage?
— Est-ce que vous ne pourrez pas vous contenter de votre femme?
— C'est selon, mon oncle; il faut d'abord qu'elle me plaise; il faut ensuite qu'elle m'aime...

— Me prenez-vous pour un imbécile, mon neveu? croyez-vous que je n'aie point songé à tout cela?... La demoiselle vous plaira, parce qu'elle est charmante; vous lui plairez parce qu'une fille bien élevée aime l'époux qu'on lui destine; que d'ailleurs vous êtes joli garçon, et qu'en général les femmes n'ont que trop de penchant pour les mauvais sujets. Enfin, ce mariage me fera grand plaisir, et j'espère que vous compterez cela pour quelque chose.

— Ah! mon oncle, mon plus grand désir est de vous prouver mon attachement...

— En ce cas, Gustave, tu vas partir pour la terre de M. de Berly, qui est située à huit lieues d'ici, entre Louvres et Senlis : c'est là que tu verras sa nièce, la jeune Aurélie, celle que je te destine.

— Mais, mon oncle, je ne connais ni M. de Berly ni sa nièce.

— Tu feras connaissance : de Berly est un bonhomme tout rond, que j'ai connu jadis lorsqu'il était fournisseur de nos armées... D'ailleurs, tu es attendu ; parbleu ! tu seras bien reçu.

— Mais vous, mon oncle?...

— Moi ? tu vois bien que je ne puis pas remuer maintenant ; ma maudite goutte me retient à Paris ; mais dès qu'elle me laissera en repos, je partirai, j'irai vous rejoindre. En attendant on se passera de moi : vous vous amuserez, vous chasserez : car de Berly est fou de la chasse !...

— Allons, mon oncle, puisque vous le voulez, je vais partir, je vais voir cette demoiselle Aurélie !...

— Tu n'en seras pas fâché, fripon... Tiens, puisque tu deviens raisonnable, je veux oublier tes folies passées : voilà cent louis pour ton voyage et pour t'amuser au château de Berly...

— Ah ! mon cher oncle, que de bonté !

— Mais, mon neveu, plus d'étourderies, de duels, d'enlèvements, de déguisements !... Rompez entièrement avec les marchandes de modes et les danseuses de l'Opéra... surtout ne voyez plus cette petite Lise... objet de vos premières amours... c'est elle qui vous engage à me désobéir.

— Non, mon cher oncle ! oh ! je vous jure...

— Enfin, monsieur, devenez sage, ou je vous avertis que je me fâche sérieusement et que j'emploierai la rigueur pour vous faire changer.

— C'est fini, mon oncle, je suis corrigé.

— Prends mon cheval gris. Il est dix heures ; tu arriveras au château avant le dîner. J'ai dit à Benoît de préparer ton porte-manteau. Il te suivra pour être ton valet à la place de ce mauvais sujet de Dubois que je viens de chasser.

— Quoi, mon oncle, Benoît le fils de votre portier, mais ce garçon-là est bête comme une oie !...

— Tant mieux, cela fait que tu ne lui donneras pas d'intrigues à conduire. Allons, pars et fais ce que je te dis.

Gustave embrasse son oncle, monte le cheval gris, suivi de Benoît, part pour la terre de M. de Berly.

III

LA TANTE

Tout en traversant la Villette, le Bourget et Vauderland, chemin qui, par parenthèse, n'offre au voyageur rien de bien récréatif, Gustave faisait ses réflexions : il pensait qu'avant d'épouser il faut bien se connaître, se convenir (pour un étourdi cette réflexion était fort sage). Il était bien décidé à ne prendre Mlle Aurélie que dans le cas où ce serait une femme jolie, aimable, douce, modeste, sensible et constante, enfin une femme comme il n'en avait pas encore rencontré; et à vingt ans Gustave avait l'expérience d'un homme mûr, par la raison qu'il avait commencé ses fredaines de très bonne heure, ce qui a son bon et son mauvais côté : son bon, parce que cela donne quelque connaissance du cœur féminin; son mauvais, parce qu'on croit le connaître tout à fait et que l'on est souvent plus trompé lorsqu'on pense ne plus pouvoir l'être.

Gustave avait un fonds de gaieté inépuisable, et quand, avec cela, sa bourse était bien garnie, il voyait tout en rose. Dans cette heureuse disposition d'esprit, notre héros (car vous devinez, lecteur, que M. Gustave est le mauvais sujet dont nous allons nous occuper), notre héros, dis-je, passa Louvres et tourna vers Senlis, dont la terre de Berly n'était point éloignée. Plus il approchait cependant, plus il était curieux de connaître ce M. de Berly et sa nièce. Il ne se rappelait pas les avoir vus chez son oncle, ce qui n'était point extraordinaire : il avait pour habitude d'être toujours dehors, et pour éviter les sermons du colonel Moranval il se trouvait rarement en société avec lui.

Gustave réfléchit que son nouveau domestique, Benoît, étant fils du portier de la maison, et chargé quelquefois de servir à table, pouvait connaître le personnage chez lequel il se rendait; il se décida donc à interroger Benoît.

Le nouveau jockey de Gustave était un garçon de dix-huit ans, grand comme une perche, fort comme un Turc, frais comme une rose, rouge comme une cerise, gauche comme une Champenoise, bête comme un âne, et entêté comme ces derniers le sont ordinairement.

Gustave partit d'un éclat de rire en regardant Benoît, qu'il avait oublié depuis qu'ils étaient en route. La tournure du jockey était bien faite pour provoquer la gaieté. Benoît n'avait jamais monté à cheval, mais n'ayant point osé dire cela devant le colonel Moranval, qu'il craignait comme le feu, il avait pris bravement son parti, et avait enfourché le cheval le plus petit, sur lequel il se tenait raide comme un piquet et sérieux comme un Suisse.

Gustave arrête son cheval pour que Benoît puisse le rejoindre; mais le nouveau valet, qui s'est fait donner par son *papa* une leçon détaillée touchant les devoirs d'un serviteur envers son maître, et qui a juré de ne jamais s'en écarter, a bien retenu qu'il fallait être toujours à une distance respectueuse de M. Gustave. Ferme sur ses principes, il s'arrête dès qu'il voit son maître s'arrêter.

— Avance donc! crie Gustave impatienté.
— Non monsieur!... pas si bête!...
— Comment, pas si bête! Je te dis d'approcher!...
— Je connais trop mes devoirs, monsieur; je n'en ferai rien!...
— Mais, butor, puisque je te l'ordonne!...
— C'est égal, ça, monsieur, je sais le respect qu'un valet doit à son maître... et je n'avancerai point!...
— Maudit imbécile!... il faudra que ce soit moi qui aille te chercher...

Gustave pique son cheval, et court sur Benoît, dont la monture effrayée fait un saut de mouton qui jette son cavalier dans le ruisseau. Le grand garçon se relève en pleurant, fort mécontent des suites de son respect pour ses devoirs. Gustave lui tire l'oreille pour qu'il remonte à cheval et le force enfin à rester près de lui.

— Allons, Benoît, tu m'écouteras maintenant, j'espère?
— Oui, monsieur... oui... hi! hi! hi!...
— Comment, grand nigaud! tu pleures?...
— Monsieur... c'est que je crois que je suis blessé...
— Où donc?
— Monsieur... c'est... c'est...
— Mais où donc?... parleras-tu?
— Monsieur... c'est entre le haut des cuisses et la chute des reins..
— Imbécile! tu ne peux pas dire au derrière?...
— Monsieur... je sais mon respect et mon devoir...
— Ce coquin-là me fera damner avec ses devoirs. Allons, tu te bassineras les fesses à la maison de campagne où nous allons. A présent, réponds-moi; connais-tu ce M. de Berly?... L'as-tu vu chez mon oncle?
— Mais, oui, monsieur.
— Quel homme est-ce?
— Dam, monsieur... c'est un homme... ni grand ni petit... ni beau ni laid...
— Son âge?
— Ni jeune ni vieux, monsieur.
— Me voilà bien instruit!... Et sa nièce? quel âge? quelle tournure?
— Mais monsieur, quant à ce qui est de ça... je ne me rappelle pas d'avoir vu de nièce!...
— Allons!... je vois que tu n'es bon à rien. Mais j'aperçois une maison de belle apparence; ce doit être celle de M. de Berly,... avançons.

Les voyageurs étaient en effet arrivés au but de leur course. Gustave s'informe à un villageois, et apprenant qu'il ne s'est pas trompé, il entre avec Benoît dans une grande cour, descend de cheval et demande M. de Berly. Le concierge l'engage à se rendre dans les jardins, où il trouvera son maître, s'il n'aime mieux l'attendre au salon. Gustave, impatient de connaître son hôte, préfère le premier parti ; il laisse Benoît, qu'il recommande au concierge et, traversant une terrasse, entre dans les jardins.

Une jeune femme assise et lisant.

Notre jeune homme parcourt plusieurs allées de lilas et de chèvrefeuille ; il admire la tenue du jardin et le goût qui a présidé à sa distribution ; des bosquets touffus, dont l'entrée est presque cachée par des buissons de roses, semblent inviter au repos ou à l'amour. Des statues ornent ces aimables lieux ; mais ce ne sont point les tristes Danaïdes, le malheureux Tantale, l'affreux Polyphème, le hideux Centaure, le dégoûtant Philoctète, qui s'offrent aux regards des promeneurs ; ce sont Vénus détachant sa ceinture, l'Amour aiguisant ses flèches, les Grâces folâtrant autour de Cupidon ; et si, dans le fond d'une grotte, Vulcain vient frapper vos yeux, c'est que l'image du pauvre boiteux ne rappelle rien de triste à l'imagination.

Gustave admirait tout et pensait que le maître de la maison devait être un homme d'esprit et de goût, lorsqu'au détour d'une allée il aperçoit, sous un bosquet, une jeune femme assise et lisant ; ne doutant point que ce ne soit la nièce de M. de Berly, cette demoiselle Aurélie qu'on lui destine, il s'arrête pour la regarder : heureux Gustave ! avec quel plaisir il admire une bouche charmante, un teint rosé, un nez bien fait, un front gracieux, qu'ombragent de beaux cheveux blonds, une taille élégante, des formes arrondies, un petit pied qui semble effleurer la terre, et un sein dont chaque mouvement fait battre violemment le cœur de notre héros ! Quant aux yeux, il ne peut les voir, puisqu'ils sont baissés sur le livre ;

Voilà, dit Mme de Berly, Mlle Aurélie.

mais il les devine, il pressent d'avance leur expression, leur douceur, leur volupté. Ne pouvant plus longtemps résister à son agitation, Gustave approche... la jeune femme l'entend, elle quitte son livre et le regarde...

— J'en étais sûr, pensa Gustave, les plus beaux yeux du monde.

— Que demande monsieur? dit une voix qui retentit jusqu'au cœur du jeune homme (lequel, d'ailleurs, avait, comme vous le savez, un cœur très prompt à s'enflammer).

— Pardon... mademoiselle... je voulais... je voulais... mais, en vérité, je ne cherche plus rien depuis que je vous ai trouvée.

La jeune personne, qui avait souri au nom de mademoiselle, parut flattée de l'effet que sa vue produisait sur un joli garçon qui, malgré son émotion, ne paraissait ni gauche ni emprunté. On a beau dire, le cœur, les qualités, le caractère, voilà l'essentiel : une jolie figure, une tournure agréable et de la grâce ne gâtent rien à l'affaire. Demandez aux demoiselles, aux dames même, si ce n'est pas d'abord par là qu'on se laisse séduire... Je sais bien que si l'on n'a que les avantages physiques on cesse bientôt de plaire; cela doit être; c'est une compensation pour les gens aimables qui ne sont pas beaux.

— Eh! mais, monsieur, dit la jeune dame, après avoir regardé Gustave, seriez-vous par hasard le jeune homme que nous attendons, M. Gustave Saint-Réal?

— C'est moi-même, mademoiselle; et je vois en vous Mlle Aurélie, la nièce de M. de Berly?...

— Non, monsieur, je suis l'épouse de M. de Berly.

— Son épouse!... Comment, M. de Berly est marié, vous êtes..

— Sa femme; oui, monsieur.

Gustave n'en revenait pas : il ignorait que M. de Berly fût marié, et marié à une femme qui n'a pas vingt ans! Cette jolie personne était donc la tante de Mlle Aurélie? Comment une nièce pouvait-elle plaire à côté d'une tante comme Mme de Berly?

— Allons, se dit Gustave, attendons avant de prononcer; cette maison me paraît le séjour des Grâces; je vais sans doute voir une autre merveille.

Mme de Berly proposa à Gustave de le conduire près de son mari, qui attendait son arrivée avec impatience.

— Il sera, dit-elle, enchanté de vous voir... ainsi que ma nièce, Mlle Aurélie.

Ces derniers mots furent prononcés en souriant : on regardait Gustave, et celui-ci cherchait aussi à lire dans les yeux de son aimable conductrice; on fait ainsi un peu de chemin; on paraissait préoccupé, on se regardait, on soupirait, et on se taisait.

Ces mots : Voilà mon mari, tirèrent Gustave de ses pensées.

— Voyons donc ce mari, dit-il en lui-même, cet heureux mortel, possesseur de tant de charmes !... Parbleu ! il faut qu'il ait bien du mérite, bien de l'esprit, bien des avantages naturels pour captiver une aussi aimable femme.

Gustave lève les yeux et se trouve en face d'un petit homme de cinquante ans, gros, rouge, bourgeonné, ayant de petits yeux bêtes et une bouche jusqu'aux oreilles.

— Encore une surprise ! se dit notre jeune homme en retenant un éclat de rire qu'avait fait naître la vue de M. de Berly. Celle-ci, quoique moins agréable, lui causa cependant une secrète joie, dont le lecteur intelligent devinera facilement la cause.

— Mon ami, dit la jeune dame, voilà M. Gustave Saint-Réal que je te présente.

— Eh ! arrivez donc, jeune homme ; je vous attends depuis quinze jours !... Je suis enchanté de vous voir... embrassons-nous. Votre oncle est mon ami... il m'a souvent parlé de vous ! il dit que vous êtes un mauvais sujet !... Eh parbleu, je l'ai été aussi !... On est jeune ! on a des passions !... on fait des folies ! c'est tout naturel ! mon ami, voici ma femme, qui, je m'en flatte, en vaut bien une autre : vous ferez connaissance !...

Gustave s'était laissé secouer la main, embrasser... presser... Il n'avait pas encore trouvé le temps de répondre aux politesses de M. de Berly ; il n'y avait pas moyen de placer un mot avec cet homme-là lorsqu'il se mettait en train (ce qui lui arrivait souvent). Gustave le vit, il se contenta de saluer, de sourire et de regarder madame, qui souriait aussi.

— Dis donc, ma femme, a-t-on prévenu Aurélie de l'arrivée de notre jeune homme ?...

— Mon ami, j'ignore si...

— Bon ! bon ! elle n'en sait rien : tant mieux, nous allons la surprendre ; elle ne s'attend pas à vous voir aujourd'hui... Peste ! elle sera contente. Je ne m'étonne pas que vous fassiez des vôtres à Paris !... c'est comme moi !... J'ai été fort bien... j'ai été la coqueluche des belles ; mais maintenant je suis sage !... demandez plutôt à ma femme. Ah çà ! chassez-vous ?... c'est que je suis grand chasseur, moi ! Oh ! c'est encore une passion ! Je passe les journées dans le bois à la piste du chevreuil ou du lièvre... mais aussi je tire !... Ah ! je tire joliment !... demandez plutôt à ma femme !

— Monsieur, pour moi, je ne chasse que...

— Vous chassez ? Bravo ! nous ferons de fameuses battues !... vous admirerez mes bois ; ils sont fournis en gibier ; j'ai une meute excellente !...

et des fusils qui ne ratent jamais... Mais il me semble que l'heure du dîner est venue : mon estomac ne me trompe point. Allons nous mettre à table, et là nous ferons plus ample connaissance, et nous causerons, mon ami, nous jaserons le verre à la main ; c'est la bonne manière !... Je vois que vous êtes un garçon d'esprit ; j'aurai beaucoup de plaisir à causer avec vous.

On arrive à la maison. Pendant que M. de Berly donne ses ordres aux domestiques, et va, suivant l'usage, jeter un coup d'œil à la cuisine, Gustave donne la main à madame, et passe avec elle au salon. Une jeune personne était assise à un piano.

— Voilà, dit Mme de Berly, Mlle Aurélie.

— Ciel!... quelle différence entre la tante et la nièce! Et les yeux de Gustave attestèrent à Mme de Berly ce que son cœur sentait déjà. On feignit de ne pas s'apercevoir de cet aveu tacite ; mais le jeune homme remarqua qu'on ne paraissait nullement fâché de cette préférence.

Mlle Aurélie était grande, roide et empesée ; sa figure n'avait rien de mal, mais rien non plus qui fût agréable ; ses yeux étaient grands, mais à fleur de tête ; sa bouche pincée, son nez long et aquilin, sa peau plutôt jaune que blanche ; un air de pruderie, répandu sur toute sa personne donnait aux manières de Mlle Aurélie une sécheresse qui ne provoquait ni l'amour ni l'amitié.

La demoiselle se leva à la voix de Mme de Berly, salua Gustave avec gravité, et reprit place devant le piano.

— Et voilà, se dit Gustave, la femme que l'on veut que j'épouse !... Vraiment, mon cher oncle a trop de bonté. Au reste, je suis enchanté d'être venu dans cette maison je n'épouserai certainement pas la nièce : mais si la tante est sensible...

Mme de Berly engagea Gustave à se regarder dans la maison comme chez lui.

— Vous voyez, lui dit-elle, que mon mari est un homme sans façon ; veuillez agir de même ; je tâcherai de vous rendre ce séjour le moins ennuyeux possible.

— Ah ! madame, près de vous on doit le trouver charmant.

Et le jeune homme qui avait pris la main de la jeune tante, la baisa avec transport, tandis que la nièce promenait les siennes sur les touches du piano. La tante retira vivement sa main ; mais le regard qu'elle lança à Gustave n'exprimait pas un grand courroux.

— A table !... à table ! s'écria M. de Berly en entrant dans le salon ; que diable faites-vous donc ici, vous autres, au lieu de venir dans la salle à manger ? Ah ! je devine !.. les jeunes gens s'examinaient, se lorgnaient,

soupiraient!.... Ah! ah!... n'est-ce pas, ma femme, qu'on soupirait déjà?...
— Mon ami, je ne puis pas dire...
— Oui, oui, c'est juste?... tu ne veux pas parler de cela!... toi qui as un cœur froid et sévère, tu ne penses pas qu'on puisse s'enflammer comme cela tout de suite!... Ah! ah! Gustave! c'est que ma femme est singulière! elle rit, elle plaisante quand je lui parle des passions que j'ai inspirées jadis!... Allons, le dîner sera froid... Donnez la main à Aurélie, mon ami, et vous, ma nièce, souriez donc un peu... Oh! c'est qu'elle est d'une timidité!... (*Bas à Gustave.*) L'innocence même!... mais le diable n'y perd rien!...

On se rend dans la salle à manger ; Gustave est placé entre Mme de Berly et Mlle Aurélie :

— Du moins, dit-il en lui-même, si le côté gauche m'ennuie, le côté droit m'en dédommagera.

Pendant le premier service, M. de Berly, aussi grand mangeur que grand chasseur, laisse un peu de repos à ses auditeurs. Sa femme peut alors causer avec Gustave, qui est enchanté de son esprit, de sa gaieté, de son amabilité. La nièce parle peu, mais lorsqu'elle dit quelque chose, c'est avec une afféterie, une affectation, une recherche qui décèlent les prétentions cachées sous le voile d'une fausse modestie.

— A propos, dit M. de Berly pendant que sa femme découpait une superbe volaille, mon ami, c'est sans doute à vous un grand garçon que je viens d'apercevoir cueillant de l'oseille à l'entrée du potager?...

— Oui, monsieur ; j'avais oublié de vous en parler ; mais je suis étonné qu'il se soit permis...

— Parbleu! il n'y pas de mal à cueillir de l'oseille! j'espère qu'il saura se faire donner ce qu'il lui faut par mes gens...

— Je crains, monsieur, qu'il ne fasse ici quelque sottise; c'est un garçon très niais dont mon oncle s'est engoué.

— Bon! bon!... il se dérouillera!... tous mes gens ont de l'esprit ici... J'aime cela; et puis, comme on dit, tel maître, tel valet.

Gustave rit en lui-même de la gaucherie de M. de Berly qui ne s'apercevait pas qu'en se faisant un compliment il lui adressait une sottise. Il était déjà décidé à trouver toujours parfait ce que ferait et dirait son hôte. Sans parler, il s'entendait avec le côté droit : il avait avancé un genou... un pied... D'abord on s'était reculé... puis on avait cédé à la nécessité... on ne regardait plus Gustave, mais on paraissait vivement agitée... le cœur palpitait avec force... et rien de tout cela ne paraissait annoncer l'indifférence ou la colère.

Quoi! dira-t-on, déjà des entreprises téméraires ; déjà des genoux, des pieds, des mains qui vont leur train! Que voulez-vous! ces mauvais sujets vont vite en besogne; et, en cela, ont-ils si grand tort! pourquoi ne pas s'assurer de suite si l'on plaît, si l'on est aimé?...

— Mais la pudeur, me direz-vous, doit-on l'effaroucher ainsi!...

— Oh!... vous avez raison!... on doit respecter la pudeur... Mais examinez que tout ceci se passe sous la table et ne peut être vu. Ah! lecteur, si vous pouviez un jour ou un soir vous glisser sous une table où siègent de jolies femmes et des hommes aimables, vous verriez des choses fort drôles : sortez ensuite votre tête ; regardez ces yeux baissés, ce front candide, cet air ingénu... Vous voyez bien que ce qui est caché n'alarme pas la pudeur. Le dessert remettait M. de Berly en train : il fallut entendre le récit de sa chasse de la veille, de l'adresse avec laquelle il avait tué un chevreuil qu'il avait blessé huit jours auparavant, et du courage qu'il avait déployé en tirant, presque à bout portant, sur un loup aveugle qui, depuis quelques jours, désolait les environs.

On se leva de table, on passa au salon. Bientôt arrivèrent quelques habitants du voisinage qui faisaient la partie avec M. de Berly, lequel aimait beaucoup le trictrac, auquel il se croyait de la première force. Mme de Berly chantait avec un goût exquis, et s'accompagnait avec grâce; Mlle Aurélie frappait sur le piano comme un cheval sur le pavé, et l'oncle s'écriait tout en jouant :

— Hein! entendez-vous ma nièce?... Peste! quel nerf! quelle vigueur!

Si ce n'est pas là de la première force, je ne m'y connais pas.

On se sépara de bonne heure. Mme de Berly avait mis notre jeune homme au fait des habitudes de la maison. On l'engagea à ne pas faire de cérémonie, à se regarder enfin chez lui.

Gustave ne put retenir un soupir en voyant Mme de Berly s'éloigner avec son époux... Il se rappela Vénus et Vulcain; et le souvenir des statues qui décoraient le jardin se présentant à son imagination, il ne douta pas que Mme de Berly n'eût présidé au choix des dieux. Cette idée lui donnant une secrète espérance, il fit une grande salutation à la superbe Aurélie, et suivit un valet qui le conduisit à son appartement.

Notre héros rencontre sur son chemin Benoît, qui se présente à lui clopin-clopant.

— Te voilà donc, imbécile, lui dit Gustave, pourquoi ne t'ai-je pas revu?...

— Ah! monsieur! vous voyez bien que je puis à peine me tenir... depuis que j'ai fait usage du spécifique que la cuisinière m'a indiqué..

— Est-ce que par hasard tu aurais mis de l'oseille sur tes fesses?...

— Justement, monsieur; ils me disaient tous, là-bas, qu'il n'y avait rien de meilleur pour guérir les écorchures... Moi, j'ai été en cueillir... on me l'a hachée, et puis dam'... je me suis mis ça en cataplasme... mais ça me cuit joliment, toujours!... et je commence à croire que c'est une farce qu'on m'a faite.

— Mon pauvre Benoît! je vois que les gens de M. de Berly sont en effet très espiègles : tant mieux, le séjour que nous ferons dans cette maison te formera.

— Ah! monsieur!... si on me forme souvent comme ça... je n'en sortirai pas!...

— Allons, couche-toi, nigaud, et, une autre fois, tâche de ne point te laisser attraper.

— Oui, monsieur... V'là mon cabinet... si monsieur a besoin, il n'aura qu'à m'appeler.

— Oh! tu peux dormir! ce n'est pas toi que je consulterai pour la réussite de mes projets.

Gustave se déshabilla en songeant à la jeune tante, dont il était éperdument amoureux; Benoît se mit au lit en jurant contre l'oseille et la cuisinière; le maître soupirait d'amour et d'espérance: le valet gémissait et faisait des grimaces. Notre héros vit en songe Mme de Berly plus aimable, plus belle, et plus séduisante que jamais; il était avec elle sous un bosquet de myrtes et de roses ; loin des regards curieux, il pressait sa taille élégante, ses formes voluptueuses; il cueillait sur ses lèvres un baiser brûlant, qui portait l'ivresse, le délire dans ses sens!... Benoît rêva qu'il prenait un lavement.

VI

LA PARTIE DE BILLARD

Le lendemain, dès le point du jour, Gustave était dans les jardins. Je ne sais par quel hasard Mme de Berly s'y trouva aussi ; on se rencontra, et on s'aborda.

— Quoi! madame, déjà levée!

— Oh! monsieur, à la campagne, c'est un plaisir d'être matinal.

— Que je suis heureux de vous avoir rencontrée!

— Mais il est probable que, demeurant ici, nous nous rencontrerons souvent.

— Ah! madame! que ne puis-je...

Gustave la presse contre son sein. (P. 376.)

— Mon mari est à la chasse. Il voulait vous réveiller pour vous emmener; mais je lui ai fait observer qu'il fallait au moins vous laisser reposer aujourd'hui. C'est peut-être un plaisir dont je vous ai privé?...

— Ah! vous ne le pensez pas, madame!... Puis-je en trouver où vous ne serez point?...

— En vérité, monsieur Saint-Réal, vous êtes d'une galanterie...

— Non, madame, je ne suis pas galant!... je dis ce que je sens!

— Quelle folie!... mais vous vous méprenez, c'est à ma nièce qu'il faut adresser vos hommages ; songez donc que vous devez l'épouser.

— L'épouser? Jamais, madame!...

— Quoi! vous ne remplirez pas les intentions de votre oncle?

— Non, madame, je n'épouserai point une femme que je n'aimerai jamais!...

— Qu'en savez-vous? Peut-être, en connaissant mieux Aurélie, que vous ne pouvez encore juger que bien imparfaitement, peut-être changerez-vous de sentiments. La nièce de M. de Berly a des qualités, des vertus...

— Il me paraît, madame, que vous voudriez bien me la faire adorer?

— Mais, monsieur, je le dois. Cet hymen satisferait un oncle qui vous aime.

— Et mon bonheur, madame, vous le comptez pour rien?

— Mais vous-même, monsieur Saint-Réal, où l'avez-vous placé jusqu'à présent? Si je crois tout ce que... l'on dit de vous, l'inconstance est votre bonheur!... la séduction, la perfidie, sont vos plus doux passe-temps...

— Ah! madame!

— Je sais bien que les hommes sont presque tous volages, que les jeunes gens surtout n'aiment que le changement...

— Je suis revenu de toutes ces folies...

— Vous vous êtes corrigé... à vingt ans!

— Mais vous-même qui me prêchez si bien, madame, vous ne les avez pas?...

— Moi, monsieur, je suis mariée...

— Hélas! oui, madame.

— Ainsi, monsieur, vous allez nous quitter!

— Pourquoi donc, madame?

— Puisque vous n'aimez pas Aurélie, ce séjour ne pourra vous plaire longtemps.

— Ah!... madame... je ne m'éloignerai de vous que lorsque vous me chasserez!...

— Quelle idée! nous serons enchantés, monsieur, de vous posséder ici ; votre présence fera plaisir... à... tout le monde. Je me flatte d'ailleurs qu'en voyant souvent Aurélie...

— Ah! de grâce, madame, ne parlons plus de cela.

— Allons, soit, pour aujourd'hui. Je veux maintenant vous faire connaître les agréments de ce jardin.

Gustave offre son bras; on l'accepte. On parcourt tous les détours d'un jardin qui a près de trois arpents. On visite un petit bois bien sombre bien touffu, où l'ardeur du soleil ne pénètre jamais; on entre dans une grotte tapissée de mousse, où Mme de Berly va presque tous les jours lire ou travailler; on monte sur un rocher d'où l'on découvre une grande étendue de terrain; on passe ensuite devant d'épaisses charmilles.

— Madame, dit Gustave, quel est donc cet endroit que nous ne visitons pas?

— Ah! c'est un labyrinthe.

Un labyrinthe? Oh! voyons, j'aime beaucoup les lieux où l'on peut s'égarer!...

— Mais, monsieur, je ne sais pas si je dois... Allons! puisque vous le désirez.

La jeune femme réfléchit que refuser d'entrer dans le labyrinthe serait montrer de la crainte, et que la crainte est une preuve de faiblesse. Ne voulant point laisser deviner à Gustave ce que peut-être elle craignait de s'avouer à elle-même, elle céda à son désir. D'ailleurs ce jeune homme ne lui a dit que de ces choses qu'on dit à toutes les femmes; il ne lui a point fait d'aveu qui puisse l'alarmer. A la vérité, les yeux sont tendres, ardents, éloquents, mais peut-être M. Saint-Réal a-t-il toujours les yeux ainsi, et puis ce jeune homme n'est arrivé que de la veille, et on semblerait déjà craindre les tentatives!... Allons! décidément, il faut le conduire au labyrinthe.

N'allez pas croire, lecteur, qu'il s'y soit passé des choses que je n'ose point vous raconter. Non; on se promena, voilà tout. Gustave prit une main qu'il voulut baiser... mais qu'on retira bien vite; il fit semblant de s'égarer, mais on le ramena toujours dans le bon chemin, et il fallut sortir du labyrinthe tout aussi amoureux, mais pas plus avancé.

— A propos, dit Mme de Berly, j'allais oublier de vous faire voir notre salle de billard. Comme nous ne passons ici que la belle saison, c'est dans le jardin que nous jouons.

Cette salle était près du salon du rez-de-chaussée; quelques arbres seulement l'en séparaient. Entourée de charmilles, de chèvrefeuilles et de lilas, elle ne recevait de jour que du haut, et était, à l'intérieur, ornée d'arbustes charmants; les bancs de gazon, placés tout autour, semblaient des bosquets formés par la nature.

— Que cet endroit est délicieux! dit Gustave.

— Jouez-vous au billard, monsieur?

— Oui, madame.

— En ce cas, je compte sur votre complaisance pour me l'apprendre. Mon mari y joue fort peu!... il n'aime que son trictrac! D'ailleurs un époux a si rarement la patience d'apprendre quelque chose à sa femme!

— Madame, je serai enchanté de pouvoir vous être agréable; si vous voulez nous pouvons commencer...

— Non, il est trop tard à présent, songez qu'on nous attend pour déjeuner... Ce soir je vous rappellerai votre promesse.

On quitta la salle de billard et l'on entra dans la maison. Qu'il est doux d'être chez une jolie femme dont le mari aime la chasse! toute la journée on est seul avec elle.

— Ah! mon cher oncle! disait Gustave en lui-même, que vous êtes aimable de m'avoir envoyé tenir compagnie à Mme de Berly.

Pour mieux tromper le colonel Moranval, il lui écrivit qu'il se plaisait beaucoup chez Mme de Berly, que tout le monde y était aimable, et qu'il y resterait aussi longtemps que l'on voudrait le garder.

Quoiqu'il ne se fût point expliqué à l'égard d'Aurélie, sa lettre enchanta le colonel, qui ne douta plus de l'amour de son neveu pour celle qu'il lui destinait. Rassuré sur le compte de Gustave, qui paraissait disposé à faire les volontés de son oncle, le colonel écrivit à M. de Berly une lettre par laquelle il lui marquait que tout allait suivant leurs désirs, et envoya pour récompense à son neveu une nouvelle somme d'argent.

Pendant que cette correspondance s'établissait, le neveu avançait ses affaires. Julie (c'est le nom de Mme de Berly) ne pouvait se défendre de trouver Gustave bien aimable. A la campagne, on bannit le ton froid de la ville, la confiance s'établit plus facilement; tout en causant, notre jeune homme apprit que Julie, mariée par des parents sévères, qui n'avaient pas même daigné consulter son goût, n'avait vu son futur qu'au moment de signer le contrat. A la vérité, on ne se plaignait pas de M. de Berly, qui était complaisant et laissait sa femme libre de faire ce qu'elle voulait; mais l'amour pouvait-il naître d'une union si disproportionnée? M. de Berly avait plus du double de l'âge de sa femme? il était sot et bavard, Julie était tendre, spirituelle; il était laid, elle était charmante; il appelait amour le besoin des sens, Julie avait une âme faite pour connaître toute la délicatesse de ce sentiment : de bonne foi, elle ne pouvait qu'estimer son mari. Ainsi, des parents qui donnent leur fille à un homme qu'elle n'aime pas, la condamnent à ne jamais se livrer au plus doux sentiment de la nature!... Pauvres femmes!... il faut bien de la vertu! et c'est le sexe le plus faible, celui qui est sans cesse l'objet de nos hommages, de nos séductions, qui doit montrer le plus de force, d'insensibilité, de fermeté!... En vérité tout cela est fort mal arrangé, et ces messieurs qui ont fait le code civil auraient bien dû consulter davantage le code de la nature.

C'est ce mauvais sujet de Gustave qui faisait toutes ces réflexions en regardant Julie assise devant son métier à broder tandis que Mlle Aurélie leur tapait sur le piano l'air de *Beniouski*, qu'elle chantait comme un chantre de cathédrale. L'après-dîner, on allait au billard, où Julie recevait des leçons de Gustave ; quel plaisir de former à ce jeu une charmante écolière ! Le jeune homme plaçait toujours les billes au milieu du tapis, afin d'obliger Mme de Berly à s'étendre un peu sur le billard ; il admirait alors des formes ravissantes, qu'une légère robe de mousseline couvrait sans les cacher. Pour diriger la main de son écolière, il entourait de son bras une taille bien prise ; il effleurait quelquefois une gorge d'albâtre ; ses yeux s'égaraient alors sur un sein qu'il brûlait de baiser ! Julie se plaignait de ce qu'il lui faisait souvent recommencer le même coup, mais Gustave enseignait avec tant de douceur qu'il n'y avait pas moyen de se fâcher.

Mlle Aurélie ne jouait point au billard ; elle aurait cru compromettre sa dignité en apprenant un exercice qu'elle trouvait trop *masculin*. Ses yeux exprimaient un étonnement mêlé de dépit toutes les fois que Julie et Gustave se rendaient au jardin ; mais elle n'osait se permettre des observations sur ce qu'elle appelait tout bas la folie de sa tante.

Gustave.

M. de Berly voulait tous les matins emmener Gustave à la chasse ; mais celui-ci, feignant de s'être blessé au genou et de boîter légèrement, avait jusqu'alors évité la compagnie de son hôte. La lettre du colonel Moranval avait fait grand plaisir à M. de Berly, qui, fort peu connaisseur en amour et en galanterie, était persuadé que Gustave adorait sa nièce; il attribuait même à cette passion et au désir de rester près d'Aurélie les refus du jeune homme de l'accompagner à la poursuite des lièvres.

Un monsieur Desjardins était arrivé chez M. de Berly trois jours après Gustave. C'était un grand sec, d'une cinquantaine d'années, grand mangeur, grand joueur et grand menteur. N'ayant qu'un revenu médiocre, il trouvait moyen de ne pas toucher à ses rentes en vivant habituellement chez les autres. Il avait les qualités nécessaires pour un parasite : il était complaisant, flatteur et médisant, lorsque cela était agréable à ses hôtes. Il faisait un peu de tout : il jouait du violon assez pour accompagner une sonate de Pleyel; il dessinait passablement et faisait des portraits à la silhouette, il dansait lorsque cela était nécessaire, il jouait à tous les jeux. Chaque soir M. de Berly et lui se mettaient au trictrac, où M. Desjardins trouvait, en jouant, le moment d'adresser des compliments à Mme de Berly, des éloges à Mlle Aurélie sur sa manière de chanter, des caresses au chat et des gimblettes au chien.

Depuis quinze jours Gustave était près de Mme de Berly toujours plus amoureux, mais n'obtenant rien de Julie. Il avait fait l'aveu de son amour qu'on avait écouté en plaisantant; on voulait bien plaire mais on ne voulait pas manquer à ses devoirs. Cependant les leçons de billard continuaient; elles devenaient bien dangereuses; on y était toujours seuls; les charmilles épaisses qui entouraient ce lieu empêchaient d'être vus du dehors; le maître était tendre, aimable, entreprenant; l'écolière, trop sensible, sentit que son courage diminuait... elle refusa de continuer à prendre des leçons.

— Allons, elle ne m'aime pas, dit Gustave; décidément c'est une coquette qui ne veut que s'amuser de mes tourments; je suis un fou de soupirer pour elle !... mais c'est fini, je ne lui parlerai plus... je ne veux même plus la regarder.

Cette résolution prise, Gustave veut essayer de faire la cour à Aurélie, mais la tâche est trop pénible. Les journées ne sont plus les mêmes : Mme de Berly, fixée près de son métier, ne sort pas du salon, et le soir elle regarde jouer au trictrac ou écoute chanter l'infatigable Aurélie. Elle est triste, rêveuse, mais toujours douce, complaisante pour ceux qui viennent chez son époux; elle ne paraît pas s'apercevoir de l'humeur de Gustave, de ses prévenances affectées pour la grande nièce, de ses épigrammes sur la coquetterie des femmes. Le jeune homme se dépite, il ne sait plus que faire; dans son désespoir il accompagne M. de Berly à la chasse; il tire sur les chiens au lieu de tirer sur les lièvres; il prend des pies pour des bécasses, et un gros cochon pour un sanglier. Le soir, il veut jouer au trictrac : il fait école sur école, jette les dés par terre, laisse tomber son cornet. Il veut chanter et n'a plus de voix; il veut jouer du violon : sa main tremble, il joue faux, il ne va pas en mesure, il ne sait plus ce qu'il fait... M. de Berly le raille, M. Desjardins rit, Mlle Aurélie ouvre de grands yeux, Julie soupire.

Allons, pensait M. de Berly, le jeune homme est amoureux fou de ma nièce!... j'espère que cela est visible!...

Le cher oncle en causait avec Desjardins, qui, par principe, était toujours de son avis, et avec sa femme, qui se contentait de répondre qu'elle le désirait.

— Tiens, ma femme, regarde donc Gustave assis là-bas tout seul dans un coin... vois-tu cet air boudeur, ce front soucieux et mélancolique? Eh bien! c'est l'amour qui fait tout cela. Oh! je m'y connais!... D'ailleurs, rappelle-toi les premiers jours de son arrivée ici, il était tout différent; il riait, causait, chantait, faisait mille folies!... aujourd'hui il n'ouvre la bouche que pour soupirer... il lève les yeux au ciel!... et à la chasse, si tu savais toutes les étourderies qu'il a commises! c'est à mourir de rire!...

— Parbleu! celui-là en tient et joliment!... je vais écrire à son oncle le colonel pour qu'il presse la conclusion, car enfin il ne faut pas laisser ce pauvre garçon se dessécher!... N'est-ce pas, Desjardins?...

— Vous avez parfaitement raison, car...

— Quant à ma nièce, elle ne dit rien, mais je suis sûr que la friponne n'en pense pas moins. Ah! si le colonel n'avait pas sa maudite goutte, il serait déjà ici!... qu'il me tarde de lui montrer son neveu converti!...

— Mais mon ami, en êtes-vous bien certain?...

— Oui, madame, oui, je suis certain que ce mariage sera aussi heureux que le nôtre... mais à propos, pourquoi donc ne jouez-vous plus au billard?...

— Mon ami, c'est que...

— Cela amusait notre amoureux. Que diable! il faut un peu l'égayer. Il aura le temps de faire des réflexions quand il sera marié!... Gustave!... ma femme se plaint de ce que vous ne voulez plus lui donner ses leçons de billard...

— Moi! mon ami, je n'ai pas dit cela...

— Chut!... laissez-moi donc faire!...

— Quand madame voudra, dit Gustave en se levant; je suis toujours à ses ordres.

— A la bonne heure... Allons, sortez un peu de vos rêveries, jeune homme! je vais faire un trictrac avec Desjardins; faites éclairer le billard ;

vous aurez le temps de jouer jusqu'au souper... Allons madame de Berly... allez donc... Vous voyez bien que monsieur vous attend...

Il n'y avait pas moyen de s'en défendre ; mais M. de Berly le voulait. Gustave présenta la main à Julie, il sentit que celle qu'on lui donnait tremblait beaucoup : un sentiment vague d'espérance et de plaisir vint ranimer son cœur.

Ils arrivent à la salle de billard ; le domestique s'éloigne après avoir allumé les quinquets. Ils restent seuls. Mme de Berly est silencieuse, mais elle paraît bien agitée ; Gustave est si triste qu'il faudrait avoir le cœur bien dur pour ne pas avoir pitié de lui.

— Qu'avez-vous donc depuis quelques jours, monsieur? dit enfin d'une voix faible Mme de Berly ; vous ne daignez pas parler...

Je viens d'être fait *grande bredouille*.

— Ce que j'ai?... ah! madame! ai-je besoin de vous le dire encore? Je vous adore, et vous me détestez!

— Je vous déteste!... quelle injustice !... si cela était, craindrais-je d'écouter vos serments... vos discours?

Julie en avait trop dit. Gustave saisit sa main, qu'il posa sur son cœur.

— Laissez-moi, dit Mme de Berly, vous ferez mon malheur... Ah! Gustave!... n'abusez pas de ma faiblesse.

Mais un amant qui apprend qu'il est aimé n'écoute plus que son ardeur. Julie pleurait ; Gustave la presse contre son sein, il couvre de baisers les larmes qu'elle répand... Elle veut se défendre... mais une flamme inconnue circule déjà dans ses veines... elle ne peut que rendre transport pour transport, amour pour amour.

— Ma femme! ma femme! s'écria M. de Berly, qui, comme on sait, n'était séparé du billard que par quelques arbres et une charmille qui empêchaient de se voir, mais non de s'entendre, je viens d'être fait *grande*

Il lui promit que son oncle serait instruit de sa bonne conduite. (P. 378.)

bredouille; c'est la première fois que cela m'arrive! Et vous autres, allez vous bien?

— Mais oui, monsieur, répond Gustave, car sa compagne n'avait plus la force de parler; nous jouons très bien ce soir... madame votre épouse fait des progrès sensibles.....

— Tant mieux! tant mieux! au moins, quand je jouerai avec elle, elle sera de force; mais apprenez-lui le doublé surtout, c'est cela qui est joli...

— C'est ce que je fais dans ce moment, monsieur.

La partie fut sans doute longue, car Gustave et Julie ne rentrèrent au salon qu'au moment de se mettre à table pour souper. Mme de Berly avait les yeux très rouges, Gustave était rayonnant; le plaisir, le bonheur brillaient dans ses regards.

— Eh bien ! dit M. de Berly, vous êtes-vous bien escrimés ? qui est-ce qui a gagné le plus de parties ?

— Mais je crois que c'est madame...

— Bah ! allons, vous aurez fait cela par galanterie !... Elle ne peut pas être encore aussi forte que vous, qui avez un coup de queue superbe, et qui bloquez presque aussi bien que moi ! n'est-ce pas ma femme, que je bloque joliment quand je m'y mets ?...

— Oui, mon ami, mais pas si bien que M. Gustave...

— Allons, tu veux flatter ton maître... mais tu parais bien fatiguée...

— Au fait, le billard est un jeu très fatigant ; être toujours debout... aller... venir...

— Eh bien ! moi, dit Desjardins, j'y ai joué une fois trois jours de suite... nous étions deux enragés ! on nous apportait à manger, et...

— Allons, Desjardins, vous nous conterez cela en soupant ; d'ailleurs, je suis fâché avec vous... j'ai votre *grande bredouille* sur le cœur !...

— J'en ai donné une fois huit de suite à un homme qui certes était pour le moins...

Mais on était déjà dans la salle à manger, et M. Desjardins fut obligé de remettre son anecdote à un autre moment.

Pendant le souper, Mme de Berly parla peu et tint constamment ses yeux baissés. Mlle Aurélie ne cessait de promener les siens sur Gustave et sa tante : ces prudes sont quelquefois très clairvoyantes !... M. Desjardins se contenta de manger et d'applaudir indistinctement aux discours de tout le monde. M. de Berly ne cessa de parler de sa force au billard et des coups charmants que l'on pouvait y faire. Quant à Gustave, il fut gai, aimable, et d'une complaisance extrême avec M. de Berly, dont il vanta l'adresse à la chasse, l'amabilité près des dames, et le courage dans le danger.

Le pauvre époux était enchanté du jeune homme : en se levant de table il lui serra la main avec force, il lui promit que son oncle serait instruit de sa bonne conduite.

Qu'on dise après cela qu'on a des pressentiments !

V

CATASTROPHE

Les larmes de Julie se tarirent. L'amour d'une femme augmente par les sacrifices qu'elle fait à son amant; plus elle donne, plus elle s'attache. Chez les hommes il n'en est pas de même : le plaisir les fatigue et la continuité du bonheur les ennuie. Le désir les enflamme, la jouissance les refroidit, et la volupté dénoue les nœuds formés par l'amour.

— Que faudrait-il donc faire? Vivre ensemble suivant la doctrine de Platon?... Oh! alors l'amour durerait beaucoup plus longtemps, mais il finirait aussi par se lasser d'attendre. D'ailleurs cette manière d'aimer deviendrait funeste à la population ; ensuite elle n'est pas dans la nature ni dans l'Évangile, puisqu'on nous a dit : — Croissez et multipliez.

Il faut donc prendre philosophiquement les choses comme elles sont et c'est surtout en amour qu'il est bon d'être philosophe. Faut-il se désoler lorsqu'une maîtresse nous trompe... lorsqu'un amant est infidèle?... D'abord, c'est un mal sans remède ; et puis, pourquoi une infidélité prouverait-elle l'indifférence? On peut avoir un moment d'oubli.

Errare humanum est.

Si l'on faisait franchement l'aveu de ses faiblesses, alors la confiance ramènerait l'amour, la jalousie tourmenterait moins les cœurs, et la discorde cesserait d'agiter ses torches et ses serpents sur les esclaves de l'amour et de l'hymen.

Mais je ne vois pas pourquoi j'ai dit tout cela, ni le rapport que cela peut avoir avec les amours de Gustave et de Mme de Berly. Prenez donc, lecteur, que je n'aie rien dit.

Gustave, à force d'amour, avait calmé les craintes, les soupirs, les pleurs, les remords de Julie. Ils jouaient tous les jours au billard; ils y jouaient le matin, le soir, et je crois même dans le petit bois, dans la grotte, dans le labyrinthe.

Ce n'est point un crime de jouer au billard; mais lorsqu'on veut le faire en cachette, encore faut-il prendre ses précautions. Voilà ce qu'ils ne faisaient pas.

> Amour, amour, quand tu nous tiens,
> On peut bien dire adieu prudence.

Un soir que la partie de trictrac avait fini plus tôt que de coutume, M. de Berly était descendu au jardin pour voir sa femme et Gustave jouer au billard, où ils étaient allés.

Le cher époux approche des charmilles... mais il est fort surpris de ne pas voir de lumière.

— Il paraît, dit-il en lui-même, qu'ils auront changé d'idée! ils sont sans doute au salon à faire de la musique.

Il va retourner sur ses pas.. mais une voix qui lui est bien connue prononce alors ces mots :

N'est-ce pas ma femme que je bloque joliment.

— Ah! Dieu!... que je suis heureuse! quel plaisir!...

— Eh mais, parbleu; c'est ma femme! dit notre homme. Et il entre dans la salle de jeu, où l'on ne voyait pas clair.

— Comment, diable! vous jouez sans lumière, vous autres!.,. Le cher époux ne voyait rien; il s'embarrasse les pieds dans quelque chose... il tombe... roule... et se trouve sur Gustave, qui, je ne sais pourquoi, était alors à genoux près d'un banc de verdure.

— Quoi! c'est vous, monsieur? j'allais au-devant de vous... Permettez que je vous aide à vous relever...

— Comment, c'est toi, mon ami? dit Mme de Berly en s'éloignant très vite du banc de gazon.

— Sans doute, c'est moi... Peste soit de votre idée de jouer sans lumière!... Je crois que je me suis fait une bosse au front...

— Mais, monsieur, il ne fait nuit que depuis un moment... nous allions faire allumer...

— Parbleu! vous êtes bien habiles de jouer comme cela... Vous ne deviez pas trouver les trous...

— Pardonnez-moi, monsieur.

— Sans la voix de ma femme je ne serais pas entré!... mais je l'ai entendue qui poussait une exclamation de joie...

— Ah ! c'est que madame venait de mettre dedans.

— Allons, je vais voir votre force... Ma femme, dis qu'on allume... Je veux vous faire la chouette.

Mme de Berly fit allumer. On joua. M. de Berly fit la chouette comme il l'avait désiré ; Gustave eut soin de jouer tout de travers ; Julie n'avait pas la main sûre ; le mari gagna toutes les parties : il fut enchanté !...

C'est toujours une compensation.

Mlle Aurélie ne partageait pas la joie de son oncle. Les manières de Gustave avec Julie lui semblaient d'une familiarité choquante : la froideur du jeune homme lorsqu'elle chantait *Mon cœur soupire* lui paraissait bien extraordinaire. Elle n'osait rien dire à son oncle, mais elle commençait à épier Julie et Gustave et, sans trop savoir pourquoi, désirait découvrir quelque chose. Le derrière de Benoît était guéri, mais le pauvre garçon n'en était pas plus déluré ; seulement pour éviter en voyage que pareil événement lui arrivât encore, il s'exerçait tous les matins à monter à cheval, et commençait à s'y tenir un peu mieux.

M. de Berly avait écrit au colonel Moranval une longue lettre dans laquelle il lui détaillait la manière édifiante dont son neveu se conduisait, son amour vertueux pour Mlle Aurélie, sa complaisance pour sa femme et son amitié pour lui.

Le colonel Moranval répondit à M. de Berly qu'il était charmé que

Gustave ouvre la fenêtre et saute dans le jardin.

Gustave fût corrigé ; que sa goutte le laissant un peu tranquille, il allait partir pour aller les retrouver et conclure le mariage ; mais qu'il n'en fallait rien dire à son neveu, parce qu'il voulait le surprendre par son arrivée inattendue.

Les choses en étaient là, lorsqu'un matin on vient annoncer à M. de Berly qu'on croit avoir découvert les traces d'une louve à trois lieues de là, du côté de Montaigny. Cette nouvelle pique l'amour-propre de notre chasseur. Quelle gloire pour lui s'il tuait une bête qui peut désoler les environs!... Cependant il ne paraît pas décidé à se mesurer avec une louve, mais Gustave l'anime, l'excite... le nomme d'avance le libérateur du pays. Desjardins se vante d'en avoir jadis tué quatre le même jour.

— En ce cas, dit M. de Berly, vous m'accompagnerez cette fois, je veux voir si vous êtes encore en état d'en tuer une.

Desjardins s'est trop avancé pour oser reculer ; il se cuirasse de la tête aux pieds. Quant à Gustave, il s'est laissé tomber la veille en courant dans le petit bois avec madame ; il souffre beaucoup du côté, il n'est donc pas en état de suivre ces messieurs. D'ailleurs, il se reconnaît trop mauvais chasseur pour lutter avec eux.

— Mais, dit M. de Berly, il est possible que nous ne puissions pas aujourd'hui même découvrir la retraite de l'animal : je ne veux pas aller si loin pour rien. J'ai justement une petite ferme près de Montaigny, nous y coucherons cette nuit, Desjardins et moi ; par ce moyen, demain, dès la pointe du jour, nous serons sur les lieux!... Je te déclare, ma femme, que je ne reviens pas sans te rapporter quelque chose de la bête.

Mme de Berly applaudit à cette idée de son mari, Gustave trouve dans ce projet un dévouement noble et héroïque. Il est donc arrêté que M. de Berly ne reviendra pas coucher : cela arrange tout le monde.

Nos chasseurs sont armés de pied en cap ; les chiens sont détachés, les chevaux sont sellés, les fusils chargés, les adieux terminés.

Tout au bonheur d'être ensemble, Gustave et Julie veulent en jouir entièrement. Mlle Aurélie est incommodée et garde la chambre : cette circonstance augmente la sécurité. Mme de Berly déclare qu'elle ne se sent pas bien non plus ; elle va s'enfermer dans son appartement et ordonne aux domestiques de renvoyer toutes les personnes qui pourraient venir.

Les choses ainsi arrangées, dès six heures du soir, madame est rentrée dans sa chambre à coucher, dont l'entrée est interdite aux profanes. Quant à Gustave, sans doute il se trouve aussi indisposé : car il a défendu à Benoît de venir le troubler dans son appartement.

On était dans les plus grands jours de l'été, où la nuit ne vient qu'à près de neuf heures. Il n'en était que huit, lorsqu'un étranger se présente chez M. de Berly : les domestiques lui annoncent qu'il ne trouvera personne à qui parler, que madame est malade, et que monsieur est à la chasse pour deux jours.

— Eh! mille cartouches, s'écrie le colonel Moranval (car c'était lui-même), je ne suis pas venu pour m'en aller : si de Berly n'y est pas, je l'attendrai ; je m'installe dans la maison sans cérémonie.

Le colonel avait un ton qui n'admettait pas d'observations : les domestiques le laissent entrer : il aperçoit Benoît dans la cour.

— Tiens! c'est vous... c'est vous, monsieur le colonel?

— Oui, mon garçon; on ne m'attendait pas ici?...

— Ma foi, non, monsieur.

— Où est mon neveu?

— Monsieur le colonel, il est malade, à ce qu'il m'a dit ce matin; il est chez lui... où il dort sans doute, car il m'a défendu d'aller le déranger.

— Et Mme de Berly!

— Elle est indisposée... elle a bien ordonné qu'on n'allât pas dans sa chambre...

— Mais Mlle Aurélie, il faut espérer que je pourrai la voir... elle n'est ni à la chasse, ni malade, je pense?

— Au contraire, monsieur, elle a la fièvre... elle est couchée depuis ce matin.

— Morbleu! c'est donc un hôpital que cette maison! Allons... j'attendrai seul, puisqu'il le faut!

Comme le colonel disait ces mots, un grand bruit de chevaux se fit entendre; on courut à la porte regarder qui arrivait... on aperçut M. de Berly et Desjardins, dont la chasse était déjà terminée.

Le colonel embrassa son ami.

— Comment, te voilà!... tes gens me disaient que tu serais deux jours absent!...

— Je le croyais aussi, mon cher colonel; mais le sort en a décidé autrement. On m'avait parlé d'une louve dont on croyait découvrir le gîte : quand nous sommes arrivés, Desjardins et moi, on venait de tuer la bête. J'en ai été vraiment désespéré; je me sentais un courage... une ardeur!... Eh bien! as tu vu ton neveu?

— Non; j'arrive à l'instant... Mais tout le monde est malade chez toi la femme et mon neveu sont rentrés pour se reposer...

— Bah!... et ce matin il n'y paraissait pas! ce ne sera rien... Mon ami, je te fais compliment de ton neveu : c'est un charmant garçon. Comment, tu écrivais que je verrais un mauvais sujet! c'est au contraire un jeune homme très sage, très rangé... Tout son plaisir est de jouer au billard avec ma femme!... il ne sort pas de la maison!... il est d'une complaisance... d'une douceur!...

— En vérité? Parbleu! l'air de ce pays fait des prodiges. Je suis impatient de l'embrasser...

— Va le trouver... il sera bien surpris de te voir... il ne t'attend pas : oh! je n'ai rien dit, je suis discret!...

— Allons, Benoît, conduis-moi près de ton maître.

— Mais, monsieur, il m'a défendu...

— Morbleu! il n'y a pas de défense pour son oncle, imbécile! allons, marche devant!...

Le colonel suit Benoît, qui ne le conduit qu'en tremblant; de son côté, M. de Berly se prépare à surprendre sa femme, qui ne l'attend que le lendemain. On lui dit que madame est couchée, qu'elle est malade, mais rien ne l'arrête; quand il a quelque chose en tête, on ne peut le faire changer de dessein, et, persuadé qu'il va causer une surprise agréable à son épouse, il monte avec vivacité à son appartement.

La chambre à coucher de Mme de Berly était au premier et donnait sur le jardin, M. de Berly entre dans le cabinet qui la précède. Il veut aller plus loin, la porte est fermée en dedans; mais M. de Berly, qui ne fait pas chambre commune, a une double clef, afin de pouvoir la nuit, lorsque l'amour l'éveille, venir partager la couche de sa femme.

C'est une terrible chose, qu'une double clef!... cela expose à bien des dangers. Il y avait pourtant un verrou à la porte, mais on n'avait pas songé à le mettre : on était si tranquille! on croyait le mari si loin!... Funeste imprévoyance!...

M. de Berly va droit au lit de madame... il tire un rideau... et baise le derrière de Gustave en croyant baiser le sein de sa moitié. La tête de Méduse, d'Euryale, de Scylla, les yeux du basilic, du sphinx, les dents de Cerbère, les griffes d'Astaroth, auraient produit moins d'effet sur le pauvre époux que le derrière de Gustave. Il demeure immobile... les yeux fixes. la bouche ouverte... les bras tendus. Julie s'est fourrée sous la couverture. mais Gustave, qui ne perd pas la tête, se lève, prend au hasard quelques vêtements, ouvre la fenêtre et saute dans le jardin : il tombe juste sur le dos de son oncle, qui, après l'avoir inutilement cherché dans sa chambre, parcourait les jardins avec Benoît, dans l'espoir de l'y rencontrer.

Le colonel tombe sur le nez; Gustave reconnaît son oncle et n'en court que plus vite; l'oncle reconnaît son neveu, il se relève et court après lui; Benoît reste ébahi en voyant son maître en chemise; celui-ci gagne du terrain, il passe alors son pantalon et son habit; puis, franchissant les murs, les haies et les fossés, se met à courir dans la campagne, où il aperçut Lucas et Zéphire, ainsi que j'ai eu l'avantage de vous le raconter au commencement de ce volume.

L'on se met en marche pour combattre le diable. (P. 388.)

VI

LE DIABLE ET LA VACHE NOIRE

— Comment! c'est toi, Benoît? dit Gustave en sortant sa tête de la mare et en regardant le cavalier qui le poursuivait depuis quelque temps et venait enfin de l'atteindre lorsque Zéphire s'était embourbé.

— Mon Dieu, oui, monsieur ; c'est moi qui galope après vous avec cet autre cheval que j'ai emmené aussi par précaution. Ah! dame! c'est qu'il ne fait pas bon là-bas : votre oncle est d'une colère!... il jure, il crie encore plus fort que de coutume. Moi, quand j'ai vu cela...

— C'est bon, tu me raconteras tout cela dans un autre moment, tu vois bien qu'il faut d'abord me débarrasser de ces maudits canards... et relever ce brave homme qui, j'espère, n'est pas blessé.

Le père Lucas avait eu plus de peur que de mal. Gustave ne parvint qu'avec beaucoup de peine à lui faire voir qu'il n'avait rien de fracturé. On le plaça sur Zéphire, dont la fougue était calmée... Le jeune homme monta sur le cheval que Benoît tenait en laisse, et l'on se remit de nouveau en route.

Gustave riait de la peur que Benoît lui avait faite, car il l'avait pris pour son oncle. Cependant, lorsqu'il se reportait à l'événement de la soirée, lorsqu'il pensait à Julie, qu'il avait laissée dans une position si critique, il devenait sérieux et pensif.

Comment aura-t-elle fait ?... Voilà où ses réflexions le ramenaient sans cesse. Il était bien persuadé que les femmes, qui ont toujours l'esprit du moment, savent se tirer des circonstances les plus difficiles ; mais il est des cas où tout l'esprit féminin ne peut rien, et Mme de Berly se trouvait précisément dans cette fâcheuse position.

Cependant, comme notre héros n'était pas d'un caractère à s'affliger longtemps, il prend son parti, et, réfléchissant que ses soupirs ne changeraient rien à ce qui était arrivé, il s'en remet à sa bonne étoile du soin d'arranger les événements.

Enfin on arrive à Ermenonville ; on passe plusieurs petits ponts (il y a beaucoup d'eau dans ce pays-là), on arrive devant une maison villageoise... ce qui, à Paris, s'appelle bicoque. Lucas retrouve la parole en revoyant sa demeure, et Zéphire des jambes en approchant de l'écurie.

— Nous y v'la... morgué! ça n'est pas sans peine que j'sommes arrivés.

— Eh bien! père Lucas, nous réveillerons tout le monde.

On descend de cheval ; Gustave et Benoît frappent comme des sourds pendant que Lucas appelle à tue-tête :

— Marie-Jeanne!... Suzon!... Nicolas Toupet!...

— Et votre femme, dit Gustave, vous ne l'appelez pas ?...

— Oh! pas si bête!... je n' voulons pas la réveiller ; alle m'en voudrait!... Holà! Marie-Jeanne! Nicolas!...

On ouvre enfin une lucarne sur les toits.

— Est-ce que c'est-vous ? demanda une grosse voix enrouée.

— Eh oui! Nicolas, viens m'ouvrir, mon garçon ; mais prends garde de réveiller not' femme.

Au bout de dix minutes (car les paysans sont lestes comme des poules mouillées), Nicolas ouvrit la porte de la cour. Il pousse une grande exclamation en apercevant Gustave et Benoît.

— Ce sont des bourgeois de la ville qu'il faut que nous logions, dit le père Lucas en conduisant Zéphire à l'écurie; tu vas les mener dans la chambre où couche not' cousin-germain Pierre Ledru quand il vient ici, et demain not' femme dira si c'est bien.

Nicolas se disposait à obéir; Gustave l'arrête.

— Est-ce que vous comptez nous envoyer coucher sans souper, père Lucas? Quant à moi, qui n'ai pas mangé depuis trois heures après midi, et qui depuis ce temps ai gagné beaucoup d'appétit, je vous préviens que, si vous ne me donnez pas au moins une omelette, je mets la maison sens dessus dessous.

Le père Lucas était fort embarrassé ; sa femme avait les clefs du buffet et du garde-manger. Pendant qu'il réfléchissait, on entendit un carillon d'enfer dans une chambre au premier; le bonhomme, reconnaissant la voix de sa femme, alla se mettre derrière de vieilles futailles; Nicolas entra dans l'écurie, et Benoît, qui n'était pas fort tranquille, se cacha dans l'étable. Gustave seul resta pour faire face à l'orage.

Une petite femme, grosse, rouge et les yeux animés par la colère, descend quatre à quatre l'escalier du fond.

— Que signifie ce tapage au milieu de la nuit?... Est-ce que ce polisson de Lucas croit que je souffrirai un tel désordre ?... Pourquoi n'a-t-il pas couché à Louvres?... L'ivrogne !... me réveiller quand je dors! il aura encore fait quelque sottise...

Comme Mme Lucas achevait de parler, elle aperçut Gustave qui, tranquille au milieu de la cour, attendait que la villageoise se calmât. Épouvantée à la vue d'un homme qui n'est pas du pays et dont la mise est plus que suspecte (la vase de la mare couvrait les vêtements de Gustave, et son visage était ensanglanté par suite des coups de patte et de bec que les canards lui avaient administrés), Mme Lucas ne doute point que des voleurs ne soient entrés dans la maison ; elle pousse aussitôt des cris perçants, jette une fourche, une pioche et un balai à la tête de Gustave; pendant que celui-ci se détourne pour éviter d'être atteint, elle sort de la cour et traverse le village en criant de toutes ses forces :

— Au voleur... à l'assassin !

Les paysans dorment fort; ceux d'Ermenonville ne répondant pas aux cris de Mme Lucas, elle prend le parti de jeter des pierres dans les carreaux et de crier qu'on va mettre le feu au village. A ce mot de *feu*, qui regarde tout le monde (car un village est bientôt brûlé), les paysans s'éveillent et accourent, tant il est vrai que nous entendons toujours ce qui nous intéresse personnellement, et que pour les maux des autres... mais point de **réflexions**; Mme Lucas est en chemise et en camisole dans les rues d'Ermenonville; il ne faut pas la laisser là.

— Où est le feu?... où est le feu?... demandent les villageois à Mme Lucas.

— Mes enfants, c'est bien pis que cela!... Je crois que ce sont des Cosaques!... qui sont entrés dans le village.

— Des Cosaques!...

— Oui vraiment; ils se sont déjà emparés de ma maison!... et peut-être bien que ma petite Suzon et Marie-Jeanne sont déjà...

— Faut aller les secourir! disent toutes les commères, qui ne craignent point les hazards de la guerre. Mais les hommes sont beaucoup moins empressés. Ils proposent de se retrancher chez eux et d'y attendre l'ennemi. Un des plus futés de l'endroit fait observer qu'on ne parle pas de guerre depuis longtemps et que ce ne sont pas des Cosaques que Mme Lucas a vus.

— Ce sont au moins des voleurs, reprend la paysanne, ils ont fait un tapage d'enfer et enfoncé ma porte; j' croyais que c'était mon homme qui revenait de Louvres, et je descendais pour lui laver la tête... quand je me sommes trouvée nez à nez avec un grand homme rouge et noir...

— Ah! mon Dieu? c'est le diable, disent les femmes.

— Vous avez dû lui voir des griffes et une queue?...

— Je n'ons pas vu positivement sa queue, mais je crois bien qu'il en avait une! Pour ses yeux, ils brillaient ni plus ni moins que des charbons de brasier!

— Faut voir ça! disent les hommes, qui craignent moins le diable que les Cosaques.

— Faut éveiller monsieur le curé, disent les femmes, pour qu'il vienne chasser le démon.

Les villageois s'arment de fourches, de pioches, de pelles, de bêches, de tout ce qu'ils trouvent; ils forment un bataillon très serré; Mme Lucas se met au centre, les autres femmes à la queue, et l'on se met en marche pour combattre le diable, qui est venu réveiller les habitants d'Ermenonville.

Cependant Gustave, après avoir évité le manche à balai de Mme Lucas, se décide à entrer dans la maison et à se servir lui-même à souper sans s'embarrasser des cris de la paysanne et de la terreur du pauvre mari, qui n'ose pas sortir de dessous les futailles. Benoît s'en tenait à son étable ; il avait attrapé le pis d'une vache et il se régalait de lait pendant que l'alarme était partout. Quant à Nicolas, les cris de sa maîtresse l'avaient frappé de terreur ; et croyant aussi que des voleurs étaient dans la maison, il n'osait plus sortir de l'écurie et se tenait couché à plat ventre à côté de Zéphire.

Notre jeune héros monte l'escalier du fond, il grimpe deux étages, il écoute... il entend du bruit ; il ouvre une porte qui n'était fermée qu'à peine ; on pousse un cri... Gustave a reconnu la voix d'une femme ; il avance il trouve un lit... il tâtonne... il s'assure que quelqu'un est couché là... ce quelqu'un est une paysanne sans doute ; mais cette paysanne a des appas fermes, des formes rondelettes, et elle se laisse tâter si complaisamment !

— Ma foi ! dit Gustave, je vais essayer de l'attendrir ; peut-être obtiendrai-je ensuite qu'on me fasse une omelette.

Et oubliant Julie, qui sans doute pleure, se désole et le regrette, Gustave s'amuse avec Marie-Jeanne !... voilà les hommes : croyez donc à leur fidélité !

Les paysans armés arrivent devant la maison du père Lucas au moment où il se décidait à quitter ses futailles : le cher homme, effrayé par le bruit qu'il entend, se jette tout effaré au milieu de la foule.

— En v'là déjà un !

Le joli derrière de Suzon se trouve exposé en espalier.

s'écrie Mme Lucas ; tombez-moi dessus ! voyez-vous qu'il est rouge et noir !

En effet, Lucas, noir d'abord par la crotte qu'il avait ramassée dans le bourbier, venait de se frotter contre des futailles fraîchement vidées et encore empreintes de lie de vin : le pauvre homme n'était pas reconnaisable. On se jette sur lui à coups de bâton ; il crie et se sauve. Pendant qu'on le poursuit, sa femme entre dans la cour à la tête des plus hardis de l'endroit ; elle appelle Suzon... c'est la fille du père Lucas, et la mère craint que le diable ne l'ait déjà emportée.

Suzon ouvre sa fenêtre ; elle demande pourquoi tout ce tapage : on lui apprend que l'esprit malin s'est glissé chez ses parents.

La jeune fille ne veut pas rester seule dans sa chambre ; elle croit déjà voir Satan sur son lit. Comme les fenêtres ne sont pas élevées, elle passe une jambe, puis l'autre, et se laisse glisser... mais un clou retient le pan de sa chemise, et le joli derrière de Suzon se trouve exposé en espalier.

— Fermez les yeux ! crie la mère Lucas. Les rustres, au contraire, lèvent leurs flambeaux afin de mieux distinguer les objets.

— Ah ! ma mère ! s'écrie Suzon, je suis sûre que c'est le diable qui retient ma chemise... Monsieur le maître d'école dit que c'est toujours par là qu'il agrippe les filles.

— Attends, mon enfant ; il y a une échelle dans l'étable ; j'allons te décrocher... Compère Thomas, allez donc nous la chercher.

Thomas s'élance vers l'étable dont la porte était poussée ; il l'ouvre... aussitôt une vache noire en sort, renverse Thomas et s'élance furieuse au milieu des villageois en poussant des beuglements épouvantables.

On doit se rappeler que Benoît s'était réfugié dans l'étable ; et qu'aimant beaucoup le lait chaud il s'occupait à presser le pis d'une vache qui ne pouvait alors avoir beaucoup de lait, puisque Marie-Jeanne avait coutume de la traire tous les soirs. Benoît, voulant à toute force se désaltérer, pressait tant qu'il pouvait les mamelles de la pauvre bête, qui finit par se lasser de ce manège. Déjà des mugissements sourds annonçaient l'impatience et la colère de l'animal. Benoît, ne sachant pas quelle vache mugissait, continuait à presser les pis de celle qu'il tenait, il allait être victime de sa gourmandise lorsque Thomas, ouvrant la porte de l'étable, changea l'ordre des événements.

Les paysans, épouvantés en voyant au milieu d'eux une vache furieuse au moment où ils cherchent un diable, ne doutent point que la pauvre bête ne soit possédée du démon. C'est justement une vache noire, et vous savez, ou vous ne savez pas, que les esprits malfaisants aiment beaucoup cette couleur-là. C'est avec une poule noire que l'on conjure les démons, les farfadets, les lutins. A la vérité, la maréchale d'Ancre fut brûlée à Paris pour avoir tué un coq blanc dans la pleine lune ; mais nul doute que si le coq eût été noir les diables eussent pu sauver la maréchale.

Les poètes ont adopté cette couleur pour tâcher d'avoir le diable au corps, car Voltaire a dit qu'il fallait être endiablé pour faire de bonnes pièces ; il appelle les ouvrages dramatiques des *œuvres du démon*.

Les médecins sont en noir, quelques plaisants ont dit qu'ils portaient le deuil de leurs malades ; je crois, au contraire, que c'est pour se rendre le diable favorable et pour qu'il leur enseigne les moyens de guérir la peste, la gale, la lèpre, l'hydropisie, l'épilepsie, la phtisie, la manie et autres jolies maladies qui certes ne nous viennent que de l'enfer.

Les magiciens enfin portent de longues robes noires!... Vous allez peut-être me demander ce que c'est que des magiciens. Je vous répondrai que ce sont des gens qui prétendent renverser l'ordre de la nature, c'est-à-dire faire la chose impossible. A la vérité, je n'ai jamais vu de sorciers ; mais il faut bien qu'il y en ait eu, puisque jadis on a vu en Europe une jurisprudence établie sur la magie, comme nous en avons aujourd'hui sur le vol et sur le meurtre ; et les peuples ne pouvaient manquer de croire aux magiciens, puisque les magistrats y croyaient.

Il paraît que les sorciers aimaient à se faire cuire ; car, tant qu'on en a brûlé, on en a vu sortir de tous les coins de la terre. Aujourd'hui que l'on se contente de les mettre aux Petites-Maisons, on ne voit plus ni sorciers ni magiciens. Nous avons quelques tireuses de cartes, quelques diseurs de bonne aventure : voilà tout, et encore le métier tombe tous les jours.

Les villageois se poussent, se pressent et laissent tomber leurs flambeaux. La vache furieuse sort de la cour et va se promener dans le village. Suzon remonte et se met à califourchon sur sa fenêtre, flottant entre la crainte du diable et de la vache noire.

Les paysans ne voient plus clair, ce qui augmente leur terreur. Cependant la mère Lucas ranime leurs esprits, leur assure que la vache est partie, que le diable a probablement pris la fuite dans le corps de l'animal, et qu'il ne sagit plus que de rétablir la paix dans la maison.

Pour cela il faut commencer par y voir ; et, pour se procurer de la lumière, on monte à la chambre de Marie-Jeanne, qui a un briquet et de l'amadou. C'est la mère Lucas, à la tête des moins poltrons de la troupe qui se décide à grimper à la mansarde.

On arrive devant la porte de Marie-Jeanne ; on entend des plaintes, des soupirs, des gémissements étouffés.

— Ah! morguenne, dit la mère Lucas, v'là le diable qui s'empare de Marie-Jeanne!

Les paysans n'osent pas ouvrir la porte, ils se serrent les uns contre les autres.

— Dis donc, Marie-Jeanne, cria la paysanne, est-ce que le diable est entré dans ta chambre?...

— Oui, oui, mais laissez-moi faire, j'saurai ben le combattre toute seule.

— Prends garde qu'il n'entre dans ton corps... il prend toutes sortes de formes ; retiens bien ta respiration !...

— Il est déjà entré trois fois, mais il ne reste pas !... J'savons ben le chasser... Tenez, c'est fini... le v'là qui sort...

Les villageois, qui s'attendaient à voir Satan sortir de la chambre et sauter sur eux à coups de griffes, dégringolent les marches de l'escalier et reviennent plus effrayés dans la cour, où une autre terreur leur était réservée. Les femmes, qui étaient restées près de l'étable, persuadées que le diable venait de se sauver sous la forme d'une vache, voulurent, pour s'assurer de la vérité, regarder si la vache noire était effectivement partie : le jour commençait à poindre, mais on distinguait difficilement les objets. Quelques paysannes se trompent et vont dans l'écurie, les autres entrent bien dans l'étable ; elles avancent, marchent sans regarder à leurs pieds, et attrapent, les unes la tête de Benoît, les autres les jambes de Nicolas. Ces messieurs s'étaient endormis sur le fumier... Ils poussent des cris en se sentant marcher sur le corps.

Est-ce que le diable est entré dans ta chambre?

Les villageoises se sauvent en criant plus fort ; elles croient avoir marché sur des lutins. C'est dans ce moment que les paysans, effrayés par le discours de Marie-Jeanne, descendaient l'escalier quatre à quatre.

— La maison est pleine de sorciers, disent les femmes.

— Le diable est entré trois fois dans le corps de Marie-Jeanne, disent les hommes. Ne restons pas ici !... sauvons-nous !... sauvons-nous !... tel est le cri général.

Suzon remet ses deux jambes en dehors de la fenêtre, elle saute et cette fois arrive à terre ! elle pousse Thomas, Thomas pousse la mère

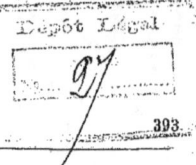

Au bas de la tour, un bac fixé à deux cordes... (P. 399.)

Lucas, qui pousse le tonnelier ; celui-ci pousse la fruitière, qui pousse l'épicier, et ainsi de suite. En se poussant les uns sur les autres, ils arrivèrent devant le château. Là, ils cessèrent de se pousser, et ils firent bien car ils seraient tombés dans l'eau, dont cet endroit est entouré.

VII

ERMENONVILLE. — MARIE-JEANNE. — SUZON

Si l'on raisonnait avant de s'abandonner à une terreur panique, si l'on s'écoutait avant de se disputer, si l'on réfléchissait avant de faire une sottise, si l'on se connaissait bien avant de se marier, alors les enfants n'auraient plus peur de croque-mitaine, les jeunes filles ne trembleraient plus en descendant à la cave, les villageois passeraient la nuit devant un cimetière sans serrer les fesses et fermer les yeux; les jolies femmes liraient le soir, sans frémir, les romans de lord Byron et d'Anne Radcliff; les Sarmates, les Hongrois et les Moldaves ne croiraient plus aux vampires, les Écossais à la double vue, les nourrices aux loups-garous, et tous les esprits faibles aux revenants, aux fantômes et aux apparitions. Alors on verrait moins de guerres, parce que les souverains auraient des ambassadeurs qui ne s'occuperaient pas à se dépasser dans les promenades (ce qui jadis fit couler bien du sang); et que si cela leur arrivait, ils tâcheraient d'en rendre leurs cochers responsables, et non une populace entière, qui est obligée de prendre les armes, parce qu'un cheval en a passé un autre; les gens qui ont dîné et passé la soirée ensemble ne ressembleraient pas tout à coup à des coqs furieux, parce que la politique deviendrait le sujet de la conversation; deux jeunes gens n'iraient pas se couper la gorge ou se brûler la cervelle, parce que l'un aurait marché sur le pied de l'autre; alors un jeune homme ne chercherait pas à séduire une fille honnête qu'il ne voudrait pas épouser; un homme marié n'irait pas avec des courtisanes qui peuvent lui donner des galanteries qu'il rapportera à sa femme; on n'irait pas à la roulette compromettre son honneur et vider sa bourse en faveur de messieurs les fermiers des tripots; on ne mettrait pas à la loterie pour faire plaisir au Gouvernement, et l'on ne fréquenterait pas les grandes réunions où l'on prodigue le punch, les glaces et les sorbets, que vous payez cent fois en un tour de creps ou d'écarté. Alors un vieillard n'épouserait pas une jeune fille, un jaloux une coquette, une femme sensible un libertin, une femme rangée un ivrogne, une femme aimable un sot, un homme d'esprit une dévote. Alors il y aurait quelques bons ménages, et les enfants ne ressembleraient pas si souvent aux amis de la maison.

Enfin, si Mme Lucas était descendue tranquillement, alors son mari ne se serait pas caché derrière les futailles, Benoît dans l'étable, Nicolas à l'écurie; elle n'aurait pas pris Gustave pour un voleur ou un diable, et tous les habitants d'Ermenonville auraient passé la nuit dans leur lit.

Lorsque les paysans furent éloignés, Gustave descendit avec Marie-Jeanne (à qui il avait fort bien fait voir ce qu'il était, et qui n'avait nullement peur de lui). Il trouva dans la cour Benoît et Nicolas, qui sortaient de leur chambre à coucher. On se raconta mutuellement ce qu'on savait. La grosse Marie-Jeanne rit beaucoup de la frayeur de sa maîtresse; Gustave se débarbouilla le visage pendant que Benoît nettoyait son habit; Nicolas Toupet était fort inquiet de son maître et de Mlle Suzon. Bientôt l'on entendit un grand bruit dans la rue: c'étaient les villageois qui revenaient; mais comme il faisait alors grand jour et que Marie-Jeanne assura à Gustave qu'il était trop gentil pour faire reculer les commères de l'endroit, notre héros attendit tranquillement l'arrivée de ceux qu'il avait tant effrayés.

Les villageois devinrent courageux avec le jour; ils étaient déjà décidés à retourner visiter la maison ensorcelée, lorsqu'en rentrant dans la grand'rue ils aperçurent un paysan conduisant une vache noire.

— V'là la bête noire! disent les paysannes.

— C'est mon mari! s'écrie Mme Lucas.

C'était en effet le père Lucas, qui, après s'être débarbouillé et lavé dans un des fossés du château, afin de ne plus être pris pour un voleur, retournait chez lui avec sa vache noire, qu'il avait rencontrée se promenant toute seule dans les rues d'Ermenonville.

On s'aborda et l'on s'expliqua. Le père Lucas se plaignait des coups de bâton qu'il avait reçus; il raconta sa rencontre avec le jeune étranger, sa chute dans la mare et son arrivée au village au milieu de la nuit. On commença à comprendre que le diable n'était pour rien dans tout cela. La mère Lucas gronda son mari de lui avoir amené un jeune homme qui mettait tout le monde en rumeur; mais lorsqu'elle sut que ce jeune homme était riche, puisqu'il avait un valet et puis deux chevaux, lorsqu'elle apprit surtout qu'il paraissait généreux et disposé à bien payer ses hôtes, sa colère se calma; elle devint d'une humeur charmante, et elle permit à son mari de l'embrasser en dédommagement des coups qu'il avait reçus.

On arriva à la maison, théâtre des événements de la nuit. Le ton, la mine et les manières de Gustave achevèrent de dérider Mme Lucas (notre jeune homme était en fonds); Benoît avait apporté une partie des vêtements de son maître, et dans un gilet, se trouva fort heureusement la bourse renfermant les deux cents louis que le colonel avait envoyés à son neveu et que celui-ci n'avait pas eu occasion de dépenser chez Mme de Berly.

Notre héros, qui vit bien qu'il fallait plaire à Mme Lucas avant tout, lui mit un louis dans la main pour lui faire oublier la peur qu'il lui avait causée bien involontairement.

Alors tout fut en l'air dans la maison pour bien traiter celui qu'on avait manqué tuer à coups de pelle et de balai. On l'installa dans la plus belle chambre, on lui prépara un déjeuner, et on offrit à Benoît de traire lui-même les vaches, et de boire du lait depuis le matin jusqu'au soir, si cela pouvait lui faire plaisir.

J'avions un cauchemar qui m'étouffait.

Une seule chose tourmentait encore un peu les paysannes, et même Mᵐᵉ Lucas. Que voulait dire Marie-Jeanne avec son combat et son diable qui lui était entré trois fois dans le corps ? Il y avait donc eu quelque chose d'extraordinaire dans la maison? On fait venir la servante et on l'interroge.

— Pardine !... répondit Marie-Jeanne, je me souviens bien à présent que j'faisions un mauvais rêve et que j'avions un cauchemar qui m'étouffait, quand vous êtes montés et que vous m'avez réveillée en sursaut !... Ma fine !... alors, j'crois que c'est tout bonnement mon rêve que j'vous avons raconté.

Les villageois rient à se tenir les côtes de leur frayeur, et du rêve de Marie-Jeanne, qui rit aussi de ce qu'elle a dit, et peut-être de ce qu'elle a fait. Enfin le calme est rétabli, et chacun retourne à sa besogne journalière.

Gustave, après avoir bien déjeuné se retire dans sa chambre avec Benoît et ordonne à son domestique de lui raconter le mieux qu'il pourra ce qui s'est passé chez Mᵐᵉ de Berly après sa fuite.

— Dame, monsieur, répond Benoît, je vais vous dire ce que j'ai vu et entendu. D'abord votre oncle, que vous aviez jeté à terre en tombant par une fenêtre, s'est relevé pour courir après vous ; mais, bah ! vous alliez si vite, qu'il a bien vu qu'il ne pouvait pas vous atteindre. Alors, revenant vers moi, il m'a demandé depuis quand vous étiez devenu fou, — car en vous voyant sauter, en chemise, les haies et les fossés, il pensait que vous aviez perdu la raison. — Dans ce moment-là, M. de Berly est accouru d'un air tout effaré et a crié à monsieur votre oncle, du plus loin qu'il l'a aperçu :

« — Votre neveu m'a fait cocu! je viens de le trouver couché avec ma femme!... »

« — J'en étais sûr, a dit tout de suite monsieur le colonel ; j'aurais parié que le drôle se moquait de vous, de votre nièce et de moi!...

Alors monsieur votre oncle a juré, dame!... comme il jure quand il est en colère. M. de Berly faisait de grandes exclamations, dans lesquelles il mêlait sa femme, le mariage et la salle de billard. Moi je m'en retournais vers la maison, lorsque j'ai rencontré la cuisinière... vous savez, monsieur, celle qui m'a fait mettre de l'oseille sur... mon écorchure? c'est une bonne femme, au fond, et qui vous aime beaucoup, monsieur, car elle m'a dit en m'apercevant :

« — Eh bein! imbécile, est-ce que tu vas laisser ton maître courir sans vêtements dans la campagne? Monte de suite à sa chambre, prends ses effets, son argent ; va ensuite à l'écurie, monte ton cheval, tiens celui de ton maître en laisse, et galope après lui ; on t'indiquera facilement la route qu'il a prise : un homme nu, ça se remarque.

J'ai fait ce que la cuisinière m'a dit, monsieur, et vous savez où je vous ai rattrapé.

— C'est bon, Benoît ; maintenant, laisse-moi, mais tant que nous resterons dans cette demeure, ne t'avise plus de traire les vaches sans ma permission.

Votre neveu m'a fait cocu!

— Soyez tranquille, monsieur, j'ai eu trop peur!... Je ne voudrais pas seulement traire un mouton.

Gustave, resté seul, réfléchit sur ce qu'il doit faire : il n'y avait pas moyen d'entretenir une correspondance avec Julie, qui d'ailleurs était gardée à vue. Cependant il brûlait de lui faire savoir qu'il l'adorait toujours : cette assurance devait être une consolation pour celle qui lui avait sacrifié son repos et sa réputation.

— Il faut écrire, dit Gustave ; peut-être ensuite, par l'entremise de cette bonne cuisinière, trouverai-je le moyen de lui faire tenir ma lettre. Mais je ne puis charger Benoît de cette commission... il est trop gauche, il ferait quelque bévue... les paysans ne s'entendent guère à servir une intrigue... Eh! parbleu! j'irai moi-même, en ayant la précaution de me déguiser. Mais il faut attendre que les premiers moments soient passés ; alors la vigilance du mari se ralentira, et je réussirai plus aisément. Passons huit jours à Ermenonville... huit jours!... pauvre Julie! C'est bien long... mais il le faut. Dans huit jours, mon oncle sera retourné à Paris, et je ne craindrai plus de le rencontrer.

Ce plan arrêté, il s'agit de savoir ce qu'on fera, dans un village, pendant huit jours. Mais ce village est Ermenonville, dont le nom seul rappelle de touchants souvenirs, et dont la situation enchanteresse séduirait l'homme le moins champêtre. Joseph II y a dîné dans une chaumière, Gustave III l'a visité, Jean-Jacques Rousseau y a passé les derniers instants de sa vie, M. Saint-Réal peut bien s'y plaire quelques jours. Et puis il y a une certaine Marie-Jeanne qui se bat très bien avec le diable, et une petite Suzon, dont la jolie mine distrait des souvenirs d'un amour contrarié. Allons, notre jeune homme ne s'ennuiera pas à Ermenonville.

— Commençons par faire connaissance avec ce pays, dit Gustave.

Il trouve Mme Lucas qui plumait des pigeons, tandis que son mari donnait à manger aux poules.

— Madame Lucas, je voudrais parcourir le village et ses environs...

— Est-ce que monsieur ne connaît pas not' endroit?

— Non, madame Lucas ; je suis venu exprès pour faire connaissance avec lui, et j'ai préféré le séjour d'une maison tranquille à celui d'une auberge où l'on est souvent fort mal.

— Vous avez ben fait, monsieur ; oh! vous pouvez demeurer cheux nous tant qu'il vous plaira ; ça ne nous gênera pas, au contraire.

— Je vous remercie, madame Lucas.

— Vous serez enchanté du pays. Oh! vous verrez de belles choses!...

— Celles que j'ai déjà vues m'ont semblé bien.

— Bah! vous êtes arrivé la nuit!... vous n'avez rien pu voir. C'est le parc du château qu'est joli.

— Pourrais-je y entrer?

— Oui-da!... ma fille vous conduira... le château n'est habité, pour le moment, que par le concierge... Suzon, Suzon!...

— J'allons conduire monsieur, dit Marie-Jeanne en s'avançant.

— Non, non!... faut que tu fasses du beurre et du fromage. Suzon ira.

Marie-Jeanne n'est pas satisfaite de la préférence donnée à Suzon; elle se remet au fromage avec humeur.

La petite met son joli bonnet, son tablier des dimanches, et se dispose avec joie à conduire le beau monsieur; mais la maman, qui pense qu'elle fera plaisir à son hôte en l'accompagnant, ordonne à son mari de plumer les pigeons, de veiller sur le dîner, et se dispose à suivre sa fille; la petite, d'ailleurs pourrait ne pas être en sûreté avec un jeune monsieur de la ville, qui paraît bien honnête à la vérité, mais qui a l'air bien éveillé près des jolies filles. Et puis, que dirait Nicolas Toupet, si, à son retour des champs, il apprenait que Suzon est allée se promener seule avec l'étranger? et vous saurez que Nicolas Toupet est le prétendu de Mlle Lucas.

Il fallut donc avoir la compagnie de la maman. Suzon aurait préféré être seule avec le jeune homme, sans trop savoir pour quelle raison, et Marie-Jeanne, au contraire, fut contente de ce nouvel arrangement.

Quant à Gustave, il regardait Suzon, qui avait seize ans, des yeux bleus, de jolies dents, une bouche bien fraîche et des cheveux très noirs. Il soupirait en regardant Mme Lucas mettre son tablier; il aurait soupiré bien davantage s'il eût vu la veille Suzon accrochée par sa chemise, et montrant des appas près desquels toutes les Marie-Jeanne devaient pâlir.

On part, on traverse une partie du village, et, chemin faisant, Gustave remarque que tous les habitants ont des dents charmantes: ce qu'il est permis d'attribuer à la salubrité de l'eau.

On entre dans le parc du château. Quel séjour enchanteur!... Des ombrages frais, des gazons superbes, des ruisseaux qui serpentent et se croisent, des cascades, des grottes solitaires, des prairies émaillées de fleurs, un lac qui baigne les murs du château, et sur les bords duquel s'élève une tour antique entourée de lierre et de buissons de chèvrefeuille. D'une rotonde en avant de la tour, dite *Tour de Gabrielle*, on découvre un délicieux paysage; une vieille armure est placée sur le devant de la rotonde: tout en ces lieux rappelle les anciens paladins et le temps des tournois et de la chevalerie. Quel dommage que ce monument menace de s'écrouler! Au bas de la tour, un bac fixé à deux cordes qui vont de l'une à l'autre rive, et qui coulent sur de petites roulettes de cuivre, vous offre la facilité de passer et de repasser en tirant vous-même une des cordes qui retient le bac. Dans la partie, appelée le *Désert*, vous apercevez la maisonnette de Jean-Jacques, située sur une éminence d'où la vue découvre tout le pays. Cette maisonnette aussi tombe en ruines. Ne devrait-on pas conserver ce qui peut rappeler le souvenir d'un grand homme?

Sous une grotte, qu'un ruisseau environne, Gustave copie les vers suivants :

> O limpide fontaine! ô fontaine chérie!
> Puisse la sotte vanité
> Ne jamais habiter ta rive humble et fleurie!
> Que ton simple sentier ne soit point fréquenté
> Par aucun tourment de la vie,
> Tels que l'Ambition, l'Envie,
> L'Avarice et la Fausseté.
>
> Un bocage si frais, un séjour si tranquille
> Aux tendres sentiments doit seul servir d'asile.
> Ces rameaux amoureux, entrelacés exprès,
> Aux Muses, aux Amours, offrent leur voile épais,
> Et le cristal d'une onde pure
> A jamais ne doit réfléchir
> Que les grâces de la nature
> Et les images du plaisir.

— Si Julie était avec moi, pensait Gustave, alors je renverrais Suzon et sa mère, je m'assiérais sur ce banc de mousse... où tant d'autres ont été heureux, à en juger du moins par les inscriptions dont la pierre est couverte!... Les amants sont bien indiscrets!... Est-il nécessaire que les étrangers, que tous ceux qui se promènent enfin sachent que M. et M^{me***} sont venus là se faire l'amour?... Au moins ne mettez que vos noms de baptême.

On sort du parc, on passe de l'autre côté du château : c'est là qu'est l'île des Peupliers, où repose Jean-Jacques. Pour arriver à cette partie du lac, il faut traverser un vieux bâtiment qui fut jadis un moulin à eau, et qui maintenant n'est plus habitable. On se trouve sur un chemin bordé de saules et entouré d'eau de tous côtés ; on trouve devant l'île un batelet qui vous donne la facilité d'aller visiter le tombeau de *l'homme de la nature :* c'est ainsi du moins qu'il est nommé sur le simple monument qui renferme ses cendres. Une petite inscription attachée à un pieu invite ceux qui visitent l'île des Peupliers à ne rien écrire sur le tombeau de Jean-Jacques. Cette inscription n'a point été respectée, car la manie de mettre son nom sur les monuments curieux devient une chose nécessaire, indispensable : on a bien soin d'emporter un couteau ou un canif lorsqu'on va visiter les Catacombes, les Augustins, les tombeaux de Saint-Denis, etc... Passe encore pour les grottes, les bosquets ; mais quel charme peut-on trouver à lire Philippe, François, Justine à côté de Jean-Jacques Rousseau!

Il y a en Allemagne, en Suisse, en Angleterre, dans les auberges

Notre jeune homme s'assied près de la petite. (P. 407).

situées près d'un site remarquable, des carnets destinés à recevoir les pensées en vers ou en prose des voyageurs ; ces carnets, sur lesquels on vous engage à écrire quelque chose, sont rarement renouvelés : c'est qu'il est plus facile d'écrire son nom qu'une pensée.

Après s'être promenés quelque temps sur l'eau, Gustave et ses conductrices reprirent le chemin de la maisonnette, où les attendait un bon dîner. On se mit à table : là point de cérémonie, d'étiquette, de contrainte. Suzon, ses parents, Gustave, Marie-Jeanne et Nicolas Toupet se placent à la même table. Pour Benoît, toujours pénétré de ses devoirs, il veut rester derrière son maître pour le servir, et ce n'est qu'avec beaucoup de peine que Gustave le fait s'asseoir dans un coin, sur un bout de table, où on lui donne à dîner.

La mère Lucas, qui est un peu médisante, raconte à Gustave, pendant le repas, toutes les aventures du pays et l'histoire de ses voisins ; elle ne s'interrompt que pour ordonner à son mari de verser à boire et à Suzon de se tenir droite. La petite se trouvait placée à côté du monsieur, qui la regardait en souriant ; ce qui la faisait rougir, car à la campagne on a moins l'habitude de ces choses-là qu'à la ville.

La mère Lucas en était à l'histoire de la meunière, qui avait placé sa fille à Paris pour en faire une grande dame.

— Pour vous achever, monsieur, dit-elle après avoir rempli l'assiette de Gustave, qui déjà ne pouvait plus avaler, vous saurez donc que cette fille a trouvé à Paris la pie au nid !... Buvez donc, monsieur... A vot' santé, si vous voulez ben permettre... V'là, sans qu'on sache trop comment, qu'elle a une voiture à deux chevaux... Lucas, donne donc à boire, au lieu de rester là sans rien faire... Vous ne mangez pas, monsieur... Mais, ce qu'il y a de plus drôle, pour vous finir, c'est que c'te belle demoiselle... Lève donc ta tête, Suzon... Eh ben ! elle est venue en calèche visiter le pays... Verse donc, Lucas... Encore un morceau, monsieur... Et croiriez-vous qu'elle n'a pas été loger chez ses parents ? Ah ! ben oui... elle avait un ton de princesse !... Vous ne mangez pas, monsieur... Lucas, qu'est-ce tu fais donc ? au lieu de faire boire monsieur... Aussi, quand on a vu ça dans le pays, dame ! on s'est moqué des parents qui ont voulu faire une dame de leur fille... A vot' santé, à celle de madame vot'mère, de monsieur vot' père, de vos amis et connaissances... Et vous conviendrez qu'on avait raison, car comme dit c't autre : C'ti-là qui veut péter, sauf votre respect, plus haut que le cul, c'ti-là, dis-je...

La mère Lucas fut interrompue par Nicolas, qui jeta un cri et poussa un gros jurement en disant qu'on lui avait marché sur son oignon. Le père Lucas qui était en train de verser à boire, laissa tomber la bouteille sur la table; le vin coula dans un plat de gibelotte; Marie-Jeanne se mordit la langue pour ne pas rire. Benoît avala de travers.

On quitta la table; Mᵐᵉ Lucas fit une scène à son mari sur sa maladresse. Gustave causait avec Suzon, mais Marie-Jeanne ne les perdait pas de vue.

Une paysanne a des passions comme une dame de la ville; les passions donnent quelquefois de l'esprit aux sots et rendent des gens d'esprit bien bêtes.

L'après-dîner, Gustave alla se promener seul dans les bois : il pensa à Julie et au moyen qu'il emploierait pour lui faire remettre une lettre. La vue des ombrages, des tapis de verdure, lui rappelle la jolie salle de billard et les douces leçons que son élève recevait si bien; il maudit les maris et les oncles; il maudit surtout son imprévoyance. Ah! si le verrou eût été mis !...

En revenant au village, il pense à Suzon, à son air timide, à son maintien innocent.

— Allons, dit-il, j'ai eu tort de lui pousser le genou et de lui marcher sur le pied. Cette petite est la pudeur même, et je vais lui donner des idées !... je la fais rougir !... ah! c'est mal !... J'aime les femmes, c'est fort bien; je suis inconstant !... ce n'est pas ma faute; je fais un mari cocu... si je ne le faisais point, un autre le ferait pour moi !... C'est même rendre service aux époux que mettre leurs femmes à l'épreuve : celle qui n'est sage que faute d'occasion n'a pas grand mérite; mais il ne faut pas séduire une fille innocente et risquer de faire le malheur de sa vie. Quoiqu'on me nomme mauvais sujet, je n'ai point à me reprocher de pareils travers. Quant aux demoiselles qui ne demandent qu'à être séduites, et qui, en sortant de leur pension, ont en théorie ce qui leur manque en pratique, pour celles-là, il est permis de les attaquer; elles savent ce que désire un amant, et ce qu'elles ont à faire.

Gustave revient donc chez Lucas avec la ferme résolution de ne plus faire rougir Suzon, ce qui d'ailleurs pouvait donner de l'ombrage à Nicolas Toupet, auquel c'était assez d'avoir marché sur le pied.

On attendait le jeune monsieur pour souper. Chez les villageois, on ne connaît, dans la semaine, que trois choses : travailler, manger et dormir. Gustave mange, il n'a rien de mieux à faire; puis il monte à sa chambre pour réparer par le sommeil la fatigue des journées précédentes. Marie-Jeanne le regarde monter l'escalier de sa chambre; elle cherche à lire dans ses yeux; mais le jeune homme, qui a besoin de repos, ne fait point attention aux œillades de la grosse fille; il entre et s'enferme chez lui.

On envoie Benoît dans une chambre sous les toits, près de celle où couche Nicolas Toupet, et chacun va chercher le sommeil que les événements de la nuit précédente n'ont pas permis de goûter.

Marie-Jeanne seule ne se sent aucune envie de dormir : elle se couche cependant, mais elle écoute... elle attend... elle espère. La grosse fille était de force à se battre chaque nuit avec le diable, et puis elle n'avait pas, comme Gustave, couru plusieurs lieues à cheval, sauté par une fenêtre, tombé dans une mare, etc.

Mais la nuit s'écoule et personne ne vient !... Vous le savez, lecteur,

Désir de fille est un feu qui dévore.

Or, comme on ne peut pas dormir lorsqu'on brûle, Marie-Jeanne saute à bas de son lit ; elle se persuade que Gustave l'attend de son côté ; elle croit même qu'il lui a fait signe d'aller le retrouver : d'ailleurs, c'est une politesse qu'elle lui doit et qui ne saurait lui déplaire. Passant alors un simple jupon, elle ouvre sa porte et descend : elle n'a pas besoin de lumière ; elle connaît tous les détours de la maison.

La grosse fille arrive devant la porte de la chambre où couche le jeune étranger : elle frappe doucement d'abord, puis plus fort, puis encore plus fort. Gustave s'éveille enfin :

— Qui est là ? demanda-t-il sans se lever.

— C'est moi, monsieur.

— Qui, vous ?

— Vous savez ben, c'est moi qui, avec qui, l'autre nuit, sans voir clair.

— Ah ! c'est toi, Marie-Jeanne ! que diable me veux-tu ?...

— Tiens, c'te question ! pardi... je viens pour.., je viens parce.. parce que vous ne veniez pas...

— Ah ! ma chère amie ! le diable ne va pas toutes les nuits tenter les filles... les démons ne sont pas de fer, et celui qui t'a tourmentée hier a besoin de dormir aujourd'hui. Bonne nuit, Marie-Jeanne.

La pauvre fille reste interdite devant la porte qui ne doit pas s'ouvrir pour elle. La douleur, le dépit l'agitent ; la jalousie ne tarde pas à se mettre de la partie ; une idée en fait naître une autre ; elle se rappelle la manière dont Gustave regardait Suzon, ses soins, ses attentions pour elle, la rougeur de la jeune fille, le coup de pied que Nicolas a reçu sous la table.

— Allons, dit-elle, ils s'aiment, ils sont d'intelligence... et puisqu'il ne veut pas m'ouvrir la porte, c'est que... Eh mais ! quel soupçon ! si elle était maintenant avec lui !... Ah ! morgué ! faut que je sache c'qui en est.

Marie-Jeanne appuie son oreille contre la serrure ; elle se baisse pour regarder sous la porte... elle se persuade entendre parler, remuer, soupirer. Afin d'être sûre de son fait, elle se décide à aller frapper à la porte de Suzon. Si la jeune fille ne répond pas, nul doute alors qu'elle ne soit dans la chambre du monsieur ; et, dans ce cas, Marie-Jeanne est bien déterminée à réveiller toute la maison, et Nicolas Toupet le premier, pour qu'on punisse la demoiselle qui se permet d'aller coucher avec un jeune homme, ce qui est une horreur, une chose affreuse, abominable !... ce qui empêche enfin que ce jeune homme ouvre sa porte à Marie-Jeanne.

Elle traverse un petit couloir, elle frappe à la porte de Suzon : on ne répond pas ; elle frappe et va faire vacarme.

— Qui est là ? demande une petite voix douce... Marie-Jeanne reconnaît la voix de Suzon : elle avait tort ; elle va s'éloigner... lorsqu'une claque lui est appliquée vigoureusement sur la fesse : la servante jette un cri et se sauve.

Nicolas Toupet aimait Mlle Suzon, qu'on allait lui donner en mariage parce qu'il était bon travailleur et devait hériter d'un oncle riche. Le villageois était aussi devenu jaloux : le monsieur de la ville était si joli garçon ! il avait des manières si lestes avec les filles ! et puis mam'zelle Suzon rougissait et le regardait en dessous ! Tout cela avait inquiété Nicolas, qui, soupçonnant quelque projet contraire à ses amours, ne pouvait se livrer au sommeil. Il avait entendu marcher dans l'escalier (car la grosse fille faisait du bruit même en allant doucement) ; il était caché près de la porte de mam'zelle Suzon ; il avait entendu venir quelqu'un... puis ce quelqu'un avait frappé à la porte de la demoiselle.. ce ne pouvait être qu'un amoureux... La colère, la jalousie ne connaissant plus de distinction de rang, Nicolas avait tapé de toute sa force le derrière de Marie-Jeanne, croyant battre son rival.

Marie-Jeanne en montant son escalier raboteux fait un faux pas et tombe. Nicolas la poursuivait ; il l'atteint, la saisit à un endroit...

— Morgué ! ça n'est pas l' monsieur ! s'écrie-t-il avec surprise.

— Comment ! c'est toi, Nicolas ? dit la servante en se relevant.

— Tiens ! c'est Marie-Jeanne !... Ah ben ! si j'avions su ça, je n'aurions pas tapé si fort... j'avions prise pour un voleux. Mais que faisais-tu donc à la porte de Suzon ?

— Dame ! j'étais descendue croyant que not' maîtresse m'avait appelée ; et toi Nicolas ?

— Moi !... ah ! j'avions entendu du bruit, et j'étions sorti pour voir... mais puisque ça n'est rien, j'vas me coucher. Bonne nuit, Marie-Jeanne.

— Bonsoir, Nicolas.

Chacun d'eux rentre dans sa chambre, bien tranquille. Nicolas sait que Suzon est chez elle, et Marie-Jeanne est convaincue que le beau monsieur est seul dans sa chambre : tous deux se couchent, bien contents de s'être trompés.

Pauvres jaloux!... vous veniez de faire naître l'événement que vous redoutiez, et qui sans vous, peut-être, n'eût jamais eu lieu !

Suzon, comme vous savez, s'est éveillée au second coup frappé à sa porte ; elle a demandé : — Qui est là? On ne lui a pas répondu ; on a jeté un cri, la jeune fille a reconnu la voix de Marie-Jeanne. Elle se lève inquiète de ce que ce peut être, et craignant que ses parents ou le jeune monsieur ne soient indisposés.

De son côté, Gustave, qui, lorsqu'il était éveillé, avait de la peine à se rendormir, réfléchit qu'il y avait de la dureté à renvoyer ainsi cette pauvre fille qui venait le trouver, et qu'il fallait au moins lui donner une légère consolation. Marie-Jeanne n'était pas aussi jolie que Suzon, mais elle avait son prix, et voulant passer quelques jours chez les villageois, il était prudent de la ménager.

Notre héros cède à la tentation, au hasard, au destin, à tout ce que vous voudrez. Il se lève, ouvre sa porte, fait quelques pas dans le couloir, se trouve nez à nez avec Suzon, qu'il prend pour Marie-Jeanne ; il l'attire dans sa chambre ; Suzon se laisse conduire ; il l'embrasse ; la petite se laisse embrasser ; elle y trouve tant de plaisir, qu'elle n'a pas la force de parler, et...

Suzon jette un cri de plaisir, Gustave un de surprise :

— Oh! ciel! dit-il, ce n'est pas Marie-Jeanne !...

— Non, monsieur, c'est moi...

— Suzon !... Allons, il est écrit que je ferai toujours des sottises !... Cette fois cependant ce n'est pas de ma faute ; le ciel m'est témoin que je ne voulais pas la séduire ; mais, ma foi ! puisque le hasard fait tomber cette enfant dans mes bras, rendons grâce à mon heureuse étoile.

Gustave, fatigué pour Marie-Jeanne, retrouva toute son ardeur dans les bras de Suzon.

Les plaisirs les plus doux ont trop vite un terme. Notre jeune homme s'assied près de la petite, et l'on commence une explication.

— Comment se fait-il, ma chère amie, que tu te sois trouvée en chemise dans le couloir au milieu de la nuit?

— C'est qu'on est venu frapper à ma porte ; cela m'a réveillée ; je me suis levée pour savoir ce que c'était ; je craignais que vous ne fussiez malade...

— Pauvre petite! tu pensais donc à moi?

— Oh! oui, monsieur.

— Es-tu fâchée de ce qui est arrivé?

— Dame ! j'en suis fâchée et contente... Mais vous... je vois bien que vous m'avez prise pour Marie-Jeanne... et que vous ne pensiez guère à moi.

— J'y pensais beaucoup, au contraire; je t'aimais, Suzon, mais je n'osais te le dire; je respectais ton innocence... et maintenant encore, où tu m'as rendu le plus heureux des hommes, je maudirais mon bonheur s'il doit te causer des chagrins!

— Dame!... que voulez-vous... à présent, c'est fini...

— Mais Nicolas Toupet?...

— Oh! il ne le saura pas.

— L'aimes-tu?

— Oh! non!... je ne l'aimais guère...A présent je ne l'aime plus du tout.

— Cependant tu dois l'épouser?

— L'épouser!... oh! non, monsieur; je ne veux plus épouser personne...

— Pourquoi donc cela, ma chère amie?

— Parce que je ne veux tromper personne ; et puis je ne pourrais pas aimer mon mari, puisque c'est vous que j'aime à présent.

— Ma petite Suzon, je t'aime aussi de tout mon cœur, mais je ne peux t'épouser.

— Oh! je l' sais ben, monsieur!...

— Tu as dis tout à l'heure que Nicolas ne saurait rien de ce qui vient de se passer entre nous?...

— Sans doute, mais moi je le saurai!...

— Et tes parents, que diraient-ils, si tu refusais de te marier?

— Je n'en sais rien...

— Tu vois donc bien qu'il faut être raisonnable.

— Oui, monsieur, mais je ne me marierai point.

— Allons, elle a du caractère... je ne lui ferai pas entendre raison aujourd'hui!... mais quand je serai parti, elle m'oubliera, et elle épousera cet imbécile de Nicolas.

Et Gustave, ayant assez moralisé la petite qui pleurait parce qu'il ne l'embrassait plus et qu'il voulait la marier, la prit dans ses bras, la pressa sur son cœur, la consola avec toute l'éloquence qui lui restait encore. La nuit finissait, il fallut se séparer; Suzon demanda timidement à Gustave si elle pourrait revenir le voir dans sa chambre. Il l'assura que cela comblerait tous ses désirs, et elle s'éloigna satisfaite du bonheur qu'elle venait de connaître, et soupirant déjà après celui qu'elle espérait goûter encore.

Pour Gustave, il se remit au lit, décidé à dormir le jour, puisque dans la maison du père Lucas on employait si bien les nuits.

En descendant, vers le milieu de la journée, Gustave rencontra Marie-Jeanne sur l'escalier :

— Ma chère amie, lui dit-il d'un ton sévère, je vous engage à rester désormais la nuit dans votre chambre, et à ne plus venir faire tapage à

Suzon jeta un cri et tomba aux pieds de sa mère. (P. 410.)

ma porte. J'ai pu, par suite d'une méprise, avoir un moment de faiblesse; mais désormais je dois être sage et mériter par là de loger chez d'honnêtes gens. Songez que si vous recommenciez vos folies de cette nuit, cela me forcerait à quitter de suite cette maison.

Marie-Jeanne, confuse, marmotta quelques excuses, et s'éloigna fort en colère contre les jeunes gens de la ville, avec lesquels on ne sait sur quoi compter.

Suzon attendait avec impatience le réveil de celui qui, pendant la nuit, lui avait appris de si jolies choses, et qui devait encore lui en apprendre d'autres la nuit suivante. Un cœur de seize ans s'attache bien vite ; mais la petite paysanne était trop sensible pour être heureuse.

Nicolas, guéri de ses soupçons, ne guettait plus sa future. Marie-Jeanne, honteuse devant Gustave, s'éloignait dès qu'elle l'apercevait. Les parents, confiants et tranquilles, ne surveillaient pas leur fille ; d'ailleurs ils avaient bien assez d'occupation avec Benoît, qui, depuis qu'on l'avait mis à son aise, oubliant la frayeur que la vache lui avait causée, s'amusait toute la journée, soit à monter sur les ânes qu'il éreintait, soit à faire battre les coqs, à dénicher les nids en montant sur les arbres dont il cassait les branches, à manger les œufs des poules, à traire les vaches et à renverser le lait en voulant faire du beurre, à faire fuir les poulets et à renfermer les canards avec les pigeons.

Pendant que les villageois réparaient les bévues de M. Benoît, Gustave se promenait et s'égarait dans les champs avec Suzon ; la nuit on se retrouvait encore, et toujours la petite répétait à la suite de ses entretiens avec son ami :

— Ah ! jamais je n'épouserai Nicolas !

Quinze jours se passèrent. Gustave ne devait en rester que huit à Ermenonville ; mais les grâces villageoises de Suzon avaient fait oublier les serments prononcés à Julie. Le seizième jour, cependant, Gustave, qui venait encore d'engager inutilement la petite fille à épouser Nicolas, comprit que ce n'était point en restant auprès d'elle qu'il pourrait guérir Suzon de son amour. Il se reprocha aussi l'indifférence dont il payait l'amour de Mme de Berly ; et comme une des qualités de notre héros était d'exécuter promptement ce qu'il voulait faire, il acheta de suite, des vêtements de paysan et ordonna à Benoît de seller les chevaux, paya grassement Mme Lucas, embrassa tendrement Suzon, mit un louis dans la main de Marie-Jeanne, et annonça aux villageois qu'il partait pour Paris.

Suzon, qui ne s'attendait pas à ce départ, qu'elle redoutait cependant depuis longtemps, mais qu'elle se flattait être encore éloigné parce que son cœur ne pouvait se faire à l'idée de vivre sans Gustave, Suzon jeta un cri et tomba aux pieds de sa mère. Notre héros pâlit, trembla, incertain s'il devait rester encore. Les paysans, qui attribuaient l'évanouissement de leur fille à une simple indisposition, s'empressèrent de la porter à l'air : elle revint à elle, regarda Gustave et ne prononça pas un mot ; pour lui, sentant son courage faiblir, il se hâta de monter à cheval et s'éloigna du village sans oser retourner la tête, craignant encore de rencontrer le regard suppliant de Suzon.

VIII

UNE FEMME D'ESPRIT FERAIT CROIRE AUX MIRACLES

Après avoir fait une lieue, Gustave entre dans un épais fourré, et ordonne à Benoît de faire le guet, parce qu'on pourrait s'imaginer que c'est quelque homme poursuivi par la gendarmerie qui se déguise ainsi au milieu d'un bois. Gustave n'a pas voulu mettre son nouveau costume chez les villageois afin d'éviter leurs questions. Il passe un large pantalon de toile grise, met une veste bleue, se couvre la tête d'un grand chapeau rond, et revient vers Benoît, qui est au moment de s'enfuir, ne reconnaissant pas son maître.

Gustave lui ordonne d'aller l'attendre à Paris chez son ami Olivier, dont l'amitié pour lui ne s'est jamais démentie, et chez lequel il est certain de trouver un gîte tant que son oncle sera irrité contre lui.

— Et les chevaux, monsieur? dit Benoît; vous savez bien qu'ils sont à votre oncle...

— Imbécile!... est-ce que ce qui est à l'oncle n'est point aussi au neveu? D'ailleurs le colonel me les a donnés.

— Les mènerai-je aussi chez M. Olivier?...

— Ah! diable!... c'est qu'il y a une difficulté!... Olivier n'a pas d'écurie...

— S'il avait un petit cabinet au rez-de-chaussée?...

— Eh! butor, y penses-tu?... Ah! parbleu! tu diras à Olivier de les vendre; j'aurai justement besoin d'argent dans quelque temps, et cela me mettra en fonds.

— Comment, monsieur, il faudra donc que je vous suive à pied?

— Te voilà bien malade!...

— Quel dommage!... je commence à me tenir si bien à cheval!... Si l'on n'en vendait qu'un, monsieur, vous pourriez garder l'autre pour nous deux; je me tiendrai bien en croupe derrière vous...

— Tu es diablement bête, mon pauvre Benoît; je ne ferai jamais rien de toi!... Allons, fais ce que je t'ai dit: va chez Olivier; qu'il vende mes chevaux et qu'il te garde jusqu'à mon arrivée... Ah! Benoît, si par malheur tu rencontrais mon oncle en entrant à Paris, tu lui dirais... Diable!... que lui dire?... si je pouvais l'attendrir!... Ah! tu lui dirais que je suis malade...

— Oui, monsieur.
— Mais il voudra savoir où je suis
— Je lui dirai que vous êtes mort.
— Imbécile!... mon oncle m'aime, malgré sa brusquerie, et cette nouvelle ne pourrait que l'affliger.

Gustave s'égarait dans les champs avec Suzon.

— Dame! puisque vous voulez l'attendrir...
— Tu lui diras que je suis allé chez un de mes amis que je ne t'ai pas nommé.
— Oui, monsieur, chez un de vos amis que vous ne connaissez pas!...
— Benoît, je suis sûr que tu feras quelque gaucherie!
— Au contraire, monsieur, vous verrez que monsieur le colonel sera dérouté.
— Une fois chez Olivier, ne t'avise pas de sortir!... On te rencontrerait, on te suivrait, on saurait où je suis.

— Mais pour manger, monsieur?...
— On aura soin de toi. Va-t'en, Benoît.
— Je pars, monsieur.

Benoît s'éloigne et galope vers Paris. Gustave prend le chemin qui conduit à la maison de M. de Berly, et, tout en marchant, il pense à la manière dont il s'y prendra pour faire remettre une lettre à Julie.

Est-il assez déguisé pour être méconnaissable?... Julie est-elle entourée d'espions chargés d'intercepter les lettres qu'on pourrait lui adresser? Faudra-t-il se confier à une domestique qui peut bien avoir eu pitié d'un jeune homme se sauvant en chemise, mais qui, malgré cela, ne voudra pas s'exposer à être chassée d'une bonne maison! D'ailleurs, ne serait-ce pas compromettre encore Mme de Berly, dont la faute n'est avérée que pour celui qui a vu, et qui peut-être a trouvé moyen de se justifier aux yeux de son mari, ce qui paraît difficile, mais ce qui pourtant n'est pas impossible, car les dames ont des moyens particuliers pour rendre douteux ce qui est évident, et les maris sont de force à n'y voir goutte en plein midi.

Après avoir longtemps réfléchi sur ce qu'il doit faire, notre héros prend le parti de s'abandonner au hasard, qui souvent lui est favorable. Il marche sans s'arrêter; il aperçoit enfin la maison de campagne où il a passé de si doux instants et qu'il a quittée si brusquement. Il s'arrête alors pour respirer plus librement et pour calmer l'émotion qu'il éprouve.

Des villageois passent près de là, Gustave se cache; il lui semble que tout le monde le regarde avec attention, qu'on devine qu'il n'est pas ce qu'il veut paraître! Cependant chacun passe son chemin sans s'occuper de lui. Il se remet. Il s'approche de la maison; il voit au travers d'une grille les jardins qu'il a parcourus si souvent; il cherche des yeux la salle de billard, mais on ne peut l'apercevoir. Toutes les fenêtres de la maison sont fermées. Le jardin semble désert. — Serait-on parti!... l'aurait-il emmenée?... Gustave double le pas et arrive devant la grande porte de la cour... Il regarde... personne... Il entre... enfonce son chapeau sur ses yeux, et s'approche du concierge, qu'il aperçoit à l'entrée du jardin.

— Que demandez-vous? dit celui-ci d'un ton brusque.
— M. de Berly?...
— Il est à Paris...
— Et... sa nièce?
— Sa nièce aussi...
— Et... sa femme?
— Parbleu! sa femme aussi...
— Comment! ils sont partis?...
— Sans doute. Si vous avez quelque chose à leur dire, allez à Paris rue du Sentier, vous les trouverez.

Le concierge lui tourne le dos. Cet homme n'est pas causeur; il est lourd, brutal et entêté; à coup sûr Julie ne lui a rien confié. Il faut donc s'en retourner sans avoir d'autres nouvelles. Gustave reprend le chemin de la porte, lorsqu'une femme sort de la salle du rez-de-chaussée et vient à lui. O bonheur! c'est la cuisinière qui a causé avec Benoît. Faut-il se découvrir à elle? Mais avant qu'il ait eu le temps de réfléchir, la domestique a passé près de lui et lui a dit tout bas :

— Je vous ai reconnu, monsieur; j'ai quelque chose à vous remettre; sortez, allez m'attendre derrière les acacias de l'autre côté de la route.

Elle s'éloigne et va attacher du linge dans la cour. Gustave se hâte de sortir et va du côté des acacias.

— Cette domestique qui m'a reconnu, se dit-il, du fond d'une salle basse, sans m'entendre parler, moi qu'elle n'apercevait que bien rarement ! Et ce butor de concierge, qui me voyait passer vingt fois par jour devant lui, ne se doute de rien ! Ah ! les femmes !... dans tous les états, dans toutes les classes, elles ont un tact, un coup d'œil ! elles voient en un instant ce que nous serions huit jours à deviner.

La domestique ne se fait pas attendre, elle accourt vers Gustave.

— Il y a longtemps que je vous attends, monsieur !... c'est pour vous que je suis restée à la campagne. J'ai fait semblant d'être malade pour ne pas aller à Paris avec tout le monde ; madame m'avait dit que ce n'était qu'à moi qu'elle voulait confier une lettre pour vous...

— Une lettre ! donne vite, ma chère amie...

— Madame pensait que vous viendriez bien plus tôt la chercher... et moi je commençais à m'ennuyer ici. Tenez, la voilà...

— Veux-tu te charger de celle-ci pour ta maîtresse ?

— Oui, monsieur, dès aujourd'hui.

— Tiens, Marguerite, prends ces deux louis pour te dédommager de l'ennui que tu as éprouvé en m'attendant.

— Ah ! je n'ai pas besoin d'argent pour aimer à servir madame ; elle est si bonne !...

— C'est égal, Marguerite, je veux que tu les prennes.

— C'est donc pour vous obéir, monsieur.

— Adieu, Marguerite, n'oublie pas ma lettre...

— Ne craignez rien, monsieur ; madame l'aura ce soir.

La bonne fille s'éloigne. Sans elle, dit Gustave, je n'aurais pas de nouvelles de Julie. C'est une cuisinière qui se montre attachée à sa maîtresse ; et la femme de chambre, comblée de bienfaits par Mme de Berly, eût été capable de la trahir !... Au fait, qu'est-ce que cela prouve ? que les bienfaits font souvent des ingrats, et qu'on peut avoir un cœur sensible, et aimer à rendre service tout en hachant du persil et en fricassant un poulet. Lisons la lettre :

« Mon bon ami,

« Je n'ai pas besoin de vous dire ce que je souffre loin de vous ; j'aime à croire que votre cœur partage mes peines, qu'il éprouve comme le mien tous les tourments de l'absence ; mais je dois vous apprendre ce qui s'est passé depuis votre départ.

« M. de Berly est sorti de ma chambre peu de temps après que vous eûtes sauté par la fenêtre ; il descendit au jardin, mais il remonta bientôt. J'avais presque perdu l'usage de mes sens. Cependant je désirais encore tromper M. de Berly sur ma faute. Ce n'est pas pour moi, c'est pour lui que je voulais faire cet effort : c'est rendre quelqu'un au bonheur que chasser de son esprit une idée qui l'afflige. Je veux bien perdre mon repos ; je ne me consolerais point d'avoir détruit celui de M. de Berly. Je fis donc semblant d'être fort en colère au moment où M. de Berly allait lui-même se livrer à sa fureur. Je lui reprochai de ne pas m'avoir vengée d'un jeune homme qui s'était introduit dans ma chambre pendant mon sommeil, et allait, malgré ma résistance, triompher de moi, s'il n'était entré brusquement et ne m'avait délivrée des entreprises de ce jeune audacieux. M. de Berly ne savait que dire et que croire ; il me regardait, se promenait dans la chambre et ne savait à quelle idée s'arrêter. Voyant son incertitude, je pleurai amèrement, et mes larmes n'étaient point feintes. Alors M. de Berly, qui ne m'avait jamais vue pleurer, ne douta plus de mon innocence; il se jeta à mes genoux, il me demanda pardon pour sa vivacité ; je le lui accordai de bon cœur. Il était désolé d'avoir dit au colonel les choses autrement qu'elles n'étaient. Je lui fis entendre qu'il pourrait revoir le colonel et lui recommander le silence sur cet événement. M. de Berly a juré de se venger de vous ; mais je ne crains pas cette menace, je sais qu'il ne se bat qu'avec le gibier. La paix est donc faite ; mais je ne vous verrai plus. Ah! Gustave! cette punition est si cruelle qu'elle doit me faire expier ma faute. Il faut donc que ma vie se termine dans les larmes! Ah! si l'on savait combien il est cruel de passer ses jours avec quelqu'un qu'on ne peut aimer, on consulterait le cœur d'une jeune fille avant de la marier. Mes parents m'ont sacrifiée. M. de Berly ne s'est jamais occupé de me plaire... Le pouvait-il d'ailleurs?... Nos âges, nos goûts, nos caractères sont tellement opposés!... et cependant je suis criminelle d'en aimer un autre!... Ah! mon ami! que les femmes sont à plaindre !

« Adieu, soyez heureux, mais pensez quelquefois à Julie. »

— Chère Julie!... oh! je te reverrai!... Le hasard nous sera favorable!...

Et Gustave baisa la lettre de celle qu'il avait déjà trompée. Il ne put s'empêcher de rire en songeant à la crédulité de M. de Berly, qui après avoir surpris sa femme couchée avec un jeune homme, croyait encore à son innocence.

— Allons, dit-il, c'est pour les maris qu'est fait ce passage de l'Écriture :

Oculos habent et non videbunt.

IX

UNE NOCE A LA VILLETTE

— Retournons à Paris, dit Gustave; je n'ai plus rien qui me retienne ici. Allons chez Olivier; là je rêverai aux moyens de revoir Julie sans la compromettre, si cela est possible : certainement j'y parviendrai, puisqu'on dit qu'avec de la persévérance on vient à bout de tout; ce qui n'est vrai qu'à demi, car j'ai essayé cent fois d'être sage et je n'ai pu y parvenir!... Que de gens passent leur vie sans attraper le but qu'ils veulent atteindre! Les alchimistes, qui veulent faire de l'or et se ruinent sur des fourneaux; les rentiers, qui font des plans sur les brouillards de la Seine; les auteurs, qui espèrent s'enrichir; les aéronautes, qui veulent essayer de voltiger comme les oiseaux; les voyageurs, qui cherchent le bout du monde; les mathématiciens, la quadrature du cercle; les physiciens, qui veulent guérir les maladies de nerfs par l'électricité; les mécaniciens, qui prétendent à faire rouler une voiture sans chevaux; les âmes aimantes, qui cherchent l'amitié pure, l'amour fidèle, et tant d'autres belles choses que je ne vous nommerai pas, parce que je ne m'en souviens point, tous ces gens-là courent risque de voir leur persévérance en défaut.

Gustave cheminait vers Paris.

Tout en faisant ces réflexions, Gustave cheminait vers Paris; mais il n'était encore qu'à Vauderland, il lui restait cinq lieues à faire, et il se sentait fatigué. Voulant cependant arriver à Paris le même soir, il regardait de côté et d'autre s'il ne rencontrerait pas une voiture avec une

M. Détail n'était pas assez fort pour relever sa femme. (P. 423.)

place vacante. Mais cette fois le hasard ne le servait pas; la voiture de Louvres, celle de Senlis, de Mortfontaine, toutes étaient pleines. Les petits cabriolets, appelés si improprement pots-de-chambre, n'avaient même pas de place *en lapin*.

— Allons, du courage! dit Gustave, j'irai à pied, j'arriverai un peu plus tard. Mais aussi ce maudit costume me nuit : je vois bien passer quelques calèches où l'on ferait peut-être place à l'élégant Saint-Réal mais un paysan ne serait pas écouté ; on me regarde, on me rit au nez: il est vrai que ma tournure doit être assez comique.

Comme Gustave achevait de se consoler en tâchant de doubler le pas, il entendit le bruit d'une voiture ; il se retourne : c'est une petite carriole, dans laquelle est un gros bonhomme dont la mine réjouie inspire la gaieté.

— Parbleu, dit notre héros, il faut tenter la fortune ; cet homme ne me refusera peut-être pas une place près de lui ; et quand nous ne ferions qu'une lieue ensemble, ce serait toujours autant de chemin de fait. Allons, abordons-le, mais n'oublions pas que je suis un campagnard.

Gustave court à la carriole :

— Holà!... monsieur!...

— Qu'est-ce qu'il y a, l'ami?

— Ma foi! il y a que je suis diablement fatigué : je suis parti trop tard d'Ermenonville, j'ai manqué la voiture de Mortfontaine, et il faut que j'aille à Paris; si cela ne vous gênait pas trop de me faire une petite place, vous m'obligeriez beaucoup.

— Oh! c'est facile!... montez, il y a une place pour vous; nous serons encore à l'aise ; ma carriole est grande... tenez, asseyez-vous là près de moi.

— Grand merci ; c'est que je commençais à être las.

Gustave est placé près du gros bonhomme, et la conversation s'engage :

— Vous venez d'Ermenonville? J'y connais du monde, un cultivateur nommé Lucas.

— C'est justement chez lui que je demeurais.

— Bon! en ce cas, vous pouvez me donner des nouvelles de la famille La mère Lucas crie-t-elle toujours?

— Plus que jamais.

— La petite Suzon commence-t-elle à se former?

— Oh! elle est tout à fait formée maintenant.

— Elle promettait d'être jolie!... mais, dame, il y a deux ans au moins que je suis allé à Ermenonville, et en deux ans une jeune fille pousse joliment.

— Suzon a très bien poussé; elle est bien faite, fraîche, piquante, charmante enfin!...

— Ho! ho!... comme vous en parlez avec feu! seriez vous par hasard celui qui doit l'épouser, ce Nicolas Toupet dont Lucas m'a parlé et qu'il attendait chez lui la dernière fois que j'y suis allé?

— Justement, monsieur, c'est moi qui suis Nicolas, le futur de mam'selle Suzon.

— Pardieu, monsieur Toupet, je suis bien charmé de vous avoir rencontré. Vous devez avoir entendu parler de moi chez Lucas; je suis leur cousin germain, Pierre Ledru...

— Comment! c'est vous qui êtes M. Ledru?... Oh! nous parlions de vous très souvent!..

— Embrassons-nous, monsieur Toupet.

— Bien volontiers, monsieur Ledru.

Gustave embrasse le gros cousin, et tâche de contenir son envie de rire. Il n'y a pas grand mal à prendre pour quelques heures le nom de Nicolas Toupet; Gustave aimait à s'amuser, et il prévoyait que la méprise du cousin lui en fournirait l'occasion.

— Ah! çà, monsieur Nicolas Toupet, dit Ledru après les premiers élans de la reconnaissance, allez-vous à Paris pour affaires pressées?

— Mais pourvu que j'y sois demain...

— Tenez, c'est que je vas vous faire une proposition... Je vais à la Villette, à la noce d'une de mes filleules qui vient d'épouser un gros épicier de l'endroit. Je devais arriver ce matin pour la cérémonie, mes affaires m'en ont empêché; mais j'arriverai pour le repas, ce qui est le meilleur; eh ben! il faut en être; je vous présenterai à la société, et vous ferez plaisir à tout le monde.

— Vous êtes bien honnête, monsieur Ledru... Y aura-t-il à c'te noce quelques parents de M. Lucas?...

— Non, il n'y a que moi; mais, du reste, soyez tranquille; c'est tout beau monde, tous gens établis : le tanneur, le serrurier, le maître maçon, et l'entrepreneur des vidanges de la Villette!... Oh! c'est tous gens comme il faut....

— Eh bien! tope, monsieur Ledru, je suis des vôtres.

— Ah! voilà qui est parler!... Nous nous amuserons!... nous boirons, nous mangerons, nous danserons!... Nous rirons, nous trinquerons!...

— C'est cela, vous m'avez l'air d'un bon vivant?...

— Et moi, tel que, vous me voyez, je suis un farceur...

— En vérité?

— Parbleu! on a dû vous le dire chez Lucas...

— C'est vrai! on m'a conté de vos espiègleries!

— Elles sont bonnes, hein?...

— Elles sont d'une jolie force!

— J'espère tantôt faire enrager le marié... Et la jarretière donc!... je n'en cède pas ma part!...

— La mariée est-elle gentille?

— Ma filleule!... Oh! elle est bien!... c'est du chenu!... Elle a les cheveux un peu rouges et le nez un peu gros, mais du reste, c'est une belle blonde!... et forte!... Ah! elle vous enlève un homme comme un cerf-volant, et fait l'exercice du fusil comme un biset de la garde nationale!...

— Peste! quelle femme!...

— Son mari aura de la besogne cette nuit!... Ah! ah!...

Tout en causant, on arrive à la Villette. Gustave se prépare à voir quelque chose de nouveau pour lui. Personne là ne va chez Lucas; on ne concevra aucun soupçon; et puis, un jour de noce, tous les convives sont trop occupés pour songer à autre chose qu'au festin.

— Allons, dit Gustave, remplissons bien mon personnage; si ces bonnes gens ne m'amusent pas, je prendrai mon chapeau et partirai sans qu'ils s'en aperçoivent. D'ailleurs, sous ce costume, je ne suis pas fâchée de ne rentrer à Paris que la nuit; au moins je ne risquerai pas d'être rencontré et reconnu par mes connaissances.

Viens m'embrasser. ma Lolote

On descend de voiture devant un traiteur-restaurant-marchand de vin.

— C'est ici, dit Ledru, au *Boisseau-Fleuri*... salon de cent couverts... Eh mais! j'entends les violons... Est-ce qu'on aurait dîné? cependant il n'est pas trois heures...

— Non, monsieur, on n'a pas dîné, dit une fille de cuisine, ça n'est que pour quatre heures, mais la société danse en attendant le repas.

— Ah! à la bonne heure; mon enfant, vous me rassurez!... Allons, montons, monsieur Toupet...

— Je vous suis, monsieur Ledru.

On monte au grand salon, on entre au milieu de la danse : les messieurs avaient ôté leurs vestes et retroussé leurs chemises pour danser avec plus de grâce; les verres de vin circulaient déjà, et plus on se rafraîchissait, plus les visages prenaient une couleur échauffée.

A l'entrée de Ledru, la danse cesse, chacun l'entoure, l'embrasse, le presse; c'est une joie, des cris, un bruit!...

— Nous avions bien peur que vous ne fussiez fondu en route, mon parrain, dit, d'une petite voix flûtée, une grande et grosse femme, que Gustave reconnut pour la mariée, d'après le portrait que le cher parrain lui en avait fait.

— Viens m'embrasser, Lolotte, dit Ledru en ouvrant les bras à sa filleule. Eh bien! ma petite, c'est la grand jour!... Tu danses ce matin; tu danseras ce soir... tu danseras c'te nuit!

— Oh! oh! il est toujours farceur, mon parrain!...

— Monsieur Ledru, dit le marié en s'avançant d'un air à prétention, nous eussions bien été vexés si vous nous aviez fait faux bond!

— Moi, manquer votre noce, monsieur Détail? Oh! je serais plutôt venu sur mon âne. Mais un moment, ce n'est pas tout; j'ai quelqu'un à vous présenter.

Jusque-là on n'avait pas fait attention à Gustave, qui, placé dans un coin, examinait toutes les dames qui étaient de la noce, et voyait avec plaisir que parmi les vingt femmes, il y en avait trois ou quatre d'assez bien dans leur genre. Il fut tiré de cette occupation par Ledru, qui le prit par la main et le présenta au marié.

— Monsieur Détail, voici un ami que je vous présente; c'est M. Nicolas Toupet, futur époux de la fille de mon cousin Lucas d'Ermenonville: C'est un garçon d'esprit!... je me flatte qu'il ne sera pas de trop ici.

— Comment donc, parrain, mais assurément.... Monsieur Toupet, c'est nous faire honneur que d'être des nôtres!...

— Monsieur, c'est moi qui le reçois assurément.

Après cet échange des compliments, Gustave embrassa la mariée, sa mère, sa sœur, les tantes, les cousines, toutes les dames de la noce enfin; ses manières polies furent du goût de la société, et M. Toupet fut trouvé charmant.

— Le dîner est servi, vient dire le chef du restaurant, autrement, le marchand de vin.

— A table! à table! dit-on de toutes parts. On monte dans le salon aux cent couverts, où les cinquante personnes qui composent la noce ont un peu de peine à être placées, mais enfin on parvient à s'arranger. Gustave se trouve entre une grosse brune et une petite blonde, tout deux assez bien.

— J'aurai le choix, dit-il en lui-même, si toutefois ces dames entendent la plaisanterie... En attendant, mangeons beaucoup, pour entrer dans l'esprit de mon rôle.

Les potages, les bouillis, les andouilles, les côtelettes circulent; au second service, le veau, le cochon, le lapin, le bœuf à la mode ; on ne connaît pas là les petits mets friands et légers; on mange de la viande et puis de la viande.

— Parbleu! se dit Gustave, voilà un repas fortifiant; c'est sans doute la mariée elle-même qui l'aura commandé.

Pendant que l'on dîne, trois ménétriers se placent dans un orchestre établi dans un coin de la salle et jouent de toute leur force : *Où peut-on être mieux? Gai! gai! Mariez-vous; Il faut des époux assortis; Tu n'auras pas, petit polisson;* la *marche des Tartares,* et autres airs qu'ils présument de circonstance ou à grand effet. Le train que font les artistes force les convives à parler plus haut : pour s'entendre on crie, on fait un tintamarre infernal. Le vin commence à échauffer les esprits; les grosses plaisanteries sont lâchées et reçues avec des transports de joie à faire peter les vitres. Le cousin Ledru a promis de faire des farces; il se met en train : c'est un feu roulant de quolibets qu'on ne peut pas prendre à double entente, car les choses sont clairement détaillées... Pendant ce temps, Gustave essaie de faire plus ample connaissance avec ses voisines; il s'adresse d'abord à la grosse brune; elle prend bien ses plaisanteries; elle aime à rire. Le faux Nicolas fait le galant; il offre souvent à boire, on accepte; il prend la carafe et croit devoir offrir de l'eau.

— Oh! je ne bois jamais d'eau, monsieur.

— Ah! pardon, madame, j'ignorais...

— Mon mari me ferait un beau train si j'en buvais!...

— Ah! c'est votre mari qui ne veut pas?...

— J'vas vous dire pourquoi : c'est que quand je bois de l'eau je pisse au lit; j'en avais bu il y a deux jours par mégarde... demandez à M. Ratel comme il a été trempé!... le pauvre homme en a eu plein le dos!

— C'est différent; vous faites fort bien alors de n'en pas boire.

Et Gustave se tourne du côté de la blonde...: la confidence de Mme Ratel n'avait pas fait un bon effet.

En cinq minutes de conversation, Gustave apprend que la petite dame est veuve, cousine du marié et marchande mercière rue aux Ours; qu'elle aime beaucoup le spectacle, qu'elle va souvent aux mélodrames, et que le dimanche elle joue la comédie bourgeoise, rue du Cygne, dans une petite salle dont on fait un théâtre, avec la permission de monsieur le commissaire, et où l'on joue presque aussi bien que chez Doyen.

— Allons, se dit notre héros, avec une veuve je ne craindrai ni de brouiller un ménage ni d'être accusé de séduction; car une femme qui joue la comédie bourgeoise tous les dimanches ne peut pas se donner pour novice en intrigue. Contons fleurette à la mercière, seulement pour passer le temps; d'ailleurs un jeune homme qui veut s'instruire doit faire un cours de galanterie dans toutes les classes.

Mme Henri (ainsi se nommait la petite veuve) écoutait Gustave, ouvrait de grands yeux, et paraissait quelquefois surprise de ses manières. Une femme qui joue la comédie doit avoir un peu de discernement, et notre héros oubliait parfois qu'il ne devait être que Nicolas Toupet.

Mme Ratel, piquée de l'abandon de M. Nicolas, qui ne causait plus qu'avec sa voisine, cherchait à se mêler de la conversation, lorsque la mariée poussa un cri perçant; on s'occupait à lui enlever sa jarretière : le grand dadais qui s'était fourré sous la table pour s'en emparer avait saisi le ruban et l'avait tiré avec beaucoup de force croyant l'enlever bien lestement; mais Mlle Lolotte, craignant que sa jarretière ne tombât avant l'époque de rigueur, l'avait, par précaution, nouée fortement à sa jambe; ensuite, tout entière aux agréments de la conversation et aux douceurs qu'on lui adressait, elle avait oublié de dénouer sa jarretière.

Le mouvement du premier garçon de la noce fut si vif que Lolotte glissa de sa chaise en poussant un cri : tous les convives se lèvent; on cherche des yeux la mariée; le grand dadais se trouvait la tête sous les jupons de Lolotte. M. Détail n'était pas assez fort pour relever sa femme, le parrain l'aida en assurant que c'était une bonne farce du premier garçon de noce, M. Cadet. Le marié ne paraissait pas trouver la plaisanterie à son goût; mais Ledru lui fit observer qu'il fait noir sous des jupons, et que par conséquent Cadet n'avait rien vu et ne voyait rien. Cette réflexion lumineuse rassura M. Détail.

— Du moment qu'il n'a rien vu, dit-il, je n'en demande pas davantage.

Lolotte se remit à table sans paraître déconcertée; M. Cadet se mit à sa place, rouge comme une betterave. On distribua la fameuse jarretière coupée par petits morceaux; on apporta le dessert, le café, la liqueur; la gaieté devint encore plus bruyante, on chanta, on trinqua; on n'aurait pas entendu tirer le canon dans la pièce au-dessous.

L'instant du bal arrive enfin. On quitte la table, on court se mettre en place, on descend, on se pousse, on se presse, on tombe, on éclate de rire; les dames sont d'une gaieté folle, les danseurs peuvent tâter, pincer, presser tout ce qu'ils trouvent sous leurs mains : un jour de noce ces choses-là sont permises, et, à la Villette, on ne se formalise pas pour des bagatelles comme cela.

Un garçon ébéniste du faubourg Saint-Antoine lorgnait depuis longtemps Mme Henri et regardait avec humeur M. Nicolas. Gustave ne faisait pas attention aux regards animés du jeune ébéniste et continuait de rire avec la mercière; il la fait danser deux contredanses; le monsieur aux œillades invite la dame pour *la suivante;* elle accepte; mais Gustave, que le bruit et la chaleur étourdissent, propose à la jolie blonde de faire un tour dans le jardin; elle y consent, et descend avec M. Nicolas Toupet, oubliant son engagement avec l'ébéniste.

On se promène bras dessus, bras dessous; on cause, on se regarde, on se prend la main, on soupire; Gustave propose de s'asseoir sous un bosquet bien noir (car le jardin d'un marchand de vin n'est éclairé que les dimanches et les lundis) : la petite veuve accepte; Gustave prend un baiser, on rit; il veut prendre autre chose, on se fâche, on le repousse.

Gustave prend un baiser.

La mercière a de la vertu; elle veut bien plaisanter, rire, mais elle ne veut pas que cela aille plus loin.

— Où diable la rigueur va-t-elle se nicher! se dit Gustave; on se rend dans les boudoirs, dans les salons, dans les bosquets de Tivoli, et l'on me repousse à la Villette, dans le jardin d'un marchand de vin!...

Gustave promet d'être plus sage; on lui pardonne, on se remet près de lui; on lui accorde un baiser, puis on reparle amour, mariage, fidélité... Pauvre femme! elle veut un mari, elle s'est bien adressée!... mais elle a donc oublié que M. Nicolas est le futur de Mlle Suzon d'Ermenonville? Non mais elle est jolie. M. Nicolas soupire en la regardant; elle supplantera Mlle Suzon. Quelle est la femme qui ne compte pas un peu sur le pouvoir de ses charmes?

Le mari le joint, le saisit au collet. (P. 432.)

La conversation était tendre; Gustave cherchait à ramener la petite veuve à des principes moins sévères... Tout à coup le garçon ébéniste se présente devant eux; il est furieux; ses yeux brillent comme ceux d'un chat auquel on vient de couper la queue : il s'approche de Gustave, les poings fermés et la tête en arrière.

— Monsieur du Toupet, ça ne s'appelle pas de l'honnêteté que d'empêcher une particulière de danser avec l'individu qui a eu celui de l'engager ; et madame que v'là serait maintenant sur la mesure avec moi si vous ne l'aviez point fait descendre dans ce jardin, je ne sais pas trop pourquoi faire.

Gustave a écouté tranquillement le discours de son rival ; et, oubliant son personnage, il part d'un éclat de rire. L'ébéniste, qui voit qu'on se moque de lui, n'en est que plus irrité ; il applique un coup de poing sur le nez de Gustave ; celui-ci se lève vivement et lui saute au collet ; ces messieurs se poussent, se pressent, se frappent ; la petite blonde jette les hauts cris, pleure, appelle tous les gens de la noce.

Les garçons marchands de vin accoururent, puis le maître, les servantes, puis les marmitons ; l'alarme se répand jusqu'à la salle de bal ; la danse est interrompue ; le marié, qui dansait pour la première fois avec sa femme, pense que c'est à lui à mettre la paix parmi les convives ; il lâche la main de Lolotte au moment de la *poule* et descend précipitamment ; on suit le marié, on arrive dans le jardin : Gustave tenait l'ébéniste fixé à terre ; il avait un genou sur l'estomac de son antagoniste, d'une main il lui serrait la gorge, de l'autre il lui tirait une oreille ; le pauvre vaincu étouffait, il demandait grâce ; mais Gustave, irrité d'avoir été forcé de se battre à coups de poing, ne se connaissait plus ; heureusement les danseurs arrivaient en foule : on saisit M. Nicolas, on relève l'ébéniste à demi mort, on cherche à réconcilier les combattants.

Gustave était satisfait ; il ne pouvait exiger d'autre réparation de gens avec lesquels il espérait bien ne plus se retrouver ; il avait un œil un peu noir, le nez légèrement écorché, mais il avait voulu être d'une noce à la Villette, et en voulant voir de tout il faut bien s'attendre à quelques petits désagréments.

Pour l'ébéniste, il en avait assez ; il se promit bien de ne plus se frotter à Toupet. La petite mercière pleurait et se reprochait d'avoir par son défaut de mémoire amené ce combat ; Mme Ratel faisait des commentaires et s'informait malicieusement du motif qui avait conduit Mme Henri et M. Nicolas dans un petit bosquet éloigné de la maison. Chacun faisait ses réflexions ; et Gustave, qui s'était assez amusé comme cela, demanda à M. Détail où l'on avait mis son chapeau.

— Quoi ! monsieur Nicolas, vous voulez déjà nous quitter ?

— Oui, monsieur le marié. J'ai des affaires à Paris ; je vais me coucher pour me lever plus matin.

— Attendez au moins le souper.

— Bien obligé ; j'ai dîné de manière à n'avoir plus d'appétit.

— Acceptez un verre de vin.

— Rien, absolument, monsieur Détail.

— Allons, puisque vous êtes inébranlable sur la fermeté, je vais demander à Lolotte où sont les chapeaux.

— Je vous suis.

M. Détail monte dans la salle du bal, où il ne trouve que les ménétriers occupés à prendre leur part des rafraîchissements préparés pour la société.

— Où donc est ma femme? dit le marié en entrant dans tous les salons.

— Où diable est mon chapeau? dit Gustave en furetant dans tous les coins; je ne puis pas, étant en sueur, retourner à Paris sans chapeau; c'est bien assez d'avoir un œil poché et un nez meurtri; je ne me soucie pas de m'enrhumer.

En passant dans un corridor, on aperçoit une petite porte; une servante dit que c'est là que sont les chapeaux, les vestes et les habits de ces messieurs, mais on ne trouve pas la clef à la porte.

— Attendez, dit la domestique, ma maîtresse en a une qui ouvre toutes ces portes-là.

La fille descend, et remonte avec un trousseau de clefs; M. Détail ouvre, et entre une chandelle à la main; Gustave le suit, la domestique suit Gustave... le marié pousse un cri et fait deux pas en arrière... Gustave avance la tête, et voit Lolotte couchée sur un matelas, et M. Cadet, premier garçon de la noce, furetant auprès de la mariée (sans doute pour mieux apprendre à dénouer une jarretière).

Le marié, dans le premier moment, doute de ce qu'il voit; il avance plus près avec sa lumière, le grand Cadet se fourre sous le lit, la servante ouvre de grands yeux hébétés; Gustave est curieux de voir si Lolotte saura se tirer de là.

— C'est bien ma femme!... s'écrie M. Détail, et dans sa douleur, il laisse tomber son flambeau. La lumière roule précisément sur les objets que M. Cadet considérait; Lolotte se relève en poussant des cris épouvantables, elle sort en relevant ses jupons, et va se plonger dans un baquet où rafraîchissait le vin du souper. Toute la société accourt : M. Cadet s'enfuit; la servante conte ce qu'elle a vu; les hommes consolent le marié; M. Ledru cherche à lui faire prendre cela pour une farce qui était arrangée afin de juger de son amour pour sa femme. Les dames entourent le baquet et en retirent Lolotte désespérée de la perte qu'elle a faite. Mme Ratel calme un peu son désespoir en lui donnant l'adresse d'un perruquier-coiffeur, faubourg du Temple, près la barrière, lequel fait le *postiche* en tout genre.

Au milieu de ce désordre, Gustave prend le premier chapeau qui se trouve sous sa main, et sort du *Boisseau-Fleuri*,

. . . . honteux et confus,
Jurant, mais un peu tard, qu'on ne l'y prendrait plus.

X

MÉPRISE. — LA PATROUILLE. — LA PETITE BLANCHISSEUSE

— Voilà ce que c'est !... se disait Gustave en descendant le faubourg Saint-Martin ; je veux toujours agir sans réfléchir, et je fais sans cesse des sottises ! Avec un peu de réflexion, je ne serais point allé à cette noce, où j'étais fort déplacé, et alors je n'aurais pas mis en l'air le *Boisseau-Fleuri!*... Mme Ratel ne m'aurait pas appris qu'elle pisse au lit quand elle boit de l'eau ; la petite veuve ne serait pas descendue au jardin, elle aurait dansé avec tout le monde ; ce nigaud d'ébéniste ne se serait pas battu avec moi ; je n'aurais pas l'œil en compote et le nez enflé ; le marié ne serait pas allé chercher un chapeau dans le petit cabinet noir où sa chère moitié s'était enfermée avec cet imbécile qui aurait eu le temps de lui

Le pauvre vaincu étouffait

mettre et de lui ôter trois ou quatre fois ses jarretières ; et la pauvre Lolotte ne se serait pas mis le derrière dans l'eau de puits, parce que le feu n'aurait pas consumé le devant... de sa chemise. Que diable allais-je faire dans cette galère !

Que dirait mon oncle s'il me trouvait sous ce costume... avec cette figure abîmée ?... Diable ? mais j'y songe... il est à peu près une heure du matin. Irai-je chez Olivier maintenant ?... S'il ne fallait que m'exposer à ses sarcasmes, je serais le premier à rire avec lui de ma mésaventure ;

mais il y a un portier dans sa maison... ce maudit portier dort maintenant?... car ces gens-là font le désespoir des jeunes gens!... il faudra frapper, réveiller tout le monde... et être vu dans cet état... sale... crotté... ce diable d'ébéniste m'a jeté deux fois à terre... ce chapeau que j'ai pris sans voir clair n'a pas forme humaine... et mon nez!... mon œil!... Pour qui me prendra-t-on?... Je ne veux pas me montrer comme cela!... Il faut donc coucher dans la rue!... Maudite noce!... au diable la Villette, les mercières et les ébénistes.

Gustave était arrivé à la porte Saint-Martin : il restait là incertain s'il tournerait à droite ou à gauche, ou s'il n'avancerait pas du tout. Une idée se présente, elle le frappe, elle lui sourit ; il se met à courir vers la rue Charlot.

On se rappelle, ou ou ne se rappelle pas, une demoiselle Lise, blanchisseuse de fin, dont le colonel Moranval a parlé au commencement de cet ouvrage, et avec laquelle notre héros s'est enfui à seize ans de son collège pour aller se cacher dans une petite chambre, rue du Fauconnier. Le colonel avait rattrapé son neveu et reconduit Mlle Lise chez sa mère ; mais comme on ne tient pas un jeune homme sans cesse renfermé, et qu'une petite blanchisseuse de fin doit aller porter le linge à ses pratiques, les jeunes gens s'étaient revus, d'abord très fréquemment et très amoureusement, puis moins souvent et avec moins d'ardeur. Gustave avait enfin négligé tout à fait la petite Lise, qui de son côté s'était consolée, et avait bien fait.

Qui est là

Cependant on conserve de l'amitié pour un joli garçon qui, quoique volage, a toujours des manières aimables. On aime à revoir une jolie femme qui nous a fait connaître toutes les douceurs de l'amour et qui nous en inspire encore quand nous la rencontrons. Ce n'est plus, à la vérité, que le plaisir du moment que nous goûtons avec elle ; mais un moment de plaisir est quelque chose. Gustave et Lise se retrouvaient toujours avec amitié et se procuraient ensemble ces moments-là.

Quatre ans étaient écoulés depuis l'enlèvement de la petite, et il s'était passé bien des événements. La mère de la demoiselle était morte ; celle-ci travaillait pour son compte ; elle avait pris sa chambre dans un autre quartier que celui où elle était née, parce que ses aventures avec M. Gustave avaient fait beaucoup de bruit dans la rue Saint-Antoine, et que les commis du *Petit-Saint-Antoine*, se permettaient de ricaner lorsque la petite blanchisseuse passait devant le magasin. Mlle Lise était désormais sa maîtresse ; elle voulait faire ce que bon lui semblait ; mais elle ne voulait pas être en butte aux propos des mauvaises langues : elle alla donc louer une chambre dans la rue Charlot ; là elle était proche des petits spectacles, elle pouvait espérer la pratique de quelque acteur de l'Ambigu ou de la Gaîté, et cela pouvait lui procurer des billets (vous voyez que la demoiselle est prévoyante) ; du reste, elle était fort tranquille, et se conduisait aussi honnêtement que peut le faire une jeune fille qui gagne vingt sous par jour et veut porter des chapeaux. Gustave s'était rappelé Lise : elle lui avait donné son adresse à leur dernière rencontre, et le jeune homme savait bien que les petites ouvrières en chambre ne se logent jamais dans les maisons à portier.

Notre héros arpente les boulevards, il arrive rue Charlot ; mais il a oublié le numéro : comment faire ? parbleu ! frapper à toutes les allées ; tant pis pour les personnes que cela dérangera dans leur sommeil et qui s'en trouveront mal ; tant pis pour les malades, pour ceux qui rêvent avoir ce qu'ils n'ont point ; tant pis pour l'auteur qui rêve un succès ; tant pis pour le rentier qui se voit devant une bonne table ; tant pis pour l'amant qui obtient un aveu ; tant pis pour le poète qui se croit reçu à l'Académie ; tant pis pour la coquette qui désole vingt amants ; tant pis pour la vieille qui se croit rajeunie ; tant pis pour le joueur qui rêvait un quaterne à la loterie ; tant pis pour le malheureux qui ne sait pas comment il donnera le lendemain du pain à ses enfants : tant mieux pour la femme qui est couchée avec celui qu'elle adore, tant mieux pour celui dont le bonheur est parfait et à qui la réalité ne présente qu'un avenir couleur de rose !

Mais au total il y a plus de tant pis que de tant mieux.

— Bon ! voilà une allée... frappons... et frappons fort...

On ouvre une fenêtre au second : une tête coiffée d'un bonnet de coton s'avance pour regarder dans la rue.

— Qui est là?... que demandez-vous?

— Voudriez-vous bien m'indiquer la demeure de Mlle Lise, blanchisseuse de fin?

— Que la peste vous étouffe, vous et votre blanchisseuse ! Vit-on jamais une chose pareille ! réveiller toute une maison à une heure du matin pour demander une adresse !...

— C'est une affaire pressée.

— Si la garde passait, je vous ferais arrêter...

— Vraiment !... et moi, si vous ne vous taisez pas, je vais jeter des pierres dans vos carreaux.

Le monsieur se retira, ferma sa fenêtre en envoyant de bon cœur Gustave au diable.

Notre héros sans se décourager, avança une quinzaine de pas et frappa à une autre allée.

— Cette fois, dit-il, frappons avec plus de douceur ; tâchons de ne réveiller les habitants que par degrés.

Il lâche légèrement le marteau d'une petite porte verte ; on ouvre de suite une fenêtre au premier.

— Pour cette fois, dit Gustave, on ne dormait pas, ou l'on a le sommeil bien léger !...

— Est-ce toi, mon ami? demande une jeune femme d'une petite voix douce.

— Oh ! oh ! encore une aventure. Allons, voyons ce que cela deviendra.
Et notre étourdi répond un *oui* étouffé.

— C'est bien mal de te faire attendre si longtemps !... tu sais bien que mon mari est de garde au Château-d'Eau... et qu'il ne quitterait pas son poste pour venir coucher avec sa femme... Attends... je vais te jeter le passe-partout, car je ne puis descendre, je suis en chemise.

La petite femme se retire de la fenêtre, et Gustave se gratte l'oreille très indécis sur ce qu'il doit faire.

— Une petite femme dont la voix est très douce, et qui vous attend chez elle au milieu de la nuit pendant que son mari fait sentinelle près du Château-d'Eau, cela est bien séduisant... ; mais enfin ce n'est pas Gustave que cette dame attend, et lorsqu'elle s'apercevra de sa méprise, elle sera confuse, désolée ; puis si l'ami vient après, comme c'est présumable, ce sera bien une autre affaire ! il faudra encore se quereller, se battre, mettre une maison sans dessus dessous !... Non !... ce serait une folie, et décidément il ne faut pas accepter le passe-partout.

Tel est le résultat des réflexions de Gustave. Voilà, je pense, une conduite bien sage pour un jeune homme accusé d'être mauvais sujet ;

mais, entre nous, je crois que le petit amour-propre de notre héros fut en partie cause de cette belle résolution. Un jeune élégant ne se sent pas le courage de se montrer pour la première fois à une femme sous un costume qui ne lui va pas, et avec un œil poché et un nez meurtri ; la première impression pourrait ne pas lui être agréable, et quand on est habitué à faire des conquêtes, on ne s'expose pas volontairement à se faire rire au nez.

La petite dame reparaît à la fenêtre; elle noue un mouchoir après une clef, et va jeter le tout à Gustave; celui-ci fait entendre distinctement sa voix.

— Veuillez recevoir mes excuses, madame ; mais je crois que nous nous trompons tous deux.

— Grand Dieu!... Ce n'est pas lui!...

— De grâce, madame, ne vous éloignez pas sans m'entendre...

— Monsieur... vous allez croire des choses... c'est mon frère que j'attendais... et comme il est brouillé avec mon mari... voilà pourquoi j'avais choisi ce moment pour lui parler...

— Madame, je ne doute pas de ce que vous venez de dire!... vous pouvez d'ailleurs compter sur ma discrétion... Vous voyez que je mérite quelque confiance, puisque je n'ai pas accepté le passe-partout que vous alliez me jeter si je ne m'étais fait connaître.

— Cela est vrai, monsieur...

— Veuillez donc me dire si vous connaissez dans cette rue une jeune fille blanchisseuse de fin...

— Une petite brune?...

— Oui, madame.

Un peu marquée de la petite vérole?...

— Justement.

— C'est la petite Lise?

— C'est cela même, madame... Vous la connaissez?

— Oui, monsieur; je suis une de ses pratiques... Ah! c'est-à-dire.. non, monsieur, elle ne me connaît pas... mais elle blanchit une de mes amies.

— Bon, dit Gustave, la dame craint que je ne sache par Lise son nom et celui de son mari... Madame, pourriez-vous me dire le numéro de sa maison? c'est elle que je cherche; j'ai quelque chose de très pressé à lui apprendre.

— Le numéro, je ne le sais pas, mais je puis vous indiquer la maison... Tenez, monsieur, à droite après la rue Sainte-Foi... Ah! ciel! une patrouille! c'est mon mari!...

Elle poussa un cri d'effroi.... (P. 434.)

Ici la dame, qui s'était penchée pour désigner à Gustave la demeure de Lise, rentre précipitamment dans sa chambre, dont elle referme bien vite la fenêtre.

Gustave se retourne, il aperçoit en effet une patrouille de la garde nationale qui venait de tourner la rue Boucherat et marchait droit à lui. Un des soldats de la patrouille était le mari de la petite dame, et il avait prié son caporal de faire passer la ronde rue Charlot, parce qu'on est bien aise de pouvoir dire le lendemain à ses voisins : J'ai veillé cette nuit sur vous.

Mais le mari avait aperçu de loin sa femme à sa fenêtre causant avec un homme dont la tournure était suspecte ; il quitte son rang et court à Gustave en s'écriant :

— A moi, caporal, alerte !

Gustave regardait venir la patrouille, incertain s'il l'attendrait : le mari le joint, le saisit au collet et lui ordonne de le suivre au corps de garde.

Notre héros répond par un coup de poing qui renverse le pauvre homme sur une borne, puis il court vers l'autre bout de la rue. Le caporal ordonne à ses soldats de poursuivre le fuyard ; mais Gustave va plus vite que des gens qui ont fusil, sabre et giberne, et qui ne sont pas habitués à porter tout cela ; il ne se soucie point d'ailleurs de finir sa nuit au corps de garde.

Il aperçoit sur son chemin une allée dont la porte n'est pas fermée ; il entre, rejette la porte sur lui, et grimpe quatre à quatre un escalier tortueux qu'en plein jour il n'eût pas monté sans regarder vingt fois à ses pieds. Pour échapper à la patrouille, il escaladerait les toits et marcherait sur les gouttières. Lorsque la tête est montée, on fait des choses que de sang-froid on n'oserait pas entreprendre.

Gustave s'arrête enfin... il était arrivé aux mansardes, et il fallait bien qu'il s'arrêtât : il n'y avait plus de marches à monter. Où ira-t-il ?... il n'en sait rien lui-même... il pousse au hasard une porte devant lui : elle s'ouvre... et Gustave se recule et s'éloigne, parce que sans voir clair, il y a des endroits qu'on devine parfaitement.

La patrouille qui poursuivait Gustave avait remarqué la maison dans laquelle il s'était caché. Elle frappait à son tour à la porte de l'allée et sommait les habitants d'ouvrir et de leur livrer le coupable. Mais les habitants ne se pressaient pas de répondre à l'invitation du caporal. Gustave entendait du sixième étage le bruit qu'on faisait dans la rue ; il descend au cinquième, il va descendre encore pour parlementer à la porte de l'allée... une voix bien connue frappe son oreille.

— Ah ! mon Dieu ! quel bruit on fait cette nuit dans la rue !... il n'y a pas moyen de dormir !...

— C'est elle ! dit notre héros, je suis sauvé !...

Il frappe à une porte du côté d'où partait la voix.

— Qui frappe ?...

— C'est moi, Lise... c'est Gustave... ouvre-moi vite...

— Gustave !...

La petite blanchisseuse saute à bas de son lit et court ouvrir sa porte... Elle pousse un cri d'effroi en voyant le jeune homme, qu'elle ne reconnaît pas sous le costume qui le déguise. Celui-ci entre précipitamment, referme la porte et se jette sur le lit de Lise en s'écriant :

— Enfin me voilà sauvé!... je brave ici le corps de garde, les maris et les patrouilles!...

Lise a pris sa lampe de nuit, qu'elle approche de la figure de Gustave.

— Mais c'est vraiment lui!...

— Oui, parbleu! c'est moi... Au fait, je dois être bien méconnaissable au premier coup d'œil!...

— Ah! mon Dieu!... dans quel état!... un œil tout noir... le visage en sang!... et ces habits!... Ah! quelle horreur! pour un jeune homme comme il faut!...

— Quand tu sauras tout ce qui m'est arrivé!... Mais tiens... les entends-tu frapper comme des sourds à la porte de l'allée?...

— C'est donc pour vous qu'on fait tout ce tapage-là?

— Oui, ma chère amie; j'ai mis le désordre à la Villette, la jalousie dans le cœur d'un nouveau marié et le feu à la chemise de sa femme!

— Ah! mon Dieu! le mauvais sujet!... vous vous êtes donc battu?

— Oui; et tu vois que, quoique vainqueur, on peut être blessé...

— Mais ces gens qui frappent à la porte...

— Laissons-les frapper.

— Que veulent-ils donc?

— M'arrêter... c'est une ronde nocturne que j'ai mise aux abois, parce que... Ah! à propos, dis-moi, connais-tu dans cette rue, à deux cents pas d'ici, une dame mariée qui demeure au premier, au-dessus d'une petite porte verte?

— Oui, sans doute, c'est Mme Dubourg.

— Est-elle jolie, Mme Dubourg?

— Fort jolie! une figure espiègle... un nez retroussé...

— Ah! diable! si j'avais su tout cela plus tôt... et son mari?

— C'est un monsieur de quarante ans, un joli cœur!... il porte des jabots...

— Il porte encore autre chose, à ce que je crois.

— Comment donc? est-ce que vous connaissez Mme Dubourg?

— Nullement : je la verrais dans la rue, que je ne la reconnaîtrais point. Mais laissons cela... Écoute... entends-tu encore frapper?...

— Non...

— Voyant qu'on ne leur répondait pas, ils ont pris le parti de s'en aller... j'en étais sûr.

— Mais pourquoi couraient-ils après vous?
— Je te conterai tout cela.
— Voyons... il faut que je bassine votre œil et votre nez... car vous êtes dans un état.....
— Tu ne m'attendais pas, n'est-il pas vrai, Lise?

Mais, c'est vraiment lui!...

— Oh! certainement...
— C'est bien heureux pour moi que tu sois seule?
— Comment, seule?... est-ce que je ne demeure pas seule?
— Oui! oui!... mais cela n'empêche pas... on reçoit quelquefois des visites qui se prolongent un peu tard dans la nuit.
— Oh! monsieur, je ne reçois point de ces visites-là...
— Bah! vraiment?
— Voyez donc!... cet air surpris!...
— Tu es donc bien sage à présent?
— Est-ce que je ne l'ai pas toujours été?

— Oh! si fait; mais on peut être fort sage et avoir une petite connaissance...

— Non, non, je ne veux plus de petites connaissances... les hommes sont trop faux!... trop perfides... pour qu'on les aime.

— Tu as bien raison, ma chère amie... prends garde .. tu me mouilles tout le visage avec ton eau-de-vie et ton eau...

— Le grand malheur!... n'êtes-vous pas bien heureux que l'on vous soigne, que l'on panse vos blessures... quand c'est pour d'autres!... Ah! le mauvais sujet!... votre oncle a bien raison de vous gronder!...

— Tu trouves!... pauvre Lise!... est-ce que tu ne m'aimes plus?...
— Je le voudrais bien!... mais je vous aime toujours malgré moi... car vous ne méritez pas qu'on s'intéresse à vous! Allons, finissez, monsieur, laissez-moi... je vais vous jeter tout cela au visage!...

— Parbleu! mon visage n'a plus rien à craindre... Tu es charmante, comme cela... en bonnet de nuit...

— C'est bon, c'est bon... ah! quel démon!... Monsieur Gustave, je me fâcherai...

— Tu as les yeux plus brillants qu'à l'ordinaire...

— C'est de colère qu'ils brillent... Et bien! que faites-vous donc!..

— Tu le vois, je me déshabille...

— Et pourquoi faire?

— Mais pour me coucher apparemment.

— Ah! vous allez vous coucher? eh bien! ce serait sans gêne..

— Est-ce que tu voudrais que je passasse la nuit levé? fatigué comme je le suis, je serais mort demain...

— Mais c'est qu'il le fait comme il le dit... et moi... où me mettrai-je...

— Mais à côté de moi, je pense.

— Ah! par exemple! ça serait joli! au moins si vous me promettiez d'être sage! Ah!... au fait... puisque monsieur est si fatigué... je ne dois rien craindre... Eh mais! je crois qu'il s'endort... couchons-nous vite!...

XI

ON FAIT CONNAISSANCE AVEC MADAME DUBOURG

Après une nuit passée aussi gravement que peuvent le faire un homme de vingt ans et une femme de dix-neuf (qui ne sont pas mariés) Gustave s'éveilla. Lise était déjà levée : elle soufflait son feu pour faire monter son lait, et pour offrir une tasse de café à Gustave.

— Ma chère amie, que fais-tu là?

— Vous voyez bien que je fais du café pour votre déjeuner...

— Je te remercie; j'aime beaucoup le café; mais lorsqu'on a couru, qu'on s'est battu, qu'on a eu la patrouille à ses trousses et une jolie femme pour hôtesse, on a besoin de prendre quelque chose de plus restaurant que du café. Tiens, prends une bourse qui est dans cette grosse veste bleue, va chez le charcutier, chez l'épicier, chez le boucher; fais apporter des côtelettes de mouton, de veau, de porc frais, des saucisses, des andouilles, des cervelas, du jambon, du fromage, et surtout du vin, le meilleur que tu trouveras.

— Ah! mon Dieu!... quel déjeuner!... Mais, pendant que je courrai, mon linge ne sera pas repassé, et c'est ce matin que je dois le porter à mes pratiques...

— Tant pis pour tes pratiques!... elles attendront un jour de plus...

— Et cette petite brodeuse qui attend son bonnet pour aller danser ce soir au Colysée?

— Elle dansera en cheveux.

— Et cet auteur de mélodrames qui a besoin de son jabot pour aller lire aujourd'hui une pièce pour les chevaux de Franconi?...

— Les chevaux entendront sa pièce demain.

— Et cette belle demoiselle à cachemire français, qui attend que je lui rapporte sa chemise de percale pour ôter celle qu'elle a sur le corps depuis huit jours?...

— Elle portera sa chemise sale un jour de plus. Allons, Lise, va me chercher à déjeuner, je meurs de faim.

— Ah! mon Dieu!... il faut faire tout ce qu'il veut!

Lise sort. Gustave récapitule ce qu'il a fait et ce qu'il doit faire : d'abord il est bien décidé à ne plus remettre le pantalon de toile et la veste bleue; mais comment avoir d'autres vêtements?.. Parbleu! il enverra Lise chez Olivier, qui remettra à la petite ou à Benoît ce qu'il lui faut pour paraître dans les rues de Paris. Olivier est à peu près de la taille de Gustave, ainsi un de ses habits peut aller à celui-ci. Oui, mais pourvu qu'Olivier, qui n'est pas non plus excessivement rangé, se trouve avoir deux habits à sa disposition!... Eh! mais, Benoît doit avoir rapporté à Paris l'habit que son maître portait à Ermenonville, à moins que l'imbécile ne l'ait perdu en route. En tout cas, Gustave possède encore de l'argent; à Paris, un goujat peut en vingt minutes se faire habiller comme un marquis.

Lise revient portant un panier chargé de comestibles. Gustave se lève; il passe le premier pantalon qu'il trouve sous sa main, il endosse la camisole d'une vieille douairière de la rue des Trois-Pavillons, et se dispose à aider Lise pour la confection du déjeuner. On allume un grand feu, le gril remplace le petit réchaud sur lequel monte le lait. Les côtelettes, les saucisses sont étalées; le feu pétille, le boudin se fend; on dresse la table, on la couvre de fromage, de fruits, de gâteaux, de bouteilles; en cinq minutes tout est prêt, on se met à table : le déjeuner est trouvé excellent; Lise rit de l'appétit de Gustave, et tout en mangeant, en causant, en riant, on s'embrasse, on se chiffonne; la petite donne une tape, puis un baiser; elle se fâche quand Gustave n'est pas sage, elle le lutine quand il l'est trop longtemps.

— Ah! çà, ma chère amie, dit Gustave après avoir satisfait tous ses appétits, voilà assez de folies; parlons raison maintenant : il faut nous occuper des moyens de me faire sortir d'ici...

— Eh bien! qui vous empêchera de vous en aller quand vous le voudrez?

— Tu as donc oublié que je suis arrivé sous ce costume de villageois, qui, par parenthèse, ne m'a pas porté bonheur, et que je ne remettrais pas pour tout l'or du monde?

— C'est vrai, je n'y pensais plus; il vous faut des habits... Voulez-vous que j'aille chez vous en chercher?

— Chez moi!... cela t'est bien aisé à dire; mais je n'ai pas de chez moi pour l'instant; tu sais bien que je demeure avec mon oncle; mais comme il est, dans ce moment, fâché avec moi, je veux laisser à sa colère le temps de s'apaiser.

— Ce pauvre colonel! vous lui donnez de l'occupation...

— C'est lui rendre service : un militaire à la retraite a besoin de dissipation. Tu vas donc aller chez Olivier..,

— Ah! encore un bon sujet!... qui court les bals, les jeux, les filles, les cafés!... c'est lui qui vous a perdu!... il ne peut donner que de très mauvais conseils!...

— Tu crois!... En vérité, Lise, tu deviens forte sur la morale! si mon oncle t'entendait, je suis sûr qu'il se raccommoderait avec toi, lui qui te croit une petite coureuse...

— Ah! votre oncle pense cela de moi!... cela lui va bien, à ce vieux singe goutteux, de mal parler des autres!... Quand je le verrai, je lui arracherai les yeux!...

— Un peu de respect pour mon oncle, mademoiselle Lise!...

— Vieux renard sans queue!... ce n'est pas à la guerre qu'il a attrapé tous ses rhumatismes...

— Mademoiselle Lise!...

— Ah! il m'appelle coureuse!... il me le payera!...

— Auras-tu bientôt fini?

— C'est que je ne veux pas qu'on se permette de dire des choses sur ma conduite!...

— C'est juste, ce serait une horreur!

— Moi qui suis si sage! qui ne sors pas, qui ne vois personne!...

— C'est vrai, tu vis comme une vestale.

— Et dire que je suis...

— Ah! çà, morbleu en voilà assez!... quand on a touché l'endroit sensible d'une femme, il n'y a plus de raison pour que cela finisse... Tu vas donc aller chez Olivier...

— Et où demeure-t-il maintenant, votre Olivier?

— Rue des Petites-Écuries, près le faubourg Poissonnière...

— Je lui demanderai des vêtements pour vous?

— Oui; tu lui raconteras ce qui m'est arrivé...

— Ah! je ne lui dirai pas que vous avez passé la nuit chez moi, à coup sûr.

— Non, tu diras que j'y suis venu ce matin... Enfin tu diras tout ce que tu voudras ; mais songe qu'il me faut un habit, un chapeau, un pantalon et des bottes...

Mlle Lise.

— Et il faudra que je porte tout cela ?

— Tu prendras, si tu veux, un petit commissionnaire ; je craindrais que Benoît, mon domestique, fût reconnu et suivi.

— Allons, je vais faire vos commissions ; vous, pendant mon absence, n'ouvrez à personne !.. Cela me ferait du tort si l'on voyait un jeune homme chez moi, et vêtu avec un pantalon et une camisole qui appartiennent à mes pratiques.

— Sois tranquille.. vienne qui voudra, je n'ouvre pas. Mais que ferai-je pendant ton absence pour me désennuyer ?...

— Fouillez dans cette armoire, vous trouverez des livres... et qui sont joliment amusants : *Jean Sbogar, Mon Oncle Thomas, Victor, l'Enfant de ma femme...*

— C'est bon, je verrai tout cela ; mais dépêche-toi, je t'en prie.

— Oui, oui, je vais me dépêcher, ne vous impatientez pas.

Lise embrasse Gustave, met sa clef dans sa poche, et va rue des Petites-Écuries.

Notre jeune homme, resté seul, feuillette les romans, lit quelques pages, se promène dans la chambre, regarde à la fenêtre si la petite revient ; mais la fenêtre donne sur les toits, on ne peut apercevoir dans la rue. Gustave s'impatiente, trouve le temps long, et ne songe pas qu'il y a loin de la rue Charlot à celle des Petites-Écuries, et que d'ailleurs il faut le temps de rassembler ce qui doit compléter la toilette d'un jeune homme à la mode

Que veut Madame? (P. 444.)

On frappe doucement à la porte...

— Ne faisons pas de bruit, dit Gustave, songeons à ma consigne.

On frappe encore... on appelle...

— Ouvrez, mademoiselle Lise... c'est Mme Dubourg.

— Mme Dubourg! s'écrie Gustave ; oh! ma foi, je vais la connaître, ne laissons pas échapper cette occasion.

Il court à la porte, ouvre à celle avec qui il a eu un entretien nocturne, et dont il brûle de voir la figure.

Mme Dubourg craignait les suites que pouvait avoir son aventure de la nuit, et était curieuse de savoir quel était ce monsieur assez délicat pour refuser le passe-partout d'une jeune femme, et assez original pour chercher, à une heure du matin, l'adresse d'une blanchisseuse. Pour avoir quelques renseignements sur lui, il était naturel d'aller chez la personne qu'il demandait, et qui, justement, blanchissait Mme Dubourg : entre femmes, on se dit mille petites choses qu'un mari doit ignorer ; on espérait donc faire causer Mlle Lise, et lui recommander ensuite la plus grande discrétion, si le monsieur en question avait parlé de sa conversation avec une dame du premier au-dessus de la petite porte verte.

Mme Dubourg fit un mouvement de surprise en apercevant Gustave, que cependant elle ne reconnut pas, par la raison qu'elle n'avait pu, la nuit, distinguer ses traits, quoiqu'il y eût un réverbère non loin de sa maison ; mais les réverbères ne sont probablement pas faits pour éclairer, puisqu'on n'y met d'huile que ce qu'il faut pour empêcher qu'on n'y voie goutte.

Mme Dubourg ne pouvait présumer que le monsieur qui voulait parler à Mlle Lise à une heure du matin fût encore chez elle à une heure après midi ; cependant elle ne savait si elle devait entrer, parce qu'une femme y regarde à deux fois avant de rester seule avec un homme en camisole. Mais Gustave, d'un ton bien poli, et déguisant sa voix le mieux possible, engage la dame à attendre un moment, en lui assurant que Mlle Lise va rentrer.

Mme Dubourg entre et s'assied ; Gustave, après l'avoir considérée tout à son aise, reprend sa voix naturelle, et lui demande si son mari se ressent de sa chute contre une borne, et si son frère l'a fait veiller encore longtemps. Mme Dubourg se trouble, pâlit, regarde Gustave, et cache sa figure dans son mouchoir.

— Ah! madame, lui dit Gustave, soyez persuadée que mon intention n'est pas de vous causer de la peine ; j'ai moi-même trop besoin d'indulgence pour me permettre de censurer les actions des autres. Que devez-vous penser d'un jeune homme qui frappe la nuit à toutes les portes, qui se cache le jour chez une blanchisseuse... et dans un costume!... C'est à moi, madame, à réclamer de vous l'oubli de mes folies, et à vous prier de ne pas me juger sur l'apparence.

Ce discours calma l'agitation de Mme Dubourg; elle ôta son mouchoir de devant son visage et regarda Gustave en souriant; malgré quelques marques, suite de son combat de la veille, elle le trouva fort bien; elle vit aussi par sa manière de s'exprimer que ce n'était pas un homme sans éducation, et un homme qui sait vivre, et habitué aux aventures galantes, et n'y met que l'importance qu'elles méritent.

— Je vois bien, monsieur, dit Mme Dubourg, que nous devions nous connaître... Je ne pensais pas cependant vous retrouver sitôt... je me doute que vous êtes ici par suite de quelque étourderie, bien excusable dans un jeune homme. Je ne puis avoir mauvaise opinion de vous... veuillez être persuadé aussi que cette nuit c'est mon frère que j'attendais...

— Je n'en doute pas, madame; mais je le trouve bien heureux d'avoir une sœur aussi aimable!...

— Je suis fâchée que la patrouille vous ait poursuivi... mais mon mari est cruel pour cela... il voit des voleurs partout!...

— Les maris sont tous comme cela!...

— J'ai été enchantée d'apprendre qu'on ne vous avait pas arrêté!...

— Je le crois.

— Je crois qu'on doit venir aujourd'hui s'informer dans la maison si l'on vous a vu.

— Oh! soyez tranquille, on ne m'y trouvera plus.

— J'ai dit à mon mari que je m'étais mise à la fenêtre pour prendre l'air, me sentant incommodée... et qu'un inconnu m'avait demandé son chemin. J'espère que Mlle Lise ne sait pas...

— Non, madame!... elle ne saura rien.

— Alors je n'ai plus besoin de l'attendre, car je vous avoue franchement que c'était pour la prévenir à ce sujet que je suis venue chez elle.

— Je m'en doutais, madame, et c'est pour cela que je désirais vous rassurer entièrement.

— Adieu, monsieur; si quelque jour je puis vous être bonne à quelque chose, veuillez ne pas m'oublier.

— Vous oublier, madame! vous ne devez jamais craindre de l'être.

Mme Dubourg fait à Gustave un salut gracieux, et va pour sortir, lorsque Mlle Lise rentre avec un paquet sous son bras. Elle s'arrête, regarde Gustave qui se mord les lèvres, et Mme Dubourg qui rougit.

— Que veut madame?... que demande madame? dit la petite blanchisseuse d'un air moqueur.

— Mademoiselle, je voulais savoir si les jabots de mon mari sont plissés...

— Les jabots de votre mari?... vous savez bien, madame, que je ne vous les porte jamais qu'à cinq heures.

— C'est vrai... mais il dîne en ville, et il n'en a pas de blancs... je vais les prendre, si vous n'avez pas le temps... Les voilà, je crois?... Oui, c'est cela...

Mme Dubourg prend trois jabots qu'elle voit sur une table, les chiffonne dans sa main, les fourre dans son sac, et se sauve bien vite, sans écouter les cris de Lise qui l'appelle dans l'escalier en lui disant qu'elle emporte les jabots d'un artiste du café d'Apollon pour ceux de son mari.

— Ah! monsieur Gustave, dit la petite en rentrant, je ne sais pas ce que vous faisiez avec cette dame, mais elle est bien troublée; elle ne sait plus ce qu'elle fait.

— Comment peux-tu avoir de pareilles idées, Lise?

— Pardi!.... ça serait bien étonnant!... mais je vous avais bien défendu d'ouvrir...

— J'avais cru entendre ta voix.

— Menteur!... Vous connaissez Mme Dubourg, je gagerais.

— Moi! voilà la première fois que je la vois.

— Et vos questions de cette nuit, croyez-vous donc que je les ai oubliées?... Mais j'irai chez elle à quatre heures; c'est l'heure où le mari y est; je verrai s'il dîne en ville, et si elle m'a menti...

— Lise, vous parlez toujours mal des autres; vous ne ménagez personne, et vous voulez qu'on ne dise rien de vous!... Mais je vous préviens que si vous cherchez à faire de la peine à cette dame, que je crois très honnête, je me fâche avec vous, et ne vous reparle de ma vie!...

— Le beau malheur!... on se passera de monsieur... il faut que je le trouve chez moi faisant l'amour avec une petite prude qui ne vaut pas deux liards... et que je ne dise rien encore... ça serait commode!... Je sais bien que vous avez des maîtresses de toutes les tailles et de toutes les couleurs; mais je ne veux pas qu'elles viennent vous aimer chez moi... Ces femmes mariées, ah! elles sont d'une audace!... il semble que tout leur soit permis; elles devraient rougir... et mourir de honte de tromper leurs bonasses de maris!... Au moins, une demoiselle est sa maîtresse! elle peut aller tête levée!...

Pendant que Mlle Lise parlait, Gustave s'habillait, non sans crier après la négligence d'Olivier et la sottise de Benoît. En effet, on lui envoyait une culotte de bal avec des bottes à l'écuyère, un gilet de drap et l'on était en été.

— Est-ce Olivier qui a choisi ces vêtements? dit enfin Gustave à Lise.
— Non, votre ami n'y était pas, je n'ai vu que votre domestique... Benoît. Ah! qu'il a l'air godiche! c'est lui qui m'a donné ce paquet.
— Je ne m'étonne plus du choix des effets...
— Ah! ah!... que vous êtes drôle!... vous avez l'air d'un marié de village... Cet habit vous est trop court.
— Il semble que le coquin l'ait fait exprès : je crois vraiment que c'est un de ses habits qu'il m'a envoyé... il me payera ce tour-là... mais il est décidé que je sortirai d'ici déguisé... Mademoiselle veut-elle bien alors m'aller chercher une voiture?
— Oui, monsieur, et je vais voir si Mme Dubourg vous attend à la porte.

Lise descend, et revient bientôt avec un fiacre.
— Adieu, mademoiselle Lise, dit Gustave.
— Adieu, mauvais sujet... Eh bien! il s'en irait sans m'embrasser!...
— Je vous croyais fâchée contre moi!... Adieu, ma chère amie... viens me voir chez Olivier... tu sais l'adresse?
— Ah ben, oui! j'irai comme cela chez des jeunes gens!... on en dirait de belles!... A quelle heure vous trouverai-je?
— Parbleu! le matin... tu sais bien que je me lève tard.
— C'est bien, j'irai vous réveiller.

Gustave descend les cinq étages, monte dans le fiacre qui l'attend à la porte et se fait conduire chez Olivier.

XII

UN DÉJEUNER DE JEUNES GENS

Olivier était un jeune homme de l'âge de Gustave. Ayant perdu de bonne heure ses parents, il s'était trouvé trop tôt maître de ses actions. Il aimait le jeu, le vin et les femmes; il était employé dans une administration où il allait bien régulièrement vers la fin du mois, parce qu'on approchait du jour des payements; mais lorsqu'il avait touché son argent, il décampait du bureau, et l'on était quelquefois huit jours sans l'y voir. Ses chefs lui faisaient souvent des réprimandes, qui le rendaient sage pendant vingt-quatre heures. Comme lorsqu'il le voulait, il travaillait vite et bien, on était indulgent pour lui.

Olivier était chez lui lorsque Gustave descendit de voiture : il l'aperçut de la fenêtre, et vint au-devant de lui en riant aux éclats.

— Me voici, dit Gustave; j'ai cru que je n'arriverais jamais chez toi!...

— Ah! ah! ah!

— Eh bien! qu'as-tu donc à rire?

— Regarde-toi dans la glace... Ah! d'honneur, tu es impayable... Viens comme cela faire un tour au Palais-Royal... on te prendra pour un nouveau débarqué... Tu feras la conquête de toutes les nymphes des galeries de bois.

— C'est ce coquin de Benoît qui m'a envoyé ce costume... Benoît!...

— Me v'là, monsieur.

— Me diras-tu pourquoi tu m'as envoyé ton habit au lieu du mien?

— Ah! monsieur... c'est une malice : en entrant dans Paris, je craignais d'être vu par votre oncle, et j'avais mis votre habit pour ne pas être reconnu...

— Ah! tu as mis mon habit! c'est très agréable pour moi...

— Je voulais mettre aussi un de vos pantalons, mais je n'ai pas pu entrer dedans... il me gênait trop...

— C'est dommage!... Ah! çà, Benoît, je te prie de ne plus faire de ces malices-là; cela ne me plaît pas du tout. Mon cher Olivier, il faut que tu me loges.

— Tu sais bien que tu seras ici comme chez toi : j'ai trois pièces, il y en aura une pour chacun de nous.

— Je veux, avant de reparaître devant mon oncle, qu'il ait oublié son projet de mariage... Ah! je te conterai tout ce qui m'est arrivé; cela t'amusera. A propos, as-tu vendu les chevaux?

— Oui, tout de suite.

— Bien cher?

— Mais, pas mal... Nous compterons cela plus tard... Habille-toi, et allons dîner...

— Je veux dîner ici; je ne sortirai qu'à la nuit pendant quelque temps...

— Tu as donc bien peur de ton oncle?

— Oh! il ne plaisante pas... et je dois éviter sa colère. Benoît, va chez un traiteur, et fais apporter à dîner avec toi... Auras-tu l'esprit de commander un dîner pour deux?

— Ah! pour ça, vous serez content, monsieur... mais si l'on me voit en route?...

— Mets ce vieux carrick, ce grand chapeau sur tes yeux... C'est cela... Tu as l'air d'un vieux juif. Va chez le traiteur, et dépêche-toi.

Resté seul avec son ami, Gustave lui raconta une partie de ses aventures, glissant cependant sur ce qui avait rapport à Mme de Berly. Quoique étourdi, notre héros savait garder le secret d'une bonne fortune, lorsqu'il s'agissait d'une femme dont la réputation devait être ménagée. Il aimait à faire des conquêtes, mais il avait le bon esprit de ne point parler de toutes celles qu'il faisait. Bien différent en cela de ces fats qui vont partout parler de leurs bonnes fortunes et des faveurs qu'on leur prodigue ; mais il faut se défier de la vivacité de ces grand séducteurs : ceux qui se vantent le plus sont presque toujours ceux qui réussissent le moins.

Pour un inconstant, Gustave avait des principes ; il n'avait jamais fait aux femmes d'autres chagrins que celui de les tromper. Il passait pour mauvais sujet ; mais n'était-il pas plus excusable que celui qui, sous des dehors hypocrites, cherche à triompher d'une femme, et la perd de réputation lorsqu'elle ne veut pas céder à ses désirs ? De tels hommes sont trop communs dans le monde ; ceux-là sont véritablement les mauvais sujets. On peut excuser l'inconstance, la légèreté, l'étourderie ; mais l'hypocrisie, la calomnie, sont les vices des âmes lâches et corrompues.

Benoît revint, suivi d'un garçon traiteur, d'un pâtissier, d'une écaillère, d'un marchand de vin et d'un limonadier. Chacun apportait ce qu'il fournissait pour le dîner de ces messieurs.

— Peste ! dit Gustave il me paraît que Benoît veut se dédommager de la cuisine un peu simple de Mme Lucas. Allons ! fêtons ce dîner superbe !... mais une autre fois, ayons soin de lui faire la carte de ce que nous voulons.

Pendant le dîner, Olivier apprend à son ami qu'il a fait connaissance, dans sa maison, avec une petite dame qui *enfile des perles*, et à laquelle il donne quelques leçons de guitare, parce que la dame aime beaucoup la musique, et doit le mener incessamment dans une société bourgeoise, où l'on fait des concerts d'amateurs.

— Parbleu ! dit Gustave, un concert d'amateurs, c'est mon affaire ; tu sais que je joue à livre ouvert, sur le violon, un accompagnement de sonate ; je risque même quelquefois le trio de *Rasetti*. Tu me mèneras avec toi. Il faut d'ailleurs que j'essaie de me distraire de mes amours malheureuses.

Après le dîner, Olivier alla courtiser la dame aux perles, et Gustave alla se promener dans la rue du Sentier. Il demanda la maison de M. de Berly ; on la lui indiqua, et il se promena quelque temps devant la porte cochère, regardant aux fenêtres s'il apercevrait Julie ; mais il ne vit rien.

— Si elle savait que je me promène devant sa porte, disait-il, elle trouverait quelque moyen pour sortir et me parler ! Si je pouvais voir cette

Finissez donc, votre domestique qui vous regarde! (P. 451).

bonne fille qui m'a remis son billet... mais je ne puis entrer dans la maison!... ce serait exposer Julie à de nouveaux désagréments.

Gustave retourna chez Olivier; plusieurs jours se passèrent de la sorte. Notre héros ne sortait que le soir pour se promener rue du Sentier; Olivier allait le matin mettre son chapeau à son bureau, puis revenait en voisin faire la cour à son élève sur la guitare. Ces messieurs faisaient grande chère pour se désennuyer de leur conduite rangée. L'argent se dépensait, mais on n'en gagnait point; Olivier ne touchait que le quart de ses appointements; les trois autres quarts étaient partagés entre ses créanciers. Gustave commençait à voir le fond de sa bourse, mais il comptait sur Olivier, qui devait avoir l'argent provenant des chevaux. D'ailleurs, le colonel ne pouvait être toujours fâché : déjà son neveu lui avait écrit une lettre bien respectueuse, bien soumise, dans laquelle il parlait de son amour pour Mme de Berly comme d'une passion qui avait égaré sa raison au point de le faire s'introduire dans la chambre de cette dame, qui ne partageait pas ses coupables sentiments. Gustave ne se flattait pas que son oncle fût dupe de ce mensonge, mais il devait chercher à excuser Mme de Berly et appuyer ce que celle-ci avait dit à son mari.

Gustave commençait à trouver fort monotone la vie qu'il menait, lorsqu'un matin, après le départ d'Olivier, on frappa à la porte, et Benoît ouvrit à Mlle Lise.

La petite était en toilette : elle avait mis le chapeau rose, la robe garnie, le châle boiteux, et personne n'aurait deviné, à sa mise et à sa tournure, que ce n'était qu'une blanchisseuse de fin. Mais à Paris rien n'est si trompeur que l'apparence !... Vous êtes assis au spectacle entre deux hommes dont la toilette est la même; leur fortune est donc à peu près égale? non pas : l'un bat les habits dans un hôtel garni. La lingère porte des cachemires, l'épicière met des plumes, l'ouvrière des chapeaux, le perruquier un carrick, le garçon traiteur un jabot. Quel dommage qu'on ne puisse pas acheter un organe comme on achète un fichu ! Alors nous n'entendrions point une voix de rogomme sortir de sous une capote de velours. Patience, cela viendra peut-être; nous avons déjà l'enseignement mutuel pour réformer les *t* et les *s*, qui se glissaient trop souvent dans la conversation de nos dames à la mode.

— Me voilà, monsieur, dit la petite; je viens vous voir, je suis de parole.

— Ma foi, ma chère amie, tu ne pouvais arriver plus à propos; je faisais des réflexions mélancoliques... Ta présence me rend ma gaieté...

— Vous, réfléchir ?.. ce serait donc la première fois !...

— Écoute donc, il y a commencement à tout; je deviens vieux...

— Ce vieux de vingt et un ans !...

— Tu vas passer la journée avec moi?

— Je le veux bien.

— Tu dîneras ici? Olivier ne t'effraie pas?

— J'aimerais mieux être seule avec vous, mais puisqu'il est chez lui.

— Et ce soir je te reconduirai : est-ce arrangé?

— Vous savez bien que je fais tout ce que vous voulez.

— Tu es charmante; laisse-moi t'embrasser...

— Finissez donc; votre domestique qui nous regarde!... Mais il faut, avant le dîner que j'aille faire une visite à ma tante. J'y vais de suite, afin de ne plus vous quitter.

— Va et ne reviens pas trop tard.

Lise sort, Gustave appelle Benoît:

— Benoît, il faut nous faire un dîner délicieux, superfin, et surtout friand: les petites filles aiment les friandises, et moi je suis assez du goût des petites filles.

— Monsieur, c'est que je ne sais même pas si vous aurez un petit dîner.

— Comment cela, butor?

— Parce que le traiteur, à qui on en doit déjà cinq, a dit qu'il ne fournirait plus rien avant d'être payé de l'ancien.

— On doit cinq dîners?...

— Oui, monsieur, sans compter, les déjeuners que j'ai fait venir de chez un autre.

— Et pourquoi n'as-tu pas dit cela à Olivier? il faut qu'il les paye.

— M. Olivier me renvoie toujours à vous quand il s'agit d'argent.

— Il croit donc que ma bourse est inépuisable?... Il doit être en fonds; nous n'avons pas encore touché aux chevaux... Mais je l'entends justement qui descend de chez son *enfileuse de perles*.

Olivier descendait en effet de chez sa voisine; il entra dans l'appartement d'un air tout joyeux.

— Tu arrives bien, lui dit Gustave... mais qu'as-tu donc?... Quel air triomphant?... Aurais-tu touché ton mois tout entier?...

— Mon mois!... je n'ai rien vu. Mais apprends ce qui m'enchante; je viens de chez ma voisine: c'est une femme toute sans façon... tu sais...

— Parbleu! une grisette!

— Laisse donc, une grisette: une femme dont le mari est mort capitaine de vaisseau!...

— Oui, ou à fond de cale... Mais enfin!

— Enfin sa tante... cette vieille dame avec qui elle demeure, est allée passer la journée à Belleville, et j'ai fait consentir ma voisine à venir dîner aujourd'hui avec nous.

— Bah! Eh bien, cela se trouve à merveille, Lise vient aussi; nous ferons partie carrée.

— C'est cela... comme nous allons rire...

— Oui, mais pour rire, il faut d'abord que nous donnions à ces dames un joli dîner.

— Oh! un dîner soigné... C'est pour cela que j'accours te trouver.
— Et moi j'allais envoyer te chercher à ton bureau.
— Pourquoi faire?
— Pour avoir de l'argent... Le traiteur ne veut plus fournir sans être payé de l'ancien... Allons, va le solder et commande le dîner...
— Que j'aille le solder!... et avec quoi?
— N'as-tu pas l'argent des chevaux?
— Ah! mon pauvre Gustave!... je n'avais pas encore osé te l'apprendre... mais...
— Que veux-tu dire?
— J'ai mis tes chevaux sur la rouge et la passe, ils sont bien loin maintenant!
— Comment! tu as joué l'argent à la roulette?...
— Oui, mon ami; le jour même que je les ai vendus, j'avais un billet à payer à mon tailleur; j'ai voulu doubler notre somme... J'avais imaginé une nouvelle martingale.
— Au diable les martingales... Tu as fait une belle chose!... Tu es incorrigible... jouer et perdre!...
— Parbleu! si j'avais gagné, tu n'aurais pas de reproches à me faire.
— Nous voilà bien; ma bourse est vide...
— La mienne n'est jamais pleine... et nous ne sommes qu'au neuf du mois; encore trois semaines sans toucher mon quart!...
— Et le traiteur qui ne veut plus fournir à dîner!...
— Et ces dames que nous avons invitées pour aujourd'hui!...
— Pauvre Lise! que je comptais régaler...
— Ma voisine qui m'a avoué qu'elle aime beaucoup le champagne!...
— Oui?... Bien heureuse si elle a de la piquette!...
— Mon pauvre Gustave!... j'ai envie de m'arracher les cheveux!
— Finis tes bêtises, et tâchons de trouver quelque moyen pour sortir d'embarras. Benoît?...
— Me voilà, monsieur.
— As-tu par hasard quelque argent en réserve?
— Oui, monsieur... Oh! j'ai quelque petite chose de côté...
— Vraiment!... Tu es un garçon charmant, Benoît; combien as-tu à peu près?
— Mais monsieur... j'ai bien... oui, j'ai environ une trentaine de sous.
— L'imbécile!... et il appelle cela quelque chose!... Donnerons-nous un joli dîner avec tes trente sous? Au moins, si tu avais du génie pour trouver quelque heureux expédient... Mais avec un valet comme toi, on peut bien mourir de faim!...

Olivier se promenait dans la chambre en frappant du pied et en maudissant le sort et la roulette. Gustave se creusait la tête pour trouver les moyens de se procurer à dîner, et Benoît, immobile devant les deux jeunes gens, attendait les ordres qu'il leur plairait de lui donner. Tout à coup la physionomie de Gustave s'éclaircit.

— Mon ami, dit-il à Olivier, nous dînerons... à la vérité, je ne sais trop comment nous payerons notre repas, mais le principal maintenant, c'est le dîner. Tu sais qu'il y a six mois, pendant le séjour que mon oncle fit à la campagne, je restai seul à Paris; j'allais alors dîner quelquefois dans un restaurant tenu par une petite mignonne de soixante ans, qui a six pieds de tour, un bras d'Hercule et une figure de jubilation. Cette aimable dame aime beaucoup les jeunes gens : elle me regardait avec complaisance, souriait en me parlant, et lorsque je passais au comptoir, elle m'offrait toujours de ne payer que plusieurs dîners à la fois. J'étais alors en argent, et je n'ai pas profité de ses offres obligeantes; mais aujourd'hui je vais mettre sa bonne volonté à l'épreuve : je cours chez elle; je feins d'arriver de la campagne, j'ai quelques amis à traiter, et je m'en rapporte à sa complaisance pour me guider en cette occasion. La bonne dame, flattée de ma confiance en elle, me donnera tout ce que je voudrai... Je vais me commander un dîner charmant, et quand il sera mangé nous aviserons aux moyens de le payer.

Monsieur, j'étouffe là-dedans.

— C'est cela!... ton idée est un coup de la Providence. Cela me rappelle la nièce d'un confiseur avec laquelle j'ai eu quelques relations amicales, tout en faisant à son oncle des devises pour ses pistaches. Je vais à la boutique du confiseur; je suis certain d'avoir un joli dessert en sucreries.

— Allons, c'est à merveille; dépêchons-nous d'aller commander ce qu'il nous faut pour régaler nos belles. Je m'expose pour ces dames ; je sors en plein midi, au risque d'être aperçu, reconnu par le cher oncle...

— Bon! tu ne vas pas précisément le rencontrer ce matin.

— Je m'abandonne à ma destinée!

Les jeunes gens allaient sortir, Benoît les arrête.

— Messieurs... il me semble que pour votre dîner il manque encore quelque chose...

— Qu'est-ce donc?

— Dame! vous n'avez pas de vin... — Oh! le drôle a raison; c'est l'essentiel... Comment en avoir?... Olivier, connais-tu la femme, la nièce ou la fille d'un marchand de vin?...

— Fi donc, mon ami! j'ai toujours choisi mes conquêtes dans un rang plus élevé.

— Ma foi, dans ce moment-ci, une petite passion bourgeoise avec une marchande de vin nous tirerait d'embarras!... un dîner sans vin... cela ne serait pas trop gai....

— Le limonadier d'en face nous connaît, il nous donnera de la bière... Jolie boisson pour mettre en belle humeur!

— Nous dirons à ces dames que c'est du vin de *Lacryma-Christi*.

— Elles ne s'y tromperont pas!...

— Nous pourrons même avoir un ou deux bols de punch.

— On ne boit pas de punch avec du fricandeau.

— Nous le ferons faire au vin.

— Va, te promener!

— Ah! Gustave, une idée sublime... Nous aurons du vin... du bordeaux et du champagne... Veux-tu me confier Benoît?

— Oh! je te l'abandonne, fais-en ce que tu pourras.

Gustave court chez la grosse maman qui tient un restaurant ; Olivier reste avec Benoît, dont il compte se servir pour avoir du vin. Le grand garçon regarde d'un air étonné l'ami de son maître, qui se met une cravate bien roulée, un habit bien long, un gilet bien court, se peigne ses cheveux bien lisses, se frotte de rouge le bout du nez, prend une cravache, met des guêtres, un petit chapeau pointu et s'étudie dans la glace à se donner un air bête et insolent.

— Est-ce que monsieur va jouer la comédie? dit enfin Benoît.

— Mais à peu près; me voici costumé. A ton tour, Benoît...

— Comment, monsieur, vous voulez me déguiser aussi?

— Tais-toi, et obéis. Mets cette vieille culotte de peau, qui m'a servi à monter à cheval dans mes moments de prospérité.

Monsieur, je ne pourrai jamais entrer là-dedans...

Si fait, cela prête... Prends ce gilet rouge... cette veste de nankin que je porte le matin, et coiffe-toi de cette petite casquette...

— Monsieur, j'étouffe là-dedans...

— Tant mieux, c'est ce qu'il faut, tu en auras davantage l'air d'un échappé des bords de la Tamise...

— Vous voulez me mettre dans un tamis, monsieur?

— Écoute bien, Benoît; et ne vas pas te tromper...

— Je suis tout oreilles, monsieur.

— Je suis un mylord, et tu es mon jockey...

— Qu'est-ce que c'est qu'un milord, monsieur?

— C'est un Anglais qui vient à Paris voir les monuments, les spectacles, les jeux et les filles : on les reconnaît facilement dans les rues, à leur tournure grotesque; dans les spectacles, à leur mine étonnée; au jeu, à leurs jurements; près des filles, à leurs guinées.

— Ah! oui, monsieur... j'en ai vu l'autre jour deux dans la rue de l'Échiquier, qui pleuraient de joie en regardant deux coqs se battre... Ils disaient comme ça, en voyant ces deux animaux se déchirer le visage, que ça leur rappelait leur pays.

— Eh bien! Benoît, il faut te donner la tournure anglaise; tu vas me suivre chez un gros marchand de vin. Songe bien, si l'on te parle, à ne jamais répondre que *yes*.

— *Yes?*

— Oui, à tout ce qu'on pourra te dire, *yes*, et toujours *yes*.

— Ça suffit, monsieur!.. Oh! c'est facile à retenir.

— Ce n'est pas tout : quand je m'en irai, tu resteras chez le marchand, jusqu'à ce que moi ou Gustave allions t'y chercher; si tu reviens ici sans notre permission, tu recevras vingt-cinq coups de bâton, entends-tu?

— Je n'y reviendrai pas, monsieur.

— Tu en recevras cinquante si tu donnes notre adresse... Ainsi, souviens-toi de tout cela. Tu ne reviendras pas ici?...

— Non, monsieur, et toujours *yes* quand on me parlera.

— C'est cela même. Suis-moi, Benoît.

Olivier sort de la maison; Benoît le suit, pouvant à peine marcher avec sa culotte de peau, enfonçant sa casquette sur ses yeux, et repassant dans sa mémoire la leçon qu'il a reçue : le pauvre garçon était inquiet : les coups de bâton et les manières anglaises le tourmentaient beaucoup; Olivier avait bien de la peine à garder son sérieux lorsqu'il voyait le visage contrit de son jockey.

Arrivé à une place de fiacres, Olivier monte en voiture avec Benoît, et baragouinant l'anglais, ordonne au cocher de le conduire chez un des premiers marchands de vin de Paris. Le cocher fouette ses rosses, on part: en route Olivier rappelle à Benoît ses instructions, dont il ne doit point s'écarter. On arrête devant un magasin de vin. Olivier descend, et entre dans la boutique en se dandinant et poussant le ventre ; Benoît le suit, marchant les jambes écartées et les yeux baissés. Notre étourdi prononce quelques mots anglais, et comme les marchands aiment beaucoup avoir affaire avec les étrangers, on s'empresse autour de mylord.

Benoîtson, suivez-moi.

— Moi, vouloir un joli panier de vin pour régaler deux milords de mes amis, *if you please*.

— Du vin, mylord? nous en avons de toutes les qualités, de tous les pays, de tous les âges...

— Donnez-moi du meilleur et du plus vieil, *if you please*; je ne regarde point le prix.

— Vous serez content, milord... Combien de bouteilles?

— Nous être trois, *I will* neuf bouteilles : trois bordeaux, trois beaune, trois champagne... dans un panier...

— Oui, milord... Du champagne mousseux?

— *Yes, I will* que le bouchon saute au visage.

— Il sautera même au plafond, milord.

— *Is it good?*

— Non, milord, vous n'en perdrez pas une goutte.

On s'empresse de mettre les neuf bouteilles de vin dans un panier qu'on porte dans le fiacre; le marchand présente le mémoire à milord, qui ne fait aucune difficulté sur le prix, mais ne fouille pas à sa poche.

— Je avais laissé mon bourse à l'hôtel; monsieur le marchand, faites venir un de vos jockeys avec moi pour toucher la petite somme, *if you please*.

— Oui, milord, c'est très facile. François, allez avec ce milord

Et va se jeter aux pieds du colonel Moranval. (P. 461).

anglais; vous toucherez soixante francs pour les neuf bouteilles. Milord, je vous demande votre pratique...

— *I will* vous acheter souvent, monsieur le marchand. *Good morning.* Benoîtson, suivez-moi...

— *Yes.*

Benoîtson suit milord sans lever le nez; on monte en voiture avec

François, qui n'ose pas s'asseoir devant milord. Olivier avait dit au cocher de le mener du côté des Champs-Élysées. Lorsque l'on eût roulé quelque temps, milord se frappa le front comme quelqu'un qui a oublié quelque chose d'important, puis ordonna au cocher d'arrêter.

— Mon ami, dit-il à François, j'ai oublié l'essentiel; il me faut six bouteilles de vin d'Espagne, allez vite me les chercher; mon jockey va vous accompagner; vous reviendrez avec lui à l'hôtel des Milords. *Benoîtson*, allez avec ce jeune marchand.

— *Yes.*

François ne fait aucune difficulté pour laisser le vin dans la voiture, ayant pour nantissement le domestique de milord. Il descend du fiacre ainsi que le jockey, et se hâte de retourner chez son maître chercher du vin d'Espagne.

Olivier, débarrassé du garçon, se fait conduire à la porte Saint-Martin; là, il descend de voiture, paye son cocher, prend un commissionnaire, lui fait porter son panier de vin, et revient trouver Gustave, auquel il présente en triomphe le beaune, le bordeaux et le champagne.

— Comment diable as-tu fait pour avoir ce panier de vin? demanda Gustave à son ami.

Olivier lui raconte le moyen qu'il vient d'employer et le succès de son déguisement; Gustave secouait la tête et ne paraissait pas fort content de l'espièglerie d'Olivier.

— Sais-tu, lui dit-il, que ce que tu viens de faire n'est pas délicat!...

— Pourquoi donc?

— Se déguiser pour acheter du vin qu'on ne veut pas payer!

— Si fait, je veux bien le payer, et la preuve, c'est que j'ai laissé des gages.

— Beau gage! cet imbécile de Benoît!

— Mon ami, tout niais qu'il soit, un grand garçon de vingt ans vaut bien soixante francs.

— Mais il nous trahira.

— Impossible; je lui ai fait sa leçon... Allons, bannis de vains scrupules, je te promets d'aller dégager Benoît dès que je toucherai quelque chose sur mon mois.

— Alors il restera longtemps en nantissement.

— Mais toi, tu ne me parles pas de ce que tu as fait?

— Oh! nous aurons un dîner superbe!... poissons, rôtis, entremets, rien n'y manquera.

— Mon ami, ce n'est pas délicat de manger un dîner qu'on ne peut pas payer.

— Quelle différence !... on me fait crédit volontairement !... La grosse maman m'a offert de me fournir au mois...

— Au mois !... ah! mon ami ! quelle trouvaille tu as faite là !... encore onze traiteurs de bonne volonté, et nous voilà en pension pour l'année.

— Allons, cesse tes folies, et mettons le couvert ; nos dames ne tarderont pas à venir... Ah! que tu es gauche! tu ne sais point placer une assiette... Que penseront nos belles en ne nous voyant pas un domestique pour nous servir !

— Elles penseront que nous avons renvoyé nos gens pour être plus libres de nous livrer à la gaieté et à la tendresse... elles nous en sauront même bon gré.

— Tu vois tout cela du bon côté, mais je crains que ce nigaud de Benoît ne fasse des sottises...

— Chut!... on frappe...

— Regarde au trou de la serrure. Est-ce le dîner?

— Non, c'est ma voisine.

La petite voisine est introduite : elle se blâme la première sur son inconséquence de venir dîner chez des garçons ; mais ces messieurs lui promettent d'être discrets, et la rassurent en lui promettant qu'elle ne sera pas la seule dame au dîner. En effet, M¹¹ᵉ Lise ne tarde point à venir; elle fait une petite moue en apercevant une femme, mais son humeur se dissipe lorsqu'elle voit que ce n'est pas pour Gustave que la voisine est descendue.

Le traiteur arrive enfin, courbé sous le poids des matelote, fricandeau et bifteck ; on s'empresse de le débarrasser des plats qu'il apporte, on en couvre la table, et on se livre sans réserve à son appétit et à sa gaieté.

Pendant que ces messieurs et ces dames sont à table, voyons un peu ce que faisait le pauvre Benoît, métamorphosé par Olivier en *Benoîtson*, jockey anglais.

François arpentait les Champs-Elysées avec son compagnon, qui n'avait garde de desserrer les dents, mais qui maudissait tout bas Olivier, le panier de vin et la culotte de peau.

François essaie d'entamer la conversation, mais Benoît ne répond que par des *yes* à tout ce que l'on dit, et le garçon marchand de vin cesse un entretien dont il fait seul les frais. On arrive enfin au magasin, François tout essoufflé, Benoît rouge comme un coq, parce qu'il prévoit que cela tournera mal pour lui.

— Est-ce que milord n'est pas content de son vin? demande le marchand en apercevant Benoît.

— *Yes*, répond celui-ci.

— Ce n'est pas cela, monsieur, dit le garçon; milord n'a pas encore goûté le vin, mais il s'est rappelé en chemin qu'il lui fallait six bouteilles de vin d'Espagne, et nous venons les chercher.

— Six bouteilles de vin d'Espagne!... mais duquel, encore?...

La petite voisine est introduite

— Milord n'a pas dit autre chose.

— Savez-vous, monsieur le jockey, quel est celui que votre maître préfère?

— *Yes*.

— Est-ce le madère, le xérès, le malaga?

Yes, et toujours *yes*.

— Ah! j'entends, c'est le malaga.. Voilà son affaire... Tiens, François, prends ce panier... Tu toucheras quatre-vingt-dix francs au lieu de soixante. Milord demeure-t-il loin?

— *Yes*.

— A l'hôtel des Milords dit François en prenant le panier... Allons marchez, monsieur Benoîtson je vous suis.

M. Benoîtson, qui ne savait plus ce qu'il devait faire, puisque Olivier lui avait défendu de donner son adresse et de retourner vers son maître sous peine de coups de bâton, ne répondait rien à François, et restait comme un terme au milieu de la cour.

— Est-ce que ce jockey a oublié son chemin? dit le marchand impatienté; où est l'hôtel des Milords, mon ami?

— *Yes*.

— Que le diable l'emporte avec ses *yes!*... il paraît que ce jockey n'entend pas le français... Comment savoir à présent où reste son maître? Ah! c'est sans doute à l'hôtel Meurice, où descendent les gros milords?

— *Yes*.

— Bon; je l'ai heureusement deviné... François va vite à l'hôtel Meurice avec M. Benoîtson.
— Oui, monsieur.

François se remet en marche; on est obligé de pousser le jockey dans la rue pour le faire trotter près du garçon marchand de vin; il cède enfin et accompagne François en rechignant. On arrive à l'hôtel Meurice; François fait des signes à son silencieux compagnon pour savoir s'il reconnaît l'hôtel, Benoît lâche une douzaine de *yes*. Le garçon entre et demande l'appartement de milord. Le concierge lui répond qu'il y a une vingtaine de lords dans l'hôtel et qu'il faut qu'il s'explique mieux; François pousse Benoît devant lui et dit qu'il demande le maître de ce grand jockey-là; le concierge examine Benoît et répond qu'il ne l'a jamais vu, que d'ailleurs on dîne parfaitement, et que les lords qui l'habitent n'ont pas l'habitude d'envoyer chercher du vin dehors.

François est furieux; il regarde Benoît entre les deux yeux, lui demande si c'est dans cet hôtel que son maître est logé ou dans un autre quartier. Le jockey ne répond que *yes* à tout ce qu'on lui demande. Le concierge éclate de rire, et François fort ennuyé de ses promenades, pousse Benoît devant lui et ne le perd pas de vue en retournant chez son bourgeois.

Le marchand de vin s'emporte contre François en le voyant revenir avec le jockey: il commence à craindre d'avoir été dupé par un fripon et à suspecter la loyauté de milord. Il y a des voleurs en Angleterre comme ailleurs: cette idée inquiète le marchand, qui presse enfin Benoît de s'expliquer et d'indiquer la demeure de son maître. Enfin il trouve un moyen pour connaître la vérité: il se rappelle qu'un monsieur qui demeure dans sa maison sait parler anglais; par lui on saura faire répondre le jockey. François court chercher le voisin, qui vient de suite interroger Benoît.

Mais en vain on presse le jockey de questions anglaises et françaises il ne sort pas de ses *yes* et on ne peut tirer de lui aucun renseignement sur son maître. Le marchand de vin voit qu'il a été dupé; mais il faut une victime, et Benoît va être conduit en prison. Déjà François saisit au collet le faux Benoît, lorsqu'un militaire entre dans la cour de la maison. A sa vue Benoît, recouvre la parole; il crie, pleure et se débat, et va se jeter aux pieds du colonel Moranval.

Le colonel allait dans la maison du marchand visiter un de ses anciens camarades, lorsqu'il entendit les cris de Benoît; il lui demande où est son neveu. Le marchand vient réclamer son argent et expliquer ce qui lui est arrivé. Le colonel qui devine une partie de la vérité paye au marchand le prix de son vin, se rend caution du valet, donne pourboire à François pour l'engager à ne point ébruiter cette aventure et s'éloigne en emmenant Benoît, par qui il espère savoir enfin des nouvelles de Gustave.

XIII

ENCORE UNE FOLIE

Nos jeunes gens avaient oublié Benoît et leurs créanciers : tout au plaisir d'être à table avec deux femmes jeunes, aimables et jolies, ils se livraient à la gaieté la plus folle que leurs belles partageaient : on chantait, on riait, on disait tout ce qu'on pensait ; on était aimable sans chercher à l'être ; on avait de l'esprit sans prétention, de la malice sans méchanceté. Par-ci, par-là, ces messieurs prenaient un baiser à leur voisine, mais rien de plus : les petites femmes savaient maintenir les mains trop entreprenantes des jeunes gens, et elles faisaient bien : pour qu'une fête soit gaie il ne faut pas qu'elle dégénère en débauche.

On était au dessert ; le bouchon du champagne avait été frapper le plafond (ainsi que le marchand de vin l'avait promis à milord), le vin moussait dans les verres, et la liqueur pétillante achevait d'échauffer les esprits déjà exaltés des convives, lorsque plusieurs coups frappés rudement à la porte interrompirent Gustave au milieu d'un couplet bachique.

Les jeunes gens se regardent, incertains s'ils doivent ouvrir ; les dames regardent ces messieurs et cherchent à deviner dans leurs yeux le motif de leur inquiétude. On frappe de nouveau.

— Eh bien ! messieurs, dit Mlle Lise, est-ce que vous n'entendez pas ?

— Si fait, nous entendons, dit Gustave, mais nous ne savons pas si nous devons répondre... c'est peut-être quelque visite importune...

— Ah ! je devine ! quelque dame qui vient voir ces messieurs... et on craint qu'elle ne nous trouve ici... Je vais ouvrir, moi ; je veux connaître cette beauté dont on redoute la colère...

Mlle Lise, qui n'écoute jamais ce qu'on lui dit lorsqu'il s'agit de quelque chose qui pique sa curiosité, court dans la première pièce, et, malgré les prières de Gustave et d'Olivier, va ouvrir la porte d'entrée, lorsqu'un jurement bien prononcé se fait entendre sur le carré et change la résolution de la petite, qui revient pâle et tremblante vers Gustave.

— Ah ! mon Dieu ! c'est ce vieux bougon de colonel !...

— Qui ? mon oncle ?...

— Lui-même... Oh ! j'ai bien reconnu sa voix !...

— Ah ! mon Dieu !... il m'aura vu passer ce matin dans la rue !... Comment faire, Olivier ?...

— Parbleu ! qu'il frappe tant qu'il voudra, nous n'ouvrirons pas.

— Votre oncle est donc bien méchant ? dit à son tour la petite voisine.

— Ah ! madame ! il n'est qu'emporté... mais il m'en veut parce que je ne me suis pas marié avec une jeune prude qu'il me destinait... Tenez, entendez-vous comme il frappe ?... Ecoutons, je crois qu'il parle...

— Ouvrirez-vous, mille bombes ! crie à travers la porte le colonel Moranval ; si vous n'ouvrez pas, j'enfonce la porte !...

— Ah ! mon Dieu !... il le fera comme il le dit !... s'écrie Lise en courant dans la chambre pour chercher un endroit capable de la dérober au colonel, qu'elle craint comme le feu.

Gustave se frotte le front, et cherche un moyen pour éviter son oncle ; la petite voisine tremble à la voix du colonel, qu'on paraît tant redouter, et Olivier avale plusieurs verres de champagne pour rappeler ses idées.

— Allons ! il n'y a que ce moyen à tenter, dit Gustave en ôtant son habit, son gilet et sa cravate.

— Qu'allez-vous donc faire ? demandent les dames.

— Me coucher.

— Vous coucher !... devant nous !... quelle horreur !

— Mesdames, dans un cas urgent, on glisse sur ces puérilités. D'ailleurs, je garde ma culotte, et vous ne verrez pas ce qu'il vous plaît d'appeler maintenant une horreur.

— Finis cette dissertation, dit Olivier ; quel est ton projet ?...

— Je suis au lit, malade à la mort, depuis hier... tu me gardes...

— Bon ! je comprends... mais ces dames ?

— Ah ! il faut les cacher pour un moment...

— Oui... mais où ?... pas d'armoires assez grandes... Ah ! le petit cabinet à l'anglaise ; on y tient deux facilement... Le colonel n'ira pas vous y chercher.

— Eh bien ! joli dessert que vous nous donnez là, dit la voisine.

— Pour moi, dit Lise, j'irai volontiers : l'arrivée du colonel m'a déjà donné la colique.

— Ce ne sera pas pour longtemps, mesdames ; mais de grâce laissez-nous apaiser le cher oncle...

— Allons, puisqu'il le faut... entrons dans ce cabinet à l'anglaise... Au moins, monsieur Olivier, passez-moi votre flacon d'eau de Cologne.

— Le voilà, madame.

Les deux petites femmes se cachent dans le cabinet qui est derrière le lit de Gustave ! Olivier enlève aussi vite qu'il le peut les débris du dîner et les quatre couverts ; puis, pendant que Gustave enfonce un bonnet de coton sur ses yeux et se fourre sous la couverture, il va un mouchoir à la main et d'un air sentimental ouvrir la porte au colonel Moranval.

Le colonel s'impatientait ; il allait effectuer sa menace et enfoncer la porte, lorsque Olivier parut devant lui.

Le colonel examine son neveu.

— Ah ! vous vous décidez donc à m'ouvrir enfin, monsieur ! Savez-vous bien qu'il est indécent de laisser frapper aussi longtemps ?...

— Monsieur le colonel, vous étiez le maître de ne pas rester à la porte...

— Oui, vous espériez que je m'en irais, je m'en doute bien... Je m'étais fait connaître, monsieur, et vous deviez...

— C'est pour cela, monsieur le colonel, que je n'ouvrais point.

— Comment, vous osez.

— C'était pour ménager votre sensibilité...

— Ma sensibilité !... laissons ce verbiage. Où est mon neveu ?...

— Chut !...

— Qu'est-ce à dire ?...

— Chut !... de grâce !...

— Qu'entendez-vous par vos chut ?... Je veux voir mon neveu !...

— Vous allez le voir, monsieur le colonel... veuillez me suivre dans la seconde pièce... et marchez sur la pointe des pieds, je vous en prie...

— Vous moquez-vous de moi, monsieur Olivier ?

— Ah ! monsieur, je n'ai pas envie de rire... Ce pauvre Gustave... venez, le voilà, monsieur le colonel ; voyez dans quel état !...

Le colonel arrive devant le lit dans lequel Gustave se frottait le visage avec des figues sèches (pendant que son ami amusait son oncle) afin de se rendre le teint jaune et terreux.

Elle chantait un duo avec un jeune homme. (P. 471).

Le colonel examine son neveu avec étonnement ; Olivier se retourne et étouffe une envie de rire que lui donne la vue du visage barbouillé de Gustave.

— Qu'a-t-il donc? dit enfin le colonel en examinant son neveu d'un air assez incrédule.

— Ce qu'il a? monsieur le colonel!... une fièvre cérébrale et qui semble vouloir devenir putride et maligne.

— Une fièvre cérébrale! depuis quand?...

— Depuis... hier...

— Et c'est pour guérir sa fièvre que vous avez été ce matin, déguisé en Anglais, escroquer du vin chez un marchand?...

— Monsieur le colonel, le terme est un peu fort... et si mon ami n'était point malade...

— Morbleu! monsieur, je ne crois plus à vos contes... On ne guérit pas un malade avec du champagne.

— Aussi, monsieur, ne l'avais-je pris que pour moi, afin de me donner des forces pour veiller mon ami.

— Pour cela vous laissez son domestique en gage?...

— Nous n'en avions pas d'autres à offrir.

— Exposer ce garçon à être mis en prison!...

— Monsieur le colonel, Patrocle s'est fait tuer pour Achille; Pollux meurt six mois de l'année pour Castor; Orphée va aux enfers pour sa femme; saint Vincent de Paul s'est fait mettre aux galères pour des gens qui n'en valaient pas la peine; M. Benoît peut bien coucher en prison pour son maître.

— Il n'est pas question d'Orphée et de Pollux!... mais de mon neveu, qui, grâce à vous, monsieur Olivier, ne fait plus que des sottises...

— Ah! monsieur le colonel, vous me flattez...

— Est-ce qu'il ne parle plus?...

— C'est qu'il est dans un assoupissement momentané, suite de l'accès qu'il vient d'avoir...

— Que diable a-t-il donc sur la peau?...

— Rien... c'est l'effet de la fièvre.

— Avez-vous été chercher un médecin?...

— Pas encore, monsieur le colonel...

— Quoi! lorsque votre ami est malade...

— Monsieur le colonel, nous n'avons pas d'argent pour acheter les drogues qu'il ordonnera sans doute...

— Quelle conduite!... pas d'argent pour vivre!...

— Monsieur le colonel, cela arrive tous les jours à des gens fort honnêtes.

— Cela ne devrait pas vous arriver, à vous qui avez un emploi... Au reste, je veux savoir la vérité. Allez me chercher un médecin, monsieur Olivier!

— Un médecin!... et pourquoi faire?...

— Mille escadrons! la question est singulière!... Allez, monsieur, je veux savoir si mon neveu est aussi malade que vous le dites; et dans tous les cas, je ne le laisserai pas ici... Quel désordre!... des vêtements à terre!... des assiettes sous la table!...

— C'est que j'ai un chat, monsieur le colonel.

— Des bouchons... des... ah! ah!... qu'est-ce que ceci?... Est-ce aussi pour votre chat, monsieur Olivier, que vous avez mis sous cette chaise ce ridicule de femme?...

— Ah! mon Dieu! je le trouve donc enfin! c'est le sac à ouvrage de ma femme de ménage; elle l'a cherché ce matin pendant deux heures au moins, cette pauvre Fanchette!... elle croyait l'avoir perdu dans la rue!

— Ah! vous avez une femme de ménage qui porte un sac de maroquin à fermeture d'acier?

— Oui, monsieur le colonel; oh!... tout le monde en porte maintenant... cela est devenu très commun.

— C'est fort bien. Allons, monsieur, ne perdez pas de temps... Je resterai près de mon neveu pendant que vous serez dehors...

— Oh! ce n'est pas la peine, monsieur le colonel, la portière montera le garder; d'ailleurs, je crois qu'il dort...

— Je le veux ainsi, monsieur, et mille cartouches! je vous prouverai que j'ai du caractère.

Le colonel se fâchait; il n'y avait pas moyen de le faire changer de résolution.

— Ma foi, se dit Olivier, Gustave et nos petites s'en tireront comme ils pourront; quant à moi, j'ai fait ce que j'ai pu, je me sauve.

Gustave n'était pas à son aise pendant la conversation du colonel avec Olivier; il avait pensé vingt fois éclater de rire, mais il s'était contenu dans l'espoir que son oncle ne resterait pas. Lorsqu'il vit Olivier sorti et le colonel assis au milieu de la chambre, il perdit courage et fut sur le point de jeter en l'air draps et couvertures; il craignait aussi que les jeunes femmes ne fissent du bruit dans le petit cabinet. Afin de distraire l'attention du colonel il se décida à lui parler, et, pour entamer la conversation, poussa un gémissement plaintif.

— Ah! ah!... dit le colonel, vous ne dormez plus, monsieur Gustave?

— Comment, c'est vous, mon oncle?

— Oui, mon neveu... Vous ne m'attendiez guère ce soir!... je conviens que sans Benoît je ne serais pas venu vous chercher ici...

— Ah! c'est Benoît qui... vous a dit...

— Oui, après avoir reçu vingt coups de bâton pour prix de son silence, et la promesse du double s'il me mentait...

— Pauvre Benoît!... il n'a pas reçu d'autres gages depuis qu'il est avec moi.

— Il me paraît que vous n'avez plus le délire, monsieur?

— Mon oncle, je me sens mieux pour le moment; demain j'aurai l'honneur d'aller chez vous si j'ai la force de marcher.

— Non, monsieur, vous y viendrez ce soir à pied ou en voiture. Je ne suis pas dupe de votre maladie, et... Qu'est-ce que j'entends? on dirait...

— Ce n'est rien, mon oncle... c'est le carlin d'Olivier qui fait ses ordures...

— Un carlin! un chat! vous avez donc tous les animaux ici?

— Olivier aime beaucoup les bêtes...

— Diable !... quel bruit!... votre carlin a donc le dévoiement ?...

— Oui, cette pauvre bête a bu trop de lait...

— Mais il est donc sous votre lit?... Je crois que cela se sent jusqu'ici...

— Si vous vouliez aller chercher du sucre pour en brûler, mon oncle ?...

Est-ce aussi pour votre chat?

— En brûler! sur quoi? à la chandelle, sans doute... Mais votre ami tarde bien à revenir?...

— Le soir il n'aura trouvé personne.

— Allons, Gustave, habillez-vous et suivez-moi...

— Je vous assure, mon oncle, que je n'en aurai pas la force, et je puis à peine...

— Morbleu! j'entends du bruit. Cette fois ce n'est pas un carlin... c'est dans ce cabinet...

Le colonel approche du cabinet; Gustave se lève sur son séant, et, pour arrêter son oncle, oublie qu'il n'est déshabillé qu'à demi; le colonel, qui aperçoit la culotte de Gustave, ne doute plus qu'il ait été dupe de nouveaux mensonges ; pour s'en éclaircir, il court au cabinet malgré les supplications de son neveu ; il veut l'ouvrir, mais on a mis le verrou en dedans.

— Ah ! ah ! dit le colonel, c'est probablement la femme de ménage de M. Olivier qui cherche son ridicule dans les lieux à l'anglaise ? Mais je suis curieux de connaître cette pauvre Fanchette ; et dussé-je rester ici jusqu'à demain, je réponds qu'elle ne sortira pas sans que je la voie.

Cette menace épouvante les deux jeunes femmes, qui étouffaient enfermées dans le petit cabinet. Déjà plusieurs fois la voisine, qui avait vidé le flacon d'eau de Cologne pendant que Mlle Lise soulageait sa colique, avait voulu en sortir ; mais la petite blanchisseuse, qui redoutait beaucoup le colonel, avait toujours retenu sa compagne en lui faisant un portrait effrayant de l'oncle de Gustave, et en lui exagérant les dangers qu'il y aurait à s'exposer à sa colère. La honte d'être trouvée dans une pareille cachette retenait la petite enfileuse de perles, et la crainte fortifiait la résolution de Lise. Cependant toutes deux étaient fort mal à leur aise, lorsque Gustave, qui devinait le désagrément de leur position, se sacrifia généreusement pour elles.

Il se lève, met en un instant habit, gilet et cravate, et s'avance vers son oncle en lui annonçant qu'il est prêt à le suivre.

— Ah ! drôle ! dit le colonel, vous êtes donc guéri de votre fièvre ?...

Administré un léger correctif.

— Mon oncle, je m'expose à toute votre colère, vous le voyez ; mais c'est pour deux femmes intéressantes, charmantes et innocentes, qui ne doivent pas s'amuser dans ce cabinet... je me sacrifie pour elles... je vous attends mon oncle.

— Je devrais, avant de m'en aller, donner le fouet à ces innocentes qui se cachent dans le cabinet de garde-robe de deux mauvais sujets; mais je veux bien leur en faire grâce pour cette fois. Allons, marchez, monsieur, hâtons-nous de sortir : vos belles doivent être jaunes comme des citrons et fumées comme des harengs.

Gustave prend son chapeau et sort de l'appartement avec le colonel en jetant un dernier regard sur les lieux à l'anglaise.

Voilà Gustave revenu chez son oncle ; il s'attend à une forte mercuriale, à des reproches sévères sur sa conduite passée et présente ; vous aussi lecteur, vous croyez que le colonel Moranval va crier, jurer, sermonner !... eh bien ! pas du tout ; le colonel ne dit pas un mot à son neveu; ils se retirent chacun dans leur appartement sans s'être adressé une parole. D'où provenait ces changements dans la conduite du colonel? Peut-être voulait-il s'épargner des discours inutiles ; peut-être comme tant de gens, avait-il trop de choses à dire pour savoir par où commencer ; peut-être enfin, et je crois que nous tenons le véritable motif de son silence, craignait-il en se livrant à toute sa colère de faire remonter sa goutte dans son estomac.

Gustave ne sait que penser de la modération de son oncle; mais il est résolu de se rendre digne de son indulgence, et pour cela, il reste huit jours chez lui, menant une conduite exemplaire, ne sortant que rarement, travaillant une partie de la journée, et se couchant de bonne heure.

Le colonel ne disait mot ; mais il observait son neveu ; il commençait à sentir qu'avec un caractère comme celui de Gustave, on cède à la douceur, à la prière, tandis qu'on se révolte contre la force et l'autorité.

— Soit, dit le colonel, je veux bien être doux, et ne plus tant crier ; Gustave est un jeune homme : il est étourdi, mais sensible; il aime les femmes, je les ai aimées jadis, je les aimerais bien encore, si ma goutte et mes rhumatismes me le permettaient : avant de gronder les autres, rappelons-nous ce que nous avons fait. Tâchons seulement que Gustave ne fasse pas de mauvaises connaissances, ce qui est la perte des jeunes gens, et marions-le, si cela est possible, parce que le mariage étant le tombeau de la folie, de l'amour et des plaisirs, Gustave deviendra nécessairement raisonnable, sage et rangé, lorsqu'il entendra sa femme crier, ses gens se disputer et ses enfants pleurer ; petit concert qui est en effet bien capable de faire fuir les ris et les amours.

Gustave commençait à étouffer de sagesse, et, pour se désennuyer cherchait à faire un Frontin de Benoît, auquel il avait, en rentrant chez son oncle, administré un léger correctif pour lui apprendre à mieux jouer les jockeys anglais. Mais Benoît n'était pas né pour être le valet de chambre d'un jeune homme à bonnes fortunes ; il n'entendait rien à l'intrigue, et Gustave perdait son temps et ses leçons, lorsqu'un matin son oncle le fit prier de passer dans son cabinet.

Gustave se hâte d'obéir ; il s'approche de son oncle avec le respect et la soumission d'un neveu qui n'a plus le sou dans sa poche.

— Gustave, dit le colonel, il me semble que tu commences à te ranger un peu. Tu dois être las de la vie dissipée que tu as menée jusqu'ici. Pour achever de mûrir ta tête, j'en reviens à ma première idée, je veux te marier.

— Encore, mon oncle ! Est-ce que vous avez pour moi une autre épouse en vue?

— Non ; tiens, décidément je veux te laisser maître de choisir ; je crois que tu me sauras gré de cette condescendance.

— Oui, mon oncle ; vous êtes d'une bonté... Mais où choisirai-je une femme?

— A coup sûr ce ne sera pas dans les sociétés que tu fréquentes avec tes Olivier et tes grisettes. Tu vas venir avec moi dans des maisons honnêtes ; tu y verras de jolies femmes ; tu te fixeras et tu épouseras.

— Allons, mon oncle, ainsi soit-il.

Gustave accompagne le colonel dans plusieurs sociétés où il trouve en effet des femmes qui lui plaisent, mais qu'il ne voudrait pas épouser. Lorsque M. de Moranval voit son neveu empressé près d'une nouvelle beauté, faisant le galant, lançant des œillades, il le croit amoureux, et le questionne au retour sur ses sentiments.

— Eh bien, Gustave ! cette grande blonde te plaît?...

— Oui, mon oncle ; elle est gaie, aimable, spirituelle...

— As-tu envie de l'épouser ?

— Non... elle a trop de prétention à l'esprit : en causant avec moi elle parlait haut pour fixer l'attention ; elle est coquette, enfin !... et je ne veux pas épouser une femme coquette.

— Et cette petite brune à laquelle tu as dit tant de douceurs, comment la trouves-tu ?

— Charmante !... elle a de la grâce, de la tournure, une voix expressive...

— L'épouseras-tu ?

— Non pas... elle chantait un *duo* avec un jeune homme et y mettait une expression... Mon oncle, une demoiselle qui l'est encore ne pourrait pas mettre autant d'expression dans son chant !...

— Mais cette autre, si vive, si folle, qui danse si bien !

— Ah ! celle-là est bien séduisante !

— Tu l'aimes ?

— Comment ne pas l'aimer ? ses yeux malins disent tant de choses ! elle rit avec gentillesse !... et sa danse !... quelle légèreté !... quelle grâce ! quelle précision dans ses pas !...

— Ah ! c'est donc celle-là qui sera ta femme ?...

— Ma femme !... Dieu m'en garde !... elle aime trop la danse ; elle recherche l'hommage de celui qui pirouette le mieux, et je ne veux pas conquérir un cœur par des entrechats !...

— Mille cartouches ! Gustave, tu es bien difficile à marier !

— Convenez, mon oncle, que j'ai raison dans ce que je vous ai dit sur ces demoiselles ?

— Tu trouves toutes les femmes coquettes !

— Il y a du plus ou du moins ; mais en général toutes les dames sont portées à la coquetterie, penchant bien naturel, bien excusable chez un sexe qui doit à ses charmes des hommages qu'on ne rend pas toujours au mérite et à la vertu. Les femmes doivent donc d'abord s'occuper de plaire pour affermir leur empire ; c'est ce qu'elles font depuis leur printemps jusqu'à leur hiver.

— Elles ont raison, morbleu ! et nous autres qui les trompons dans les quatre saisons de notre vie... comment nommeras-tu cela ?

— C'est de la séduction, mon oncle.

— Ah ! c'est de la séduction ! quand tu as six maîtresses à la fois ; quand tu te livres à la première brunette qui t'agace, quand tu courtises en même temps la mère et la fille, la maîtresse et la soubrette, la marquise et la brodeuse, c'est de la séduction !... Cela ressemble diablement à du libertinage !... Oui, mon neveu, les hommes sont libertins, séducteurs si tu veux ; tu l'es plus qu'un autre ; ne t'érige donc plus en censeur des femmes, et estime-toi heureux qu'elles veuillent bien encore écouter tes sornettes et ne pas te rire au nez quand tu pousses de gros soupirs.

— Mon oncle, je vous assure que je ne censure personne...

— En voilà assez !... te marieras-tu, oui ou non ?

— Oui, mon oncle ; quand j'aurai trouvé une femme parfaite.

— Te moques-tu de moi ? La perfection n'est pas dans la nature ; nous naissons tous avec des défauts que l'éducation peut affaiblir et les leçons déraciner, mais je ne suis pas de l'avis de ceux qui prétendent que nous venons au monde bons comme des agneaux et doux comme du miel. Si cela était, verrait-on un enfant de deux ans trépigner des pieds et se pâmer de colère ? Sont-ce les caresses de sa mère, les soins de sa nourrice, qui ont rendu celui-ci, à quatre ans, menteur, voleur, gourmand et entêté ? Nous naissons avec des défauts qui deviennent des vices, lorsque l'éducation et la surveillance des parents ne les ont pas corrigés. Il ne s'ensuit

Oui, monsieur, c'est moi, c'est la pauvre Suzon. (P. 476.)

pas de là que nous sommes, en grandissant, excusables de nous livrer aux penchants de la nature; nous avons alors la raison pour nous éclairer et nous servir de guide; tant pis si nous n'écoutons pas ses conseils. Mais si la sagesse nous retient souvent, la faiblesse humaine l'emporte quelquefois : il est donc impossible d'être parfait. En quel lieu trouverons-nous les hommes sages et commandant à toutes leurs passions? J'ai beau remonter à la création du monde, je n'y trouve point cet âge d'or dont ont parlé les poètes, et ce que chaque génération a appelé *le bon vieux temps*... Le premier homme eut une femme coquette, et deux fils dont l'un a tué l'autre; les descendants de Caïn et d'Abel se sont si bien comportés, que Dieu a été obligé de leur envoyer le déluge. Les descendants de Noé se sont constamment battus les uns contre les autres. Est-ce dans l'Asie, au temps de Sémiramis, qu'il faut placer l'âge d'or?... Quel assemblage de vices renfermaient ces villes fameuses, Ninive, Babylone, Persépolis, Ecbatane! Et cette Grèce si vantée, qui n'était composée que de petits royaumes toujours prêts à se déchirer eux-mêmes, toujours livrée à des tyrans ou à des fripons! Aristocratie, démocratie, oligarchie, factions, guerres, trahisons, esclavage décoré du nom pompeux de liberté, voilà quelle fut la Grèce. Est-ce chez les Romains que nous trouverons la perfection?... Si elle est dans les arts, elle est bien loin de leurs mœurs! Leur République n'offre que batailles, carnage, décemvirs, tribuns, révolution, loi agraire, des dictatures perpétuelles, des proscriptions; la pourpre des César ne nous montre qu'un Titus pour opposer aux Tibère, Néron, Caligula, Caracalla.

Est-ce sous les pontifes que les Romains étaient heureux? Je vois le fils d'un pauvre vigneron parvenir à la dignité suprême. Sixte-Quint s'assied sur le trône pontifical et remplit l'univers du bruit de sa grandeur : il embellit Rome, élève es monuments; mais il augmente les impôts, le peuple est malheureux et appauvri. Sixte-Quint fut plus haï qu'admiré. Est-ce le temps de la chevalerie que l'on appelle l'âge d'or? Sans doute il était beau de rompre une lance pour sa belle et de se consacrer à la défense des dames; mais je vois, dans ces beaux temps, les vilains mangés par les vassaux, les vassaux mangés par les suzerains, et les suzerains dépouillés par les moines; je vois une jeune mariée forcée de donner sa fleur à un châtelain brutal, et des hommes appelés serfs traités par d'autres hommes comme le prophète Elie traita de pauvres petits garçons qui l'appelaient *tondu*. C'est donc sous le bon roi Henri IV que l'on a connu le bon temps? C'était, en effet le désir de ce grand homme de rendre son peuple heureux; et, s'il n'eût tenu qu'à lui, les Français auraient alors connu l'âge d'or. Mais les rébellions, les guerres civiles, les fanatiques, les empoisonneurs, les assassins troublèrent le règne de Henri IV, qui périt comme Henri III.

Après ce bon roi, où irai-je chercher le bon temps et l'âge d'or... et cette perfection, cette sagesse constante qui n'existent pas?

— Mon cher oncle, vous avez oublié Salomon, dit *le Sage*.

— Ah! parbleu! une sagesse comme celle-là te conviendrait beaucoup : trois cents femmes et sept cents concubines ! Peste ! quel homme que ce Salomon ! Mais voilà une dissertation qui m'a mené plus loin que je ne voulais, et tout cela est ta faute. Tu veux une femme parfaite ! Tu ne te marieras donc pas?

— Pardonnez-moi, mon cher oncle. Il suffit pour cela que je sois amoureux : celle que nous aimons est parfaite à nos yeux.

— Si tu m'avais dit cela plus tôt, mon cher neveu, tu m'aurais épargné ce bavardage sur la perfection, l'âge d'or et le bon vieux temps. Tâche donc de devenir amoureux ; cela t'était si facile autrefois.

— Il est facile de trouver une maîtresse... mais une femme... Ah ! mon oncle !...

— Est-ce qu'une maîtresse n'est pas une femme?

— Si fait ; mais...

— Est-ce qu'on ne couche pas avec l'une comme avec l'autre ?

— Sans doute...

— Est-ce qu'on ne fait pas des enfants à toutes les deux?...

— Certainement... mais...

— Allons, va te promener avec tes *mais*... Tu n'as pas le sens commun, mon pauvre Gustave !... Ces messieurs qui ont tourné toutes les têtes, qui ont trompé des maris et fait le malheur des petites filles, sont, quand on veut les marier, d'une sévérité extrême sur le choix d'une épouse... Va, mon cher ami, quoique tu sois bien au fait de toutes les ruses des belles, ta femme, si cela lui plaît, te trompera comme un homme bien ignorant sur cet article.

— Je n'ai jamais douté de cela, mon oncle.

— Oui? Eh bien ! en ce cas, allons nous coucher.

XIV

L'AMOUR VRAI

Un soir que Gustave revenait seul du spectacle, son oncle ayant préféré ne pas sortir, il aperçut une femme assise sur le banc à côté de la porte cochère de l'hôtel du colonel. Sans faire beaucoup attention à elle, Gustave allait rentrer, il tenait le marteau pour frapper, lorsqu'une voix touchante l'arrêta.

— C'est vous, monsieur Gustave, et vous ne me dites rien?...

— Grand Dieu !... quelle voix !...

— Vous ne me reconnaissez donc pas?...

— Serait-ce toi, Suzon?...

— Oui, monsieur, c'est moi, c'est la pauvre Suzon...

— Et que viens-tu donc faire à Paris?

— Je viens vous voir...

— Me voir?...

— Certainement. Je suis là à vous attendre depuis deux heures... On m'a dit que vous étiez sorti, mais que vous reviendriez bien sûr, et je n'ai pas voulu m'éloigner de votre maison.

— Chère Suzon!... Mais je ne conçois pas... Avec qui es-tu venue Paris?

— Avec personne...

— Et tes parents?

— Je ne leur ai pas dit que je m'en allais...

— Quoi! tu les as quittés?...

— Ils voulaient toujours me marier avec Nicolas, et moi je ne voulais pas, parce que je pensais toujours à vous. Hier on a fixé le mariage pour dimanche... et je me suis sauvée ce matin pour ne pas épouser Nicolas...

— Comment savais-tu mon adresse?

— M. Benoît m'avait dit la rue et le numéro, et je n'avais garde de rien oublier!... Est-ce que vous êtes fâché de me voir?...

— Pauvre Suzon!... fâché de te voir?... Ah! je t'aime trop pour cela... Mais cependant... comment allons-nous faire?

— C'est bien facile, je resterai avec vous...

— Mais il faut te loger... te coucher...

— Je coucherai avec vous... Vous savez bien comme je faisais lorsque vous étiez chez nous...

— Si j'étais seul, ce serait fort aisé... mais je demeure chez mon oncle, et je ne suis pas le maître de faire tout ce que je veux...

— Ah! monsieur Gustave, vous ne m'aimez plus, je le vois bien!... Vous me chassez, vous me renvoyez d'auprès de vous!... Vous voulez toujours que j'épouse Nicolas Toupet!...

— Ne pleure pas; Suzon, ne pleure pas... Moi, te renvoyer! non, ma chère amie... Tu as fait une étourderie en quittant ta famille; mais j'en suis la première cause, et certes je ne t'abandonnerai pas. Cependant je voudrais bien que mon oncle ne sût rien de tout ceci... Si je pouvais te cacher...

— Oh! je ferai tout ce que vous voudrez!... Que je sois avec vous seulement, et je serai contente.

— Je vais frapper... je laisserai la porte entr'ouverte. Pendant que je parlerai au portier, tu entreras, tu te glisseras au fond de la cour... Nous verrons ensuite si les domestiques sont couchés. Tu m'entends bien?

— Oh! soyez tranquille.

Gustave craignait le bavardage du portier, qui était le père de Benoît et aussi bête que son fils.

Notre jeune homme frappe, entre, va se placer devant le carreau du portier, qui lui apprend qu'une jeune fille est venue le demander; pendant ce temps, Suzon entre et se glisse au fond de la cour. Gustave ferme la porte et va retrouver la petite sous la remise.

— Te voilà dans la maison, dit-il à Suzon, maintenant je vais te conduire à ma chambre... puissions-nous ne rencontrer personne dans l'escalier! Il la prend par la main et monte un escalier qui conduisait à son appartement et à celui de son oncle.

Arrivé sur le carré, Gustave s'arrête devant la porte; il aperçoit de la lumière dans la pièce d'entrée qui précède sa chambre à coucher; il fait monter un étage de plus à Suzon, et entre chez lui. Il trouve Benoît endormi sur une chaise en attendant son maître.

Benoît s'éveille; il demande à Gustave s'il n'a besoin de rien, et va monter à sa chambre, qui est sous les toits; mais il rencontrerait Suzon sur l'escalier; il faut donc, au contraire, le faire descendre.

Benoît pâlit, la volaille qu'il tenait tombe à terre.

— Benoît, je veux souper, dit Gustave; va à l'office me chercher quelque chose.

Benoît sort et descend; pendant ce temps, Suzon est introduite dans la chambre à coucher de Gustave. Benoît revient apportant une volaille et du vin; pendant qu'il pose cela sur une table, et que Gustave le presse de se dépêcher, Suzon, qui était dans la chambre sans lumière, renverse une chaise en cherchant à s'asseoir.

— Benoît pâlit ; la volaille qu'il tenait sur un plat roule à terre ; il n'ose plus lever les yeux ; Gustave ne sait que dire.

— Avez-vous entendu, monsieur ?... dit enfin Benoît en tremblant...

— Oui, j'ai cru entendre...

— Il y a des voleurs dans votre chambre... et moi qui suis resté seul ici pendant une heure ! Ah ! mon Dieu !... Si je m'étais douté de ça !...

— Allons, tu rêves, Benoît.

— Comment, monsieur ! est-ce que ce bruit s'est fait tout seul ?

— C'est le chien de mon oncle, sans doute.

— Oh ! il y a longtemps que Fidèle est dans sa niche. Ce sont des voleurs... Je vais éveiller tout le monde...

— Garde-t'en bien... je te le défends... va te coucher, Benoît.

— Quoi, monsieur ! vous voulez rester seul ici !...

— Va te coucher, te dis-je, et ne réveille personne, ou demain je te chasse !

— Mais, monsieur, vous voulez donc être tué cette nuit ?

— Je n'ai rien à craindre. Tu es un sot ; va-t'en et tais-toi.

— Allons, bonne nuit, monsieur... je vais armer ma carabine ; vous m'appellerez si vous avez besoin de moi... je tirerai mon fusil en l'air, ça réveillera tout l'hôtel.

— Benoît, fais-moi le plaisir de ne pas toucher à ta carabine, si tu ne veux pas que demain ma canne touche à tes épaules. Va te coucher et dors.

Benoît s'en va enfin, et Gustave est seul avec Suzon ; il peut la voir, lui parler, l'embrasser tout à son aise ; il la trouve embellie, formée davantage depuis son départ du village. La petite se laisse embrasser, caresser. Elle revoit Gustave, il lui promet qu'il ne la renverra pas ; elle est heureuse, elle ne désire plus rien.

Les jeunes gens soupent, et Suzon raconte à Gustave son voyage : elle est venue à pied d'Ermenonville à Paris ; elle a fait onze lieues presque sans se reposer, tant elle craignait de ne pas arriver assez tôt près de son ami ; aussi ses pieds sont écorchés, ses membres meurtris ; mais en route elle ne sentait pas la fatigue, l'amour doublait son courage et ses forces.

— Pauvre petite ! disait Gustave... Oh ! cette femme-là m'aime bien !...

Il n'osait parler à Suzon de la douleur qu'elle causait à ses parents ; il sentait bien qu'elle avait eu tort de les quitter pour venir le trouver, mais pouvait-il faire des reproches lorsqu'elle lui donnait une si forte preuve d'amour !

— Le sort le veut ainsi, pensait Gustave ; il était écrit que Suzon n'épouserait pas Nicolas, parce que j'aurais été à Ermenonville... Allons, jouissons du présent et ne nous inquiétons pas de l'avenir.

Gustave fit coucher Suzon avec lui. La petite retrouva dans les bras de son ami ces nuits d'amour qui avaient fait depuis le charme et le tourment de sa vie. Elle s'endormit enfin, heureuse et plus aimante encore sur le sein de Gustave : pour lui, réfléchissant à ce qu'il ferait de Suzon et au moyen de la dérober aux regards de son oncle, il n'était pas aussi tranquille que la petite. La colère du colonel serait terrible s'il trouvait la jeune paysanne chez son neveu ; et s'il apprenait que cette jeune fille, séduite par Gustave, a pour lui, abandonné ses parents et son pays, cela serait bien pis encore !... Comment donc faire pour éviter tout cela ?... Renvoyer Suzon chez ses parents qui peut-être la maltraiteront !... Ah ! Gustave ne se sent pas ce courage... Suzon qui est si sensible, si jolie !... Quel cœur pourrait se priver volontairement d'un pareil trésor !... ce ne peut être celui d'un jeune homme de vingt ans.

— Gardons Suzon avec moi, dit Gustave, cachons-la avec soin, tâchons de ne point donner l'éveil à mon oncle... et, ma foi, cela durera tant que cela pourra.

XV

LA JOURNÉE AUX CONTRARIÉTÉS

Il était tard lorsque Gustave s'éveilla. Suzon dormait encore : faire onze lieues à pied, et coucher avec son doux ami ! double raison pour avoir besoin de repos. Notre héros considérait la pauvre petite qui, pour venir le trouver, avait abandonné amis, parents et le village où elle était née : Gustave faisait, sans le vouloir, des réflexions mélancoliques : l'avenir de Suzon l'inquiétait.

On frappe à la porte de l'antichambre, Gustave se lève doucement pour ne pas réveiller Suzon, et va demander :

— Qui est là ?
— C'est moi, monsieur, répond Benoît.
— Que me veux-tu ?
— Comme d'ordinaire, monsieur se lève à huit heures, et qu'il en est bientôt dix, je craignais que les voleurs n'aient tué monsieur... et puis monsieur le colonel vous attend pour déjeuner...
— C'est bon, je vais y aller.

— Est-ce que monsieur ne me donne pas son habit et ses bottes?..
— Plus tard; laisse-moi tranquille.

Gustave revient près de la petite, qui dort toujours. Il ne sait ce qu'il doit faire : son oncle l'attend, il faut se rendre près de lui... Mais que fera Suzon?... Elle ne peut passer la journée à dormir; il faut qu'elle déjeune, qu'elle dîne... Et Benoît qui tous les jours fait la chambre et le lit de son maître, comment lui cacher Suzon? Si Benoît n'était pas un sot, on le mettrait dans la confidence, et il pourrait servir les jeunes gens; mais il n'y a pas moyen de se servir de lui. Non seulement il est bête, mais il est bavard, indiscret, il ne pourrait se taire avec son père, et, le portier une fois instruit, c'était comme si l'on eût fait tambouriner la nouvelle dans l'hôtel.

Elle était venue à pied, d'Ermenonville à Paris.

Diable!... disait Gustave en s'habillant, c'est embarrassant!... fort embarrassant!... Commençons par nous rendre près de mon oncle; fermons à clef la porte de ma chambre à coucher, et défendons à Benoît de parler de cette circonstance... Nous verrons ensuite avec Suzon ce que nous devons faire.

Gustave, étant habillé, dépose un baiser sur les lèvres de sa jeune amie, qui est toujours plongée dans un profond sommeil, puis sort, ferme à double tour la porte de sa chambre à coucher, dont il met la clef dans sa poche, et se rend chez le colonel. Il trouve, devant son antichambre, Benoît qui l'attend sur le carré.

— Benoît, tu n'entreras pas dans ma chambre...
— Tiens!...
— Je n'ai pas besoin que tu mettes tout en désordre chez moi... D'ailleurs... j'ai acheté deux colombes que je veux apprivoiser, et tu les effaroucherais!...

GUSTAVE LE MAUVAIS SUJET

Mon oncle, est-ce que nous ne sommes pas bientôt arrivés. (P. 484.)

— Ah! que non, monsieur; oh! je me connais en volatiles!...

— Je ne veux pas que tu y touches...

— Mais votre lit, monsieur, est-ce que vous apprendrez aux colombes à le faire?

— Je le ferai moi-même; cela m'amusera.

— Ah! ben! par exemple!...

— Et je te défends de parler de cela devant mon oncle ni à personne de la maison... sinon... tu sais, Benoît, que tes oreilles se tirent facilement?...

— Oh! monsieur... je ne parlerai pas... vous êtes bien le maître de faire votre lit si ça vous amuse!...

— C'est bien heureux!

— Ça fait que j'aurai moins de besogne!... v'là tout... et si monsieur veut battre ses habits et décrotter ses bottes?...

— Non pas : tu peux entrer dans mon antichambre; tu y trouveras tout cela.

Gustave monte chez son oncle, qui l'attendait pour déjeuner. Le colonel était en grande tenue; Gustave n'y fit pas d'abord attention; mais, après le déjeuner, il fut surpris d'entendre son oncle s'informer si l'on avait mis le cheval à son cabriolet.

— Vous allez sortir, mon oncle?

— Oui, Gustave, et tu vas venir avec moi!...

— Comment! moi?...

— Sans doute, tu vas m'accompagner; je ne vois rien là qui soit capable de te faire ouvrir de si grands yeux!...

— Mais, mon oncle... je voulais ce matin travailler à....

— Peste! quel amour du travail! mais tu as toujours le temps. Tu peux faire demain ce que tu comptais faire aujourd'hui.

— Cependant... si cela vous était indifférent, je préférerais...

— Non pas, je veux que tu viennes avec moi... Allons, le cheval est mis, partons.

Gustave suit son oncle d'assez mauvaise humeur, mais il espère en être quitte pour quelques visites; pendant ce temps, Suzon achèvera de se reposer, et, comme ils ont passablement soupé la veille, elle attendra facilement le retour de Gustave.

On monte en cabriolet. Le colonel conduit, et Gustave voit avec inquiétude que l'on traverse la ville sans s'arrêter, et qu'on se dirige vers la barrière de l'Etoile :

— Mais que faites-vous donc, mon oncle? dit-il avec impatience, vous allez sortir de Paris?...

— Je sais où je vais, mon neveu.

— Comment ! vous me menez à la campagne ?...

— Je te mène dans une maison charmante où tu t'amuseras, j'en suis certain.

— Et moi, j'en doute !...

— C'est ce que nous verrons... D'ailleurs, tu peux bien me sacrifier une journée...

— Comment, une journée !...

— Ce soir tu me remercieras...

— Ce soir ! mais vous comptez donc me garder jusqu'à ce soir ?...

— Peut-être même passerons-nous la nuit chez M. de Grancière.

— Passer la journée... la nuit ?... oh ! non assurément.

Gustave étouffait de dépit, d'impatience, d'inquiétude ; il voulait sauter hors du cabriolet et laisser là son oncle ; cependant quelques réflexions sages le calmèrent un peu. Il ne pouvait ouvertement désobliger et contrarier son oncle. En se jetant sur la route, il pouvait se blesser et ne pas revenir plus vite à Paris ; il fallait donc prendre patience et attendre une occasion favorable pour s'esquiver de chez M. de Grancière.

— Ah ! Suzon ! pauvre Suzon !... que vas-tu penser ?... que vas-tu faire toute la journée ?... Mais, je lui conterai ce qui m'est arrivé, je l'embrasserai ; elle oubliera facilement les maux passés... et elle trouvera dans mes bras le dédommagement des chagrins de la journée.

C'est ainsi que Gustave cherchait à se consoler et à prendre patience. Le colonel lui racontait les exploits de M. de Grancière, son ancien camarade et compagnon d'armes ; mais M. de Moranval perdait son éloquence à tracer le tableau des batailles, des assauts, des escarmouches où il s'était trouvé avec son ami ; Gustave n'entendait rien de ce que lui disait son oncle ; il ne pensait qu'à Suzon qui, pour lui, allait passer la journée sans dîner.

— Mon oncle, est-ce que nous ne sommes pas bientôt arrivés ? dit Gustave, interrompant le colonel au milieu d'un récit animé.

— Eh ! morbleu ! c'est comme cela que tu t'intéresses à mes dangers... quand je suis entouré d'ennemis et blessé à la tête...

— Mais, mon oncle, vous vous portez bien... nous ne sommes plus sur le champ de bataille... et nous avons déjà passé Courbevoie...

— Que diable as-tu donc aujourd'hui ? je ne t'ai jamais vu si pressé d'arriver...

— Mon oncle... j'ai des inquiétudes dans les jambes... et la voiture me fait mal...

— Si tu avais été, comme moi, douze heures blessé sur le champ de bataille, au milieu des morts et des mourants, tu ne te plaindrais pas d'inquiétudes dans les jambes!... Tu as aussi des vapeurs, sans doute?... Allons, calme-toi, nous voici arrivés; cette belle maison, à droite, est celle de M. de Grancière.

Gustave calcule qu'ils sont à peu près à deux lieues et demie de Paris; mais avec un bon cheval, on peut faire ce trajet en moins d'une heure.

On descend devant une jolie maison de campagne. Le domestique fait entrer le cabriolet dans la cour.

— Ne dételez pas, lui dit Gustave.

— Si fait, si fait, dételez, dit le colonel : parbleu! le cheval aura le temps de se reposer.

Gustave se mord les lèvres, et suit son oncle en enrageant. On entre dans le salon, où le colonel présente son neveu à son ami... M. de Grancière est un homme aimable qui fait beaucoup de politesses à Gustave, et auxquelles celui-ci répond par quelques mots sans suite, prononcés d'un air distrait.

— Mon ami, dit le colonel à M. de Grancière, je te prie de pardonner à mon neveu; mais il a des jours où il ne sait ce qu'il dit, et ma foi, je te l'ai amené dans un de ses mauvais moments.

Cette plaisanterie fait rougir Gustave; il s'efforce de modérer son impatience et de prendre sur lui de cacher ses tourments. Une jeune femme d'une tournure élégante, d'une figure charmante, entre alors dans le salon : — Voilà ma fille, dit M. de Grancière, ma chère Eugénie, que je vous présente.

Le colonel pousse Gustave, alors occupé à regarder dans les jardins, pour qu'il salue la fille de son ami. Gustave se retourne et se trouve devant une femme jeune et jolie; on ne veut pas paraître sot et gauche auprès d'une personne qui paraît réunir le bon ton à la beauté et aux grâces. Notre héros redevient aimable, enjoué, galant; il reprend tous ses avantages. Le colonel sourit; il s'approche de son neveu.

— Eh bien! lui dit-il, es-tu toujours fâché de m'avoir suivi?... Gustave ne répond rien : il admire la charmante Eugénie; mais il soupire, il se retourne, il pense à la pauvre Suzon.

Plusieurs habitants de la ville arrivent; Gustave remarque qu'ils tiennent des bouquets et les présentent à la belle Eugénie.

— Il y a donc une fête ici? demande-t-il à son oncle.

— Oui, la fête de Mme Fonbelle.

— Qu'est-ce que c'est que Mme Fonbelle?

— C'est la fille de M. de Grancière, Eugénie.

— Ah ! elle est mariée?

— Non, elle est veuve et possède quinze mille livres de rentes. Non seulement elle est jolie, mais elle est sage, bonne et remplie de talents et d'esprit... Que dis-tu de tout cela, Gustave?

— Je dis, mon oncle, qu'il faut se méfier de ces réunions de toutes les qualités ; je suis certain que vous flattez un peu le tableau !

— Tu verras bientôt qu'il est loin du modèle.

— Et pourquoi donc, mon cher oncle, ne m'avez-vous pas présenté plus tôt à Mme Fonbelle?

— Parce qu'elle habitait en Touraine, et que je ne voulais pas t'envoyer là pour que tu t'y conduisisses comme chez ce pauvre de Berly. Oh ! je sais ce dont tu es capable.

La société se rendit dans les jardins avant le moment du dîner. Gustave cherchait un moyen honnête pour s'en aller, mais il n'en trouvait pas. Sortir brusquement d'une maison où il était reçu pour la première fois, aurait été manquer à toutes les bienséances.

— Il faut absolument dîner ici, disait-il en lui-même ; mais après dîner je feins une indisposition... un rendez-vous... ou bien je ne dis rien du tout et je me sauve sans être vu. Mon oncle criera, se fâchera, tant pis !... Et Mme Fonbelle... que pensera-t-elle de moi ?... que je suis un original... un homme sans usage, sans politesse !... Il est bien désagréable d'être jugé ainsi par une femme charmante. Mais ma petite Suzon m'attend... elle n'a pour dîner et déjeuner que le restant de notre poulet d'hier... et il ne restait que la carcasse... Il est vrai que Suzon m'adore ; et quand on est bien amoureux, on se nourrit de souvenirs et d'espérance.

Gustave se promenait dans une allée du jardin en faisant ces réflexions. Il aperçut Mme Fonbelle et s'approcha d'elle dans l'espoir de trouver le temps moins long en causant avec cette femme, dont son oncle faisait un portrait si flatteur. Il était bien aise aussi de paraître aimable et, devant s'en aller brusquement le soir, voulait laisser quelques regrets : l'amour-propre ne s'endort jamais.

La fille de M. de Grancière était bien séduisante : de l'esprit, des grâces, de l'enjouement, un peu de coquetterie, beaucoup de sensibilité, telle était Eugénie. Gustave lui témoigna le plaisir qu'il aurait à cultiver sa connaissance. Eugénie l'assura qu'il serait toujours le bienvenu, soit à Paris, soit à la campagne ; elle reçut ses compliments en souriant, mais ne voulut point admettre ses excuses pour le soir.

— Non, monsieur, dit-elle, vous ne nous quitterez pas ainsi. Vous manquerez pour ce soir un rendez-vous, sans doute fort agréable, mais vous ferez ce sacrifice, et je vous en saurai beaucoup de gré.

Que dire à une femme charmante qui vous retient avec tant d'amabilité et pour laquelle on éprouve déjà... Eh quoi! de l'amour? allez-vous dire. Que voulez-vous! ce diable de Gustave a un cœur qui s'embrase si facilement... et M`me` Fonbelle a tant de charmes! Mais Suzon... cette pauvre Suzon qui a tout quitté pour lui!... Oh! rassurez-vous, lecteur, il aime toujours Suzon; il n'a point oublié Julie; il rira encore avec Lise; et ne croyez pas que mon héros soit un être imaginaire... presque tous les hommes lui ressemblent. Nous ne sommes plus au temps où l'on n'aimait qu'une belle (si toutefois ce temps a existé); nous avons fait de grands progrès dans la galanterie, nous aimons le beau sexe *généralement parlant*. Vivent les Français pour faire l'amour! Laissons les Allemands soupirer, se promener et admirer en silence avec leur amie « la « goutte de rosée tombant sur la dernière feuille d'automne; le vent du « soir murmurant dans les rochers et portant à l'oreille d'un cœur pas-« sionné le soupir amoureux échappé d'une bouche brûlante, et la lune « répandant sur la terre cette teinte douce et mélancolique qui élève et « transporte dans les régions éthérées une âme exaltée et contempla-« tive! »

Laissons les Anglais se brûler la cervelle ou se pendre avec leur amante; les Hollandais fumer au nez des femmes, et envoyer des bouffées de tabac en guise de compliments; les Turcs enfermer de jolis minois sous la garde de vilains eunuques toujours prêts à présenter le poignard ou le cordon; les Espagnols passer la moitié de leur vie à pincer de la guitare et à donner des sérénades; les Russes faire l'amour à coups de bâton; les Ecossais vendre leur femme au marché; les Indous prendre une épouse âgée de dix ans; les Arabes se cacher le visage et montrer leur derrière; les Hottentots se peindre le corps pour plaire; les Malais s'aplatir le nez et s'allonger les oreilles; laissons les Italiens attirer sur leur beau pays le feu qui brûla jadis Sodome et Gomorrhe, et qui, au lieu de tomber du ciel, sort maintenant des flancs du Vésuve.

Laissons... laissons tout cela, me direz-vous, et revenons à Gustave, que nous avons laissé près d'Eugénie. Que fait-il maintenant? Il donne la main à M`me` Fonbelle, et se rend avec toute la société dans un carré de verdure où l'on a mis le couvert. Soit hasard, soit intention, notre jeune homme se trouve placé à table près d'Eugénie, et le repas ne lui semble pas long; il a cependant duré près de trois heures, et il fait nuit lorsque l'on passe dans le salon. Gustave jette les yeux sur une pendule...

— Oh! ciel!... il est huit heures!... et le temps d'arriver à Paris!... Cette pauvre Suzon doit se désoler... Il faut partir... Il se retourne... Eugénie est derrière lui; elle lui prend la main, l'entraîne au piano :

— Je sais, lui dit-elle, que vous chantez avec goût, que vous aimez la musique; venez, nous allons essayer un nocturne fort joli.

Il n'y a pas moyen de refuser : il faut suivre Eugénie au piano ; on chante le nocturne, puis un duo, puis une romance. Toute la société applaudit; le colonel paraît enchanté; Mme Fonbelle remercie Gustave, et ses yeux ont une expression de sensibilité!... On passerait sa vie à les admirer. Mais la pendule sonne... dix heures... Gustave se lève brusquement.

— Dix heures! dit-il, et depuis ce matin elle m'attend!

Il gagne la porte du salon, descend dans la cour, demande le cabriolet... mais le cheval est encore à l'écurie; Gustave le prend, lui passe la première bride qu'il aperçoit, et sans étrier, sans selle, le monte, le presse, et se dirige ventre à terre vers Paris.

Il arrive dans la cour de l'hôtel en moins de trois quarts d'heure. Le cheval tombe contre la loge du portier; le père Benoît jette un cri, son fils fait un saut; Gustave n'est pas blessé, il se débarrasse du cheval, l'abandonne aux domestiques, et pousse Benoît vers l'office.

— Ce pauvre cheval, dit Benoît en soupirant, il n'en reviendra pas!...

— Benoît, monte-moi vite un pâté, une volaille, du vin, des confitures.

— Un pâté, monsieur!...

— Allons... va donc... ne m'as-tu pas entendu?... Oh! que tu es lent!

Benoît ne conçoit rien à l'appétit de son maître : il monte doucement une volaille dans un plat; Gustave l'attendait devant sa porte :

— Comment! tu n'apportes que cela?...

— Monsieur, comme je ne voulais rien casser, je n'ai pris qu'un plat à la fois...

— O butor!... viens avec moi...

Gustave met la volaille sur le carré et descend avec Benoît à l'office. Il prend tout ce qu'il trouve, pâtisseries, légumes, fruits, vin ; il charge Benoît et porte lui-même plusieurs plats. Benoît regarde Gustave d'un air étonné.

— Il paraît que monsieur a bien faim?...

— Cela ne te regarde pas... Mais va donc, maudit lambin...

— Monsieur, prenez garde; vous allez me faire casser quelque chose.

On monte l'escalier; un chien descend avec une volaille dans sa gueule; c'est Fidèle qui a flairé le plat que Gustave a laissé devant sa porte. Notre héros est furieux... il frappe du pied... crie après Fidèle... le chien, effrayé, court et se fourre dans les jambes de Benoît, qui tombe

Benoît et son père, qui nettoyaient le cabriolet du colonel. (P. 495.)

sur l'escalier avec tous ses plats et se couvre la figure avec du fromage à la crème.

Gustave ne se possède plus... il est désespéré, il ne sait plus ce qu'il fait; enfin il prend le parti d'abandonner Benoît avec le chapon, et, se contentant du pâté et de quelques fruits, il entre chez lui, referme la porte de son antichambre, met le verrou et pénètre dans la retraite où l'attend Suzon.

La petite villageoise est assise près du lit ; son mouchoir est sur ses genoux, elle a les yeux rouges et gonflés ; elle fait un cri en apercevant Gustave, qui court l'embrasser.

— Me voilà, Suzon, me voilà...

— Ah! je croyais que vous ne reviendriez plus..

— Ah! Suzon, tu as pleuré...

— Oui, presque toute la journée... mais je vous assure que je n'ai pas fait de bruit...

— Pauvre petite... tu n'as donc pas dîné?

— Dîner! oh! je n'en ai plus envie... ce matin j'avais faim, mais mon appétit s'est passé...

— Tu croyais donc que je ne t'aimerais plus?

— Dam', sans doute, puisque vous ne reveniez pas me voir... il y a bien longtemps que vous êtes parti!

— Ah! ce n'est pas ma faute... mon oncle m'a emmené ; si tu savais comme la journée m'a semblé longue!

Gustave mentait peut-être un peu ; mais il est des circonstances où un léger mensonge est nécessaire et même louable : il eût été barbare de dire à Suzon : j'ai vu une femme charmante avec laquelle j'ai causé, chanté, et qui m'a fait oublier le temps. C'était la vérité cependant ; mais, comme vous voyez, toutes vérités ne sont pas bonnes à dire.

Gustave mettait sur une table devant Suzon le pâté, le vin, les fruits : il pressait la petite de manger, elle souriait à son ami ; elle voyait, à son empressement, à ses regrets, qu'il l'aimait encore ; elle oubliait les tourments de la journée, et mangeait pour faire plaisir à Gustave.

Mais Gustave réfléchissait pendant que Suzon prenait son repas ; il se disait :

— Ce qui est arrivé aujourd'hui peut arriver souvent encore, et entraîner de graves inconvénients ; il ne faut pas laisser Suzon passer sa vie dans une chambre, sans oser parler haut ni remuer, de crainte d'être entendue ; d'ailleurs, sans sortir, elle tombera malade ; on ne change pas impunément sa manière d'exister ; une jeune fille accoutumée à courir dans la campagne, à se lever avec le soleil, à prendre beaucoup d'exercice, ne supportera pas l'air épais et méphitique de Paris, condensé dans une enceinte de vingt pieds carrés, et qu'elle ne peut renouveler elle-même sans être aperçue par les gens de l'hôtel. Et puis les propos de Benoît, auquel la conduite extraordinaire de son maître donnera des soupçons, peuvent parvenir jusqu'au colonel; et, s'il trouvait Suzon!... Allons, décidément elle ne peut rester à l'hôtel; il faut lui louer une petite chambre que l'on meublera proprement; là elle pourra chanter, parler, prendre l'air et manger quand bon lui semblera, et Gustave ira la voir tous les jours, le matin et le soir.

— Ma chère amie, dit Gustave à Suzon, je viens de trouver un moyen pour que nous puissions nous voir sans danger : dès demain, je te loue une jolie chambre sur les boulevards et je t'y installe...

Suzon laisse tomber son verre et sa fourchette; elle écoute avec attention Gustave lui détailler les agréments dont elle jouira dans sa nouvelle demeure; quand il a fini, elle reste muette encore, mais deux ruisseaux de larmes s'échappent de ses yeux. et elle se jette aux genoux de Gustave et le regarde d'un air suppliant.

Celui-ci, surpris de cette action, la presse de parler et veut la relever : elle s'obstine à rester à genoux et s'écrie en sanglotant :

— De grâce, ne me renvoyez pas de chez vous... monsieur Gustave: je vous promets que je ne vous ferai plus de chagrin... je ne dinerai pas de la journée, ça m'est égal; je ne ferai pas de bruit... je ne pleurerai plus... vous sortirez tant que vous voudrez... mais ne me chassez pas d'auprès de vous!...

— Que dis-tu, ma chère amie? mais je ne te chasse pas... — c'est pour que tu sois plus heureuse... tu pourras sortir avec moi... .

— J'aime mieux rester dans votre chambre...

— J'irai te voir tous les jours.

— Oh! quand vous seriez parti, j'aurais trop peur de ne plus vous revoir; au lieu qu'ici il faut bien que vous rentriez coucher.

— Mais si mon oncle te découvre?...

— Ah bien! alors il sera toujours temps de me renvoyer... mais dans ce Paris!... Ah! je serais perdue si je ne demeurais pas avec vous.

Gustave ne put calmer la petite qu'en lui promettant de la laisser habiter sa chambre.

— Tu le veux, lui dit-il, reste ici : je désire que nous ne nous repentions jamais de cette résolution.

Cette promesse rendit à Suzon toute sa gaieté; elle embrassa Gustave, courut dans la chambre, sauta, fit mille folies; elle croyait son bonheur désormais assuré. Gustave ne pensait pas de même, mais il ne voulut pas troubler sa joie et s'endormit dans les bras de Suzon, regrettant pour la première fois peut-être que la raison n'eût pas triomphé de l'amour.

XVII

LA CHAMBRE MYSTÉRIEUSE

Avant huit heures du matin Benoît frappait à la porte de son maître. Gustave se lève et demande sans ouvrir pourquoi on fait tapage.

— Monsieur le colonel veut vous parler, répond Benoît.

Vous tombez dans la cour comme un boulet.

Gustave s'attend à être grondé; il s'habille, ferme à clef sa chambre à coucher, et va chez son oncle. Benoît est très intrigué de voir que son maître a fermé sa chambre comme la veille, mais cependant il n'ose renouveler ses questions.

— Morbleu! monsieur, dit le colonel en apercevant son neveu, me direz-vous quel vertige vous a passé par la tête hier soir? Vous sortez d'une maison charmante où l'on vous fait mille politesses sans offrir vos hommages à la maîtresse du logis, que vous laissez là au moment de lui accompagner une sonate! Vous vous sauvez comme si le diable était à vos trousses!... vous montez un cheval qui n'a jamais été qu'au brancard... un cheval excellent... qui m'a coûté quarante louis! et pour terminer vos exploits, vous abîmez, vous crevez cette pauvre bête!... vous tombez dans la cour comme un boulet de quarante-huit, vous cassez les carreaux de la loge du concierge; vous effrayez tout le monde!... vous rendez presque imbécile mon portier (qui l'était déjà à moitié), et tout cela, c'est pour courir à l'office... pour manger un pâté, une volaille... pour mettre le buffet au pillage, que vous aviez tant d'empressement à revenir! Je n'y conçois rien; vous aviez pourtant assez bien dîné...

— Mon oncle, il m'a pris en route une fringale insupportable...

— Eh ! mille escadrons !... mange tant que tu voudras, tu en es le maître ; mais il ne faut pas pour tes fringales crever mes chevaux et mettre ma maison sens dessus dessous !

— Mon oncle, est-ce que Mme Fonbelle a paru fâchée de mon départ !...

— Oh ! elle est trop bonne !... elle a été la première à m'apaiser !... mais tu lui dois des excuses...

— Oh !... je lui en ferai, mon oncle... j'irai la voir...

— Et il faut, moi, que j'achète un autre cheval !... J'avoue que je te croyais quelque amourette en tête !... et je pensais que tu nous avais quittés aussi brusquement pour aller courtiser quelque minois chiffonné !... mais j'ai été bien surpris en rentrant d'apprendre que tu étais arrivé ici, ventre à terre, pour souper !... Peste ! quel appétit !... Ah ! je t'en prie, une autre fois, mets un pâté et des brioches dans tes poches, afin de ne plus t'exposer à me jouer le même tour.

Gustave quitte son oncle. En retournant à sa chambre, il rencontra Benoît, auquel il appliqua quelques soufflets pour lui apprendre à rendre compte de sa conduite à son oncle. Benoît pleura en protestant que Fidèle était le seul coupable, parce qu'il avait été tourner auprès du colonel en tenant encore dans sa gueule une partie de la volaille qu'il avait volée sur le carré.

Gustave, après avoir embrassé Suzon, prit un cabriolet et se rendit chez M. de Grancière. Il vit Eugénie et s'excusa sur son départ de la veille. On reçut ses excuses, mais on le plaisanta sur son rendez-vous. Gustave crut s'apercevoir que Mme Fonbelle était piquée ; il en éprouva une secrète joie, il se flattait déjà de ne point lui être indifférent ! mais malgré le plaisir qu'il goûtait dans sa conversation, il abrégea sa visite et fut de retour à l'hôtel avant quatre heures.

Il se hâta de se rendre auprès de Suzon, et ne la quitta plus de la journée. Il fit venir dans sa chambre tout ce qu'il fallut pour le dîner de la petite. Benoît avait été assez corrigé pour n'avoir plus envie de parler ; d'ailleurs il ne passait jamais l'antichambre de son maître.

Plusieurs jours s'écoulèrent ainsi : Gustave ne quittait l'hôtel que pour aller voir Mme Fonbelle, qui était revenue à Paris avec son père, la saison de la campagne étant passée. Hors ses visites à Eugénie, Gustave ne quittait point Suzon ; il ne sortait de sa chambre que pour déjeuner et dîner avec son oncle lorsque celui-ci mangeait chez lui.

Le colonel était émerveillé de la conduite rangée de Gustave ; il lui faisait même quelquefois la guerre sur son amour démesuré pour le travail.

— Mon ami, disait M. Moranval à son neveu, il ne faut pas donner toujours dans les extrêmes : jadis tu étais étourdi, coureur, tu faisais le diable toute la journée ; maintenant, tu t'enfermes dans ta chambre et tu n'en bouges plus !... tu travailles trop ! tu te rendras malade !... et la preuve, c'est que, malgré ta sagesse et ta conduite régulière, eh bien ! tu n'engraisses pas du tout ; au contraire, tu as une mine pâle, allongée, des yeux creux... cernés !... on croirait à te voir que tu passes toutes les nuits au bal ou en bonnes fortunes !...

— Mon oncle, l'étude fatigue aussi beaucoup.

— Eh ! morbleu ! n'en fais pas tant ! voilà ce que je me tue à te dire. Viens avec moi dans le monde, et ne t'enferme pas dans ta chambre pour te dessécher sur des livres et du papier !

Le temps devait agir plus efficacement que les conseils du colonel ; Gustave tenait encore souvent compagnie à Suzon ; mais pour passer les heures qu'on ne peut pas employer sans cesse à faire l'amour (malgré l'envie qu'en auraient ces dames et ces demoiselles), Gustave enseignait à lire et à écrire à la petite, qui n'avait eu que quelques leçons du maître d'école d'Ermenonville (lequel n'était pas de la première force), et qui, pour plaire à son bon ami, étudiait tout le temps qu'elle était seule. Ces moments devenaient chaque jour plus longs. Suzon était bien gentille, bien douce, bien aimante ; mais Gustave la voyait tant qu'il voulait ; il la retrouvait la nuit, il était accablé de ses caresses, et près d'elle il consultait souvent sa montre et inventait des prétextes pour sortir. C'était près de Mme Fonbelle qu'il retournait : là il trouvait le temps trop court. Eugénie, cependant, ne recevait qu'en plaisantant les hommages de Gustave ; elle riait quand il soupirait, elle changeait de conversation quand il parlait de ses sentiments ; elle se moquait de lui lorsqu'il était triste et rêveur. Mais, à travers cette conduite un peu coquette, Gustave découvrait des mouvements de sensibilité, de tendresse, qu'on cherchait à lui cacher, mais qu'on ne dérobe pas facilement à l'œil d'un amant.

Suzon n'adressait jamais un reproche à Gustave sur la fréquence de ses absences ; elle soupirait lorsqu'il s'éloignait, elle pleurait lorsqu'il était longtemps sans revenir ; mais dès qu'elle l'entendait entrer dans la première pièce elle se hâtait d'essuyer ses yeux, elle renfonçait ses larmes et n'offrait à Gustave qu'un visage doux et riant.

Le colonel savait que son neveu allait souvent chez M. de Grancière ; il voyait naître avec joie l'amour de Gustave pour Eugénie, il ne doutait pas que cette nouvelle passion ne fût cause du changement heureux qui s'était fait dans la conduite de son neveu. Il avait parlé à son ami de ses désirs, de ses espérances, et M. de Grancière avait répondu que sa fille était entièrement maîtresse de faire ses volontés et de se remarier si bon lui semblait.

— D'après cela, dit le colonel les choses iront comme je le souhaite; car Gustave doit plaire à Eugénie, il a tout ce qu'il faut pour cela; et elle l'épousera, parce qu'elle est trop honnête pour lui céder sans être sa femme, et qu'il est ennuyeux de refuser toujours ce qu'au fond on désire soi-même accorder.

Suzon avait, d'après les désirs de Gustave, écrit une lettre à ses parents, contenant les expressions de son repentir pour le chagrin que sa fuite avait dû leur causer; elle rejetait sa faute sur l'éloignement qu'elle ressentait pour Nicolas qu'on voulait lui faire épouser; elle disait être placée à Paris, mais elle ne donnait aucune adresse pour qu'on lui fît réponse, car elle craignait qu'on ne vînt l'arracher d'auprès de celui qu'elle ne voulait pas quitter.

Un matin, que, contre son ordinaire, le colonel se promenait dans sa cour, examinant un cheval qu'il avait acheté nouvellement, il crut entendre du côté de la remise prononcer le nom de son neveu. Il s'approche contre le mur, s'arrête sans être vu, et entend la conversation suivante entre Benoît et son père qui nettoyaient le cabriolet du colonel.

— Tu dis donc, mon garçon, que M. Gustave ne veut plus qu'on entre dans sa chambre?...

— Non, certes, papa, il ne le veut pas!... il me l'a même bien défendu!

— Et qui est-ce donc qui fait son lit... qui nettoie chez lui?

— Ah! dam', je n'en sais rien... il a acheté deux colombes à ce qu'il m'a dit, et il s'amuse à les apprivoiser... C'est avec ses oiseaux qu'il joue toute la journée, pendant que son oncle croit qu'il travaille...

— Bah! il élève des oiseaux... à son âge!... C'est donc ça, Benoît, que je vois quelquefois des objets passer derrière les rideaux de sa fenêtre quand il est sorti...

— Oh! c'est ça! mais il faut que ces oiseaux-là mangent fièrement et boivent du vin; car M. Gustave en fait une jolie consommation!... Et des pâtés!... des volailles!... des fruits!... des gâteaux!...

— Mais Benoît, ne serait-ce pas plutôt un singe qu'il élèverait en cachette pour faire une surprise à monsieur le colonel pour ses étrennes?...

— Ah! c'est possible!... Oui, ça doit être un ou deux singes! car j'entends aussi quelquefois remuer des chaises... et cette fois entre autres que j'ai cru que c'était un voleur!... A coup sûr des oiseaux n'auraient pas fait ce bruit-là!... Je serais bien curieux de savoir au juste ce que c'est.

— Et moi aussi.

— Parbleu! je le saurai, moi, dit tout bas le colonel en s'éloignant de la remise... Des singes auxquels il faut des volailles et du vin!... Oh! il y a quelque chose là-dessous. Et cet amour extraordinaire que Gustave avait pris pour l'étude!... aurais-je été sa dupe?... voyons cela.

Le colonel n'était pas homme à différer de s'éclaircir sur un fait aussi singulier, et qui lui faisait concevoir mille soupçons. Il monte à la chambre de Gustave; il veut entrer, la porte est fermée à clef. — Allons, dit-il, Benoît ne ment pas. Mais je verrai ce que l'on veut dérober à tous les yeux.

Il descend, et fait venir le valet de son neveu.

Le colonel aperçoit la petite.

— Où est ton maître, Benoît?

— Monsieur, il est sorti.

— As-tu la clef de sa chambre? j'ai besoin d'y aller prendre quelque chose...

— Moi... monsieur?... non, je ne l'ai pas.

Benoît rougit et se trouble. — Allons, calme-toi, lui dit Moranval, je sais que tu n'es pour rien dans les folies de mon neveu; il te trouve trop bête pour te prendre pour confident.

— C'est vrai, monsieur le colonel.

— Va me chercher des pinces, un crochet...

— Si monsieur le colonel voulait un serrurier?...

— Non, je m'en passerai; fais ce que je te dis, et tais-toi!

Benoît apporte au colonel ce qu'il demande, et suit M. Moranval, qui monte à l'appartement de son neveu; mais arrivé devant l'antichambre, le colonel se retourne et ordonne à Benoît de s'éloigner, ce que celui-ci

GUSTAVE LE MAUVAIS SUJET

Le colonel fait monter la petite. (P 502.)

fait à regret, car il est très curieux de voir ce qu'il y a dans la chambre
à coucher de son maître.

Le colonel sait plutôt enfoncer une porte que forcer une serrure :
cependant il remue si bien celle de la chambre de Gustave, qu'il parvient
à détacher les vis; le pène cède... il est dans la chambre mystérieuse.

Mais il regarde en vain de tous côtés, il n'aperçoit ni singe ni oiseaux ; cependant des vêtements qui ne peuvent appartenir à Gustave sont placés sur le pied du lit.

— Il y a une femme ici, dit le colonel ; mais par où diable a-t-elle passé?...

En achevant ces mots, ses regards tombent sur une encoignure entre la cheminée et la fenêtre, où Suzon s'était blottie en mettant un fauteuil devant elle. Le colonel aperçoit la petite ; il reste immobile devant la jeune fille, qui, de son côté, n'ose pas lever les yeux.

— Que diable faites-vous là, ma petite?... dit enfin le colonel en recouvrant la parole. Mais Suzon fermait les yeux et ne bougeait pas. Le colonel dérange le fauteuil et prend la main de la jeune villageoise qui tremble comme la feuille.

— Allons... rassurez-vous... je ne vous mangerai point... Répondez-moi, petite, et surtout dites la vérité...

— Oui monsieur.

— Que faites-vous dans la chambre de mon neveu?

— Je demeure avec lui, monsieur..

— Ah! vous demeurez avec lui!... Je ne vois qu'un lit dans cette chambre.

— Je couche avec lui, monsieur.

— C'est fort bien!... Et depuis quand dure ce beau ménage?...

— Depuis six semaines, monsieur.

— Quoi! depuis six semaines vous êtes dans cette chambre!... vous ne sortez jamais?

— Oh! non, jamais, monsieur ; j'avais trop peur d'être vue!

— Que faites-vous donc toute la journée?...

— Quand il est là, je le regarde, je lui parle, je l'embrasse... Quand je suis seule, j'apprends à lire et à écrire.

— Mais, morbleu! vous devez être seule souvent, car depuis quelques jours il sort beaucoup... ce genre de vie ne vous ennuie pas?

— Non, monsieur ; je pense toujours à lui, je l'attends toujours... et je sais bien qu'il reviendra.

Le colonel considère Suzon : sa grâce, sa naïveté désarment sa colère ; il recommence ses questions :

— Où avez-vous fait la connaissance de mon neveu?

— A Ermenonville, monsieur ; il a logé chez nous.

— Ah! il a logé chez vos parents ; et pour prix de leur hospitalité, il a séduit et enlevé leur fille!

— Oh! il ne m'a ni séduite ni enlevée, monsieur ; cela s'est fait tout seul!... J'ai été dans sa chambre, par hasard et puis nous nous sommes aimés de suite...

— Et vous avez tout de suite couché ensemble?...

— C'est vrai, monsieur.

— Allons, il me paraît qu'à Ermenonville cela se mène aussi rondement qu'à Paris. Mais pourquoi avez-vous quitté votre pays, votre famille?

— Ah! monsieur, on voulait me marier à Nicolas Toupet, que je n'aime pas du tout!... J'aurais été bien malheureuse... et puis, je pensais tous les jours à M. Gustave, et je mourais de chagrin de ne plus le voir...

— Et votre mère, si elle mourait du chagrin que lui aura causé l'abandon de sa fille?... Si votre fuite la conduisait au tombeau?...

— Ah! monsieur!... ne me dites pas cela.

Suzon se mit à sangloter. Le colonel était vivement ému: il se promenait dans la chambre, frappait du pied, regardait Suzon, s'arrêtait et jurait après son neveu.

Au bout d'un moment, il revint vers la petite, et lui prit la main:

— Allons, mon enfant, calmez-vous, ne pleurez plus, et écoutez-moi. Je ne vous ferai point de reproches sur votre conduite; vous n'en avez pas senti vous-même toute l'inconséquence... vous avez agi d'après votre cœur; et, quoiqu'on dise qu'il faut toujours se laisser guider par lui, le vôtre ne vous a fait faire que des sottises. Vous ne pouvez pas demeurer ici... c'est déjà beaucoup d'y être restée six semaines.... Allons, mille escadrons! ne pleurez pas ainsi, ou je me fâche... Vous allez quitter cet hôtel...

— Ah! monsieur!... prenez-moi pour votre domestique... je vous servirai, je travaillerai...

— Non pas, pardieu!... une bonne comme vous mettrait mon hôtel sens dessus dessous!... Et croyez-vous que Gustave serait content de vous voir mêlée parmi mes gens? Non, mon enfant, il faut sortir de cette maison: il n'y a point à revenir là-dessus. Voulez-vous maintenant rester à Paris, ou retourner chez vos parents?

— Ah! monsieur, ne me renvoyez pas au village, on me ferait épouser Nicolas pour me punir.

— Morbleu! vous détestez bien ce Nicolas; et cependant si vous ressembliez aux femmes de Paris, cela ne vous empêcherait pas de... mais il n'est pas question de cela. Vous ne retournerez pas à votre pays, j'y consens; mais je vais vous placer quelque part, et vous écrirez à votre mère où vous serez. Voyons... où diable pourrais-je vous placer?...

— Cela m'est égal, monsieur; puisque je ne serai plus avec lui, je ne puis plus être heureuse...

— Bah! bah! propos d'enfant que tout cela... L'amour passe, ma petite; et si vous aviez plus d'expérience, vous sentiriez que celui de Gustave est déjà... Enfin, l'amour ne fait pas vivre, et il faut songer à votre avenir. Mon neveu est un étourdi qui vous aurait laissé moisir votre jeunesse dans sa chambre... tandis que lui... Ah! morbleu! les hommes ne méritent guère les pleurs que vous répandez pour eux.

Le colonel ne sait à quoi se décider; il cherche ce qu'il pourra faire de Suzon, qu'il ne veut pas et qu'il ne peut point garder à l'hôtel, mais dont il a résolu de prendre soin, parce qu'il a reconnu, que tout en demeurant dans la chambre d'un garçon, la jeune villageoise a moins d'expérience que n'en ont certaines demoiselles qui habitent avec leurs parents. Suzon ne dit plus rien; elle regarde timidement M. Moranval, et attend qu'il dispose de son sort. Le colonel sort de la chambre à coucher et ouvre la porte de l'antichambre pour appeler Benoît... mais il n'a pas besoin de prendre cette peine : le portier et son fils sont collés contre l'escalier, attendant que le colonel sorte de chez son neveu avec les curiosités qu'ils brûlent de voir.

Le portier et son fils sont collés contre l'escalier.

M. Moranval les regarde avec sévérité :

— Que faites-vous là? leur dit-il brusquement.

— Monsieur le colonel... nous... nous attendons vos ordres, répond le portier en ôtant respectueusement son bonnet de coton.

— Dites plutôt que vous attendez que je sorte de cet appartement pour y entrer vous-mêmes, et voir le singe que mon neveu tient renfermé...

— C'est donc un singe, monsieur le colonel?...

— Allez à votre loge; je n'aime pas les indiscrets.

Le colonel pousse le portier, qui pousse son fils; et tous deux s'éloignent confus d'avoir été surpris et mécontents de ne rien savoir.

M. Moranval se rend chez Mme Duval, femme chargée de soigner le linge de la maison, et qui demeure dans une petite chambre de l'hôtel. Mme Duval n'est ni curieuse, ni bavarde; aussi depuis dix ans elle sert le colonel.

— Mme Duval, dit le colonel en entrant dans la chambre de la vieille ouvrière, j'ai une jeune fille à placer; indiquez-moi quelque boutique où le genre de commerce que l'on y fait n'expose pas une fillette à courir sans cesse les rues de Paris ou à entendre les quolibets des acheteurs.

— Monsieur le colonel, répond Mme Duval après avoir réfléchi un moment, je ne connais que Mme Henry, mercière, rue aux Ours; c'est elle qui me fournit ce dont j'ai besoin pour l'hôtel, et justement elle me demandait l'autre jour si je pourrais lui procurer quelqu'un.

— Et votre Mme Henry est honnête?

— Oui, monsieur; c'est une femme veuve; elle est jeune, gaie, elle va le dimanche au spectacle, mais du reste elle est sage, et ne reçoit pas de gens suspects...

— Fort bien!... je ne veux pas d'ailleurs placer cette petite dans un couvent, ni chez quelque prude revêche!... Je veux qu'elle s'occupe et qu'elle s'amuse ensuite, rien de plus juste. Madame Duval, allez me chercher un fiacre, et disposez-vous à m'accompagner chez Mme Henry.

— Mais, monsieur le colonel, il faudrait au moins la prévenir...

— Cela n'est pas nécessaire. Elle vous connaît? elle doit me connaître de nom, au moins, puisqu'elle fournit ma maison, et cela doit suffire. Allez, madame; vous ferez entrer le fiacre dans la cour, et il s'arrêtera tout contre l'escalier du milieu.

Mme Duval sort. Le colonel remonte près de Suzon.

— Allons, ma petite, faites un paquet de ce qui vous appartient, et disposez-vous à me suivre.

— Quoi! monsieur... aujourd'hui?...

— Tout de suite.

— Mais il faut que je l'attende... que je lui dise adieu...

— Non pas, cela serait fort mal vu; il faut au contraire vous éloigner avant son retour.

— Ah! mon Dieu!... que dira-t-il lorsqu'il ne me trouvera plus?...

— Je lui dirai que c'est moi qui vous ai emmenée.

— Il aura bien du chagrin!...

— Il sentira que j'ai eu raison.

— Il sera bien en colère!...

— Parbleu ! je voudrais voir cela.

Suzon pleure, se désole; elle demande à attendre Gustave. Le colonel est inexorable.

— Mais au moins, monsieur, dit-elle en sanglotant, viendra-t-il me voir?... Lui direz-vous où je serai?

— Oui, dit le colonel qui ne veut pas la désespérer tout à fait; oui, mon enfant, vous le reverrez si vous êtes plus raisonnable, si vous vous conduisez bien.

Cette assurance calme un peu la douleur de Suzon; elle essuie ses yeux, fait un petit paquet de ce que Gustave lui a acheté depuis qu'elle est avec lui, et attend les ordres de M. de Moranval.

Une voiture entre dans la cour et s'arrête tout contre l'escalier.

Descendons, dit le colonel.

Il prend Suzon par la main; elle tourne encore ses regards vers cette chambre qui était pour elle l'univers; son sein se gonfle, ses genoux faiblissent; mais elle retient ses pleurs, de crainte d'irriter le colonel.

Le fiacre est en bas, la portière est ouverte, le colonel fait monter la petite; il se place près d'elle, et fait mettre Mme Duval de l'autre côté. Il ferme les glaces et ordonne au cocher de les mener rue aux Ours. La voiture sort de l'hôtel, MM. Benoît, père et fils sont dans la rue en face de la porte; ils lèvent la tête, tendent le cou pour découvrir ce qu'on emmène dans le fiacre; mais Suzon est cachée par Mme Duval et le colonel; ils en sont pour leurs œillades et quelques éclaboussures.

On arrive chez Mme Henry. La mercière est bien surprise de voir entrer chez elle le colonel Moranval, Mme Duval et une jeune fille qui a les yeux rouges et peut à peine se soutenir.

— Madame, dit le colonel, vous avez demandé une fille de boutique à Mme Duval, je vous en amène une. Elle est fort triste, comme vous voyez, mais elle vous contera ses petits chagrins; vous la plaindrez d'abord, vous lui parlerez raison ensuite, et avec le temps tout cela s'arrangera. Je vous recommande Mlle Suzon, à laquelle je m'intéresse beaucoup. Comme elle ne sait encore rien faire et qu'il faudra que vous preniez la peine de la former, voilà vingt-cinq louis pour la première année de sa pension. Répondez, madame, cela vous convient-il?

— Monsieur, dit Mme Henry, un peu étonnée de la promptitude avec laquelle le colonel traitait les affaires, certainement votre recommandation et celle de Mme Duval suffisent pour que je reçoive mademoiselle chez moi... si toutefois elle veut bien y rester.

— Oui, madame, dit Suzon en soupirant, je ferai tout ce qu'on voudra.

— Allons, voilà qui est terminé, dit le colonel à Mme Henry, je vous recommande de nouveau cette enfant, qui n'a que le défaut d'être trop sensible. Au revoir, petite : Mme Duval me donnera souvent de vos nouvelles, et si vous vous conduisez bien, je ne vous abandonnerai pas. Adieu, demain vos parents sauront que vous êtes dans un lieu où vous n'avez point à rougir.

Le colonel s'éloigne, laissant Suzon chez Mme Henry. Nous retrouverons plus tard la petite villageoise : sachons d'abord ce que faisait Gustave pendant qu'on lui enlevait sa compagne de nuit.

Notre héros avait passé une partie de la journée chez Mme Fonbelle ; lorsqu'il revint à l'hôtel, MM. Benoît père et fils étaient dans sa chambre, dont ils faisaient la visite. En voyant le fiacre s'éloigner avec le colonel, les deux domestiques avaient calculé qu'ils auraient le temps de monter à l'appartement de M. Gustave ; ils avaient trouvé ouverte la porte de la chambre mystérieuse, et ils cherchaient dans tous les coins s'ils apercevaient quelque chose qui pût les mettre sur la voie de ce qu'on tenait caché dans cette pièce.

Gustave monte chez lui ; il trouve avec étonnement la porte de sa chambre ouverte ; il croit que c'est un oubli de sa part. Il entre... mais, au lieu de Suzon, il voit le portier furetant dans une grande armoire, et Benoît à genoux regardant sous le lit.

— Que faites-vous ici ? s'écrie Gustave... comment y êtes-vous entrés ?... Répondez donc, misérables !

Le portier et son fils ne trouvaient pas d'excuse, et restaient muets ; Gustave prend Benoît par une oreille, le secoue vivement :

— Me diras-tu, drôle, où elle est maintenant ?

— Où elle est, monsieur ?

— Oui, qu'en a-t-on fait ?...

— Ce qu'on a fait de quoi ? monsieur, nous n'avons pas aperçu vos colombes !..

— Ce sont elles que je cherchais, monsieur, dit le portier en tremblant.

— Mais enfin qui a ouvert cette porte ?...

— C'est monsieur votre oncle, mais il est entré tout seul... Il a fait venir un fiacre...

— Et il l'a donc emmenée ?...

— Apparemment, monsieur, il a emmené quelque chose, bien sûr... mais nous n'avons rien pu voir.

— Sortez...

Le portier et son fils ne demandent pas mieux que de s'en aller. Gustave cherche dans sa chambre si Suzon n'a pas laissé un écrit; mais il ne trouve rien; c'en est fait, Suzon est perdue pour lui. Mais il ne l'aimait plus, direz-vous, il s'ennuyait auprès d'elle, il la quittait pour Eugénie... Oui quand Suzon était chez lui, il n'éprouvait plus avec elle ces transports, cette ivresse qui caractérisent l'amour; il la délaissait une partie de la journée; à peine revenu auprès d'elle, il cherchait un motif pour la quitter encore!... mais depuis qu'elle n'est plus là, depuis qu'on la lui a enlevée, il sent renaître son amour; il brûle de la revoir, de lui parler, de l'embrasser!... Voilà la bizarrerie du cœur humain, et comme dit fort bien certaine chanson :

Cette voix est partie du fond d'un fiacre jaune.

On veut avoir ce qu'on n'a pas,
Et ce qu'on a cesse de plaire.

XVIII

UNE NUIT CONJUGALE

Gustave, désespéré d'avoir perdu Suzon, dont il est redevenu amoureux depuis qu'elle n'habite plus avec lui, sort de son appartement, descend dans la cour et se dispose à parcourir la ville, pour essayer de découvrir la retraite où le barbare colonel (car on est toujours barbare, lorsque l'on contrarie nos passions) a conduit la jeune villageoise.

Mais la ville est bien grande! et quand on ne sait de quel côté on doit porter ses pas, il est probable que l'on fera beaucoup de chemin inutilement. Gustave n'a pas fait cent pas qu'il s'arrête, regarde en l'air, et

Et presse dans ses bras, non Suzon, mais Mme de Berly. (P. 507.)

se demande où il va : comme il ne trouvait aucune réponse à cette question, il restait incertain au milieu de la rue, recevant sans y faire attention, les coups de coude des passants qui trouvaient fort mauvais qu'un grand jeune homme restât immobile sur la voie publique, et qui, s'il fût resté encore longtemps dans cette situation, se seraient probablement amassés autour de lui pour savoir ce qu'il regardait en l'air, où l'on ne voyait rien : mais à Paris on est principalement curieux et musard ; deux chiens qui se battent ; un homme qui saigne du nez, une dame qui en se retroussant montre sa jarretière, un ivrogne qui tombe, un enfant qui crie : en voilà plus qu'il n'en faut pour faire assembler deux cents personnes.

Tout à coup Gustave est tiré de ses réflexions par une voix qui prononce son nom. Cette voix est partie du fond d'un fiacre jaune, qui s'éloigne aussi vite que peuvent le faire deux vieilles rosses n'allant jamais que comme un cocher payé à l'heure.

— Eh mais ! c'est cela, dit Gustave ; un fiacre... et je crois que Benoît m'a dit qu'il était jaune... une voix qui m'appelle... et qui m'est bien connue ! C'est elle, c'est Suzon, que mon oncle emmène : allons, suivons la voiture... s'il faisait nuit, je monterais derrière, mais en plein jour, je ne puis ; n'importe, je ne la perdrai pas de vue... mais n'allons point trop près des portières, pour éviter les regards du colonel.

Le fiacre sort de la ville et entre dans le faubourg du Temple. — C'est cela, dit Gustave, on va la cacher à la campagne ; peut-être même la reconduit-on à Ermenonville... mais à coup sûr ce ne sont pas ces deux pauvres chevaux qui feront ce voyage ; il faudra qu'on s'arrête, et pendant qu'on s'arrêtera, je trouverai l'occasion de parler à Suzon.

La voiture passe en effet la barrière, et monte la grande rue de Belleville ; arrivée dans le village, elle tourne à gauche, entre dans une rue qui mène aux champs, et s'arrête devant une maison assez jolie. Gustave s'arrête de son côté ; il se tient collé contre une porte, à une cinquantaine de pas ; mais il regarde en tâchant de n'être point aperçu.

Deux dames et un jeune homme descendent du fiacre et entrent dans la maison. Les dames ont de grands chapeaux qui cachent leur figure ; Gustave n'a pu d'aussi loin distinguer leurs traits ; mais il commence à craindre de s'être trompé : aucune de ces dames n'a la tournure et la mise de Suzon ; il est possible, cependant, que le colonel ait fait prendre un autre costume à la petite, afin de la déguiser ; mais le colonel n'est pas dans la voiture, et ce jeune homme quel est-il ?... on ne lui aurait pas confié la petite villageoise ; allons, décidément Suzon n'était pas dans le fiacre, et notre héros s'est promené inutilement depuis la rue Montmartre jusqu'aux Prés-Saint-Gervais.

Gustave était de fort mauvaise humeur d'avoir ainsi perdu son temps. Les dames et le jeune homme étaient entrés dans la maison ; le fiacre était reparti et notre héros restait dans la petite rue des champs, indécis sur ce qu'il devait faire.

— Cependant on m'a nommé !... une de ces dames me connaît

donc?... au fait, cela n'a rien d'étonnant, j'en connais tant moi-même... qu'il y en a que j'oublie!... je voudrais savoir pourtant quelles sont les personnes qui viennent d'entrer dans cette maison.

Tout en disant cela, Gustave approchait de la maison et regardait aux croisées; il cherchait à découvrir au travers des persiennes une figure de connaissance. Il croit entendre ouvrir une fenêtre; bientôt une voix douce prononce encore son nom. Cette voix est la même qu'il a déjà entendue; oh! pour le coup il n'y a plus à en douter, une de ces dames le connaît, et certes il ne retournera pas à Paris sans la voir; déjà il approche de la porte cochère, il prend le marteau, il va frapper, sans savoir cependant qui il demandera, mais la même voix l'arrête :

— Ne frappez pas, lui crie-t-on; suivez le mur, tournez l'angle à gauche, et attendez devant la petite porte.

— Diable!... du mystère, dit Gustave, un mur... une petite porte!... c'est comme une scène de mélodrame!... allons, faisons ce qu'on me prescrit; je vais connaître mon héroïne.

Gustave descend la rue, puis tourne l'angle à gauche, il suit encore le mur, et voit enfin une petite porte; il s'arrête là. Il regarde au-dessus de ce mur qui s'étend fort loin; il n'aperçoit que le sommet de plusieurs arbres fruitiers ou des buissons de lilas; il présume que ce sont les jardins des maisons de la rue qui sont clos par ce mur. Il s'appuie contre la petite porte, et attend avec impatience qu'on l'introduise dans le jardin; enfin il entend les pas de quelqu'un qui s'avance... la personne marche vite... ce doit être une femme... il croit même distinguer le froissement d'une robe... il sent son cœur battre avec plus de force... pourquoi cette émotion?... celle qui vient est peut-être laide ou vieille!... mais peut-être aussi elle est jolie, et dans le doute on aime à s'arrêter à l'idée la plus agréable; et puis ce mystère, cette voix, tout cela a quelque chose de piquant qui fait travailler l'imagination. Eh! mon Dieu!... dans les circonstances les plus importantes de la vie, les événements ne nous affectent qu'en proportion de la situation où ils nous trouvent; les rêves de notre imagination disposent notre âme à l'amour, à la joie ou à la douleur; il est des moments où nous ne demandons qu'à pleurer, d'autres où nous voyons tout en rose; et puisqu'au bal masqué on s'enflamme souvent pour un petit domino dont on ne peut distinguer les traits, Gustave pouvait bien sentir palpiter son cœur pour celle dont il entendait les pieds légers courir sur le sable et approcher de la petite porte.

On ouvre cette petite porte enfin; Gustave entre dans le jardin, et presse dans ses bras, non pas Suzon, mais Mme de Berly.

Le premier mouvement devait être à l'amour; mais après s'être tenus longtemps embrassés, Gustave et Julie se firent mille questions. Notre héros ne revenait pas de la surprise que lui avait causée l'apparition de Julie.

— Eh quoi! Gustave, vous n'aviez pas reconnu ma voix? dit Mme de Berly en soupirant. Mais en effet, il y a si longtemps que vous m'avez vue!... vous m'aviez oubliée!... Ingrat!... et lorsqu'à chaque instant de la journée je pensais à vous, votre cœur était occupé d'une autre femme!... Vous passiez à faire votre cour les moments que je passais à gémir! Hélas! voilà donc ces serments qui devaient être sacrés! Mais que dis-je!... avais-je le droit de compter sur les vôtres?

Gustave se fourre sous le lit.

Julie versait des larmes; Gustave ne savait comment s'excuser, car il sentait qu'il était coupable, et pourtant la vue de Julie venait de rallumer dans son cœur les sentiments qu'elle lui avait jadis inspirés. Mais une femme qui nous aime est facile à consoler! Mme de Berly fut la première à se rapprocher de Gustave.

— Pardonnez-moi ces reproches, mon ami; je suis déraisonnable de vous en adresser!... Loin de moi, pouvais-je espérer que vous ne connaîtriez plus l'amour?... Mais vous ne me dites rien... m'auriez-vous en effet oubliée entièrement?

— Oh! non, mais je sens que j'ai des torts...

— M'aimez-vous encore, Gustave?

— Plus que jamais.

— Eh bien! ne parlons plus de vos torts; les reproches que l'on se fait soi-même ont bien plus de force que ceux que l'on entend.

— Chère Julie! que vous êtes bonne!... je ne mérite vraiment pas tant de générosité.

— Ne m'en ayez point d'obligation!... si je vous aime, c'est bien malgré moi!... j'aurais voulu surmonter ce sentiment, mais l'amour est comme la fortune : ce sont souvent ceux qui le méritent le moins qu'il traite en enfants gâtés.

Gustave entourait Julie de ses bras; il couvrait de baisers un sein charmant, que sa main avait débarrassé du fichu qui le cachait; dans son ardeur, il voulait déjà se dédommager d'une séparation de plusieurs mois, mais Julie arrêta ses entreprises.

— Que faites-vous, mon ami? Songez-vous combien vous m'exposez!...

— N'êtes-vous pas seule?

— D'un moment à l'autre on peut venir!... Je ne suis pas même ici chez moi!... Vous n'avez donc pas reconnu la dame qui était avec moi!

— Non, sans doute, puisque je ne vous avais pas reconnue vous-même. Et quelle est cette dame?

— Aurélie, la nièce de mon mari, celle que vous deviez épouser, et qui est mariée depuis six semaines à ce grand jeune homme qui était en voiture avec nous.

— Se pourrait-il?...

— C'est chez eux que je suis; cette campagne leur appartient. Je viens quelquefois, par complaisance, y passer huit jours, et d'ailleurs, que je sois à la ville ou à la campagne, loin de vous tout m'était indifférent. Mais je crains que Mme Frémont ou son mari ne remarque mon absence... Et si l'on vous voyait avec moi... Aurélie est méchante!... je serais perdue!...

— Comment faire?... Je ne puis cependant me résoudre à vous quitter. M. de Berly vient-il ici ce soir?

— Non, il reste à Paris jusqu'à dimanche.

— Nous sommes à jeudi. Je puis rester avec vous...

— Je loge dans ce pavillon que vous voyez... à gauche... au milieu du jardin...

— Bon!... donnez-m'en la clef; je vais m'y cacher et vous y attendre.

— Ah! Gustave!... si Aurélie... si son mari...

— Vous ne m'aimez plus autant, Julie!...

— Méchant!... Tenez, voilà cette clef... mais prenez bien garde d'être aperçu!...

— Comptez sur ma prudence...

— Je retourne au salon.. J'aurai une migraine, et je les quitterai le plus tôt possible...

— Fort bien... je vous attends.

Mme de Berly s'éloigne par une allée qui conduit à la maison ; Gustave se dirige vers le pavillon qu'on lui a indiqué. Ce bâtiment, isolé au milieu des jardins, est composé d'un rez-de-chaussée, d'un premier, et surmonté d'une terrasse, sur laquelle on a établi un télescope que l'on braque à son gré sur les environs.

Gustave arrive au pavillon ; mais il n'a pas besoin de faire usage de la clef qu'on lui a remise, car la porte est ouverte ; il entre sur un petit palier ; un escalier conduit à l'étage supérieur et à la terrasse, une porte près de l'escalier conduit à la pièce du rez-de-chaussée.

— Est-ce au premier ? est-ce au rez-de-chaussée qu'elle habite ? se demande Gustave ; au reste... peu importe où je l'attendrai : elle m'a dit qu'elle logeait dans ce pavillon, et probablement elle y loge seule, puisqu'elle en a la clef. Entrons au rez-de-chaussée ; je verrai bien si la chambre est disposée pour la recevoir.

La clef est à la porte ; Gustave ouvre et aperçoit une jolie pièce élégamment meublée et fraîchement décorée. Il entre, persuadé que c'est la chambre de Mme de Berly, que l'on a disposée pour la recevoir. Rien ne manque en effet dans l'appartement : lit élégant, canapé, glaces, bergères, doubles rideaux, rien n'est oublié pour faire de cette pièce une retraite charmante. Gustave examine tout : il aperçoit avec étonnement une glace au fond de l'alcôve :

— Diable, dit-il, quelle recherche !... quel raffinement !... Autrefois Julie ne connaissait point tout cela !... Allons, c'est un boudoir que ce séjour ; c'est bien l'asile qui convient à une jolie femme. A coup sûr l'appartement de Mme Frémont ne doit pas ressembler à celui-ci ! Cette prude Aurélie, ne levant jamais les yeux sur un homme et prenant avec humeur les plus légères plaisanteries, doit être bien drôle dans son ménage !... Elle doit bannir de son appartement tout ce qui peut amollir les sens ou effaroucher la pudeur. Je plains son mari !... rien n'est plus maussade qu'une prude... en compagnie du moins ; mais j'aurais été curieux de savoir comment s'est passée la première nuit de ses noces.

Après avoir admiré l'appartement, Gustave repousse la porte et se jette dans une bergère. Là il se repose en attendant que Julie vienne le retrouver ; il repasse dans sa tête les événements de la journée, et ne peut se dissimuler que ce n'était pas pour coucher avec Julie qu'il est sorti de l'hôtel, et qu'il ne trouvera pas Suzon dans l'appartement de Mme de Berly. Pauvre Suzon !... serais-tu maintenant oubliée ?...

Mais Gustave se promet bien de poursuivre ses recherches et de découvrir l'asile où le colonel a conduit la petite ; mais un jour ou deux de retard ne changeront rien au résultat de ses démarches ; au contraire, cela rendra le succès plus facile : voyant que Gustave ne fait aucune tentative pour retrouver Suzon, on surveillera moins la jeune fille, elle pourra donner de ses nouvelles à son bon ami : c'est du moins ce que pense notre héros dans la chambre à coucher de Mme de Berly. Mais, direz-vous, il ne pensait pas ainsi en sortant de l'hôtel de son oncle, en parcourant les rues au hasard, et en suivant jusqu'à Belleville le fiacre : c'est possible! mais

Autre temps, autres soins!

Il faisait nuit depuis longtemps, Gustave s'impatientait dans sa bergère après Mme de Berly; enfin une lumière brille dans le jardin et approche du pavillon. Bientôt un bruit confus de voix arrive jusqu'à l'oreille de Gustave, qui se lève étonné et écoute plus attentivement.

Il distingue la voix d'Aurélie et celle d'un homme qui se mêlent à celle de Julie. Probablement les nouveaux mariés ont voulu accompagner Mme de Berly jusqu'au pavillon, mais s'ils poussent la politesse jusqu'à entrer dans l'appartement! cela serait possible.... Les voix approchent... il faut à tout hasard prévenir le danger, et Gustave, ne voyant aucune autre cachette, se fourre sous le lit, où il n'espère pas faire un long séjour.

On est arrivé au pied de l'escalier; Gustave peut entendre ce qu'on dit :

— Comment! Aurélie, vous voulez coucher dans ce pavillon?

— Oui, ma tante; oh! je l'ai fait arranger exprès pour cela, la semaine dernière.....

— Quelle folie!.... vous étiez si bien dans la chambre qui donne sur la rue!...

— Ma femme a comme cela des idées singulières : elle a fait tout cela sans me consulter!...

— J'espère, monsieur, que je suis la maîtresse de coucher où cela me fait plaisir?

— Sans doute, ma femme; mais...

— Mais, mais... je vous dis que nous serons beaucoup mieux.

— Cependant, Aurélie, ce pavillon est humide...

— Vous y couchez bien, vous, ma tante?

— Oui! mais pas au rez-de-chaussée.

— Je ne crains point l'humidité... Venez voir ma tante, comme j'ai fait arranger l'appartement.

Sans attendre de réponse, Aurélie ouvre la porte et entre; Julie la suit en tremblant; elle craint que Gustave à qui elle n'a point songé à dire qu'elle habite au premier, ne l'attende dans la pièce du bas; mais un seul coup d'œil la rassure : il n'est pas là.

— Allons, restez donc ici, puisque cela vous arrange, dit-elle; je vais me coucher... j'ai un mal de tête!... Ah! je prévois que je me lèverai tard demain.

Et Mme de Berly quitte Aurélie et son époux, empressée de monter à son appartement, où elle croit retrouver Gustave.

Mais ce pauvre Gustave se désolait sous le lit où il s'était réfugié; la conversation venait de lui apprendre qu'il était dans la chambre de M. et Mme de Frémont. Les deux époux s'enferment, et vont se coucher; il n'y a donc plus moyen de s'échapper; bien heureux encore s'il n'est pas découvert, car alors quelle serait son excuse?... passer pour un voleur, cela ne lui serait même pas possible, puisque Aurélie le connaît : Julie serait donc compromise !

Allons, il faut rester sous le lit, et s'estimer heureux si personne ne le fait sortir de là.

Gustave s'étend sur le dos, invoque la Providence pour que M. et Mme Frémont ne regardent pas sous le lit avant de se coucher, comme cela arrive aux âmes timorées, et attend dans le plus grand silence, et sans oser remuer ni respirer, que le hasard ou l'amour lui permette de sortir de sa cachette.

Mme Frémont met ses papillotes, le mari se déshabille.

Ma femme, il y a un nœud.

— Allons, dit Gustave, je vais être initié aux mystères de la couche matrimoniale; je comptais passer la nuit à faire l'amour, je l'entendrai faire aux autres; c'est bien différent, mais j'y gagnerai peut-être du côté de l'instruction; il faut prendre son parti.

GUSTAVE LE MAUVAIS SUJET

Ils tirent dedans, deux coups de pistolet. (P. 519.)

Cependant la conversation des deux époux n'était pas montée sur le ton de la tendresse :

— Délacez-moi, monsieur, je vous prie... Allez donc... Ah! que vous êtes gauche!...

— Ma femme, il y a un nœud...

— Coupez le lacet, un rien vous embarrasse!...

— Voilà ce que c'est...

— C'est bien heureux! je croyais que vous n'en finiriez pas!... Comment! vous mettez un bonnet de coton?

— Sans doute...

— Ah! que cela vous va mal!... Que vous êtes laid avec cela!

— Cela me tient chaud, et je ne veux pas m'enrhumer dans cette chambre, que l'on dit humide.

— Ah! mon Dieu! vous êtes déjà comme les vieux... Que ne mettez-vous un gilet de flanelle!...

— Mais c'est ce que je ferai incessamment, car cela préserve de beaucoup de maladies.

— J'espère que vous n'en ferez rien!... quelle manie! Pour moi, je ne veux pas coucher auprès d'un paquet de flanelle!... cela me gratterait la peau.

— On n'en met pas partout, ma femme.

— Ah! c'est dommage!

Mme Frémont se couche.

— Peste! dit Gustave en lui-même, quelle femme!... pour une prude, il est bien extraordinaire qu'elle n'aime pas les gilets de flanelle! Quoi! cette fille... qui tenait continuellement ses yeux baissés quand un homme lui parlait!... Fiez-vous donc aux apparences!

— Eh bien! monsieur, avez-vous bientôt fait vos quinze tours... vous coucherez-vous ce soir?

— Me voilà, ma femme : je regarde si les volets sont bien fermés...

— N'avez-vous pas peur des voleurs?...

— Non, mais je crains les vents coulis, et à la campagne on prend aisément un torticolis!...

— Ah! mon Dieu, monsieur Frémont! si vous m'aviez dit avant de m'épouser que vous aviez peur des vents coulis, des torticolis... et que vous portiez un gilet de flanelle et un bonnet de coton, j'aurais pu faire mes réflexions!... En vérité... on est bien trompé par les apparences!... vous faisiez le rodomont!... le roué, l'infatigable, le fendant! et Dieu sait ce qui en est!

— Madame, je pense que c'est pour les qualités solides qu'on se marie.

— Les qualités!... mais où sont-elles donc, monsieur, vos qualités solides?... Allons, venez vous coucher.

Frémont souffle la chandelle, et s'approche de sa chère moitié.

— Comment, monsieur... vous avez soufflé la chandelle?...

— Certainement, vous savez bien que je n'ai pas l'habitude de garder de la lumière pour dormir.

— Pour dormir!... ah! oui... c'est bien vrai... vous n'avez pas d'habitude...

— Comment! cela vous fâche, ma chère amie?

— Ah! vous êtes d'une gaucherie!... c'est bien la peine que je fasse mettre une glace dans mon alcôve!

— Une glace!... Je ne pense pas que vous vouliez vous en servir la nuit?...

— Oh! non, monsieur, avec vous, je le vois, tout cela ne sert à rien.

M. Frémont se couche, sa femme ne dit plus rien; Gustave avait beaucoup de peine à contenir l'envie de rire que la conversation conjugale lui avait donnée. Pendant cinq minutes on ne rompt point le silence; cependant on ne s'endormait pas, car Gustave entendait se retourner fréquemment dans le lit. Enfin Aurélie reprend la parole :

— Ah çà, monsieur, est-ce que vous allez vous endormir comme cela?...

— Mais il n'y aurait rien d'étonnant, je pense, à ce que je m'endormisse... j'ai beaucoup couru ce matin dans Paris... je suis très las.

— Vous êtes las!... Voilà tout ce que vous savez me dire! Je ne suis point lasse, moi, monsieur, et je n'entends pas que cela se passe ainsi...

— Mais, ma femme, hier...

— Hier!... voyez donc la belle chose pour se vanter!... Comment, monsieur, après six semaines de mariage, c'est comme cela que vous vous conduisez!... c'est affreux!... c'est abominable!... nous nous séparerons si cela continue...

— En vérité, madame, vous m'étonnez!... je n'aurais jamais cru, quand je vous épousai, que vous me tiendriez un jour un pareil langage! vous, madame, si réservée dans le monde; si sévère sur la décence!... sur les mœurs!... vous qui me querelliez quand je chantais *le Sénateur* ou *le Grand Clerc à papa;* qui ne conceviez point que l'on allât à l'Opéra-Comique voir *Joconde* ou *les Femmes vengées,* et qui avez renvoyé deux femmes de chambre parce qu'elles avaient des formes trop marquées, et une cuisinière parce qu'elle levait les yeux en servant la soupe et le bouilli : c'est vous qui aujourd'hui me faites des reproches parce que j'ai besoin de me reposer un peu!...

— Hé! monsieur, qu'a de commun tout ce que vous venez de me conter avec les devoirs du mariage?... Oui, sans doute, j'aime la décence en public!... mais je sais bien pourquoi l'on se marie. La religion nous ordonne de nous prêter aux désirs de notre époux... de les prévenir même... elle nous permet de jouir des plaisirs de l'hymen en procréant des êtres à notre image, à notre ressemblance; vous êtes un impie, monsieur, qui ne suivez pas les commandements de Dieu.

— Allons, madame, point de colère! vous savez bien que je vous aime tendrement...

Ah ça! Monsieur, est-ce que vous allez vous endormir comme cela?

— Vous le dites, voilà tout...

— Ah!... je vous l'ai prouvé souvent... Embrassons-nous, ma chère amie, et faisons la paix...

— Vraiment... je suis trop bonne de vous céder. Ah!... qu'est-ce que vous faites donc?...

Ici Gustave ne distingua plus la suite de la conversation; les craquements du lit l'empêchèrent d'entendre les paroles d'Aurélie; mais, à l'ardeur qu'elle paraissait mettre dans ses discours, il ne put s'empêcher d'envier un moment la place qu'occupait M. Frémont.

XIX

JULIE PERD SA BEAUTÉ ET GUSTAVE SA CULOTTE

La conversation des deux époux était achevée; le silence de la nuit n'était plus troublé par les exclamations d'Aurélie; on ne se retournait plus dans le lit, d'où Gustave conclut qu'on était endormi. Il résolut de profiter de ce moment pour s'échapper; il ne pouvait espérer une occasion plus favorable : en attendant le jour, il lui sera plus difficile d'éviter les regards des domestiques; il fallait donc mettre à profit le sommeil des époux.

Gustave se glisse bien doucement sur les mains et les genoux : il parvient au milieu de la chambre; il se lève et marche, les mains en avant, du côté de la porte; déjà il est tout proche lorsque ses pieds heurtent un tabouret que ses mains n'ont pu sentir; sur ce tabouret était posée une cuvette, le pied de Gustave envoie la cuvette rouler au milieu de la chambre : le bruit réveille les deux époux.

— Qui est là? s'écrie M. Frémont. Gustave voit qu'il n'est plus temps d'aller en tâtonnant, il faut se sauver; il trouve la porte, l'ouvre brusquement, et monte l'escalier, pendant qu'Aurélie crie à tue-tête :

— Au voleur! au secours!... et que M. Frémont court prendre son fusil.

Gustave arrive au premier étage; il frappe à la porte, il appelle à demi-voix Julie; mais on ne répond pas, et Frémont sort de sa chambre; il va monter l'escalier, il va atteindre Gustave, et peut-être lui envoyer une balle dans la tête; c'est ce qu'il ne faut pas s'exposer à recevoir. Comment lui échapper Notre étourdi monte encore l'escalier, la porte qui donne sur la terrasse est ouverte, il entre et referme la porte sur lui. Le voilà donc pour un moment en sûreté; mais Frémont sait qu'il s'est réfugié sur la terrasse; il descend l'escalier, et court rassembler ses domestiques, pendant que sa femme se sauve en chemise dans le jardin.

— Mais pourquoi Julie n'avait-elle pas ouvert à Gustave?

— Parce qu'elle n'était point alors dans sa chambre.

Ah! ma tante, sauvons-nous.

— Et pourquoi n'était-elle point dans sa chambre au milieu de la nuit?

— C'est ce qu'il me sera très facile de vous expliquer.

En montant chez elle, Mme de Berly croyait bien y trouver Gustave. Quel est son étonnement de ne voir personne! elle regarde partout, dans les cabinets, dans les armoires, jusque dans le lit, point de Gustave!...

Où peut-il être? elle monte sur la terrasse, il n'y est pas : mais où donc est-il?... Elle est entrée dans la chambre de sa nièce, elle sait qu'il n'y est point. Julie ne conçoit rien à la conduite de Gustave; elle ouvre la fenêtre, regarde dans le jardin, écoute, tousse très fort... personne ne paraît.

— Allons, dit-elle, il se sera ennuyé d'attendre... il sera parti... Mais non, Gustave ne m'aurait pas quittée ainsi... peut-être a-t-il craint d'être vu dans le pavillon, et a-t-il préféré m'attendre dans le jardin... car il faut bien qu'il soit quelque part... Visitons le jardin.

Julie prend une lumière, et descend bien doucement l'escalier pour ne point donner l'éveil à M. et Mme Frémont, et va visiter chaque bosquet, chaque buisson, en appelant à demi-voix Gustave, qui était alors couché sous le lit d'Aurélie.

Le jardin était fort grand, et Julie n'en avait encore visité que la moitié, lorsque les cris de Frémont et de sa femme parvinrent à son oreille. Elle s'arrête tremblante :

— Il est découvert, dit-elle, nous sommes perdus!...

Mme de Berly précipite ses pas vers le pavillon; au détour d'une allée, Aurélie vient se jeter dans ses bras :

— Ah! ma tante, sauvons-nous, il y a un voleur dans la maison...

— Un voleur?...

— Oui, ma tante, est-ce que vous ne nous avez pas entendus?...

— Si fait, et c'est pour cela que je suis descendue dans le jardin...

— C'est bien heureux que vous ne l'ayez pas rencontré! il est maintenant sur la terrasse...

— Mais es-tu bien sûre?...

— Oh! certainement; il était caché sous mon lit!... Ah! mon Dieu! et M. Frémont qui a voulu me... Ah! si j'avais su!... mais, ma tante, n'allez donc pas par là; vous approchez du pavillon... cet homme pourrait nous tirer un coup de pistolet de dessus la terrasse.

Mme de Berly n'écoutait pas Aurélie, et continuait de marcher vers le pavillon; elle y arrive, monte vite l'escalier, ouvre la porte, et jette un cri en apercevant un homme tout noir au milieu de sa chambre... mais sa frayeur est aussitôt dissipée; cet homme noir est Gustave, qui, pour arriver chez elle et se sauver de la terrasse, n'a pas trouvé d'autre moyen que de descendre par la cheminée.

— Comment, c'est vous!... pauvre Gustave! comme il est fait!...

— Bien heureux encore d'avoir trouvé ce moyen pour leur échapper!

— Mais ne vous trouvant pas sur la terrasse, que vont-ils penser?...

— Que je suis sauté dans le jardin...
— Ah!... il me vient une idée... oui... je les entends...

Mme de Berly ouvre sa fenêtre; Frémont arrivait avec le jardinier, son valet de chambre et trois ou quatre voisins qu'il était parvenu à faire lever, et qui avaient consenti à le suivre pour arrêter le voleur.

Ces messieurs portaient des flambeaux et des fusils; ils allaient monter à la terrasse, Mme de Berly les arrête.

— Le voleur s'est sauvé... je l'ai vu sauter de la terrasse dans le jardin, et monter par-dessus ce mur.

— En êtes-vous certaine, ma tante?... Cependant ce mur est très haut... cet espalier n'est point endommagé...

— Ces gens-là sont si lestes!...

— N'importe, messieurs, dit Aurélie, visitez toujours le pavillon et la terrasse.

— Parbleu! dit Gustave, ils ne me chercheront pas ici, j'espère... surtout quand je serai dans votre lit.

Aussitôt il se déshabille et se couche; Julie va en faire autant... On descend rapidement l'escalier... on frappe vivement à sa porte...

— Ouvrez... ouvrez... ma chère tante, crie M. Frémont.

— Et pourquoi donc cela?...

— Le voleur doit être dans votre chambre ou dans la cheminée; nous sommes certains qu'il a descendu par là... le haut de la cheminée est cassé.

— Hé! monsieur, je vous dis qu'il n'y a personne dans ma chambre... je le verrais bien.

— Il est caché, ma tante; ouvrez vite, ou vous êtes perdue...

Julie se déshabillait en effet; elle fourre les vêtements de Gustave entre ses matelas, et s'approche de la porte :

— Messieurs, je vais vous ouvrir... mais n'entrez pas de suite, laissez-moi le temps de me remettre dans mon lit, je vous en prie..

— Oui, ma tante, ouvrez.

Julie ouvre la porte et va se recoucher près de Gustave, qui se fait le plus petit possible, et se blottit contre un endroit où certes on ne doit pas présumer que le voleur se soit réfugié.

Frémont, les valets et les voisins entrent le fusil en avant; ils visitent tous les coins, ils regardent dans la cheminée, ils tirent dedans deux coups de pistolet.

— Vous voyez bien qu'il n'y est pas, dit Mme de Berly; c'est en sautant du haut en bas de la terrasse qu'il aura endommagé la cheminée.

— Eh mais, dit à son tour Aurélie, qui était restée près de la porte, s'il était caché sous le lit de ma tante.

On regarde sous le lit... personne.

— Quand je vous dis que je l'ai vu franchir le mur à droite...

— Mais, ma tante, ils pouvaient être plusieurs.

— Enfin, il n'y en a point ici, et j'espère que l'on va me laisser dormir.

— Dormir!... comment, ma tante, vous pensez à dormir quand nous sommes entourés de voleurs?...

— Comme je suis certaine qu'ils ne sont plus dans la maison, je ne crains plus rien.

— Allons, messieurs, dit Frémont à ses voisins, allons faire une exacte visite dans les jardins.

— Eh mais, monsieur, dit à son tour le jardinier, si le voleur a sauté dans l'jardin à droite, il sera tombé chez M. Courtaud, le maître d'école d'à côté.

— C'est juste... il faut aller réveiller M. Courtaud; nous parviendrons peut-être à saisir le coquin.

Ces messieurs se disposent à sortir; Aurélie les arrête :

— Et moi, messieurs, est-ce que vous m'abandonnez?... je n'ai pas envie de rester seule à ce rez-de-chaussée... on n'aurait qu'à forcer les volets...

— Venez avec nous, madame...

— Que je sorte comme cela!... O ciel!... ces messieurs n'en ont déjà que trop vu... Ah!... je vais rester avec ma tante; elle a du courage; auprès d'elle je n'aurai pas si peur... Ma tante, voulez-vous que je couche avec vous?...

— Quelle folie!...

— Ah! je vous en prie, ma tante... Allez, messieurs; mais laissez-nous le jardinier pour sentinelle... il restera en bas.

Les hommes descendent, placent le jardinier en observation au rez-de-chaussée, avec ordre de tirer à la première alerte, et s'en vont réveiller M. Courtaud, laissant Aurélie dans la chambre de Mme de Berly.

La situation de Gustave était pénible : dans tout autre moment il aurait profité de sa position; mais il fallait alors, nouveau Tantale, ne point goûter des biens qui s'offraient à lui. Notre héros n'avait pas la vertu de saint Robert d'Arbrissel, qui couchait entre deux filles pour mortifier sa chair, et défiait ainsi le démon (lequel finissait toujours par le laisser en repos). Gustave était possédé par l'esprit malin, et ne pouvait le combattre. Couché avec une jolie femme, à moins de faire usage du procédé d'Origène, j'aime à croire, lecteur, que vous seriez comme mon héros, tombé en tentation.

GUSTAVE LE MAUVAIS SUJET

Il pose un de ses seaux à terre et jette l'autre sur le corps de Gustave. (P. 524.)

Julie était encore plus mal à son aise que Gustave, elle regardait en frémissant Aurélie, qui était occupée à mettre un mouchoir sur sa tête, et se disposait à partager le lit de sa tante; encore un moment et Mme Frémont va tout découvrir... le lit est tout contre le mur, il n'y a pas moyen de se glisser dans la ruelle... Comment donc faire? Allons... un grand moyen; il faut souvent tout risquer pour conserver quelque chose!... Julie se lève au moment où Aurélie va se coucher, et prend la chandelle que celle-ci allait poser sur la table de nuit.

— Où allez-vous donc, ma tante?...

— J'ai cru entendre du bruit... je crois que ces messieurs n'ont pas regardé dans cette grande armoire...

— Ah! ma tante, vous me faites frémir... n'approchez pas... si en effet il y avait là quelqu'un?...

— Eh bien! il faut s'en assurer.

— Mais attendez donc... Je vais avertir le jardinier...

Aurélie ouvre la porte, et appelle le jardinier. Pendant qu'elle a le dos tourné, Julie met le feu à des papiers qui sont au fond de l'armoire, puis se rapproche de Mme Frémont. Le jardinier arrivait, prêt à tirer sur le voleur. — Je n'ai rien vu, dit Mme de Berly, je me suis trompée.

— N'importe, ma tante, laissez-le visiter... partout.

Le jardinier entre dans la chambre, et aperçoit une fumée épaisse qui sort de l'armoire. — Ah! morgué, mesdames, en v'là ben d'une autre!... l'voleux a mis le feu chez vous...

— Le feu!...

— Ah! malheureuse! c'est moi qui en visitant cette armoire... une flammèche sera tombée...

— Sauvons-nous, ma tante, sauvons-nous... la fumée m'étouffe déjà.

La fumée commençait à remplir l'appartement; Aurélie descend en poussant des cris perçants; le jardinier laisse là son fusil, et court chercher de l'eau. Julie est enfin seule avec Gustave, qui saute hors du lit et se jette dans ses bras.

— Sauvez-vous, mon ami, vous n'avez qu'un moment... grand Dieu!... quelle nuit!...

— Chère Julie!... et c'est moi qui suis cause.

— Partez vite... la fumée va nous étouffer...

Il faut cependant que je prenne mes vêtements... je ne puis m'éloigner ainsi...

— De grâce, sortez d'abord de cette chambre...

— Que je vous quitte!... On n'y voit plus... Ah! je les tiens, je crois...

— Descendez... voilà la clef de la petite porte... Adieu, Gustave... sauvez-vous...

Julie pousse Gustave hors de la chambre que la fumée remplissait ; mais le jardinier montait alors l'escalier avec deux seaux d'eau ; il aperçoit un jeune homme fuyant avec un paquet, il ne doute point que ce soit le voleur qu'on cherche ; n'ayant pas d'armes pour le combattre, il pose un de ses seaux à terre et jette l'autre sur le corps de Gustave ; celui-ci, trempé jusqu'aux os, repousse avec colère son adversaire ; le jardinier perd l'équilibre, il roule, tombe sur les marches de l'escalier ; Gustave saute par-dessus lui, il sort du malencontreux pavillon ; heureusement Aurélie en était déjà éloignée ; il suit l'allée qui conduit à la petite porte, il ouvre, il est enfin dans la campagne ; pour la seconde fois il franchit presque nu les haies, les buissons et les fossés, et c'est encore pour Julie qu'il se trouve dans cette fâcheuse situation.

— Ah ! c'en est fait, dit notre héros grelottant, je ne m'exposerai plus à pareille aventure ! Cette femme-là coûte trop cher !

Étant à une portée de fusil de la maison de M. Frémont, Gustave s'arrête et se dispose à s'habiller ; mais, nouvelle disgrâce, au lieu d'un pantalon, il trouve un corset, un jupon pour un gilet, une robe pour un habit ; enfin ce sont les vêtements de Julie qu'il a pris pour les siens ; méprise d'autant plus naturelle que Julie avait caché les vêtements de Gustave entre les matelas de son lit, et posé les siens sur la chaise où étaient les autres. Au milieu de la fumée qui ne permettait plus de distinguer les objets, Gustave avait saisi ce qui était sur la chaise, sans s'apercevoir du changement de vêtements.

— On dit qu'il y a un dieu pour les amants, dit Gustave en nouant autour de son corps le jupon de percale, et la robe de taffetas gris : mais il me semble que cette nuit le diable seul s'est mêlé de mes affaires. Allons... soyons femme, puisque je ne puis être autre chose ; j'avoue que, pour le moment, ce déguisement ne me convient guère : quand on est trempé jusqu'aux os, un jupon de percale, une robe de taffetas et un petit bonnet de tulle ne valent point un habit et un pantalon de drap... Encore si nous étions en été !... mais nous sommes au mois de mars !... Quelle idée de venir à la campagne dans ce temps-ci !... Parbleu !... J'avais bien besoin de suivre ce fiacre !... Ah ! c'était pour moi une leçon. Que diable fait-on de tous ces cordons ? Je dois avoir l'air d'un vrai chie-en-lit... par malheur le jour commence à poindre... Ah ! quelle nuit ! coucher avec une femme charmante sans... Etre arrosé, enfumé... et affublé de la sorte !... Ah ! mon oncle ! si vous m'aperceviez dans cet état... et Mme Fonbelle, à qui je jure tous les jours que je suis sage, rangé, constant!... Au diable les lacets .. et les rubans!... Dépêchons-nous pour arriver à Paris avant qu'il fasse grand jour; car en me voyant ainsi, on me mènerait à la préfecture de police.

Pendant que notre héros, assis sur les bords d'un fossé entre un œillet et des plans de pommes de terre, procédait à sa nouvelle toilette, Mme de Berly s'exposait pour lui aux plus grands dangers, Julie était derrière Gustave lorsque le jardinier l'arrosa de la tête aux pieds; elle le voit enfin renverser son adversaire et gagner le jardin. — Il est sauvé, dit-elle, mais bientôt une réflexion vient modérer sa joie: ses vêtements sont cachés entre les matelas, se serait-il trompé?... aurait-il pris une robe pour un habit? Le malheureux, dans l'état où l'a mis le jardinier, gagnera une maladie s'il ne peut bien vite se vêtir chaudement. Telles sont les pensées qui se présentent en foule à l'esprit de Julie; elle prend aussitôt une résolution hardie: les femmes ne calculent point le danger quand il s'agit de sauver l'objet de leur affection, et Mme de Berly est persuadée que Gustave périra, s'il n'a qu'une robe et un jupon.

Elle remonte l'escalier; la flamme circulait déjà dans une partie de la chambre, mais elle n'avait point encore gagné le lit; Julie ferme les yeux, retient sa respiration, elle s'élance dans l'appartement... elle touche les matelas, elle les soulève... elle sent les vêtements... elle les tire avec force... elle tient enfin ces objets précieux... elle cherche la porte: la fumée la suffoque... un tourbillon de flamme l'atteint; ses cheveux, qui pendent en désordre, sont bientôt embrasés; elle perd courage... elle tombe devant l'escalier.

— Pauvre Gustave! s'écrie-t-elle.

Julie allait périr, si le jardinier, qui s'était relevé et remis de l'étourdissement que sa chute lui avait causé, ne fût venu à son secours. Le brave homme monte avec son seul seau plein qui lui reste: il aperçoit Mme de Berly à terre; il la prend dans ses bras, la descend au jardin, et là lui jette son eau sur la tête pour éteindre le feu pris à ses cheveux. En ce moment les secours arrivent de toutes parts: Aurélie avait appelé son mari; Frémont et ses valets avaient réveillé toute la pension de M. Courtaud. Les voisins accouraient avec de l'eau; on parvint bientôt à se rendre maître du feu, les meubles de la chambre du premier furent brûlés, et avec eux les habits de Gustave.

Mme de Berly revint à elle, mais elle souffrait horriblement; sa figure était brûlée partout: elle devait porter toute sa vie les marques de sa blessure. Aurélie fit un cri en voyant sa tante: Julie se résigna...

— Je serai laide, dit-elle, il ne m'aimera plus!... mon cœur, cependant, est toujours le même!... mais du moins il ne s'exposera point pour moi, et je ne trahirai plus mes devoirs.

Julie perdit en effet tous ses attraits; elle fut punie par où elle avait péché!

Juste retour des choses d'ici-bas.

XX

UNE SCÈNE A LA COURTILLE

Gustave, le bonnet sur l'oreille, le corset passé en gilet et attaché par devant, le jupon pendant d'un côté, et la robe traînant dans la crotte, marchait à longues enjambées dans la grand'rue de Belleville. Le jour paraissait, et sous ce costume féminin il faut éviter les aventures, surtout dans le quartier de la Courtille, séjour ordinaire des ivrognes. Gustave se félicitait d'avoir passé l'*Ile-d'Amour*; il doublait le pas, retenant avec peine d'une main sa robe, de l'autre son jupon, et obligé souvent de lâcher l'un ou l'autre pour retenir son bonnet que le vent menaçait d'emporter.

Par malheur pour notre héros, M. Favori, sauvage du grand salon de Calot et chantre au lutrin, connu dans les belles réunions de Kokoli, la Belle-en-Cuisse, salon de Flore et autres, par son talent sur la grosse caisse et sa superbe basse-taille, avait eu un différend avec Jean-Jean Courtepointe, tambour de la caserne des Marronniers, au sujet de Mlle Nanon Dur-à-Cuire, fille majeure, établie marchande d'œufs rouges devant le Grand-Saint-Martin, brûlant, par la vivacité de ses yeux, tous les cœurs des pratiques de M. Desnoyer, mais à cheval sur les principes, et ferme sur la vertu comme sur ses sabots.

M. Favori, beau parleur et grand enjôleur de jeunes filles, avait mille moyens pour captiver les innocentes beautés qu'il jugeait dignes de ses hommages : il chantait avec une grâce séduisante la romance du *Pied de Mouton*, ou la complainte du *Sacrifice d'Abraham*. Il allait toutes les semaines aux Funambules pour se former dans la pantomime, et de temps à autre au café des Aveugles pour retenir de petits airs d'opéras.

Nanon aimait les beaux-arts, la musique surtout : elle battait la mesure sur sa chaufferette quand Favori fredonnait un refrain sensible, et faisait un second dessus à l'ouverture de *la Caravane*, quand le beau sauvage la jouait sur ses grosses caisses. Favori n'avait eu garde de négliger les belles dispositions de Nanon, il volait près d'elle dans les entr'actes de service ; il s'asseyait près de l'étalage et apprenait à la jolie marchande : *O pescator del ondin fideli*. Cet air enchanteur tournait la tête à Nanon, qui fredonnait : *O pescator*, soit en épluchant ses œufs durs, soit en faisant cuire un hareng.

De son côté, M. Jean-Jean Courtepointe lorgnait aussi la belle marchande ; le jeune tambour ne chantait ni *Pescator* ni romance des boulevards, mais il se balançait avec grâce en portant sa caisse ; dans ses mains les baguettes roulaient avec une merveilleuse agilité ; il faisait jouer les petits fifres quand on descendait la Courtille, et souvent s'arrêtait pour battre la retraite devant l'étalage d'œufs rouges.

Nanon était vertueuse, comme j'ai déjà eu l'honneur de vous le dire, mais elle était sensible aux procédés, et peut-être fière d'inspirer des passions aux deux plus jolis hommes de l'arrondissement. Elle souriait au militaire, elle lui gardait des œufs qu'elle teignait en jaune exprès pour lui (galanterie qui prouvait toute la candeur et l'innocence de Nanon). Elle s'arrêtait quand la retraite passait, et Jean-Jean Courtepointe ne manquait jamais alors de faire sauter ses baguettes.

De plus, le jeune tambour était sur la danse aussi fort que Favori l'était sur le chant. Courtepointe avait appris l'allemande d'un paillasse des *Acrobates*, et il la dansait dans la perfection, les dimanches et lundis ; dans le salon de Desnoyer, on se foulait pour le voir faire ses passes, et les Suisses même rendaient justice à son talent. Or, Mlle Nanon avait beaucoup de goût pour l'allemande, danse gracieuse dont son cœur ingénu ne connaissait point les dangers. M. Courtepointe avait offert de donner des leçons ; on avait accepté, et on s'exerçait tous les soirs, soit chez Calot, soit chez Desnoyer, en attendant qu'on eût assez d'aplomb pour se risquer à l'*Ile-d'Amour*.

Vous pensez bien que M. Favori ne voyait point de bon œil les assiduités de Courtepointe. Il rôdait autour de son rival en faisant des yeux de léopard ; il sentait une démangeaison de donner des coups de pied au tambour ; il voulait lui casser ses baguettes sur la figure ; mais Nanon, par un regard majestueux, savait contenir la fougue de son sauvage, et calmer d'un mot la fureur de ses transports jaloux.

— Favori, lui disait-elle en s'appuyant une main sur la hanche, ne mettez point z'en doute ma vertu, ou je romps toute liaison de chants et de conversation ; sachez qu'une fille de mon *esphère* peut danser l'allemande sans faire de faux pas.

— Favori baissait les yeux, poussait un soupir, prenait la main de Nanon, la baisait, s'approchait de la joue de sa belle, qu'il baisait aussi, recevait quelquefois un soufflet pour prix de sa témérité, et s'éloignait le cœur moins ulcéré.

Jean-Jean voulait aussi hasarder quelques libertés en faisant faire des passes; mais Nanon avait bec et ongles : elle égratigna un jour le nez de Courtepointe, et depuis ce moment le tambour restait dans les bornes du respect.

Cependant cet état de choses ne pouvait durer : les rivaux se lançaient des œillades menaçantes, quelquefois même des mots impolis s'échappaient de leur bouche; Nanon avait peine à les contenir; en vain elle leur jetait au nez sa vertu et ses mœurs, ces messieurs n'étaient pas tranquilles; car

N'est pas toujours femme de bien qui veut.

Favori et Jean-Jean se connaissaient mutuellement pour de terribles séducteurs, ayant fait trébucher la vertu de plusieurs beautés jusqu'alors réputées pour insensibles; ils devaient donc ne point se fier au discours de la sévère Nanon, car la plus cruelle a ses moments de faiblesse; il ne faut que saisir ces moments-là !... La chair est faible, et le malin, le tentateur, le démon, le diable enfin, comme il vous plaira le nommer, aime beaucoup la chair des pucelles et des jolies filles; car c'est avec cela qu'il détourne tant d'âmes du chemin céleste, pour leur faire prendre celui de leur perdition.

Un soir, pendant que Favori, affublé de son costume de sauvage, régalait les nombreux spectateurs qui remplissaient le grand salon de Calot, d'une scène dite *la douleur d'un Caraïbe loin du toit paternel*, M. Jean-Jean Courtepointe proposa à la belle Nanon une leçon d'allemande dans une des chambres de M. Desnoyer.

Nanon accepte; elle commençait à être d'une certaine force, et espérait, le dimanche suivant, déployer ses grâces devant une brillante réunion. On monte dans une chambre au premier, et Nanon, fidèle à ses principes de sévérité, fait ouvrir les fenêtres et les portes, afin que M. Jean-Jean ne se permette aucun attouchement indécent.

Le tambour fait monter une bouteille de vin blanc; Nanon en accepte un verre, cela est sans conséquence, et Jean-Jean boit un coup à chaque passe nouvelle.

Soit que le vin fît son effet, soit que la passion du tambour fût parvenue à son dernier période, il se sentait brûler d'une ardeur extraordinaire : il inventait des passes charmantes, les formait avec un fini parfait, et souriait à sa belle avec une expression très voluptueuse; Nanon, chauffée par le vin, électrisée par le talent de son danseur et voulant

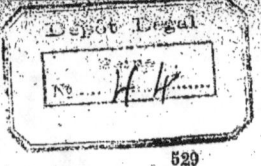

Il roule ses jupons autour de son corps et se sauve vers la barrière. (P. 534.)

faire honneur à son maître, se surpassait aussi et tournait comme un tonton dans les bras de son tambour.

Mais la roche Tarpéienne est près du Capitole, et le grand salon de Calot est en face de celui de Desnoyer. Favori, que l'amour et la jalousie tourmentaient jusque sur le théâtre de sa gloire, aperçoit, au travers de la fenêtre, Nanon se dandinant à côté de son rival. Ce spectacle le rend furieux : il renverse trois tabourets représentant une hutte sauvage, et un manche à balai, surmonté d'un plumeau, qui figurait parfaitement un palmier ; il saute par-dessus ses grosses caisses, tenant sa massue à la main ; il enjambe les bancs, monte sur les tables, casse les verres, fait tomber sur le nez un invalide qui buvait son canon, et deux Auvergnats qui frottaient de l'ail sur leur pain ; il pousse, renverse tout ce qui se trouve sur son passage ; il descend l'escalier quatre à quatre ; il traverse la rue, entre chez Desnoyer comme un furibond ; sa barbe postiche, qui lui a coûté quarante-quatre sous, tombe dans la boutique ; il ne s'en aperçoit pas ; son pantalon de tricot se déchire au-dessous du bas-ventre ; rien ne l'arrête !... il s'agit de se venger d'un rival odieux ; il monte... il arrive, il est entre Nanon et Courtepointe, au moment où celui-ci montre une passe dans laquelle on s'embrasse, et le tambour ne baise que l'estomac de Favori, qui lève sa redoutable massue en roulant des yeux comme un tyran de mélodrame.

— Malheureux !... qu'allez-vous faire? dit Nanon d'une voix pathétique, en retenant le bras du sauvage prêt à frapper son adversaire.

— V'là z'assez longtemps que vous faites des pirouettes avec ce vilain rataplan... il faut que ça finisse et qu'il sente le poids de ma massue !

Courtepointe était brave ; il met son schako sur l'oreille gauche, la main droite sur la poignée de son sabre, et recule deux pas en se haussant sur ses pointes pour mieux mesurer son adversaire.

— Qu'appelles-tu rataplan, mauvais sauvage de la rue Coquenard?... Crois-tu me faire peur avec ta mine du Canada?... Ai-je interrompu tes leçons d'harmonie imitative et ton *peste qu'a tort ?* Je danserai l'allemande avec la particulière tant que ça lui plaira.

— Tu ne la danseras plus !

— Je la danserai, Fifi !

La massue est levée, le sabre tiré ; le sang va couler !... Nanon crie, pleure ; on ne l'écoute pas, elle se jette entre les combattants, on la repousse ; elle s'arrache les cheveux, on laisse faire ; elle s'évanouit sur une chaise, on n'y prend pas garde ; la chaise glisse, Nanon tombe, son jupon s'accroche, une fesse paraît à découvert... les deux rivaux s'arrêtent spontanément.

— Ce n'est point z'ici, dit Courtepointe, que nous devons vider notre querelle ; demain, avant le jour, je serai sur le boulevard en dehors de la barrière...

— C'est convenu, dit Favori.

Ces messieurs se rapprochent alors de Nanon; ils baissent son jupon, la placent sur un banc, lui jettent un verre de vinaigre sur le nez, et s'éloignent dès qu'elle a repris ses sens.

Mais soit que Nanon n'eût pas entièrement perdu connaissance, soit qu'elle devinât les desseins de ses deux poursuivants, elle parut le lendemain au rendez-vous au moment où Favori et Jean-Jean, armés chacun d'un bâton ferré, se disposaient à s'attaquer.

— Écoutez-moi d'abord, dit Nanon, en s'avançant près des deux champions; vous vous battrez ensuite si vous le voulez absolument. Je suis la cause de vos querelles ; mon innocence m'a égarée z'en m'entraînant dans des démarches inconséquentes : je ne devais pas tourner avec un tambour et roucouler avec un sauvage. Vous êtes braves tous deux, c'est connu ; votre réputation est *fisquée*, je veux rétablir la mienne que vos galanteries ont compromise ! Je consens à épouser l'un de vous... si vous mettez bas les armes.

— Ah ! Dieu ! s'écrièrent en même temps Favori et Jean-Jean, en jetant de côté leurs bâtons, choisissez; nous sommes à vos pieds !

— Un instant, messieurs, relevez-vous d'abord, car les commis à la barrière pourraient tirer des conséquences malignes de vos situations. Vous êtes tous deux des *bels hommes*, vous êtes aimables, vous êtes séduisants !... et je flotte entre vous deux ; il faut que le hasard en décide. V'là z'une pièce de quinze sous, prenez-là, et jouez à pile ou face : celui qui gagnera recevra ma main, et l'autre ne gardera pas plus de rancune qu'un hanneton.

— C'est dit, répètent les deux amants. Favori prend la pièce de quinze sous, et propose la question à son rival :

— Face ! s'écrie Jean-Jean : c'est de ce côté-là que Nanon doit répondre à mes feux. La pièce vole en l'air ; Favori et Jean-Jean sont à terre... ils dévorent la pièce des yeux...

— C'est face ! s'écrie Courtepointe, et d'un saut il se relève pour aller retomber aux genoux de Nanon.

Favori est consterné, mais enfin il prend son parti, et, en homme d'honneur, s'approche du couple amoureux et unit lui-même Nanon au tambour.

Tout le monde s'embrasse, et on se dirige vers le beau salon du Grand-Saint-Martin pour consacrer la matinée au plaisir et faire un déjeuner copieux. Il fait à peine jour, mais les traiteurs de la Courtille sont ouverts à toute heure. Courtepointe, qui régale, fait mettre dix casseroles sur le feu, tuer trois lapins, plumer six pigeons, et monter du vin à quinze. On se livre à la gaieté, et les futurs époux se prodiguent de tendres caresses. Favori est incapable de manquer à ses engagements ; mais il a un cœur, et toutes les fois que Jean-Jean baise la joue à Nanon, il sent son pauvre cœur défaillir. Pour se distraire et noyer sa douleur, il se verse force rasades ; mais le vin n'éteint point ses feux ; bien au contraire, il augmente, il redouble son ardeur amoureuse.

La massue est levée, le sabre est tiré, le sang va couler.

Comment donc faire? fuir le tableau des deux amants heureux ; c'est ce que fait Favori ; il sort de la salle, allume sa pipe à la cuisine, et va prendre l'air sur le devant de la porte.

Une femme descend de Belleville à grands pas ; sa démarche, un peu cavalière, son bonnet sur l'oreille et sa robe retroussée jusqu'aux jarretières, donnent dans l'œil au sauvage, qui, comme vous savez, était dans des dispositions fort tendres. Favori admire une jambe un peu forte, mais bien proportionnée, une taille élancée, des yeux qui n'expriment point la timidité, et que les fumées du vin lui font trouver agaçants.

— Voilà mon affaire dit le sauvage ; et il marche sur les pas de Gustave. (Vous avez dû le reconnaître à sa mise et à sa tournure).

— Un mot et un verre de vin, dit Favori en approchant de sa belle.
— Passe ton chemin.
— Vous êtes trop séduisante pour qu'on vous laisse aller seule.
— Passe ton chemin, tu m'ennuies.
— Je vous adore... j'ai un écu à dépenser avec vous...
— Va-t'en au diable !

Favori ne se rebute pas ; il marche près de Gustave et lui pince le derrière ; celui-ci se retourne et lui donne un soufflet.

— Ho ! ho ! dit Favori, de la rigueur ! ça m'est égal, il faut que je te possède ; je l'ai mis dans ma tête, et je ne te jouerai point à pile ou face, parce qu'il ne sera pas dit que toutes les femmes me passeront devant le nez ce matin... Or donc, pour ne pas faire *chou blanc* avec toi, je t'enlève !...

Gustave veut se débattre, mais Favori, taillé en Hercule, en aurait enlevé trois comme notre héros ; il prend Gustave sous le bras et l'emporte en courant. Gustave crie, mais la rue est encore déserte, et d'ailleurs dans le quartier de la Courtille, on est tellement habitué à entendre crier qu'on n'y fait plus attention.

Le sauvage se sauvait avec Gustave dans ses bras, sans écouter les cris et les protestations de notre héros, qui jurait à Favori qu'il se trompait. Favori allait entrer dans une petite ruelle, au bout de laquelle était son logement, lorsque deux paysannes, montées sur leur âne, et portant à Paris des œufs et du lait, débouchèrent de la rue où entrait Favori. Le sauvage, qui n'avait pu les voir venir, se jette brusquement sur le premier âne qu'il rencontre, renverse la paysanne de dessus sa monture, et fait couler le lait dans le ruisseau. Cet accident permet à Gustave de se débarrasser un moment des bras du sauvage ; il se relève et veut fuir... Favori court après lui, l'âne de la seconde barre le passage à Gustave ; notre héros prend son élan, espérant franchir aisément les paniers ; mais sa robe s'embarrasse dans ses jambes, il tombe lourdement sur les œufs destinés aux habitants de la ville ; le baudet effrayé se jette à genoux, et la villageoise roule avec Gustave au milieu d'une mare de lait et des œufs cassés.

Il prend Gustave sous le bras et l'emporte en courant.

En roulant avec l'âne et les paysannes, notre héros avait laissé voir certaines parties de son individu ; car vous savez, lecteur, qu'il avait perdu sa culotte dans le pavillon de Julie ; Favori ne voit pas ce qu'il cherchait et aperçoit ce qu'il ne cherchait point. Dès lors son ardeur s'éteint; il ne songe plus qu'à fuir pour éviter de payer le dégât.

Les paysannes se débarrassent enfin de leurs ânes; elles crient : *Au secours! au voleur!* le sauvage est déjà loin ; elles n'ont plus que Gustave pour payer le lait renversé et les œufs cassés; mais Gustave s'est relevé, il roule ses jupons autour de son corps et se sauve vers la barrière. Les paysannes abandonnent ânes, paniers, œufs et lait, pour courir après Gustave.

Notre héros avait de l'avance ; il passe la barrière, descend le faubourg ; les paysannes le poursuivaient, criant aux passants :

Arrêtez c'te voleuse qui nous doit des œufs et du lait.

Les badauds s'amassaient, regardaient Gustave, riaient et ne l'arrêtaient point. Les petits polissons couraient avec les villageoises ; il faisait grand jour, la foule des coureurs allait toujours en augmentant, et on était dans l'intérieur de Paris. Gustave, craignant d'être arrêté par une populace grossière et de devenir l'objet des huées universelles, ranime son courage et court avec une légèreté surprenante. Il laisse bien loin de lui les paysannes et les curieux ; il prend au hasard le chemin qui se présente; il descend la rue du Temple, tourne à droite, descend encore, fait plusieurs détours; enfin, épuisé de fatigue, il s'arrête : une jeune femme ouvrait sa boutique, il entre chez elle et se jette sur la première chaise qu'il aperçoit, avant que la marchande étonnée ait eu le temps de lui faire une question.

XXI

MÉPRISE. — SUZON PERDUE

— De grâce, madame, sauvez-moi !... mettez-moi à l'abri des poursuites de toute cette canaille !...

— Mais en vérité... madame... monsieur... mais je ne sais pas ce que vous êtes !...

— Je suis un étourdi, madame ; mais je ne suis que cela, vous pouvez sans crainte me recevoir chez vous.

— Ah, mon Dieu !... cette voix... ces traits... mais, oui, c'est vous... c'est M. Nicolas Toupet !...

— Quoi !... c'est Mme Henry !... la jolie mercière de la rue aux Ours...

— C'est moi-même monsieur!... Ah! la singulière rencontre!... mais cette pauvre petite!... ah! courons bien vite la prévenir!...

Mᵐᵉ Henry laisse Gustave dans la boutique et monte au premier, où elle couche avec la jeune fille qu'on lui a confiée. Depuis la veille seulement, Suzon était chez Mᵐᵉ Henry ; mais deux cœurs sensibles s'entendent bien vite. La mercière était d'un âge et d'une figure à inspirer de l'amour ; elle devait donc être indulgente pour les fautes que cette passion fait commettre. Suzon n'avait pas fait toutes ces réflexions ; mais elle avait regardé Mᵐᵉ Henry après le départ du colonel et de la femme de charge ; elle s'était mise à pleurer ; la petite mercière l'avait consolée en lui demandant le récit de ses peines ; la douce voix de Mᵐᵉ Henry portait à la confiance ; quand on est loin de son amant, c'est une consolation de parler de lui : Suzon avait conté naïvement toutes ses aventures.

Mᵐᵉ Henry avait plaint Suzon, puis elle avait jeté un cri de surprise au nom de Nicolas Toupet, que la petite ne voulait point épouser.

— Mais je le connais, ce M. Nicolas ; je me suis trouvé avec lui à une noce à la Villette.

— En vérité, n'est-ce pas qu'il est laid, gauche, bête?...

— Mais, au contraire, il est joli garçon, aimable, spirituel!... il danse à ravir...

— Nicolas? il ne sautait jamais en mesure... il est lourd!... il sait à peine aller en avant deux !

— Vous plaisantez! c'était le plus beau danseur de la noce !...

— Il est poltron comme un lièvre!

— Poltron!... il a rossé un garçon ébéniste qui lui cherchait querelle!... il aurait battu tout le monde si on l'avait laissé faire!

— Il est donc bien changé!... mais est-ce bien Nicolas que vous avez vu?

— Certainement, Nicolas Toupet, d'Ermenonville, qui devait épouser la fille de M. Lucas!...

— Oh! c'est lui!... mais il ne m'épousera point... J'aimerais mieux mourir que d'être sa femme!...

— Ah bien! je ne suis pas de votre avis, et s'il m'aimait, moi, je l'épouserais volontiers!...

— Ah! madame! si vous connaissiez M. Gustave, le neveu du colonel Moranval, vous verriez quelle différence il y a de lui à ce vilain Nicolas !

— Je n'ai jamais vu le neveu de monsieur le colonel; il peut être fort bien, mais je ne conviendrai jamais que Nicolas soit vilain !

Les avis étaient restés partagés, quoique au fond Mᵐᵉ Henry fût de l'avis de Suzon ; mais ces dames ignoraient l'espièglerie de Gustave. Suzon, un peu plus calme après avoir raconté ses aventures, avait promis à Mme Henry de suivre ses conseils, et d'être soumise et sage. On s'était juré amitié et confiance. Suzon cherchait à fortifier son courage, elle comptait sur la promesse du colonel, qui lui avait dit qu'elle reverrait Gustave.

Cependant la petite avait passé toute la nuit à pleurer : c'était la première fois qu'elle couchait loin de Gustave depuis son départ d'Ermenonville. Que cette nuit lui parut longue ! Que le temps marche lentement loin de ce qu'on aime !

Le lendemain matin, Mme Henry, qui avait entendu les sanglots de Suzon, se leva bien doucement pour ne point éveiller la petite, que la fatigue venait d'endormir. Elle descendit seule ouvrir sa boutique, c'est alors que Gustave y entra brusquement.

La mercière croit devoir prévenir Suzon de l'arrivée de celui qu'elle prend toujours pour Nicolas Toupet. Elle monte près de la petite, et lui apprend que celui qu'elle déteste est en bas.

— O ciel ! s'écrie Suzon ; ah ! madame, je vous en prie, ne lui dites pas que je suis chez vous... Il vient me chercher sans doute ?

— Je ne sais point encore ce qu'il vient faire... il est déguisé... il est en femme...

— En femme !... c'était pour ne pas me faire si peur !...

— Ne craignez rien, je ne lui dirai pas que vous êtes chez moi ; je vous ai prévenue afin que vous ne descendiez pas... Restez ici... Allons, pourquoi trembler ? je vous dis qu'il ne saura rien.

— Mme Henry redescend près de Gustave. Mais Suzon n'est pas rassurée : l'arrivée de Nicolas chez la mercière est aux yeux de la petite la preuve que son futur veut encore l'épouser : elle se lève, elle s'habille ; sa tête travaille, il lui semble toujours entendre Nicolas monter l'escalier ; à chaque instant sa frayeur augmente : elle fait à la hâte un paquet de ses effets, elle ouvre la porte bien doucement, descend par un escalier dérobé qui conduit dans l'allée : cette allée donne sur la rue, Suzon se glisse du côté opposé à la boutique, puis court avec son léger paquet sous le bras ; elle ne sait point où elle va, mais elle croit fuir Nicolas !...

Gustave se reposait dans la boutique, sans se douter que Suzon fût si près de lui. Il voyait avec plaisir que l'on avait perdu sa trace. Mme Henry revint.

— Il faut, madame, lui dit Gustave, que vous me rendiez un grand service, c'est de me procurer des habits d'homme, car je ne puis rester sous ce costume.

Il déclara au médecin que si Gustave mourait, il se brûlerait la cervelle. (P. 544.)

— Je voudrais vous obliger, dit Mme Henry; mais je suis jeune et je tiens à ma réputation. Que penserait-on de moi dans le quartier si j'empruntais ou achetais des habits d'homme? Vous ne pouvez d'ailleurs, monsieur, vous déshabiller chez moi.

— N'avez-vous pas une arrière-boutique?

— Oui, mais de la boutique on vous verrait: il peut entrer du monde à chaque instant; cela serait fort indécent!

— Vous couchez dans une autre pièce?

— Vous ne pouvez y entrer : j'ai sur mon carré des voisins fort méchants, ils pourraient vous apercevoir!... et que dirait-on?...

— Ainsi, madame, vous voulez que je sorte sous ce bizarre accoutrement, que tous les polissons courent après moi, que la garde m'arrête!...

— D'abord je pourrais vous dire : Pourquoi avez-vous pris ce déguisement?

— Ah! madame, les circonstances nous maîtrisent!... nous sommes le jouet des événements... Tel sort pour dîner en ville, qui trouve son ami mort, et va à un enterrement; celui-ci se rend au bal : en descendant dans sa cour, une tuile se détache du toit, elle tombe sur sa tête, notre homme est rapporté chez lui, il garde le lit au lieu de danser; tel autre croit passer la soirée dans une société agréable, sort bien paré, et est éclaboussé par une voiture; crotté de la tête aux pieds, il est forcé de rentrer chez lui pour changer de vêtements : il trouve sa femme qui ne l'attendait point, et qui joue à l'écarté avec un cousin ; le monsieur n'aime ni le cousin ni l'écarté; il se fâche, prend de l'humeur; le cousin s'éloigne, alors la femme fait une scène à son mari : elle l'appelle monstre, tyran, lui reproche sa jalousie, elle a des attaques de nerfs; le pauvre époux est obligé de courir chez l'apothicaire chercher de l'éther et de la fleur d'oranger, et il passe à soigner sa femme une soirée qu'il comptait employer à faire un boston et à boire du punch. Après cela, faites donc des projets!... Quant à moi, madame, je puis vous assurer qu'en sortant hier de chez moi, je ne m'attendais pas à y rentrer en femme!... mais le feu a consumé mes vêtements, et quoique j'aie fort peu de grâce avec ceux-ci, j'ai jugé qu'il était plus convenable de se couvrir d'une robe que de ne point se couvrir du tout; j'ai sacrifié mon amour-propre à la décence, voilà pourquoi je me suis déguisé sans être en carnaval. Eh bien! madame, suis-je encore aussi blâmable à vos yeux?

— Un peu moins sans doute. Mais vous n'arrivez donc pas maintenant d'Ermenonville?

— D'Ermenonville!... et que voulez-vous que j'y aille faire?

— Est-ce que vous ne demeurez plus chez M. Lucas?...

— Chez M. Lucas!... ah!... je vois d'où vient votre erreur; mais je dois la faire cesser. Vous allez encore me gronder... me trouver bien étourdi... Apprenez que je n'ai jamais été Nicolas Toupet...

— Quoi! monsieur, vous n'êtes pas...

— Non, madame ; j'avais pris ce nom, ne voulant pas être connu à la noce où M. Ledru m'a conduit...

— Se pourrait-il !... c'est donc cela que cette pauvre Suzon me soutenait que Nicolas Toupet...

— Suzon !... Suzon !... ah ! ma chère madame Henry, la connaîtriez-vous ?

— Oui, monsieur, je connais Suzon.

— Petite, bien faite, fraîche, jolie ?... ah ! madame Henry, où est-elle ?... de grâce !... l'avez-vous vue ? savez-vous où on l'a enfermée ?

— Eh ! mon Dieu ! quelle vivacité ! quels transports !... mais qui donc êtes-vous enfin, puisque vous n'êtes pas Nicolas ?

— Celui à qui Suzon a tout sacrifié, celui pour qui elle a quitté parents, amis, patrie... Gustave, le neveu du colonel Moranval...

— Vous, Gustave ! ah ! j'aurais dû le deviner.

— Suzon serait-elle chez vous ?... oui... j'en suis sûr ; je le vois à votre embarras... Vous craignez, en me laissant lui parler, que mon oncle vous fasse des reproches... mais il ne saura rien... Que je la voie .. cinq minutes seulement... et je pars.

— Ah ! je vois bien qu'il faut vous céder, car vous feriez quelque nouvelle folie... Attendez-moi, je vais lui dire de descendre.

Mme Henry monte à sa chambre : quel est son étonnement de ne plus trouver Suzon ! Elle parcourt la maison, appelle, s'informe chez ses voisins : peine inutile, la petite était déjà loin. La mercière, désolée, redescend près de Gustave.

— Ah ! mon Dieu !... voilà bien une autre affaire !... Suzon est partie !... elle n'est plus chez moi...

— Partie !... quoi ! depuis que je suis chez vous ?

— Ah ! je devine le motif de sa fuite : j'étais montée la prévenir de l'arrivée de celui que je croyais être Nicolas Toupet ; elle a cru qu'on venait la chercher... elle a fui pour ne pas retourner avec l'homme qu'elle déteste...

— Pauvre Suzon !... c'est encore moi qui cause ton malheur... Où est-elle ?... sans argent... sans ressources... dans une ville qu'elle ne connaît pas... que va-t-elle devenir ?...

— Consolez-vous, monsieur Gustave, elle reviendra chez moi, je l'espère, et je vous promets de vous le faire savoir.

— Puissiez-vous dire vrai ! Veuillez me procurer une voiture ; je vais me faire conduire à l'hôtel...

— Que dira votre oncle en vous voyant ainsi vêtu ?

— Il criera, s'emportera, et finira par s'apaiser. Lorsque j'aurai changé de costume, je me remettrai en route pour chercher Suzon... et je réponds bien que tous les fiacres de la ville ne parviendront point à me faire dévier de mon chemin.

Mᵐᵉ Henry alla chercher une voiture; Gustave se cacha dans le fond et, après avoir remercié la compatissante mercière, il se fit conduire à l'hôtel du colonel.

XXII

PROJET DE MARIAGE

Gustave descend dans la cour de l'hôtel, ordonne au portier de payer le cocher et se sauve dans sa chambre. Benoît et son père étaient restés ébahis devant le fiacre. Gustave, qu'on n'a point vu depuis la veille, et qui reparaît habillé en femme! quel nouveau sujet de conjectures pour les domestiques! Pendant que le portier paye le cocher, Benoît s'empresse d'aller apprendre au colonel que son neveu vient de rentrer avec un jupon crotté, une robe déchirée et un bonnet qui a trempé dans des jaunes d'œufs.

Le colonel n'avait pas vu Gustave depuis son entrevue avec Suzon; il ne doutait point que son neveu n'eût passé la nuit à chercher la jeune villageoise, et il avait préparé un sermon très sévère, par lequel il espérait ramener le jeune homme à la raison : mais il ne sut plus que penser en apprenant que son neveu revenait déguisé en femme. Le colonel monte chez Gustave, dans l'intention de le tancer vertement sur le dérèglement de sa conduite... Gustave était au lit : il comptait employer sa journée à chercher Suzon; mais le sort devait encore l'empêcher d'accomplir son dessein : le seau d'eau du jardinier, sa fuite en chemise dans les champs, la légère robe de taffetas, et la course forcée depuis la barrière de Belleville jusqu'à la rue aux Ours, avait totalement dérangé la santé de notre héros, qui ne ressemblait point aux héros chantés par Homère, lesquels étaient toujours vainqueurs parce qu'ils étaient invincibles. O vous, bouillant Achille! qui n'étiez mortel que par le talon (ce dont le poète grec ne convient pas); vous, sauvage Philoctète, dont les flèches ne pouvaient manquer d'arriver droit au but; vous, éloquent Ulysse! qui saviez si bien prendre toutes les formes; vous, superbe Agamemnon! qui laissiez égorger votre fille pour vous rendre les dieux favorables; vous, séduisant Pâris! protégé par Vénus lorsque vous vous trouviez dans la mêlée, je vous félicite d'avoir inspiré le divin Homère.

De notre temps, vos fanfaronnades ne seraient plus des prouesses de valeur; pour marcher au combat, nous n'avons pas besoin de talisman; nous n'y croyons plus, d'ailleurs, et nos soldats montent à l'assaut au milieu d'une grêle de balles, sans invoquer le caducée de Mercure ou le bouclier de Minerve?

Gustave écouta donc sans l'interrompre le sermon de son oncle, car la fièvre avait abattu ses esprits; et notre frêle machine est tellement soumise aux infirmités de la vie, que le plus grand génie, lorsqu'il est malade, conserve rarement sa supériorité. Charles XII, l'homme le plus courageux, le plus entreprenant de son siècle, se laissa emporter comme un enfant, loin des champs de Pultawa, moins abattu par sa défaite qu'affaibli par sa blessure; et le farouche Cromwel, qui faisait trembler tous ceux qui l'environnaient, devenait, dit-on, plus traitable lorsqu'il avait un accès de fièvre.

J'ai comparé toutes les femmes que j'ai connues... l'avantage est resté à Suzon.

Le colonel s'aperçut de l'état de son neveu; alors il cessa ses reproches, il oublia sa colère, et envoya chercher un médecin. Au bout d'une heure le docteur arriva : il examina Gustave, le tâta, lui fit tirer la langue, considéra ses urines et prononça, avec beaucoup de gravité, que le lendemain on connaîtrait probablement la maladie qui allait se déclarer.

Le lendemain, la maladie se fit connaître au docteur, qui apprit au colonel que c'était une fluxion de poitrine. Le colonel fut au désespoir; car il aimait son neveu, tout en le grondant; il déclara au médecin que si Gustave mourait, il se brûlerait la cervelle. Le docteur salua le colonel, et ne revint plus à l'hôtel : il craignait d'être cause d'un suicide.

M. Moranval convoqua d'autres docteurs, consulta toute la faculté; enfin, Gustave fut sauvé après six semaines de danger, mais la convalescence devait être longue. Lorsqu'il fut en état de rappeler ses souvenirs et de promener ses regards dans sa chambre, Gustave pensa à Suzon ; il ordonna à Benoît de prier, de sa part, son oncle de venir le voir.

Le colonel se rendit de suite aux désirs de son neveu.

— Enfin, tu es sauvé ! dit M. Moranval en allant embrasser Gustave.

— Oui, mon oncle : mais elle, qu'est-elle devenue?

— Qu'est-ce que c'est que *elle*.

— C'est Suzon, mon oncle ; c'est cette pauvre petite que je tenais cachée dans cette chambre, dont vous l'avez fait sortir pour la conduire chez une mercière. Elle s'est sauvée de chez Mme Henry, me prenant pour Nicolas Toupet !... Que sera-t-elle devenue dans cette ville immense ?...

— Je l'ignore, et la disparition de cette jeune fille m'a fait beaucoup de chagrin... mais enfin, je n'en suis pas cause. Est-ce que tu aimes encore cette petite villageoise?

— Oui, mon oncle, plus que jamais ?...

— Et Eugénie, Mme Fonbelle?...

— Oh ! celle-là est bien aimable, mais elle ne m'aime point : s'est-elle informée de moi depuis que je suis malade?

— Certainement, et fort souvent même.

— En vérité !... ah ! si Suzon l'avait su, elle serait venue me garder.

— Allons ! oublie Suzon, qui ne pense plus à toi, et songe à Eugénie.

— Suzon ne pense plus à moi !... oh ! vous la jugez mal, mon oncle ; elle est incapable de changer.

— Tu dis toi même que l'absence éteint l'amour !...

— Oui, quand il est léger.

— Que les femmes ici sont inconstantes !

— Ah ! Suzon n'est pas de Paris.

— Est-ce pour la retrouver que tu étais déguisé en femme?

— Mon oncle, six semaines au lit laissent le temps de penser !... J'ai fait des réflexions ; j'ai comparé toutes les femmes que j'ai connues... l'avantage est resté à Suzon.

— Cela n'empêche pas que si tu possédais Suzon, dans un mois tu lui ferais des infidélités.

— Je ne crois pas, mon oncle.

— Et moi, j'en suis sûr. Mais guéris-toi; alors, si tu es, en effet, raisonnable, tu renonceras aux folies passées, et tu te marieras pour n'être pas tenté d'en faire d'autres.

— Ah! mon oncle, vous êtes un terrible marieur!

Gustave se rétablissait lentement, chaque jour Mme Fonbelle envoyait s'informer de la santé du jeune malade : Gustave était sensible à ses attentions, et peu à peu le souvenir de Suzon faisait place à l'image d'Eugénie.

Enfin Gustave fut en état de sortir. Sa première visite fut pour Mme Henry.

— Avez-vous revu Suzon? lui dit-il en entrant dans sa boutique.

— Ah! monsieur comme vous êtes changé...

— Répondez-moi, madame Henry, savez-vous ce qu'est devenue Suzon?

— Non, monsieur, je ne l'ai point vue depuis votre arrivée en femme dans mon magasin.

— Pauvre enfant!... où donc est-elle maintenant?...

— Chez ses parents, peut-être...

— Ah! je le voudrais... et mon oncle, que vous a-t-il dit?...

— Il s'est fâché... m'a grondée... mais je lui ai conté toute la vérité, et il a bien vu qu'il n'y avait pas de ma faute.

Gustave s'éloigne tristement de chez Mme Henry et se rend chez Mme Fonbelle; Eugénie laisse éclater tout le plaisir que lui fait son rétablissement et lui témoigne le plus tendre intérêt; Gustave trouve Eugénie encore plus séduisante, et il rentre à l'hôtel en songeant au projet favori de son oncle.

En descendant de voiture pour entrer chez lui, Gustave trouve son portier se disputant avec un petit Savoyard de quatorze à quinze ans, qui avait placé sa sellette contre la porte de l'hôtel.

— Que vous a donc fait cet enfant? demande Gustave.

— Monsieur, il se place avec sa boutique à cirage contre ma porte cochère... cela fait des ordures... On se donne du mal à nettoyer, et ce polisson viendrait salir mon pavé!... Voyez comme il est noir!... il paraît que, non content de décrotter les souliers, il ramone aussi les cheminées...

Le petit bonhomme baissait la tête et ne répondait pas. Gustave en eut compassion.

— Monsieur Benoît, pourquoi chasser cet enfant, s'il trouve à cette place les moyens de gagner sa vie? la rue est libre... je veux qu'il reste là.

— Mais, Monsieur...

— Taisez-vous. Tiens, petit, voilà pour toi ; je veux te porter bonheur.

— Gustave jette un écu au petit bonhomme, et s'éloigne, faisant le Savoyard bien content et le portier très sot.

Notre héros se rétablissait ; il avait repris, avec sa santé, sa vivacité et son ardeur amoureuse. Eugénie était l'objet de ses désirs ; il passait presque tous ses moments auprès d'elle ; il lui faisait une cour assidue. Eugénie répondait à l'amour de Gustave ; mais elle n'accordait aucune faveur, et se fâchait lorsqu'on voulait cesser d'être sage.

Il fallait aussi pour satisfaire Eugénie, que Gustave rompît avec ses anciennes connaissances. Plus de Lise, plus d'Olivier, plus d'infidélités et d'étourderies ; voilà les conditions qu'Eugénie imposait à son amant.

Que vous a donc fait cet enfant?

Elles devaient paraître fort naturelles à tout autre, mais pour Gustave, elles étaient un peu rigoureuses. Cependant notre héros, toujours plus épris, avait juré de tenir ses promesses ; et Eugénie avait promis sa main à Gustave.

— Cette femme-là est un peu exigeante, disait quelquefois Gustave en rentrant chez lui. Elle m'a témoigné de l'humeur ce soir, parce que j'ai causé avec une dame pendant qu'elle faisait de la musique ; je ne puis cependant rester en société sans parler, à moins de passer pour un imbécile ou un pédant... Eugénie est jalouse !... mais c'est une preuve d'amour, il faut donc lui pardonner cela.

Le colonel était enchanté de voir que son neveu allait se marier : déjà le terme était fixé : le projet de cette union n'était plus un mystère, et Gustave accompagnait partout Mme Fonbelle.

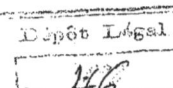

Elle s'évanouit et se renversa sur sa voisine. (P. 552.)

Toutes les fois que Gustave rentrait chez lui, il trouvait devant la porte son petit Savoyard. Le petit bonhomme le saluait, et ne quittait sa place qu'après l'avoir vu rentrer.

Encore trois semaines, et Gustave devenait l'époux d'Eugénie; le colonel formait déjà ses plans pour le bonheur des futurs époux;

M. de Grancière était de moitié dans les projets de son ami; Eugénie faisait des emplettes de robes, d'étoffes, de rubans ; et Gustave soupirait et trouvait le temps long. Encore trois semaines !... mais que d'événements peuvent arriver dans cet espace de temps.

XXIII

INTRIGUES DE FEMME. — JALOUSIE, RENCONTRES FATALES

— Vous m'accompagnerez ce soir chez Mme de Saint-Clair, dit un matin Eugénie à Gustave ; on y fait de la musique et depuis longtemps on désire vous entendre chez cette dame.

— Je n'aime pas votre Mme de Saint-Clair ; cette femme-là vous accable de démonstrations d'amitié, de protestations d'attachement, de compliments outrés !... Croyez-vous, de bonne foi, qu'elle pense ce qu'elle dit ?

— Vous savez bien, Gustave, que j'apprécie les liaisons de société ce qu'elles valent en effet ; et Mme de Saint-Clair est à mes yeux une simple connaissance. Mais ses réunions sont brillantes ; on s'y amuse (ce qui est rare dans les cercles nombreux), parce qu'on ne trouve point chez elle cette sévère étiquette, ce froid cérémonial qui tuent la gaieté et chassent le plaisir. Venez-y ; cela fera plaisir à votre oncle et à mon père.

— Je suis à votre disposition, ma chère Eugénie.

— Oui, je le sais, tant que nous ne serons qu'amants ; mais une fois époux !... c'est moi qui devrai toujours être à la vôtre. Tenez, Gustave, quand je pense au changement que le mariage apporte dans la conduite des hommes, ah ! je tremble d'avance... Mon ami, nous ne devrions pas nous marier...

— Quelle folie !... vous savez combien je vous aime... et vous me croyez capable de changer...

— Oh ! très capable... je suis si heureuse maintenant !... pourquoi ne point rester au point où nous en sommes ?...

— Non pas ! à moins que vous ne m'accordiez tous les droits de mari.

— Ah ! Gustave ! vous n'y pensez pas : ce sont justement ces privilèges accordés au mari qui font souvent fuir l'amour et le plaisir !... si au contraire, un époux n'avait pas plus de droits qu'un amant, l'hymen alors conserverait, malgré le temps, tous les charmes du premier jour.

— Ma chère Eugénie, vous ne me convertirez point; il faut que vous soyez ma femme ou ma maîtresse...

— Quelquefois on n'aime ni l'une ni l'autre : on garde une maîtresse par habitude, et une femme par nécessité. Ce n'est qu'une amie qui peut espérer d'être toujours vue avec plaisir. Je voudrais n'être que cela pour vous; mais je vous aime d'amour!... c'est bien dommage.

— Entre deux personnes de sexe différent, on voit rarement des liaisons qui ne soient que d'amitié, à moins que ce sentiment ne devienne la suite de rapports plus intimes.

— Allons, je serai votre femme, Gustave; mais je suis jalouse!... et je ne veux pas que votre amour se change bientôt en amitié... J'ai vraiment peur de faire votre malheur!... plus le moment approche, plus je sens que je deviens exigeante, inquiète...

— Vous ne parviendrez pas à être méchante!...

— Non, mais je vous aimerai trop peut-être!... et c'est un grand défaut que cela!... Ah! mon ami! que de femmes n'ont point eu d'autres torts aux yeux de leurs maris!

— Je ne serai pas comme ces maris-là.

— A ce soir, Gustave; je vais songer à ma toilette.

Gustave revient à l'hôtel. Il songe en chemin aux réflexions d'Eugénie : il ne pense pas pouvoir jamais cesser de l'aimer; il ne craint pas qu'elle fasse un jour son malheur; mais il va se marier... Se marier! lui qui si souvent a tourné ce lien en ridicule, qui a fait tant de plaisanteries sur les maris, qui leur a joué plus d'un tour et a grossi le volume de leurs mésaventures; il va lui-même porter ce titre d'époux qu'il a méconnu et bravé cent fois! Cette idée le tourmente : après avoir effrayé les autres, il tremble pour lui-même : *par pari refertur*, cet axiome le chagrine. Or, mesdames, c'est une imitation de la morale évangélique : Ne fais point à autrui ce que tu crains pour toi-même. C'est en partant de ce principe que chez quelques nations, et particulièrement chez les sauvages, on ne punit les criminels que par la peine du talion: loi fort sage et qui devrait être en vigueur chez tous les peuples policés.

Gustave rentrait donc, livré à des pensées presque mélancoliques. Il aperçoit devant sa porte son petit Savoyard qui, assis sur la borne, tenait un mouchoir sur ses yeux et paraissait accablé de douleur.

— Qu'as-tu donc, mon ami? demande Gustave au petit bonhomme. Le Savoyard ne répondait pas et continuait de sangloter.

— Monsieur, dit Benoît en approchant de son maître, j'vais vous dire ce que c'est : en causant tout à l'heure avec mon père, nous avons parlé de votre prochain mariage,... de la noce,... de votre épouse,... des enfants que vous aurez,... de la culotte que vous mettrez ce jour-là...

— Ah! tu parles de tout cela avec ton père?

— Oui, monsieur, parce que, comme je veux vous faire honneur, je dois acheter une épée de hasard pour mettre à mon côté pour aller à l'église,... et, comme je suis jeune,... si vous voulez que je quête...

— Allons, Benoît, finis tes sottises... et ne t'avise pas surtout de mettre une épée...

— Ah! mon père doit aussi se faire couper la queue pour le jour de la cérémonie... et prendre la titus; vous savez bien, monsieur, qu'il a maintenant des ailes de pigeon.

— Auras-tu bientôt fini?...

— M'y voilà, monsieur; nous en étions donc sur les costumes de votre mariage. Ce Savoyard s'approche de nous assez familièrement et nous

Il saisit la main de Gustave, la baisa à plusieurs reprises.

demande quelle est la personne qui doit se marier. Je ne vous eus pas plus tôt nommé qu'il est devenu pâle,... rouge,... jaune,... c'est-à-dire il était toujours noir; et depuis ce temps il s'est mis à pleurnicher... comme vous voyez. Ah! je vois ce que c'est; il craint que madame votre épouse le trouve trop laid pour le laisser à c'te porte...

— Benoît...

— Monsieur?

— Va-t'en.

Benoît s'éloigne en donnant au diable le Savoyard qui lui vole des profits, parce que souvent Gustave charge le petit bonhomme de commissions; le jeune Savoyard s'en acquitte toujours mieux que Benoît et comprend fort bien ce que Gustave lui dit, quoique d'ordinaire il reçoive ses ordres les yeux baissés et sans prononcer un mot.

— D'où vient ton chagrin, mon ami? dit Gustave en faisant signe au jeune commissionnaire de le suivre dans la cour de l'hôtel; craindrais-tu que l'on te renvoyât de ta place? rassure-toi : quand je monterai ma maison je te prendrai chez moi, tu seras mon petit jockey; cela te plaît-il?...

Le petit bonhomme ne répond pas; mais il saisit la main de Gustave, la baise à plusieurs reprises, et s'éloigne brusquement. Gustave est ému; il ne conçoit rien à la douleur et à l'affection que lui témoigne ce pauvre garçon, mais bientôt le souvenir d'Eugénie et de son mariage chasse le Savoyard de sa pensée.

La soirée est venue, Gustave va prendre Eugénie et son père; le colonel ne veut point sortir, il se ressent de légères douleurs de goutte. On se rend chez Mme de Saint-Clair. La réunion était nombreuse : Gustave est accueilli avec beaucoup de politesse : mais notre héros croit lire dans les yeux de Mme de Saint-Clair l'expression d'une joie maligne. Cette dame, quoique peu jolie, avait beaucoup de prétentions Dans les réunions de M. de Grancière elle avait témoigné à Gustave des attentions, des préférences si marquées, qu'il avait facilement deviné ses sentiments : mais Mme de Saint-Clair ne lui plaisait point : il avait donc feint de ne pas la comprendre : cependant il craignait avec raison son ressentiment : les femmes pardonnent à un homme qu'elles n'aiment pas de leur faire la cour, elles ne peuvent pardonner à celui qu'elles distinguent de ne point répondre à leur amour.

L'éclat des bougies, les toilettes, la musique, tout donnait à la réunion un air de fête. Parmi les dames assises dans le salon, Gustave regarde avec inquiétude s'il ne rencontrera pas quelqu'un de connaissance. Sachant déjà combien Eugénie est jalouse, il veut lui éviter des chagrins. Heureusement il n'aperçoit point de connaissance intime; il est plus tranquille. Eugénie, dont on connaît la jolie voix, est bientôt au piano, et Gustave, qui ne doit pas encore l'accompagner, va se placer sur une chaise qui se trouve libre entre une vieille douairière et une femme ayant un grand chapeau qui cache presque toute sa figure. Eugénie regarde où se place Gustave, et lui sourit ensuite tendrement.

— Allons, dit-il, elle est contente; nul doute alors que la dame au grand chapeau ne soit laide.

Pendant que l'on chante, Gustave adresse à sa voisine quelques mots insignifiants, de ces phrases dont on fait un échange habituel dans le monde et qui ne fatiguent ni l'esprit ni le cœur. Cependant la dame au chapeau ne répond pas.

— C'est singulier, se dit Gustave; il est pourtant d'usage en société de répondre à ceux qui nous parlent, et je n'ai rien dit à cette dame qui puisse l'offenser... serait-elle sourde, serait-ce aussi une grand'maman?

Il avance un peu la tête et cherche à voir sous le chapeau; c'est une jeune femme, mais elle n'est pas jolie : son visage est couperosé et paraît abîmé par des coutures et des cicatrices. Gustave se retourne, déterminé à ne plus adresser la parole à sa silencieuse voisine, lorsqu'une voix bien douce, une voix bien connue sort de dessous ce grand chapeau; elle ne dit que ces mots :

Il est donc vrai, Gustave, que vous ne me reconnaissez point!... et ces accents ont retenti jusqu'au fond du cœur de Gustave; il se retourne brusquement, un cri va lui échapper;... la même voix se fait entendre :

— Prenez-garde, Gustave, on a les yeux sur nous...

— Quoi! ce n'est point une illusion... c'est vous, ma chère Julie?...

— Oui, c'est moi... c'est toujours Julie, quoiqu'elle soit méconnaissable!...

— Ah! mon amie, pardonnez-moi!...

— Je ne vous en veux point, Gustave : pourquoi me fâcherais-je?... je sais comme je suis maintenant...

— Mais par quelle fatalité?... quelle maladie vous est donc survenue?...

— Ce n'est point une maladie. Rappelez-vous cette nuit cruelle où j'eus tant de peine à vous faire sauver du pavillon... vous savez quel moyen j'employai... mais vous n'aviez point de vêtements pour vous couvrir, et le jardinier vous avait jeté un seau d'eau!... je rentrai dans ma chambre pour chercher vos habits, déjà je les tenais, j'allais courir sur vos pas... quand, étouffée par la fumée, je perdis connaissance. Le feu prit à ma chevelure... on me sauva... mais je n'étais plus la même!...

— Chère Julie!... et c'est pour moi!... malheureux! je devais causer tous vos malheurs!...

— Mon ami, je ne me plains pas!... J'avais eu des torts, je devais être punie!...

Ah! Julie! que de femmes cent fois plus coupables que vous et qui ne l'ont point été!...

— J'ai perdu votre amour... mais j'espère conserver votre amitié.

— Elle vous est acquise, et pour la vie.

— Gustave, il faut dès à présent m'en donner une preuve.

— Parlez!

— Je tiens à conserver le peu de bonheur qui me reste, et pour cela il faut que la tranquillité de mon mari ne soit pas troublée... Dans un moment il va venir...

— Ici?...

— Oui ; il ne s'est pas encore rencontré avec vous depuis le jour fatal!... Ah! Gustave, je redoute cette entrevue... je vous supplie de m'éviter ce chagrin!... Songez quelles conséquences malignes on ne manquerait pas de tirer des paroles qui échapperaient à M. de Berly en vous voyant!... Je vois maintenant le piège que l'on m'a tendu : Mme de Saint-Clair connaît M. Desjardins, elle aura su par lui que vous veniez autrefois me voir...

— Vous avez raison... Cette dame a préparé quelque scène fâcheuse; il n'est qu'un moyen de l'éviter, je vais partir.

— Ah! mon ami! que je vous aurai d'obligations! Je sais que vous êtes ici avec celle que vous devez épouser, qu'il doit vous être pénible de la quitter... Mais ce sacrifice est le dernier que vous me ferez,... vous retrouverez Eugénie, et Julie est à jamais perdue pour vous!

— Chère Julie! que ne puis-je, par de plus grands sacrifices, vous prouver que je n'étais pas indigne de l'attachement que vous m'aviez témoigné!... Adieu, je m'éloigne : puissions-nous nous retrouver dans un lieu où l'on soit libre de se livrer aux élans de son cœur!

Gustave presse tendrement la main de Julie et se lève pour gagner la porte du salon.

Mme de Saint-Clair suivait tous les mouvements de Gustave ; elle se trouve devant lui lorsqu'il va sortir du salon.

— Eh! quoi, monsieur, s'écrie-t-elle de manière à être entendue d'Eugénie, vous me quittez déjà?

Non, madame, répond Gustave en dissimulant sa colère ; je vais prendre un peu l'air...

— Oh! je ne vous laisserai point partir....

Pendant ce colloque, Eugénie troublée, joue et chante de travers, tout occupée de ce que fait Gustave. Celui-ci va se débarrasser de Mme de Saint-Clair, lorsque deux nouveaux venus entrent dans le salon et lui barrent le passage. Grande surprise d'un côté, embarras de l'autre : ces deux personnages sont MM. de Berly et Desjardins. Gustave est resté immobile : M. de Berly pousse une exclamation qui fait tourner tous les regards de son côté; Desjardins ouvre de grands yeux et prépare une phrase ; Mme de Saint-Clair jouit de la situation de Gustave et du tourment d'Eugénie.

Bientôt la scène change : Julie a vu entrer son mari avant le départ de Gustave ; elle redoute une explication ; ses forces l'abandonnent ; elle s'évanouit et se renverse sur sa voisine, vieille dame occupée à jouer avec son carlin; le chien aboie; la vieille est désespérée, non pas de l'évanouissement de Julie, mais elle craint que le petit animal ne soit blessé : elle pousse des cris perçants. Tout le monde court à Julie; M. de Berly seul est indécis s'il doit s'occuper de Gustave ou de sa femme. Mais notre héros, qui sent que sa présence est plus que jamais dangereuse, s'approche de M. de Berly :

Si vous désirez me parler, monsieur, je serai à vos ordres, et voilà mon adresse.

En achevant ces mots, Gustave met sa carte dans la main de M. de Berly, et sort sans lui laisser le temps de lui répondre.

— Ce jeune homme est encore un peu fou, s'écrie M. de Berly en s'approchant de sa femme qui reprenait ses sens.

Tu sais, Desjardins, que j'avais dit que je le tuerais.

— Fou! monsieur, répond Mme de Saint-Clair; mais il ne l'a jamais été!...

— Pardonnez-moi, madame, pardonnez-moi!... Oh! il l'a été, et beaucoup. Parbleu! j'en sais quelque chose, et ma femme aussi. Pauvre petite femme! je suis sûr qu'elle s'est trouvée mal parce qu'elle a craint que cette rencontre n'amenât une scène... Je devais me battre avec Saint-Réal; tu sais, Desjardins, que j'avais dit que je le tuerais.

— Oui, je me rappelle fort bien que même à cette époque...

— Mais, décidément, je ne veux point me battre avec un fou!... cela n'en vaut pas la peine; d'ailleurs, ma femme me l'a défendu.

— En vérité, monsieur, vous vous trompez, assurément!... N'est-il pas vrai, ma chère Eugénie, que M. Gustave a toute sa raison?

Mme Fonbelle était presque hors d'état de parler. Le brusque départ

Il ajuste Gustave qui est atteint au côté droit. (P. 560.)

de Gustave, les paroles prononcées par M. de Berly et l'évanouissement de sa femme avaient jeté le trouble et la jalousie dans son âme. Elle considérait Julie avec inquiétude et ne concevait rien à la scène qui venait d'avoir lieu. Pour achever son supplice, Mme de Saint-Clair lui adressait mille questions, s'inquiétait de sa pâleur, et, avec ces soins perfides qui redoublent l'embarras de ceux qui les reçoivent, cherchait à augmenter encore le chagrin et les soupçons d'Eugénie.

Le lendemain de cette aventure, Gustave se rendit de bonne heure chez Eugénie. Il s'attendait à quelques reproches : Mme Fonbelle ne lui en fit point. Mais ses manières sont changées, son humeur n'est plus la même : froide et réservée, elle répond à peine aux empressements de Gustave, qui ne conçoit rien à ce changement. Bouillant, emporté, il demande, il exige une explication. On garde un morne silence, Gustave se lève, il va s'éloigner.

— Monsieur, dit enfin Eugénie, je vais ce soir aux *Français;* voudrez-vous bien m'y accompagner?

— Volontiers, madame; j'aurai le plaisir de venir vous prendre.

— Que signifie ce caprice? dit Gustave en retournant vers son oncle : elle paraît fâchée, et me propose de l'accompagner au spectacle!... Allons, attendons ce soir; j'aurai peut-être le mot de cette énigme.

— Comment vont les amours? demande le colonel à son neveu; j'espère que le mariage se fera bientôt.

— Ma foi, mon oncle, je ne réponds plus de rien : Eugénie est une femme singulière!... je crois que quelqu'un l'indispose contre moi... elle s'est fâchée pour un événement qui ne la regarde en rien... et si déjà elle croit les propos perfides qu'on lui débite, que sera-ce donc quand nous serons mariés?

— Bah!... querelle d'amoureux que tout cela!... Demain, ce soir, vous n'y penserez plus.

Gustave se rend l'après-dîner chez Mme Fonbelle, elle l'attendait. On part pour le spectacle, la route se fait silencieusement; Eugénie est triste et paraît fortement préoccupée; Gustave est piqué de la conduite d'Eugénie, il ne cherche point à entamer la conversation.

On arrive, on se place. La loge contient encore d'autres places qui restent vacantes. Mais bientôt deux dames entrent : l'une est Mme de Saint-Clair, l'autre est une jeune femme assez jolie et dont la figure n'est point inconnue à Gustave : il cherche à se rappeler ses traits, pendant qu'Eugénie, placée sur le devant, cause avec Mme de Saint-Clair. De son côté, la dame paraît surprise à la vue de Gustave; ils se regardent... ils sourient... ils se sont reconnus. La personne qui accompagne Mme de Saint-Clair n'est autre que Mme Dubourg, celle qui passait la nuit à attendre son *frère* pendant que son mari était de garde.

Eugénie paraissait fort occupée à parler avec Mme de Saint-Clair : Gustave crut pouvoir hasarder le salut. Mme Dubourg semblait ignorer que Gustave fût avec Eugénie; elle avait commencé à lui adresser quelques mots, lorsqu'un monsieur entra dans la loge. A sa manière de parler à Mme Dubourg, Gustave reconnaît un mari : c'est le monsieur qui porte toujours des jabots et qu'il a jeté sur une borne pour esquiver la patrouille.

M. Dubourg est un grand homme à prétentions; il lorgne les dames en agitant un petit doigt auquel est passé un jonc en brillants; il fait tout haut ses réflexions sur la pièce, les auteurs et les spectateurs; la conversation s'engage entre Gustave et lui. Mme Dubourg ne regardait plus Gustave, Eugénie était toujours sérieuse, et Mme de Saint-Clair écoutait en souriant tout ce qu'on disait.

Comment diable, dira-t-on peut-être, cette Mme de Saint-Clair, qui paraît fomenter la désunion entre Gustave et Eugénie, sait-elle que Mme Dubourg connaît notre héros? Comment?... par sa blanchisseuse de fin qui pour le malheur de nos futurs époux, se trouve être la petite Lise de la rue Charlot.

Lise n'était pas méchante, mais elle aimait à bavarder et à se venger quand l'occasion s'en présentait. Mme de Saint-Clair avait appris que Mlle Lise connaissait beaucoup M. Gustave. Elle l'avait sans peine fait parler du joli garçon qui était si mauvais sujet: une grisette fait parade de sa liaison avec un jeune homme du grand monde.

Mme de Saint-Clair avait su par Lise l'aventure de la nuit, les folies de Gustave avec la patrouille, et la visite matinale de Mme Dubourg chez la petite blanchisseuse.

Dès lors Mme de Saint-Clair dresse ses batteries: elle connaît M. et Mme de Berly, mais ce n'est point assez; elle parvient à lier connaissance avec Mme Dubourg. Depuis longtemps elle méditait sa vengeance; elle préparait les rencontres, les catastrophes; elle écrivait à Eugénie des lettres anonymes, et lui avait appris le séjour de Suzon à l'hôtel, circonstance que les propos du père Benoît lui avaient fait deviner, quoique le portier n'en fût pas certain lui-même. C'est ainsi que Mme de Saint-Clair détruisait le repos d'Eugénie et faisait naître les soupçons et la douleur dans le cœur d'une femme déjà trop portée à la jalousie.

Et pourquoi toutes ces perfidies? Pour se venger de Gustave qui l'a dédaignée, et d'Eugénie qu'elle déteste.

Si vous voulez savoir jusqu'où peuvent aller les ressources de l'imagination pour détruire le bonheur d'une rivale, cherchez dans le cœur d'une femme vindicative.

Mais ce n'est point assez de mettre chacun en présence, il faut faire naître quelque scène violente. Mme de Saint-Clair y parvient: pour cela elle commence avec Gustave un entretien qui roule d'abord sur des choses indifférentes, mais que bientôt elle sait diriger sur d'autres objets.

— Monsieur Saint-Réal, dit-elle en regardant malicieusement Mme Dubourg, j'espère que lorsque vous serez marié vous ne ferez plus courir les patrouilles après vous.

— Que voulez-vous dire, madame?...

Ah! c'est que l'on m'a raconté dernièrement une de vos folies... bien excusable dans un garçon... Ah! cela m'a beaucoup fait rire!...

— Qu'est-ce donc? demande Eugénie.

— Une aventure très plaisante: monsieur avait un rendez-vous nocturne avec une dame... c'est, je crois, dans la rue Charlot...

— Mais, madame, cette histoire ne regarde que moi, et...

— Mon Dieu!... pourquoi vous fâcher, monsieur Saint-Réal? vous étiez bien libre de vos actions... Enfin, pendant que monsieur cause avec sa belle, qui demeurait, je crois, à l'entresol, une patrouille passe... Le mari était dans la garde nationale; il voit un jeune homme parler à sa femme... il court sur lui.... le poursuit...

— C'en est assez, madame. J'ignore quel est votre but en débitant cette histoire, mais je déclare qu'elle est de toute fausseté...

— Une fausseté!... ah! monsieur, j'en appelle à monsieur Dubourg; il a demeuré rue Charlot; il doit se rappeler le bruit

Je suis cocu, monsieur, cela est clair comme le jour.

que vous fîtes dans sa rue cette nuit-là en frappant à toutes les portes.

M. Dubourg ne disait mot depuis le commencement du récit de Mme de Saint-Clair, mais il écoutait très attentivement et paraissait fort agité. Ce que M. Dubourg craignait le plus, c'était de paraître sot et berné. Il croit voir dans l'entretien de Mme de Saint-Clair et de Gustave une scène préparée pour le mystifier; dès lors il jure de se venger de cet affront, et, après avoir lancé à sa femme un regard terrible, il frappe sur le bras de Gustave et l'invite à le suivre.

Mᵐᵉ Dubourg pleure et se désole en voyant son mari sortir avec Gustave? Mᵐᵉ de Saint-Clair feint le plus grand étonnement et demande ce que tout cela signifie. Eugénie ne dit mot, mais on voit qu'elle souffre et qu'elle cache ses tourments.

Cependant Gustave a suivi M. Dubourg; ils sortent du spectacle.

— Pourrais-je savoir, monsieur, dit enfin Gustave, ce que vous avez à me dire et pour quel motif vous me faites promener ainsi?

— Vous savez fort bien monsieur que vous m'avez outragé... Je n'ai pas besoin de vous expliquer les choses que vous connaissez parfaitement, mais je vous apprendrai qu'on ne se moque pas de moi en face... Faire un mari cocu, c'est fort mal!.. Du moins quand il l'ignore il n'en peut pas rougir; mais le lui dire en présence de témoins!... parbleu, monsieur, c'est trop fort!.... et cela ne se passera pas ainsi!...

— Monsieur, je vous ferai observer que je n'ai pas dit un mot de tout cela... d'abord parce que cela n'est point, ensuite parce que si cela était je ne serais pas assez lâche pour compromettre ainsi madame votre épouse. On peut frapper la nuit à une porte sans monter chez vous. Songez donc, monsieur, qu'un amant favorisé ne fait pas de bruit et ne réveille pas tout un quartier.

— Ah! monsieur avoue que c'était lui!

— Oui, monsieur, mais je ne connaissais pas madame votre épouse.

— A d'autres, vraiment!... Vous m'avez fait cocu, monsieur, le fait est clair... mais vous m'en rendrez raison.

— Morbleu! monsieur, devriez-vous croire les propos d'une femme qui ne cherche qu'à brouiller les ménages?

— Mᵐᵉ de Saint-Clair est une femme honnête et incapable de dire ce qui n'est pas. Certes si elle eût su que j'étais le mari de la patrouille, elle n'aurait pas conté votre aventure devant moi. Mais ces dénégations ne m'abuseront pas. Je suis trompé, c'est un malheur... cela arrive à beaucoup de gens d'esprit.

— Mais, monsieur...

— Je suis cocu, monsieur; cela est clair comme le jour...

— Eh! monsieur, je ne vous dis pas le contraire! soyez-le tant qu'il vous plaira, cela ne me regarde pas.

— Monsieur, vous ajoutez de nouveaux outrages... nous nous battrons!

— Battons-nous, monsieur, et que cela finisse.

Gustave et M. Dubourg conviennent d'un rendez-vous pour le lendemain. Le mari retourne au spectacle, et Gustave reste dans la rue, ne sachant s'il doit retourner près d'Eugénie. Il craint, en rentrant dans la loge, de redoubler l'embarras de Mme Dubourg et la joie de la perfide Saint-Clair : cependant ne pas aller chercher Eugénie, qui est venue seule avec lui au spectacle, c'est manquer aux égards, aux convenances.

— Rentrons, dit Gustave. Pauvre Mme Dubourg!... Il faut avouer que son mari est un homme singulier! il veut absolument être cocu, et c'est à moi qu'il s'en prend pour cela! Parbleu, j'ai du malheur : j'ai trompé bien des gens qui n'en ont rien vu, et c'est un homme dont je connais à peine la femme qui me fait mettre l'épée à la main!... Ah! Mme Dubourg si l'occasion se présente, je tâcherai de ne plus faire mentir votre mari.

Gustave se fait ouvrir la loge où il était; mais M. et Mme Dubourg n'y sont plus, Eugénie est partie, Mme de Saint-Clair seule est restée; elle se retourne pour regarder Gustave; elle ne dit rien, mais elle sourit, et ce sourire perfide exprime bien tous les sentiments de son âme.

Gustave va éclater... mais il retient sa colère, dont le spectacle ne paraît qu'augmenter encore le plaisir de cette femme artificieuse. Il s'éloigne, ne pouvant se livrer à toute l'indignation que lui inspire Mme de Saint-Clair; il se rappelle qu'elle est d'un sexe que l'on doit respecter, lors même que la personne est méprisable.

XXIV

DUEL. — LE PETIT SAVOYARD

Gustave se rend chez Mme Fonbelle en sortant du spectacle; il espère l'apaiser et se justifier. Mais la femme de chambre lui apprend que sa maîtresse ne veut recevoir personne.

— Quoi! pas même son futur époux?
— Personne, monsieur, tels sont les ordres de madame.
— Ah! dit notre héros en revenant près de son oncle, je ne suis pas encore marié!... Eugénie est d'une jalousie... Se fâcher pour des choses qui se sont passées avant notre liaison!... c'est être trop susceptible... Je l'aime cependant et je sens que je lui serais fidèle : elle n'en croit rien, parce que j'ai la réputation d'un volage... mais je vaux mieux que ma réputation.

Gustave ne dit rien à son oncle de sa dernière aventure et le lendemain, au point du jour, il se lève pour se rendre à son rendez-vous.

Pour éviter le bavardage de Benoît, Gustave est décidé à ne point l'emmener. Mais comme la chance peut lui être contraire et qu'il est bon d'avoir près de soi quelqu'un qui puisse vous rapporter à votre demeure, Gustave se propose de se faire suivre par le jeune commissionnaire, dont le zèle pour lui ne s'est jamais démenti.

Gustave prend ses pistolets et sort de son appartement. Tout le monde dort encore dans l'hôtel, dont la grande porte est fermée. Il faut réveiller le portier, cela contrarie Gustave; cependant il s'avance et frappe contre le carreau en demandant qu'on lui ouvre la porte cochère.

Au lieu de tirer simplement le cordon, le portier se lève en chemise, passe la tête à sa fenêtre et regarde qui est-ce qui sort de l'hôtel de si bon matin.

— Comment!... c'est vous, monsieur Gustave?

— Oui, c'est moi, monsieur Benoît; ouvrez-moi, je vous prie...

— Monsieur sort de bien bon matin!... Est-ce que M. le colonel serait indisposé?... Est-ce que sa goutte aurait remonté?... Est-ce que...

— Mon oncle dort, je l'espère, et vos questions m'ennuient beaucoup. Ouvrez-moi vite, je suis pressé.

— Mais je ne vois pas mon fils vous accompagner, monsieur... Benoît!... Benoît!...

— Eh, morbleu! si j'avais eu besoin de votre fils, j'aurais bien su le réveiller... Ouvrez cette porte..., Votre bavardage me lasse enfin...

Le ton de Gustave n'admettait pas de réplique. Le portier ouvre la porte en se confondant en excuses. Notre jeune homme est dehors; il craint que le petit Savoyard ne soit pas encore arrivé; il jette les yeux sur la place ordinaire... Le petit bonhomme est déjà assis sur la borne; il mange un morceau de pain qu'il arrose de larmes; Gustave s'approche doucement et lui frappe sur l'épaule; le Savoyard, troublé à la vue de Gustave, s'empresse d'essuyer ses yeux.

— Quoi, mon ami, je te vois toujours pleurer!... pourquoi ne pas me confier tes peines?... Si tu es dans la misère, si tes parents sont malheureux, prends cette bourse et ne la ménage pas! J'ai souvent prodigué l'argent pour des folies, mais je n'en suis point avare pour secourir les infortunés.

— Je n'ai besoin de rien, répond à demi voix le petit Savoyard en repoussant la bourse que lui offre Gustave. Celui-ci éprouve un sentiment qu'il ne peut définir. Les accents du pauvre petit sont doux comme ceux d'une femme; ils retentissent jusqu'au fond de l'âme de Gustave, qui cherche à se rappeler à quelle époque de sa vie une voix aussi douce a déjà fait palpiter son cœur.

Mais le temps s'écoule, et il ne faut pas faire attendre M. Dubourg.

— Suis-moi, dit Gustave au commissionnaire, j'ai besoin de toi.

Celui-ci se lève aussitôt et marche sur les pas de notre héros, qui se dirige vers l'allée des Veuves, aux Champs-Elysées : c'est là que M Dubourg doit se trouver. Gustave l'aperçoit en effet, se promenant sur la chaussée. Il fait arrêter son petit compagnon à une centaine de pas de M. Dubourg, et lui ordonne d'attendre à cette place qu'on vienne le chercher. Le Savoyard fait ce qu'on lui dit, et Gustave s'avance vers M. Dubourg.

— Je suis désespéré, monsieur, de vous avoir fait attendre.

Benoît aidé du cocher, place son maître dans la voiture.

— Il n'y a pas de mal, monsieur ; je ne fais que d'arriver... Avez-vous des pistolets?...

— Oui... Mais éloignons-nous encore un peu, je vous prie; je suis bien aise que cet enfant, qui m'a suivi, ne puisse nous apercevoir...

— Comme vous voudrez, monsieur.

On fait quelques pas dans une autre allée. Gustave s'arrête ; les deux adversaires s'éloignent.

— Tirez, monsieur! crie Gustave; vous vous croyez offensé, c'est à vous de commencer.

M. Dubourg ne se fait pas prier : il ajuste Gustave qui est atteint au côté droit; il tombe, et M. Dubourg court à lui :

— Eh bien ! monsieur, conviendrez-vous enfin que vous m'avez fait cocu?...

— Non, monsieur, non, je ne conviendrai point d'une chose qui n'est pas, et près de mourir je vous affirmerais encore que vous vous trompez.

GUSTAVE LE MAUVAIS SUJET

Quoi!... c'est vous, monsieur?... ah! je n'vous attendions guère. (P. 571.)

LIV. 71. — PAUL DE KOCK. — GUSTAVE LE MAUVAIS SUJET. — ÉD. J. ROUFF ET Cie. LIV. 71

— En ce cas, monsieur, je suis désespéré de ce qui vient de se passer... Je vais vous envoyer une voiture et votre petit bonhomme.

M. Dubourg s'éloigne, et trouve le petit Savoyard fort inquiet : le bruit du pistolet était parvenu jusqu'à lui, et il allait courir chercher Gustave, lorsque M. Dubourg vint lui dire que son maître est blessé. Le pauvre garçon vole aussitôt vers l'endroit où Gustave est resté... Il l'aperçoit couché à terre et couvert de sang : il s'approche de lui, il veut le secourir, mais il n'en a pas la force, il tombe sans connaissance près du blessé.

— Parbleu! dit Gustave, j'ai eu là une belle idée d'emmener avec moi cet enfant que la vue d'une blessure fait trouver mal!... Si je pouvais le secourir!... mais je n'ai rien sur moi... Je sens que je ne puis marcher... et personne ne passe... Il est de bonne heure : si M. Dubourg ne trouve pas de voiture à m'envoyer, nous resterons longtemps sans secours!...

Gustave appelle... Personne ne paraît; il veut marcher et chercher du monde, mais ses forces l'abandonnent, et il tombe lui-même sans connaissance près du petit Savoyard. Heureusement pour notre héros et son compagnon que M. Benoît, le portier de l'hôtel, était aussi curieux que bavard. Après avoir ouvert sa porte cochère, il avait appelé bien vite son fils : celui-ci venait de se lever; il accourt près de son père, qu'il trouve se promenant en pet-en-l'air dans la cour et allant de temps à autre regarder au travers de la fenêtre de sa loge qui donne sur la rue.

— Qu'est-ce donc qu'il y a, papa?...

— Du mystère, mon garçon... du louche dans la conduite de M. Gustave... Il vient de sortir de l'hôtel comme un furieux... sans daigner me répondre...Tiens... il est là-bas... qui cause avec le petit commissionnaire.

— Ah! pardi! c'est son favori, vous le savez bien...

— Attends... le v'là qui s'en va... et le Savoyard le suit... Benoît, c'est ton maître... tu dois le suivre aussi... mais de loin...

— Je n'ai pas de chapeau...

— Prends mon bonnet de soie noire... Va vite... ne les perds pas de vue... Tu me diras tout ce que tu auras appris.

— Soyez tranquille.

Benoît avait donc suivi de loin Gustave et le Savoyard. Il s'était arrêté lorsque son maître avait fait attendre le petit bonhomme; il avait entendu le coup de pistolet; il avait vu M. Dubourg s'éloigner, et avait couru après lui pour savoir si son maître était blessé; sur la réponse affirmative, il était allé chercher une voiture, et il arriva sur le champ de bataille quelques minutes après que Gustave eut aussi perdu connaissance. Benoît, aidé du cocher, place son maître dans la voiture; il se met près de lui, et fait partir le fiacre sans s'inquiéter du petit bonhomme qu'il laisse sans secours. M. Benoît est vindicatif ; il est bien aise de se venger de quelqu'un qu'il n'aime pas. Les sots sont d'ordinaire rancuniers : il n'appartient qu'aux grandes âmes de pardonner les offenses et de rendre le bien pour le mal.

On arrive à l'hôtel. Gustave a repris ses sens ; il est reçu par son oncle, qui se promenait dans son appartement, fort inquiet de son neveu (car le portier avait eu soin de lui annoncer, en les amplifiant, tous les événements du matin), et jurant après sa goutte qui l'empêchait de sortir. Heureusement la blessure de Gustave était légère et ne devait causer aucune inquiétude. Ce ne fut qu'après en avoir reçu l'assurance que le colonel gronda son neveu. Celui-ci contait à son oncle tout ce qui lui était arrivé la veille, lorsqu'on lui apporta une lettre de Mme Fonbelle. Gustave la lit, puis la passe à son oncle...

— Êtes-vous raccommodés ? dit le colonel.

— Lisez, mon oncle, vous verrez qu'il n'y a pas moyen de me marier.

Le colonel lit la lettre suivante :

« En vous épousant, Gustave, je ne veux faire ni votre malheur ni le mien. Je sens que je vous aime trop pour être heureuse avec vous. Votre caractère léger et volage livrerait sans cesse mon âme aux plus cruels tourments. Depuis deux jours j'ai acquis les preuves de votre inconstance, et le passé me fait trembler pour l'avenir. Adieu. Les Julie, les Dubourg, les Lise, les jeunes filles de village vous consoleront de la perte d'Eugénie. »

— Que le diable emporte les femmes, les amants, les intrigues et les mariages ! dit le colonel en jetant la lettre en l'air ; mais aussi, c'est ta faute, tu ne fais que des sottises !...

— Mon cher oncle, cette fois, permettez-moi de vous dire que je ne suis nullement coupable ; une méchante femme a tout fait. Mme de Saint-Clair a préparé toutes les scènes qui ont eu lieu : depuis longtemps elle cherchait à me faire perdre le cœur d'Eugénie : elle y a réussi. Mais si Mme Fonbelle croit, avant d'être ma femme, tout ce qu'on lui dit contre moi, je ne dois pas regretter sa main. Pour vivre heureux il ne faut pas avoir de secrets l'un pour l'autre ; il ne faut pas surtout prêter l'oreille aux discours de ceux qui cherchent à troubler notre repos.

— Si tu étais bien amoureux d'Eugénie, tu ne raisonnerais pas aussi froidement. Allons je vois qu'il est dit que tu mourras garçon.

— Non, mon oncle, non, je me marierai ; je veux vous donner cette satisfaction ; et, puisque je ne trouve pas ici une femme qui veuille de moi, eh bien ! je vais, dès que ma blessure sera guérie, me mettre en voyage. J'irai en Suisse, où l'on dit que les femmes sont sincères; en Angleterre, où elles aiment avec passion : je visiterai les quatre parties du monde s'il le faut, et je finirai peut-être par trouver une femme qui ne s'effraiera pas d'épouser un mauvais sujet. Mais à propos... je ne vois pas... Benoît!... Benoît!...

— Me voilà, monsieur !

— C'est toi qui m'as trouvé sans connaissance dans les Champs-Elysées ?

— Oui, monsieur :

— Tu as dû voir près de moi un petit commissionnaire?... le pauvre garçon s'est trouvé mal en me voyant blessé...

— Ah!... le Savoyard du coin?...

— Oui, le petit Savoyard... Eh bien, réponds, qu'en as-tu fait?...

— Moi, monsieur, rien du tout !...

— Comment, drôle que tu es, tu as abandonné cet enfant sans lui porter secours ?...

— Monsieur... il s'est sauvé dès qu'il m'a aperçu...

— Sauvé !... et il était sans connaissance...

— Oh! pardonnez-moi, monsieur, il chantait quand je suis arrivé avec la voiture.

— Il chantait... au lieu de me chercher du secours?... Benoît, vous en imposez...

— Monsieur n'a qu'à demander à mon papa, il lui dira que je suis bien élevé, et que...

— Benoît, si le Savoyard ne reparaît pas aujourd'hui devant l'hôtel, je vous chasse.

— Mais, monsieur...

Benoît cherchait à se disculper, lorsqu'on entendit du bruit dans la cour ; un domestique vint dire que le petit Savoyard venait d'arriver à l'hôtel, et demandait avec instance à voir M. Gustave.

— Qu'il vienne, dit Gustave.

Le petit bonhomme accourt; il se précipite au pied du lit du jeune blessé, il saisit sa main et la couvre de larmes.

— Oh! le petit sournois ! dit tout bas Benoît, comme il fait le câlin ! et tout ça pour tâcher d'être jockey de mon maître.

Gustave rassura le petit commissionnaire sur sa santé, et le questionna pour savoir si Benoît avait dit la vérité. Pendant que Gustave interrogeait le Savoyard, et que Benoît cherchait un prétexte pour s'excuser près de son maître, le colonel considérait le petit bonhomme, et paraissait fortement préoccupé. M. Benoît fut grondé, le Savoyard récompensé pour son attachement à Gustave, et on laissa le malade prendre un peu de repos. Au bout de dix jours, la blessure de Gustave était fermée. Pendant ce temps, le colonel s'était informé de ce que faisait Mme Fonbelle; il apprit avec peine qu'elle venait de partir pour une de ses terres. Cette nouvelle lui ôta l'espérance de renouer l'hymen de son neveu et d'Eugénie, car Gustave n'était pas homme à courir sur les traces d'une femme qui paraissait le fuir.

Dès que Gustave fut rétabli, il songea à tout préparer pour ses voyages; il était décidé à s'éloigner pour quelque temps de la France, où rien ne l'attachait; il avait, pour plaire à Mme Fonbelle, rompu avec toutes ses anciennes connaissances ; Julie avait dit adieu aux intrigues ; les danseuses de l'Opéra ne séduisaient plus notre héros; la petite Lise venait de se marier avec un chapelier, et se contentait de faire enrager son mari; Suzon avait disparu; Olivier continuant de jouer au lieu d'aller à son bureau, avait perdu sa place, et sa conduite était devenue tellement dérangée que Gustave, qui dans ses folies se respectait encore, ne pouvait plus faire sa société d'un homme qui ne fréquentait que les filles et les mauvais lieux ; Gustave n'avait donc plus rien qui le retînt à Paris. Il fit part au colonel de sa résolution et celui-ci l'approuva, espérant que les voyages mûriraient la tête de son neveu.

Gustave fit tous ses préparatifs et consentit à emmener Benoît avec lui pour prouver à son oncle qu'il n'avait pas l'intention de se livrer à de nouvelles intrigues, car la réputation de Benoît était faite : on savait qu'il n'était bon qu'à servir à table et à panser un cheval. Benoît était enchanté de suivre Gustave, car il avait craint d'abord qu'il ne prît envie à son maître d'emmener le petit commissionnaire; dans sa joie, il parlait à chaque instant à son père de ses prochains voyages, et il avait soin de corner cela aux oreilles du petit bonhomme, parce qu'il croyait s'apercevoir que cela le chagrinait : M. Benoît était essentiellement taquin. Le jour du départ est arrivé. Le colonel veut accompagner son neveu jusqu'à Saint-Germain : il fait préparer son cabriolet, et Benoît est envoyé en avant avec des chevaux, car c'est à cheval que Gustave veut voyager ; c'est en effet la manière la plus agréable pour bien connaître le pays que l'on parcourt. En montant en cabriolet, Gustave cherche des yeux son petit commissionnaire, auquel il veut laisser des marques de sa générosité; mais le Savoyard n'est pas à sa place ; on ne voit même ni sa sellette, ni son petit banc; Gustave est étonné de l'absence du petit bonhomme, et fâché de partir sans l'avoir revu.

Le cabriolet part. En deux heures on arrive à Saint-Germain. Le colonel se dirige vers l'auberge où l'on a donné rendez-vous à Benoît;

déjà on en approche : lorsqu'une voiture bourgeoise, allant comme le vent, vient contre le cabriolet du colonel ; celui-ci n'a pas le temps de l'éviter ; le cocher maladroit accroche le léger cabriolet, le renverse, et fouette ses chevaux pour se dérober à la colère du colonel.

Gustave et son oncle sont tombés de côté ; le colonel se relève en jurant, il n'est pas blessé, Gustave a un pied foulé ; mais des cris plaintifs se font entendre derrière eux, la foule empressée entoure le cabriolet. Le colonel s'informe si sa voiture en tombant a blessé quelqu'un, et il aperçoit un petit Savoyard que l'on relève et que l'on porte dans l'auberge. Gustave jette un cri de surprise : il a reconnu son petit commissionnaire, et il apprend par les gens assemblés que le pauvre enfant était monté derrière le cabriolet lorsqu'il avait versé.

— Par grâce, mon oncle, s'écrie Gustave, faites donner à ce pauvre garçon tous les secours possibles, pendant que je vais me faire panser le pied.

Le colonel cède aux désirs de son neveu, il va près du petit Savoyard. Gustave, qui souffre beaucoup au pied, est conduit dans une chambre, et Benoît lui amène un dentiste qui se charge de guérir les pieds foulés en vingt-quatre heures. Gustave forcé de rester sans bouger dans une chambre, s'impatiente après son oncle, qui ne reparaît pas ; il brûle de savoir des nouvelles du petit Savoyard ; il va envoyer Benoît en chercher... lorsque enfin M. Moranval entre dans sa chambre. Le colonel est pâle, troublé ; sa figure exprime une telle agitation que Gustave en est effrayé.

— Qu'avez-vous donc, mon oncle? qu'est-il arrivé?... ce pauvre garçon serait-il blessé mortellement?

— Non... non... sa blessure est légère... ce ne sera rien...

— D'où peut donc naître le trouble où je vous vois?...

— Parbleu! notre chute a bien pu me troubler un peu les sens!...

— Mais vous n'étiez pas dans cet état avant de vous rendre près du petit Savoyard... Vous me cachez quelque chose... au nom du ciel, parlez !...

— Eh! morbleu, je ne te cache rien! que diable veux-tu donc que je dise ? Le petit bonhomme n'est presque pas blessé,... mais la peur lui a fait perdre l'usage de ses sens ; demain il n'y paraîtra plus.

— Pourquoi était-il monté derrière notre voiture ?

— Parce qu'il nous avait suivis, apparemment.

— Suivis dans quelle intention?

— Eh! mille escadrons! dans l'intention de se promener, sans doute. Ne sais-tu pas que c'est l'usage des petits polissons de monter derrière les voitures!

— Cependant, mon oncle...

— Ah çà ! en voilà assez sur le compte de ce bambin ; je te dis qu'il n'a presque rien ; je lui ai donné de l'argent pour se faire guérir, tu ne dois plus t'inquiéter de lui. Pour toi, comme une foulure n'est pas dangereuse, demain tu pourras te remettre en route. Adieu ; je retourne à Paris.

— Quoi ! mon oncle, vous allez me laisser m'ennuyer dans cette auberge ?... Qu'est-ce donc qui vous presse ?... Vous retournerez aussi bien à Paris demain.

— Je te dis qu'il faut que je parte à l'instant : probablement j'ai des raisons pour retourner chez moi ; tu peux bien rester un jour dans une auberge sans compagnie : puisque tu vas parcourir l'Europe, il est présumable que cela t'arrivera quelquefois. Adieu ; embrasse-moi, Gustave : tu as de l'argent, des lettres de recommandation pour divers pays ; et d'ailleurs tu sais que tu pourras, au besoin, tirer sur moi ; j'acquitterai tes lettres de change si tu te conduis bien. Voyage, tâche de ne plus faire de folies, et si tu rencontres une femme sage, douce et fidèle, ramène-la avec toi, elle sera ta femme : mais rappelle-toi que je tiens à ces trois qualités.

Le colonel embrasse tendrement son neveu et le quitte ; quelques moments après, Gustave entendit le cabriolet de son oncle qui sortait de l'auberge. Gustave trouvait quelque chose d'extraordinaire dans la conduite du colonel ; son émotion visible en revenant parler à son neveu, cette résolution subite de repartir de suite lorsque rien ne le rappelait à Paris, tout cela semblait cacher quelque mystère. Gustave cherche à deviner, mais en vain il se creuse la tête pour découvrir le motif de ce prompt départ ; il espère être plus heureux le lendemain en questionnant le petit Savoyard. Dans l'après-dîner, Gustave ordonne à Benoît d'aller s'informer de la santé du petit blessé. Le domestique sort et revient bientôt près de son maître.

— Eh bien, Benoît, comment va ce pauvre garçon ?

— Mais, monsieur, il paraît qu'il va bien, puisqu'il est parti !

— Parti !... le commissionnaire qui a été blessé ce matin est parti ?... Allons, cela n'est pas possible.

— Monsieur, je ne vous dis que ce qu'on m'a affirmé... ça m'étonne bien aussi !

— Tu es fou, Benoît !

— Mais, monsieur, ce qu'il y a de plus drôle c'est que la servante de l'auberge m'a assuré que monsieur votre oncle, l'avait emmené dans son cabriolet...

— Mon oncle a emmené le Savoyard ?

Il fut battu, roulé, maltraité. (P. 573.)

— Oui, monsieur, oui ; il a eu pour lui tous les soins possibles... il n'a pas voulu que personne autre que lui l'aidât à monter en voiture... enfin il faut que ce petit noiraud soit sorcier pour se faire comme ça des amis d'un colonel !... Gustave était surpris de la conduite de son oncle; mais il attribua cette dernière action au bon cœur du colonel, qui sous des dehors brusques, cachait une âme sensible et compatissante.

Le surlendemain, notre héros se trouva assez bien pour monter à cheval, et il quitta Saint-Germain pour commencer ses voyages.

XXV

QUI COMPREND UN ESPACE DE TROIS ANS

Au lieu de suivre la route de l'Italie, où il se proposait d'aller, Gustave tourna bride et se dirigea vers Ermenonville.

Benoît, qui ne connaissait pas la route, était fort curieux de savoir où allait son maître. Il était un peu moins timide que lors de son premier voyage avec Gustave; il approchait volontiers son cheval de celui de notre jeune voyageur, mais il n'osait encore se permettre de l'interroger.

On arrive enfin dans le village. Benoît reconnaît le château, le petit pont, et la maison du père Lucas, devant laquelle s'arrête Gustave : il ne peut résister au désir de savoir ce qu'il vient faire chez les villageois.

— Monsieur, est-ce que nous allons encor' loger ici?

— Tu le verras.

— Monsieur, est-ce que vous allez encore mettre la maison sens dessus dessous? faire sauver les vaches et faire crier les vieilles femmes?

— Benoît, je ferai ce qu'il me plaira. Si tu te permets encore de me questionner, je te renvoie à Paris.

— Je ne dis plus rien, monsieur.

Gustave entre dans la cour de la maison; une paysanne fait un cri en apercevant le jeune homme : c'est Marie-Jeanne, qui a reconnu Gustave; celui-ci, avant de revoir la famille Lucas, est bien aise de savoir par la jeune villageoise comment il sera reçu; il fait signe à la grosse fille de venir lui parler.

— Quoi!... c'est vous, monsieur?... Ah! je n'vous attendions guère... v'la près d'un an que vous êtes venu... oui... il y aura un an dans trois mois... c'est environ aux prunes...

— Dites-moi, ma chère Marie-Jeanne, comment se porte-t-on ici? Est-on toujours gai, content?...

— Oh! monsieur, il y a bien du changement, allez!... dam', vous ne savez pas ça... mam'selle Suzon nous a quittés. Mais entrez donc, monsieur, not' maîtresse va vous conter tout ça.

Gustave voit par les discours de Marie-Jeanne qu'on ignore qu'il est cause de la fuite de Suzon. Il entre dans la maison où il trouve le père et la mère Lucas. Les villageois le reçoivent avec amitié. Le père Lucas est un peu moins causeur, mais sa femme parle toujours autant ; elle raconte à Gustave la disparition de sa fille. La mère Lucas pleure en parlant de Suzon ; et les larmes de la bonne femme retombent sur le cœur de Gustave, car il sent bien que c'est lui qui les fait couler. Sans son séjour chez Lucas, la jeune fille serait restée au village ! Tranquille près de ses parents, elle n'aurait jamais songé à d'autres plaisirs, et son cœur aurait repoussé la pensée de se séparer d'eux, mais la présence de Gustave avait tout changé, et la mère Lucas ne se doutait pas qu'elle parlait à celui qui avait tourné la tête à sa petite Suzon. Gustave est bien étonné lorsqu'il apprend que, depuis deux mois, Suzon écrit très souvent à ses parents, mais sans leur donner son adresse à Paris, parce qu'elle craint toujours qu'on ne veuille la marier à Nicolas.

— Alle a ben tort, c'te chère enfant, ajoute la mère Lucas. Pardi ! Nicolas Toupet est marié, il n'pense plus à elle. Quant à nous, dam' j'étions ben chagrins, ben en colère dans les commencements de son départ ; mais depuis elle nous a écrit des lettres si tendres, où elle nous demande ben pardon de c'qu'alle a fait, ah ! ma foi ! j'sommes prêts à lui pardonner, et j'espérons ben qu'elle reviendra bientôt.

Elle est toujours à Paris, se dit Gustave, et elle n'a point cherché à me voir depuis sa fuite de chez la mercière ? Allons, Suzon ne m'aime plus ! Suzon a fait comme les autres ; elle a écouté les propositions de quelque libertin... ne pensons plus à elle ; je suis bien sot d'avoir cru qu'une fille aussi jolie me serait restée fidèle !... oublions-la... puisse-t-elle être heureuse !...

Le jeune homme quitte la maisonnette, après avoir laissé à Marie-Jeanne des marques de sa libéralité ; il s'éloigne d'Ermenonville ; mais il se promet tout bas d'y retourner en revenant de ses voyages, pour savoir si Suzon est enfin revenue près de ses parents.

Gustave se rend directement en Italie sans qu'il lui arrive en route aucun événement remarquable. Il arrive enfin dans la patrie des Césars ; il visite le Capitole, la basilique de Saint-Pierre, les tombeaux des pontifes ; il trouve encore dans les ruines des temples et des palais des vestiges de la grandeur des Romains ; mais il cherche en vain parmi les habitants les traces de ce peuple fier et belliqueux ; il ne voit que des mendiants et des moines là où vivaient les consuls et les républicains.

— Et ce sont là des Romains ! se dit Gustave en considérant ces hommes blêmes et sales, qui fourmillent dans les rues de la ville où beaucoup passent leur vie sans avoir d'autre logement qu'un enfoncement entre deux bornes, d'autres couvertures qu'un manteau sale et en lambeaux, d'autre nourriture que du macaroni bouilli dans de l'eau.

— En vérité, je suis presque fâché d'être venu à Rome : je perds ici une partie des illusions de ma jeunesse, et je commence à croire que le seul fruit qu'on retire de ses voyages est de juger la différence qui existe entre le passé et le présent, entre les rêves de l'imagination et la réalité. C'est sans doute pour cela que les voyages rendent plus sages et forment la raison. Je conçois, en effet, que tout ce que l'on voit peut donner lieu à des réflexions très philosophiques : une église où était un cirque ; un bureau de loterie auprès de la roche Tarpéienne ; et des polichinelles sur la place où périrent les fils de Brutus! Qu'aurait dit ce farouche républicain, si on lui eût prédit que sa patrie serait un jour celle des escamoteurs, des paillasses et des marionnettes?...

Benoît prenait des leçons de flûte de la fille de la maison.

Gustave quitta Rome sans regret ; Benoît regretta les parades dont il se régalait en parcourant la ville. Notre héros visita une partie de l'Italie, puis se rendit en Espagne, en Portugal, en Allemagne, en Pologne et en Angleterre. Partout notre jeune homme eut des aventures ; mais le récit de bonnes fortunes qui se ressemblent presque toutes aurait peu de charmes pour le lecteur. Là où le cœur n'est pour rien, les liaisons amoureuses sont bien monotones. Chez les Italiennes, Gustave n'avait pour ainsi dire pas besoin de faire une déclaration, ces dames lui en épargnaient la peine ; et quoi qu'on puisse dire de la galanterie, de la coquetterie des Françaises et des mœurs relâchées de femmes de Paris, cela ne peut se comparer à la facilité avec laquelle les Italiennes nouent une intrigue.

Cependant Gustave eut la gloire ou plutôt le malheur d'inspirer d violentes passions ; il emporta d'Italie quelques coups de stylet, et Benoît des déclarations et des propositions qu'il se promit bien de se faire expliquer à son retour par son cher papa.

En Espagne, Gustave pinça de la guitare, et fit l'amour à travers de petites jalousies. Il alla au sermon admirer les jolies femmes et échanger des œillades ; à la porte, il présenta de l'eau bénite, et de vieilles mégères qu'on nomme par là duègnes, et qu'ici nous appellerions différemment, le suivirent à son logement et lui portèrent des billets doux. En Espagne, il y a plus de luxe et plus de mendiants encore qu'en Italie : les extrêmes se touchent presque toujours.

Benoît, qui ne savait pas que dans ce pays-là la mendicité est une profession, et les gueux des gens auxquels on ne doit répondre qu'avec respect, eut un jour le malheur de repousser un peu brutalement un *señor* mendiant qui lui demandait la *caristade* ; aussitôt une foule de gueux assaillirent Benoît : il fut battu, roulé, maltraité ; Gustave, apercevant son valet aux prises avec un ramas de misérables, fondit à coups de canne sur les mendiants : alors l'affaire devint grave. Battre des mendiants ! c'était porter atteinte aux coutumes, aux usages, aux privilèges des Espagnols, et ces gens-là n'entendent pas raison sur tout ce qui touche leur orgueil ; ils mettent de la fierté dans des bassesses, de l'amour-propre à des enfantillages, de l'entêtement à des puérilités.

Les alguazils arrivèrent ; on conduisit Gustave, Benoît et les mendiants chez monseigneur le corrégidor. Monseigneur donna raison à la fière canaille, trouva fort mauvais qu'un manchot

Il ne s'arrêtait que pour boire!

eût reçu deux coups de bâton, et ne fit pas attention au dents cassées et aux oreilles déchirées de Benoît. Gustave jura, s'emporta ; monseigneur allait le faire mettre en prison avec son valet, mais heureusement la duègne de madame arriva : elle reconnut Gustave pour un joli garçon qu'elle avait servi dans maintes occasions, et qui payait bien les services qu'on lui rendait. Elle le protégea, elle le sauva, et Gustave quitta l'Espagne, dégoûté d'un pays où les lois sont faites par les inquisiteurs, les moines et les mendiants.

En Allemagne, notre héros trouva des femmes aimables et des maris fumeurs. Il logea chez une belle Allemande qui aimait la valse de passion, inventait chaque jour quelque figure nouvelle (car en Allemagne, lorsque l'on valse on ne se contente pas de tourner comme on le fait en France). L'hôtesse de Gustave ne se lassait jamais, c'était bien pis que Jean-Jean Courtepointe ; pendant qu'elle valsait, son mari faisait de la musique, et Benoît prenait des leçons de flûte de la fille de la maison, grosse réjouie qui jouait de tous les instruments, et qui faisait sa partie dans un quatuor.

Mais la valse fatiguait Gustave, et la flûte maigrissait Benoît. Notre héros quitte l'Allemagne convaincu que les femmes y sont de la première force pour la danse, et Benoît satisfait d'être devenu musicien.

— C'est un joli pays, disait-il à son maître ; sans savoir l'allemand, les dames vous comprennent tout de suite ; et les hommes ! prononcez seulement devant eux, *Haydn et Mozart*, ils vont parler deux heures sans vous donner le temps de leur répondre.

— Qui t'a appris cela ?

— La grosse fille qui me montrait la flûte. Ce sont les seuls mots que j'ai appris d'allemand, encore ne sais-je pas ce que cela veut dire : mais quand vous alliez valser avec l'hôtesse, ma joueuse de flûte parlait au mari *Haydn et Mozart;* oh ! alors il prenait son violon, et il ne s'arrêtait que pour boire !... ah ! ça faisait un terrible musicien !

Gustave s'embarqua pour l'Angleterre. Benoît se fit lier à une planche pendant la traversée, afin d'être certain de surnager si le bâtiment périssait. Mais on arriva sans avoir essuyé de tempête. Benoît en fut quitte pour vomir quatre jours de suite ; il prétendit en sortant du vaisseau que sa langue était allongée de deux pouces. Le séjour de la Grande-Bretagne ne peut plaire qu'à un homme qui met ses plus grands plaisirs dans les courses de chevaux, les combats de coqs, les paris, les punchs et les plum-puddings. Un Français doit trouver singulier de voir au dessert toutes les femmes se lever de table, et les hommes se livrer à la grosse gaieté que leur inspire l'eau-de-vie brûlée, sans regretter le départ du beau sexe, qui est au contraire pour eux le signal de la folie (si toutefois on peut appeler folie le plaisir de boire jusqu'à tomber sous la table).

Le jeune voyageur trouvait aussi bien triste le choix des promenades anglaises : c'est dans les cimetières que l'on va de préférence prendre l'air et se délasser du travail et des affaires ; à la vérité, les cimetières sont fort beaux, et on lit sur les tombes des inscriptions quelquefois touchantes et souvent originales. Mais il faut être Anglais pour qu'une pareille promenade ne porte pas l'âme à la mélancolie ; c'est un sentiment qu'il est quelquefois agréable d'éprouver, mais auquel il est dangereux de se livrer souvent. Gustave remarqua jusqu'à quel point ce peuple penseur porte l'attention aux petites choses et l'exactitude des usages. On se moqua du jeune Français, dans un cercle brillant, parce qu'en buvant du thé fort chaud il versait le contenu de la tasse dans sa soucoupe et parce qu'il ne mettait point sa cuiller dans sa tasse lorsqu'il ne voulait plus boire.

— Si les grands génies se font remarquer dans les petites choses, dit Gustave, à coup sûr les Anglais sont des hommes bien profonds. Mais je suis surpris alors que dans l'histoire des Athéniens, des Spartiates, et de tous ces peuples grecs renommés par leur esprit et par leur valeur, on ne nous dise pas de quelle manière un étranger devait tenir la coupe qu'on lui présentait. Benoît s'accoutumait aux usages de l'Angleterre : il mangeait cinq fois par jour, buvait du thé toute la journée et du punch dès qu'il faisait nuit. Déjà il voyait son embonpoint augmenter, et il apprit avec chagrin que son maître voulait quitter un pays où l'on vivait si bien.

Les jeunes *miss* étaient jolies, et en Angleterre les demoiselles jouissent d'une grande liberté ; elles peuvent, sans qu'on le trouve mauvais, sortir seules avec un jeune homme, aller avec lui à la campagne, aux spectacles, au bal même ; mais une fois mariées, quelle différence !... elles ne quittent plus leur maison sans leur époux, et se donnent tout entières aux soins de leur ménage. Cependant la société des jeunes Anglaises ne put faire oublier la France à Gustave.

— Sais-tu, dit-il un jour à Benoît, que voilà trois ans que nous sommes absents !

— Trois ans, monsieur !... Ah Dieu ! comme mon papa me trouvera grandi, grossi et embelli !...

— Oh ! il ne te reconnaîtra pas...

— Les voyages m'ont bien formé !...

— Nous sommes restés huit mois en Italie, six en Espagne, un an en Allemagne, trois mois en Pologne, et voilà près de deux mois que nous mangeons ici des biftecks et du rosbif,... j'en ai bien assez comme cela. Joignons à cela le temps que nous avons mis à faire ces différents voyages, oh ! il y a plus de trois ans que nous sommes partis. Prépare notre bagage, Benoît : je veux retourner près de mon oncle.

— Quel dommage ! je commençais à faire si bien le coup de poing !...

Pendant ses voyages, Gustave avait reçu souvent des lettres de son oncle. Le colonel avait fait une forte maladie dont il était enfin guéri. Il demandait toujours à son neveu s'il avait trouvé une femme ; dans chacune de ses lettres il questionnait Gustave sur ce sujet ; mais dans ses dernières il lui témoignait le plaisir qu'il aurait à le revoir, et Gustave ne voulut pas différer plus longtemps son retour. D'ailleurs, notre héros était las de courir le monde. Comme Joconde, il avait eu bien des aventures galantes ; mais lorsque le premier feu de la jeunesse est calmé, on se fatigue de plaisirs imparfaits qui ne charment ni le cœur ni l'esprit. Gustave n'était plus ce mauvais sujet qui sautait par les fenêtres, réveillait tout un quartier et se battait avec la garde ; il était plus posé, plus raisonnable, plus réfléchi qu'autrefois, et, sans cesser d'aimer les plaisirs et les belles, il sentait la nécessité de choisir ses connaissances. Son âme, détrompée sur les fausses jouissances, appréciait enfin la douceur d'un amour vrai et réciproque et les plaisirs purs de l'estime et de l'amitié.

— Partons, dit Gustave à Benoît, retournons en France. Je vais retrouver mon oncle sans lui présenter une femme de mon choix : ma foi, j'avoue que dans mes voyages je ne me suis point fort occupé d'en chercher une. Décidément je préfère une Française à toute autre: les Italiennes sont trop brûlantes, les Espagnoles trop jalouses, les Allemandes trop valseuses, les Polonaises trop froides, les Anglaises trop sentimentales.

— C'est vrai, monsieur ; j'avoue aussi que, hors la flûte, les marionnettes et le plum-pudding, je n'ai rien vu de bien remarquable dans les villes que nous avons visitées.

Gustave dit adieu aux bords de la Tamise. Il s'embarque sur le paquebot, et arrive bientôt à Calais. Il sourit de plaisir en mettant le pied sur la terre natale ; il est avide de revoir son oncle et ses anciennes connaissances ; et Benoît impatient de pouvoir raconter à son père tout ce qu'il a entendu, aperçu, admiré, et probablement même ce qu'il n'a pas vu.

XXVI

L'AVIEZ-VOUS DEVINÉ ?

Gustave avait prévenu son oncle de son retour : en débarquant à Calais, il vit venir à lui un grand garçon de bonne mine qui était habillé en postillon et tenait une lettre à la main.

— Monsieur n'est-il pas M. Gustave Saint-Réal?

— Oui, mon ami ; que me voulez-vous ?

— J'épiais votre arrivée, monsieur ; je suis envoyé par monsieur votre oncle, le colonel Moranval : je dois d'abord vous remettre cette lettre...

— Une lettre de mon oncle? donnez vite...

C'est Suzon qui est devant lui. (P. 586.)

Gustave prend et lit :

« Mon cher Gustave, tu dois être fatigué de voyager et empressé d'être à Paris ; pour te revoir plus tôt, je t'envoie Germain, mon nouveau palefrenier, avec une bonne chaise de poste. Germain sera ton conducteur, et j'espère bientôt t'embrasser.

« Le colonel MORANVAL. »

— Parbleu ! on n'est pas plus aimable, dit Gustave, et mon oncle a fort bien fait : je suis las du cheval ; d'ailleurs le mien est mort en Allemagne : au moins je vais arriver à Paris comme un seigneur. Ainsi, Germain, tu as donc une chaise de poste ?...

— Oui, monsieur, et qui est toute prête.

— C'est charmant : dès que j'aurai dîné, nous partirons.

Gustave se fait conduire par Germain à l'auberge où est la chaise de poste, et, après avoir bien dîné, monte en voiture avec Benoît, en recommandant à Germain de les mener bon train.

— Ma foi ! monsieur, dit Benoît en s'asseyant en face de son maître, c'est bien honnête de la part de monsieur votre oncle de nous avoir envoyé une bonne voiture avec un cocher... On est très commodément comme cela, et du moins nous arriverons tout frais à Paris.

Gustave ne répondait pas à Benoît ; il était enfoncé dans ses réflexions ; il pensait à toutes les personnes qu'il avait laissées en France, et songeait aux changements que trois ans peuvent apporter dans les situations. Le premier jour les voyageurs ne s'arrêtèrent que pour manger et changer de chevaux. Gustave était fort content de Germain, qui le menait comme le vent. Le second jour tirait à sa fin ; il commençait à faire nuit, et Gustave songeait avec joie qu'il ne devait plus être fort éloigné de Paris. Il met la tête hors de la voiture. Il lui semble ne plus être sur la grande route.

— Germain, où sommes-nous ?

— A six lieues de Paris, monsieur, nous approchons de Montmorency.

— Es-tu bien sûr que tu as pris le bon chemin ?

— Oh ! oui, monsieur j'ai fait un détour qui raccourcit beaucoup.

— S'il allait nous égarer, monsieur ! dit Benoît avec inquiétude.

— Eh bien ! imbécile, n'as-tu pas peur ?

— Dam' ! monsieur, il fait nuit... je ne vois pas de maisons...

— Est-ce que tu vois toujours des maisons sur les grandes routes ?

— Mais puisque vous dites que nous ne sommes pas sur une grande route...

— Dors, ou tais-toi...

— Monsieur, je ne peux pas dormir quand j'ai peur.

Germain allait moins vite : il s'arrête bientôt tout à fait pour parler à son maître :

— Monsieur, je crois que vous avez raison,... je me suis égaré, je ne reconnais plus mon chemin...

— J'en étais sûr ! dit Gustave.

— Est-ce que nous passerons la nuit dans les champs ! s'écrie Benoît.

— Va toujours, Germain : à la première habitation tu demanderas ton chemin.

— Mais, monsieur, le diable s'en mêle !... voilà un de mes chevaux qui est déferré ; il a de la peine à trotter, et si je continue de galoper, cela pourra le blesser.

— Parbleu, marmotte tout bas Benoît, il faut qu'il soit bien bête pour perdre les fers de ses chevaux... Nous voilà dans une jolie position !...

Gustave ne sait quel parti prendre. Germain propose d'aller à la découverte : il croit apercevoir de la lumière sur la gauche, il veut aller demander son chemin.

— Si c'est une maison où l'on veuille nous loger, dit Gustave, nous y passerons la nuit dans le cas où tu ne pourrais pas faire referrer ton cheval.

Germain va et revient bientôt vers Gustave. La lumière qu'il a aperçue part d'une maison de belle apparence, où l'on consent volontiers à loger les voyageurs.

— Allons donc demander l'hospitalité, dit Gustave, mais toi, Germain, tu tâcheras d'aller jusqu'au prochain village, et tu ramèneras un maréchal ferrant ; je ne renonce pas à l'espoir d'arriver cette nuit à Paris.

— Oui, monsieur ; comptez sur mon zèle.

Gustave descend de voiture et, suivi de Benoît, s'achemine vers la demeure hospitalière où l'on veut bien les recevoir. Il voit une jolie maison qui doit être la demeure de gens fortunés. Il frappe ; une dame âgée vient ouvrir.

— On m'a dit, madame, que le maître de la maison daignait me permettre de m'arrêter quelques instants chez lui pendant qu'on répare ma voiture ?

— Oui, monsieur, oui : vous pouvez entrer,... je vais vous conduire.

La domestique fait monter Gustave et Benoît au premier et leur ouvre la porte d'un salon élégamment meublé. Le maître et le valet regardent autour d'eux et ne voient personne. La domestique invite Gustave à se reposer et sort en laissant de la lumière.

— Monsieur, dit Benoît, en examinant chaque meuble l'un après l'autre, nous sommes chez quelqu'un de distingué.

— J'espère que nous verrons bientôt le maître du logis ; il me tarde de le remercier.

La domestique revient avec des rafraîchissements.

— Aurai-je le plaisir de saluer votre maître ? lui dit Gustave.

— Monsieur, c'est une dame qui habite cette maison avec ses domestiques ; elle donne volontiers un logement aux voyageurs, mais elle ne leur parle et ne les voit jamais.

— Comment ! je ne pourrais remercier votre maîtresse ?

— Oh ! cela est inutile, monsieur.

— Ni la voir?

— Elle ne veut voir personne.

— C'est bien singulier!...

— Monsieur il y a du mystère, dit tout bas Benoît à son maître.

Gustave allait encore hasarder quelques questions, lorsqu'on entendit un grand bruit au dehors. Benoît fait un saut; la domestique descend pour savoir ce que c'est. Bientôt Germain paraît et aborde Gustave d'un air tremblant.

— Qu'est-ce donc encore, Germain?

— Ah! monsieur... vous allez me gronder... Je suis bien maladroit... Heureusement que cela n'est pas arrivé pendant que vous étiez dedans! Pourtant ça n'est pas ma faute!

— Mais explique-toi donc?

Je ne reconnais plus mon chemin.

— C'est une maudite ornière que je n'ai pas vue!... Je tenais un de mes chevaux en main, et pendant ce temps-là... crac!... la chaise de poste roule de côté.

— Quoi! la voiture..

— Ah! mon Dieu, monsieur, elle est abîmée! Une roue de cassée... l'essieu brisé!...

— Nous voilà jolis garçons! dit Benoît en frappant du pied avec colère tandis que Gustave riait.

— Quoi! monsieur, cela vous fait rire!...

— Je pense à l'idée que mon oncle a eue de m'envoyer Germain et une voiture pour me revoir plus tôt; ma foi, cela a bien réussi!... Mais avec tout cela où passerai-je la nuit?...

— Ici, monsieur, dit à Gustave la vieille domestique, qui était présente pendant le récit de Germain. Votre voiture a besoin d'être réparée, vous ne pouvez continuer votre route... Mais dans cette maison, vous ne manquerez de rien, et cela ne gênera nullement ma maîtresse ; elle m'a chargée de vous dire que vous pouvez rester tant que cela vous conviendra...

— D'honneur, votre maîtresse est trop bonne... Puisqu'elle veut bien le permettre, j'accepte pour cette nuit son obligeante hospitalité.

— Je vais préparer votre chambre, monsieur, et celle de vos domestiques... Bientôt on vous servira à souper.

La servante s'éloigne et Germain la suit pour faire entrer ses chevaux et sa voiture dans la maison ; car il est trop tard pour qu'il aille au prochain village chercher des ouvriers.

— Sais-tu bien, Benoît, que la maîtresse de cette maison est bien aimable ? dit Gustave en se jetant dans un fauteuil.

— Ma foi, monsieur, nous sommes très heureux d'être chez quelqu'un d'aussi obligeant !... Cependant je vois ici un air de mystère...

— Qui pique ma curiosité, je l'avoue... Cette dame qui reçoit si bien des étrangers et ne se montre pas...

— C'est qu'elle est laide, monsieur.

— Tu crois ? Moi, je trouve dans sa conduite je ne sais quoi de romanesque... Si j'étais encore en Italie je verrais, dans tout ceci, une aventure galante. Vraiment nous sommes bien singuliers !... quand quelque chose se dérobe à nos regards, nous brûlons de l'apercevoir... Je serais enchanté de voir cette dame mystérieuse...

— Attendez, monsieur, on monte l'escalier... Ah ! monsieur, j'aperçois... ah ! c'est tout ce qu'il y a de mieux...

— Quoi donc, une jolie femme ?...

— Non, monsieur, c'est le souper qu'on a servi dans la salle voisine.

— Peste soit du gourmand, avec son souper !

La domestique entre prévenir Gustave que le souper l'attend. Gustave passe dans une salle à manger, et s'assied devant une table élégamment servie. Il adresse en soupant de nouvelles questions à la domestique : mais celle-ci ne paraît pas bavarde : tout ce qu'il peut en tirer, c'est que la maîtresse du logis est jeune et a un enfant.

Le souper terminé, la servante conduit Gustave dans une jolie chambre à coucher, et le prévient que ses domestiques coucheront au-dessous de lui, et qu'il pourra facilement les avoir, s'il en a besoin.

Gustave est seul. Après deux jours passés en chaise de poste, il devrait avoir besoin de repos ; cependant, il ne se sent nulle envie de dormir. La soirée est belle, il ouvre sa croisée. La lune vient de se montrer et permet de distinguer les objets. Gustave voit de sa fenêtre une partie des jardins de la maison. Sur la droite est un corps de logis dans lequel il aperçoit de la lumière, c'est là sans doute que loge cette dame qui ne veut pas même qu'on la remercie pour sa touchante hospitalité. Les regards attachés sur la fenêtre éclairée, notre jeune homme voudrait percer dans l'intérieur de l'appartement, mais bientôt il se sent honteux de sa curiosité.

— Eh quoi! se dit Gustave, parce qu'une dame ne se soucie pas de voir un étranger, je me monte la tête!... je me crée mille chimères!... C'est une beauté, c'est une merveille!... Eh! mon Dieu! c'est probablement une femme fort ordinaire qui aime à être utile et ne désire pas faire société avec ceux que le hasard lui fait recevoir. Il n'y a rien là de bien mystérieux... Et pour un homme qui vient de parcourir l'Europe, je m'étonne de peu de chose, moi qui prétends être maintenant raisonnable!... Couchons-nous, cela vaudra mieux que de contempler la lune et l'appartement de cette dame.

Gustave a fermé sa fenêtre... lorsque les sons d'une harpe parviennent à son oreille. Oh! ma foi, la curiosité reprend le dessus; il se replace à la fenêtre et écoute attentivement. On prélude avec goût: la personne qui joue n'est peut-être pas très forte; elle ne surmonte point de ces difficultés qui étonnent sans charmer, mais elle met du goût et du sentiment dans son exécution; bientôt une voix se mêle aux sons de l'instrument: on chante une romance. Gustave éprouve un plaisir extrême en écoutant la dame inconnue, car c'est elle assurément; ce ne peut être une autre, puisque la domestique a dit que sa maîtresse habitait seule la maison. Mais hélas! le chant a cessé, la voix et la harpe sont muettes. Gustave écoute encore; il voudrait les entendre toujours. Jamais la musique ne lui a fait éprouver d'aussi douces sensations. Après avoir écouté en vain pendant une heure, dans l'espoir de ressaisir quelques sons, Gustave se couche enfin; mais il est décidé à tout tenter pour connaître la personne qui chante si bien, et il s'endort en pensant à sa mystérieuse hôtesse.

Le lendemain, Gustave est éveillé de bon matin; il descend, et rencontre la servante.

— Ma bonne, puis-je parcourir le jardin?

— Oui, monsieur. Oh! vous pouvez aller partout où cela vous plaira.

— Raccommode-t-on ma voiture?

— Oui, monsieur; mais elle ne sera pas prête aujourd'hui.

— Cependant je ne puis pas me permettre de rester davantage dans cette maison...

— Pourquoi donc cela, monsieur?

— Ce serait abuser de la bonté de votre maîtresse...

— Pas du tout, monsieur; elle m'a dit de vous engager à rester jusqu'à ce que votre voiture soit en bon état.

— Je crains de gêner... Et puisqu'elle ne veut pas me recevoir...

— Oh ! monsieur ! ça ne fait rien... et cela fera plaisir à madame... Je vais préparer votre déjeuner.

La servante s'éloigne. — La drôle de maison, dit Gustave en entrant dans le jardin ; on vous traite parfaitement et on ne veut pas vous voir ! Ma foi, restons encore un jour : le hasard peut me servir et me faire rencontrer cette dame.

En entrant dans un parterre garni de fleurs charmantes, Gustave aperçoit une petite fille qui paraît avoir trois ans au plus : elle est jolie comme les amours, et court seule dans le jardin en cueillant des fleurs comme pour faire un bouquet.

— Que faites-vous donc là, ma chère amie ? lui dit Gustave en l'embrassant.

— Je cueille des fleurs pour maman, répond l'enfant en souriant.

— Où donc est elle, votre maman ?

— A la maison.

— L'aimez-vous bien ?

— Oui... et mon papa aussi.

Et son papa aussi ! diable ! voilà une réponse qui dérange les idées de Gustave : ce père existe donc... pourquoi n'est-il pas avec sa femme ?... C'est peut-être à cause de son absence que la dame ne reçoit personne.

Gustave essaie de faire parler encore la petite, mais l'enfant est trop jeune pour pouvoir bien s'exprimer ; et sans lui répondre, elle s'échappe de ses bras et regagne la maison.

Gustave rentre pour déjeuner ; il pense à cette petite fille dont les traits charmants lui rappellent des souvenirs confus, et à la voix de sa mère qui a retenti jusqu'au fond de son âme. Il est triste, rêveur : il ne touche pas au déjeuner. Benoît cherche en vain à distraire son maître et à le faire parler ; Benoît est forcé de manger pour deux ; mais il s'en acquitte bien, car il a apporté d'Angleterre l'habitude de manger toute la journée.

— Comment donc faire pour la voir ? s'écrie enfin Gustave en sortant de table.

— Qui donc, monsieur ?

— Eh parbleu ! la maîtresse de cette maison...

— Ah pardi ! je l'ai vue, moi, monsieur...

— Tu l'as vue, maraud, tu l'as vue, et tu ne m'en parles pas !

— Ah ! quand je dis que je l'ai vue... c'est-à-dire je l'ai aperçue par derrière en passant dans le vestibule, et entendue qui disait à sa bonne de porter sa harpe dans le petit pavillon du jardin.

— Elle a dit cela !

— Oui, monsieur ! oh ! elle l'a dit.
— Parbleu ! je la verrai alors !...

Gustave a remarqué un pavillon au fond du jardin. Ce bâtiment n'a qu'un rez-de-chaussée, et au travers des jalousies qui garnissent les fenêtres on doit apercevoir dans l'intérieur. Notre jeune homme descend aussitôt au jardin ; il approche du pavillon, il écoute ; personne n'y est encore ; mais pour ne pas effrayer la jeune dame par sa présence, il s'éloigne un peu et s'assied derrière une épaisse charmille.

Bientôt il entend marcher ; il écarte légèrement la charmille, et aperçoit une dame donnant la main à la petite fille ; mais un voile épais couvre une partie de son visage, et elle entre dans le pavillon sans qu'il ait pu distinguer ses traits.

Gustave se rapproche du pavillon ; la clef est à la porte ; ce serait une indiscrétion d'entrer, puisque cette dame ne reçoit personne ; mais au moins il est permis d'écouter, et c'est ce que fait Gustave. La harpe résonne ; un prélude mélancolique se fait entendre : on chante une romance dont les paroles peignent les souffrances d'un cœur éloigné de ce qu'il aime. Gustave est attentif ; il cherche à se rappeler où il a déjà entendu cette voix qui le charme. Il fait le tour du pavillon ; il a inutilement essayé d'apercevoir à travers les jalousies... partout les fenêtres sont garnies de rideaux. Mais, ô bonheur ! on a cessé de chanter pour aller ouvrir une des fenêtres. Gustave se rapproche ; il écarte bien doucement la jalousie, et ses regards pénètrent enfin dans l'intérieur du pavillon. Cependant il n'est pas encore entièrement satisfait : la jeune dame est assise en face de lui, mais elle tourne le dos à la fenêtre où il est, et il ne peut apercevoir sa figure.

Que faites-vous donc là, ma chère amie.

Ah! Gustave, dit Suzon, en prenant la main de son ami... (P. 538.)

La petite fille est sur les genoux de sa mère et joue avec ses cheveux.
— Maman, tu ne chantes plus... tu as du chagrin... tu pleures toujours.
La jeune dame ne répond à la petite qu'en la couvrant de baisers; puis elle appuie son mouchoir sur ses yeux. Gustave est tremblant, il respire à peine : il lui semble que c'est lui qui fait couler les larmes de cette jeune femme.

La petite quitte les genoux de sa mère :

— Attends... attends... dit-elle ; tu sais bien que je puis t'empêcher de pleurer.

L'enfant va prendre un grand cadre placé sur une chaise, et que Gustave n'a point encore remarqué ; la petite peut à peine porter ce tableau presque aussi grand qu'elle ; cependant elle le place devant sa mère, et lui envoie des baisers. La jeune dame reprend sa fille, l'embrasse, et la fait mettre à genoux devant le portrait :

— Prie le ciel pour que ton père m'aime encore, et qu'il revienne un jour près de nous.

Gustave n'est plus maître de son émotion... cette voix lui est bien connue ; il monte sur la fenêtre pour apercevoir aussi le portrait... il reconnaît cette image frappante... ses genoux fléchissent... ses larmes coulent... C'est lui, c'est bien lui qui est représenté sur cette toile... mais cette femme... cette enfant... Il entre dans le pavillon, il approche... il peut à peine en croire ses yeux : c'est Suzon qui est devant lui, qui se jette dans ses bras, qui lui présente sa fille... il tombe accablé sur le siège qu'elle occupait... son cœur n'a plus la force de résister à tous les sentiments qu'il éprouve.

On ouvre la porte d'un petit cabinet, et le colonel Moranval paraît :

— Mon cher Gustave, dit-il en s'avançant gaiement vers son neveu, tu as bien fait de revenir seul, car je te gardais ici une femme et un enfant.

Gustave ne peut encore répondre : il tient dans ses bras Suzon et sa fille, il les couvre de baisers.

— Allons, calme-toi, dit en souriant le colonel, tu dois être bien impatient de savoir comment il se fait que ta petite paysanne, que tu avais perdue à Paris, soit cette même dame qui possède des talents et a le ton de la société. Peu de mots vont te mettre au fait : ce petit Savoyard qui s'était établi devant la porte de mon hôtel... c'était Suzon !...

— Suzon !.., s'écrie Gustave, et je ne t'ai point reconnue !...

— Ah ! mon ami ! j'étais tellement déguisée !... tellement noircie, que tu ne pouvais me reconnaître ; et devant toi j'avais soin de ne parler que fort peu !...

— Et pourquoi ce déguisement ?

— Pour être près de toi, pour te voir chaque jour, pour ne point te quitter...

— Pauvre Suzon ! que de chagrins je t'ai causés !

— Ce fut en me sauvant de chez Mme Henry que je formai ce projet ; je vendis, je changeai tout ce que je possédais contre des habits de Savoyard. Hélas !... j'étais mère... je portais dans mon sein le fruit de nos amours, et lorsque tu passais près de moi, j'avais bien envie de me jeter dans tes bras, et de tout t'avouer, mais la crainte d'être encore séparée de toi m'empêchait de céder à l'impulsion de mon cœur.

— La pauvre petite me craignait, reprend le colonel ; cependant je ne suis pas si méchant que je le parais. Suzon nous avait suivis lorsque nous partions de Paris ; elle monta derrière notre cabriolet, qui fut renversé à Saint-Germain. Tu dois te rappeler, Gustave, que pour céder à tes désirs, j'allai m'informer de l'état du petit Savoyard. Juge de ma surprise en reconnaissant alors dans cet enfant cette jeune fille qui m'avait tant intéressé ! Je calmai la douleur de Suzon, elle voulait mourir parce que tu partais sans elle ; je la consolai en lui faisant espérer qu'elle te reverrait, et en lui jurant de ne jamais l'abandonner. Cependant je me gardai bien de te faire part de cette aventure : et je partis pour Paris en emmenant avec moi le petit Savoyard.

Je l'avouerai, le dévouement de Suzon, la force de la sincérité de son amour, sa candeur, sa jeunesse, tout déjà m'attachait à cette jeune fille.

Je la fis loger dans mon hôtel, et je fis soigner son éducation. Elle apprenait avec une facilité prodigieuse, et mettait tout son plaisir à me parler quelquefois de toi. Elle mit au monde cette petite fille que j'aimai bientôt comme sa mère, car elle en avait déjà la douceur et la beauté.

Cependant Suzon apprit que sa mère était malade, elle quitta tout pour voler auprès d'elle, et j'approuvai cette conduite. La mère Lucas mourut en pardonnant à sa fille la faute que l'amour lui avait fait commettre. Suzon resta à Ermenonville ; elle ne voulait plus quitter son père, qui n'avait qu'elle pour le consoler. Elle passa huit mois dans son village ; au bout de ce temps une fièvre maligne emporta le bonhomme Lucas. J'allai à Ermenonville, et je forçai Suzon à revenir avec moi ; j'eus quelque peine à l'y déterminer, car elle ne voulait plus quitter son village et le tombeau de ses parents ; mais je lui reparlai de toi, et l'amour l'emporta. Enfin, mon cher Gustave, j'appréciai chaque jour davantage les vertus et les aimables qualités de celle que j'avais recueillie : une maladie violente m'aurait fait perdre la vie, sans les soins, les attentions, les secours de Suzon, qui passa les nuits à me veiller. Tant de dévouement me toucha, et je commençai à désirer que tu ne rencontrasses point dans tes voyages une femme qui te captivât entièrement. Je fis part à Suzon de mes vues sur elle... Juge de sa joie !... Cependant elle me pria de ne point te parler d'elle ; elle voulait te laisser maître de ton cœur, et ne point t'empêcher de former de nouveaux liens. Mais avec quelle inquiétude elle écoutait la lecture de tes lettres, dans lesquelles elle craignait sans cesse d'apprendre que tu n'eusses fait un choix !

Enfin, tu m'as annoncé ton retour, et je t'ai envoyé Germain, auquel j'avais fait sa leçon pour qu'il t'amenât ici. J'ai voulu piquer ta curiosité; je connais ton cœur, Gustave; mais j'ai cherché à l'émouvoir vivement, afin que tu apprécies davantage tout le bonheur que je t'ai réservé. Sois heureux, mon ami : je te donne un enfant charmant et une femme adorable, près de laquelle tu ne trouveras plus le temps long ; d'abord parce que tu es plus raisonnable, ensuite parce qu'elle possède des talents qui embellissent l'intérieur d'un ménage, et que, son esprit étant cultivé, tu pourras parler avec elle d'autres choses que d'amour... C'est une conversation charmante, mes enfants; mais pour avoir toujours quelque chose à se dire à ce sujet, il ne faut pas d'abord l'épuiser, et c'est ce que vous faisiez pendant le premier séjour de Suzon à l'hôtel.

La mère Lucas mourut en pardonnant à sa fille.

— Mon cher oncle! dit Gustave en sautant au cou du colonel, désormais je serai constant. Près de Suzon, de vous et de ma fille, je vais trouver le bonheur que j'ai vainement cherché dans le tourbillon des intrigues et de la folie.

— Mon ami, il faut que jeunesse se passe : tu as jeté ton feu, tant mieux; cela me rassure pour ton avenir.

— Ah! Gustave, dit Suzon en prenant la main de son ami, je n'aurais jamais cru être aussi heureuse!... Qui m'aurait dit, lorsque tu vins au village, que je serais ta femme...

— Ma chère enfant, dit le colonel en unissant les deux amants, vous m'avez prouvé que les vertus, la douceur, l'esprit et la beauté, peuvent tenir lieu de naissance et de fortune.

M. DUPONT

La dame est renversée sur l'herbe, tandis que le monsieur roule d'un autre côté avec le restant de la bête. (P. 591.)

I

LA FAMILLE MOUTONNET. — PORTRAITS BOURGEOIS

C'était un dimanche, on dansait au bois de Romainville, sur la place qui est devant la maison du garde. Probablement on dansait aussi ailleurs, parce qu'il faisait beau, que les promenades avaient été très fréquentées à la ville et à la campagne, et que les jours de repos il est d'usage de se fatiguer beaucoup. Mais ne nous occupons que du bal champêtre de Romainville. Un violon, une clarinette et un gros tambour faisaient sauter les habitants de l'endroit, et même ceux de Belleville, de Ménilmontant, de Noisy-le-Sec et des environs, accourus au bal de Romainville, qui a la préférence sur les autres, grâce à l'harmonie de son orchestre, à l'amabilité du garde, qui est aussi traiteur, et au voisinage du bois, qui ne gâte jamais rien. Les cotillons sautaient, les jambes se trémoussaient, les fichus s'élevaient, et les figures soufflaient. Les beaux danseurs suaient et se démenaient en donnant par-ci par-là des coups de pied à leurs voisins; mais le plaisir de la danse empêchait de les sentir. Pour bien danser au village, il faut sauter beaucoup et longtemps ; et un zéphire de salon ferait une triste figure à un bal villageois, où l'on ne se contente pas de marcher, de se donner des grâces et de faire des mines.

Les jeunes paysannes avaient mis le joli déshabillé, le bonnet à dentelles ; quelques-unes avaient même le tablier de soie, ce qui est autant pour elles qu'un cachemire français pour une bourgeoise ou un cachemire des Indes pour une femme entretenue. Le plaisir brillait sur tous les visages. Celles qui dansaient en prenaient de toutes leurs forces, celles qui regardaient s'en promettaient pour la contredanse suivante, et jouissaient déjà en espérance. On est si heureux dans la jeunesse, avec une clarinette, un violon et un tambourin... quand on aime la danse cependant!

Quelques habitants de Paris se mêlaient aussi aux paysans. Les petites ouvrières, venues en promenade avec leurs bons amis, ne dédaignaient point le bal villageois. Quelques grosses mamans, assises toute la semaine dans leur comptoir, pinçaient et agaçaient leurs époux, pour tâcher de les décider à faire au moins une figure. Ces messieurs, après s'être bien fait prier, finissaient par se rendre et une fois en train on ne pouvaient plus les arrêter. Les commis marchands tournaient autour du bal en cherchant les plus jolies minois, et les vieux libertins de Paris se promenaient à pas de loup dans le bois, en y cherchant autre chose.

A une assez grande distance du bal, vers le milieu du bois, dans un fond formant l'amphithéâtre, une société nombreuse est assise sur le gazon, ou plutôt sur le sable ; des serviettes sont étalées sur le terrain et couvertes de pâtés, de viandes froides et de fruits. Les bouteilles sont placées au frais, les verres s'emplissent et se vident rapidement ; les mets sont fêtés ; l'appétit, le grand air font trouver tout excellent. On se forme des assiettes avec du papier ; on se jette à la volée des morceaux de pâté, de saucisson ; on mange, on boit, on chante, on rit, on se fait des niches ; c'est à qui fera le plus de plaisanteries. Il est convenu qu'à la campagne tout est permis; et la société bourgeoise qui est rassemblée au bois de Romainville paraît bien pénétrée de cet usage.

Un gros papa, d'une cinquantaine d'années, tâche de découper un dindon, et n'en peut venir à bout. Une petite femme, bien rouge, bien grosse, bien ronde, s'empresse de saisir une cuisse de volaille; elle tire d'un côté, le gros papa tire de l'autre, la cuisse se détache enfin, et la dame est renversée sur l'herbe, tandis que le monsieur roule d'un autre côté avec le restant de la bête. Les éclats de rire redoublent, et M. Moutonnet, c'est le nom du gros papa, se remet à sa place, en déclarant qu'il ne se chargera plus de rien découper.

— Je savais bien que vous ne pourriez pas vous en tirer, dit aussitôt une grande femme sèche, dont le ton est d'accord avec la mine pincée et revêche, et qui, assise en face du vieux monsieur, n'avait pas vu, sans en être piquée, la petite dame venir à l'aide de M. Moutonnet. Depuis vingt ans que nous sommes mariés, avez-vous jamais rien découpé chez nous ?...

— Non, ma femme, c'est vrai, répond le gros papa d'un ton soumis et cherchant par un sourire à calmer sa chère moitié.

— Vous ne savez pas servir des épinards, et vous voulez découper une grosse pièce !...

— Ma femme, à la campagne....

— Monsieur, à la campagne comme à la ville, il ne faut se mêler de choses auxquelles on n'entend rien.

— Vous savez bien, madame Moutonnet, que je ne me mêle ordinairement de rien; mais aujourd'hui....

— Aujourd'hui vous auriez dû faire comme tous les jours.

— Ah! ma chère amie, vous oubliez que c'est la Saint-Eustache!...

— Oui, oui, c'est la Saint-Eustache, répète toute la société; et les verres s'emplissent et se choquent de nouveau. A la santé d'Eustache ! vive Eustache !...

— A la vôtre, messieurs et mesdames, répond gracieusement M. Moutonnet; à la tienne, ma toute bonne !

C'est à sa femme que M. Moutonnet s'adresse en ce moment; celle-ci tâche de prendre un air aimable et daigne approcher son verre de celui de M. Eustache Moutonnet, dont vous voyez qu'on célèbre la fête au bois de Romainville.

M. Eustache Moutonnet est un riche passementier de la rue Saint-Martin. C'est un homme très estimé dans le commerce, car il n'a jamais laissé protester un de ses effets, ni manqué à ses engagements. Depuis trente ans qu'il est établi, il s'occupe régulièrement de ses affaires depuis huit heures du matin jusqu'à huit heures du soir. C'est lui qui tient son grand-livre et son journal; Mme Moutonnet se charge de la correspondance, et traite elle-même les négociations. Le détail de la boutique et de la caisse est confié à un vieux commis et à Mlle Eugénie Moutonnet, avec qui nous ferons tout à l'heure connaissance.

Celles qui dansaient en prenaient de toutes leurs forces.

M. Moutonnet n'a pas, comme vous avez déjà pu le voir, l'habitude de commander chez lui; c'est sa femme qui agit, ordonne, dispose et règle tout. Quand elle est de bonne humeur (ce qui est rare), elle permet à son mari d'aller prendre sa demi-tasse, à condition que ce sera au café qui fait le coin de la rue Mauconseil, parce qu'on y donne de très gros morceaux de sucre, et que M. Moutonnet en rapporte toujours trois à sa femme.

Le dimanche on dîne un peu plus tôt, afin d'avoir le temps de se promener le soir aux Tuileries ou au jardin Turc. Les parties de campagne sont fort rares, et n'ont lieu que dans les cas extraordinaires, comme la fête de M. ou de Mme Moutonnet.

Cette vie régulière n'empêche pas le gros passementier de se trouver le plus heureux des hommes; tant il est vrai que ce qui causerait l'ennui de l'un fait le bonheur de l'autre. M. Moutonnet était né avec des goûts simples, paisibles; il avait besoin d'être mené, conduit comme un enfant.... Que cela ne vous fasse point hausser les épaules, vous, messieurs, si fiers de vos droits, si pleins de votre mérite! qui croyez être toujours maîtres de vos actions; vous cédez journellement à vos passions; elles vous maîtrisent, vous entraînent et vous conduisent quelquefois fort mal. M. Moutonnet ne craint pas cela; il n'a point de passions; il ne connaît que son commerce et l'obéissance aux ordres de son épouse; il trouve

M. Moutonnet, c'est demain la Saint-Eustache, dit Mme Moutonnet, en se donnant un air presque aimable. (P. 597.)

que l'on peut vivre très heureux sans savoir découper une volaille et en se laissant mener par sa femme.

Mme Moutonnet a passé la quarantaine, mais il est convenu qu'ell n'aura jamais que trente-six ans. Elle n'a pas été jolie, mais elle est grande, et son mari est persuadé qu'il a une superbe femme. Elle n'est point coquette, mais elle pense l'emporter sur toutes les autres en esprit et en beauté. Elle n'a jamais été amoureuse de son mari, mais s'il lui faisait une infidélité, elle lui arrachait les yeux. Mᵐᵉ Moutonnet est, comme vous le voyez, excessivement jalouse de ses droits.

Une fille est l'unique fruit de l'hymen de M. Eustache Moutonnet avec Mˡˡᵉ Barbe Désormaux. Cette jeune personne a maintenant dix-huit ans, mais ne tient ni de son père ni de sa mère. De qui tient-elle donc ? Je serais bien embarrassé pour vous le dire... Et ne voyons-nous pas tous les jours des choses qui passent notre faible conception ? Pourquoi le fils d'un imbécile a-t-il de l'esprit? Pourquoi des époux si jolis font-ils des enfants si laids ? Pourquoi, ayant tous des yeux, une bouche, un front, et le nez au milieu du visage, ne trouve-t-on pas deux figures exactement ressemblantes ? Pourquoi ce qui est beauté à Paris est-il laideur à Pékin ? Pourquoi crie-t-on en venant au monde, puisqu'on crie aussi en en sortant ? Pourquoi la vertu est-elle plus rare que le vice? Pourquoi le mal est-il plus commun que le bien? Pourquoi pleure-t-on de joie et de colère? Pourquoi voit-on la sottise en carrosse et le mérite à pied? Pourquoi ?... Pourquoi ?... Cela nous mènerait trop loin ; et nous n'en serions pas plus avancés. Revenons à Mˡˡᵉ Eugénie Moutonnet.

Elle a dix-huit ans, comme je vous l'ai déjà dit; à dit-huit ans les demoiselles de Paris sont ordinairement très avancées en tout. Mais Eugénie a été élevée sévèrement, et, quoique douée d'une certaine force d'âme, elle est timide, docile, soumise, et ne se permet jamais une observation devant ses parents. Elle a de l'esprit, de la grâce, de la sensibilité ; mais elle ignore tous les dons qu'elle a reçus de la nature ; ses sentiments sont encore concentrés au fond de son cœur. Elle n'est point coquette, ou du moins elle ose à peine céder à ce penchant, si naturel chez les femmes, qui les porte à chercher à plaire et à paraître jolies. Mais Eugénie n'a pas besoin d'employer ces petits manèges, si nécessaires à beaucoup d'autres, ni d'avoir à chaque instant recours à son miroir. Elle est bien faite et elle est jolie ; ses yeux sont doux et expressifs, sa voix tendre et agréable, son front est ombragé par des cheveux bien noirs, sa bouche garnie de dents bien blanches; enfin elle a ce je ne sais quoi qui plaît, qui charme au premier coup d'œil, et que ne possèdent pas toujours des beautés plus parfaites, des traits plus réguliers.

Nous connaissons maintenant toute la famille Moutonnet ; pendant que nous sommes en train, faisons aussi connaissance avec le reste de la société réunie au bois de Romainville pour fêter la Saint-Eustache.

La petite dame qui est venue avec tant d'empressement au secours de M. Moutonnet, est la femme d'un grand monsieur que l'on appelle Bernard, et qui est tabletier dans la rue Saint-Denis. M. Bernard fait l'aimable, le folâtre ; il rit, badine, fait des plaisanteries, des calembours même ; c'est le bel esprit de la société.

Sa femme a été bien, elle veut l'être toujours. Elle se serre la taille de manière à s'étouffer, et met une heure à se chausser, parce qu'elle veut absolument avoir un petit pied. Sa figure est un peu trop rouge, mais ses yeux sont très vifs, et elle tâche de les rendre continuellement malins.

Mme Bernard a une grande fille de quinze ans qu'elle habille encore comme si elle n'en avait que huit, afin de lui conserver l'air d'un enfant. On lui donne même encore des poupées, et la jeune fille n'appelle sa mère que ma petite maman.

Auprès de Mme Bernard est assis un jeune homme de dix-huit ans, qui a l'air aussi timide qu'Eugénie, et qui rougit toutes les fois qu'on lui adresse la parole, quoiqu'il soit depuis six mois dans le commerce ; c'est le fils d'un associé de M. Bernard, et Mme la tabletière s'est chargée de le former et de le pousser dans le monde.

Un personnage de quarante ans, ayant de ces figures bêtes que l'on juge au premier coup d'œil, est assis près d'Eugénie. M. Dupont (c'est son nom) est un riche épicier de la rue aux Ours. Il porte de la poudre et une queue, parce qu'il trouve que cela lui va bien, et que son perruquier lui a dit que cela devenait très distingué. Son habit bleu de ciel et son gilet jonquille lui donnent quelque chose de niais qui s'accorde parfaitement avec l'expression de ses yeux à fleur de tête ; il caresse avec complaisance deux chaînes de montre qui se balancent sur sa culotte de nankin, et s'écoute parler toutes les fois qu'il dit un mot : il se croit séduisant et plein d'esprit ; il a la suffisance de la sottise appuyée par la richesse ; enfin il est garçon, ce qui lui donne beaucoup de considération dans toutes les maisons où il y a des filles à marier.

M. et Mme Gérard, parfumeurs de la rue Saint-Martin, sont venus se joindre à la réunion. Le parfumeur fait le beau-fils et a dans son quartier la réputation d'un terrible séducteur, quoiqu'il soit laid, mal bâti et louche ; mais il croit corriger tout cela en se couvrant d'odeurs et de parfums : aussi le sent-on un quart d'heure avant de le voir.

Sa femme est jeune et gentille ; elle s'est mariée à quinze ans et a un garçon de neuf ans dont elle paraît la sœur. Le petit Gérard crie, saute, casse les verres et les bouteilles, et fait presque autant de bruit à lui seul que toute la société. « C'est un petit lion, dit M. Gérard, je me reconnais ; à son âge, on ne s'entendait pas quelque part quand j'y étais ! Aussi on me trouvait charmant. Mon fils sera tout mon portrait. »

La sœur de M. Gérard, vieille demoiselle de quarante-cinq ans, qui jure à chaque instant qu'elle n'a jamais voulu se marier, et soupire toutes les fois que M. Dupont la regarde, est placée auprès de M. Moutonnet.

Le vieux commis du passementier, M. Bidois, qui attend pour parler que Mme Moutonnet le lui ait permis, et se verse à boire toutes les fois qu'on ne le regarde pas, est placé à côté de Mlle Cécile Gérard, qui, quoiqu'elle jure à tous moments qu'elle ne veut pas se marier parce qu'elle déteste les hommes, est de fort mauvaise humeur de voir le vieux Bidois assis près d'elle, et fait observer que Mme Bernard accapare tous les jeunes gens.

Enfin, un jeune homme de vingt ans à peu près, grand, bien fait, d'une jolie figure, et dont la physionomie spirituelle annonce qu'il n'est pas né pour mesurer éternellement du calicot, est assis à la droite d'Eugénie.

Ce jeune homme, que l'on appelle Adolphe, est commis dans un magasin de nouveautés où se fournit habituellement Mme Moutonnet, et comme il lui fait toujours bonne mesure, cela lui a valu l'honneur d'être invité à la Saint-Eustache. Nous connaissons maintenant toute la société réunie pour célébrer la fête de M. Moutonnet.

II

DÉTAILS DOMESTIQUES, INTÉRIEUR DE MÉNAGE

La Saint-Eustache était une époque bien impatiemment attendue dans la maison du passementier. Ce jour-là tout était en mouvement chez M. Moutonnet, sa femme même permettait que l'on prît un air joyeux. Eugénie apprenait une chanson nouvelle, qu'elle chantait à son cher père en lui offrant ou une bourse qu'elle avait brodée, ou un rond de serviette, ou une tabatière, et le bon Moutonnet ne recevait jamais le petit cadeau de sa fille sans que de douces larmes ne vinssent humecter ses paupières.

Mme Moutonnet faisait aussi un présent à son époux ; mais comme l'ordre et l'économie dirigeaient toutes ses actions, son offrande consistait ordinairement en paires de bas, mouchoirs ou gilets. Quel que fût le cadeau, M. Moutonnet était ravi, enchanté ; sa femme ne lui aurait offert qu'une prise de tabac, qu'il aurait témoigné le même ravissement. Le bonhomme avait ses raisons pour paraître toujours content.

M. Bidois ne donnait rien. Il réservait ses petites économies pour la Sainte-Barbe, patronne de Mme Moutonnet. Le vieux commis était courtisan, car tout en complimentant Eustache, il avait encore l'adresse de parler des qualités et des grâces de Mme Moutonnet.

Pour le récompenser on l'emmenait à la campagne, et c'était lui qui était chargé de porter deux énormes paniers remplis de provisions, parce que Mme Moutonnet ne voulant pas laisser sa maison déserte depuis qu'on avait volé dans le quartier, ne permettait plus à sa bonne de les accompagner. Cela désolait le pauvre Bidois, qui gémissait et suait à grosses gouttes tout le long du chemin, ployant sous le poids des énormes paniers, n'osant se permettre aucune plainte et tâchant même de paraître alerte et fringant toutes les fois que Mme Moutonnet regardait de son côté.

Eugénie Moutonnet.

La veille du grand jour, Mme Moutonnet qui se chargeait d'inviter les personnes qui lui convenaient, et daignait ensuite faire part à son mari de ce qu'elle avait fait, arrête son époux à la fin du dîner, au moment où, ployant avec soin sa serviette, le cher homme va retourner à son grand-livre.

— Monsieur Moutonnet, c'est demain la Saint-Eustache dit Mme Moutonnet en se donnant un air presque aimable.

— Bah! en vérité, répond le passementier en tâchant de paraître étonné, quoique depuis huit jours il regardât tous les matins à son baromètre pour s'assurer s'il ferait beau le jour de sa fête. Est-ce que nous tenons le 20?

— Oui monsieur, puisque c'est aujourd'hui le 19 septembre.

— C'est juste, ma femme.

— Je n'oublie jamais ces époques-là, moi, monsieur...

— Vous êtes bien bonne, madame Moutonnet, vous savez que je n'oublie point non plus la Sainte-Barbe... Mon cœur...

— Il n'est pas question de la Sainte-Barbe, monsieur, mais de la Saint-Eustache que nous célébrons demain.

— C'est juste, ma femme.

— J'ai arrangé une partie de campagne... au bois de Romainville; cela vous convient-il, monsieur?

— Comment donc, ma chère amie, si cela me convient? cela me ravit! Au bois de Romainville! je l'ai toujours aimé, vous le savez...

Ce bois charmant
Pour les amants...

— Il n'est pas question d'amants, monsieur Moutonnet, vous êtes toujours d'une folie...

— Ma femme, c'est la Saint-Eustache qui fait son effet.

— Taisez-vous donc, monsieur.

Et un regard sévère fait comprendre à M. Moutonnet que sa fille est assise près de là, et qu'elle peut l'entendre; le cher homme se tait et sa femme continue.

— J'ai invité beaucoup de monde pour demain; j'ai tâché de bien choisir dans nos connaissances; je crois que vous serez satisfait de mon choix...

— Ma femme, vous savez que je le suis toujours.

— Laissez-moi donc parler, monsieur Moutonnet; si vous m'interrompez à chaque instant, nous n'en finirons pas...

— C'est juste, ma femme...

— Voici comment sera composée notre société... Nous trois d'abord et M. Bidois;... je n'emmène point Jeanneton, je ne veux pas laisser la maison seule, je ne serais pas tranquille, M. Bidois portera les paniers, vous savez d'ailleurs que cela l'amuse.

— Oui, madame, dit le vieux commis en s'efforçant de sourire pour dissimuler la grimace qu'il a faite au mot de paniers.

— Je vous préviens, monsieur Bidois, qu'ils seront peut-être un peu lourds demain, car nous serons beaucoup de monde, et, excepté le pain et le vin que nous prendrons chez le garde, je fais tout porter... mais vous êtes fort, vous êtes alerte.

— Et puis, je pourrai le relayer quelquefois, dit M. Moutonnet.

— Non pas, non pas, monsieur; je n'entends pas cela: je ne veux point que pour votre fête vous vous fatiguiez dès le matin, vous ne seriez plus bon à rien le soir

— C'est juste, ma femme.

— Revenons à notre monde : nous aurons M. et Mme Bernard, leur fille Mimi, et leur petit commis Estève. M. Bernard est fort aimable, il est plein d'esprit, de gaieté ; quand il est quelque part, il met tout en train, et c'est ce qu'il nous faut ; car s'il n'y avait que vous, monsieur Moutonnet, pour amuser une société.

— Mais, ma femme, il me semble...

— Chut ! je poursuis : Mme Bernard est loin d'avoir l'esprit de son mari, quoiqu'elle ait beaucoup de prétentions et veuille sans cesse placer son mot... Enfin, chacun a ses défauts en ce monde, et s'il fallait ne voir que des gens parfaits, on resterait seul chez soi. J'avoue que cela me fait de la peine de voir combien Mme Bernard se serre pour paraître mince... aussi elle peut à peine respirer... en vérité j'étouffe pour elle... Quelle folie... à trente-huit ans... au moins !... D'ailleurs elle n'a jamais été bien faite ; et sa fille qui à quinze ans, et que l'on fait encore jouer à la poupée ; cette grande Mimi devrait être au comptoir depuis trois ans. Mais enfin sa mère le veut ainsi !...

— Il est vrai que cela est bien ridicule, murmure le vieux Bidois tout en taillant sa plume et sans lever les yeux de dessus son cahier. Mme Moutonnet lui jette un regard approbateur et poursuit son discours : — Bidois a bien raison, cela n'a pas le sens commun, et la manière dont Mme Bernard élève sa fille... mais silence : tout ce dont je vous prie, monsieur Moutonnet, c'est de ne point vous écarter de la société avec Mme Bernard sous prétexte de chercher des fraises... cela me déplait, vous entendez...

— Ma femme, je ne savais pas que...

— Vous le savez maintenant, monsieur...

— D'ailleurs il n'y a point de fraises au bois de Romainville.

— Quand même il y en aurait, monsieur, je vous défends d'en aller chercher avec elle ; d'ailleurs elle aura son commis, ce petit Estève que j'ai été obligée d'inviter, puisqu'ils le mènent partout avec eux. Vraiment, si on était méchant, cela ferait penser des choses... Vous riez, Bidois?...

En effet Bidois affectait de rire avec malice pendant que Mme Moutonnet parlait du petit commis de la tabletière, et cela lui valut un second coup d'œil d'approbation.

— Voilà donc déjà quatre personnes d'une seule maison. J'ai invité aussi nos bons voisins de la rue Saint-Martin, M. et Mme Gérard, leur fils et leur sœur Mlle Cécile Gérard ; au moins ces gens-là ont le bon ton, les bonnes manières. M. Gérard est d'une galanterie... d'une attention auprès des dames...

— C'est dommage qu'il sente toujours si fort, dit à demi-voix M. Moutonnet.

— Comment! monsieur, il sent fort? mais dites donc qu'il embaume; qu'il parfume tous les endroits où il s'arrête... C'est un sultan ambulant. Il faut avoir l'odorat bien commun pour ne pas être enivré de ces odeurs-là.

— Cela porte à la tête, madame Moutonnet...

— Hé! mon Dieu! monsieur, où voulez-vous donc que cela porte?... N'allez-vous pas faire le nerveux... Vous me faites pitié.

— Ma femme, je ne dis pas...

— Eh bien! alors, taisez-vous, monsieur, et tenez-vous-en à votre eau de lavande... vous n'êtes pas digne de respirer la pommade superfine de M. Gérard.

Ici Bidois prit une prise de tabac qu'il savoura pendant cinq minutes en ayant l'air de se croire dans la boutique du parfumeur.

Bidois prit une prise de tabac.

— Nous aurons donc la famille Gérard, continue Mme Moutonnet, après avoir regardé Bidois qui respirait en idée la pommade superfine. Mme Gérard est un peu folle, un peu étourdie, mais du moins elle est jeune, on peut lui passer cela. Mlle Cécile, leur sœur, est une fille fort sensée, fort raisonnable: je suis vraiment fâchée qu'elle ne trouve point à se marier; car, malgré sa prétendue aversion pour les hommes, je sais bien que la pauvre demoiselle meurt de dépit de ne pas trouver un parti... Mais il faut convenir qu'avec son humeur un peu revêche et sa figure !... C'est son nez surtout qui est effrayant !... Quel nez, grand Dieu !... passe dans un homme, mais une femme... C'est vraiment un nez trop prononcé.

— Trois pouces de long, murmure Bidois.

Mon Dieu! Mam'selle, comme vous avez l'air content.... quoi qu'il y a donc de nouveau à la maison? (P. 606.)

— Oh! trois pouces, c'est trop fort, dit Mme Moutonnet; mais je gage qu'il en a plus de deux. Ah ça! vous pensez bien! monsieur Moutonnet, que je n'ai pas oublié d'inviter notre ami Dupont : un homme comme lui est toujours le bienvenu. Il fait de fort bonnes affaires, son commerce va parfaitement... Dupont est un homme rempli d'ordre, d'économie... Ah! celui-là trouvera des femmes tant qu'il voudra... Quel sort heureux pour celle qu'il mettra à la tête de sa maison !... Un comptoir aussi achalandé! Sûr de vendre depuis cinq heures du matin jusqu'à minuit, tous les jours de la semaine, même le dimanche. Ah! quel avenir brillant... quelle vie agréable...

Mme Moutonnet semblait appuyer sur ces détails, et tout en parlant de l'ami Dupont, elle regardait sa fille qui travaillait au comptoir; mais Eugénie ne paraissait faire aucune attention aux éloges donnés à l'épicier, elle continuait de travailler sans lever les yeux; le nom de M. Dupont ne l'avait nullement émue.

— Il viendra, ce cher Dupont, reprend Mme Moutonnet; il a accepté avec beaucoup d'empressement; il paraît enchanté toutes les fois que je l'engage à quelque fête... Je crois qu'il se plaît beaucoup avec nous et dans notre maison... n'est-il pas vrai, monsieur Moutonnet? Ne l'avez-vous pas remarqué comme moi?...

— Oui, ma femme, oui je l'ai remarqué, comme vous... Il nous vend d'ailleurs d'excellent café, où, j'en suis bien certain, il n'entre pas de chicorée...

— C'est un des plus gros épiciers de Paris, dit Bidois en grattant un pâté qu'il vient de faire.

— Oui certes, dit Mme Moutonnet, et vous pourriez même dire des plus riches. C'est avec cela un charmant cavalier, bien fait, bonne tournure... Je gage qu'il ne manquera pas d'apporter demain une bouteille de liqueur pour le dessert...

— Vous croyez, ma chère amie ?

— Vous savez bien que c'est son habitude toutes les fois qu'il vient avec nous.

— Pourvu qu'on ne la mette pas dans le panier, dit en lui-même le vieux commis ; ils sont capables de me faire tout porter.

— Voilà toute notre société... Ah! non pas, j'oubliais M. Adolphe Dalmont, ce jeune commis de notre voisin le marchand de nouveautés.

Ici Eugénie leva subitement les yeux et les reporta en rougissant sur son ouvrage; mais sa main tremblait, sa respiration était gênée, et c'était le nom d'Adolphe qui avait produit cet effet. Heureusement alors

Mme Moutonnet ne regardait point sa fille ; elle ne put s'apercevoir de son trouble.

— Je ne pensais point d'abord à inviter ce jeune homme, dit Mme Moutonnet ; mais j'ai fait réflexion que nous étions treize, et vous sentez bien que je n'ai pas voulu de ce nombre fatal ; ce n'est pas pour moi, je ne suis point superstitieuse ; mais ces dames le sont toutes, et je gage que Mlle Cécile n'aurait pas consenti à être de la partie si nous avions été treize. Cela m'a décidée à inviter M. Adolphe. Je ne connais point sa famille ; mais M. Duval, chez qui il est, dit son père fort bien né, et fait beaucoup d'éloges de M. Adolphe ; ce jeune homme a pour moi infiniment de complaisances et d'égards : lorsque je vais à son magasin, il me mesure en ami, et me prévient quand il y a des occasions à bon marché. Voilà, monsieur Moutonnet, toute notre société... Etes-vous content de mon choix ?

— Extrêmement content, ma chère mignonne ; nous nous amuserons comme des rois.

— Jeanneton fait rôtir un dindon superbe et un morceau de veau ; nous aurons avec cela un beau pâté, une langue, un saucisson, des fruits, du fromage...

— C'est très bien, ma chère femme... et aurons-nous aussi... vous savez?...

— Quoi donc, monsieur ?

— La fine bouteille de muscat.

— Nous verrons cela demain, monsieur...

— Allons, ma toute bonne, je vois que vous voulez me faire une surprise...

— C'est bon... c'est bon, monsieur Moutonnet.

— Ils ont résolu de m'éreinter, dit en lui-même le vieux commis.

— Le temps est superbe, il fera très beau demain.

— Magnifique, ma femme !

— Et chaud, dit tout bas Bidois.

— Le rendez-vous est ici. A dix heures, tout le monde doit être arrivé, et nous partirons. Surtout, que chacun soit prêt ; qu'on n'aille point se faire attendre : vous entendez, monsieur Moutonnet.

Et vous Eugénie ?

— Oh ! je serai prête, maman.

— Quant à M. Bidois, je sais qu'il est toujours exact et prêt avant les autres.

M. Bidois s'incline fort respectueusement. Le papa Moutonnet, après avoir écouté attentivement tous les détails que son épouse a bien voulu lui donner sur la fête du lendemain, se dispose à retourner s'asseoir devant son bureau, lorsque sa femme le retient encore.

— Monsieur Moutonnet?...

— Ma femme!...

— C'est demain votre fête... Allez prendre votre demi-tasse au café Mauconseil; vous avez assez travaillé aujourd'hui.

La figure de M. Moutonnet devient radieuse ; il presse avec attendrissement la main de sa femme.

— Ma chère amie, tu es vraiment d'une bonté, d'une complaisance... Jeanneton ? mon chapeau, ma canne... Ah ! je ne sais pas si j'ai encore de l'argent...

— Comment, M. Moutonnet, je vous ai donné un petit écu il n'y a pas quinze jours.

— C'est juste, ma belle ; mais tu sais bien que nous avons joué au loto dimanche chez M. Gérard.

— Vous n'avez pas, je pense, perdu un écu au loto?...

Vous avez des intrigues, monsieur Moutonnet.

Vous en avez: il n'est pas possible que ce petit écu soit dépensé en si peu de temps.

— Attends... attends donc que je me fouille... J'ai encore dix-sept sous...

— C'est beaucoup plus qu'il ne vous en faut... Allez, monsieur, et soyez sage...

— Ma belle, je te rapporterai trois morceaux de sucre.

— C'est bon, c'est bon... ne regardez pas tant les petites filles sur votre chemin, cela vaudra beaucoup mieux.

M. Moutonnet embrasse sa femme, enfonce son chapeau sur sa tête, baise sa fille sur le front, et sort de sa boutique, se donnant un petit air décidé, dès qu'il n'est plus sous les yeux de sa femme.

Le vieux Bidois est tout entier à ses calculs ; Mme Moutonnet va se replacer au comptoir. Eugénie tient toujours son ouvrage : elle voudrait bien le quitter... elle sent le besoin de marcher, de parler, d'agir enfin ; mais elle n'ose bouger ; sa mère est là, et la jeune fille tremble devant elle, parce qu'elle connaît sa sévérité.

Mais Mme Moutonnet lui ordonne elle-même de laisser un moment son ouvrage, et d'aller voir si rien ne manque à sa toilette du lendemain. Eugénie ne se fait pas répéter cet ordre : en une minute elle a serré son ouvrage : elle est sur le petit escalier du fond, qui conduit à sa chambre, laquelle est au premier en face de celle de ses parents.

Eugénie rencontre Jeanneton qui sort de la cuisine, au moment où la jeune fille va entrer dans sa chambre. Celle-ci a l'habitude de causer quelquefois avec la domestique : Jeanneton est une bonne grosse fille qui a pour Eugénie le plus sincère attachement ; d'ailleurs, à qui Eugénie pourrait-elle confier ses peines, ses plaisirs, ses petits secrets (et une jeune fille en a toujours), si ce n'est à cette bonne Jeanneton ? Ce n'est qu'en tremblant et les yeux baissés qu'Eugénie parle à sa mère ; son père ne veut pas qu'elle lui dise rien en particulier, de crainte d'être grondé par sa femme, et ce n'est point au vieux Bidois qu'Eugénie ira conter ce qu'elle éprouve. Jeanneton seule peut donc recevoir les confidences de la pauvre enfant : Jeanneton est femme ; elle est jeune et sensible : c'est plus qu'il n'en faut pour inspirer de la confiance à un jeune cœur.

— Mon Dieu ! mam'zelle, comme vous avez l'air content... Quoi qu'il y a donc de nouveau à la maison?...

— Ah! Jeanneton : ne sais-tu pas que c'est demain la fête de mon père?...

— Oui, j'crois bien que je le sais!... Ce dindon et ce veau qu'il faut faire rôtir... Encore si on m'emmenait à la campagne comme autrefois... Mais non, faut que je garde la maison ! La seule chose qui me console, c'est que c'est Bidois qui porte les paquets... et que ça fait endèver ce vieux sournois-là...

— Ah! Jeanneton, que tu es méchante... Dis-moi, ma jolie collerette est-elle plissée?

— Oui, mam'zelle, oui.

— Je mettrai ma robe lilas, mon chapeau de paille avec ce ruban neuf; il me va bien, n'est-ce pas?

— Hé! mais comme vot' toilette vous occupe aujourd'hui, vous qui ordinairement vous en inquiétez si peu...

— Mais Jeanneton, nous serons beaucoup de monde, et il faut songer à...

— Oh! soyez tranquille, n'importe quelle toilette auront les autres, j' vous réponds, moi, que vous serez toujours la plus jolie.

— Tu crois, Jeanneton?

La figure d'Eugénie exprimait bien alors tout le plaisir que lui faisait l'assurance de Jeanneton : ses yeux semblaient interroger ceux de sa bonne, et y lire avec joie que la grosse fille ne savait point faire de compliment et qu'elle parlait avec franchise.

— A coup sûr, reprend Jeanneton, ce n'est pas mam'zelle Mimi Bernard qui peut vous être comparée... C'te grande nigaude! qui fait des boules de savon quand elle vient ici... et sa mère qui a les bras plus gros que mes cuisses, sauf vot' respect, et Mme Gérard qui m'empeste avec sa vanille à la moelle de bœuf, et sa vieille sœur qui croit qu'on ne voit pas qu'elle a une perruque...

— Ah! Jeanneton, il ne faut pas se moquer... Mais c'est vrai qu'elles sont si drôles!...

— Quant aux hommes, ils sont encore plus farces... Ah! mon Dieu! c'est à qui sera le plus laid... excepté le petit Estève qui n'est pas mal... mais il a l'air si dadais... Enfin, c'est égal, c'est encore le mieux.

— Oh! non, Jeanneton... il y en aura un autre qui est bien mieux que ceux-là...

— Un autre monsieur?

— Oui, un autre jeune homme... je ne sais pas si tu l'as vu... il n'est encore venu que quelquefois le matin à la boutique parler un instant à maman. C'est le premier commis du magasin de nouveautés.

— M. Adolphe! oh! je le connais.

— Ah! n'est-il pas vrai qu'il est... très bien?

— Oui, c'est un joli jeune homme... Pardi, toutes les fois que je passe devant le magasin et qu'il m'aperçoit, il accourt me demander de vos nouvelles...

— Comment! Jeanneton, et tu ne me l'as jamais dit?...

— Écoutez donc, mam'zelle; ça m'est sorti de la tête; et puis d'ailleurs tous les voisins, les jeunes gens surtout en font autant... s'il fallait que je redise tout cela...

— Ah! M. Adolphe... c'est différent... comme il a l'air doux, honnête, sensible!... n'est-ce pas, Jeanneton?...

— Mais dame! oui; il a l'air gentil... pour ce qui est de sensible... je ne peux pas trop vous dire... Ah ça! il vous a donc parlé!

— Oh! non, Jeanneton... jamais... tu sais bien que je ne parle jamais devant maman; il m'a saluée, voilà tout!... puis il m'a regardée quelquefois... d'un air bien honnête...

— Tiens j' crois ben qu'y n'vous faisait pas la grimace... et il va demain à la fête de M. Moutonnet?

— Oui, Jeanneton, c'est maman qui l'a invité.

— Oh! pardine, j'sais ben que ce n'est pas vot' père... Est-ce qu'il se permettrait d'inviter quelqu'un de son chef!

— Oh! comme nous allons nous amuser demain au bois de Romainville!... Oh! ma pauvre Jeanneton! que je suis fâchée que tu ne viennes pas avec nous!

— Que voulez-vous! mais c'est égal... vous me conterez ce qu'on aura fait...

— Oh! oui, je te le dirai... tu sais que j'aime à raconter tout ce que je pense, ma chère Jeanneton... Hélas!... je n'aime pas parler comme cela à ma mère.

— Ah! dame! c'est que votre mère ce n'est pas M. Moutonnet... Il s'en faut...

— C'est elle-même cependant qui m'a engagée à songer à ma toilette de demain... Il me semble, Jeanneton, que depuis quelque temps maman est moins sévère avec moi; elle s'occupe davantage de ma parure; elle aime que je sois bien coiffée, bien habillée; j'en suis quelquefois toute surprise.

— Bah! ça ne me surprend pas, moi; écoutez donc, mam'zelle Eugénie, vous avez dix-huit ans, c'est l'âge où l'on songe à marier les demoiselles; et j'ai ben dans l'idée que vos parents... c'est-à-dire que vot' mère s'en occupe; car pour vot' père, il sera là pour dire qu'il est très content.

— Comment, Jeanneton!... tu crois que l'on pense... me marier... Oh! mon Dieu! je n'y pensais pas, moi... et cependant... Jeanneton, je vais faire mes préparatifs, pour demain.

Eugénie entre dans sa chambre, mais sa toilette ne l'occupe plus autant; elle est distraite, rêveuse; ce mot de mariage la fait soupirer... Ce mot-là met toujours le trouble dans l'esprit d'une jeune fille.

— Oui, oui, murmura Jeanneton en retournant à sa cuisine, on s'en occupe. Oh! j'ai des yeux, des oreilles; et quoiqu'on ne me dise rien, je comprends de reste!... Pauvre petite! je me doute ben avec qui on veut la marier!... mais je n'ai pas voulu le lui dire; car ce n'est pas avec le beau jeune homme du magasin de nouveautés.

III

LA SAINT-EUSTACHE

Le soleil s'est levé, et brille d'un éclat que ne tempère aucun nuage, et qui vous annonce qu'il fera beau et chaud pour la Saint-Eustache, qui ce jour-là se trouve tomber un dimanche; cela arrange tout le monde, excepté M. Bidois, pour qui cette circonstance est un jour de repos de moins; mais il faut bien prendre son parti. Dès le matin, le vieux commis a été à la cuisine peser le dindon, le pâté et le morceau de veau; il a soupiré, puis il s'est consolé en pensant qu'il en mangerait sa part.

M. Moutonnet s'est levé à sept heures, à huit il a fait sa barbe, à neuf

L'épicier avait le bras en l'air devant Eugénie. (P. 615.)

il a pris son café au lait, à dix il est habillé; il a même déjà à la main sa canne et son chapeau pour que l'on n'attende pas après lui.

Eugénie a aussi terminé sa toilette : elle descend près de son père qui lui donne l'étrenne de sa barbe. La jeune fille est moins gaie que la veille; mille pensées l'agitent; et chaque fois que l'on ouvre la porte de la boutique, elle rougit, et sent son cœur battre avec plus de force. Cependant, malgré cette préoccupation, elle donne de temps à autre, à la dérobée, un coup d'œil sur l'une des glaces qui sont dans la boutique; ce coup d'œil la rend intérieurement satisfaite, et elle se rappelle ce que Jeanneton lui a dit la veille. Oui, sa robe lilas lui va fort bien ; son fichu, mis en sautoir, est d'une couleur qui lui sied ; son chapeau de paille entoure, sans trop la cacher, cette jolie figure qu'ombrage de si beaux cheveux, et ce ruban, noué sous le menton, est d'une fraîcheur parfaite; ces yeux modestes, d'où s'échappent parfois des regards enchanteurs, suffiraient seuls pour tourner une tête. Eugénie n'ose point se dire cela, mais elle sourit à la glace qui lui répète ses grâces, puis rebaisse bien vite les yeux, de crainte d'avoir été aperçue.

Bidois arrive, portant deux énormes paniers qu'il place sur le comptoir d'un air piteux, en attendant qu'on se mette en route. Mme Moutonnet n'est point encore descendue, et ces messieurs se permettent la conversation pendant qu'Eugénie regarde à la porte de la boutique.

— Eh bien! Bidois, nous aurons beau temps?

— Oui, une chaleur étouffante, un soleil qui est brûlant...

— C'est gentil au bois de Romainville... il y a de l'ombre, de la fraîcheur.

— Oui, mais ce n'est pas gentil pour y arriver : cette montagne de Belleville est d'un rude !...

— Bah! c'est l'affaire d'un quart d'heure à monter.

— Sans doute, ça n'est rien quand on n'a pas deux énormes paniers à porter... ceux-ci sont de poids, je vous assure.

— Ah! le dîner est soigné...

— Si Mme Moutonnet avait voulu, j'aurais emprunté le chien du boulanger, ce gros caniche qui, avec un bâton dans sa gueule, porte tout ce qu'on veut au bout...

— Eh bien! pourquoi n'as-tu pas demandé ce chien?

— Pourquoi? vous savez bien que madame votre épouse n'aime pas les bêtes...

— Ah! c'est vrai Bidois, je n'y pensais plus... Diable ! ne va pas proposer le chien... il vaut mieux que ce soit toi... Donne-moi une prise, Bidois...

— Savez-vous au moins si on prendra un fiacre jusqu'à la barrière ?

— Ma foi! je ne sais pas, mon garçon...

— Tu sais que nous sommes beaucoup de monde ; nous ne pourrions pas tenir quatorze dans un fiacre,

— Que diable ! on en prend deux... n'est-ce pas une affaire entre six hommes?...

— C'est juste ; tu n'auras qu'à le proposer à ma femme.

— Moi !... il me semble que c'est plutôt à vous, monsieur, à en parler.
— Eh bien ! nous allons voir tout à l'heure... j'en dirai deux mots.
— Je gage bien que vous n'en parlerez seulement pas.
— Je te dis, Bidois, que j'en parlerai.
— Justement, voici madame.

Mme Moutonnet arrive en effet ; aussitôt Bidois court se replacer près de ses paniers, en mettant la main sur les anses, et M. Moutonnet agite sa canne et son chapeau.

— Je vois que tout le monde est prêt, dit Mme Moutonnet d'un air satisfait.
— Oui, ma belle, nous voilà disposés à partir, comme tu vois.
— C'est bien. J'espère que la société ne se fera pas attendre.
— Parlez donc des fiacres, dit tout bas Bidois à M. Moutonnet
— Tout à l'heure, répond le passementier ; nous avons tout le temps. Tu vois bien qu'il n'y a encore personne d'arrivé.

M. Dupont vint le premier : Eugénie, qui était rentrée dans la boutique à l'arrivée de sa mère, lève les yeux sur la personne qui se présente ; mais elle les baisse aussitôt en apercevant l'épicier, qui pourtant lui fait un salut des plus gracieux.

— Me voici : j'espère qu'on ne m'attend pas, dit M. Dupont en entrant.
— Non, mon ami, vous êtes un homme charmant !
— Dix heures ne sont pas encore sonnées à Saint-Nicolas... Messieurs, mesdames, comment va la santé ?... Mademoiselle, je vous offre mes très humbles hommages...
— Ma fille... entendez-vous ? M. Dupont vous offre ses hommages... répondez donc !
— Monsieur est bien honnête, » dit à mi-voix Eugénie en faisant la révérence à l'épicier, qui, avec son habit bleu-ciel, son gilet jonquille et sa queue poudrée, ne doutait pas que Mlle Moutonnet ne le trouvât ravissant.

— Ma fille est timide, dit Mme Moutonnet à M. Dupont, mais c'est ce qu'il faut ; la jeunesse doit être élevée comme cela... De la tenue, de l'obéissance, de la réserve surtout ; c'est ainsi que l'on a fait mon éducation, et vous savez quelle femme je suis.

— Peste ! dit Dupont, à coup sûr, vous êtes une femme qui... M. Moutonnet en sait quelque chose.

— Oh ! ma femme ! il n'y a pas son pareil dans toute la rue Saint-Martin.

— Non, j'en réponds, dit tout bas Bidois.

— J'ai ce qu'il faut pour être à la tête d'une maison, et je me flatte que ma fille saura figurer dans un comptoir...

— Ah çà, il s'agit de fêter ce bon M. Moutonnet... J'ai mon petit bouquet à offrir... Vous permettez?... En disant cela, M. Dupont tire de ses poches deux bouteilles, une de muscat et l'autre d'anisette, et les présente à la maîtresse de la maison.

Le parfumeur se présente en sautillant, donnant la main à son petit garçon.

— Deux bouteilles! en vérité, monsieur Dupont, vous êtes très aimable, vous faites des folies...

— Toute ma boutique est à vous, belle dame... trop heureux si je puis... Ah! voilà aussi un petit sac de quatre mendiants.

— Encore?... eh! vous poussez les choses trop loin.

— Du muscat! dit M. Moutonnet, c'est mon vin favori, et l'anisette est très bonne pour les vents.

— Allons, monsieur Moutonnet, laissez là vos vents, et placez ces bouteilles et ce sac dans les paniers. Bidois, vous prendrez bien garde de les secouer, entendez-vous?

Bidois fait ce qu'il peut pour cacher son humeur, et il marronne en plaçant les bouteilles.

— En vérité on me prend pour un mulet... et il ne faut pas les secouer encore!... non, je vais me gêner... Si j'étais sûr au moins d'aller en fiacre jusqu'à la barrière!...

— Et il fait en arrière des signes à M. Moutonnet; mais celui-ci fait semblant de ne pas les apercevoir.

Une odeur de vanille, de tubéreuse et de fleur d'oranger annonce l'arrivée de la famille Gérard. En effet, le parfumeur se présente en sautillant, donnant la main à son petit garçon, qui, pour son entrée, grimpe sur le comptoir, et de là va se cramponner sur les épaules de M. Moutonnet. Les dames paraissent : on s'embrasse, on se fait mille politesses, on se dit les choses les plus aimables, on a l'air de s'adorer et les yeux cherchent déjà s'il y a quelque chose à reprendre dans la toilette, quelque ridicule à trouver dans la personne.

Eugénie seule ne songe pas à remarquer la mise de ces dames; elle est troublée, embarrassée, et pourtant elle est bien contente...

M. Adolphe vient d'arriver presque en même temps que la famille du parfumeur.

Le jeune homme s'est empressé d'aller saluer Mme Moutonnet et son mari; il s'approche ensuite d'Eugénie, et lui dit quelques mots qu'elle n'entend pas bien, car il lui semble que sa mère a les yeux sur elle, et qu'elle s'aperçoit de son agitation; à peine si elle ose regarder un instant Adolphe, et cependant elle en meurt d'envie... Pauvre Eugénie!... l'éducation la plus sévère ne pourra jamais garantir le cœur des impressions de l'amour!

M. Didois ferme la marche en faisant une moue.

— Allons, nous n'attendons plus que la famille Bernard pour partir.

— Ils sont en retard... il est dix heures dix...

— Dix heures cinq seulement, dit M. Dupont, je me suis réglé hier au soleil du Palais-Royal.

— Je suis sûre, dit Mme Moutonnet, que c'est Mme Bernard qui n'est pas prête! elle n'en finit jamais.

— C'est vrai, dit M. Gérard, vous souvenez-vous qu'à la fête de ma femme elle nous a fait attendre deux heures sur la terrasse des Feuillants.

— Oui, oui, et c'est parce que son cordonnier n'arrivait pas, et qu'il lui fallait absolument des souliers roses.

— Chut! chut!... les voici... Allons, il n'y a rien à dire, il n'est que le quart.

— Mais aussi, voyez comme Mme Bernard est déjà rouge.

— Nous voilà! dit M. Bernard en se précipitant dans la boutique comme un sauteur des Acrobates; j'espère que l'on a une tenue... et que le badinage ira son train... Vive la joie! je ne connais que ça... Les enfants me suivent... en attendant, j'embrasse ces dames. Les enfants étaient Mme Bernard, sa fille et le petit commis qui arrivèrent au moment où M. Bernard embrassait Mme Moutonnet.

— Eh bien: le voilà déjà en train, dit Mme Bernard: ah! prenez-y garde, mesdames, il est aujourd'hui encore plus badin qu'à l'ordinaire.

— Il paraît que vous vous en êtes aperçue, dit M. Gérard d'un air malin.

— Oui, monsieur, oui, et je m'en aperçois trois fois la semaine.

— On le croit sans peine auprès de vous.

Et le parfumeur s'approche de Mlle Bernard en lui jetant un tendre regard de l'œil gauche, tandis que le droit va fixer la perruque de M. Moutonnet.

— Allons, partons, dit Mme Moutonnet.

— Partons, répète-t-on de toutes parts.

— Comment! partons! dit tout bas Bidois, et on ne parle pas de voitures! Mais est-ce qu'ils sont fous!

— Nous allons à pied, ma belle? dit d'un air soumis le bon passementier, en s'approchant de sa femme.

— Comment, monsieur, si nous allons à pied! Belle question, vraiment!... Par le temps qu'il fait, ne serait-ce pas un meurtre de s'enterrer dans des voitures?

— Certainement, mon cœur, certainement, ce serait un meurtre!

— D'ailleurs, le bois de Romainville est si près... Il ne faut que deux petites heures en se promenant... Nous aurons ensuite le temps de nous reposer.

— Oui, oui, dit toute la société, il faut aller à pied; au moins nous ne serons pas séparés.

— Et puis en route, dit Bernard, on fait des folies... et je suis là.

— Partons, partons.

— Il faut se résigner, dit Bidois; et il passe, en soupirant, un bras sous chaque panier.

Tout le monde se dispose à se mettre en route. On s'approche de la personne avec laquelle on est bien aise de faire le chemin. Déjà Mme Bernard s'est emparée du bras du petit Estève. Gérard offre le sien à Mimi; M. Moutonnet prend celui de Mlle Cécile; M. Bernard se saisit de Mme Moutonnet; Adolphe s'est approché d'Eugénie; celle-ci sourit à l'idée qu'il sera son cavalier... mais la voix de sa mère fait entendre ces terribles paroles :

— Ma fille, acceptez le bras de M. Dupont...

En effet, depuis cinq minutes, l'épicier avait le bras en l'air devant Eugénie, en lui exprimant le plaisir qu'il aurait à faire la route avec elle; mais Eugénie ne l'entendait ni ne le voyait; elle attendait toujours Adolphe; il lui semblait que ce n'était qu'à elle qu'Adolphe pouvait donner le bras.

La voix de Mme Moutonnet a détruit le charme, Eugénie a entendu l'ordre, elle sait qu'il faut obéir sans faire d'observations; elle obéit donc... mais en passant son bras sous celui de l'épicier; elle jette à Adolphe un regard... puis fait pendant tout le reste de la route, une petite mine si triste.... Ah! si Dupont avait eu la moindre connaissance des femmes, s'il n'avait pas été aussi sot, il se serait bien facilement aperçu de ce qui se passait dans le cœur de la jeune fille; mais si l'épicier ne voit rien, Adolphe en revanche a bien compris tout ce que lui disait le regard d'Eugénie.

Il s'éloigne sans oser paraître mécontent; il va offrir son bras à Mme Gérard, mais il s'arrange de manière à marcher toujours auprès d'Eugénie.

Tout le monde s'éloigne, et Bidois ferme la marche en faisant une moue qui augmente à mesure qu'il se sent plus fatigué.

La compagnie conserve une marche réglée tant que l'on est à Paris, mais une fois dans le haut du faubourg du Temple, on commence à rire et à se rapprocher; enfin on passe la barrière, et M. Bernard déclare qu'il ne répond plus de lui.

Mme Moutonnet, malgré tous ses efforts, ne peut empêcher son cavalier de l'entraîner, de la faire courir et quelquefois sauter par dessus les pièces de bois que l'on trouve sur la route.

Votre mari est pis qu'un démon, crie Mme Moutonnet à Mme Bernard; je ne puis pas en venir à bout!...

— Oh! cela ne m'étonne pas, dit la tabletière; dès qu'il est dans les champs, c'est comme un cheval échappé.

— Mais nous ne sommes qu'à Belleville, que sera-ce donc tout à l'heure?...

— Vous verrez la feuille à l'envers, mesdames...

— Ah! par exemple, monsieur Bernard, ceci est trop fort, dit Mme Moutonnet; si vous me dites encore des choses pareilles, je serai forcée de vous quitter le bras...

Mme Bernard pousse et tire le petit Estève pour l'engager à faire aussi des folies; mais le petit commis est encore bien gauche, bien peu dégourdi, quoique M™ Bernard lui répète à chaque instant :

— Tâchez donc de vous animer un peu Estève; vraiment mon ami, vous êtes trop timide pour un garçon; il n'y a rien de bête comme un homme timide.

— M. Gérard marche à l'écart avec M¹¹ᵉ Mimi; le parfumeur aime beaucoup les petites filles, et quoique M¹¹ᵉ Mimi joue encore à la poupée, elle n'est plus une enfant aux yeux de tout le monde. Sa taille est élancée, son fichu dessine déjà deux petits contours bien arrondis, et sa bouche, qui rit toujours, est aussi fraîche que ses joues. Le parfumeur a remarqué tout cela, il s'est emparé bien vite du bras de Mimi. Ils marchent assez loin pour qu'on n'entende pas ce qu'ils disent; mais M. Gérard paraît fort animé et louche un peu plus qu'à l'ordinaire, en tâchant de regarder tendrement la grande Mimi; et celle-ci rit tout le long de la route, parce qu'elle ne comprend pas ce que lui dit M. Gérard, et qu'elle veut avoir l'air de le comprendre.

M. Moutonnet et M¹¹ᵉ Cécile sont les plus tranquilles; ils marchent d'un pas réglé, qui n'est interrompu que par quelques prises de tabac offertes et acceptées tous les quarts d'heure. Le bon passementier vante les plaisirs des promenades champêtres, des parties de campagne, et passe en revue toutes celles qu'il a faites depuis qu'il est marié. M¹¹ᵉ Cécile, que cette conversation ne paraît pas amuser beaucoup, laisse parler son cavalier et regarde ce que font les autres, cherchant sur leurs figures à deviner ce qu'ils se disent.

Adolphe, qui donne le bras à M™ᵉ Gérard, tâche de se tenir sans cesse auprès d'Eugénie et de rendre la conversation générale. La petite parfumeuse remarque l'attention de son cavalier à rester près des mêmes personnes et, par malice, le force quelquefois à s'arrêter ou à marcher plus vite; mais Adolphe trouve toujours moyen de revenir près de celle qu'il aime, et quoique je ne vous aie pas encore dit qu'il aimât M¹¹ᵉ Moutonnet, je me flatte que vous vous en êtes aperçu. Il y a de ces choses qui se devinent au premier coup d'œil; il n'y a que les papas, les mamans et les maris qui ne voient pas aussi vite ce qui les intéresse, et c'est fort heureux pour tout le monde.

Eugénie contente quand Adolphe était près d'elle, reprenait alors sa gaieté; s'éloignait-il, elle soupirait, n'osant retourner la tête pour voir s'il allait se rapprocher, mais trouvant toujours quelques prétextes pour s'arrêter ou ralentir sa marche, lorsqu'il restait trop longtemps en arrière.

M. Dupont épuisait toute son éloquence pour amuser sa jolie compagne, et répétait à chaque instant :

— Quel temps superbe !... Il fait bien chaud !... Comme nous allons

Mme Bernard fait courir son petit commis dans les endroits écartés. (P. 621.)

nous amuser!... J'avais peur qu'il ne plût ce matin... J'avais presque envie de mettre mon habit marron... mais à présent, je suis enchanté d'avoir mis celui-ci; il est plus frais.

Toutes ces jolies choses étaient perdues pour Eugénie qui ne répondait que par quelques monosyllabes, et l'épicier se disait en lui-même :

— Cette jeune personne est parfaitement élevée... extrêmement bien élevée.

Bidois se trainait avec ses paniers, allant de l'un à l'autre, faisant une mine piteuse lorsque Mᵐᵉ Moutonnet ne le pouvait point voir, et répétant avec Dupont :

— Oh! oui, il fait bien chaud!... et quand on porte des paniers comme cela!... Ouf! c'est tuant... Ah çà! est-ce qu'on ne s'arrêtera pas?... Je n'en puis plus!...

Mais tous ces messieurs étaient trop occupés pour faire attention aux plaintes de Bidois, que celui-ci ne prononcait d'ailleurs qu'entre ses dents de crainte d'être entendu de Mᵐᵉ Moutonnet. Quelquefois le vieux commis s'asseyait sur un banc de pierre ou contre une borne, mais comme on ne l'attendait pas, il reprenait alors ses fardeaux en répétant entre ses dents :

— Hum! quel joli plaisir! la peste soit des dîners sur l'herbe! Pourvu qu'on mange tout encore, et que l'on ne me fasse pas rapporter quelque chose!...

Enfin, on est dans les champs, on respire un air plus frais, et quoiqu'il n'y ait plus de lilas à cueillir, on aime encore à se promener sous le feuillage.

Les sentiers que l'on suit sont quelquefois trop étroits pour que l'on puisse y marcher deux de front; les dames quittent le bras de leur cavalier et ne le reprennent point, parce que chacun veut courir, sauter et faire ce qui lui plaît.

— Plus d'étiquette, plus de cérémonie, crie Bernard en lâchant le bras de Mᵐᵉ Moutonnet qu'il n'est pas fâché de quitter. Il faut aller ici à la débandade... et les folies en avant.

Cette nouvelle manière arrange tout le monde. M. Gérard, en courant après Mˡˡᵉ Mimi, la pousse derrière de gros buissons, et en l'attrapant saisit toujours quelque chose que la grande niaise se laisse pincer, parce qu'elle croit que c'est dans le jeu. Mˡˡᵉ Cécile que la conversation de M. Moutonnet n'amuse pas extrêmement, est bien aise de pouvoir épier à son aise ce que font et disent les autres; et Mᵐᵉ Bernard tâche de faire courir le petit Estève en l'invitant à l'attraper.

Mais ceux qui sont les plus contents, sans oser le faire paraître, se sont hâtés d'imiter l'exemple du reste de la société, Adolphe a quitté le bras de Mᵐᵉ Gérard; M. Dupont a eu quelque peine à lâcher celui d'Eugénie, mais celle-ci l'a retiré tout doucement pendant que l'épicier commençait une phrase sur le plaisir qu'il éprouvait à être son cavalier.

— Comme cette jeune personne est modeste! se dit Dupont, pendant qu'Eugénie court devant; il n'y a pas moyen de lui faire entendre un compliment? non, elle ne veut pas les écouter... c'est cela de la pudeur! de la retenue !...

Et Dupont s'approche de Mme Moutonnet à laquelle il dit tout bas :

— Votre fille est singulièrement bien élevée!.

— Oh! pour cela je m'en flatte, répond Mme Moutonnet d'un air orgueilleux ; j'en suis vraiment enchantée!... Plus vous la connaîtrez, plus vous en serez émerveillé !... Ah! je l'ai mise sur un bon pied : d'un coup d'œil, d'un mot, d'un geste, je la fais obéir comme un soldat prussien!... C'est ainsi que tout le monde marche chez moi.

— Je vous en fais mon compliment... une femme comme elle ferait bien mon affaire! dans un beau comptoir, entourée de pains de sucre... de confitures... d'olives... hein? une jolie figure placée là-dedans... ça ne nuit jamais, Mme Moutonnet.

— C'est bon, c'est bon, mon ami Dupont nous parlerons de cela.

Et Mme Moutonnet serre la main à l'épicier en lui lançant un regard de satisfaction... Dupont est ravi, car Dupont est très amoureux d'Eugénie, si toutefois on peut appeler amour ces désirs qu'un sot éprouve en regardant une jolie femme, comme un gourmand regarde un pâté, comme un ivrogne regarde une bouteille, comme un normand regarde une pomme.

— Ah çà! dit l'épicier, votre mari connaît-il mes intentions? Sait-il que...

Mme Moutonnet ne lui laisse pas le temps de continuer ; elle se retourne en lui jetant un regard courroucé :

— Qui est-ce qui vous parle de mon mari?... Qu'ai-je besoin de le consulter? Est-ce qu'il se mêle de quelque chose? Est-ce que j'ai besoin de ses avis? Est-ce que je ne suis pas la maîtresse chez moi?

— C'est juste... c'est très juste... dit Dupont qui, effrayé par la volubilité avec laquelle Mme Moutonnet vient de lui répondre, s'aperçoit qu'il a dit une bêtise. Oui, certes, vous êtes la maîtresse... et tout le monde vous dira comme moi que... enfin c'est vous seule que cela regarde.

Pendant que Dupont cause avec madame la passementière, Eugénie et Adolphe se sont rapprochés. Pauvres jeunes gens! S'ils connaissaient le sujet de la conversation de l'épicier avec Mme Moutonnet, ils ne seraient pas aussi gais, aussi heureux ; mais ils ne se doutent point de ce qu'on projette : laissons-les donc encore se livrer au plaisir... il est toujours assez tôt pour s'affliger.

Les amants ont une manière de s'entendre et de se dire beaucoup de choses en peu de mots; les cœurs les plus neufs, les plus novices, comprennent bien vite ce langage, car, pour tout ce qui tient à l'âme et à la nature, on n'a pas besoin de leçon. Eugénie n'est point coquette mais elle est sensible, aimante; elle ne cherche point à plaire, mais elle a besoin d'aimer, ce sentiment si doux est fait pour celle qui désire un cœur qui réponde au sien. Eugénie n'éprouve point de ces goûts passagers qu'un autre fait disparaître ; elle aimera avec passion, car elle aimera véritablement. Vous voyez qu'Eugénie n'est pas une femme ordinaire ; ce qui m'étonne, moi, c'est qu'elle soit fille de M. et Mme Moutonnet... Enfin : *Sic fata volunt.*

Il faut aller ici à la débandade... et les folies en avant!

Adolphe que nous ne connaissons encore que fort peu, mérite-t-il d'être aimé d'Eugénie? Oui, s'il suffit pour cela de posséder un cœur sensible, généreux, une âme ardente, une tête exaltée... mais tout cela ne suffit pas près de Mme Moutonnet ; il faudrait des écus, et Adolphe n'a rien et n'espère rien ; il n'a plus au monde que son père, et son père, après avoir éprouvé de grandes infortunes, est encore loin d'être heureux. Mais l'amour ne fait pas toutes ces réflexions : il va son train, et les obstacles, loin de l'arrêter, redoublent encore sa force ; pour le vaincre, il faut le flatter au lieu de le combattre ; encore est-il bien difficile d'en triompher. Adolphe a aimé Eugénie dès qu'il l'a vue ! c'est depuis ce temps qu'il s'est appliqué à se faire bienvenir de Mme Moutonnet, et ce n'est pas sans peine qu'il y est parvenu. Il ne se demande pas à quoi lui servira son amour ; les amants ne se font jamais de telles questions ; il aime, il adore Eugénie ; en être aimé serait le comble de ses vœux ; la posséder... il n'ose encore penser à cela. Cependant Adolphe a déjà eu plusieurs intrigues avec des demoiselles, qui avec toutes les apparences de la sagesse, n'étaient rien moins que des vertus : pourquoi le jeune homme n'espérait-il pas aussi triompher d'Eugénie, dont il ne peut encore connaître les aimables qualités? L'habitude des triomphes faciles fait bien du tort à la vertu ; on ne croit plus à la sagesse, lorsqu'on est si longtemps sans la rencontrer. Je ne veux pas dire, cependant, qu'Adolphe soit un libertin, et qu'il ait formé le projet de séduire Eugénie. Non, Adolphe et comme tous les jeunes gens lorsqu'ils sont amoureux, espérant toujours, ne raisonnant jamais.

On court, on saute, on se livre à la gaieté ; M. Bernard fait des niches, M. Gérard entraîne les dames dans les fourrés, le petit Estève cherche à se dégourdir, M. Moutonnet prend du tabac, et Bidois soupire en disant de temps à autre :

— Est-ce qu'on ne va pas s'asseoir ?

— Tout à l'heure, répond Mme Moutonnet, quand nous serons dans le bois.

Dupont qui veut aussi faire l'aimable, va folâtrer près d'Eugénie, que le bruit des deux chaînes à breloques, qui se balancent sur la culotte de l'épicier, avertit toujours assez tôt pour qu'elle ne l'attende pas. Le petit Gérard se fourre partout, et se cramponne après le dos de Dupont, qui crie parce que cela fait tomber sa poudre ; mais le parfumeur est trop occupé auprès de la grande Mimi, pour répondre à M. Dupont ; et Mlle Cécile, qui voit tout, a déjà remarqué que M. Gérard l'a embrassée deux fois, et que Mme Bernard fait courir son petit commis dans les endroits écartés.

Adolphe voudrait bien aussi être à l'écart avec Eugénie ; peut-être la jeune personne voudrait-elle de son côté causer avec Adolphe loin des regards curieux, mais ni l'un ni l'autre n'ose s'éloigner. Eugénie s'arrête dès qu'elle s'aperçoit que la société est en arrière ; elle tremble que sa mère ne remarque que c'est avec le beau jeune homme qu'elle court de préférence. Mme Moutonnet est bien éloignée de songer à cela ; elle a une trop haute idée de la réserve de sa fille ; elle la croit trop soumise pour penser qu'elle soit capable d'éprouver un seul sentiment sans sa permission : mais les mères les plus sévères ne voient pas tout.

Cependant cette journée si belle pour les amants s'écoulera bien vite et de telles occasions ne reviendront pas de fort longtemps peut-être !

— Ah ! se dit Adolphe, il faut absolument que je lui cause, il faut qu'elle sache que je l'aime, et que je l'adore. Si je ne le lui dis pas aujourd'hui, quand donc lui dirai-je ?...

Et Eugénie se dit de son côté :

— Je voudrais bien savoir ce qu'il pense de moi !... Il me regarde, il soupire, qu'est-ce qui le fait donc soupirer ? Ah ! s'il ne me l'apprend pas aujourd'hui, je ne le saurai pas de bien longtemps !... »

Pauvres amants ! vous brûlez de vous faire de doux aveux... la crainte vous retient encore ; mais si votre bouche se tait, vos yeux s'entendent déjà, et leur langage n'est-il pas celui du cœur ?

Patience, vous voilà au bois de Romainville, et j'ai dans l'idée que c'est là que vous achèverez de vous entendre. Au milieu du bruit des petits jeux, du désordre de la fête, il est impossible que vous ne trouviez pas l'occasion de vous rapprocher. Le site vous sera favorable. Oui, c'est un bien joli endroit que le bois de Romainville, c'est dommage pourtant qu'il ne soit pas plus épais ; mais il faut se contenter de ce qu'on a ; d'ailleurs je suis bien persuadé que les petites fillettes, les grisettes, les villageoises et les belles dames de Paris, n'y vont jamais dans l'intention de chercher les bosquets touffus et les sentiers écartés.

IV

Enfin on est dans le bois.

— Grâce au ciel, dit Bidois, il était temps, j'allais me trouver mal.

— Je ne serais pas fâché de me reposer, dit le papa Moutonnet, cette chaleur fatigue.

— Un instant, monsieur Moutonnet, il faut choisir une bonne place.

En disant ces mots, Mme Moutonnet se met à la tête de la compagnie et marche à la découverte. Elle s'arrête bientôt à une place assez unie.

— Il me semble que cet endroit est joli, dit-elle ?

— Fort joli, répond M. Moutonnet, et le bonhomme étale son mouchoir pour s'asseoir dessus.

— Oui, c'est fort gentil ici, dit Bidois posant les paniers et s'asseyant sur le gazon.

— Non, non, dit Mme Bernard, le site n'est pas bien choisi, cela ne va pas assez en amphithéâtre.

— C'est vrai, dit Gérard, on est mieux quand le terrain va en pente.

— Voyons plus loin, dit Mme Moutonnet.

— Va pour l'amphithéâtre, dit le papa Moutonnet en se relevant; j'étais pourtant bien assis. Et toi, Bidois ? »

Bidois ne répond pas ; il se relève en grognant, prend les paniers avec un geste de désespoir et suit la société. On s'arrête un peu plus loin.

— Voici un joli amphithéâtre, dit M. Bernard ; il me semble que c'est notre affaire.

— Oui, vraiment, dit Mme Gérard, cela vaut bien mieux que l'autre.

— Allons dit M. Moutonnet, puisque c'est notre affaire, je m'installe.

Et il retire son mouchoir qu'il étale de nouveau à terre, puis se jette dessus. Pendant ce temps, Bidois s'est assis entre les deux paniers et commence à se mettre à son aise.

Un instant, un instant, dit Mme Moutonnet arrêtant les dames prêtes à s'asseoir : comment pouvez-vous dire que cette place est belle?... regardez;... on a fait des ordures tout autour.... et je crois vraiment que Bidois s'est assis sur... Ah ! mon Dieu, c'est une peste!... Prenez donc garde à ce que vous faites, Bidois, vous êtes si pressé de vous asseoir....

— Mais, madame, c'est que....

— Allons, levez-vous vite et cherchons un autre endroit.

— Allons, cherchons un autre endroit, dit M. Moutonnet reprenant son mouchoir en soupirant, et suivant la compagnie, tandis que le vieux commis, après avoir tâté sa culotte, où il jure qu'il n'y a rien, met un quart d'heure à se relever et à reprendre ses paniers qu'il secoue avec fureur, pour se venger sur eux de la fatigue qu'ils lui causent.

On s'arrête à une autre place.

Il me semble, dit M. Gérard, que celle-ci réunit tout : ombrage, fraîcheur, le pittoresque et l'agréable.

— Oui, dit Dupont, c'est d'un pittoresque qui... On y sera très bien pour dîner. Qu'en pensent ces dames ?

— Oui, oui, restons ici.

— Ma foi, se dit Bidois en se laissant aller à terre et se débarrassant des paniers, qu'on ait fait ici tout ce qu'on voudra, je ne me lève plus... c'est fini, je suis cloué.

M. Moutonnet regarde sa femme avant de se rasseoir, et voyant qu'elle paraît satisfaite de la place, il se décide alors à étaler pour la troisième fois son mouchoir sur l'herbe. Chacun se place selon son goût : Mme Bernard, qui aime les terrains qui vont en pente, se met sur une hauteur, relevant ses genoux sur lesquels elle s'appuie avec grâce ; M. Gérard se place beaucoup plus bas, mais en face de madame la tabletière sur laquelle il a toujours un œil braqué.

Adolphe espère trouver une place auprès d'Eugénie ; déjà il s'approche doucement de la jeune fille qui, en s'asseyant, a jeté un regard de son côté ;... mais ce lourdeau d'épicier l'a prévenu ; il se jette sur le gazon et tombe presque sur Eugénie ; elle n'ose plus bouger, elle est forcée de rester à côté de M. Dupont, qui, en voulant faire l'aimable, le folâtre, se penche constamment sur elle, et lui fait supporter une partie de son individu.

— Ah ! quel supplice ! dit en elle-même Eugénie, moi qui croyais tant m'amuser !... Ce vilain M. Dupont a donc juré de se tenir sans cesse près de moi... Ah ! je ne l'aimais pas, mais maintenant je sens que je le déteste !..

Et la pauvre petite fait une moue bien triste, pendant que l'épicier fait l'aimable près d'elle ; mais celui-ci ne s'aperçoit pas de l'humeur de sa voisine, et il va son train, toujours charmé de la décence et de la sévérité d'Eugénie qui n'écoute pas ses compliments.

— Il n'est que midi, dit M. Moutonnet, nous pouvons faire quelque chose avant dîner...

Mme Bernard se met sur une hauteur relevant ses genoux.

— Oui, dit Bernard, jouons à des petits jeux, par exemple... Qu'en pensez-vous, Gérard !...

Gérard qui contemple toujours son vis-à-vis, répond sans se détourner :

— Je ferai tout ce qu'on voudra.

— Avant tout, dit Mme Moutonnet, il faut s'assurer de l'essentiel qui est le pain et le vin ; monsieur Moutonnet, vous allez vous rendre chez le garde avec Bidois, et vous vous ferez donner tout ce qu'il nous faut... Nous serons bien aises, d'ailleurs, de nous rafraîchir à présent.

— Oui, certes, dit Dupont, cela ne fera pas de mal...

— Rafraîchissons-nous, dit Bernard.

— Oh ! oui, dit Mme Bernard, car j'éprouve une chaleur étouffante et pourtant je me donne de l'air tant que je peux.

— Pas encore assez apparemment, dit Gérard.

Pendant ce temps, le papa Moutonnet, qui aurait préféré rester assis et se reposer, se lève à regret, prend son mouchoir et se dispose à se rendre chez le garde. Il s'approche de Bidois qui est un peu plus loin assis entre les deux paniers, et fait semblant de ne pas entendre Mme Moutonnet.

— Viens-tu, Bidois ? dit le passementier.

— Comment !... où donc cela ?

Adolphe soutient Eugénie. (P. 827.)

— Chercher du pain, du vin et des verres...
— Est-ce que nous n'avons pas le temps ?...
— On demande à se rafraîchir...
— A peine si je suis assis... vous voulez me faire retrotter !... Laissez-moi donc respirer un moment.
— Mais ce n'est pas moi, c'est ma femme qui veut que...

Bidois ne peut se décider à se mettre en marche ; mais la voix de M— Moutonnet se fait entendre :

— Comment! messieurs dit-elle, vous n'êtes pas encore partis ? Vous devriez être revenus... Mais, allez donc... nous avons soif...

— Nous partons, ma femme... c'est Bidois qui n'en finit pas...

— Allons donc, monsieur Bidois. Dieu! que vous êtes lourd aujourd'hui !... vous ne pouvez plus vous relever !...

Bidois se lève cependant, et suit M. Moutonnet en marronnant tout le long du bois.

— Jouons, courons, amusons-nous, dit M— Gérard.

Eugénie, qui ne demande qu'à quitter sa place, est bien vite levée. M— Moutonnet et M— Cécile, qui ne courent plus, restent assises près des paniers ; mais il est convenu qu'on ne s'éloignera pas d'elles.

Cependant on n'est plus sous les yeux de ses parents. Eugénie respire, et Adolphe espère ; en courant les uns après les autres, ils se rencontrent souvent. Adolphe, pour attraper Eugénie, saisit sa main, ses bras entoure quelquefois sa taille charmante. Eugénie ne retire pas sur-le-champ sa main, lorsqu'elle rencontre celle d'Adolphe qui la presse tendrement : ces moments sont pour eux les plus doux de la journée !... Profitez-en, jeunes amants ; les riens sont beaucoup en amour, et c'est souvent avec des riens que se compose le bonheur.

L'ami Dupont veut aussi courir après les dames, et surtout après M— Moutonnet ; mais l'épicier n'est point leste, il court mal, il est bientôt essoufflé...

— Vous allez trop vite, mademoiselle, crie-t-il à Eugénie, vovs vous ferez du mal ; vous vous donnerez une fluxion de poitrine.

Eugénie ne l'écoute pas, et n'en court que plus fort ; elle sait bien qu'il y a quelqu'un qui l'atteindra.

M. Gérard propose de jouer à cache-cache ; on ne demande pas mieux.

— C'est moi qui, le serai, dit Dupont et vous verrez que je vous aurai bientôt trouvés.

On accepte. L'épicier va s'asseoir près de M— Moutonnet, en attendant qu'on lui crie : *C'est fait*.

M. Bernard entraîne M— Gérard ; le petit garçon grimpe sur un arbre ; M— Bernard s'est déjà éclipsée avec Estève, et M. Gérard reprend le bras de M— Mimi avec laquelle il va se cacher.

Eugénie et Adolphe restent seuls ensemble ; ils se regardent quelques instants et ne bougent point.

— Mais cependant, dit Adolphe, il va revenir... il faut nous cacher...

— Oui, monsieur, dit Eugénie en baissant les yeux.

— Venez, mademoiselle, je vois là-bas un endroit charmant !

Le jeune homme prend la main d'Eugénie qui la lui abandonne. Il l'entraîne : ils courent, ils s'enfoncent dans le plus épais du bois.

— Mais nous allons bien loin, dit Eugénie,

— Est-ce que vous voulez que M. Dupont vous trouve de suite ?

— Oh ! non ; j'en serais bien fâchée !

Et Eugénie rougit de ce qu'elle vient de dire. Elle se tait, mais suit toujours Adolphe. Des buissons, des branches d'arbres leur barrent le passage ; ils s'arrêtent enfin. Eugénie regarde alors derrière elle, mais ne voit plus personne ; le feuillage des chênes qui l'entourent lui dérobe même une partie du bois.

— Je crains que nous ne soyons bien éloignés, dit-elle en reportant les yeux sur Adolphe, et en les rebaissant bien vite, parce qu'elle rencontre ceux du jeune homme, qui ont beaucoup d'expression. Adolphe ne répond pas, mais il tient toujours la main d'Eugénie, et la presse encore plus tendrement, puis la porte à ses lèvres, et la couvre de baisers ; et Eugénie le laisse faire, elle ne dit plus rien... mais son cœur bat d'une force... On est si heureux en recevant les premières caresses de la personne que l'on aime, surtout quand la pudeur, la crainte, les convenances ont longtemps retardé ce moment-là.

Mais ce silence ne pouvait durer. Eugénie brûlait du désir d'entendre Adolphe, et n'osait parler la première. Adolphe cède enfin à tout ce qu'il éprouve :

— Ah ! mademoiselle, dit-il, en fixant sur Eugénie les plus doux regards ; depuis bien longtemps je désirais me trouver un moment seul avec vous, et vous avouer mon amour... Vous allez vous fâcher peut-être !... mais excusez-moi, plaignez-moi plutôt ; il est si difficile de vous parler... je n'aurai que ce moment... et depuis que je vous ai vue, je vous aime, je vous adore... je pense à vous à chaque instant ; je voudrais vous voir sans cesse... O ciel ! qu'avez-vous ?

Eugénie, émue par cette brusque déclaration, à laquelle cependant elle devait s'attendre. Eugénie peut à peine supporter le plaisir qu'elle ressent ; une coquette l'aurait caché, mais un cœur tout neuf, un cœur aussi aimant, ne pouvait déjà se contraindre ; elle se sent défaillir : la joie fait quelquefois plus de mal que la peine, mais ce mal-là est rarement dangereux.

Adolphe soutient Eugénie ; il l'entoure de ses bras.

— Qu'avez-vous ? lui dit-il.

— Ah! ce n'est rien... Je ne sais... mais je n'ai jamais éprouvé cela...
— Vous ne m'avez pas écouté, je gage?
— Oh... si!...
— Et vous ne me répondez rien?...
— Que puis-je répondre?...

Devant un épais buisson, une odeur de parfum vint frapper son odorat.

En effet, elle lui souriait si tendrement!... Qu'aurait-elle pu dire qui valût ce regard charmant!... Adolphe au comble du bonheur, jure encore de l'aimer, de l'adorer toute sa vie ; il la presse contre son cœur et elle n'a pas la force de se dégager de ses bras.:. Ah! madame Moutonnet, si vous n'aviez pas élevé votre fille si sévèrement, elle saurait bien mieux se défendre ; c'est en connaissant le péril qu'on le brave, c'est lorsqu'on est surpris que l'on succombe et une fille qui ne sait rien est bien plus facile à séduire que celle qui se doute de quelque chose.

Adolphe, heureux de presser Eugénie dans ses bras, n'ose pas encore lui dérober un baiser, que cependant il meurt d'envie de cueillir sur cette bouche fraîche qui va répondre à ses serments... lorsqu'une voix se fait entendre :

— Ah! pour le coup, en voilà que je tiens... vous êtes pris...

Eugénie reconnaît la voix de Dupont ; elle tremble qu'il ne les ait aperçus ; elle s'éloigne d'Adolphe, et sort du taillis. Mais ce ne sont point nos amants que l'épicier vient de découvrir. Le pauvre Dupont cherchait, depuis très longtemps sans rien trouver, parce que chaque couple s'était fort bien caché, lorsqu'en passant devant un épais buisson, une odeur de parfums vint frapper son odorat.

Dupont ne doute point que Gérard ne soit caché par là. Il s'avance, l'odeur le guide, et, en effet, il ne tarde pas à trouver monsieur le parfumeur assis tout contre Mlle Mimi, qui est couchée sur le gazon.

Comme M. Gérard et la grande demoiselle ne sont pas fort éloignés de nos deux amants, ceux-ci entendent les cris de joie de Dupont et sont bientôt auprès de lui.

Il faut rejoindre la société, retourner près de Mme Moutonnet. Quel dommage!... lorsqu'on aurait encore tant de choses à se dire! lorsqu'on était si heureux, seuls, sous les épais feuillages!... Mais il faut se soumettre; d'ailleurs ils s'entendent maintenant, le plus important est dit; peut-être trouveront-ils l'occasion de se parler encore... et à coup sûr ils ne la laisseront pas échapper.

— Vous vous étiez joliment cachés, dit Dupont; sans l'odeur de vanille... de jonquille... je crois que je chercherais encore... mais cela m'a mis sur vos traces, monsieur Gérard.

— Ah ça! où est donc Mme Bernard? dit le tabletier, est-ce que vous ne l'avez pas trouvée?

— Non... j'ai pourtant fureté partout.

— Je gage qu'elle aura fait courir Estève jusqu'à l'extrémité du bois... elle s'amuse à le faire enrager!... Ma femme est comme moi; elle aime à faire des espiègleries.

En disant cela, M. Bernard va se percher sur une branche d'arbre, après laquelle il veut se balancer

M. Moutonnet paraît, chargé de pains et de verres.

comme le petit Gérard; mais comme il pèse trois fois comme le petit garçon, la branche casse et M. Bernard roule sur le gazon. On s'empresse autour de lui, on craint qu'il ne soit blessé; mais Bernard se relève en assurant qu'il l'a fait exprès, et s'efforce de rire quoiqu'il ait le nez écorché et une grosse bosse au front

— Mais il me semble que vous êtes blessé au visage, dit Mme Moutonnet en voyant revenir M. Bernard.

— Du tout, mesdames, du tout,.. c'est une plaisanterie... une farce... A la campagne il faut s'amuser, et je suis là !

Mme Bernard reparaît enfin avec son commis. La tabletière est encore plus rouge qu'à l'ordinaire, et le petit Estève a les yeux qui lui sortent de la tête.

— Où diable étiez vous donc ? dit Dupont ; j'ai cherché de tous côtés.

— Nous n'étions cependant pas loin.

— Est-ce qu'Estève a attrapé un coup de soleil, dit M. Bernard, le pauvre garçon est tout bouffi ?

— Non, non, c'est qu'il s'est trop penché pour me chercher des fraises.

— Des fraises ! des fraises !.. je t'ai déjà dit, ma chère amie, que dans ce bois-ci on ne trouve que des glands.

— C'est vrai, tu as raison, je n'ai trouvé que des glands superbes.

— Madame Bernard, votre mari s'est fait une bosse au front.

— Oh ! cela ne m'inquiète pas, son front est fait à cela.

— Mais les rafraîchissement n'arrivent pas, dit Dupont, qui s'est mis en nage pour jouer à cache-cache.

— Ah ! mon mari et Bidois sont d'une lenteur, ils me font mourir !...

— Victoire, victoire, les voici.

En effet, M. Moutonnet paraît chargé de pain et de verres, tandis que Bidois porte un panier garni de bouteilles pleines de vin et d'eau.

— Allons donc, messieurs, allons donc, dit Mme Moutonnet, à quoi pensez-vous d'être deux heures pour apporter cela !

— Mais ma femme c'est que c'est aujourd'hui dimanche.

Eh bien ! monsieur, est-ce qu'on ne boit pas le dimanche comme les autres jours.

— Au contraire, ma belle, on boit davantage ; c'est ce qui fait....

— A la santé d'Eustache ! dit M. Bernard en s'emparant de la bouteille. Tout le monde répond à l'appel du tabletier, et le bon Moutonnet remet de nouveau son mouchoir sur l'herbe et s'assied dessus avec délices, enchanté de pouvoir se reposer, ce qui ne lui arrive que rarement le jour de sa fête.

On ne joue plus à cache-cache, parce qu'il fait trop chaud, et que ces messieurs ne veulent point se fatiguer. Eugénie et Adolphe regrettent ce joli jeu, qui leur a fourni l'occasion d'être un moment seuls, et qui leur en promettait de si doux. Peut-être y a-t-il encore dans la compagnie des personnes qui seraient bien aises de retourner se cacher, mais on n'ose pas en témoigner l'envie.

Nous y rejouerons après dîner, dit M. Bernard, il ne fera plus si chaud, et nous aurons plus d'ombre.

Le temps se passe bien vite. Quatre heures arrivent, il faut dîner; c'est pour beaucoup de personnes et surtout pour le héros de la fête, l'instant le plus intéressant de la journée. Les paniers sont vidés, les provisions sont étalées ; on s'assied à peu près en rond. Cette fois, Adolphe trouve le moyen de se mettre près d'Eugénie ; le gros épicier est à la gauche de la jeune fille ; mais le joli garçon est à sa droite, et il y aura du moins compensation.

On trouve tout bon, tout excellent; l'appétit assaisonne les mets; on fête le petit vin du garde. Jusqu'à présent tout se passe fort bien; chacun est gai, joyeux; le plaisir préside à la fête; mais Bidois, qui a assisté à toutes celles de la famille Moutonnet, se dit en lui-même :

« Pourvu que cela finisse bien aujourd'hui, et qu'il n'arrive pas quelque catastrophe, quelque querelle, comme c'est l'ordinaire aux Saint-Eustache et aux Sainte-Barbe ; on commence en riant, en chantant.... on revient en criant et en se disputant!... »

En attendant, le vieux commis mange et boit comme quatre, enchanté de voir disparaître les vivres, parce qu'il espère rapporter les paniers vides.

Nous avons vu comment M. Moutonnet s'y est pris pour découper la superbe volaille dont il ne pût venir à bout, malgré le secours de Mme Bernard ; nous avons vu ensuite l'humeur de Mme Moutonnet, qui n'aimait pas que d'autres qu'elle fissent quelque chose avec son mari.

Nous savons aussi que l'on dansait déjà devant la maison du garde, pendant que l'on dînait dans le bois. Quoiqu'il ne fût alors que cinq heures, le bal était déjà en train, parce qu'à la campagne on commence de bonne heure et que l'on ne craint pas de danser au soleil. Puisque nous retrouvons les choses telles que nous les avons laissées, voyons maintenant comment se terminera la fête de M. Moutonnet, et si les pressentiments de Bidois étaient fondés.

V

SUITE ET FIN DE LA FÊTE DE M. MOUTONNET

Ah çà ! est-ce qu'on ne parviendra pas à découper cette volaille, dit Bernard.

Ce serait bien malheureux, dit tout bas Bidois, car on me la ferait remporter à Paris, et nous ne mangerions que cela toute la semaine.

— J'aurais cependant voulu goûter du croupion, dit Mme Bernard, qui a passé la cuisse de la dinde au petit Estève, qu'elle bourre comme un canon.

— Oh! dit le tabletier, ma femme est terrible pour les croupions... Elle se ferait fesser pour en tenir un.

— Je me charge de lui en offrir dit le parfumeur; passez-moi cette terrible volaille, vous allez voir comme je découpe cela.

— Oh! d'abord, mon mari fait tout avec grâce, dit Mme Gérard.

— Oui, dit tout bas Bidois, le dindon sentira la pommade. »

M. Gérard prend la volaille, et ce n'est pas sans beaucoup de peine qu'il parvient à la découper, quoique Mme Moutonnet répète à chaque instant :

— Je suis bien certaine qu'elle est tendre, je l'ai achetée moi-même.

— Malgré cela, dit le parfumeur, je vous assure qu'elle est bien formée.

Personne n'ose dire que le dindon n'est pas mangeable, mais on n'y revient pas. On se jette sur le pâté et les autres provisions, et Bidois voit avec chagrin qu'il restera plus de la moitié de la grosse pièce.

Le vin muscat de l'ami Dupont ramène la bonne humeur que le dindon avait un peu affaiblie. La bouteille est bientôt vidée, l'anisette a son tour. La liqueur achève de donner une petite pointe à ces messieurs et plus d'abandon à ces dames; le son du tambourin et de la clarinette qui parvient aux oreilles de la société, ajoute aux charmes du repas.

— Nous avons de la musique dit Dupont, c'est pis qu'à Paris.

— J'espère bien que nous danserons ce soir dit Mme Bernard; il faut que je danse moi, cela me fait faire la digestion.

— Vous danserez, mesdames ; vous danserez ; nous vous ferons sauter.

— Ah! oui, vous faites de fiers hommes! s'il fallait compter sur vous...

— Qu'est-ce à dire, madame Bernard, est-ce que je ne suis pas là pour la pirouette? Est-ce que je ne passe pas un six quand je m'y mets?

— Vous passez un six, vous!... Ah! par exemple, monsieur Bernard, je ne m'en suis jamais aperçue!

— Vous vous en apercevrez ce soir, madame.

— Je serais curieuse de voir cela!

— En vérité, dit Mme Moutonnet en se penchant sur Mlle Cécile, cette Mme Bernard a toujours des conversations bien singulières!...

— Ne m'en parlez pas répond Mlle Cécile en se pinçant les lèvres, c'est du plus mauvais ton... cela me fait mal aux nerfs!...

Mme Moutonnet s'est relevée à demi et ses regards semblent défier la tabletière. (P. 635)

— Allons, dit tout bas Bidois, voilà les femmes qui chuchottent déjà... ça se gâtera bientôt.

— Est-ce qu'on ne chante pas? dit M. Dupont.

— Si fait, parbleu, on chante!...

— C'est à vous à commencer, ma fille, dit Mme Moutonnet à Eugénie, qui, auprès d'Adolphe, avait tout à fait oublié ses couplets. M'entendez-vous ma fille?

— Oui, maman.

On fait silence, et Eugénie chante des couplets pour la fête de son père; elle tremble d'abord, mais ensuite elle se rassure, et met de l'expression à ce qu'elle chante, parce que son cœur est d'accord avec ses paroles. Le bon Moutonnet embrasse sa fille : c'est le moment de l'attendrissement.

— Vraiment, dit Dupont, mademoiselle a une voix... de ces voix qui étourdissent!...

Adolphe ne dit rien; mais il regarde Eugénie, et pour l'aimable fille cela vaut bien le compliment de Dupont.

« — Maintenant, dit Bernard qui n'est pas porté pour le sentiment, il faut chanter du gai, du jovial.

— Ah! oui, dit sa femme, de petites drôleries ; j'aime bien cela, moi.

— Madame, songez que nous avons des demoiselles ici, dit Mme Moutonnet en prenant un ton sévère.

— Il me semble que je le sais aussi bien que vous, madame, répond Mme Bernard d'une voix un peu enrouée. Est-ce que je n'ai pas une enfant?

— Oui, sans doute, une enfant de quinze ans passés... C'est pour cela, madame, qu'il faut prendre garde à ce que l'on chante...

— Madame, ma fille, n'y entend pas malice; tant pis pour celles qui en mettent dans tout...

— Si on voulait en mettre, les occasions ne manqueraient pas avec certaines personnes.

— Allons, allons, mesdames; est-ce qu'il faut se fâcher pour une chanson? dit l'épicier en présentant son sac de quatre mendiants : prenez une figue, madame Bernard... Tenez, madame Moutonnet, voici du raisin sans pépins...

— L'ami Dupont a raison, dit M. Bernard; d'ailleurs je sais choisir une ariette pour les circonstances...

— Chantez-nous quelque chanson à boire, dit le papa Moutonnet, il faut finir la bouteille d'anisette.

— Va pour un air à boire, dit Bernard; et le tabletier entonne un refrain bachique. Ces messieurs font chorus, et l'anisette tire à sa fin, mais aussi les convives chantent à tue-tête; la liqueur les met en train.

— Ah! mon Dieu, quel train! dit Mme Bernard en se bouchant les oreilles; vos chansons à boire ne m'amusent pas du tout... J'aime bien mieux : *Un jour Guillot trouva Lisette*, ou *la Béquille du père Barnaba*..

— Fi donc! madame, s'écrie Mme Moutonnet, *la Béquille du père Barnaba!*... et pourquoi pas le pot pourri de *la Vestale*, pendant que vous y êtes...

— Madame, on le chante partout au dessert...

— Oui, entre hommes, c'est possible ; mais des mères de famille !...
— En vérité, cela devient d'un ridicule... est-ce qu'on n'est pas à la campagne pour rire !...
— Parce que madame veut rire, il faudra peut-être que ma fille écoute des choses que moi je rougis d'entendre !...
— Vraiment, ce serait rougir pour bien peu de chose !... et les gens qui sont si rigides en paroles ne sont pas toujours les plus sévères en actions...
— Qu'est-ce à dire, madame Bernard ? »

Mme Moutonnet s'est relevée à demi en prononçant ces mots ; et ses regards semblent défier la tabletière ; et celle-ci, charmée de l'avoir piquée au vif, se contente de sourire malignement en regardant M. Gérard ; tandis que Bidois, qui voit que cela s'échauffe, rit en dessous et profite de la circonstance pour jeter à la volée, dans le bois, un pilon de la dinde, qui serait retourné dans le panier.

M. Bernard a l'esprit conciliateur, c'est toujours lui qui apaise les querelles ; d'ailleurs les autres hommes ne sont point en état d'y prendre part, Adolphe ne l'a pas écouté, Dupont ne sait pas ce qu'il doit dire, Gérard ne se soucie point de s'en mêler, et M. Moutonnet déjà étourdi par l'anisette, perd tout à fait la tête en voyant sa femme en colère.

C'est donc Bernard qui interrompt la dispute, en engageant les jeunes filles et les jeunes gens à aller danser pendant que les papas chanteront.

Cet avis est approuvé généralement ; Mme Moutonnet elle-même engage sa fille à aller danser.

— Cela vaudra beaucoup mieux, dit-elle, que d'écouter les chansons de ces messieurs.

— Allez ! enfants, dit Mme Bernard, nous irons bientôt vous rejoindre ; je compte bien danser aussi.

Eugénie est enchantée de la permission, elle se lève ainsi que la grande Mimi ; Adolphe, Estève et le petit Gérard suivent ces demoiselles ; et Mlle Cécile, qui se met probablement au nombre des enfants, va rejoindre la jeunesse qui se rend à la danse.

Dupont hésite, il ne sait s'il doit suivre Eugénie ou rester près de Mme Moutonnet ; pendant qu'il se consulte, les jeunes gens se sont éloignés. Comme il n'est pas très grand danseur, il les laisse aller, se réservant pour les dernières contredanses.

Adolphe, un peu plus hardi, a pris le bras d'Eugénie ; Estève offre le sien à Mlle Mimi ; le petit Gérard court devant, et Mlle Cécile est forcée de marcher seule, ce qu'elle fait en médisant des jeunes gens qui sont maintenant si mal élevés ! Comme si une douce sympathie ne devait pas entraîner la jeunesse vers la jeunesse, et un cœur aimant vers la beauté ! Les préférences sont donc toutes naturelles ! Mais on ne se rend jamais justice ; on veut à quarante ans en paraître vingt, on veut plaire avec une figure maussade, on veut attirer avec des manières revêches, se faire écouter lorsqu'on ennuie, et au lieu de faire un juste retour sur soi-même et de ne rien exiger, on trouve plus commode de médire du siècle, des hommes, des mœurs, et on se venge ainsi des ravages du temps.

Il la presse fortement contre son cœur.

Mais laissons grommeler Mlle Cécile, suivons Adolphe et Eugénie ; tout en se rendant à la danse, ils trouvent de temps à autre le moyen de passer derrière un épais buisson qui les dérobe aux regards furieux de la vieille fille ; alors Adolphe saisit Eugénie dans ses bras, il la presse fortement contre son cœur en prenant un baiser, puis un second, puis un autre encore, sur son cou, sur ses joues, sur sa bouche même et Eugénie le laisse faire ou se défend si mal !... Que voulez-vous !... l'anisette a fait aussi son effet sur les jeunes têtes ; Adolphe est plus entreprenant, Eugénie plus tendre !... Et si on ne les suivait pas de près ! Je crois vraiment qu'il est très heureux que ce soit dimanche, et qu'il y ait beaucoup de monde dans le bois.

Mais en marchant, en se serrant, en s'embrassant, on échange quelques phrases brûlantes, des demi-mots qui achèvent de porter l'ivresse dans le cœur d'Adolphe, et un trouble, un charme inexprimables dans celui d'Eugénie.

— Je vous aimerai toujours, dit Adolphe, je ne vivrai désormais que pour vous adorer.

— Et moi.... Ah ! je vous promets aussi....

Elle n'ose achever, mais ses yeux terminent ce qu'elle a commencé, et un doux serrement de main confirme ce naïf aveu.

— Que je suis donc heureux aujourd'hui! dit Adolphe.

— Ah! je n'ai jamais eu tant de plaisir, répond Eugénie; pourquoi faut-il que la journée finisse? qu'elle m'a paru courte!...

— Et à moi.... surtout depuis que je sais.... depuis que je vous ai dit tout ce que je sens.... Quand vous verrai-je maintenant?

— Hélas! je ne sais.... peut-être dans huit jours.... dans quinze jours...

— Oh! je veux vous voir tous les jours, chère Eugénie; est-ce que je pourrais exister sans cela!...

— Ah! je le voudrais bien aussi.... mais comment faire?... Vous savez que je suis toujours au comptoir....

— Oui, mais je passerai souvent devant votre boutique.... et quand votre maman n'y sera pas, vous pourrez bien vous tenir un instant sur le pas de votre porte....

— Ah! je tâcherai....

— Et alors je pourrai vous dire un mot....

— Ah! cela sera bien rare.... bien difficile.

Le jeune Estève fait danser la grande Mimi.

Et nos deux amants soupirent.... Mais le son du crin-crin leur rappelle où ils sont, et on oublie bien vite les chagrins à venir pour jouir du bien présent. La danse est animée, le bal de Romainville est dans tout son éclat. Adolphe et Eugénie se mêlent aux villageois; ils dansent sans prétention et sans remarquer la danse de leurs voisins. Au milieu du bal ils sont encore seuls; ils ne voient point le monde qui les entoure, un seul sentiment les anime, une seule pensée les occupe : ils s'aiment et ils sont ensemble.

Le jeune Estève fait danser la grande Mimi, qui ne veut se mettre que dans un quadrille bourgeois, ne voulant pas figurer avec les paysans, parce qu'aux yeux de la jeune fille un garçon tailleur est bien au-dessus d'un laboureur. Il est certain qu'un laboureur ne sent ni le savon parfumé, ni l'eau de miel.

Mlle Cécile est allée s'asseoir sur un des bancs qui entourent la place où l'on danse; elle fait galerie, elle ne fera probablement que cela. Si encore le petit Gérard voulait danser avec elle; mais le petit drôle aime beaucoup mieux courir et sauter dans le bois. Dans les moments de repos, Adolphe voudrait bien emmener Eugénie dans le bois; mais si Mme Moutonnet revenait et ne trouvait point sa fille à la danse!... Oh! il n'y a pas moyen de s'éloigner. Adolphe le sent et soupire, mais il ne veut pas exposer Eugénie aux reproches de sa mère, il faut d'ailleurs éviter de laisser naître le moindre soupçon dans l'esprit de la maman, qui alors séparerait bien vite les jeunes gens.

Il faut donc se contenter de danser ensemble, en se disant mille jolies choses, en se faisant de tendres serments, en se prouvant l'amour que l'on ressent, par ses regards, par ses soupirs.... C'est déjà beaucoup.... Adolphe trouve que ce n'est pas assez; mais les amants ne sont jamais contents. L'amour est ambitieux : plus il obtient, plus il veut avoir, mais l'ambition n'est jamais satisfaite, et l'amour l'est trop tôt.

On est à la quatrième contredanse, et pour nos amants c'est encore la première; tandis que Mlle Mimi, déja fatiguée, et trouvant peut-être que le petit Estève n'est pas aussi aimable que M. Gérard, est allée se reposer auprès de Mlle Cécile.

Tout à coup, un bourdonnement sourd, un mélange confus de cris, de ris et de chants annoncent l'arrivée de toute la société; M. Bernard marche en avant avec Mme Gérard, faisant plus de train à lui seul que l'orchestre villageois. Il pénètre dans l'enceinte, et se promène avec sa dame, malgré les remontrances des danseurs qu'il dérange, passant à travers les *chaînes anglaises* et les *poules*, sans écouter Mme Gérard qui lui crie de s'arrêter. Mais Bernard a la tête montée, il a mis son chapeau de travers, rien ne l'arrête; il semble vouloir défier tout le bal.

M. Gérard donne le bras à Mme Bernard qui ne marche plus qu'en sautillant depuis qu'elle approche du bal, cherchant à se rappeler le pas de la trénis qu'elle a oublié, et sur lequel le parfumeur n'a que des notions très imparfaites, parce que, depuis vingt ans qu'il danse, il ne fait que le pas de Zéphire dans toutes les figures.

Dupont conduit Mme Moutonnet, écoutant patiemment ses plaintes au sujet de la tabletière, qu'elle se promet de ne plus inviter à aucune de ses fêtes, trouvant sa conduite et ses propos plus libres qu'à l'ordinaire. Les chansons que ces messieurs ont chantées après le départ des jeunes demoiselles ont encore augmenté la mauvaise humeur de Mme Moutonnet, et ce n'est pas sans peine que l'on a évité une nouvelle dispute entre les deux amies. A tout ce que dit la passementière, l'épicier répond :

« C'est très juste ; vous avez parfaitement raison ; je suis de votre avis. »

M. Moutonnet suit de loin la compagnie ; le pauvre homme se sent étourdi et n'est pas solide sur ses jambes, ne marche que derrière sa femme chantonnant un petit refrain guilleret, et roulant des yeux effarés, en regardant les petites paysannes qui passent près de lui.

C'est Bidois qui ferme encore la marche. Il tient les deux paniers renfermant les débris du dîner, et, grâce à toutes ses petites ruses, une grande partie de la volaille est restée dans le bois de Romainville ; les paniers sont donc assez légers, mais Bidois les trouve encore trop lourds. Il est surtout fort en colère d'être obligé de rapporter à Paris les deux bouteilles vides dans lesquelles étaient le muscat et l'anisette, présent de l'ami Dupont.

Le premier soin de Mme Moutonnet est de chercher sa fille.

— J'espère, dit-elle à Dupont, que vous allez maintenant la faire danser ; les jeunes filles aiment la danse ; c'est un plaisir innocent qu'il faut bien leur permettre, surtout quand cela n'arrive que trois ou quatre fois par an.

— Vous avez raison, je suis de votre avis... d'ailleurs je danse aussi avec assez de goût... j'ai eu un maître de danse deux ans, à vingt-quatre sous le cachet.

— Diable ! vous devez être bien léger.

Adolphe reconduit Eugénie près de sa mère ; les pauvres amants ont soupiré en la voyant paraître : il n'y a plus moyen de se parler bas !

Dupont s'empresse d'inviter Eugénie pour la première contredanse ; la pauvre petite regarde sa mère et voit qu'il faut accepter ; mais elle jette aussi à la dérobée un regard sur Adolphe pour lui témoigner son chagrin de danser avec un autre que lui. Adolphe la comprend et lui répond ; mais il faut se soumettre. Le jeune homme invite Mme Moutonnet celle-ci le refuse en le remerciant de sa politesse... depuis longtemps, elle ne danse plus ; elle croit que cela compromettrait sa dignité. Adolphe n'insiste pas, comme on le pense bien ; il court s'emparer d'une grosse paysanne et se place en face d'Eugénie. De cette manière, c'est encore avec elle qu'il dansera.

— J'espère que nous allons *la pincer*, dit M. Bernard qui, depuis qu'il a bu de l'anisette, veut sauter plus haut que tout le monde.

— Tenez-vous bien, madame Gérard, j'en danse six sans quitter la place

La tabletière n'est pas moins en train que son mari, et c'est Gérard qui est son cavalier.

— Ah! dit tout bas M. Moutonnet, si ma femme n'était pas là, je danserais bien aussi une contredanse, mais il faut que j'aille lui tenir compagnie.

— Allez toujours, dit Bidois en le poussant, elle est près de Mlle Cécile, elle ne vous verra pas...

— Tu crois, Bidois?... Voilà une petite brunette que je ferais bien sauter; elle est gentille, hein!

— Bah! elle a la peau noire comme un pruneau!

— C'est égal, à la brune ça ne paraît pas.

— Allez donc l'inviter.

— Oh! non... Si ma femme me voyait danser avec une jeune fille... C'est dommage, je me sens en train ce soir.

— Ils sont tous gris, murmure tout bas Bidois en allant s'asseoir avec ses paniers près de Mlle Cécile; ils ont bu comme des trous... aussi les yeux leur sortent de la tête... Ce vieux Moutonnet qui veut encore danser!... Je suis bien fâché qu'il n'ait pas invité cette paysanne nous aurions eu une drôle de scène!... Sa femme lui aurait arraché les yeux Hom! les maudites bouteilles! elles seront bien heureuses si elles reviennent!... à Paris sans être fêlées!

Le vieux commis, en disant ces paroles, secoue les paniers de manière à faire en effet danser les bouteilles; puis, s'apercevant que Mme Moutonnet n'est qu'à quelques pas de lui, et qu'elle peut le voir, il prend un air satisfait, et s'avançant la tête basse vers la passementière, il lui demande avec humilité si elle n'a pas besoin de son bras pour se promener autour de la danse.

— Où est M. Moutonnet?... Qu'en avez-vous fait, Bidois?

— Madame, il se promène par là-bas; il regarde danser sa fille, sans doute.

— Allons le rejoindre. Mettez ces paniers près de Mlle Cécile, et donnez-moi votre bras.

— Avec infiniment de plaisir, madame.

Bidois se débarrasse de ses paniers en priant le ciel que quelqu'un veuille bien s'en emparer; puis, d'un air fier, il vient présenter son bras à madame, qui lui fait l'honneur de l'accepter; et, pour se rendre digne de cette faveur insigne, Bidois mesure ses pas sur ceux de sa maîtresse, avec autant d'attention qu'un conscrit qui marche à côté de son caporal.

L'orchestre a donné le signal; les danseurs sont en mouvement. Bernard s'est élancé avant tous les autres, et, en passant son premier entrechat, donne un croc-en-jambe à un beau-fils de l'endroit, auquel

Il s'élance, saute, se remue comme un possédé. (P. 643)

les pas et les gambades du tabletier ne paraissent pas plaire, et qui le regarde de travers en s'apercevant qu'il a sali son pantalon de nankin ; mais Bernard va toujours son train, sans faire attention aux propos du paysan ; il veut électriser sa danseuse, tandis que, de son côté, Mme Bernard se trémousse tant qu'elle peut avec M. Gérard.

Un peu plus loin, Dupont danse avec Eugénie ; l'épicier, voulant plaire à la jeune personne, fait tout ce qu'il peut pour se rappeler les leçons de son maître, à vingt-quatre sous le cachet. Il s'élance, saute, se remue comme un possédé ; ses deux chaînes de montre qui se balancent sur sa culotte et les pièces de cent sous qui remplissent ses goussets font, quand il danse, un accompagnement qui ressemble au tambour de basque.

Eugénie fait tout son possible pour ne pas rire ; cependant elle ne peut toujours retenir un sourire, surtout lorsque ses yeux rencontrent ceux d'Adolphe, qui admire aussi la danse de l'épicier. Dupont est charmé de la gaieté de la demoiselle ; il est persuadé qu'il a fait sa conquête, et il danse avec plus d'ardeur, malgré les gouttes de sueur qui découlent de son front, et qui, se mêlant avec la poudre qui tombe de sa coiffure, forment de petits ruisseaux blanchâtres et tranchent agréablement avec sa figure devenue pourpre.

Mme Moutonnet et Bidois aperçoivent facilement l'habit bleu de ciel se dessinant dans les airs. Ils approchent du quadrille.

— Comme il danse bien ! dit Mme Moutonnet en contemplant Dupont ; quelle grâce ! quelle facilité !

— C'est vrai, dit Bidois, il n'a pas l'air d'y penser ; et s'il ne suait pas tant...

— Il sue, il sue... est-ce que tout le monde ne sue pas en dansant ? Est-ce que M. Moutonnet ne sue pas en dansant le menuet ?... Et vous qui parlez, Bidois, vous aviez ce matin l'air d'un caniche sortant de l'eau.

— C'est juste, madame, tout le monde sue... Je voulais dire, au contraire, que ce n'est pas la danse qui le fait suer, mais que c'est dommage que la chaleur d'aujourd'hui... Car il a fait terriblement chaud aujourd'hui...

— Expliquez-vous donc alors ; vous tournez deux heures votre langue avant de pouvoir arranger vos phrases... Ah ! quelles pirouettes ? avez-vous vu ?

— Oui, madame... c'est comme à l'Opéra !

— Est-ce que vous avez été à l'Opéra, Bidois ?

— Oui, madame, j'y suis allé une fois, il y a trente ans environ ; mais j'en ai gardé de précieuses traditions : j'y ai vu *Psyché* et *l'Avocat Patelin !*... ce sont de fameux opéras...

— C'est dommage que ses breloques fassent tant de bruit...

— Ah! madame, ce bruit-là n'a rien de désagréable, cela annonce toujours un homme à son aise.

— Oui, au fait, vous avez raison, cela annonce des montres.

— Mademoiselle votre fille a une bien jolie danse.

— Une danse décente, Bidois; en un mot, la danse que je lui ai enseignée.

— Elle tiendra de sa mère; ce sera une bien jolie femme!... elle vous ressemble comme deux et deux font quatre.

Mme Moutonnet ne répond pas à ce compliment, elle se contente de sourire en regardant sa fille; et dans ce moment elle est fière de sa beauté. Jamais, en effet, Eugénie n'avait été plus jolie; ses traits animés par la danse, la présence d'Adolphe, ce qu'il lui avait dit, le nouveau sentiment qu'elle éprouvait, tout répandait sur sa physionomie une expression charmante que Dupont interprétait en sa faveur, tandis que la maman n'attribuait cette agitation qu'au plaisir de la danse. Une seule personne savait le secret de la jeune fille, et devinait pourquoi un trouble charmant se peignait sur son visage.

La contredanse allait finir, et Mme Moutonnet, tout occupée de sa fille, avait pour un moment oublié son mari, lorsqu'un grand bruit se fait entendre. On crie, on se dispute, on se menace; tout le monde se porte vers le lieu de la querelle. Bidois penche pour ne pas se mettre dans la foule; mais Mme Moutonnet n'a peur de rien et tient à savoir ce que c'est, parce qu'elle a reconnu la voix de M. Bernard : elle force donc le vieux commis à avancer, ce qu'il ne fait qu'à regret. Bientôt les villageois, qui se pressent derrière eux, les portent vers l'endroit d'où partent les cris. Un grand homme en veste tient M. Bernard par les cheveux, et celui-ci, de son côté, a saisi son adversaire à la gorge. Le villageois las de recevoir à chaque instant dans les jambes ou sur les pieds le résultat des gambades du tabletier, avait fini par le pousser si rudement, que Bernard était allé tomber au milieu de son quadrille; mais en se relevant il avait appelé le villageois manant : à ce mot, celui-ci avait sauté sur M. Bernard; et les adversaires en étaient aux mains lorsque les cris de Mme Bernard et de Mme Gérard avaient interrompu la contredanse.

— Ah! mon Dieu! s'écrie Mme Moutonnet, c'est M. Bernard qui a une dispute; j'étais bien sûre que cela finirai mal.

— C'est qu'il a trop bu d'anisette, murmure Bidois.

— Ce sont ces paysans... ces rustres, ces malotrus, crie Mme Bernard, qui veulent empêcher mon mari de danser, comme si la place n'était pas libre.

Ces mots, loin de calmer la querelle, irritent les villageois, qui prennent tous le parti de leur camarade.

— Ce grand imbécile qui donne des coups de pied à tout le monde!...

— A-t-il l'air bête! disent les paysannes; et c'te femme, qui nous appelle malotrus!... regarde donc, n'a-t-elle pas l'air de grand'chose...

— Tiens, Fanchon, je gage que ce sont des laquais de Paris qui viennent ici se donner des airs pour singer leurs maîtres...

— Et c't'autre louchon qui sent si bon qu'on ne peut pas y tenir...

— Il a voulu faire le Grand-Turc...

— Et ça voudrait nous faire la loi ici...

— Faut les faire danser sans musique.

Pendant ce dialogue, qui jette l'épouvante dans l'âme de Bidois, M. Bernard continue à se débattre avec son adversaire, qui, plus fort que lui, va le terrasser, lorsque heureusement le garde parvient à les séparer. M. Gérard tire depuis longtemps le bras de sa femme; il veut s'éloigner de la foule et quitter bien vite le bal. Le garde conseille à M. Bernard d'en faire autant; mais notre tabletier est un héros quand il a bien dîné : il revient vers le villageois, qu'il traite de canaille. Le paysan se retourne pour lui donner un coup de poing; mais dans ce moment le pauvre Bidois, qui se trouve malgré lui au milieu du tumulte, s'avance, d'après l'ordre de Mme Moutonnet, pour tirer M. Bernard par son habit, et c'est sur son nez que tombe le coup destiné au tabletier.

« Je suis mort! » s'écrie Bidois; et dans sa douleur, il lâche le bras de Mme Moutonnet. Les villageois rient de plus belle; et Mme Bernard veut absolument que son mari rosse les drôles qui osent se moquer d'elle. Mais, à force de faire le méchant, Bernard se fait bousculer par tous les paysans, qui le poussent hors de l'enceinte de la danse, de manière à lui ôter l'envie de s'y représenter.

Mme Moutonnet court après son mari; elle le trouve enfin, assis à l'écart, loin de la dispute, à côté d'une petite brune à laquelle il allait offrir des macarons.

— Que faites-vous là, monsieur? lui dit sa femme en lui saisissant le bras. Quoi! pendant que l'on se bat, que l'on se dispute, vous...

— Ma femme, je viens de tirer; à tout coup l'on gagne... J'allais vous porter ces macarons, ma mignonne...

— Il s'agit bien de macarons!... entendez-vous ce tapage!... Allons chercher ma fille, et hâtons-nous de quitter ce bois. Mme Bernard, avec ses sottises, a ameuté tous ces paysans contre nous.

— Ah! mon Dieu!...

— Venez, venez, monsieur... vous m'expliquerez plus tard votre conduite.

M. Moutonnet ne se fait pas répéter cet ordre; il suit, sa femme, qui retourne vers la danse dans l'espoir d'y trouver sa fille : mais elle n'y trouve que Dupont, qui ne sait pas ce qu'est devenue sa danseuse.

— Où est ma fille, monsieur Dupont?... Qu'en avez-vous fait?...

— Mais je la cherche, comme vous voyez... Cette cohue nous a séparés...

— Ah! mon Dieu! serait-elle égarée!...

— Non, non, je crois que M. Adolphe est avec elle... Ils ne peuvent être loin.

Les amants ont profité de la querelle, car les amants profitent de tout, pour se rejoindre, se parler, et être encore quelques minutes ensemble. Il faut qu'ils se répètent, avant de se quitter, qu'ils s'aiment, qu'ils s'adorent toujours, qu'une seule personne va désormais occuper toutes leurs pensées, qu'ils n'auront qu'un but, qu'un espoir, celui de vivre à jamais l'un pour l'autre. Ils se sont déjà dit cela cent fois : mais en amour on aime à s'entendre répéter ce que l'on sait déjà, on veut l'entendre encore, on ne l'entend jamais assez! C'est une bien jolie chose d'aimer et d'être aimé!

Cependant, comme il faut que tout ait une fin, que c'est l'ordre de la nature, et qu'il n'appartient pas à nous autres, pauvres mortels, de goûter éternellement les plaisirs réservés aux bienheureux; enfin, comme nous ne sommes pas bien heureux sur la terre, afin sans doute de l'être davantage dans le ciel, nos plaisirs y sont très courts, et voilà pourquoi le doux entretien d'Eugénie et d'Adolphe ne dura pas plus de dix minutes, malgré tout le charme qu'y trouvaient nos deux amoureux.

La voix de Mme Moutonnet, qui appelait sa fille, vint détruire leur bonheur; on se sauva bien vite par un autre côté, puis on arriva dans l'enceinte du bal, où le désordre régnait encore, et où l'on eut l'air de chercher ses parents. Eugénie peint tout l'effroi qu'elle a éprouvé, et Mme Moutonnet remercie Adolphe d'avoir veillé sur sa fille. Bidois paraît, tenant son mouchoir sur son nez meurtri. On cherche les paniers... on n'en trouve qu'un, et c'est celui dans lequel ne sont point les bouteilles.

— Les paysans auront volé l'autre, dit Bidois, croyant trouver des bouteilles pleines.

— C'est bien probable, dit M. Moutonnet.

— C'est bien malheureux, dit sa femme; deux bouteilles de Sèvres! je les regrette.

— C'est vrai, dit le vieux commis, elles étaient superbes!...

Et il se retourne pour cacher un sourire malin qui pourrait le trahir.

— Allons, allons... partons... quittons ce maudit bois ; en voilà pour quelque temps de Romainville.

— Où sont donc les autres, ma femme?

— Ma foi, cela ne m'inquiète guère. Ces Bernard!... Ah! quand il m'arrivera de faire une partie avec eux ou de les inviter à une fête!... Monsieur Dupont, donnez le bras à ma fille. Allons, monsieur Moutonnet, pressez un peu le pas ; ne voyez-vous pas que tous ces paysans nous regardent de travers ?

— Oui, vraiment, dit Bidois, ils ont de mauvais desseins.

Enfin la famille Moutonnet gagne la grande route sur laquelle elle ne tarde pas à rencontrer toute la société. M. Gérard avait beaucoup de peine à calmer Mme Bernard, qui, furieuse de quitter le bal après une contredanse, se répandait en invectives contre les habitants de Romainville ; son mari faisait chorus, et la famille du parfumeur, craignant une nouvelle scène avec les villageois, était sur le point de quitter le tabletier et sa femme, lorsque le héros de la fête les rejoignit avec sa femme et le reste de la compagnie.

— Eh bien! monsieur Moutonnet, dit Bernard dès qu'il l'aperçoit, j'espère que voilà une fameuse scène !

— Oui, dit la tabletière, il est gentil, votre bal de Romainville... je m'en souviendrai longtemps.

— Il faut convenir aussi, madame, répond la passementière, que votre mari n'était pas raisonnable, et que vous-même, au lieu d'apaiser ces villageois, vous n'avez fait que les irriter encore davantage en leur disant des injures...

— Des injures, madame !... des injures !...

— Oui, madame, j'en appelle à toute la société...

— Ah! ceci est un peu trop fort, madame Moutonnet ; je vous conseille de prendre le parti de gens qui nous ont maltraités, hués, chassés de la danse ; qui ont jeté par terre M. Bernard et rossé votre commis !... Regardez son nez !... dans quel état il est!

— Ce n'est pas à lui que le coup de poing était destiné... Pourquoi va-t-il s'avancer dans ce moment-là?

— Je sais bien, madame, que vous auriez préféré que mon époux l'eût reçu !...

— Au moins, dit tout bas Bidois, il aurait été à son adresse.

— Oui, dit Bernard... ce sont des drôles... et si j'avais eu là un piquet de gendarmerie à mes ordres, je leur aurais fait voir de quel bois je me chauffe.

— Tout cela ne m'empêchera pas de dire, monsieur Bernard, que c'est vous qui avez commencé...

— J'ai commencé, madame!... j'ai dansé, voilà tout!...

— Oui, mais on danse de manière à...

— En voilà bien d'une autre! ne faudrait-il pas restreindre ses pas pour ces manants?... Quand vous dansiez, vous, madame, il vous fallait aussi de la place; je m'en souviens, quoiqu'il y ait longtemps...

— Madame, point de personnalités, je vous en prie.

— C'est vous qui m'injuriez, madame.

— Il faudrait pour cela que j'eusse votre langue, madame.

— Oh! la parole est bien suffisante pour faire enrager votre mari, votre fille et tout ce qui vous entoure!... Ah! C'en est trop! monsieur Moutonnet, on insulte votre épouse!...

M. Moutonnet regarde sa femme pour savoir s'il doit répondre et enfonce son chapeau sur sa tête pour se donner de la fermeté. Pendant ce temps, la famille Gérard, qui voit qu'une nouvelle dispute va s'engager, s'empresse de doubler le pas pour ne pas être obligée de prendre parti pour quelqu'un.

— Oui, oui, s'écrie Mme Bernard, qui donne un libre essor à sa colère, vous voulez partout faire la maîtresse, madame Moutonnet; vous croyez que chacun doit trembler devant vous; vous prétendez enfin mener tout le monde comme votre mari; mais cela ne sera pas, madame : je suis bien aise de vous dire votre fait en passant; d'ailleurs, il y avait longtemps que cela m'étouffait!... Gardez vos fêtes et vos dîners, je garderai les miens qui les valent bien, je m'en flatte, et pour donner de la liqueur et du dessert, je n'attendrai pas que mon épicier m'en fasse cadeau!

— Quelle langue envenimée!... mais il faut pardonner cela à madame : on sait qu'après son dîner elle n'a plus la tête à elle.

— Ah! quelle horreur! on dit que votre épouse est grise, monsieur Bernard! entendez-vous cette méchante femme?...

— On dit cela! répond Bernard; ah! parbleu! si Mme Moutonnet était un homme... je sens que... Partons, madame Bernard... éloignons-nous... car cela se gâterait!...

— Oui, mon ami, vous avez raison... laissons ces gens-là... venez, Estève; marchez, ma fille.

Et la famille Bernard s'éloigne par un autre chemin, laissant Mme Moutonnet, que la colère suffoque, près de se trouver mal sur la grande route.

— Il ont bien fait de s'en aller, dit M. Moutonnet, je me sentais prêt à perdre patience.

On ouvre la portière opposée à celle par laquelle Bidois s'est présenté. (P. 653.)

— Cette Mme Bernard est un vrai dragon, dit Bidois ; les yeux lui sortent de la tête.

— Oui, dit à son tour l'ami Dupont, qui n'a soufflé mot pendant toute la querelle, c'est une femme qui ne paraît pas aisée à conduire!...

— C'est une bonne leçon, dit Mme Moutonnet, cela m'apprendra à mieux choisir mes amis. Monsieur Moutonnet, je n'ai pas besoin de vous défendre de remettre jamais les pieds chez les Bernard !

— Comment donc, ma femme ! mais j'allais moi-même vous proposer de ne plus les revoir.

Adolphe et Eugénie sont les seuls qui ne disent rien, la dispute ne les a que peu occupés ; et je crois d'ailleurs qu'ils béniraient en secret un événement qui les retiendrait encore dans ce bois de Romainville qu'ils ont trouvé charmant, et dont ils s'éloignent avec tant de regret.

Mais il faut bien retourner à Paris. La nuit est venue, et le temps semble se mettre à l'orage ; déjà quelques gouttes de pluie ont alarmé les citadins, qui se hâtent de regagner la grande ville. Mme Moutonnet tire son époux, qui fait tout ce qu'il peut pour faire des pas aussi grands que ceux de sa femme. Dupont, toujours en nage, ne veut pas rester en arrière ; il fait sauter ses breloques, entraînant sa jolie compagne qui voudrait bien donner le bras à Adolphe et cherche une ruse pour y parvenir. Bidois trotte derrière, enchanté d'avoir trouvé le moyen de se débarrasser d'un panier et des bouteilles ; il oublie presque le coup de poing qu'il a reçu.

Mais la nuée crève, la pluie tombe par torrents, le vent la pousse avec violence contre le visage des voyageurs. On est sorti du bois, mais on n'est pas encore dans Belleville, et il n'y a point d'abri ; il faut se résoudre à être mouillé, trempé, traversé. Mme Moutonnet tâche de faire courir son mari qui a mis son mouchoir en marmotte, tandis que Bidois, pour garantir son chapeau qui n'a que deux ans de service, fourre les restes du dîner dans ses poches, et après avoir défait l'anse du panier, le met par-dessus son chapeau, ce qui lui donne un faux air de Robinson.

Dupont veut aussi faire courir Eugénie ; mais celle-ci fait un faux pas, elle s'arrête, elle boite... elle ne peut presque plus marcher. Adolphe court lui offrir un bras, afin que, soutenue de chaque côté, elle puisse continuer sa route. Eugénie accepte ; c'est en effet sur le bras d'Adolphe qu'elle s'appuie de préférence, en se félicitant de sa petite ruse : et c'est presqu'une Agnès qui vient de trouver ce moyen pour se rapprocher de son amant. Comme l'amour donne vite de l'imagination aux demoiselles !

On est à Belleville, mais de là à la rue Saint-Martin, il y a encore loin, et l'orage ne cesse point.

— Il faut tâcher de trouver un fiacre, dit M. Moutonnet ; car, malgré ma bonne volonté, je ne pourrais pas courir jusqu'à Paris : n'est-ce pas ma femme ?

— Vous avez si peu de jarret !... Oui, sans doute, il nous faut un fiacre ; mais où en trouver ?...

— Je vais courir de tous côtés, mesdames, dit Adolphe, pendant que vous m'attendrez dans ce café.

— Vous êtes trop bon, monsieur, en vérité.

Adolphe va à la découverte, et la société entre au café Vert, seulement pour se mettre à l'abri, parce que Mme Moutonnet déclare que ce serait une folie de prendre quelque chose, et Dupont n'insiste pas. Mais le temps s'écoule, la pluie frappe avec violence contre les carreaux, et Adolphe ne revient pas.

« Pauvre jeune homme! dit en elle-même Eugénie, il va recevoir tout l'orage!... Mais je suis sûre qu'il ne songe pas à la pluie!... Avec lui, je braverais tous les temps!... Ah! je voudrais être encore au bois de Romainville!... »

Mais quand on n'est pas amoureux, on ne se soucie point de recevoir une averse. Mme Moutonnet voyant qu'Adolphe ne revient pas, et ne voulant point rester si tard hors de chez elle, ordonne à Bidois d'aller à la découverte.

— Voyez à l'Ile-d'Amour, lui dit-elle, il doit toujours y avoir des voitures ; enfin, remuez-vous ; nous ne pouvons pas coucher ici.

Bidois, forcé de quitter le café, replace le panier sur sa tête, et se dirige du côté de l'Ile-d'Amour, en donnant au diable la Saint-Eustache et les parties de campagne. A peine est-il parti qu'Adolphe revient avec un fiacre.

— Eh! vite, mesdames, dit-il en arrivant, ce n'est pas sans peine que je suis parvenu à décider ce cocher à venir vous chercher ici... Mais ne perdons pas de temps, car il s'en irait.

— Oui, oui, dit Mme Moutonnet, montons vite. Ah! monsieur, que d'obligation!

— Et ce pauvre Bidois? dit M. Moutonnet en montant dans le fiacre.

— Ah! ma foi, c'est sa faute, il devait rencontrer monsieur ; au reste, appelez-le.

— Bidois! Bidois... crie M. Moutonnet en mettant sa tête à la portière.

Mais on ne reçoit point de réponse, et déjà le cocher jure et s'impatiente.

— Allons, allons, partons, dit Mme Moutonnet, Bidois en sera quitte pour revenir à pied ; cela lui apprendra à mieux faire les commissions.

Le cocher fouette ses chevaux. Comme la route va en descendant, la voiture roule avec rapidité jusqu'au boulevard, et s'arrête bientôt dans la rue Saint-Martin, devant la boutique du passementier, où rentre la famille Moutonnet en remerciant Adolphe et en renouvelant à l'ami Dupont l'assurance de son amitié.

Chacun se retire chez soi, emportant de la Saint-Eustache des souvenirs différents. Bidois seul n'est point encore rentré. En allant à l'Ile-d'Amour, il n'a pas rencontré la voiture, parce qu'elle venait du côté de la barrière. Arrivé chez le traiteur, où sa coiffure singulière fait rire tous les marmitons, il cherche en vain Adolphe et un fiacre; il parcourt encore une partie du village, et se décide à revenir au café Vert.

Mme Moutonnet tâche de faire courir son mari.

Il entre et cherche la société.

— Où sont-ils donc, dit-il en remettant le panier sous son bras.

— Ils sont partis en voiture, répond d'un air goguenard le maître du café.

— Partis en voiture... sans moi !...

— Ils vous ont appelé. Ne vous nommez-vous pas Belloie?...

— Bidois, s'il vous plaît.

— Bidois, Belloie, c'est à peu près la même chose.

— Non, monsieur; c'est fort différent au contraire.

— Enfin, monsieur Bidois, ils sont partis sans vous, voyant que vous ne reveniez pas.

— Partis sans moi !... me laisser revenir à pied par le temps qu'il fait !... quand je me suis éreinté toute la journée à porter à dîner !... Ah! Mme Bernard avait bien raison d'appeler Moutonnet un tyran !... Mais ils ne peuvent pas encore être bien loin; courez un peu, je gage que vous les rattraperez avant la barrière; c'est un fiacre jaune.

— Vous croyez !.. Allons, en ce cas, je vais reprendre ma course.

Et Bidois sort du café, et se met à courir malgré l'orage, espérant atteindre la bienheureuse voiture; ce qui eût été difficile, car la famille Moutonnet était rue Saint-Denis, que le pauvre commis n'était encore que devant le grand salon de Desnoyers: mais le limonadier avait été bien aise de faire courir M. Bidois.

Enfin, après avoir passé la barrière, notre coureur aperçoit une voiture :

— Je les vois enfin! dit-il; je vais donc me reposer... Un peu de courage.

La vue du fiacre a doublé ses forces; il s'élance, marchant au hasard dans les ruisseaux et les mares; mais il a fait le sacrifice de ses bas. Il atteint le fiacre qui est jaune, et c'est justement un fiacre jaune qu'on lui a désigné au café. Aussitôt, et sans s'assurer s'il contient en effet les personnes qu'il cherche, Bidois court à côté du cocher :

— Arrêtez!... arrêtez! lui crie-t-il d'une voix altérée par la fatigue.

Le cocher, croyant qu'il se trompe, ne l'écoute pas.

— Arrêtez donc! crie de nouveau Bidois; je vous dis que les personnes que vous menez m'attendent, et que vous aurez pourboire!

— Ah! c'est différent, si ce sont de vos connaissances, dit alors le cocher en arrêtant ses chevaux; en ce cas, montez, mon bourgeois.

Bidois ne se fait pas répéter cette invitation; dès que le fiacre est arrêté, il court ouvrir la portière.. Un cri part aussitôt du fond de la voiture:

— Ah! mon Dieu! c'est mon mari! dit une voix de femme que Bidois ne connaît pas.

— Son mari! répond un homme que Bidois n'avait pas aperçu, parce que la dame le masquait presque entièrement.

— Eh! vite, en retraite!...

Aussitôt, un mouvement s'opère dans la voiture; on ouvre; la portière opposée à celle par laquelle Bidois s'est présenté; le monsieur s'enfuit en laissant son chapeau, la dame se sauve en oubliant son châle, ses gants et son mouchoir, et Bidois reste ébahi sur le marchepied.

— Ah ça... quoique tout ça veut dire, mon vieux? dit le cocher étonné de voir se sauver par une autre portière les personnes qu'il menait.

— Eh! parbleu! répond Bidois en descendant du marchepied, cela veut dire que le guignon me poursuit, que je me suis trompé, et que ce ne sont pas les personnes que je cherche qui étaient dans votre voiture.

— Ah! oui-da? eh ben! vous êtes joliment Colas de m'avoir joué une farce comme ça!

— Comment, Colas! croyez-vous que c'est pour mon plaisir que je l'ai fait?...

— Ah ben oui! mon homme... mais vous entendez ben que ça ne peut pas se passer comme ça : vous avez effarouché le couple que je menais, si ben qu'ils ont pris la clef des champs; mais moi je ne peux pas en être pour ma course!... Un instant, Fifi! j'avais pris mes particuliers chez Pelletan, au pavillon Français, et comme c'est hors la barrière, ils m'avaient promis un petit écu; or donc, c'est un écu que vous allez me donner.

— Je vais vous donner un écu, moi ?

— Oui, mon homme, si ça vous est agréable...

— Vous plaisantez, sans doute... J'irais payer la course de gens que je ne connais pas !...

— Il ne s'agit pas de raisons; vous avez fait fuir mon monde et vous, allez me payer, ou nous allons voir.

Le cocher, craignant que Bidois ne se sauve, saute en bas de son siège; mais le vieux commis n'a plus la force de s'échapper, il se laisse saisir par le bras.

— Allons ! payez et que ça finisse.

— Je ne payerai pas, répond Bidois d'un air décidé, parce que je ne vous dois rien.

— Eh bien! en ce cas, retournons vers le corps de garde de la barrière, et l'on va vous faire entendre raison, mon petit homme.

En disant ces mots, le cocher fait rétrograder sa voiture, et mène Bidois au bureau de l'octroi, où il explique l'aventure au commis et au commandant du poste.

— Mais vous avez de quoi vous payer, dit Bidois, on a laissé des effets dans votre voiture.

— Est-ce que vous me prenez pour un filou !... J'va déposer tout ça à la Préfecture.

— Je gage bien qu'on n'ira pas les réclamer.

— Ça ne me regarde pas.

— Qu'aviez-vous à faire de déranger comme ça le monde !... Et avec c'te coiffure en panier !... Je ne m'étonne pas que vous leur ayez fait peur... ils vous auront pris pour un diable !

Tout le monde rit de la mine piteuse que fait alors M. Bidois qui s'entend condamner à payer le petit écu au cocher. En fouillant dans sa poche pour chercher sa bourse, il laisse tomber les restes de la volaille qu'il avait retirés du panier afin de pouvoir le mettre sur sa tête. Cet incident redouble la gaieté des personnes qui l'entourent.

— Il paraît que monsieur ne laisse rien perdre quand il va dîner chez le traiteur? dit en riant le commis de la barrière.

— Monsieur, ce sont mes affaires, répond Bidois en remettant avec humeur la volaille dans sa poche ; n'allez-vous pas me faire payer une entrée pour cette cuisse de dindon?

— Non, monsieur, les dindons ne payent pas.

— C'est bien heureux. Allons, cocher, puisque je paye, j'espère au moins que vous allez me conduire.

Ah! c'est trop juste.

— Où meniez-vous ce monsieur et cette dame ?

— Ils m'avaient dit de les déposer sur le boulevard du Temple.

— Eh bien! moi, vous me déposerez à la Porte Saint Martin.

— Cela suffit; suivez-moi.

On quitte la barrière pour aller retrouver le fiacre; il pleut toujours, et Bidois se dit tout bas :

— Du moins, si j'ai payé un peu cher, je pourrai m'étaler à mon aise et dormir même jusqu'à la porte Saint-Martin.

Pauvre Bidois! il était sans doute écrit dans le grand livre des destins que tu ne reviendrais pas en voiture à Paris.

Près d'atteindre le fiacre, notre commis est devancé par quatre militaires, qui, plus lestes que lui, ouvrent vivement la portière et se jettent dedans en s'écriant :

— Enfin nous en avons donc trouvé un!... Ce n'est pas malheureux!...

— Qu'est-ce à dire? s'écrie à son tour Bidois en s'avançant vers la portière, ils en ont trouvé un!... Ah bien! cela serait charmant... mais un instant!... Messieurs, messieurs... voilà une heure que je suis là, dit-il en remontant sur le marchepied.

— Je n'ai pas de monnaie, mon vieux, dit un des militaires, prenant Bidois pour un commissionnaire, ce qui était excusable, vu l'état déplorable dans lequel l'orage avait mis sa toilette ; ce sera pour une autre fois.

Et on le repousse brusquement en refermant la portière.

— Un instant, messieurs! pour qui me prenez-vous? s'écrie de nouveau Bidois en tâchant de s'accrocher à la portière; je suis un bourgeois de Paris, j'ai retenu ce fiacre, je l'ai même payé d'avance, il est donc à moi... Vous ne pouvez-pas le prendre...

— Vous voyez-bien que si, puisque nous sommes dedans...

— Il faut en sortir, messieurs... Cocher, expliquez donc mon affaire à ces messieurs.

Le cocher, enchanté de gagner une nouvelle course, se contente de monter sur son siège sans répondre aux interpellations de Bidois, qui court de la portière aux cocher et revient du cocher à la portière.

— Ce vieux fou aura-t-il bientôt fini de nous étourdir les oreilles? dit un des militaires.

— Messieurs, il faut sortir de mon fiacre répète Bidois.

— Sortir de la voiture pour la céder à monsieur!... Ah! mon drôle, si j'en sors, ce sera pour te couper les oreilles!... Allons, cocher; en avant, nous sommes pressés, et n'écoute pas ce vieil ivrogne.

— Ça suffit, mon officier.

Et le cocher fouette ses chevaux, et le cocher disparaît aux regards de Bidois, atterré par ce nouvel événement.

Il va s'asseoir contre une borne, regardant d'un air consterné s'éloigner le fiacre qui emporte son petit écu et qui le laisse au milieu de la rue. Il hésite un moment, ne sachant pas s'il retournera à la barrière demander au corps de garde justice du cocher qui le laisse là après avoir reçu son argent. Mais Bidois se rappelle que le commandant et les soldats même ont eu l'air de se moquer de lui; et il ne veut pas leur servir encore de risée.

Il s'élance marchant au hasard dans les ruisseaux et les mares.

— Allons, se dit-il, il faut prendre son parti; retournons chez nous à pied, ne courons plus après les fiacres!... Cette journée m'a été bien funeste; les maudites Saint-Eustache me portent toujours malheur!.. L'année prochaine je ferai le malade huit jours d'avance, pour ne pas en être... Bien obligé d'une partie de plaisir comme celle-ci!.. Porter des paniers assommants! faire les commissions! n'avoir point le temps de se reposer!... recevoir des coups de poing! puis un orage, courir après un fiacre, le payer double, ne pas monter dedans et recevoir des sottises! voilà ma journée d'aujourd'hui!... A ce prix-là un dîner sur l'herbe coûte trop cher; j'aime encore mieux m'en tenir au pot-au-feu de tous les jours.

Tout en faisant ces réflexions, Bidois arrive enfin devant la boutique du passementier; il rentre par l'allée et monte à sa chambre sans chandelle, plutôt que d'entrer dans la cuisine pour y prendre de la lumière, car il craint, en rencontrant Mme Moutonnet, qu'elle ne lui donne encore quelque course à faire; et, pour éviter tout accident nouveau, il se hâte d'aller se coucher.

Elle quitte avec mystère sa couche solitaire. (P. 658.)

VI

LA JEUNE FILLE ET SA BONNE

Depuis longtemps M. et Mme Moutonnet se sont retirés dans leur appartement. Ils sont couchés et dorment sans doute ; car à l'âge de nos deux époux, les époques remarquables, telles que les fêtes ou anniversaires de mariage, ne causent pas d'insomnies : il est un temps pour tout, dit le sage; hélas! ne vaudrait-il pas mieux que nos plaisirs fussent de tous les temps?

En rentrant, Eugénie, après avoir souhaité le bonsoir à ses parents, est montée dans sa chambre; mais en passant dans la cuisine, près de laquelle couche Jeanneton, Eugénie a entr'ouvert la porte et a dit à demi-voix :

— Quand tout le monde dormira, je descendrai tout doucement, et nous causerons... Oh! j'ai bien des choses à te conter.

— C'est bon, mamzelle, a répondu Jeanneton ; je vous attendrai.

Lorsque le silence qui règne dans toute la maison fait présumer à la jeune fille que ses parents sont endormis, elle sort doucement de sa chambre, ne posant qu'avec beaucoup de précaution son pied sur chaque pièce de l'escalier; au moindre bruit, elle tressaille et s'arrête... et pourtant elle ne va point faire de mal; ce n'est pas un crime d'aller causer avec cette bonne Jeanneton qui aime tant Eugénie!... Mais si Mme Moutonnet savait que sa fille ose ainsi, la nuit, sortir de sa chambre, quels reproches, quelles remontrances!... combien Eugénie serait grondée! et Jeanneton serait à coup sûr renvoyée. Ce n'est donc pas sans raison que la pauvre petite a si peur.

Combien elle est jolie dans ce moment où, n'ayant pour tout vêtement qu'un léger jupon et une camisole de nuit, et pour coiffure qu'un petit fichu à carreaux qui retient sa belle chevelure, elle quitte avec mystère sa couche solitaire pour se glisser dans la chambre de sa bonne! L'émotion, la crainte qui l'agitent font plus fréquemment soulever son sein ; sa main tremble, sa respiration est entrecoupée, tout en elle charme, séduit, entraîne ; c'est la beauté, l'innocence craignant de se livrer aux nouvelles sensations qui font palpiter son cœur.

Elle arrive en tâtonnant à la porte de la cuisine, car elle n'a pas emporté de lumière, de crainte d'être aperçue. Jeanneton a soin aussi de placer sa chandelle dans le fond de sa cheminée, afin qu'on ne puisse la voir de chez Mme Moutonnet, à qui cela donnerait l'éveil, et qui viendrait s'informer pourquoi sa domestique a de la lumière pour dormir. Que de précautions à prendre pour causer un moment en liberté!... mais aussi ce plaisir en aura bien plus de charmes. Nous savons que, pour doubler le prix des choses, il suffit de les défendre, surtout pour tenter ce sexe qui a un penchant si prononcé pour le fruit défendu, malgré les exemples des suites funestes qu'entraîne après elle cette tendance à la désobéissance; mais en vain, depuis notre mère Ève, on leur raconte l'histoire de Pandore, de Psyché, de la femme de Loth, et même de l'épouse de Barbe-bleue ; ces dames frémissent d'épouvante... mais sont toutes prêtes à en faire autant : c'est sans doute une influence secrète qui le veut ainsi.

— Me voilà, ma bonne, dit Eugénie en entrant dans la chambre de Jeanneton, dont elle referme la porte sans bruit : tout le monde dort... nous pouvons causer un moment...

— Mais, mamzelle, il me semble cependant que Bidois n'est pas encore rentré... et s'il venait chercher ici de la lumière...

— Il est rentré et couché, te dis-je.

— Bah ! sans chandelle !...

— Apparemment, mais je l'ai bien entendu, sa chambre n'est-elle pas au-dessus de la mienne ? Il ronfle si fort qu'on l'entendrait de la rue.

— Ah ben ! en ce cas, nous n'avons pus rien à craindre... C'est que c'est un vieux bavard et un sournois qui fait le câlin auprès de vot' mère, pour s'en faire ben venir !... et il faut se méfier de lui ; mais puisqu'il ronfle, vous pouvez parler. Contez-moi donc un peu les événements ; d'après queuques mots que j'ai entendu prononcer à madame, il me paraît qu'il y a eu ben des aventures !...

— Oh ! oui, ma bonne !...

— La journée n'a pas bien fini ?

— Ah ! je ne me suis jamais tant amusée !...

— Bah !... alors j'ai donc compris de travers ; il me semblait qu'on s'était querellé, disputé, battu même avec des paysans ?...

— Oui, oh ! c'est très vrai...

— Et vous vous êtes amusée ?...

— Je t'en réponds !...

— Mais Mme Moutonnet s'est fâchée avec Mme Bernard, car je lui ai entendu dire en entrant qu'elle ne la reverrait jamais ; et dam' ! elle paraissait ben en colère !...

— Oui, c'est vrai aussi ; elle était d'une colère terrible !...

— Et ça ne vous a pas fait peur à tous ?...

— Je l'ai à peine remarqué !...

— Mon Dieu, que c'est drôle ! Mais enfin vous ne me direz pas que vous avez eu beau temps pour revenir... car il a fait un orage !...

— Ah ! ma bonne, j'en étais enchantée !...

— Eh ben ! je n'y comprends plus rien.

— Mais songe donc qu'en voiture j'étais tout près de lui !...

— Qu'est-ce que c'est que *lui ?*

— C'est Adolphe, Jeanneton : c'est M. Adolphe !...

— Adolphe, M. Adolphe... Ah ! je commence à comprendre pourquoi vous vous êtes tant amusée !... c'est parce que M. Adolphe était là.

— Oui, Jeanneton, c'est pour cela !... Ah ! si tu savais combien il est aimable.

— Il vous a donc parlé souvent?..
— Presque tous les jours il était à côté de moi...
— Bah! et votre maman ne disait rien?
— Oh! maman n'a rien vu... et puis, nous avons trouvé des occasions pour causer... en dansant, en courant, et en jouant à cache-cache!...

Jeanneton... si tu savais!...

— Ah! vous avez joué à cache-cache!...
— Oui, Jeanneton, et c'était toujours M. Dupont qui l'était.
— Ah! pardine! j'crois ben qu'il le sera souvent... Ah ben! et Mme Moutonnet qui voit tout et qui ne voyait pas ça! comment a-t-elle pu vous laisser jouer à cache-cache?...
— Mais, Jeanneton, est-ce qu'il y a du mal à cela?
— Ah! tenez, mamzelle, si j'avais une fille, i'm'semble que j'aimerais mieux la mener quelquefois à la comédie que de la laisser aller jouer à cache-cache dans un bois. Mais les gens qui prennent tant de précautions font quelquefois plus d'bêtises que d'autres... C'est pas pour vot'mère que je dis ça, au moins?

— Ah! je le pense bien, ma bonne.
— Mais enfin que vous a-t-il dit de si joli, ce M. Adolphe, pour que vous vous soyez tant amusée malgré les disputes et les batailles?...
— Jeanneton... si tu savais!... mais je n'oserais jamais te le dire... quoique j'en meure d'envie!...
— Allons, parlez toujours... je ne suis pas vot' mère, moi.
— Eh bien! ma bonne, il m'a dit qu'il m'aimait, qu'il m'adorait... il m'a promis, juré de m'aimer toute sa vie!... Ah! Jeanneton, je suis bien sûre qu'il ne mentira pas et qu'il ne veut pas me tromper!...
— Oh! mamzelle, i'n'faut pas comme ça croire aux discours des

jeunes gens : ils en disent autant à toutes les femmes gentilles ; ça ne n'leux coûte rien à eux de jurer !... ils vous font un serment d'amour comme je vous retourne une omelette !... mais faut pas s'y fier !

— Jeanneton, je suis bien certaine qu'Adolphe n'est pas comme tous les jeunes gens. Si tu savais combien sa voix est douce... et puis ses yeux !... il semblait si heureux en me regardant ! et il me regardait toujours !...

— Vous le regardiez donc aussi, mamzelle ?

— Oh ! non... mais je le voyais... sans faire semblant !... et quand sa main tenait la mienne, comme il la pressait !..: je tremblais, mais j'éprouvais un plaisir !... ah ! Jeanneton, je ne puis pas te dire combien j'étais heureuse !...

— Mon Dieu ! mon Dieu ! mamzelle, comme c't'amour vous a donc fait faire du chemin en peu de temps !... Mais vraiment, c'est que je ne vous reconnais plus !

— Ah ! ma bonne... si je n'avais pu te dire tout cela, je crois que j'aurais parlé toute seule dans ma chambre...tant j'avais besoin de prononcer son nom !...

— Pauvre petite ! comme ça vous a pris tout d'un coup !...

— Il m'a appelée Eugénie !... sa chère Eugénie !

— Diable ! mais c'est une déclaration !

— Oh ! oui, ma bonne, c'est une déclaration, et il m'en a fait tout plein.

— Et que lui avez-vous répondu ?

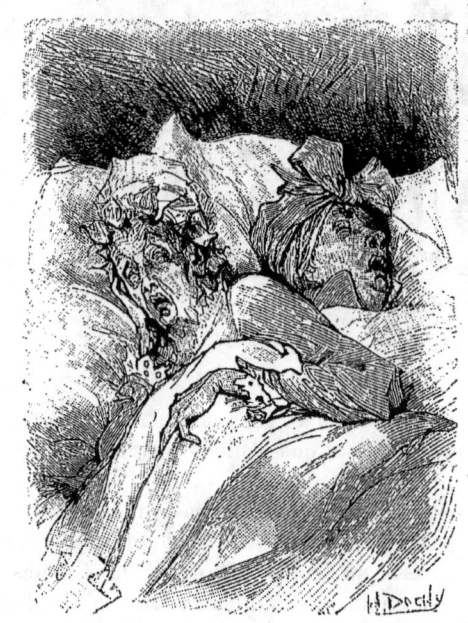

Ils sont couchés et dorment.

— Ah ! Jeanneton !... D'abord je ne pouvais pas répondre, car je n'en avais pas la force... j'étais si troublée, si émue !...

— Dame, c'est ben fait pour ça !

— Mais enfin, il m'a tant suppliée de lui dire quelque chose... je n'ai pas pu résister, et je lui ai dit que je l'aimais!...

— Que vous l'aimiez! quoi! mamzelle! est-ce qu'on dit ça le premier jour!

— Mais il me semble que je l'ai toujours connu, toujours aimé... Il me semblait aussi qu'il devait savoir que je l'aimais... je sais bien que j'ai eu tort de le lui avouer... mais je n'ai pas pu faire autrement!...

— Pauvre Eugénie! et qu'espérez-vous à c'te heure?

— Je n'en sais rien, mais si Adolphe m'aime toujours, ne serais-je donc pas heureuse!... Adolphe! ah! ma bonne, le joli nom!... que j'aime à le répéter... à l'entendre... Ah! je t'en prie, dis-le-moi quelquefois...

— Mais, mamzelle, c'est un nom comme un autre!

— Comme un autre!... Peux-tu dire cela!... Est-ce qu'Adolphe ressemble à... Dupont... par exemple?... Dupont! ah! voilà un nom affreux et que je ne peux pas souffrir.

— J'gage ben, moi, que Mme Moutonnet l'aime mieux que l'autre!

— Ma bonne, il m'a promis de passer tous les jours devant la boutique... de regarder au comptoir; il me saluera, et quand maman n'y sera pas, il pourra me dire bonjour.

— Oui, et Bidois qui verra ça, le dira à vot' maman.

— Oh! non, il ne verra rien, et d'ailleurs, si nous ne pouvons pas nous parler, nous nous regarderons, et ce sera toujours un grand plaisir.

— Ah! mamzelle!... v'la un amour qui vous causera peut-être ben du chagrin? dit Jeanneton en secouant la tête, et en se baissant pour moucher la chandelle placée au fond de l'âtre, tandis qu'Eugénie, qui a été contre la fenêtre examiner si tout est tranquille, revient d'un air plus rassuré se rasseoir près de sa bonne.

— Jeanneton, pourquoi donc penses-tu que l'amour que je ressens pour Adolphe me causera du chagrin? Je me trouve, moi, bien plus heureuse aujourd'hui qu'hier!

— Oui, sans doute, c'est toujours comme cela dans les commencements... mais ensuite! car, mamzelle, quelle sera la fin de tout ceci?

— Je t'ai déjà dit que je n'en sais rien.

— Avant peu, peut-être, vos parents... c'est-à-dire vot' mère, voudra vous marier...

— Me marier! eh bien! ma bonne, si c'était avec lui?...

— Ne l'espérez pas, mamzelle; ce jeune homme n'a rien, vot' maman n'y consentira jamais.

— Ah! Jeanneton, tu me désoles!...

— J'ai bien dans l'idée même que Mme Moutonnet a déjà fait un choix pour vous, et, si elle le veut, vous savez que le diable ne l'en fera pas démordre... L'époux qu'elle vous donnera ne sera peut-être pas aussi gentil que M. Adolphe, mais enfin il sera riche : c'est l'essentiel à présent; vous serez bien établie, et par suite vous serez heureuse. Tenez, mamzelle, croyez-moi, ne laissez pas ce nouvel amour s'emparer de votre cœur.., ça vous causerait trop de peine par la suite... croyez-en Jeanneton, qui vous aime, qui vous chérit... Ah! mamzelle quoique je n'sois qu'une fille de campagne, j'ai aimé, aussi, et je m'souviens de c'que c'est! Jérôme, mon amant, m'jurait aussi le plus tendre amour, pas si gentiment peut-être que M. Adolphe ; mais pour moi ça me faisait autant de plaisir!...

— Eh bien! ma bonne, pourquoi ne l'as-tu pas épousé?

— Ah! vous croyez toujours que ça va tout seul!... mais les parents de Jérôme avaient quelque chose, et moi je n'avais rien!... ils lui défendirent de m'voir, sous peine de le chasser du village. Quand il vit que c'était pour tout de bon, savez-vous c'qu'i fit, mamzelle?

— Non, ma bonne.

— Eh ben! un beau matin, il partit, il quitta la maison de son père et le village en jurant qu'il ne reviendrait jamais... En effet... d'puis ce temps-là on n'a plus entendu parler de lui... il se sera engagé... il sera parti sur quelque vaisseau!... mais il est mort sans doute. Pauvre Jérôme!... et c'est moi qui suis cause de ça!...

Jeanneton s'interrompit pour porter son tablier à ses yeux, que le souvenir de son amant remplissait encore de larmes.

— Tu vois bien Jeanneton, que tu l'aimes toujours, dit Eugénie attendrie par la douleur de sa bonne, que son cœur comprenait alors.

— Oui, mamzelle!... quoiqu'il y ait dix ans de cela... Je ne puis pas penser à Jérôme sans que ça me bouleverse, et quoique je n'aie que vingt-sept ans, et que je ne sois pas trop déchirée, ah! je n'aurai jamais d'amoureux ; je ne veux plus aimer!... On a beau me faire encore les doux yeux, et vouloir m'enjôler par-ci par-là... ça n'prend plus ; c'est fini ; après Jérôme je n'écoute personne.

— C'est que tu l'aimais bien !

— Mais ça ne m'empêche pas de vous dire que ces amours, malgré les parents, ne tournent jamais ben ; non, mamzelle, ne vous laissez pas aller à vot'passion pour M. Adolphe, et pendant que c'est encore tout neuf oubliez-le au contraire.

— Que je l'oublie, dis-tu !... que je l'oublie ! et c'est toi, Jeanneton, qui me donnes un semblable conseil !... Oublier quelqu'un à qui j'ai promis amour pour la vie, quelqu'un qui me jure de ne penser qu'à moi, de ne respirer que pour moi ! Ah ! il faudrait que j'eusse un cœur bien froid, bien insensible bien méchant, même, pour oublier ce pauvre Adolphe, il en mourrait, je gage...

— Non, mamzelle, les hommes ne meurent pas d'amour, et c'est même très rare chez les femmes...

— Moi, je vous dis qu'il en mourrait, mademoiselle, je le connais mieux que vous ; d'ailleurs votre Jérôme est bien mort pour vous ; pourquoi donc voulez-vous qu'Adolphe ne m'aime pas autant ?

— Si Jérôme est mort à l'armée ou sur mer, ce n'est pas la même chose.

— C'est toujours par suite de son attachement pour vous... Mais vous ne sentez pas cela, vous, Jeanneton ; vous raisonnez comme si vous aviez soixante ans... vous êtes étonnée que j'aime, que l'on m'aime ; vous voulez que j'oublie Adolphe !... Ah ! c'est affreux, mademoiselle Jeanneton, de me dire des choses pareilles... C'est fini ; je ne vous confierai plus rien... Je vois bien que vous ne m'aimez pas.

— Eh bien! en v'la ben d'une autre à présent ! dit Jeanneton en courant retenir Eugénie qui s'éloigne le cœur gros. Je ne vous suis pas attachée peut-être?... Ah ! mamzelle, c'est bien mal de me dire cela !... Je vous ai dit ce que je devais vous dire : vous voulez aimer M. Adolphe, aimez-le !... Je ne vous contrarierai plus : je ferai tout ce que vous voudrez ; au contraire, mon seul désir n'est-il pas de vous voir heureuse ?... Ah ! je me jetterais dans le feu pour vous... Sans vous, n'aurais-je pas cent fois quitté c'te maison ?... car Mme Moutonnet, quoique ce soit vot'mère, est si difficile à contenter !... Mais j'ai tout supporté par attachement pour vous, et vous me dites que je ne vous aime pas. Ah ! mamzelle... je n'ai pas mérité ce reproche-là, car il me fait bien de la peine.

Eugénie court se jeter dans les bras de sa bonne ; elle lui demande pardon, elle la console, elle l'embrasse.

— Ma chère Jeanneton, lui dit-elle, ne pense plus à cela, je t'en prie... Ah ! je connais ton bon cœur !... Mais aussi tu ne me défends plus d'aimer Adolphe?...

— Oh! non, mamzelle, au contraire.

— Tu me laisseras te parler de lui?...

— Oh! tant que vous voudrez !...

— Tu m'en parleras aussi quelquefois ?...

— Oui, mamzelle ; j'vous le promets...

— Ah ! ma chère Jeanneton, que je serai donc heureuse !... Ah ! je tâcherai tous les soirs de venir, ne fût-ce qu'un moment, pour causer avec toi... Nous parlerons de lui, et quelquefois tu me parleras de Jérôme...

Ils trouvent sur l'escalier Bidois, qui s'est armé d'un grand couteau de cuisine. (P. 672.)

— Oh! non, mamzelle... je n'en parlerai plus; vot'amour vous rend heureuse, mais le mien me fait pleurer.

— Ma pauvre Jeanneton!...

Eugénie va se replacer près de sa bonne; il est tard, mais la jeune fille n'a pas la moindre envie de dormir : sa jeune tête travaille déjà, et son cœur... ah! son cœur n'est plus à elle.

— Jeanneton, dit-elle en approchant encore sa chaise de celle de sa bonne, si ma mère se laissait attendrir... Si elle consentait à m'unir à Adolphe ! que je serais heureuse !... Je te prendrais avec moi dans mon ménage ; tu le voudrais bien, n'est-ce pas ?

— Oh ! oui, mamzelle.

— Là, l'ennui ne pénétrerait jamais ; il me serait si doux de travailler auprès de lui ! car je voudrais qu'il ne me quittât pas de la journée... cela serait possible, j'espère ?

— J'crois que oui, mamzelle.

— Je travaillerais donc près de lui... nous ne sortirions jamais l'un sans l'autre !... Toujours mêmes pensées, mêmes désirs, même volonté... Ah je serais si contente de faire tout ce qu'il voudrait !... Cela doit-être si doux d'obéir à quelqu'un que l'on chérit... c'est un plaisir ! n'est-ce pas, Jeanneton ?

— Oui, sans doute, mamzelle.

— Les jours de fête nous irions nous promener... Tu viendrais avec nous, Jeanneton, car tu ne nous empêcherais pas de parler d'amour.

— Non, mamzelle.

— Si mon mari avait besoin de voyager, oh ! d'abord je partirais avec lui ; je le suivrais partout, c'est bien décidé. D'ailleurs Adolphe ne voudrait pas non plus se séparer de moi ; et une femme peut bien, sans inconvénient, voyager avec son mari ; n'est-ce pas, ma bonne ?

— Oui, mamzelle, oh ! ce n'est pas défendu.

— Mais il n'est pas encore dit que nous voyagerons. Si nous sommes bien riches, nous aurons une petite campagne... De quel côté, ma bonne ?

— Dam, mamzelle, du côté qui vous fera plaisir.

— Ah ! du côté de Romainville ; oui, c'est cela ; nous aurons une petite maison à Romainville, tout près du bois ; nous pourrons alors nous y promener tant que nous voudrons, sans crainte d'être grondés... Quel bonheur ! Notre maison sera simple, mais commode. Nous aurons un jardin que nous cultiverons nous-mêmes ; nous verrons croître les fleurs que nous aurons plantées ; ce doit être bien agréable : j'ai toujours désiré un jardin. Et puis, à la campagne, on se lève au point du jour, et pendant que tu prépares le déjeuner, nous allons faire une promenade dans les environs ; nous revenons bien fatigués et mourant de faim... nous trouvons tout délicieux. Après le déjeuner on travaille, on a soin de son ménage ; Adolphe écrit ou lit. Après le dîner, nous allons au jardin, nous y restons jusqu'à la nuit ; nous examinons les progrès de nos plantations, puis nous rentrons enfin, toujours gais, contents !... Ah ! ma bonne, quelle heureuse existence !...

— Oui... oui... mamzelle... répond Jeanneton en étendant les bras et en se retournant sur sa chaise pour tâcher de surmonter le sommeil qui la gagne; oh! ça... ça sera ben gentil.

— Ce n'est pas tout, Jeanneton : nous aurons sans doute des enfants car c'est l'ordinaire en ménage. Ah! combien je les aimerai!... combien je les chérirai!... Je ne veux pas qu'ils me craignent, je veux être leur amie autant que leur mère! Ce doit être si doux d'avoir leur confiance. Si j'ai un garçon, je l'appellerai Adolphe, et ma fille se nommera Adolphine. Je les nourrirai moi-même ; je suis sûre que mon mari le voudra bien, car on doit les aimer davantage!... Quel plaisir lorsque mon fils commencera à parler!... comme nous écouterons ses premiers mots... et quand il marchera... Ah ! je ne le perdrai pas de vue un seul instant !... Quand je serai lasse de le porter, Adolphe le prendra dans ses bras, le bercera, le fera jouer... Ah! quelquefois aussi je te le confierai, ma bonne; mais tu en auras bien soin !... car si tu allais le laisser tomber !...

— Non, non... mamzelle... répond Jeanneton à moitié endormie, oh ! j'vous promets qu'il ne tombera pas !...

— Nous ferons nous-mêmes son éducation, ou nous la surveillerons en lui donnant des maîtres chez nous, mais je ne veux pas qu'il aille en pension. On y devient quelquefois très mauvais sujet! comme ce petit Bernard!... Et puis on oublie ses parents. Ah! je préfère qu'il soit moins savant et qu'il m'aime davantage. Et puis, je lui laisserai le choix d'un état, car il me semble qu'il ne faut jamais forcer les inclinations... N'est-ce pas, Jeanneton ?...

Jeanneton ne répond plus, parce qu'elle est endormie ; mais Eugénie ne s'en aperçoit pas, et elle continue :

— Si par hasard mon fils voulait être militaire... Grand Dieu... que de tourments cela me causerait!... C'est bien joli d'avoir un uniforme, une épée et quelquefois une croix d'honneur!... Ah! je conçois bien que cela séduise un jeune homme; mais que de dangers il faut courir! Il faut aller à l'armée... il faut se battre!... se battre!... Ah! quand je saurai que mon fils va se battre, je n'aurai plus un moment de repos !... Je le verrai sur le champ de bataille, entouré d'ennemis!... et les balles, les boulets qui se croisent sur sa tête!... Il peut être blessé, il peut être tué!... Ah! Jeanneton, si mon fils était tué!... Que dirait Adolphe ?... et moi!... Non, non, je ne veux plus qu'il soit militaire. Ah! ma bonne, n'est-ce pas que j'ai raison? Eh quoi! tu ne réponds pas?...

Eugénie examine Jeanneton, et s'aperçoit seulement alors et avec surprise que sa bonne dort profondément. Cette vue dissipe tous les châteaux en Espagne, tous les rêves délicieux qui occupaient l'aimable fille; elle n'a plus de fils, d'époux, de campagne ; elle se revoit chez ses parents, assise dans la chambre de sa bonne ; elle soupire !... son bonheur n'était qu'un songe, il vient de s'évanouir.

On rêve souvent tout éveillé ; ces rêves-là sont toujours agréables, parce qu'on les arrange à sa fantaisie. Combien de jeunes filles, ainsi qu'Eugénie, ont passé et passeront encore des heures d'insomnie à se créer un bonheur qu'elles ne goûteront jamais en réalité ! Quand on aime, on s'abandonne avec délices au doux avenir que nous compose notre imagination. Le jeune amant se voit près de sa maîtresse : elle lui est fidèle, elle l'adore ; si quelques nuages s'élèvent entre eux, ils sont bientôt dissipés, et la plus douce ivresse préside toujours à leurs raccommodements.

La jeune fille entend celui qu'elle préfère lui adresser le plus tendre aveu, lui jurer amour pour la vie, puis demandant sa main à ses parents ; elle se voit marcher à l'autel avec son doux ami, parée du charmant costume virginal, et plus belle encore de ses attraits, dont le bonheur, l'amour et la pudeur ont doublé l'éclat.

Rêves délicieux, vous valez bien ceux du conquérant, de l'ambitieux et du courtisan ; vous ne laissez dans notre âme qu'une douce langueur ; et tandis que les autres passions agitent nos sens et fatiguent notre esprit, les rêves d'amour, au contraire, nous reposent agréablement des peines de la vie. Ils sont bien moins heureux qu'Eugénie, ceux dont les désirs s'étendent au delà du cercle domestique.

Héros qui avez rêvé la conquête du monde, souverains qui voyez votre nom fameux dans l'histoire, ministres qui rêvez la toute puissance, courtisans qui rêvez les honneurs, votre réveil est bien plus pénible que celui de la grisette qui rêve un rendez-vous avec son amant.

Mais l'horloge de Saint-Nicolas vient de sonner deux heures, et Eugénie, étonnée qu'il soit si tard, ne comprend pas que le temps a passé plus vite pour elle qui parlait que pour Jeanneton qui l'écoutait.

— Deux heures du matin ! dit-elle en quittant à regret sa chaise, je n'ai jamais veillé si tard !... Je croyais qu'il n'était pas minuit. Ah ! si maman le savait !... Je ne m'étonne plus que Jeanneton se soit endormie !... Il est bien temps de se coucher ! Ah ! c'est dommage cependant ; j'aurais volontiers passé la nuit à causer. Couche-toi, ma bonne, dit Eugénie en secouant le bras de Jeanneton ; couche-toi vite, il est bien tard.

— Oui, mamzelle, répond Jeanneton sans ouvrir les yeux ; et la grosse fille se déshabille machinalement et se couche sans s'être entièrement réveillée.

Eugénie quitte la chambre de sa bonne, traverse doucement la cuisine et se dispose à monter l'escalier pour regagner sa chambre. Comme elle va mettre le pied sur les marches, se tenant à la rampe et tremblant un peu, parce qu'une jeune fille tremble assez ordinairement lorsqu'elle est sans lumière, soit de crainte, soit de plaisir, un bruit assez fort, semblable à celui de quelqu'un qui se laisse tomber et roule plusieurs marches, retentit au-dessus de sa tête. Eugénie frémit et n'ose bouger. Elle regarde en l'air et n'aperçoit aucune lumière. Qui peut avoir fait ce bruit? Serait-ce son père, sa mère, ou M. Bidois! Mais ordinairement ils ne marchent point sans chandelle. Serait-ce un voleur!... Dans tous les cas la pauvre petite n'est point rassurée, et comment éviter la personne qui descend? Elle a refermé sur elle la porte de la cuisine et ne voit pas où elle pourrait se réfugier.

Mais comme elle est encore toute tremblante, une voix se fait entendre, et cette voix la rassure un peu.

— Il est écrit que je suis dans un jour de malheur!... marmotte Bidois, car c'était lui, qui, à la suite de tous les désagréments et fatigues de la journée, se sentant incommodé au milieu de la nuit, s'était levé et descendait à tâtons pour se rendre dans la petite cour située derrière la boutique et au bas de l'escalier.

— Moi qui ne tombe jamais... rouler quatre marches!... Maudit escalier!... Je me suis écorché toute l'épine du dos... pourvu que les autres ne

Les boulangers.

m'aient pas entendu!... Ah? aye!... quelle douleur! Est-ce que la charcuterie était empoisonnée?... Ma foi, je le croirais presque, à moins que ce ne soit le veau! Mlle Jeanneton aura mal récuré sa casserole; ou c'est cette peste d'anisette de l'épicier!... elle ne valait rien du tout... Cela sent la réglisse, le girofle... je suis sûr que M. Dupont l'a faite lui-même... Avec son cadeau... jolie drogue, je voudrais qu'il l'eût tout entière dans le ventre!... Aye!...

Et tout en maronnant ainsi, Bidois descend l'escalier : il n'est plus très éloigné d'Eugénie, qui cherche comment elle évitera la rencontre du vieux commis, et qui ne voit pas d'autre moyen que de se blottir contre le mur, de cette manière, et en retenant sa respiration, elle pense que Bidois, qui à coup sûr doit tenir la rampe, passera près d'elle sans la toucher, l'escalier étant assez large pour cela, et qu'il ne l'apercevra point, parce qu'en effet la nuit est assez noire pour qu'on ne distingue pas près de soi.

Eugénie quitte donc la rampe, et s'adossant au mur en tenant le moins de place possible, elle garde le plus profond silence, attendant avec anxiété que le vieux commis ait passé pour remonter dans sa chambre, d'où elle voudrait bien maintenant n'être pas sortie.

Le moment fatal arrive : Bidois, traînant les jambes et tenant l'escalier à deux mains, de crainte de tomber encore, et malgré cela ne posant le pied qu'avec la plus grande précaution, Bidois passe tout contre Eugénie, qu'il n'aperçoit point. Encore quelques minutes, et elle n'aura plus rien à craindre... lorsqu'un malheureux éternuement, que la jeune fille n'a pas eu le temps de comprimer, part subitement, et, en répandant l'alarme, vient changer toute la scène.

— Ah!... il y a du monde... Au voleur!... crie aussitôt Bidois, se cramponnant après la rampe ne sachant plus s'il doit descendre ou monter. Eugénie, voyant que tout va se découvrir si elle reste là, s'élance, et en moins d'une minute regagne sa chambre et son lit.

Mais le vieux commis a entendu monter les marches avec précipitation ; il ne doute point que des voleurs ne se soient introduits dans la maison, et il continue à crier de toutes ses forces, frappant des pieds et des poings sur le mur et sur l'escalier, afin que le bruit réveille tout le monde.

Au carillon que fait Bidois, M. et Mme Moutonnet ne tardent pas à s'éveiller.

— Ah, mon Dieu ! dit Mme Moutonnet en poussant vivement son cher époux, qui, fatigué des suites de la fête et du petit anniversaire conjugal, goûtait avec délices les douceurs du sommeil; entendez-vous M. Moutonnet?... entendez-vous ?... mais pour Dieu, réveillez-vous donc!

— Qu'y a-t-il, mon cœur? dit le passementier en passant du côté gauche sur le droit.

— Ce qu'il y a? ah! quels cris! quel tapage !...

— C'est dans la rue, sans doute mon ange.

— Non, non, monsieur ; je reconnais la voix de Bidois?...

— De Bibi... de Bidois ?...

— Eh! oui... il appelle au secours.,. O ciel! le feu serait-il à la maison?...

— Le feu!...

Ce mot électrique produit son effet ordinaire : M. Moutonnet se jette à bas de son lit et suit Mme Moutonnet, qui ouvre une fenêtre donnant sur la cour, et demande ce qu'il y a.

— Des voleurs!... des voleurs!... répond Bidois d'une voix que l'épouvante rend encore plus lamentable : ils sont dans la maison... sur l'escalier... ils ont remonté... mais ils vont redescendre... Venez à mon secours... ou je suis perdu !...

— Des voleurs!... s'écrie Mme Moutonnet...

— Des voleurs! répète son mari en retournant au fond de sa chambre.

— Monsieur Bidois, réveillez Jeanneton : nous allons appeler par la rue... Eugénie, ma fille, enfermez-vous bien... Au secours! au secours!

Et Mme Moutonnet court ouvrir une fenêtre de sa chambre donnant sur la rue, et se met, de concert avec Bidois, à crier au voleur, pendant que son mari court éperdu dans la chambre, cherchant un vieux fusil qui lui servit jadis lorsqu'il accompagnait la procession, et qu'il ne retrouve dans aucune armoire, parce que la peur, qui lui trouble l'esprit, ne lui permet pas de se rappeler qu'il l'a serré dans le bas d'un chiffonier.

Jeanneton, éveillée par le tintamarre que l'on fait dans la maison, croit qu'il est arrivé quelque malheur; Eugénie seule connaît la cause de tout ce tapage; mais elle se gardera bien de la dire ; elle sait que le danger que l'on redoute est imaginaire, et elle ne peut s'empêcher de rire dans sa chambre, de la terreur qu'elle a causée à Bidois.

Les cris de M. et de Mme Moutonnet ont été entendus d'un boulanger, leur voisin, chez lequel on est occupé à pétrir la première fournée, qui doit être enlevée dès le matin par les bonnes, les ouvriers et les vieux garçons.

— Oh! oh! dit le boulanger à ses garçons, il y a une aventure dans le quartier; allons un peu voir s'il n'y aurait point tentative d'*infraction manifeste*. Le four n'est pas encore chaud ; en avant, garçons! »

Les deux garçons quittent la pâte et suivent leur bourgeois, qui marche vers la maison d'où partent les cris.

— Ah! voilà des libérateurs s'écrie Mme Moutonnet en apercevant les trois hommes qui se dirigent vers sa demeure.

— Vraiment oui, dit M. Moutonnet en courant à la fenêtre avec son fusil qu'il vient enfin de trouver, je crois que ce sont des Suisses.

— Eh! non, monsieur, ce sont des mitrons, c'est notre voisin M. Pétrin... C'est du monde enfin... Par ici messieurs!... par ici...

On va vous ouvrir : on descend. Jeanneton? Jeanneton? allez ouvrir la porte de la boutique... Monsieur Pétrin, notre maison est pleine de voleurs!

— Eh bien! nous allons les pincer, madame Moutonnet.

Pendant que Jeanneton introduit dans la boutique M. Pétrin et ses deux garçons, M. et Mme Moutonnet se consultent pour savoir s'ils sortiront de leur chambre. M. Moutonnet est d'avis d'y rester pendant que l'on fera la visite de la maison, mais Mme Moutonnet pense que cela ira mieux si elle dirige les opérations; son avis étant toujours adopté à l'unanimité, M. Moutonnet passe une robe de chambre, et, fusil en main, se dispose à suivre sa femme, qui vient de se vêtir de sa blouse du matin.

Voilà des libérateurs, s'écrie Mme Moutonnet.

Ils trouvent sur l'escalier Bidois qui s'est armé du grand couteau de cuisine de Jeanneton, et qui le tient d'une main, tandis que de l'autre il retient sa culotte à moitié défaite, et qui, à chaque pas qu'il fait, retombe sur ses talons. Ils descendent tous trois dans la boutique où se sont rassemblés les boulangers dans le simple costume avec lequel on procède à la confection du pain, tandis que Jeanneton éveillée en sursaut, n'a eu que le temps de passer un petit jupon.

Mais la décence a toujours cédé à la peur, et Mme Moutonnet qui est ordinairement fort sévère sur l'article de la mise, et qui n'a jamais voulu voir l'exposition des statues, ni pu regarder en face l'Apollon ou l'Antinoüs, est prête à sauter au cou du boulanger et de ses garçons, parce que leur présence, dans ce moment, peut la préserver des dangers qu'elle redoute.

— Eh bien! que se passe-t-il donc chez vous, madame Moutonnet?

Le boulanger et ses garçons marchent en avant. (P. 675.)

dit le boulanger avec le ton mielleux qui lui est habituel et qui le rend la coqueluche de toutes les cuisinières du quartier, qui le citent comme un beau parleur.

« Vous poussez des cris étouffés et perçants ; j'ai dit aux enfants : Il faut lâcher la pâte et nous informer de la circonstance survenue aux voisins. »

— Ah! monsieur Pétrin!... c'est le ciel qui vous envoie! Sans vous, nous serions perdus... De grâce ne nous abandonnez pas dans ce moment périlleux...

— Madame, soyez calme, je me suis toujours piqué *d'organe* pour être utile au beau sexe... Mais qu'est-ce encore?

— Des voleurs, monsieur Pétrin, des voleurs...

— Où sont-ils, par où sont-ils entrés...

— Bidois va tout nous dire... c'est lui qui les a découverts...

— Parlez donc? Bidois... »

Bidois s'avance pâle et tremblant, et commence son récit, ne s'interrompant que pour rattraper sa culotte, que, dans le feu de son discours, il oublie parfois de retenir.

« J'étais couché dans ma chambre, je dormais assez mal.... ou, pour mieux dire, je ne dormais pas du tout.... Je me sens des douleurs.... comme de colique.... provenant sans doute de quelque chose du dîner qui....

— Passez vos coliques, Bidois, dit madame Moutonnet avec impatience, et venez au fait.

— J'y arrive, madame. Je me sens forcé de descendre dans la cour pour aller....

— Nous savons bien où vous alliez, Bidois. Ensuite?

— Je quitte donc ma chambre, et, n'ayant point de lumière, je me décide à descendre à tâtons. Je descends donc et fort doucement pour ne réveiller personne. J'étais déjà au second étage, en face des magasins.... lorsque mon pied glisse.... je perds l'équilibre, et je roule quatre ou cinq marches sur le dos....

— Que la peste vous étouffe avec vos roulades! Aurez-vous bientôt fini?

— M'y voici, madame, m'y voici. Je me relève, et cette fois je me cramponne, de manière à ne plus tomber. Je descends.... me voilà devant la cuisine je vais être en bas.... quand un bruit subit part à deux pas de moi, presque à mon oreille.... Je veux voir le coquin.... Bah! ils sont plus d'un; je les ai entendus grimper l'escalier quatre à quatre, et ils se sont probablement réfugiés dans le grenier.

— Ah! mon Dieu! dit madame Moutonnet en saisissant le bras de M. Pétrin.

— Ah ciel! dit son époux en s'appuyant sur son fusil, au bout duquel est encore un bouquet dont on ne distingue plus les fleurs, parce qu'il est depuis quelques années dans le chiffonnier.

— C'est-il bien possible! dit à son tour Jeanneton, qui n'a pas l'air aussi effrayée que les autres, parce qu'elle devine à peu près ce qui a causé tant de frayeur à Bidois.

— Il faut commencer la visite domiciliaire, dit le boulanger. En avant, garçons! Monsieur Moutonnet, donnez-moi votre fusil.

— Bien volontiers, monsieur Pétrin

— Il est chargé?

— Non, non, il ne l'est pas ; je crois même qu'il ne l'a jamais été.

— Eh! que diable alors voulez-vous que j'en fasse?

— Vous êtes incorrigible, monsieur, dit madame Moutonnet à son mari, votre fusil n'est jamais en état.

— Mais, mon cœur, vous savez bien que je n'ai pas l'habitude de m'en servir.

— Allons, calmez-vous, nos garçons suffiront, je l'espère, dit le boulanger; s'ils font résistance, nous les assommerons.

— Oui, mais s'ils tirent sur vous? dit Bidois.

— Bah! les voleurs n'ont jamais d'*armes effectives*, marchons.

— Mais il faut d'abord mettre les dames en lieu de sûreté, dit M. Moutonnet.

— C'est juste.

— Allons chez ma fille, dit madame Moutonnet, nous nous y enfermerons. »

On quitte la boutique; le boulanger et ses garçons marchent en avant; puis Bidois, auquel son couteau donnerait l'air d'un conspirateur si sa culotte, tombant à moitié de ses jambes, ne rappelait le motif de sa sottise; vient ensuite madame Moutonnet, puis son époux, qui s'obstine à tenir son fusil en joue, quoiqu'il sache bien qu'il ne peut tuer personne; mais il pense sans doute que la vue suffira pour pétrifier les voleurs; enfin Jeanneton tient deux flambeaux avec lesquels elle éclaire la marche des mitrons, passant tantôt devant, tantôt derrière, suivant que le permettent les localités.

On a commencé par visiter la cour, où l'on ne trouve personne, ce qui n'étonne point, puisque, d'après le récit de Bidois, c'est vers le haut de la maison que les voleurs se sont dirigés ; on arrive devant la chambre d'Eugénie : la jeune fille avait eu tout le temps de se mettre au lit. On frappe à sa porte, la maman lui ordonne d'ouvrir. Eugénie, qui n'est pas endormie, passe bien vite une robe et ouvre.

A la vue de la jeune fille, dont l'air calme et presque riant n'annonce aucune terreur, M. Pétrin commence un joli compliment, dans lequel il s'embrouille et que madame Moutonnet interrompt, fort heureusement, pour demander à sa fille comment il se fait qu'elle était aussi tranquille lorsqu'il y a des voleurs dans la maison.

— Des voleurs!... dit Eugénie en jetant un regard sur Jeanneton ; mais, maman, je n'ai rien entendu....

— Vous êtes bien heureuse, mademoiselle, de dormir comme un canon; mais nous allons nous enfermer chez vous, pendant que ces messieurs vont combattre pour nous!... Ah!... que nous sommes heureux d'avoir des libérateurs !

Eugénie lève les yeux, mais elle les rebaisse bien vite parce que le costume des libérateurs lui paraît trop à la romaine ; madame Moutonnet pousse sa fille et Jeanneton, et, remettant un des flambeaux à Bidois :

Bidois regarde même dans sa table de nuit.

— Marchez, dit-elle, mais surtout soyez prudents !...

Et elle referme la porte à double tour, au grand mécontentement de son époux et de Bidois, qui espéraient tous deux se glisser dans la chambre avec les dames

— C'est ici qu'il faut de la tête et du sang-froid, dit M. Pétrin, nous allons relancer l'ennemi dans son gite.... Marchez devant, mon vieux, vous connaissez les êtres, vous conduirez.

— Bien obligé, dit Bidois, mais si je tiens la lumière, je ne pourrai pas faire usage de mon arme.... Il vaut donc mieux qu'un de ces messieurs s'en charge.... Je vous guiderai aussi bien en marchant derrière ; d'ailleurs, c'est à M. Moutonnet, qui est chez lui, à faire les honneurs.

— Allons toujours, dit le passementier, je m'en rapporte entièrement au zèle de ces messieurs.

Le boulanger voit qu'il n'y a pas moyen de faire passer devant M. Moutonnet ou son commis ; il se décide à commander les manœuvres. Parvenu au second, on visite exactement les magasins ; de là on passe au troisième ; M. Bidois avait laissé sa porte entr'ouverte ; on visite sa chambre, on cherche sous le lit, dans les armoires, dans la cheminée ; Bidois regarde même dans sa table de nuit, probablement sans penser à ce qu'il fait ; on ne trouve rien.

— Décidément, ils sont dans le grenier dit M. Moutonnet.

— Oui, oui, dit Bidois, c'est là que j'ai toujours pensé qu'il étaient.

— Marchons vers le grenier, dit le boulanger, car il faut qu'ils soient quelque part.... à moins que M. Bidois n'ait rêvé et ne s'amuse à nous faire faire une petite patrouille de santé.

— Non, messieurs, non, je n'ai point rêvé.... j'ai des oreilles, je ne suis pas encore en enfance.... vous en aurez bientôt des preuves.

On se dirige en silence vers le grenier. Arrivé devant la porte, qui n'est fermée qu'au loquet, on entend un bruit assez violent, auquel succède un profond silence.

— Pour cette fois, nous les tenons, dit le boulanger.

— Que.... que.... vous avais-je dit? marmotte Bidois, qui tremble de tous ses membres, tandis que M. Moutonnet est obligé de s'appuyer sur son fusil pour se soutenir.

— Si Bidois allait chercher la garde? dit-il d'une voix presque éteinte.

— Oui, monsieur, vous avez raison, répond Bidois enchanté de trouver une occasion pour ne pas entrer dans les greniers.

Et le vieux commis se dispose à descendre, lorsque le boulanger le retient brusquement par le bras.

— Nous n'avons pas besoin d'aide, dit-il, moi et mes garçons nous sommes solides au poste, et c'est inutile d'aller chercher le voisin.

Ils se tiennent enlacés sur la première marche.

En achevant ces paroles, M. Pétrin, le gourdin en l'air, se précipite dans le grenier, dont il ouvre la porte brusquement.

— Rendez-vous, coquins! crie-t-il d'une voix de Stentor tandis que, ses deux garçons brandissent leurs redoutables bâtons et que M. Moutonnet et Bidois qui ont fait semblant d'entrer, se tiennent enlacés sur la première marche de l'escalier, prêts à redescendre si l'on fait résistance.

Mais comme les voleurs n'ont jamais existé que dans l'imagination de Bidois, on ne répond pas à l'appel du boulanger, qui s'avance bravement, suivi de ses garçons, et va jusqu'au fond des greniers sans rien découvrir. Arrivé là, on voit remuer une longue planche jetée avec des vieilles boiseries dans un coin de la mansarde. M. Pétrin fait un signe à ses garçons : tous trois s'avancent, lèvent leurs gourdins et frappent en même temps. Mais au lieu du gémissement du voleur, qu'ils comptaient entendre, c'est un miaulement épouvantable qui retentit dans le grenier; un des garçons lève la planche et découvre un malheureux chat auquel ils ont brisé les reins.

A cette vue, le boulanger part d'un éclat de rire, ses garçons en font autant.

— Il paraît que nous sommes vainqueurs, dit M. Moutonnet à Bidois; les entends-tu?... Ils chantent victoire; nous pouvons nous joindre à eux. » Et ces messieurs entrent dans le grenier, en demandant si l'on a bien bâtonné les voleurs.

— Nous n'en avons trouvé qu'un, dit M. Pétrin, mais je vous assure qu'il ne vous fera plus peur, et en disant ces mots le boulanger jette aux pieds de Bidois le chat qu'ils ont assommé.

— Qu'est-ce que cela veut dire? s'écrie M. Moutonnet, tandis que Bidois regarde d'un air effaré le pauvre chat étendu devant lui.

— Cela veut dire, mon voisin, qu'il n'y a pas plus de voleurs chez vous que dans mon four, où votre vieux commis mériterait d'aller se faire durcir, pour lui apprendre à mettre un quartier en l'air parce qu'il a la colique. Allons, les enfants, c'est assez manœuvrer pour un chat, retournons à la pâte.

En disant cela, M. Pétrin descend l'escalier et s'éloigne avec ses garçons, riant de la frayeur de Bidois, qui fera le lendemain la nouvelle du quartier.

M. Moutonnet est resté avec son commis qu'il regarde d'un air moitié craintif, moitié goguenard.

— Qu'en dis-tu? demande-t-il après un long silence.

— Je dis, je dis qu'ils ont mal cherché, répond Bidois d'un air courroucé. Au surplus, quelle chose qui arrive maintenant, c'est fini; je ne m'en mêle plus; je suis dans mon jour de malheur; j'aurais bien dû deviner que cela tournerait encore contre moi.

Et Bidois rentre dans sa chambre, où il s'enferme à double tour, persuadé, malgré la visite du boulanger, qu'il y a quelqu'un de caché dans la maison. Les dames ont entendu M. Pétrin s'éloigner avec ses garçons; elles ouvrent donc avec empressement à M. Moutonnet, qui vient leur apprendre le résultat de la visite.

— Ce n'était rien, dit M. Moutonnet en s'essuyant le front, nous n'avons trouvé qu'un chat que nous avons tué.

— Qu'est-ce à dire? s'écrie Mme Moutonnet; c'est pour un chat que Bidois met toute la maison en l'air, qu'il répand l'alarme dans tout le quartier, qu'il me donne presque des attaques de nerfs! Ah çà! mais ce drôle-là a donc résolu de ne faire aujourd'hui que des sottises!... Ah! il me le payera demain. Allons, couchez-vous ma fille; rentrez Jeanneton, et vous, monsieur, suivez-moi.

M. Moutonnet suit sa chère épouse et va remettre au fond du chiffonnier le vieux fusil qui n'aurait pas dû en sortir. Mais, en passant contre sa bonne, Eugénie a trouvé le moment de lui dire tout bas:

— C'était moi. Et Jeanneton se promet de rire à son aise quand elle sera dans sa chambre.

VII

QUI PROMET QUELQUE CHOSE

Le calme succède à l'orage, ou bien (comme aurait dit l'écuyer de Don Quichotte) les jours se suivent mais ne se ressemblent pas. Le lendemain de la fête à M. Moutonnet, on a repris le train de vie ordinaire, les occupations journalières. Dès sept heures du matin, M. Moutonnet est devant son grand livre, Bidois fait des additions, Eugénie coud au comptoir, Jeanneton balaye et Mme Moutonnet va, vient et donne ses ordres du haut en bas de la maison.

Avant d'en venir là cependant, il a fallu entendre une petite mercuriale plus forte que de coutume; mais chacun s'y attendait. M. Moutonnet est tancé vertement pour s'être permis, la veille, mille libertés et propos lestes au bois de Romainville, et surtout pour s'être éloigné de sa femme pendant la scène du bal; Bidois est grondé au sujet de plusieurs gaucheries qu'il a faites: mais c'est surtout pour la peur qu'il a causée pendant la nuit que le vieux commis essuie de sévères réprimandes. Les coupables écoutaient dans le plus profond silence: c'est le meilleur correctif contre la colère. M. Moutonnet et son commis connaissaient le procédé de Socrate, ou plutôt ils en font usage par un instinct naturel qui, sans que l'on nous l'ait enseigné, nous fait sentir la manière dont il faut nous conduire dans les circonstances épineuses. Ce sentiment secret est le bon sens, et il faut avouer qu'il guide souvent mieux les sots que les gens d'esprit.

Cependant, tout en taillant sa plume (ce que, par parenthèse, Bidois fait plus de dix fois dans la journée), le vieux commis est intimement persuadé que pendant la nuit dernière, il s'est introduit quelqu'un dans la maison; mais comme on n'a trouvé personne, et qu'il ne veut plus se faire gronder par Mᵐᵉ Moutonnet, il garde pour lui ses réflexions, se disant :

— Si ce n'était pas un voleur, c'était toujours quelqu'un; mais tôt ou tard je saurai qui.

Eugénie seule n'a pas été comprise dans les réprimandes que sa mère vient de distribuer; et cependant, depuis la veille, Eugénie est la plus coupable, et le calme n'est pas rétabli dans son cœur, Pauvre petite ! il est bien à craindre qu'il ne s'y rétablisse plus ! Quand l'amour s'empare d'une jeune fille, il ne la quitte pas facilement; ce dieu s'attache plus fortement aux femmes qu'aux hommes : sans doute les dames le traitent moins légèrement que nous.

Adolphe saisit toutes les occasions qui se présentent pour sortir de son magasin, ne fût-ce que pour cinq minutes ; car, dans ces cinq minutes, il trouve le temps de passer devant Eugénie, de la regarder bien tendrement, de lui adresser quelques mots passionnés, qu'elle ne peut entendre, il est vrai, parce qu'il ne les dit qu'à demi-voix, mais dont cependant il lit la réponse dans les yeux d'Eugénie, parce qu'une jeune fille devine facilement tout ce que son amant peut lui dire, surtout quand cet amant n'a obtenu que de légères faveurs.

Lorsque, par hasard, Mᵐᵉ Moutonnet est sortie, Eugénie vient se placer sur le seuil de la boutique, comme pour prendre l'air un moment, et Adolphe, qui, de son magasin, est toujours aux aguets, trouve aussitôt un prétexte pour sortir, et il passe tout contre Eugénie, et en passant il lui presse la main ; on échange quelques mots ; et l'on est heureux... pour des amants, une minute de bonheur laisse de doux souvenirs pour toute la journée.

Ces regards, ces petits mots, ces serrements de mains attisent le feu qui brûle dans ces jeunes cœurs ; l'amour qu'ils éprouvent prend chaque jour de nouvelles forces ; il les occupe entièrement ; il est devenu pour eux une seconde existence, Adolphe ne respire que pour Eugénie, et celle-ci n'a plus une pensée qui ne se rapporte à Adolphe.

— Il passera tout à l'heure, se dit-elle à chaque instant ; je vais le voir, il me regardera... et peut-être ce soir ou demain, maman sortira, et je pourrai lui parler un moment.

Jeanneton est toujours la confidente d'Eugénie ; chaque soir la grosse servante apprend ce que l'on a fait le matin. Elle sait combien de fois Adolphe a passé devant la boutique, ce qu'il a dit, ce qu'il a fait ; elle sait même comment il était mis ; car en parlant de celui qu'elle aime, une jeune

M. DUPONT

Ici, Dupont, en voulant se rasseoir trop précipitamment... (P. 688).

fille s'appesantit sur les moindres circonstances; tous ces détails ne sont intéressants que pour les amoureux; mais Jeanneton songe encore quelquefois à Jérôme; et elle a toujours l'air d'écouter avec beaucoup d'attention, quand on lui dit qu'Adolphe avait une cravate noire et un habit bleu.

Mais, en taillant sa plume et en faisant ses additions, Bidois voit tout ce qui se passe; il s'aperçoit que, depuis quelque temps, Eugénie a sans cesse les regards tournés vers le magasin de nouveautés; il l'entend soupirer quand sa maman ne sort point; il remarque qu'elle court à la porte dès que Mme Moutonnet est partie; enfin il s'aperçoit que le même jeune homme passe et repasse sans cesse devant la boutique. Il reconnait Adolphe, et sans avoir l'air d'être occupé d'autre chose que de sa besogne, Bidois épie les jeunes gens, et le résultat est qu'à la fin de la journée, le vieux commis sait, tout aussi exactement que Jeanneton, combien de fois dans le jour Adolphe a quitté son magasin; ce qu'il a dit à Eugénie en passant; ce que celle-ci lui a répondu, et quelle était la couleur de sa cravate et de son habit. Les vieux garçons valent presque les vieilles filles pour épier tout ce qu'on fait.

Bidois rit en secret de Mme Moutonnet qui, malgré sa sévérité et son extrême surveillance, ne s'aperçoit pas de l'amour des jeunes gens.

« Parbleu, se dit-il, cela nous promet de fameuses scènes! Je commence à croire maintenant que ce n'était pas un voleur qui s'était introduit dans la maison!... Ah! ces jeunes filles! ces jeunes filles!... Qui croirait que... Mais chut! ne disons rien; ayons l'air de ne rien voir et continuons à tout observer. »

Depuis la Saint-Eustache, la famille Bernard ne revient plus chez Mme Moutonnet, mais on voit toujours les Gérard et surtout l'ami Dupont. Celui-ci ne vient pas seulement le dimanche; il quitte souvent son magasin dans la semaine pour se rendre chez le passementier. On l'invite souvent à dîner, faveur que Mme Moutonnet n'accorde qu'à ses intimes amis. Ces jours-là, Eugénie est dispensée de travailler le soir; elle a la permission de rester avec la société, et elle joue au *loto* ou au *nain jaune* avec M. Dupont, qui ne manque pas de lui adresser des compliments en tirant les boules ou en faisant *la bête*, ce qu'il fait de la meilleure grâce du monde, au grand contentement de M. Moutonnet qui gagne l'épicier et se croit très fort au *nain jaune*.

Quand l'épicier vient, Eugénie ne peut, dans la soirée, ni apercevoir Adolphe, ni lui parler; aussi elle déteste Dupont et frémit quand elle le voit arriver, de crainte qu'on ne l'invite à dîner. Bidois fait aussi ses conjectures sur les visites fréquentes de l'épicier; et, d'après l'accueil que lui fait Mme Moutonnet, le vieux commis devine aisément quels sont les projets de la maman, et il se dit en regardant l'ami Dupont: « En voilà encore un qui pourra bien... Au reste, il a une figure à ça. »

Cependant de jour en jour les visites de l'ami Dupont deviennent plus rapprochées; il est mieux reçu que jamais chez le bon passementier: Bidois remarque qu'il y a souvent des conférences, des pourparlers entre les parents et l'épicier. Mme Moutonnet est moins sévère avec sa fille ; elle ne trouve plus mauvais qu'Eugénie donne du soin à sa toilette, et, depuis qu'Eugénie est amoureuse, elle s'en occupe passablement. L'amour donne toujours le désir de plaire ; cette coquetterie-là est bien naturelle ; on veut paraître jolie aux yeux de l'objet adoré, et quoi que l'on puisse dire, un peu d'art ne nuit jamais; il ajoute aux attraits que l'on a déjà, il cache les légères imperfections de la nature. Enfin, pour plaire longtemps, il ne faut jamais négliger entièrement les soins que l'on se donnait pour être aimé. Oh! messieurs les maris!... si vous ne portiez pas autant de bonnets de coton... ce qui vous va fort mal; et vous, mesdames, si, dans votre intérieur, vous conserviez toujours cette tenue aimable, gracieuse, qui vous fait distinguer dans la société, peut-être verrait-on plus de bons ménages... L'amour tient à si peu de chose... J'ai connu une dame qui ne pouvait plus envisager son mari depuis qu'elle l'avait vu sans perruque.

Mais, en général, c'est lorsque soi-même on n'a plus d'amour que l'on ne se donne plus la peine de soigner sa personne. Jeunes gens, méfiez-vous de votre maîtresse lorsque vous la verrez venir en papillotes au rendez-vous que vous lui aurez donné.

Eugénie, qui est tout amour, n'oublie rien de ce qui peut l'embellir encore. Tous ces soins sont pour Adolphe, et Mme Moutonnet est persuadée que c'est pour M. Dupont que sa fille soigne sa toilette. Elle le fait remarquer à l'épicier, qui ne doute pas que la jeune personne ne le trouve fort à son gré, quoiqu'elle ne lui dise jamais rien qui puisse le lui prouver, et qu'elle ne fasse pas semblant d'entendre les compliments qu'il lui adresse; mais il attribue cela à sa timidité et à sa bonne éducation.

Tout annonce qu'un grand événement se prépare dans la maison du passementier. M. Moutonnet a l'air plus guilleret, plus à son aise près de sa femme. Il va souvent avec Dupont prendre une demi-tasse et faire une partie de dominos ; en sortant il embrasse sa fille d'un air moitié mystérieux, moitié plaisant ; il lui prend le menton, sourit en la regardant; puis, en lançant un coup d'œil à M. Dupont, qui se tient près du papa le chapeau sous le bras :

— Elle est gentille au moins, dit le bon passementier : elle est bien élevée, elle est sage, et ça connaît déjà l'ordre et la tenue d'une maison ; elle vaudra sa mère !... Hein ! dans un beau comptoir !.. quelle tournure !. quels yeux !.. c'est tout mon portrait, n'est-ce pas, Dupont?

— Oui, certes, mademoiselle a tout votre nez...

— C'est vrai, c'est absolument mon nez, il y a vingt-cinq ans, avant que je prisse du tabac... Ne trouvez-vous pas aussi que ce sont mes yeux?

— Oui, oui... si ce n'est que les vôtres sont gris, et que ceux de mademoiselle sont noirs ; du reste, c'est bien la même chose.

— Quant au front, par exemple, c'est celui de sa mère... un front de génie, un front de caractère...

— Oh ! ça n'est pas du tout votre front... généralement mademoiselle tient de vous deux... on reconnaît tout de suite... c'est comme le chocolat et le cacao.

— Oui, il a raison, Dupont... il faut marier cette petite fille-là, hein! Qu'en pensez-vous, Dupont?

— Je pense... ma foi... je pense que cela est aussi facile que de moudre du café...

— Ce gros balourd ne sort pas de ses épiceries, dit tout bas Bidois, qui écoute la conversation de M. Moutonnet et de son ami, tandis qu'Eugénie n'y donne qu'une faible attention, parce qu'elle a vu passer devant la boutique le jeune homme en habit bleu et en cravate noire.

Pendant que l'on traite une grande affaire dans l'arrière-boutique, l'amour va son train sur le devant : Adolphe passe et repasse plus que jamais, ce qui lui attire de fréquentes réprimandes à son magasin ; mais Adolphe est amoureux, il brave tout pour voir celle qu'il aime, et cependant il n'a pour vivre que sa place, dont les appointements sont bien modiques : que deviendrait-il s'il la perdait?... Mais fait-on toutes ces réflexions à vingt ans, lorsqu'on est amoureux ?

Adolphe est venu deux ou trois fois depuis la fête rendre visite à Mme Moutonnet. Le jeune homme a fait tout ce qu'il a pu pour se faire bien voir de la maman ; mais quoiqu'on l'ait assez bien reçu, on ne l'a pas engagé à venir davantage. Mme Moutonnet a pensé qu'il était inutile de recevoir plus fréquemment les visites du jeune commis marchand. Ah! pourquoi n'a-t-elle pas pris plus tôt cette mesure ? Pourquoi l'a-t-elle engagé à être de la fête de Romainville? il n'aurait pas adressé les tendres aveux qui ont fait tant d'impression sur le cœur de la pauvre petite : la jeune fille, n'ayant remarqué Adolphe que comme on remarque un joli garçon, ne se serait pas livrée à tout l'amour qu'il lui inspirait. Comprimant au fond de son âme ses premiers sentiments, Eugénie n'aurait jamais aimé peut-être, et, sans se trouver malheureuse, elle serait devenue l'épouse de M. Dupont. Pourquoi donc avoir engagé Adolphe à cette fête?... pourquoi? vous le savez déjà : pour ne pas être treize, nombre fatal qui attire toujours quelque malheur, à ce que nous assurent les bonnes femmes, les nécromanciens et les tireurs de cartes, gens très respectables que je vous engage à consulter, parce qu'ils lisent dans l'avenir en regardant du marc de café, du plomb fondu ou le creux de votre main ; ce qui ne les empêche pas assez ordinairement de loger dans des chenils et de finir sur la paille. Mais ce sont de ces mystères qu'il ne nous appartient pas de pénétrer; et dans tout ce qui surpasse notre faible entendement, il faut croire et nous humilier.

VIII

LA JOURNÉE DES FIANÇAILLES

Deux mois se sont écoulés depuis la fameuse Saint-Eustache. Ils ont passé bien rapidement pour nos deux amants, qui se voient tous les jours et ne se lassent point de se témoigner leur amour. Adolphe cependant voudrait bien trouver quelque moyen pour parler à Eugénie autrement que dans la rue et en courant : mais comment faire? Le jeune homme s'est adressé à Jeanneton, qu'il sait être dans la confidence de ses amours ; il la supplie de le laisser entrer le soir un seul instant dans sa chambre, où, pendant le sommeil des parents, il pourrait causer une minute avec celle qu'il adore, et cela en présence de Jeanneton : mais la bonne ne consent pas à cela; elle sent que, si une fois Adolphe s'introduit dans la maison, Eugénie courra de grands dangers. Jeanneton connaît la faiblesse de son sexe, et devine tout ce que peut entreprendre un homme qui sait qu'il est aimé. Jeanneton s'arme donc de courage pour refuser Adolphe ; il lui en faut beaucoup, car les prières d'un joli garçon ont bien du pouvoir sur le cœur de la bonne fille.

Mais le moment est venu qui doit amener de grands événements dans la maison de M. Moutonnet, et Bidois, qui a tout observé, tout vu, tout entendu, attend avec impatience ce grand jour.

Un matin, Mme Moutonnet monte de bonne heure dans la chambre de sa fille; elle la prévient que M. Dupont va venir déjeuner avec eux, l'engage à s'habiller, à descendre dans la salle de l'arrière-boutique, et lui annonce qu'elle la dispense de tout travail pour le reste de la journée.

Mme Moutonnet s'est éloignée, et Eugénie, surprise de ce que sa mère vient de lui dire, cherche à deviner pour quel motif on la dispense de se rendre à la boutique, parce que M. Dupont vient déjeuner. Loin de regarder cela comme une faveur, Eugénie soupire, elle songe qu'elle ne pourra apercevoir Adolphe de toute la journée. Cette idée et le ton singulier avec lequel sa mère lui a parlé font battre son cœur et remplissent son âme de tristesse.

Elle s'habille lentement; pour la première fois, mille souvenirs s'offrent à son imagination, et les fréquentes visites de l'épicier lui inspirent des craintes. Elle tremble, elle frémit de voir se réaliser ses soupçons, elle reste pensive dans sa chambre, et Jeanneton occupée en bas ne peut partager ses alarmes.

Neuf heures sonnent, il faut descendre. Eugénie quitte sa chambre et se rend dans la salle où sa famille et M. Dupont sont déjà réunis, il ne manque que Bidois, mais le vieux commis est obligé de garder la boutique, ce dont il enrage, parce qu'il se doute bien qu'il va se passer quelque chose d'important dans la salle à manger, où cependant il trouve le moyen de se rendre souvent en prétextant toujours quelque affaire, mais dans le fond, pour tâcher de saisir quelques mots de la conversation.

— Avancez, ma fille, dit Mme Moutonnet en apercevant Eugénie tremblante à la porte de la salle; avancez... monsieur Dupont, allez donc lui donner la main.

— C'est juste, c'est juste, dit Dupont en s'élançant vers Eugénie; c'est ce que j'allais faire quand j'ai aperçu mademoiselle.

Et l'épicier conduit Eugénie vers une chaise; elle s'y assied sans prononcer une parole, mais le gonflement fréquent de son sein annonce qu'elle attend avec anxiété le résultat de cette réunion, tandis que le papa Moutonnet, qui paraît avoir envie de dire quelque chose et n'ose point se permettre d'entamer la conversation avant sa femme, se contente de tousser dans différents tons et de prendre plusieurs prises de tabac.

On sert le déjeuner; on le prend en parlant d'abord de la pluie, du beau temps et du cours des épiceries, fond de conversation dans lequel brille l'ami Dupont, qui trouve toujours moyen de revenir à la cassonade et au poivre, et d'en mêler dans tous ses discours.

Enfin Mme Moutonnet a fait un signe à son mari pour l'engager au silence, et elle s'adresse à Eugénie :

— Ma fille, vous avez dix-huit ans, votre éducation est achevée, vous savez ce que c'est qu'un comptoir, et, grâce à mon exemple, je vous crois en état de tenir une maison.

— Oui, certainement, dit M. Moutonnet, elle est en état de tenir...

— Chut! silence, s'il vous plaît, monsieur Moutonnet... Je vous ai de plus inculqué de bonne heure des principes de vertu et de sagesse qui...

— Madame, dit Bidois en s'avançant à l'entrée de la salle, je ne trouve pas exact le compte de M. Dupuis.

— C'est bon, c'est bon, Bidois, nous sommes en affaire, je verrai cela plus tard.

— Ah! c'est différent.

Bidois s'éloigne à regret, mais il a eu le temps d'examiner la figure de chaque personnage, et c'est déjà quelque chose ; il va tirer ses conjectures là-dessus.

— Enfin, ma fille, reprend Mme Moutonnet, grâce à mes soins, je me flatte que vous voilà en état d'être mariée, et que vous serez digne de votre mère...

— Oui, m'amour, elle en sera digne, dit M. Moutonnet, c'est moi qui te le...

— Mais silence donc, M. Moutonnet ; me laisserez-vous parler?... Je ne vous ai jamais vu si bavard... Cependant, ma fille, nous n'aurions peut-être pas encore songé à vous marier, et, vu votre jeunesse, nous aurions sans doute attendu encore quelques années, si un parti brillant et solide ne s'était présenté pour vous.

Dupont, se dandine, s'agite sur sa chaise, tourne les yeux en faisant l'agréable, et, pour se donner une tenue, joue de chaque main avec ses deux chaînes à breloques.

— Oui, ma fille, un parti brillant se présente pour vous ; la personne qui vous recherche a droit à votre affection sous tous les rapports... Dupont se lève et salue Mme Moutonnet.

— C'est un homme qui joint à des dehors fort agréables... (Dupont se lève et salue) les qualités essentielles qui rendent une femme heureuse... (Dupont se lève et salue de nouveau). C'est un homme d'un bon âge... comme il faut pour se marier, un homme qui veut faire votre bonheur, qui vous aime tendrement, qui est riche, fort riche, et, de plus, économe, et s'entend parfaitement au commerce.

Pendant tout ce discours, Dupont n'a pas fait autre chose que de se lever et de se rasseoir.

— C'est un homme, enfin, auquel je ne connais aucun défaut, et...

Ici, Dupont, en voulant se rasseoir trop précipitamment, roule avec sa chaise au milieu de la salle à manger, et Bidois, qui a entendu le tapage, accourt en feignant de croire qu'on l'a appelé. Il aide l'épicier à se relever et regagne la boutique, tandis que le futur, afin d'éviter de nouvaux malheurs, se décide à entendre debout la fin du discours de Mme Moutonnet.

— Enfin, ma fille, reprend Mme Moutonnet lorsque le calme est rétabli,

Jeanneton soutient Eugénie, et lui fait respirer des sels. (P. 690.)

au portrait que je viens de faire, je ne doute pas que vous n'ayez reconnu M. Dupont, notre sincère ami. Eh bien ! vous ne vous êtes pas trompée : c'est lui qui nous demande votre main, et c'est à lui que nous vous marions.

Eugénie ne répond rien : elle est atterrée, elle n'a pas la force de parler, et d'ailleurs que dirait-elle ; la pauvre fille sait que lorsque sa mère a prononcé, il n'y a plus qu'à obéir... mais obéir, lorsqu'on lui ordonne d'épouser Dupont, de l'aimer, et par conséquent d'oublier Adolphe!... Ah! cela ne lui semble pas possible, et Eugénie, qui, en une minute, a envisagé toute l'étendue de son malheur, sans apercevoir une lueur d'espérance, sent tout son sang se glacer; un poids énorme s'est placé sur sa poitrine, il l'oppresse, la suffoque; elle ne peut pleurer... et lorsque M. Dupont s'avance pour lui adresser son compliment, il la voit successivement rougir, pâlir, puis perdre connaissance avant qu'il ait trouvé le commencement de sa phrase.

— Ah! mon Dieu! s'écrie l'épicier en soutenant Eugénie, je crois qu'elle se trouve mal...

— Elle se trouve mal! dit le papa Moutonnet en courant vers sa fille, à laquelle il frappe dans la main; ma femme, vois donc, elle se meurt... Que faut-il donc faire?... Bidois! Jeanneton!...

Mme Moutonnet, que rien n'émeut, s'approche de sa fille en repoussant brusquement son époux. « Ce n'est rien... ce n'est rien! dit-elle; les jeunes filles... quand on leur parle de se marier... vous sentez bien que l'émotion...

— Oui, oui... c'est la joie sans doute, dit Dupont; la pauvre petite a été saisie; nous aurions dû la préparer à cela.

— Oh! soyez tranquilles... cela ne sera rien!

— Voilà une joie qui lui fait un bien triste effet, dit Bidois, qui se tient à l'entrée de la salle, pendant que Jeanneton, qui est accourue secourir sa chère enfant, soutient Eugénie et lui fait respirer des sels.

— Il me semble, ma femme, que vous ne vous êtes pas trouvée mal quand je me suis présenté pour vous épouser, dit M. Moutonnet, d'un air timide.

— Oh! mais moi, monsieur, c'est bien différent!... j'ai toujours eu un caractère, une force d'âme... Eugénie est aussi molle que vous!... Les demoiselles à présent ont des attaques de nerfs et de mon temps on ne connaissait pas cela.

— Moi, j'aime beaucoup les femmes nerveuses, dit Dupont, cela annonce un épanchement de sensibilité qui... Au reste, j'ai reçu de la fleur d'oranger surfine de Grasse, je lui en ferai prendre tous les jours. Mais la voilà qui revient à elle, je crois... oui... son teint reparaît... Voyons sur qui tombera son premier regard.

Le premier regard d'Eugénie fut pour Jeanneton, qui comprit tout ce qu'il signifiait; la jeune fille rebaissa ensuite les yeux, craignant également les regards de sa mère et ceux de son prétendu.

— Allons, ma fille, dit Mme Moutonnet, je vois que vous êtes très émue ; je conçois que l'annonce de votre mariage... que l'idée de quitter vos parents, peut produire cet effet ; remontez dans votre chambre jusqu'à l'heure du dîner ; prenez un peu de repos, et cela se calmera... Je vous l'ai dit, je vous dispense de vous rendre à la boutique aujourd'hui. Allez, ma fille ; vous connaissez maintenant nos intentions ; plus tard nous vous reparlerons des dispositions qu'il convient de prendre. Monsieur Dupont, donnez la main à votre fiancée...

Dupont va prendre la main d'Eugénie, qui la lui abandonne sans prononcer un mot ; le papa Moutonnet va embrasser sa fille ; il ne voit pas les larmes qui obscurcissent ses beaux yeux, d'ailleurs sa femme dit que cela est naturel, et d'après cela M. Moutonnet est persuadé que sa fille est enchantée de se marier. « Je te le disais bien, l'autre jour, que tu étais bonne à mettre en ménage, dit-il en souriant d'un air malin. Ah ! c'est que, vois-tu, je sais bien, moi, qu'une fille... lorsqu'elle a dix-huit ans... peut fort bien... »

Un regard de Mme Moutonnet a coupé court à la phrase du passementier, et l'épicier conduit Eugénie jusque chez elle ; la pauvre enfant se laisse mener sans lever les yeux sur son conducteur. Arrivés à la porte de sa chambre, elle va quitter M. Dupont ; celui-ci, qui pense que le moment est favorable pour dire quelque chose de tendre à sa future, la retient par la main, et après l'avoir saluée profondément, commence son compliment :

— Mademoiselle... il m'est bien doux de penser que... en sachant que je serai votre époux... vos beaux yeux... votre émotion... Certainement... je suis bien sensible à ce témoignage non équivoque de la réciprocité qui... Si vous voulez bien me le permettre, je vous apporterai, ce soir, une demi-bouteille de brou de noix, c'est excellent pour l'estomac !... J'ai aussi des pastilles de chocolat de santé à la vanille, très agréables au goût et...

— Je vous remercie, monsieur, dit Eugénie en saluant froidement l'épicier, mais je n'en prends jamais.

Elle ferme aussitôt sa porte au nez de Dupont, qui reste quelques minutes sur le carré, en admiration devant la porte de la chambre d'Eugénie.

— Parbleu, dit-il enfin, il faut avouer que j'aurai une femme parfaitement élevée... Dieu ! quelle éducation !... quelle tenue !... et de l'amour !... oh ! pour de l'amour... il faut que je lui en inspire considérablement, puisqu'elle s'est trouvée mal... c'est excessivement flatteur.

L'ami Dupont redescend dans la boutique, où il trouve le papa et la maman, qui, d'après l'air joyeux de leur futur beau-fils, pensent que leur fille lui a dit quelque chose d'agréable; tandis que Bidois, en le regardant en dessous, rit aussi de son côté.

— Eh bien! mon gendre, dit M. Moutonnet, vous avez l'air content; il paraît qu'Eugénie ne vous a pas mal reçu...

— Oui, beau-père... oui, je suis content; votre fille ne m'a rien dit, mais c'est égal... je l'ai parfaitement comprise .. elle est adorable... c'est un trésor que vous me donnez là.

Dupont reste en admiration devant la porte.

— Vraiment! dit Mme Moutonnet; j'aurais bien voulu voir que ma fille résistât à mes volontés!... Lorsque je lui dis : Voilà votre époux, elle doit obéir et se taire; c'est comme ça, monsieur, que j'ai été élevée. Quand on m'a présenté pour mari M. Moutonnet, je ne l'aimais pas du tout... je dirai même plus, je le trouvais vilain...

— Comment! mon cœur, vous me trouviez...

— Oui, monsieur; vous portiez dans ce temps-là un habit cannelle; cela vous allait horriblement. Mais cela ne m'a pas arrêtée; je me suis dit, une fois mon époux, il portera tout ce que je voudrai. Enfin monsieur, je vous ai épousé, et Dieu merci! je crois que vous n'avez pas lieu de vous en repentir.

— Non, certes, m'amour, je m'en garderai bien.

— Ma fille fera comme moi, mon cher Dupont, et vous m'en direz des nouvelles.

Pendant que les parents et le futur font entre eux toutes les dispositions nécessaires au prochain mariage, Eugénie, restée seule dans sa chambre, se livre à toute l'amertume de ses pensées. En quittant M. Dupont, elle s'est jetée sur une chaise; les larmes se sont enfin fait un passage; Eugénie sanglote : la vue de cette jeune fille se livrant à sa douleur a quelque chose de si touchant, de si triste, que peut-être, si Mme Moutonnet la voyait maintenant, elle se sentirait attendrie.. Mais Eugénie n'ose pas même pleurer devant sa mère.

Elle est depuis deux heures dans sa chambre, toujours immobile, laissant couler ses larmes sans songer à les essuyer, s'abandonnant à cette douleur morne, cent fois plus cruelle que les éclats du désespoir; car les chagins muets annoncent que l'âme est profondément affectée, et sont plus difficiles à guérir que les crises violentes.

Eugénie passait la journée dans cette situation; pour elle, le temps ne marche plus : défendre à une jeune fille d'aimer, c'est lui ôter tout le charme de l'existence. On ne lui défend pas cela absolument; mais il faudrait donc aimer M. Dupont, et, en conscience, pour Eugénie, cela n'est pas possible; il n'y a aucun rapport entre elle et l'épicier, et l'amour peut-il donc naître où il n'y a aucune sympathie?

Un petit coup frappé légèrement à sa porte a fait tressaillir la pauvre enfant; elle sort d'un rêve, elle écoute : on frappe de nouveau.

— Qui est là? demande en tremblant Eugénie.

— C'est moi, mamzelle, répond une voix que la jeune fille reconnaît aussitôt.

Elle court ouvrir sa porte, Jeanneton entre, et Eugénie se jette dans ses bras.

— Ah! ma bonne! s'écrie-t-elle; elle n'a pas la force d'en dire davantage; ses larmes l'étouffent encore...

Eugénie se jette dans ses bras.

— Eh ben! eh ben! dit Jeanneton, est-ce qu'il faut se désoler comme ça, se désespérer ainsi, se rendre malade?... Allons, allons, ne pleurez pas, mamzelle, ne pleurez pas.

Tout en disant ces mots, Jeanneton mêle ses larmes à celles d'Eugénie, dont elle voudrait pouvoir calmer les chagrins!

— On veut me marier, Jeanneton...

— Eh pardi! il y a longtemps que je m'en doute.

— Et tu ne me le disais pas.

— A quoi bon vous faire de la peine d'avance?

— On veut que j'épouse M. Dupont.

— Joli bijou qui a l'air aussi embarrassé que la queue de ma poêle!

— Je ne l'aimerai jamais!

— Je le crois bien; pour vous il est trop laid, trop bête, trop vieux... Est-ce que c'est là le mari qui vous convient?

— Oh! non, ma bonne, il ne me convient pas du tout!... Et puis il faudrait donc oublier Adolphe?... Ah! tu sais bien que cela m'est impossible... Adolphe que j'aime tant, qui m'adore!

— Ah, dame! celui-là est gentil... ce serait ben mieux vot'fait, s'il avait des écus.

— Ah! Jeanneton, pourquoi s'épouse-t-on pour de l'argent?

— Pourquoi... pourquoi... Parce que l'on mange toute sa vie, et que l'on ne fait l'amour que dans sa jeunesse.

— Ah! j'aimerai Adolphe toute ma vie, je mourrai s'il faut en épouser un autre.

— Mourir!... Ah! je voudrais bien voir cela? pourquoi se désespérer si vite? Ce mariage n'est pas encore fait; ce n'est pas demain que vous épousez ce Dupont. Peut-être votre mère...

— Elle veut ce mariage; tu sais bien qu'elle ne changera pas de résolution.

— Et que sait-on? en lui parlant, en pleurant devant elle... Eh! mon Dieu! qui est-ce qui pourrait vous résister?...

— Ah! Jeanneton, je n'oserai jamais lui dire que j'aime Adolphe.

— Vous ne lui direz pas que vous aimez Adolphe; mais vous lui direz que vous détestez Dupont.

— Elle ne m'écoutera pas.

— Si vous parliez à votre père?

— Tu sais bien que c'est inutile.

— Oh! ça, c'est vrai... il vous promettra de parler pour vous, et il ne dira rien.

— Tu vois bien, Jeanneton, que je n'ai plus qu'à mourir.

— Eh! non, non, mamzelle, je ne vois pas ça!... Mourir, c'est toujours une sottise; vaudrait encore mieux épouser l'épicier... Du courage! nous verrons... on ne sait pas ce qui peut arriver... Mais il faut que je retourne bien vite à ma cuisine; je suis venue à la dérobée, parce que je me doutais bien que vous pleuriez; mais nous nous verrons ce soir, et nous causerons plus à notre aise.

— Oh! oui, ma bonne ; mais lui!... lui!... je ne le verrai pas aujourd'hui ; que va-t-il penser?

— Vous le verrez demain, et si par hasard je le rencontre, je lui apprendrai ce qui se passe.

— Ah! ma chère Jeanneton, que tu seras bonne!... ah ! je t'en prie, tâche de le voir.

— Oui, oui.

Jeanneton s'éloigne, et Eugénie se sent presque calmée. Il faut si peu de chose pour faire renaître l'espérance dans un cœur de dix-huit ans! A trente on ne se console pas si vite, on a déjà perdu bien des illusions, et quand l'expérience arrive, le bonheur s'en va.

Mais Jeanneton ne peut pas ce jour-là rencontrer Adolphe ; elle est très occupée, parce qu'on a du monde à dîner chez Mme Moutonnet. La famille Gérard et le futur gendre sont invités : c'est le repas des fiançailles. La grosse fille n'a pas dit cela à Eugénie, de crainte de lui faire du chagrin ; elle retourne à sa cuisine, où tout est en l'air pour ce dîner qu'elle prépare à contre-cœur, car elle sait que sa chère enfant n'y touchera pas.

On dîne tard chez la plupart des marchands, parce qu'ils sont plus tranquilles quand l'heure de la vente est passée. M. et Mme Gérard, leur sœur Cécile et leur Fanfan arrivent à cinq heures et demie ; ils sont en toilette ; ils ont cet air de satisfaction, de contentement que l'on croit devoir prendre quand on va assister aux noces ou aux fiançailles de quelqu'un. Ce n'est pas que l'on s'intéresse au bonheur des futurs, mais on va s'amuser à une noce comme on irait s'amuser au spectacle ; bienheureux encore les époux qui échappent à la critique de ceux qu'ils ont invités à partager leur bonheur.

On n'a pas encore dit aux Gérard la grande nouvelle, mais quelques mots jetés par-ci par-là, l'assiduité de Dupont dans la maison du passementier, et enfin ce repas qui n'a pas lieu un jour de fête, tout cela fait soupçonner à la famille du parfumeur que ce dîner ne se donne pas sans dessein.

Pendant que l'on échange les premiers compliments, et que Bidois prend du tabac, parce que la présence de M. Gérard lui fait mal à la tête, Dupont arrive, les poches pleines d'olives, de mendiants, de confitures, et tenant sous chaque bras une bouteille de vin fin. Cela confirme les soupçons des Gérard, qui se regardent en souriant d'un air qui signifie : nous avons deviné la vérité.

— Oui, oui, dit tous bas Mlle Cécile à sa sœur, on va marier la petite à Dupont... C'est singulier! d'après ce que j'ai remarqué le jour de la Sainte-Eustache, j'aurais cru que... Mais nous verrons.

La vieille fille n'en dit pas davantage, mais elle se promet bien d'éclaircir ses soupçons. Malgré son prétendu éloignement pour les hommes, Mlle Cécile avait lancé quelques œillades à M. Dupont, qui était un excellent parti ; mais l'épicier n'avait pas répondu aux regards de la vieille demoiselle ; et quoique celle-ci ne conserve aucun espoir sur M. Dupont, elle ne serait pas fâché cependant de faire manquer son union avec Eugénie : ce serait toujours une petite vengeance.

— Mais où est donc cette aimable Eugénie, cette chère enfant? demande toute la société.

— Je vais la chercher, dit Mme Moutonnet, elle est dans sa chambre, elle a éprouvé ce matin des émotions un peu vives... Mais je vais vous l'amener.

— Oui, dit tout bas Bidois, je gage bien qu'elle aura les yeux rouges comme un lapin... Ils diront sans doute que c'est de joie. »

Mme Moutonnet monte chez sa fille, qu'elle trouve assise tristement près d'une croisée, d'où malheureusement on ne voit que dans la cour.

— Que faites-vous donc là, mademoiselle? dit Mme Moutonnet d'un air sévère, en remarquant d'un coup d'œil l'air triste de sa fille, ses yeux rouges de pleurs et l'abattement qui règne dans toute sa personne.

— Je ne fais rien, maman.

— Ne deviez-vous pas penser qu'il était l'heure de descendre dîner?

— Je n'ai pas faim, maman.

— Faim ou non, on dîne toujours... Mais on dirait, mademoiselle, que vous avez pleuré?...

Eugénie ne répond rien, mais elle tourne vers sa mère des yeux suppliants, et qui sont encore pleins de larmes.

— Eh bien! mademoiselle, que veut dire tout ceci? Pourquoi cet air pleurard?... Que signifie cette tragédie?... Est-ce parce que je vous marie que vous vous désolez?... Cela serait un peu fort!... Quand je vous donne un parti excellent, un homme qu'on peut mener à la baguette, vous devriez me remercier et être d'une joie... C'est vraiment bien la peine que je m'occupe de votre bonheur!

Eugénie fait un effort et prononce d'une voix faible :

— Maman... c'est que je n'aime pas M. Dupont...

— Vous êtes une sotte. Est-ce qu'on a besoin d'aimer son prétendu?...

— Mais, maman...

— Mais, mais!... mademoiselle, qu'est-ce à dire encore?...

— Je ne voudrais pas... l'épouser...

— Vous ne voudriez pas!... Est-ce bien ma fille qui parle?... Et quand j'ai résolu quelque chose, depuis quand vous permettez-vous des observations?... Je crois que vous voudriez raisonner comme votre père ;

Allons, mademoiselle, suivez-moi! (P. 697.)

que je n'entende plus de semblables discours. Dupont est riche, il n'a que quarante ans, c'est le meilleur parti que vous puissiez trouver. Aujourd'hui vos fiançailles, dans un mois la noce, voilà ce qui est décidé, et que je ne vous voie plus cette mine rechignée qui me déplaît. Allons, mademoiselle, suivez-moi; nous avons du monde à dîner, songez à avoir l'air décent et satisfait d'une jeune personne qui sait qu'on va l'établir.

Eugénie renfonce ses pleurs et suit sa mère en silence. Elle sent bien que c'est en vain qu'elle essaierait de fléchir Mᵐᵉ Moutonnet; mais Jeanneton lui a promis de parler à Adolphe, et certainement Adolphe ne la laissera pas devenir la femme d'un autre.

C'est par ces réflexions qu'Eugénie tâche de calmer son chagrin et de retenir ses larmes; mais, malgré tous ses efforts, elle ne peut parvenir à se donner un air gai, et lorsqu'elle paraît dans la salle, où tout le monde est réuni, Mˡˡᵉ Cécile voit se confirmer ses soupçons.

— Mesdames et messieurs, dit Mᵐᵉ Moutonnet en prenant sa fille par la main et la lui serrant d'une manière significative, je vous présente ma fille et son futur époux, M. Jonas Dupont.

Pendant qu'Eugénie fait, par ordre de sa mère, une profonde révérence à la société, qui lui adresse les compliments d'usage que Dupont reçoit d'un air enchanté, Mˡˡᵉ Cécile tâche de déguiser, sous un sourire, la grimace qui a contracté sa physionomie à l'annonce du mariage de l'épicier.

— C'est une union délicieuse, dit M. Gérard, qui, dans cette circonstance, ne voit que le plaisir d'aller à la noce; c'est Flore qui épouse Mars, c'est Hébé qui s'unit à Ganymède...

— Comment, dit Dupont, est-ce que Ganymède est le patron des épiciers?

— Non, pas tout à fait... Ganymède est un dieu qui donne à boire...

— Eh bien! mais en ce cas, il n'y a pas tant de différence : moi, je vends aussi à boire et à manger.

— C'est une figure que faisait Gérard, dit Eugénie.

— Elle est jolie, sa figure! dit tout bas Bidois, qui a enfin quitté le comptoir et vient dîner avec la compagnie.

On se met à table, Eugénie est placée à côté de son futur époux; Mᵐᵉ Moutonnet est en face de sa fille, sur laquelle elle porte souvent les yeux, voulant par ses regards lui indiquer la figure qu'elle doit faire; lui faisant à chaque instant des signes, soit pour sourire, soit pour prendre un air gracieux, soit pour répandre quelque chose; mais Mᵐᵉ Moutonnet se donne une peine inutile sa fille baisse constamment les yeux et ne regarde pas sa mère; celle-ci, pour la forcer à lui prêter attention, imagine un autre moyen : la table est longue, mais n'est point très large, et les personnes placées au milieu peuvent facilement atteindre les pieds de leurs vis-à-vis : d'après cela, madame Moutonnet se décide à agir par-dessous la table pour faire parler ses jambes, puisque ses yeux n'ont pas de pouvoir.

M. Gérard fait l'aimable et le galant, suivant son ordinaire. Il est placé à la gauche d'Eugénie, qui est entre lui et Dupont; mais comme Dupont n'adresse à sa future que des compliments mêlés de cannelle et de cassonade, auxquels Eugénie ne répond rien, le parfumeur tâche d'être plus heureux ; et Eugénie, qui ne voit pas en lui un homme qu'elle déteste, lui répond de préférence à l'épicier.

M. Moutonnet voudrait bien risquer quelques plaisanteries, quelques gaudrioles sur les plaisirs qui attendent les futurs époux; mais sa femme le lui a défendu, et toutes les fois qu'il commence une phrase, Mme Moutonnet lui jette un coup d'œil, qui fait expirer son discours sur son assiette. Mme Gérard parle de la toilette de la mariée ; le petit Fanfan de la jarretière qu'il enlèvera comme le plus jeune garçon de la noce. Bidois ne se permet pas de rien dire : il boit, mange et écoute en silence, se contentant de verser à boire quand madame le lui dit, et de s'offrir pour remuer la salade, après toutefois qu'on l'aura assaisonnée, chose pour laquelle il juge prudent de ne jamais se proposer. Mlle Cécile parle peu, mais elle n'ôte pas les yeux de sur Eugénie, et un sourire moqueur vient errer sur les lèvres lorsque par hasard elle regarde Dupont.

— Mais la mariée est bien silencieuse, dit Mme Gérard.

— Ma fille sait ce qu'elle se doit, une jeune personne que l'on marie ne doit point, à cause de cela, rire et chanter comme une petite folle !...

— Oh! il s'en faut bien que mademoiselle ait l'air de vouloir rire et chanter, dit Mlle Cécile en se pinçant les lèvres.

— Cependant, reprend Mme Moutonnet, je lui permets, maintenant qu'elle va être dame, de prendre part à la conversation.

En même temps, Mme Moutonnet fait aller ses yeux et ses pieds; mais Eugénie tient ses regards baissés et ses jambes tout contre sa chaise, ce qui empêche qu'elle ne reçoive les coups de pied qu'on cherche à lui faire sentir.

« Oh ! se dit tout bas Mlle Cécile, je trouverai bien tout à l'heure le moyen de la forcer à nous prêter attention. »

Bidois, tout en rongeant un morceau de carcasse, seule partie qui lui revienne jamais lorsqu'on mange de la volaille, et qu'il a toujours l'air de recevoir comme une faveur, tout en marronnant de ce qu'on ne lui donne que des os; Bidois, qui voit tout et fait attention à tout, se dit en lui-même, en regardant Eugénie :

« Si elle fait une figure comme celle-là le jour de sa noce, ça ne laissera pas d'être gai! »

On arrive ainsi au dessert. Eugénie est toujours silencieuse et garde la même contenance ; cependant Mme Moutonnet fait souvent aller ses pieds, et croyant rencontrer ceux de sa fille, elle a pressé fortement ceux de M. Gérard et de Dupont.

Le parfumeur, bien convaincu de son mérite, ne se doute pas de la méprise; il croit que c'est Eugénie qui, n'osant répondre devant tout le monde à ses galanteries, lui fait sous la table une tendre déclaration. Il soupire alors et lui lance des regards passionnés, en risquant quelques petits mots, à demi-voix, sur le plaisir qu'il éprouve. Mais Eugénie ne voit pas les mines de M. Gérard et n'entend point ses soupirs étouffés; son cœur et son esprit sont bien loin de là.

Dupont ne sait d'abord ce que cela veut dire : en se sentant marcher sur le pied, il fait une grimace affreuse et va crier parce qu'on a touché à un cor dont il souffre beaucoup... mais l'idée que c'est une marque d'amour de sa prétendue arrête le cri qui allait lui échapper; il se contient, tâche au contraire de paraître enchanté, et remercie tout bas Eugénie en l'assurant qu'il est sensible à cette preuve de son amour.

C'est Flore qui épouse Mars.

Eugénie le regarde d'un air étonné et ne répond rien; mais Dupont paraît ravi, ce qui fait présumer à Mᵐᵉ Moutonnel que ses pieds ont fait leur effet, et que sa fille a dit quelque chose d'agréable à son futur. D'après cela elle continue à jouer des jambes, et l'épicier et le parfumeur à faire des mines et à pousser des soupirs.

Mais cette pantomime ne contente pas Mˡˡᵉ Cécile, qui veut frapper le grand coup, et s'assurer si certains soupçons sont fondés. Elle amène la conversation sur l'hymen, ce qui ne lui est pas difficile, parlé de plusieurs personnes de sa connaissance qui viennent de se marier ; puis, feignant de se rappeler une chose assez indifférente :

— Enfin, dit-elle en regardant attentivement Eugénie, ce jeune homme qui était avec nous à votre fête, M. Moutonnet... vous savez... au bois de Romainville ?...

— Oui, oui, M. Adolphe, notre voisin, répond le passementier, tandis qu'Eugénie, en entendant prononcer le nom d'Adolphe, sent tout son sang refluer vers son cœur, et, sortant de sa rêverie, lève aussitôt les yeux sur Mlle Cécile.

— Eh bien! ce M. Adolphe va aussi se marier...

— Se marier!... s'écrie Eugénie d'une voix émue, dont les accents décèlent ce qui se passe dans son âme, tandis que Mme Moutonnet, fort étonnée de la conduite de sa fille fait aller ses pieds avec plus de force encore, et tombant cette fois sur ceux de Dupont, force l'épicier à pousser un cri que lui arrache la douleur.

— Comment... mademoiselle... êtes-vous bien sûre?... balbutie Eugénie, qui ne voit plus sa mère et n'a plus qu'une pensée.

— Oui, sans doute, je le sais de bonne part, répond avec malice Mlle Cécile. Je connais la mère de la demoiselle qu'il va épouser.

La pauvre Eugénie n'en entend pas davantage, Adolphe inconstant, Adolphe se mariant à une autre ! C'est trop de maux à la fois, elle ne peut les supporter ; elle se sent mourir et tombe près de Gérard qui heureusement la reçoit dans ses bras.

Tout le monde se lève ; on entoure Eugénie.

— Voilà le second évanouissement de la journée, dit Bidois en mettant dans sa poche le morceau de fromage qu'il n'a pas eu le temps de finir, cela promet pour l'avenir.

— Eh mais! c'est bien singulier ! dit Mlle Cécile charmée en secret du succès de sa ruse, car on se doute bien qu'il n'y a pas un mot de vrai dans ce qu'elle vient de dire au sujet d'Adolphe ; c'est le moyen par lequel la vieille fille a voulu s'assurer de l'intelligence qui existe entre les jeunes gens, intelligence qu'elle a fort bien remarquée au bois de Romainville, parce que rien n'échappe à une vieille fille qui cherche un mari.

— Mais d'où donc peut venir cet évanouissement? Il me semble que je n'ai rien dit qui ait pu... Je parlais, je crois, de M. Adolphe... de son mariage...

— Eh! mademoiselle, il est bien question de M. Adolphe, dit avec emportement Mme Moutonnet voulant faire trêve aux remarques malignes de Mlle Cécile, remarques qui lui font concevoir d'étranges soupçons qu'elle se garde bien de faire paraître maintenant, et qui pourraient alarmer M. Dupont, s'il était capable de les comprendre.

— C'est la chaleur... dit l'épicier, quoiqu'on soit au milieu de décembre et qu'on ne fasse jamais trop de feu chez M. Moutonnet.

— Ce serait plutôt le froid, dit tout bas Bidois.
— C'est sa digestion, dit M. Moutonnet.
— Mais elle n'a presque point mangé, répond Mlle Cécile.
— C'est l'émotion naturelle d'une jeune fille qui apprend qu'on va la marier, dit Mme Moutonnet.
— Mais ne le sait-elle pas depuis ce matin? dit Mme Gérard.
— Eh! madame!... quand elle le saurait depuis huit jours... Je me suis évanouie sept fois le jour de mes noces.
— Vous, mon cœur! dit M. Moutonnet, qui ne se rappelle pas cette circonstance; mais un regard de sa femme le fait taire aussitôt.
— Je vous répète que cela ne sera rien, dit M. Gérard persuadé qu'Eugénie ne s'est évanouie que pour avoir le plaisir de tomber dans ses bras, tandis que Dupont court dans la chambre, jette des verres d'eau sur les bras de sa future, lui fait respirer du vin pour du vinaigre et lui frotte les tempes avec de la crème de moka. Mais tous ses secours ne font pas revenir l'intéressante malade, et Mme Moutonnet juge plus sage de faire porter Eugénie dans sa chambre et d'envoyer M. Bidois chercher le médecin.

Cet événement a chassé les plaisirs, et la société pense qu'il faut s'éloigner; car on ne va chez ses amis que lorsqu'on espère s'y divertir, et on les quitte bien vite lorsqu'ils sont dans le chagrin.

La famille Gérard fait donc ses adieux, en témoignant tout l'intérêt que lui inspire Eugénie. Dupont lui-même se retire, demandant la permission de revenir le lendemain de bonne heure savoir des nouvelles de sa prétendue, et M. Bidois va avertir le docteur. Ainsi se termine la journée des fiançailles.

IX

PEINES D'AMOUR

Pendant que toutes ces scènes se passent dans la maison du passementier, d'autres ont eu lieu dans la rue et au magasin d'Adolphe.

Depuis le matin, l'amant d'Eugénie arpente de long en large, le court espace qui sépare son magasin de la maison de M. Moutonnet; il n'a point aperçu une seule fois Eugénie. D'abord il la croit occupée près de sa mère, puis dans l'arrière-boutique, et chaque fois qu'il a vainement passé devant cette demeure qui renferme celle qu'il adore, et qu'il regagne tristement son magasin, il se console avec l'espoir que dans un moment il sera plus heureux. Un quart d'heure après il repasse... et point d'Eugénie! La journée s'écoule ainsi. Le soir, son amie ne paraît point sur le seuil de la porte, il faut rentrer sans l'avoir aperçue.

Le lendemain, Adolphe ne peut tenir en place ; il brûle sur sa chaise, il va courir de nouveau. Le maître du magasin l'arrête :

— Où allez vous, monsieur ? lui dit-il.

— Je vais... Je vais revenir, monsieur, balbutie notre amoureux, ne sachant trop que répondre.

— Monsieur, comptez-vous vous conduire aujourd'hui comme hier ? Vous avez passé votre temps à courir dans la rue, je ne sais pourquoi faire ! Vous aviez l'air d'un insensé. Vous n'êtes pas resté cinq minutes à votre travail. Il est impossible, monsieur, que vous restiez chez moi, si vous voulez vous conduire ainsi. Depuis quelque temps vous faites bévue sur bévue : vous demande-t-on de la mousseline, vous montrez du calicot ; veut-on voir des fichus vous apportez des mouchoirs ; achète-t-on deux aunes d'étoffe, vous en coupez quatre ; enfin, monsieur, vous faites tout de travers, et vous n'êtes jamais là lorsqu'on a besoin de vous. Il faut changer de conduite, ou sortir de chez moi...

— Tout comme il vous plaira, monsieur ! répond Adolphe enchanté de penser qu'il pourra passer toute la journée dans la rue sans que personne y trouve à redire ; et, sans plus attendre, sans plus réfléchir, notre étourdi monte à sa petite chambre, fait un paquet de ses effets, et redescend au magasin, dont le maître s'empresse de lui donner ce qu'il lui doit, enchanté d'être débarrassé d'un commis qui semble avoir perdu la tête.

Voilà donc Adolphe sans place. Loin de s'en affliger, il s'en réjouit, parce qu'il peut se mettre en faction devant la boutique de sa belle, y passer la journée entière, si cela lui plaît, et qu'il faudra bien qu'elle se montre enfin. Pour un amant tout cède au désir de voir sa maîtresse ; il ne pense pas à l'avenir, le présent est tout.

Adolphe a confié son argent à la portière de la maison où il logeait. Rien ne le gêne, il a dans sa poche trois cent vingt francs, résultat de ses économies et de ce qu'il vient de recevoir. Avec une pareille somme, peut-on, à vingt ans, s'inquiéter de ce que l'on deviendra... surtout lorsqu'on n'a pas l'habitude de déjeuner au Café-Anglais et de dîner chez Véry.

Adolphe se promène donc une partie de la journée devant la maison de M. Moutonnet. Vers les trois heures, son estomac, creusé et fatigué d'une marche continuelle, l'avertit, par de fréquents tiraillements, qu'on ne vit point d'amour et d'espérance. Adolphe entre chez M. Pétrin, dont la boutique est à quelques pas de celle du passementier, et il achète un petit pain avec lequel il revient à son poste. Tout en grignotant son dîner, il n'ôte pas les yeux de dessus la boutique où il attend que paraisse Eugénie, et comme elle ne paraît toujours point, le pauvre garçon soupire à chaque bouchée qu'il avale : ce qui n'empêche pas son dîner de passer, parce qu'un estomac de vingt ans digère facilement les peines de la vie et un petit pain de deux sous.

Mais la nuit vient sans ramener Eugénie au comptoir.

« Oh! c'en est trop! se dit notre amoureux, qui depuis un quart d'heure ne voit pas qu'il marche dans le ruisseau. Il lui est arrivé quelque chose, cette absence n'est pas naturelle... deux jours sans paraître... Elle est malade peut-être... Ou bien l'aurait-on enfermée dans sa chambre?... Connaîtrait-on notre amour?.. N'importe ce qui arrivera, je ne puis rester dans cette incertitude... Le vieux commis est seul dans la boutique, entrons, et tâchons d'avoir de ses nouvelles. »

Dupont court dans la chambre.

Adolphe s'élance... Arrivé à la porte de la boutique, il s'arrête, il tremble... Enfin il tourne le bouton et se trouve devant M. Bidois, qui lève la tête sans se déranger, en reconnaissant Adolphe.

— Monsieur.... Je vous souhaite le bon soir, dit notre amoureux en jetant de tristes regards autour de lui.

— Monsieur, j'ai l'honneur de vous saluer... Cinq et cinq font dix, et neuf dix-neuf...

— Comment vous portez-vous?... monsieur Bidois?

— Mais, monsieur, cela ne va pas mal, grâce au ciel... Nous disons dix-neuf et quarante, cinquante-neuf.

— Vous travaillez toujours, monsieur Bidois... vous êtes le modèle des commis.

— Monsieur, je fais ma besogne... c'est mon devoir... Je pose sept et retiens six...

— Tout le monde n'est pas aussi exact... aussi assidu que vous.

— C'est ce dont je m'aperçois souvent... Nous disons que je retiens six...

Adolphe avait saisi Bidois au collet. (P. 707).

— Et comment se portent Mme Moutonnet et son mari?
— Parfaitement, monsieur...
— Ah ça! c'est bien six que j'ai retenu.
— Et leur fille, Mlle Eugénie?... je ne l'ai pas aperçue aujourd'hui au comptoir... ni même hier...
— C'est qu'elle est dans sa chambre... Douze douzaines de franges vertes... c'est cela...

— Ah! elle est dans sa chambre!... Par quel hasard?...

— Parce qu'elle est malade... Nous disons cent trente-deux francs soixante-quinze.

— Elle est malade!... Mlle Eugénie est malade! Ah! mon Dieu !... et qu'est-ce donc?... quelle maladie?... depuis quand?...

— Prenez donc garde, monsieur; que diable! vous vous jetez sur mon livre de caisse... vous avez manqué de renverser mon écritoire...

— Ah! mon cher monsieur Bidois!... de grâce, veuillez me répondre!...

— Il me semble que c'est ce que je fais depuis que vous êtes là...

— Dites-moi si sa maladie est dangereuse... si elle souffre...: si l'on craint pour ses jours...

— Je pose zéro et je retiens huit... Non, monsieur, non... je ne pense pas que cela soit dangereux... à moins que cela ne prenne un caractère plus grave, ce dont on ne peut pas répondre... car il arrive quelquefois que les médecins mêmes n'y voient goutte... Total... onze cent trente-six cinquante...

— Mais enfin qu'elle est sa maladie?...

— Diable!... cela ne fait pas mon compte; j'ai une erreur de dix francs...

— Vous la trouverez une autre fois, monsieur Bidois... Sa maladie? je vous en supplie...

— Je la trouverai une autre fois!... Peste! vous êtes rassurant; il faut que je la trouve sur-le-champ, monsieur...

— De grâce, sa maladie?...

— Cela vient peut-être de cette douzaine de franges vertes.

— Vous me faites mourir, monsieur Bidois... C'est que dix francs ce n'est point une bagatelle...

— Je vais vous les donner afin que vous ne cherchiez plus... Mai répondez-moi...

— Monsieur, pour qui me prenez-vous, s'il vous plaît?... m'offrir de l'argent pour que je ne fasse point mes additions!... Voilà du nouveau...

— Eh! monsieur, je sais que vous êtes un homme d'honneur, le plus intègre des commis; mais le travail n'exclut point l'humanité, et c'est au nom de ce que vous avez de plus cher que je vous prie de me répondre..

— Ce que j'ai de plus à cœur maintenant, c'est de trouver mon erreur...

— Que je suis malheureux!

— Ah! je la tiens... la voilà... c'est ce 3 que je prenais pour un 2...

— Enfin, vous avez fini... et vous allez me dire...

— Dans l'instant... On nous donne de si mauvaises plumes... M̃lle Eugénie est malade de joie... à ce qu'on dit...

— De joie?... Ah! mon Dieu! Et qui a pu lui occasionner cette joie?

— C'est qu'on va la marier...

— La marier!... la marier!... Eugénie!... à qui?... avec qui? quand?...

— Eh! ne remuez donc pas comme cela, monsieur... vous êtes cause que j'ai fait un pâté.

— Ah! monsieur Bidois! avec qui? De grâce, répondez-moi...

— Avec M. Dupont, épicier de la rue aux Ours.

— Avec M. Dupont!... Eugénie!...

— Monsieur, monsieur, vous m'étranglez! Voulez-vous bien me lâcher?...

— Et vous osez dire qu'elle va l'épouser!...

— Monsieur, je vais appeler la garde, vous déchirez le collet de mon habit?...

— Non... ce n'est pas possible... vous voulez m'abuser... me désespérer...

— Aïe. »

Et Adolphe qui, dans son désespoir, avait saisi Bidois au collet, le secouait tellement que le vieux commis sentait qu'il allait perdre sa perruque, lorsque l'entrée subite de Mme Moutonnet vint changer la face de cette scène.

Les cris de Bidois ont été entendus dans le magasin où Mme Moutonnet était avec son mari. Après avoir regardé par le judas et reconnu le jeune homme, elle ordonne à son mari de rester au magasin. Elle descend seule et s'avance d'un pas ferme vers Adolphe, qui, à sa vue, est resté immobile, tenant encore d'une main le collet de l'habit de Bidois.

« — Que signifie ce bruit? dit Mme Moutonnet d'un ton qui achève d'abattre le pauvre Adolphe.

— Madame, dit Bidois en débarrassant son collet et renfonçant avec humeur sa perruque, c'est monsieur qui est comme un forcené parce que je lui ai dit que vous alliez marier Mlle Eugénie à M. Dupont.

— Et qu'importe à monsieur avec qui et quand je marie ma fille? De quoi se mêle-t-il? Oserait-il se permettre de trouver mauvais ce que je fais? Monsieur, je vous croyais honnête et respectueux, je vois que je me suis trompée; je vous défends donc, à l'avenir, de remettre les pieds chez moi.

— Mais, madame... je ne vois pas pourquoi...

— Vous ne voyez pas!... Oh! vous devez fort bien me comprendre ; et votre conduite, ce soir, justifie assez mes soupçons.

— Eh bien! madame, je ne cherche plus à le cacher... j'aime... j'adore mademoiselle votre fille ; je ne puis vivre sans elle... je meurs si vous la mariez à un autre...

— Vous mourrez ou vous vivrez, ce ne sont point mes affaires ; mais je vous trouve bien impertinent d'oser aimer ma fille ; et encore plus de croire que je renverrai un excellent parti... un homme établi, parce qu'un petit commis à six cents francs s'avise d'en être amoureux. Invitez donc un jeune homme à une fête champêtre, pour qu'il vienne mettre le désordre dans une famille... Sortez, de chez moi, monsieur, et n'y rentrez jamais... Vous m'entendez, Bidois, si monsieur se présentait en mon absence, je vous autorise à le chasser.

Le jeune homme sort de la boutique.

Bidois ne répond rien, parce qu'une telle commission lui semble fort désagréable ; d'après la manière dont Adolphe l'a secoué il n'y a qu'un moment, il ne se sent plus l'envie de lutter avec lui ; il se contente donc de faire un signe d'yeux qui ne peut être aperçu du jeune homme.

— On n'aura pas cette peine, madame, répond avec fierté Adolphe, à qui le mot chasser a rendu toute son énergie. Je sais ce qui me reste à faire... mais vous vous repentirez peut-être de cet excès de sévérité. »

En disant ces mots, le jeune homme sort de la boutique, et en ferme la porte de manière à faire résonner toutes les vitres.

« — A-t-on l'idée d'une pareille audace! dit Mme Moutonnet en regardant son commis.

— Je crois qu'il a cassé un carreau, dit Bidois en allant examiner les montres de la boutique.

— Il ose aimer ma fille!

— Il y a longtemps que je m'en doute, moi!

— Comment Bidois! et vous ne m'en avez rien dit?

— Ah! quand je dis quelque chose, on me traite d'imbécile, de vieux radoteur.

— C'est vrai, je l'avoue, on vous a dit cela quelquefois; mais enfin, Bidois, qu'avez-vous remarqué?

— Que depuis un mois et plus... tenez, depuis la Saint-Eustache enfin, ce jeune homme passe et repasse vingt fois par jour devant la porte.

— En vérité! et ma fille l'a-t-elle remarqué!

— Puisque je le voyais, à coup sûr elle a dû le voir aussi.

— Ce que vous me dites-là est très judicieux, mon cher Bidois; d'ailleurs, plus je rapproche les circonstances... Mademoiselle ma fille, qui ose me dire qu'elle n'aime pas M. Dupont! un homme superbe!

— Oui, c'est un bel homme!

— C'est qu'elle a remarqué ce freluquet!

— Il n'y a pas de doute!

— Et ces évanouissements successifs... que j'ai bien voulu prendre pour l'effet de l'étonnement... il y avait une autre cause, Bidois?

— C'est ce que je pense comme vous...

— Au lieu de la marier dans un mois à Dupont, je vais faire en sorte qu'elle l'épouse dans quinze jours.

— Vous ferez sagement, madame! répond Bidois, qui, depuis qu'Adolphe a manqué de l'étrangler, se sent très porté pour l'épicier.

— La maladie de ma fille n'est peut-être aussi qu'une ruse inventée dans l'espoir de m'attendrir; mais je saurai bien me faire obéir.

— C'est cela, et une fois mariée, nous serons tranquilles... Et ces voleurs de la Saint-Eustache, pensez-vous toujours que j'ai rêvé?...

— Quoi! Bidois: ce petit scélérat aurait eu l'audace de s'introduire dans ma maison?...

— Tout ce que je puis vous répondre, c'est qu'il y avait quelqu'un dans l'escalier. — Ah! quelle perversité!... Si je croyais que ma fille l'ait su, je ne sais pas ce que je lui ferais... mais j'aime à penser qu'elle ignore l'effronterie de ce petit Adolphe Dalmont, et qu'elle m'obéira sans murmurer davantage... Ah! Bidois, qu'il faut du caractère pour conduire une maison et une famille, quand on a un mari aussi nul que le mien! »

En disant cela, Mme Moutonnet monte à la chambre de sa fille, qui, depuis le repas des fiançailles, n'a pas eu la force de quitter son lit. Elle lui annonce qu'au lieu d'épouser M. Dupont dans un mois, il faut qu'elle se tienne prête à lui obéir dans quinze jours.

Eugénie étonnée, lève sur sa mère des regards abattus et n'ose se permettre aucune question; car la sévérité empreinte sur les traits de M°°° Moutonnet la fait trembler encore davantage.

« Plus d'espérance ! dit la jeune fille lorsque sa mère n'est plus là, il faut renoncer à Adolphe !... si du moins je pouvais mourir !... »

Et le pauvre Adolphe, en sortant de la boutique, en disait autant de son côté.

X

LA VOISINE D'ADOLPHE

Ce qui redouble le chagrin de nos amants, c'est la crainte d'être trompés dans leurs plus chères affections.

« Il va se marier, se répète Eugénie en songeant à Adolphe; il ne m'aime donc pas :... il me trompait donc en m'assurant qu'il ne pensait qu'à moi ?

— Elle est malade de joie, se dit notre amoureux, et cela parce qu'on va la marier à ce Dupont !... elle ne m'aimait donc pas : où elle m'aimait bien peu ?... »

Mais la réflexion leur rend l'espérance.

« Il n'est pas possible qu'elle aime l'épicier, se dit Adolphe; ce vieux Bidois n'a voulu que me faire du chagrin... non, Eugénie ne peut m'avoir trompé !... C'est bien plutôt parce qu'on veut la forcer à l'épouser qu'elle est malade... et je ne suis pas auprès d'elle ?... je ne puis la voir, lui parler, la consoler... Oh ! je la verrai cependant, il le faut absolument... je l'enlèverai et je l'épouserai malgré tout le monde !

— Cette méchante Cécile a peut-être menti, se dit Eugénie; Adolphe ne peut être infidèle; s'il avait dû se marier, je l'aurais su par Jeanneton, qui sait toutes les nouvelles du quartier... car, alors, pourquoi passait-il vingt fois par jour devant la boutique ? Pourquoi me regarder si tendrement, me serrer la main, me dire de si jolies choses ?... Non, Adolphe m'aime toujours, et dans ce moment sans doute il se désespère de ne point me voir; mais demain j'aurai, je l'espère, la force de descendre à la boutique et je le verrai. »

Adolphe ne cesse de rôder auprès de la demeure de sa belle; enfin, quelques minutes avant qu'on ferme la boutique, il aperçoit Jeanneton, qui sort, et le jeune homme est bientôt auprès d'elle, et lui a fait mille questions avant que la bonne ait eu le temps de répondre à une seule.

— Eh! oui, monsieur, dit enfin Jeanneton, on veut qu'elle épouse Dupont; et elle est malade de chagrin, non seulement de ça, mais parce qu'on lui a dit que vous alliez vous marier.

— Me marier!... on a dit cela... et qui s'est permis?... Ah! Jeanneton, elle ne l'a pas cru, j'espère?..

— Monsieur, en amour on croit tout, le mal comme le bien, et j'avons eu ben de la peine à la consoler un peu.

— Ma Jeanneton, dis-lui bien que je n'existe que pour l'aimer.

— Oui, oui; soyez tranquille.

— Que je me suis fait renvoyer de mon magasin, afin de pouvoir passer ma journée devant sa demeure.

— M'est avis que vous avez fait là une sottise.

— Enfin que je suis décidé à l'épouser, quoique sa mère m'ait mis à la porte et défendu de revenir...

— Ah! madame vous a mis à la porte?... Eh ben! v'là un joli commencement pour vos affaires...

— Mais il faut que je la voie...

— Elle descendra demain, je pense; d'ici là, calmez-vous, et trouvez-vous demain à la brune là-bas devant la maison du marchand de draps; j'irai vous y rejoindre et vous apprendre les nouvelles.

— A demain donc, ma bonne Jeanneton.

La servante s'éloigne. Adolphe songe alors qu'il est tard et qu'il n'a pas de logis pour la nuit, car la chambre qu'il occupait appartenait au marchand de nouveautés. Il faut pourtant loger quelque part, et il est temps d'y penser. Adolphe va prendre ses effets chez la portière, et lui fait part de l'embarras où il se trouve.

La bonne femme lui indique un modeste hôtel garni dans le voisinage, et Adolphe s'y rend son paquet sous le bras. Il prend une petite chambre dans les mansardes, afin de ménager sa bourse, et en paye une quinzaine d'avance, moyennant quoi il est chez lui libre de faire tout ce qu'il lui plaira, et de penser à ses amours depuis le matin jusqu'au soir.

Sur le même carré qu'Adolphe loge une demoiselle qui fait aussi de l'amour sa principale occupation; mais elle ne se contente pas d'y penser, elle juge convenable de mieux employer son temps.

Adolphe s'est jeté sur un assez mauvais lit, qui, avec une table et quelques chaises, compose à peu près tout l'ameublement de sa nouvelle demeure; il cherche dans le sommeil l'oubli de ses chagrins, et se berce avec l'image d'Eugénie. Il vient de s'endormir, lorsqu'un bruit violent le réveille. C'est sa voisine qui vient de rentrer. Elle n'est pas seule, et on parle si haut qu'Adolphe entend malgré lui la conversation suivante :

— « J'ai une faim soignée ; as-tu quelque chose pour souper, ma bonne amie?

— J'ai un pot de confitures et du fromage d'Italie, restant de mon déjeuner.

— Il faudra s'en contenter... Si j'étais en fonds, j'irais chercher un poulet ; mais il y a impossibilité physique et morale...

— Ah! tu n'as jamais le sou!

— Jamais le sou!... tu ne disais pas cela le jour que je t'ai menée dîner à Montmorency en tilbury?

— C'est la seule fois que tu aies dépensé de l'argent avec moi, depuis six semaines que je te connais!

Il lui a fait mille questions.

— Je ne peux pas en dépenser quand je n'en ai pas.

— Tu devrais rouler sur l'or!... Quand on a l'entreprise des succès d'un théâtre de *la conséquence* du mien, on doit faire joliment ses affaires.

— Tu crois ça, toi, Zélie, tu crois que c'est tout profit... mais il y a des frais immenses !... Ce n'est pas le tout d'applaudir et de faire applaudir une pièce, est-ce que je n'ai pas ma troupe à soigner?... et les bols de punch, et la bière, et les demi-tasses, et les petits verres !... Ah ! dam ! aussi, j'ai des gens comme il faut ; qui ont une tenue!...

— Je te dis que tu as une place superbe... et que tes collègues achètent des maisons. .

Zélie écoute contre la cloison. (P. 717.)

— Patience!... écoute donc, je ne fais que commencer... Ça viendra, mais j'ai du malheur depuis quelque temps; voilà trois pièces de suite qui dégringolent!
— Parce que tu n'as pas su les soutenir.
— Tais-toi donc! je les ai bien soutenues, que nous avons eu deux yeux pochés, sans compter les coups de poing et autres agréments... Mais

faut avouer que ça n'était pas bon. Heureusement qu'on monte une pantomime, cà nous reposera un peu.

— J'espère cependant que tu m'y soigneras...

— Est-ce que tu as besoin de me le recommander? Ah! tu as joliment dansé ce soir!

— Vraiment?

— Oui, tu as fait des entrechats superbes; il n'y a que les pirouettes que tu ne soutiens pas assez...

— Que te disait donc l'auteur qui te parlait dans la coulisse?

— Il m'indiquait les endroits faibles de sa pièce nouvelle, afin que je les applaudisse plus fort que les autres; il me recommandait sa *reconnaissance* et son dénoûment... Il faut avoir une mémoire inépuisable pour se souvenir de tout cela... Ah! dis donc, et ce petit figurant qui fait un ours dans le nouveau mélodrame, et qui m'a promis un parterre pour que j'applaudisse son entrée... est-il bête! encore si l'ours avait un beau rôle, à la bonne heure, mais il ne fait que passer...

— Ah çà! tu n'oublieras pas de faire siffler la petite débutante dans le nouveau ballet; elle irait sur mes brisées, il faut la dégoûter de la danse.

— Sois tranquille, je lui ménage une petite sortie en fusée, et j'aurai soin de l'applaudir de travers, afin de mettre les payants de mauvaise humeur.

— Tu es charmant!... Soupons... Comment! tu as tout mangé.

— Parbleu! cela n'était pas difficile : un demi-quarteron de fromage et ton pot de confitures dont on voyait le fond...

— Qu'est-ce que j'aurai donc, moi?

— Tiens, Zélie, crois-moi, ne soupe pas, tu danseras mieux demain.

— Eh bon! c'est cela, je n'ai qu'à ne pas manger de l'année pour mieux danser le jour de la Saint-Sylvestre; tu es bon enfant!

— Tu es jolie comme un ange, ce soir...

— Et il a bu tout le vin encore...

— Il était aigre, d'honneur! il t'aurait fait mal... Quels yeux! quelle tournure de déesse!... Je ne serai content que lorsque je te verrai au Grand-Opéra, dans les Vénus.

— J'aimerais beaucoup mieux me voir à table!...

— Est-ce que vraiment tu as faim?

— Mais sans doute.

— Eh bien en ce cas, couchons-nous... Tiens, je t'adore ce soir!... tu iras à l'Opéra, c'est moi qui te le dis...

— Il faut espérer que je souperai alors...

— Tu ne penses qu'à manger ; quand je suis avec toi, ma belle, je ne songe qu'à l'amour !

— Oui, quand tu as le ventre plein.

— C'est afin d'être plus digne de toi... Viens dans mes bras, je parie de t'enlever comme une paille.

— Laisse-moi donc ? j'ai de l'humeur...

— C'est un orage qu'un baiser dissipera.

— Le bruit des baisers apprit à Adolphe quelle était la suite de la conversation, et il s'endormit en se disant :

« Qu'ils sont heureux ! ils s'aiment et ils peuvent se le prouver. »

Mais, à six heures du matin, le bruit que l'on fait chez sa voisine le réveille encore.

« Voilà des gens qui s'aiment terriblement ! » dit Adolphe qui croit que la conversation roule toujours sur le même sujet.

Mais il est bientôt détrompé par le bruit de plusieurs soufflets auxquels succèdent des coups de poings accompagnés de cris et de jurements

— Monstre ! scélérat ! s'écrie la danseuse d'une voix qui ne ressemble plus à celle de la veille... Je t'y prends, là ! tu voulais te sauver avant mon réveil, emportant ma montre et ma chaîne d'or !

— Tais-toi, mauvaise sauteuse, où je te casse ce pot à l'eau sur le nez !

— Brigand ! coquin ! un homme pour qui j'ai tout fait, et qui veut me voler pour aller manger mes effets avec d'autres !

— Tes effets !... ils sont propres. Quant à la montre, elle m'appartient autant qu'à toi : n'est-ce pas moi qui t'ai procuré la connaissance du monsieur qui te l'a donnée ! C'est moi qui t'ai poussée au théâtre ; sans moi tu serais encore dans les coryphées ? si tu fais des rôles c'est à moi que tu le dois. Mais tu es une ingrate que j'abandonne sans retour : manque tes pirouettes, fais semblant de passer un entrechat, tu verras si on te passera tout cela.

— Abandonne-moi si tu veux, mais laisse-moi ma montre et ma chaîne.

— Tiens, Zélie, tais-toi, ou gare la claque ; tu sais que c'est mon fort.

— N'avance pas, ou je te jette cette bouteille à la tête !

Les cris redoublent ; Adolphe entend que l'on brise les chaises et les pots. Il est sur le point de se lever pour aller mettre le holà...

« Voilà des gens bien singuliers, se dit-il en se frottant les yeux ; ils s'adoraient hier au soir, ils se battent ce matin !... Et moi qui enviais leur bonheur ! »

Enfin le calme se rétablit par le départ de l'amant, qui descend l'escalier quatre à quatre, sans écouter les cris, les pleurs, les gémissements de Zélie, qui le suit en chemise sur le carré, et le suivrait même dans la rue si elle avait l'espoir de l'atteindre : elle rentre chez elle en sanglotant, et Adolphe, qui espérait se rendormir, est encore forcé d'entendre ses lamentations.

« Le monstre ! dit Zélie, il l'a emportée... encore s'il m'avait laissé la chaîne !... Si j'avais osé crier au voleur !... mais il m'aurait tuée... Un homme que j'adorais !... ah ! si je pouvais le faire pendre !... que je suis malheureuse !... hi ! hi ! hi ! mais aussi c'est ma faute ; j'aurais dû m'en douter.. il m'avait déjà mangé un châle de bourre de soie ! mais je suis si bête ; je lui avais pardonné, parce qu'il m'avait dit que c'était pour secourir son père qui est à Bicêtre V'là ce que c'est d'être si bonne !... c'est fini, je ne veux plus avoir de faiblesse, c'est des bêtises.

Il descend l'escalier quatre à quatre.

— Allons, allons, cela se calme, dit Adolphe. Tâchons de nous rendormir, car il n'est pas sept heures, et Eugénie, qui a été malade, ne descendra pas de bonne heure ; ce que j'ai de mieux à faire, c'est de dormir, je suis mieux au lit que dans la rue.

Notre amoureux se retourna dans son lit pour y chercher le sommeil : mais sa couchette, qui n'est plus neuve, craque à chaque mouvement qu'il fait, et Mlle Zélie, qui est dans un moment de calme, s'aperçoit que la chambre voisine de la sienne est habitée.

« Tiens, il y a du monde à côté, dit-elle, j'ai un voisin ou une voisine... Ah bien ! on a entendu ma conversation avec Poussard ; après tout, ça m'est égal, on est maître chez soi !... Je voudrais bien savoir si c'est un homme ou une femme qui loge-là. »

Et Zélie oubliant la perte qu'elle vient de faire, se met à chanter la tyrolienne et un air d'*Œdipe* : les danseuses ont de la philosophie, chez elles le chagrin ne dure pas.

« Quelle drôle de voisine j'ai là! se dit Adolphe, qui cherche en vain à se rendormir ; elle pleurait il n'y a qu'un moment, la voilà qui chante à présent! et moi qui étais prêt à me lever pour aller la consoler! »

Lasse enfin de chanter, Zélie écoute contre la cloison qui la sépare d'Adolphe. Elle n'entend rien.

« Est-ce qu'on se serait endormi au bruit de mes roulades? se dit-elle ; ah! il faut que je m'assure de cela. »

Elle frappe avec ses doigts plusieurs coups contre la cloison ; et Adolphe qui venait de fermer les yeux, entend en même temps la voix de Zélie :

— Je vous demande bien pardon, ma voisine, dit la danseuse, mais je voudrais bien savoir l'heure qu'il est?

— Pas encore sept heures, madame, répond Adolphe.

— C'est un homme, se dit Zélie, ce doit même être un jeune homme, car il a la voix douce et tendre.

Et prenant aussitôt une petite voix flutée et mignarde, elle se rapproche de la cloison :

— Je vous remercie beaucoup, monsieur, je vous suis infiniment obligée... C'est que ma montre est arrêtée ; sans cela je ne me serais pas permis de troubler votre sommeil.

— Vraiment, se dit Adolphe, on serait bien heureux si l'on dormait à côté d'elle? ne lui répondons pas, elle me laissera peut-être tranquille. »

Zélie attend que son voisin lui réponde ; mais elle attend en vain.

« Il n'aime pas causer, à ce qu'il paraît, dit-elle en allant et venant dans sa chambre, remuant ses chaises et dérangeant chaque meuble, de manière à ne pas laisser dormir le voisin ; chantant tour à tour les couplets d'un vaudeville nouveau ou des airs d'opéra, et ne s'interrompant que pour parler tout haut, comme si elle s'adressait à quelqu'un.

« Ah! s'il pouvait faire beau aujourd'hui, nous ferions cette partie de campagne avec la duègne...

> Ah! vous avez des droits superbes
> Comme seigneur de...

Mais n'oublions pas que j'ai répétition à midi...

> Et l'on revient toujours
> A ses premières amours...

Où diable ai-je donc fourré mon peigne? Est-ce que je l'aurais cassé..

Guernadier, que tu m'affliges
En m'appeurnant ton départ...

Si je ne danse pas demain, il faut absolument que j'aille à l'opéra, c'est ça un théâtre! c'est là que les femmes sont heureuses et considérées...

Amusez-vous, trémoussez-vous,
Amusez-vous belles!...

Ah! je ne serai heureuse que quand j'y serai. Tiens, qu'est-ce que je trouve là dans mon sac? Ah! c'est un billet doux! c'est ce petit violon de l'orchestre qui m'aura glissé ça... Ah! nous allons rire!

« Mademoiselle, je vous adore toujours de plus en plus (Eh ben, moi c'est « de moins en moins.) Je sens que je ne puis vivre sans vous posséder. (Voyez-« vous ça!) Quand je vous vois en scène, je ne sais plus ce que je joue... « (Pauvre petit!) Vos entrechats me font tressaillir, vos pirouettes me « font mourir, et quand vous levez la jambe de mon côté, je crois voir le « ciel s'entr'ouvrir (Eh ben! ça va-t-il finir?...) Vos beaux yeux me tour-« nent la tête! je prends les bémols pour des bécarres, et les croches « pour des soupirs... (Eh ben! tant qu'il ne prendra pas sa colophane « pour du sucre candi, il n'y aura pas de mal..) Enfin, mademoiselle, je « dépose à vos pieds toute ma fortune; je n'ai rien, à la vérité, mais je « vous entretiendrai sur un joli pied, parce qu'avec du talent on se fait « tôt ou tard un sort... (Oui, mais je ne veux pas que ça soit tard...) Je « vais incessamment donner un concert à mon bénéfice à Nogent; si vous « y consentez, je vous offre le produit que nous mangerons ensemble... « (Oui, prends garde de le perdre...) J'attends votre réponse dans le délire « de l'incertitude. » Tu l'attendras longtemps, mon ami. Ces petits musiciens à huit cents francs d'appointements, qui voudraient avoir des premières danseuses, est-ce que ça ne fait pas pitié...

Dis-moi, mon vieux, dis-moi, t'en souviens-tu?

Encore s'il était joli garçon, on pourrait avoir quelque sensibilité; mais un petit vilain, les cheveux roux, le nez plat, ah! quelle horreur!...

Tu n'auras pas, petit polisson,
Tra la la, tra la la, tra la la la lère.

Tout en chantant, parlant et remuant, Zélie, va de temps à autre coller son oreille contre la cloison; mais elle n'entend aucun bruit: impatientée et n'y pouvant plus tenir, elle frappe tout doucement.

— Monsieur... monsieur... voudriez-vous bien avoir la complaisance de me prêter une carafe d'eau?... Je me trouve absolument à sec, et cependant j'ai un besoin urgent d'eau dans ce moment...

Adolphe ne répond pas. Zélie ne se décourage point: elle cogne de nouveau.

— Monsieur... Vous me rendriez un grand service en me prêtant un pot d'eau... Je suis vraiment honteuse de vous importuner pour si peu de chose... mais si cela vous dérange de vous lever, j'irai en chercher dans votre chambre.

— Mademoiselle, je n'ai plus d'eau chez moi, répond Adolphe avec humeur, j'ai bu en me couchant tout ce que j'avais, je ne puis plus vous en offrir.

— Il a bu tout un pot d'eau hier au soir, se dit Zélie: par exemple, c'est un peu fort: il boit donc comme un canard, ce jeune homme-là. Voilà qui me donne une haute idée de sa fortune. C'est égal, je veux le connaître: il ne paraît pas très pressé de faire ma connaissance, raison de plus pour que je brûle de faire la sienne. Ah! il ne veut pas se déranger pour me donner de l'eau... Nous allons voir tout-à-l'heure à employer un autre moyen.

Zélie recommence à chanter et à aller et venir dans sa chambre, mais elle ne cogne plus à la cloison. Adolphe croit entendre qu'elle fait des battements: du moins c'est un exercice qui ne troublera pas son sommeil, et il se dispose à profiter de ce moment de tranquillité.

Mais comme il sent ses paupières s'appesantir, un bruit violent le fait presque sauter dans son lit... il écoute... Le bruit, qui ressemblait à la chute d'une personne et d'un meuble, est bientôt suivi de gémissements prolongés, et Adolphe reconnait encore la voix de sa voisine.

— Ah! malheureuse!... J'ai le pied démis... Ah! quelle douleur!... Que je souffre... Je ne pourrai jamais me relever... Ah! mon Dieu!... et personne pour me secourir!...

Ces plaintes, prononcées d'une voix qui semble altérée par la douleur, touchent le cœur d'Adolphe.

— Allons! elle s'est blessée, à présent... Il semble que ce soit un fait exprès pour m'empêcher de dormir!... Mais enfin, il faut être humain... Elle n'ose plus cogner à la cloison; mais je l'entends qui souffre; allons la secourir: aussi bien je vois qu'il faut renoncer à l'espoir de me rendormir.

Adolphe se lève; il passe un pantalon, un gilet et sort de sa chambre il trouve bientôt la porte de celle de sa voisine; cette porte n'est que poussée, cependant Adolphe frappe avant d'entrer.

— Qui est là? demande-t-on d'une voix affaiblie.

— C'est moi, mademoiselle, votre voisin, qui viens vous offrir mes secours, ayant entendu le bruit de votre chute.

Tiens, qu'est-ce que je trouve là dans mon sac?

— Ah! monsieur, que vous êtes bon! Donnez-vous donc la peine d'entrer.

Adolphe pousse la porte, et se trouve dans l'appartement de Mlle Zélie si l'on peut appeler appartement une chambre et un cabinet au cinquième sous les toits.

L'inspection des lieux offrait au coup d'œil un tableau bizarre qui répondait assez à l'idée qu'Adolphe s'était formée de la maîtresse du logis. Dans le fond de la chambre, un lit sans flèche, sans rideaux; sur une vieille commode de noyer, une jolie toilette en acajou, mais dont la glace est cassée; une table à jouer, sur laquelle on voit les débris d'un souper et les apprêts du déjeuner; des chaises dépareillées, une jolie bergère neuve, mais couverte de taches; un somno dont le marbre est cassé et sur lequel est un vase nocturne; un volume de roman, un chandelier, des petits peignes, un flacon et une bonbonnière; sur la cheminée des pots de rouge, des rubans, un pot-à-l'eau, un fichu, des gants et une cuvette. Ça et là, dans la chambre, traînent au hasard diverses parties de la toilette d'une dame! sur une chaise un jupon, sur une autre un corset; dans un coin une robe élégante et des savates; sur la bergère on a jeté un beau châle à palmes, dont une partie balaye la chambre; sur le lit on voit pêle-mêle des bas, un mouchoir, une collerette, des souliers de satin et des mouchettes: après l'espagnolette de la croisée est pendu un chapeau élégant; un peu plus loin, à terre, traînent des jarretières, un bonnet, une

Adolphe ne pouvait s'empêcher de regarder Zélie avec étonnement. (P. 725.)

guirlande et des pincettes ; enfin, au milieu de ce chaos, est étendue Mlle Zélie, couchée d'une manière assez gracieuse contre une chaise renversée, dans un désordre qu'on ne peut appeler un effet de l'art, mais où se mêlaient peut-être quelques ressources de coquetterie.

Mlle Zélie est une personne de dix-huit à vingt ans, mais que l'excès du travail (car une danseuse travaille beaucoup) a dû nécessairement fatiguer, et qui, par conséquent, n'a plus rien de la fraîcheur de la jeunesse. C'est une brune assez jolie, assez bien faite, une taille agréable, à laquelle il ne manque, pour lui donner plus de charmes, que ces deux globes rebondis qui sont si bien à leur place sur la Vénus de Médicis et la Galatée de Girodet ; mais si notre danseuse n'en a pas le matin, en revanche le soir elle en possède de superbes. Ses yeux noirs sont vifs et brillants ; ils gagnent aussi à être vus à la lumière, parce qu'alors on aperçoit moins le cercle brun qui les entoure ; enfin ses dents sont très blanches et sa bouche paraît de la plus grande fraîcheur... aux quinquints.

Malgré ces légères taches qui gâtent sa figure mutine, Mlle Zélie peut, même le jour, faire encore des conquêtes ; ses regards malins, sa tournure agaçante, ses manières lestes ne sont pas dépourvues de grâces et d'agréments.

Adolphe n'a pas fait attention à tout cela ; peu lui importe que sa voisine soit laide ou jolie, il ne vient que pour la secourir et non pour la regarder. Il n'en est pas de même de Zélie : d'un coup d'œil elle a examiné son jeune voisin ; le résultat de cet examen est tout à l'avantage d'Adolphe, et on est charmé d'avoir trouvé le moyen de lier connaissance avec lui.

Adolphe s'approche de Zélie d'un air pénétré, car il la croit vraiment blessée, et pendant qu'il lui parle, celle-ci se mord les lèvres pour ne pas rire.

— Vous êtes blessée, mademoiselle ?...

— Oui, monsieur... je suis tombée je ne sais trop comment... Je répétais un pas que je dois danser dans un nouveau ballet... ma jambe a rencontré cette chaise... j'ai trébuché... enfin, sans vous, je ne sais comment je pourrais me tirer de là...

— C'est au pied seulement que vous souffrez ?...

— Oui, au pied... et un peu au côté... Aidez-moi, je vous en prie, à me mettre sur mon lit... passez votre bras sous les miens... là... comme cela... oh ! n'ayez pas peur de me chiffonner...

— Pourrez-vous marcher ?...

— Oh ! mon Dieu non, il faut que vous me portiez... prenez-moi à bras-le-corps... oh ! je ne suis pas bien lourde !...

Adolphe emporte Mlle Zélie, qui se laisse enlever de la meilleure grâce du monde. Il est surpris que, malgré la douleur qu'elle doit éprouver, elle ait le courage de lui sourire fort joliment, et de manière à lui montrer ses dents qui sont très blanches, comme vous savez.

Adolphe dépose sa voisine sur son lit ; il croit sa tâche terminée ; mais il n'est pas au bout.

— Je ne suis pas bien, dit Zélie en jetant sur son voisin des regards languissants. Monsieur, voulez-vous m'aider à me retourner?... Tenez, passez votre bras sous moi !... un peu plus bas... Ah! Dieu ! que je souffre ! aidez-moi donc à lever ma jambe... je ne peux vraiment pas la bouger... soutenez-moi un peu les reins... Ah ! je crois que je vais me trouver mal !...

Diable ! diable ! dit Adolphe en lui-même, voilà une femme qui me donnera bien de la besogne ; sans avoir aucune mauvaise intention, sans doute, elle me fait tâter ses jambes, ses reins, ses cuisses... Heureusement qu'elle est jolie et assez bien faite...

Les hommes sont toujours les mêmes, et à vingt ans on ne fait pas impunément l'inspection des charmes d'une jeune femme. Adolphe sent que les secours qu'il donne à sa voisine commencent à lui monter la tête ; mais comme il adore Eugénie... ou plutôt comme il ne se soucie point de succéder à M. Poussard (car l'amour le plus extrême empêche rarement une infidélité), notre amoureux s'éloigne du lit et quitte Mlle Zélie, qui a toujours mal quelque part, et voudrait sans cesse se faire retourner.

La danseuse regarde Adolphe d'un air étonné :

— Quoi, monsieur vous me quittez? lui dit-elle.

— Oui, mademoiselle ; l'heure se passe, j'ai affaire... mais je vais vous envoyer quelqu'un de la maison.

— Ah ! vraiment, vous êtes bien galant...

— Il me semble que j'ai fait tout ce que je pouvais faire...

— Ah! vous croyez cela !... répond Zélie en riant d'un air moqueur.

— Je crois d'ailleurs que vous souffrez moins... mais, je vous laisse, je vais vous envoyer la portière...

— Ah! ah! ah! ne vous donnez point cette peine, monsieur ; je tâcherai de m'en passer.

En disant cela, Zélie saute en bas de son lit, en riant comme une folle de la figure que fait Adolphe.

— Est-ce que vraiment vous m'avez crue blessée? dit-elle en sautillant dans la chambre.

— Et pourquoi ne l'aurais-je pas cru?... Quel motif aviez-vous donc pour me tromper?

— Quel motif, monsieur? J'ai voulu vous faire voir qu'on ne refuse pas impunément une carafe d'eau à sa voisine, et que je trouverais bien le moyen de vous faire quitter votre lit.

— Vous m'avez fait voir beaucoup de choses, en effet; et je vous remercie, mademoiselle, de la leçon que vous avez bien voulu me donner...

— Oh! ce n'est point une leçon... je n'en donne que de danse... pour celles-là, si vous en désirez, ce sera avec grand plaisir.

— Je vous remercie; mais je n'ai nulle envie d'apprendre à danser...

— C'est dommage; vous seriez charmant au théâtre... ah! ah! ah! par exemple, il ne faudrait pas conserver cette mine sévère que vous faites maintenant... Ah! quel air sérieux pour un jeune homme!

Et tout en parlant, Mlle Zélie faisait des battements, des écarts, des pliés, des pirouettes, et levait parfois sa jambe à la hauteur de son épaule. Adolphe, qui n'avait jamais fréquenté de danseuses, ni visité les coulisses d'un théâtre, ne pouvait s'empêcher de regarder Zélie avec étonnement, car tout ce qu'il voyait était nouveau pour lui.

— Je suis sûre que je vous ai réveillé ce matin de bonne heure.... dit Zélie en continuant son travail. Vous avez entendu ma querelle? Que voulez-vous? c'est un monstre qui me trompait; mais, à présent, je suis enchantée qu'il m'ait quittée, je ne le reverrai de ma vie. Me voilà libre comme l'air!... mais je ne veux plus avoir de sentiments, c'est fini! les hommes sont si faux! ils ne valent pas la peine que nous poussions un soupir pour eux!... aussi je ne veux plus aimer... je me donne toute à mon art; je vais travailler six heures par jour. C'est un rude métier que de danser, et cela ne s'apprend pas en se promenant. Pourrait-on savoir ce que monsieur fait?...

— Je ne fais rien, mademoiselle.

— Rien!... diable! c'est un bel état!... je voudrais bien en faire autant que vous, je ne serais pas obligée de mettre mes pieds dans une boîte. Monsieur vit de ses rentes apparemment?

— Non, mademoiselle, je n'ai point de rentes...

— Ah! c'est différent..... alors je comprends... quand on est joli garçon, on a toujours des ressources.

Adolphe lance à Zélie un regard qui lui fait manquer une pirouette.

— Mon Dieu! monsieur, je n'ai pas eu dessein de vous fâcher, lui dit-elle en s'arrêtant, j'ai dit cela... sans y penser... et... certainement... Ah! vous seriez bien gentil de me nouer ma robe par derrière; je ne songeais plus que je dois, ce matin, aller déjeuner chez une de mes amies... et on m'attend...

— Je ne sais pas nouer les robes, mademoiselle.

— Mais d'où sortez-vous donc? vous ne savez rien!.. C'est bien facile, et je vous montrerai... Si vous vouliez venir déjeuner avec nous, vous serez bien reçu, monsieur...

— Je vous remercie, mais je ne vais que chez les personnes que je connais.

— Oh! vous n'êtes pas un jeune homme comme un autre; vous avez l'air d'un original... Venez, mon voisin, vous serez bien aimable...

— Non, ma voisine; je vais rentrer chez moi...

— Comment, monsieur, vous ne voulez pas seulement m'attacher ma robe, me mettre une épingle...

— Je vous dis, que je n'y entends rien; mais je vais vous envoyer la portière!...

— Allez au diable avec votre portière!... Ah! quel ours j'ai pour voisin!....

Adolphe n'écoute plus Zélie; il rentre chez lui en se disant : « Quelle différence de cette femme à Eugénie! » Et Zélie dit en elle-même : « Quelle différence de ce jeune homme-là à Poussard, qui m'a tout de suite déclaré sa flamme en prenant une bavaroise. »

XI

LE PLUS SAGE EN EUT FAIT AUTANT

Adolphe a bientôt terminé un modeste déjeuner, et il retourne dans la rue Saint-Martin recommencer ses promenades devant cette maison dont l'entrée lui est interdite : mais point d'Eugénie!.... Serait-elle plus malade? Cette idée désole le pauvre garçon, qui donnerait tout ce qu'il possède pour avoir des nouvelles de son amante. Il est bien décidé à ne point s'éloigner sans avoir vu Jeanneton. « Si je ne puis entrer dans la boutique, dit-il, du moins la rue est libre, et on ne m'empêchera pas de m'y promener... quoique ce vieux commis ait l'air d'être chargé de me guetter. »

En effet, Bidois, qui a reçu des instructions de Mme Moutonnet, va de temps à autre tailler sa plume sur le seuil de la porte de la boutique et il sourit d'un air goguenard en voyant Adolphe passer et repasser; mais Adolphe, remarquant le petit manège de Bidois, se promet de lui ôter l'envie de le guetter : il attend que le vieux commis revienne se montrer avec sa plume et son canif, et passant alors tout contre lui, il le pousse si brusquement, que Bidois fait une pirouette, et manque de tomber au milieu de la rue, où il laisse voler sa plume, tandis que son canif roule dans le ruisseau.

— Que le diable les emporte tous! dit Bidois en refermant avec violence la porte de la boutique, et se replaçant avec humeur au comptoir ; je ne me mêle plus de rien, qu'ils s'arrangent comme ils voudront... Une plume délicieuse perdue!... et un canif qui n'avait encore été repassé que dix ou douze fois!... Ce jeune homme me ferait un mauvais parti, il a déjà manqué de m'étrangler... Mme Moutonnet dira ce qu'elle voudra, je suis dans sa maison comme commis, chargé des comptes et des calculs, mais je n'y suis point pour guetter les amoureux de sa fille... C'est un peu trop dangereux. Je resterai neutre à l'avenir dans cette affaire-ci.

Adolphe attend avec impatience que Jeanneton vienne lui apporter quelques consolations. Enfin le jour baisse, la bonne sort de la boutique et va rejoindre notre amoureux à l'endroit qu'elle lui avait indiqué.

— Pourquoi n'ai-je point vu Eugénie? lui demanda Adolphe dès qu'il l'aperçoit. Pourquoi n'est-elle point descendue aujourd'hui? Serait-elle plus malade?

— Non, monsieur, grâce au ciel, elle va un peu mieux, quoiqu'elle soit toujours bien triste!... mais c'est vot' faute si mamzelle ne descend pas à la boutique ; on a remarqué que vous étiez sans cesse en faction dans la rue, et Mme Moutonnet a annoncé à c'te pauvre petite qu'elle ne quitterait sa chambre que pour aller se marier.

— Ah! Jeanneton, que m'apprends-tu!... je ne la verrai plus, je ne lui parlerai plus...

— Dam' monsieur, comment voulez-vous faire? madame ne plaisante pas, Eugénie pleure et se désole toute la journée... ça me fend le cœur!

— Jeanneton, ma bonne Jeanneton! permets-moi de la voir, de la consoler..

— Mais c'est impossible, monsieur!

— Si tu me refuses, je fais quelque coup de désespoir! je mets le feu à la maison!

— C'est ça, nous grillerons tous!... joli moyen pour la consoler...

— Du moins elle n'épousera pas Dupont!

— Un instant, monsieur, ne faites pas de bêtises comme ça...

— Ah! Jeanneton, je ne sais plus que devenir, je vais me jeter dans la rivière!

— Allons, le v'là dans l'eau à présent... Ah! que les amants sont terribles! Et vot' père, monsieur, vot' pauvre père que vous aimez tant, vous n'y pensez donc plus?

— Hélas! Jeanneton, l'amour me tourne la tête! Mon père est malade depuis quelque temps; à présent que je suis libre je devrais aller le voir... il habite Senlis, ce n'est pas loin d'ici... Mais Eugénie absorbe tous mes autres sentiments! je ne songe, je ne vis que pour elle...

— Si ça continue, vous n'irez pas loin... depuis deux jours vous êtes changé... ça fait peur!... Pourquoi se désespérer ainsi? Le mariage ne doit se faire que dans un mois, peut-être dans deux... Si d'ici là vous pouviez faire fortune.

— Ah! c'est impossible!... je n'ai plus pour parents que mon père qui est loin d'être fortuné, il avait un frère qui s'est embarqué fort jeune pour les Indes et qui est mort, sans doute, car on n'a jamais eu de ses nouvelles... Tu vois que je ne puis espérer de fortune que celle que j'amasserai moi-même.

— Oui, et ça ne s'amasse pas en un mois... Ah! si vous gagniez un quaterne à la loterie!...

— Ah! Jeanneton, quelle ressource m'offres-tu là? Si j'étais pauvre et joueur, je deviendrais bientôt fripon.

— Ah! vous avez raison, monsieur, ne jouez pas, c'est un vilain défaut... Mais comment donc vous enrichir!

— Il n'est pas question de m'enrichir, mais de me faire voir Eugénie; je serai toujours assez riche si elle m'est fidèle...

— Oui, mais c'te fortune-là ne vaut toujours pas les paquets de chandelle de vot' rival!

— Jeanneton, je ne te quitte pas que tu ne m'aies promis de me faire parler à Eugénie.

— Je ne peux pas vous promettre ça.

— Il le faut où je meurs... pendant que tout le monde dormira, tu peux facilement m'ouvrir la porte de l'allée et m'introduire dans la maison.

— Ah! monsieur, que dites-vous-là!... vous me faites trembler!... Si on savait...

— On ne saura rien...

— Si on découvrait...

— Impossible!

— Madame ne dort plus que d'un œil depuis qu'elle sait que sa fille est amoureuse.

— Je ne resterai qu'un moment...

— Ah! quand une fois un amant est entré, c'est le diable pour le faire sortir!

Adolphe s'arrête pour la laisser passer. (P. 730.)

— Mais tu seras là, Jeanneton, tu ne nous quitteras pas. Je ne veux parler à Eugénie qu'en ta présence.

— Tout cela est bel et bon, mais je n'ose...

— Jeanneton, tu aimes ton Eugénie, et tu me refuses ce moyen de la consoler un instant!

— C'est parce que je l'aime que je vous refuse; ces consolations-là seraient dangereuses!

— Ah! je te croyais sensible je me suis trompé.

— Mon Dieu! eh ben je vas consulter mamzelle, et dam' si elle le veut aussi, demain j' vous ferons entrer...

— Ah! Jeanneton que je t'aime! que je t'embrasse...

— Prenez donc garde, les passants vous prendront pour un fou!... Je rentre... A demain, ici... je vous dirai ce que mam'zelle aura décidé. Mais ne passez pas si souvent devant la porte afin d'éloigner les soupçons.

— Sois tranquille, demain je resterai chez moi jusqu'à l'heure de notre rendez-vous.

Jeanneton s'éloigne; Adolphe rentre chez lui, se reportant d'avance au lendemain et cherchant comment il pourra abréger le temps qui va se passer jusque-là. En montant son escalier, il rencontre sa voisine en chapeau à plumes, en robe à triple garniture, en souliers chamois et ayant sur les épaules un châle à palmes. Adolphe s'arrête pour la laisser passer, et Zélie enchantée d'être vue en grande toilette, et qui depuis une heure attendait pour descendre l'escalier le moment où Adolphe rentrerait, lui jette en passant un regard moqueur, puis s'éloigne en sautillant et en fredonnant un morceau d'opéra.

— Qui croirait, dit Adolphe en la regardant aller, que cette femme élégante habite une chambre sous les toits ?... Elle n'est vraiment pas mal... Mais rentrons, soupons, couchons-nous et dormons; c'est quand on dort que le temps passe vite.

Notre amoureux dormait en effet d'un profond sommeil, et il était minuit sonné, lorsque plusieurs coups frappés à sa porte vinrent troubler son repos.

— Qui est là? dit Adolphe sans quitter le lit.

— Mon voisin, je vous en supplie, ouvrez-moi, donnez-moi de la lumière.

— Comment! c'est encore vous qui m'éveillez, mademoiselle! vous avez donc juré de ne point me laisser en repos?

— Mon Dieu? monsieur, mais il n'est que minuit ; je ne savais pas que vous étiez couché.

— Je le suis depuis sept heures.

— Couché à sept heures !... un jeune homme... mais c'est une horreur!... comme les poules, absolument!...

— Cela ne vous regarde pas, je crois ; laissez-moi dormir.

— Allumez-moi ma chandelle, et je vous laisse tranquille.

— Je n'ai pas de lumière, je ne peux pas vous en donner.

— Vous me battrez le briquet, je n'en peux pas venir à bout.

— Je ne sais pas le battre.

— Qu'il est aimable et qu'il est complaisant!... comme c'est agréable d'avoir un voisin comme monsieur !

— Pas plus que d'avoir une voisine comme vous !

— Vous êtes le premier auquel cela ne plaît pas.

— Chacun a sa manière de voir.

— La vôtre n'est guère honnête, toujours.

— Mademoiselle, voulez-vous me laisser dormir?

— Vous êtes las de dormir, puisque vous êtes couché depuis sept heures... Dites donc, mon voisin... ah? vous croyez peut-être que je vais vous laisser tranquille, mais je frapperai plutôt jusqu'au jour!...

— Je me plaindrai demain au propriétaire.

— Ça m'est bien égal, je déménage après demain. »

Et Zélie continue à frapper à la porte d'Adolphe, qui se décide à lui ouvrir pour mettre fin à ce tapage. Il se lève, ouvre sa porte et va se recoucher; Mlle Zélie entre à tâtons.

— Ah! c'est bien heureux, il m'a ouvert enfin... Est-il gentil!... On ne voit pas clair ici.

Tout en tâtonnant, elle arrive jusqu'au lit d'Adolphe, sur lequel elle s'assied provisoirement.

— Ah! je n'en puis plus!... ce nouveau pas est fatiguant...

— Que faites-vous donc, mademoiselle ?

— Vous le voyez bien, je me repose.

— Vous pourriez, il me semble, vous reposer chez vous.

— C'est apparemment que j'aime mieux me reposer ici.

— Où est votre briquet? donnez-le moi que je le batte.

— Mon briquet?... ah! ah! ah! qu'il est drôle avec mon briquet! Cherchez le vôtre, monsieur, cela vaudra mieux : je suis sûre que vous ferez feu sur-le-champ.

Adolphe se lève sans répondre, et va en effet chercher son briquet, qu'il a d'abord beaucoup de peine à trouver ; enfin, il le tient. Il frappe et refrappe la pierre, mais son amadou ne veut pas prendre, et Adolphe impatienté, jette au milieu de la chambre, pierre, amadou et allumettes, en jurant après son hôte qui ne lui a pas donné un briquet phosphorique.

Pendant ce temps, Mlle Zélie, qui est venue frapper chez son voisin dans un costume fort léger, a trouvé plus commode de ne point rester exposée au froid, et elle a pris la place d'Adolphe dans le lit où elle ne souffle plus mot.

— Ma foi! dit le jeune homme, vous voyez que j'ai fait ce que j'ai pu pour vous procurer de la lumière ; j'espère que maintenant vous allez me laisser dormir.

On ne répond rien.

— Serait-elle partie? se dit Adolphe; c'est bien heureux!...

Et il court se fourrer dans le lit, et il jette un cri de surprise en se trouvant dans les bras de quelqu'un, et il est près de se lever... mais il ne se lève pas, il reste couché parce qu'il est homme, qu'il est jeune, et que l'amant le plus sage, le plus fidèle ne peut pas répondre de lui dans pareille circonstance.

— Ah!... ce n'est pas ma faute, se dit Adolphe, désespéré, certainement j'ai fait tout ce que j'ai pu pour que cela ne fût point... mais cela devait arriver apparemment.

— Tu es un ours, dit Zélie en riant; mais j'aime beaucoup les ours, et j'avais juré de t'apprivoiser.

... Plusieurs coups frappés à sa porte, vinrent troubler son repos.

Et probablement Adolphe s'apprivoise, car à 9 heures du matin le soleil les trouve encore endormis l'un à côté de l'autre.

Adolphe s'éveille le premier. Il se frotte les yeux; il croit encore rêver en voyant Zélie auprès de lui; mais bientôt les souvenirs de la nuit arrivent en foule. Adolphe, désespéré, saute hors du lit; il se repent de sa faiblesse. C'est toujours lorsque les sens sont calmés qu'on s'étonne d'avoir pu faillir.

— Eh quoi! dit-il, j'ai pu un moment oublier Eugénie que j'adore!... Eugénie si douce, si belle, si aimante! pour une femme!... que je n'aime pas... que je méprise!... Et pendant qu'elle pleure, qu'elle se désole!... j'étais!... ah! c'est affreux!... c'est indigne! mais je jure bien que cela ne m'arrivera plus!... Non, ma chère Eugénie, je n'aurai plus de faiblesse; je serai digne de toi!... reçois le serment que je fais de ne plus t'oublier un seul instant!...

Adolphe s'est habillé promptement, et avant que Zélie soit éveillée il est déjà loin de chez lui. Mais Zélie s'éveille enfin ; elle cherche des yeux Adolphe.

— Comment! il est parti! dit-elle en se levant; quel singulier jeune homme!... il est bien original!... mais il a des qualités précieuses... Il faut lui passer quelque chose.

XII

UNE PREMIÈRE REPRÉSENTATION

Adolphe s'est promis de ne point rentrer chez lui de la journée; mais il a promis aussi de ne pas se promener devant la demeure d'Eugénie. Il faut pourtant faire quelque chose jusqu'au soir. Notre jeune homme marche au hasard. On est au milieu de décembre : le temps est froid mais beau et, quoique vêtu assez légèrement, Adolphe ne sent pas le vent qui souffle, parce que son sang est échauffé par l'amour et l'inquiétude.

Adolphe va de préférence dans les endroits solitaires; car dans l'intérieur de Paris, on ne peut marcher en rêvant à ses amours, sous peine de se laisser écraser. Adolphe sort de la ville et suit les boulevards extérieurs. Il ne rencontre alors que quelques ouvriers qui se rendent aux guinguettes, ou des couples amoureux qui recherchent aussi la solitude et ne sentent point la rigueur de la saison; c'est pour les amants que l'été n'a point de feux et l'hiver point de glaces.

Adolphe regarde d'un œil d'envie le jeune ouvrier et la grisette, l'employé et la petite marchande, le mirliflor et l'élégante, et même le portefaix et l'orangère qui passent près de lui. Chacun se rend, suivant sa fortune et son état, dans l'endroit où il pourra le mieux fêter sa compagne et jouir d'un doux tête-à-tête. Le jeune élégant conduit sa maîtresse chez Peltan, au Pavillon-Français; l'employé mène sa belle à l'Ile-d'Amour; l'ouvrier se rend avec la sienne chez Desnoyers, et le commissionnaire entre en riant chez le marchand de vin qui a des cabinets particuliers. « Qu'ils sont heureux! se dit Adolphe en soupirant; quelle journée que celle qu'on passe avec la personne que l'on aime!... ah! si j'étais riche... si je possédais Eugénie, c'est ainsi que je voudrais les passer toutes ; et ce bonheur me semblerait toujours nouveau.

Adolphe raisonnait mal ; mais on ne prévoit jamais que l'on pourra se lasser de ce que l'on envie, et cependant rien n'est plus vrai que cette maxime du sage : *Toujours du plaisir n'est pas du plaisir.*

Mais comme Adolphe n'a pas encore connu le plaisir de posséder la femme qu'il adore, il faut lui pardonner ses projets un peu fous; nous en faisons tous qui ne sont pas plus sages.

Adolphe a dîné chez un petit traiteur qu'il a trouvé sur son passage, et il revint à la nuit près de la maison d'Eugénie, tremblant déjà d'espérance et de crainte, brûlant de voir arriver Jeanneton, et n'osant se flatter qu'il pourra bientôt être près de sa chère Eugénie, qu'il n'a pas aperçue depuis trois jours... ce sont trois siècles pour des amants, et la petite distraction de la nuit n'empêche pas Adolphe d'être plus amoureux que jamais. Oui, mesdames, c'est ainsi que nous sommes, ne soyez donc point fâchées contre ce pauvre Adolphe; le plus fidèle de vos amants en aurait fait autant que lui. Et si nous vous imitions? me direz-vous. Ah! fi donc! vous en êtes incapables!... Nous vous croyons assez de délicatesse pour ne céder que par amour, et voilà pourquoi nous devons compter davantage sur vous que vous sur nous.

Jeanneton accourt enfin.

— Eh bien! lui dit Adolphe, Eugénie?...

— Eh ben, monsieur, elle y consent!... Pardi! elle désire tant de vous voir!

— Elle consent!... Ah! Jeanneton... ma bonne Jeanneton!...

— Mais tenez vous donc tranquille, et écoutez-moi...

— Je t'écoute... elle permet... je pourrai la voir... Quel bonheur!...

— Ah! que les amoureux sont ennuyeux!... ou désespérés ou transportés; il n'y a pas de milieu avec eux!...

— Je me calme, Jeanneton, et je t'écoute.

— Vous viendrez à minuit... entendez-vous? pas avant, parce qu'il faut qu'on ait le temps de s'endormir...

— Oui, oui, à minuit...

— J'ouvrirai la porte le plus doucement possible, vous me suivrez sans faire de bruit, je vous conduirai dans ma chambre... et mamzelle viendra vous y trouver... Dam', je ne la quitterai pas une minute, au moins!...

— Oui, Jeanneton; ah! crois-tu donc que je puisse former d'autres desseins que de voir Eugénie, de lui parler, d'entendre de sa bouche qu'elle me sera fidèle?...

— Je ne dis pas que vous pensiez à autre chose... mais des amants... faut pas s'y fier!.. enfin, je serai là... Pourvu qu'il n'arrive pas d'événements.. Je m'expose pour vous... si madame découvrait... je serais chassée... et cette pauvre Eugénie... Ah! je tremble d'y penser! Il faut qu'elle vous aime ben! voyez à quoi elle s'expose!

— Ah! je sens tout le prix de son amour!... mais le ciel nous protégera.....

— Enfin, puisque c'est décidé, ayons du courage. Adieu, monsieur; à ce soir... à minuit...

— Oui, c'est bien convenu : ne manque pas d'ouvrir la porte?...

— Soyez tranquille... à moins que madame n'ôte la clef ou n'enferme sa fille...

— Tu me désespères!...

— Mais ça n'est pas encore arrivé; faut pas avoir peur d'avance... Adieu, monsieur Adolphe.

— A ce soir, Jeanneton.

Notre amant s'éloigne à grands pas, ne se sentant pas de joie, se voyant déjà près de son Eugénie, et pouvant lui parler tout à son aise, circonstance qui ne s'est pas rencontrée depuis la Saint-Eustache. Mais il n'est que six heures, ce n'est qu'à minuit qu'il sera heureux; comment tuer le temps jusque là? comment employer les six mortelles heures qui doivent s'écouler avant de le ramener rue Saint-Martin? Se promener... Il n'a fait que cela depuis le matin; il faut tâcher de s'occuper les yeux ou l'esprit pour reposer un peu son cœur.

Adolphe est sur le boulevard, devant un spectacle.

« Entrons là, se dit-il; c'est une petite débauche à laquelle mes moyens ne se prêtent guère; mais pour une fois! Et d'ailleurs, aujourd'hui n'est pas un jour ordinaire... Entrons. »

Adolphe se met à la queue, qui est fort longue; ce qui lui fait augurer favorablement de la pièce qu'il va voir.

« Pour que tant de ersonnes se décident à se faire fouler, presser, bousculer et repousser par les gendarmes, il faut, se dit-il, que l'ouvrage que l'on donne en vaille la peine, d'après cela, il me paraît que j'ai bien choisi. »

Après une demi-heure d'attente le bureau s'ouvre.

Pourquoi ne l'avoir pas ouvert plus tôt, dit Adolphe, on nous aurait épargné une demi-heure d'ennui, et nous serions rentrés sans nous fouler.

— Monsieur, répond à Adolphe un petit monsieur en besicles, qui, à force de pousser de droite et de gauche, était parvenu, en arrivant le dernier, à se mettre à la tête de la queue, monsieur, l'administration est bien aise qu'il y ait foule devant la porte de son théâtre, que l'on crie, que l'on se presse; il n'y a même point de mal quand il arrive quelque accident. Une pièce dont on peut dire : On se tue à la porte, il y a eu un bras de démis et une personne d'étouffée, une telle pièce obtient la vogue; tout Paris veut se donner ce petit plaisir-là; vous voyez même des élégantes, des femmes à cachemire, qui, dérogeant à leurs habitudes, dînent de bonne heure pour venir se faire *bousculer;* il y a de la gloire alors à dire : j'y suis entré. Enfin, monsieur, le monde attire le monde : on ne va plus au *Légataire,* parce qu'on est certain de n'y trouver personne; mais on courrait à *Georges Dandin,* si *Georges Dandin* faisait faire queue.

— D'après cela, je vois que l'administration fait très bien de laisser grossir la foule, et, à sa place, j'en ferais tout autant.

Enfin le signal est donné, cette foule immense devient une mer orageuse dont les flots vont se briser avec violence devant une barrière que l'on n'ouvre que par intervalles. Adolphe remarque que les billets donnés ont la préférence sur les payants, et qu'ils sont en si grand nombre que la moitié des per-

C'est là que la foule est amoncelée.

sonnes qui attendent devant le bureau ne pourront plus obtenir de place, et il se dit :

« Si c'est encore là un calcul de l'administration, j'avoue que je n'y comprends plus rien. »

Il tient enfin son billet, mais il faut entrer dans la salle, et c'est le plus difficile, c'est là que la foule est amoncelée. Adolphe se trouve presque porté au milieu de cette multitude où tous les rangs sont confondus. Là, c'est le plus fort qui fait la loi, et vous voyez la petite maîtresse implorer la protection d'un monsieur en veste et en bonnet de loutre, dont les bras vigoureux sauront aisément lui faire un passage. »

— J'étouffe... je n'en puis plus... dit une dame en toque et en robe de soie... Ah! les gredins! comme ils poussent! dit une grosse commère en

La danse lui offre mille moyens de montrer ses grâces. (P. 743.)

tablier; tandis que la grisette, qui a l'habitude d'être poussée, se contente de dire d'une petite voix suppliante : Messieurs... je vous en prie... ménagez-moi... — Prenez garde à ma tête... — On accroche mon châle... — On m'emporte mon chapeau !... Vous m'écrasez les pieds ! — Mon mari ! Où es-tu ? dit une femme éplorée. — Je suis là, ma chère amie, répond l'époux qui ne peut pas rejoindre sa moitié ; laisse-toi aller... n'aie pas peur, on ne te fera pas de mal... Ces messieurs sont trop galants... ils te protégeront!... — Sacrebleu! ne poussez donc pas comme ça!... — Tiens, est-ce ma faute? On me pousse, faut ben que je pousse aussi!... — Il y a des hommes qui sont bien manants, dit une grosse maman de quarante ans, en lançant des regards furieux derrière elle; si j'avais un cavalier, cela ne se passerait pas comme cela!... »

Un nouveau mouvement se donne... Adolphe est entré, et il voit un monsieur dont un pan de l'habit est déchiré, un autre dont le chapeau n'a plus de fond, et une dame dont la robe n'est plus qu'un spencer parce que le jupon est resté accroché à la barrière; mais chacun prend fort bien son parti, ce sont même de ces événements dont on pourra se vanter.

Adolphe va se placer, il a pris modestement un billet de parterre; et quoiqu'il y ait déjà beaucoup de monde, il parvient à se faufiler presque au milieu. La salle est comble, mais on ne doit commencer que dans une demi-heure; Adolphe s'adresse à son voisin de droite, jeune homme, assez bien couvert, qui garde deux places à côté de lui, trois devant et quatre derrière

— Il paraît que la pièce que l'on donne est jolie? lui dit Adolphe
— Ah! ce sera soigné; c'est d'un grand faiseur.
— Vous l'avez déjà vue?
— Je suis t'allé z'aux répétitions... La première acte est un peu froide, mais les autres réchaufferont joliment le public. Il y a des effets superbes... Quant le père tue son enfant, parce qu'il est pris pour le fils de l'autre sournois qui a fait ça exprès par le conseil de son ami, le prince, qui est un traître... Ah! Dieu! que c'est beau!... je suis sûr que toute la salle pleurera!...
— Cela me paraît attendrissant en effet. Y a-t-il longtemps que l'on donne cette pièce?
— Comment longtemps!... D'où que vous sortez donc!... c'est la première représentation.
— Ah! c'est une pièce nouvelle!
— Pardi! est-ce qu'il y aurait tant de monde sans cela!
— Tout le monde sait donc que ce sera bien?
— Quand je vous dis que c'est d'un fameux!... d'un malin qui sait joliment accompagner ça. Il paraît que vous ne venez pas beaucoup ici?
— Non, je l'avoue.
— Ah ben! moi, je ne manque pas une première représentation aux boulevards! j'aimerais mieux me passer de dîner! Et puis, voyez-vous, ça forme, ça éduque fièrement, le spectacle!... faut pas croire quand que je sors d'ici j'n'y pense plus... ça se grave dans ma mémoire!... J'ai la tête farcie

de tirades; je pourrais vous débiter la grande scène de *Tikily*, le rôle d'*Abélino*, celui du muet dans *Truguelin*... et le *Fils banni* donc!... Ah! c'est celui-là que je sais tout du long!... Mais c'est surtout les voleurs que je fais bien; à la maison on m'appelle cadet *Sbogar*. J'avais une vocation sensible pour le théâtre... Je voulais débuter; oh! j'étais décidé à débuter malgré ma mère, qui aime mieux que je sois tanneur; mais on m'a dit que je n'avais pas la taille; et comme je ne voulais faire que les grands rôles, ça m'a empêché!

Depuis longtemps Adolphe n'écoute plus son voisin; il se croit déjà près d'Eugénie, et les discours du jeune *amateur* n'ont plus le pouvoir de le distraire. Mais un grand homme sec, placé à sa gauche, lui frappe assez familièrement sur l'épaule en lui demandant si l'ouvrage est bien monté.

— Bien monté? répond Adolphe, qui ne comprend pas le grand monsieur.

— Oui, je vous demande si les grands talents jouent... Moi, j'étais si pressé que je n'ai pas eu le temps de lire les noms des acteurs.

— Ma foi, monsieur, je n'en connais aucun, et je ne puis pas vous dire quels sont ceux qui jouent.

— Vous n'en connaissez aucun? Vous ne suivez donc pas ce théâtre-ci?

— Non, monsieur.

— En ce cas je vous plains d'être venu aujourd'hui; vous êtes mal tombé; la pièce nouvelle est, dit-on, pitoyable!...

— Pitoyable! Et pourquoi êtes-vous venu la voir?

— Oh! moi, je viens tout voir; je suis bien aise de juger; je suis homme de lettres.

— Je vous en fais mon compliment.

— Monsieur, il n'y a pas de quoi.

— Vous avez sans doute vos entrées?

— Non... Oh! les directeurs n'ont aucun égard pour le talent!... ils m'ont refusé trois pièces... et trois pièces qui auraient fait courir tout Paris!

— C'est bien gauche à eux!

— Ce sont des gens qui ne sont pas en état de juger un ouvrage; mais ils s'en mordront les doigts! Aussi c'est un théâtre qui tombe tout à fait.

— On ne s'en douterait pas aujourd'hui.

— Je vais faire un journal au premier jour... et qu'ils prennent garde à eux! je leur ménage des articles qui les écraseront.

— Vous me faites trembler pour eux!

— Et je tâcherai d'obtenir un privilège!

— Et alors vous ferez jouer vos pièces?

— Oui, monsieur; et je gage qu'au bout de dix ans, je serai en état de me retirer.

— Peut-être avant même.

— Ah! v'là les amis! dit le jeune homme placé à la droite d'Adolphe en faisant signe à cinq ou six individus qui arrivaient alors au parterre et pour lesquels il avait gardé des places.

— Je vous préviens que vous avez à votre droite un bataillon de claqueurs, dit tout bas à Adolphe le grand monsieur sec.

— Des claqueurs?

— Eh oui! des gens qui viennent pour applaudir, pour soutenir l'ouvrage à tort et à travers; mais ils n'auront pas beau jeu! je suis très décidé à siffler; et je connais cinq ou six hommes de lettres, comme moi, qui ont apporté des clefs forées, et qui espèrent bien s'en servir.

— Mais, monsieur, vous traitez donc bien mal vos confrères!

— Eh! monsieur, cet auteur-là est un accapareur; on ne joue que lui:... c'est une indignité!

— Mais, monsieur, s'il travaille plus que les autres, il me semble naturel qu'il soit joué davantage.

— Eh! monsieur, moi aussi je travaille beaucoup; je suis en état de fournir quatre ou cinq théâtres, et cependant on ne me joue nulle part! Ah! vous ne connaissez pas les intrigues de théâtre.

— Non, monsieur, Dieu merci!

— Je me flatte que vous vous montrerez homme de goût, et que vous sifflerez.

— Non, monsieur, ne comptez pas sur moi; j'applaudis quelquefois, mais je ne siffle jamais.

— Si tout le monde pensait comme vous, nous verrions de belles choses.

— Si tout le monde agissait comme vous paraissez vouloir le faire, nous n'en verrions plus du tout.

— Eh! monsieur, il vaut mieux faire tomber un théâtre, que de souffrir qu'il nous donne des drogues.

— Pourquoi venez-vous voir ces drogues-là?

— Je vous l'ai dit, pour les siffler.

— Mais ce doit être bien ennuyeux de venir souvent à un théâtre où on ne joue rien de bon.

— Au contraire, monsieur, plus c'est mauvais, plus je m'amuse; il n'y a rien qui me réjouisse tant qu'une bonne chute bien complète!... bien scandaleuse!... Ces jours-là, monsieur, je prends un riz au lait en sortant.

— Il faut espérer, pour l'auteur, que vous n'en prendrez pas ce soir.
— Si la pièce tombe, j'en prendrai deux.
— Monsieur, il faut pourtant que tout le monde vive.
— Eh! monsieur, c'est pour cela que je veux qu'on joue mes pièces.

On commence la petite pièce qui précède la nouvelle et que l'on écoute peu : chacun continue sa conversation ; mais Adolphe ne répond plus ni à sa droite, ni à sa gauche ; et il entend ses voisins dont l'un dit : « C'est peut-être un cabaleur? » et l'autre : « Je gage que c'est un billet donné. »

Enfin, la pièce nouvelle va commencer; déjà les trois coups sont frappés, et chaque parti se prépare à la conduite qu'il veut tenir. Les claqueurs tâchent de faire faire silence par des *chut* prolongés; les amis de l'auteur, qu'il ne faut pas confondre avec les gens qui applaudissent, se disposent à

Adolphe ne répond plus ni à droite ni à gauche.

écouter et tâchent de disposer leurs voisins à la bienveillance, tandis que les ennemis se donnent le signal de la discorde, en crachant, se mouchant, toussant et ouvrant des tabatières qui imitent le chant d'un canard.

Adolphe écoute autant que peut écouter quelqu'un qui voudrait déjà que le spectacle fût fini, et il soupire souvent dans les endroits qui ont fait rire le public.

— C'est-il beau!... ça va-t-il bien! dit le jeune homme à sa droite; oh! comme c'est tapé!... bon... v'là que ça s'en va joliment... et les costumes!... Tiens, François, vois-tu la plume du prince? eh bien, c'est une vraie plume d'autruche... Et l'amoureuse, ce sont bien des diamants : elle en a de fameux, va! Aussi on la considère fièrement au théâtre!...

— Est-ce mauvais! dit le voisin de gauche; quelle intrigue commune! cela ressemble à tout! comme c'est écrit!... Ah! voilà une scène qu'on

m'a volée, si ce n'est que la mienne était autrement tournée que celle-ci!...
Toujours des entrées et des sorties... ça me fait pitié! c'est digne des
funambules... Ah! les misérables! Et voilà les ouvrages que l'on reçoit,
que l'on joue ici.

Et le voisin lâche quelques coups de sifflet qui sont étouffés par les
applaudissements du côté opposé. Le premier acte se termine ainsi.

Au second, l'action ne marche pas, le public s'ennuie; les amis de
l'auteur, qui s'aperçoivent que cela va mal, ne disent plus mot, ils ont la
tête basse, le regard incertain; ils sont dans l'indécision s'ils resteront
jusqu'à la fin; les claqueurs, au contraire, applaudissent avec plus de
force que jamais pour tâcher d'échauffer les acteurs et la pièce; et les ca-
baleurs, qui se sentent triompher, font jouer les clefs forées, et chutent
quand on veut applaudir.

Des effets on en vient aux mots, et le tapage allant toujours croissant,
Adolphe craint que des mots on n'en vienne aux mains.

— Paix là!... silence!... à la porte les claqueurs!... à bas les caba-
leurs!... Taisez-vous, canaille!... etc., etc.

Tels sont les cris qui étourdissent le pauvre Adolphe, qui se trouve
au centre des partis, et ne sait trop s'il doit rester jusqu'à la fin. Mais au
milieu de ce tumulte le temps s'écoule, et c'est tout ce qu'il veut.

Le second acte se termine. On attend avec impatience le troisième
qui doit décider du gain ou de la perte de la bataille.

— C'est une pièce tombée, dit le grand monsieur.

— Le décor du troisième acte va raccommoder tout ça, dit le tanneur.

En effet, au troisième acte, une décoration magnifique enthousiasme
le public et fait faire une grimace horrible à l'homme de lettres, qui
marronne entre ses dents :

— Ils seront bientôt ruinés s'ils se jettent sur les décorations.

Un joli ballet achève de mettre le public de bonne humeur. Adolphe
regarde danser comme il a regardé jouer, sans trop savoir ce qu'il voit
lorsque l'arrivée d'une jeune danseuse habillée en rosière attire davantage
son attention.

Les traits de cette danseuse ne lui semblent pas inconnus; plus il
l'examine, plus il est persuadé de l'avoir vue quelque part. Enfin, le souvenir de sa voisine se retrace à sa mémoire; c'est bien elle, c'est Zélie
qui est devant ses yeux. Zélie en rosière!... Il se rappelle alors la situation
dans laquelle il l'a trouvée lorsqu'il l'a vue pour la première fois, et il ne
peut s'empêcher de sourire en se reportant à ce moment.

Zélie danse avec grâce; elle est un peu fanée, un peu fatiguée, mais aux quinquets et sous un costume brillant, elle est charmante; le rouge donne encore plus d'éclat à ses yeux, la danse lui offre mille moyens de montrer ses grâces, et tout le monde répète autour d'Adolphe :

« La jolie femme! la charmante danseuse! » excepté l'homme de lettres, qui dit à chaque instant : « Point d'aplomb, point de mesure, point de vigueur; et jolie, si l'on veut!... Le pied trop plat, les bras trop longs. »

Adolphe s'étonne de ce que Zélie n'obtient point d'applaudissements. Après son pas, qu'il trouve fort bien dansé, les claqueurs restent immobiles; pas un signe d'approbation, si ce n'est le bravo d'un viel amateur et le petit mouvement de tête d'un habitué. Adolphe se souvient alors de la rupture avec Poussard, et devine les motifs de ce silence, qui semble piquer Zélie; il veut la venger de ce qu'il trouve une injustice, et, pour la première fois de la soirée, le voilà qui applaudit à tout rompre.

Son voisin de gauche le regarde d'un air moqueur, et les amis de droite veulent lui imposer silence.

— Silence pendant le ballet! dit Adolphe; ah! parbleu, je vous ai laissé m'étourdir pendant la pièce, vous me laisserez applaudir maintenant, si cela me fait plaisir.

— A la porte le claqueur! crient plusieurs voix du parterre.

— Taisez-vous donc, lui dit le tanneur, vous vous faites moquer de vous; ça n'est pas le tout d'applaudir, faut encore choisir ses moments.

— Je vous croyais du goût, lui dit le grand monsieur, mais je crois que vous ne vous connaissez pas en pirouettes.

Enfin le ballet finit, la pièce continue, et alors le tapage recommence; le dénoûment, sifflé par les uns, est applaudi par les autres : c'est à qui l'emportera. Chaque parti s'échauffe; on se regarde, on se menace, on se montre au doigt; bientôt on se lève; le grand homme sec est désigné comme le plus intrépide siffleur, c'est sur lui que les amis dirigent leurs poings; et Adolphe, comme son voisin, reçoit quelques coups qui lui étaient dirigés. Furieux, il riposte avec force, et le combat devient général : on se pousse, on se presse, on roule sur les banquettes; les dames de l'orchestre se sauvent sur le théâtre, celles des loges jettent les hauts cris, les musiciens abandonnent leur poste, et la garde se présente bientôt à la place des acteurs.

Après avoir distribué des coups à tous ceux qui l'entourent, sans s'inquiéter s'ils sont pour ou contre l'ouvrage, Adolphe, qui, de paisibles spectateur, s'est vu près de devenir un des plus acharnés combattants, parvient enfin à se faire jour et à sortir du parterre et de la salle; il se promet bien de ne jamais retourner à une place aussi dangereuse un jour de première représentation.

XIII

LES AMANTS. — L'IVROGNE

Il est encore loin de minuit, malgré cela, Adolphe se rend près de la demeure d'Eugénie ; il s'arrête de loin : Bidois ferme la boutique. Bientôt on se retirera, on s'endormira, et Jeanneton l'introduira. La boutique est fermée, il peut se rapprocher, il ne craint pas d'être aperçu. Mais quelqu'un sort de chez M. Moutonnet. Adolphe se tient à l'écart et observe. C'est un monsieur : à sa tournure, au son de ses breloques. Adolphe a reconnu Dupont. C'est son rival qui vient sans doute de s'occuper de son prochain mariage. Cette idée exaspère le jeune homme : il court sur les pas de l'épicier, il est prêt à lui parler, à l'arrêter... il ne sait pas trop ce qu'il lui dira, mais il sait bien qu'il lui défendra d'épouser Eugénie.

Adolphe a reconnu monsieur Dupont.

Mais la réflexion le retient : c'est dans une heure qu'il doit voir celle qu'il aime et chercher avec elle les moyens d'empêcher cet hymen ; pourquoi, par une scène inutile, donner maintenant l'éveil à Dupont ? Non, il faut attendre, il sera toujours temps de lui chercher querelle si l'on ne trouve pas d'autre expédient.

Adolphe s'arrête donc en regardant Dupont s'éloigner, en se disant :
— Tu ne jouiras pas du bonheur que tu te promets.

Ils courent dans les bras l'un de l'autre. (P. 746).

Mais Adolphe se trompait en croyant que son rival songeait alors à Eugénie ; Dupont ne pensait qu'à un achat considérable de sucre brut qu'il était sur le point de terminer.

Notre amoureux revient dans la maison où il brûle d'entrer. L'heure s'avance, les passants deviennent plus rares, les carosses se font moins entendre, c'est le seul moment où l'on goûte un peu de calme dans un quartier aussi populeux.

Bienheureuse horloge de Saint-Nicolas, quand daigneras-tu te faire entendre? dit Adolphe en se promenant dans un espace de trente pas dans lequel, depuis une heure, il a fait beaucoup de chemin.

Minuit sonne enfin, et Adolphe court se placer tout contre l'allée de la maison. Son cœur bat de crainte et d'espérance... On ne vient pas... Eugénie aurait-elle changé de résolution? serait-il survenu quelque obstacle? Il ne s'est écoulé que cinq minutes depuis que l'horloge a sonné, et déjà Adolphe se désespère. Enfin, des pas se font entendre ; il a reconnu ceux de Jeanneton : c'est elle en effet. Elle ouvre la porte le plus doucement possible ; par prudence elle n'a pas pris de lumière.

— Donnez-moi la main, dit-elle à Adolphe et suivez-moi sans souffler.

— Ah! ma chère Jeanneton...

— Taisez-vous!... Comme vous tremblez?... Ah! ce n'est pas l'embarras, je tremble bien aussi.

La bonne guide le jeune homme ; ils arrivent dans la cuisine, puis dans la chambre de Jeanneton, qui n'est éclairée que par une lampe placée dans le fond de la cheminée. C'est là qu'Adolphe trouve son Eugénie.

Ils courent dans les bras l'un de l'autre, et pendant quelque temps ne peuvent rien se dire tant ils sont émus, tant leur cœur est plein.

— C'est vous!

— Je vous revois enfin!

— Cher Adolphe!

— Mon Eugénie, que je suis heureux!

— Ah! que le temps m'a semblé long!

— Et à moi!... que d'inquiétudes j'avais!

— Ah! je ne pensais qu'à vous!

— Vous m'aimez!... vous daignez m'en donner aujourd'hui une preuve bien grande!... Ah! je ne l'oublierai jamais!

— Aimez-moi toujours, Adolphe, et je jure de vous être toujours fidèle!

Cette pauvre Eugénie n'en demandait pas trop : l'aimer toujours! voilà le seul serment qu'une femme devrait exiger de son amant. Adolphe éprouve cependant un léger sentiment de remords qui trouble son bonheur, mais il écarte bientôt d'importuns souvenirs. Il fait serment à Eugénie de l'adorer toute sa vie ; sans doute il entendait par là lui être fidèle, je me plais à croire, du moins, que c'était son intention. Eugénie, d'ailleurs, ne doute pas de la constance de son amant, parce que son cœur n'admet point qu'on puisse aimer et tromper en même temps? choses que les hommes accordent si bien ensemble. Jeanneton, assise tout contre la porte de la cuisine, prête une oreille attentive au moindre bruit du dehors, tout en se mêlant de temps à autre à la conversation des amants.

— Vous vous aimez... vous jurez de vous aimer toujours ; c'est fort bien, dit-elle, mais ça ne suffit pas... On veut marier mamzelle, v'là c'qui faudrait empêcher...

— Eh ! comment ? dit Eugénie...

— Eh bien ! dit Adolphe, je vous enlèverai...

— M'enlever Adolphe ! me faire quitter mes parents ! Oh ! non, je n'y consentirai pas...

— Vous aimez donc mieux épouser l'épicier ?

— Pas davantage.

— D'ailleurs, dit la bonne, où conduiriez-vous mamzelle ?...

— Chez moi... puis à l'église... Je l'épouserais, et il faudrait bien tôt ou tard que Mme Moutonnet pardonnât...

— Oh ! madame ne pardonnerait pas de longtemps... et en attendant il faut vivre, et vous n'avez point de place, point d'argent.

— J'ai du courage, quelques talents... je sais travailler...

— Et moi aussi, dit Eugénie.

— Ah ! mes chers enfants, avec du courage et des talents on meurt de faim.

— Tu nous désespères Jeanneton.

— Écoutez donc, c'est que je ne voudrais pas que mon Eugénie fût malheureuse...

— Je le vois, dit Adolphe, tu lui conseilles d'épouser Dupont...

— Si cela était, vous aurais-je introduit auprès d'elle sous peine de me faire chasser !...

— Mais enfin, que faut-il donc faire ?

— Je n'en sais rien.

— Ni moi.

— Ni moi.

Une heure se passe ainsi à former des projets insensés, auxquels on est forcé de renoncer l'instant d'après, mais pendant laquelle on se répète le doux serment de s'aimer toujours, serment qui n'avance pas les affaires, mais qui est le point essentiel pour des amants. Depuis longtemps Jeanneton dit qu'il est l'heure de se quitter, qu'une plus longue entrevue est imprudente ; que l'on peut apercevoir de la lumière dans sa chambre et tout découvrir.

A cela les jeunes gens répondent à la bonne.

— Encore un moment Jeanneton ; nous avons tant de choses à nous dire.

Et cependant, depuis une heure, ils se disent toujours la même chose. Mais l'amour est un sujet inépuisable, puisqu'il permet de se répéter. Enfin, on sent qu'il faut se séparer... on se tient les mains, on se regarde... on se quitte, puis on revient encore l'un vers l'autre... Jeanneton est obligée de tirer Adolphe par le pan de son habit, en répétant à chaque minute :

— Mais venez donc, monsieur... Mon Dieu! Pauvres amants! un secret pressentiment semble les avertir que cette entrevue ne se renouvellera point. Enfin Jeanneton est parvenue à emmener Adolphe ; déjà ils sont près de l'escalier, et Eugénie va remonter à sa chambre, lorsqu'on entend pousser avec violence la porte de l'allée. Nos amants restent immobiles... Jeanneton frémit.

Adolphe n'a que le temps de baiser la main d'Eugénie.

— Ah ! mon Dieu ! dit-elle, j'aurai oublié de refermer la porte de la rue. Qui peut entrer si tard, à moins que madame...

— Seraient-ce des voleurs ? dit Eugénie.

— Ah! je ne vous quitte point, dit Adolphe en retournant près de son amie.

Dans ce moment une voix forte, quoique un peu enrouée, se fait entendre dans l'allée.

— Holà ! eh !... la maison... ! Où diable sont donc les marches ! je ne les trouve plus... Eh ! Catherine... viens un peu les éclairer, ma chère amie...

— Ah ! je reconnais cette voix, dit Jeanneton ; c'est celle de Jacques notre voisin le porteur d'eau ; le malheureux se grise presque tous les jours... Il aura pris notre porte pour la sienne. Mais il va réveiller tout le monde. Remontez bien vite chez vous, mamzelle ; et vous, monsieur, sauvez-vous avant que personne descende.

Les jeunes gens sentent qu'il faut suivre les conseils de Jeanneton, ils se séparent ; Adolphe n'a que le temps de baiser la main d'Eugénie, qui regagne lestement sa chambre tandis que la bonne pousse le jeune homme vers l'escalier. Le temps presse, car l'ivrogne continue à crier comme un aveugle dans l'escalier, en appelant sa femme et ses enfants, et déjà Bidois est à sa fenêtre, et Mᵐᵉ Moutonnet réveille son mari.

— Mais dit Adolphe, en se sauvant, si cet homme me voit?

— Impossible vous n'avez pas de lumière... D'ailleurs, l'essentiel est qu'on ne vous trouve pas dans la maison... Si vous pouviez en même temps faire sortir Jacques... allez, monsieur, partez vite... ah! si l'on m'avait écoutée plus tôt!..

Jeanneton retourne dans sa chambre, dont elle ferme la porte; Adolphe descend l'escalier quatre à quatre, au risque de se tuer. Le porteur d'eau qui se croit dans sa maison, cherche toujours son escalier près de la rue et ne peut point le trouver, parce qu'il est au fond de la cour.

— Est-ce que ces gredins-là ont muré l'escalier exprès pour que je ne rentre pas chez moi !.... Ils en sont ben capables... C'est ma femme... ou ma fille qui aura fait ça... Ils voudraient m'empêcher de boire... comme si le vin était cher c't'année.

Pendant le monologue de Jacques, Adolphe, qui est arrivé dans l'allée, veut tâcher de passer sans rencontrer l'ivrogne qui tâte les murs. Il croit avoir pris le côté opposé à celui que tient le porteur d'eau; mais l'allée n'est pas large, et au moment où Adolphe va atteindre la porte de la rue il se sent saisir à la tête et au bras par les mains calleuses de Jacques.

— Ah! v'là quelqu'un,

Il a raison, papa Moutonnet, dit Jacques.

dit celui-ci, v'là du monde: c'est ben heureux... Qui est là?... Est-ce vous, voisin Benoît?... Vous allez m'aider à retrouver l'escalier... puisque ces péronnelles ne viennent pas m'éclairer..

Adolphe ne répond pas et cherche à se dégager des mains du porteur d'eau; mais celui-ci s'attache à lui et ne veut plus le lâcher.

— Qui est là?... Répondez donc... vous ne répondez pas!... c'est traître, ça... est-ce vous, mon ami Benoît ?... Ah ! tu ne veux pas répondre... mais tu ne t'en iras pas... c'est du louche ça... Tu es un voleur peut-être... j'vas éclaircir ça tout à l'heure... Holà !... eh !... Catherine... Suzon... la maison !...

Mme Moutonnet a fait lever son mari ; elle appelle Bidois et Jeanneton. Chacun descend une lumière à la main. Adolphe sent qu'il est perdu s'il tarde encore ; faisant un dernier effort, il repousse avec violence le porteur d'eau, qui tombe et va rouler dans le milieu de l'allée, et, courant à la porte, il l'ouvre, gagne la rue et disparaît. Jacques étendu dans l'allée et ne pouvant parvenir à se relever, crie encore plus fort qu'auparavant :

— C'est un gueux !... arrêtez-le... il m'a jeté par terre pour s'échapper... c'est un voleur... il emporte quelque chose...

Dans ce moment arrive tout le monde. Jeanneton feint de se lever et d'être encore tout endormie ; Bidois murmure de ce qu'on ne peut plus dormir tranquille chez soi. M. Moutonnet a pris son fusil, quoique sa femme lui ai dit que des voleurs ne feraient pas autant de bruit et ne chercheraient pas à réveiller toute la maison ; enfin Mme Moutonnet marche en avant, tenant une lumière à la main. Eugénie seule n'a pas quitté sa chambre... mais elle prête l'oreille et prie le ciel qu'Adolphe ait eu le temps de se sauver.

— Qui est là ?... Qui va là ?... Que veut-on ? demande Mme Moutonnet en entrant dans l'allée à la tête de ses compagnons.

— Ah ! c'est toi, ma petite femme, répond Jacques en s'étendant sur le pavé ; arrive donc... v'là deux heures que je t'appelle... tu es cause qu'on m'a jeté par terre...

— C'est un homme, dit Bidois.

— C'est un ivrogne, dit M. Moutonnet.

— Eh mais ! on dirait que c'est Jacques, le porteur d'eau, dit Jeanneton en approchant davantage.

— Mais comment a-t-il pu entrer ici ? dit Mme Moutonnet.

On s'approche ; on reconnaît en effet Jacques, et pendant que Bidois et M. Moutonnet le remettent sur ses pieds, Mme Moutonnet le questionne

— C'est vous, Jacques ?

— Eh mais ! ça n'est pas Catherine ; Dieu me pardonne ; c'est Mme Moutonnet... est-ce que vous venez me demander de l'eau ?

— Eh ! maudit ivrogne, ne voyez-vous pas que vous êtes dans ma maison et non pas dans la vôtre ?

— Bah ! en vérité. C'est donc ça que je ne trouvais pas l'escalier.

— Madame, il faut le renvoyer, dit Jeanneton, je vais lui aider à retrouver sa porte.

— Un instant, dit Mme Moutonnet, comment êtes-vous entré ici, Jacques ?

— Comment ? tiens, comment !... Pardieu, ça n'est pas par la fenêtre.

— La porte était donc ouverte ?

— Apparemment... c'est-à-dire, je l'ai poussée... et je me suis dit : Me v'la chez-moi.

— Qu'est-ce que cela signifie, Jeanneton ? c'est donc ainsi que vous fermez la porte ?

— Mon Dieu ! madame, je ne conçois pas... certainement, je la ferme tous les jours, vous le savez bien ?

— Et puis les voleurs s'introduiront dit M. Moutonnet, et viendront nous dévaliser.

— Il a raison, papa Moutonnet dit Jacques, les voleurs !... Pardi, je gage bon que c'en est un... et s'il ne m'avait pas jeté par terre, comme un lâche qu'il est... je le tenais bien cependant...

— Qui donc vous a jeté à terre ? demanda Mme Moutonnet.

— Qui ? eh ! parbleu ! le voleur, qui se sauvait quand je suis entré. Je me suis jeté sur lui, croyant que c'était Benoît... mais ça n'était pas Benoît, parce qu'il me l'aurait dit. Alors je l'ai saisi au collet et aux cheveux... mais par malheur, le pied m'a glissé, et le coquin a fui comme une bouteille fêlée !...

— Ah ! mon Dieu ! dit M. Moutonnet en enfonçant son bonnet de coton sur sa tête, entendez-vous ce qu'il dit ?

— Eh ! monsieur, dit Jeanneton, ne voyez-vous pas qu'il est soûl à ne pas pouvoir se tenir ?

— Comment la bonne, je suis soûl !... qui est-ce qui se permet de dire que je suis soûl ? je vais joliment lui apprendre à vivre.

— Tout cela n'est pas clair, dit Mme Moutonnet ; il assure que quelqu'un l'a jeté par terre.

— Eh ! pardi ! c'est dans la rue qu'il se sera battu avec quelque passant.

— Si c'était dans la rue, dit Bidois, il ne serait pas tombé dans l'allée.

— C'est juste, ça, mon vieux, dit Jacques, si c'était dans l'allée, je ne serais pas tombé dans la rue... et voilà.

— Etes-vous sûr que c'était un homme ? demanda M. Moutonnet.

— Tiens, si j'en suis sûr... il est bon là, l'ancien... Est-ce que vous croyez que je ne distingue pas la différence du sexe ? en v'là une bonne.

— Et il venait de la maison ?

— Ah ! il venait... il venait... je ne peux pas vous dire au juste d'où il venait... puisqu'il faisait nuit, mais je l'ai senti sous ma main, en cherchant l'escalier, et j'ai dit : c'est Benoît, et ça n'était pas Benoît !...

— Il n'y a pas moyen d'en tirer d'autres éclaircissements, dit

Mme Moutonnet, mais pareille chose n'arrivera plus. Mettez cet ivrogne à la porte, et que tout le monde me suive.

On pousse le porteur d'eau dans la rue !

— Au revoir, mes amis, dit Jacques ; pardon de la peine. Si on mettait des lampions devant sa maison, ces choses-là n'arriveraient pas... Une autre fois je ne sortirai plus sans mon rat de cave.

Pendant que l'ivrogne, cherche sa maison et son escalier, Mme Moutonnet ferme à double tour la porte de la rue et en met la clef dans sa poche ; puis elle se dirige vers la chambre de sa fille. Chacun la suit en silence, mais non sans trembler : les deux hommes, de peur de rencontrer quelque voleur sur leur chemin, et Jeanneton, de l'effroi que lui a causé cet événement.

Mme Moutonnet entre chez sa fille qui est au lit, où elle feint de dormir, et la maman se dit :

— Il est bien étonnant qu'elle dorme malgré le bruit qu'on vient de faire en bas.

Eugénie aurait dû s'en dire autant ; mais, pour éviter les regards de sa mère, elle n'avait pas trouvé de meilleur moyen que de fermer les yeux. Mme Moutonnet s'assure qu'il n'y a personne dans la chambre de sa fille, et en sort sans lui parler, bien persuadée qu'elle ne dort point ; mais en sortant elle l'enferme, et met aussi la clef de sa chambre dans sa poche.

— Tu n'as rien vu, m'amour ? demande en tremblant M. Moutonnet à sa femme.

— Non, monsieur, non, je n'ai rien vu ; mais je ne sais ce que je dois penser : cependant, visitons la maison avant de nous recoucher.

— Si l'on allait chercher M. Pétrin, ma belle ? il ne dort jamais la nuit, et je gage qu'il viendrait volontiers nous porter main-forte. — Non, monsieur, il est inutile de déranger encore M. Pétrin ; je suis certaine qu'il n'y a point de voleurs, et vous ne vous apercevez pas que nous passerons dans le quartier pour des imbéciles.

— C'est vrai, ma femme.

On suit Mme Moutonnet, et l'on ne trouve personne ; Bidois se dit tout bas :

— Tout ceci n'est pas clair, cette porte ouverte, cet homme qui a jeté Jacques par terre... Il est temps que l'on marie Mlle Eugénie, si nous voulons dormir en repos.

Mme Moutonnet s'en dit autant que le vieux commis, et elle se promet d'agir en conséquence. Bidois rentre chez lui ; M. Moutonnet va se mettre au lit ; mais Mme Moutonnet arrête Jeanneton au moment où la servante va entrer dans sa chambre.

Zélie s'assied en chemise, sur les marches de l'escalier. (P. 757).

— Vous pouvez vous chercher une place, Jeanneton ; demain vous sortirez de chez moi.

— Ah! mon Dieu! madame ; qu'ai-je donc fait pour que vous me renvoyiez! s'écrie Jeanneton.

— Vous le savez fort bien ; je ne garde point une fille qui laisse mes portes ouvertes aux ivrognes, aux voleurs et à ses amants peut-être...

— Ah! madame, pouvez-vous croire!...

— C'est assez, nous compterons demain ; point d'explications, allez vous coucher.

Et Mme Moutonnet pousse Jeanneton dans sa chambre, où celle-ci se met à pleurer, ne pouvant se résoudre à se séparer d'Eugénie.

XIV

IL NE FAUT JURER DE RIEN

Adolphe, en s'échappant des mains de Jacques, s'est mis à courir jusqu'à sa demeure, où il se félicite d'arriver sans avoir été aperçu par les parents d'Eugénie.

Adolphe, sûr de l'amour de son amie, se flatte de triompher de tous les obstacles : il est aimé ! Avec cette douce certitude, l'esprit peut être inquiet, mais le cœur est satisfait : on lui a juré d'être toujours fidèle ; on est convenu de se revoir encore, car nos jeunes gens n'ont pas pensé que l'arrivée de l'ivrogne pourrait déranger leurs plans ; ils se sont promis de renouveler bientôt cette douce entrevue, et en voilà plus qu'il n'en faut pour transporter un amant. On mène le genre humain avec de l'espérance ; c'est la monnaie usitée en tous pays, dans toutes les classes, chez tous les peuples. On donne de l'espérance aux solliciteurs, aux demoiselles, et même aux vieillards ; on la prodigue aux malheureux, on ferait mieux de leur ouvrir sa bourse ; mais l'espérance se donne gratis, et vous pouvez prendre, à bon marché, le ton protecteur. L'enfant vit dans l'espérance d'avoir un joujou, l'écolier dans l'espérance d'un prix, le jeune homme dans l'espérance de plaire à celle qu'il aime, l'homme mûr dans l'espérance de faire fortune, le vieillard dans l'espérance d'être centenaire. La jeune fille espère trouver un amant fidèle ; la vieille fille conserve, avec l'espérance, l'idée qu'elle aura un mari. Le joueur espère gagner, l'acteur espère briller, l'auteur espère un succès, le gourmand espère un bon dîner, le petit employé espère devenir sous-chef, le sous-chef espère être chef de division, le soldat espère être officier, le journaliste espère être piquant, le fat espère être remarqué, la coquette espère faire des conquêtes, le chimiste espère trouver la pierre philosophale, les juifs espèrent le Messie et les tireuses de cartes espèrent trouver le secret de Cagliostro, qui n'en avait pas, mais qui cependant eût passé pour sorcier s'il fût venu au monde un ou deux siècles plus tôt. Nous espérons donc tous : l'espérance est le charme de la vie, le fluide vital ; elle seule donne l'essor l'imagination, de l'aliment à l'esprit, des rêveries à l'âme, car nous sommes cent fois plus heureux par ce que nous espérons que par ce que nous possédons ; et la position la plus triste au monde est celle de quelqu'un qui n'a plus de vœux à former.

Adolphe espère donc, il a raison ; mais il se flatte de rentrer chez lui, et il a tort. Parvenu à sa porte, il cherche sa clef ; il fouille et refouille dans ses poches, et il se tâte du haut en bas, point de clef. Il l'aura perdue dans sa lutte avec Jacques ; ou plutôt dans le combat, dans la mêlée où il s'est trouvé au spectacle.

Point de clef !... comment rentrer ?... Adolphe pousse et repousse la porte, qui ne ferme pas très bien, mais qui cependant ne veut pas céder... S'il avait un crochet, il se flatte qu'il pourrait ouvrir une mauvaise serrure de chambre garnie, car les chambres garnies sont toujours assez mal fermées... mais où avoir cela ?... il faudrait réveiller! les voisins ; il a déjà eu beaucoup de peine à faire lever le portier : car on doit se rappeler qu'il est près de deux heures du matin.

Adolphe sait bien qu'il peut frapper chez Zélie, mais il éprouve de la répugnance à retourner chez sa voisine, qu'il s'est bien promis de ne plus revoir, ou du moins à laquelle il ne veut plus parler. Est-ce par l'effet de l'éloignement qu'elle lui inspire, ou par crainte de céder de nouveau à quelque mouvement de faiblesse ? Quel que soit le motif, c'est déjà fort beau de ne point s'exposer à faillir.

Cependant, passer la nuit sur le carré, c'est bien désagréable. Tout en faisant ces réflexions, Adolphe jette machinalement ses yeux sur la porte de sa voisine ; il croit apercevoir de la lumière par le jour du bas. Encore de la lumière à deux heures du matin ! c'est bien singulier !... Il est vrai que Mlle Zélie rentre ordinairement fort tard... Mais la nuit est fort avancée, elle doit être fatiguée d'avoir fait la rosière.

Adolphe s'est approché de la porte ; il s'assure qu'en effet il y a de la lumière chez la danseuse, et il se décide à frapper. Zélie se lève et vient lui ouvrir. Tu es bien aimable, dit-elle en se frottant les yeux ; tu rentres à une belle heure... Deux heures du matin ! moi qui t'attends depuis minuit... J'ai fait ce que j'ai pu pour ne pas m'endormir...

— Vous m'attendez, mademoiselle, et pourquoi cela ?

— Pourquoi ?... Mon Dieu ! qu'il est drôle !... Après avoir passé la nuit dernière chez toi, il me semble que je pouvais bien t'attendre aujourd'hui.

— Ah ! ne me reparlez plus de ce qui s'est passsé entre nous, je vous prie ; je prétends oublier un moment de folie, et...

— Vraiment, vous êtes bien honnête, monsieur ; ah ? c'est un moment de folie qui, je le vois, vous cause bien des regrets !... Je vous plains, en vérité ; vous devriez vous faire ermite et pleurer vos erreurs... Eh mais ! pour un sage, d'où venez-vous si tard et dans cet état?... Ah ! ah ! comme vous êtes fait !

Adolphe se regarde dans le miroir et s'aperçoit seulement alors de l'état dans lequel l'a mis sa lutte avec le porteur d'eau ; sa cravate est défaite, son collet déchiré, son habit couvert de boue, l'empreinte des mains de Jacques est restée partout; il ne peut s'empêcher de rire lui-même.

— Qui vous a donc costumé ainsi, monsieur? Est-ce que vous avez roulé depuis la Courtille jusqu'ici?

— Non, mademoiselle, je ne viens pas de la Courtille.

— On le croirait... Mais, à coup sûr, vous vous êtes battu ?

— C'est possible.

— Pour quelque femme, je gage...

— Qu'est-ce que cela vous fait ?

Jeanneton se met à pleurer.

Comment ! qu'est-ce que cela me fait ? Apprenez, monsieur, que je suis très-jalouse, et si je connaissais cette femme... je lui arracherais les yeux, et à vous aussi.

— Voulez-vous bien me permettre de prendre de la lumière et me prêter un crochet ou quelque chose pour ouvrir ma porte ?

— Ah ! monsieur a perdu sa clef ?

— Oui mademoiselle.

— Et c'est pour cela seulement qu'il est venu chez moi ?

— Oui, mademoiselle.

— Oh ! le vilain monstre !... que je vous déteste !...

— Avez-vous quelque clou un peu fort ?

— Voulez-vous me laisser tranquille avec vos clous et vos clefs ? On vous ouvrira demain ; d'ici-là, vous pouvez bien rester ici ; je ne vous mangerai pas.

— Je veux rentrer chez moi.

— Comme c'est aimable!... Allez au diable, et laissez-moi dormir.

Adolphe sort, tire la porte après lui, et vient se placer à la fenêtre du carré, décidé à y passer la nuit. Cependant le temps est froid et humide, une petite pluie chasse notre jeune homme de la fenêtre; il n'y a pas moyen de contempler les étoiles et d'adresser ses prières aux planètes protectrices des amants. Adolphe va s'asseoir sur l'escalier, lorsque Zélie sort de chez elle et vient, en chemise et pieds nus, à la recherche de son voisin. « Où êtes-vous donc?

— Je suis là.

— Quoi! vous préférez passer la nuit sur le carré à rester dans ma chambre?

— Je ne vous aime pas, j'adore une femme charmante... une femme comme il n'y en a pas! et je veux lui être fidèle!

— Eh! mon Dieu, monsieur, vous lui serez fidèle, à ce phénix!..

— Qui vous prie du contraire?

— Vous êtes jeune, jolie... je suis un homme, et...

— Ah! monsieur a peur de succomber!

— Rentrez, vous allez vous rendre malade.

— Non, si vous ne venez pas, je vais vous tenir compagnie ici.

Et Zélie s'assied, en chemise, sur les marches de l'escalier, et Adolphe se dit :

— Il y aurait de l'inhumanité à la laisser là. Et, par humanité et pour sauver d'une maladie sa voisine, Adolphe retourne avec elle dans sa chambre; mais il s'empare d'une chaise sur laquelle il est bien décidé à passer la nuit.

Par malheur ses yeux se portent sur la couronne de rosière qui, dans le ballet, ornait la tête de Zélie; il se la rappelle alors sous ce costume galant; il croit la voir encore dansant avec légèreté, voltigeant avec grâce, formant ses pas avec goût, avec précision ; et le souvenir de la rosière vient, malgré lui, se placer quelquefois devant l'image d'Eugénie.

Zélie se tourne et se retourne dans son lit; elle tousse, chantonne, soupire; rien ne lui réussit. Elle emploie alors le grand moyen, le moyen infaillible auquel on ne résiste jamais : elle se met à pleurer. Adolphe, étonné, feint d'abord de ne pas l'entendre ; puis, voyant que cela ne finit pas, il lui demande ce qu'elle a. Zélie ne répond pas et pleure un peu plus fort; Adolphe approche sa chaise de son lit, elle pleure davantage ; il se rapproche encore, elle sanglote ; il est tout près d'elle et elle pleure à chaudes larmes ; et plus il s'avance, plus son chagrin redouble. Adolphe ne sait que faire pour la consoler, il est enfin si près, qu'il ne peut s'approcher davantage... Si bien que Zélie ne pleure plus, et, quelque temps après, c'est Adolphe qui est désolé et qui se dit : Je suis un monstre !... indigne de son amour! J'avais pourtant juré que cela ne serait plus !... Ah! je ne me le pardonnerai jamais.

Cependant Adolphe ne pleure point, parce que les hommes ne pleurent plus pour une faute de ce genre-là, depuis qu'ils sont endurcis dans le péché. Bien différents en cela de David, qui pleura les siens, les hommes tirent vanité de leurs fredaines; souvent cependant il n'y a pas de quoi se vanter.

Les remords qu'Adolphe éprouvait de ses fautes ne l'empêchèrent point de dormir jusqu'à dix heures du matin, ce qui pourrait faire présumer qu'il avait succombé plus d'une fois à la tentation et qu'il s'était endurci dans le péché ; mais j'aime mieux penser que les fatigues de la veille, l'heure avancée à laquelle il rentra, sa promenade du matin et sa lutte du soir provoquèrent seules ce long sommeil.

Jeanneton, à force de prières et de larmes, obtient de Mme Moutonnet un sursis de huit jours pour se chercher une place. La mère d'Eugénie se promet d'ailleurs de prendre désormais les précautions nécessaires pour éviter tout nouvel événement. Il est défendu à Jeanneton d'entrer chez Eugénie et de lui parler. La nuit on enferme la jeune fille dans sa chambre. Le jour, M. Bidois a ordre d'avoir sans cesse l'œil au guet pour savoir ce qui se passe dans la rue. Enfin, M. Dupont a été invité à acheter des bans, à faire toutes les démarches possibles pour accélérer le moment de son mariage, et l'épicier qui croit que sa future est malade de l'amour qu'il lui a inspiré, s'empresse de suivre les intentions de Mme Moutonnet.

Le lendemain de l'entrevue des amants, Jeanneton profite d'une occasion pour sortir et aller conter à Adolphe quelle a été la suite de l'arrivée de l'ivrogne ; elle ne doute point que le jeune homme ne soit très inquiet elle veut aussi lui faire connaître toutes les nouvelles mesures de Mme Moutonnet, afin qu'il cherche par quel moyen il pourra correspondre avec Eugénie.

Jeanneton sait l'adresse d'Adolphe; elle se rend donc à neuf heures du matin à son hôtel garni, et monte à la chambre du jeune homme. Jeanneton frappe et refrappe à la porte d'Adolphe. N'entendant aucun bruit et n'étant pas bien sûre que ce soit là qu'il demeure, elle va frapper à côté. Zélie, qui est éveillée, se lève et va ouvrir.

— Pardon, mam'zelle, dit Jeanneton, je vois ben que je me trompe je demande M. Adolphe.

— M. Adolphe! répond Zélie en toisant la servante avec curiosité. Et que lui voulez-vous, ma chère?

— Ce que je lui veux?... Oh! je ne peux dire ça qu'à lui.

— A lui ou à moi c'est la même chose, la bonne, et je ferai fort bien votre commission.

— Comment? à lui ou à vous?

— Sans doute, nous demeurons ensemble.

— Vous demeurez ensemble! Oh ben! alors vous vous trompez, ça n'est pas le jeune homme que je cherche...

— Tenez, regardez, dit Zélie, mais ne faites pas de bruit, car il dort encore, et je ne veux pas qu'on le réveille. »

Jeanneton avance doucement sa tête dans la chambre qui n'est pas grande, et dont on a bientôt parcouru des yeux l'étendue ; elle regarde dans le lit... Elle voit Adolphe endormi... La pauvre fille reste pétrifiée,

— Eh bien! dit Zélie à voix basse, regardant d'un air moqueur Jeanneton qui reste immobile devant le lit, ne pouvant détacher ses yeux de dessus Adolphe, est-ce bien celui que vous demandez?

— Oui... oui... madame.:. mamzelle, dit enfin la grosse fille, d'une voix entrecoupée, oui... oh! c'est bien lui!... Mais je ne l'aurai jamais cru! Ah! mon Dieu! Il faut que je le voie pour le croire.

— Enfin que lui voulez-vous?

— Oh! rien mam'zelle... plus rien du tout à présent... C'est fini...

— Qui donc vous envoie.

— Personne... personne à c'theure!... Pauvre petite! si elle savait ça!... elle en mourrait... Et moi qui me fais chasser... C'était ben la peine...

— De quelle petite parlez-vous, ma chère...

— Ça ne vous regarde pas... M. Adolphe est un monstre, v'là tout ce que je vous charge de lui dire.

Et Jeanneton s'éloigne les yeux pleins de larmes, étouffant de colère, de fureur, et murmurant tout le long de son chemin : « Ces hommes!... ces vilains hommes! v'là comme ils sont tous... Aimez-les donc!... faites-vous donc du chagrin pour eux! pendant que vous pleurez, ils se divertissent avec une autre!... Ah! ma pauvre Eugénie!...

— Est-elle godiche, cette bonne, dit Mlle Zélie, lorsque Jeanneton est éloignée, avec sa petite et son monstre!... Oui, je vais dire cela à Adolphe!... mais non, il me tuerait!... il ne voudrait plus me voir... et je l'adore ; un homme qui a des remords parce qu'il... Ah! c'est si drôle!

Adolphe s'éveille enfin ; il rougit de se trouver chez Mlle Zélie, mais sent qu'il serait ridicule de recommencer ses doléances ; il se promet, il jure tout bas qu'il sera plus sage à l'avenir. Pauvre garçon! s'il savait que Jeanneton est venue, qu'elle l'a vu partageant la couche d'une danseuse... dans son désespoir, il serait capable de se jeter par la fenêtre ; Zélie fait donc fort bien de lui cacher cette aventure.

Adolphe fait ouvrir sa porte et rentre chez lui.

— A ce soir, mon bon ami! lui dit sa voisine.

— A ce soir, répond Adolphe; mais il se promet de quitter son logement le jour même. Comme il va pour sortir, on lui apporte une lettre, Adolphe reconnaît l'écriture de son père; il l'ouvre et lit avec précipitation. Son père sait déjà qu'il n'a plus sa place, mais il ne lui fait pas de reproches, il l'engage seulement à venir le voir, parce qu'il est malade, et qu'il espère que la vue de son fils lui fera du bien.

Pardon, mmaz'elle, dit Jeanneton.

Adolphe chérit son père dont de grands chagrins ont depuis longtemps flétri la santé, il n'hésite pas à se rendre à ses désirs.

— Partons aujourd'hui même, se dit-il, le mariage d'Eugénie est encore éloigné, je serai revenu avant qu'il n'y ait rien de nouveau. D'ailleurs écrivons un mot à Jeanneton pour lui apprendre mon voyage, et prions la de m'écrire s'il arrivait quelque nouvel événement avant mon retour.

Adolphe écrit aussitôt à la bonne d'Eugénie, et il remet sa lettre à la portière de son ancienne demeure, qui lui promet de la faire parvenir en secret à Jeanneton. Notre jeune homme a bientôt fait son paquet, et, pour ménager sa bourse, il se décide à se rendre à pied à Senlis : c'est une promenade pour lui. Il n'est que onze heures, en marchant bien il arrivera le soir, et la longueur du chemin ne l'effraie point, il pensera à son Eugénie, il est certain de ne point s'ennuyer en route.

Il dépose de nouveau ses effets chez sa vieille portière, et n'emportant que ce qui lui est nécessaire, avec sa bourse qui n'est pas bien pesante il se met en route, enchanté de quitter le voisinage de Zélie. Il ne résiste pas au désir de passer devant la maison de M. Moutonnet; il jette un regard furtif dans la boutique... toujours point d'Eugénie!... Il n'aperçoit

M. DUPONT

Adrien pouvait-il ne pas adorer un pareil trésor. (P. 764.)

que Bidois qui taille sa plume devant le comptoir il passe en soupirant.

Mais plus il s'éloigne de Paris pour se rapprocher de son père, plus les souvenirs de ses amours font place à ceux de son enfance ; il va revoir l'auteur de ses jours ; il se rappelle leur dernière séparation, les sages conseils de son père qu'il n'a pas fort exactement suivis ; sa recommandation de commander à ses passions, qu'il a tout à fait oubliée, et sa prière de lui confier ses moindres peines, engagement qu'il avait juré de remplir. Son père est son meilleur ami, comment a-t-il pu le négliger si longtemps ? comment l'amour a-t-il pu lui faire oublier tout ce qu'il doit à ce bon père dont le plus grand chagrin est de ne pouvoir vivre auprès de lui.

Plus ces pensées se présentent dans son esprit, plus il hâte sa marche pour arriver dans les bras de l'auteur de ses jours ; il va le trouver malade cette idée trouble le bonheur qu'il se promet en l'embrassant, mais elle redouble son désir d'arriver près de lui. Il est nuit depuis longtemps ; Adolphe ne s'est arrêté que peu de temps en route, mais il ne sent pas la fatigue, il brûle d'arriver à Senlis. Son cœur bat avec force, mais c'est l'amour filial qui le remplit seul en ce moment, et il ne rétrogradera plus pour voir Eugénie ! Doux sentiment de la nature, le plus pur, le plus vrai, le plus inaltérable !... ne devez-vous pas l'emporter sur tous les autres ?

Malgré l'obscurité, on distingue enfin des maisons, c'est Senlis. Adolphe traverse une partie de la ville, dont les habitants sont plongés dans le sommeil ; il arrive devant une petite maison de chétive apparence, il s'arrête, il reprend haleine : c'est là que repose son père.

XV

LE PÈRE D'ADOLPHE

Adrien Dalmont, père d'Adolphe, était né en Franche-Comté. Son père, honnête marchand de Besançon, ayant eu deux fils, leur fit donner autant d'éducation que ses moyens le lui permettaient ; et, ne pouvant pas leur laisser de fortune, il voulut qu'ils fussent en état d'en acquérir une par eux-mêmes.

Georges frère aîné d'Adrien, était gai, franc et sans souci, fuyant les occupations sédentaires, et fort peu studieux. Son seul bonheur était de parcourir les bois, les montagnes et les campagnes des environs.

Adrien, plus calme, plus raisonnable, montrait de bonne heure un caractère sensible, une âme aimante et un cœur prompt à s'attacher, mais incapable de varier dans ses sentiments.

Les deux frères furent orphelins de bonne heure; leur père n'avait pas eu le talent de s'enrichir, il fallait prendre un parti, Georges sans s'inquiéter de l'avenir, était décidé à voyager, à courir le monde, à traverser les mers. Adrien comptait embrasser l'état militaire.

Mais un cousin de leur mère mourant sans enfants, toute la fortune revient aux jeunes Dalmont. Cette fortune s'élève à peu près à quatre vingt mille francs. Dès lors les projets des deux frères se sont changés.

Georges a vingt ans, mais il ne connaît point l'amour; ses goûts l'entraînent toujours vers les rives lointaines; mais il ne voyagera plus comme un pauvre diable qui cherche à se faire des protecteurs et des amis ; il veut acheter un petit bâtiment, l'armer, l'équiper, et avec cela aller à la découverte d'un nouveau monde, parce qu'il est persuadé qu'il y en a encore beaucoup que nous ne connaissons pas, ce qui est très possible, mais que je ne vous affirmerai point.

Adrien n'a nulle envie d'imiter son frère, il ne songe même plus à s'éloigner du lieu de sa naissance, car Adrien aime déjà quoiqu'il n'ait que dix-huit ans, et c'est à Besançon que réside celle qui possède son jeune cœur.

Juliette est l'objet de son amour. Juliette n'a que quinze ans, mais déjà c'est la plus jolie fille des environs ; ses yeux bleus, sa bouche gracieuse, ses cheveux blonds qui se bouclent naturellement sur son front, en font un être ravissant que l'on ne peut voir sans être doucement ému. Chez cette aimable enfant, les grâces et la beauté ont encore plus de charmes en parant la vertu. Juliette est bonne, sensible, modeste, et ne tirant aucune vanité de ses attraits ; c'est par ses qualités seulement qu'elle cherche à se faire aimer.

Adrien pouvait-il ne pas adorer un pareil trésor?... Et Juliette serait-elle insensible à l'amour si vrai d'Adrien?... Ces deux jeunes gens semblaient faits l'un pour l'autre : mêmes goûts, même vertu, même sensibilité, tout les unissait; et cet amour, né dans l'adolescence, promettait de survivre aux écueils de la jeunesse, aux soucis de l'âge mûr. Mais Juliette était sans fortune, et, avant d'en posséder lui-même, Adrien n'osait lui proposer sa main ; il voulait, avant tout, être en état de soutenir son ménage. La fortune du cousin avait tout arrangé. Adrien allait posséder quarante mille francs; avec cela on est riche quand on n'est pas ambitieux, et les amoureux ne le sont point.

Juliette était orpheline comme Adrien ; ses parents avaient été d'honnêtes fermiers qu'un incendie avait ruinés ; il ne restait à l'amante d'Adrien qu'un frère plus âgé qu'elle de cinq ans, et qui devait être son unique protecteur jusqu'au moment où elle prendrait un époux. Juliette aimait tendrement son frère et, le regardant comme le seul appui qui lui restât sur la terre, elle avait pris de bonne heure l'habitude de lui obéir.

Robert, c'était le nom de ce frère, était d'un caractère triste et morose, faible d'esprit, froid de cœur ; il aimait sa sœur, mais il n'aurait pas eu la force de travailler pour la faire vivre, ni le courage de la défendre ou de la protéger. Depuis qu'un incendie avait détruit la fortune de ses parents et emporté toutes ses espérances de plaisir et de bonheur, Robert, ennuyé du monde et de lui-même, traînait tristement son existence : sans état, sans projets pour l'avenir ; ne se souciant pas de faire quelque chose, il laissait la pauvre Juliette s'occuper seule de leurs moyens d'existence ; et, quoique gémissant de la voir travailler sans relâche pour elle et pour lui, Robert ne savait que se plaindre sans avoir la force d'en faire davantage.

Un seul homme avait encore le talent de distraire Robert et de diriger ses actions. Cet homme, nommé Roger, était du même âge que Robert ; mais sa figure repoussante, ses yeux louches, sa voix rauque, lui ôtaient déjà l'apparence de la jeunesse. Ce Roger venait de Paris, où il possédait, disait-il, des parents aisés ; cependant il n'avait point d'état, point de fortune, et, quoique se vantant de tout savoir, de tout connaître, et de pouvoir se rendre fort utile dans tous les genres d'industrie, il s'était déjà fait renvoyer de plusieurs maisons où l'on n'avait pas eu à se louer de sa conduite.

Comment un tel homme avait-il pu s'emparer de l'esprit de Robert, qui n'écoutait pas les conseils que la douce Juliette se permettait quelquefois de lui donner ? C'est que les gens faibles se laissent facilement gouverner par les hommes adroits, dont les sophismes flattent leurs penchants et qu'ils repoussent les avis dictés par la raison et l'amitié.

Ce Roger n'avait pu voir avec indifférence les charmes de Juliette ; sous une enveloppe grossière il cachait un cœur rongé d'envie et de jalousie contre tous les hommes dont les qualités et les avantages naturels faisaient encore ressortir ses vices et ses difformités. N'ayant jamais cherché à combattre ses passions, les flattant en secret, employant tout son esprit à les assouvir, Roger devait détester Adrien ; mais cette haine avait pris un caractère plus violent depuis qu'il s'était aperçu que le jeune Dalmont était aimé de Juliette.

L'aimable jeune fille avait reçu avec effroi les déclarations d'amour de Roger, dont la vue seule lui inspirait une secrète horreur. Elle aurait bien voulu être dispensée de l'écouter ; mais Roger était l'ami de son frère, ce titre lui empêchait de lui témoigner toute l'aversion qu'elle ressentait pour lui.

Les choses en étaient là, lorsque les frères Dalmont reçurent la nouvelle du brillant héritage qu'ils allaient toucher. Cet événement fut une fête pour le pays où l'on chérissait les deux frères; il comblait les vœux d'Adrien, parce qu'il lui permettait de rendre heureuse sa Juliette, et celle-ci se disait :

« Mon frère ne pourra me refuser à celui que j'aime, et je vais être son épouse malgré ce méchant Roger.

— Ils sont heureux! se dit Robert en apprenant cette nouvelle; les voilà riches!...Pareil événement ne m'arrivera pas à moi qui suis ruiné!... —

Et Robert devint plus sombre, plus rêveur que jamais.

Roger seul ne dit rien, ne laissa rien paraître de ses sentiments; il fit même complimenter les deux frères sur leur fortune, et cessa de parler à Juliette de son amour : mais il se rapprocha encore davantage de Robert, et, plus que jamais, ils devinrent inséparables. On les voyait s'éloigner ensemble de la ville pour s'enfoncer dans les vallons, dans les forêts; Robert revenait toujours plus triste, plus soucieux, tandis qu'au contraire Roger semblait plus content et plus gai.

Les frères Dalmont avaient depuis longtemps envoyé à leur homme d'affaires les titres et les procurations pour toucher, en leur nom, ce qu'il leur revenait. Ils attendaient d'un instant à l'autre qu'on leur fît passer leur fortune : Georges, pour faire le tour du monde, Adrien pour son mariage.

Les amants avaient déjà fait leur plan d'existence : ils devaient acheter une jolie maison qui était alors en vente, le produit de leurs terres devaient suffire à leurs besoins; là, cultivant en paix leur petit domaine, tout à l'amour, au travail et au plaisir Adrien et Juliette ne pouvaient plus craindre l'adversité.

L'héritage arrive enfin. Les deux frères touchent de bonnes lettres de change; ils réalisent et font le partage de quatre-vingt mille francs, qui leur permettent de suivre leurs penchants et d'assurer leur sort.

Déjà Georges est prêt à partir. La veille du jour où il doit quitter son frère est un jour de repos dans le pays, on ne songe qu'à se divertir. Les deux frères invitent quelques amis à une petite fête qu'ils donnent dans la campagne. Juliette y va, Juliette que l'on regarde déjà comme l'épouse d'Adrien. On invite aussi Robert, mais il refuse de prendre part à leurs plaisirs, et ce refus ne surprend personne, parce que l'on connaît son caractère sombre qui le porte à fuir toutes les réunions.

La journée se passe gaiement; on rit, on danse, on chante; Georges promet à ses amis de revenir après avoir découvert un autre hémisphère auquel il espère donner son nom. Adrien engage son frère à venir bientôt partager son bonheur, et l'on retourne à la ville en s'entretenant de ces charmants projets.

Il est nuit depuis longtemps; les deux frères reconduisent Juliette chez elle, puis retournent à leur demeure. Ils habitent une petite maison située au bout de la ville, et entourée de marais et de jardins. C'est là qu'ils ont laissé leur fortune; confiants comme on l'est au jeune âge, parce qu'ils sont dans le lieu de leur naissance, et se croient entourés d'amis.

Mais quel coup de foudre vient les frapper!... Leur fortune leur a été enlevée; le secrétaire qui la renfermait est brisé; on leur a tout volé. Ils courent dans la ville, se rendent chez les magistrats; cet événement répand l'alarme parmi tous les habitants. Des voleurs se sont introduits chez les jeunes Dalmont, et les ont dépouillés! Cette nouvelle jette partout l'épouvante et la consternation. On fait des recherches, des perquisitions; nul indice ne fait découvrir les coupables qui ont pu s'introduire facilement dans une maison isolée, et se sauver de même en franchissant des murs peu élevés. On ne doute point que quelques marchands forains, quelques vagabonds n'aient commis ce crime. On plaint les deux frères; on les blâme de leur imprudence. On prend toutes les mesures usitées pour arrêter les voleurs; mais c'est en vain et les deux frères sont ruinés. Georges prend aisément son parti, il vend le peu qui lui reste, en donne la moitié à son frère, et part en lui promettant de ne revenir que millionnaire. Mais Adrien ne peut se consoler aussi facilement. Ce n'est point l'argent qu'il regrette, c'est Juliette!... sa douce amie, qu'il allait épouser... Faut-il maintenant lui faire partager sa misère? Juliette est toujours aussi tendre, aussi aimante; elle ne veut que son Adrien. Mais Robert fait entendre à celui-ci qu'il ne peut être son époux s'il n'a aucun moyen d'existence.

— Promets-moi de me rester fidèle, dit Adrien à son amie; jure-moi de m'aimer toujours, et de ne point changer, et je vais partir avec courage, m'engager, et acquérir un grade honorable, afin de revenir digne de toi.

Juliette trouve qu'Adrien est déjà bien digne d'elle; elle soupire de l'injustice de son frère, et fait, sans hésiter, le serment que lui demande son amant. Adrien embrasse alors sa tendre amie, puis tend la main à Robert, en le suppliant de lui garder sa Juliette. Robert fait un signe de tête, balbutie une promesse, et la main qu'il donne à Adrien est humide et tremblante.

XVI

SUITE DE L'HISTOIRE D'ADRIEN

Quelques mois après le départ d'Adrien, Roger annonce qu'il va se rendre à Paris pour terminer des affaires importantes; il dit avoir reçu des nouvelles d'un parent fort riche, qui est lancé dans le commerce, et peut lui faire faire des spéculations avantageuses. Enfin il propose à Robert de le suivre et d'essayer de tenter avec lui la fortune; au grand étonnement de tout le monde, Robert accepte ces propositions et part avec Roger.

Juliette, restée seule, pense à son Adrien dont elle reçoit de temps à autre des nouvelles; elle apprend qu'il se distingue, qu'il est déjà sous-officier, elle ne doute pas qu'il ne parvienne à être au moins lieutenant. Son ambition ne s'élève pas au delà; elle pense qu'un lieutenant est un homme que son frère ne pourra plus refuser, et cette douce espérance en soutenant son courage, lui fait supporter les peines de l'absence.

Cependant, après une absence de six mois, Robert et Roger reviennent près de Juliette, mais non plus tels qu'ils sont partis. Roger a fait soi-disant, de fort bonnes affaires, et il a aidé Robert qui a aussi gagné de l'argent. Roger achète une maison, la même qu'Adrien espérait acquérir, et le frère de Juliette achète une propriété non loin de celle de son ami.

La nouvelle fortune de Robert ne semble pas cependant le rendre plus heureux; il est toujours aussi mélancolique qu'autrefois; il y a même des moments où, livré à un effroi dont on ne saurait deviner la cause, il tremble et frémit au moindre bruit, à la plus simple interpellation.

Juliette fait tous ses efforts pour ramener le calme et le contentement dans l'âme de son frère; mais lorsqu'elle lui demande le motif de ses alarmes, de sa tristesse, maintenant que la fortune leur sourit, Robert reste impénétrable.

Roger, qui paraît fort satisfait de son sort, recommence à parler d'amour à Juliette. Sans cesse sur ses pas, il la suit, il la guette, l'obsède par ses poursuites.

Adrien part en disant ces mots, et sans regarder Juliette. (P. 773.)

— Je ne vous ai jamais aimé, lui dit Juliette, et j'adore Adrien
— Adrien ne pense plus à vous, dit Roger, il ne reviendra pas.
Adrien me sera toujours fidèle, j'en suis certaine; mais quand même il m'oublierait, je ne consentirais pas pour cela à vous épouser.
— Vous m'épouserez cependant, répond Roger en lançant sur la charmante fille des regards affreux; il le faut, et cela sera.

Juliette tremble, frémit ; elle court se plaindre à son frère des poursuites d'un homme qu'elle déteste ; mais Robert ne lui répond pas il l'écoute en silence ; quelquefois des larmes viennent mouiller ses paupières, des soupirs étouffés s'échappent de sa poitrine, mais il s'éloigne sans consoler sa sœur.

Deux années se sont écoulés, depuis le départ d'Adrien, et chaque jour Juliette prie le ciel de lui ramener son amant : car chaque jour sa position devient plus insupportable. Roger est sans cesse sur ses pas, il ne la quitte point, il est plus arrogant, plus affermi que jamais dans son projet de l'épouser. Ce n'est pas en amant timide qu'il lui fait la cour, c'est en homme qui menace, qui effraie, qui est persuadé qu'on sera forcé de lui obéir. Juliette, ne pouvant plus endurer ce supplice, demande en grâce à son frère de défendre à Roger de prétendre à sa main ; et, pour la première fois, Robert lui annonce au contraire qu'il faut qu'elle se décide à l'épouser.

— Epouser Roger!... oublier Adrien!... Jamais!... Jamais! s'écria Juliette ; je tiendrai jusqu'au tombeau le serment que j'ai fait à celui que j'aime.

— Il faut oublier ce serment et Adrien, dit Robert, il faut que Roger devienne ton époux ou je suis perdu...

— Perdu ! que voulez-vous dire ?... Qu'avez-vous donc à craindre de Roger ?

— Tout... si tu ne consens pas à être sa femme.

Robert s'enfuit, laissant l'infortunée Juliette livrée aux plus mortelles alarmes. Oublier Adrien, c'est impossible ! Epouser Roger ! elle aimerait mieux mourir... Mais quels sont ces dangers qui menacent son frère ?... Que peut-il redouter de celui qui se dit son plus sincère ami, de celui à qui il doit sa fortune ? Juliette cherche en vain à deviner ce secret ; sa tête se perd, son esprit s'égare en conjectures vagues, elle ne peut fixer ses idées.

Le lendemain de sa conversation avec Robert, Juliette, retirée dans sa chambre, cherchait en vain le sommeil ; il avait fui ses paupières depuis qu'on voulait la forcer à oublier son Adrien. Voulant respirer un moment l'air pur de la campagne, dans l'espoir qu'il ranimera ses esprits abattus, elle se lève au milieu de la nuit, et ouvre sa fenêtre qui donne sur leur jardin. Cette fenêtre est peu élevée ; une voix, qu'elle croit reconnaître pour celle de son frère, a troublé le silence de la nuit. A qui Robert peut-il parler à cette heure ?... Juliette écoute... elle croit entendre prononcer son nom ; bientôt elle distingue la voix de Roger. C'est d'elle que l'on parle. Le désir de connaître leur secret, de savoir ce qu'ils ont résolu, lui fait surmonter son effroi : elle descend doucement de sa chambre, marche avec précaution jusqu'au bosquet dans lequel sont assis Roger et son frère, et, retenant sa respiration de crainte d'être surprise, Juliette écoute leur conversation.

— Il y a trop longtemps que cela dure ainsi, dit Roger. Il faut que cela finisse.

— Ce n'est pas ma faute, répond Robert d'une voix tremblante, je vous laisse le maître de lui parler...

— Il ne suffit pas que je lui parle; et vous voyez bien qu'elle n'en tient aucun compte, puisqu'elle me rebute continuellement ; cette petite fille est diablement entêtée !... mais, morbleu ! nous saurons la réduire. C'est à vous de commander; vous êtes son frère, elle doit vous obéir.

— Je lui ai dit hier quelles étaient mes intentions.

— Cela ne suffit pas encore, il faut la forcer à céder.

— Je n'ai pas le droit... Je ne saurais... malgré sa volonté...

— Vous n'avez pas le droit !... vous ne sauriez !... Ah ! vous êtes toujours si faible, si indécis !... Il faut montrer du caractère, cependant. Songez bien, Robert, que, si je n'épouse pas votre sœur... j'ai les moyens de vous perdre... et je les emploierai !

— Ce serait vous perdre aussi.

— Non, non !... Je fuirais d'abord, je me mettrais à l'abri des poursuites avant de vous dénoncer, et j'enverrais aux magistrats une accusation que vous ne seriez pas en état de démentir.

— Misérable ! dans quelle affreuse position m'avez-vous placé?

— Vraiment ! je vous conseille de vous plaindre, vous n'aviez pas le sou, et vous ne vouliez rien faire ; eh bien ! je vous ai enrichi, et moi aussi à la vérité; mais nous avons partagé en bons camarades. Il me semble que vous devriez me remercier, au lieu de me dire des injures ! Vous êtes un ingrat !...

— Et les remords qui déchirent mon cœur... et la crainte d'être reconnu coupable?

— Quant à cela, vous savez bien qu'il n'y a pas de danger; personne ne possède notre secret !... Nous ne courons donc aucun risque; ainsi vos remords viennent fort mal à propos !

— Ah ! vous avez beau dire !... je ne puis plus goûter de tranquilité. Je ne saurais supporter la présence d'Adrien !,.. et s'il revenait dans ce pays...

— Il n'y reviendra pas quand il saura que votre sœur est mariée !

— Malheureux Adrien... faut-il encore lui ravir son amante, après l'avoir dépouillé... après lui avoir volé ce qu'il possédait !...

Un cri, parti à peu de distance, interrompit Robert ; les deux hommes sortirent précipitamment du bosquet, et trouvèrent Juliette étendue sans connaissance à quelques pas de là.

— C'est ma sœur, dit Robert, c'est ma pauvre sœur !...

— Oui, dit Roger d'une voix sombre, elle nous écoutait ; sans doute, elle a tout entendu. C'est maintenant plus que jamais, qu'il faut qu'elle soit ma femme.

XVII

FIN DE L'HISTOIRE D'ADRIEN

En revenant à la vie, Juliette n'osait porter ses regards ni sur son frère ni sur Roger ; tous deux lui faisaient horreur ; elle ne pouvait supporter la pensée de vivre avec les misérables qui avaient volé Adrien et Georges. Cependant un reste de pitié lui parlait encore pour son frère, dont elle voyait les remords et le repentir.

— Vous connaissez notre secret, lui dit Roger ; voyez maintenant si vous voulez encore me refuser votre main. Je puis perdre votre frère, déshonorer votre famille, et je le ferai si vous ne consentez pas à m'épouser, dussé-je me perdre avec vous.

Juliette connaissait Roger capable, pour se venger, de se dénoncer lui-même : elle frémissait à la seule pensée de donner sa main à ce monstre, mais elle ne pouvait non plus supporter l'idée de voir son malheureux frère accusé, traîné devant les tribunaux, et le nom de leur vertueux père déshonoré à jamais.

Robert, pâle et tremblant devant sa sœur, n'osait point la supplier de le sauver ; il avait horreur de lui-même ; il se sentait indigne de sa pitié, et Juliette, qui voyait ses craintes et sa souffrance, était décidée à sauver son frère, et à mourir en épousant Roger.

Le mariage était arrêté ; encore huit jours, et Juliette, l'intéressante Juliette, devenait l'épouse d'un monstre souillé de crimes : un des plus beaux ouvrages de la nature allait s'allier à ce qu'elle avait formé de plus repoussant. L'infortunée attendait ce moment comme le malheureux condamné attend l'instant de son supplice.

C'est alors que revient Adrien, brûlant d'amour, d'espérance, ayant obtenu le grade de lieutenant et fait quelques économies ; il s'empresse de profiter d'un congé pour aller demander à Robert la main de sa sœur : il ne voit plus d'obstacle à son union avec Juliette. En entrant dans sa ville natale, son premier soin est de demander des nouvelles de son amie : dans huit jours, lui dit-on, elle devient la femme de Roger.

— Juliette infidèle!... et pour Roger!... On me trompe, dit Adrien ; je ne le croirai que quand sa bouche me l'aura confirmé.

Juliette écoute.

Adrien s'informe de la nouvelle demeure de Juliette : il court, il vole... il traverse la ville comme un fou... enfin, il arrive, il entre... il est devant Juliette... et il ne peut se persuader que c'est elle qu'il voit, tant les chagrins, les pleurs, la souffrance ont altéré les traits de son amie.

Juliette a poussé un cri de joie ; elle s'est élancée en apercevant Adrien, puis bientôt, faisant un retour sur sa situation, elle est retombée triste et abattue sur sa chaise.

— Ma Juliette! dit Adrien en se jetant aux genoux de son amie, tu me revois plus tendre, plus épris que jamais... Pourquoi ces larmes?... cette tristesse?... Quel changement en toi!... et tu ne cours pas dans mes bras, tu ne réponds pas à mon empressement!... O ciel! m'aurait-on dit vrai?

— Oui, dit Juliette d'une voix faible, oui, j'épouse Roger...

— Tu épouses Roger... toi! Juliette... tu m'es infidèle!...

— Ah! je n'ai pas cessé un instant de t'adorer... mais il le faut... je ne saurais te dire... Je dois épouser Roger.

— Tu dois épouser Roger!... Voilà donc le prix de mon amour, de ma constance! Perfide! et ta bouche ne craint pas de faire cet aveu! tu te fais un jeu de ma douleur!... va, je te rends tes serments, tes lettres... dans lesquelles tu me peignais une tendresse que tu n'éprouvais pas!... épouse Roger, tu es digne de lui.

Adrien part en disant ces mots, et sans regarder Juliette. Ah! s'il l'avait vue éperdue, mourante, il n'aurait point eu le courage de s'éloigner ainsi. Ce coup était trop fort pour l'âme de Juliette ; elle avait jusqu'alors tout supporté : mais s'entendre accuser de perfidie par Adrien ! mais l'entendre la maudire, perdre à la fois son estime et son amour ! L'infortunée succombait à sa douleur, lorsque Robert revint près d'elle. Il avait appris le retour d'Adrien, et plus troublé, plus inquiet que jamais, il venait près de Juliette comme pour y trouver un asile contre la vengeance d'Adrien.

Il trouve sa sœur livrée au plus affreux désespoir, il l'entend prononcer, en sanglotant, le nom de son amant, et jurer de ne plus supporter la vie. Ce tableau pénètre l'âme de Robert, déjà bourrelée de remords; il se sent indigne du sacrifice que Juliette allait lui faire ; il frémit en pensant que tant de candeur, de grâces, de vertus, deviendraient la proie de l'homme qui l'a poussé au crime.

— Console-toi, ma Juliette, lui dit-il, sèche tes larmes, tu reverras Adrien. Tu peux encore être heureuse... C'est à moi de tout te sacrifier.

Mais Juliette ne l'entend pas, ces consolations n'arrivent point jusqu'à son cœur que la présence d'Adrien vient de déchirer.

Roger a appris le retour d'Adrien, il prévoit les suites funestes qui peuvent en résulter, il craint l'amour de Juliette, les remords de Robert; il redoute la fureur de son rival, il sent enfin qu'il ne pourra être tranquille possesseur de sa fortune et de sa maîtresse tant qu'Adrien existera, et, aucun crime ne l'effrayant pour satisfaire ses passions, il jure la mort de son rival.

En s'éloignant de Juliette, Adrien a quitté la ville, et, marchant au hasard, il a porté ses pas vers un bois qui n'est pas éloigné. Là, s'abandonnant à toute sa douleur, il laisse couler ses larmes qu'il a retenues devant Juliette, et, cessant de combattre ses regrets et son amour, il se repaît encore de l'image de celle qu'il aime toujours, malgré la perfidie dont il la croit coupable.

La nuit est venue, un orage affreux se déclare, la foudre gronde, ses éclats font retentir les échos de la forêt que les éclairs sillonnent par intervalles. Adrien reste dans le bois : absorbé dans sa douleur, le désordre de la nature ne saurait l'effrayer, et dans ce moment ce spectacle terrible a des charmes pour son âme.

A minuit, Robert est sorti de sa demeure pour aller trouver celui qu'il a jadis dépouillé, et auquel il veut faire l'aveu de son crime ; il espère obtenir de lui son pardon, et connaît assez Adrien pour savoir que la faute du frère ne saurait altérer ses sentiments pour la sœur.

C'est dans une cabane de bûcheron, située dans le bois, que l'on croit qu'Adrien est allé passer la nuit. Tels sont du moins les renseignements que Robert a recueillis le matin, et il se décide à s'y rendre, choisissant exprès une heure où personne ne pourra l'apercevoir; il se flatte que la conversation qu'il va avoir avec Adrien restera éternellement secrète, et que Roger surtout ne concevra aucun soupçon.

L'espoir de soulager son âme bourrelée de remords a rendu quelque énergie à cet homme ordinairement si faible et si craintif; il marche d'un pas ferme, malgré l'orage qui gronde sur sa tête, et déjà il est près d'atteindre le bois.

Mais Roger veille aussi : le misérable attendait la nuit et le silence pour frapper en sûreté sa victime. Pendant le jour il a su s'informer adroitement de la route qu'avait prise Adrien, et lorsque l'ombre et le mystère semblent lui promettre l'impunité, il se dirige vers la cabane, dans laquelle il espère s'introduire facilement et sans donner l'éveil au bûcheron.

Roger marche avec précaution; il craint d'être entendu; il s'arrête au moindre bruit qui vient frapper son oreille. Au détour d'un sentier, la lueur d'un éclair lui fait apercevoir un homme marchant avec précipitation; il écoute, il reste immobile.. L'homme passe près de lui... le nom de Juliette s'échappe péniblement de sa poitrine. Roger ne doute point que ce soit son rival. Quel autre qu'Adrien pourrait être maintenant dans le bois?... Il précipite ses pas, il atteint sa victime.

« Meurs! » lui dit-il... Il frappe, et Robert tombe à ses pieds baigné dans son sang.

Au cri que l'infortuné a jeté en se sentant frappé, l'assassin a reconnu sa méprise; il fuit dévoré de rage d'avoir manqué son rival : la mort de Robert lui ôtant tout espoir de posséder Juliette, il jure en s'éloignant qu'Adrien ne sera pas plus heureux que lui.

Cependant Robert respire encore, ses gémissements parviennent jusqu'à Adrien, et le tirent enfin de son profond accablement. Quelque malheureux que l'on soit, on trouve un allégement à ses peines lorsque l'on peut secourir d'autres infortunés; le malheur ne rend pas insensible, ce que la fortune fait quelquefois.

Adrien se dirige du côté d'où partent les gémissements : il arrive près d'un homme mourant... Mais que devient-il en reconnaissant dans cet homme, Robert, le frère de Juliette! Seul, au milieu de la nuit, dans un bois, et quand la foudre semble vouloir épouvanter les faibles mortels, qui viendra l'aider à secourir cet infortuné? Adrien appelle; il fait retentir les échos de ses cris, l'orage seul y répond. A genoux devant le blessé, il cherche à le ranimer, à penser ses blessures. Robert rouvre les yeux et entend la douce voix d'Adrien.

— C'est toi qui veux me sauver! lui dit-il; c'est toi qui implores le ciel en ma faveur, cher Adrien! Je suis indigne de ta pitié; je suis l'auteur de tous tes malheurs... J'ai mérité mon sort, mais je mourrai moins malheureux si tu daignes me pardonner.

— Quels que soient tes torts, dit Adrien, je dois les oublier en ce moment pour ne songer qu'à te secourir... Tu ne peux rester dans ce bois, je vais te porter dans mes bras jusqu'à la cabane du bûcheron; nous y trouverons quelques secours.

— Ils seraient inutiles, dit Robert d'une voix expirante; je sens que je n'ai plus que quelques instants à vivre; permets-moi de les employer à t'avouer mon crime; cet aveu seul peut me soulager et diminuer mes souffrances... Va, le spectacle de la nature en feu, du bouleversement des éléments, n'est plus effrayant pour celui qui aperçoit déjà la profondeur du tombeau!

Meurs! lui dit-il.

Adrien est forcé de se rendre aux désirs de Robert; courbé près de lui, et soutenant doucement sa tête, il écoute en silence le récit que lui fait le frère de Juliette.

« Tu le sais, Adrien, la ruine de mes parents changea mon caractère; je devins inquiet, silencieux. Habitué par un père trop bon à ne faire que mes volontés, je n'avais jamais voulu me décider à travailler; je n'étais même pas en état de rien faire, et au moment où je sentis qu'il me faudrait, pour subsister, faire usage des facultés et des forces que nous donne la nature, fut un coup terrible pour moi; la honte d'avoir inutilement perdu mes premières années se fit alors sentir; mais, loin des retrouver cette énergie qui nous inspire le désir de réparer nos fautes, je n'éprouvai que du découragement et de l'ennui.

Roger seul, le perfide Roger avait l'art de me distraire, en feignant

Adrien passe à travers les flammes. (P. 779).

de me plaindre et en flattant ma paresse. Tu ne dois point travailler, me disait-il souvent; tu es né riche. Un malheur t'a ruiné, il faut qu'un autre événement te dédommage. La Fortune te doit bien cela.

« C'est alors que tu héritas ainsi que ton frère; et je ne rougis point de te l'avouer, loin de partager ton bonheur, je n'éprouvai que le regret de voir quelqu'un plus fortuné que moi.

« Roger ne me quittait pas; depuis quelque temps ses discours insidieux, ses maximes perverses, avaient égaré mon cœur et corrompu mon esprit.

« L'instant est arrivé, me dit-il un jour, où nous pouvons tous deux réparer les torts de la fortune et reprendre ce qu'elle nous a ôté. Les frères Dalmont viennent de recevoir une somme considérable sur laquelle ils ne comptaient pas, et dont, par conséquent, ils peuvent bien se passer. Seconde-moi, et cette somme passe dans nos mains, où elle sera beaucoup mieux placée que dans celles de deux étourdis qui n'en sentent pas la valeur

« D'abord cette proposition me révolta; bientôt je m'accoutumai à l'entendre sans frémir... J'osai même calculer les chances de la réussite. Ah! mon cher Adrien! lorsqu'on compose avec le crime, on est déjà coupable.

« Que te dirai-je enfin? j'eus la bassesse de céder,... et, pendant ce jour de fête, je m'introduisis avec Roger dans votre demeure, et j'aidai à dépouiller mon ami. Voilà où m'avaient conduit une lâche faiblesse et ce mépris pour le travail, cet amour de l'oisiveté que je décorais du beau nom d'indépendance!

« Mais, depuis ce moment, loin d'être plus heureux, je n'ai pas goûté une minute de repos. Le jour, sur tous les visages, je croyais lire le soupçon de mon crime : dans tous les êtres qui m'abordaient, je voyais des accusateurs. La nuit, le sommeil fuyait de ma paupière, et lorsque tout reposait autour de moi, je me croyais encore entouré de gens qui veillaient pour m'arrêter, le vol d'un oiseau, le souffle du vent, le plus léger bruit dans le feuillage, me faisaient toujours entendre ces mots terribles : « C'est lui qui a volé Adrien! »

« Mais ce n'était pas encore assez,... un tourment plus cruel m'était réservé. Roger,... l'infâme Roger voulait épouser Juliette... Il me fallait sacrifier ma sœur,... voir sans pitié ses larmes,... son désespoir, et la condamner au malheur pour acheter le silence de mon complice... Juliette venait de découvrir notre horrible secret... Juge de sa douleur,... de sa situation... et cesse de la croire infidèle... C'est pour moi qu'elle se sacrifiait... mais une telle union ne pouvait s'accomplir... Aujourd'hui,... touché du désespoir de Juliette,... je venais tout te dire... tout t'avouer... Un monstre vient de me frapper... Roger est mon assassin,... mais maintenant je puis perdre la vie,... Juliette ne sera point sa femme... Cher Adrien,... c'est à toi... Ah! dis-moi que tu me pardonnes,... et je mourrai satisfait. »

Adrien avait écouté avec la plus vive émotion le récit de Robert, souvent interrompu par des instants de faiblesse et de souffrances que le malheureux s'efforçait de surmonter, afin de tout dire à Adrien. Celui-ci versait des larmes au souvenir de Juliette qu'il se reprochait d'avoir pu accuser un moment.

— Oui, dit-il enfin à Robert, je te pardonne,... ton repentir doit effacer ta faute; Roger seul est un monstre que je saurai punir... mais calme tes remords, tu peux encore espérer.

— Non, Adrien ; tout est fini pour moi, je le sens... cet aveu a épuisé mes forces,... mais tu m'as pardonné,... console ma pauvre sœur... qu'elle ne maudisse point la mémoire de son frère.

Robert laisse retomber sa tête sur l'herbe humide de la forêt : il a cessé d'exister. Adrien reste quelques moments immobiles devant le corps de ce malheureux ; mais bientôt le souvenir de Juliette lui fait sentir qu'il a d'autres devoirs à remplir. C'est elle qu'il doit consoler ; c'est à elle qu'il se doit tout entier. Il casse plusieurs branches d'arbres, en couvre le corps de Robert et s'éloigne du bois pour se rendre près de Juliette, à laquelle il faut bien apprendre la mort de son frère.

Mais en approchant de la ville, quelle clarté extraordinaire frappe ses regards ! le ciel en est éclairé... On distingue les maisons, les chemins, et cette lumière effrayante semble à chaque instant s'étendre davantage... Adrien double le pas, agité par un effroi dont il ne peut encore se rendre compte... Bientôt des cris effrayants frappent son oreille. Les habitants de la ville sont levés, ils courent en foule vers le même point... « Au feu !... au feu ! » répète-t-on de toutes parts, et ce cri effrayant a retenti dans l'âme d'Adrien... Un secret pressentiment le pousse vers la demeure de Juliette... C'est de là, en effet, que partent les flammes ; c'est là que l'incendie éclate avec fureur, au milieu d'une nuit d'orage qui semble vouloir embraser ce malheureux pays.

—Juliette... ma Juliette ! » s'écria Adrien...

Aucune voix ne lui répondit ; mais on lui montre du doigt la maison dévorée par les flammes: c'est là qu'il faut chercher Juliette. Adrien court, perce la foule, se précipite vers le foyer de l'incendie... Il est dans la maison, il court de chambre en chambre,... la fumée ne permet plus de distinguer les objets... il appelle son amie... enfin une voix se fait entendre,... elle appelait Robert... Juliette cherchait son frère et voulait aussi le sauver.

Adrien parvient à saisir Juliette. Il l'emporte dans ses bras : elle perd connaissance en balbutiant encore le nom de son frère. Adrien passe à travers les flammes, il surmonte tous les obstacles, Juliette est sauvée.

La maison fut la proie des flammes, on ne put rien sauver de ce qui avait appartenu à Juliette et à son frère. On attribua cet incendie à la foudre qui était tombée en plusieurs endroits, et notamment sur le corps du malheureux Robert qu'on trouva le lendemain, réduit en cendres dans le bois.

Juliette seule sut la vérité ; elle apprit par Adrien la triste fin de son frère ; mais elle éprouva un sentiment de joie en reconnaissant son repentir et en sachant qu'Adrien lui avait pardonné. Roger avait fui le pays ; il ne restait plus rien à Juliette, mais elle était tout pour son amant, qui bientôt devint son époux ; et ils quittèrent alors un séjour qui rappelait trop à Juliette son frère et Roger.

Adrien obtint son congé, ne voulant plus se séparer d'une épouse dont la santé faible et chancelante réclamait tous ses soins. Les secousses violentes qui avaient affecté l'âme de Juliette avaient aussi attaqué les principes de sa vie ; l'idée de son union avec Roger, la mort de son frère et l'incendie de leur demeure avaient accablé cette femme infortunée, et, quoique heureuse dans les bras de son époux, Juliette soupirait encore quelquefois, comme étonnée de pouvoir connaître le bonheur.

Elle mit au monde un fils.

Les deux époux habitaient Paris. Adrien avait un petit emploi qui suffisait à leurs besoins. Juliette était enceinte ; elle mit au monde un fils, mais elle mourut en le remettant dans les bras de son mari. Adrien avait perdu tout espoir de bonheur avec sa Juliette, mais il sentit qu'il devait vivre pour son fils, et Adolphe devint l'objet de tous ses soins.

Adrien se privait de tout plaisir pour donner de l'éducation à son fils. Adolphe grandissait en chérissant son père. Il avait dix ans, lorsqu'en se promenant avec lui dans les environs de Paris, ils furent accostés par un mendiant qui implorait leur charité. La voix de cet homme frappa Adrien et, considérant ses traits avec attention, il reconnut Roger sous les misérables haillons qui le couvraient. Un sentiment de joie entra dans l'âme d'Adrien.

— Du moins, dit-il, le crime n'a point prospéré !...

" Déjà Roger avait fui, le misérable venait de reconnaître Adrien. Quelques années après, il périt sur un échafaud.

Adrien vieillit, satisfait de voir son Adolphe répondre à ses espérances ; car si le jeune homme était un peu étourdi, et parfois trop sensible près des dames, il possédait aussi les qualités d'un homme d'honneur, et n'avait que les défauts de son âge.

Adrien voulait placer son fils dans un bureau ; mais un jeune homme qui n'a rien ne peut se permettre d'être deux ou trois ans surnuméraire, et Adolphe entra dans un magasin de nouveautés. Son père se retira à Senlis, où il obtint un modique emploi, et se berça de l'espoir que son fils deviendrait plus heureux que lui. Telle est l'histoire du père d'Adolphe, que nous nommerons maintenant M. Dalmont.

XVIII

LE POITRINAIRE

Adolphe aperçoit de la lumière à travers une des fenêtres de l'appartement qu'occupe M. Dalmont. Il frappe, et bientôt la voix de son père se fait entendre.

— Ouvrez, lui dit Adolphe, ouvrez, mon père, c'est votre fils...

— Mon fils !... dit d'une voix faible M. Dalmont. Il descend aussi vite que ses forces le lui permettent, il est bientôt dans les bras de son fils.

Ils furent accostés par un mendiant.

Adolphe presse son père dans ses bras ; mais quel sentiment pénible vient troubler sa joie ! Il remarque le changement effrayant qui s'est opéré dans toute la personne de l'auteur de ses jours. M. Dalmont n'a que quarante-deux ans, et déjà il paraît faible et languissant : ses yeux sont caves quoique brillants, son teint pâle se charge quelquefois de petites couleurs qui n'annoncent point la fraîcheur de la santé, mais un mal intérieur que l'art des médecins parvient rarement à guérir ; enfin une toux continuelle fatigue celui qui en est attaqué, et ceux qui, forcés de l'entendre, en prévoient les tristes suites.

Cependant Adolphe cache à son père les craintes qu'il éprouve.

— Vous êtes malade, lui dit-il, et je m'empresse de venir être votre gardien.

— Ce n'est rien, ce n'est rien, dit M. Dalmont; un rhume un peu opiniâtre qui me fatigue... Ta présence hâtera ma guérison.

Adolphe s'établit près de son père, qui, faute de moyens, n'a personne avec lui pour le soigner.

— Je ne vous quitterai plus, lui dit-il, que vous ne soyez entièrement rétabli.

Et, dès le lendemain, le jeune homme se charge de veiller à tous les détails de leur petit ménage.

Adolphe voit avec plaisir que la maladie n'a point ajouté à la mélancolie habituelle de son père; au contraire, M. Dalmont paraît plus gai; il fait de charmants projets pour l'avenir.

— Mon ami, dit-il à Adolphe, je crois que le sort se lasse enfin de m'être contraire; je me suis lié ici avec un homme estimable, qui vient d'obtenir à Paris une place importante dans le ministère. Loin de m'oublier dans sa prospérité, il s'est déjà occupé de moi et de toi, mon cher Adolphe; dans sa dernière lettre il me promet une place avantageuse auprès de lui. Je serai près de mon fils, nous vivrons ensemble, et, sur la fin de ma carrière, je pourrai enfin être heureux.

Cet espoir charme aussi Adolphe, et, sans trop se flatter que cet ami de Paris réalisera ses promesses, il entretient son père dans cette douce idée, qui embellit pour lui l'avenir.

Chaque matin lorsque le temps est beau, Adolphe sort avec son père dont il soutient la faiblesse; il le guide, il lui donne le bras pour aller respirer l'air pur d'une belle matinée d'hiver, et cet emploi lui semble bien doux. Soigner son père a pour lui mille charmes; si le souvenir d'Eugénie vient occuper aussi ses pensées, et lui arrache parfois un soupir, jamais l'idée de quitter son père ne s'est mêlée aux regrets qu'il éprouve d'être éloigné de son amante. Ne recevant point de nouvelles de Jeanneton, il pense qu'il n'y a rien de nouveau, qu'Eugénie est parvenue à gagner du temps, et que l'époque du mariage n'est pas encore arrêtée.

Malgré les tendres soins de son fils, M. Dalmont ne va pas mieux. Bientôt il n'est plus en état de sortir de sa chambre; il faut qu'il passe sa journée assis près de sa cheminée. Son fils lui tient fidèle compagnie, et

M. Dalmont, se flattant toujours de l'espoir d'obtenir une place à Paris, lui fait part de ses projets pour l'avenir. Adolphe écoute et approuve tous ses plans; mais en examinant les traits de son père, en considérant ses yeux caves, ses joues creuses, en entendant surtout cette voix dont le son n'est plus le même qu'autrefois, Adolphe détourne la tête pour cacher une larme qui coule de ses yeux.

Quelquefois M. Dalmont pense à son frère Georges.

— Peut-être n'est-il pas mort, dit-il à Adolphe ; peut-être le reverrons-nous un jour ce pauvre Georges ! que j'aurais de plaisir à l'embrasser !... Que sait-on ? il a peut-être fait fortune !... Et, si cela est, je suis bien sûr qu'il la partagera avec nous.

Heureux le malade qui ne voit pas son état, et que l'espérance berce jusqu'au tombeau ! Pour lui, la mort n'est qu'un sommeil profond, il s'endort sans prévoir qu'il ne se réveillera plus !... Mais pour ceux qui l'entourent, que de tristes moments !... Voir s'éteindre un père, un frère, un ami... le voir, jeune encore, succomber sous le mal qui le tue, et savoir que rien ne peut nous le conserver, que bientôt nous serons séparés pour jamais !... Cette idée a quelque chose d'affreux, de désolant, et chaque fois que l'on entend celui que l'on va perdre former des projets pour l'avenir, on sent augmenter encore sa douleur.

Six semaines se sont écoulées depuis qu'Adolphe a quitté Paris, et toujours point de nouvelles d'Eugénie ; le pauvre amant ne sait que penser de ce silence ; mais sûr de l'amour de celle qu'il aime, comptant sur le serment qu'elle lui a fait de lui rester fidèle, Adolphe se persuade que les choses sont encore au point où il les a laissées en s'éloignant ; et, quand même il en serait autrement, pourrait-il maintenant quitter son père ?

Les forces de M. Dalmont diminuent chaque jour davantage ; il ne se lève plus qu'avec difficulté, ses jambes ont peine à le porter ; son fils le soutient, en cherchant toujours quelque motif naturel à ce redoublement de faiblesse. Il tremble que son père ne s'aperçoive de son état ; lui conserver l'illusion, c'est adoucir la fin de sa carrière.

Cependant M. Dalmont soupire quelquefois de la longueur de sa maladie.

— Que je te cause de peine ! dit-il à son fils. Que de soins tu prends de moi ! Que de tourments tu te donnes pour me procurer tout ce qui peut m'être nécessaire !... Cher Adolphe, tout cela est peut-être inutile...

— Ah ! mon père, vous ne le pensez pas, j'espère.

— Ah ! je crains que ma maladie ne dure encore longtemps... Mes forces ne reviennent pas... nous sommes en hiver, il est vrai. .

— Oui, mon père, et ce n'est sans doute qu'au printemps que vous recouvrerez la santé... Il faut prendre patience.

— Oui, en effet ; je voudrais déjà être au printemps pour sortir avec toi, pour voir la verdure embellir les champs, pour me promener dans la campagne, sous de belles allées d'acacias... Je sens que tout cela me fera du bien... Au printemps je serai guéri... Cependant mes forces diminuent chaque jour, mes mains tremblent, je puis à peine les conduire.

— Cela vient des nerfs, et non de faiblesse.

— Ah ! mon ami, quelle triste situation que celle d'un malade dans l'infortune ! Tu te prives de tout pour moi...

— Que dites-vous, mon père?... On vous paye toujours les appointements de votre place, et moi, j'avais amassé quelque chose à Paris... ne vous inquiétez donc de rien, ne songez qu'à vous guérir, et bientôt nous serons heureux. »

C'est ainsi qu'Adolphe cherchait à cacher à son père son état et sa situation. Mais cet état ne fait qu'empirer : bientôt l'infortuné Dalmont n'a plus la force de faire usage de ses bras pour se nourrir des légers aliments que sa maladie lui permet encore de prendre. Il essaie de porter sa main jusqu'à ses lèvres, et sa main tremblante retombe sur ses genoux et lui refuse son secours. Les yeux du malade se remplissent de larmes ; pour la première fois peut-être il devine sa position. Adolphe a vu les pleurs de son père, et jamais sentiment plus pénible n'a déchiré son cœur. Il court, il vole près du malade.

— Ce n'est rien ; ce n'est rien, lui dit-il... Vous tremblez, vos nerfs sont plus agités... Ah ! permettez-moi...

Et Adolphe fait manger son père, et il s'efforce de ne point paraître alarmé, afin de le rassurer et de le tromper encore sur sa situation. Pauvre Adolphe ! tous tes soins ne sauveront pas ton père, mais au moins ils adouciront ses derniers moments, et le souvenir de ce que tu fais maintenant mêlera un jour un peu de charme à ta douleur. Il est si pénible d'avoir quelque chose à se reprocher dans la conduite que l'on a tenue envers celui que la mort nous a ravi ! Il n'y a plus moyen de réparer sa faute, et les regrets sont éternels !

Chaque jour les facultés du malade diminuent ; à peine s'il peut encore prendre les potions que son fils lui présente. Déjà il n'est plus que l'ombre de lui-même, sa voix est éteinte, ses traits portent déjà l'empreinte du trépas ; pour les étrangers, ce n'est plus qu'un squelette effrayant ; pour Adolphe, c'est toujours son père. M. Dalmont n'a plus la force de parler

L'amour rit des pleurs qu'il fait verser. (P. 791).

mais il sourit encore à son fils, et sa main chancelante s'efforce de presser la main de ce fils chéri.

Adolphe ne prend plus de repos; il veille continuellement près du lit du malade. Lorsque le sommeil a, pour quelques instants, fermé les yeux de M. Dalmont, Adolphe contemple ses traits, et, en examinant les ravages de la maladie, il prévoit que bientôt ses yeux chercheront en vain son père.

Après cette nuit pénible, Adolphe succombe malgré lui au sommeil; il s'endort, la tête appuyée sur le chevet du lit de son père. Adolphe ne s'est point couché depuis quatre jours ; la fatigue engourdit ses sens ; il ne s'éveille que tard dans la journée. Quelle est sa surprise de sentir la main de son père dans la sienne ! mais cette main est glacée... Adolphe regarde M. Dalmont ; ses yeux sont fermés, et il n'entend plus son fils qui l'appelle à grands cris.

Depuis longtemps Adolphe devait prévoir cet événement ; mais perd-on jamais entièrement l'espérance !... Des voisins officieux accourent aux cris d'Adolphe et veulent l'entraîner loin de ce triste spectacle.

— Non, non, dit Adolphe, je suis homme, je saurai supporter ma douleur, et jusqu'au dernier moment je garderai mon père... Et pourquoi donc fuir avec autant de précipitation les restes de ceux que l'on a aimés ?... Pourquoi cette terreur secrète que tant de gens éprouvent près d'un être qui n'est plus !... Peut-on jamais craindre celui qui nous chérissait ?... Et croit-on rendre hommage à ceux que l'on a perdus en les fuyant avec effroi !... Non, jusqu'au dernier moment je resterai près de mon père. »

Les voisins s'étonnent de cette résolution ; il leur paraît singulier que l'on puisse supporter un spectacle qui doit entretenir notre douleur. Adolphe ne sent pas de même ; éloigné de son père, sa douleur n'en serait pas moins vive ; et, d'ailleurs, loin de chercher à la distraire, il trouve de la douceur à s'y livrer. M. Dalmont était pauvre : son fils seul accompagna son convoi. Mais un bon fils vaut à lui seul un cortège nombreux formé par l'étiquette ou la vanité, et parmi lequel souvent le défunt n'aurait pas trouvé un ami.

XIX

JEANNETON CHANGE DE CONDITION

Revenons à Paris, et voyons ce qui se passe chez M. Moutonnet. Après la nuit où Jacques le porteur d'eau s'est introduit dans la maison, M⁽ᵐᵉ⁾ Moutonnet redouble de surveillance et fait en sorte de hâter le jour où sa fille doit devenir M⁽ᵐᵉ⁾ Dupont.

Eugénie est enfermée dans sa chambre ; elle n'a plus la permission de descendre qu'aux heures des repas, et elle n'aperçoit plus Jeanneton qu'en présence de sa mère. Jeanneton paraît fort triste aussi ; M. Moutonnet ne dit rien et se contente de regarder sa femme. Bidois paraît très affairé : il y a souvent des conférences secrètes entre lui et Mme Moutonnet, et le vieux commis, enchanté de posséder la confiance de sa maîtresse, prend un petit air d'importance, même avec M. Moutonnet.

Eugénie ne sait que penser de tout ce qu'elle voit : aurait-on appris son entrevue avec Adolphe?... Cependant sa mère ne lui dit rien. Mais Jeanneton qui ne lui parle plus!... et Adolphe qui ne cherche plus à la voir!...

— Tout le monde m'abandonne ! dit-elle ; et la pauvre petite se désole, et ses jolis yeux sont rouges de pleurs, et les choses n'en vont pas mieux.

Jeanneton a reçu le billet d'Adolphe, mais Jeanneton est toujours courroucée contre le jeune homme qui couche avec une danseuse, pendant que son Eugénie ne rêve, ne parle et ne pense qu'à lui. Jeanneton a peu d'indulgence pour les erreurs d'un jeune homme, mais Jeanneton n'est qu'une simple bonne, une grosse servante, il faut l'excuser ; une femme de chambre connaît mieux le monde : elle aurait fermé les yeux sur la peccadille d'Adolphe.

D'ailleurs Jeanneton ne saurait empêcher les choses d'aller leur train ; tout ce qu'elle pourrait faire serait de consoler Eugénie, mais pour cela il faudrait pouvoir lui parler,... et que lui dire ?... Que son amant l'aime toujours, qu'il lui sera fidèle... Elle ne se sent plus le courage de dire cela,... elle craint aussi d'apprendre à Eugénie ce qu'elle sait, ce qu'elle a vu. Une seule espérance console Jeanneton ; si Eugénie épouse Dupont, il lui faudra une domestique, et la grosse fille se dit :

— C'est moi qu'elle prendra, et de cette manière je ne la quitterai pas.

Tout est prêt, tout est terminé, le jour est arrêté, le mariage va se conclure ; Dupont a déjà fait ses emplettes ; il a acheté la corbeille de noce, dans laquelle il veut à toute force fourrer quelques rouleaux de chocolat de Bayonne et de pâte de guimauve. Depuis huit jours il a commandé un habillement complet pour l'époque de son mariage ; il engage son perruquier à inventer quelque chose de nouveau pour sa coiffure ; il achète de nouvelles breloques qui, avec les anciennes, font tant de bruit qu'on l'entend marcher à cent pas et qu'on se retourne pour se garer, croyant que c'est un cheval avec des grelots. Dupont est enchanté d'être remarqué, et il sourit à tout le monde, et tout le monde rit en le regardant.

Il occupe un appartement au-dessus de sa boutique ; mais cet appartement n'est plus assez vaste pour un homme qui va tenir un ménage. Dupont loue tout le premier étage et s'occupe de la distribution de son nouvel appartement.

Mais Dupont s'entend peu à tout cela ; il fait monter ses deux garçons pour leur demander leur avis, et les garçons, qui ont autant d'esprit que leur bourgeois, ne voient dans chaque pièce qu'un bel emplacement pour une cuisine ou des lieux à l'anglaise. Dupont tient beaucoup à ces deux endroits-là ; mais son appartement ne peut pas consister en cuisines et en lieux à l'anglaise ; et il se décide à aller consulter Mme Moutonnet ; en attendant, il fait frotter et coller des papiers partout.

Au moment où l'épicier va sortir pour se rendre chez sa future belle-mère, Jeanneton paraît devant lui. Le sursis qu'elle a obtenu de Mme Moutonnet vient d'expirer, la servante sait que le mariage doit se faire dans quelques jours, et elle se décide à se rendre sur-le-champ chez le futur époux d'Eugénie.

— Comment : c'est toi, Jeanneton ! dit Dupont en apercevant la grosse bonne.

Jeanneton paraît devant lui.

— Oui, monsieur, me v'là...

— Eh ! que viens-tu faire ici ?... viendrais-tu chercher quelque chose ? va à la boutique, ma chère amie, et choisis tout ce que tu voudras...

— Non, monsieur ; oh ! ce n'est pas pour ça que je viens... Vous allez épouser mamzelle Eugénie, n'est-ce pas monsieur ?

— Oui, Jeanneton, dans trois jours... jeudi prochain.

— Eh ben, monsieur, je viens m'installer à mon poste.

— Comment ! t'installer ?...

— Sans doute, ne faut-il pas une domestique à vot' femme ! Eh ben, c'est moi que mamzelle a choisie.

— Ah ! c'est toi, Jeanneton ; eh ben ! j'en suis charmé... Au fait tu me conviens beaucoup : tu sais faire la cuisine ?...

— Oh ! oui, monsieur, et joliment.

— Tu feras notre affaire..... Et puis, tu es jeune, alerte, tu as une mine ronde et fraîche... et j'aime beaucoup les mines fraîches...

— Vous êtes ben honnête, monsieur.

— Ah ça, tu quittes donc Mme Moutonnet?

— Oui, monsieur, oh! pour suivre mamzelle, je quitterais tout le monde...

— C'est très bien, cela prouve de l'attachement et... de l'attachement.

— Je m'suis fait renvoyer exprès... c'était convenu avec mamzelle...

— Eh ben! cela n'est pas bête, au moins. Parbleu! Jeanneton, puisque te voilà, tu vas m'aider dans la distribution de mon logement...

— Comment! monsieur, il n'est pas prêt?

— Si, si, il n'y a plus que les meubles à disposer... Tu connais les goûts d'Eugénie?

— Oh! oui, monsieur, je les connais.

— Tu vas me guider, Jeanneton.

Et l'épicier fait entrer la bonne dans son nouvel appartement, où presque tous les papiers sont couleur chocolat...

— C'est ben triste ça, monsieur dit Jeanneton.

— Comment triste? ma chère... Écoute donc, j'aime les papiers analogues à mon commerce. On dit : voilà un homme qui sait ce qu'il fait...

— D'ailleurs, mon alcôve est en pistache, et ma salle à manger en olive... Je suis enchanté de mon choix.

— Mais, monsieur, je ne vois qu'une chambre à coucher.

— Combien donc en veux-tu?

— Dam', une pour vous, une pour vot' femme.

— Est-ce que je ne coucherai pas avec ma femme?...

— Oh! monsieur, si vous voulez plaire à mamzelle, il faut lui donner sa chambre à elle seule... Voyez-vous, les jeunes femmes, à présent, aiment beaucoup à avoir leur chambre... C'est ben pus commode... Vous pouvez aller, venir sans déranger madame; d'abord, vous vous levez matin, et mamzelle se lèvera très tard quand elle sera mariée...

— Ah! elle se lèvera tard... Tu es sûre de cela?

— Oui, monsieur, c'est mamzelle elle-même qui me l'a dit...

— Mme Moutonnet me disait qu'elle était fort matinale.

— Oui, monsieur à présent; mais une fois mariée, vous entendez ben que mamzelle compte faire ses volontés.

— Oh! elle les fera, Jeanneton, je ne prétends pas la contrarier...

— Et vous ferez ben, monsieur, et je gage que vous serez aussi heureux que M. Moutonnet.

— Tu crois? Et puis monsieur, ça n'est pas le tout : mamzelle est souvent malade... Elle a des attaques de nerfs... Et si vous couchiez avec elle... dam', je vous préviens que ça se gagne...

— Comment, ça, se gagne ?...

— Oui, monsieur...

— Diable ! Mais... Mme Moutonnet ne m'avait pas dit cela... Et dis donc, cela se gagne-t-il quand elle ne les a pas?

— Oh! non ; monsieur...

— Ah! c'est bien heureux.

— Allons, Jeanneton, je vois que tu as raison ; il vaut mieux que nous ayons chacun notre chambre, cela n'empêche pas de... quand on veut... n'est-ce pas, Jeanneton ?

— Pardi, monsieur, est-ce que vous n'êtes pas toujours le mari ?

— C'est juste, au fait, je suis toujours le mari. Et puis, deux chambres... cela donne un air de noblesse... de grandeur... de... Je suis enchanté que tu m'aies donné cette idée-là.

— Mais, surtout, monsieur, ne parlez pas de tout ça à Mme Moutonnet, elle le dirait à sa fille... et vous lui ôteriez le plaisir de la surprise.

— Sois tranquille, je ne dirai rien... Ah! dis donc, je fais une réflexion : la première nuit, ma femme viendra-t-elle dans ma chambre, ou irai-je dans la sienne ?

— Dam', monsieur... i'm'semble que c'est au mari à aller trouver sa femme...

— C'est juste, c'est très juste ; à présent, me voilà sûr de mon fait : j'irai trouver ma femme. Jeanneton, fais tout arranger, tout disposer, je m'en rapporte à toi.

Jeanneton choisit, pour Eugénie la chambre qui est la plus éloignée de celle de M. Dupont. Cette chambre a deux portes, dont l'une donne dans un salon et l'autre dans un passage qui conduit à une pièce qui touche à la cuisine, et qui sera occupée par Jeanneton ; de cette manière, la bonne fille sera toujours près de sa maîtresse, à portée de la servir, de la consoler à toute heure du jour et Jeanneton est bien sûre que cette distribution conviendra à Eugénie.

Pendant que Jeanneton s'installe chez l'épicier, Mme Moutonnet va trouver sa fille ; elle lui annonce que dans trois jours elle sera Mme Dupont, et lui ordonne de cesser des plaintes et des jérémiades qui ne changeront rien à sa volonté.

« Eh bien ! puisqu'il faut que cela soit, se dit Eugénie, qu'on m'y force... j'épouserai M. Dupont ; mais je mourrai, et de cette manière je serai fidèle à Adolphe.

Pauvre petite ! elle se persuade que l'on meurt parce qu'on n'épouse pas celui qu'on aime... il y a bien encore quelques jeunes filles qui croient cela, mais le nombre en diminue tous les jours.

Eugénie appelle Adolphe, mais Adolphe ne l'entend pas, elle appelle Jeanneton, et Jeanneton ne peut lui répondre. Une nouvelle servante vieille, revêche, maussade, l'a déjà remplacée. A son aspect, Eugénie sent qu'il n'y a plus d'espoir.

« On a renvoyé ma bonne Jeanneton, se dit-elle, je n'ai plus personne pour me consoler... pour me plaindre... personne à qui je puisse parler de lui !... Je vois bien qu'on veut que je meure !...

On apporte à Eugénie la corbeille de mariage, de laquelle Mme Moutonnet a ôté les rouleaux de chocolat et la pâte de guimauve. On étale devant elle la riche parure en topazes, les châles, les étoffes, les garnitures.

— Ah ! que c'est beau ! dit Bidois qui a monté la corbeille dans la chambre d'Eugénie. Que c'est brillant !...

— C'est superbe !... dit la vieille servante en mettant ses lunettes. Ce M. Dupont fait bien les choses !...

Eugénie leur fait la grimace, et jette toutes les parures sur une commode sans les regarder. Une jeune fille ne point examiner de semblables présents !... Pauvre Eugénie ! il faut qu'elle aime bien Adolphe.

Eugénie espère encore qu'il naîtra quelque accident qui retardera son mariage ; elle ne peut se persuader qu'elle épousera l'épicier. La nuit, elle ne dort point ; au moindre bruit, elle se lève pour écouter à sa fenêtre, à sa porte, si elle n'entend pas la voix d'Adolphe ; elle attend qu'il vienne à son secours... elle implore l'Amour, la Providence !... Mais l'Amour rit des pleurs qu'il fait verser, et la Providence se mêle rarement de ces choses-là.

Le jour qui précède celui de son mariage est près de finir, et rien n'est changé dans la situation d'Eugénie.

« C'en est fait ! se dit-elle en essuyant ses larmes, il me faut épouser un homme que je déteste !... on me sacrifie !... Je l'épouserai, puisqu'il faut obéir ; mais, j'en fais de nouveau le serment, je serai fidèle à Adolphe.

La jeune fille se met à genoux dans sa chambre ; et prend le ciel à témoin du serment qu'elle vient de prononcer, en le priant aussi de la faire mourir de sa douleur. Mais le ciel ne l'exauça pas ; et il fit bien ; une jolie femme ne devrait mourir que de plaisir.

Pendant qu'Eugénie prie, pleure et se désole, on est rassemblé en bas, dans l'arrière-boutique, et là on se réjouit du prochain mariage.

— C'est pour demain dit Mme Moutonnet d'un air triomphant.

— C'est pour demain, répond son mari en prenant sa prise de tabac.

— Oui, c'est demain, dit Bidois en se frottant les mains, comme quelqu'un qui a contribué à la réussite de l'affaire.

— Ce n'est pas sans peine, dit Mme Moutonnet; cette petite osait, pour la première fois, montrer une volonté... Elle s'avise, je crois, d'avoir des préférences ; mais grâce au ciel, j'ai du caractère, et je n'ai point écouté ses soupirs, parce que c'est pour son bonheur, et je suis bien certaine que, dans six mois, elle me remerciera de l'avoir mariée à Dupont.

La jeune fille se met à genoux.

— Oui, certes, madame, dit Bidois, elle sentira ce qu'elle vous doit.

— Oui, m'amour... elle le sentira assurément...

— Ah! pourtant, monsieur, s'il n'y avait eu que vous pour terminer ce mariage, je suis bien sûre qu'il aurait été manqué.

— Aussi, mon cœur, vous voyez que je ne m'en suis pas mêlé.

— Et vous avez bien fait.

— Grâce à ma vigilance, dit Bidois, ceux qui voulaient faire les mutins n'ont point osé se présenter.

— Oui, Bidois, je suis très satisfaite de votre conduite ; vous serez de la noce, mon ami...

— Ah ! madame, dit le vieux commis en s'inclinant jusqu'à terre.

— Entends-tu, Bidois? dit M. Moutonnet, tu seras de la noce... Ma femme t'invite... tu seras le premier garçon.

— Le premier garçon ! y pensez-vous, monsieur Moutonnet ? dit la passementière ; est-ce que Bidois est d'âge à être premier garçon d'une noce ?

— C'est juste, mon cœur, je voulais dire... qu'il sera toujours un des garçons, puisqu'il n'est pas marié... Ah çà, il y a donc une noce, ma belle !

— Oui, monsieur, c'est l'usage ; d'ailleurs Dupont est bien aise qu'il y en ait une, et c'est lui qui en fait les frais.

— Et un bal, mon cœur ?

La pauvre enfant se laisse coiffer. (P. 795).

— Cela va sans dire!...
— Un bal!... c'est charmant!... nous danserons, Bidois, et on ne viendra pas nous insulter comme à Romainville; nous pourrons nous en donner tout à notre aise...
— Oui, oh! vous faites de fameux danseurs, vous et Bidois!... Heureusement que l'on ne manquera pas de jeunes gens. M. Dupont connaît

infiniment de jeunes commerçants... et il a d'ailleurs dans sa boutique deux garçons qui dansent, dit-on, comme des Hercules.

— Comme Eugénie va s'en donner! dit M. Moutonnet; cette chère enfant qui aime tant la danse!...

— Taisez-vous, monsieur Moutonnet, vous ne dites que des bêtises.

— Peut-on savoir où se fera la noce, madame, demande Bidois d'un air timide et gracieux.

— A la barrière des Martyrs, chez un traiteur du premier ordre, qui a un salon de cent couverts, dans lequel on peut faire deux contredanses très à l'aise. Dupont avait d'abord pensé au Cadran Bleu, mais je lui ai fait sentir que nous serions écorchés; c'eût été une véritable folie... Il a ensuite songé à ce traiteur, qui est de ses amis, et qu'il fournit depuis longtemps...

— N'est-ce pas à la *Belle-en-cuisses :* ma femme?

— Non, monsieur, il n'est pas question de belles cuisses; d'ailleurs, quand vous y serez, vous le verrez.

— Oh! je sais... je sais, dit Bidois, qui n'y avait jamais été; je vois ce que c'est, je le connais? c'est un excellent traiteur... le Véry de ce quartier-là...

— Précisément, Bidois.

— Diable!... alors, ma femme, il faudra demander du potage aux croûtons... il y a quinze ans que vous m'en promettez...

— C'est bon; vous ne songez qu'à manger...

— M'amour, quelles sont nos connaissances qui vont à la noce?

— Ne vous mêlez pas de cela; j'ai fait mes invitations; songez plutôt à votre toilette de demain; j'espère, monsieur, qu'elle sera digne de la circonstance.

— Oui, ma belle.

— Et vous, Bidois?

— Madame, mon habit noir a six ans, à la vérité, mais comme je ne le mets qu'au jour de l'an et aux fêtes extraordinaires, il est encore tout neuf.

— C'est très bien. Que l'on soit prêt de bonne heure. Demain, par extraordinaire, la boutique sera fermée.

XX

LES NOCES. — LA CULOTTE DU MARIÉ. — PREMIÈRE NUIT

Il est arrivé, ce grand jour qui doit unir Dupont et Eugénie; ce jour où l'on doit marier une jeune fille à un homme qu'elle n'aime point;

ce qui n'est pas fort rare, mais où la mariée pleure et se désole, ce qui se voit fort peu, grâce au ciel; car les demoiselles, qui sont maintenant très soumises à leurs parents, se marient sans faire la moue; et quand on leur présente un époux, qu'il soit laid, jeune ou vieux, elles l'acceptent d'abord, sauf à faire leurs réflexions après; d'ailleurs, les mamans leur disent à l'oreille :

« Ma fille, un mari est toujours beau, parce que c'est un mari; et tous ces jeunes freluquets qui vous regardent en soupirant, en faisant des yeux en coulisses, qui vous serrent les mains et vous disent des douceurs derrière notre dos, ne songent point du tout à vous épouser. »

Et il faut avouer que les mamans ont souvent raison.

Mais Eugénie ne peut pas se dire cela d'Adolphe; elle sait bien que le pauvre garçon ne veut pas la tromper, qu'il n'a que des vues honnêtes et que, s'il ne l'épouse point, ce n'est pas sa faute. Voilà pourquoi elle pleure en pensant qu'elle va en épouser un autre; car une jeune fille bien élevée se console facilement de ne plus voir un étourdi qui n'a voulu que faire une conquête; mais un amant honnête, sensible, fidèle, il est bien permis de le regretter... Ceux-là sont rares.

Ce jour qui se lève ordinairement si beau pour la future mariée, ce jour que la jeune fille ne voit jamais naître assez tôt au gré de son impatience, paraît triste et sombre aux regards d'Eugénie, qui voit à chaque minute s'évanouir le peu d'espérance qui lui restait encore... Il faut se résigner!... La pauvre enfant se laisse coiffer, habiller, parer, sans se permettre un murmure; elle soupire et se tait, tout son mal est au fond de son cœur.

— Qu'elle est bien! Qu'elle est jolie! Quelle charmante toilette! répète-t-on à chaque instant en l'habillant. Mais que lui importe d'être jolie, puisque Adolphe ne la verra pas! Elle ne veut plus plaire à personne, et elle voudrait paraître horrible aux yeux de M. Dupont.

On lui attache le chapeau de mariée; son cœur se gonfle, elle ne peut retenir ses larmes qui coulent le long de ses joues pâles et amaigries.

— Ayons du courage, se dit-elle en essuyant ses pleurs; ces larmes accuseraient ma mère, il faut les retenir.

La toilette est terminée, et la jeune vierge est prête à marcher à l'autel.

— Ma fille, vous êtes fort bien, et je suis contente de vous, dit Mme Moutonnet en allant donner à Eugénie un baiser sur le front. Ce compliment est le premier qu'elle ait adressé à sa fille, qui le reçoit très froidement.

— Oui, mon enfant, dit M. Moutonnet en allant embrasser tendrement

Eugénie, oui, tu es jolie comme un ange; ce costume de noce te sied à ravir. Va, tu seras heureuse, ma petite... C'est une belle chose que le mariage?... Tu m'en diras des nouvelles quand tu en auras goûté, et Dupont t'adorera, parce que...

M. Moutonnet n'en dit pas davantage : sa femme le tire par le pan de son habit, et cela termine toujours ses phrases. Dupont n'a plus la tête à lui depuis cinq heures du matin ; il s'est déjà baigné, frotté et fait coiffer ; il se promène dans toutes les pièces de son appartement ; il court de sa boutique à son miroir ; à chaque instant il appelle Jeanneton ou ses garçons pour venir l'aider ; enfin, pour la première fois de sa vie peut-être, il oublie le prix du sucre et du café.

La jeune vierge est prête à marcher à l'autel.

Mais en allant, venant, courant, l'épicier ne finit à rien, et l'heure s'avance ; il est temps de mettre le costume neuf complet : habit, veste et culotte noirs, bas de soie blancs, souliers à boucles. Dupont étale tout cela sur un meuble, et reste un moment en admiration.

— Décidément il ne manque rien, dit-il, et il se met en devoir d'endosser le costume de cérémonie.

L'habit et le gilet vont très bien, mais la culotte est trop juste.

— Diable dit Dupont en cherchant à se donner de l'aisance, je suis un peu serré... j'ai les cuisses prises comme dans un moule! il est vrai que cela habille mieux ; pas un pli, on dirait une culotte de peau.

Et l'épicier appelle Jeanneton et ses garçons.

— Comment me trouvez-vous ?

— Superbe, monsieur.

— Et la tournure ?

— Admirable.

— Vous paraissez un brin gêné en marchant, dit Jeanneton.

— Ah! c'est que ma culotte me serre un peu, en effet; mais j'espère que cela se fera; d'ailleurs je n'en ai pas d'autre noire, et je ne peux pas mettre une culotte jaune ou cannelle pour me marier... Je sais ce que c'est que le décorum ; mais, du reste, elle me va bien, n'est-ce pas ?

— Oui, monsieur, elle vous pince joliment.

— Me voilà prêt enfin ; allons, les gants, le chapeau, le bouquet. Les trois remises sont à la porte ?

— Oui, monsieur.

— Les cochers ont des bouquets?

— Oui, monsieur.

— C'est bien. Ah! en donne-t-on aux chevaux ?

— Pas habituellement, cependant, si cela fait plaisir à monsieur, on peut leur en attacher aux oreilles.

— Oui, cela sera plus beau ; plus brillant !... Ma foi, on ne se marie pas tous les jours, et je veux que l'on parle longtemps de mes noces... Joseph, va acheter des branches de fleurs d'oranger, et fais-en attacher à la tête de chaque cheval.

— Oui, monsieur, et à la queue, notre bourgeois?

— Un paquet d'immortelles à chaque queue; je prétends faire les choses en grand.

Ça suffit.

— Ah! mes enfants, vous fermerez la boutique à quatre heures, et vous viendrez nous rejoindre chez le restaurateur, rue des Martyrs.

Il se présente d'un air conquérant.

— Oui, monsieur.

— On dansera ce soir, et vous vous en donnerez, car je sais que vous êtes des danseurs infatigables. Toi Jeanneton, il faut que tu gardes la maison, ma chère amie ; mais régale-toi: bois, mange de tout ce que tu voudras. Aie soin surtout que, pour ce soir, l'appartement de ma femme soit préparé et orné avec goût... Je te recommande les détails; tu m'entends Jeanneton?

— Oui, monsieur.

Dupont descend et s'apprête à monter dans une des remises; il reste longtemps indécis auquel des trois il donnera la préférence. Pendant ce temps, les voisins, les passants, les badauds s'amassent devant la porte de l'épicier, qui est enchanté de la sensation que son mariage va faire dans la rue aux Ours. Il se fait ouvrir les trois voitures, et monte tour à tour dans chacune; enfin, il fixe son choix, les cochers ont l'ordre de marcher à la suite l'un de l'autre. Le marié est dans la voiture qui est en tête, et il s'éloigne au bruit des applaudissements de la multitude, qui n'a pas encore vu des chevaux ayant des bouquets à la tête et à la queue.

Sur son passage, le marié n'entend que des exclamations, des éclats de joie, des cris d'étonnement, que fait naître la parure de ces coursiers. Dupont est dans l'ivresse, dans le ravissement, et les cochers, qui voient que la journée sera bonne, font claquer leurs fouets et entonnent de gais refrains, tandis que les chevaux, étonnés de flairer de la fleur d'oranger, et se sentant chatouillés par les paquets d'immortelles qui leur battent les fesses, galopent avec ardeur dans les rues de Paris.

Une seule chose trouble le plaisir de Dupont, c'est cette maudite culotte qui gêne tous ses mouvements.

— Comment diable danserai-je ce soir! dit-il. Je ne puis ni lever ni écarter les jambes; enfin, d'ici là, elle se fera peut-être.

Le futur va, suivant l'usage, prendre les parents, les amis qui sont invités à assister aux cérémonies civiles et religieuses. Les remises s'emplissent d'oncles, de tantes, de cousines; on se rend enfin chez la mariée.

— Ah! que c'est beau! que c'est brillant! dit M. Moutonnet en voyant arriver les voitures.

— Des fleurs partout! dit Mme Moutonnet; c'est on ne peut plus galant.

— Voilà un mariage qui va le mettre en bonne odeur, dit M. Gérard, qui est de la noce avec toute sa famille. Mlle Cécile se mord les lèvres et ne dit rien; elle voit que, malgré tous ses petits propos, l'épicier va épouser Eugénie. Mais nous ne tiendrons jamais tous dans les voitures, dit M. Moutonnet.

— Eh bien! messieurs, quelques hommes iront à pied; Bidois d'abord.

— C'est ça, dit tout bas le vieux commis, et il fait justement de la crotte; il aurait bien mieux fait de prendre une voiture de plus au lieu d'aller fourrer des fleurs au derrière de ces rosses ; ça a l'air d'une mascarade : je ne serais pas étonné que les passants criassent : *A la chié-en-lit.*

Eugénie est assise et reste immobile, pendant que tout est en mouvement autour d'elle ; parfois on lui adresse un compliment, et elle incline simplement la tête. Les hommes risquent de temps à autre une légère plaisanterie de circonstance, car le mariage, qui est l'institution la plus sérieuse, est pourtant celle sur laquelle on plaisante le plus. Mais, en France, on rit de tout, et on a raison. « De toutes les choses sérieuses, le mariage est la plus bouffonne, » a dit Baumarchais, et voilà sans doute pourquoi les Français le traitent si gaiement.

Eugénie ne prête aucune attention au discours que l'on tient autour d'elle. Quelquefois ses yeux se portent du côté de la rue, et semblent y chercher quelqu'un... Elle les rabaisse ensuite tristement ; et Mlle Cécile, qui observe tout, dit de temps à autre :

— C'est étonnant comme la mariée a l'air gai !...

Dupont parvient enfin à descendre de voiture, ce qui ne lui est pas facile, ne pouvant que difficilement plier les genoux. Il se présente d'un air conquérant devant sa future. Mme Moutonnet pousse Eugénie et lui dit :

— Ma fille, voilà votre époux.

Eugénie se lève et présente en silence sa main à Dupont. Celui-ci en la recevant, cherche à se rappeler le compliment qu'il a composé pour la circonstance, et comme la mémoire ne lui revient pas, il reste sans parler devant Eugénie, lui tenant la main et la regardant en souriant.

— Partons-nous, mon gendre ? dit Mme Moutonnet.

Dupont cherche encore un instant, mais rien ne vient, et il se dit :

— Je le lui adresserai en revenant, ce sera la même chose.

Il conduit sa future à la voiture, et tout le monde prend place dans les remises à l'exception de Bidois, de deux garçons épiciers, cousins de Dupont, et du petit Gérard.

Comme il a plu, et qu'il y a beaucoup de boue dans les rues, ces messieurs se consultent pour savoir s'ils prendront un fiacre ou s'ils suivront à pied, chacun met tour à tour la main dans son gousset ; les deux cousins présentent chacun sept sous ; le petit Gérard ne trouve que des billes dans ses poches, et Bidois après avoir regardé et retourné longtemps dans ses doigts une pièce de dix sous, dit :

— Messieurs, nous marcherons sur nos pointes.

L'avis est adopté, et ces messieurs suivent ainsi les remises.

On se rend à la mairie, où l'on n'attend qu'une heure et demie, ce qui est une bagatelle lorsqu'il s'agit de contracter un engagement pour toute sa vie. D'ailleurs, dans une grande ville, il y a toujours foule pour les mariages, les baptêmes et les enterrements ; l'un fait continuellement place à l'autre, le monde est une grande lanterne magique où nous ne faisons que paraître et disparaître.

On se rend ensuite à Saint-Nicolas ; c'est là que les époux doivent recevoir la bénédiction nuptiale. Une foule considérable envahit les portiques du temple. Dans une grande partie de la rue Saint-Martin, on connaît la famille Moutonnet ; toute la rue aux Ours sait que Dupont se marie, et chacun est curieux de voir les futurs époux. D'ailleurs l'élégance du cortège et la grande tenue des chevaux suffiraient pour attirer la foule. Toutes les personnes qui passent demandent ce que c'est :

— Un mariage, répond-on.

— Un mariage !... Il faut voir la figure et la tournure des époux, lorsqu'on entre dans l'église de Saint-Nicolas.

Dupont ne regrette qu'une chose : c'est de ne point pouvoir entrer en voiture dans l'église : il pense que cela serait un spectacle superbe ; mais comme cela ne peut être, il faut se contenter de descendre à la porte ; ce qu'il fait en usant de toutes les précautions possibles pour ne point déchirer sa culotte. C'est le marié, dit-on, et on rit.

— C'est la mariée, dit-on ensuite, et on ne rit plus, car la charmante figure d'Eugénie laisse deviner ce qui se passe dans son âme ; ses yeux sont pleins de larmes, non de celles que la jeune vierge répand avec douceur en engageant sa foi, mais de ces pleurs amers qui décèlent un chagrin profond. Enfin, sa démarche est chancelante, ce n'est qu'en tremblant qu'elle s'avance vers l'autel... et tout le monde se sent ému à l'aspect de cette femme intéressante.

En traversant la foule, Eugénie jette timidement quelques regards autour d'elle... Ses yeux cherchent Adolphe... Adolphe ! qui auprès de son père, est loin de se douter de ce qui se passe...

— Il n'y est pas ! se dit Eugénie, il n'a pas voulu être témoin de mon malheur... Ah ! il a bien fait... je sens que sa vue m'aurait ôté tout mon courage... il a eu pitié de moi...

Le futur, bien différent de sa femme, marche d'un air fier et joyeux ; il remue ses breloques, lève la tête, regarde tout le monde en souriant et en soufflant, parce qu'il étouffe dans sa malheureuse culotte, qui lui fait faire de temps en temps des grimaces, qu'il tâche de dissimuler en promenant ses regards sur la foule d'un air qui signifie :

« C'est moi qui suis le marié. »

Enfin la cérémonie commence : le papa Moutonnet pleure, sa femme fait semblant d'être attendrie, et Dupont est fort mal à son aise, parce

M. DUPONT

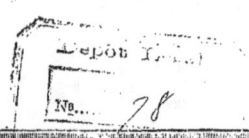

Dupont poursuit toutes les servantes qu'il aperçoit. (P. 394).

LIV. 101. — PAUL DE KOCK. — ÉD. J. ROUFF ET Cie.   LIV. 101.

qu'il est obligé d'être à genoux et que cela le gêne horriblement. Eugénie, triste mais soumise, achève avec courage le sacrifice, et tout va le mieux du monde, lorsqu'en se relevant le marié sent péter sa culotte. Dupont consterné ne sait plus que devenir, c'est positivement entre les jambes que la maudite culotte est déchirée... Si on allait s'en apercevoir!... Le pauvre marié n'a plus la tête à lui; et lorsqu'on lui demande s'il promet d'aimer constamment sa femme :

— J'ai toujours dit qu'elle était trop étroite.., répond-il d'un air désespéré.

Heureusement le ministre des autels n'entend point sa réponse, on l'attribue à l'émotion ordinaire du moment. Dupont tire son mouchoir de sa poche, et le tient sur l'endroit déchiré. Lorsqu'il s'agit de mettre l'anneau à sa femme, il serre les jambes de manière que son mouchoir ne tombe pas, et les assistants ne conçoivent rien à l'embarras du marié.

Enfin la cérémonie est terminée; mais il faut traverser de nouveau la foule qui a les yeux sur les époux. Dupont donne la main à sa femme et tient de l'autre son mouchoir sur sa déchirure... Tout le monde fait des conjectures sur cette attention du marié à cacher le devant de sa culotte les petites filles rient, les jeunes gens font des plaisanteries et les papas disent :

— Voilà un homme qui fait très bien de se marier.

— Que diable nous cache-t-il donc avec son mouchoir! murmure Bidois, tandis que M. Moutonnet faisant remarquer à sa femme la démarche gênée de Dupont, lui dit :

— M'amour, il paraît que notre gendre est fort amoureux d'Eugénie; ce gaillard-là va la rendre heureuse.

Et Mme Moutonnet pousse son mari en lui disant :

— Taisez-vous, monsieur, taisez-vous donc! il faut espérer que cela ne durera pas comme cela toute la journée...

Et la mariée seule ne s'aperçoit pas de la singulière démarche de son époux.

On remonte dans les voitures, qui prennent le chemin de la rue des Martyrs. Dupont ne se trouve dans sa remise qu'avec des cousines et de vieilles tantes auxquelles il répond avec distraction, étant occupé à chercher comment il fera réparer son accident. En attendant, il tient constamment son mouchoir à la même place, et cela n'échappe ni aux vieilles tantes, ni aux jeunes cousines. Les tantes se regardent d'un air significatif en se pinçant les lèvres, en laissant échapper quelques soupirs de souvenir. Les cousines ont très envie de rire, j'aime à penser que c'est sans savoir pourquoi (car ce sont des demoiselles), et elles se disent tout bas :

— Apparemment qu'on se tient comme ça quand on vient de se marier.

On arrive chez le traiteur où tous les marmitons sont en l'air, parce qu'ils n'ont jamais vu une noce d'une pareille importance.

La société entre dans une petite salle, et, en attendant le moment de se mettre à table, M. Gérard propose de jouer aux petits jeux.

Eugénie se dispense de prendre part aux amusements de la société en prétextant une violente migraine ; mais Dupont ne peut se refuser à partager les plaisirs de la fête ; cependant, depuis qu'on est arrivé chez le traiteur, Dupont poursuit toutes les servantes qu'il aperçoit pour qu'elles fassent un point à sa culotte ; mais les servantes sont trop occupées des apprêts du repas pour avoir le temps de répondre au marié, et le pauvre Dupont revient près de la société tenant constamment son mouchoir collé sur sa cuisse, même en jouant au colin-maillard, au pont d'amour et à la petite boîte d'amourette.

Cette affectation excite des chuchotements parmi la société : on regarde Dupont, on se regarde, on rit, et on se parle bas...

— C'est bien extraordinaire, disent les hommes.
— Il y a quelque chose là-dessous, disent les dames.
— Encore s'il était minuit, disent les jeunes gens.
— J'étais certaine que ce serait un excellent parti, dit en soupirant Mlle Cécile.

Et Bidois murmure entre ses dents : « Il aura avalé ce matin une bouteille de vanille. »

Mme Moutonnet, qui entend les petits mots, les chuchotements et s'aperçoit que son gendre est l'objet des plaisanteries générales, ne peut tenir à cela.

— Décidément, dit-elle à son mari, il faut que je mette fin à tout ceci, et que je sache ce que c'est.
— Oui, mon cœur, dit M. Moutonnet, il faut tâcher de t'en assurer.
— J'ai deux mots à vous dire en particulier mon gendre, dit tout bas Mme Moutonnet à Dupont.

Et elle se dirige vers un petit cabinet écarté, où le mari la suit, ne devinant pas ce que sa belle-mère peut avoir à lui dire en secret.

Mme Moutonnet ne sait trop comment entamer la conversation : la chose lui paraît fort délicate. Elle prend un air de gravité regardant son gendre ; puis portant les yeux sur l'objet qui doit faire le sujet de la conversation, puis les relevant bien vite, toussant et portant son éventail sur sa vue. L'épicier regarde sa belle-mère d'un air étonné ne comprenant pas un mot à sa pantomime et attendant qu'elle veuille bien l'expliquer autrement que par des hum, hum, et des hom hom, et Mme Moutonnet impatientée se décide à entamer l'entretien.

— En vérité, mon gendre, tout ce que je vois depuis plus d'une heure est bien extraordinaire.

— Bah! dit Dupont, vous avez vu quelque chose d'extraordinaire.

— Tout le monde s'en est aperçu... cela fait jaser... cela fait dire des choses... cela fait naître des idées... Je sais bien qu'un jour de noces on peut penser à ces choses-là, mais enfin, mon gendre, il n'est pas l'heure... et il faut absolument faire cesser cela.

— Ma foi! ma chère belle-mère, dit Dupont qui a écouté de toutes ses oreilles, je vous dirai que je ne comprends rien du tout de ce que vous venez de me conter.

— Ceci est un peu fort, mon gendre, et vous devez très bien m'entendre... je vous dis que toute la société l'a remarqué... Enfin, monsieur, dans ce moment même, vous avez encore votre mouchoir dessus.

— Ah! mon Dieu! s'écrie Dupont, qui pense alors que, malgré le soin qu'il prend de le cacher, on s'est aperçu que sa culotte est déchirée. Comment! belle-maman, on a vu que...

— Eh! sans doute monsieur, voilà ce que je me tue à vous faire comprendre depuis une heure...

— Ma foi, belle maman, ce n'est pas ma faute...

— Je m'en doute bien; mais...

— Oh! j'ai fait tout ce que j'ai pu pour en empêcher... mais cela a parti malgré moi...

— Enfin, mon gendre, il faut cependant trouver moyen d'arranger cela.

— Ah! parbleu! belle-maman, puisque vous voilà, si vous vouliez avoir la bonté de me prêter votre secours, ce sera l'affaire d'une minute.

— Monsieur Dupont! s'écrie Mme Moutonnet faisant trois pas en arrière, et prenant un air de dignité, M. Dupont!... voilà une proposition. Je pense que ce n'est qu'une plaisanterie; mais je trouve bien extraordinaire que vous vous permettiez avec moi,..

— Belle-maman... excusez, je ne croyais pas vous fâcher. Mais comment voulez-vous que je fasse? Depuis que nous sommes ici, je cours après toutes les servantes que j'aperçois et aucune ne veut me rendre ce petit service-là.

— Qu'entends-je!... vous courez après les servantes... et le jour de vos noces!... Fi! mon gendre, fi!... je n'aurais jamais pensé cela de vous!...

— Mais, belle-maman...

— C'est une horreur! vous dis-je... on emploie d'autres moyens : demandez un cabinet, faites-vous apporter un seau d'eau de puits... buvez une carafe d'orgeat.

— Comment! belle-maman, un seau d'eau pour raccommoder ma culotte... Regardez vous-même quel accroc!...

En disant cela, Dupont ôta son mouchoir, et Mme Moutonnet qui a fait un mouvement de frayeur, s'aperçoit de sa méprise.

— Eh quoi! mon gendre, c'est pour cela que...

— Parbleu j'espère qu'il est assez grand!...

— Ah! pourquoi ne l'avez-vous pas dit plus tôt! Vous faites penser à tout le monde des choses... dont je vois bien que vous êtes incapable... Allons, allons, je vais vous recoudre cela. Ce pauvre Dupont.... que le monde est méchant!...

Mme Moutonnet court chercher elle-même une aiguille et de la soie, et revient raccommoder la culotte du marié. L'ouvrage était difficile ; mais Dupont enchanté de voir terminer son embarras, se tient immobile, un pied sur le plancher et l'autre sur une chaise, tandis que Mme Moutonnet, désolée d'avoir mal pensé de son gendre, recoud avec ardeur, passant par-dessus ce que son travail a d'épineux et répétant à chaque minute :

— Ce pauvre Dupont!... avions-nous tort de penser cela de lui! voilà comme on fait des affaires de rien.

Enfin l'ouvrage est terminé, l'accroc est solidement recousu. Dupont ne se sent pas d'aise ; il remet son mouchoir dans sa poche et rentre avec sa belle-mère dans le salon où est la société. Mme Moutonnet pense qu'il faut une explication à la compagnie pour mettre fin aux conjectures malignes que l'on pourrait faire en la voyant revenir avec Dupont qui ne cache plus le devant de sa culotte ; elle s'avance en souriant au milieu du cercle en tenant son gendre par la main.

— Ce pauvre garçon avait déchiré sa culotte, mesdames, et voilà la cause de son embarras depuis le retour de l'église. Je viens de reprendre l'accroc, et il n'y paraît plus.

Toute la compagnie, hors Eugénie, jette les yeux sur la culotte du marié, qui tâche de se donner une pose d'Apollon ; mais le traiteur venant alors annoncer que l'on est servi, cela met fin à cette aventure et on l'oublie pour ne songer qu'au repas.

On se met à table. Eugénie est placée en face de son mari, sur lequel elle ne porte jamais les yeux. Que cette journée paraît longue à la jeune femme! Combien elle aspire après le moment où, seule et dans le silence, elle pourra pleurer en liberté. Mais il faut se contraindre, il faut cacher ses souffrances ; cependant elle n'a pas la force de toucher à ce qu'on lui présente, malgré les instances de ses voisins ; et Gérard, qui n'a point oublié les petits serrements de pied de la journée des fiançailles, regarde tendrement Eugénie et dit en lui-même :

« Cette jeune femme a une passion malheureuse... dont je connais l'objet... »

Mlle Cécile fait remarquer tout bas à ses voisins la tristesse de la mariée. Bidois, placé tout au bout de la table, placé entre un petit garçon de sept ans et une petite fille de huit, demande de tout pour tous trois et sert les enfants de manière à ce qu'ils n'aient point d'indigestion.

Dupont mange comme quatre ; il s'est décidé à faire donner un coup de ciseau dans la ceinture de sa culotte, aimant mieux la sacrifier que de ne point faire honneur au repas. M. Moutonnet imite son gendre, Mme Moutonnet se donne beaucoup de mal pour animer la société, que la figure de la mariée ne met pas en gaieté. Trois ou quatre jeunes gens se battent les flancs pour faire rire, et Dupont, qui, tout en se bourrant et en mangeant, est persuadé que sa noce est fort gaie, répète à chaque instant :

« Dieu ! nous amusons-nous !... »

Mais, à force de se verser les hommes deviennent plus bavards, et, en trinquant les dames deviennent plus tendres. Au second service on commence à s'échauffer. Au dessert c'est un brouhaha général, un bourdonnement continuel. C'est alors que Dupont répète plus que jamais :

« Dieu ! nous amusons-nous !... »

— Il faut chanter, dit M. Gérard qui a des prétentions à la roulade, et n'est pas fâché de charmer une petite blonde placée à côté de lui et à laquelle il lance des œillades amoureuses toutes les fois que sa femme ne le regarde pas.

— Vive le chant !... j'aime beaucoup le chant, dit Dupont ; j'ai appris une petite chanson de circonstance, ouvrage d'un épicier de mes amis, et je me propose de vous la chanter... mais c'est à mon épouse à commencer,

— Ma fille ne chante jamais, dit Mme Moutonnet qui prévoit qu'Eugénie n'est point disposée à se rendre aux désirs de son mari.

— Il me semble cependant, dit Mlle Cécile, que Mme Dupont a chanté le jour de la Sainte-Eustache, à la fête de son père... et Mme Dupont chantait fort joliment !...

La vieille fille appuie avec malice sur le nouveau titre d'Eugénie, parce qu'elle s'aperçoit que, toutes les fois qu'on l'appelle ainsi, un long soupir s'échappe du sein de la triste mariée.

— Ma fille a perdu sa voix, dit Mme Moutonnet, et un jour de noce... l'émotion... le trouble... c'est tout naturel.

— Pardieu! dit tout bas Bidois, on voit bien qu'elle n'a pas envie de chanter.

— Commencez, M. Moutonnet.

A cet ordre de sa femme, le bon passementier s'empresse d'entonner une chanson à boire, parce qu'on lui a défendu la gaudriole. Gérard chante ensuite: *O Richard! ô mon roi!...* cela n'a aucun rapport avec un mariage; mais comme c'est l'air dans lequel il a placé le plus d'agréments, il le chante dans toutes les circonstances.

Les oncles, les tantes, les cousins, tout le monde chante. Vient enfin le tour du marié, qui fouille dans sa poche pour chercher les couplets qu'on lui a faits, et s'aperçoit qu'il les a oubliés.

— C'est égal, dit-il, je les sais par cœur, je puis me passer de les lire... C'est sur l'air... attendez donc... un air gracieux! Ah! c'est ça: l'air du *mirliton mirlitaine*... m'y voilà... Eh bien!... je ne trouve plus le premier couplet... Je le savais si bien ce matin!... Je vais commencer par le second; je vous dirai l'autre après, cela reviendra au même:

> C'est ce que je vous souhaite
> Du plus profond de mon cœur,
> Ce sont mes vœux pour la fête
> Qui fera votre bonheur,
> Mirliton ton ton, ton ton taine,
> Mirli, mirli, mirliton.

Allons! s'écrie Dupont, que tout le monde répète en chœur: *Mirliton ton, ton.*

— C'est joli, dit M. Moutonnet, mais je n'ai pas bien compris ce qu'il vous souhaite.

— Ah! c'est que c'est dans le premier couplet... Mais c'est égal, on devine... C'est un garçon qui a terriblement d'esprit qui m'a fait ces couplets-là... Aussi tous les ans c'est lui qui remporte le prix dans son pays...

— Le prix de poésie? demande Gérard.

— Non, le prix de l'arquebuse.

Pendant que la société chante à tue-tête, que les garçons profitent du charivari pour emporter des bouteilles à moitié pleines qu'ils mettent de côté; que les servantes en font autant des plats; que les passants s'arrêtent dans la rue pour écouter; que les marmitons se régalent à la cuisine, et que deux violons et une clarinette tâchent de s'accorder en attendant le moment de faire commencer le bal, le petit Gérard se

Mme Dufour se laisse délacer et déshabiller. (P. 812.)

promène à quatre pattes sous la table, cherchant la jarretière de la mariée qu'il doit enlever, comme le plus jeune garçon de la noce.

Mais Mme Moutonnet, qui trouve que cet usage blesse la pudeur, n'a point attaché de ruban à la jambe de sa fille, laquelle d'ailleurs ferait une triste figure pendant cette cérémonie. M. Fanfan se promène donc inutilement sous la table en regardant à toutes les jambes; il ne voit pas le beau ruban qu'on lui a dit d'enlever.

Cependant, le parfumeur, toujours plus empressé auprès de la dame blonde qui paraît l'écouter avec complaisance, pense que le moment de tumulte est favorable pour risquer une tendre déclaration ; et comme il craint, en la faisant de vive voix, d'être entendu par ses voisins, ou remarqué par sa femme, il sort, va écrire en bas un poulet bien amoureux, et revient se placer près de sa dame, tortillant son billet entre ses mains ; il saisit un moment favorable, et le glisse dans la ceinture de la blonde qui a la taille entourée d'un beau ruban rose. La jeune femme frémit de la hardiesse de son voisin, elle craint d'être compromise, elle ne sait si elle veut garder ou rendre le billet, elle tremble qu'on ne l'aperçoive, et dénouant doucement sa ceinture, elle la roule sur son genoux et attache avec une épingle le poulet au ruban rose. Plus tard, en allant rattacher sa ceinture, elle pourra lire à son aise le billet du parfumeur.

Mais M. Fanfan, au moment de sortir de dessous la table, aperçoit enfin un beau ruban sur les genoux d'une dame ; il ne doute point que ce soit la jarretière qu'on aura oublié d'attacher plus bas ; il saisit le ruban qui est roulé avec soin, et sort de dessous la table en criant de toutes ses forces :

— J'ai la jarretière de la mariée... Voilà la jarretière.

— C'est bien singulier, dit Mme Moutonnet, elle se l'est donc mise elle-même !...

— Voyons la jarretière, crient tous les hommes... nous en voulons. »

Le petit Fanfan déroule son ruban, se pique parce qu'il rencontre l'épingle, demande pourquoi on met des épingles dans les jarretières ; enfin il parvient à le défaire et s'écrie :

Tiens ! tiens... il y a un papier ! dit Fanfan.

— Un papier !... disent les dames...

— Et un papier écrit, dit Mlle Cécile avec malice.

— Ah ! mon Dieu ! c'est ma ceinture ! dit la dame blonde à son voisin : monsieur vous me compromettez !...

— Ciel !... c'est une déclaration ! dit le parfumeur ; elle n'est point signée !... et avec le trognon de plume que j'avais, j'espère que mon écriture ne sera point reconnaissable.

— Ma fille, ce ruban est-il à vous ? demande d'un air sévère Mme Moutonnet à Eugénie.

— Non, madame, répond Eugénie il ne vient pas de moi.

— D'ailleurs ce n'est pas là une jarretière, c'est une ceinture... Voyez, mesdames... c'est juste, disent toutes les dames.

— A qui donc est-elle ?

— Ce n'est pas à moi... ce n'est pas à moi, » répètent les dames en tâtant leurs ceintures ; la voisine de M. Gérard en dit autant en feignant de tâter sa taille qu'elle a eu soin de cacher avec sa serviette.

— Voyons ce qu'il y a sur le papier, dit-on de tous côtés.

— Je vais le lire, dit Dupont ; je gage que ce sont encore des couplets de circonstance...

— Non, je vais vous les chanter, » dit Gérard en s'avançant sur le marié, auquel il arrache le papier des mains ; il ouvre le billet et feint de lire :

> L'hymen est un lien charmant
> Lorsque l'on s'aime avec ivresse...

— Comment ! c'est là tout ! dit Dupont.

— Absolument, dit le parfumeur en déchirant le billet qu'il jette au feu ; c'est un distique.

— Il me semble que ça ne rime pas ?

— Ce sont des vers blancs.

— Ah ! on appelle ça des vers blancs ?... Eh bien ! je gage que j'en fais toute la journée sans m'en douter.

— C'est toujours une bien jolie pensée, dit Mme Moutonnet.

— Cela sentait diablement la tubéreuse, » dit Bidois.

Le son de la clarinette et des violons met fin à cette conversation, heureusement pour le parfumeur que la réflexion de Bidois avait embarrassé. Tout le monde se lève pour se rendre dans la salle du bal. La dame blonde reste la dernière à table.

— On va s'apercevoir que je n'ai pas de ceinture, dit-elle, et on fera des propos.

— Feignez de vous trouver incommodée, dit le parfumeur, faites vous déclarer par une servante... On croira qu'alors vous avez ôté votre ceinture.

Mme Dufour, c'est le nom de la jolie blonde, adopte l'avis de Gérard, et se rend dans le petit cabinet pour s'y trouver mal à son aise. Cependant le bal est en train, tout le monde s'anime ; Eugénie seule résiste aux invitations qui lui sont faites, sous prétexte d'une migraine qui la tourmente. Les petites filles ne conçoivent pas qu'on se marie sans danser ; Dupont cherche en vain à entraîner Eugénie.

— Elle est trop émue... trop tremblante, dit Mme Moutonnet ; le mariage fait un effet étonnant...

— C'est bien heureux qu'il ne fasse pas cet effet là sur toutes les demoiselles qu'on marie, a dit tous bas Bidois.

Dupont prend son parti et danse pour deux. Ses breloques, ses écus sautent ; il est décidé à s'en donner, quitte à faire recraquer sa culotte dont il a fait le sacrifice.

Mais qu'est donc devenue Mme Dufour dit Mlle Cécile qui s'aperçoit de tout.

— Elle se trouve mal, dit une des servantes et gnia un monsieur à odeurs qui la soigne.

Toutes les personnes qui ne dansent pas vont aider Mme Dufour, qui se laisse délacer et déshabiller afin de cacher la perte de sa ceinture. M. Gérard avait trouvé différents prétextes pour écarter toutes les servantes, et, toujours amoureux, toujours entreprenant, il allait faire de vive voix sa déclaration... lorsque plusieurs personnes viennent s'informer de l'état de Mme Dufour qui, à force de bâiller, de geindre et de faire semblant d'étouffer, a fini par se donner une indigestion.

Eugénie, toujours bonne, toujours sensible aux peines des autres, oublie un moment ses chagrins pour aller secourir la malade; mais, en approchant du cabinet, elle voit Mme Dufour entourée de plusieurs dames.

« Mes soins sont inutiles, » dit-elle en s'éloignant, et elle porte ses regards autour d'elle ; pour la première fois de la journée elle est seule...

« Ah ! respirons un moment en liberté, » dit alors la triste Eugénie. Elle entre dans une chambre déserte, et là, n'étant pas entourée de témoins indiscrets, elle laisse couler les larmes qui la suffoquent depuis le matin.

« Je suis mariée... tout est fini pour moi, dit Eugénie, plus d'espoir de bonheur !... et je ne puis mourir !... Que la vie va me sembler longue !... Mes rêves de félicité sont évanouis pour jamais... je ne peux même plus me bercer d'espérance !... Il ne faut plus que j'aime Adolphe !... il ne faut plus que je pense à lui ; ah ! cela m'est impossible... Je serai fidèle à l'honneur... Que peut-on exiger de plus de moi ?... mais je serai fidèle aussi au serment que j'ai fait à Adolphe. »

Eugénie est depuis longtemps livrée à sa douleur. Plusieurs jeunes gens courent dans la maison, en appelant la mariée qui ne répond pas parce qu'elle est entièrement absorbée dans ses pensées, et qu'elle n'entend pas les garçons de la noce qui ont déjà passé plusieurs fois devant la petite chambre en appelant Mme Dupont. Mais on lui répéterait cent fois ce nom qu'elle ne répondrait pas, car elle ne peut jamais se persuader qu'elle se nomme Mme Dupont. M. Dupont, tout entier à la danse, était en train de faire un quadrille qu'il avait commencé en face de sa danseuse et qu'il allait finir, suivant son habitude, dans un autre quadrille.

— Belle-maman, s'écrie-t-il en courant après Mme Moutonnet, il me faut mon épouse !... Qu'avez-vous fait de mon épouse ?...

— Mon gendre, elle ne peut être loin d'ici, je vais à sa recherche. Dansez toujours, je vous promets que je la trouverai bientôt... je sais même où elle est... elle s'est rendue quelque part... vous m'entendez...

— Ah! j'y suis maintenant... On voulait me faire peur... c'était une plaisanterie... Nous amusons nous aujourd'hui!.

Mme Moutonnet se débat avec un marmiton.

Mme Moutonnet s'éloigne en effet pour chercher sa fille. Elle se doute bien que c'est dans quelque endroit solitaire qu'Eugénie s'est retirée pour rêver en liberté. Dans sa précipitation à aller chercher sa fille, Mme Moutonnet n'a point songé à prendre de lumière. Elle s'engage dans plusieurs corridors obscurs où elle ne rencontre personne, parce que la plupart des gens de la maison regardent danser, et que ceux qui étaient allés à la découverte de la mariée, ayant entendu sa mère dire qu'elle sait où elle est, n'ont pas jugé à propos de continuer leurs recherches. Le bal va son train ; le marié est infatigable, il ne quitte pas la place, et il fait des pas tels qu'on en a jamais vu. Les deux garçons de boutique de Dupont se font un devoir d'imiter leur bourgeois : c'est à celui qui fera le plus de ronds de jambe et de jetés-battus ; personne ne peut approcher de ce quadrille-là, où M. Moutonnet fait le quatrième, suant à grosses gouttes pour danser comme son gendre, et ne s'apercevant pas, dans l'ardeur qui l'anime, que sa perruque est à moitié retournée et que sa cravate est descendue en Colin.

— Peste! dit Bidois qui tourne autour des danseurs depuis que le bal est commencé, indécis s'il dansera ou s'il ne dansera pas. On voit bien que Mme Moutonnet n'est pas là, voilà son mari qui va perdre sa perruque !

— Eh bien! mon garçon, dit M. Moutonnet à son commis après la contredanse, est-ce que tu ne danses pas?

— Ma foi, je me consulte; c'est que j'ai des bas blancs... et... je ne voudrais pas les salir.

— Bidois, on ne va pas tous les jours à la noce.

— C'est vrai, et si j'étais sûr de ne pas salir mes bas...

— Mais je ne vois plus Mme Moutonnet! » dit Mlle Cécile qui ne danse pas parce qu'on ne l'invite jamais, et qui n'est occupée qu'à s'inquiéter de ce que chacun fait.

— Tiens, voilà belle-maman qui a disparu aussi, dit Dupont.

— C'est singulier! dit M. Moutonnet.

— Je vais à la recherche de ces dames, s'écrie M. Gérard; je vous les ramène bientôt.

Et le parfumeur s'élance hors de la salle du bal, espérant trouver la mariée seule et lui adresser une partie des jolies choses qu'il n'a pas eu le temps de dire à Mme Dufour.

Cependant la danse continue, et Gérard ne revient pas.

— Qu'est-ce que cela veut dire? répète Mlle Cécile; Est-ce qu'ils vont faire tous comme cela?

Et la vieille fille court de Mme Gérard au marié, du marié à M. Moutonnet, en faisant tout ce qu'elle peut pour leur donner de l'inquiétude: Mais la parfumeuse est tout à la danse; M. Moutonnet n'est peut-être pas fâché de se trouver un moment libre de faire ce qu'il veut, et le marié répond que sa femme est avec sa belle-maman.

— A-t-on jamais vu une noce comme celle-ci! murmure Mlle Cécile; cela crie au scandale.

— Si j'étais certain de ne point gâter mes bas! » dit Bidois en s'arrêtant devant chaque demoiselle, jetant un coup d'œil sur la danseuse et un autre sur ses jambes.

Tout à coup un grand bruit se fait entendre; on crie au secours, au meurtre, au viol même.

— Au viol! s'écrie le marié; ah! mon Dieu! et mon épouse qui ne se retrouve pas.

— Je vous disais bien qu'il se passait quelque chose d'extraordinaire, dit Mlle Cécile; mais on ne veut pas m'écouter!

Toute la noce court vers le lieu d'où partent les cris : on monte plusieurs escaliers; on traverse une partie de la maison, on arrive enfin dans un petit cabinet où Mme Moutonnet se débat avec un marmiton ; et, dans une chambre un peu plus loin, on trouve le parfumeur tenant dans ses bras une laveuse de vaisselle, sur laquelle il veut passer sa fureur galante. Mme Moutonnet, en cherchant sa fille, s'était égarée dans la maison; elle avait monté et descendu plusieurs escaliers, appelant toujours Eugénie.

Ne recevant pas de réponse, elle avait voulu retourner à la danse, espérant y retrouver sa fille, mais elle n'avait pas pris le bon chemin et avait fini par entrer dans le petit cabinet noir. Or, comme partout il y a des intrigues amoureuses, rue des Martyrs comme au Cadran-bleu, et entre les marmitons et les laveuses de vaisselle comme entre les Frontins et les Martons ; comme tout le monde fait l'amour, enfin depuis le plus petit jusqu'au plus grand, depuis le plus riche jusqu'au plus pauvre, et qu'il n'y a de différence que dans la manière de le faire, ou plutôt dans celle de l'exprimer, un marmiton du traiteur où se faisait la noce de Dupont avait des connivences avec une servante de la même maison, et, pendant que tout le monde devait être du côté du bal ! ils s'étaient promis de se retrouver d'un côté opposé je ne sais pas précisément pourquoi faire, mais cela ne nous regarde pas. Le marmiton arrive le premier au cabinet, lieu du rendez-vous ; il entend soupirer : il s'avance, saisit une robe, ne doute pas que ce ne soit sa belle, parce qu'un marmiton ne se connaît point en étoffe, et commence la conversation par un baiser ; début qui, comme on peut le croire, étonne Mme Moutonnet.

De son côté, le parfumeur s'était aussi engagé à tâtons dans les corridors ; il n'avait pas pris de lumière à dessein, se flattant que l'obscurité lui serait favorable. Il rôdait et furetait depuis quelque temps sans faire de rencontre, lorsqu'enfin il distingue le bruit des pas d'une personne qui court devant lui ; il court après elle, l'atteint par ses jupons, ce qui lui prouve que c'est une femme, et il n'en demande pas davantage ; il la saisit et la fait entrer dans la première chambre venue, entamant la conversation comme son voisin le marmiton. Cependant, aux baisers on répond par des soufflets et des coups de poing, parce que Mme Moutonnet est un dragon de vertu, et que, revenue de sa surprise, elle a retrouvé toute son énergie. La laveuse de vaisselle en fait autant, parce que, sans être un dragon de vertu, elle veut être fidèle à son marmiton, et que, l'odeur de la vanille et du jasmin n'ayant aucun rapport avec celle que son amant exhale habituellement, elle ne doute point qu'il n'y ait erreur.

Aux baisers et aux soufflets ont succédé les cris. C'est alors que toute la noce en alarme arrive sur le lieu de la scène. Dès que la lumière a éclairé les traits de Mme Moutonnet, le marmiton s'enfuit sans qu'on ait besoin de le chasser, et Gérard, interdit, a lâché la servante.

— Il faut avouer, dit Mme Moutonnet au traiteur, que vous avez chez vous des garçons bien hardis !... Le petit drôle !... si vous n'étiez pas arrivé... On n'est pas en sûreté dans vos cabinets.

— Et vous, monsieur Gérard, que faisiez-vous avec cette fille ? demande la parfumeuse à son mari.

—Ma foi, dit Gérard, j'ai cru que c'était un voleur, et je voulais absolument l'arrêter.

— Un voleur en jupon!...

— Écoutez donc... dans l'obscurité... il pouvait s'être déguisé.

On fait semblant de croire à la méprise du parfumeur, et on retourne à la salle de bal, où l'on retrouve la mariée, qui, ayant entendu le vacarme que l'on faisait dans la maison, avait enfin quitté sa retraite pour retourner près de la société.

— Eh bien! mon épouse que nous cherchions, et qui était là! dit Dupont en s'approchant d'Eugénie. Ah! comme nous nous amusons aujourd'hui! Comment vous trouvez-vous mon épouse?

— Toujours de même, monsieur, dit Eugénie, et ses yeux se portent sur une pendule; elle regarde l'heure en soupirant. Dupont s'aperçoit de cela; il s'approche de l'oreille d'Eugénie. et lui dit d'un air tendre:

— La soirée s'avance, ma chère épouse!

— Ah! qu'elle me semble longue! répond Eugénie.

—Vous êtes trop aimable en vérité; et je partage bien l'impatience que...

Eugénie le regarde d'un air surpris, ne comprenant pas ce qu'il veut dire; et Dupont s'éloigne en se frottant les mains, et répétant tout bas:

— Je gage que c'est l'amour qui lui donne la migraine... cette femme-là m'adore. »

On trouve le parfumeur tenant dans ses bras une laveuse de vaisselle.

Enfin on propose la contredanse de clôture, la gothique *boulangère* qui, au lieu de terminer les bals, les prolonge, souvent une heure de plus; contredanse fort agréable, sans doute, où des personnes déjà fatiguées par l'exercice de la soirée, achèvent de s'arrêter en tournant pendant une heure sur le même refrain, ne s'arrêtant que pour voir un

C'est une belle chose que le mariage dit Dupont après un moment (P. 819).

monsieur ou une dame courir après chaque danseur ou danseuse, et leur faire faire l'allemande à gauche le plus vite possible ; figure très gracieuse, après laquelle celui qui a parcouru tout le rond revient essoufflé, en nage, et sans respiration, reprendre sa place. C'est une bien jolie danse que la *boulangère!*

Pour celle-là, Eugénie ne peut se dispenser d'en être ; on l'entraîne de vive force dans le rond ; on la fait aller, passer, tourner ; et la jeune femme, la tête étourdie par le bruit, les éclats de rire, se laisse conduire sans savoir ce qu'elle fait. La boulangère ne dure qu'une heure et quart ; ce n'est pas trop quand on est quarante personnes à la danser, car elle est entremêlée de petits accidents qui en font le charme, et ajoutent aux plaisirs de la société. M. Moutonnet y perd sa perruque ; Mlle Cécile, ses jarretières ; Mme Moutonnet y déchire sa robe ; Mme Gérard y fait une chute ; son mari se laisse rouler avec sa voisine, en faisant l'allemande à gauche ; Bidois y salit ses bas, et le marié achève de déchirer sa culotte ; mais cette fois ce n'est plus par devant.

On s'arrête enfin, exténué, abîmé, couvert de sueur et de poussière, et Dupont s'écrie plus fort que jamais :

— Ah Dieu ! nous amusons-nous !...

Mais déjà les oncles se sont emparés des tantes, et les cousines des cousins ; on songe à la retraite. Mme Moutonnet s'approche de son gendre, et lui dit à l'oreille, d'un ton à la fois tendre et mystérieux :

— Vous pouvez vous retirer... l'instant est arrivé...

— Je vous comprends, belle-maman, répond l'épicier en laissant échapper un sourire malin, je vous comprends !...

Le marié court aussitôt vers sa femme ; et lui prend la main, l'entraîne... Eugénie se laisse conduire sans dire un mot, ils montent en voiture...

— Chez moi, rue aux Ours, crie Dupont ; et les chevaux emmènent les nouveaux époux.

Pour la première fois depuis qu'ils sont mariés, les voilà en tête-à-tête. Cet instant est le plus doux de toute la journée pour un jeune couple bien amoureux qui brûle de pouvoir se livrer à son ivresse, qui peut enfin exprimer librement tout ce qu'il sent et entendre ces doux aveux que ne gêne plus une foule importune.

Mais pour Eugénie et son mari, que ce moment est différent !... La jeune femme commence à redouter alors l'approche d'un danger auquel elle n'a point songé depuis le matin, parce qu'elle a cru que rien ne pouvait augmenter son malheur. Mais la jeune fille la plus sage, la plus innocente, sait fort bien, en se mariant, qu'un époux a des droits sur elle ; l'instant où elle doit se donner à ce nouveau maître fait battre avec crainte le cœur de la jeune vierge, même lorsqu'elle aime celui auquel elle vient de s'engager : quelle doit donc être la situation de celle qui se voit livrée à un homme qu'elle déteste !

Eugénie se blottit dans un coin de la voiture... son mari se met d'abord respectueusement sur le devant, mais ensuite, voyant que sa femme ne tient que fort peu de place, il s'assied à côté d'elle, et Eugénie se recule encore dans son coin. On ne dit rien : Eugénie n'a rien à dire, et le marié ne sait jamais par où commencer une conversation. Eugénie lui impose une sorte de respect... avec elle il n'y a pas moyen de plaisanter. Cependant Dupont s'enhardit, et se décide à entamer l'entretien.

— Notre noce a été bien gaie... Qu'en pensez-vous, mon épouse ?
— Oui, monsieur...
— On s'est fièrement amusé... Le repas était bon... j'avais dit au traiteur de le soigner... On a joliment mangé... N'est-ce pas, mon épouse ?...
— Oui, monsieur.
— Ma culotte s'est déchirée de nouveau ; je crois que je ne pourrai plus la porter... à moins qu'on y mette un nouveau fond... elle en vaut la peine... c'est du drap de première qualité en elbeuf... Savez-vous raccommoder les culottes, ma chère épouse ?...
— Je l'essaierai, monsieur.

« Voilà une femme charmante, se dit Dupont, elle raccommodera mes culottes !... Ce que c'est que la bonne éducation !... comme elle est soumise !... Elle parle peu, mais elle parle bien. »

Dupont se rapproche de sa femme, qui fait ce qu'elle peut pour s'éloigner de lui ; il s'enhardit jusqu'à lui prendre la main, qu'Eugénie retire aussitôt.

« Peste, se dit Dupont, elle sera farouche jusqu'au dernier moment !... suite de la bonne éducation !... Il faudra pourtant que... Enfin, c'est ma femme !...

— C'est une belle chose que le mariage, dit Dupont après un moment (Eugénie soupire et ne répond rien), surtout quand on s'aime comme nous nous aimons...

Eugénie soupire et se tait.

— Comme nous allons être heureux !...

Eugénie soupire plus fort et ne dit mot.

— Ah ! mon Dieu ! dit Dupont effrayé de ses soupirs, est-ce que votre dîner vous fait mal ?...

— Non monsieur.

— J'avais cru... Vos soupirs... Ah ! j'entends... l'émotion... la situation... le désir... Croyez que je partage tous vos sentiments... ma tendre épouse !

Eugénie porte son mouchoir sur ses yeux...

« Elle est considérablement émue, se dit Dupont ; effet de la pudeur... Si je lui prenais un baiser... Depuis que je suis son époux, je ne lui ai encore rien pris... Un baiser sera un très joli début... cela chassera sa timidité... Prenons-lui un baiser.

Et Dupont se jette à corps perdu sur Eugénie. Celle-ci, effrayée d'une attaque à laquelle elle ne s'attendait pas, rassemble ses forces et repousse Dupont qui tombe sur la paille entre les deux sièges, les jambes et les bras en l'air.

— Elle est considérablement farouche! dit le marié en s'accrochant aux portières pour se relever; suite de son éducation!... Mais il faut cependant que j'apprivoise sa vertu.

Décidé à prendre un baiser, Dupont se précipite de nouveau sur Eugénie; celle-ci veut le repousser encore, mais ses forces diminuent. Le marié est vigoureux. Eugénie se défend, se débat; elle crie, pleure, supplie Dupont de la laisser; mais celui-ci, persuadé que cette défense est une suite de l'éducation de sa femme, et qu'au fond elle sera charmée de se rendre, continue son attaque. La pauvre petite est affaiblie, elle va tomber en son pouvoir,.. lorsque la voiture s'arrête dans la rue aux Ours.

Il tomba entre les deux sièges les jambes et les bras en l'air.

— Nous voici arrivés, dit Dupont; c'est dommage, j'allais le prendre... mais ça n'est que différé.

Il saute hors de la voiture, fait descendre sa femme qui peut à peine marcher et tremble comme la feuille, et l'introduit dans son nouveau domicile. Eugénie, épuisée par la lutte qu'elle vient de soutenir, respire à peine et se sent mourir en entrant dans son appartement. Une femme l'y attend; elle court à elle... c'est Jeanneton. Eugénie la reconnaît, elle pousse un cri.

— Sauve-moi, lui dit-elle; et elle se laisse aller mourante dans ses bras.

— Ah! ma pauvre Eugénie! s'écrie Jeanneton, dans quel état je la revois!... Tenez, monsieur... elle se meurt... elle n'a plus de connaissance.

— Ah! mon Dieu!... tu crois? dit Dupont en aidant Jeanneton à transporter Eugénie sur son lit. Mais d'où vient donc... C'est bien singulier... Pour un baiser que j'ai voulu lui prendre.., Serait-ce une attaque de nerfs?...

— Oui, monsieur, oui, justement... Vous savez qu'elle en a souvent...
— Crois-tu que cette attaque-ci durera longtemps?...

— Huit jours au plus, monsieur...

— Huit jours... diable! cela vient bien mal à propos... la première nuit de nos noces... Que faire Jeanneton?

— Laissez-moi la soigner, monsieur, je la veillerai toute la nuit... Je sais ce qu'il faut en pareil cas... Allez vous coucher, monsieur, je garderai madame.

— Diable! diable!... c'est fort contrariant, dit Dupont en regardant Eugénie dont les yeux sont fermés; j'espérais tout autre chose... Tu conviendras, Jeanneton, que, pour une première nuit... il est désagréable de coucher seul...

— Eh bien! monsieur, il s'agit bien de cela... quand votre femme est mourante!

— Oui, je vois bien qu'elle a les yeux fermés... Diable! j'aime les femmes nerveuses, c'est vrai; mais je ne voudrais pas cependant que cela lui arrivât souvent... Belle-maman aurait dû m'avertir...

Il prend à regret le chemin de sa chambre.

— Est-ce qu'on dit ça, monsieur, quand on veut marier une demoiselle?...

— Tu as raison, on ne dit pas ça...

— Pauvre petite! ça n'est pas sa faute... Allez vous coucher, monsieur.

— Oui, je crois en effet que c'est ce que j'ai de mieux à faire. Veille-la bien Jeanneton; et si elle se trouvait rétablie dans la nuit, tu viendrais me chercher.

— Oui, monsieur, je n'y manquerai pas.

Le marié se munit d'une lumière et prend à regret le chemin de sa chambre. Il se couche en maudissant l'attaque de nerfs, et passe la première nuit de ses noces à ronfler, sans s'éveiller, jusqu'au lendemain.

XXI

QUI FAIT VOIR QU'IL NE FAUT PAS ÉPOUSER UNE FILLE MALGRÉ ELLE

Lorsque son mari est éloigné. Eugénie reprend ses sens. Les femmes nerveuses ont un bonheur singulier qui fait qu'elles ne recouvrent leurs facultés que lorsque la circonstance est favorable.

— Est-il parti? demande la jeune femme n'osant encore ouvrir les yeux qu'à demi.

— Oui, oui... mamzelle... mada... ma chère Eugénie.

— Jeanneton, appelle-moi toujours ainsi... jamais de madame Dupont, surtout... je t'en prie!

— C'est entendu... oh! n'ayez pas peur que je prononce ce nom-là...

— Tu dis donc qu'il est éloigné?...

— Oui, oui, il est allé se coucher... D'ailleurs, pour plus de sûreté, j'vas fermer c'te porte à double tour...

— Mets aussi les verrous, Jeanneton.

— Faudrait pour ça qu'il y en eût. Soyez tranquille, il ne reviendra pas ; je lui ai dit que vous seriez malade au moins huit jours.

— Ah! Jeanneton... que ne te dois-je pas!... Tu m'as sauvée... mais dans huit jours...

— Ah, dam'! alors... il sera difficile de... C'est vot' mari... et il a le droit...

— Ah! jamais, jamais, Jeanneton ; non, je le jure : j'aimerais mieux mourir! On a voulu que je l'épouse, on m'y a forcée... que peut-on exiger de plus?...

— Ah! pardi! il est ben sûr que vos parents n'ont plus rien à vous dire ; mais est-ce que vous croyez qu'on épouse une jolie et jeune femme pour... Enfin, c'est qu'ça n'est pas l'usage, voyez-vous.

— Je suis sa femme!... je ne puis plus être à Adolphe!... ne suis-je pas assez malheureuse!... Ah! Jeanneton, si tu savais... ce vilain homme...

tout à l'heure... en revenant dans cette voiture... il a voulu, il a osé chercher à m'embrasser...

— Pardi ! il cherchera ben autre chose...

— Je me suis défendue... je l'ai repoussé... mais hélas ! mes forces m'abandonnaient, il se faisait un jeu de mes prières et de mes larmes... Ah ! je me sentais mourir !... Heureusement qu'alors la voiture s'est arrêtée. Ah ! Jeanneton ; je ne pourrais plus supporter une scène pareille !.. Mais te voilà... tu es près de moi... oh ! je ne crains plus rien, maintenant, chère Jeanneton ; tu ne me quitteras plus... n'est-ce pas?...

— Vous savez ben que je ne demande pas mieux... Ne donnerais-je pas ma vie pour vous savoir heureuse !...

— Heureuse !... hélas ! Jeanneton, cela est impossible maintenant... il n'y faut plus penser... Ces rêves si doux, ces projets si charmants que je faisais la nuit, dans ta chambre... en parlant de lui... il faut oublier tout cela... je suis la femme d'un autre !... Conçois-tu bien mon malheur?... Et Adolphe... peut-être un jour oubliera-t-il aussi ses serments... son Eugénie... Je n'aurais pas le droit de l'accuser... mais il en aimera une autre que moi... Ah ! Jeanneton, cette idée m'est insupportable !

— Allons... ne pleurez donc, pas ainsi, mamzelle. Eh ! mon Dieu les hommes...

Jeanneton s'arrête, elle sent qu'elle va en dire trop. Pourquoi déchirer le cœur d'Eugénie en lui apprenant qu'Adolphe a déjà été infidèle ? N'est-elle pas assez malheureuse ? Il faut au moins lui laisser le souvenir d'Adolphe tendre et constant. Jeanneton sent tout cela et se tait. Les attentions les plus délicates en amour sont senties par une simple servante comme par l'amie la plus fidèle : il ne faut qu'un cœur sensible pour deviner ces choses-là.

— Mais par quel hasard, par quel bonheur te trouvé-je ici, près de moi... dans cette maison? demande Eugénie à Jeanneton.

Et celle-ci lui conte ce qu'elle a fait, et la manière dont elle s'est présentée chez M. Dupont.

— J'ai bien pensé que cela ne vous fâcherait pas de me trouver installée ici, dit la bonne fille, et voilà pourquoi j'ai fait tout cela sans vous en demander la permission.

— Ma chère Jeanneton, ta présence m'aidera à supporter la vie... sans toi, je serais morte de douleur ici !... avec toi, du moins, je n'ai pas tout perdu !... Je pourrai encore quelquefois te parler de... mais à présent que je suis mariée, puis-je encore t'en parler ?... C'est peut-être un crime !...

— Ah dam... je ne peux pas trop vous dire... tant que vous ne ferez qu'en parler, m'est avis que ce n'est pas un grand crime, et il y a ben des maris qui voudraient être sûrs que leurs femmes ne sont coupables qu'en paroles... Mais écoutez : pour arranger tout au mieux, vous ne m'en parlerez pas, vous, mais moi j'vous en parlerai...

— C'est cela, Jeanneton. Oh! tu m'en parlera souvent, n'est-ce pas?

— Pardine! allez, tant que j'verrai que ça vous f'ra plaisir...

— Ah! tu m'en parleras toujours, alors... Pauvre garçon! s'il sait... Crois-tu, Jeanneton, qu'il sache que je suis mariée?...

— Oh! non, mamzelle... madame...

— Oh! je t'en prie entre nous appelle-moi toujours mademoiselle...

— Eh ben! va pour mamzelle; aussi ben, vous l'êtes à peu près encore.

— Tu crois donc qu'il ne sait pas?...

— Oh! non, non; j'en sommes sûre même...

— Comment, tu as donc eu de ses nouvelles?... Où est-il? que fait-il maintenant?

— Prenez garde, mamzelle, je crois que c'est vous qui en parlez à ct'heure...

— Mais aussi pourquoi ne t'expliques-tu pas mieux?

— Monsieur Adolphe n'est pas à Paris pour le moment...

— Il n'est pas à Paris!...

— Il est allé auprès de son père qui est très malade...

— Pauvre jeune homme! et quand il reviendra... ah! Jeanneton, il en mourra...

— Eh non, mamzelle... j'vous assure qu'il n'en mourra pas... puisque vous n'en êtes pas morte, vous...

— Il va m'accuser, me maudire peut-être!...

— Est-il vot'mère? est-il vot'père?... Tenez, après tout, s'il avait eu tant de crainte de vous perdre, il ne serait pas parti justement dans le moment où l'on devait vous marier.

— Mais ce mariage ne devait se faire que dans un mois; on en a avancé l'époque, sans doute pour mieux tromper Adolphe : d'ailleurs, pouvait-il ne pas aller soigner son père!... Et tu l'accuses, Jeanneton... tu l'accuses d'être bon fils!...

— Non, mamzelle... non... Oh! je ne ne l'accuse pas de ça... je dis seulement que les hommes, voyez-vous... Eh ben! ça n'est pas comme les femmes... ça aime ben, et malgré ça... enfin, v'là ce qui fait qu'ils sont plus heureux que nous.

— Et moi, qui le cherchais des yeux sur mon chemin!... et je croyais le voir partout... Hélas! je ne le verrai plus! n'est-ce pas, Jeanneton?...

— Dam', à moins que vous ne le rencontriez cependant.

— Oui, mais où pourrais-je le rencontrer! je ne veux plus sortir...

Dupont est agréablement surpris en voyant sa femme levée. (P. 831).

je resterai ici... toujours seule avec toi... Ecoute, Jeanneton, voilà le plan que je me suis tracé : M. Dupont est mon mari ; à ce titre je lui dois des égards, du respect, et je le remercierai de ce qu'il a fait pour moi en me rendant ma bonne Jeanneton ; je lui en témoignerai toute ma reconaissance... mais pour de l'amour, quand on épouse une fille malgré elle, quand on la conduit en pleurs à l'autel, a-t-on le droit de lui en demander ?

Non, n'est-ce pas? Eh bien! puisqu'il ne peut exiger de moi de l'amour, il ne peut non plus exiger... il ne peut vouloir que...

— Oh! ne vous y fiez pas... vous avez ben vu qu'il voulait déjà vous embrasser malgré vous...

— Comment! Jeanneton, il faut sans avoir d'amour pour les gens, souffrir ces choses-là!... ah! par exemple, c'est à quoi je ne consentirai jamais!...

— Mais, mamzelle, un mari est le maître...

— Le maître!... dis donc, Jeanneton, est-ce que mon père est le maître à la maison?

— Oui, mamzelle; à la vérité Mme Moutonnet est la maîtresse... et c'est quelquefois la maîtresse qui fait le maître.

— Ah! je ne veux être ni l'un ni l'autre; je ne prétends pas commander ici... et pourtant j'en ai le droit, n'est-ce pas, Jeanneton?

— Certainement, mamzelle.

— Mais je n'en ferai pas usage... Je serai donc soumise, excepté pour ce que tu sais bien; quant à cela, ma résolution est bien prise : j'ai donné ma main; mais je n'ai pas donné mon cœur... Ce cœur est à Adolphe... hélas!... il n'aura jamais que cela; je serai fidèle à l'honneur, au nœud qui m'engage; mais je serai fidèle aussi à celui que mon cœur avait choisi.

— Mais, mamzelle, encore une fois, j'vous dis que ça ne se peut pas, que ça n'arrangerait pas vot' mari, et qu'il exigera que...

— Ah! Jeanneton, c'est cela qu'il faut empêcher; c'est en cela surtout que je compte sur ton zèle, sur ton amitié; tu trouveras bien les moyens de me sauver...

— Vraiment, ça ne sera pas si aisé que vous le croyez!

— Tu l'as déjà fait aujourd'hui.

— Ah! pardi, pour une fois passe... mais toujours, ça sera ben difficile!... enfin nous avons quelque temps devant nous; en attendant, dormez tranquille cette nuit... et après... dam', nous verrons!

XXII

VISITES DU MARIÉ A SA BELLE-MÈRE

Le lendemain de son mariage, Dupont rit en s'éveillant de se voir seul dans son lit.

— Je gage, dit-il, que tout le monde croit que j'ai couché avec mon épouse... Ces gens-là seraient bien attrapés s'ils savaient qu'il n'en est rien. Le fait est que c'est drôle de coucher seul la première nuit de ses noces, et je n'y comptais pas du tout ; mais enfin cela se voit quelquefois... Ma pauvre femme qui a justement ses attaques de nerfs... C'est dommage, cependant, que cela lui ait pris si vite ; cette voiture m'avait monté la tête... Je me sentais très amoureux, et j'étais furieusement entreprenant... Peste !... j'étais comme un petit lion !... enfin, ce n'est que partie remise. Allons nous informer de la santé de mon épouse.

Dupont se lève et se rend à l'appartement d'Eugénie ; mais, au moment d'y entrer, il rencontre Jeanneton.

— Eh bien ! comment se porte mon épouse ? demande le marié à la bonne.

— Comme ça monsieur ; elle repose maintenant... mais la nuit a été terrible...

— Terrible ! ah ! mon Dieu !... pauvre petite !... Et crois-tu que cela sera tout à fait passé cette nuit.

— C'te nuit, monsieur ! Mais vous n'y pensez pas... Après une crise aussi violente la v'là malade au moins pour huit jours, comme je vous le disais hier et peut-être plus, si elle a des rechutes...

— Tu me fais trembler, Jeanneton... Voilà qui serait extrêmement... contrariant... Car enfin, quand on se marie, ce n'est pas pour coucher l'un sur le poivre et l'autre sur le miel... Tu m'entends ?

— Eh ! mon Dieu monsieur, est-ce que vous n'avez pas tout le temps ? La vie est longue... Vous êtes encore...

— Oui, sans doute, je suis jeune... et c'est justement pour cela que je veux communiquer avec ma femme... Parbleu ! si j'étais vieux, je n'y tiendrais pas tant.

— Dam, monsieur, on ne peut pas empêcher une femme d'être malade...

— Non, mais on peut tâcher de la guérir ; je vais aller chercher le médecin, Jeanneton.

— Eh ! monsieur, à quoi bon !... les médecins n'entendent rien aux attaques de nerfs... C'est une si drôle de maladie... ça vous prend tout d'un coup... ça vous quitte quand on n'y pense pas... L'meilleur moyen pour que vot' femme n'en ait point, c'est de ne jamais la contrarier... Oh ! d'abord, dès qu'on contrarie une femme nerveuse... crac ! v'là ses attaques qui lui prennent... Ça ne peut pas manquer.

— Oh ! alors, sois tranquille, je ne la contrarierai point... Diable ! je m'en garderais bien !... mais cependant un médecin pourrait me dire si...

— Eh ! monsieur, avec de la fleur d'oranger, de l'éther et des gouttes d'Offmann, je suis tout aussi habile qu'un médecin... La preuve, c'est que quand madame en avait chez sa mère on n'appelait jamais de docteur.

— Et tu dis que cela se gagne, Jeanneton?

— Oui, monsieur; cela se gagne en couchant ensemble...

— Alors, j'attendrai qu'elle soit parfaitement guérie

— Et vous ferez bien, monsieur.

— Mais je vais aller voir belle-maman, et je me plaindrai de ce qu'elle m'a caché la maladie de sa fille:

— Eh ben! monsieur, savez-vous ce que Mme Moutonnet vous répondra?

— Non... je le saurai tout à l'heure...

— Oh! c'est que je la connais, Mme Moutonnet... Elle vous répondra que vous ne savez ce que vous dites.

— Comment, je ne sais pas ce que je dis?

— Oui, monsieur, elle vous dira cela, et elle vous soutiendra que sa fille se porte comme vous et moi.

Dupont rit en s'éveillant de se voir seul dans son lit.

— Ce serait un peu fort, par exemple!

— Est-ce que vous croyez qu'une maman convient de ces choses-là...? Non, monsieur; elle est même capable de vous dire que sa fille n'a jamais eu d'attaques de nerfs... Ah! pour se trouver mal, c'est différent! Mais, quant à cela, vous en avez été témoin plus d'une fois, et vous étiez encore libre alors de ne pas épouser mamzelle; mais je me rappelle ben que vous avez dit, au contraire, que ça vous plaisait.

— Oui... oui... une fois par hasard... je ne dis pas... Et puis, cela ne durait pas huit jours... Écoute donc, que ma femme se trouve mal dans la journée, encore passe, mais je veux au moins qu'elle se porte bien la nuit.

Dupont sort d'assez mauvaise humeur, et se rend chez Mme Moutonnet qu'il trouve déjeunant avec son mari et Bidois.

— Ah! ah! vous voilà, mon gendre, dit le papa Moutonnet d'un air malin: Eh bien! comment vous trouvez-vous ce matin?

— Très bien, beau-père ; oh ; moi, je me porte à merveille!

— Regarde donc, mon cœur... comme il a l'air fier!... comme il paraît satisfait!... il a, ma foi, encore le teint fleuri... Et après une première nuit... C'est une bien jolie chose qu'une première nuit... vous en souvenez-vous, mon cœur?

— Oui, monsieur, oui, je m'en souviens quelquefois...

— Hein! Dupont... comme la mariée a les yeux baissés le matin... et l'air pensif... embarrassé... Madame Moutonnet, vous étiez bien intéressante dans ce moment-là.

— On le croit sans peine, dit Bidois en saluant la passementière qui baisse les yeux avec pudeur.

— Taisez-vous donc, monsieur Moutonnet, vous me feriez rougir...

— Et, pourquoi donc, mignonne? C'est bien naturel de penser à cela un lendemain de noce. C'est gentil, n'est-ce pas, Dupont?

— Oui, oh! c'est fort gentil, répond l'épicier d'un air boudeur.

— Il fait une drôle de mine! dit tout bas le vieux commis regardant d'un air goguenard le marié qui ne sait comment s'expliquer.

— Eh bien! mon gendre, vous ne nous dites rien... Est-ce que le plaisir vous a ôté la parole?

Eh bien! comment se porte ma femme.

— Non, beau-père... non, il ne m'a rien ôté assurément...

— Mais, vous faites une singulière figure, mon gendre, dit à son tour Mme Moutonnet, il me semble qu'à votre place j'aurais l'air plus gai, plus joyeux.

— Belle-maman, je serais très joyeux si... enfin:... Mais après tout, je n'ai pas sujet d'être fort satisfait... Vous entendez bien que quand on sait ce que je sais...

— Qu'est-ce à dire?... Et que savez-vous, s'il vous plaît?

— Je sais que ma femme... votre fille... mon épouse enfin... est sujette à certaine chose... Tenez, belle-maman, vous auriez dû me dire cela plus tôt... Que diable! j'aurais fait mes réflexions... Quand j'achète du café, je veux savoir si c'est du moka ou du martinique... et quand je vends des amandes amères, je ne les donne pas pour des douces.

— Mon gendre, expliquez-vous un peu plus clairement, je vous prie. Que signifient ces certaines choses?... Quel rapport entre ma fille et vos amandes?

— Vous m'entendez bien, belle-maman, et vous concevez qu'il est désagréable de ne point pouvoir... communiquer avec sa femme, quand on compte là-dessus.

— Y comprenez-vous quelque chose, Bidois?

— Rien absolument, madame.

— Moi, je n'y vois que du feu, dit M. Moutonnet.

— Eh bien! c'est comme moi, beau-père, je n'y ai encore vu que du feu, et on se marie pour voir autre chose.

— Monsieur Dupont, savez-vous que ceci commence à m'impatienter, dit Mme Moutonnet.

— Parbleu! belle-maman, si cela continue, cela ne m'amusera pas.

— Qui vous empêche de... communiquer avec votre femme, s'il vous plaît?

— Son état, c'est tout simple.

— Son état?

— Sa maladie, si vous aimez mieux.

— Ma fille est malade?...

— Parbleu! je crois bien; elle a eu une crise terrible, et qui durera peut-être huit jours...

— Une crise... de quoi? De quoi? de quoi?...

— Vous le savez bien, de quoi. Mais quand une jeune personne a une maladie chronique, je vous répète, madame, qu'on doit en prévenir le monde.

— Une maladie chronique!... ma fille!... Avez-vous perdu la tête, monsieur Dupont?... Ma fille se porte bien, monsieur... elle s'est toujours bien portée, entendez-vous; je vous ai donné une femme charmante, et je vous trouve bien impertinent de venir me dire que ma fille...

— Ah! on m'avait bien dit que vous ne voudriez pas en convenir...

— Monsieur Dupont, ne me rompez plus la tête avec vos sottises, je vous en prie.

— Suffit, belle-maman, je me tairai ; j'espère d'ailleurs que cela ne durera pas toujours... Encore, si ça ne se gagnait pas...

— Qui est-ce qui se gagne, mon gendre ?

— La maladie de mon épouse... Ses attaques nerveuses

— Vous êtes fou, encore une fois ; si ma fille est indisposée aujourd'hui, soyez bien sûr que cela ne sera rien...

— Ainsi soit-il, belle-maman, je retourne auprès de mon épouse.

Dupont quitte ses nouveaux parents, qu'il laisse assez mécontents de lui et fort surpris de ce qu'il leur a dit. Bidois seul devine qu'il y a là-dessous quelque ruse inventée par la jeune mariée.

L'épicier rentre chez lui. Après avoir vaqué quelque temps aux soins de sa boutique il monte à l'appartement de sa femme et frappe doucement à sa porte. Eugénie elle-même vient lui ouvrir. Dupont est agréablement surpris en voyant sa femme levée ; il ne la supposait pas en état de quitter le lit ; il la considère quelques moments en silence ; et le résultat de son examen est qu'il serait bien dommage qu'une femme aussi jolie fût souvent malade. Eugénie est dans un déshabillé bien simple, bien modeste ; nulle prétention dans sa toilette, dans sa coiffure : ses cheveux, relevés simplement avec un peigne d'écaille retombent en boucles sur son front ; une guimpe lui monte jusqu'au menton et couvre bien hermétiquement des formes ravissantes. Sur tous les traits de la jeune femme se peignent la tristesse, la mélancolie, et malgré cela Eugénie est charmante... Elle plaît sans le vouloir... lorsque tant d'autres mettent à contribution tous les secours de l'art sans pouvoir atteindre ce but. Eugénie fait à son mari une révérence bien respectueuse et va reprendre sa place. Dupont est embarrassé, il est malgré lui sur le ton de la cérémonie avec sa femme ; enfin il prend une chaise et va s'asseoir près d'elle.

— Comment vous trouvez-vous, ce matin, ma chère épouse ?

— Je vous remercie, monsieur... je suis un peu mieux.

— Jeanneton m'a dit que cette nuit vous aviez eu une crise... *conséquente*...

— Oui, monsieur... Cette bonne fille a pour moi des soins... Ah ! je vous remercie beaucoup de l'avoir attachée à mon service.

— Comment donc mon épouse... mais je serai toujours charmé de... et puis elle fait très bien la cuisine, je crois que c'est un bon sujet.

— Je vous réponds de sa fidélité.

— J'ai été bien pénétré de l'accident qui est cause... Vous entendez bien que je ne comptais pas être si loin de vous cette nuit... mais au reste, cela ne durera pas toujours.

Eugénie baisse les yeux et garde le silence.

— Puisque vous vous sentez un peu mieux, ma chère épouse, vous plairait-il de descendre un moment au comptoir?

— Pourquoi cela, monsieur?

— Pour vous mettre au fait des prix... Une jolie femme, voyez-vous, ça attire... on boit des petits verres et...

— Je n'y descendrai pas, monsieur.

— Comment dites-vous, mon épouse?

— Je dis, monsieur, que je n'y descendrai point.

— Ah! j'entends, vous vous sentez encore trop faible, trop souffrante.

— Ce n'est pas pour ce motif, monsieur, mais je ne me sens aucun goût pour votre commerce. La solitude est désormais le seul bien que j'ambitionne, je resterai dans mon appartement.

— Comment, madame, vous ne voulez pas venir au comptoir?

— Non, monsieur.

— Ah çà, madame, je me flatte que c'est une plaisanterie...

— Je n'ai nullement envie de plaisanter, monsieur.

— Que diable, mon épouse, il fallait donc me dire cela avant de m'épouser!...

— Me l'avez-vous demandé, monsieur?

— Non, c'est vrai, je ne vous l'ai point demandé, mais je pensais qu'une fille soumise...

— Ah! monsieur, je l'ai bien montré que je l'étais!...

— Je me suis marié pour mettre une femme dans mon comptoir, mademoiselle...

— Et moi, monsieur, pour obéir à mes parents...

— On obéit aussi à son époux, madame.

— Je me ferai toujours un devoir de vous obéir, monsieur, lorsque je m'en sentirai la faculté.

— Et vous n'avez pas la faculté de descendre à mon comptoir?

— Non, monsieur, car je sens que j'y mourrais d'ennui et de chagrin...

— Eh bien! ça ne laisse pas d'être gentil... mais nous verrons, madame, nous verrons...

« Allons trouver belle-maman, se dit Dupont en sortant avec humeur de l'appartement de sa femme; tout ceci prend une tournure excessivement désagréable. » L'épicier prend son chapeau et se rend en toute hâte chez Mme Moutonnet, qui allait se mettre à table avec son mari et Bidois.

En voilà assez, M. Dupont, je vous dis, que vous avez tort. (P. 857).

— Ah! ah! c'est mon gendre, dit le papa Moutonnet, je gage que maintenant il vient nous remercier du trésor que nous lui avons donné.

— J'étais bien sûre qu'il mettrait de l'eau dans son vin, dit Mme Moutonnet.

— Je ne sais s'il y a mis de l'eau, dit tout bas Bidois, mais il est rouge comme un coq, on dirait que c'est de colère.

— Asseyez-vous, mon gendre, dit Mme Moutonnet à Dupont qui prend une chaise en étouffant ses soupirs, et dites-nous ce qui vous amène ce soir.

— Ce qui m'amène, belle-maman, n'est pas du tout agréable, et vous voyez un homme extrêmement vexé.

— Comment vexé? Qu'est-ce à dire, vexé, Monsieur Dupont? Comprenez-vous cela, Monsieur Moutonnet?

— Mon cœur, je comprends qu'il est vexé... et voilà tout.

— Je vais me faire comprendre, belle-maman : il faut que vous sachiez que mon épouse se conduit déjà d'une façon...

— Qu'entends-je, mon gendre? Quoi! c'est encore pour vous plaindre de votre femme que vous revenez?... Ce matin c'était sa santé, ce soir c'est sa conduite ; vous n'êtes marié que depuis hier, et déjà vous accusez votre femme... Ah! M. Dupont, je ne m'attendais pas à cela de votre part!

— Belle-maman, je dis ce qui est; apprenez que mon épouse refuse de descendre au comptoir.

— Elle refuse d'y descendre!...

— Oui madame et très positivement ; c'est avec un air fort doux, j'en conviens, qu'elle m'a appris cela ; mais enfin je veux que ma femme vienne tenir ma boutique...

— Vous voulez!... vous voulez!... je vous trouve bien plaisant, monsieur mon gendre ; est-ce que vous voudriez faire le tyran chez vous?

— Comment le tyran ! belle-maman?

— Je veux que ma fille m'imite, je veux qu'elle soit maîtresse chez elle, c'est tout simple ; vous me l'avez demandée, je vous l'ai donnée : vous voilà marié, le reste ne nous regarde plus. Tant qu'Eugénie a été sous ma dépendance elle a dû m'obéir ; la voilà mariée elle doit commander chez elle, c'est tout naturel ; et quand une jeune personne a reçu l'éducation que ma fille a reçue, quand elle a puisé des principes et des exemples de sagesse et de vertu, elle ne peut pas se conduire mal, souvenez-vous de cela, monsieur Dupont.

— Mais, cependant, belle-maman?

— Non, mon gendre, non, un mari ne doit jamais se plaindre de sa femme : si Eugénie ne veut pas descendre à votre comptoir, elle a sans doute de bonnes raisons pour cela...

— Elle ne peut pas en avoir, belle-maman.

— Vous n'en savez rien, mon gendre ; les femmes ne doivent pas rendre compte de tout à leurs maris. C'est à ceux-ci de s'en rapporter à la perspicacité de leurs femmes.

— Cependant, belle maman.

— En voilà assez, monsieur Dupont, je vous dis que vous avez tort, que ceci vous serve de leçon à l'avenir, et rappelez-vous que je vous ai donné un trésor.

— Bien obligé, belle-maman, dit le marié en prenant son chapeau.

Il salue son beau-père et Bidois, et rentre chez lui en se disant :

Puisqu'elle ne veut pas venir au comptoir, il faudra bien s'en passer, et puisque belle-maman assure que c'est un trésor, je finirai sans doute par être très heureux. D'abord, ce dont je suis certain, c'est qu'elle m'aime... et c'est quelque chose.

Dupont, en faisant ces réflexions tâche de prendre son parti, il est toujours persuadé qu'Eugénie l'adore, et que le ton cérémonieux qu'elle a conservé avec lui tient à l'éducation qu'elle a reçue.

Huit jours s'écoulent, pendant lesquels le nouveau marié ne voit sa femme que quelques moments dans la journée et aux heures des repas. Il s'informe exactement, chaque jour, de la santé d'Eugénie. Jeanneton tâche de lui faire accroire que sa femme est encore malade; mais Eugénie sait moins dissimuler, et, quoique toujours triste, toujours plongée dans la douleur et les regrets, elle a recouvré une partie de ses forces, et son teint est moins pâle que le jour de ses noces.

« Tu as beau dire, reprend Dupont à sa servante, ma femme se porte fort bien maintenant... je vois qu'elle est guérie...

— Ne vous y fiez pas, monsieur... c'est un mal qui couve, voyez-vous...

— Qui couve! tant que tu voudras! il peut couver comme cela une année entière... D'ailleurs je connais le meilleur remède aux souffrances d'une jolie femme... Je le connais, Jeanneton, et je l'appliquerai...

— Le mal de madame ne ressemble pas à celui des autres, monsieur, et votre remède n'est pas celui qui lui convient.

M. Dupont n'écoute plus sa servante, et il se rend auprès de sa femme, afin de lui faire entendre qu'il ne compte pas vivre toujours ainsi avec elle.

Eugénie passe presque tout son temps à travailler à l'aiguille dans sa chambre, quelquefois elle se place à la fenêtre qui donne sur la rue; mais alors elle y reste bien peu de temps, car il lui semble que toutes les personnes qui passent la regardent. Il lui semble aussi que parmi ce monde il y a quelqu'un qui la cherche, qui brûle de l'apercevoir... elle craint de le voir... et pourtant ses yeux se portent avec avidité sur des personnes étrangères, puis elle quitte tristement la fenêtre en se disant :

« Je ne dois plus le voir. »

En vain Jeanneton représente à sa maîtresse qu'elle ne saurait vivre continuellement renfermée dans sa chambre, et qu'elle finira par tomber réellement malade.

« — Eh! qu'importe! dit Eugénie, la vie est-elle donc un bonheur pour moi!...

Dupont trouve sa femme livrée à sa profonde mélancolie. Mais à la vue de son mari, Eugénie se lève, le salue profondément, et lui présente un siège.

« Elle est extrêmement polie, se dit en lui-même l'épicier; suite de sa bonne éducation; et si elle voulait seulement descendre au comptoir... Mais enfin ce n'est pas de cela que je veux lui parler maintenant.

— Votre santé me paraît infiniment meilleure, ma tendre épouse, dit Dupont en prenant un ton sentimental qu'il juge être celui qui doit plaire à Eugénie.

Quelquefois elle se place à la fenêtre.

— Oui, monsieur, je me sens en effet beaucoup mieux.

— J'en suis ravi... je dirai plus, j'en suis fort satisfait... J'attendais votre rétablissement avec impatience, comme vous devez croire.

— Eh! pourquoi cela, monsieur?

— Comment, pourquoi?... mais pour... Ma tendre épouse, il y a huit jours que nous sommes mariés...

— Oh! je ne l'ai pas oublié, monsieur, ce jour-là ne s'effacera jamais de ma mémoire!...

— Ah! vraiment, vous êtes trop bonne et je suis pénétré de vos sentiments... Mais cela ne suffit pas... et mon amour... vous sentez que mon amour ne peut s'accommoder de l'éloignement dans lequel nous vivons... je me flatte que cette nuit ne ressemblera pas aux autres...

Vous me comprenez, madame Dupont...

— Non, monsieur.

— Je m'expliquerai mieux ce soir... et j'espère que l'heure du berger, ou... l'étoile de Vénus... enfin, que je ne coucherai pas dans ma chambre.

— Comment! monsieur, prétendriez-vous changer quelque chose à notre manière de vivre ensemble?

— Mais, ma tendre épouse, notre manière de vivre ensemble ne ressemble à aucune de celles que l'on a pratiquées jusqu'à ce jour et je tiens à suivre les anciens usages. Est-ce que votre cœur ne me comprend pas?...

— Mon cœur, oh! non monsieur, il ne vous a jamais compris...

— Ah! j'entends : suite de votre éducation et de votre extrême innocence!... mais je saurai le faire parler, ce petit cœur...

— Monsieur, je me ferai toujours un devoir de faire toutes vos volontés, mais je vous préviens que je ne changerai rien à la manière dont je vis maintenant avec vous. Continuons d'habiter chacun de notre côté, voyons-nous dans la journée, lorsque cela vous sera agréable, et j'aurai toujours pour vous, monsieur, le respect et les égards que l'on doit à un époux; mais si vous pensez avoir avec moi des rapports plus intimes, oh! je vous assure que vous vous abusez.

— Par exemple, voilà qui serait plaisant... J'espère, madame, que vous ne savez pas ce que vous dites... Est-ce qu'on se marie seulement pour déjeuner et dîner ensemble?... on y couche aussi, madame... entendez-vous? c'est une des premières conditions de l'hymen... D'ailleurs, ma tendre épouse, quand on s'aime comme nous nous aimons, il ne faut pas que l'innocence soit farouche jusqu'à ce point-là Que diable! c'est très bien d'élever les demoiselles sévèrement, mais ça ne doit pas aller jusqu'à les empêcher de... communiquer avec leurs maris... Mme Moutonnet pousse les principes trop avant!...

— Oui, monsieur; je crois en effet que, quand on s'aime, on n'a rien à se refuser ; mais je n'ai jamais eu d'amour pour vous, monsieur, vous le savez bien; je vous ai épousé malgré moi et par pure obéissance; vous ne devez donc pas me demander des sentiments que je ne vous ai jamais témoignés.

— Eh bien! voilà du nouveau à présent... Vous ne m'aimez pas, madame?...

— Non, monsieur...

— Vous n'êtes pas amoureuse de moi?

— Oh! non monsieur...

— Il ne fallait donc pas en avoir l'air, madame.

— Je ne l'ai jamais eu, monsieur...

— Je vous dis, moi, que vous m'avez fait des yeux... des regards!... Et me dire tout cela après huit jours de mariage.

— Ah! monsieur, j'aurais bien voulu vous le dire avant!... mais on ne m'en a pas laissé la liberté.

— Tout ceci est fort agréable pour moi; mais enfin, madame, nous sommes mariés et une femme doit toujours aimer son époux; que ce soit avant ou après, cela n'y fait rien ; or, vous devez m'aimer et coucher avec moi.

— J'en suis bien fâchée, monsieur, mais cela ne sera pas...

— C'est ce que nous verrons, madame.

— Allons trouver belle-maman, se dit Dupont, car voilà une petite femme qui, tout en me faisant la révérence, est considérablement entêtée; mais je ne conçois pas pourquoi elle ne m'aime point, et il faut absolument que belle-maman m'explique cela.

Dupont sort fort en colère, et Jeanneton, qui a entendu la discussion qui vient d'avoir lieu entre les époux, gronde sa maîtresse de ce qu'elle a parlé trop franchement.

— Il fallait feindre un peu, madame; en vous disant malade nous aurions toujours trouvé moyen de l'éloigner.

— Mais, Jeanneton, il aurait toujours fallu qu'il découvrît la vérité... et puis tu sais, je ne puis mentir, j'ai mieux aimé lui dire sur-le-champ ce que je pense... au moins, à présent, il ne me tourmentera plus.

— Vous croyez ça!... J'ai bien peur, au contraire, qu'il n'en devienne que plus obstiné; et nous aurons ben de la peine à vous tirer de là.

Cependant Dupont arrive chez son beau-père, où on ne l'a pas vu depuis quelques jours, et Bidois se dit, en examinant la figure de l'épicier :

« Nous allons encore apprendre du nouveau. »

— Ah! je suis charmé de vous trouver, belle-maman! dit Dupont en s'asseyant près du comptoir où est assise Mme Moutonnet ainsi que son mari.

— Eh bien! mon gendre, je suis bien sûre que vous faites maintenant un ménage de tourtereaux.

— Je le gagerais aussi, mon cœur, dit le papa Moutonnet; et je vois à l'air de Dupont qu'il est enchanté de sa petite femme.

— Eh bien! beau-père, vous n'y êtes pas du tout.

— Comment... je n'y suis pas!...

— Nous ressemblons plutôt à un chien et à un chat, je viens encore vous parler au sujet de mon épouse... nous sommes jusqu'à présent comme le sel et le poivre.

— Il me paraît mon gendre, que vous êtes difficile à contenter !...

— Oui, difficile... c'est ça... Il faudrait être d'une pâte bien singulière pour s'accommoder d'une femme aussi farouche que la mienne... Écoutez donc, belle-maman, vous auriez dû parler à votre fille le jour de ses noces ; il me semble que ça se fait ordinairement, et alors une demoiselle soumise sait... ce qu'elle sait, et ça va tout seul, mais, moi au contraire, c'est que ça ne va pas du tout, et voilà, ce dont je me plains.

— En vérité, mon gendre, vous vous plaignez toujours ; mais enfin expliquez-vous mieux, car je ne vous comprends pas.

— Je vous dis, belle-maman, que ma femme est un tigre...

— Un tigre !... ma fille, un tigre !... M. Moutonnet, vous en êtes-vous jamais aperçu ?

— Non, mon ange.

— Et, vous Bidois ?

— C'était un agneau, madame.

— Et monsieur ose l'appeler un tigre !...

— Mais, belle-maman, entendons-nous... je veux dire un tigre pour la sagesse...

— Eh bien ! monsieur, c'est de cela que vous vous plaignez ! voilà qui est nouveau :... Ce qui fait le bonheur, le repos des époux !... une femme sage !... monsieur s'en plaint !

— Ah ça belle-maman, si vous ne voulez pas m'écouter !... Que ma femme soit sage, j'en suis charmé certainement ; mais, avec moi, il me semble qu'elle ne doit pas être inabordable, et qu'elle doit souffrir tout ce que...

— Ah ! taisez-vous, M. Dupont, taisez-vous, je vous en prie !... vous allez nous dire des choses !... de la décence dans vos propos !...

— Enfin, belle-maman, ça ne peut pas durer comme ça ; je veux une femme pour tout de bon, et non pas seulement pour qu'elle me fasse la révérence et qu'elle me présente une chaise quand j'entre chez elle !... D'ailleurs, madame, elle m'a dit qu'elle ne m'aimait pas, et qu'elle ne m'avait jamais aimé !... et vous me laissez croire qu'elle m'adore, c'est fort désagréable !

— Eh ! monsieur, est-ce que vous avez besoin d'être adoré de votre femme ? Qu'est-ce que c'est que cette idée qui vous passe par la tête ? Les meilleurs ménages ne sont pas ceux où l'on s'adore, mon gendre.

— Mais, au moins, belle-maman, on en a l'air, et on ne se dit pas ces choses-là en face!...

— Je crois vraiment que vous perdez l'esprit, mon cher Dupont : je vous ai donné une fille sage, honnête, qui a reçu une excellente éducation!...

— Oh! pour l'éducation, ça je ne dis pas...

— Eh bien! monsieur, de quoi vous plaignez-vous? Rendez votre femme heureuse, et ne nous rompez plus la tête avec vos histoires!...

— Il est certain, dit M. Moutonnet, que je ne comprends pas trop de quoi il se plaint...

— La chose est au moins fort extraordinaire, dit Bidois d'un air goguenard.

— La chose est fort claire, beau-père ; mon épouse me conteste mes droits de mari.

— Et c'est pour cela, monsieur, que vous venez nous chercher! dit Mme Moutonnet... Est-ce que ces choses-là nous regardent...

— Comment, mon gendre, à votre âge!... Demandez à Mme Moutonnet si j'ai été chercher le voisin pour ça!...

— Voilà la première fois, dit Bidois, que j'entends un mari se plaindre pour un cas semblable.

— Allez, allez, mon gendre, il est de certaines choses qui doivent rester dans le sein du ménage : Entre l'arbre et l'écorce on ne doit jamais mettre le doigt...

Et qu'elle me présente une chaise quand j'entre chez elle.

— Mais belle-maman, il n'est pas question d'y mettre le doigt...

— Croyez-moi, ne venez plus nous conter de pareilles folies, car on se moquerait de vous.

— Mais, belle-maman...

— Oui, mon gendre ; oui, on se moquerait de vous.

M. DUPONT

Elle aperçoit un homme en chemise près de son lit. (P. 845).

— Ah! l'on se moquerait de moi, dit Dupont en sortant furieux de chez sa belle-mère. Eh bien! je ferai voir que j'ai de la tête et du caractère... et puisque belle-maman ne veut pas parler à sa fille sur ce sujet je saurai bien me conduire en conséquence; et dès ce soir je fais voir à ma femme... que je suis son mari.

XXIII

LA SÉRÉNADE

Il est minuit. A onze heures du soir on ferme la maison de commerce de Dupont, et les garçons soupent et se couchent dans une petite salle qui touche à la boutique. L'épicier, qui a son projet, attend dans sa chambre que tout le monde soit livré au repos pour se rendre dans l'appartement de sa femme qu'il espère trouver livrée au sommeil. Il a fait un froid piquant toute la journée, et les étoiles qui brillent annoncent une belle nuit d'hiver. Dupont, qui n'a conservé qu'un caleçon et une robe de chambre pour aller rendre visite à son épouse, attend devant son feu le moment favorable, et prend quelques petits verres de cassis pour se prémunir contre le froid et fortifier sa résolution. Tout en buvant son cassis, M. Dupont se coiffe de nuit; il couvre sa tête d'un énorme bonnet de coton dont la pointe menace le ciel, et, pour adoucir un peu la sévérité de cette coiffure, il l'entoure d'un large ruban bleu de ciel, sa couleur favorite, et, plaçant la rosette au-dessus de l'œil droit, s'étudie devant son miroir à lui donner une forme élégante et gracieuse. L'épicier est content de lui.

— Je suis bien, dit-il en se regardant avec complaisance dans sa glace, je suis vraiment bien... et il n'est pas possible que ma femme ne me trouve pas à son goût... J'ai eu tort, ce matin, de faire attention à ce qu'elle m'a dit... C'est une enfant que mon épouse! ça ne connaît pas encore la conséquence du mariage!... Elle a reçu des principes fort sévères, et, comme dit belle-maman, c'est le fondement de ma tranquillité future. Encore un petit verre et allons trouver mon épouse.

Dupont s'enveloppe dans sa robe de chambre, prend un bougeoir, et se dirige à pas de loup vers l'appartement de sa femme. Eugénie dort, après avoir, suivant son habitude, causé longtemps avec Jeanneton; la jeune femme a renvoyé sa bonne pour se livrer au sommeil qui, pour la première fois depuis son mariage, vient faire trêve à ses ennuis. Un aimable songe la reporte au bois de Romainville, au jour de la fête de son père, jour charmant où Adolphe lui a dit qu'il l'aimait ; où, tout entiers à leur amour et ne prévoyant pas les peines qu'il leur causerait, le présent était pour eux le bonheur, et l'avenir une source de plaisirs et d'espérances. Ce jour délicieux a fui bien vite, ce temps si doux ne doit plus revenir !... mais en songe il renaît encore... Dors, pauvre Eugénie !

Dupont est arrivé devant la porte de la chambre de sa femme, il veut l'ouvrir... elle est fermée en dedans. L'épicier ne s'attendait pas à cet obstacle.

« Diable ! se dit-il, elle s'est enfermée... elle est peureuse sans doute... Si je frappais... Non, cela la réveillerait et je ne la surprendrais plus... Parbleu ! faisons le tour, passons par la cuisine, par la chambre de Jeanneton, puis le petit couloir qui mène chez mon épouse ; c'est cela même !... Oh ! je ne suis pas bête, moi.

Dupont se dirige donc vers la cuisine, dont la porte ne ferme que par un bouton ; il marche sur ses pointes, cachant sa lumière avec sa main ; il entre dans la chambre de Jeanneton, où un ronflement prolongé lui annonce que la servante ne peut ni le voir ni l'entendre. En effet, Jeanneton a imité sa maîtresse ; elle s'est laissée aller au sommeil, oubliant qu'elle est placée en sentinelle avancée, et que l'ennemi peut pénétrer par la cuisine, qui est le côté faible de la place. Mais on ne pense pas à tout, le sommeil a surpris plus d'un soldat entouré d'ennemis : Jeanneton est donc excusable d'y avoir succombé.

— Tout va le mieux du monde, dit Dupont après avoir traversé la chambre de la bonne ; j'étais bien certain d'y arriver... Bon ! me voilà dans la chambre de mon épouse... Elle dort... tant mieux c'est ce que je voulais... Une femme n'a jamais de volonté quand elle dort ; et ma foi ! quand elle s'éveillera !... Elle est vraiment jolie, mon épouse. Belle-maman a raison, c'est un trésor... Mais cachons ma chandelle.

Dupont va placer sa lumière dans la cheminée et revient près du lit d'Eugénie ; déjà il a ôté sa robe de chambre, il se dispose à se débarrasser de son caleçon, riant en lui-même de la surprise qu'il va causer à sa femme.

Mais quel bruit vient soudain troubler le silence de la nuit et réveiller les laborieux habitants de la rue aux Ours ! Les violons, la clarinette, le fifre, le cor de chasse, la grosse caisse même, se font entendre, c'est un tintamarre, un tapage à briser les vitres, et qui doit arriver jusqu'au boulevard Saint-Martin ; les échos en ont retenti, les voleurs en ont frémi, les voisins en sont assourdis, les amants en ont pâli, les époux en ont ri.

les passants en sont surpris. Dupont en reste ébahi. C'est l'air : *Gai, gai, mariez-vous;* puis, *Il faut des époux assortis... Ah! je triomphe, je suis vainqueur... Oui, c'en est fait, je me marie,* et autres morceaux de circonstance, que l'on joue dans la rue avec variations, agréments et accompagnement de grosse caisse et de fifre, ce qui, joint aux cris, aux éclats de joie des musiciens et aux applaudissements des voisins, produit un petit concert charmant.

— Ah! mon Dieu! qu'est-ce que c'est que cela, dit Dupont indécis s'il ôtera ou non son caleçon. Quelle terrible musique. Serait-ce une surprise?... Au reste, je ne vois pas que ce concert puisse m'empêcher de coucher avec ma femme...

Mais le bruit a réveillé Eugénie et Jeanneton.

— Madame... madame.., entendez-vous? crie la servante à sa maîtresse; je parie que c'est une sérénade qu'on vous donne.

Eugénie ouvre les yeux; elle aperçoit un homme en chemise près de son lit; elle pousse des cris perçants... En vain Dupont lui répète :

— C'est moi, mon épouse, c'est moi; n'ayez pas peur.

Eugénie crie encore plus fort, et Jeanneton, accourt tenant à la main une marmite qu'elle a saisie à tout hasard, et avec laquelle elle vient défendre sa maîtresse.

— Un moment donc! s'écrie l'épicier qui voit déjà la marmite menacer sa tête. C'est moi, Jeanneton!... Prends donc garde à ce que tu fais.

— Eh! oui vraiment... c'est monsieur... dit la bonne...

— Et que faisiez-vous ici, monsieur, dit Eugénie, et dans cet état?... Que signifie?...

— Remettez donc vot' caleçon, dit Jeanneton.

— Répondez, monsieur, que cherchiez-vous dans ma chambre?...

— Eh! morbleu! madame, je venais, je cherchais... je...

— Not' bourgeois! not' bourgeois! crient d'en bas les garçons de boutique, c'est une sérénade en votre honneur, à l'occasion de votre mariage... Ils frappent à la boutique faut-il leur ouvrir?

— Que le diable emporte la sérénade et les musiciens? dit Dupont; ils ne pouvaient venir plus mal à propos!... N'ouvrez pas, Joseph, ils n'ont qu'à rester dans la rue...

— Ah! monsieur, dit Jeanneton, vous ne pouvez pas refuser de les recevoir... C'est une politesse qu'on vous fait... Une musique superbe!... et je reconnais la voix de M. Gérard.

— Oui, dit Eugénie, je la reconnais aussi... Ce sont des amis... des parents peut-être. Ah! monsieur, il faut les faire entrer un moment dans votre boutique, c'est l'usage...

— Allons, ma chère épouse, puisque c'est l'usage je vais les recevoir… Mais je me serais bien passé de cette musique-là…

Dupont a remis sa robe de chambre, et il descend en marronnant à sa boutique.

— Ah ! Jeanneton, dit alors Eugénie à sa bonne, sans cette sérénade… M. Dupont osait…

— C'est ce qui me paraît ; nous nous étions endormies… et un peu plus tard, dam'!… Faut avouer que v'la un concert qui est venu bien à temps!… et que vous avez ben des obligations à M. Gérard.

C'est en effet le parfumeur qui a eu l'idée de cette aimable surprise. M. Gérard avait voulu donner la sérénade la nuit même du mariage, ce qui eût été plus convenable ; mais il n'avait pu ce jour-là rassembler les artistes-amateurs. Les violons étaient de bal, la clarinette avait une fête, le cor un baptême et le fifre un enterrement. Il avait donc fallu remettre la partie à huitaine ; on s'était donné rendez-vous chez le parfumeur qui avait emprunté une grosse caisse à un bureau de loterie voisin, où l'on avait toujours une musique prête en l'honneur des gros lots qui ne sortaient pas.

C'est donc le parfumeur qui a réuni les amateurs de sa connaissance et les conduit rue aux Ours, où il veut donner à la nouvelle mariée un échantillon de sa galanterie. On doit se rappeler que Gérard est persuadé qu'Eugénie a une secrète passion pour lui, depuis certains coups de pied qu'il a reçus sous la table, au repas des fiançailles et M. le parfumeur est bien aise de cultiver la connaissance de M^m Dupont ; c'est ce qui lui a fait naître l'idée de la sérénade, et ce qui lui donne une telle ardeur à battre la mesure sur la grosse caisse, qu'on a peine, au milieu de ce bourdonnement continuel, à reconnaître les airs joués par les amateurs.

Les garçons de boutique s'empressent d'ouvrir aux muciciens, et Dupont arrive, en serrant sa robe de chambre autour de son corps recevoir les compliments et les félicitations de ces messieurs.

— Le voilà!… le voilà! cet heureux mortel, crie Gérard en apercevant l'épicier, cet homme fortuné qui a épousé une des plus jolies femmes de la rue Saint-Martin!… il n'y a que huit jours, messieurs ; c'est encore le premier feu de l'hymen… Vite, messieurs, l'air de Zémire et Azor : *Veillons, veillons, veillons encore*… c'est la devise des nouveaux mariés.

Les amateurs s'empressent d'exécuter le morceau demandé, et, pour être plus commodément, les violons montent sur le comptoir ; le cor s'assied sur des pains de sucre, la clarinette sur un baquet de colle, et le fifre grimpe sur un tonneau de mélasse. Gérard seul, intrépide et infatigable se promène dans la boutique avec sa grosse caisse attachée devant lui; et comme il trouve que les baguettes qu'on lui a données ne font pas assez de bruit, il s'empare d'un grand rouleau de réglisse noire, et d'un petit balai de deux sous, avec lesquels il prétend faire valoir l'air de *Zémire et Azor*.

Dupont n'ose pas se boucher les oreilles, quoiqu'on fasse un bruit épouvantable, et les deux garçons de boutique, qui trouvent que *Veillons, mes sœurs*, est une fort jolie valse, se mettent à danser une sauteuse dans l'arrière boutique.

— Hein!... est-ce exécuté dit Gérard après le morceau. Ah! c'est que nous jouons cela d'une fière force... Vous ne vous attendiez pas à cette petite surprise, mon ami Dupont!

— Non, messieurs, je conviens que je ne m'y attendais pas.

— C'est moi qui ai eu cette idée-là; voilà huit jours que nous devions venir. Je me suis dit: la quinzaine ne se passera pas sans une petite sérénade!...

— Vous êtes bien honnêtes...

— Il faut qu'un aussi joli ménage soit fêté en musique, à grand orchestre.

— Messieurs, je suis bien sensible...

— Nous vous avons peut-être dérangé, fripon, vous étiez auprès de votre épouse...

— Messieurs, il est sûr que si vous n'étiez pas venus, j'aurais peut-être...

— Allons, allons, vous la retrouverez. Est-ce que nous ne verrons pas madame?...

— Non, je ne crois pas... elle est couchée; mais elle m'a chargé de vous dire bien des choses... elle est fort sensible à... elle a reconnu votre voix, monsieur Gérard.

— Ah! elle a reconnu ma voix! dit Gérard en laissant échapper un sourire malin. Messieurs, je vais vous chanter *Enfant chéri des dames* c'est toujours joli, et je le chante assez bien.

Le parfumeur chante, en s'efforçant de donner de l'étendue à sa voix, persuadé que la jeune femme l'écoute avec intérêt. Les amateurs l'accompagnent en rejouant *Veillons, mes sœurs*, parce qu'ils ne savent pas *Enfant chéri des dames*. Dupont, qui a pris son parti, trouve que cela fait un effet charmant, et ses deux garçons dansent l'allemande.

— Messieurs, dit l'épicier, après l'air dont il est très satisfait, parce qu'il s'est reconnu dans l'*Enfant chéri des dames;* messieurs, vous accepterez bien un petit verre?...

— Comment donc! mais très volontiers... plutôt deux qu'un.

Dupont verse les petits verres de cognac que les amateurs trouvent excellent. Après le cognac l'épicier, qui est en train, veut faire les choses en grand; il propose du doux, et verse du ratafia.

— Va, pour le ratafia, dit la clarinette.

— Messieurs, dit le parfumeur, nous passons du grave au doux, du plaisant au sévère, c'est l'*utile dulci* de Voltaire.

— Non, messieurs, dit Dupont, ce n'est pas *l'utile dulci* de Voltaire, c'est du ratafia de Louvres, première qualité.

— Le marié est un peu étranger aux beaux-arts, dit tout bas le parfumeur à la clarinette; mais le ratafia est délicieux.

Dupont, charmé des éloges que l'on donne à ses liqueurs, passe du ratafia au parfait-amour, et du parfait-amour au rhum, et, après chaque libation, les amateurs exécutent un air de circonstance, et plus l'on boit de petits verres, plus les artistes se sentent en train, et c'est à qui jouera le plus fort pour surpasser son voisin, et Gérard a fini par prendre un pilon avec lequel il frappe sur sa grosse caisse. Les chants se mêlent aux instruments; Dupont, animé par les petits verres, fait chorus avec les musiciens; tout le monde chante ou joue : on ne s'entend plus, mais on est d'une gaieté folle, qui ne paraît pas devoir se calmer de longtemps... lorsque tout d'un coup le joueur de fifre disparaît dans le tonneau de mélasse, et la clarinette s'enfonce dans le baquet à colle.

Ces messieurs, dans l'ardeur qui les animait, n'ont pas réfléchi qu'ils étaient montés sur des tonneaux : à force de prendre des petits verres, l'un battait la mesure d'une telle façon avec son pied, et l'autre avec tout son corps, qu'ils devaient nécessairement finir par défoncer leur plancher. Les cris succèdent aux chants : on court d'abord au fifre qui, étant debout sur le tonneau, a disparu presque entièrement, et se trouve dans la mélasse jusqu'au cou. Ce n'est pas sans effort que l'on parvient à l'en retirer. Le pauvre amateur a peine à marcher; il a pour quatre ou cinq livres d'écume de sucre sur le corps, et ne peut faire un pas sans s'attacher à ses voisins.

Le joueur de clarinette est un peu moins maltraité : étant assis sur le tonneau, il ne s'est enfoncé qu'à demi; sa tête et ses jambes n'ont rien, il en est quitte pour quelques livres de colle qui tiennent à sa culotte. Cet accident met fin aux chants et au concert, et les amateurs saluant M. Dupont, prennent chacun le chemin de leur demeure : le parfumeur enchanté d'avoir donné des preuves de sa galanterie, car il espère obtenir plus tard la récompense; le fifre ne marchant qu'avec peine, parce que ses souliers, enduits de mélasse, s'attachent à chaque pavé; et le joueur de clarinette sautillant, au contraire, tout le long du che-

Il reste stupéfait en voyant dans le couloir, un lit. (P. 850).

min, afin de faire tomber les paquets de colle qui couvrent sa culotte.

Il est plus de deux heures du matin, et Dupont, fatigué de sa nuit, ne juge pas convenable de retourner près de sa femme.

— Ce sera pour une autre fois, se dit-il en rentrant dans sa chambre; je connais le chemin à présent, et il ne m'arrivera pas toutes les nuits une sérénade.

XXIV

Trois jours se sont écoulés depuis la sérénade, et Dupont n'a pas encore recommencé ses tentatives conjugales. Cependant, depuis cette nuit où Eugénie a aperçu son époux en caleçon, près de son lit, elle n'ose plus se livrer au repos, elle ne se couche qu'en tremblant, et l'oreille toujours au guet, elle se lève au plus léger bruit. Jeanneton promet à sa maîtresse de veiller pour elle, et la supplie de prendre du repos, car ces veilles continuelles doivent finir par altérer sa santé ; mais Eugénie n'ose se fier à sa bonne : celle-ci imagine alors un moyen pour lui donner plus de tranquillité. Elle place tous les soirs son lit de sangle dans le couloir qui conduit à la chambre d'Eugénie, et, de cette manière, en ferme le passage. Jeanneton couchant là, on ne peut pas venir jusqu'à sa maîtresse sans qu'elle le sache ; il n'y a pas moyen de passer sous le lit placé en long et qui est fort bas, et pour passer par-dessus, il faudrait nécessairement monter sur le lit et l'éveiller.

Ce que Jeanneton a prévu arrive en effet, Dupont prend le même chemin que la première fois pour arriver chez sa femme. Il traverse la chambre de la domestique qu'il croit endormie, mais il reste stupéfait en voyant dans le couloir un lit de sangle qui lui barre le passage, Jeanneton a entendu venir Dupont ; mais elle feint de dormir pour savoir ce qu'il fera. L'épicier s'arrête, jure entre ses dents, regarde s'il pourra passer sous le lit, et voyant que c'est impossible, se consulte, indécis s'il montera dessus. Il se décide à ne point franchir la barrière, parce qu'il pense bien qu'il ne peut le faire sans réveiller Jeanneton, et il retourne en marronnant dans son appartement.

— Il s'en va, dit Jeanneton à demi voix à sa maîtresse qui a aussi entendu venir M. Dupont, et la servante ne peut s'empêcher de rire de la figure que faisait le marié.

— Ah ! Jeanneton, dit Eugénie, toujours de nouvelles entreprises ! Que je suis malheureuse !... Me faudra-t-il donc vivre comme cela ?...

— Il est certain que vous faites un drôle de ménage...

Cependant Dupont n'est rentré dans sa chambre qu'avec l'espérance d'être plus heureux une autre fois. Dès le lendemain matin il appelle Jeanneton, qui devine bien pourquoi.

— D'où vient que vous ne couchez plus dans votre chambre ? lui demande l'épicier.

— Monsieur, c'est que madame a peur la nuit... voilà pourquoi... j'ai mis mon lit dans le couloir, afin d'être plus près d'elle.

— Si mon épouse a peur, c'est à moi de la rassurer; je vous défends, mademoiselle Janneton, de remettre votre lit dans le couloir; si je veux aller chez ma femme, c'est bien le moins que je puisse passer d'un côté ou d'un autre.

— Mais monsieur... madame...

— Mais, mais, mais, encore une fois je vous défends de replacer votre lit là... ou je vous renvoie... Que diable! c'est bien drôle que je ne puisse pas rassurer mon épouse qui a peur...

— Je ne le mettrai plus, monsieur...

— A la bonne heure; je veux pouvoir entrer chez ma femme sans difficulté.

Jeanneton va conter à sa maîtresse les ordres de son maître. Eugénie pleure, gémit, implore le ciel, et la servante se dit :

« Ça devient fièrement embarrassant !... »

La nuit suivante, Dupont a remis le bonnet au nœud bleu de ciel, la robe de chambre et le caleçon; il prend son bougeoir, il s'achemine chez sa femme.

Le lit n'est pas dans le couloir, Jeanneton est couchée dans sa chambre où elle feint de dormir ; mais, ainsi que sa maîtresse, elle est aux aguets.

A peine Dupont a-t-il mis le pied dans la chambre de sa femme, qu'un bruit semblable à une pile d'assiettes qu'on brise se fait entendre dans la cuisine. Dupont fait un saut de saisissement; Eugénie se lève sur son séant, et Jeanneton crie.

— Qu'est-ce que c'est que cela? demande l'épicier en tremblant.

— Je meurs d'effroi, dit Eugénie.

— Ah! mon Dieu! c'est le diable, dit la servante.

— Le diable? répète Dupont ne sachant pas s'il doit aller dans la cuisine. Enfin il se décide à montrer du cœur, et retourne dans la chambre de Jeanneton qui feint alors de sortir de son lit.

— Avez-vous entendu, monsieur?

— Oui sans doute, j'ai entendu... Qu'est-ce que c'est?

— Ce que c'est?... Ah! monsieur, c'est une chose terrible !...

— Comment une chose terrible!... Tu sais donc ce que c'est?

— Non, monsieur, je ne sais rien; mais demandez à madame...

— Elle le sait?

— Non, monsieur; mais elle vous dira, comme moi, que c'est bien effrayant... et qu'il n'est pas étonnant qu'elle ait peur la nuit... Ce n'est pas la première fois que nous entendons un bruit semblable... Quelquefois c'est plus sourd... on dirait des gémissements, des soupirs... des plaintes...

— Comment! y aurait-il des voleurs dans la maison?

— Oh! monsieur, je ne crois pas que ce soient des voleurs... j'ai souvent été visiter partout, et je n'ai rien vu... Ah! comme c'est heureux que vous vous soyez trouvé là aujourd'hui, monsieur... Ah! si vous pouviez découvrir ce que c'est...

— Oui... c'est très heureux, comme tu dis...

— Tenez, monsieur, vous qui avez de l'esprit, vous allez me traiter de bête; c'est égal, je n'en croirai pas moins qu'il y a ici un revenant...

— Un revenant!... Allons, tu es une folle, Jeanneton! »

Et l'épicier n'ose plus tourner les yeux du côté de la cuisine.

— Allons rassurer ma femme, » dit-il à Jeanneton. Tous deux rentrent dans la chambre d'Eugénie, qui s'est levée, habillée et assise près de son feu.

— Quoi!... vous êtes levée, madame!

— Oui, monsieur; il me serait impossible de me rendormir après la frayeur que je viens d'avoir...

— Jeanneton dit que vous entendez souvent des bruits sourds...

— Ici, monsieur, je suis continuellement inquiète...

— Je m'en plaindrai au propriétaire, madame.

— Eh! monsieur, dit Jeanneton, si c'est le diable qui vient dans la maison, que voulez-vous que le propriétaire y fasse?

— Je ne crois pas aux revenants, Jeanneton; ce serait plutôt des voleurs... Viens avec moi, allons visiter la cuisine...

— Vous le voulez, monsieur?

— Attends, je vais d'abord appeler mes deux garçons... Holà! Joseph! François?...

Aux cris de leur bourgeois, les deux garçons s'éveillent et montent. Jeanneton et Dupont se font accompagner par eux pour visiter la cuisine. On y trouve une demi-douzaine d'assiettes brisées à terre.

— Eh ben! monsieur, dit Jeanneton, qu'est-ce que c'est que cela?

— Ce sont des assiettes cassées.

— Oui, mais qui est-ce qui les a cassées?...

— Je te le demande, Jeanneton...

— C'est le revenant, monsieur.

— Bah, bah! Jeanneton, tu ne sais ce que tu dis... répond l'épicier en allant se placer entre ses deux garçons.

— Mais ces assiettes ne se sont pas cassées toutes seules... encore si on avait un chat... on dirait que c'est lui..

— Oh! pour des bêtes je sais qu'il n'y en a pas chez moi. Allons, François, Joseph, regardez partout si vous trouverez quelqu'un caché.

Les deux garçons épiciers, qui ne sont pas poltrons, vont visiter l'appartement et viennent rassurer leur maître; ils retournent ensuite se coucher, et Dupont propose à sa femme de passer la nuit auprès d'elle; mais elle le remercie et dit qu'elle lira près de son feu. Jeanneton jette des cris et fait des sauts au moindre bruit qu'elle entend, en jurant qu'elle va fermer la porte de la cuisine, et qu'elle n'y entrerait pas seule, la nuit, pour tout l'or du monde.

Dupont n'insiste pas pour rester près de sa femme. L'histoire du revenant, les assiettes brisées, et les contorsions de Jeanneton ont dissipé toutes ses idées amoureuses.

Aux cris de leur bourgeois, les deux garçons s'éveillent.

Il reprend assez tristement le chemin de sa chambre, marchant sans regarder autour de lui : et, arrivé là, il se fourre bien vite dans son lit, où il met sa couverture par-dessus sa tête.

Plusieurs jours se passent, et l'épicier n'a point fait de nouvelles visites nocturnes à sa femme; Jeanneton s'applaudit du succès de son histoire de revenant, et Eugénie elle-même se rassure un peu. Cependant Dupont se propose tous les matins, en se levant, d'aller passer la nuit suivante près de sa femme; mais lorsque la nuit vient, lorsque le calme succède au bruit causé par les allants et venants, enfin lorsque les marchands ont fermé leur boutique et que chacun va se livrer au repos, Dupont éprouve un certain serrement de cœur; les propos de Jeanneton lui reviennent dans la tête, et tout en se répétant qu'il ne croit point aux revenants, il ne peut se décider à passer par la cuisine pour aller chez sa femme.

« Parbleu ! se dit-il un soir, je suis bien bon de faire un grand détour pour aller chez mon épouse... Elle ferme à double tour sa porte qui donne dans le salon, parce qu'elle a peur... et je ne peux vraiment pas la blâmer d'avoir peur... mais je n'ai qu'à me faire faire une double clef de sa porte ; de cette manière, j'entrerai chez elle sans passer par la cuisine, et j'aime mieux cela, parce que c'est plus court. »

Le lendemain, Dupont s'empare adroitement de la clef ; et, comme c'est une serrure fort ordinaire, dès le même soir le serrurier lui arrange une clef qui doit ouvrir la porte de l'appartement de Mme Dupont. L'épicier a replacé l'ancienne clef chez Eugénie, qui ne s'est aperçue de rien, et il attend, avec impatience, la nuit qui doit enfin couronner son ardeur ; car si les obstacles irritent l'amour, Dupont doit être bien amoureux. Cette nuit arrive enfin : chacun se retire chez soi, l'heure du mystère vient de sonner, il est minuit, et tout en passant sa robe de chambre et en mettant son bonnet, Dupont éprouve un certain tremblement ; est-ce d'amour, est-ce de peur ?... c'est peut-être l'un et l'autre.

Cependant l'épicier est bien décidé : il tient d'une main son bougeoir ordinaire, de l'autre la clef qui doit l'introduire chez sa femme, et il arrive à son appartement. Il écoute un moment avant de mettre sa clef dans la serrure ; le plus grand silence règne dans la maison.

« Il paraît que ce soir le revenant se tient tranquille, dit Dupont ; ouvrons vite. »

Ouvrons est bien dit ; mais une clef neuve ne va pas souvent aussi bien qu'on le voudrait. Le pauvre mari tourne et retourne plusieurs fois sa clef dans la serrure ; enfin la porte s'ouvre, et le voilà dans cette chambre où il a eu tant de peine à pénétrer.

Mais le bruit qu'il a fait avec sa clef a réveillé Eugénie ; elle écoute, regarde, voit entrer Dupont, et jette un cri perçant au moment où il s'approche de son lit.

A ce cri Jeanneton s'éveille, accourt auprès de sa maîtresse, et en apercevant l'épicier se doute bien de ce qui cause ses alarmes.

— Ah ! ma pauvre maîtresse ! dit la servante en se jetant sur la main d'Eugénie !

— Eh bien ! qu'est-ce donc ?..... qu'y a-t-il ? demande Dupont effrayé lui-même du cri que sa femme a poussé. Qu'est-ce qui lui prend donc ?... Pourquoi a-t-elle crié comme cela ?

— Eh ! monsieur, c'est un accès... une attaque qui lui prend... Tenez, monsieur, tenez... la voilà qui se raidit...

— Comment ! encore une attaque !... C'est désolant, Jeanneton !

— Dam', monsieur, c'est votre faute aussi, vous arrivez comme un revenant ! ça lui aura fait peur !...

— Eh ! comment donc veux-tu que j'arrive ? je m'y prends cependant de toutes les manières... Vite, de la fleur d'oranger... des gouttes d'Hoffmann, de l'éther... Heureusement que j'ai ça tout prêt. »

Jeanneton court prendre plusieurs petites fioles, et vient en faire respirer à sa maîtresse. Eugénie la repousse, parce qu'elle a peine à se prêter à ce stratagème, mais la servante lui dit tout bas :

— Il n'y a que ce moyen, madame ; et Eugénie se laisse frotter le nez et les tempes avec de l'éther.

— Si j'allais chercher du monde ? dit Dupont.

— Oh ! ce n'est pas la peine, monsieur, il y aurait là vingt personnes qu'on ne pourrait pas lui faire autre chose.

— Une attaque de nerfs, ce soir ! elle se portait fort bien ce matin...

— Eh ! monsieur, il faut si peu de chose à une jeune femme ; vous lui avez fait peur, c'est sûr, il fallait frapper, monsieur, on n'entre pas comme ça, en sournois, chez le monde...

— Comment, en sournois !... quand je viens chez ma femme...

— Mais, monsieur, je vous ai déjà dit que la nuit nous avons peur des esprits !

— Est-ce que j'ai l'air d'un esprit, moi, Jeanneton ?

— Ah ! il est certain que non, surtout avec vot' bonnet de coton !

— Elle ne rouvre pas les yeux, Jeanneton.

— Oh ! monsieur, elle ne les rouvrira pas tant que vous serez là... la v'là encore malade pour huit jours au moins...

— Ah ! me voilà bien guéri des femmes nerveuses, Jeanneton !...

— Il est certain que, quand on est sensible, ça fait bon de la peine !...

— Allons, veille-la bien, Jeanneton ; je vois qu'il faut encore que j'aille me coucher.

— Allez, monsieur, et ne vous inquiétez pas ; ça ne sera pas plus long qu'à l'ordinaire.

Dupont rentre chez lui, jurant contre sa belle-mère qui lui a caché l'état de sa fille. Il se met au lit ; mais il est tellement contrarié de ce nouvel événement, qu'il ne peut parvenir à fermer l'œil. Après avoir passé plus d'une heure à chercher le sommeil, il se dit :

« Puisque je ne dors pas, retournons savoir comment va ma femme. »

Après son départ, Eugénie s'était levée et était allée dans la chambre de Jeanneton causer de cette nouvelle visite, et on était loin de penser que Dupont reviendrait dans la même nuit. Il revient cependant ; il s'approche doucement du lit de sa femme... elle n'y est pas.

« Ah! mon Dieu! s'écrie l'épicier, qu'est devenue mon épouse? Que lui est-il arrivé?... »

Et il appelle Jeanneton.

Cette voix fait frémir Eugénie et sa bonne; mais celle-ci ne perd pas la tête, elle accourt d'un air effaré auprès de Dupont.

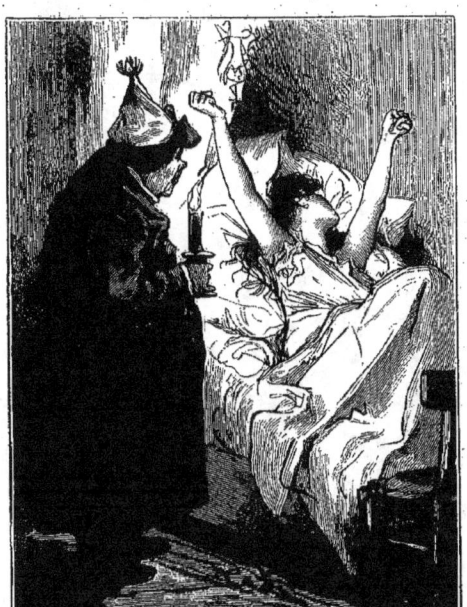

Elle jette un cri perçant au moment où il s'approche.

— Me v'là, monsieur, me v'là...

— Et ma femme!.. où est ma femme?...

— Là-bas, monsieur, dans ma chambre...

— Et pourquoi a-t-elle quitté son lit?...

— Elle se promène là-bas, j'vous dis.

— Elle n'est donc plus malade?

— Ah! c'est ben autre chose à présent.., c'est son autre infirmité qui lui prend...

— Comment!... quelle autre infirmité?...

— Vous le savez ben monsieur... qu'elle a depuis son enfance...

— Depuis son enfance!... mais quoi donc, Jeanneton?

— Pardi, monsieur, depuis son enfance elle est somnambule... et d'une fière force, allez...

— Ma femme est somnambule!... Ah! mon Dieu, voilà bien autre chose.

— Comment, monsieur, vous ne le saviez pas?

— Et comment veux-tu que je le sache, puisque je n'ai pas encore couché avec elle!

— Ah! c'est juste, monsieur; tenez, voulez-vous la voir?... venez avec moi... suivez-moi.

Jeanneton guide son maître dans sa chambre, où Eugénie est assise immobile près d'une table.

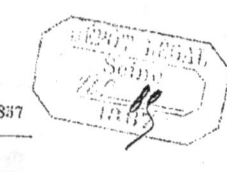

J'ai reçu quelque chose en passant hier dans cette rue. (P. 863.)

— Tenez monsieur, la voilà, dit Jeanneton; voyez-vous, elle a les yeux ouverts...
— C'est, ma foi, vrai.
— Eh bien! elle dort, monsieur.
— Tu es sûre qu'elle dort?
— Appelez-la plutôt, vous verrez si elle vous répond.

Dupont appelle deux fois *son épouse* inutilement.

— Eh ben, monsieur, qu'est-ce que je vous avais dit?

— C'est juste, elle dort...

— Elle est capable de rester deux heures comme ça sans bouger...

— En ce cas, je vais me recoucher, Jeanneton, car je n'aime pas à voir des somnambules.

— Allez, monsieur, moi je suis faite à cela.

L'épicier regagne sa chambre, et, dès qu'il est parti, Eugénie gronde Jeanneton de ce nouveau mensonge, et jure de ne plus employer de pareilles supercheries.

— Alors, madame, vous consentez donc à être sa femme tout à fait?

— Non, Jeanneton; mais je veux agir franchement avec lui, et ne plus employer des moyens qui me forcent à me moquer de mon époux.

— Ma foi, madame, je suis à bout, et le meilleur moyen, le seul moyen qui vous reste à présent, si vous ne voulez pas qu'il vienne vous trouver, c'est de faire mettre des verrous à votre porte.

— Ah! tu as raison, Jeanneton, cela fera connaître à M. Dupont ma dernière résolution; dès demain je fais placer des verrous à toutes mes portes.

— Ça ne le mettra pas, je crois, de trop bonne humeur, mais au moins nous pourrons dormir tranquilles.

Cependant, le lendemain de cette nuit, Dupont va consulter un médecin sur l'état de sa femme, et celui-ci lui dit qu'on n'a pas en même temps des attaques de nerfs et de somnambulisme. Pour le satisfaire il se rend auprès d'Eugénie, et Dupont attend avec impatience le résultat de cette visite. Le médecin sourit en sortant de chez la jeune femme.

— Comment se porte mon épouse? lui demande aussitôt l'épicier.

— Fort bien, je vous assure, répond le docteur, n'ayez aucune inquiétude.

— Fort bien! se dit Dupont, et Jeanneton me disait tout à l'heure qu'elle était fort mal!

L'époux réfléchit, rapproche les circonstances, les événements arrivés depuis quelque temps, et qui l'ont toujours empêché d'approcher de sa femme; il commence à concevoir des soupçons sur la fidélité des histoires que lui conte Jeanneton, et à penser que tout cela se fait d'accord avec Eugénie.

« Elle m'a dit qu'elle ne m'aimait pas; elle m'a même dit qu'elle ne voulait pas... D'après cela, se dit Dupont, je puis bien penser qu'on s'est joué de moi... ce serait un peu fort, par exemple... Mais tous ces retards n'aboutiront à rien, et ma femme verra que je suis son époux. Dès ce soir je vais chez elle, et pour qu'elle ne puisse pas feindre d'avoir peur et d'être surprise, je vais la faire prévenir de mes intentions.

L'épicier appelle aussitôt sa servante :

— Jeanneton, rendez-vous chez mon épouse, et dites-lui que cette nuit je compte aller chez elle... et qu'elle s'y prépare...

— Comment, monsieur...

— Oui, allez ; vous comprenez : cette nuit j'irai la trouver, et j'espère qu'elle n'aura pas d'attaques de nerfs ; dites-lui bien cela...

— Mais monsieur on ne peut pas répondre...

— Allez, Jeanneton ; obéissez et ne répliquez pas.

— J'ai montré du caractère, se dit Dupont quand la servante est partie ; il faut cela avec les jeunes femmes ; je suis sûr que maintenant elle sera très soumise. »

La nuit qui doit amener ce miracle est arrivée. Dupont à l'heure ordinaire, se rend chez sa femme ; mais quand il veut ouvrir la porte, il sent une résistance qui l'empêche d'y parvenir ; il frappe, appelle, pousse la porte, efforts inutiles ; il court à l'autre entrée, du côté de la cuisine, mêmes obstacles ; partout les verrous sont mis.

« Ah ! pour le coup, c'est trop fort, s'écrie Dupont ; elle a fait mettre des verrous !... elle croit que cela se passera comme ça, et que je m'accommoderai de cette manière de vivre ! Non pas, non pas ; dès demain, puisqu'on m'y contraint, j'emploierai les grands moyens ! j'irai chez monsieur le commissaire ! »

XXV

LE MARI ET LE COMMISSAIRE

Le nouvel expédient mis en usage par Eugénie, pour empêcher son mari d'entrer dans sa chambre, a fait sortir Dupont, de son caractère : il est décidé à employer les voies de droit pour triompher de la rigueur de sa femme. L'épicier a la tête exaspérée ; il se promet de montrer de la fermeté ; sa belle-mère ne lui donne jamais raison ; ce n'est donc plus à elle qu'il veut se plaindre, c'est chez le commissaire de son quartier qu'il se rend le lendemain matin.

L'antichambre de M. le commissaire est encombrée par une foule de gens qui ont des plaintes à porter. On se plaint si souvent !... Les hommes sont rarement contents de leur sort : celui qui obtient tout ce qu'il désire se plaint encore ; celui qui n'obtient pas se plaint bien davantage.

Se plaindre est le refrain continuel des marchands, des commerçants, des négociants, des libraires surtout... La moitié du monde rit de l'autre, dit-on, mais les trois quarts du genre humain se plaignent des circonstances; chez bien des gens c'est une habitude; et comme, non content de se plaindre, on cherche à passer son humeur sur quelqu'un, de là naissent les disputes, les querelles et les visites à M. le commissaire. Si l'on en établissait qui fussent chargés seulement de recevoir les déclarations de gens contents, satisfaits et disant du bien de leurs voisins, ceux-là seraient fort tranquilles et pourraient se passer d'adjoints.

Dupont, malgré son impatience, est donc forcé de s'asseoir dans un coin de la salle, et d'entendre les plaintes des autres avant de porter la sienne. Ce n'est pas une petite affaire que d'entendre des gens qui tous veulent avoir raison.

L'antichambre de M. le commissaire est encombrée.

— Monsieur le commissaire, dit une vieille femme assez mal vêtue, je viens me plaindre d'une voisine qui a un chien qu'elle laisse toujours entrer dans mon appartement, où il fait ses ordures comme chez lui, monsieur le commissaire.

— Il faut le battre quand vous l'y trouverez, madame.

— Mais il mord, monsieur le commissaire; il est très méchant; d'ailleurs, j'ai peur des chiens, moi; surtout des barbets.

— Fermez votre porte, madame, les chiens n'entreront pas chez vous.

— Que je ferme ma porte!... c'est bien aisé à dire... j'aime à voir passer le monde, moi!

Et la vieille s'en va en jurant qu'elle fera donner congé à sa voisine.

— Monsieur le commissaire, dit un grand gaillard tenant un fouet à la main, je viens me plaindre de monsieur que v'là, qui ne veut me donner que vingt et un sous pour ma course de cabriolet.

Le monsieur dont se plaint le cocher est un homme d'une cinquantaine d'années, bien frisé, bien cravaté, mais dont l'habit et la culotte sont un peu râpés, et qui, toutes les fois qu'il parle, sourit pour montrer ses dents.

— Monsieur, dit-il au commissaire, ce drôle-là...

— Point d'injures, monsieur.

— Je voulais dire ce drôle de cocher que voilà ne vous explique pas bien l'affaire... Je l'ai pris à la barrière du Trône pour aller jusqu'au carré Saint-Martin...

— Oui, et je dis qu'elle est bonne, la course, et vous aviez avec vous une petite mère qui pesait deux cents au moins ; mon cheval ne pouvait plus tirer.

— Si votre cheval est une rosse, ce n'est pas ma faute...

— Une rosse !.. Cocotte une rosse !... Ah ! all'ira plus loin que vous...

— Allons, monsieur, au fait...

— Le fait, monsieur le commissaire, c'est que je croyais que la course de cabriolet n'était que de vingt sous ; donc, en lui en donnant vingt et un, c'était encore un sou pour boire, ce qui est bien honnête...

— Oui, c'est du gentil ! faites-vous donc rouler depuis la barrière du Trône pour ça ; il est généreux, le paroissien !...

Mon mari m'a battue.

— Enfin, monsieur le commissaire, je veux le payer, il me jette mon argent au nez.

— C'est-à-dire que je veux ma course, qui est de vingt-cinq sous au tarif, et qu'on paye trente quand on a de l'*inducation*.

— Or, ce drôle... ce misérable...

— C'est bien plutôt vous qu'êtes un misérable !...

— Allons, allons, point de personnalités.

— Au lieu de me dire que sa course est de vingt-cinq sous, il me dit des injures, il invective la dame qui était avec moi; alors, monsieur le commissaire, je prends le parti de ne point le payer du tout, ce que j'aurais fait sur-le-champ s'il avait été honnête.

— Tout ça n'est pas vrai; monsieur le commissaire; il n'a jamais voulu me donner pus de vingt et un sous, et encore, pour les faire, il a emprunté dix sous à la particulière qui l'accompagnait; i' n'pouvait pas me payer ma course, et il a trouvé pus court de ne rien me donner. Mais on ne prend pas une voiture quand on n'a que onze sous dans sa poche.

— Taisez-vous, drôle, impertinent !

Le commissaire met fin aux débats en engageant le monsieur à payer les vingt-cinq sous au cocher, et en ordonnant à celui-ci d'être plus poli à l'avenir. Le monsieur, après avoir fouillé dans toutes ses poches, finit par emprunter quatre sous au commissaire, et se retire, accompagné des rires moqueurs de l'assemblée.

Monsieur le commissaire, dit une jeune fille, on ne veut pas que je mette des pots sur ma fenêtre; ce n'est qu'un petit myrte si gentil, que mon petit cousin m'a donné !... un myrte, ça ne peut tuer personne, monsieur le commissaire...

— Monsieur le commissaire, j'ai des voisins qui dansent toujours, dit une grande femme jaune et sèche, ils font un train d'enfer,.. à onze heures et demie ils ne sont pas encore couchés... C'est un bruit, un tapage, et ils ont des enfants si insupportables, qu'ils jouent et chantent continuellement dans l'escalier, où ils marchent à chaque instant sur les pattes de mon Azor.

Plaignez-vous au propriétaire, madame...

— Eh ! monsieur le commissaire, mon propriétaire est un homme fort ridicule !... il aime les enfants !...

— Monsieur le commissaire, mon mari m'a battue, dit en pleurant une jeune femme en tablier et coiffée en mouchoir.

— Avait-il quelque motif de colère ?...

— Bah ! des motifs ! laissez-donc !... il dit ça !... parce que son souper n'était pas prêt... parce que je ne savais pas l'heure... parce que j'étais entrée chez notre voisin le doreur... parce qu'il me montrait son cadran solaire .. et v'la tout, monsieur le commissaire...

— Est-ce que votre mari vous avait défendu d'aller voir le cadran solaire du voisin?...

— Je crois que oui, monsieur le commissaire... mais il fallait ben que j'y allasse... pour me régler, monsieur le commissaire, et celui de mon mari ne va plus; v'la plus de quinze jours que sa grande aiguille ne veut pas bouger... si bien qu'i m'a cassé les jambes avec un manche à balai... et qu'i m'a dit qu'i' me ferait encore aut'chose... hi! hi! hi! et je vous prie de le faire prendre, monsieur le commissaire.

— Monsieur le commissaire, dit d'une voix plaintive un homme déguenillé, s'appuyant sur une béquille, et ayant un emplâtre noir sur un œil, on vient de m'écraser... Sans le secours des passants je restais sur place!...

— Il me semble que c'est la troisième fois depuis un mois!...

— C'est vrai, monsieur le commissaire ; je suis bien malheureux depuis quelque temps, toutes les voitures bourgeoises me passent sur le corps.

— Monsieur le commissaire, dit un jeune homme, j'ai reçu quelque chose... en passant hier au soir dans cette rue-ci. Je donnais le bras à une dame; mon habit et son chapeau ont été arrosés... cela venait du troisième, de chez madame.

— Monsieur, répond la dame accusée, vous criez pour peu de chose, ce n'était que de l'eau.

— De l'eau! madame, et mon habit est tout taché.

— Si votre habit est mauvais teint, ce n'est pas ma faute.

— Monsieur le commissaire, si vous vouliez flairer...

— On flairerait pendant deux heures ; je vous dis que c'est de l'eau virginale dont je me sers tous les soirs.

— Monsieur le commissaire, dit d'une voix aigre une petite femme d'une soixantaine d'années, je viens vous demander justice et vengeance...

— Ah! mon Dieu, madame!

— Je suis outragée... Je suis injuriée... Je suis attaquée dans ce que j'ai de plus cher... Hier au soir, monsieur le commissaire, un grossier personnage... un manant, un rustre, comme je passais dans la rue Saint-Martin... et fort vite, je vous assure, car je sais que les femmes ne sont pas en sûreté dans les rues de Paris... Eh bien! monsieur le commissaire, un audacieux, lui, marchait derrière moi, s'est avancé... et m'a pincée... vous devinez où, monsieur le commissaire!... Ah! Dieu!... j'ai manqué me trouver mal, je me suis approchée d'une boutique fort éclairée... Alors le traître s'est avancé encore, m'a regardée et s'est sauvé, monsieur le commissaire, mais je le reconnaîtrais entre mille : je viens vous donner son signalement, et je vous prie de faire faire des perquisitions pour qu'il soit arrêté.

— Monsieur le commissaire, on m'a cassé ma marchandise ! crie l'un.
— On m'a volé un mouchoir, dit l'autre.
— On m'a brisé ma lanterne !
— On a cassé mes vitres.
— Monsieur m'a appelé voleur !
— C'te gueuse-là m'a appelée coquine !...
— On m'a vendu une poudre pour les dents qui me les fait tomber.
— On m'a volé mon chien !
— On veut me faire payer une chose que je ne dois point.
— Mon portier m'a laissé coucher dans la rue !...
— Mon mari se grise.
— Ma femme couche en ville.

De tous côtés on crie, on parle, on veut être écouté ; ce n'est pas sans peine que le commissaire tâche de calmer les uns et de consoler les autres.

Enfin le tour de Dupont est arrivé ; il s'avance d'un air mystérieux vers le commissaire et demande à lui parler en secret. La figure, le ton singulier, la voix altérée de l'épicier font présumer au commissaire qu'il s'agit de quelque affaire très grave, et il s'empresse de passer avec lui dans une autre pièce, en donnant l'ordre qu'on ne vienne pas le déranger.

— De quoi s'agit-il, monsieur? dit enfin le commissaire à l'épicier. Celui-ci cherche de quelle manière il pourrait expliquer décemment son affaire à la justice, et le dialogue suivant s'établit entre eux.

Dupont. — Je viens, monsieur le commissaire, pour un cas fort grave... pour un fait qui intéresse le repos des époux...

Le commissaire. — Voyons, monsieur, veuillez vous expliquer, je vous prête la plus grande attention.

Dupont. — Je suis marié, monsieur le commissaire.

Le commissaire. — Je vous en félicite monsieur.

Dupont. — Vous êtes bien honnête !... il n'y a guère que six semaines, monsieur le commissaire ; et vous sentez que je suis près de ma femme...

Le commissaire. — *Cum ardore et impetu*. Je comprends, monsieur...

Dupont. — *Impetu*... Oui, monsieur le commissaire... Enfin... j'ai pris une femme... ce n'est pas pour rester garçon, monsieur le commissaire...

Le commissaire. — Au fait, monsieur, s'il vous plaît.

Dupont. — Le fait, monsieur le commissaire, c'est que, depuis que je suis marié... c'est cependant comme si je ne l'étais pas, c'est absolument la même chose ; c'est cassonade ou sucre bis !

Le commissaire. — Je ne vous entends pas, monsieur.

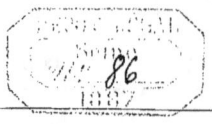

Vous moquez-vous de moi, monsieur ? (P. 865.)

— Dupont. — Monsieur le commissaire, ma femme ne veut pas..
— Le commissaire. — Quoi, monsieur?
— Dupont. — Quoi?... Vous savez bien!...
— Le commissaire. — Allons, monsieur, au but...
— Dupont. — Oui, au but, justement, je ne peux pas y arriver depuis six semaines!...
— Le commissaire. — Vous moquez-vous de moi, monsieur?

— Dupont. — Non, monsieur le commissaire, c'est ma femme qui se moque de moi.

— Le commissaire. — Aurez-vous bientôt fini, monsieur. Parlez clairement ou retirez-vous.

— Dupont. — Il me semble que c'est assez clair !... Je suis marié depuis six semaines, monsieur le commissaire... et je n'ai pas encore passé la nuit près de ma femme...

— Le commissaire. — Et voilà l'affaire grave pour laquelle vous venez me trouver ?...

— Dupont. — Ça me paraît assez *conséquent*, à moi !

— Le commissaire. — Eh! morbleu, monsieur, couchez tant qu'il vous plaira avec votre femme, et ne venez plus me déranger pour cela.

— Dupont. — Que j'y couche tant qu'il me plaira!... ça vous est facile à dire, monsieur le commissaire ; mais puisque mon épouse ne le veut pas...

— Le commissaire. — Elle ne veut pas cohabiter avec vous ?...

— Dupont. — Pardon, monsieur le commissaire, comment appelez-vous cela ?

— Le commissaire. — Cohabiter, monsieur.

— Dupont. — Ah! on appelle cela cohabiter? Je ne savais pas... Eh bien! c'est cela même, voilà mon cas, monsieur le commissaire ; ma femme ne veut pas, à ce qu'il paraît, que je cohabite avec elle, et c'est pour cela que je suis venu vous trouver, car ayant pris une épouse pour... cohabiter...

— Le commissaire. — Ma foi, monsieur, c'est la première fois qu'on vient me consulter pour une circonstance semblable !... et je ne vois pas trop ce que je puis faire pour vous.

— Dupont. — Comment, monsieur, est-ce qu'il n'y a pas de loi? Est-ce qu'une femme n'est point forcée de... ?

— Le commissaire. — Nous avons dans le titre V du Code civil, traitant du mariage, le chapitre VI : *Des droits et des devoirs respectifs des époux*, article 212, où il est dit : *Les époux se doivent mutuellement fidélité, secours, assistance;* article 213 : *Le mari doit protection à sa femme, la femme obéissance à son mari.*

— Dupont. — Obéissance !... Ah! monsieur le commissaire, ma femme aura oublié cet article-là !...

— Le commissaire. — Enfin, l'article 214, où il est dit formellement : *La femme est obligée d'habiter avec le mari et de le suivre partout où il juge à propos de résider...*

— Dupont. — Pour habiter, nous habitons bien le même logement...

mais, pour me suivre, elle n'en fait rien, monsieur le commissaire, car je sors très souvent, elle ne veut pas quitter sa chambre.

— Le commissaire. — *Le mari est obligé de la recevoir et de lui fournir tout ce qui lui est nécessaire pour les besoins de la vie, selon ses facultés et son état.*

— Dupont. — Tout cela veut-il dire qu'elle doit cohabiter avec moi ?

— Le commissaire. — Eh ! sans doute, monsieur, n'entendez-vous pas : *La femme est obligée d'habiter avec son mari ?*

— Dupont. — Bon, bon, j'entends… Alors, monsieur le commissaire, que me conseillez-vous ?

— Le commissaire. — Lisez le Code civil à votre femme, article 214.

— Dupont. — Cela suffit, monsieur le commissaire… je le lui lirai dès aujourd'hui. Mais cependant, si cela n'y faisait rien…

— Le commissaire. — Alors, monsieur… je ne sais trop comment… Mais ce n'est sans doute qu'un caprice de madame votre épouse… Elle peut avoir des motifs… C'est fort singulier, monsieur !… Est-ce une veuve que vous avez épousée ?

— Dupont. — Non, monsieur le commissaire, c'est une demoiselle…

— Le commissaire. — Et elle n'a point de difformités ?

— Dupont. — Elle est jolie comme vous et moi, monsieur le commissaire.

— Le commissaire. — Il ne faut pas se fier aux apparences, monsieur ; quelquefois les beautés les plus séduisantes cachent les disgrâces de la nature !

— Dupont. — Ah ! mon Dieu, monsieur le commissaire, est-ce que ma femme aurait une disgrâce ?…

— Le commissaire. — Je ne dis pas, monsieur… mais… *Latet anguis in herba.*

— Dupont. — Je ne sais pas si elle a *la tête anguis*, monsieur le commissaire, mais elle est furieusement entêtée. Enfin, je vais lui lire le Code civil… et si elle ne me cache pas quelque… disgrâce, comme vous le disiez fort bien tout à l'heure, je me flatte que… D'ailleurs, vous pourrez lui envoyer une *citation*, n'est-ce pas, monsieur le commissaire ?

— Le commissaire. — Oui, monsieur ; mais il faut espérer que nous n'en viendrons pas là. Tôt ou tard une femme se rend à la douceur, à la patience et aux bons procédés…

— Dupont. — Et aux articles 213 et 214, que je vais apprendre par cœur. J'ai l'honneur de vous saluer, monsieur le commissaire.

Dupont sort du cabinet de l'homme de loi, et, avant de rentrer chez lui, s'empresse d'aller acheter le Code civil.

XXVI

RETOUR D'ADOLPHE. — LE JOLI MÉNAGE

Nous avons laissé Adolphe pleurant son père, dont la mort lui enlève le seul ami qu'il avait au monde, le seul être près duquel il pouvait trouver des consolations, de sages avis, et connaître les doux épanchements de l'amitié, sentiment si beau, et que l'on rencontre si peu chez les hommes! Que de gens vivent et meurent sans avoir eu un ami!... L'amitié est aussi rare que l'amour est commun.

Mais un bon père est le premier ami que nous donne la nature ; quels regrets ne doit-on pas éprouver en le perdant, surtout lorsqu'une douce intimité en a fait le confident de nos peines et de nos plaisirs :

> On remplace un ami, son épouse, une amante,
> Mais un vertueux père est un bien précieux
> Qu'on ne tient qu'une fois de la bonté des dieux!

Il presse sa marche.

Heureux encore d'avoir pu adoucir les derniers moments de l'auteur de ses jours, et fier d'avoir été son gardien, son appui, d'avoir jusqu'au terme fatal rempli les devoirs d'un bon fils, Adolphe sent bientôt une douce mélancolie remplacer la douleur amère qui l'accablait, il n'oublie pas son père, il y pense souvent, mais ce souvenir a pour lui des charmes, car il peut se dire : « Jamais mon père n'a eu à se plaindre de son fils. » Il emploie quelques jours à se défaire du modeste mobilier de M. Dalmont. Ayant réalisé son petit héritage, il va saluer la tombe de son père, et reprend le chemin de Paris. Il y a un peu plus de deux mois qu'il est parti, et il est loin de se douter de tout ce qui s'est passé pendant son absence. Le silence de Jeanneton le surprend ; mais il présume que, les choses étant encore telles qu'il les a laissées à son départ, la bonne n'a pas cru devoir lui écrire.

Cependant, en approchant de Paris, il est moins tranquille, de nouvelles craintes agitent son cœur. Pourra-t-il revoir son Eugénie? Est-elle toujours renfermée aussi sévèrement? Trouvera-t-il le moyen de parvenir jusqu'à elle?... Telles sont les questions qu'il s'adresse ; et plus son inquiétude augmente, plus il presse sa marche pour arriver à Paris. Il est enfin dans la capitale ; son premier soin est de se diriger vers la demeure de son Eugénie, sans savoir encore s'il lui sera possible de l'apercevoir, d'apprendre quelque chose ; il sait qu'il verra la maison qu'elle habite, et, pour un amant, c'est déjà beaucoup.

Adolphe entre dans la rue Saint-Martin. Comme son cœur bat en approchant de la boutique de passementerie!... C'est là... Il va la voir peut-être... Depuis deux mois on a dû lui rendre la liberté... Il regarde à travers les carreaux... il ne la voit pas... il repasse encore... il s'arrête plus longtemps... il n'aperçoit que Bidois et Mme Moutonnet assis dans les comptoirs.

« Eh quoi! se dit Adolphe, toujours la même sévérité!... Pauvre Eugénie... et c'est moi qui suis cause!... Si je pouvais rencontrer Jeanneton! Il faut attendre la nuit!... Toujours attendre! Et ce soir, serai-je plus heureux?... Il me semble qu'il y a un siècle que je ne l'ai vue, et je suis bien sûr qu'elle éprouve cela comme moi!... Allons questionner ma bonne femme, et savoir si elle a remis la lettre à Jeanneton, ensuite j'irai me chercher une chambre quelque part!... car je ne veux plus loger dans celle... Non, non, je ne veux plus du voisinage de Mlle Zélie! Les hommes sont si faibles!... si!... mais je saurai ne plus l'être!... Je dois être fidèle à mon Eugénie!... »

Avant de s'éloigner, Adolphe veut encore passer une fois devant la boutique et y jeter un dernier regard. Bidois, qui a reconnu le jeune homme regardant au travers des carreaux, quitte sa plume et son grattoir, et vient, d'un air goguenard, se placer sur le seuil de la porte, où, sans oser regarder Adolphe, il tâche, en se pinçant les lèvres et en prenant une prise de tabac, de donner à sa physionomie une expression maligne et moqueuse.

Les grimaces de Bidois attirent l'attention d'Adolphe; il brûle de le questionner, mais il n'ose, et, après avoir cherché un moment à lire dans les yeux du vieux commis, il s'éloigne rapidement, tandis que Bidois retourne à ses calculs, enchanté de ce qu'il vient de faire.

Adolphe court chez la portière qui s'est chargée de sa lettre pour Jeanneton. Elle fait un cri en apercevant le jeune homme.

— Comment! vous v'là, monsieur?... Ah! vous avez été bien longtemps absent!...

— Je ne pouvais quitter mon père, madame Remy... et il est mort dans mes bras...

— Pauvre cher homme!... Et de quoi est-il mort?

— Je vous conterai cela plus tard, madame Remy; mais, de grâce vous allez me dire si vous avez remis à Jeanneton ce billet...

— Vot' lettre? Oui, monsieur; oh! j'lui ai donnée à elle-même le soir de vot' départ?...

— Ah! je vous remercie; me voilà plus tranquille!... Et quelles nouvelles dans ce quartier, madame Remy? chez M. Moutonnet?...

— Quelles nouvelles? Ah! ma foi, depuis six semaines il n'y a rien eu de nouveau!

— Depuis six semaines! Est-ce qu'à cette époque il s'est passé quelque chose d'extraordinaire?

— Mais le mariage de Mlle Eugénie, v'là tout.

— Le mariage d'Eugénie?

— Oui... le mariage... Mais qu'avez-vous donc, monsieur? Comme vous pâlissez!...

— Non, non, ce n'est rien... mais vous vous trompez sans doute, madame Remy, ce ne peut être d'Eugénie... de la fille de M. Moutonnet que vous voulez parler?...

— Mais si, monsieur, Mlle Eugénie Moutonnet. Pardi! je la connais bien! Le mariage s'est fait à Saint-Nicolas... Asseyez-vous donc, monsieur. Comme vous tremblez!... Vous allez vous trouver mal, c'est sûr... Buvez un peu d'eau... un peu de vin...

— Non... non, madame... ce n'est rien... je me sens mieux... cela va se passer.

— Pauvre jeune homme! ça me fait peur de le voir comme ça!... C'est un étourdissement... la fatigue peut-être... Ces jeunes gens vont si vite... on a chaud, et puis...

— Oui, madame... c'est un étourdissement... mais cela se dissipe.. Et quelle est la personne qui a épousé Mlle Eugénie?

— M. Dupont, épicier rue aux Ours... Un gros, court, l'air un peu bête... Vous devez l'avoir vu...

— Oui, oui, je le connais... Ils sont mariés... depuis six semaines, dites-vous?

— Oui, monsieur; oh! c'est une noce qui a fait assez de bruit; on avait mis des bouquets aux têtes et aux queues des chevaux : vous entendez ben que tout le monde voulait voir ça !... Et puis le marié, M. Dupont, avait une figure si drôle...

— Je vous remercie, madame Remy, je n'en veux pas savoir davantage...

— Vous vous en allez, monsieur?... et v'ot paquet?...

— Gardez-le encore, si cela ne vous gêne pas...

— Oh! du tout, monsieur; et vous ne voulez rien faire dire à mam'zelle Jeanneton? Elle est maintenant en service chez Mme Dupont; elle n'a pas quitté sa jeune maîtresse.

— Chez Mme Dupont!...

— Oui, monsieur, chez l'épicière.

— Chez... Adieu, madame Remy.

— Vous ne voulez pas que je lui dise rien? Je la vois rarement; mais, pour vous obliger, je...

— Non, non, je n'ai plus rien à lui dire; je vous remercie.

Adolphe sort de chez la portière, et s'éloigne de la rue Saint-Martin, sans passer cette fois devant la boutique de Mme Moutonnet. Il marche précipitamment, et sans avoir de but, sans savoir où il va; il ne cherche maintenant qu'à s'éloigner de la demeure d'Eugénie, il la fuit avec autant d'empressement qu'il en mettait à s'en rapprocher quelques heures auparavant.

La nuit est venue, Adolphe marche toujours, une seule pensée l'occupe : elle est mariée !... A chaque minute il se redit ces mots, et il a peine encore à se persuader qu'une erreur ne l'abuse point, que ses oreilles ne l'ont point trompé. Cependant les détails que lui a donnés la portière ne peuvent lui laisser aucun doute; et, d'ailleurs, cette union n'était-elle pas projetée, ne devait-elle pas se faire?... Comment espérait-il l'empêcher? Il n'en sait rien lui-même, mais Eugénie lui avait juré de n'être qu'à lui !... Eugénie si tendre, si aimante, si sincère... a pu oublier Adolphe pour épouser Dupont! Il ne se dit pas : On a pu l'y contraindre, il fallait obéir à ses parents, elle n'avait aucune force pour résister.

Il ne se dit rien de cela; car la jalousie rend injuste ; et, loin de chercher maintenant des motifs pour excuser Eugénie, il l'accuse, il l'accable de reproches, il ne lui voit que des torts, et ne songe pas aux larmes qu'elle a pu répandre, aux tourments qu'elle a dû éprouver ; mais l'amour est égoïste, il veut qu'on lui sacrifie tout, et ne tient aucun compte des pleurs qu'il fait verser.

« Que les femmes sont perfides! se dit Adolphe; épouser ce Dupont qu'elle disait détester!... A peine suis-je éloigné, et elle cède! et elle se marie! elle oublie tout ce qu'elle m'a promis à notre dernière entrevue!... Et alors combien elle paraissait m'aimer!... »

Tout en marchant, Adolphe se trouve, sans savoir comment, au bord de la rivière, auprès de Bercy. Ses jambes refusent d'aller plus loin, il s'assied à terre, en descendant au bord de l'eau. Un jeune homme et une femme sont assis un peu plus loin se tenant tendrement entrelacés. Le murmure de l'eau, le silence de la nuit, le vent qui souffle, la solitude du lieu, inspirent à Adolphe les plus tristes pensées et ajoutent à ses tourments. Pour le couple amoureux assis un peu plus loin, le bruit de l'eau est plein de douceur, le silence de la nuit a des charmes, le vent est un zéphir qui les caresse, et la solitude convient à leur tendresse et rassure leur amour.

Un jeune homme et une jeune femme sont assis.

Tout ce qui nous environne prend la couleur des sensations de notre âme, et ce qui charme l'homme heureux attriste quelquefois les regards du pauvre. Nos yeux voient les beautés de la nature ; mais notre cœur seul les sent, et un cœur souffrant se laisse difficilement charmer.

Les deux amants se donnent un baiser... Adolphe l'entend, il se lève, s'éloigne à grands pas : il ne peut plus supporter le tableau de l'amour heureux.

Des idées sinistres s'emparent de son esprit ; il conçoit le projet de chercher au fond de l'eau la fin de ses tourments. Il s'arrête morne, pensif, devant cette eau qui coule à ses pieds... Il la regarde d'un œil sec, et déjà son âme s'élance dans l'immensité.

« Que ferai-je encore sur la terre? dit-il en souriant à l'idée du trépas. Elle ne m'aime plus... elle est à un autre... elle ne peut plus être à moi !... J'ai perdu mon père !... je n'ai plus personne qui m'aime !... »

Adolphe se laisse conduire. (P. 874.)

Et Adolphe fait un mouvement pour s'élancer dans l'eau... mais des bras l'entourent, le saisissent, le retiennent... Il se sent entraîné par deux personnes dont l'une ne quitte pas son bras, tandis que l'autre mouille sa main de larmes.

— Ah! monsieur! que faites-vous, qu'allez-vous faire? lui dit une voix douce et émue; mourir! mourir si jeune... vous abandonner au désespoir. Ah! c'est bien mal, monsieur! Est-ce qu'il n'y a pas une Providence? Est-ce qu'il faut jamais en douter?... Ah! c'est bien mal!... Dis-lui, Charles, dis-lui donc que c'est affreux de vouloir se tuer.

— Allons, monsieur, dit l'autre personne, revenez à vous; chassez ces idées-là... et reprenez courage... Si c'est le besoin, la misère... ah! nous ferons pour vous tout ce que nous pourrons!... Songez, monsieur, à vos parents, à votre mère...

— Je n'ai plus de parents... je n'ai point d'amis... Une seule femme... mais elle ne m'aime plus...

— Eh bien! monsieur, nous vous aimerons, nous serons vos amis, nous, n'est-ce pas, Charles? Et vous verrez que vous n'avez pas tout perdu!...

Adolphe regarde les personnes qui lui parlent : c'est un jeune homme de vingt ans, dont le costume annonce un simple artisan ; c'est une femme qui en paraît à peine seize, et vêtue en modeste ouvrière. Ce sont eux qui étaient assis non loin d'Adolphe ; ils l'ont vu se lever précipitamment; sa démarche, le désordre de sa mise, les mots entrecoupés qui lui échappaient, ont fait naître en leur cœur un secret pressentiment. Ils ont suivi Adolphe et sont arrivés assez à temps pour l'empêcher d'accomplir son fatal dessein. Les jeunes gens entourent Adolphe, lui serrent les mains, le regardent avec le plus touchant intérêt. Adolphe, ému, attendri, sent qu'il peut encore éprouver de doux sentiments ; sa poitrine se gonfle, un torrent de larmes s'échappe enfin de ses yeux et le jeune couple mêle ses pleurs aux siens.

— Dites, ah! dites-moi, monsieur, que vous ne songez plus à la mort... que vous ne voulez plus mourir, dit la jeune femme à Adolphe, que vous n'aurez plus de ces vilaines pensées-là!

— Non... non, mes amis,... mes bons amis!... Vous venez de me faire sentir que mon cœur peut encore éprouver quelques douces sensations sur la terre... Hélas! je ne le croyais plus!... Mais les larmes que vous m'avez fait répandre viennent de me soulager...

— Pleurez!... ah! pleurez, cela fait du bien!...

— Venez avec nous, monsieur, vous nous conterez vos peines, cela les adoucira.

— Oh! tu as raison, Charles, il ne faut pas qu'il nous quitte cette nuit ; il restera chez nous... D'ailleurs, il nous a appelés ses amis, il verra que nous sommes dignes de l'être.

Le jeune homme et sa compagne prennent chacun un bras d'Adolphe et on se met en marche. Adolphe se laisse conduire ; son cœur, plein de reconnaissance pour l'intérêt que lui témoignent ces jeunes gens, se sent déjà disposé à les aimer.

— Nous ne sommes pas bien riches, dit en route la jeune femme à Adolphe. Charles, mon mari, est graveur, et moi je brode ; mais nous sommes bien heureux !...

— Vous êtes mariés, dit Adolphe en les regardant tous deux avec surprise.

— Oui, monsieur, il y a bientôt cinq mois !... Ah ! monsieur est peut-être étonné de nous avoir vus, Charles et moi, assis tout seuls au bord de l'eau... mais nous sommes si bien ensemble dans les endroits solitaires... nous aimons tant à nous parler d'amour, que nous ne nous promenons pas où il y a du monde ; v'là pourquoi on nous prend encore pour des amants... Mais, quoique mariés, nous le serons toujours, n'est-ce pas, Charles ?

— Oui, ma chère Louise ; est-ce que l'on peut se lasser d'être heureux ?

Adolphe admire l'union de ces jeunes époux et soupire en songeant à Eugénie : c'est comme cela qu'il espérait vivre avec elle !...

On arrive rue Saint-Paul : c'est là que demeurent les jeunes gens. Ils font monter Adolphe à un quatrième étage, et il entre dans un petit logement bien simple, mais arrangé avec goût, et où règnent partout l'ordre et la propreté. On le fait asseoir ; et pendant que le jeune homme fait du feu dans une cheminée, la jeune femme dresse une table, prépare un souper frugal ; en un moment, tout cela est terminé, et Adolphe se trouve assis à table entre ses nouveaux amis.

— Eh bien ! lui dit Louise en lui prenant la main, ne trouvez-vous pas encore quelques charmes à l'existence ?

— Ah ! mes amis, dit Adolphe en les regardant avec attendrissement, je sens maintenant combien j'étais coupable ; tant que l'honneur nous reste, on ne doit point disposer de sa vie !... C'est une lâcheté de ne point savoir souffrir ; je rougis de ma faute !... Et quand vous saurez que c'est pour une femme...

— Ah ! monsieur, cela n'est pas raisonnable, dit Charles

— Quoi ! c'est pour une femme !... dit Louise, ah ! c'est différent... je vous pardonne alors... quoique cela soit toujours une folie ; mais c'est bien d'aimer quelqu'un comme cela... Ah ! c'est très bien !... Cependant se tuer... c'est trop fort, car il n'y a plus d'espérance alors, et tenez, en amour, il faut toujours en avoir... Mais contez-nous vos chagrins, vos peines... ne nous cachez rien...

Adolphe fait le récit de ses amours, il n'omet rien depuis la Saint-

Eustache jusqu'à son retour de Senlis. Le jeune couple l'écoute avec attention.

— Ah! c'est bien mal, dit Charles, de s'être mariée malgré tout ce qu'elle vous avait promis ; oubliez-la, monsieur Adolphe, oubliez-la, il faut suivre son exemple.

— Mais cependant, dit Louise, si on a forcé cette pauvre Eugénie... si sa mère l'a voulu, que vouliez-vous qu'elle fît?... Une jeune fille ne fait pas ses volontés... et puis vous n'étiez pas là!

— Mais, ma chère amie, on aurait dû lui écrire, puisque Jeanneton le savait à Senlis...

— Oui, mais il n'aurait pas quitté son père mourant... n'est-ce pas, monsieur Adolphe?...

— Oh! sans doute ! Tenez, mes amis, je vais tâcher de l'oublier...

— Vous feriez bien, dit Charles, une femme qui en épouse un autre ne mérite pas nos regrets!... Vous en trouverez mille qui vous consoleront.

— Fi! monsieur Charles, que c'est vilain ce que vous dites là! dit Louise à son mari ; si on m'avait forcée d'en épouser un autre que toi, tu te serais donc bien vite consolé...

— Oh! non... mais... Enfin, tu veux donc qu'il se chagrine constamment?

— Je veux... je veux... qu'il l'oublie, oui... mais qu'il l'aime toujours un peu.

— Vous n'avez pas de logement pour ce soir, dit Charles, vous coucherez chez nous... Louise, ôte un matelas de notre lit, et mets-le dans cette pièce-ci...

— Oui, tout de suite.

— Mais cela vous gênera, mes amis ! dit Adolphe.

— Nous gêner!... Au contraire, cela nous fait plaisir de vous garder plus longtemps...

— Je coucherai sur une chaise, je ne veux pas que vous détassiez votre lit...

— Oh! notre lit est toujours assez doux, dit Louise en souriant.

Et en un instant le lit est préparé. Les jeunes gens souhaitent le bonsoir à leur nouvel ami et l'engagent à prendre du repos. Ils se retirent dans leur petite chambre à coucher, qui est pour eux le temple du bonheur, et Adolphe se dit en soupirant : « Le joli ménage!... »

Le lendemain matin, Adolphe, que la fatigue d'une longue route et les secousses de la veille ont enfin endormi, voit à son réveil Louise qui travaille déjà à côté de son mari.

— Je vais vous quitter, mes bons amis, dit Adolphe, mais je vous demande la permission de venir vous voir souvent ; le tableau de votre bonheur et votre amitié seront désormais mes plus douces jouissances.

— Ah! nous l'espérons bien que vous viendrez nous voir. Ce serait beau de nous oublier!... Qu'allez-vous faire maintenant, dit Charles, avez-vous besoin d'argent? Je n'en ai guère, mais cependant je puis encore partager avec vous.

— Je n'en ai pas besoin, mes amis ; mon modeste héritage, réuni à ce qui me restait, me fait encore possesseur de près de six cents francs : avec cela, vous le voyez, je puis attendre que j'aie trouvé un emploi, et je vais d'abord louer un petit logement...

— Ah ! tâchez que ce soit près de nous.

— Bah!... dit tout bas Louise, je gage bien que ce sera près d'Eugénie!...

Adolphe embrasse ses nouveaux amis, leur promet de les revoir bientôt, et les quitte moins malheureux que la veille.

Il apprenait par cœur les articles 212, 213 et 214.

— Maintenant, se dit-il, je sais qu'il y a encore des cœurs qui répondent au mien.

XXVII

ENTREVUE DEVANT TÉMOINS

Après avoir vu des logements dans le Marais, où il les trouve trop tristes, dans la Chaussée-d'Antin, où il les trouve trop chers, et dans le faubourg Saint-Germain, où il se trouve trop éloigné de ses jeunes amis,

Adolphe revient vers ce quartier qu'il a juré de fuir ; il tourne et retourne dans la rue Saint-Martin près de la rue aux Ours, puis il dit :

— Que m'importe qu'elle demeure de ce côté ? J'espère bien ne jamais la rencontrer ; mais il ne faut pas, à cause de cela, m'éloigner d'un quartier qui m'est commode... où j'ai mes habitudes, où, par quelques connaissances, j'espère trouver une place. Pourquoi me gêner !... Le petit hôtel où j'ai logé me convenait, probablement Mlle Zélie ne l'habite plus... Je me rappelle maintenant qu'elle devait déménager ; allons-nous en assurer, et, si elle n'y est plus, reprenons ma petite chambre.

Adolphe se rend donc à son dernier logement ; il apprend qu'en effet la jeune danseuse a depuis longtemps quitté la maison ; alors, après avoir été chercher ses effets chez Mme Remy, il reprend possession de son ancien domicile.

Mais, dans cette petite chambre, l'image d'Eugénie est toujours avec lui ; il se rappelle leur dernière entrevue, il se reporte ensuite au bois de Romainville, où les plus douces promesses furent échangées, où il a lu dans les yeux de son amie le plus tendre amour. Il reste un moment plongé dans sa rêverie, tout entier à ses souvenirs.

Tout à coup il se lève brusquement, jette loin de lui la chaise sur laquelle il était assis ; puis, prenant son chapeau :

— Oublions tout cela s'écrie-t-il ; n'y pensons jamais !... Sortons, afin de me distraire et d'éloigner d'inutiles regrets. Je triompherai de ma faiblesse... oui, je montrerai de la fermeté ; je l'oublierai.

Il sort en disant cela ; il marche à grands pas, mais il tourne toujours dans le même cercle ; enfin il se trouve dans la rue aux Ours.

— Avant de l'oublier tout à fait, se dit-il, si je me donnais le plaisir de la voir encore une fois... seulement pour l'humilier, pour la confondre, pour qu'elle voie bien dans mes yeux tout le mépris... toute l'indifférence qu'elle m'inspire maintenant... Oui, ce projet est fort bon... Elle verra du moins que je ne m'affecte pas de sa trahison... elle en aura peut-être quelque dépit, et je serai vengé.

Adolphe, charmé d'avoir un prétexte pour revoir Eugénie, se rend vers la demeure de Dupont, en cherchant à se persuader qu'il y va de son honneur de faire cette démarche, qui doit montrer à celle qu'il aimait qu'il n'a plus d'amour pour elle.

Dupont venait de rentrer avec un exemplaire du Code civil, et il était assis dans son comptoir, où il apprenait par cœur les articles 212, 213 et 214, afin de pouvoir les citer à sa femme.

Adolphe entre brusquement dans la boutique, il regarde dans le comptoir, il porte ses yeux de tous côtés et n'aperçoit point Eugénie ; il reste immobile au milieu des deux garçons qui lui demandent ce qu'il faut lui servir, et auxquels il ne répond pas.

— Servez donc monsieur, Joseph! dit l'épicier sans lever les yeux de dessus son livre.

— C' monsieur ne dit pas ce qu'il veut, not'bourgeois.

La voix de Dupont frappe Adolphe ; il revient à lui, il balbutie quelques mots, et cherche ce qu'il va dire ; l'épicier lève les yeux enfin et, quoiqu'il n'ait vu Adolphe que le jour de la Saint-Eustache, il le reconnaît

— Eh!... j'ai le plaisir de connaître monsieur!... A la fête de M. Moutonnet... au bois de Romainville... Monsieur se souvient-il?... J'avais une culotte jaune... Nous avons eu une querelle avec les paysans...

— Oui... oui, monsieur, je me le rappelle parfaitement, répond Adolphe en s'approchant du comptoir, et je ne vous avais pas oublié ; votre figure m'était toujours présente.

— Ah! monsieur, vous êtes bien honnête!...

— J'ai appris votre mariage... et... passant devant votre magasin, je venais vous faire mon compliment...

— Ah! monsieur, je suis bien sensible! Donnez-vous donc la peine de vous asseoir...

— Oh! je vous remercie,... je ne puis...

— Vous resterez bien un moment... Vous connaissiez mon épouse : c'est Mlle Eugénie Moutonnet, fille unique du passementier. A la fête du papa, vous avez plusieurs fois dansé avec elle... Et vous souvenez-vous, en jouant à cache-cache... vous vous étiez perdus tous les deux?

— Oui, monsieur ; en effet... je me rappelle...

— Ah! c'est une jolie femme que mon épouse ; c'est une femme charmante!... mais, comme dit M. le commissaire, *la tête anguis*... pourvu qu'il n'y ait pas quelque disgrâce... Mais chut! silence!... ne parlons pas de cela!...

— Il y a six semaines que vous êtes marié, monsieur!

— Oui, à peu près... Oh! c'est comme si c'était ce matin!... Prenez garde, ne vous appuyez pas sur ce tonneau, on m'en a déjà défoncé deux en me donnant une sérénade...

— Votre femme, Mlle Eugénie... n'est pas dans votre boutique?...

— Non, non ; elle ne veut pas y venir ; ah! les jeunes femmes ont des caprices, des idées baroques!... La mienne en a de fort singulières! Elle a reçu une éducation si sévère, mais j'étudie dans ce moment-ci quelques petits articles qui, j'espère, arrangeront tout cela. Ma femme m'adore, monsieur; eh bien! croiriez-vous qu'elle ne veut pas en convenir?...

— Elle vous adore?...

— Oui, monsieur, j'en suis persuadé, quoi qu'elle dise... Prenez garde, vous allez renverser tous mes rouleaux de sirop...

— Je vous félicite, monsieur, de votre bonheur...

—Ah! monsieur, puisque vous connaissez mon épouse, vous ne serez pas fâché de lui faire aussi votre compliment, car vous n'étiez pas à notre noce; je ne sais pourquoi Mme Moutonnet vous a oublié... Ah! nous nous y sommes ce qui s'appelle amusés!... Je puis dire que c'est une noce qui a été remarquée! Faites-moi l'honneur de monter avec moi, je vais vous présenter à mon épouse...

— A votre... non, monsieur, non... je ne puis.

Il reste immobile au milieu des deux garçons.

— Si fait, si fait, vous ne resterez qu'un instant, le temps de lui dire bonjour; je suis persuadé qu'elle sera fort aise de vous voir...

Adolphe ne sait ce qu'il doit faire; il brûle de voir Eugénie... il n'ose suivre Dupont. Pendant qu'il est indécis, l'épicier le prend par la main et le fait monter à l'appartement de sa femme. Adolphe est tremblant, il respire à peine... il n'a pas la force de résister. Eugénie était seule dans sa chambre, Jeanneton venait de sortir. La jeune femme travaillait en se livrant à ses pensées, et quelquefois, sans qu'elle s'en aperçût, sa main s'arrêtait, son aiguille restait immobile, et Eugénie, les yeux toujours fixés sur son ouvrage, croyait travailler encore; son corps était là, mais son esprit était ailleurs. Tout à coup, elle entend monter l'escalier, elle reconnaît la voix de son époux, elle croit qu'il est avec quelque marchand

M. DUPONT

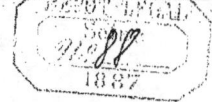

Monstre ! s'écrie le jeune homme, en s'avançant furieux sur Dupont. (P. 883.)

LIV. 111. — PAUL DE KOCK. — ÉD. J. ROUFF ET Cie.   LIV. 111.

de ses amis, et cependant elle éprouve un trouble, un saisissement qu'elle ne peut définir, et que jamais la présence de son mari ne lui a fait connaître. On approche de sa chambre... D'où vient qu'elle frémit, que son cœur bat avec tant de violence?

— Madame, dit Dupont en entrant, je vous présente...

Eugénie a levé les yeux, elle a reconnu Adolphe; elle pousse un cri déchirant et tombe sur le parquet.

— Allons! voilà encore une attaque, s'écrie Dupont en frappant du pied d'un air désespéré; cette femme-là passe son temps à se trouver mal!... C'est désolant. Monsieur, depuis que nous sommes mariés, elle n'en fait pas d'autres!... Et Jeanneton qui n'est pas là?... Que faire!... Je descends chercher des gouttes... de l'eau... de... Ne la quittez pas, monsieur, je vous en prie, ne la quittez pas...

L'épicier descend quatre à quatre l'escalier, et déjà Adolphe est à genoux près d'Eugénie; il soutient sa tête, il presse ses mains, il l'appelle, mais elle ne l'entend pas, elle ne rouvre point les yeux, et ses traits charmants sont couverts d'une pâleur effrayante.

— Ah! malheureux!... qu'ai-je fait! s'écrie Adolphe désespéré. Je l'ai tuée... je lui ai donné la mort.

— Voilà des gouttes, voilà de la fleur d'oranger! dit l'épicier, qui accourt suivi d'un de ses garçons.

— Eugénie!... chère Eugénie!... réponds-moi, je t'en supplie! dit Adolphe, soutenant toujours la jeune femme, qu'il presse dans ses bras, et repoussant Dupont et Joseph qui lui présentent les petites bouteilles et des morceaux de sucre.

— Barbare!... vous n'avez point eu pitié de sa faiblesse...

— Qu'est-ce que vous dites donc, monsieur?...

— Mon Eugénie!...

— Son Eugénie?... Qu'est-ce que cela veut dire, Joseph?

— Daigne jeter encore les yeux sur ton Adolphe...

— Son Adolphe!... Est-ce que ce jeune homme devient fou?...

— Dis-lui que tu l'aimes encore...

— Dis donc, Joseph! il veut que ma femme lui dise qu'elle l'aime... Comprends-tu cela?...

— Monsieur, c'est de l'éther qu'il faut lui faire respirer.

— Elle ne m'entend pas! dit Adolphe en repoussant de nouveau les petites bouteilles, qui vont se briser sur le parquet. Elle ne veut plus me voir...

— Monsieur, je trouve bien singulier...

— Monstre! s'écrie le jeune homme en se relevant et s'avançant furieux sur Dupont, qui recule effrayé ; barbare!... c'est vous qui êtes l'auteur de tous nos maux!...

— Monsieur!... monsieur!... Qu'est-ce que vous avez donc?...

— Vous vous êtes fait un jeu de ses larmes!... de nos tourments...

— Comment, monsieur?... Je n'ai rien fait...

— Mais tremblez!... c'est sur vous que retombera toute ma fureur!...

— Ah! mon Dieu! ce jeune homme a le transport... Joseph, viens donc le retenir, il veut m'étrangler.

Adolphe ne sait plus ce qu'il fait ; il vient de saisir l'épicier à la gorge, celui-ci crie, et le garçon, épouvanté et n'osant s'approcher d'Adolphe, prend le parti d'aller chercher du secours. Heureusement Jeanneton arrive dans ce moment ; elle voit Eugénie étendue à terre sans connaissance, et Adolphe hors de lui, tenant dans un coin de la chambre le pauvre Dupont, que la frayeur a déjà rendu violet. Le plus pressé est de dégager l'épicier, qui crie : A l'assassin! Jeanneton court à Adolphe, s'empare de lui :

— Que faites-vous, monsieur, lui dit-elle à l'oreille, vous voulez donc perdre ma pauvre Eugénie?... Éloignez-vous bien vite, ou songez aux suites de tout ceci... Au nom de ma chère maîtresse, partez, monsieur, je vous en supplie!

Jeanneton pousse Adolphe vers la porte ; le jeune homme, qui n'a plus la tête à lui, se laisse emmener ; il jette un regard sur Eugénie.

— Ne craignez rien, je vous réponds d'elle, lui dit Jeanneton.

Adolphe cède enfin et quitte l'appartement ; il descend l'escalier comme un fou, traverse la boutique sans voir autour de lui.

— Prenez garde, prenez garde, crie Joseph aux personnes qui sont en bas, il a le transport, et il est méchant comme un âne!

Tout le monde s'écarte du passage d'Adolphe, qui est bien loin avant que l'on se soit décidé à courir après lui. Dès qu'Adolphe est éloigné, Jeanneton court donner ses soins à Eugénie, et Dupont se jette dans un fauteuil en desserrant sa cravate.

— Tu m'as sauvé, ma chère, dit-il à la bonne ; sans toi, j'étais étranglé! Le maudit jeune homme!... Je ne sais ce qui lui a pris ; il appelait ma femme son Eugénie et moi un barbare! Conçois-tu cela, Jeanneton?

— Eh! monsieur, vous voyez bien qu'il est fou!... qu'il ne sait ce qu'il dit...

— C'est ce que je me suis dit tout de suite... Quelle diable d'idée ai-je eue de le faire monter avec moi! Il était bien tranquille en bas, ça lui a pris quand ma femme s'est évanouie... Et comment va-t-elle, Jeanneton?

— Oh! mal... bien mal... bien mal, monsieur, et cette fois je crains bien qu'il ne nous faille le médecin.

La vue d'Adolphe a causé à Eugénie une telle révolution que tous les secours de Jeanneton ne peuvent parvenir à lui faire reprendre ses sens ; on fait chercher le médecin, il déclare la jeune femme en danger. En effet, lorsqu'elle rouvre les yeux, une fièvre ardente la dévore, le délire s'est emparé d'elle, la pauvre Eugénie est pendant quinze jours dans le plus grand péril. Jeanneton ne quitte pas sa maîtresse ; jour et nuit elle est à ses côtés. Dupont, fort affligé de l'état de sa femme, n'épargne rien pour qu'elle ait tous les secours de l'art. M. et Mme Moutonnet viennent s'informer de la santé de leur fille, le père pleure sur son état. Mme Moutonnet, toujours froide, toujours sévère, ne laisse rien paraître, mais il faut présumer qu'elle gémit intérieurement : une mère pourrait-elle voir avec indifférence les souffrances de son enfant !

Enfin, la jeunesse, la nature, triomphent ; Eugénie est sauvée, mais le médecin déclare que la convalescence sera longue, et exigera les plus grands ménagements. Dupont, tranquille sur le sort de sa femme et prévoyant, d'après la longueur que doit avoir la convalescence, qu'il a tout le temps d'apprendre par cœur les articles du Code civil, se décide à entreprendre un voyage utile à son commerce et qu'il a différé jusque-là. C'est dans le Midi qu'il doit se rendre, et, comme les opérations qu'il va faire peuvent le retenir longtemps absent de chez lui, il place une personne fidèle dans son comptoir. Après avoir recommandé à Jeanneton la santé de sa femme, Dupont monte en diligence, et s'éloigne de Paris. En sortant de la demeure de Dupont, Adolphe reste quelque temps sans savoir où il est et où il va ; mais enfin le grand air calme ses sens, il revient à lui et se dirige alors vers la rue habitée par ses nouveaux amis : il sait que c'est près de Charles et de sa femme qu'il trouvera des consolations.

— Ah! mon Dieu! dit Louise en le voyant arriver encore tout en désordre, qu'y a-t-il donc de nouveau?... Qu'avez-vous fait depuis ce matin?... Regarde donc, Charles, comme il a l'air effaré.

Adolphe raconte ce qui vient de lui arriver.

— Ah! mon Dieu! le drôle d'homme que ce M. Dupont, dit Louise : mais il est bête!... vouloir à toute force vous mener chez sa femme; et cette pauvre Eugénie qui se trouve mal!... Ah! ça ne m'étonne pas!... Quelle révolution votre vue a dû lui causer!... Ah! tenez, monsieur Adolphe, il ne faut plus faire de ces choses-là. Celle que vous aimiez est mariée, il ne faut plus la voir, n'est-ce pas, Charles? Vous la feriez mourir, cette pauvre petite femme!... Et auriez-vous été bien avancé si vous aviez étranglé son mari... qui a l'air d'un bon homme au fond?

Non, monsieur, non, il ne faut plus recommencer, ça serait très mal...

— Vous avez raison, Louise, je ne la verrai plus, je la fuirai, je vous le promets ; d'ailleurs, je suis bien certain qu'elle ne m'aime plus... Elle s'est évanouie, parce que la surprise... l'émotion... un mouvement de repentir peut-être... Dupont m'a dit qu'elle l'adorait!...

— Oui, monsieur, oh! ça m'en a tout l'air effectivement! mais, qu'elle l'adore ou non, devez-vous pour cela troubler son repos, chercher à la rendre encore plus malheureuse dans son ménage?... Croyez-vous que ça serait beau, monsieur? Et si elle avait eu un autre mari, un homme jaloux, qui vous eût entendu l'appeler votre Eugénie, et lui, monstre et barbare! pensez-vous qu'il aurait pris cela aussi tranquillement? Et quand même elle aurait été inconstante, est-ce donc une si belle vengeance de chercher à perdre une femme dans l'esprit de son mari... ça serait vilain!,.. bien vilain!... mais vous me jurez que cela ne vous arrivera plus...

— Oui, Louise, oh! je vous le jure... Mais, avant de l'oublier tout à fait... je voudrais cependant savoir comment elle est maintenant... Je l'ai laissée sans connaissance... et quoiqu'elle ne m'aime plus, je sens que je m'intéresse encore à elle.

— Oh! pour ça, c'est trop juste, mais ça me regarde, et je me charge de ce soin... Bientôt vous aurez de ses nouvelles...

— Quoi! vous auriez la bonté...

— La bonté! belle bonté vraiment! d'aller s'informer de l'état de cette jeune femme! Ne v'là-t-il pas une chose bien merveilleuse!... D'ailleurs, monsieur, je m'y intéresse aussi, moi, à cette pauvre Eugénie ; et je suis bien aise de savoir... Tu le veux bien, n'est-ce pas, Charles?...

Charles n'a jamais d'autre volonté que celle de sa femme. Louise met à la hâte un petit bonnet, un fichu sur son cou, renoue le cordon de son tablier noir, donne un petit coup d'œil au miroir, un baiser à Charles, et part en disant à Adolphe :

— Attendez-moi ici, je ne serai pas longtemps....

Adolphe reste auprès du jeune graveur, et pendant que celui-ci travaille, il lui parle d'Eugénie, toujours d'Eugénie, qu'il ne verra plus, qu'il évitera avec le plus grand soin, qu'il veut enfin oublier entièrement, et à laquelle il pardonne son inconstance, faisant encore des vœux pour son bonheur et son repos, qu'il jure de ne plus troubler. Charles répond à Adolphe en lui parlant de Louise, de ses qualités, de ses vertus, de son esprit, de ses attraits ; du plaisir qu'il goûte dans son heureux ménage. Ils ne s'aperçoivent pas qu'aucun d'eux ne répond à l'autre ; ils causeraient comme cela pendant la journée entière.

Louise revient tout essoufflée. La jeune femme est entrée dans la boutique de l'épicier, et, tout en faisant quelques emplettes, elle a appris des nouvelles, ce qui n'était pas difficile, car l'aventure du matin avait mis en mouvement toutes les cuisinières du quartier. On court chez Dupont pour écouter le récit de Joseph, lequel raconte à qui veut l'entendre, et toujours avec quelque circonstance nouvelle, l'arrivée d'un jeune homme qui est devenu fou subitement; ce qui a fait évanouir Mme Dupont et a manqué de causer la mort de son mari. Enfin, Louise sait que la jeune femme est fort mal. Elle se garde bien de dire cela à Adolphe, de crainte qu'il ne fasse quelque nouvelle folie ; elle le rassure, au contraire, sur l'état d'Eugénie, mais elle se promet bien d'aller en secret s'informer de sa situation.

Adolphe, un peu plus tranquille, retourne chez lui. Il cherche, en se livrant à la lecture, à l'étude, l'oubli d'une passion qui est désormais sans espoir. C'est auprès de Charles et de Louise qu'il va passer une partie de son temps ; ses jeunes amis se font un plaisir de le distraire, de le consoler, et lui donnent les preuves de la plus touchante amitié. Louise, qui est retournée en secret plusieurs fois chez Dupont, sait qu'Eugénie est enfin hors de danger, et, tranquille désormais sur le sort de cette jeune femme, elle ne s'occupe plus qu'à consoler son amant.

La triste Eugénie entre en convalescence ; la bonne Jeanneton en éprouve la plus douce joie, la santé de sa maîtresse est le prix de ses soins. Cependant, Eugénie, tout en lui témoignant sa reconnaissance, ne paraît conserver qu'à regret une existence qui n'a plus de charmes pour elle.

Ce n'est pas sans beaucoup d'efforts que Jeanneton lui fait suivre exactement le régime ordonné par le médecin. La pauvre servante se désole de voir sa maîtresse plus triste que jamais : elle ne sait que faire pour la ranimer. La vue d'Adolphe a rouvert toutes les blessures d'Eugénie :

— Que pense-t-il de moi ? répète-t-elle souvent à Jeanneton ; combien il doit m'accuser !

« Elle sera triste tant qu'elle l'aimera, se dit Jeanneton: elle l'oubliera peut-être si elle sait qu'il lui a été infidèle : oui, je crois que c'est le meilleur moyen de la guérir. »

Jeanneton se décide à raconter à sa maîtresse ce qu'elle a vu, et comment Adolphe se conduisait loin d'elle.

— Il n'a pas le droit de vous accuser, dit-elle à Eugénie ; et il ne mérite vraiment pas que vous vous chagriniez comme cela.

Elle dit enfin tout ce qu'elle sait, tout ce qu'elle a vu. Eugénie tremble et pâlit en l'écoutant ; mais bientôt elle se remet, se calme, et répond à sa bonne en souriant :

— Tu t'es trompée, Jeanneton, ce n'était pas lui...

— Comment, ce n'était pas lui !...

— Non; tu t'es trompée, te dis-je; Adolphe m'aimait trop pour m'oublier!... Ah! je connais son cœur!...

— Mais quand je vous dis que je l'ai vu... vu de mes yeux!...

— Tu as cru le voir...

— Cru!... Ah! pardi, v'là qu'est fort, par exemple!...

— Tu avais vu cela et tu ne me l'as pas dit plus tôt!...

— Dame! je craignais alors de vous affliger...

— Bonne Jeanneton, je devine tes motifs; tu as inventé aujourd'hui cette histoire, parce que tu penses que j'en oublierai plus vite Adolphe!

— Comment, j'ai inventé!...

— Va, je te remercie de tout ce que ton amitié t'inspire, mais n'accuse point Adolphe, ne cherche pas à lui donner des torts imaginaires!... Je tâcherai de ne plus l'aimer, mais je l'estimerai toujours.

« Allons, se dit Jeanneton, il n'y a pas moyen de lui faire croire la vérité! et à moins qu'elle ne voie de ses deux yeux... Ma fine, je le voudrais maintenant. »

L'âme aimante et pure d'Eugénie ne conçoit pas que l'on puisse être infidèle sans cesser d'aimer, et c'est ici le cas de dire comme Dupont : Cela tient à l'éducation sévère qu'elle a reçue.

XXVIII

MADAME DE SAINT-CÉRAN

Le printemps est venu de nouveau charmer les yeux et réjouir les sens; tout se ranime, la terre reprend sa parure, les fleurs renaissent, les bois recouvrent leur feuillage, les prairies leur gazon, les oiseaux chantent l'amour et les amants viennent sous l'ombrage faire ce que chantent les oiseaux.

Charles et Louise profitent du retour des beaux jours pour faire souvent des promenades champêtres. Adolphe les accompagne quelquefois; mais quelquefois aussi, regardant les beaux yeux de Louise et l'ardeur qui brille dans ceux de son mari, il les laisse aller seuls et se dit :

« Il ne faut pas être toujours là... je pourrais les gêner »

Adolphe se rappelle le baiser qu'il a entendu au bord de l'eau.

Et puis, Adolphe n'est pas toujours gai, car, en se promenant seul ou avec ses amis, il voit, malgré son économie, diminuer, chaque jour sa modeste fortune, et quand il n'aura plus rien, que fera-t-il? Il a trop de fierté pour vouloir accepter de l'argent de Charles, et, d'ailleurs, comment le lui rendrait-il? et emprunter quand on ne peut pas rendre, ce

Zélie termine son discours par deux caresses qu'Adolphe trouve d'abord
fort déplacées. (P. 893.)

n'est plus emprunter. Adolphe court de côté et d'autre pour trouver de
l'occupation, et il n'a encore obtenu que des promesses, et chaque jour la
position du jeune homme devient plus inquiétante. Louise et son mari
cherchent à le distraire, à ranimer son courage ; mais Adolphe craint que
la vue de sa tristesse ne trouble le bonheur de cet heureux couple, et, par
délicatesse, il va les voir moins souvent. Il évite les promenades trop

fréquentées, il craint d'y rencontrer Eugénie ; d'ailleurs, la solitude convient mieux à ses tristes pensées : elle ne le distrait pas, il est vrai, mais il y a des moments où l'on n'a plus même la force de chercher à se distraire. Adolphe vient de porter ses pas du côté du bois de Boulogne, et, las de sa route, il s'assied non loin d'un traiteur où les amants vont faire l'amour et les ennemis la paix. Un joli cabriolet passe près de lui et va s'arrêter devant le restaurateur. Adolphe, peu curieux de voir descendre ceux qu'il contient, se détourne, et, se livrant à ses réflexions, oublie bientôt le présent pour ne songer qu'au passé et à l'avenir.

Il est depuis près d'une heure plongé dans ses rêveries, lorsqu'un petit coup donné légèrement sur son épaule lui fait vivement tourner la tête. Adolphe aperçoit près de lui un petit jockey de onze à douze ans, vêtu avec élégance, et dont la physionomie fine et spirituelle annonce déjà de la malice et l'habitude de l'intrigue.

— Que me voulez-vous ? lui demande Adolphe.

— Chut !... dit le petit jockey en mettant un doigt sur sa bouche, il faut parler bas... Tenez, prenez cela...

En disant ces mots, le petit bonhomme lui présente un billet plié seulement.

— Qu'est-ce que c'est que cela ?...

— C'est un billet pour vous...

— Et qui me l'envoie ?

— Ma maîtresse.

— Qui est votre maîtresse ?

— Mme Saint-Céran.

— Mme Saint-Céran !... Je ne connais personne de ce nom-là.

— Oh ! apparemment qu'elle vous connaît, elle ; mais je me sauve bien vite, car, si monsieur me voyait près de vous, cela dérangerait tout...

— Mais la réponse...

— On ne m'a pas dit d'en rapporter ; lisez, lisez...

Le petit jockey s'éloigne en courant, et Adolphe, fort étonné de l'air mystérieux du jeune messager, s'empresse d'ouvrir le billet, en disant :

— Voyons donc ce que me veut cette dame que je ne connais pas.

Après avoir examiné une écriture assez peu lisible, Adolphe parvient à déchiffrer le billet suivant, qui paraît avoir été tracé à la hâte :

« Monsieur, j'ai des choses fort importantes à vous communiquer ; veuillez venir demain chez moi, rue du Helder, n° 12, vous demanderez Mme Saint-Céran. Je vous attends entre onze heures et midi. Ne vous trompez pas d'heure. »

— Que peut-on avoir à me dire ? Je n'ai jamais entendu parler de cette dame, se dit Adolphe. Ah! c'est sans doute une personne à qui l'on aura parlé de moi pour un emploi... Cette dame a peut-être besoin d'un secrétaire... D'après la tournure du jockey, c'est une personne riche... Mais, ce qui m'étonne, c'est que ce billet n'est pas fort bien orthographié... Ah! raison de plus pour prendre un secrétaire. Il y a des gens fort riches qui ont oublié d'apprendre à écrire!... Allons, j'irai demain savoir ce que veut Mme Saint-Céran.

Cet événement distrait Adolphe de ses tristes pensées ; il rentre chez lui en songeant à l'air mystérieux du petit jockey, et en se disant :

— Si c'est pour un emploi que l'on veut me voir, comment se fait-il que l'on attende que je me promène au bois de Boulogne pour me le dire?... Nous saurons cela demain.

Le lendemain, Adolphe met ce qu'il a de mieux. Il frotte et brosse longtemps son habit, pour tâcher de déguiser son ancienneté, puis s'achemine vers la demeure qu'on lui a indiquée. Il demande à la portière Mme Saint-Céran.

— Montez au premier, lui répond-on en souriant ; madame est visible.

Adolphe monte au premier, il sonne, le petit jockey vient lui ouvrir et, d'un air malin, l'introduit dans un salon où Adolphe trouve une femme de chambre qui le prie, en souriant aussi, d'attendre un moment qu'elle ait prévenu sa maîtresse.

— Voilà des gens qui me font des mines bien gracieuses, se dit Adolphe lorsqu'il est seul ; c'est d'un augure favorable.

Il regarde autour de lui et admire l'élégance de l'ameublement ; tout respire la richesse, partout la recherche, le goût, le luxe, ont présidé à l'ornement de cette demeure.

— C'est à coup sûr une dame de distinction, se dit-il.

Mais le maudit billet sans orthographe lui revient à l'esprit et dérange toutes ses idées.

La femme de chambre revient.

— Madame vous attend, dit-elle à Adolphe, voulez-vous me suivre?

On lui fait traverser plusieurs pièces, on ouvre enfin la porte d'un boudoir charmant ; la femme de chambre se retire après l'avoir fait entrer, et Adolphe se trouve vis-à-vis d'une dame assise sur une ottomane, dans le négligé le plus galant, mais dont il ne peut encore voir la figure, parce qu'à son arrivée elle a tourné la tête d'un autre côté.

Adolphe reste debout au milieu de la chambre ; il attend que cette dame l'invite à s'asseoir. Tout à coup un bruyant éclat de rire se fait entendre, et la dame, se levant brusquement, court dans les bras du jeune homme, qui reste pétrifié en reconnaissant la danseuse des boulevards dans Mme Saint-Céran.

— Oui, c'est moi, dit Zélie en riant de la surprise d'Adolphe ; j'étais bien sûre que je te surprendrais ! que je vous surprendrais, c'est-à-dire, car il faut être sur la cérémonie avec vous...

— Comment c'est vous... vous, que je vois ici !...

— Eh ! sans doute, mon bon ami. Qu'est-ce qu'il y a donc de si étonnant?... J'ai fait fortune, voilà tout ; dans notre état, c'est assez commun... Mais viens donc t'asseoir près de moi...

Adolphe, tout étourdi de ce qu'il voit, se laisse conduire par Zélie sur l'ottomane, où elle prend place à côté de lui.

— Et c'est à vous cet appartement !

— Sans doute ; il ne ressemble pas à la petite chambre que j'habitais, n'est-ce pas?... J'ai trouvé

Adolphe aperçoit près de lui un petit jockey.

un homme qui m'a donné tout cela et qui me fait mille écus par mois, sans compter les cadeaux... Tu penses bien que je n'ai pas dû le refuser...

— Oh ! je le conçois fort bien ; cet homme-là assure votre bonheur... vous devez l'aimer beaucoup...

— Moi ! je le déteste !...

— Vous le détestez ?

— A la mort !

— Comment, un homme qui fait votre fortune ?...

— Que veux-tu? l'amour ne se commande pas. Enfin, toi... vous, monsieur, qui ne m'avez jamais aimée, qui avez même eu la bonté de me le dire... qui ne vouliez pas seulement m'ouvrir votre porte !... Car tu m'as fait des choses indignes, en vérité, eh bien ! je t'adore... Oui, oh ! vous avez beau hausser les épaules, c'est comme cela, monsieur, je suis folle de vous, et il n'y a rien que je ne fasse pour être un moment avec toi.

Adolphe ne peut s'empêcher de rire de la déclaration de Zélie.

— Ah! monsieur rit, dit-elle; c'est bien heureux qu'il ne me reproche pas de l'avoir attiré chez moi!...

— Il est certain que si j'avais su que vous étiez Mme Saint-Céran...

— Vous ne seriez pas venu, n'est-ce pas?... Ah! que c'est aimable!... Mais je m'en suis bien doutée, aussi je n'ai eu garde de me nommer. Hier je t'ai aperçu au bois de Boulogne, assis au pied d'un arbre, les yeux levés au ciel!... rêvant sans doute à vos amours!... et, quoique avec mon monsieur, je n'ai pu résister au désir de vous écrire. Nous entrions chez le traiteur, je lui ai dit d'aller faire sa carte en bas, et, pendant qu'il commandait un dîner bien succulent, moi, je suis entrée dans un petit cabinet, j'ai bien vite écrit mon billet pour monsieur, et mon petit coureur, dont je suis sûre, vous l'a porté... et je n'ai presque pas dormi de la nuit, tant j'étais contente en pensant que je verrais monsieur ce matin... monsieur, qui ne me dit que des sottises, qui me repousse, qui me fait la grimace... Mais c'est égal, c'est peut-être parce que tu es comme cela que je t'aime, que je t'adore, et que je veux que tu m'aimes malgré toi.

Zélie termine son discours par des caresses qu'Adolphe trouve d'abord fort déplacées; mais

Les deux jeunes femmes poussèrent Adolphe

la vertu d'un jeune homme ne résiste pas longtemps aux séductions d'une jolie femme. D'ailleurs, Eugénie est mariée et Louise recommande sans cesse à Adolphe de se distraire!... et l'on sait bien de quel genre peuvent être les distractions d'un amoureux de vingt ans.

— Mais enfin, dit Adolphe après s'être distrait assez longtemps avec Zélie, cet homme qui t'entretient n'est donc pas aimable!

— Ah! l'horreur!... il m'ennuie à périr! Il est affreux, laid, difforme, épouvantable!

— Et vieux?

— Il a cent ans!

— Ah! mon Dieu!

— C'est un supplice pour moi d'être avec lui! Comme Zélie achevait ces mots, la jeune femme de chambre accourt tout effarée.

— Qu'est-ce donc? dit Zélie.

— Monsieur qui arrive. Jules, qui était aux aguets à la fenêtre, vient de le voir descendre de cabriolet... Il monte l'escalier maintenant...

— Ah! mon Dieu! que le diable l'emporte! Il ne vient jamais sitôt que cela... Mon ami, il faut te cacher bien vite...

— Me cacher! je préfère m'en aller.

— Impossible... impossible à présent! Il pourrait te voir sortir

— Qu'est-ce que cela me fait à moi, qu'il me voie sortir?...

— Mais, moi, cela me fait beaucoup! Entre dans ce cabinet vitré, il n'y va jamais; d'ailleurs, j'ôterai la clef...

— Mais je ne me soucie pas...

— Ah! mon bon ami, pour un moment!... Je te promets de le renvoyer tout de suite... Tu ne voudrais pas me causer de désagréments...

— Entrez, monsieur... entrez vite.

Les deux jeunes femmes poussent Adolphe dans le petit cabinet qui tient au boudoir, et dont le vitrage est recouvert d'un rideau de soie jaune; on l'y enferme, la femme de chambre se sauve lestement, et Zélie se rassied sur l'ottomane, où elle se donne l'attitude d'une personne souffrante, tandis que sa figure prend aussi l'expression. Adolphe prend son parti, et s'assied sur un petit meuble indispensable dans le cabinet de toilette d'une dame, bientôt il se sent l'envie de connaître cet homme dont Zélie lui a fait un portrait si repoussant. Il s'approche de la porte vitrée, et, soulevant bien doucement un petit coin du rideau, il voit tout ce qui se passe dans le boudoir. Zélie se tient la tête comme si elle souffrait beaucoup. La porte s'ouvre; Adolphe ne peut revenir de sa surprise en voyant entrer dans le boudoir un homme de trente ans environ, grand, bien fait, d'une figure charmante, d'une tournure fort élégante, et qui va s'asseoir près de Zélie, qu'il aborde avec le plus aimable sourire. Adolphe se frotte les yeux, il croit se tromper; il écoute : le jeune homme adresse à sa maîtresse les mots les plus tendres, l'accable de prévenances et de petits soins.

— Comment! vous êtes malade, ma chère amie? lui dit-il en lui prenant la main et la serrant dans les siennes.

— Oh! oui... bien malade... je souffre horriblement... je n'ai pas dormi de la nuit.

— Mais hier vous n'y pensiez pas!

— Non, cela m'a pris tout d'un coup... Oh! c'est cruel de souffrir comme cela!...

— C'est une migraine, sans doute?

— Oui... j'ai mal à la tête... j'ai mal partout.

— Pourquoi avez-vous quitté votre lit?

— Ah! je m'y ennuyais... je dors fort bien sur cette chaise longue...

— Que je suis contrarié! moi, qui espérais passer la journée avec vous...

— Ah! vous voyez que c'est impossible!...

— J'avais pris une loge aux Variétés...

— Vous irez sans moi...

— Sans vous, je m'y ennuierai. Ah! tenez, voilà quelques chiffons que je voulais vous offrir...

— Ah! voyons donc...

Le jeune homme tire de sa poche un petit cachemire charmant et un voile de dentelle qu'il pose sur les genoux de Zélie.

— Mais ils sont jolis, vos chiffons... fort jolis...

— S'ils vous plaisent, je suis trop heureux!

— Mais oui... oui, ils me plaisent beaucoup et je vous remercie!...

La ci-devant danseuse daigne accompagner ces mots d'un demi-sourire, puis reporte ses mains sur son front.

— Vous souffrez toujours, je le vois...

— Horriblement... je n'ai pas la force de parler....

— Je vous laisse, tâchez de reposer un peu... Je reviendrai ce soir savoir comment vous allez...

— Oh! il ne faut pas vous donner cette peine!...

— Adieu, ma chère amie, ayez bien soin de vous... Je vais ordonner à Lucie et à Jules de ne point venir vous déranger, et de ne laisser pénétrer personne jusqu'à vous.

— Ah! je vous serai bien obligée.

Le jeune homme donne un baiser à Zélie, puis sort en marchant sur la pointe du pied, afin de faire le moins de bruit possible. Bientôt Lucie accourt annoncer qu'il est remonté en voiture, et Zélie va, en riant aux éclats, ouvrir la porte du petit cabinet.

— Eh bien! dit-elle à Adolphe, qui la regarde avec étonnement, tu l'as vu, tu le connais maintenant.

— Oui, et je n'y conçois rien... Quoi! c'est là cet homme si vieux, si laid, si repoussant, si mal tourné!..

— Mon bon ami, il est tout cela à mes yeux, parce qu'il *paye*. Tiens, crois-moi, si jamais il t'arrive de te ruiner pour une femme, ne compte pas sur son amour.

— Je ne crois pas que cela me serait arrivé, dit Adolphe; mais je te remercie de l'avertissement.

— Mais toi, Adolphe, toi que j'aime véritablement... tu n'es pas heureux, j'en suis certaine....

— Qui vous fait penser?...

— Eh! mon ami! nous voyons cela d'un coup d'œil, nous autres femmes; et ton habit râpé, ton chapeau de l'année dernière, suffiraient pour m'en convaincre, quand la mine que tu me fais maintenant ne me l'aurait pas prouvé?...

— Où voulez-vous en venir?... Que vous importe l'état de ma fortune?

— Mais il m'importe beaucoup, vraiment; je veux que tu ne manques de rien, que tu sois heureux... Tiens... voilà cent louis en or... Quand tu n'en auras plus, je t'en donnerai d'autres.

Adolphe sent une vive rougeur lui monter au visage; il repousse la main de Zélie.

— Gardez votre or... Je vous remercie de l'intérêt que vous me portez; mais je ne saurais accepter vos services, la source de vos richesses flétrirait celui qui les partagerait. Un homme peut, sans qu'on le blâme, se ruiner avec vous, mais on se dégraderait en recevant vos présents.

— Eh bien! eh bien! il se fâche... il s'en va, dit Zélie en courant après Adolphe, qui se dispose à la quitter. Je n'ai pas dit cela pour vous faire de la peine...

— Je vous pardonne... Adieu...

— Quoi! déjà! qui vous presse?...

— Des affaires indispensables.

— Je te reverrai, au moins... tu me le promets... Je ne te laisse pas partir sans cela...

— Oui, nous nous reverrons, quand j'aurai un habit et un chapeau à la mode; alors je ne serai pas exposé à de pareilles humiliations.

Il sort sans vouloir l'écouter davantage, Adolphe quitte Zélie, et s'éloigne de la demeure de Mme Saint-Céran.

XXIX

UN JEU DE LA FORTUNE

— Que la fortune est bizarre! dit Adolphe en s'éloignant de la rue du Helder; elle prostitue trop souvent ses faveurs!... Pourquoi ses dons

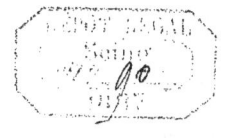

Le notaire reconduit le banquier. (P. 902.)

ne sont-ils pas toujours la récompense de la vertu, du mérite, des talents!... Pourquoi voit-on si souvent l'honnête homme dans la misère et l'intrigant dans l'opulence ; la femme vertueuse dans le besoin et la femme galante dans l'abondance ; le talent à pied et la médiocrité en carrosse !... Pourquoi ceux que la naissance ou le hasard a rendus possesseurs de ce qui ferait le bonheur de cent familles emploient-ils si mal leur superflu, lorsque tant d'honnêtes gens manquent du nécessaire... Pourquoi les riches trouvent-ils les moyens d'augmenter sans cesse leur fortune, tandis que l'artisan laborieux gagne à peine de quoi nourrir ses enfants?... Mille écus par mois à Zélie... quel abus des richesses!... Mais que de femmes en reçoivent davantage pour daigner souffrir quelquefois les caresses d'un homme qu'elles se font un plaisir de tromper?... Ces dames gagnent avec facilité leur fortune et un pauvre père de famille employé à douze cents francs qui, pour obtenir cette place, a battu pendant plusieurs années le pavé de la capitale en courant solliciter tous les ministères, se rend à huit heures à son bureau, d'où il ne sort pas avant quatre, car il tremble que quelque réforme ne vienne lui ôter son emploi, ce qui le réduirait à la mendicité.

Mlle Zélie habitait une petite chambre sous les toits, elle loge dans un hôtel; elle se laissait battre par un mauvais sujet, elle daigne à peine répondre aux empressements d'un homme qui fait tout pour lui plaire; l'un la volait, l'autre l'accable de présents; mais elle était fidèle au premier et elle se moque du second; et ce jeune homme lui prodigue des richesses qu'elle offre à un autre!... car il faut convenir au moins qu'elle n'est pas intéressée; mais elle mènera grand train son amant, elle ne se refusera rien; toutes les jouissances du luxe seront épuisées elle abusera de tous les plaisirs, tandis que d'honnêtes époux n'oseront pas se permettre deux fois dans l'année les quatrièmes loges à l'Opéra. O fortune, tu es aveugle!

Adolphe se dit tout cela en prenant le chemin de la rue Saint-Paul. L'aventure qui vient de lui arriver devait, en effet, donner matière à ses réflexions. Lorsque l'on voit de jeunes époux se lever au point du jour pour travailler, et ne jamais se permettre un plaisir coûteux; lorsque, soi-même, on court depuis longtemps pour obtenir un emploi, fût-il extrêmement modique, on ne peut se défendre d'un certain sentiment de dépit, en voyant la fortune combler une femme de ses faveurs, parce qu'elle a fait de jolies petites mines en dansant un entrechat ou en faisant une pirouette. « Ah! se dit encore Adolphe, si je savais des pirouettes!... Il y a longtemps que j'aurais trouvé de l'occupation!... mais malheureusement je ne suis pas fort sur la danse! Que faire donc pour gagner!... Je ne sais qu'écrire, calculer et parler un peu latin; avec cela je ne ferai jamais fortune!... »

Cependant l'aventure du matin a distrait notre jeune homme, et en le voyant, Louise croit qu'il lui est arrivé quelque chose d'heureux.

— Tiens, mon ami, dit-elle à Charles, regarde comme M. Adolphe a l'air satisfait... Il a obtenu une place, j'en suis sûre.

— Vous vous trompez, ma chère Louise, dit Adolphe, au contraire j'ai moins d'espérance que jamais, et je viens de m'apercevoir de nouveau que c'est à ceux qui le méritent le moins que la fortune accorde ses faveurs.

— Et c'est pour cela que vous paraissez moins triste que de coutume ?...

— Que voulez-vous ! l'excès du malheur rend quelquefois le courage, je n'en suis pas encore là, puisque je possède des amis tels que vous ; mais j'ai pris mon parti et je vois qu'il ne faut pas rougir d'être misérable. Je ferai tout ce qui se présentera... n'importe en quel genre, pourvu que je puisse conserver l'honneur, ma seule richesse. On m'a offert il y a quelques jours de peser les marchandises dans le magasin de ce gros négociant, votre voisin ; j'ai refusé alors, eh bien ! je vais accepter...

— Vous, monsieur Adolphe, une place comme celle-là !... toujours avec des rouliers, des charretiers !...

— Je viendrai le soir me délasser auprès de vous des fatigues et des ennuis de la journée, on se fait à tout et l'on s'habitue à la peine...

— Porter quelquefois des paquets, des fardeaux !...

— Si j'en ai la force, c'est tout ce qu'il faut.

— Vous vous rendrez malade...

— Alors vous prendrez encore soin de moi ; vous m'avez déjà conservé l'existence, et je m'habitue à compter sur vous.

— Mais attendez encore.

— Quoi ? Que je n'aie plus d'autre ressource ?... Alors cela me semblerait bien plus pénible : non, j'y suis décidé : dès demain je vais me présenter.

Adolphe passe la journée avec Charles et sa femme ; le tableau de leur amour, de leur bonheur le raccommode un peu avec la Providence.

« Ah ! dit-il, s'ils ne sont pas riches, du moins ils sont heureux !... et plus heureux, à coup sûr, que Mme Saint-Céran.

Il quitte ses bons amis et rentre chez lui, bien décidé à aller le lendemain s'offrir pour garçon de magasin.

« Si j'avais été plus sage, se dit-il en se couchant, si je n'avais pas été amoureux, je serais encore dans le magasin de nouveautés !... Mais alors je ne voyais qu'Eugénie ; pour elle j'aurais tout quitté !... Ah ! maintenant encore !... que dis-je ? maintenant elle est mariée ! elle est riche !... elle est heureuse !... Ah ! dois-je regretter de ne pas être son époux !... Qu'aurais-je pu lui offrir ?... L'indigence, la misère !... Non, je ne pouvais l'épouser !... Tout est donc pour le mieux. Cependant Charles et Louise ne sont pas riches, et ils sont heureux ; mais ils sont nés dans cette classe laborieuse où le travail est un plaisir. Ils ont chacun un état, mais Eugénie et moi qu'aurions-nous fait?... Ah! pourquoi nous sommes-nous connus! pourquoi suis-je allé à cette fête!... à ce bois de Romainville!... Je n'y ai pas retourné depuis... mais demain je suis libre encore, demain j'irai revoir ces lieux où elle m'a dit qu'elle m'aimait, j'irai leur faire mes adieux. »

Mais le lendemain, en se préparant à sortir, il ne sait plus s'il doit aller au bois de Romainville. Qu'y trouvera-t-il? Des souvenirs qui alimenteront une flamme qu'il doit chercher à éteindre.

« Non, n'y allons pas, dit-il; j'en reviendrais plus malheureux!... Avec Eugénie j'y serais retourné souvent, et toujours avec un nouveau plaisir; mais seul! Je n'y trouverais que des regrets et pas une espérance! »

Il sort de chez lui pour aller demander la place qu'il est décidé à accepter, son portier l'arrête en lui présentant une lettre.

« Une lettre pour moi? dit Adolphe; et qui peut m'écrire? Serait-ce encore une Mme Saint-Céran. »

Il examine l'écriture, qui lui est inconnue, et rompt enfin le cachet.

Le billet est d'un notaire de Paris qui engage M. Adolphe Damont à passer au plus vite à son étude pour une affaire importante qui le concerne. »

« Quelle affaire puis-je avoir avec un notaire? se dit le jeune homme; je n'ai point d'argent et je n'en dois à personne. Serait-ce pour une place?... Ah! ne nous flattons pas; je me disais cela aussi en allant chez Zélie!... Cependant rendons-nous chez le notaire, j'ai toujours le temps de me faire garçon de magasin. »

Et Adolphe se dirige vers la demeure qu'on lui a indiquée, bien persuadé qu'il fait encore une course inutile. Il entre dans une étude où une douzaine de jeunes gens le toisent de la tête aux pieds sans quitter leur place. La mise d'Adolphe n'annonce pas un capitaliste; personne ne se dérange pour lui; on se contente de lui montrer du doigt la place du second clerc; mais le second clerc n'y est pas, il vient de partir en cabriolet pour des affaires de l'étude; et comme, en faisant les affaires de l'étude, les jeunes gens font aussi les leurs, il est probable que le second ne rentrera pas de longtemps. On indique alors à Adolphe le cabinet du maître clerc; il s'y rend et ne trouve personne : le maître clerc est allé faire un déjeuner d'huîtres au Rocher de Cancale, avec un client auquel il a fait placer avantageusement des fonds.

— Mais ne pourrais-je parler au notaire lui-même? demande Adolphe aux jeunes gens qui l'entourent.

— Dans ce moment il est en affaire, lui dit-on ; il a dans son cabinet un banquier qui vient de déposer son bilan, dans lequel il offre vingt pour cent à ses créanciers. Vous sentez bien que vous ne pouvez pas interrompre cet entretien ; mais si vous voulez attendre...

— J'attendrai, dit Adolphe. Et il s'assied dans un coin de l'étude, s'amusant à lire les noms de messieurs les notaires de Paris, tandis que les jeunes gens qui l'entourent continuent une conversation que son arrivée n'a pas même interrompue.

— Vous n'êtes pas venu à la soirée d'hier... Le bal était charmant, de jolies femmes... et du punch à flots. Le maître du logis fait bien les choses !... Et un écarté !... un jeu d'enfer !... Durosay a perdu huit cents francs...

— Comment ! ce petit Durosay, le second clerc de notre voisin ? Où diable prend-il cet argent-là ?

— On dit qu'il a une Anglaise qui lui en donne.

— Une Anglaise ?... Ah ! c'est délicieux ! Ruiner une Anglaise, c'est national...

— Moi, j'ai gagné deux cents francs à Blanval... Il va bien, Blanval !.. Il va joliment ! Il ne joue plus que de l'or.

— Il va se faire agent de change.

— Moi, messieurs, j'étais hier d'un certain dîner chez Bauvilliers, avec trois collègues ; c'était Derval qui payait ; il a eu trois cents francs de gratification pour le

Je l'ai menée au spectacle.

marché de cette ferme du Gâtinais. Ah ! quel dîner ! Nous avons fait sauter les cent écus. D'abord c'était convenu, il fallait tout manger jusqu'au dernier franc.

— Parbleu, ce n'est déjà pas si difficile de manger cent écus à quatre, et vous n'avez pas bu du vin de Constance pour ordinaire ?...

— Oh! nous avons bu d'excellent vin!... et les huîtres vertes, les truffes, les faisans farcis, les coquilles, les gelées de toute espèce!... Enfin, ce petit Dorval est tombé sous la table. Nous avons été obligés de le mettre dans un fiacre, qui l'a ramené chez lui.

— Moi, messieurs, j'ai été plus sage que vous: j'avais un rendez-vous avec la petite du magasin en face, je l'ai menée au spectacle...

— En loge grillée, coquin!...

— Eh non! cette petite sotte n'a jamais voulu y monter, disant que c'était trop haut et qu'elle n'y verrait rien. En vain je lui disais qu'elle y serait plus à son aise, elle n'a pas cédé, il a fallu aller aux premières, en loge ouverte, écouter en silence trois pièces que je savais par cœur; jugez combien je me suis amusé!...

— Ah! ce pauvre Gustave! quelle figure il devait faire!... Et en revenant?...

— En revenant, je comptais prendre une voiture; ne voilà-t-il pas que nous trouvons à la porte un grand nigaud de frère qui se dispose à nous accompagner...

— Ah! c'est jouer de malheur.

— Je les ai fait monter tous les deux dans un fiacre, et, feignant d'être obligé de m'écarter un moment, je me suis sauvé, laissant là le frère et la sœur s'arranger avec le cocher.

— Ah! ah! c'est délicieux! La petite méritait bien cette leçon!...

La conversation des jeunes gens est interrompue. Ils entendent ouvrir la porte du cabinet de leur patron et se remettent tous à leur ouvrage. Le notaire reconduit le banquier, et Adolphe, curieux de voir ce personnage, qu'il suppose désolé du dérangement de ses affaires, lève les yeux et aperçoit un jeune élégant, souriant avec grâce, et chez lequel rien n'annonce le chagrin. Mais quelle nouvelle surprise!... Adolphe reconnaît la figure de ce personnage : c'est bien lui!... c'est le monsieur qui fait mille écus par mois à Zélie, qui vient d'offrir vingt pour cent à ses créanciers.

« Et je le plaignais hier d'être trompé! se dit Adolphe. Ma foi, je pardonne maintenant à Zélie, et je commence à trouver quelque ressemblance dans le portrait qu'elle m'en a fait. »

Le notaire va rentrer dans son cabinet, Adolphe s'avance vers lui, tenant à la main la lettre qu'il a reçue le matin.

— Vous m'avez écrit, monsieur, et je viens savoir pour quel motif...

— Votre nom, s'il vous plaît, monsieur?

— Adolphe Dalmont...

— M. Adolphe Dalmont!.... Ah! monsieur, je vous attendais

avec impatience... Donnez-vous la peine de passer avec moi dans mon cabinet.

Le notaire parle à Adolphe du ton le plus poli, le plus affectueux; il s'empresse de le faire asseoir près de son bureau, pendant que tous les jeunes gens de l'étude se disent entre eux :

— C'est Adolphe Dalmont!... Qui l'aurait cru!...

Notre jeune homme, étourdi de ce murmure, et ne sachant à quoi attribuer les égards dont l'accable le notaire, attend avec impatience l'explication de tout cela.

— Vous êtes M. Adolphe Dalmont, fils unique d'Adrien Dalmont, de Besançon, et neveu de Georges Dalmont, son frère?

— Oui, monsieur.

— Il doit vous être facile de vous procurer votre acte de naissance et celui de votre père...

— Je les ai déjà, monsieur.

— Votre père vient de mourir à Senlis?

— Oui, monsieur... Mais qui vous a dit...?

— Ah! monsieur, voilà plusieurs mois que je suis à votre recherche; j'ai écrit à Besançon, on ignorait le lieu qu'habitait votre père; enfin j'apprends qu'il est à Senlis, j'écris... il venait de mourir. Mais je sais qu'il laisse un fils; ce fils est, dit-on, retourné à Paris; je fais faire des recherches, je mets des avis dans les journaux.

— Je ne les lis jamais, monsieur.

— Je désespérais de vous trouver; mais, par un hasard singulier, ma femme a une domestique qui a un mari dont l'oncle est commis dans une boutique de passementerie...

— Chez M. Moutonnet?

— Précisément : ce vieux commis, qui est bavard, à ce qu'il paraît, a parlé à son neveu des amours de M. Adolphe Dalmont avec une demoiselle Eugénie; le neveu les a contées à sa femme, qui, en déshabillant sa maîtresse, a prononcé votre nom; et voilà, monsieur, comment il est parvenu jusqu'à moi.

— Mais, monsieur, pourquoi me cherchez-vous, enfin?

— Je vous demande pardon, c'est par là en effet que j'aurais dû commencer : c'est pour vous mettre en possession de l'héritage de votre oncle, mort à Batavia, lorsqu'il se disposait à revenir en France, il y a près de dix-huit mois...

— Comment, monsieur... mon oncle Georges...

— Laisse environ onze cent mille francs qu'il avait amassés en plantant de l'indigo.

— Onze cent mille francs !

— Oui, monsieur; il est mort garçon, et vous êtes son unique héritier. Ayant l'intention de revenir en France, il y avait, depuis quelque temps, fait passer une partie de sa fortune, dont vous pourrez bientôt prendre possession.

Adolphe écoute encore le notaire, qui ne parle plus; il doute s'il veille : onze cent mille francs !... lorsqu'il était dans la détresse ; lorsqu'il allait solliciter un emploi de garçon de magasin !... Et, la veille, il accusait la fortune !... et le voilà riche, riche pour toute sa vie, et en état de faire le bonheur d'autrui !

Il ne respire plus, il suffoque; il n'y a rien de si difficile à supporter qu'une grande joie; car il semble que nos organes se prêtent mieux à la peine qu'au plaisir.

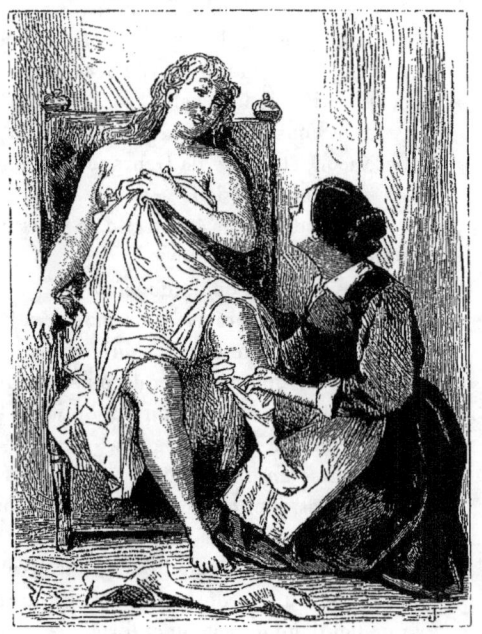

En déshabillant sa maîtresse elle a prononcé votre nom.

Remettez-vous, monsieur ! dit le notaire à Adolphe en souriant de son étonnement. Onze cent mille francs, c'est une jolie fortune, sans doute, mais enfin vous ne serez pas encore millionnaire... A cinq pour cent, c'est cinquante-cinq mille livres de rente...

— Ah! monsieur! c'est bien assez... c'est trop !... c'est !... Je n'avais rien, monsieur, rien, et maintenant je pourrai... Ah! si je l'avais eue quelques mois plus tôt, cette fortune brillante !... j'aurais pu l'épouser... j'aurais...

— Monsieur, avec cet héritage-là, je vous garantis que vous trouverez un bien meilleur parti que lorsque vous n'aviez rien : avec près de soixante mille livres de rente, vous pouvez hardiment prétendre à une femme qui vous en apporte le double, et alors vous serez dans une belle situation !...

— Ah! monsieur, vous ne me comprenez pas... Mais il faut que j'aille...

Il les fait danser autour de leur déjeûner. (P. 906.)

— Rassembler tous vos titres, tous vos papiers de famille, et, en fort peu de jours, je vous mets en possession de votre héritage ; vous êtes seul héritier, cela ira tout seul.

— Oui, monsieur, oui, je cours...

— Monsieur, si vous aviez sur-le-champ besoin d'argent...

Mais Adolphe n'écoute plus le notaire, qui le reconduit ; il traverse l'étude, au milieu des clercs, qui se sont tous levés, et le saluent avec considération. Adolphe ne voit rien, ne regarde plus autour de lui, il brûle d'être près de ses amis et de leur faire partager son bonheur. Il sort, court au premier fiacre qu'il aperçoit.

— Rue Saint-Paul! lui crie-t-il. Cent sous si tu m'y conduis en cinq minutes.

— Vous y serez en quatre, not' bourgeois.

Et le cocher fouette ses chevaux, brûle le pavé, crie gare d'une voix formidable, et fait fuir les piétons épouvantés, pour gagner les cent sous qui lui sont promis, et qui, le matin, aux yeux d'Adolphe étaient suffisants pour vivre une semaine; mais quand on vient d'hériter de onze cent mille francs, quand on passe subitement de la misère à l'opulence, il est bien permis de ne plus envisager les choses de la même manière, et Adolphe, qui la veille a fait de si belles réflexions sur l'emploi des richesses, paraît déjà disposé à jeter tout par les fenêtres. Les hommes seront toujours ainsi faits : ils crieront, critiqueront, blâmeront, se plaindront; mais, que la fortune change, ils changeront comme elle, et tomberont le lendemain dans le même excès qu'ils ont blâmé la veille.

Le cocher a si bien fouetté ses chevaux qu'il atteint le but en un quart d'heure, ce qui est un peu plus de quatre minutes, mais ce qui n'est pas trop pour aller de la rue Saint-Honoré à celle Saint-Paul. Adolphe saute hors de la voiture, donne l'écu au cocher, et s'élance dans la maison de ses jeunes amis. Il monte quatre à quatre, la clef est sur la porte de leur logement, il entre comme un fou. Louise et Charles sont en train de déjeuner, assis devant une petite table. Adolphe court embrasser Louise, saute au cou de Charles, puis, les prenant chacun par la main, il les fait danser autour de leur déjeuner. Louise le regarde, regarde son mari; la surprise, la douleur, se peignent dans leurs yeux.

— Ah! mon Dieu! dit Louise, ah! mon Dieu... le v'là de nouveau qui ne sait plus ce qu'il fait! Il aura encore été chez l'épicier!...

— Adolphe, mon ami, remettez-vous, lui dit Charles.

Adolphe rit, et danse toujours en leur criant :

— Onze cent mille francs, mes amis, soixante mille livres de rente, pour moi, pour vous, pour nous!... Plus de craintes pour l'avenir!... vous pouvez avoir dix, douze enfants! je les élève tous!

— Ah! mon Dieu!... il est pis que jamais, dit Louise ; entends-tu, Charles, il veut que je fasse douze enfants!...

Enfin Adolphe s'aperçoit que plus il fait danser ses amis, plus ils sont tristes. Louise pleure déjà; Charles le regarde d'un air pénétré; il devine leur crainte et s'empresse de la faire cesser, en leur expliquant tout. Pendant qu'il parle, les jeunes époux doutent encore, mais il leur montre la lettre du notaire; dès lors, toutes les craintes se dissipent pour faire place à la joie la plus vive, la plus franche, et celle-là est la plus rare. Après s'être de nouveau embrassés et avoir encore sauté un moment dans la chambre, on se calme enfin, et on parvient à parler raisonnablement.

— Mes bons amis, c'est à vous que je dois cette fortune-là, dit Adolphe.

— A nous?

— Sans doute : rappelez-vous cette soirée où je voulais me jeter à l'eau; sans vous je n'existerais plus, par conséquent je n'héritais pas.

— Eh bien?

— Eh bien! il faut que vous ayez votre part de mes richesses.

— Non, monsieur Adolphe, non, nous n'en avons que faire, nous sommes heureux que vous le soyez aussi; que vous nous aimiez toujours, voilà tout ce que nous voulons. Est-ce donc dans l'espoir d'être récompensés que nous vous avons sauvé du désespoir?

— Mon cher Charles, vous ne savez ce que vous dites; vous avez fait le bien pour le seul plaisir d'obliger, car vous m'avez secouru sans me connaître. Voudriez-vous donc m'empêcher de faire un bon emploi de ma fortune!... J'ai soixante mille livres de rente, je vous en donne vingt.

— Non, monsieur, je ne les prendrais pas.

— Quinze.

— Non, monsieur.

— Dix.

— Non, monsieur.

— Ah! quel homme!... Eh bien, je vous achète un joli fonds de graveur, j'arrange votre boutique, je la décore, j'y mets tout ce qui peut vous être nécessaire, et je vous avance des fonds pour commencer vos entreprises : cela vous convient-il?

— Mais...

— Si vous refusez, je pars, je m'éloigne, vous ne me reverrez plus...

— Non, non, nous acceptons, dit Louise, n'est-ce pas, Charles? Il ne faut pas être fier mal à propos, et surtout avec ses amis... Oui, oui, nous acceptons la boutique.

— Ah! c'est bien heureux!... Eh! mes amis, c'est me rendre service que m'aider à faire un bon usage de mes richesses. Je commence à sentir que c'est plus difficile qu'on ne pense. Car, enfin, si tous les gens honnêtes sont aussi scrupuleux que vous, je conçois qu'il faille jeter son argent au nez des intrigants et des femmes galantes. Mais vous ne m'abandonnerez pas, vous serez toujours mes vrais, mes seuls amis... Autrefois, j'avais encore une personne qui aurait pris part à mon bonheur... Mais, je ne puis plus la voir, elle est riche!... je ne puis rien pour elle! C'est donc à vous à m'aider de vos conseils, à me guider, à m'empêcher de faire des folies.

— Oh! vous n'en ferez pas, vous êtes trop sage pour cela!

— Ma chère Louise, il est bien facile d'être sage quand on est, par sa situation, forcé de se priver de tous les plaisirs, mais il y a bien plus de mérite à l'être lorsqu'on possède, au contraire, les moyens de satisfaire toutes ses passions. Enfin je ferai mon possible pour que vous soyez toujours contents de moi. Mais, voyons, que ferai-je de mon argent?... Onze cent mille francs! c'est vraiment effrayant!..

Adolphe saute au cou de Charles.

J'achèterai une jolie maison à Paris, puis une autre à la campagne, où nous irons passer la belle saison...

— Et travailler? dit Charles; et notre boutique, qui la gardera?...

— Quelqu'un de sûr, de fidèle, sur qui on pourra compter... J'achète donc une terre, mais il me faudra un régisseur... un intendant...

— Prenez garde, monsieur Adolphe, ce choix-là serait difficile...

— Ah! il est fait, je l'ai trouvé... Oui, s'il veut accepter... mais il acceptera, je lui donnerai trois fois plus qu'il ne gagne...

— A qui donc?

— A Bidois... au vieux commis de Mme Moutonnet. Il m'a bien fait souvent enrager, mais je lui pardonne; il me parlera d'elle... C'est décidé : je prends Bidois pour intendant.

— Pauvre jeune homme! il l'aime toujours, dit tout bas Louise à son mari. Quelle constance!... Ah! celui-là mérite bien la fortune qui lui arrive.

— D'ailleurs je dois bien cela à Bidois, puisque c'est par son bavardage, que le notaire est parvenu à me découvrir. Au moins, j'aurai avec moi quelqu'un qui l'aura connue, qui me comprendra quand je lui en parlerai.

— Mais songez donc que vous voulez l'oublier.

— Oui, mes amis, je le veux souvent, je le veux à chaque instant, mais je ne le puis pas toujours. Et puis, je vous avouerai ma faiblesse : je suis bien aise que Mme Moutonnet sache que je suis riche... bien plus riche que ce Dupont... Elle regrettera peut-être de m'avoir si mal traité !...

— Oh! quant à cela, vous avez raison, et ce sera bien fait si elle se repent d'avoir été si méchante.

— Voilà qui est arrangé, convenu, nous aurons une jolie campagne... une boutique, une maison... Je cours rassembler tous les papiers qui me sont nécessaires, et bientôt ces projets charmants seront réalisés.

Adolphe embrasse ses bons amis, et court à ses affaires. Combien ses pensées sont différentes de celles de la veille !... Mais, depuis la veille, quel changement dans sa position !

Louise et son mari sont aussi étourdis qu'Adolphe de ce coup de fortune ; ils ne sont plus en état de travailler pendant le reste de la journée ; à dîner ils n'ont plus faim ; ils ne peuvent que se regarder et pousser de gros soupirs, car la joie fait aussi soupirer.

Le soir, ils ne peuvent point souper comme à leur ordinaire.

— Nous sommes riches, dit Louise.

— Nous aurons une belle boutique, répond Charles.

— Ah! mon ami!... quel bonheur!... quel heureux sort!... quelle félicité !...

Ils se couchent enfin, mais ils ne peuvent dormir ; le sommeil fuit les paupières de ces jeunes gens, qui reposaient auparavant si paisiblement!

— Ah! mon Dieu! dit Louise à son mari, est-ce qu'on est comme ça quand on est riche?... Ah! que c'est donc drôle !... être sans cesse agité, ne pouvoir plus travailler, ne plus manger, ne plus dormir ; ah! c'est que nous n'y sommes pas encore habitués.

Mais les jeunes époux sont encore amants, et, si le repos les fuit, du moins l'amour leur reste.

— Ah! dit Louise dans les bras de son mari, c'est bien heureux que la fortune ne nous ait pas aussi ôté cela!

XXX

DANS LEQUEL ON REVOIT DIDOIS

Grâce à la promptitude avec laquelle Adolphe produit tous les papiers qui constatent sa naissance et sa parenté avec Georges Dalmont, il est bientôt en possession de son brillant héritage et libre d'en faire l'usage qui lui plaira.

Si la fortune ne fait pas le bonheur, il faut convenir au moins qu'elle y contribue beaucoup. Avec la facilité de satisfaire tous ses goûts, toutes ses volontés, comment ne pas éprouver de la distraction à ses chagrins. C'est ce qui arrive à Adolphe : il aime toujours Eugénie, mais il ne se désespère plus de ne point la posséder; il pense souvent à elle, mais il se distrait assez souvent. Charles et Louise espèrent que le temps fera le reste.

Adolphe a acheté une jolie petite maison à Paris; cette maison ne sera que pour lui et ses amis, il ne veut point d'étrangers sous son toit.

Il fait ensuite, par l'entremise de son notaire, l'acquisition d'une terre considérable, à vingt-cinq lieues de Paris : il y a un petit château, des fermes, des bois, des prés, et tout cela doit lui rapporter quarante mille livres de rente.

Adolphe charge Louise de faire meubler et décorer sa maison de Paris. La petite femme n'est point née dans l'opulence, mais elle a du goût, de l'ordre, et c'est tout ce que veut Adolphe; d'ailleurs, il n'a pour amis que Charles et sa femme, et c'est toujours à eux qu'il demande conseil. S'il voulait s'entourer de flatteurs, d'intrigants, de parasites, il lui serait bien facile d'avoir une foule d'amis!... mais ceux-là ne le tentent point. Louise n'a pas un moment de repos, il faut qu'elle coure sans cesse chez les tapissiers, les peintres, les miroitiers; c'est elle aussi qui doit choisir et arrêter des domestiques pour Adolphe. Charles fait un peu la moue, parce qu'il ne voit presque plus sa femme de la journée, mais Adolphe rit de sa peine et lui dit :

— Tu la reverras ce soir.

Et Charles répond : Ce n'est pas assez, et regrette quelquefois ses journées de travail et d'amour.

Enfin, la maison d'Adolphe est meublée, décorée, prête à le recevoir. Avec de l'argent à Paris, on imite les changements à vue de l'Opéra : l'or est la baguette magique qui opère toutes les métamorphoses. Adolphe veut que ses amis viennent loger avec lui dans sa maison. Charles n'y consent pas : il craint de ne plus voir sa femme tout à son aise, et Louise pense, comme son mari, qu'ils ne sont pas nés pour faire les seigneurs, et que c'est en continuant de travailler qu'ils se rendront dignes des faveurs de la fortune.

— Ils sont incorrigibles, dit Adolphe ils veulent toujours travailler !... Et moi, il faudra donc que je sois heureux tout seul dans ma maison? Je m'ennuierai à la mort!

— Vous irez visiter votre terre, vos fermes, vos bois...

— Ah! tu as raison... Mais avant tout il faut que je vous voie établis.

Adolphe offre à un graveur le double de ce que vaut son fonds, afin de le décider de le quitter : le marchand accepte, et notre jeune homme fait encore embellir une boutique déjà jolie, en faisant placer partout des glaces, des vases, des candélabres. Puis il conduit les jeunes époux dans leur nouveau domicile, en leur disant :

— Vous voilà chez vous.

Charles gronde, il trouve que c'est beaucoup trop beau, trop riche, trop brillant; il est prêt à se fâcher. Louise l'apaise enfin; une jolie femme s'habitue aisément à voir son image se répéter autour d'elle.

— Mon ami, dit-elle à Charles, il faut cependant bien lui céder un peu et vouloir ce qu'il veut...

— Charles, dit Adolphe, quand vous m'avez supplié de ne point me jeter à l'eau, je vous ai obéi... et cependant il s'agissait de quelque chose de plus important que l'objet qui nous occupe. Quand on a fait pour quelqu'un ce que vous avez fait pour moi, on n'a plus le droit de rien refuser; que cette discussion soit la dernière qui s'élève entre nous.

Les deux jeunes gens s'embrassent, tandis que Louise court déjà dans toutes les parties de la boutique et du logement qui en dépend, examiner, fureter, admirer; elle revient enchantée; sautant, dansant, et les larmes aux yeux elle va embrasser Adolphe en lui disant d'une voix attendrie :

— Qu'est-ce que nous avons donc fait pour être si heureux !...

Et Adolphe la presse dans ses bras et les laisse prendre possession de leur nouvel établissement.

Adolphe a encore un projet qu'il brûle d'exécuter; mais Bidois consentira-t-il à quitter une maison où il travaille depuis si longtemps? Quand on vieillit, le bonheur est dans les habitudes. Adolphe envoie un de ses valets prendre des informations sur ce qui se passe chez le passementier. Le domestique revient annoncer à son maître que Mme Moutonnet, voulant se retirer du commerce, a vendu son fonds; qui doit, dans quelques semaines, passer dans d'autres mains. Adolphe est enchanté de cette circonstance, qui le favorise, et il fait prier le vieux commis de passer chez lui.

A la vue d'un domestique en livrée, qui vient le chercher dans le cabriolet de son maître, Bidois croit rêver; il ne peut se persuader que c'est à lui qu'on en veut. Le valet a reçu d'Adolphe l'ordre de ne point le nommer. Il engage le vieux commis à le suivre, en lui promettant de le ramener en voiture, ce qui abrègera son absence.

Elle revient enchantée sautant, dansant.

« Il faut que ce soit pour quelque commande, » se dit Bidois.

Il va prévenir M. Moutonnet, dont la femme est absente, et se décide à monter en cabriolet, ayant encore sa plume derrière son oreille.

Chemin faisant, Bidois veut faire causer le valet.

— Quel est votre maître? lui demande-t-il?

— Un jeune homme qui a cinquante mille livres de rente.

— C'est donc un jeune homme de qualité... de naissance... Il veut sans doute faire mettre des franges dans toute sa maison.

— Je ne crois pas; on va la meubler à neuf.

— Alors, c'est pour un de ses châteaux?...

— En effet, je crois lui avoir entendu parler de sa terre...

— J'en étais sûr! il fallait donc me laisser prendre des échantillons. Vous verrez que je serai forcé de retourner.

Le cabriolet s'arrête; Bidois descend, et l'élégance de la maison lui donne la plus haute idée du maître qui l'habite; mais il n'en conçoit pas davantage pourquoi on s'est plutôt adressé à lui qu'à Mme Moutonnet. Enfin on l'introduit dans un salon, et le valet lui dit :

« Rassurez-vous, mon cher Bidois. » (P. 914.)

— Voici mon maître.

Adolphe est assis dans un fauteuil; il s'amuse de la figure que fait Bidois, debout devant lui, le regardant et ne voulant pas le reconnaître.

— C'est bien moi, Bidois! dit enfin Adolphe.

A sa voix le vieux commis fait trois pas en arrière.

— C'est moi, Adolphe Dalmont, que vous avez si maltraité il y a quelque temps!...

Bidois se recule encore.

— C'est moi, à qui vous avez fait dernièrement une si drôle de mine, lorsque j'ai passé devant votre boutique en revenant à Paris.

Bidois recule toujours en portant ses regards vers la porte voulant se ménager une retraite; car il est persuadé qu'Adolphe l'a fait venir pour lui faire payer les tours qu'il lui a joués.

— Rassurez-vous, mon cher Bidois, je suis loin de vous en vouloir, s'empresse d'ajouter Adolphe pour calmer la terreur qu'il lit dans les yeux du vieux garçon; vous avez agi d'après les ordres de Mme Moutonnet, cela devait être, vous deviez plutôt, en effet, seconder la vigilance d'une mère que les étourderies d'un amant... Mais écoutez-moi : je suis riche maintenant; je possède à vingt-cinq lieues d'ici une assez belle propriété : des fermes, des terres en dépendent; il me faut un intendant; un régisseur... un homme enfin, qui prenne soin de mes intérêts, et je vous offre cette place...

— A moi, monsieur? s'écrie Bidois en saluant Adolphe jusqu'à terre.

— Oui, à vous... Combien gagnez-vous chez Mme Moutonnet?

— Huit cents francs, la table et le logement.

— Je vous donne mille écus, avec les mêmes avantages et le droit de vous faire obéir par tous les autres domestiques près desquels vous me remplacerez en mon absence.

— Mille écus!...

Bidois salua et resta la tête inclinée vers la terre.

— Oui, mille écus, et ce n'est point trop pour vous payer, car je connais votre fidélité, votre probité... Je trouverais des régisseurs à quinze cents francs, mais ceux-là me voleraient plus de six mille francs par année; vous voyez bien que je gagne cent pour cent avec vous...

— Ah! monseigneur, je suis confus...

— Point de monseigneur, Bidois; je ne suis toujours qu'Adolphe Dalmont.

— Mais j'aurai l'honneur de vous dire... je ne sais faire que des additions...

— C'est tout ce qu'il faut, mon ami, j'aime mieux cela que des soustractions. Soyez tranquille, vous vous mettrez facilement au fait de mes affaires; avec vous je suis certain qu'elles ne seront jamais embrouillées. Faites vos arrangements, vos préparatifs; je ne veux point que vous quittiez brusquement Mme Moutonnet...

— Monseigneur... monsieur Dalmont, Adolphe... je serai libre dans quinze jours... Car le fonds est vendu, et...

— Eh bien donc, à quinze jours ; vous viendrez vous établir ici, puis nous partirons ensemble pour visiter mes propriétés. Tenez, Bidois voici notre pot-de-vin.

Adolphe glisse vingt louis dans la main de Bidois, qui ne trouve plus d'expression pour peindre sa reconnaissance ; il veut recommencer ses saluts, mais le jeune homme y met fin en descendant l'escalier, et montrant le vieux commis à ses gens rassemblés dans une salle du bas :

— Voilà mon intendant, leur dit-il, vous lui obéirez comme à moi-même.

Les domestiques s'inclinent devant le nouvel intendant. Bidois ne sait plus où il en est, il sourit, remercie, porte sa plume à sa bouche, ôte et remet son chapeau, se retourne de tous côtés en commençant des phrases qu'il ne finit pas ; mais Adolphe termine cette scène en le faisant monter dans le cabriolet qui ramène lestement le nouveau régisseur à son ancienne place.

Mme Moutonnet est rentrée pendant l'absence de son commis, et elle trouve fort extraordinaire qu'il soit sorti sans sa permission. Elle gronde son mari de l'avoir souffert, et M. Moutonnet essuie en silence les reproches de sa femme. Enfin un cabriolet s'arrête devant la boutique ; Bidois en descend et entre dans le magasin, d'un air d'assurance, la tête haute, le regard fier, et repoussant la porte avec force derrière lui, ce qui ne lui était jamais arrivé depuis quinze ans qu'il habitait chez Mme Moutonnet.

— D'où venez-vous, monsieur Bidois ? demande la passementière d'un ton sévère. Pourquoi sortir dans la journée sans mon autorisation... Vous avez été absent plus de vingt-cinq minutes.

Bidois se jette sur la banquette du comptoir, et tirant son mouchoir de sa poche, s'essuie le front et prend une prise de tabac.

— Est-ce que vous ne m'entendez pas, monsieur Bidois ? répète Mme Moutonnet en haussant sa voix, tandis que le mari dit à son commis :

— Bidois, ma femme te demande d'où tu viens ?

— D'où je viens !... d'où je viens ? répond Bidois, vous le saurez tout à l'heure ! laissez-moi donc le temps de respirer !...

— Qu'est-ce à dire !... Que signifie ce ton impertinent ?...

— Impertinent ! madame... ménagez vos expressions, je vous prie.

— Il ose m'imposer silence !... me répondre, me tenir tête !... Est-ce bien Bidois que j'entends ? Voyez donc comme il me regarde, monsieur Moutonnet !...

— Bidois... est-ce que tu viens de déjeuner en ville, mon ami?... Je ne t'ai jamais vu des yeux aussi ouverts...

— Ce polisson-là vient de se griser, cela est certain...

— Polisson!... moi! me griser!... Madame Moutonnet, respectez l'intendant, le régisseur... l'homme de confiance de M. Adolphe Dalmont, qui a cent mille livres de rentes, des terres, des fermes, des bois, des bestiaux que je vais gérer... et à qui vous avez refusé votre fille...

— Qu'est-ce qu'il dit?... Comprenez-vous cela Monsieur Moutonnet?

— Mon cœur, il a parlé de gérer des bestiaux.

— Cent mille livres de rentes! monsieur Adolphe Dalmont! un mauvais sujet qui se permettait d'aimer ma fille...

Les domestiques s'inclinèrent devant le nouvel intendant.

— Un mauvais sujet!... un homme qui me donne mille écus d'appointements!... Vous l'aviez bien mal jugé, madame!...

— Mais enfin, Bidois, expliquez-vous.

Bidois raconte son entrevue avec Adolphe, et, selon l'usage, amplifie sur tout ce qu'il a vu : la maison est un palais, la terre un château, les revenus immenses, et son maître un seigneur; il termine en montrant le joli pot-de-vin qu'il a reçu. Mme Moutonnet se fait répéter tout cela par trois fois, et chaque fois que Bidois recommence, il augmente encore la fortune d'Adolphe qui devient bientôt le marquis de Carabas. Mme Moutonnet pousse de grandes exclamations et regarde son mari qui ne sait pas ce qu'il doit dire, et attend pour le savoir, que sa femme ait parlé.

— Ah! mon Dieu!... entendez-vous monsieur?... une terre! un château?... des biens immenses!...

— Oui, m'amour...
— Un carrosse!... une calèche!... des bois!...
— Des bois, mon cœur!...
— Et vous ne dites rien, monsieur Moutonnet?
— Qu'est-ce qu'il faut que je dise ma femme?
— Mais, monsieur, il aurait été notre gendre... Ma fille serait duchesse, au lieu d'être épicière... et son mari ne serait pas venu comme cet imbécile de Dupont, nous dire que sa femme ne veut pas...
— Non, m'amour, il ne nous aurait pas dit cela...
— Ah! si j'avais pu prévoir... deviner!... Mais pouvais-je présumer que ce jeune homme hériterait d'une fortune considérable?...
— Non, mon cœur, vous ne pouviez pas le deviner...
— Ah! taisez-vous, monsieur Moutonnet, taisez-vous; vous me faites bouillir avec votre sang-froid!... Il n'y faut plus penser enfin!...
— Eh bien! ma femme, n'y pensons plus.
— Ah! cela vous est facile à dire... Nous allons nous retirer du commerce avec six mille livres de rentes ; mais nous aurions été habiter le château de mon gendre!...
— J'y aurais joué au domino tous les soirs...
— J'en mourrai de chagrin, monsieur Moutonnet...
— Vous aurez raison, mon cœur.

Pendant que les deux époux se chagrinent, Bidois se réjouit et hâte de ses vœux le jour de sa prise de possession de la place de régisseur. Enfin ce jour fortuné arrive : Bidois fait porter ses paquets à la maison de son jeune maître, et fait ses adieux à ses anciens chefs. M. Moutonnet pleure en embrassant Bidois ; Mme Moutonnet lui serre la main avec intention.

— Dites bien à M. Adolphe Dalmont combien je regrette... mais non, Bidois, ne lui dites rien, je crois que cela vaudra mieux...
— Oui, madame, dit le vieux commis, qui s'est fait habiller à neuf des pieds à la tête, avec son pot-de-vin, et ne s'est jamais vu si beau, je ne parlerai pas de vous à monseigneur, je crois que cela lui fera beaucoup plus de plaisir.

Adolphe attend l'arrivée de son intendant pour aller visiter ses domaines. Sa fortune lui permet maintenant de jouir de tous les plaisirs de Paris ; mais c'est encore près de Charles et de Louise qu'il préfère passer son temps. Les jeunes amis n'osent point l'appeler leur bienfaiteur, parce que cela fâcherait Adolphe ; mais ils ont pour lui ces prévenances, cette douce amitié, cet attachement sincère que l'on cherche souvent en vain dans les personnes que l'on a obligées.

A peine Bidois est-il arrivé, qu'Adolphe le fait monter avec lui en voiture. Le nouvel intendant, plein de respect pour son maître, se tient bien roide sur le devant; et Adolphe n'a pas peu de peine à le mettre à son aise et à le décider à s'adosser aux coussins, et à allonger ses jambes qu'il n'ose pas bouger. Bidois ne souffle pas mot, mais Adolphe parle d'Eugénie, et il parle toujours, ce qui dispense Bidois de répondre; il se contente de sourire, d'approuver et d'incliner la tête. Cependant Adolphe veut absolument savoir comment s'est passé le jour des noces, et cette fois Bibois est forcé de répondre : il dépeint la tristesse de la jeune mariée, sa figure pâle et désolée. Adolphe interrompt souvent Bidois en disant :

— Pauvre petite!... Pauvre Eugénie!... Et je l'accusais!...

— Enfin elle n'a pas dansé le jour de sa noce, dit Bidois, et cependant le bal était magnifique!...

— Elle n'a pas...

— Non, monsieur, elle n'a pas dansé.

Adolphe porte son mouchoir sur ses yeux, et Bidois, qui croit qu'il a dit une bêtise, s'empresse d'ajouter :

— Ah! si fait, pardonnez-moi, elle a dansé la boulangère. Mais la conversation est finie; Adolphe est tout entier à ses souvenirs, et il ne parle plus pendant le reste de la route. Bidois, inquiet de ce silence, se dit en lui-même :

— Il ne fallait peut-être pas lui dire qu'elle avait dansé la boulangère.

On arrive enfin. Adolphe est enchanté de son petit château, et il l'a déjà visité depuis le haut jusqu'en bas, que Bidois, n'a encore examiné que la basse-cour et le garde-manger. Les paysans viennent saluer le nouveau propriétaire, et Bidois, qui veut à toute force que ce soient des vassaux, leur promet sa protection auprès de son maître; mais la franchise, la rondeur, l'aménité du jeune propriétaire, lui gagnent bientôt tous les cœurs. Adolphe va voir ses fermiers. Pendant qu'il jase avec sa fermière, qu'il caresse ses enfants, Bidois parcourt l'habitation, et se fait rendre un compte exact du produit. Le lendemain Adolphe parcourt ses bois, ses prés, ses vignes, et le nouveau régisseur le suit, un carnet à la main, prenant ses notes au crayon. Le soir il va dans le village, entre partout, s'informe de tout; puis il vient faire un rapport à son maître, en lui proposant déjà des économies et des améliorations.

— Mon ami, dit Adolphe à son intendant, ne renvoyez personne, je ne veux pas faire de malheureux. Pénétrez-vous bien de mes intentions. Je vais retourner à Paris, vous resterez ici.

— Oui, monseigneur.

— Encore une fois, plus de monseigneur...

— Oui, monsieur..
— Si les habitants veulent venir dans mon parc, dans mes jardins...
— Je ne les laisserai pas entrer.
— Au contraire, vous le leur permettrez toujours.
Si mes fermiers ne payent pas bien exactement...
— Je les poursuivrai.
— Non, vous leur accorderez du temps, des délais. Si quelques braconniers chassent sur mes terres...
— Je les ferai mettre en prison.
— Non, vous vous informerez de leur situation, et si c'est par besoin qu'ils sont coupables, vous leur ferez donner de l'ouvrage afin qu'ils n'aient plus de motifs pour mal faire. Enfin si quelque incendie détruit la chaumière ou la récolte d'un malheureux...
— J'y ferai porter de l'eau.
— Vous y porterez aussi de l'argent pour qu'il puisse réparer sa perte ; et si quelques amants honnêtes ne peuvent se marier par défaut de fortune...
— Je leur défendrai de se voir.
— Au contraire, vous les marierez, et je me chargerai de la dot. Vous m'avez entendu, Bidois tâchez de rendre ces bons villageois heureux, afin que, contents de leur semaine, ils puissent le dimanche danser gaiement sur la pelouse.., je payerai leur orchestre.
— Cela suffit, monsieur... Faut-il que je danse aussi?
— Oh! quant à cela, vous en êtes entièrement le maître.

Après avoir donné à son régisseur ses dernières instructions, Adolphe retourne à Paris revoir ses jeunes amis et Bidois qui se trouve grandi de deux pouces depuis qu'il est intendant d'un joli château, se remet à parcourir les propriétés qu'il va régir, et commence ses nouvelles fonctions en faisant jeter à l'eau un chien de basse-cour qui a eu l'impertinence de sauter après les mollets de M. le régisseur.

XXXI

RENCONTRE ET SES SUITES

Depuis qu'Adolphe est riche, il cherche dans les plaisirs, dans les occupations d'un homme du monde, de la distraction à son premier amour ; quelquefois il se persuade que cet amour est totalement guéri, et le lendemain le souvenir d'Eugénie le poursuit plus que jamais. Il a cependant de fréquentes distractions ; il rencontre dans le monde des femmes jolies, attrayantes, et qu'il croit aimer ; il fait sa cour, on l'écoute favorablement parce qu'il est jeune, beau, riche et généreux ; alors enchanté de sa conquête, il court chez ses jeunes amis et leur dit :

— J'ai enfin oublié tout à fait Eugénie, j'en aime une autre... j'en suis aimé !

Depuis un mois on les voit ensemble.

— Tant mieux, dit Charles, j'étais bien sûr que cela se terminerait ainsi.

— C'est bien heureux, dit Louise ; au moins nous pourrons nous embrasser devant vous, sans que cela vous fasse soupirer.

Mais quelques jours après, Adolphe revient tristement chez les jeunes époux.

— Eh bien ! les amours ? dit Louise.

— Ah ! je m'étais trompé... c'est déjà fini ! je croyais aimer ; ce n'était qu'un caprice !...

— Ah ! mon Dieu !... tâchez donc que ce soit tout de bon une autre fois.

Au bout de quelque temps Adolphe semble enfin fixé : une jeune femme jolie, bien faite, a répondu à ses tendres aveux. Depuis un mois Adolphe est assidu près d'elle, et il se persuade qu'il en est réellement amoureux. La jeune dame ne doute point du pouvoir de ses charmes et de l'amour d'Adolphe. Depuis un mois on les voit ensemble aux spectacles, aux promenades ; ils n'ont pas un moment à eux. Il y a des liaisons qui ne se soutiennent que dans les plaisirs et qui meurent dans la solitude. Cet amour-là est le plus commun ; de crainte que celui qu'il éprouve ne résiste pas à de trop fréquents tête-à-tête, Adolphe imagine chaque jour quelque partie nouvelle afin d'aimer plus longtemps. Charles dit à sa femme :

— Je crois que notre cher Adolphe est enfin raisonnable, et qu'il ne pense plus du tout à son Eugénie.

M. DUPONT

Cette loge renferme Adolphe et sa maîtresse. (P. 925.)

Mais Louise secoue la tête d'un air incrédule : elle lit mieux que son mari dans le cœur d'Adolphe.

Pendant que ces événements se sont passés, Eugénie s'est rétablie entièrement. Dupont est encore absent, et la jeune femme vit tranquille avec Jeanneton ; elle est toujours mélancolique malgré tous les efforts de sa fidèle servante, qui cherche sans cesse à la distraire et lui répète souvent qu'elle a vu M. Adolphe couché chez une femme, le lendemain de son entrevue avec elle.

Mais Eugénie écoute Jeanneton en souriant, et celle-ci se damne de ce que sa maîtresse ne la croit point.

— Ah ! Jeanneton, lui dit Eugénie, si tu l'avais vu lorsqu'il est venu ici avec mon époux... ah ! tu ne l'accuserais plus. Pauvre Adolphe !... mes yeux n'ont pas eu la force de se fixer longtemps sur les siens... mais un seul regard m'a suffi pour voir combien il est changé !... Comme le chagrin, la douleur ont altéré ses traits !...

— Mon Dieu, madame je ne dis pas que ça ne lui a point fait de peine, mais il s'est consolé ; faites-en autant ! Les hommes ne peuvent pas toujours être constants !... c'est plus fort qu'eux !...

— Ah ! Jeanneton, Adolphe n'est pas comme les autres hommes !

— Et moi, je vous dis qu'il ne vaut pas mieux.

Eugénie ignore le changement de fortune d'Adolphe ; Mme Moutonnet l'a caché avec soin à sa fille, craignant d'augmenter encore ses regrets : elle croit qu'Eugénie regrettera un rang et des richesses ; elle connaît mal son cœur. Jeanneton engage sa maîtresse à aller à la promenade, au spectacle, à prendre quelques plaisirs pour chasser sa mélancolie ; Eugénie refuse, pour elle il n'y a plus de plaisirs que dans les souvenirs.

Enfin les prières de la bonne parviennent un jour à fléchir Eugénie ; elle consent à se rendre au spectacle. C'est pour procurer à Jeanneton un moment de plaisir qu'elle cède à sa demande. La bonne fille saute de joie en se disant :

C'est toujours un commencement, et si le spectacle amuse madame, nous n'en resterons pas là.

On part. C'est à l'Opéra qu'Eugénie conduit Jeanneton ; ce sera pour la servante un spectacle merveilleux, et Eugénie jouira de l'effet qu'il produira sur elle.

La jeune femme et sa bonne occupent une loge découverte. Jeanneton, tout yeux, tout oreilles, ne détourne pas ses regards de la scène, et Eugénie sourit en regardant Jeanneton. Mais, après s'être amusée quelques moments de l'étonnement de sa bonne, Eugénie promène ses regards dans la salle, et ils s'arrêtent bientôt sur une loge dans laquelle est un jeune homme auprès d'une femme mise avec beaucoup d'élégance. Ce jeune homme est Adolphe; cette femme près de laquelle il est assis, est sa dernière conquête, dont il tâche de se croire amoureux. Eugénie ne peut se persuader que c'est Adolphe qu'elle voit, Adolphe mis avec la plus grande recherche, Adolphe souriant tendrement à une autre femme... non, ce n'est pas là l'Adolphe qu'elle a vu pâle, défait, égaré, entrer dans sa chambre avec M. Dupont. Pauvre Eugénie! elle le voyait toujours ainsi. Ne sachant que penser, que croire, doutant encore du témoignage de ses yeux, Eugénie, tremblante, respirant à peine, pousse le bras de Jeanneton.

— Vois-tu, vois-tu? lui dit-elle.
— Oui, madame... oui... oh! c'est superbe!...
— Le reconnais-tu, Jeanneton?...
— Oui, madame, c'est celui-là qui, tout à l'heure, voulait tuer la princesse...
— Dans cette loge... là-bas...
— Tiens, v'la qu'on danse à c't' heure...
— Comme il la regarde! comme il lui parle!...
— C'est qu'ils tournent comme des tontons!...
— Tu ne m'entends pas, Jeanneton...
— Allons, v'la que ça s'enfonce, à présent.

Il faut que l'acte finisse pour que Jeanneton puisse écouter Eugénie; elle se retourne enfin et s'aperçoit de l'état de sa maîtresse

— Ah! mon Dieu, madame, qu'avez-vous donc!... Est-ce que vous vous trouvez mal?
— Non... je sens un tremblement, mais cela n'est rien... j'aurai du courage... Ah! c'est bien lui...
— Qui, lui?
— Adolphe...
— Où donc cela?...
— Tiens, tu ne vois donc pas cette loge... cette femme!... Elle est jolie, je crois, Jeanneton!...
— Eh! mais oui... c'est lui... Quelle mise!... il a donc fait fortune?...
— Il est peut-être marié... c'est peut-être sa femme qui est avec lui.
— Sa femme!... dam', c'est possible...
— Il a l'air de bien l'aimer...
— Oh! je ne peux pas voir ça de si loin; mais il semble que ce soit un fait exprès!... pour une fois que nous venons au spectacle... rencontrer justement... Tenez, allons-nous-en, madame, cette vue-là vous fait du mal...

— Non, Jeanneton, je veux rester... j'aurai du courage... D'ailleurs... tu t'amuses.

— Ah! madame, est-ce que je puis avoir du plaisir quand je vous vois de la peine!...

— Ah! Jeanneton... tu avais raison, je le sens bien... que j'étais folle de le croire!... Cela me guérira, ma pauvre Jeanneton..

— Allons-nous-en, madame.

— Non, te dis-je, je veux rester.

Pendant tout le temps du spectacle, Eugénie n'ôte pas ses yeux de dessus cette loge qui renferme Adolphe et sa maîtresse. Jeanneton ne regarde plus que d'un œil triste l'enfer et le paradis; l'état d'Eugénie l'inquiète : quelquefois celle-ci l'engage à regarder le spectacle, mais bientôt elle lui fait remarquer Adolphe.

— Vois, Jeanneton, comme il a l'air empressé... galant...

— Oh! ce n'est pas sa femme, madame!

— Elle est bien, cette femme-là...

— Oui; dam', à la lumière on ne sait pas trop!...

— Il lui prend la main...

— Oui, madame...

— Il la lui presse sans doute!...

— Ça serait ben possible!...

— Elle lui parle en riant... Mais, Jeanneton, tu ne regardes pas le spectacle!...

— Si fait, si fait, madame.

— Au fait, cette femme-là n'est pas si bien qu'elle le paraît d'abord... elle a au moins vingt-huit ans, n'est-ce pas, Jeanneton?...

— J' crois ben!... c'est même âgé!...

— Il ne me voit pas... il est trop occupé...

— Est-ce que vous voudriez qu'il vous vît!...

— Oh! mon Dieu! non... à quoi bon?

Cependant, lorsque le spectacle finit, Eugénie s'arrange de manière à sortir de sa loge en même temps qu'Adolphe de la sienne, et ils se frottent bientôt à côté l'un de l'autre dans le couloir.

Une voix chérie a frappé l'oreille d'Adolphe, il se retourne brusquement... c'est elle... c'est Eugénie qu'il voit! Sans penser qu'il est avec une femme, sans songer à ce qu'il fait, il quitte le bras de sa maîtresse et court sur les traces de son amie; mais la foule les sépare et Eugénie qui n'a voulu que le voir un moment, et s'assurer qu'elle ne s'est point trompée, entraîne aussitôt Jeanneton; elle disparaît aux regards d'Adolphe, et tandis qu'il pousse les personnes qui l'entourent, et court dans les corridors en l'appelant, elle est déjà en voiture avec Jeanneton. Eugénie garde le silence tout le reste de la soirée; elle paraît réfléchir profondément, et Jeanneton n'ose pas interrompre ses rêveries. Le lendemain, la bonne s'empresse d'aller s'informer comment sa jeune maîtresse a passé la nuit; elle est agréablement surprise en la trouvant plus calme, plus gaie même que de coutume, mais sa surprise redouble lorsqu'elle l'entend lui demander des nouvelles de M. Dupont.

— Doit-il bientôt revenir? lui dit Eugénie.
— Revenir!... Qui, madame?
— Mon mari.
— Vot' mari!...

Jeanneton ouvre de grands yeux; c'est la première fois qu'Eugénie donne ce titre à M. Dupont.

— Ma fine, madame... je ne sais pas trop...
— Où est-il maintenant?
— Où il est?... mais à Marseille... je crois... dam', je n'en suis pas ben sûre.
— Allez en bas, Jeanneton, et informez-vous à Joseph de l'adresse exacte de mon mari.

Jeanneton ne sait plus que penser; elle descend cependant pour exécuter l'ordre de sa maîtresse. Pendant ce temps, Eugénie se met à son secrétaire, et écrit à Dupont le billet suivant:

« J'ai eu des torts envers vous, Monsieur, je ne rougis point d'en faire l'aveu; je vous crois assez bon pour me les pardonner. Désormais vous trouverez en moi une épouse, et je saurai remplir tous les devoirs que ce titre m'impose. »

Eugénie cachète cette lettre, et y met l'adresse de Dupont, que Jeanneton vient de lui donner.

— Va mettre cette lettre à la poste, ma chère Jeanneton, lui dit-elle.
— Cette lettre pour M. Dupont?...
— Oui, pour mon mari.
— Son mari, toujours son mari, dit Jeanneton en portant la lettre; allons, il se passe en elle quelque chose d'extraordinaire.

XXXII

LE MARI EN POSTE

Dupont est encore à Marseille, enfoncé dans les olives, les anchois, les sardines et les figues. Il fait beaucoup d'affaires et ne se presse point de revenir à Paris, où il craint de trouver sa femme encore malade. Dupont n'est point très satisfait de son mariage; les paroles du commissaire lui trottent sans cesse dans la tête, et il dit :

— Pour qu'une jeune femme se conduise ainsi avec son mari, il faut bien qu'il y ait quelque cause secrète et il est fort désagréable d'avoir épouséune femme qui a une disgrâce qu'elle ne veut pas me montrer

Cette idée poursuit Dupont, et l'empêche de prendre part aux plaisirs qui lui sont offerts. Dans toutes les réunions où le riche marchand est invité, il porte une mine si singulière que chacun lui en fait la guerre. On voit que c'est un nouveau marié, lui répète-t-on partout, il pense sans cesse à sa femme, et s'ennuie de ne pas la voir.

— Oui, oui, se dit Dupont, j'y pense en effet, et il y a de quoi, moi qui voulais avoir des enfants pour perpétuer ma race, comment diable en avoir si ma femme a quelque disgrâce qui l'empêche de cohabiter avec moi? C'est bien cruel!... j'ai oublié de dire cela à M. le commissaire; mais, en revenant à Paris, je ferai faire une consultation de médecins.

Dupont vient de terminer ses affaires; il est sur le point de retourner à Paris, lorsqu'on lui remet une lettre de la capitale.

Il l'ouvre, regarde la signature, et voit : *Eugénie, femme Dupont...* .

— Ma femme!... une lettre de ma femme!... s'écrie l'épicier. Ah! mon Dieu! Qu'est-ce que cela veut dire!... il faut qu'elle soit à l'article de la mort.

Il lit, et son étonnement augmente à chaque mot.

« *Désormais vous trouverez en moi une épouse soumise...* Serait-il possible!... Est-ce bien ma femme qui m'écrit cela?... *Et je saurai remplir tous les devoirs que ce titre m'impose...* Tous les devoirs, cela s'entend... je sais ce qu'elle veut dire?... Ce que c'est que l'absence !... Ma femme m'adore depuis qu'elle ne me voit plus!... Pauvre petite femme!... elle m'écrit pour m'avertir qu'elle est prête à remplir ses devoirs... c'est charmant... Et ce commissaire qui voulait me faire croire... Allons, ma femme n'a point de disgrâce, en voilà la preuve... Elle m'attend avec impatience, puisqu'elle m'écrit... enfin je vais être marié complètement... »

Dupont est dans l'ivresse; il saute dans sa chambre, court comme un fou dans son appartement, et descend à la hâte chez son hôtesse; il ordonne que l'on fasse sa valise, et court à la poste où il arrive tout essoufflé.

— Eh vite, vite! s'écrie-t-il, il me faut des chevaux, une voiture, des postillons!

— Où va monsieur?

— A Paris.

— Quand monsieur veut-il partir?

— Sur-le-champ, ma femme m'attend. Quelle est la manière la plus prompte de voyager?

— Ma foi, monsieur, c'est d'aller en poste.

— Monsieur prend une chaise?

— J'en prendrai deux s'il le faut.

— Combien de chevaux?

— Autant qu'on pourra en mettre.

— Mais on en met deux, trois, quatre même...

— J'en veux cinq; vous les mettrez à la file les uns des autres pour qu'ils courent mieux.

— Cela ne se peut pas, monsieur, vous ne pourriez plus les diriger...

— Eh bien! vous les mettrez de front.

— Impossible, monsieur, on ne pourrait pas les atteler à la chaise.

— Alors vous les mettrez comme vous voudrez; pourvu que j'aille comme le vent, cela m'est égal qu'ils soient devant ou derrière.

— Il faut alors deux postillons.

— Trois postillons, et un coureur en avant. Ma femme m'attend, et je suis pressé.

Dupont court de la poste à son hôtel. Il presse tout le monde, ne se donne pas le temps de faire ses malles, ne prend sur lui que son portefeuille et quelques effets indispensables qu'il met dans un portemanteau.

— Vous m'enverrez tout le reste à Paris, dit-il à son hôte.

— Il paraît que monsieur a reçu des nouvelles importantes qui nécessitent son retour?

— Je le crois bien, une lettre de mon épouse...

— Ah! mon Dieu! serait-elle malade, monsieur?

— Au contraire, elle se porte bien, et c'est la première fois depuis que nous sommes mariés: vous sentez que je suis bien aise d'en profiter.

L'hôte ne comprend rien à cela, mais Dupont n'a pas le temps de le lui expliquer; la chaise est devant la maison, les chevaux hennissent, les postillons font claquer leurs fouets, Dupont saute dans la voiture qui part aussitôt. Ce coureur, ces postillons, ces chevaux, ce train extraordinaire, tout cela fait croire que la chaise de poste renferme un personnage important. Partout où elle passe, on dit:

— C'est un prince qui voyage incognito; ou c'est quelque ambassadeur, ou quelque général, enfin c'est un grand personnage.

Et l'on s'informe aux postillons qui répondent:

— C'est un épicier en gros qui va coucher avec sa femme.

Les curieux restent ébahis, les postillons rient, et la voiture repart,

Tous les gens de l'auberge courent à la porte pour le recevoir. (P. 930.)

laissant tous ceux qui l'entouraient faire des conjectures et se demander s'ils n'ont point mal entendu.

Dupont paye largement, et on le mène comme un fournisseur, comme un fermier général, comme un milord, comme un agioteur qui a fait banqueroute dans son pays, et va acheter des terres à l'étranger. Le coureur, qui précède Dupont, est chargé de donner des ordres dans les auberges pour que rien ne retarde la marche du voyageur. L'arrivée d'un coureur annonce toujours quelque personnage d'importance ; c'est une bonne fortune pour les aubergistes, ils mettent tout en l'air dans leur maison pour que l'on puisse satisfaire à tous les désirs de monseigneur. La broche tourne, le feu pétille ; toutes les casseroles sont sur les fourneaux, tous les marmitons à leur poste, les servantes se dépêchent pour que le plus bel appartement soit prêt, et vont y dresser le couvert de l'illustre voyageur ; car un homme qui a un coureur ne dîne pas à table d'hôte, et, puisqu'il ne couchera pas, on espère au moins que le repas qu'il prendra dédommagera de toutes les peines que l'on se donne. Bientôt le bruit des chevaux, le fouet des postillons, annoncent l'arrivée du grand personnage. Tous les gens de l'auberge courent à la porte pour le recevoir. Le maître a son bonnet à la main, les servantes ont rajusté leur coiffure, les valets d'écurie ont quitté les chevaux, les voyageurs qui se trouvent dans l'auberge courent aux fenêtres pour voir celui qui met toute la maison sens dessus dessous, et tous les passants et oisifs de la ville viennent faire foule devant la porte.

— Ah ! mon Dieu ! s'écrie l'aubergiste en apercevant la voiture... Cinq chevaux !... trois postillons !... Suzanne, Marie, a-t-on bien frotté la chambre. . épousseté partout ? Jacques, Pierre... songez au rôti, aux fricassées... au fricandeau... n'épargnez rien, mes enfants un personnage comme celui-là a le palais délicat et ne regarde pas à la dépense.

Enfin la voiture entre dans la cour : tous les yeux se portent sur celui qu'elle renferme... on court l'aider à descendre... Mais au lieu d'un personnage chamarré de rubans, en habit galonné et brodé, en chapeau à plumets, et à la mine imposante et fière, on est un peu surpris de voir un petit homme gros et court, d'une figure commune, coiffé d'une casquette, vêtu d'un habit bleu de ciel, d'une culotte jaune, en guêtres et en cravate de couleur, et qui en s'élançant lourdement hors de la voiture, renverse sur un tas de fumier l'hôte qui lui présentait la main.

— C'est égal, dit l'aubergiste en se relevant, il n'en a pas moins cinq chevaux, trois postillons et un coureur ; et puisque c'est un homme très riche, la mise et la tournure n'y font rien.

Et il suit, le bonnet à la main, le voyageur qui entre tout essoufflé dans la grande salle, où il va se jeter sur une chaise, devant une table couverte d'une toile cirée, où dînent ordinairement les rouliers, promettant à ses postillons de manger très vite.

— Si monsi... monsieur le... Sa Grandeur... voulait passer dans l'appartement que je lui ai fait préparer au premier, dit l'aubergiste en saluant Dupont.

— Ce n'est pas la peine, mon cher monsieur, je suis bien ici, répond l'épicier.

— Monsieur le voyageur sera plus dignement plus convenablement là-haut...

— Puisque je vous dis que je suis bien là.

— Allons, c'est un original, se dit l'aubergiste; je l'avais deviné, mais n'importe, il a un train de prince...

Et il se rapproche en saluant.

— Monsieur veut sans doute dîner.

— Mais oui, j'ai faim; cette voiture me secoue, ça donne de l'appétit; je mangerai bien un morceau...

— Le dîner de monsieur le voyageur est préparé...

— Ah! parbleu! il ne faut pas tant de façons : un plat de pommes de terre et un morceau de fromage de Gruyère, avec une demi-bouteille à quinze.

— Comment, monsieur?...

— Je vous demande des pommes de terre et du gruyère... qui soit vieux surtout... car je m'y connais, voyez-vous, et si le vôtre n'est pas bon, je vous en enverrai du fameux.

— Ah! qu'est-ce que c'est que ce gros imbécile? dit l'aubergiste en courant à sa cuisine. Jacques, Pierre, ôtez le rôti, les fricassées, les coulis... ce malotru qui arrive avec cinq chevaux ne veut que du fromage et des pommes de terre! Qui diable se serait douté de cela!... Voyager en seigneur, et dîner en cuistre!... Je gagerais bien que ce n'est pas grand'chose que cet homme-là!... le naturel perce toujours.

Sans faire attention à la mauvaise humeur de son hôte, Dupont achève son modeste dîner, se bourrant de pommes de terre et de fromage; puis, après avoir fait remplir d'eau-de-vie une petite bouteille d'osier, il remonte dans sa chaise de poste, en jetant deux sous pour boire aux servantes. C'est cependant le même homme qui paye généreusement les postillons : pour arriver près de sa femme, il ne regarde pas à la dépense, il agit en seigneur; mais, pour tout le reste, il redevient Dupont l'épicier. L'aubergiste a raison : le naturel perce toujours.

Les postillons, qui sont bien payés, dînent mieux que celui qu'ils conduisent; ils veulent contenter cet homme singulier; les chevaux couvrent leurs freins d'écume, Dupont trouve encore qu'il ne va pas assez vite. Cependant, à moitié chemin de Marseille à Paris, la chaise de poste, qui n'a jamais été tirée par cinq chevaux, se brise en éclats au milieu de la route. Personne n'est blessé, mais Dupont est désolé : cet événement peut retarder de beaucoup son arrivée. La voiture est tellement maltraitée, que les postillons avouent qu'il faudra au moins trois jours pour la remettre en état.

— Trois jours! trois jours! dit Dupont : dans trois jours je prétends avoir fait un enfant à ma femme. Eh! mais quelle idée lumineuse! qu'ai-je besoin d'aller en voiture? on va plus vite à cheval, puisque mon coureur était toujours devant moi. C'est décidé, je vais à cheval; à franc étrier, en coureur.

Dupont n'a jamais monté à cheval de sa vie, mais il est persuadé qu'il s'y tiendra comme un dragon. Il paye ses postillons, qui veulent en vain le faire renoncer à son projet. Dupont est entêté; il ne veut point d'ailleurs attendre un autre voiture. Il achète le cheval, les bottes et le fouet de son coureur, et, vêtu moitié en bourgeois moitié en postillon, il monte sur sa bête et se dirige vers Paris.

Dupont n'a pas fait un quart de lieue qu'il s'aperçoit que l'exercice du cheval est moins facile qu'il ne l'avait cru. Sans cesse près de tourner sur sa selle, il fait des sauts qui le renvoient de la croupe à la crinière de son coursier. Plus il cherche à se coller sur son cheval, plus il est secoué et moins il attrape l'équilibre, et ses pieds sortent à chaque instant des étriers, beaucoup trop longs pour lui. Cependant il ne perd pas courage, il se retient à la queue, à la selle ou à la crinière de l'animal; mais ce qui le désespère c'est que, sans cesse forcé de s'attacher à quelque chose, il ne peut faire usage de son fouet. Pour faire avancer son coursier, il sue sang et eau, essayant de lui donner des coups de talon; mais les petites jambes de l'épicier ne peuvent atteindre sous le ventre du cheval.

Après avoir fait une lieue, il perd une de ses bottes fortes; une lieue, plus loin il perd l'autre.

— C'est égal, dit-il, j'irai aussi bien en souliers, j'irai mieux même, car ces grosses bottes m'embarrassaient, et il faudra bien que je finisse par attraper l'équilibre.

Dupont voyage ainsi une demi-journée, au bout de laquelle il s'aperçoit que sa culotte est déchirée : il va toujours.

— C'est une culotte de sacrifiée, dit-il, mais on ne doit pas regarder à cela dans une circonstance pareille.

Bientôt il sent de vives douleurs et porte la main à l'endroit :

— Diable! diable! dit-il, ce maudit galop vous écorche quand on n'y est pas fait; j'aurai le derrière en compote, et ce sera désagréable pour cohabiter avec ma femme... Enfin pourvu que cela ne se gagne pas... Je me ferai mettre un cataplasme à la première auberge.

Ce n'est pas sans peine que Dupont atteint cette auberge, où il espère se reposer un peu. Son cheval, qui n'est plus ni fouetté ni piqué, ne va plus qu'au petit pas; et Dupont, tout en cherchant à le faire re-trotter, se dit :

— Il paraît que je m'accoutume au cheval, car il ne me secoue plus autant.

L'arrivée du postillon, en habit bleu de ciel, en souliers à boucles, et tenant une de ses mains sur sa blessure, produit dans l'auberge un effet bien différent que celui que faisait la chaise de poste à cinq chevaux.

Les servantes regardent Dupont en riant; l'hôte ne se dérange point; les valets le laissent descendre tout seul de cheval, se moquant entre eux de sa tournure grotesque. Enfin notre voyageur entre clopin clopant dans l'auberge, où il demande, une chambre parce qu'il sent bien qu'il ne peut pas se faire mettre un cataplasme devant tous les voyageurs.

— Surtout qu'on ait bien soin de mon cheval, dit-il, ce coquin-là ne veut plus galoper; il faut que je lui fasse prendre quelque chose qui lui mette le feu sous le ventre : faites lui une rôtie au vin avec du poivre du sel et du sucre... Ah! je le ferai bien galoper, moi. Mettez-y aussi des truffes; je n'aurai plus besoin de fouet et d'éperons.

— Des truffes à un cheval! se disent les gens de l'auberge; cet homme, là est probablement étranger, et peut-être que dans son pays les truffes sont fort communes. Mais ici le dîner de son cheval lui coûtera un peu cher.

La servante applique le remède

Dupont suit une jeune servante qui le conduit dans une chambre et lui demande ce qu'il faut lui servir.

— Un cataplasme de graine de lin, répond Dupont.

Et la fille descend, en riant, dire à son maître:

— Cet homme-là est ben drôle, il fait manger des truffes à son cheval, et dîne avec de la *graine de lin*.

Cependant la servante s'aperçoit de son erreur quand elle porte à Dupont ce qu'il a demandé. Le voyageur lui présente la partie blessée, en la priant de vouloir bien y appliquer le remède.

— Mais, monsieur, je n'avons jamais soigné de ça, dit la fille en reculant.

— Allons, pour mettre un cataplasme, ne vas-tu pas faire des façons?

— Dam', écoutez donc, s'il fallait comme ça s'amuser aux inconvénients de chaque voyageur...

— Ah! tu appelles cela un inconvénient? Va toujours, ma chère amie, je te donnerai la pièce.

Ce mot lève tous les scrupules; la servante applique le remède pendant que Dupont lui répète :

— Arrange bien mon *inconvénient*, je vais coucher avec ma femme, et je ne voudrais pas qu'elle me trouvât endommagé...

— Quoi que vous dites donc, monsieur?

— Je te dis que je vais cohabiter avec mon épouse, et que c'est pour cela que je voyage à franc étrier et ventre à terre.

— Ah ben! en v'là d'une bonne! je couche tous les soirs avec not' homme, mais il ne s'est jamais écorché pour ça.

Dupont se fait servir à dîner. Pendant qu'il prend son repas, la servante va conter partout qu'ils ont un voyageur qui court la poste pour aller coucher avec son épouse. Toutes les femmes de l'endroit sont curieuses de voir un homme aussi extraordinaire, qu'elles veulent donner pour exemple à leurs maris, et la foule s'amasse pour voir sortir Dupont. Notre voyageur s'est reposé; il se sent mieux, le cataplasme a calmé ses souffrances; et il se dispose à se remettre en route. Son cheval bat le pavé et paraît partager l'ardeur de son cavalier.

— Bon! bon! dit Dupont, la rôtie a fait son effet, et je n'aurai pas de peine maintenant à le mettre au galop.

Il paye l'aubergiste: le repas de son coursier lui coûte un peu cher, mais il espère arriver à Paris le lendemain, et il ne murmure point. Il monte à cheval devant la foule assemblée pour le voir, et disparaît bientôt à ses regards. Le cheval semble animé d'une ardeur nouvelle; le repas échauffant qu'on lui a fait faire dispense en effet Dupont de fouet et d'éperons: l'animal a sur-le-champ pris le grand galop, et Dupont est enchanté; il se tient le mieux possible et s'écrie :

— J'espère enfin que j'arriverai!

Mais bientôt le mouvement du cheval fait descendre le cataplasme sous la jarretière du cavalier. La cuisson devint si vive, que Dupont jure et crie comme un possédé à chaque bond qu'il fait. Il veut arrêter son cheval, il tire la bride à droite, à gauche; mais plus il se donne de mouvement, plus l'animal l'emporte. Étourdi par les cris de son cavalier, il ne connaît plus de frein; il se débarrasse de son mors blanchi d'écume ; il ne galope plus, il vole, il s'élance avec une rapidité effrayante, tout le monde s'écarte de son passage. En vain Dupont crie :

— Arrêtez! arrêtez!

— Les paysans fuient avec épouvante. Le malheureux cavalier est couché à plat ventre sur son coursier, dont il a lâché les brides ; il se tient au cou, à la crinière, à tout ce qu'il peut attraper; il s'abandonne à sa destinée, et sa destinée conduit le cheval vers une carrière nouvellement ouverte dans laquelle il se précipite. Lorsqu'on accourt pour en retirer le cheval et le cavalier, on les trouve morts.

XXXIII

LE RÉGISSEUR. — ENCORE LE BOIS DE ROMAINVILLE. CONCLUSION.

Eugénie attend son mari, non pas avec impatience, mais du moins sans crainte et résignée désormais à son sort. Elle a défendu à Jeanneton de lui reparler d'Adolphe et de la rencontre de l'Opéra ; mais celle-ci se dit : « Grâce au ciel, ma chère Eugénie est guérie de son amour. »

Cependant le temps se passe et Dupont ne revient pas; on ne reçoit plus aucune lettre de lui; les garçons s'inquiètent et Eugénie s'étonne ; car d'après ce qu'elle lui a écrit, elle s'attendait à le revoir bientôt. Un matin, Jeanneton lui apporte enfin une lettre, et Eugénie dit :

— Ce sont sans doute des nouvelles de mon mari.

Mais la lettre est cachetée de noir ; la jeune femme frémit involontairement, et elle ouvre enfin... La lettre est du maire de l'endroit près duquel Dupont a péri, et où il a été transporté. Les papiers trouvés sur lui l'on fait aisément connaître. Après avoir fait enterrer le défunt, le maire a écrit à sa veuve pour lui annoncer la mort de son époux sur laquelle il lui donne tous les détails qu'il a pu se procurer. Eugénie est tellement saisie, qu'elle n'a pas la force de parler ; elle passe la lettre à Jeanneton :

— Tiens... lis... lui dit-elle.

— Ah! mon Dieu!... le pauvre homme! s'écrie la servante. Et

elle pleure car son cœur est sensible ; elle plaint la triste fin de Dupont. Eugénie pleure aussi, et sent qu'elle a eu des torts envers son époux.

Cette nouvelle est bientôt répandue ; on plaint Dupont, on le regrette, parce qu'il était bête sans être méchant, ce qui vaut encore mieux que d'être méchant sans être bête.

sa destinée conduit le cheval vers une carrière dans laquelle il se précipite.

— Mais aussi, dit Jeanneton, pourquoi s'avise-t-il de vouloir revenir à cheval ?... Enfin on ne peut pas fuir son sort. Vous voilà veuve, madame ; mais, ma fine, c'est bien comme si vous étiez encore demoiselle... et il y a bien des demoiselles qui ne sont pas... veuves comme vous.

M. et Mme Moutonnet viennent consoler leur fille. Le papa Moutonnet donne des larmes au pauvre Dupont ; mais Jeanneton remarque avec surprise que Mme Moutonnet ne paraît pas très affectée de la mort de son gendre. Les vieux époux ont quitté leur boutique et se sont retirés au Marais. Comme Eugénie est décidée à vendre le fonds d'épicerie, Jeanneton croit que Mme Moutonnet va engager sa fille à venir loger avec elle ; mais la maman n'en fait rien ; elle approuve les projets de sa fille, et la laisse entièrement libre de suivre ses volontés, et cela étonne encore Jeanneton. Eugénie se défait aisément de la boutique de son mari, et prend un appartement modeste et retiré pour elle et sa bonne. Plus l'époque de la mort de Dupont devient ancienne, plus Jeanneton éprouve l'envie de parler d'Adolphe ; mais Eugénie garde un profond silence sur ce sujet, et la pauvre Jeanneton n'ose commencer quoiqu'elle brûle de savoir si Eugénie l'aime encore. Depuis l'aventure de l'Opéra, Adolphe a rompu avec sa maîtresse ; la jeune dame a été très piquée de sa conduite : lui quitter le bras pour courir après une

M. DUPONT

Le régisseur s'avance d'un air respectueux... (P. 940.)

autre : voilà de ces crimes qu'une autre femme ne pardonne pas. Adolphe n'a même pas cherché à s'excuser, la vue d'Eugénie rallume tous ses feux ; il sent bien alors qu'il n'aime pas, qu'il n'a jamais aimé sa nouvelle conquête, et il ne se soucie plus de feindre une attachement qui a déjà cessé de lui offrir des charmes. Il va conter à ses amis ce qui lui est arrivé à l'Opéra.

— C'est bien malheureux ! dit Charles, comment ! vous n'aimez plus cette femme que vous adoriez hier?

— Non, mon ami.

— Je me doutais bien, dit Louise, que cela ne durerait pas longtemps.

— Il faut bien vite en aimer une autre.

— Non, Charles, non... c'est fini, je ne veux plus aimer personne... que vous, mes amis.

— Et puis Eugénie, dit tout bas Louise à son mari.

Adolphe veut chercher dans les pays étrangers des distractions plus utiles que celles qu'il trouve dans les sociétés de Paris. Il se décide à parcourir l'Angleterre, l'Italie, les Alpes. Il envoie à Bidois ses ordres pour le temps de son absence qui peut être longue ; et, après avoir embrassé Charles et Louise, il part de Paris le jour même où Eugénie devient veuve. L'été touche à sa fin, la saison est peu favorable aux voyages ; mais, quand on est riche, on ne connaît point de difficultés. Adolphe n'a pas cinq chevaux et trois postillons à sa chaise, mais il a tout ce qu'il faut pour parcourir commodément le continent. Il admire les Alpes, parcourt l'Italie et va passer l'hiver en Angleterre. Mais quoique les distractions que lui ont procurées ses voyages lui laissent d'utiles et agréables souvenirs, il sent que quelque chose le rappelle en France, et revient à Paris après neuf mois d'absence. Son premier soin est d'aller embrasser ses jeunes amis. Charles et Louise sont toujours heureux, car ils s'aiment toujours tendrement, et leur établissement a prospéré. Louise est enceinte, elle embrasse Adolphe en sautant de joie, et lui dit :

— Vous savez bien que vous m'avez engagée à en faire une douzaine... Voilà le commencement, et vous serez le parrain.

— Oui, dit Charles ; il ne nous reste plus qu'à chercher une marraine...

— Ah ! dit tout bas Louise, quel dommage que...

Les jeunes époux ignorent la mort de Dupont.

Adolphe est curieux de savoir comment Bidois a dirigé ses biens pendant son absence. et il part pour sa terre. En entrant dans la cour de son château, il s'aperçoit que ses valets ont une petite livrée, que ses chiens de chasse sont muselés, que ses appartements sont numérotés, qu'il y a un comptoir dans sa salle à manger et un bureau avec un grand-livre dans son salon; il trouve son portier tenant un barême à la main, sa femme de charge qui fait des additions, son jardinier qui apprend à faire des chiffres, son cuisinier qui étudie la multiplication, et son garçon d'écurie qui compte sur ses doigts ; enfin le petit garçon de la portière, qui n'a que cinq ans, accourt à lui en s'écriant :

— Monseigneur, 2 fois 2 font 4 et 2 fois 4 font 8.

— C'est bien, très bien, mon petit, dit Adolphe en caressant l'enfant ; je m'aperçois que Bidois a fait fleurir l'arithmétique dans mes domaines ; mais où donc est-il?

— M. le régisseur est dans le village... Mais si monseigneur veut qu'on aille le chercher...

— Non, je suis bien aise de parcourir aussi le village ; j'y vais moi-même.

Et Adolphe sort de chez lui en disant : « Bidois a mis dans sa tête de me faire appeler monseigneur ; ces bonnes gens ne diront plus autrement. »

Il a déjà parcouru une partie du village sans rencontrer son régisseur, lorsqu'en passant sur une pelouse qui conduit aux champs, il entend la voix de Bidois se démenant avec les gardes-chasse, auxquels il veut absolument faire entendre qu'il faut parquer les lièvres et les chevreuils, afin qu'il puisse savoir au juste et mettre sur son grand-livre la quantité de gibier appartenant à monseigneur. L'arrivée d'Adolphe met fin à cette discussion. Le régisseur s'avance d'un air respectueux vers son maître, et le jeune homme a peine à reconnaître Bidois, qui a changé son chapeau rond pour un à trois cornes, son habit pour une veste de chasse, et sa canne pour un vieux fusil, sur lequel il s'appuie en marchant, au lieu de le tenir sur son épaule. Jusqu'à la plume, mise autrefois derrière l'oreille, qui est remplacée par un crayon avec lequel M. le régisseur prend ses notes.

— Eh mais! Bidois, est-ce que vous êtes devenu chasseur, dit Adolphe en souriant de la tournure du vieil intendant.

— Monseigneur, je fais tout... tout absolument ; je veux prendre moi-même connaissance du gibier ; et, quoique je ne sache pas chasser, j'ai toujours un fusil pour le tenir en respect.

— Tout s'est-il bien passé pendant mon absence?

— Oui, monseigneur; vos fermiers payent fort exactement... et mon livre de compte est tenu parfaitement...

— J'en suis persuadé ; mais ces bonnes gens sont-ils heureux, sont-ils contents?

— Oui, monseigneur. Oh!... ils sont très heureux... et quand ils sauront calculer, ils seront encore bien plus gais...!

— Ils dansent souvent, j'espère ?

— Tous les dimanches et aux quatre grandes fêtes, ce qui fait cinquante-six fois dans l'année, sans compter les extraordinaires. Mais si monseigneur voulait rentrer au château, je lui ferais voir mon brouillard, mon grand-livre et ma caisse...

Adolphe revient avec son régisseur avec lequel il est bien aise de causer, non pas de ses revenus, mais d'une personne dont il n'a pas eu de nouvelles depuis longtemps et dont il brûle de parler. Mais Bidois n'a dans la tête que ses grands-livres et ses comptes, et il supplie Adolphe de jeter un coup d'œil dessus.

— Tenez, monseigneur, examinez comme tout cela est en ordre. Tous vos gens ont un compte ouvert. Vos chevaux ont un compte particulier. Vous n'avez pas un pouce de terrain qui ne soit évalué ; je m'occupe à faire faire le compte de vos arbres. J'ai fait mettre le poulailler en partie double, et les lapins en compte courant. Quant aux gratifications que nous accordons aux villageois pour incendies, inondations ou orages, je passe cela pour frais de commerce.

— C'est bien, Bidois, c'est fort bien ; mais je veux savoir...

— Toutes les bêtes à cornes sont enregistrées... Voici l'entrée et la sortie... J'ai aussi une colonne particulière pour le potager...

— C'est bien. Mais...

— Quant au poisson, je crois qu'il nous sera un peu difficile d'en savoir au juste le compte, à moins de faire dessécher l'étang, et c'est une idée que je voulais soumettre à monseigneur.

— Laissez en paix le poisson, et répondez-moi...

— Vous voyez comme tout cela marche... Il n'y a que ce lourdeau de portier qui ne peut pas comprendre le calcul décimal, mais je veille à cela ; je fais une guerre à mort aux sous et aux deniers, dont ces paysans sont encore coiffés ; je ne vous demande que quelques années, monseigneur, et dans vos domaines on ne parlera plus qu'en francs et centimes.

— J'espère que vous avez fini, Bidois, et que vous m'écouterez enfin ; je vous demande des nouvelles de Paris... de personnes qui m'intéressent...

— Ah! mon Dieu!... j'oubliais... En effet, monseigneur! j'ai reçu une lettre de Mme Moutonnet...

— Une lettre de Mme Moutonnet!...

— Oui, monseigneur, il y a déjà six ou sept mois ; elle vous fait bien des compliments, monseigneur.

— A moi?

— Certainement, monseigneur, et elle m'apprend une nouvelle... ah! quelle nouvelle!... comme cela va vous étonner!...

— Cela concernerait-il sa fille?

— Oui, vraiment ; je le crois bien... cette pauvre petite femme!

— Vous me faites trembler, Bidois... Que lui est-il arrivé?

— Elle est veuve!...

— Eugénie est veuve!... Il se pourrait!...

— Oui, monseigneur... parce que son mari est mort...

— Dupont est mort!... Est-il possible! et où? quand? comment?

— Sur la route de Paris, revenant de Marseille... à cheval, dans une carrière... l'animal a pris le mors aux dents... Et ce Dupont, monter à cheval!... On assure qu'il ne savait pas se tenir sur un âne. Si cet homme-là avait su calculer les dangers... Enfin il y a déjà neuf mois et plus...

— Il y a neuf mois, dites-vous, neuf mois qu'elle est veuve!... Malheureux! et vous ne me l'avez pas écrit!...

— Monseigneur, je ne le sais que depuis sept, vous étiez en voyage, et j'ignorais votre adresse et votre numéro....

— Et où est-elle, maintenant?...

— Votre adresse, monseigneur?...

— Eugénie! bourreau! Eugénie!...

— A Paris, sans doute, monseigneur...

— Elle ne demeure pas avec sa mère?

— Non, monseigneur.

— Des chevaux, Bidois...

— Monseigneur part?...

— Sur-le-champ...

— Monseigneur n'a rien pris encore, et...

— Des chevaux, vous dis-je...

— Quelle voiture?...

— La première venue...

Bidois se met à une fenêtre de la cour, et crie au palefrenier :

— Attelez les numéros *un* et *deux* à la berline de monseigneur; vous donnerez l'avoine aux numéros *trois* et *quatre*.

Adolphe descend lui-même pour presser ses gens que les ordres de Bidois embrouillent toujours ; en peu de temps les chevaux sont mis, et le cocher, qui voit l'impatience de son maître, le conduit au grand galop à Paris.

Adolphe court chez Louise et son mari. Il entre dans leur boutique en riant, en sautant, et les jeunes gens, qui commencent à s'accoutumer à ses accès de folie, attendent cependant avec impatience qu'il leur en explique la cause.

— Mes amis, elle est veuve, s'écrie-t-il enfin, elle est veuve!... Eugénie est libre!

— Se pourrait-il!... Êtes-vous bien sûr?...

— Oui, oui... elle est veuve depuis neuf mois!... et j'avais quitté la France... je m'éloignais d'elle quand j'aurais pu la voir, lui exprimer!...

— Non, monsieur, vous n'auriez pu la voir tout de suite ; je suis sûre que Mme Eugénie n'y aurait pas consenti... Songez donc, monsieur, aux convenances, aux bienséances.

— Oui, oui, tu as raison, cela vaut mieux comme cela, au fait... car ce pauvre Dupont!... c'était un bon homme... Mais n'en parlons plus, mes amis ; après neuf mois, je puis bien, je crois, voir sa veuve...

— Oh! oui, monsieur... Charles, v'là notre marraine toute trouvée... n'est-ce pas, monsieur Adolphe?...

— Mais, Louise, si elle allait ne plus m'aimer...

— Allons, voilà autre chose à présent.

— Elle m'a vu à l'Opéra avec cette femme... que je détestais...

— Eh! mon Dieu! n'étiez-vous pas garçon?... et un jeune homme...

— Mais elle peut croire que je ne l'aime plus.

— Vous lui prouverez le contraire... Mais il faut que je la voie, enfin, et je ne sais pas son adresse...

— Oh! quant à cela, je vous le dirai bientôt.

Louise met un chapeau et court rue aux Ours, chez celui qui a remplacé Dupont : là elle apprend l'adresse de la jeune femme et revient la dire à Adolphe, qui se rend aussitôt à la demeure d'Eugénie.

— Mme Dupont n'est pas à Paris, lui dit le portier; depuis le commencement de la belle saison, elle est allée demeurer à la campagne.

— A la campagne!... Mais où? de quel côté?...

— Ma foi, monsieur, je crois que c'est du côté de Belleville.. de Saint-Gervais .. de Romainville...

— De Romainville!... Ah! oui, oui, ce doit être là!...

Adolphe prend un cabriolet et se fait conduire à Romainville, et son cœur bat avec force, car il se dit :

— Elle m'aime toujours, puisqu'elle est allée demeurer là

Eugénie a passé dans la retraite les premiers mois qui ont suivi la mort de son époux. Elle ne voit que ses parents, et Mme Moutonnet approuve la vie sédentaire de sa fille. Cependant, au bout de quelques mois, elle lui dit avec une sorte d'affectation :

— Vous voilà veuve... libre... jeune... mais je ne prétends plus contrarier vos inclinations.

Mme Moutonnet grille de parler d'Adolphe, mais elle se tait, elle sent que cela compromettrait sa dignité ; cependant elle a eu soin d'informer Jeanneton du changement de fortune du jeune homme.

Jeanneton n'a pu longtemps garder le silence avec Eugénie. Elle a prononcé devant elle le nom d'Adolphe, et Eugénie lui a répondu en soupirant :

— Il ne m'aime plus, Jeanneton!

Louise met un chapeau et court rue aux Ours.

— Bah! madame, il ne faut pas croire... parce que nous l'avons vu avec une dame. Écoutez donc, vous étiez mariée, et un jeune homme...

— Je n'ai rien à lui reprocher ; mais je suis sûre qu'il ne m'aime plus...

Mais Jeanneton apprend la nouvelle fortune d'Adolphe, et, en voyant que le temps s'envole sans qu'il cherche à revoir Eugénie, elle commence à craindre aussi que son cœur n'ait changé ; elle n'ose plus que rarement en parler à sa maîtresse, qui lui impose silence en répétant :

— Il ne m'aime plus!

Au retour du printemps, Eugénie dirige souvent ses pas vers le bois de Romainville. Accompagnée de Jeanneton, elle va revoir les lieux qui lui rappellent l'amour d'Adolphe. C'est surtout sous les bosquets d'arbres où il lui en a fait l'aveu qu'elle aime à s'asseoir

Il grave un nom sur l'écorce de l'arbre. (P. 946.)

Elle ne se plaît que là, et voudrait y revenir chaque jour.
— Pardi, madame, lui dit Jeanneton, puisque ce pays vous plaît tant, louez-y un logement, et nous y passerons la belle saison.

Eugénie applaudit à ce projet, et, dès le lendemain, elle loue un appartement à Romainville et va s'y établir avec Jeanneton. Tous les matins elle se lève dès le point du jour, et ne craignant point alors les rencontres dangereuses pour une jeune femme, elle va seule se promener dans le bois, parcourant tous les sentiers où elle a passé avec Adolphe et se reposant dans son endroit favori. Dans la journée, elle y retourne avec Jeanneton, elle y porte un livre ou son ouvrage, et, sous cet ombrage, n'éprouve jamais d'ennui. Mais quand sa bonne veut lui reparler d'Adolphe :

— Tais-toi, lui dit-elle, ne me ramène pas au présent ; laisse-moi tout entière à mes souvenirs ; ici, je rêve à lui, je crois qu'il m'aime encore ; mais, quand tu me réveilles, je me rappelle qu'il ne m'aime plus.

Mais un jour, en se dirigeant vers son endroit favori, Eugénie, qui est un peu en avant de Jeanneton, entend remuer le feuillage qui entoure son bosquet d'arbres.

Elle s'approche et aperçoit un jeune homme assis à la place qu'elle occupe habituellement ; elle le reconnaît, et s'arrête... tremblante... n'osant respirer, et les yeux attachés sur lui... Adolphe considère avec amour tout ce qui l'environne ; il grave un nom sur l'écorce de l'arbre au pied duquel il est assis... c'est le nom d'Eugénie...

— Jeanneton, c'est lui ! il m'aime toujours !... s'écrie-t-elle.

Et elle est déjà dans les bras d'Adolphe. Deux cœurs qui s'entendent n'ont pas besoin de s'expliquer ; déjà le passé n'est plus qu'un songe : Adolphe et Eugénie se retrouvent ce qu'ils étaient le jour où ils s'avouèrent leur amour.

Jeanneton est accourue aux cris d'Eugénie ; elle pousse aussi un cri de joie en voyant Adolphe, et court l'embrasser en disant :

— Je savais bien qu'il reviendrait.

Adolphe voudrait déjà ne plus quitter Eugénie, et ce n'est pas sans peine qu'on lui fait entendre qu'il faut donner une année à la mémoire de Dupont.

Mais il peut du moins la voir tous les jours, lui exprimer tous les jours sa tendresse, et se livrer auprès d'elle à l'espoir d'un bonheur que rien ne doit plus troubler.

Souvent Jeanneton voit les transports de joie d'Adolphe.

— Ah ! dit-elle alors, vous seriez encore ben pus content si vous saviez que...

Mais Eugénie court en rougissant mettre son doigt sur la bouche de Jeanneton, et la bonne n'en dit pas davantage.

L'année est écoulée : et rien ne s'oppose plus à l'union des deux amants.

Adolphe est allé présenter ses devoirs à M. et Mme Moutonnet, et on lui a fait l'accueil le plus flatteur. Adolphe sait à quoi attribuer ce changement, mais il se garde bien de le laisser paraître ; il est trop heureux d'ailleurs pour conserver aucun ressentiment.

C'est à la terre du jeune homme que doit se faire le mariage. M. et Mme Moutonnet s'y rendent dans une calèche de leur gendre ; Mme Moutonnet veut qu'on la laisse découverte, quoiqu'il pleuve un peu le jour de leur départ, et elle recommande au cocher de passer par la rue Saint-Martin, quoique ce ne soit pas son chemin ; mais peut-on résister au désir d'être vue dans la calèche de son gendre par les anciennes connaissances ! M. Moutonnet a ordre de laisser tomber son chapeau dans la rue, en passant devant la boutique des Bernard, afin que la voiture s'y arrête un moment.

Charles et Louise partagent le bonheur d'Adolphe, ils ont obtenu bien vite toute l'amitié d'Eugénie ; il n'a fallu, pour les lui faire aimer, que lui dire ce qu'ils ont fait pour Adolphe. C'est avec eux et Jeanneton qu'Eugénie et Adolphe se rendent au château.

Bidois a été prévenu de ce qui va s'y passer, et, pour ce jour-là, il a fait suspendre les leçons d'arithmétique. Il ordonne une fête, des jeux, des danses ; il prépare une réception à son seigneur. Les paysans ont des fusils, les valets des arquebuses, les jeunes filles des couronnes. Les hommes savent le nombre de coups qu'ils doivent tirer, et les femmes le compte de révérences qu'elles doivent faire.

Ce grand jour est arrivé. Tout le monde est reçu au bruit des coups de fusil, des cris, des chants des villageois. M. Moutonnet a peur d'être blessé ; mais sa femme trouve ce tapage-là extrêmement distingué et ordonne à son mari d'en être enchanté.

Adolphe remercie Bidois de sa réception.

— Monseigneur, dit l'intendant, on devait tirer trente coups de fusil, il n'y en a que quatre qui ont raté, ce n'est pas ma faute ; mais on les fera partir ce soir, parce qu'il faut que je retrouve ma balance.

M. et Mme Moutonnet sont dans l'admiration de la propriété d'Adolphe ; Eugénie ne voit que son amour. Enfin Adolphe conduit Eugénie à l'autel, et, cette fois, sans trembler, et Jeanneton est témoin du bonheur de sa chère maîtresse, et M. Moutonnet pleure encore en voyant marier sa fille, et Mme Moutonnet ne pleure pas plus que la première fois, et Louise dit à son mari :

— Ils s'aimeront et seront heureux comme nous.

Et, le lendemain de ses noces, Adolphe sait ce que voulait lui dire Jeanneton, et la joie, le bonheur, l'amour brillent encore davantage dans ses yeux, ce qui ne se voit pas ce jour-là chez tous les maris qui, au lieu de trouver une demoiselle dans une veuve, trouvent quelque fois une veuve dans une demoiselle ; et Bidois salue l'épouse de son jeune maître en lui disant :

— Madame, le mariage a produit la première multiplication.

Jules ROUFF et Cie, éditeurs, 14, Cloître Saint-Honoré, PARIS.

JULES ROUFF et Cie, éditeurs, 14, cloître St-Honoré, Paris.

PUBLICATIONS ILLUSTRÉES

SOUSCRIPTION PERMANENTE { 10 centimes la livraison (8 pages).
50 centimes la série (5 livraisons).

ODYSSE BAROT
Le Procureur impérial.
Les Crimes de la Duchesse.

ADOLPHE BITARD
Les Arts et Métiers.

ALEXIS BOUVIER
La Femme du Mort.
La Grande Iza.
Le Mouchard.
Les Créanciers de l'échafaud.
La Belle Grêlée.
Mlle Olympe.
Mlle Beau-Sourire.
Iza, Lolotte et Cie.
Le Fils d'Antony.
Baïonnette.
La Rousse.

JEAN BRUNO
M'sieu Gugusse.

TONY RÉVILLON
Le Faubourg Saint-Antoine.
Le Drapeau noir.

ALEXIS CLERC
Physique et chimie populaires.
Hygiène et Médecine des deux Sexes.

XAVIER DE MONTÉPIN
L'Homme aux figures de cire.
Les Mystères du Palais-Royal.

CONSTANT GUÉROULT
L'Affaire de la rue du Temple.
La Bande à Fifi Vollard.

PAUL DE KOCK
Œuvres complètes.

TOUCHARD-LAFOSSE
Chroniques de l'Œil-de-Bœuf.

JULES MARY
Les Damnées de Paris.
Le Docteur Rouge.

EMMANUEL GONZALÈS
Ésaü le lépreux.

ÉMILE RICHEBOURG
Jean-Loup.
La Petite Mionne.

PONSON DU TERRAIL
Les Drames de Paris. ROCAMBOLE.
La Jeunesse du roi Henri.

PAUL SAUNIÈRE
Monseigneur.
Le Secret d'or.
La Petite Marquise.
Le Drame de Pontcharra.

EUGÈNE SUE
Le Juif Errant.
Les Mystères de Paris.

ALPHONSE BROT
Les Nuits terribles.

JULES GROS
Voyages et Aventures d'une Noce parisienne.

F. DE BOISGOBEY
Le Crime de l'Opéra.

Mémoires de M. Claude
Criminels célèbres.

AVIS IMPORTANT

Toutes les demandes du présent catalogue, accompagnées d'un mandat-poste, ou de timbres, sont expédiées franco.

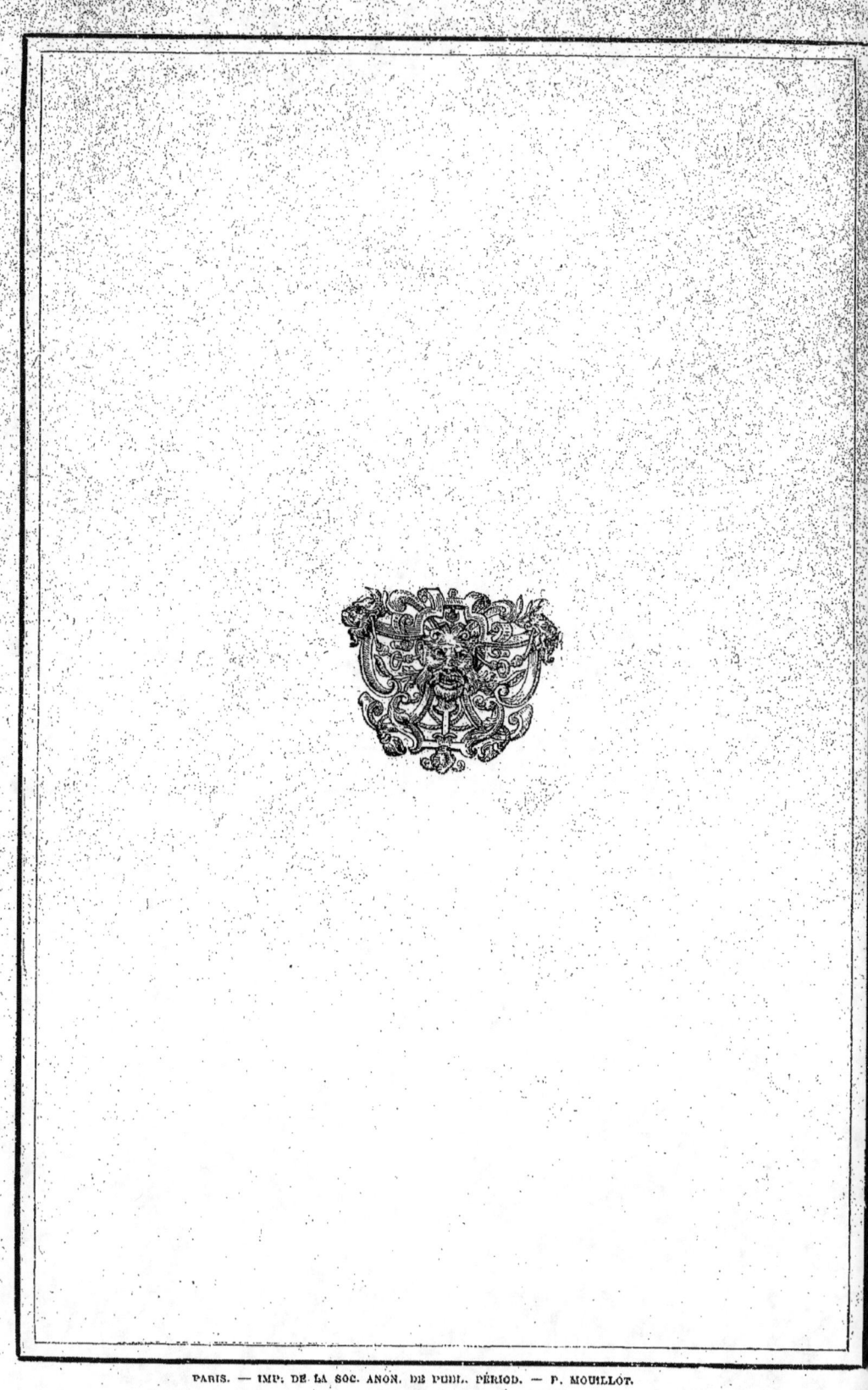

PARIS. — IMP. DE LA SOC. ANON. DE PUBL. PÉRIOD. — P. MOUILLOT.

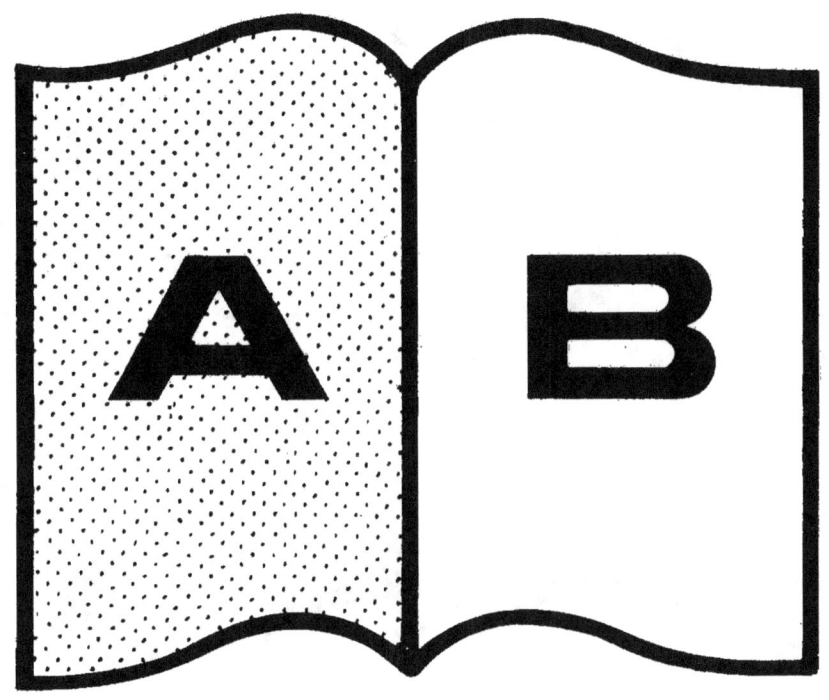

Contraste insuffisant

NF Z 43-120-14

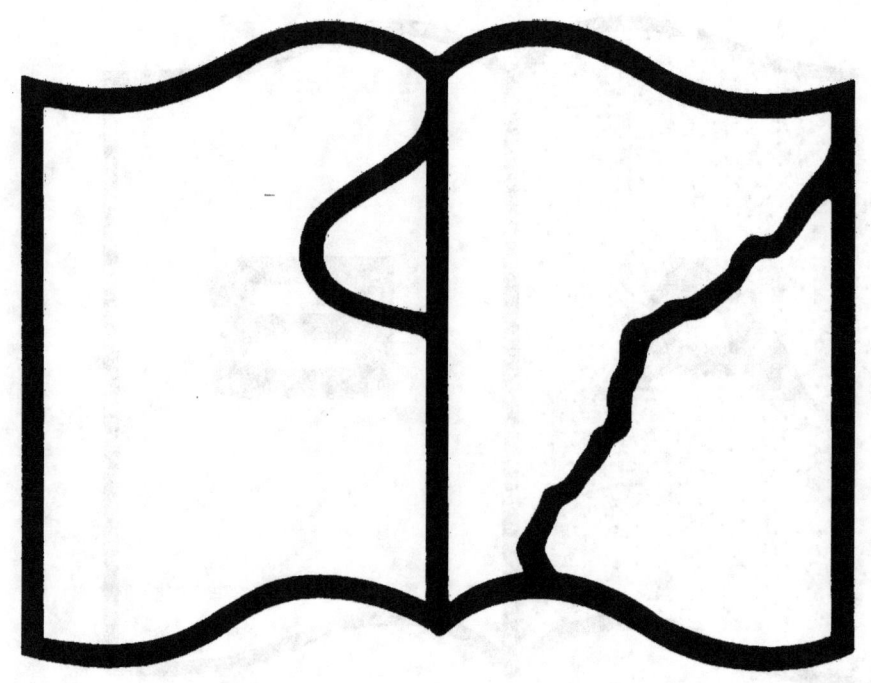

Texte détérioré — reliure défectueuse

NF Z 43-120-11

www.ingramcontent.com/pod-product-compliance
Lightning Source LLC
Chambersburg PA
CBHW071225300426
44116CB00008B/910